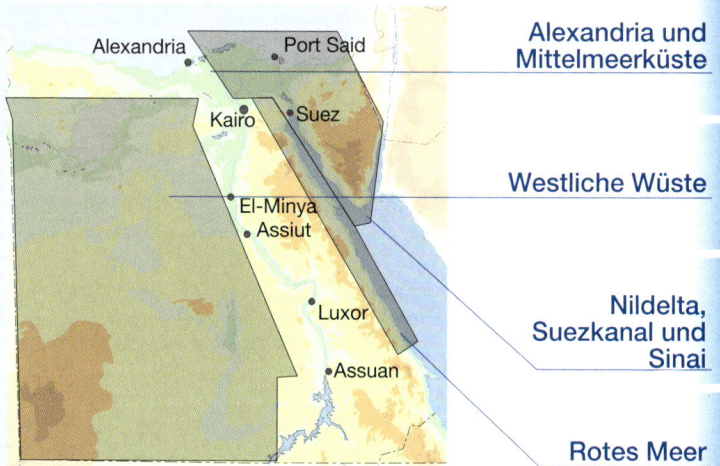

Allgemeines Reisepraktisches

Kairo

Mittelägypten

Luxor

Assuan

Nubien und Nasser-Stausee

Alexandria und Mittelmeerküste

Westliche Wüste

Nildelta, Suezkanal und Sinai

Rotes Meer

Text und Recherche: Ralph-Raymond Braun
Lektorat: Peter Ritter, Sabine Senftleben, Horst Christoph (Überarbeitung)
Redaktion und Layout: Susanne Beigott, Christiane Schütz
Fotos: siehe unten
Covergestaltung: Karl Serwotka
Covermotive: oben: Impression vom Nil (Karsten Luzay)
 unten: Pharaonin Hatschepsut trifft Widdergott Chnum im Satet-Tempel von Elephantine (Ralf-Raymond Braun)
 S. 3: Die Altstadt von Siwa (Ralph-Raymond Braun)
Karten: Judit Ladik, Michaela Nitzsche, Gábor Sztrecska

Fotonachweis

Fotos: alle Ralph-Raymond Braun außer:

S. 110: Thomas Schröder

S. 22 oben, 92, 555, 586, 584, 642, 665: Harald Mielke

Herzlichen Dank an: Tarek el-Mahdy; Hakim Husein in Assuan; Mahdi Hweiti in Siwa; Stefanie und Kosa in Bahariya; Omar in Dachla; Mohsen und Mahmoud Youssef in Charga; Roland Unger in Halle; an alle Leser, die sich die Mühe gemacht haben, mit ihren Mails und Briefen zur Verbesserung des Buchs beizutragen; an die User des Ägyptenreiseforums für die vielen Anregungen und Infos.

Die in diesem Reisebuch enthaltenen Informationen wurden vom Autor nach bestem Wissen erstellt und von ihm und dem Verlag mit größtmöglicher Sorgfalt überprüft. Dennoch sind, wie wir im Sinne des Produkthaftungsrechts betonen müssen, inhaltliche Fehler nicht mit letzter Gewissheit auszuschließen. Daher erfolgen die Angaben ohne jegliche Verpflichtung oder Garantie des Autors bzw. des Verlags. Beide übernehmen keinerlei Verantwortung bzw. Haftung für mögliche Unstimmigkeiten. Insbesondere eignen sich Karten und geografische Koordinaten nicht als Navigationsgrundlage von Wüstentouren. Wir bitten um Verständnis und sind jederzeit für Anregungen und Verbesserungsvorschläge dankbar.

ISBN 978-3-89953-429-0

© Copyright Michael Müller Verlag GmbH, Erlangen, 2005, 2007, 2012. Alle Rechte vorbehalten. Alle Angaben ohne Gewähr. Druck: Wilhelm & Adam, Heusenstamm.

Aktuelle Infos zu unseren Titeln, Hintergrundgeschichten zu unseren Reisezielen sowie brandneue Tipps erhalten Sie in unserem regelmäßig erscheinenden Newsletter, den Sie unter **www.michael-mueller-verlag.de** kostenlos abonnieren können.

3. aktualisierte Auflage 2012

ÄGYPTEN

Ralph-Raymond Braun

INHALT

Willkommen in Ägypten ... 11
Wohin in Ägypten? ... 12

Das Land ... 14
Der Nil als Lebensader ... 14
Klima ... 18
Flora und Fauna ... 20

Geschichte ... 25

Mensch und Gesellschaft ... 43
Bevölkerung ... 43
Die Welt der kleinen Leute ... 46
Religion heute ... 48
Der Islam ... 48
Zurück zum Gottesstaat? ... 51
Die Koptische Kirche ... 52
Ägyptens Wirtschaft ... 54
Was kommt nach Mubarak? ... 56
Kultur der Gegenwart ... 57
Die Welt der Pharaonen ... 65
Architektur ... 68
Kunst: Bilder für die Ewigkeit ... 70
Schrift und Schreiber ... 71
Der Pharao ... 74

Reisepraktisches ... 76
Einreisebestimmungen ... 76
Anreise ... 77
Unterwegs im Land ... 80
Übernachten ... 91
Essen und Trinken ... 93

Wissenswertes von A bis Z ... 100
Alkohol ... 100
Anmache ... 100
Bakschisch ... 102
Behinderte ... 103
Diplomatische Vertretungen ... 103
Einkaufen/Souvenirs ... 104
Elektrizität ... 104
Feiertage ... 105
Fotografieren ... 105
Gastfreundschaft ... 105
Geld ... 106
Gesundheit ... 107
Information ... 108
Karten und Stadtpläne ... 109
Lesestoff ... 109
Maße und Gewichte ... 110
Medien ... 111
Notruf ... 111
Öffnungszeiten ... 111
Post ... 112
Religiöse Stätten ... 112
Sicherheit ... 112
Telefon ... 114
Verständigung ... 114
Zeit ... 115

Von Kairo bis Abu Simbel   116/117

Kairo ... 118
Ägyptisches Museum ... 135
Stadtzentrum ... 141
Gezira/Zamalek ... 147
Heliopolis (Misr el-Gedida) ... 151
El-Muski und Khan el-Khalili ... 154
Nördliche Altstadt (el-Gamaliya) ... 159
Südliche Altstadt Bab Zuweila,
 Darb el-Ahmar ... 165
Zitadelle (el-Qal'a) ... 174
Moqattam-Hügel ... 178
Totenstädte ... 180
Saiyida Zeinab & Ibn Tulun ... 187

Alt-Kairo (Misr el-Qadima)	194	Insel Roda	197
El-Fustat	194	Koptisches Viertel	198

Pyramiden und Westufer ... 205

Mohandissin, Agouza, Doqqi, Giza	205	Chephren- und Mykerinos-Pyramide	215
Pyramiden von Giza	210	Sphinx	215
Cheops-Pyramide	212		

Umgebung von Kairo ... 219

Von den Giza-Pyramiden nach Saqqara	221	Birket Qaroun	234
Saqqara	222	Qasr Qaroun	235
Memphis, Dahschur, Maidum	229	Medinet el-Fayum	236
Fayum	231	**Wadi er-Rayan**	239
Kom Auschim/Karanis	233		

Mittelägypten ... 240

Beni Suef	241	Mellaui	251
El-Minya	242	Tell el-Amarna	251
Tihna el-Gebel	245	**Assiut**	256
Saujet el-Maitin	247	**Sohag**	260
Beni Hassan	248	Achmim	260
Hermopolis	248	**Abydos**	263
Tuna el-Gebel	249	**Dendera**	267

Luxor ... 271

Karnak	281	Die Tempel	309
Luxor-Tempel	284	Tempel der Hatschepsut	309
Museen	286	Ramesseum	312
Westufer von Luxor	290	Tempel des Merenptah	314
Die Gräber	296	Memnonkolosse/Tempel Amenophis' III.	315
Tal der Könige	296		
Gräber der Noblen	304	Medinet Habu	316
Weitere Gräber in Scheich Abd el-Qurna	305	**Nähere Umgebung von Luxor**	319
		Medamud	319
Nekropole el-Asasif	307	El-Tod	319
Stadt der Grabarbeiter	307	Mo'alla	320
Tal der Königinnen	308		

Zwischen Luxor und Assuan ... 321

Esna	321	Gebel es-Silsila	327
El-Kab	322	Kom Ombo	329
Edfu	324	Darau	333

Assuan ... 334

Insel Elephantine	344	Philae	351
Weitere Inseln	346	Alter Staudamm	355
Sehenswertes am Westufer	347	Hochdamm	357
Felsengräber	347	Neu-Kalabscha	359

Nubien und Nasser-Stausee 361

Wadi 'Allaqi	365	Toschka	370
Neu-Sebu'a	367	Nabta Playa	371
Neu-Amada	368	Abu Simbel	373
Qasr Ibrim	370		

Von Alexandria zum Roten Meer 378/379

Alexandria und Mittelmeerküste 380

Wadi en-Natrun	381	Deir el-Baramus	387
Deir Abu Maqar	382	**Tahrir-Provinz**	387
Deir Anba Bischoi	384	Weingut Gianaklis	387
Deir es-Suriyan	386	Mariut-See	387

Alexandria 388

Anfuschi/Ras et-Tin	401	Bibliotheca Alexandrina	410
Stadtzentrum	403	Strände, Vororte und	
Antikes im Stadtzentrum	405	Sehenswertes im Osten	413
Schallalat-Park	409		

Mittelmeerküste westlich von Alexandria 417

Agami	418	El-Alamein	422
Esch-Schona	419	Qattara-Senke	424
Abusir	419	Marsa Matrouh	424
Borg el-Arab	420	Bucht von Agiba	428
Abu Mena	420	Weiter nach Libyen	428

Westliche Wüste 429

Siwa	432	Qasr Dachla	476
Siwa-Stadt	441	Deir el-Hagar	478
Gebel ed-Dakrur	443	Muzauwaqa	479
Aghurmi	443	Amheida	479
Fatnas	444	Gedida	479
Der Westen von Siwa	444	Kellis	479
Bir Wahed	446	Balat	481
Qarah	447	Baschendi	482
Von Siwa nach Bahariya	447	Zwischen Dachla und Charga	483
Bahariya	450	**Charga**	485
Von Kairo nach Bahariya	452	Qasr Charga	488
Managim	452	Tempel von Hibis	492
Bawiti	452	Bagawat	493
Zwischen Bawiti und Farafra	462	Von Qasr Charga nach Dusch	497
Weiße Wüste	463	Dusch	499
Farafra	464	**Nationalpark Gilf Kebir**	501
Qasr el-Farafra	465	Großes Sandmeer	502
Zwischen Farafra und Dachla	468	Abu Ballas	503
Dachla	469	Gilf Kebir	504
Mut	472	Gebel Uweinat	509
Zwischen Mut und el-Qasr	475	Ost-Uweinat	511

Nildelta und Suezkanal 512

Nildelta	512	Mendes	522
Rosetta	514	Deir Sitt Dimyanah	523
Damanhur	516	Sekem-Farm in Bilbeis	523
Naukratis	518	Zaqaziq	524
Disuq	518	Tanis	525
Buto	518	**Suezkanal**	527
Tanta	519	Port Said	530
Sais	520	Mansala-See	535
Mahalla el-Kubra	520	Ismailia	537
Sammanud	521	El-Fayed	540
Mit Damsis	521	Suez	541
Mansoura	521		

Sinai 544

Von Suez nach Scharm el-Scheich	545	Von Nuweiba nach St. Katharina	585
Ras es-Sudr	545	Von Nuweiba nach Taba	587
Serabit el-Chadim	547	**Taba**	590
Gebel Maghara	551	Von Taba nach Suez	591
Wadi Mukattab	552	**Sankt Katharina**	592
El-Tur	554	Mosesberg	600
Ras Mohammed	555	**Nordsinai**	607
Scharm el-Scheich	558	El-Qantara	608
Von Scharm el-Scheich nach Dahab	569	Pelusium	608
Dahab	571	El-Bardawil/Zaraniq	610
Nuweiba	581	**El-Arisch**	610

Rotes Meer 613

Am Golf von Suez	613	Wadi Hammamat	660
'Ain Suchna	614	Zwischen el-Quseir	
Antoniuskloster und Pauluskloster	615	und Marsa Alam	662
Ras Gharib	619	Port Ghalib	663
El-Gouna	620	Marsa Abu Dabbab/Marsa Schagra	664
Mons Porphyrites	627	**Marsa Alam**	666
Bir Qattar	631	Scha'b Samadai	668
Hurghada	632	Von Marsa Alam nach Edfu	668
Zwischen Hurghada und Safaga	645	Nationalpark Wadi el-Gemal	670
Port Safaga	648	Die Inseln/Offshore Islands	675
Mons Claudianus	651	Berenike	676
El-Quseir	654	Bir Abraq	681
El-Quseir el-Qadim	657	**Asch-Schalatin**	683
Die Wüstenroute nach Qft	658	Halaib-Dreieck	684
Bir Umm Fawachir	659	Gebel Elba	685

Etwas Ägyptisch-Arabisch 686

Glossar 692

Register 697

Kartenverzeichnis

Ägypten Übersicht................Umschlaginnenklappe vorne
Kairo Zentrum...................Umschlaginnenklappe hinten
Kairo Metro.....................Umschlagaußenklappe hinten

Abu Simbel, Großer
   Tempel Ramses' II................375
Abydos, Sethos-Tempel............265
Alexandria
   Kom esch-Schuqafa................408
   Übersicht.....................392/393
   Zentrum.......................396/397
Antoniuskloster..................617
Assuan
   Assuan...........................335
   Elephantine......................345
   Umgebung.........................350
Assiut...........................257
Bahariya.........................451
Bawiti.......................454/455
Charga
   Hibis-Tempel.....................493
   Oase.............................487
   Stadt............................489
Dachla
   Oase.............................471
   Kellis...........................481
   Mut..............................473
   Qasr Dachla......................477
   Qila ed-Dabba....................482
Dahab............................575
Dendera, Hathor-Tempel...........269
Edfu, Horus-Tempel...............325
Farafra
   Oase.............................465
   Stadt............................467
Fayum
   Fayum............................231
   Fayum-Stadt..................232/233
Gilf Kebir.......................505
Giza

Cheops-Pyramide......................213
Pyramiden zwischen
   Giza und Dahschur............216/217
Pyramiden............................211
El-Gouna.........................623
Hurghada
   Dahar............................641
   Hinterland.......................645
   Hurghada.........................637
   Siqala...........................639
Ismailia.....................538/539
Kairo
   Ägyptisches Museum
     (Erdgeschoss)................136
   Ägyptisches Museum
     (Obergeschoss)...............139
   Großraum.........................123
   Heliopolis.......................151
   Islamische Altstadt..............161
   Islamisches Museum...............169
   Khan el-Khalili..................156
   Östlicher Friedhof...............181
   Süden........................192/193
   Westen.......................206/207
   Zitadelle........................175
Kom Ombo, Tempel.................331
Luxor
   Amun-Tempel von Karnak...........283
   Deir el-Bahri,
     Hatschepsut-Tempel...........311
   El-Beirat el-Gezira..............293
   Luxor-Tempel.....................285
   Medinet Habu.....................317
   Ramesseum........................313
   Stadt............................277
   Tal der Könige...................299
   Übersicht........................274

Westufer	291
Makadi Bay	647
Marsa Alam	666
Marsa Matrouh	426/427
El-Minya	243
Mittelägypten	246
Mons Claudianus	
Mons Claudianus	653
Übersicht	651
Mons Porphyrites	629
Nasser-Stausee	364
Nubien	361
Nuweiba	583
Nildelta und Suezkanal	512
Oberägypten	321
Pauluskloster	619
Philae	353
Port Safaga	648
Port Said	532/533
El-Quseir	657
Rosetta	515
Saqqara - Nord	226
Scharm el-Scheich	
Na'ama Bay	563
Scharm el-Scheich und Umgebung	559
Scharm el-Scheich	561
Serabit el-Chadim	
Tempel	548
Umgebung	550
Sinai	
Süden	552/553
Übersicht	546
Siwa	
Oase Siwa	437
Siwa-Stadt	439
St. Katharina	
Katharinenkloster	595
Umgebung	603
Sohag	261
Soma Bay	647
Südliche Rotmeerküste	671
Suez	540/541
Tell el-Amarna	253
Wadi en-Natrun	
Kloster des Anba Bischoi	385
Westliche Wüste und Mittelmeerküste	383
Zaraniq	610

Zeichenerklärung für die Karten und Pläne

—	Schnellstraße	◟	Aussichtspunkt	M	Museum
=	Hauptstraße	○	Brunnen	✈	Flughafen/-platz
	Nebenstraße	△	Campingplatz	TAXI	Taxistandplatz
	Piste		Badestrand	BUS	Bushaltestelle
	Bebaute Fläche	▮	Turm	M	Metrostation
	Strand		Leuchtturm	P	Parkplatz
	Gewässer		Sendemast	B	Botschaft
	Grünanlage	★	Allg. Sehenswürdigkeit	i	Information
	Friedhof		Moschee	⊠	Post
↑	Palme		Synagoge	EC	Bank/Geldautomat
▲	Berggipfel	♠	Mausoleum		Supermarkt
⌒	Höhle		Tempel	☎	Telefon
	Rundgang Anfang	✝	Kirche/Kapelle	✚	Krankenhaus
	Rundgang Ende		Schloss/Festung/Burg	T	Tankstelle

Was haben Sie entdeckt?
Haben Sie den ultimativen Strand gefunden, ein freundliches Restaurant mit leckerer Speisekarte, ein nettes Hotel mit Atmosphäre? Wenn Sie Ergänzungen, Verbesserungen oder neue Tipps zum Buch haben, lassen Sie es uns wissen! Schreiben Sie an:

Ralph-Raymond Braun
c/o Michael Müller Verlag GmbH
Gerberei 19
91054 Erlangen
E-Mail: ralph-raymond.braun@michael-mueller-verlag.de

Willkommen in Ägypten!

Von den vielen Ländern, die ich bereist habe, hat mich keines so fasziniert wie Ägypten. Für mich ist es das Reiseland schlechthin. Bereits der Grieche Herodot stand vor 2500 Jahren staunend wie unsereiner vor den Pyramiden, rätselte über das Antlitz der Sphinx und erschrak beim Blick in die Ewigkeit des Totenreichs. Und Thomas Cook, Erfinder der Pauschalreise, veranstaltete seine ersten Auslandstouren auf dem Nil. Wo sonst kann man eine Oase per Schiff bereisen.

Leider verstellt die Überfülle historischer Monumente den Blick auf das moderne Ägypten. Weltwunder sind nicht nur die Tempel und Gräber der Pharaonen oder die Pyramiden und der Schatz des Tutanchamun. Viel mehr noch nimmt es wunder, wie die Menschen ihr Überleben organisieren. Mit welcher Gelassenheit und Würde sie Chaos, Lärm und Schmutz im übervölkerten Kairo ertragen und dabei für uns noch ein „Welcome to Egypt!" übrig haben. Wer nicht in Kairo war, der habe die Welt nicht gesehen, heißt es in Tausendundeiner Nacht.

Mehr als genug Raum bietet gleich vor der Stadt die schier endlose Wüste. Einsam und majestätisch lässt sie uns allein mit den Naturgewalten und uns selbst. Dies ist das Terrain der Philosophen und Propheten. So eindrücklich, magisch und elementar wie in der Wüste erlebt man die Natur auch in einem ganz gegensätzlichen Element: in den Tiefen des Roten Meers, eingetaucht zwischen Korallenriffen und bunten Fischen.

Doch so wie das Land verzaubert, so schmerzt auch das Elend der Menschen. Sicher ist es niemandem zu verübeln, wenn er die Konfrontation mit Dreck, Armut, fremd-unverständlichem Verhalten und sogenannter Rückständigkeit zu meiden sucht. Die ägyptische Wirklichkeit bleibt dem Besucher dann jedoch außen vor. Sie zu erfahren, muss man raus aus der behüteten, abgeschirmten Welt der Hotels, Sehenswürdigkeiten und organisierten Führungen. Vor diesem Schritt, schon im wortwörtlichen Sinne eines Stadtspaziergangs, stehen Orientierungslosigkeit, Angst vor der Fremde und Unverständnis. Sie zu überwinden soll dieses Buch helfen.

Für die aktuelle Neuauflage habe ich das Buch vor allem um Stätten im Nildelta und in der Östlichen Wüste erweitert. Beide Regionen werden zwar von Touristen kaum besucht – die wenigen, die sich doch dorthin aufmachen, werden um die anderswo nur schwer zu findenden Informationen dankbar sein. Für die Wüstengebiete habe ich zudem GPS-Koordinaten aufgenommen, soweit diese bereits anderswo publiziert und damit öffentlich zugänglich sind.

Erlebnisreiche Reisen wünscht

Wohin in Ägypten?

Die Hauptstadt **Kairo** trägt im Volksmund nicht umsonst den gleichen Namen wie Gesamt-Ägypten: *Misr* erscheint als ein Mikrokosmos des Landes am Nil. Moscheen, Karawansereien und koptisch-christliche Denkmäler stehen hier dicht an dicht. Allein im Ägyptischen Museum kann man mehrere Tage zubringen, daneben warten noch zwei Dutzend weitere Museen. Basare locken zum Schauen und Shoppen. Gleich vor der Stadt reihen sich am Wüstenrand die Pyramiden: Ein Muss ist das Weltwundertrio von **Giza**, auch **Saqqara** sollte man gesehen haben. Ausflüge führen in die **Oase Fayum** und an den Wüstensee im **Wadi er-Rayan**.

Mittelägypten, also das Niltal flussaufwärts von Kairo bis in die Provinz Sohag, hat sich in den letzten Jahren mit der verbesserten Sicherheitslage wieder stärker als Reiseziel etabliert. Bislang haben aber nur wenige Reiseveranstalter **el-Minya** und **Assiut**, die Felsengräber von **Beni Hassan** oder Echnatons **Tell el-Armana** im Programm. Nur die Tempel von **Abydos** und **Dendera** werden von Luxor aus häufiger besucht.

Die klassische Nilkreuzfahrt beginnt oder endet heute in Luxor, dem antiken Theben. Hier warten mit dem heiligen Bezirk von **Karnak** und der Totenstadt auf dem Westufer Sehenswürdigkeiten von Weltrang. Allein das **Tal der Könige** ist für manchen eine eigene Reise wert. Seine dunkelhäutigen Nubier machen **Assuan** zur afrikanischsten Stadt Ägyptens. Boote laden zur gemächlichen **Segeltour** auf dem Nil oder zur Fahrt zum Tempel von **Philae**.

Der Tagestrip im Flugzeug von Assuan zu den Felsentempeln in **Abu Simbel** ist ein Höhepunkt vieler Ägypten-Programme. Gemütlicher reist es sich mit dem Schiff

Wohin in Ägypten?

an. Auf diesen noch eher exklusiven Kreuzfahrten über den **Nasser-Stausee** werden auch die vor den Fluten an einen höheren Standort versetzten Wüstentempel von **Unternubien** angelaufen.

An der ägyptischen **Mittelmeerküste** verbringen vor allem Einheimische ihre Ferien. Die Millionenstadt **Alexandria** gefällt mit dem morbiden Charme einer in die Jahre gekommenen Schönheit. Mit ihrer Bibliothek versucht Ägyptens „Hauptstadt der Erinnerung" an vergangene Größe anzuknüpfen. Auf dem Weg in die **Oase Siwa** mit ihren Palmenhainen und dem Alexander-Orakel passiert man das Weltkriegs-Schlachtfeld **el-Alamein**, an dessen Opfer Gedenkstätten und Friedhöfe erinnern. Die schönsten Strände der ägyptischen Mittelmeerküste gibt es um die Ferienstadt **Marsa Matrouh**.

Neben den Badeorten am Roten Meer und den archäologischen Stätten am Nil fristet die **Westliche Wüste** bislang nur ein Schattendasein als Urlaubsziel. Jeeptouren ins Nirgendwo, Dünensurfen mit dem Sandboard, Meditationen am Lagerfeuer und Felsen wie Packeis – die Wüste lockt. Die **Oasen Bahariya** und **Farafra** sind Ausgangspunkte für den Besuch des Naturparks **Weiße Wüste**. Die weitläufige **Oase Dachla** bietet Thermalquellen und eine Stadt aus Lehm. Zum echten Abenteuer, zehn Tage ohne Dusche inklusive, geraten Expeditionen zu den Felszeichnungen am **Gilf Kebir** oder **Gebel Uwainat**.

Besser sind die Naturwunder des **Sinai** erschlossen. Der **Mosesberg** belohnt den frühmorgendlichen Aufstieg mit einem herrlichen Sonnenaufgang. Zu seinen Füßen hütet das **Katharinenkloster** alte Handschriften und Ikonen. Beduinen bieten auch mehrtägige Kameltouren durch die als **Nationalpark** geschützte Bergwelt rund um das Kloster. An der Küste wandelt sich eine vormals nahezu menschenleere Landschaft in atemberaubendem Tempo zu einer Ferienwelt. **Scharm el-Scheich** gibt sich gediegen und profitiert von der Nähe zu den hervorragenden Tauchgründen des Nationalparks **Ras Mohammed**. **Dahab**, vormals Treff jugendlicher Individualtouristen mit schmalem Geldbeutel, ist inzwischen ein „normaler" Urlaubsort und wird auch in den Katalogen der Reiseveranstalter angeboten, während in den Camps von **Nuweiba** vor allem preisbewusste Gäste aus dem nahen Israel ihre Ferien verbringen.

Am Westufer des **Roten Meeres** hat **Hurghada** inzwischen den Ruf, ein ägyptisches Rimini zu sein – Masse statt Klasse, doch unschlagbar preiswert. **Soma Bay** und **el-Gouna** stehen für die neue Generation der luxuriösen Urlaubsstädte vom Reißbrett – ein Stück Europa in Afrika. Weitab jeder gewachsenen Ansiedlung entstehen um **Marsa Alam** an den schönsten Bade- und Tauchplätzen isolierte Hotelanlagen und Feriendörfer aus dem Nichts. Fortgeschrittene Taucher finden hier noch eine weitgehend intakte und erst durch wenige Besucher gestörte Unterwasserwelt.

Karl Baedeker hat in seinen Reiseführern anno dazumal die ☆ **Sternchen** als Mittel zur Hervorhebung bedeutender Sehenswürdigkeiten eingeführt. Um Ihnen die Auswahl unter den vielen, vielen in diesem Buch vorgestellten Sights zu erleichtern, habe ich dieses bewährte System übernommen. Es versteht sich, dass Weltwunder wie die Pyramiden von Giza ein Drei-Sterne-Topranking bekommen. Wo es jedoch keinen klaren Kanon gibt, sind in solche Wertungen natürlich auch meine persönlichen Vorlieben und Interessen eingeflossen.

Die römische Festung Qasr el-Labacha in der Oase Charga

Das Land

Der Nil als Lebensader

1700 km Meeresküste umgeben das Land an der Nordostspitze Afrikas, das zum größten Teil aus Wüste besteht. Sand, Geröll und kahle Gebirge lassen den Bauern gerade einmal 5 % der Landesfläche als Acker- und Gartenland übrig: einen schmalen Grünstreifen entlang des Nils und sein dreieckiges Mündungsdelta.

„Denn es ist klar und der Verständige sieht es, ohne dass man es ihm sagt, dass die Gebiete Ägyptens ein Geschenk des Flusses sind", notierte der griechische Historiker Herodot, der den 6670 km langen Strom bis hinauf nach Assuan gereist war. Doch warum der Erde längster Fluss ausgerechnet in der heißen Jahreszeit anschwoll, blieb ihm und den antiken Denkern ein Rätsel. Aristoteles fasste die recht verwegenen Theorien über die Nilflut in einem Traktat zusammen und löste die Streitfrage streng logisch: Nur die Sommerregen in den Bergen Äthiopiens könnten die Ursache sein.

Die Nilflut

Mitte Mai erreicht die aus Äthiopien kommende Flutwelle des **Blauen Nils** Khartum und schneidet hier, am Zusammenfluss mit dem Weißen Nil, dem aus Zentralafrika kommenden Bruder den Weg ab, der dann sozusagen auf der Stelle tritt und zu einem großen See gestaut wird. 50 Tage lang steigt das Wasser, 80 Tage geht es zurück. Der **Weiße Nil**, der keineswegs weiß, sondern schmutzig-grau daherkommt, ist zwar ein gutes Stück länger als sein Pendant, doch seine Wassermenge ist verhältnismäßig gering. Er schickt nicht mehr Wasser ins Mittelmeer als der Rhein in die Nordsee. Entscheidend dafür, dass der Nil nicht irgendwo versickert, sondern auch in der sommerlichen Gluthitze eine 2500 km lange Wüstenstrecke überwindet und dabei die größte Flussoase der Welt schafft, sind die braungrünen Wasser des Blauen Nils und die des gleichfalls aus Äthiopien kommenden Atbara, der nördlich von Khartum in den vereinigten Nil mündet.

Nach dieser letzten Stärkung wälzt sich der Strom durch die endlose Monotonie der Wüste, in der es niemals regnet, schlägt einen Haken um die Höhenzüge aus nubischem Sandstein, überwindet die Granitbarrieren mehrerer **Katarakte**, nämlich harmlose Stromschnellen, die während der Nilflut gänzlich untergehen, und erreicht schließlich die ägyptische Grenze und den **Nasser-Stausee**. Dieser fängt in seinem Stauraum die Flut ab und entlässt über die Dammkrone und den letzten Katarakt bei Assuan jenen zahmen, gebändigten Nil, den der Ägyptenreisende heute kennenlernt: einen von bukolischer Landschaft mit Palmen und Zuckerrohrfeldern, Wasserbüffeln und Kuhreihern und – nicht zu vergessen – den majestätischen Tempelruinen gesäumten Strom, dessen in Oberägypten noch blaugrünes Wasser mit den weißen Segeln der vom sanften, stetigen Nordwind beförderten Feluken kontrastiert – dies alles vor dem gelbbraunen Hintergrund der Wüste, die das Flusstal auf beiden Seiten in die Zange nimmt, um dann flussab immer weiter zurückzuweichen. Gleich hinter Kairo und etwa 150 km vor dem Mittelmeer verliert der Nil schließlich seinen zuletzt zielstrebig nordwärts führenden Weg und fächert sich in die Mündungsarme auf. In der Antike waren es noch sieben, fünf sind versandet, bleiben zwei, die sich bei Rosetta und Damietta im Meer verlieren.

Während „Flut" anderenorts mit berstenden Dämmen und Katastrophenszenarien assoziiert wird, war die Nilflut, kam sie nur im richtigen Maß, für Ägypten ein Segen. Sie brachte den fruchtbaren Nilschlamm aus den äthiopischen Bergen auf die überfluteten Felder längs des Stroms, der sich dort im Laufe der Jahrtausende zu einer etwa 12 m tiefen Schicht ablagerte. Nicht umsonst lassen die altägyptischen Schöpfungsmythen das erste Leben auf den vom zurückweichenden Urmeer freigegebenen Inseln entstehen. Auch die im 19. und frühen 20. Jh. gebauten **Staudämme** ließen der Nilflut noch ihren freien Lauf: Wenn das Hochwasser kam, öffnete man alle Tore. Erst der Sadd el-'Ali (Assuan-Hochdamm) hielt die Flut und damit den Nilschlamm zurück.

Ägypten in Zahlen

Fläche: 997.739 km²
Nord-Süd-Ausdehnung: 1025 km
Ost-West-Ausdehnung: 1240 km
Höchster Berg: Gebel Katharina, 2637 m
Längster Fluss: Nil, 6670 km
Einwohner: 78 Mio. (2010), davon leben 25 % unter der Armutsgrenze
Hauptstadt: Kairo (ca. 16 Mio. Einw.)

BIP je Einw. entspricht etwa 6200 $ Kaufkraft)
Anteil Landwirtschaft: 13 %
Anteil Industrie: 39 %
Lebenserwartung: durchschnittlich 72 Jahre
Religion: 90 % Muslime, 10 % Christen
Analphabeten: ca. 30 %

Statt des natürlichen Düngers transportiert der Fluss heute andere Dinge: 1151 Tonnen Feststoffe, 296 Tonnen gelöster Stoffe, 168 Tonnen Öl und 165 Tonnen Schwermetalle werden mit dem weitgehend ungeklärten Abwasser von Industrie und Haushalten täglich (!) in den Strom geleitet, der gleichzeitig die Felder bewässert. Von den etwa 50.000 Tonnen Pestiziden, die Ägyptens Bauern jedes Jahr ausbringen, gelangt schätzungsweise die Hälfte schließlich in den Fluss, aus dem nahezu das gesamte Land sein Trinkwasser bezieht. Langjähriger „Genuss" des Kairoer Leitungswassers, so warnen Experten, schädigt Nieren und Leber.

> ### Sehnsucht nach Wasser – ein Zeitzeuge über die Nilflut
>
> „In England spricht Jedermann vom Wetter und jedes Gespräch wird mit Ausdrücken über Hitze oder Kälte, Regen oder Trockenheit angefangen; in Ägypten aber, wenigstens während eines Theiles des Jahres, bildet das Steigen des Niles den allgemeinen Unterhaltungsgegenstand. Bisweilen steigt der Fluß ungewöhnlich schnell, und dann wird von nichts als Überschwemmungen gesprochen; denn wenn der Fluß zu sehr austritt, werden ganze Dörfer weggeschwemmt; und da sie zum größten Theile aus an der Sonne getrockneten Ziegeln und Lehm gebaut sind, werden sie vollständig vernichtet; und sobald das Wasser sich setzt, sind alle Gränzzeichen verwischt, der Lauf der Kanäle verändert, und Hügel und Dämme weggewaschen: Bei solchen Gelegenheiten haben die kleineren Grundbesitzer große Schwierigkeit, ihr Besitzthum wieder zu bekommen; denn wenige von ihnen wissen, wie weit sich ihre Felder in der einen oder anderen Richtung erstrecken, wenn nicht ein Baum, ein Stein oder irgend etwas Anderes nachbleibt, um die Gränze des flachen Schlammstückes des Einen von dem seines Nachbarn zu bezeichnen.
>
> Das häufigere und weit mehr gefürchtete Unglück aber ist das Ausbleiben des Hochwassers. Dies war der Fall im Jahre 1833, und wir hörten von nichts Anderem sprechen. ‚Ist es heute sehr gestiegen?' fragt der Eine. – ‚Ja es ist einen halben Pik seit heute Morgen gestiegen.' – ‚Was! Nicht mehr? Im Namen des Propheten, was soll aus der Baumwolle werden?' – ‚Ja, und Doura (Hirse) wird ganz gewiß von der Sonne verbrannt werden, wenn wir nicht noch vier Piks Wasser bekommen.' Kurz, der Nil hat in Allem seinen Willen; Alles hängt von der Art ab, wie er sich zu verhalten beliebt, und El Bahar (der Fluß) ist von früh bis Abend in Jedermanns Munde. Während der Zeit des Steigens gehen Ausrufer mehrere Male des Tages durch die Stadt, und geben die genaue Höhe an, auf welche das Wasser gestiegen ist, und die genaue Anzahl der Piks, welche am Nilometer unter Wasser stehen."
>
> *Robert Curzon, 1847*

Die Nilquellen

Die Frage nach den Nilquellen wusste die Antike nur vage zu beantworten. Zum Ursprung des Blauen Nils drang als erster Europäer anno 1618 *Pedro Paez* vor. Mangels astronomischer Instrumente konnte er den Ort oberhalb des Tana-Sees nicht genau bestimmen, doch hinterließ der portugiesische Missionar zur Enttäuschung späterer Forscher, die sich gern selbst mit der Entdeckung geschmückt hätten, eine zutreffende Beschreibung.

Schwieriger gestaltete sich die Suche nach dem Anfang des Weißen Nils. Alle Expeditionen scheiterten spätestens im sudanesischen Sumpfland, dem Sudd. Immerhin

Der Nil als Lebensader 17

Auch in Kairo gibt es noch beschauliche Stellen

verfehlte *Claudius Ptolemäus*, der die „Mondberge", das über 5000 m hohe Ruwenzori-Massiv zwischen Uganda und Kongo-Zaire, als Quellgebiet nannte, die Lösung nur um etwa 250 km. Er lag damit nicht schlechter als der britische Armeeoffizier *John Hanning Speke*, der 1858 als erster Europäer den Victoria-See sah und sich bei einem zweiten Anlauf von hier bis nach Gondokoro, dem damals letzten Vorposten der arabischen Händler am Oberlauf des Nils, durchschlug und den Fluss bis nach Kairo hinuntersegelte. „The Nil is settled" !" (Der Nil ist gelöst!), kabelte er begeistert von der ersten ägyptischen Telegrafenstation nach London.

Des Rätsels endgültige Lösung blieb dem New-York-Times-Reporter *Henry Morton Stanley* überlassen, der zuvor schon den verschollenen Forschungsreisenden David Livingston gefunden hatte, welcher auch in Sachen Nilquelle unterwegs gewesen war. Mit mehreren Tonnen Ausrüstung, darunter ein 12 m langes, in Einzelteile zerlegtes Stahlboot, und 270 Trägern brach die Expedition von Sansibar auf und erreichte nach dreieinhalb Monaten am 8. März 1875 den Victoria-See. Stanley ließ die „Lady Alice" zusammensetzen und umrundete in weiteren 57 Tagen den See, wobei er den Kagera als dessen längsten Zufluss entdeckte. Dieser entspringt im Südwesten Ruandas. Auf einer späteren Reise lüftete er schließlich auch das Geheimnis der Ptolemäischen Mondberge, nämlich des über 5000 m hohen Ruwenzori-Gebirges, das sich 300 km nördlich der Nilquelle erhebt und früheren Forschern stets hinter einem dichten Wolkenschleier verborgen hatte.

Lesetipp: Georg Brunold, *Nilfieber. Der legendäre Wettlauf zu den Quellen in Originalberichten.*

Prima Klima

Mit Ausnahme der Mittelmeerküste herrscht subtropisches Wüstenklima. Die beste Reisezeit ist die Periode von Mitte Oktober bis Anfang Mai. Die Sommer sind besonders in Oberägypten sehr heiß und trocken.

Im **Sommer** schätzen Europäer wie Ägypter das Wetter der Mittelmeerküste: sonnig und warm, doch nicht zu heiß, dazu oft eine angenehme Brise. Weiter gen Süden steigen die Temperaturen rasch an. In Kairo sind Tagesspitzen von etwa 35 °C üblich, in Assuan klettert die Quecksilbersäule zwischen Mai und September regelmäßig auf über 40 °C. Auch nachts werden dann wenigstens 25 °C gemessen.

Das Wetter in Kairo

Monat	Temperatur in °C				Mittlere relative **Luftfeuchte**	Mittlere Anzahl der **Regentage**
	Mittleres tägliches Maximum	Mittleres tägliches Minimum	Absolutes Maximum	Absolutes Minimum		
Jan.	19	9	30	3	43–75 %	3
Febr.	21	9	36	1	38–70 %	2
März	24	11	39	5	34–67 %	1
April	28	14	42	9	30–62 %	<1
Mai	32	17	44	12	27–57 %	<1
Juni	35	20	46	16	29–63 %	<1
Juli	35	22	46	19	32–70 %	0
Aug.	35	22	42	18	36–73 %	0
Sept.	33	20	42	16	41–75 %	0
Okt.	30	18	39	12	40–75 %	0
Nov.	25	14	37	5	45–77 %	2
Dez.	21	10	33	5	47–77 %	3

Mittlerer Jahresniederschlag: 24 mm; jährlich 20 Nebeltage, 3 Tage Chamsin (Sandsturm)

Das Wetter in Assuan

Monat	Temperatur in °C				Mittlere relative **Luftfeuchte**	Mittlere Anzahl der **Regentage**
	Mittleres tägliches Maximum	Mittleres tägliches Minimum	Absolutes Maximum	Absolutes Minimum		
Jan.	24	10	38	3	27–52 %	0
Febr.	27	14	39	2	21–45 %	0
März	31	14	44	6	16–36 %	0
April	36	19	48	10	14–30 %	0
Mai	40	24	48	11	13–26 %	0,5
Juni	42	25	51	20	14–28 %	0
Juli	42	26	48	22	16–29 %	0
Aug.	42	26	48	22	18–32 %	0
Sept.	40	24	48	18	19–37 %	0
Okt.	36	22	47	13	21–41 %	0
Nov.	31	17	42	8	27–49 %	0
Dez.	27	13	37	4	30–53 %	0

Mittlerer Jahresniederschlag: 1 mm

Klima

Das Wetter in Alexandria

Monat	Lufttemperatur in °C				Niederschlag	
	Mittleres tägliches Maximum	Mittleres tägliches Minimum	Absolutes Maximum	Absolutes Minimum	mm	Mittlere Anzahl Regentage
Jan.	18	9	36	3	48	10
Febr.	19	9	37	3	28	7
März	21	11	41	6	14	6
April	23	13	42	7	3	2
Mai	27	17	42	11	2	1
Juni	28	20	42	12	<1	<1
Juli	30	23	38	18	<1	<1
Aug.	30	23	40	18	<1	<1
Sept.	29	21	40	18	<1	<1
Okt.	28	18	39	12	8	3
Nov.	24	15	37	8	32	7
Dez.	20	11	28	4	56	10

Das Wetter am Roten Meer (Quseir)

Monat	Lufttemperatur in °C				Wassertemperatur	Windstärke
	Mittleres tägliches Maximum	Mittleres tägliches Minimum	Absolutes Maximum	Absolutes Minimum		
Jan.	23	14	33	4	19	4–8
Febr.	23	14	35	6	19	4–6
März	25	17	38	7	20	4–8
April	27	19	43	13	22	4–6
Mai	30	23	41	16	26	4–8
Juni	32	25	41	21	28	4–9
Juli	33	26	42	21	29	4–6
Aug.	34	27	40	23	30	4–7
Sept.	32	25	37	19	28	4–8
Okt.	30	23	38	17	25	4–7
Nov.	27	19	34	11	24	4–7
Dez.	24	16	31	9	22	4–8

Mittlerer Jahresniederschlag: 3 mm

Von November bis Anfang März fallen an der Mittelmeerküste die **Winterregen**. Nur an wenigen Tagen jedoch erreichen die Regenfälle auch Kairo, und noch weiter im Süden bleibt auch der Winter nahezu ohne Niederschläge. Die Höchsttemperaturen in Kairo betragen in den kältesten Monaten noch um 20 °C, nachts sind es etwa 10 °C. Angenehm warm bleibt es tagsüber in Luxor und Assuan, doch sobald die Sonne untergeht, sind von Dezember bis Februar dicke Pullover und Anoraks angesagt.

Unangenehm ist der *Chamsin*, ein heißer, zum Glück seltener Wüstenwind, der im März und April seine Staubfracht über Ägypten ablädt. Dann brennen die Augen, knirscht es zwischen den Zähnen, zeigen die eingestaubten Straßenkleider der hastenden Passanten einen einheitlichen Braunton.

Aktuelle Wetterinformationen zu Ägypten im Web unter www.wetteronline.de.

Flora und Fauna:

Die Welt der Pflanzen

In Ägypten überschneiden sich mediterrane, nordafrikanische und kleinasiatische Pflanzengemeinschaften. Farbenfrohe Märkte zeigen die Früchte aus den Gärten am Nil.

Unter den Bäumen des Niltals und der Oasen steht seit der pharaonischen Zeit die **Dattelpalme** an erster Stelle. Es gibt ganz unterschiedliche Sorten Datteln, manche taugen nur als Viehfutter. Bei der Befruchtung verlässt man sich nicht auf den Wind, sondern bestäubt die weiblichen Blüten von Hand mit den abgeschnittenen Wedeln der männlichen Bäume. Nicht nur die Früchte werden verwertet. Der Stamm dient als Stütze oder – gespalten – als Balken für die Zimmerdecke, aus den Rippen der Wedel fertigt man Körbe, Käfige und Möbel, aus den Fasern Seile und aus den Fruchtstielen Besen.

Ob Königspalme, Gummibaum, Hibiskus oder Bougainvillea, ob Bananenstaude oder Orangenbaum, die allermeisten der heute am Nil wachsenden **Nutz-** und **Zierpflanzen** stammen aus fernen Landen. Reliefs im Tempel der Königin Hatschepsut zeigen, wie eine von der Pharaonin ins sagenhafte Punt (Somalia) entsandte Expedition mit exotischen Pflanzen zurückkehrt. Und Thutmosis III. brachte von seinem Syrien-Feldzug botanische Beute in Gestalt zuvor unbekannter Gewächse an den Nil. Auch neuzeitliche Herrscher bereicherten die Landschaft Ägyptens. So engagierte der Khedive Ismail 1869 mit dem Franzosen Barillet-Deschamps den berühmtesten Gartenplaner seiner Zeit samt einer Schar europäischer Helfer, um die Paläste und die Stadt Kairo mit Parks zu verschönern.

Als Teil der Sahara zeichnet sich die Libysche Wüste, wie ein berühmter Botaniker einmal feststellte, durch eine „erfrischende Artenarmut" aus. In den Oasen und im Niltal bestimmen Dattelpalmen das Bild.

Um zu überleben, müssen sich die mehrjährigen **Wüstenpflanzen** möglichst reiche Wasservorkommen sichern. Sie wachsen deshalb an strategisch günstigen Stellen: in einem Wadi oder am Fuß eines Felsens, von dem das Wasser abfließt, oder am Rand einer Teerstraße. Kleine Pflanzen und Kräuter durchdringen mit ihren Wurzeln ein ausgedehntes Terrain. An der Oberfläche scheinen sie deshalb in weitem Abstand voneinander zu stehen, und dennoch kann sich eine Pflanze nur dort ansiedeln, wo eine andere abgestorben ist oder von Tieren gefressen wurde.

Bäume und Büsche zapfen vor allem das Grundwasser an. **Akazien** sind regelrechte Tiefbohrer und treiben ihre Wurzeln bis 30 m tief in den Boden. So können sie sich in den Wadis einen leicht erhöhten Standplatz am Rand leisten, um von den Sturzbächen nicht fortgerissen zu werden. Die Bäume sind in der Lage, zehn Jahre (!) ohne jeden Regen zu überstehen, erreichen ein hohes Alter und haben steinhartes Holz. Als Nilakazie säumen sie die Kanäle des Niltals.

Tamarisken, die in den Wadis als einsame, bis 10 m hohe Schattenspender den Blick auf sich ziehen, und andere Gewächse können aufgenommenes Salz durch kleine Drüsen an den Blättern wieder ausscheiden. Sie können so auch leicht versalzte

---

Lesetipps: Nabil el-Hadidi, *The Street Trees of Egypt* (AUC Press); Warda Bircher et al., *Encyclopedia of Fruit Trees and Edible Flowering Plants in Egypt and the Subtropics* (AUC Press), ein wissenschaftliches Nachschlagewerk.

Böden besetzen. In den hochgradig versalzten Böden am Rande von Salzseen oder im Brackwasser überleben allerdings nur wenige Arten wie etwa der Meerlavendel oder der Salpeterstrauch.

Etwa die Hälfte der Wüstenpflanzen überdauert die oft jahrelangen Trockenzeiten nur als Samen, die irgendwo im Boden auf den nächsten Regen warten. Doch nicht nach jedem Regen grünt und blüht die Wüste. Die Samen beginnen erst dann zu sprießen, wenn der Boden ausreichend durchfeuchtet ist, um der künftigen Pflanze einen vollständigen, vier- bis sechswöchigen Lebenszyklus zu ermöglichen. Die meisten Arten benötigen dazu wenigstens 15 mm Niederschlag. Keimungshemmende Stoffe in der Samenschale, die erst bei ausreichender Feuchtigkeit ihre Wirkung verlieren, verhindern ein vorzeitiges Austreiben.

Andere Pflanzen überstehen die Trockenheit eine Armeslänge tief im Boden als Zwiebel. Sie leben zwar länger, brauchen zur Vermehrung aber besonders günstige Bedingungen, denn die Samen müssen in der Vegetationsperiode ja erst eine Pflanze ausbilden, und diese wiederum eine Zwiebel.

Auf das wenige Grün haben natürlich die Tiere der Wüste ein scharfes Auge. Ziegen und Kamele lassen sich auch von Stacheln und Dornen nicht abschrecken. Vor Tierfraß wirklich geschützt sind nur Giftpflanzen und -früchte wie etwa die orangengroßen Wüstenkürbisse. Ausdauernde Gewächse in strahlendem Grün gehören mit großer Wahrscheinlichkeit zu einer giftigen Spezies.

Das Reich der Tiere

Beim Stichwort Wüste denkt man sogleich an Kamele. Selbst die sesshaften, Pick-up fahrenden Beduinen wollen auf die majestätischen Wüstenschiffe noch nicht verzichten. Weitaus häufiger sind jedoch lästige Fliegen, die Mensch und Tier plagen.

Löwen, Giraffen und andere afrikanische Steppentiere, die noch in historischer Zeit in Ägypten heimisch waren, wurden durch die allmähliche Klimaveränderung und das Vordringen der Wüste von ihren Verwandten in Schwarzafrika abgeschnitten und starben als isolierte Populationen schließlich aus. Wenn noch irgendwo eine **Gazelle** gesichtet wird, ist dies eine Zeitungsmeldung wert, wobei der genaue Ort der Jäger wegen nicht genannt wird. Herden der *Dorkas-Gazelle* mit ihren runden, an der Spitze leicht nach innen gebogenen Hörnern werden noch in der Libyschen Wüste beobachtet. Die *Weiße Gazelle (Gazella leptoceros)* soll angeblich noch südwestlich des Wadi Rayan heimisch sein, wird aber oft von Jeep-Fahrern tiefer in die Wüste getrieben.

Ebenfalls in der Libyschen Wüste tummeln sich einige **Geparde**. Diese Raubkatzen haben jüngst die Aufmerksamkeit der Zoologen auf sich gezogen, da sie sich genetisch von ihren andernorts in Afrika vorkommenden Verwandten unterscheiden. Bis dahin galten die Geparde als besonders gefährdet, da die außerhalb Ägyptens lebenden Tiere offenbar alle nur von wenigen Paaren abstammen – ein „Flaschenhals" der Evolution, der die gesamte Spezies eines Tages durch einen Virus oder eine andere Krankheit hätte auslöschen können.

Während **Sandfuchs** und **Wüstenfuchs** *(Fenek)* rar geworden sind, muss man sich um den Bestand an **Rotfüchsen** nicht sorgen. Diese haben sich gut an den Menschen angepasst und finden auf den Müllkippen mehr Nahrung denn je. Ohnehin sind in Ägypten jene Arten am erfolgreichsten, die sich gut mit den Menschen und ihren Abfällen arrangiert haben: Ratten, verwilderte Hauskatzen und wilde Hunde.

Alle Wüstentiere müssen angesichts der spärlichen Wasservorkommen sehr schonend mit dieser Ressource umgehen und ihre Ausscheidungen über die

Flora und Fauna

> **Lesetipp**: Richard Hoath, *A Field Guide to the Mammals of Egypt*, Kairo (AUC).

Haut und den Urin möglichst reduzieren. Zumindest die Säuger können jedoch auf das Pinkeln nicht ganz verzichten: Sie müssen den Stickstoff, der bei der Verdauung anfällt, als wassergebundenen Harnstoff wieder loswerden. Hier sticht die possierliche **Wüstenspringmaus** durch besondere Sparsamkeit hervor, denn es gelingt ihr, eine Harnstoffkonzentration von 25 % auszuscheiden. Für die gleiche Menge müsste der Mensch viermal mehr Wasser lassen.

Wüstenschiffe

Den alten Pharaonen waren sie noch unbekannt: Frühestens 500 v. Chr. kamen die ersten Kamele, genauer: einhöckrige Dromedare *(Camelus dromedariensis)*, nach Ägypten und wurden für den Karawanenhandel und die Beduinen schnell unverzichtbar. Heute, nach Straßenbau und Motorisierung, drohen sie zur Folklore und zum puren Amüsement der Urlauber zu verkommen. Zwei Wochen kann ein Kamel ohne Wasser auskommen, um dann auf einen Schlag hundert Liter zu saufen, die es in der Magenwand speichert. Kaum eine Spezies ist so an die Wüste angepasst: Beim Ausatmen kühlt der Wasserdampf über die Nase Augen und Hirn, die Niere entzieht dem Harn Restwasser und führt es in den Blutkreislauf zurück. Knorpel und Schwielen an Gelenken und Bauch schützen beim Niederknien vor der Bodenhitze, tellerförmige Hufe verhindern ein Einsinken im Sand.

Beduinen-Daimler

Den Beduinen liefert das Kamel Fleisch, Milch und Fell – für den Transport benutzen sie heute weitgehend Lastwagen und Pick-ups. Die prächtigsten Tiere, nahezu weiße, auf Geschwindigkeit getrimmte Rennkamele, hält in Ägypten die Reitertruppe der Armee. Kamelkarawanen? Es gibt sie noch. Start im Sudan, im oberägyptischen Darau Umsteigen auf den Pick-up und weiter nach Kairo, Endstation Zentralschlachthof.

Was kreucht ...: Mit der Kälte können die Kriechtiere gut umgehen, doch bei Körpertemperaturen von über 45 °C zerfallen die lebensnotwendigen Enzyme, und das körpereigene Eiweiß würde gerinnen wie ein Ei in der Pfanne. Der Wüstensand aber kann sich in der Mittagssonne bis auf 80 °C aufheizen, und so trifft man Reptilien vor allem dort an, wo sich zwischen Steinen genügend schattige Plätze finden. Echsenkönige der ägyptischen Wüsten sind die **Dornschwanzagame** *(Uromastix aegyptius)* und der einen Meter lange **Wüstenwaran** *(Varanus griseus)*. Sein

Verwandter, der **Nilwaran** *(Varanus niloticus)*, lebt am Ufer der Kanäle und nährt sich von Fischen und Fröschen.

Flussab von Assuan wurde 1891 das letzte **Krokodil** von einem britischen Offizier erlegt. Im Nasser-Stausee jedoch haben sich die Tiere, seit der Artenschutz die Jagd verbietet, wieder prächtig vermehrt, und auf einer Schifffahrt nach Abu Simbel bekommt man mit Glück das eine oder andere Exemplar zu Gesicht. Auch **Afrikanische Weichschildkröten** tummeln sich im See, während der Nil die Heimat der an ihrer rüsselartigen Schnauze zu erkennenden **Nilschildkröte** bildet. Die einst an der gesamten Mittelmeerküste des Landes verbreitete **Ägyptische Landschildkröte** *(Testudo kleinmanni* und *Testudo werneri)* ist heute nahezu ausgerottet. Die letzten Exemplare haben auf einer Insel im Naturschutzgebiet Zaranik einen Lebensraum gefunden.

In Dünenlandschaften leben giftige **Sandvipern**, die im Sand vergraben auf ihre Beute aus Kleintieren lauern. Die **Hornviper** *(Pseudocerastes persicus)* bevölkert Geröll- und Felslandschaften. Tödlich ist der Biss einer **Sandrasselotter** *(Atractaspis engaddensis)*. Diese Schlangen sind tagaktiv und werden deshalb recht häufig gesichtet. Die seltene **Wüstenkobra** *(Walterinesia aegyptia)* hat im Unterschied zu ihrer indischen Verwandten keine „Haube" und vermag ihr Gift nicht zu spucken – gefährlich ist allein der Biss. Am Rande des Fruchtlandes lebt die äußerst giftige **Uräusschlange**, die auch **Ägyptische Kobra** *(Naja haje)* genannt wird und den alten Ägyptern als magisches Schutzsymbol galt.

> **Lesetipp**: Sherif Baha el-Din, *A Guide to the Reptiles and Amphibians of Egypt* (erschienen bei AUC-Press und auch in Ägypten erhältlich).

... und fleucht: Typische Vertreter der Vogelwelt an den Ufern des Nils sind Spatzen, Krähen und Reiher. Fast ein Haustier ist für den Bauern der weiße Kuhreiher, der das Vieh vom Ungeziefer säubert. Tauben werden wegen ihres als Dünger geschätzten Kots gezüchtet und bewohnen pittoreske Vogelhäuser. Sie gelten zudem als Delikatesse. Selten geworden ist dagegen der **Ibis**, den die alten Ägypter als heiligen Vogel verehrten. Zu den Wasservögeln zählen Wildgänse und -enten, Kiebitze und Bachstelzen. Manches Blesshuhn aus deutschen Landen verbringt den Winter auf dem Nil. Schnepfen und Wachteln machen auf ihrem Weg zwischen Europa und Zentralafrika in Ägypten Station – und enden häufig in den Fallen der Vogelfänger. Weit verbreitet ist der Turmfalke. Hoch oben von den Tempelmauern hört man seinen durchdringenden Schrei, oder man sieht ihn auf der Suche nach Mäusen und Echsen über die Felder schweben.

Weitgehend ungestört vom Menschen hat sich an den Ufern des Nasser-Stausees in den letzten Jahrzehnten ein völlig neues Biotop entwickelt. Hier nisten Nilgänse, rasten Teichrohrsänger und Pelikane auf ihrem Vogelzug. Als ornithologisch besonders wertvolle Biotope gelten darüber hinaus der Qarun-See im Fayum, die Seen im Wadi Fayran, die Inseln bei Assuan und der für Touristen bislang gesperrte Gebel Elba im Südosten. Ornithologische Reisen nach Ägypten veranstaltet die Dr. Koch GmbH (www.dr-koch-reisen.de).

> **Lesetipps**: Bertel Bruun, *Common Birds of Egypt*; Richard Porter und David Cottridge, *A Photographic Guide to Birds of Egypt and the Middle East* (beide erschienen bei AUC-Press und in Ägypten erhältlich).

Geschichte(n) und Hintergründe

10.000 Jahre auf einen Blick

Bis etwa ins 7. Jh. v. Chr. sind sich die Forscher zwar weitgehend über die Abfolge, aber nicht über die Datierung der ägyptischen Geschichte einig. Eine Minderheit setzt die Ereignisse um bis zu 300 Jahre früher an.

Vor Christus

8000–3000	Unterbrochen von längeren Trockenzeiten ist die ägyptische Wüste eine Savannenlandschaft mit regelmäßigen Regenfällen
5200–3400	Südwestlich von Assuan züchten die Menschen der Nabta-Kultur Rinder und bauen Steinkreise
4400–4000	Badari-Kultur in Oberägypten, Anfänge des Ackerbaus im Niltal
3300	Um Abydos (Oberägypten) entsteht der erste ägyptische Staat
3150–3000	Die vordynastischen Pharaonen von Abydos unterwerfen Unterägypten, Beginn der Hochkultur (Pharaonenzeit)
2650–2150	Altes Reich (3.–6. Dynastie)
2625	Bau der ersten Pyramide in Saqqara

2550–2475	Bau der Pyramiden von Giza
2150–2050	Dürreperiode und Erste Zwischenzeit (7.–10. Dynastie)
2050–1650	Mittleres Reich (11.–14. Dynastie)
1670–1570	Die vorderasiatischen Hyksos fallen in Ägypten ein
1550–1070	Neues Reich (18.–20. Dynastie)
1070–332	Spätzeit (21.–30. Dynastie)
332–30	Griechische Herrschaft: Nach der Eroberung durch Alexander den Großen herrschen die Ptolemäer über Ägypten
30 v. Chr. bis 395 n. Chr.	Ägypten wird römische Provinz, die Kaiser herrschen als Pharaonen

Nach Christus

395–640	Byzantinische Herrschaft
451	Auf dem Konzil von Chalkedon trennt sich die ägyptische (koptische) Kirche von der Reichskirche
640	Muslimische Eroberung Ägyptens durch Amr Ibn el-As
658–968	Herrschaft der Omaijaden, Abbasiden, Tuluniden, Ichschididen
968–1171	Herrschaft der Fatimiden
1171–1250	Herrschaft der Aijubiden
1250–1517	Die Mameluken herrschen über Ägypten
1517–1798	Ägypten ist Provinz des Osmanischen Reiches, die Regierung bleibt in den Händen der Mameluken
1798–1801	Expedition Napoleons und französische Herrschaft
1805–1952	Mohammed Ali und seine Dynastie regieren Ägypten
1869	Eröffnung des Suezkanals
1914–1918	Erster Weltkrieg, Kämpfe zwischen Türken und Briten auf dem Sinai
1882–1946	Besetzung Ägyptens durch britische Truppen
1952/53	Staatsstreich der „Freien Offiziere", Ausrufung der Republik
1956	Verstaatlichung des Suezkanals, Suezkrise und Krieg mit Israel
1967	Sechstagekrieg, Israel besetzt die Sinai-Halbinsel
1973	Oktoberkrieg zwischen Ägypten und Israel
1979	Im Camp-David-Abkommen wird die Rückgabe des Sinai an Ägypten vereinbart
1981	Nach der Ermordung von Anwar el-Sadat wird Hosni Mubarak neuer Präsident Ägyptens
1982	Israel gibt das letzte Teilstück des Sinai an Ägypten zurück
1985	Die Reiseveranstalter entdecken den Sinai und das Rote Meer
1997	Bei einem Terroranschlag in Luxor sterben 58 Touristen
2011	Unter Streiks und Demonstrationen bricht das Mubarak-Regime zusammen, eine Militärjunta übernimmt die Macht.

Kaiser Augustus spendierte dem Philae-Tempel (Assuan) einen Kiosk

Geschichte Ägyptens

Das Reich der Pharaonen

Mit der Vereinigung Ober- und Unterägyptens durch den legendären Pharao Narmer begann vor 5000 Jahren die ägyptische Hochkultur.

Eine damals dem Tempel in Abydos gestiftete Schminkpalette zeigt plastisch die **Reichseinigung**: Der oberägyptische König *Narmer* (andere Quellen nennen ihn Menes) schlägt mit der Keule auf einen am Schopf gepackten Unterägypter ein. Auf der Rückseite schreitet Narmer, jetzt schon mit der unterägyptischen Krone, die Reihe der gefallenen Feinde ab. Als erster **Pharao** herrscht er über das geeinte Ägypten. Mit ihm beginnt die Geschichte der Herrscherhäuser, die nach dem ptolemäischen Priester *Maneto* in 31 Dynastien eingeteilt wird. Ging alles nach Plan, so wurde der älteste Sohn, den der Herrscher mit seiner Hauptfrau hatte, zum Kronprinzen. Doch auch die älteste Tochter war für die Erbfolge von Bedeutung, denn die Ehe mit ihr stärkte den Thronanspruch. Nicht zuletzt um das königliche Blut rein zu halten, wählte der künftige Pharao oft seine Schwester oder Halbschwester zur Hauptfrau.

> Zur „**Welt der Pharaonen**" siehe auch S. 65–75.

Altes Reich

Bis etwa 2600 v. Chr. entwickelte die ägyptische Kultur ihre Grundzüge, die bis zur Christianisierung, also über drei Jahrtausende, Bestand hatten. Noch die römischen Kaiser ließen sich auf den Wänden der ägyptischen Tempel in derselben

Gestalt darstellen, in der uns Narmer auf seiner Schminkpalette entgegentritt. Aus schlichten Bilderzeichen entstand die **Schrift** (siehe auch S. 71, 516 f.), aus chaotischen Zeichnungen entwickelten sich die typischen Flachreliefs, und der König wuchs zum Gott auf Erden und zur Verkörperung jedweder Ordnung.

In der Frühzeit beherrschten die Pharaonen das Land noch mit Hilfe ihres Familienverbandes. Einige wenige Gutshöfe reichten aus, um die königliche Familie und ihren Hofstaat zu versorgen. In der 3. Dynastie (ab 2650 v. Chr.) entwickelte sich dann der vom König mit Hilfe eines **Beamtenapparats** straff geführte **Zentralstaat**. Nur so konnten die wachsenden Gemeinschaftsaufgaben bewältigt werden, ob es nun Kriegszüge und Handelsexpeditionen waren oder der Bau von Kanälen, Deichen und Pyramiden.

Imhotep, der später ebenfalls vergöttlichte Architekt des Pharaos *Djoser*, wagte den Schritt von der unterirdischen Grabkammer (*Mastaba*) zur gleich 60 m hohen **Pyramide** – seine Stufenpyramide von Saqqara ist, soweit bekannt, der älteste Steinbau. Die Botschaft war klar: Auf den Stufen steigt die Seele des Herrschers gen Himmel. Nach Djoser investierte jeder Pharao des Alten Reichs einen beträchtlichen Teil der Arbeitskraft und des Reichtums Ägyptens in sein Grabmal, und schon etwa ein Jahrhundert nach der Stufenpyramide erreichte dieser Kult mit der Pyramide des *Cheops* (4. Dynastie) in Giza seinen 146 Meter hohen Höhepunkt. Sohn *Djedefre* hätte den Vater gern übertrumpft, starb aber zu früh, sodass die Bauarbeiten abgebrochen werden mussten.

Wert auf Dauer legten die alten Ägypter nur bei ihren Totenhäusern und **Tempeln**. Die Hütten der Lebenden, selbst die Paläste der Herrscher, wurden nur aus Lehm errichtet und sind längst zu Staub zerfallen. Der steinerne Berg um den Leichnam des Pharao war dagegen für die Ewigkeit ausgelegt. Schon zu Lebzeiten ein Gott, sollte er aus dem Jenseits für das Wohlergehen der damals etwa anderthalb Millionen Ägypter sorgen und auch ihnen ein ewiges Leben sichern. Das halbe Land schuftete dafür, brach Steine, transportierte sie auf dem Nil oder eigens gegrabenen Seitenkanälen und hievte sie schließlich nach oben. Viele Skelette auf dem Friedhof der Pyramidenbauer in Giza zeugen mit ihren deformierten Rückenwirbeln von geschleppten Lasten, andere weisen bei Unfällen gebrochene Gliedmaßen auf.

Es waren die Fellachen, die den gewaltigen Hofstaat in **Memphis** (Hauptstadt seit der 3. Dynastie) ernährten, dazu die übers Land verteilten Priester, Schreiber, Lageristen und Schiffer. Die **Bauern** hatten keinen eigenen Hof, sondern lebten auf einem Gut, das dem Tempel, dem König oder einem Vornehmen gehörte. Geld gab es nicht – stattdessen bekamen sie Nahrung, Kleidung und auch mal einen Tonkrug. Während der Vegetationsperiode standen Frischgemüse, Fisch und gelegentlich Geflügel auf dem Speisetisch der kleinen Leute. Das Getreide kam in die Speicher, als Vorrat für den Frühsommer und die Hungerjahre. Gewöhnlich jedes zweite Jahr wurden die Äcker und das bewegliche Gut gezählt. Dann legte man fest, wie viel Getreide, Vieh, Leinwand und Öl jede Domäne abzugeben hatte.

Seit alters her grenzten die Ägypter große Uferflächen mit Deichen ab, um die **Nilflut** zu kontrollieren und das Wasser auch nach der Flutwelle noch einige Zeit auf den Feldern zu halten. War das höchstgelegene Bassin ausreichend durchfeuchtet, schlossen die Fellachen den Zulauf und öffneten den Damm zu angrenzenden, tiefer liegenden Becken. Nach diesem Schema wurde bis ins 20. Jh. das Land bewässert.

Wenn im Herbst das Wasser zurückging, kamen die Monate der **Aussaat**. Die Bauern streuten die Saat und trieben Büffel und Rinder über die Felder, um die Körner in die feuchte Erde einzutrampeln. Im Frühjahr wurde geerntet, und anschließend lagen die Felder bis zur nächsten Überschwemmung brach, was der Staatsgewalt Gelegenheit gab, die Bauern zu den großen Baumaßnahmen wie etwa den Pyramiden heranzuziehen.

> ### Bewässerung am Nil
>
> Bei einer geschickt gewählten Fruchtfolge erlaubt das Klima in Ägypten drei Ernten im Jahr. Diese höhere Ausnutzung des Bodens setzt aber ganzjährige Bewässerung voraus. Nur in ihren Gärten machten sich die Fellachen diese Mühe und schöpften auch im Winter und Frühjahr das Wasser mit dem **Nattal**, einem einfachen Ledereimer, aus tiefer liegenden Kanälen oder dem Strom selbst auf die Felder.
>
> Ein anderes Schöpfgerät, dem man noch heute begegnet, ist das **Schaduf**, eine Art Schöpfwippe. Von der Spitze einer 3 m langen Holzstange hängt ein Eimer, am anderen Ende ein Gegengewicht. In ihrer unteren Hälfte ist die Stange im rechten Winkel an einer waagrechten Achse befestigt, die rechts und links auf zwei Lehmtürmchen aufliegt. So kann der Eimer auf und ab bewegt werden und entleert dabei, wenn ihn der Bauer mit einer Schnur und der richtigen Technik zu sich ans Ufer zieht, sein geschöpftes Wasser.
>
> Die **Sakije** wurde von den Hyksos nach Ägypten gebracht. Ähnlich wie alte Mahlwerke wird diese Bewässerungsapparatur von Tieren gedreht. Über ein Rad laufen an einer Kette aufgereihte Tonkrüge bis zu 10 m tief in einen Schacht hinab und befördern das Wasser an die Oberfläche.
>
> Als Königin der Schöpfanlagen gilt die in Mesopotamien entwickelte **Nurije**, die unter den Ptolemäern ihren Weg nach Ägypten fand. Diese mächtigen, unterschlächtigen Mühlrädern vergleichbaren Hebewerke sieht man etwa im Fayum. Sie werden von der Fließkraft des Wassers selbst angetrieben.
>
> Dem griechischen Ingenieur Archimedes wird die Erfindung des **Tanbur** zugeschrieben, einer transportablen Wasserschnecke („Archimedische Schraube"), die bis heute vor allem im Nildelta zur Bewässerung von Feldern und Gärten eingesetzt wird.

Gegen Ende des Alten Reiches mutierte der vorher göttliche Pharao zum (menschlichen) Sohn des Sonnengottes Re. Die Pyramiden wurden klein und kleiner, stattdessen bauten die Herrscher nun Sonnentempel. Hungerjahre ließen das Alten Reich zusammenbrechen. Korrupte Beamte verkauften unter der Hand das Getreide aus den Kornspeichern. Die moralische Autorität der Könige, die ihr Volk nicht mehr zu ernähren vermochten, war zerfallen – die Hungrigen stellten sich auf die Seite der Gaufürsten, die die Macht des Pharaos herausforderten. So entwickelten die einzelnen Gaue mehr und mehr ein Eigenleben, bis sich das Land in konkurrierende Teile auflöste. Und wie so oft in Perioden der Krise blühte in dieser **Ersten Zwischenzeit** (2150–2050 v. Chr.) die Literatur – Utopie statt Realität, wie schön es hätte sein können und wie schlecht es tatsächlich war.

Mittleres Reich

Doch das Königtum gewann wieder die Oberhand. Die neuen Herren des **Mittleren Reiches** (2050–1650 v. Chr.) stammten zunächst aus dem oberägyptischen **Theben**.

Die Pharaonin Hatschepsut Aug' in Aug' mit dem Widdergott Chnum

Amenemhet, Wesir seines Vorgängers *Mentuhotep*, begründete die 12. Dynastie, die von **Lischt** aus das Land regierte. Mit harter Hand – noch ihre Statuen im Ägyptischen Museum blicken ernst bis furchteinflößend – entledigten sie sich der Gaufürsten, strafften die Verwaltung und gewannen wieder die Verfügungsgewalt über sämtlichen Grund und Boden. Dabei ging ihnen die neue Schicht der **Berufssoldaten** zur Hand, die fortan ein eigenständiger Machtfaktor und nicht mehr zu übergehen war. Vieles erreichten die Herrscher nun mit Zwang: Schriftquellen dieser Zeit berichten von Gefängnissen voll mit Menschen, die ihre Abgaben nicht zahlen konnten. Stilgerecht fiel Amenemhet I. schließlich einem Attentat zum Opfer. Von den Folgen dieser Tat berichtet die Autobiografie des königlichen Haremsbeamten *Sinuhe*, ein Meisterwerk der altägyptischen Literatur. Berühmt ist auch die um diese Zeit entstandene „Weisheitslehre des Cheti". Diese Satire verspottet alle Berufe, nur die Profession des Schreibers bleibt ausgenommen.

Amenemhets Nachfolger, *Sesostris I.* war in den Fußstapfen seines Vaters vor allem mit Feldzügen gen **Nubien** beschäftigt. Bis an den 2. Katarakt verschob sich die Reichsgrenze, das klassische Goldland und die Vorposten des Afrikahandels waren nun unter ägyptischer Kontrolle. Die vielleicht nachhaltigste Leistung der 12. Dynastie wird *Sesostris II.* zugeschrieben. Er, so wissen die Annalen, begann mit der Entwässerung und Urbarmachung des **Fayum**. Und als erster Pharao richtete er sein Grab nicht mehr zum Polarstern als Fixpunkt des Himmelsgewölbes aus: Das Totenreich wurde nun nicht mehr im Himmel, sondern bei Osiris und Ptah in der Unterwelt vermutet.

Der erneute Zusammenbruch Ägyptens und der Beginn der **Zweiten Zwischenzeit** fällt in die Mitte des 17. Jh. v. Chr. Aus Mesopotamien stürmten Barbaren auf von Pferden gezogenen Kampfwagen heran. Wissenschaftler streiten bis heute über die Identität dieser in den ägyptischen Annalen **Hyksos** geheißenen Eroberer. Eine andere, auf ganz zeitgemäße Ängste anspielende These besagt, die Hyksos-Episode sei keineswegs der Einfall einer marodierenden Truppe gewesen. Vielmehr hätten die Ägypter sich, wie es auch die Bibel berichtet, einst Fremde als „Gastarbeiter" ins Land geholt, und diese Einwanderer seien ihnen eines Tages über den Kopf gewachsen. Von den Hyksos – ob nun Eroberer oder Einwanderer – übernahmen die Ägypter waffentechnische Neuerungen wie den von Pferden gezogenen Kampfwagen oder den aus mehreren Holzlagen zusammengesetzten Bogen. Zu den friedlichen Errungenschaften dieser Epoche zählen bessere Webstühle und neue Musikinstrumente.

Neues Reich

Die Erneuerung kam wiederum aus **Theben**. Die Pharaonen des **Neuen Reiches** (1550–1070 v. Chr.) waren nach außen hin höchst aggressive Krieger. Tempelschulen wurden zu Kadettenanstalten, und statt in Pyramiden ließen sich die Herrscher in Felsengräbern bestatten. Erst im Neuen Reich wurde der Pharao wörtlich zum Pharao. Das durch die Bibel in den modernen Sprachgebrauch gekommene Wort ist vom ägyptischen *per aa* abgeleitet, das zunächst nur „großes Haus" oder „Königspalast" bedeutete.

Amenophis I. (1527–1506 v. Chr.) und *Thutmosis I.* (1506–1494 v. Chr.) ziehen im Norden bis zum Euphrat gegen die Mitanni zu Felde, im Süden geht es wieder den Nubiern an den Kragen. Als erster Herrscher lässt sich Thutmosis im Tal der Könige beisetzen. Sohn *Thutmosis II.* (1494–1490 v. Chr.) heiratet seine Halbschwester *Hatschepsut* (siehe S. 310), die nach dem Tod des Gatten als Regentin für den jungen Stiefsohn und Halbneffen Thutmosis III. regiert. Wir wissen nicht, ob Hatschepsut 1469/68 auf natürlichem Wege aus dem Leben schied. Jedenfalls initiierte der nun endlich von seiner Stiefmutter befreite *Thutmosis III.* (1468–1436 v. Chr.) einen Bildersturm, wie ihn das Land noch nicht gesehen hatte. Selbst von den Spitzen der höchsten Obelisken ließ er den Namen der Hatschepsut tilgen.

Dank äußeren Friedens konnte die Regierungszeit von *Amenophis III.* (1402–1364), Urenkel von Thutmosis III., höchsten Glanz entfalten. Die guten Beziehungen zu den Nachbarn sicherte er durch dynastische Heiraten, etwa mit Mitanni-Prinzessin Giluchepa, und durch üppige Geschenke an Vasallen und Verbündete. „Mein Bruder", schrieb der Schwiegervater aus dem fernen Mitanni, „schicke mir Gold in großen Mengen, sodass man es gar nicht zählen kann; mehr Gold, als mein Vater erhielt. Denn ist nicht im Land meines Bruders Gold wie Staub auf den Feldern?" Es scheint, als habe Amenophis den Einfluss der thebanischen Priesterschaft mindern wollen. Die obersten Beamten stammten zunehmend aus Memphis. Dass der König mit der Praxis der Geschwisterehen brach und mit *Teje* ein Mädchen aus einfachen Verhältnissen zur Hauptfrau nahm, dürfte auch nicht nach dem Geschmack der Traditionalisten gewesen sein.

So war der radikale Bruch unter Sohn und Nachfolger *Amenophis IV.* (1364–1347 v. Chr.) bereits vorgezeichnet. Der nannte sich Echnaton (siehe S. 254), huldigte dem Sonnengott Aton statt dem Amun und verlegte die Hauptstadt von Theben nach **Amarna**. Doch diese Neuerungen hatten nicht lange Bestand. Der mit der schönen *Nofretete* verheiratete Ketzerpharao starb in seinem 16. Regierungsjahr, wenige Wochen danach auch der geheimnisumwitterte Mitregent *Semenchkare*. Damit fiel der Thron an den jugendlichen *Tutanchaton* (1347–1338 v. Chr.), der seinen Namen sogleich in *Tutanchamun* (→ S. 299) änderte und der alten Götter wieder einsetzte. Doch nicht diese Maßnahme, sondern der Glücksfall eines unversehrt aufgefundenen Grabes machte Tutanchamun berühmt. Hinter ihm stand sein Erzieher *Eje*, der dann als vorletzter Pharao der 18. Dynastie regierte (1337–1333 v. Chr.).

32   Geschichte(n) und Hintergründe

Sphingenallee vor der Tempelstadt Karnak

Haremhab (1333–1306 v. Chr.), ein aus Mittelägypten stammender General, vollendete die Rückkehr zu den alten Verhältnissen und tat alles, um seine vier Vorgänger aus den Annalen und von den Tempelwänden zu tilgen. Zum Nachfolger setzte er einen anderen erfahrenen Krieger ein: Paramessu, der sich als Pharao *Ramses I.* (1306–1304 v. Chr.) nannte. Theben blieb Verwaltungsmittelpunkt und religiöses Zentrum, doch die königliche Residenz wurde nach Pi-Ramses ins östliche Delta verlegt. Nach Ramses I. ging die Krone zum ersten Mal seit langer Zeit wieder an einen Nachfolger in direkter Linie. *Sethos I.* (1304–1290 v. Chr.) machte Ägypten noch einmal zum mächtigsten Reich der Alten Welt. Im Tempel von Abydos, den er als Nationalheiligtum errichten ließ, feiern die Reliefs seine Siege über die Hethiter, Amoriter und Libyer.

Ramses II. (1290–1224) gilt als der ägyptische Pharao schlechthin. Keiner hinterließ so viele Bauwerke wie er. Eine Ramses-Büste des British Museum inspirierte 1817 den britischen Dichter Percy B. Shelley zu seinem Gedicht „Osymandias", das den Ruf dieses Pharaos nachhaltig schädigte und ihn zum Symbol der Tyrannei werden ließ. Die Architektur tendiert zum Monumentalen, zu sehen etwa im Großen Säulensaal von Karnak oder im Felsentempel von Abu Simbel. Malerei und Plastik kommen eher grob daher, statt Flachreliefs werden nun Tiefreliefs gemeißelt, was schneller geht und von potenziellen Usurpatoren aufwendiger auszulöschen ist. Schon im fünften Regierungsjahr führte Ramses II. ein Heer gegen die Hethiter. Beide Seiten feiern in ihren Annalen die Schlacht von Kadesch am Orontes als Sieg. 1270 v. Chr. schließen die Großmächte Frieden und besiegeln diesen durch die Heirat zwischen Ramses und der hethitischen Prinzessin Manefrure.

Unter den angeblich weit über hundert Nachkommen des Ramses verdient Sohn *Chaemweset* Erwähnung, weil er zahlreiche Bauwerke instand setzen ließ. Den Thron erbte der 13. Sohn *Merenptah* (1224–1214 v. Chr.), in dessen Regierungszeit früher der Auszug und die Verfolgung der Israeliten datiert wurden – heute vermutet man den realen Kern dieser biblischen Überlieferung eher in der Hyksos-Zeit. Merenptah erwehrte sich der mysteriösen Seevölker, die zusammen mit libyschen Stämmen ins Delta einfielen.

Ramses III. (1184–1153 v. Chr.), zweiter König der 20. Dynastie, orientierte sich an seinem berühmten Vorgänger und gilt als der letzte große Pharao dieses Namens. Seine Schlachten sind an den Mauern des mächtigen Totentempels Medinet Habu verewigt, den er sich in Theben bauen ließ. Kriege und Größenwahn bei den öffentlichen Bauten hatten jedoch bereits die Fundamente des Ruins gelegt, zunächst den der Staatskasse. Ins Heer wurden fremdländische Söldner aufgenommen, die sich nicht anders verhielten als später die germanischen Truppen der Römer, indem sie einen der ihren auf den Thron hoben. Unter den folgenden Ramessiden – die Chroniken zählen noch Ramses IV. bis XI. (1143–1070 n. Chr.) – nahmen Ansehen und Autorität der Herrscher immer mehr ab. Noch zu Lebzeiten des letzten Ramses übernahm der Amun-Priester *Herihor* die Macht in Theben, derweil in Unterägypten der Söldnerführer *Smendes* den Thron eroberte.

Mit ihm begann die **Spätzeit**, als welche die Periode bis zur Ankunft Alexanders des Großen bezeichnet wird. Fremde Dynastien wie Nubier und Libyer beherrschten das Land. Assyrische Pharaonen brachen endgültig die Vormachtstellung der Amun-Priester, bevor sich die 26. Dynastie (664–525 v. Chr.) an einer Renaissance des alten Ägypten versuchte. In die Zeit dieser nach ihrer Hauptstadt **Sais** auch *Saiten* genannten Herrscher fällt die Einführung des Eisens. Pharao *Necho II.* ließ einen Kanal zwischen dem pelusischem Nilarm und Rotem Meer beginnen und schickte 2000 Jahre vor Vasco da Gama phönizische Seeleute um ganz Afrika herum.

> **Lesetipp:** Erik Hornung, *Grundzüge der ägyptischen Geschichte*, erschienen im Primus-Verlag Darmstadt. Gibt einen verständlichen und gut lesbaren Überblick über zweieinhalbtausend Jahre ägyptischer Geschichte.

Ptolemäer und Römer

Unter den griechischstämmigen Ptolemäern geriet Ägypten in den Bannkreis der Mittelmeerwelt. Ihre letzte Herrscherin war die legendäre Pharaonin Kleopatra.

Nachdem er die Perser geschlagen hatte, fiel *Alexander dem Großen* 332 v. Chr. auch das Nilland zu. Bei der auf des Makedonen frühen Todes folgenden Reichsteilung setzte sich am Nil der griechische General *Ptolemaios Soter* durch, dessen Dynastie, die **Ptolemäer**, bis 30 v. Chr. regierte und ihre Hauptstadt **Alexandria** zur führenden Metropole der hellenistischen Welt ausbaute. Obwohl die Ptolemäer, wie später auch die römischen Kaiser, in Ägypten als Pharaonen auftraten, blieben sie ihrem griechischen Erbe verhaftet. Aus dem anfangs unvermittelten Nebeneinander griechischer Herren- und ägyptischer Untertanenkultur erwuchs bald ein Synkretismus: In Malerei, Bildhauerei, Architektur und Literatur, ja sogar in der Religion verschmolzen Elemente aus beiden Kulturkreisen.

Das Ende der Ptolemäerdynastie hätte in Hollywood ersonnen sein können: *Ptolemaios XIII.* ermordet seinen römischen Vormund Pompeius und vertreibt seine mitregierende Schwester **Kleopatra VII**. Diese verbündet sich mit dem in Rom zur Macht gekommenen **Cäsar**, der sich nach Alexandria aufmacht und den aufständischen Ptolemaios besiegt. Aus der politischen Allianz zwischen Cäsar und Kleopatra wird ein Liebesverhältnis. Als beider Söhnchen *Cäsarion* gerade zwei Jahre alt ist,

Kleopatra

Ihr Name steht für Leidenschaft und Sinnlichkeit, für Macht und Intrige. Schön soll sie nicht gewesen sein, die Zeitgenossen machten sich über ihre lange Nase lustig, doch hoch gebildet und von starker persönlicher Ausstrahlung.

Schon der Vater, Ptolemaios XII. Neos Dionysos, schacherte mit der Großmacht Rom um den Fortbestand seines Reiches und ließ eine Tochter samt zwei Schwäger ermorden, als sie sich an die Spitze eines Volksaufstands gegen ihn und seine Steuereintreiber stellten. Kleopatras Bruder und Mitregent Ptolemaios XIII. ertrank zu ihrem Glück im Nil; dessen Nachfolger, ihren Halbbruder, ließ sie ermorden, ebenso einen dritten Bruder. So lösten die Herrscher damals ihre familiären und politischen Probleme.

Die schöne Kleopatra und Sohn Cäsarion; zu ihren Füßen Cäsar

Sie umgarnte die römischen Politiker Cäsar und Antonius. Mit Oktavian, dem späteren Kaiser Augustus, kam sie nicht mehr zurecht. Der Schmach, im Triumphwagen durch Rom gezogen zu werden, zog sie den Selbstmord vor. Ob durch den Giftbecher oder eine Schlange, ist umstritten. Thronerbe Cäsarion, in letzter Minute auf einem Schiff ins Exil nach Puntland geschickt, war töricht genug, auf halber Strecke umzukehren und sich Oktavian anzudienen, um von dessen Häschern getötet zu werden.

Kleopatra ist Gegenstand von zwei Dutzend Biografien, ihr Leben wurde verfilmt und vercomict. Shakespeare und Shaw fielen über ihre Legende her. „Zwei Kaiser fielen ihr zum Raub. Da hat sie sich zu Tod gehurt und welkte hin und wurd' zu Staub", lästerte Brecht in der Dreigroschenoper. Meist waren es Männer, deren künstlerische Phantasie sie inspirierte und deren Werke zum Thema Männerphantasien ebenso viel aussagen wie über die letzte Pharaonin.

In ihrer Heimat lebt sie als volkstümliche Zigarettenmarke weiter. Ihr Bildnis an der Rückwand des Tempels von Dendera enttäuscht die Touristen, denn die Darstellung zeigt sie nicht anders als ihre männlichen Pharaonenvorfahren auch. Abgesehen von Abbildern auf abgegriffenen Münzen und idealisierten Büsten gibt es kein Porträt von ihr. Hätten Sie sie gern kennengelernt?

lässt Kleopatra einen weiteren Bruder und Mitregenten, *Ptolemaios XIV.*, töten und setzt Cäsarion an seine Stelle.

Nach der Erdolchung Cäsars in Rom setzte die Königin ihr Spiel mit dem als Aufpasser nach Ägypten entsandten **Marcus Antonius** fort. Wieder verband sich Neigung mit Realpolitik. Antonius brauchte die Ressourcen Ägyptens in seinem Machtkampf mit *Oktavian,* und Kleopatra suchte mit der Allianz, Thron und Land vor der römischen Herrschaft zu retten. Vergeblich. Oktavian setzte sich durch, wurde Kaiser Augustus und machte Ägypten zur römischen Provinz mit dem Status einer Art kaiserlichen Privatdomäne – Kleopatra und Antonius, die Verlierer, sahen sich zum Freitod genötigt.

Nach der römischen Besetzung war Ägypten ein strikter Apartheidstaat: ganz oben die dünne römische Beamtenschicht samt ihren Legionären, dann die gräzisierten Stadtbürger Alexandrias, schließlich unten die im persönlichen Eigentum des römischen Kaisers stehende Landbevölkerung. So sehr diese Klassen durch Sprache, Kultur und administrative Schranken auch getrennt waren, das **Christentum** fand in allen Kreisen Anhänger.

Schon im 2. Jh. hatte sich die neue Religion bis nach Oberägypten ausgebreitet, und unter Kaiser Justinian (reg. 527–565) wurde der letzte heidnische Tempel auf der Nilinsel Philae geschlossen. Auf dem Lande entwickelte sich eine eher einfache Volksfrömmigkeit, die mit Paulus von Theben, Antonius und Pachomius die Väter des abend- wie morgenländischen Mönchtums hervorbrachte und das Christentum mit älteren, asketischen Lebensformen verband. Dem stand Alexandria mit seiner religiösen Hochschule als ein intellektuelles Zentrum gegenüber, wo die philosophisch-theologischen Strömungen der Zeit wie Gnosis, neuplatonische Ideen und manichäisches Gedankengut miteinander rangen. Arius und Athanasius, die großen Widersacher des ersten Konzils von Nicäa (325), stammten beide aus Alexandria.

> **Lesetipp**: Katja Lemke u. a., *Ägyptens späte Blüte. Die Römer am Nil,* Mainz (Zabern-Verlag). Ein Autorenteam bringt uns das römische Ägypten näher. Zahlreiche Fotos und Abbildungen lockern die kulturgeschichtlich orientierten Kapitel auf.

Sultane und Kalifen

Mit der Eroberung Ägyptens durch den arabischen Feldherren 'Amr Ibn el-As im Jahre 640 begann die Islamisierung des Landes und seiner Kultur. Am Nil ließen sich arabische Stämme nieder und verbreiteten den neuen Glauben und die arabische Sprache.

Zwei Jahrhunderte blieb Ägypten Provinz, die von Statthaltern der Kalifen in Damaskus oder Bagdad regiert wurde. Unter den **Fatimiden** (969–1171) stieg Ägypten dann zur Führungsmacht der islamischen Welt auf. Die Fatimidenherrscher führten ihre Abstammung auf Mohammeds Tochter Fatima und seinen Schwiegersohn Ali zurück. Sie waren Schiiten, gehörten also zur jener Minderheit im Islam, welche die Kalifen aus den Geschlechtern der Omaijaden und Abbasiden als unrechtmäßige Führer verurteilte. Ägyptens Unabhängigkeit von den Kalifen in Bagdad bekam damit auch eine religiöse Grundlage.

Um die Mitte des 12. Jh. hatten die **Kreuzritter** ganz Palästina unter ihre Kontrolle gebracht und blickten begierig nach Ägypten. Die Fatimiden baten den Sultan von

> ### Sultan el-Hakim: verrückt oder entrückt?
>
> Als ein recht bizarrer Herrscher erwies sich der Fatimidensultan el-Hakim. Schon im zarten Alter von 15 Jahren tötete der Sohn von Sultan el-Aziz und einer griechischen Konkubine seinen Lehrer und bald auch seine Ratgeber. Um sich ein Bild von der Stimmung des Volkes zu machen, ritt el-Hakim gerne als Bettler verkleidet nachts durch die Stadt. Mehr und mehr gewannen seine neurotischen und despotischen Charakterzüge die Oberhand. Der fatimidische Nero verordnete den Kairoern, nur noch des Nachts zu arbeiten und dafür am Tage zu schlafen. Um seine weiblichen Untertanen ins Haus zu verbannen, verbot er bei harter Strafe die Fertigung von Frauenschuhen. Und wehe dem, der el-Hakims Befehle missachtete. Kaufleute, die er während seiner Ausritte beim Betrug ertappte, hatte el-Hakims Leibsklave auf der Stelle und vor den Augen des Meisters zu vergewaltigen. Auf das Gerücht hin, seine Schwester Sitt el-Mulk habe in el-Fustat einen Liebhaber, ließ der eifersüchtige Sultan das Viertel anzünden. Bis die Hebammen des Hofs Sitt el-Mulks Unschuld untersucht und bezeugt hatten, lagen ganze Straßenzüge in Schutt und Asche.
>
> Eines Morgens kehrte el-Hakim von seiner Tour nicht mehr zurück. Das Maultier fand sich später auf dem Moqattam-Hügel, doch vom Reiter keine Spur. Der Kalif blieb verschollen. Die Kopten sagen, ohne Zweifel sei Jesus dem Sultan erschienen, und dieser habe sich dann als bekehrter Sünder in ein Kloster zurückgezogen. Andere glauben, Sitt el-Mulk habe den verrückten Bruder schließlich töten lassen, weil er ihr an die Wäsche wollte. Doch ist el-Hakim wirklich tot? Den Drusen gilt er als der verborgene Imam, der eines Tages zurückkehren und das Gottesreich auf Erden einrichten wird.

Damaskus um Hilfstruppen zur Verteidigung gegen die Christen. In diesem Expeditionskorps war auch der kurdische Offizier **Salah ed-Din** („Saladin"). Er stürzte die Fatimiden 1171 in einem Staatsstreich. Ob er den Angriff der Christen oder die Rache der fatimidischen Partei fürchtete, jedenfalls ließ Salah ed-Din in Kairo die Zitadelle als Festung für sich und sein Heer anlegen. Mit der Befreiung Jerusalems von den Kreuzrittern ging er als Held in die islamische Geschichte ein.

Auch die **Aijubiden**, wie sich Salah ed-Dins Dynastie nannte, wurden schließlich von den Geistern überwältigt, die sie selbst gerufen hatten. Voller Misstrauen gegen sein eigenes Heer stellte Saladins Nachfolger Salih Ayub ein frisches Regiment aus gekauften und militärisch ausgebildeten Sklaven türkischen Ursprungs zusammen, den **Mameluken**. Unmittelbar vor der Landung des von *Ludwig IX.* geführten Kreuzfahrerheeres starb der Sultan überraschend. Seine Frau *Schagarat ed-Durr*, eine Armenierin, und der Mamelukengeneral *Aybek* hielten die Nachricht vom Tod des Herrschers geheim, bis die Christen geschlagen waren und der in Damaskus weilende Thronerbe Kairo erreicht hatte.

Stiefsohn *Turanschah* zeigte sich wenig dankbar und suchte sich der Mameluken zu entledigen. Die brachten ihn daraufhin um und erhoben Schagarat selbst auf den Thron. Die Reaktionen des Auslandes fielen entsprechend aus. „Wenn ihr keinen Mann habt, um über Ägypten zu herrschen, so können wir euch wohl einen schicken", tönte es spöttisch und drohend zugleich aus Bagdad, dessen Abbasidenkalif den Anspruch auf Ägypten noch nicht aufgegeben hatte, und auch manche Mameluken fanden es unerhört, den Befehlen einer Frau gehorchen zu müssen.

Die Dynastie der **Bahri-Mameluken** (so genannt nach der Lage ihrer Kaserne am *bahr*, dem Fluss) brachte es von 1250 bis 1382 auf 25 Sultane, und aus den Reihen der nachfolgenden tscherkessischen **Burdschi-Mameluken** (ihr Hauptquartier war ein *burdsch*, ein Turm auf der Zitadelle) wurden von 1382 bis 1517 weitere 21 Sultane gezählt. Kaum einer starb eines natürlichen Todes oder kam in dieser von Intrigen, Meuchelmorden und Blutbädern gekennzeichneten Epoche legal an die Macht. Vom Volk war die Kriegerkaste schon durch ihre türkische Sprache getrennt. Hemmungslose Ausbeutung brachte die Mittel für die unter den Mameluken entstandenen prächtigen Bauten und den üppigen Lebensstil der Sklavenfürsten.

Die Machtübernahme durch die **Osmanen** brachte für das Volk am Nil keine großen Veränderungen. De facto regierten weiter die Mameluken; nur an der Spitze stand ein von Konstantinopel eingesetzter Provinzstatthalter, und mit dem Steueraufkommen musste außer den lokalen Bedürfnissen jetzt auch die Habgier des türkischen Hofes befriedigt werden. Ägypten wie der gesamte östliche Mittelmeerraum gerieten allmählich in den Schatten der Weltpolitik, die sich mit der Entdeckung Amerikas und des Seeweges nach Indien in andere Richtungen orientierte.

Napoleon in Ägypten

1798 kam Europa in Gestalt Napoleons mit Gewalt über Ägypten. Die Mameluken waren gewandte und tapfere Reiter, doch der französischen Kriegsmaschinerie, die den ritterlichen Einzelkampf vermied und aus der Ferne schoss, waren sie hoffnungslos unterlegen.

167 Experten, die Creme der französischen Wissenschaften, begleiteten die Armee: Mathematiker, Astronomen, Geografen, Geologen, Botaniker, Arabisten, Archäologen. Selbst Literaten und Maler waren dabei, um die Expedition zu dokumentieren. In der erst 1825 abgeschlossenen *Description de l'Egypte* legten die Wissenschaftler der Expedition ihre gesammelten Kenntnisse über Ägypten nieder. Seinen Teil zum folgenden Boom der Ägyptologie tat der von einem französischen Soldaten gefundene „Stein von Rosetta" (Raschid) mit einer in zwei Sprachen und drei Schriften notierten Inschrift. An einer Wachskopie entzifferte Jahre später Jean-François Champollion die Hieroglyphen (→ S. 516 f.).

> ### Endzeitliches Gemetzel ...
> „Es war das erste Jahr großen endzeitlichen Gemetzels und Wechsels, in dem Ereignisse auf uns niederprasselten, so daß wir erblaßten; Vervielfachung alles Schlimmen, Überstürzung aller Dinge; Aufeinanderfolgen von Unglücken, voll von Mißgeschicken; Umkehrung alles Natürlichen, Revolution alles Gebührlichen; Abfolge von Scheußlichkeiten, entgegen geregelter Häuslichkeit; der Ordnung Ersterben, Beginn von Verderben; allgemeine Zerstörung, Verwirrung und Empörung; Gott zerstörte durch Tyrannen die Dörfer und den Frieden ihrer Mannen", notierte der Chronist el-Gabarti über die französische Herrschaft.

Zwar gelang es den Osmanen mit britischer Hilfe, die Franzosen bald wieder aus Ägypten zu vertreiben, doch bewirkten die gerade mal drei Jahre unter französischer Verwaltung nachhaltige Veränderungen. Erstmals 1798 soll es gewesen sein, als sich am Ezbekiya-Teich Personen verschiedenen Geschlechts in städtischer Öffentlichkeit gemeinsam zeigten. Die neuen Cafés, Tavernen und Bordelle schlossen keineswegs nach Abzug der Franzosen, sondern fanden einheimische Kundschaft. Noch als englisches Protektorat blieb das Nilland eine Domäne französischer Wissenschaft und Kultur. Ägypter, die ihre Zugehörigkeit zur „alten Elite" der oberen Zehntausend demonstrieren wollen, sprechen bis heute miteinander französisch und grenzen sich so von den anglophilen neureichen Aufsteigern ab.

Modernisierung mit Zuckerbrot und Peitsche

Nach dem Abzug der Franzosen ging aus dem Intrigenspiel zwischen Mameluken-Beys und osmanischen Paschas der Sohn eines albanischen Tabakhändlers als Sieger hervor: Mohammed Ali führte Ägypten in die Moderne.

Am liebsten überzeugte er seine Gegner. War das nicht möglich, suchte er sie zu kaufen, und als Ultima Ratio brachte er sie um. So geschehen mit einigen hundert Mameluken, die vor Napoleon im Lande das Sagen hatten: Ali lud sie zum Festmahl auf die Zitadelle, setzte sie gefangen und ließ sie köpfen.

Auch wenn die Nachwelt bei den „Taten" Mohammed Alis in erster Linie an dieses **Mamelukenmassaker** denkt, gründet sich seine historische Größe auf andere Hinterlassenschaften und Unternehmen. Er beschränkte sich nicht wie seine Vorgänger darauf, Ägypten einer Zitrone gleich für den privaten Geldbeutel auszupressen und ansonsten im Dornröschenschlaf zu belassen. Mohammed Ali war ein Visionär und seine Vision die eines modernen Ägypten. Er besaß Zähigkeit und Fähigkeit genug, diese Vision in 40 Regierungsjahren zu verwirklichen.

Dabei halfen ihm **europäische Berater**, besonders Franzosen, die nach dem Sturz Napoleons zuhauf arbeitslos und leicht zu locken waren. Der Pascha reformierte das Heer, schuf ein weltliches Bildungssystem, führte neue Nutzpflanzen wie Oliven und Indigo ein, erweiterte den Baumwollanbau und legte den Grundstein der ägyptischen Textilindustrie. In seinen Brennereien ließ er destillieren, alle Feldfrüchte unterwarf er dem Staatsmonopol und diktierte die Preise.

Da Mohammed Ali und seine Familie bewusst Osmanen blieben und die meisten Spezialisten im Staatsapparat Ausländer waren, konnten die einfachen Ägypter gegenüber den Herrschern und Fremden eine eigene Identität nicht nur als Beherrschte, sondern auch als Nationalvolk entwickeln. Was wiederum bis heute nachwirkt: Der Ägypter fühlt sich zuerst als Ägypter und nur nachrangig als Araber oder Moslem.

Die damals so hoffnungsvoll begonnene **Industrialisierung** des Landes scheiterte nicht deshalb, weil Ägypten von Natur aus keine geschickten Arbeiter oder Fabrikanten wäre. Es war vielmehr Europa, das Konkurrenz vom Nil erfolgreich zu verhindern wusste. In aufgezwungenen Verträgen (1840 veranstalteten die Engländer demonstrativ eine Flottenparade vor dem Schlafzimmerfenster Mohammed Alis in Alexandria) wurde der ägyptische Markt für ausländisches Kapital und europäische Waren geöffnet und dem Pascha die Zollhoheit genommen. Ausländische Güter waren hinfort steuerbegünstigt, fremde Kaufleute der ägyptischen Justiz entzogen und nur besonderen, von den Konsuln besetzten Tribunalen verantwortlich. Europa brauchte Rohmaterial und Märkte für seine Industrie sowie Nahrung für seine Fabrikarbeiter. Damals wurde die internationale Arbeitsteilung in ihren Grundzügen entworfen. Länder wie Ägypten, die Roh- und Fertigwaren gleichermaßen herstellen wollten, wies man in ihre Schranken.

Die Nachfolger Mohammed Alis sahen sich England, Frankreich und dem osmanischen Sultan gegenüber, die ihren Einfluss am Nil zu stärken suchten. 1851 gewährte Vizekönig Abbas dem englischen Eisenbahnunternehmer James Stevenson die Konzession für eine Schienenverbindung Alexandria–Kairo–Suez, und im April 1859 begann Lesseps' *Compagnie Universelle du Canal Maritime de Suez* mit den Arbeiten am Kanal, der Ägypten in den Staatsbankrott treiben sollte.

Auf dem Papier blieb Ägypten eine Provinz des Osmanischen Reichs. Doch mit dem Bau des **Suezkanals** war es für die Weltmacht Großbritannien zu wichtig geworden, um es weiter Vizekönigen, Khediven und Sultanen zu überlassen. 1882 besetzten britische Truppen Ägypten, das unter dem Diktat der Konsuln und Hochkommissare Ihrer Majestät zu einer riesigen Baumwollplantage für die Tuchfabriken von Lancashire wurde. Der Verarmung von Stadt und Handwerk stand der wachsende Wohlstand einer Gruppe von Großgrundbesitzern gegenüber, allen voran die königliche Familie, die in der Besatzungsmacht einen guten Kunden und deshalb an den politischen Verhältnissen nichts auszusetzen fanden. Drei Viertel der ausländischen Investitionen flossen in die Landwirtschaft und die Nilregulierung (Unterer Assuan-Damm 1902, Delta-Damm 1890/1910).

Das unabhängige Ägypten

Die nominelle türkische Herrschaft über Ägypten endete mit dem Ersten Weltkrieg. Großbritannien, das gegen die mit den Deutschen verbündeten Osmanen kämpfte, erklärte Ägypten 1915 zum Protektorat. Erst 1922 wurde das Land mit Einschränkungen in die Unabhängigkeit entlassen.

Die englischen „Vorbehalte" waren: Sicherheit für die Verbindungswege des Empire, Verteidigung Ägyptens gegen Dritte, Schutz ausländischer Interessen und von Minderheiten, britische Kontrolle des Sudan.

Zweiter Weltkrieg: Der Vorstoß von General Rommels Panzertruppen auf el-Alamein wurde von vielen ägyptischen Nationalisten als Auftakt zur endgültigen Befreiung ihres Landes von den Engländern geschätzt. Führer der „Jungägypter" *(Misr el-Fatah)* hatten schon 1936 auf dem Nürnberger Reichsparteitag Hitler gehuldigt. „*Ilal amam ya Rommel!*" („Vorwärts, Rommel!"), erschallte es nun auf den Straßen Kairos. Besonders aber alarmierte den britischen Oberbefehlshaber die Nachricht, dass König Faruk insgeheim mit den Achsenmächten verhandle. Am Morgen des 4. Februar 1942 umstellten englische Panzer den Palast und zwangen dem König einen neuen Ministerpräsidenten auf, der sich alliierten Wünschen gegenüber willfährig zu zeigen versprach. Was hieß: Kriegsrecht, Pressezensur und das Unterbinden aller prodeutschen Umtriebe.

Unterdessen formierten sich neue Kräfte, die das Schicksal des Nillandes bis heute bestimmen: Im Rundfunk hörten die Ägypter nicht nur die hinreißenden Konzerte Umm Kulthums, sie erfuhren auch von den Schandtaten der alliierten Besatzer in Libyen, Syrien, Palästina, dem Irak und auf der arabischen Halbinsel. Neben das „Ägypten den Ägyptern" der Nationalisten trat ein „Die arabische Welt den Arabern", und es debattierten die Intellektuellen in den Kaffeehäusern über eine geeinte arabische Nation unter ägyptischer Führung.

1948 sollte diese Nation im ersten Krieg gegen den frisch gegründeten Staat Israel ihr Probestück liefern. Unvorbereitet und unkoordiniert, wie die Armeen der einzelnen Staaten waren, konnten sie nur den Ostteil Jerusalems und die Westbank für die Palästinenser retten. Innenpolitisch war diese Niederlage ein gewichtiger Nagel

Gamal Abdel Nasser – der gute Diktator?

Gamal Abdel Nasser (1918–1970) war einer der bedeutendsten arabischen Staatsmänner des letzten Jahrhunderts. Als Kopf der „Freien Offiziere" plante und führte er 1952 den Putsch gegen die Monarchie. Nachdem er seine Konkurrenten ins politische Abseits manövriert hatte, der in einem Dorf bei Assiut geborene Sohn eines Postbeamten 1954 die Regierungsgewalt und ließ sich schließlich per Volksabstimmung zum Präsidenten küren.

Auf internationalem Parkett zählte er mit dem Jugoslawen Josip Broz Tito und dem Inder Jawarhalal Nehru zu den Führern der blockfreien Staaten, die einen „dritten Weg" zwischen Ost und West suchten. Mit Nassers Widerstand gegen ein US-dominiertes Militärbündnis im arabischen Raum („Bagdad-Pakt") kühlten die Beziehungen zum Westen weiter ab, der Ägypten mit dem Entzug der Militär- und Finanzhilfe bestrafte. Nasser revanchierte sich mit der Verstaatlichung des Suezkanals und gewann die Sowjetunion für die Finanzierung des Assuan-Staudamms.

Zu seinen großen innenpolitischen Erfolgen gehört die Verteilung des Großgrundbesitzes an Kleinbauern und Pächter, eine Reform, die in den 90er-Jahren wieder rückabgewickelt wurde. Auf der Habenseite des Nasserismus stehen auch der Ausbau des Schulwesens, der Aufbau eines flächendeckenden Netzes von Gesundheitsstationen im ländlichen Raum und eine Beschäftigungsgarantie für alle Akademiker nach Abschluss der Ausbildung. Sein Land regierte der Ra'is („Führer") jedoch mit harter Hand und Hilfe der Geheimdienste. Kommunisten wurden ebenso verfolgt wie die islamistische Moslembruderschaft.

Trotzdem war der charismatische Redner beim Volk beliebt wie kein anderer ägyptischer König oder Präsident des 20. Jh. Zu seiner Beerdigung am 1. Oktober 1970 erlebte Kairo den bislang größten Massenauflauf seiner Geschichte. Mehr als eine Million Menschen säumten die Route des Trauerzugs, und der Polizei gelang es nicht, den angereisten Staatsgästen einen Weg zum Leichnam zu bahnen. Selbst gestandene Männer weinten, zerrissen ihre Kleider und schrien: „Gamal Abdel Nasser, verlass uns nicht!" Noch heute betrachten viele Ägypter die Jahre unter Nasser als goldenes Zeitalter.

für den Sarg, in dem vier Jahre später die Monarchie von den „Freien Offizieren" beerdigt werden sollte.

Revolution am Nil: Die „Freien und reinen Offiziere", wie sie sich selbst nannten, putschten am 26. Juli 1952. Leicht verspätet verlas Oberstleutnant Anwar el-Sadat ihre Proklamation im Rundfunk. Die entscheidenden Stunden mit seinen Kindern im Kino verbracht zu haben („Ich kannte das Losungswort nicht!") empfand der spätere Präsident zeitlebens als ehrenrührigen Makel. Den König schickten die Meuterer ins Exil, womit die Dynastie Mehmet Alis ein unrühmliches Ende nahm. „Ihre Aufgabe wird nicht einfach sein. Sie wissen, es ist schwer, Ägypten zu regieren", waren Faruks letzte Worte an die Putschisten, bevor er mit seiner Jacht gen Italien in See stach – nie wieder setzte er seinen Fuß auf ägyptischen Boden.

Fette Katzen und faule Kredite 41

1952 lebten im schmalen Streifen entlang des Nils auf jedem Quadratmeter nutzbaren Bodens im Durchschnitt zehnmal mehr Menschen als in Frankreich und viermal mehr als in Deutschland. Und jede Minute kam ein Mensch hinzu, im Jahr mehr als eine halbe Million. Diese wachsende Bevölkerung ausreichend zu ernähren war die größte Leistung des neuen Regimes, an dessen Spitze sich Gamal Abdel Nasser als starker Mann und Präsident setzte. Die schon im Herbst 1952 verkündete Agrarreform beschränkte den Landbesitz pro Kopf auf zunächst 80, ab 1969 auf 40 Hektar. Immerhin 15 % der landwirtschaftlichen Nutzfläche wurden so umverteilt. Nutznießer waren Landarbeiter, Pächter und Kleinbauern.

Suezkrise: Nach dem Ende des Zweiten Weltkriegs hatte die Royal Air Force Ägyptens Himmel und Flugplätze geräumt, war die Royal Navy aus Alexandria, Safaga und anderen Häfen abgezogen und hatte die Royal Army das Land am Nil verlassen – nur die Zone um den Suezkanal war weiterhin unter britischer Verwaltung geblieben, bis Ägyptens Präsident Gamal Abdel Nasser im Juli 1956 die Kanalgesellschaft verstaatlichte und die Kanalzone besetzen ließ. Frankreich und England zeigten sich bestürzt: die Briten, weil ihre Regierung drei Achtel der Kanalaktien besaß, die Franzosen, da der Hauptanteil der von Ferdinand de Lesseps gegründeten Kanalgesellschaft in französischen Händen lag. Am 29. Oktober 1956 griffen israelische Soldaten die Ägypter auf dem Sinai an. Zwei Tage später bombardierten die Engländer Port Said. Die Sowjetunion drohte mit einer Intervention, die Amerikaner gaben den Europäern eins auf die Finger – sie sollten die Rolle des Weltpolizisten künftig den Supermächten überlassen. Schließlich landeten UN-Truppen am Kanal, um einen Waffenstillstand und den Rückzug der Invasoren zu überwachen. *Time* erklärte Nasser zum „Mann des Jahres", denn niemand habe es wie er geschafft, aus einer Niederlage als Sieger hervorzugehen.

Land gegen Frieden

Die nächste militärische Auseinandersetzung mit dem ungeliebten Nachbarn hatte für Ägypten schlimmere Folgen. Am 6. Juni 1967 überschritten israelische Truppen die Grenze und rückten in kürzester Zeit bis an den Suezkanal vor. Nach dem **Sechstagekrieg** gehörte der Sinai für 15 Jahre zu Israel. Während sich in Ofira (Scharm el-Scheich) die ersten Taucher und Badegäste tummelten, lieferten sich Israelis und Ägypter nun einen jahrelangen Abnutzungskrieg: Die einen schossen über den Kanal, die anderen bombardierten Suez und sogar Ziele am Nil.

Nassers Nachfolger *Anwar el-Sadat* tilgte mit einem Überraschungsangriff die Schmach der Niederlage. Am 6. Oktober 1973, dem israelischen Feiertag Yom Kippur, stießen ägyptische Panzer tief in den Sinai vor. Doch bevor die Vereinten Nationen schließlich einen Waffenstillstand vermittelten, hatten im Süden auch die israelischen Verbände den Kanal überschritten und standen am Stadtrand von Suez. So feiern heute beide Seiten den **Oktoberkrieg** als militärischen Sieg. Politisch zog Ägypten den größeren Nutzen: Das Friedensabkommen von Camp David (1979) brachte dem Land im Tausch gegen die Anerkennung des Staates Israel die Rückgabe des Sinai, der 1982 von den letzten israelischen Siedlern und Soldaten geräumt wurde.

Fette Katzen und faule Kredite

Unter dem Etikett „*Infitah*" (Öffnung) betrieb Sadat neben der Annäherung an den Westen auch eine Liberalisierung des Wirtschaftslebens. Nutznießer waren die von den alten Baumwollbaronen wie den Unterschichten gleichermaßen verachteten „fetten Katzen", nämlich Teile des Bürgertums, die als Händler, Bauunternehmer oder Bodenspekulanten in wenigen Jahren immense Reichtümer anhäuften. Im Gegensatz zu Nasser war Sadat nie ein Präsident der einfachen Leute. Für sie ist er nicht der Held der Kanalüberquerung, sondern jener, der die „Katzen fett werden ließ", die Pyramiden mit einem Vergnügungspark entweihen wollte, überall im Lande große Villen besaß und den Brotpreis erhöhte. Hatte er nicht sogar das Nilwasser an die Israelis verkaufen wollen? Ein neuer Pharao, dem Volk entfremdet. Am 6. Oktober 1981 starb Anwar el-Sadat, der als frommer Moslem galt, im Kugelhagel muslimischer Radikaler.

Seinem Nachfolger *Hosni Mubarak* fiel kein leichtes Erbe zu. „Islamische" Investitionsgesellschaften versprachen das schnelle Geld mit gottgefälligen Finanzanlagen und lockten so besonders den Arbeitsmigranten umgerechnet rund 11 Mrd. US-Dollar aus der Tasche – mitunter ein Ponzi-Spiel, bei dem die angeblichen Erträge aus den Einlagen gezahlt wurden. Diese schwarzen Schafe nahm der Staat 1988/89 zum Vorwand, auch die seriösen Anlagefirmen mit administrativen Knebeln in den Kollaps zu treiben und so die Banken von der lästig gewordenen Konkurrenz zu befreien.

Zwei Jahre später gerieten dann auch die Banken in Schieflage. Wegen des Golfkriegs blieben die Touristen aus, und die Migranten schickten kein Geld mehr. Jeder dritte Kredit, so schätzen Experten, war faul. Der Staat rettete das Finanzsystem mit massiven Geldspritzen – und konnte die darüber ins Trudeln geratene Währung nur mit Hilfe des Weltwährungsfonds stabilisieren. Dieser verordnete Ägypten die übliche Rosskur: Abbau der Subventionen und Sozialleistungen, Privatisierung der Staatsbetriebe, eine Politik des knappen Geldes.

Treuer Partner

Verlierer der Strukturanpassung sind vor allem die Bauern und der ländliche Raum. Mit der Rückabwicklung der Nasserschen Landreform verloren viele Pächter ihr Land und suchen ihr Glück nun in den Armenvierteln Kairos und Alexandrias. In die noch verbliebenen öffentlichen Betriebe wird nichts mehr investiert, staatliche Schulen und Gesundheitseinrichtungen siechen dahin. Entgegen den neoliberalen Lehrbüchern tritt der Staat jedoch mehr denn je als Finanzier in Erscheinung, kauft sich zur Stützung der Aktienkurse in bereits privatisierte Betriebe wieder ein oder gewährt den großen Firmenkonglomeraten günstige Millionenkredite.

Die sozialen Unterschiede sind heute wieder so groß wie zu Zeiten der Monarchie: 90 % der Bevölkerung müssen sich mit Einkommen am oder unter dem Existenzminimum begnügen und zusehen, wie die restlichen 10 % in Saus und Braus leben und dies auch deutlich zeigen. „Zurück zum Koran" fordern die Religiösen, streben einen ethisch gezähmten Kapitalismus an und sehen in der „Verwestlichung" die Ursache allen Übels.

Außenpolitisch ist Ägypten ein treuer Verbündeter der Vereinigten Staaten und wird dafür mit Hilfsgeldern und gelegentlichen Schuldenerlassen belohnt. Dass es mit Menschenrechten und Demokratie nicht weit her war, nahm die Weltmacht in Kauf, woran auch die formelhafte Forderung nach mehr Demokratie am Nil nichts änderte. Hauptsache, das Öl und der Verkehr durch den Suezkanal fließen ungehindert und Ägypten kooperiert bei weltpolizeilichen Aufgaben und besonders in der Palästinafrage. Zu unserer Sicherheit.

Beduinenmädchen am Strand des Hotels La Sirène in Nuweiba

Mensch und Gesellschaft

Bevölkerung

Ägypten zählt aufgrund seiner Sprache, Geschichte und Kultur zur arabischen Welt. 98 % der Bevölkerung drängen sich im engen Raum des Niltals und des Deltas.

Ethnisch betrachtet sind die **Nil-Ägypter** jedoch keine Araber im eigentlichen Sinn, sondern ein schon seit der Pharaonenzeit am Fluss und in den Oasen ansässiges Bauernvolk. Von der arabischen Halbinsel stammen dagegen die Vorfahren der auf dem Sinai und am Nordrand der Libyschen Wüste heimischen **Beduinen**. Diese sind längst keine Nomaden mehr, sondern wohnen in festen Häusern, sehen fern und üben moderne Berufe vom Lkw-Fahrer bis zum Rechtsanwalt aus. Von den Nil-Ägyptern werden sie wenig geschätzt. Der uralte Konflikt zwischen sesshaften Bauern und nomadisierenden Hirten lebt in den gegenseitigen Vorurteilen fort.

Das Kernland der dunkelhäutigen **Nubier** ist heute weitgehend vom Nasser-Stausee überflutet. In Ägypten wie im Sudan beheimatet, stehen die Nubier geografisch wie kulturell zwischen der arabischen Welt und Schwarzafrika und brachten einst neben exotischen Handelswaren auch afrikanische Bräuche wie die Mädchenbeschneidung oder die geisterbeschwörenden Zar-Tänze nach Ägypten. Knappes Ackerland zwang die nubischen Männer bereits im 19. Jh. zur Abwanderung in die ägyptischen Großstädte, wo sie oft als Hausmeister oder in der Gastronomie tätig sind. Ihre heimliche Hauptstadt ist heute Assuan.

Frau und Familie

Nach dem Gesetz genießen ägyptische Frauen und Männer weitgehend die gleichen Rechte. In der Praxis gelten diese Rechte jedoch nur für eine kleine Elite von Frauen der Mittel- und Oberschicht.

Hoda Sharawi schockte 1923 die ägyptische Öffentlichkeit, indem sie bei der Rückkehr von einer internationalen Frauenkonferenz ihren Schleier in das Hafenbecken von Alexandria warf und sich unverhüllt an Land begab: ein unerhörter Vorgang, zumal Hoda nicht irgendeine Bäuerin oder Wäscherin, sondern als Tochter des seinerzeitigen Parlamentspräsidenten eine Frau aus bester Familie war.

Zwar erkämpfte sich die ägyptische Frauenbewegung bis zum Zweiten Weltkrieg den Zugang zu Ausbildung und Beruf und nach der Revolution das Wahlrecht sowie die Teilhabe am politischen Leben, zwar steuern ägyptische Frauen heute Taxis durch Kairo, fliegen Flugzeuge und sind Ministerinnen – nur das Richteramt ist ihnen aus religiösen Gründen verwehrt –, doch ist all dies in der Praxis nur für eine kleine Elite von Frauen der Mittel- und Oberschicht von Bedeutung. Männer der städtischen Unterschichten wissen ihre Ehefrau lieber im Haus, um nicht in den Verdacht zu geraten, sie könnten ihre Familie nicht ernähren. Entsprechend sieht die Statistik aus: Nur jeder fünfte Arbeitsplatz ist derzeit von einer Frau besetzt.

Nubierinnen am Herd

Unternehmen Hochzeit

Überraschenderweise ist die arrangierte Ehe auch in der Oberschicht und unter den westlich erzogenen Absolventen der Amerikanischen Universität Kairo wieder im Kommen. Für die Neureichen sind Geld und Status nicht selbstverständlich – das erreichte Niveau will mit Verstand gehalten werden. Umso besser, wenn das junge Paar auch gegenseitige Zuneigung empfindet, notwendig ist dies aber nicht.

Auch bei Liebesheiraten suchen die Brautleute die Zustimmung der Eltern und wagen sich angesichts der starken Familienbande deren allfälligem Nein nur selten zu

Mädchen-Beschneidung

Irgendwann zwischen dem achten und zehnten Lebensjahr – manchmal auch etwas früher oder später – wird dem ägyptischen Mädchen mit einem brutalen Eingriff klar gemacht, dass es bald eine Frau sein wird. „Zwei Nachbarinnen packten meine Arme und Beine, legten mich auf den Rücken und bogen mir die Beine auseinander. Bevor ich wusste, was geschah, schoss ein entsetzlicher Schmerz durch meinen Körper, und ich begann zu schreien. Trotz des Tuchs, das sie vor mein Gesicht hielten, sah ich genau, was die Daya (Hebamme) tat. Alles war voller Blut. Sie strichen Asche auf die Wunde, um das Blut zu stillen. Anschließend lag ich acht Tage im Bett und konnte mich nicht rühren."

90 % aller erwachsenen Ägypterinnen, egal ob Muslima oder Koptinnen, haben diese Prozedur hinter sich; täglich werden 3600 Mädchen, so schätzt die ägyptische Menschenrechtsorganisation, auf diese Weise malträtiert. Erst die Beschneidung, so weiß das Volk, macht aus dem Mann einen Mann und aus der Frau eine Frau – wobei als „kleiner Unterschied" die Klitorektomie einen psychischen Schock, oft schwere Entzündungen der Wunde und schließlich auch den Verlust der Lust bedeutet, bevor die Frau sie noch hat richtig empfinden können. Besonders grausam ist die Beschneidung der jungen Nubierinnen. Ihnen werden bei der „sudanesischen Beschneidung" neben der Klitoris auch gleich die kleinen und ein Teil der großen Schamlippen entfernt, die Wunde wird dann bis auf eine kleine Öffnung für den Urin vernäht. Bei der Hochzeit muss die Verstümmelung dann wieder aufgeschnitten werden.

Die Klitorektomie ist keine Erfindung des Islam und beispielsweise in Mesopotamien oder auf der arabischen Halbinsel völlig unbekannt. Die koptische Kirche lehnt die „heidnische", wohl aus Afrika kommende Verstümmelungspraxis ab, die islamische Geistlichkeit ist sich uneins: Der Staat schwankt zwischen einem verstaubten Dekret aus den 50er-Jahren, das immerhin die Beschneidung in öffentlichen Krankenhäusern verbietet, und der Linie des Gesundheitsministeriums, das die Beschneidungen lieber unter klinischen Bedingungen und ärztlicher Betreuung als in unhygienischen Verhältnissen und durch die Rasiermesser der Dayas geschehen lassen will.

Besonders Frauenorganisationen führen seit geraumer Zeit eine Kampagne gegen die Beschneidung. Immerhin wird das Tabuthema jetzt öffentlich diskutiert, auch hat sich der Anteil unbeschnittener Ägypterinnen binnen zehn Jahren verdoppelt. „Die Frauen sind am schwersten davon zu überzeugen, obwohl diese Praxis sie doch am meisten verletzt", weiß eine Sozialarbeiterin aus el-Minya. Männer zeigen sich aufgeschlossener. Schenkt man den Umfragen Glauben, wollen immer mehr am liebsten eine „Unbeschnittene" zur Frau. Von ihr erwarten sie mehr Spaß im Bett.

---

widersetzen. Oft aber sind es ohnehin die Eltern, die einen ihnen genehmen Hochzeitskandidaten vorschlagen. Am beliebtesten ist dabei die Heirat zwischen Cousin und Cousine: So bleiben Aussteuer, Brautgeld und die Tochter selbst innerhalb der weiteren Familie, die auch bei Streitigkeiten zwischen den Partnern leichter schlichten kann. Bei Heiraten außerhalb der Familie achten die Eltern darauf, dass die künftigen Schwiegereltern von gleichem oder – noch besser – höherem sozialen Status sind. Die „Heirat nach oben" ist allerdings ein zweischneidiges Schwert und muss gewöhnlich mit persönlichen Mängeln des künftigen Schwiegersohns „erkauft" werden (hohes Alter, schlechte Ausbildung, körperliche Gebrechen o. Ä.).

Die Eheschließung verläuft in mehreren Etappen. Zunächst gilt es für die Familien von Braut und Bräutigam, sich über Aussteuer und Brautpreis zu einigen. Theoretisch bleibt dieses Vermögen auch bei einer späteren Scheidung Eigentum der Frau. Nach einer Studie des *National Centre for Social Research* kostet eine Mittelschicht-Hochzeit einschließlich Feier die Eltern etwa 20.000 Pfund, also ein Vielfaches der durchschnittlichen Jahreseinkommen! Die hohen Kosten sind dafür verantwortlich, dass die Brautleute inzwischen durchschnittlich 25 (Frauen) bzw. 31 (Männer) Jahre alt sind.

Schon wegen dieser Kosten ist die Vielehe – der Koran erlaubt bis zu vier Frauen – eine seltene, nur auf dem Lande oder von sehr reichen Männern praktizierte Ausnahme. Selbst wenn die Eltern und das Paar sich auf eine schlichte, preiswerte Hochzeit einigen, muss für die Brautleute eine Wohnung beschafft werden. Als zweiter Schritt wird der Termin für die *Fatha* angesetzt, eine öffentliche Koranlesung, mit der die Verlobung des Paares bekannt gegeben wird. Erst nach der Fatha darf sich das junge Paar ohne Aufsicht treffen. Als Nächstes folgt die Unterzeichnung des Ehevertrags vor dem Scheich. Darin können die Brauteltern ihrer Tochter etwa das Recht auf Berufstätigkeit, freies Reisen oder Scheidung nach ihrem Willen sichern – für die Braut unterschreibt ihr Vater.

Die eigentliche Hochzeitsfeier beginnt im Hause der Braut, wo diese sich von ihrer Familie und ihren Freundinnen verabschiedet, um dann mit einem Autokorso zum Haus des Bräutigams gebracht zu werden, wo sie von dessen Familie empfangen wird. Die Reichen feiern mit Musikanten, Showstars, Bauchtänzerinnen und vielen hundert Gästen in den großen Luxushotels – da kommen schnell einige hunderttausend Pfund für die Rechnung zusammen. Vollzogen wird die Ehe in der Hochzeitsnacht. Die Jungfräulichkeit der Braut ist absolutes Muss, und als Beweis übergibt der Bräutigam seinen Eltern am nächsten Morgen das blutige Handtuch oder das Laken. Ist die Braut, durch welche Umstände auch immer, keine Jungfrau mehr, muss sie vor der Hochzeitsnacht zum Arzt, um ihr Unschuld operativ wiederherstellen zu lassen.

„Hitta baladi" – die Welt der kleinen Leute

Die typische Kairoer Unterschichtenfamilie lebt irgendwo in der Vorstadt in der Zwei-Zimmer-Wohnung einer Mietskaserne mit bröckelndem Putz und periodisch überfließender Kanalisation, welche dann die Gasse in eine Schlammwüste verwandelt. Haus und Nachbarschaft sind die Welt der Frauen. Möglichst viel wird gemeinsam gemacht, den allein sein will niemand. Kochen und Einkauf erledigt „frau" mit einer Freundin, abends sitzen die Frauen gruppenweise und leger gekleidet vor den Häusern. Doch ihr Verhältnis untereinander ist weniger von Solidarität als von Wettstreit geprägt: Wer erntet öffentliches Lob der Gasse, bringt das teuerste Fleisch vom Markt (in der offenen Tasche, damit es die anderen auch sehen), kann angesehene Freunde vorzeigen.

Die Läden des täglichen Bedarfs und kleine Werkstätten säumen die größeren Gassen des Quartiers, Imbissstände stehen an den belebten Ecken. Hier sammelt der Ziegenhirte seine Schützlinge von ihren Besitzern ein zum morgendlichen Rundgang durch den Abfall, dort ziehen mobile Heizölhändler ihre Karren und preisen Scherenschleifer ihre Dienste an. Je bedeutender die Straße, desto mehr ist sie das Territorium der Männer. Müssen sich die Frauen aus ihrer Nachbarschaft doch einmal in den öffentlichen Raum begeben, dann werfen sie die *milleya*, den schwarzen Umhang, über.

„Hitta baladi" – die Welt der kleinen Leute 47

Ob Männer oder Frauen, Ausflüge über die Grenzen des Quartiers unternehmen sie nur, wenn unbedingt notwendig: sei es der Weg zum Arbeitsplatz, ein Verwandtenbesuch oder ein Behördengang. Wer mit „draußen" Erfahrung hat und die Buslinien kennt, hat als gefragter Ratgeber eine Schlüsselrolle im Sozialgefüge.

Kommt der Mann von der Arbeit oder aus dem Kaffeehaus nach Hause, erwartet er, dass die Gattin ihn empfängt und ihm zu Diensten ist. Ehe und Familie haben wenig mit Liebe und Zuneigung zu tun, sondern sind in erster Linie eine Wirtschaftsgemeinschaft, die der fortwährende Geldmangel belastet. Der Arztbesuch muss aufgeschoben werden, die Kinder bekommen dieses Jahr keine Schulhefte, der gebotene Kondolenzbesuch unterbleibt, weil dazu erst ordentliche Schuhe gekauft werden müssten. Als ganz schlimm gilt es, wenn die Frau zum Beispiel als Wäscherin oder Haushaltshilfe dazuverdienen muss. Eine Schande, die auf den Mann zurückfällt,

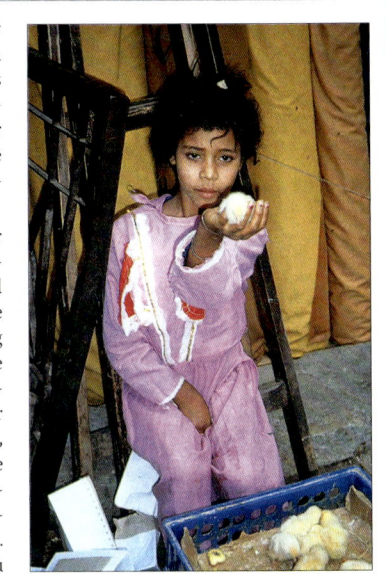

Kinderarbeit

denn er wird seiner Hauptaufgabe, die Familie angemessen zu versorgen, nicht gerecht. Dieses Versagen bekommt er allabendlich vorgehalten, erlebt, dass es hier fehlt und dort mangelt, bekommt als Familienvater keine Anerkennung und geht deshalb lieber ins Kaffeehaus oder zu weiblichen Verwandten, für deren Misere er immerhin nicht verantwortlich ist – und ist deshalb kein guter Ehemann, der abends auch mal zu Hause sitzt, mit ihr und den Kindern spazieren geht. Doch auch die Frau erlebt tagtäglich ihr Versagen. Ohne Geld kann sie keine gute Hausfrau und Mutter sein, erfüllt deshalb auch die Erwartungen des Mannes nicht.

So ist es kein Wunder, dass es in dieser Konstellation beständig zu Konflikten kommt und mehr als die Hälfte aller Ehen schon nach zwei Jahren wieder geschieden wird. Die Frauen haben nach einer Scheidung die besseren Karten, denn sie können ihren Alltag auch alleine meistern. Dagegen sind Männer aus der Unterschicht im Unterschied zu den Frauen alleine nicht lebensfähig. Sie tauscht Hausarbeit und Sex gegen Geld, was heißt, sobald sie zu arbeiten bereit ist, geht's auch ohne Mann. Er ist unfähig, den Haushalt zu führen, und diese Unfähigkeit kann sie ihn spüren lassen: durch Flucht ins Vaterhaus, durch Provozieren eines „Man-spricht-nicht-miteinander-Zustandes", der sich über Wochen hinziehen kann. Er wehrt sich, so gut er kann und es gelernt hat: durch Schläge, Einsperren und das Verbot, Umgang mit ihren Freundinnen zu pflegen.

Chancen zur Verwirklichung und Anerkennung liegen eher außerhalb der Familie, im Freundeskreis oder unter den Nachbarinnen. Hier bestätigt man sich einander als „ehrenhaft", obwohl in Wahrheit jeder weiß, dass niemand diesem Ideal genügen kann. Abwesenden Dritten entzieht man dabei gern die Solidarität des schönen Scheins und spricht ihnen die Ehre ab, um sich selbst und die Anwesenden vergleichsweise gut dastehen zu lassen.

Wer hat den schönsten Halbmond?   *Wer das prächtigste Kreuz?*

Religion heute: Islam und Christentum

Die weit überwiegende Mehrheit der Ägypter bekennt sich zum Islam. Die Kopten, die ägyptischen Christen, leben über das ganze Land verstreut, haben ihre Hochburg aber in Mittelägypten. In Kairo ist das Stadtviertel Misr el-Qadima („Alt-Kairo") weitgehend christlich.

Der Islam

„Es gibt keinen Gott außer Allah, und Mohammed ist sein Prophet", verkündet der Muezzin in jedem Gebetsruf. Wer dieses Glaubensbekenntnis ausspricht, gilt als Moslem.

Dass sie von Andersgläubigen in Analogie zu Christen oft Mohammedaner genannt werden, beleidigt die muslimischen Gläubigen zutiefst. Denn Mohammed wird eben nur als Prophet, nicht als Gott verehrt. Ihm verkündete Allah durch den Erzengel Gabriel den *Koran*. Diese abschließende Offenbarung vollendete das Werk früherer Propheten wie etwa Abraham, Moses oder Jesus. Schon 20 Jahre nach Mohammeds Tod (632) ordneten Gelehrte die Offenbarungen und gaben dem Koran seine bis heue verbindliche Fassung. Den Koran ergänzt die im Hadith niedergeschriebene *Sunna* („Gewohnheit"), die Überlieferung von Mohammeds Taten und Reden – im Unterschied zum göttlichen Wort des Korans.

Das **Glaubensbekenntnis** ist die wichtigste der *fünf Säulen des Glaubens*, denen jeder Moslem folgen soll. An zweiter Stelle steht das fünfmal am Tag zu verrichtende **Gebet**, bei dem sich der Moslem mit dem Gesicht gen Mekka wendet. Besonders eifrige Beter erkennt man an der *Zebiba*, einem dunklen Fleck auf der Stirn, der vom häufigen Berühren des Bodens herrührt. Wenigstens einmal die Woche sollen

Religion heute 49

Auch ein Weg zu Gott

die Gläubigen zum gemeinsamen Gebet zusammenkommen. In der Moschee weist der *Mihrab* (Gebetsnische) die Richtung nach Mekka. Vom erhöhten *Minbar* (Kanzel) hält der Vorbeter die Freitagspredigt. Kaum ein Muezzin steigt noch persönlich aufs *Minarett*, um die Gläubigen zum Gebet zu rufen. Heute spricht der Gebetsrufer unten in ein Mikrofon, brüllende Lautsprecher ersparen ihm die Kletterei.

Die dritte Säule ist die **Almosengabe** *(zakat)*, die sich heute gerne der Staat unter dem Etikett „Vermögenssteuer" aneignet. Daneben gibt es eine besondere Naturalgabe, meist Fleisch, die an Festtagen bedürftigen Nachbarn, Bekannten und Verwandten zukommt. Als besonders verdienstvoll gelten Almosen, die anonym gegeben werden.

Vierte Pflicht des Gläubigen ist das **Fasten**. Während des Fastenmonats Ramadan wird zwischen Sonnenauf- und -untergang der Verzicht auf Essen, Trinken, Rauchen und Beischlaf verlangt. Wobei das Versäumte nach Einbruch der Dunkelheit umso eifriger nachgeholt wird, sodass etwa die Fleischer gerade im Ramadan ihre Spitzenumsätze erzielen. Schwangere, Stillende, Kinder, Kranke, Gebrechliche, Reisende, Soldaten und aus „wichtigem Grund" zu schwerer Arbeit Genötigte sind im Ramadan vom Fasten befreit und gehalten, das Versäumte später nachzuholen.

> **Unrein** (und verboten) sind den Muslimen Alkohol, Schweinefleisch generell, anderes Fleisch, wenn die Tiere nicht geschächtet wurden. Unreinheit entsteht auch durch Schlaf, Verrichtung der Notdurft, die Berührung der eigenen Genitalien oder einer Person des anderen Geschlechts. Nacktheit ist dem Islam unmoralisch.
>
> Eine je nach dem Grad der Unreinheit große oder kleine **Waschung** stellt die zur Verrichtung des Gebets erforderliche rituelle Reinheit wieder her. Der kleinen Waschung (Kopf, Füße, Hände und Unterarme) dienen die Brunnen vor der Moschee. Auch der Gebetsplatz muss sauber sein. In der Moschee zieht man deshalb die Schuhe aus. Andernorts sorgt der Gebetsteppich und notfalls auch eine untergelegte Zeitung für den reinen Boden.

Die letzte Säule erwartet von den Gläubigen wenigstens eine **Pilgerfahrt** nach Mekka, die im Monat Du'l-Higga angetreten wird (→ Kastentext *Hadsch*).

Über die fünf Säulen hinaus regelt die **Scharia** das Leben der Gläubigen. Man kann sie sich als eine Art Rechtsbibliothek vorstellen, die auch Essensvorschriften, Ehe- und Erbrecht, Bestimmungen über den Handel bis hin zum Straf- und Prozessrecht

Hadsch – die Pilgerfahrt nach Mekka

Einmal im Leben, so das Gebot, soll jeder männliche Moslem, der gesund und finanziell dazu in der Lage ist, im Du'l-Higga, dem letzten Monat des Jahres, nach Mekka pilgern. Alle Gläubigen, denen die göttliche Gnade der saudi-arabischen Staatsbürgerschaft versagt blieb und die auch nicht in den Genuss der persönlichen Einladung eines der vielen saudischen Prinzen kommen, benötigen für die so genannte *Hadsch* ein Einreisevisum. Und da die heiligen Stätten nicht mehr als 2,5 Millionen Pilger gleichzeitig bewältigen können – auch bei dieser Zahl kommt es immer wieder zu diversen Katastrophen –, beschloss eine Konferenz der Organisation islamischer Staaten, dass jedes muslimische Land nur für ein Tausendstel seiner Bevölkerung Visa erhält. Demnach dürfen jedes Jahr nur 80.000 Ägypter auf Pilgerfahrt gehen – ein Bruchteil derer, die gerne möchten.

Für die 19-stündige Busfahrt mit zehn Nächten in einfacher Unterkunft zahlen die Pilger etwa 16.000 Pfund, für eine Flugreise sogar 22.000. Bei Durchschnittsgehältern von etwa 1200 Pfund kostet die Hadsch damit mehr als für Touristen eine Nilfahrt der Luxusklasse. Reiseveranstalter kombinieren ihr begehrtes Visakontingent nur mit Übernachtungen im Nobelhotel und verlangen dafür wenigstens 50.000 Pfund.

Während der Reise kleiden sich die Pilger in weiße, nahtlose Umhänge und tragen Sandalen. Frauen müssen ihren Körper mit Ausnahme des Gesichts und der Hände verhüllen. Das Ritual in Mekka beginnt mit dem siebenfachen Umkreisen der *Kaaba* (von arabisch „Würfel"), dem zentralen Heiligtum des Islam. Dieses mit einer schwarzen Brokatdecke verhängte Haus Gottes wurde, so der Glaube, bereits von Abraham und seinem Sohn Ismail errichtet und befindet sich im Innenhof der Großen Moschee *(Masjid al-Haram)*. An der Südecke ist etwa in Augenhöhe der berühmte schwarze Stein einmauert. Vielleicht handelt es sich um einen Meteoriten, doch wurde er nie wissenschaftlich untersucht. Muslime glauben, Abraham habe diesen inzwischen durch die ständigen Berührungen glatt polierten Stein beim Erbauen der Kaaba vom Erzengel Gabriel empfangen. Bei jeder Umrundung der Kaaba haben die Gläubigen ein anderes Gebet zu sprechen. Die meisten lesen sie von Zetteln ab, um keine Fehler zu machen.

Anderntags trotten die Pilger in einer langen Halle auf der Ostseite der Großen Moschee vierzehnmal von einem Ende *(Safa)* zum anderen *(Marwa)*. Hagar, die Magd Abrahams und Mutter seines Sohnes Ismail, wurde nach der Überlieferung von ihrem Stamm verstoßen und suchte in der Wüste Wasser für sich und ihr Kind. Der Gang durch die Halle soll an diese Suche erinnern und endet an der Quelle *Zemzem*, die Gott schließlich vor den Füßen Hagars sprudeln ließ. Auch zwei Gebete am *Maqam Ibrahim*, dem Platz, wo das Haus Ibrahims stand, gehören zum Programm.

Am achten Tag der Hadsch werden die Pilger in Bussen in das Städtchen *Mena* transportiert und machen sich hier am nächsten Morgen auf den Weg zum Berg *Arafat*, wo sie von Mittag bis Abend in einem millionenstimmigen Chor Gott anrufen. Im Hintergrund warten Ambulanzen, um jene abzutransportieren, deren Kreislauf in der prallen Hitze kollabiert. Nach Sonnenuntergang sammeln die Pilger Kiesel, mit denen sie am nächsten Morgen, dem ersten Tag des Opferfestes, die Felsnadel *Gamaret el-Aqaba* steinigen, die den Teufel symbolisiert – ein Ritual, das wiederum siebenmal vollzogen werden muss, bevor dann im Gedenken an das Opfer Abrahams ein Schaf geschlachtet wird. Nur wenige Tiere werden gemetzgert und verspeist. Die meisten Kadaver verscharren Bulldozer in riesigen, zuvor ausgehobenen Gruben. Nach dem Opfer rasieren sich die Männer das Haupt und kehren nach Mekka zurück. Zum Abschluss muss wieder die Kaaba siebenmal umrundet werden, der Gamaret el-Aqaba gesteinigt und nochmals die Kaaba besucht werden. Dann geht's wieder nach Hause.

umfasst. In der Scharia sind alle Grundzüge und viele Details der gerechten und gottgefälligen Gesellschaft festgelegt. Das in sich geschlossene und unabänderliche Gesetzessystem wurde in den ersten drei Jahrhunderten des Islam aus dem Koran und der Sunna abgeleitet. Spätere Gesetze und Entscheidungen müssen mit der Scharia im Einklang stehen.

Zurück zum Gottesstaat?

Auch in Ägypten verbreiteten kleine Gruppen religiöser Eiferer mit Anschlägen Angst und Schrecken. Andere Islamisten verzichten auf Gewalt und gewinnen ihre Anhänger mit der Einrichtung von Krankenhäusern, Armenspeisungen und sozialen Hilfen.

Der Islam begreift sich als universelles Lebensprinzip, das neben den religiösen auch die weltlichen Angelegenheiten der menschlichen Gemeinschaft zu regeln beansprucht. Auch wenn die Einheit von *Din* (Religion) und *Daula* (Staat) allenfalls in den Anfängen der islamischen Geschichte gegeben war, blieb sie als Ideal präsent. Das säkulare Prinzip der Trennung von Staat und Religion lehnen die gelehrten Anhänger der Scharia strikt ab. Aufklärung und Rationalismus, wie sie sich im Europa des 18. Jh. entwickelten, seien ein notwendige Begleiterscheinung des Christentums und dort vielleicht sogar notwendig gewesen, um die Freiheitsrechte der Bürger aller Konfessionen zu sichern. Wie Kapitalismus und Kommunismus sei auch der weltliche Staat nur eine von Menschen ersonnene Ordnung. Demgegenüber sei die Scharia Teil der Schöpfungsordnung des allwissenden und allmächtigen Gottes, erläutert der Theologe Fawzy Mohamed Tayel von der Kairoer El-Azhar-Universität in einem Grundsatzartikel.

Im 19. Jh. nahm die islamische Welt Begriffe wie Vaterland, Freiheit und Fortschritt begeistert auf. Nach westlichem Vorbild konzipierte Nationalstaaten traten die Nachfolge des Osmanischen Reiches an. Doch sie erfüllten die in sie gesetzten Hoffnungen nicht. Je mehr sich die soziale, politische und wirtschaftliche Lage verschlechterte, je mehr Kriege die Araber (gegen Israel) verloren, desto mehr stellten die Gläubigen die Frage: „Warum sind uns die Siege und Erfolge verwehrt, die dem Propheten und den ersten Kalifen so klar in den Schoß fielen?" Und kamen zu dem Schluss: „Weil wir vom rechten Lebensweg und Glauben abgewichen sind."

Der Damaszener Philosoph Sadiq el-Azm sieht die islamische Renaissance als eine Spätfolge von Fehlern der Nasser-Ära: „Die Modernisierung der arabischen Welt geschah damals nicht radikal, nicht konsequent genug. Der arabische Nationalismus hat versucht, die sozioökonomischen Rahmenbedingungen zu verbessern, eine Industrie aufzubauen, aber er hat nicht das Denken der Menschen verändert. Die Nasseristen haben den Kulturkampf versäumt." Trotzdem glaubt der Syrer, dass es auch für die Araber langfristig keine Alternative zum weltlichen Nationalstaat gibt: „Die arabische Welt wird in ihrer Entwicklung längst von Europa bestimmt. Nationalismus und Säkularisierung sind Kräfte europäischen Ursprunges, und sie formen unsere Gesellschaft seit 200 Jahren. Man kann aus der Geschichte nicht einfach aussteigen."

Hinter der ägyptischen Reislamisierung steht die Frustration des Volkes über ein Regime, das keinen Weg weiß, um das Land aus der wachsenden Rückständigkeit gegenüber Europa und den USA herauszuführen. Demgegenüber hält nach einer Umfrage des *Nationalen Zentrums für Sozial- und Kriminalforschung* die überwältigende Mehrheit der Ägypter die Scharia für geeignet, ihre sozialen und wirtschaftlichen Probleme zu lösen. Selbst die Hälfte der befragten Kopten befürwortete die drakonischen Leibesstrafen der Scharia. Sie wollten auch nichtmuslimische Ehebrecher ausgepeitscht oder gesteinigt und die Gliedmaßen christlicher Diebe amputiert wissen – Strafen, die der osmanische Sultan Mehmet II. vor einem halben Jahrtausend als nicht mehr zeitgemäß empfand und abschaffte.

Wie weit sich das frühmittelalterliche Konzept eines Gottesstaates mit der modernen Zivilisation vereinbaren lässt, bleibt bisher offen. Mahmun Houdaibi, ein inzwischen verstorbener Führer der Moslembruderschaft, sah für sein Privatleben keinen Widerspruch: „Ich benutze Flugzeuge, gehe zu Ärzten, spreche Englisch, sehe fern, höre Radio, telefoniere und fahre Auto. Meine Töchter sind Ärztinnen, und einer meiner Söhne ist Professor. Wir leben im 21. Jahrhundert und nicht im Frühmittelalter. Trotzdem sind wir fromme Muslime."

Die Koptische Kirche

Nach der christlichen Überlieferung brachte der Evangelist Markus den neuen Glauben nach Ägypten. Die meisten der 7 bis 13 Millionen ägyptischer Christen – ihre genaue Zahl ist ein Staatsgeheimnis – leben heute in Kairo und im mittelägyptischen Niltal.

Viele Besucher assoziieren Ägypten einerseits mit pharaonischen Pyramiden, juwelenbedeckten Mumienkästen, Hieroglyphen und Kleopatra, andererseits mit islamischen Moscheen, Festungen und der modernen arabischen Welt. Beide Sphären scheinen ohne weiteren Zusammenhang und zeitlich durch ein großes, dunkles Loch getrennt. Doch dem ist es nicht so. Zwischen dem pharaonischen und zeitgenössisch-islamischen Ägypten stehen, sowohl kulturell als auch im historischen Prozess, die **Kopten**. So nennt man heute die ägyptischen Christen, eben die Gläubigen der koptischen Kirche. Aus dem altägyptischen Namen des Heiligtums von Memphis, *Het-Ka-Ptah*, entwickelten die Griechen *Aigyptos*, was die Araber wiederum in *el-qubti* umwandelten. Die islamischen Eroberer grenzten so die Bewohner des Nillandes von der zugewanderten arabischen Oberschicht ab. Als dann immer mehr Ägypter zum Islam übertraten und mit den Zuwanderern verschmolzen, bezeichnete das Gegensatzpaar Araber/Kopten nurmehr die Religionszugehörigkeit, nämlich islamisch bzw. christlich.

Die auf dem Konzil von Chalkedon (451) vollzogene **Abspaltung** des koptischen Patriarchats von der damals noch geeinten griechisch-römischen Kirche hatte mehr politische denn theologische Ursachen. Kämpfe um die Vormacht unter den Patriarchen von Konstantinopel, Antiochia und Alexandria verbanden sich mit Spekulationen um die wahre Natur Jesu. Die griechisch-römische Kompromissformel von den beiden „unvermischt und ungetrennt verbundenen" menschlichen und göttlichen Naturen Jesu erkannten die Ägypter nicht an, sondern beharrten auf einer einzigen göttlich-menschlichen Natur.

Der theologische Streit war für die Ägypter ein guter Vorwand, sich wenigstens in religiösen Angelegenheiten von den Autoritäten in Rom und Konstantinopel zu emanzipieren. In der heidnischen Zeit hatten die römischen Kaiser auch Ägyptens Christen gnadenlos malträtiert. Die Christenverfolgungen unter Kaiser Diokletian blieben in so schrecklicher Erinnerung, dass der **koptische Kalender** bis heute mit dem Regierungsantritt des Kaisers am 12. September 284 unserer Zeitrechnung beginnt, um dieser „Ära der Märtyrer" zu gedenken.

Nach dem konstantinischen Toleranzedikt bzw. der Erhebung des Christentums zur **Staatsreligion** (380) besserte sich das Verhältnis zur weltlichen Obrigkeit nicht. Unter dem christlichen Deckmantel pflegten die Alexandriner nationalistische und fremdenfeindliche Gefühle, die sich in Judenpogromen und der Ermordung der neuplatonischen Philosophin Hypatia entluden. Die Kirchenversammlung von Ephesos

Schon die Heilige Familie besuchte den Nil

(449) ging als „Räubersynode" in die Geschichte ein, da die Ägypter ihre religiösen Auffassungen mit einer Horde bewaffneter Mönche nachhaltig durchsetzen.

Nach der Kirchenspaltung stritten, ebenfalls häufig ganz unchristlich mit Mord und Totschlag, der vom Kaiser unterstützte griechische Patriarch Alexandrias und sein nationalägyptischer (koptischer) Kollege gegeneinander. So begrüßten die Kopten den islamischen Feldherren Amr Ibn el-As konsequent als Befreier und nicht als ungläubigen Heiden. Etwa um 900 war die Mehrheit der Ägypter allerdings zum Islam übergetreten, und ab der Jahrtausendwende kam es zu Verfolgungen, Kirchenschließungen, Kleiderordnungen und weiteren Diskriminierungen der Christen.

Schließlich teilte die **koptische Sprache**, eine Fortentwicklung des Altägyptischen, das Schicksal des Lateins und wurde zu einer „toten" Kirchensprache, die heute nur noch in der Liturgie benutzt wird. Wer einmal ein koptisches Gesangbuch oder eine Bibel in die Hand nimmt, sieht neben dem koptischen Text (geschrieben mit um acht Sonderzeichen erweiterten griechischen Lettern) eine arabische Übersetzung. Nicht nur die Gemeinde, auch mancher Priester würde sonst den Text nicht verstehen.

Der Pflege koptischer Theologie, Sprache und Kultur widmet sich das **Koptische Institut** in der Hauptstadt, die Gemeinschaft unterhält darüber hinaus ihre eigenen Krankenanstalten, Waisenhäuser und Altenheime. Am unteren Ende der sozialen Skala rangieren Kairos private Müllsammler und -verwerter, die ausschließlich Kopten sind; gleichzeitig dürfte die christliche Minorität unter den freien Berufen der oberen Mittelschicht (Anwälte, Ärzte usw.) und den Inhabern von Handelsgeschäften überproportional vertreten sein. In den politischen Spitzenrängen dagegen sucht man Kopten genauso vergebens wie unter den gewählten Abgeordneten – von jenen Parlamentsmandaten, die der Staatspräsident nach Gutdünken vergeben darf, werden allerdings einige Sitze den Kopten eingeräumt. Auch der bekannteste koptische Politiker, der frühere UN-Generalsekretär Boutros Boutros-Ghali, konnte am Nil nicht höher als zum Staatssekretär aufsteigen.

Lesetipp: Emma Brunner-Traut, *Die Kopten. Leben und Lehre der frühen Christen.* Im **Internet** findet man unter *www.copticchurch.net* und *www.copticpope.org* zahlreiche Infos zum koptischen Christentum.

Ägyptens Wirtschaft – Fass ohne Boden

„Es ist für einen ägyptischen Arbeiter nicht leicht, hier zu Hause gute Arbeitsbedingungen zu finden. Trotzdem denken wir, dass es nicht notwendig ist, ins Ausland zu gehen. Die Bezahlung dort steht in keinem Verhältnis zu den Risiken und Gefahren, denen sich die Leute aussetzen."

Essam Eddin Hassan von der ägyptischen Menschenrechtsorganisation (EOHR) hat gut reden. Die offizielle **Arbeitslosenrate** beläuft sich in Ägypten auf knapp 20 %. Keine Statistik zählt diejenigen, die sich als Straßenverkäufer, Handlanger, Wäscherinnen oder mit anderen Gelegenheitsjobs durchschlagen. Allein die Rückabwicklung der Landreform brachte Ende der 90er-Jahre 420.000 von insgesamt 2,8 Millionen Bauernfamilien um Grund und Boden. Bei diesem Angebot an willigen Arbeitskräften bleiben der gesetzliche Achtstundentag und die Sechstagewoche auf der Strecke. So dauert der Arbeitstag auf einem Kreuzfahrtschiff durchaus 16 Stunden, und den Rest des Tages hat der Beschäftigte auf Abruf bereitzustehen.

Da ist es kein Wunder, dass etwa zwei Millionen Ägypter in Libyen und Saudi-Arabien arbeiten, am Golf, auf Zypern oder wo immer sich ein Job findet. Ihre Überweisungen von 8 Milliarden Dollar im Jahr sind nach den Tourismuseinnahmen (11 Mrd. $) der größte Posten auf der Habenseite der ägyptischen Zahlungsbilanz. Auch der Suezkanal (5 Mrd. $) und die Gasexporte (2 Mrd. $) nähren die Devisenkasse. Zu den Emigrantenüberweisungen kommen jede Menge Bargeld, langlebige Konsumgüter wie DVD-Recorder, Klimaanlagen und vieles mehr, was die Gastarbeiter noch alles beim Heimaturlaub ins Land bringen.

Die **Emigranten** verdienen im Ausland leicht das Doppelte bis Dreifache als bei einem Job am Nil. So suchen außer Ungelernten, die sich etwa als Bauarbeiter verdingen, auch Ärzte, Lehrer und Ingenieure ihr Glück in der Fremde. Der Buchhalter Mohammed Abu Selim zum Beispiel käme in einer ägyptischen Bank auf ein Monatssalär von etwa 800 Pfund. In Saudi-Arabien kann er monatlich umgerechnet 3000 Pfund zu seinen Gunsten verbuchen. Die Schattenseiten sind ein 14-stündiger Arbeitstag und ein Job, zu dem außer Buchhaltung auch der Dienst als Chauffeur, Laufbursche und Hilfsgärtner seines Chefs gehört. Darüber hinaus kann er täglich gefeuert oder gar des Landes verwiesen werden, wie es 800.000 Ägyptern am Vorabend des zweiten Golfkriegs geschah, als sie den Irak, Kuwait und Jordanien verlassen mussten. Viele verloren dabei ihre im Ausland deponierten Ersparnisse, andere wurden nur um den letzten Lohn geprellt. Doch solange die Bevölkerung am Nil schneller wächst als die Zahl der Arbeitsplätze, werden weiterhin viele Ägypter ihr Brot im Ausland verdienen und die damit verbundenen Risiken in Kauf nehmen müssen.

> In **Gewerkschaften** sind vor allem die Beschäftigten der Staatsbetriebe organisiert, nicht aber ihre Kollegen in der Privatwirtschaft. Unter Mubarak waren die zugelassenen Gewerkschaften ein verlängerter Arm des Regimes, wie es auch in der DDR üblich war. Verboten waren unabhängige Arbeitnehmerverbände und auf Grundlage der seit 1981 geltenden Notstandsgesetze auch Streiks jeder Art. Einzig die für die Erhebung der Grundsteuer zuständigen Beamten erkämpften sich mit einem langen Arbeitskampf 2008 das Recht auf einen nicht vom Staat gesteuerten Berufsverband. Dieser war denn auch eine Keimzelle des nach der Revolution 2011 gegründeten freien Gewerkschaftsbunds EFIU.

Große Pläne

Große Zukunftshoffnungen verbindet Ägypten mit dem Bau von Wüstenstädten und der Erschließung von neuem Bewässerungsland in der Wüste. Die in den 1980er-Jahren in der Wüste um Kairo gegründeten **Entlastungsstädte** wie Sadat City oder Ramadan City beherbergen heute zahlreiche Fabriken und werden allmählich auch als Wohnorte angenommen. Erfolgreich war die Landgewinnung in der **Tahrir-Provinz** westlich von Alexandria, wo das neue Ackerland über Kanäle mit Nilwasser versorgt wird. Nach diesem Muster soll nun auch im Norden des Sinai die Wüste begrünt werden.

Hinter den Erwartungen zurück blieb dagegen das bereits unter Nasser begonnene Projekt des **Neuen Tals** *(New Valley Project)*, bei dem Anbauflächen der Oasen in der Libyschen Wüste durch Anzapfen von wasserführenden Schichten tief im Erdinneren vervielfacht werden sollten.

Das Toschka-Projekt – Mubaraks Fata Morgana?

In einer Neuauflage der Vision vom Neuen Tal soll ein Kanal Wasser vom Nasser-Stausee bis in die Oase Farafra bringen. In einem ersten Abschnitt, dem Toschka-Projekt, führt dieser Kanal vom See 70 km weit in die Wüste und soll dort 2200 km² Neuland, also ein Gebiet von der Größe des Saarlandes, bewässern und Millionen Ägyptern eine neue Heimat schaffen. Die Kosten werden offiziell auf 1,5 Mrd. Euro geschätzt, Fachleute rechnen mit einem weit höheren Investitionsbedarf. Etwa die Hälfte des künftigen Farmlands bekam der saudi-arabische Prinz und Milliardär Walid Bin Talal – zum Schnäppchenpreis. Mehr als eine bescheidene Versuchsfarm hat der Mubarak-Freund in Toschka bisher nicht realisiert.

Kritiker verweisen darauf, dass die Toschka-Ebene zu den trockensten und heißesten Regionen des Landes zählt und ihre kargen Böden nur bei intensiver Düngung ertragreich sein werden. Bei Temperaturen bis zu 50 °C würde bereits im Kanal eine große Wassermenge verdunsten. Den neuen Feldern drohe die Versalzung. Als politische Zeitbombe könne sich der Wasserbedarf erweisen. Auch ohne Toschka wird das Wasser in Ägypten knapp. Verträge aus der Kolonialzeit teilen die Nutzung des Nilwassers unter Ägypten und dem Sudan auf und verbieten den Anrainern am Oberlauf den Bau von Staudämmen und Bewässerungsanlagen ohne Kairos Zustimmung. Doch die sind diese Bevormundung nun leid und wollen ihren Anteil an der Nutzung des Nil – und sie sitzen am längeren Hebel, nämlich an den Quellen. Mit dem von Ägypten heftig bekämpften *Cooperation Framework Agreement* (CFA) wollen die Staaten am Oberlauf die Wasserverteilung zu ihren Gunsten neu regeln (www.nilebasin.org). Da passt es schlecht, wenn Ägypten seine schon jetzt voll ausgeschöpfte Wasserquote von jährlich 55 km³ um weitere 5 km³ erhöhen will, die in das Toschka-Projekt fließen sollen.

Die Tourismusindustrie

Durch die Sehenswürdigkeiten am Nil, so die richtige Erkenntnis, lassen sich kaum noch zusätzliche Besuchermassen schleusen, denn die meisten Bildungsreisenden besuchen Ägypten nur einmal. Badeurlauber dagegen sind Wiederholungstäter, und am Meer ist ja noch reichlich Platz. So konzentrieren sich die Investitionen auf die Küste des Roten Meeres und auf die Sinai-Halbinsel. Dabei konkurriert Ägypten aber mit anderen Billigdestinationen rund ums Mittelmeer, weshalb zur Freude der Urlauber die Preise sinken. Nach den Arabern, die es vor allem nach Kairo und ans Mittelmeer zieht, stehen die Urlauber aus deutschsprachigen Ländern auf dem zweiten Platz der Touristenstatistik.

Was kommt nach Mubarak?

Vor dem Hintergrund des Umsturzes in Tunesien begann am 25. Januar 2011 eine Revolution in Ägypten, die nach 18 Tagen das Regime des langjährigen Präsidenten Muhammad Hosni Mubarak zum Einsturz brachte. Das Volk forderte Freiheit, Rechtsstaatlichkeit und vor allem Brot – wie viel davon die Menschen bekommen werden, war bei Redaktionsschluss noch nicht abzusehen.

Ausgerechnet am „Tag der Polizei", da Präsident Mubarak wie an jedem 25. Januar eine Lobrede auf die Sicherheitskräfte hielt und hohe Polizeioffiziere mit Orden behängte, begann der für alle überraschende Volksaufstand, der das Ende des Mubarak-Regimes und die Machtübernahme durch eine Militärjunta brachte. Eine Allianz aus Malochern und Bauern, die selbst im billigen Ägypten von ihrer Hände Arbeit nicht mehr leben können, einem politisch entmündigten und der Korruption und Willkür ausgelieferten Bürgertum, dazu noch einer gebildeten, doch weitgehend arbeitslosen Jugend erzwang den Abgang des Autokraten.

Ob damit nur die eine herrschende Clique durch eine andere ersetzt wird oder ob sich an den von Vetternwirtschaft, Polizeiterror und extremer sozialer Ungleichheit bestimmten Verhältnissen tatsächlich etwas ändert? Versprochen haben die Militärs einiges: eine neue, demokratische Verfassung, freie Wahlen, freie Gewerkschaften, eine unabhängige Rechtsprechung – und vor allem die Aufhebung des seit 1981 herrschenden Ausnahmezustands, unter dem Polizei und Sicherheitsdienste nach Belieben verhaften und foltern konnten. Andererseits erfreute sich das Offizierskorps zahlreicher Privilegien und finanzieller Vorteile, die eine allzu demokratische Regierung vielleicht in Frage stellen könnte. Alle Präsidenten kamen aus dem Militär, und pensionierte Generäle haben gute Chancen auf Spitzenposten in der zivilen Verwaltung wie etwa den Job als Provinzgouverneure. So spricht vieles dafür, dass sich auch die neuen Machthaber auf die diversen Geheim- und Sicherheitsdienste und die bestellten Urteile der Militärgerichte stützen werden.

Ägyptens Außenpolitik balanciert zwischen einem „kalten Frieden" mit Israel, der Kooperation mit den arabischen Nachbarn einschließlich Libyen und der Bindung an die Vereinigten Staaten, die in Ägypten mehrere Militärstützpunkte unterhalten und das Land mit großzügiger Wirtschafts- und Militärhilfe bedenken, die nur von den Zahlungen an Israel übertroffen wird ...

Der Übervater von gestern

Keine Fata Morgana, sondern Kunst in Farafra

Kultur der Gegenwart

Musik – von Klassik bis Kairo-Pop

Seit dem Einzug von Radio und Film ist Kairo das Zentrum der arabischen Musikszene. Die favorisiert heute Hits, die ihre musikalischen Anleihen gleichermaßen bei der Folklore wie in der internationalen Popmusik nehmen.

Selim Sahab bemüht sich darum, die etwas in Abseits geratene arabische Musik wieder populärer zu machen. Das Publikum, klagt der Dirigent, höre heute nur noch europäische Komponisten, und auch die Ausbildung der Konzertmusiker bevorzuge die europäische Musik. „Wer noch arabische Musik hört, gilt als rückständig." An die traditionelle arabische Kunstmusik, wie sie seit dem Mittelalter komponiert und an den Höfen der Herrscher aufgeführt wurde, denkt Sahab dabei erst gar nicht. Er meint mit „arabischer Musik" jene **Schlager**, wie sie seit den Dreißigern für Film und Hörfunk komponiert wurden und mit denen etwa Umm Kulthum bei ihren donnerstäglichen Radiokonzerten die gesamte arabische Welt vor den Lautsprecher versammelte und in ihren Bann zog. Diese Schlager orchestriert Selim Sahab. Der Erfolg gibt ihm Recht: Die monatlichen Konzerte von Sahabs *National Arabic Music Ensemble* im Kairoer Opernhaus sind gewöhnlich ausverkauft.

Am Übergang von der Klassik zum Schlager steht **Sayid Darwish** (1892–1923), von dem es nur wenige knisternde und rauschende Originalaufnahmen gibt. Sein Stil ist noch von der traditionellen Homophonie der arabischen Musik gekennzeichnet, schier endlosen Ausschmückungen, bei denen der Sänger mit hartem, hohem Stimmeinsatz seinen Ton moduliert, variiert und den Vortrag mit einer (scheinbar) zweiten Stimme ausschmückt. **Umm Kulthums** (1889–1975) Verdienst war es, das arabische Lied, das in der Kunstmusik oft eine halbe Stunde oder länger dauerte,

58 Mensch und Gesellschaft

auf die nur wenige Minuten kurze Spieldauer einer 78er-Schellackplatte zu straffen – nur so wurde sie für Film und Radio überhaupt vortragsfähig. Sie kontrastierte ihre Stimme mit vielköpfigen, auch europäisch instrumentierten Orchestern sowie Männerchören und sang von Liebe und Vaterland.

Neben der 1975 verstorbenen Diva gilt der Komponist und Sänger **Mohammed Abdel Wahab** (1911–1991) als Pionier der modernen arabischen Musik. Die „vierte Pyramide", wie ihn die Presse nannte, begann noch als Hofmusiker bei König Faruk, trat in Musikfilmen auf, besang nach der Revolution die „nationale Sache" und zog sich schließlich aus dem öffentlichen Leben zurück, um nur noch zu komponieren. Schon längst zur Legende geworden und von vielen bereits totgeglaubt, spielte der greise Abdel Wahab nach 30 Jahren des Schweigens 1991 noch einmal einen Song ein: *Min ghair leh* („Ohne Grund"). Dieses Lied war seinerseits schon Legende, bevor es nur irgendjemand gehört hatte. Ursprünglich für **Abdel Halim Hafez** (1929–1977) komponiert, hatten die Krankheit und der frühe Tod des auf der Bühne als schmachtender Herzensbrecher auftretenden Stars die Einspielung verhindert. Während seine Kollegen mit kräftiger Stimme und langem Atem den Ruhm der arabischen Nation besangen, hatten Abdel Halims sentimentale Lieder Liebe und Persönliches zum Inhalt. Als einziger Sänger seiner Generation ist er auch bei der heutigen Jugend populär und, gemessen an den Tonträgerverkäufen und Downloads, noch vor Umm Kulthum der erfolgreichste arabische Interpret aller Zeiten.

Mit der wirtschaftlichen und kulturellen Öffnung unter Sadat gerieten die Klassiker ins Abseits. Die neuen Bands orientierten sich eher an der Folklore und gleichzeitig an Europa und den USA, die Stile differenzierten sich. **Ahmed Adawiya** gilt als Begründer des **Schaʿabi**, des ägyptischen Gegenstücks zum algerischen Rai. Wegen ihrer frechen Texte lange aus den Medien verbannt und als vulgär verpönt, kombinierten die Schaʿabi-Sänger improvisierte Texte mit harten Beats und später mit Rap und Disco-Rhythmen. Das andere Extrem verkörpern etwa die harmonischen, sanft-romantischen Lieder von **Aida Ayubi**, die auch selbst komponiert und sich gern von Klavier, Flöte und Kinderstimmen begleiten lässt. **Mustafa Sax** brachte, wie sein Künstlername verrät, das Saxofon in die Kairoer Popszene. Manche Musiker, so etwa der populäre **Mohammed Mounir**, gingen über Jahre ins Ausland, um sich von den musikalischen „Erblasten" zu befreien. Mit Erblasten anderer Art kämpft Sängerin **Ruby**. Wegen allzu freizügiger Songtexte und DVD-Clips traf sie der Bannstrahl des ägyptischen Musiksyndikats. Ja, selbst das Parlament empfahl dem Volk und den Betreibern der Satellitenkanäle, Ruby zu boykottieren.

Eine Renaissance erlebte dagegen die **Volksmusik**, seit sie auch ohne leibhaftige Musiker mittels Kassetten immer und überall gespielt werden kann. Die Beduinenmusiker erzählen zu rhythmischer Begleitung alte Epen und moderne Heldengeschichten. Bands vom Suezkanal spielen gerne die *simsimeya*, eine fünfsaitige Leier. Beim **Saidi**, der Musik Oberägyptens, gibt die *nahrasan*, eine beidseitig mit Stöcken geschlagene Trommel, den komplizierten Rhythmus vor, während die *mismar*, eine Art Schalmei, schrillt, als müsse sie die Mauern von Jericho zum Einsturz bringen. Als Vertreter dieses Genres seien Ahmed Ismail und Sohar Magdy empfohlen. Schon sehr afrikanisch beeinflusst ist die **nubische Musik**, wie sie etwa Altmeister Ali Hassan Kuban auch auf europäische Bühnen bringt.

Sound-Clips. Samples arabischer Musik findet man etwa unter *www.focusmm.com/ egypt/eg_musmn.htm*. Bei *www.arab. de/arabische-musik.html* werden weitere Seiten mit Songs von Abdel Halim, Farid el-Atrache und anderen Stars gelistet. Wer *www.mazika.com* lädt, kann sich aus der derzeit wohl umfangreichsten Bibliothek mit Downloads arabischer Popmusik bedienen.

Kultur der Gegenwart

Mein Tipp: MP3-Clips mit Improvisationen des Geigenvirtuosen und Komponisten **Abdo Dagher** gibt's für wenig Geld bei amazon. Noch stärker der arabischen Klassik verhaftet ist der Oudmeister **Nasir Schamma**; in Kairo unterrichtet er seine Kunst in dem von ihm gegründeten Beit el-Oud, dem „Haus der Laute" (→ S. 165).

Lesetipp: Frederic Lagrange, *Al-Tarab – Die Musik Ägyptens* (Palmyra-Verlag).

Bauchtanz – Kunst oder Sünde?

Dem Bauchtanz (raqs scharqi) bringen die meisten Ägypterinnen und Ägypter eine Hassliebe entgegen. Dabei ist er aus dem Alltag nicht wegzudenken. Was die meisten Frauen zu Hause und auf Familienfesten tanzen, geht bis in die pharaonische Zeit zurück.

Vor 3500 Jahren gemalte Wandbilder in den thebanischen „Gräbern der Noblen" zeigen Tänzerinnen, deren angedeutete Bewegungen dem heutigen *raqs scharqi* entsprechen und die auf den Urformen moderner Instrumente begleitet werden. Im islamischen Raum hat der Bauchtanz über die Jahre persische, arabische und türkische Einflüsse integriert. Die *ghaziyeh* (Tänzerin; Mehrzahl: *ghawazi*) verbindet knifflige, unabhängig voneinander ausgeführte Bewegungen von Hüfte, Rumpf, Brustkorb und Armen zu einem harmonischen Ganzen, dessen einzelne Figuren ihre Entsprechungen in der arabischen Kalligrafie und Poesie haben. Das Gelingen einer Darbietung hängt stark vom Zusammenspiel zwischen Tänzerin und Musik ab.

Bis Mohammed Ali im 19. Jh. ihre öffentlichen Auftritte verbot, gehörten die Tänze der professionellen Ghawazi zum Kairoer Straßenbild. Der Übergang zwischen Tänzerin und Prostituierter war fließend. Wie moderne Callgirls ließen sich viele Ghawazi für private Auftritte vor den „Herrengesellschaften" der besseren Kreise engagieren.

Ausgerechnet im prüden viktorianischen Zeitalter entdeckte **Europa** den orientalischen Tanz. Importierte Tänzerinnen, gekleidet in pseudopharaonische Kostüme, schwenkten auf Jahrmärkten die Hüften. Mit lasziven Bewegungen nährten sie das Klischee von der sündigen und sinnlichen Haremswelt des Orients. Um 1920 brachte Badiana Masabni, die Besitzerin des Casinos Opera, diese europäisierte und wenig authentische Form des Bauchtanzes zurück in die **Nachtclubs** am Nil. Dankbar nahm sich dann auch die junge **Filmindustrie** des Themas an und integrierte kreisende Nabel und zuckende Becken in ihre Revuestreifen.

Doch der Raqs Scharqi ließ sich nie gänzlich zur puren Unterhaltung degradieren, sondern bewahrte sich einen Hauch von Kunst. Die einschlägigen

Bauchtanz – Unterhaltung oder Kunst?

Stücke renommierter Komponisten wie Abdel Wahab und Farid el-Attrache gehören bis heute zum festen Repertoire der professionellen Tänzerinnen. Vor den Auftritten von **Tahia Carioca**, *dem* Star der Vorkriegszeit, wurde die Bühne mit wohlriechenden Essenzen „gereinigt". „Wie ein Gebet" soll ihr Tanz gewesen sein, und während der Darbietung bewahrte das Publikum andächtige Stille – heute kaum vorstellbar.

Der **Bauchtanz à la baladi** (nach Art des Volkes) lässt sich noch am ehesten auf dem Land aufspüren. Viele Tänzerinnen setzten sich vor den Verfolgungen Mohammed Alis nach Oberägypten ab. Vielleicht aus einer solchen Landfamilie stammen Amal und Karam Ma'azin. Das Tanzen lernten sie von ihren Tanten, die nach dem frühen Tod des Großvaters damit die Familie ernährten. „Tanzen ist ein anständiger Beruf wie andere auch. In der Kunst ist keine Sünde."

Die beiden Schwestern sind im ganzen Land bekannt und werden gern für Hochzeiten engagiert. Umgerechnet 300 $ plus Spesen verlangen sie für ihre Auftritte zwischen Assuan und Alexandria. Demnächst werden sie heiraten und dann ihren Beruf an den Nagel hängen. „Die Leute müssten sonst denken, mein Mann könnte mich nicht ernähren", meint Amal. Eventuelle Töchter möchte Amal nicht öffentlich tanzen sehen. „Ich musste mit 13 von der Schule und tanzen, weil wir kein Geld hatten. Jetzt bin ich reich genug, um meinen Kindern eine anständige Ausbildung zu bezahlen. Sie sollen studieren und einmal ein besseres Leben haben." Amal macht auch die Politik für den Niedergang ihres Berufsstandes verantwortlich. „Die Briten waren tolerant. Deshalb gab es vor der Revolution viele Ghawazi. Jetzt spielen die islamischen Werte wieder eine stärkere Rolle, und unsere Kunst gilt als *haram* (sündig)."

Die **Kairoer Bauchtanzszene** hat sich der Prüderie angepasst. Abgesehen davon, dass die Vorstellungen kaum vor Mitternacht beginnen, stünde dem Prädikat „Freigegeben ab 6 Jahren" nichts entgegen. In den Clubs der renommierten Hotels oder auf den Hochzeiten der Reichen sitzen auch Frauen und Kleinkinder im Publikum, um eine Bauchtanzshow zu erleben. Eine endlose Folge von Tänzerinnen, Sängerinnen, Magiern, Tänzern und Sängern stimmt auf den Auftritt ein. Der Musik kommt heute mindestens die gleiche Rolle zu wie dem tänzerischen Spiel der Muskeln. Während eine traditionelle Tänzerin mit der Begleitung durch *rabab* (Fiedel) und *mizmar* (Oboe) auskommt, spielt für die heutigen Stars oft ein 30-köpfiges Orchester auf.

Erste Ikone des „postfundamentalistischen Stils" war **Fifi Abdou**. Ihr Alter lässt sich unmöglich auch nur erahnen. In einer Bilderbuchkarriere tanzte sie sich vom armen Vorstadt-Aschenputtel zur größten Steuerzahlerin des Landes. Ihre noch aktive Rivalin **Dina** hat auch Elemente des Modern Dance in ihr Repertoire aufgenommen. Mit einem abgeschlossenen Philosophiestudium ist sie zugleich die Intellektuelle unter den Startänzerinnen. Mimte Fifi in betont schlichten Kleidern gern die „Unschuld vom Lande", gibt sich Dina als Vamp und spielt ihre Reize in hautengen Kostümen aus. Top-Tänzerin **Lucy** wurde durch die TV-Vorabendserie „Nächte in Hilmiya" berühmt und besitzt mit dem Parisiana in der Pyramidenstraße ihren eigenen Club.

Nicht nur die Renaissance des Islam, auch die **ausländische Konkurrenz** setzt den Bauchtänzerinnen zu. Soraya aus Brasilien, Amera aus England, Katia aus Russland und Neva aus Rosenheim beherrschen das Nabelkreisen inzwischen genauso perfekt wie die Ägypterinnen. Klassische Tanzausbildung und ein globalisierter Geschmack, der auch am Nil zunehmend den Typ eines blonden Las-Vegas-Showgirls bevorzugt, kommen ihnen zugute. Besonders die zweitklassigen Etablissements sind fest in der Hand von Tänzerinnen aus dem Osten Europas.

- *Bauchtanz-Shows* Die besten Bauchtanzshows in Kairo bieten die **Clubs** der größeren **Hotels** (z. B. Mena House, Semiramis, Sheraton) oder **Casinoschiffe** wie das Nile Maxim. Telefonische Tischreservierung wird erwartet. Eine Show beginnt etwa gegen 23 Uhr mit einer Folge von musizierenden Vorgruppen, der eigentliche Star zeigt sich erst lange nach Mitternacht. In den Eintrittspreisen von bis zu 600 LE ist ein üppiges Menü inbegriffen. Die Nachtclubs an der **Pyramid Road**, ausgenommen das Parisiana, gelten als wenig seriös und erleichtern ihre Gäste mit allerlei Tricks ums Geld.
- *Tanzfestival* Zum **Festival Ahlan wa sahlan** versammeln sich jeden Sommer Bauchtänzerinnen aus Europa und Amerika in Kairo, um ihr Können in Meisterklassen zu perfektionieren. Mahmoud Reda, Farida Fahmy, Nagwa Fouad, Dina – die Liste der Kursleiter liest sich als Who's who der ägyptischen Tanzszene. Information unter www.raqiahassan.net.
- *Tanzutensilien (alle Adressen in Kairo)* Das größte Sortiment an Kostümen, Zimbeln und anderem Zubehör bietet das Geschäft **el-Wikalah** von **Mahmoud Abdel Ghaffar**, 73 Sh. Gohar el-Qaid, Muski. Riesige Auswahl über vier Etagen, reelle Preise, man spricht Englisch, akzeptiert Kreditkarten, doch der Laden am Rande des Gewürzbasars ist nicht leicht zu finden.

Ahmed Dhia ed-Din, 117 Sh. Mohamed Ali (= Sh. el-Qalaa). Eher geeignet für Maßanfertigungen als für den Kauf von der Stange. Ahmed spricht kein Englisch, seine Preise sind mit viel Geduld verhandlungsfähig.

Eman Zaki, 42 Sh. Mesaha, Doqqi, ✆ 3748 6128, www.eman-zaki.com. Die Haute Couture der Bauchtanzkostüme. Eman, deren Mutter selbst Tänzerin war, setzt mit ihren Profikostümen die aktuellen Modetrends.

Amira el-Kattan, 27 Sh. Basra (zweigt von der Sh. Iraq ab), Mohandessin, ✆ 3749 0322, www.pharaonixofegypt.com. Die junge Modedesignerin arbeitet abseits der touristischen Pfade und wird in der Szene als Shootingstar gehandelt. Termine nur nach telefonischer Absprache.

Film in der Krise

Das einstige „Hollywood am Nil" steckt heute in einer tiefen Krise. Nach dem Tod von Starregisseur Youssef Chahine lässt sich kaum noch ein ägyptischer Film weltweit vermarkten.

1896 machte das staunende Publikum in Alexandria erstmals Bekanntschaft mit den „laufenden Bildern" der Gebrüder Lumiere, und acht Jahre später eröffnete die französische Lichtspielkette Pathé das erste Kino. Mohammed Bayoumi drehte 1923 den ersten einheimischen Film, eine Chaplinade mit dem zeitlosen Thema *Barsoum auf der Suche nach Arbeit*. Als erster Kassenknüller gilt der am 16. November 1927 im Kairoer Metro-Filmpalast uraufgeführte Spielfilm *Laila*, den mit der Bühnenschauspielerin Aziza Amir eine Frau produziert hatte. Da in den französischen Kolonien Nordafrikas und der Levante die Entwicklung einer einheimischen, arabischsprachigen Filmproduktion politisch blockiert wurde, konnte Kairo mit den Filmstudios des Misr-Konzerns zum Hollywood der arabischen Welt werden.

Vor 1952 ist das vorherrschende Genre eine Mischung aus Musikfilm, Melodram und Posse, gelegentlich gewürzt mit einer Prise Wüstenabenteuer. „Neun verführte Mädchen, zwei Vergewaltigte, drei Ehebrüche, drei Selbstmörderinnen, zwei Selbstmordversuche, zwei Fälle von Wahnsinn", findet ein Kritiker in 23 untersuchten Filmen der Saison 1945/46. Musik, Bauchtanz und orientalischer Schwulst waren die Markenzeichen dieser Streifen, die den Kairoer Dialekt in der ganzen arabischen Welt bekannt machten. Wichtigster Garant für volle Kassen waren die Stars, beliebte Sängerinnen und Sänger, später auch Schauspieler.

In der Nasser-Ära kam, jetzt staatlich gefördert, der **realistische Film** mit historischen, sozialkritischen und politischen Inhalten in Mode. Mit der bewussten Abkehr vom Revuefilm waren manche Produktionen aus dieser Zeit extrem sprachlastig. Auch an Literaturverfilmungen wagte man sich heran oder gab das Drehbuch bei renommierten Schriftstellern wie etwa Nagib Machfus in Auftrag. Altmeister des realistischen Films ist Salah Abu Seif mit über 30 produzierten Langfilmen.

Beruf: Zensor

Abdel Hamid Ibrahim verbringt seinen Arbeitstag in einem abgedunkelten Büro zwischen Stapeln von Videokassetten und schaut sich Werbespots an. Über den Bildschirm flimmert gerade die Werbung für ein Waschmittel. Nach dem Film wird Abdel Hamid ein mehrseitiges Formular ausfüllen, einen Bericht schreiben und dann die nächste Kassette begutachten. Abdel Hamid ist Zensor. Man sollte denken, dass eine Waschmittelwerbung kaum Gefahr läuft, religiöse Gefühle zu verletzen, den Staat zu gefährden oder die Moral zu untergraben. Doch das Gesetz will, dass die Zensur *jeden* Film begutachtet, der importiert oder hier hergestellt wird, inklusive Werbespots, Comics, Schulfilmen; dazu jedes Buch, jede Zeitschrift, jedes Theaterstück, jeden Songtext. Und heute hat es sogar die Waschmittelwerbung in sich: Für das neue Produkt wirbt Claudia Schiffer, die durchaus einen langbeinigen Angriff gegen die Moral verkörpern könnte.

Abdel Hamid wird seinen Bericht über den Waschmittel-Spot an den Abteilungsleiter für ausländische Filme weiterreichen. Der wird ihn lesen, abzeichnen und an den Leiter der Filmabteilung übergeben. Dieser wird ihn wohl nur noch abzeichnen und an den Chef der Zensurbehörde weitergeben. Der wird wiederum unterzeichnen, und dann wird, nachdem insgesamt mehrere Monate vergangen sind, die Filmkassette der ägyptischen Vertretung des ausländischen Waschmittelherstellers zugestellt, der sie jetzt synchronisieren und ausstrahlen darf. Seitdem ist Claudia Schiffer die berühmteste Blondine Ägyptens: Züchtig bekleidet wirbt der Männerschwarm erfolgreich für das auch uns bekannte Wäschereinigungsprodukt.

Hollywoodfilme erfordern besonderen Aufwand. Nur die besten unter den Zensoren, und davon drei gleichzeitig, werden darauf angesetzt. „Die Amerikaner wissen nicht, was bei uns erlaubt ist." *Schindler's Liste* fiel durch. Offizielle Begründung: zu viel Gewalt. Tatsächlich aber ist alles, was Sympathien für Juden wecken könnte, nicht opportun. Actionfilme mit Sylvester Stallone, Arnold Schwarzenegger und Claude van Damme haben da weniger Probleme. Doch das Totalverbot bleibt die Ausnahme.

Um ein guter Zensor zu sein, reicht die Kenntnis des Zensurgesetzes und des dicken Regelbuches nicht aus. Der echte Zensor muss spüren, was Anstoß erregen könnte – er muss insoweit kein Kunstkenner, sondern ein Opportunist sein. So wechseln mit dem gesellschaftlichen Klima auch die Stellen, an denen die Schere ansetzt. In politischer Hinsicht ist heute, solange der Präsident und die Armee aus dem Spiel bleiben, mehr erlaubt als unter Nasser. Wenn es ums Sex und Erotik geht, wird dagegen mehr geschnitten denn je. Eine Frau im Badeanzug kann nur dann auch in Großaufnahme durchgehen, wenn die Szene im Westen spielt und die Kamera diskret bleibt; an einem ägyptischen Strand wäre sie undenkbar. Prostitution und Drogen entgehen der Schere nur, wenn sie eindeutig verurteilt werden. Von allem, was auch nur entfernt mit Religion zu tun haben könnte, lässt jeder Autor am besten die Finger.

Heute ist der ägyptische Film in der Krise. Internationale Produktionen, die arabisches Ambiente suchen, drehen lieber in Tunesien oder Marokko. Als neue Traumfabrik des arabischen Kinos etabliert sich gegenwärtig das Scheichtum Dubai. Gerade noch zehn, fünfzehn Streifen im Jahr entstehen am Nil, meist billige Produktionen mit 08/15-Handlung, viel Action und einem großen Star, dessen Gage die Hälfte des Budgets verschlingt. Mit anspruchsvolleren Filmen sei auf dem zu kleinen arabischen Markt nichts mehr zu verdienen, zumal jeder Film sogleich als Raubkopie in den Videoshops auftauche. Eine Ausnahme war die Verfilmung von Aswanis Bestseller **Omaret Yacoubian** (→ S. 142) durch Maravan Hamed. Diese erfolgreichste (und teuerste) ägyptische Produktion der letzten Jahre brach so ziemlich alle Tabus im Land am Nil. Weltweit vermarkten ließen sich auch die Filme **Youssef Chahines**. Der 2008 verstorbene Altmeister begeisterte bereits 1955 Publikum wie Jury in Cannes mit einem gewissen Michel Chalhub, der unter dem Künstlernamen **Omar Sharif** Karriere machen sollte. Vom Gängelband der Zensur entnervt, produzierte Chahine seine schwer verdaulichen Autorenfilme lieber im Ausland. Heute findet der ägyptische Film sein Publikum nur noch in der arabischen Welt und bleibt dem europäischen Besucher durch die Sprachbarriere gemeinhin verschlossen.

Filmfestival: Als Cineast kommen Sie am besten im Herbst zum Filmfestival (→ S. 133) nach Kairo. Dann werden auch in den Kinos der Stadt Streifen aus aller Welt gezeigt. Info unter www.cairofilmfest.com.

Ausländische Produktionen, gewöhnlich aus Hollywood, werden im Originalton mit Untertiteln gezeigt. Sie können also auch ohne Arabischkenntnisse dem Geschehen folgen.

Literatur – die Seele der Ägypter

In Sachen ägyptischer Literatur der Gegenwart ist allen voran der Altmeister und Nobelpreisträger Nagib Machfus zu nennen.

Machfus' rund 30 allesamt ins Deutsche übersetzte Romane und die zahlreichen Kurzgeschichten spielen in Kairo oder Alexandria und sind nicht immer leichte Kost. Für den Anfang empfiehlt sich vielleicht die Kriminalstory *Der Dieb und die Hunde* oder *Das Hausboot am Nil*, eine Geschichte vom fortschreitenden Realitätsverlust des „Vorstehers" einer Haschischrunde.

Wer Zeit mitbringt und sich in den anfangs ungewohnten Erzählrhythmus gefunden hat, dem sei die *Kairoer Trilogie* empfohlen (*Zwischen den Palästen, Palast der Sehnsucht, Zuckergässchen*) – ein faszinierender Mikrokosmos einer Kairoer Kaufmannsfamilie in der ersten Hälfte des 20. Jh. Seine Kindheit hatte Machfus in Gamaliya verbracht, einem extrem dicht besiedelten Altstadtquartier im Schatten der Hussein-Moschee. Die hier gesammelten Eindrücke lieferten den Hintergrund für die 1952 vollendete Trilogie, in der der Autor das pralle Leben der kleinen Leute entfaltet.

Die Revolution bescherte dem Literaten zunächst eine Schaffenskrise. Die Welt der Monarchie, in der seine Romane spielten, war zusammengebrochen, und anstatt sich mit der neuen Realität auseinanderzusetzen, flüchtete Machfus in die Produktion von Drehbüchern. Mohammed Hassaneyn Haikal, Nassers engster Berater und Chefpropagandist, soll Machfus schließlich dazu bewegt haben, wieder eine Novelle zu schreiben: *Die Kinder unseres Viertels* erschien 1959 zunächst als Fortsetzungsroman in *Al-Ahram*. Am Schluss der Geschichte siegt der Held Adham schließlich über seine Widersacher Jabal und Arafa. Dies wäre weiter keine große

Sache, hätte der Leser nicht schon in den ersten Folgen unschwer in Adham den Erzvater Abraham, in Jabal Moses und in Arafa die Wissenschaft erkannt. Wegen dieser Allegorie verlangten Religionsgelehrte das Verbot der „blasphemischen" Novelle.

Machfus, der in den 50er-Jahren seinen Arbeitsplatz im Religionsministerium mit einer Stelle in der Zensurbehörde tauschte, hat sich stets gegen den Blasphemievorwurf verwahrt und die *Kinder unseres Viertels* zwar als eine Allegorie der Menschheitsgeschichte verteidigt, gleichzeitig aber dem Staat und der Religion das Recht zugestanden, „gefährliche" Bücher zu verbieten. Nasser enthob ihn bei anderer Gelegenheit von der denkbaren Gewissensnot, sein eigenes Werk zensieren zu müssen: Die Verfilmung von *Miramar* (1967), einer wiederum verschlüsselten, doch bitterbösen Kritik des sozialistischen Establishments und der Intellektuellen der Nasser-Zeit, durfte auf ausdrückliche Anordnung des Präsidenten in den Kinos gezeigt werden.

• *Ägyptische Literatur in dt. Übersetzung*
Im deutschen Sprachraum hat sich vor allem der Baseler Lenos-Verlag um die Übersetzung moderner ägyptischer Literatur verdient gemacht. Nagib Machfus wird auf Deutsch vom Union-Verlag verlegt.

Salim Alafenisch, *Der Weihrauchhändler*, Zürich (Union) – Märchen und Geschichten der Beduinen. Vom gleichen Autor auch: *Das Kamel mit dem Nasenring, Das versteinerte Zelt, Die Nacht der Wünsche* und *Die Feuerprobe*.

Alaa al-Aswani, *Der Jakubijan-Bau*, Basel (Lenos) – Dieser Roman zeichnet ein Bild der ägyptischen Gesellschaft, indem er (fiktive) Bewohner eines Gebäudes in Kairo porträtiert. Aswani thematisiert dabei Tabus wie Korruption, Sexualmoral, alltägliche Gewalt, Homosexualität und Klassenschranken. Vom gleichen Autor auch: *Chicago* und *Ich wollt', ich würd' Ägypter*.

Salwa Bakr, *Der goldene Wagen fährt nicht zum Himmel*, Basel (Lenos) – Asisa hat ihren Stiefvater umgebracht, dessen Geliebte sie war, ohne dass die blinde Mutter etwas ahnte. Um dem Gefängnisalltag zu entfliehen, träumt sie von einer goldenen Kutsche, schöner noch als die des Königs …

Muhammad al-Bissati, *Hunger*, Basel (Lenos) – Am Beispiel einer Familie aus einer ägyptischen Kleinstadt zeigt *Hunger* die täglichen Anstrengungen der Nahrungsbeschaffung und die Visionen, die über das tägliche Brot hinausgehen. Der Roman gibt so auch einen Einblick in gesellschaftliche Gruppen, deren Stimmen in Zukunft unüberhörbar werden.

Edwar al-Charrat, *Safranerde*, Basel (Lenos) – eine nostalgische Hymne auf Alexandria und ein Dokument koptischer Subkultur (Roman).

Gamal al-Ghitani, *Seini Barakat*, Basel (Lenos) – historischer Roman. In einer Zeit der Wirren wird Seini Barakat zum Hoffnungsträger für eine Zukunft voller Gerechtigkeit und Freiheit. Doch auf dem Gipfel der Macht angelangt, verhält er sich nicht besser als seine Vorgänger.

Tawfiq al-Hakim, *Staatsanwalt unter Fellachen*, Zürich (Union) – der Kriminalfall als Rahmen für einen Gesellschaftsroman.

Miral al-Tahawi, *Das Zelt*, Zürich (Union) – Die Mauern des väterlichen Gehöfts lassen sich nur im Traum überwinden, doch mittels Geschichten und Phantasie schafft sich das Mädchen seine eigene Freiheit.

Büchertürme im Antiquariat Dia

Amun *Aton* *Anubis*

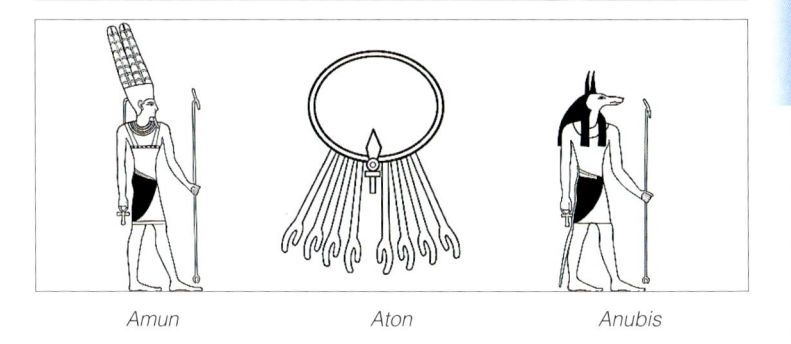

Die Welt der Pharaonen

„Was die Geschichte der Menschheit betrifft, hat man mir folgendes einstimmig erzählt: Die Ägypter waren die ersten, die die Länge des Jahres festhielten und es in zwölf Monate einteilten. Ebenso seien die Ägypter die ersten gewesen, die den Göttern Tempel, Altäre, Bilder und Tempel errichtet und Figuren in Stein gemeißelt hätten. Ferner waren die Ägypter die ersten, die heilige Feste, Umzüge und Opferfeiern veranstaltet haben. Ferner ist von den Ägyptern auch zuerst festgestellt worden, welcher Monat und Tag den einzelnen Göttern heilig ist und welche Schicksale, welches Ende und welchen Charakter die an diesem oder jenem Tag Geborenen haben werden. Die Ägypter haben auch als erste den Gedanken ausgesprochen, daß die Seele des Menschen unsterblich sei." *(Herodot, „Historien")*

Religion

Die alten Ägypter huldigten Tausenden von Göttern. Neben den landesweit verehrten Gottheiten hatte jeder Ort, jede Region ihre Schöpfungsmythen und Götter, die zudem verschiedenerlei Gestalt und Namen annehmen oder miteinander verschmelzen konnten. Priesterschaften und Pharaonen versuchten, diese Vielfalt zu ordnen, und dabei ihren eigenen Hauptgott zum Urgeist der Schöpfung und Urahn der anderen Götter zu machen. Höhepunkt dieser Entwicklung war die Herrschaft des Pharaos Echnaton, der mit **Aton** nur noch einen einzigen Gott gelten ließ (→ Kasten S. 254). In der Spätzeit bildeten **Amun**, **Ptah** und **Re** eine Trinität, die über allen anderen Göttern stand.

Die Götter der Pharaonen

Aus der nur für Spezialisten übersehbaren Vielfalt seien hier die wichtigsten Götter vorgestellt, die uns in den Gräbern und Tempeln immer wieder begegnen.

Amun: „Der Verborgene" aus Karnak wurde mit dem Aufstieg Thebens zur Hauptstadt zu einem Staatsgott. Als Amun-Re wurde er als Sonnengott verehrt.

Anubis: Der „Herr des Heiligen Landes" geleitete die Seelen vor das Totengericht und ist Schutzpatron der Balsamierer.

Aton: Von Echnaton zum alleinigen Gott erhobener Sonnengott.

Bastet: Im Alten Reich mit einem Löwenkopf dargestellt, gab sie später ihre zerstörerischen Elemente an Sechmet ab und wurde zur freundlichen Katzengöttin, die in der Spätzeit insbesondere in Bubastis verehrt wurde.

Chnum: Vor allem in Esna und Assuan verehrter Widdergott, der das Nilwasser spendete und als Schöpfer den Menschen auf seiner Töpferscheibe formte.

Mensch und Gesellschaft

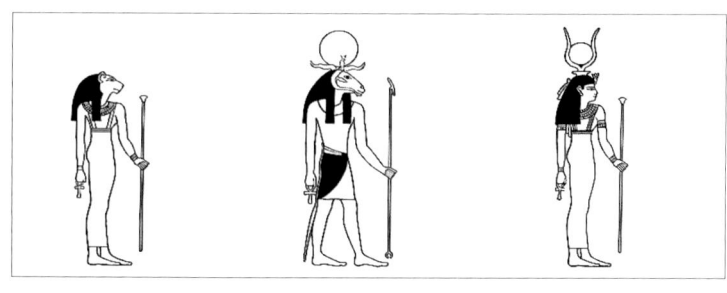

Bastet   *Chnum*   *Hathor*

Hathor: Mutter- und Himmelsgöttin, später auch als Göttin der Liebe und Musik verehrt, erscheint sie in Frauen- oder Kuhgestalt. Ihr Haupttempel war Dendera.

Horus: Der falkenköpfige Himmelsgott aus Edfu war Sohn von Isis und Osiris. Der Pharao galt als seine Inkarnation.

Isis: Die Gemahlin des Osiris wurde landesweit als Schutz- und Himmelsgöttin verehrt. Als „Gottesmutter" (nämlich des Horus) war sie in mancher Hinsicht Vorbild der christlichen Maria. Ihr Haupttempel steht auf der Insel Philae (Assuan).

Maat: Die personifizierte Göttin der Wahrheit, Gerechtigkeit und Ordnung der Welt.

Mut: Als Geier oder in Menschengestalt dargestellte Gattin des Amun.

Nephthys: Gemeinsam mit ihrer Schwester Isis begleitet sie die Toten auf dem Weg zur Wiederbelebung im Jenseits.

Nut: Das personifizierte Himmelsgewölbe, oft dargestellt als Frau, die sich, getragen vom Luftgott Schu, über den Erdgott Geb beugt.

Osiris: Bruder des Seth, Gatte der Isis und Vater des Horus, Symbol der Fruchtbarkeit und Auferstehung, Herrscher des Jenseits.

Ptah: Ein alter Fruchtbarkeits- und Schöpfergott aus Memphis, Schutzherr der Handwerker und Künstler, später gleich dem Osiris als Totengott verehrt.

Re: Der Sonnengott von Heliopolis war einer der mächtigsten Götter des alten Ägypten und wurde deshalb besonders häufig mit anderen Gottheiten verschmolzen, z. B. mit Amun zu Amun-Re, mit Horus zu Re-Harachte.

Sechmet: „Die Mächtige", löwenköpfige Tochter des Re und Gemahlin des Ptah, repräsentierte die vernichtende Kraft der sengenden Sonne.

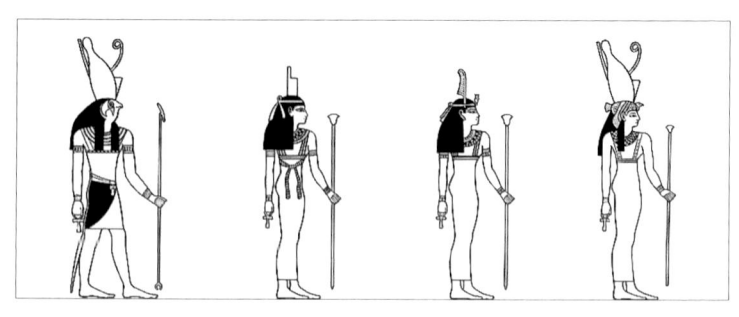

Horus   *Isis*   *Maat*   *Mut*

Die Welt der Pharaonen

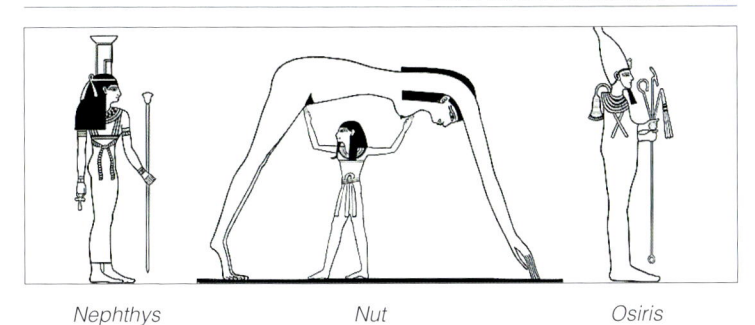

Nephthys   *Nut*   *Osiris*

Seth: Der mit einem zoologisch nicht bestimmbaren Tierkopf dargestellte Wüstengott war Bruder und Mörder des Osiris und galt gemeinhin als Inkarnation des Bösen.

Thoth: Der Gott der Weisheit wiegt beim Totengericht das Herz des Menschen gegen seine Taten. Er wird als Mensch mit Ibis-Kopf, gelegentlich auch als Pavian dargestellt.

Die alten Ägypter glaubten an eine Wiederbelebung des Verstorbenen im Jenseits – sofern er das Totengericht bestand und die Hinterbliebenen die Totenriten korrekt vollzogen hatten. Weil man sich dieses jenseitige Leben als ein Spiegelbild des irdischen vorstellte, verwandte man viel Mühe darauf, den Körper mittels Mumifizierung zu erhalten und ihn auch materiell für die andere Welt auszustatten. Speis und Trank, Kleidung und Gerätschaften wurden dem Toten als **Grabbeigaben** oder wenigstens symbolisch in Gestalt von Modellen, Reliefs und Wandmalereien mit ins „Haus der Ewigkeit" gegeben. Kleine Figürchen (*uschebti*) standen für die Diener, die dem Grabherrn im Jenseits die Arbeit abnehmen sollten.

Beim **Totengericht** wiegt Anubis das Herz des Verstorbenen gegen die Wahrheit auf, Schreibergott Thoth führt Protokoll, und der Totenrichter Osiris spricht das Urteil. Die Probe besteht, wer sich im Diesseits gemäß den ethisch-moralischen Normen verhalten hat. In diesem Fall vereinen sich die beim Tod getrennten Aspekte Leib, Seele (*Ba*) und Lebenskraft (*Ka*) erneut. Wen das Totengericht verwirft, den verschlingt das Höllenmonster und bereitet ihm den zweiten, endgültigen Tod, indem er als anonyme Materie wieder der Schöpfungsmasse beigemischt wird.

Lesetipp: J. Assmann, *Tod und Jenseits im Alten Ägypten*, München (C. H. Beck).

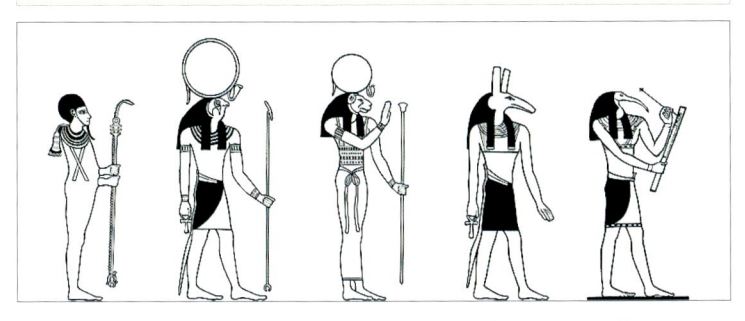

Ptah   *Re*   *Sechmet*   *Seth*   *Thoth*

Architektur

Wohnhäuser, Kornspeicher, Kasernen und Paläste – alle ihre profanen Bauten errichteten die alten Ägypter aus Lehmziegeln und gaben sie damit der Vergänglichkeit preis. Aus Stein waren allein die Sakralbauten, gebaut für die Ewigkeit.

Pyramiden

Während des Alten und Mittleren Reiches wurden zwischen Abu Roasch (nördlich von Giza) und Illahun (Fayum), also auf einer Luftlinie von rund 100 km am Westufer des Nils, etwa 100 königliche Grabanlagen in Pyramidengestalt gebaut, von denen noch 30 einigermaßen erhalten sind. Im Neuen Reich dagegen bevorzugten die Herrscher Felsengräber; nur noch reiche Privatleute bauten jetzt, in deutlich kleinerer Dimension, Grabpyramiden. Eine späte Renaissance als Königsgrab erlebte die Pyramide bei den Herrschern von Meroe (Sudan) und schließlich in Äthiopien.

Beim ältesten Steinbau, der im 27. Jh. v. Chr. errichteten *Stufenpyramide* (→ S. 223 f.) des Pharaos Djoser in *Saqqara*, haben die Steine noch die Größe von Lehmziegeln, und die zur Pyramide gehörenden steinernen Gebäude imitieren den Lehmbau. Imhotep, der geniale Baumeister dieser ersten Pyramide, wurde später als Gott verehrt. In *Maidum* (→ S. 230) vollzog sich der Übergang von der Stufenpyramide zur „glatten" Pyramide, in *Dahschur* (→ S. 229) wurde die mit einer Steigung von 55° extrem steil begonnene *Knickpyramide* in ihrem oberen Teil mit einem geringeren Neigungswinkel vollendet, und in *Giza* (→ S. 210 ff.) fanden die Pyramiden schließlich ihre klassische Form.

Bei der klassischen Pyramide liegt der Grabraum unter oder im Kern der Pyramide. Zur Anlage gehört außerdem der *Verehrungstempel* für den Totenkult und der nach den Beisetzungsfeierlichkeiten verschlossene *Taltempel* an der Grenze zwischen Fruchtland und Wüste, also dem Eingang ins Totenreich. Schließlich gibt es die kleine Nebenpyramide, deren Zweck noch immer ungeklärt ist. An der Außenseite der Pyramide verrät nichts, keine Inschrift und keine Figur, den Namen des Bauherren. Nur im unzugänglichen Inneren wird er gelegentlich in Totentexten genannt. Pyramiden sind weniger Denkmal herrschaftlicher Macht, sondern vor allem Hilfsmittel, um des Pharaos Weiterleben im Jenseits und damit das Wohl des Volkes zu sichern.

Mit ihrer exakten Orientierung an den Himmelsrichtungen und den ungeheuren Massen präzise behauener Steine, gebaut zu einer Zeit, als weder Kompass, Flaschenzug noch Rad bekannt waren und es in Ägypten auch keine eisernen Werkzeuge gab, erscheinen die Pyramiden als technische Wunder (oder werden gar Außerirdischen zugeschrieben). Auf monumentalen Rampen wurden die an der Cheops-Pyramide etwa 2,5 Tonnen schweren Steine nach oben gezogen oder mit Hebelwippen dorthin gehievt. Nicht Sklaven, sondern die vom Glauben an ihre religiöse Pflicht beseelten ägyptischen Bauern bauten die Pyramiden jeweils während der Sommermonate, wenn die Felder wegen der Nilflut nicht zu bestellen waren.

Gräber

Aus den Pharaonengräbern der Frühzeit entwickelten sich die vor allem in Giza und Saqqara zu begutachtenden **Mastabas** (Bankgräber), in denen die vornehmen Höflinge des Alten Reichs bestattet wurden. Über der unterirdischen Grabkammer und Gemächern mit den Grabbeigaben befanden sich die Räume für den Totenkult: Im unzugänglichen *Serdab* nahm eine hölzerne oder steinerne Statue des Verstorbenen symbolisch die Gaben entgegen, die an der Westseite des angrenzenden *Opferraums* vor einer Scheintür dargebracht wurden. Reiche Grabherren erweiterten ihre Mastaba um Vorhöfe und Pfeilerhallen und bestatteten hier ihre ganze Familie.

Waren Mastaba und Pyramide die typischen Grabformen des weithin ebenen Unterägypten, bevorzugten die Vornehmen in Oberägypten bereits im Alten Reich **Felsengräber** in den Steilhängen am Westrand des Niltals. Das typische Felsengrab dieser Zeit hatte einen offenen Vorhof mit einer in den Fels gemeißelten Schaufassade, von der ein Gang in die Grabkammer führte.

Mit dem Aufstieg des oberägyptischen Theben zur Hauptstadt ließen sich dann von der 18. bis zur 20. Dynastie auch die Pharaonen im Fels beisetzen: Das *Tal der Könige* birgt etwa 70 Pharaonengräber, im nahen *Tal der Königinnen* wurden die Familien der Herrscher beigesetzt. Während die begüterten Privatleute auch im Neuen Reich am offenen Vorhof festhielten, waren die Gräber der Herrscher gänzlich unter der Erde. Zum Schutz vor Plünderern wurden die Eingänge nach der Beisetzung verschüttet, den Totenkult vollzog man weitab in Tempeln am Rande des Fruchtlands.

Tempel

Neben diesen Totentempeln, deren prächtigster wohl *Deir el-Bahri* (→ S. 309 f.) – die Anlage der Pharaonin Hatschepsut in Theben – ist, hatten die alten Ägypter auch Göttertempel, die als Wohnung des Heiligen galten. Die alten Sonnentempel des Gottes Re waren noch schlichte Einfriedungen, in deren Zentrum sich ein Obelisk als Symbol des Gottes und der Opferaltar befanden. Die meisten Göttertempel folgen jedoch dem klassischen Schema, wie es uns etwa bei den gut erhaltenen ptolemäisch-römischen Kultstätten in *Edfu* (→ S. 324 ff.) oder *Dendera* (→ S. 267 ff.) begegnet.

Eine Mauer aus Lehmziegeln grenzte den heiligen Ort von der profanen Welt ab, eine Prozessionsstraße führte vom Nil oder einem Kanal zum Tempeleingang zwischen zwei mächtigen, turmartigen Pylonen. Durch den anschließenden, von einem Säulenumgang umgebenen *Vorhof* kam man in eine Säulenhalle, von dieser in eine zweite, wo die täglichen Opfer vorbereitet wurden, und dann schließlich in das abgedunkelte Allerheiligste, den Raum mit der Kultstatue, zu dem nur Pharao und Oberpriester Zutritt hatten. Ihn umgaben *Kapellen* für die im Tempel verehrten Nebengötter und Magazine, in denen etwa die Barke für die Prozessionen der Statue stand, ihre Garderobe, Räucherwerk und Salben für das Ritual und Vorräte für die täglichen Mahlzeiten der Gottheit verwahrt wurden.

Wände und Säulen wurden über und über mit religiösen Darstellungen, meist Opferszenen, verziert, manche Pharaonen ließen auch ihre Heldentaten in Stein meißeln. Im außen liegenden Tageslichtbereich sind die Szenen als versenkte Reliefs ausgeführt, im schummrigen Tempelinneren als erhabene Reliefs. Von der einstigen Farbenpracht kann man sich heute nur noch an wenigen Orten (besonders in *Abydos* → S. 263 ff.) eine Vorstellung machen, denn Wind und Wetter haben die Farben weitgehend verblassen lassen.

Zu jedem Tempel gehören auch ein heiliger Teich und ein Brunnen, dazu in der Spätzeit ein Geburtshaus (*Mammisi*), in dem die Geburt des Gotteskindes gefeiert wurde. Gleich den mittelalterlichen Kathedralen war der Bau eines Tempels das Werk von Generationen.

> **Lesetipp**: Matthias Seidel, Regine Schulz, *Faszination von A bis Z. Das alte Ägypten (*Meyers Lexikonverlag). Ein handliches und preiswertes Nachschlagewerk zur Pharaonenzeit, auch zum Mitnehmen geeignet.

Gebrauchsanweisung für die Fahrt ins Jenseits

Kunst: Bilder für die Ewigkeit

In den unvollendeten Gräbern lässt sich die Technik der altägyptischen Reliefkunst und Malerei nachvollziehen. Wo das Gestein, wie etwa in Luxor, zu brüchig war, um direkt bearbeitet zu werden, überzog man die Wände mit Nilschlamm und Gips. Auf diesen Malgrund wurde ein schachbrettartiges Raster von Hilfslinien aufgetragen, in das die Handwerker nach dem überlieferten Kanon mit roter Tinte die Vorzeichnung einschrieben. Nach der in Schwarz vorgenommenen Korrektur durch den Meister trugen die Arbeiter die mineralischen, durch Eiweiß und Leim gebundenen Naturfarben auf. Kreativität war dabei nicht gefragt, und die Proportionen veränderten sich im Lauf der Jahrtausende nur wenig. Nur das Zeitlose, sich ewig Wiederholende war von Wert, also die möglichst exakte Reproduktion des Kanons.

Wie die Reliefs erscheinen uns auch die gemalten Figuren als befremdlich steif und verrenkt. Kein Wunder, denn die alten Ägypter zeichneten in ihren Tempeln und Gräbern aspektivisch. Während das Gesicht mit Stirn, Nase und Mund im Profil dargestellt wird, erscheint das Auge in der Frontalansicht. Auch Hals und Schultern sind in Vorderansicht gezeichnet, die Brust unterhalb der Achsel zeigt wieder eine Seitenansicht, die durch die Brustwarze noch betont wird. Die Seitenansicht setzt sich bis zu den Füßen fort, nur der gleich der Brustwarze gegen die Körpermitte verschobene Nabel deutet eine Drehung an. Sämtliche Personen, ob tot oder lebend, ob Gott, König oder Mensch, ob sitzend oder stehend, wurden nach diesem Schema dargestellt.

Wie wir von Tonscherben und alltäglichen Kritzeleien wissen, beherrschten die alten Ägypter die perspektivische Darstellung durchaus. Für die sakrale Kunst galten jedoch andere Regeln. Sie sollte, unabhängig von der Sicht des Betrachters und losgelöst von Zeit und Raum, die wesentlichen Merkmale („Aspekte") des Dargestellten festhalten. Nicht die Erscheinung, sondern das „Wesensbild" sollte gezeigt werden.

Schrift und Schreiber

Um 3100 v. Chr. erscheint die Hieroglyphenschrift – scheinbar aus dem Nichts und nahezu fertig entwickelt. Entwicklungsstufen dieser genialen Erfindung lassen sich kaum greifen. Und mit der Schrift begegnen wir auch dem Schreiber. Auch die höchsten Beamten, die selbst keinen Pinsel mehr in die Hand nahmen, ließen sich noch gerne in Schreiberpose darstellen.

Die Hieroglyphen

Für ihre griechischen Namensgeber waren sie „heiliges Schnitzwerk" (*hieros* = „heilig", *glyphein* = ritzen, schnitzen), und tatsächlich begegnen sie dem Betrachter oft als kunstvoll gestaltete Inschriften in kultisch-religiösen Kontexten, etwa an den Wänden von Tempeln oder Grabanlagen. Auf den ersten (und den zweiten und den dritten …) Blick muten die Hieroglyphen wie reine Bildzeichen an; man erkennt deutlich Hasen, Käfer, allerlei Vögel, ein Auge, eine Hand, einen Mann am Stock, sieht stilisierte Wellen und kann mit etwas Phantasie auch einen kunstvoll geknoteten Strick oder die Umrisse eines Korbes ausmachen. Was darüber hinaus noch an Zeichen vorhanden ist, entzieht sich zwar oft einer zweifelsfreien Deutung, dennoch ergibt sich insgesamt der Eindruck einer Bildergeschichte, die allerdings einen entscheidenden Makel hat: Man versteht sie nicht. Aber wie um alles in der Welt soll man auch begreifen, was die bunte Folge aus einer Eule, einem Auge, ein paar Linien und allerlei sonstigen Zeichen zu bedeuten hat. „Wörtlich" kann man das Ganze ja unmöglich „lesen", und was fehlt, ist der Code, der die hinter den Bildern zu vermutende Symbolik knackt.

So in etwa lässt sich auch der Gemütszustand der europäischen Gelehrtenwelt umschreiben, die sich verstärkt ab dem 17. Jh. im Zuge einer der vielen und bis heute nicht abgeebbten Ägyptomania-Wellen um die Deutung der Hieroglyphen bemühte. Die einhellige Meinung war, dass die „heiligen Zeichen" die Elemente einer priesterlichen Geheimschrift seien, bei der jedes Zeichen für sich eine Bedeutung trage, die über das unmittelbar Dargestellte hinausreichen müsse, also im Bereich des Metaphorischen oder Allegorischen anzusiedeln sei.

Wie sich erst wesentlich später herausstellte, war diese Annahme grundfalsch. Zwar waren die Anfänge der Hieroglyphenschrift tatsächlich rein piktographisch in dem Sinne, dass ein Zeichen entweder für das abgebildete Objekt stand oder doch zumindest für etwas, das man mit ebenjenem Objekt gedanklich in Verbindung bringen konnte. Schon bald aber erwies sich ein derartiges System als wenig ökonomisch, denn um sich differenziert ausdrücken zu können, hätte man eine Unzahl unterschiedlicher Zeichen gebraucht. Wie ihre Kollegen in Mesopotamien ersannen die ägyptischen Schreiber einen überaus klugen, ja revolutionären Ausweg aus dem Dilemma: Zunächst erkannten sie, dass man gleichlautende Wörter mit ein und demselben Zeichen verschriftlichen konnte, etwa so, als würde man in einer hypothetischen Bilderschrift des Deutschen das Zeichen für *Kiefer* (Baum) auch für die Bezeichnung von *Kiefer* (Knochen) verwenden. Dies wiederum eröffnete die Möglichkeit, die Hieroglyphen als reine Silbenzeichen zu verwenden und – wieder auf einen hypothetischen deutschen Fall angewandt – etwa die Piktogramme für *Uhr* und *Laub* zu *Urlaub* zu kombinieren. Traten Mehrdeutigkeiten auf (wie im Falle von *Kiefer*), wurden sie entweder im Kontext aufgelöst, oder man kombinierte das Zeichen mit einem Deutzeichen, das die Lesart sicherstellte, selbst aber stumm blieb, d. h. beim Lesen nicht ausgesprochen wurde (im Deutschen könnte man z. B. das Piktogramm eines Mundes hinter das Zeichen für Kiefer stellen und so sicherstellen, was gemeint ist).

Das lautbasierte Verschriftungsverfahren nach dem sog. Rebusprinzip wurde in der Praxis immer weiter fortentwickelt, wobei die besondere Struktur der ägyptischen Sprache dazu führte, dass man die Zeichen gedanklich nicht mit vollständigen Silben, sondern mit dem konsonantischen Gerüst von Silben in Verbindung brachte – ganz so, als würde man aus *bind(en), band, (ge)bund(en)* eine Wurzel *bnd* herleiten, die die Grundbedeutung trägt, während die Vokale nur angeben, ob das ausgedrückte Geschehen in der Gegenwart oder der Vergangenheit zu verorten ist. Dies war möglicherweise auch ein Grund dafür, dass einige Hieroglyphen genau wie in Alphabetschriften lediglich für einen einzigen Konsonanten stehen, etwa so, als würden wir *da* zu *d* reduzieren, weil wir aus vielen Beispielen gelernt haben, dass Vokale für die Übermittlung der Grundbedeutung prinzipiell nicht relevant sind (was im Deutschen natürlich völlig anders ist). Für die Nachwelt hatte diese Praxis übrigens die unangenehme Begleiterscheinung, dass wir bis heute nicht sicher wissen, wie die Namen von Amenophis, Echnaton, Nofretete und so fort wirklich ausgesprochen wurden.

Trotz aller Ansätze hat sich die Hieroglyphenschrift bis zuletzt nicht zu einer reinen Alphabetschrift weiterentwickelt, sondern ist immer ein Mischsystem geblieben, das neben Ein- und Mehrkonsonantenzeichen reine Wortzeichen und ein erkleckliches Arsenal an Deutzeichen enthielt.

> Wie Champollion die Hieroglyphen entzifferte, lesen Sie auf S. 516 f. Die Hieroglyphenschrift lernen Sie im Internet unter www.aegyptisch.de. Oder mit Gabriele Wenzel, *Hieroglyphen. Schreiben und Lesen wie die Pharaonen*, erschienen im Verlag Nymphenburger.

Die Schreibutensilien

Uns mögen die Hieroglyphen heute als die ägyptische Schrift schlechthin erscheinen, doch für den Schreiber der Pharaonenzeit waren sie eher die Ausnahme. Er benutzte im Alltag eine „Schreibschrift", das Hieratische, bei dem die Hieroglyphenzeichen so weit verkürzt und verformt sind, dass man sie kaum mehr als Bilder erkennen kann. Das Hieroglyphenzeichen für „Schreiber" zeigt seine Utensilien: eine Palette mit Vertiefungen für die rote und schwarze Farbe, ein Säckchen für Farbpigmente und ein Halter für die Binse, das ägyptische Pendant zur Feder. Geschrieben wurde auf Papyrus; war keiner zur Hand, taten es auch Tonscherben und Kalksteine. In der Schule verwendete man Tafeln aus Sykomorenholz, die mit einer feinen Stuckschicht überzogen waren. Wie bei einer Schiefertafel konnte das Geschriebene anschließend wieder gelöscht werden. Fortgeschrittene Schüler hatten kleine Papyrushefte mit linierten Seiten.

„Werde Schreiber!"

Schreiber zu sein war eher ein Stand als ein Beruf: Auch jene Beamten, die längst andere für sich schreiben ließen, werden in ihren Gräbern gerne in Schreiberpose dargestellt. Kam doch die Bürokratie, die das gesamte ägyptische Leben kontrollierte, nicht ohne Briefe und andere Schriftdokumente aus. Auch die Grabbauten erforderten Leute, die schreiben konnten und Lobeshymnen verfassten.

Neue Schreiber rekrutierte man am liebsten unter den eigenen Nachkommen. „Werde Schreiber!", mahnt in einem Papyrus der Vater den Sohn. „Es hält dich fern von Hacke und Joch, und du brauchst keinen Korb zu tragen. Es befreit dich davon, das Ruder zu führen, es erspart dir harte Arbeit, sodass du nicht vielen Herren unterstellt wirst und zahlreichen Aufsehern. Allein der Schreiber leitet die Arbeit aller Leute. Er weist das ganze Land an, und was geschieht, unterliegt seiner Kontrolle. Werde Schreiber, dann bleiben deine Glieder fein und deine Hände zart. Dann gehst du umher in weißen Kleidern, geachtet und von den Hofleuten gegrüßt."

Die häufigen Darstellungen in Gräbern, bei denen arme Bauern verprügelt werden, weil sie ihre Abgaben nicht liefern können, demonstrieren die Macht und das Geltungsbedürfnis der Schreiber. Vermochten auch Amateure zu lesen und zu schreiben? Ein von 50 hochrangigen Zeugen eigenhändig beglaubigtes Dokument bestätigt, dass die obersten Würdenträger schreiben konnten. Für Handwerker darf man dagegen annehmen, dass sie auf die Dienste eines Schreibers angewiesen waren.

Mancher Schreiber beließ es nicht bei den üblichen Aufzeichnungen, sondern wagte sich an literarische Schöpfungen. Besonders berühmt wurde etwa die Lebensgeschichte des Sinuhe, doch sind noch viele andere Biografien und Autobiografien überliefert. Lehrtexte stellen ethische Idealbilder vor. Auch Hymnen und Gedichte wurden verfasst, und jede Epoche hatte ihre oft zitierten Meisterwerke und Klassiker. Den Schreibern oblag auch das Kopieren von Texten. Dies galt als originalgetreuer als die ebenfalls praktizierte Niederschrift aus dem Gedächtnis. Die Kopisten signierten ihre Arbeiten und garantierten damit für die Genauigkeit der Abschrift.

Ausbildung im „Lebenshaus"

Die komplizierte Schrift verlangte eine langjährige Ausbildung. Nur die Sprösslinge besonders wohlhabender Eltern hatten einen Privatlehrer, und für Mädchen war der Unterricht die ganz große Ausnahme. Die meisten künftigen Schreiber begannen ihre Ausbildung in einer Tempelschule, dem „Lebenshaus". Daneben hatten vermutlich die Zweige der Staatsverwaltungen eigene Schulen. In welchem Alter die Kinder mit der Schule begannen, wissen wir nicht. Einzelne Texte lassen die Unterweisung schon im Kindergartenalter beginnen, die meisten handeln aber von Jünglingen.

Kalligrafie und Schreibregeln wurden durch das Abschreiben von Mustertexten eingeübt, Diktate waren sicher schon damals gefürchtet, mechanisches Auswendiglernen durch gemeinsame Rezitation gehörte zum Schulalltag. Viele Übungstexte handelten, wie der oben zitierte, vom Beruf und Status der Schreiber. Als Lesebuch der Grundstufe war bis in die Spätzeit das *Kemit* beliebt, eine Erzählung aus dem Mittleren Reich. Ältere Schüler wurden mit der *Lehre des Cheti* geplagt. Außer im Lesen und Schreiben wurden die Schüler auch in den

„Lobpreisung bis zum Ersticken"

Mensch und Gesellschaft

Grundrechenarten unterrichtet. Später kam noch Geometrie hinzu, in den Tempelschulen auch Dogmatik und Liturgie sowie die eher praktische Kunst der Domänenverwaltung. Auch eine Art Ethik-Unterricht gab es, in dem die Schüler sich mit den überlieferten Weisheitslehren auseinandersetzten.

„Sei nicht faul!"

Nicht jeder Schüler war so bei der Sache, wie es sich die Lehrer wünschten. Um einen Zögling auf den Weg der *Maat*, der vom Himmel gegebenen Ordnung zu bringen, gebrauchten die Erzieher Stock und Peitsche, denn „Stock und Scham schützen den Sohn vor dem Fall." „Verbringe keinen Tag mit Müßiggang", droht der Schreiber Amenemope, „sonst wirst du geschlagen." Und weiter: „Das Ohr eines Jünglings befindet sich auf dem Rücken; er gehorcht, wenn er geschlagen wird. Achte auf das, was ich sage!" Auf dem Karriereweg wird dem jungen Schreiber empfohlen: „Sei nicht faul! Man wird dich sogleich zurechtbiegen. Gib dich nicht den Vergnügungen hin, sonst bist du ein Versager. Schreibe mit deiner Hand, rezitiere mit deinem Mund, frage diejenigen um Rat, die mehr wissen als du, und arbeite eifrig jeden Tag."

> **Lesetipps**: Über den Alltag erschien mit vielen anschaulichen Illustrationen jüngst bei der Wissenschaftlichen Buchgesellschaft von François Trassard u. a. *Leben im alten Ägypten*. Nur noch antiquarisch findet man von Thomas G. H. James *Pharaos Volk* – streckenweise etwas trocken, dafür mit Quellenbezug.

Der Pharao

Dem Mythos nach war Osiris der erste König von Ägypten. Sein Vater Re hatte ihn auf die Erde entsandt. Anfangs noch Götter, wurden die Pharaonen bereits im Alten Reich zu Göttersöhnen herabgestuft. Als „lebender Horus auf Erden", so der vornehmste Titel des Königs, war er Mittler zwischen Göttern und Menschen. Von ihm hing das Wohlergehen des Landes, ja die gottgewollte Weltordnung ab. Diese *Maat* zu sichern war seine wichtigste Aufgabe. Dazu bedurfte es offenbar des direkten Kontakts mit der Erde: Bis in die 18. Dynastie wird der Pharao stets barfüßig dargestellt. Sein Schuhwerk sehen wir nur, wenn der königliche Sandalenverwalter es ihm hinterherträgt.

Im Pharao war alle Gewalt vereint: Er war Herr über alle Untertanen, ihm gehörte das gesamte Land, er leitete die Verwaltung, war oberster Richter. Da er im Auftrag der Götter handelte, konnte er nach Überzeugung der Ägypter keine Fehler machen. Allein er entschied über Krieg und Frieden. Der Pharao war gleichzeitig auch oberster Priester. Wenn die vielen Priester im Land den Göttern huldigten, dann handelten sie symbolisch an seiner Stelle, denn nur er konnte die Gebete den Göttern überbringen.

Lobpreisungen bis zum Ersticken

Zeigte er sich dem Volk, dann in einem Löwensessel auf einer von acht Palastbeamten gestützten Sänfte. Läufer bahnten ihm mit Stöcken den Weg, dann folgten die Leibwächter, die Wedel- und Schirmträger. „Ich habe sehr große Anbetungen gemacht und Lobpreisungen bis zum Ersticken. Ich habe gejubelt, weil man mich den Boden berühren ließ, mein Kopf hat den Himmel durchstoßen. Ich habe den Bauch der Sterne aufgekratzt (…). Meine Stadt war im Fest, meine Truppen jubelten (…), die Greise und die Kinder waren im Jubel", beschreibt Gouverneur Sarenput einen Besuch seines Pharaos Sesostris I. in Assuan.

Der Pharao

Über die Etikette am königlichen Hof erfahren wir aus den Quellen nur wenig. Nach dem sizilianischen Autor Diodor (1. Jh. v. Chr.) war der Tagesablauf Seiner Majestät streng geregelt: „Nicht nur die Zeit für das Abhalten von Audienzen und für die Rechtsprechung war festgelegt, sondern auch, wann er spazieren ging, sich badete oder mit seiner Frau schlief." Auch über die Diät des Königs, nämlich „Kalbfleisch, Ente und ein wenig Wein", weiß Diodor Bescheid, doch ist seine Glaubwürdigkeit stark umstritten. In der Gegenwart des Königs sitzen zu dürfen war ein nur ausnahmsweise gewährtes Privileg. Hohe Beamte verbeugten sich mit demütig erhobenen Armen, die meisten Würdenträger hatten sich zu Boden zu werfen. Um überhaupt in die Nähe des Königs gelangen zu können, musste man über gesellschaftlichen Rang oder die Gunst der Hofleute verfügen. Diese waren oft Verwandte des Königs, denn die Blutsverwandtschaft schützte den Herrscher vor der Entweihung beim Ritual.

Der Hofstaat

Die Zeremonien rund um das Erwachen und Aufstehen des Königs ahmten seine Kulthandlungen vor der Götterstatue im Tempel nach. Seine Körperpflege und rituelle Reinigung erneuerten die heilige Kraft, die über Nacht abgenommen hatte. Danach reichten ihm der „Vorsteher des königlichen Leinens" die Kleider und der „Vorsteher der Friseure des Königs" die Perücke. Der vom Gürtel herabhängende Löwenschwanz erinnert noch an die mit einem Tierfell bekleideten vordynastischen Stammeshäuptlinge. Standen wichtige Staatsangelegenheiten an, übergaben der „Beamte des Diadems" die Krone und andere Würdenträger Krummstab und Geißel als Insignien der Macht.

Doch auch ein Gottessohn war nicht sicher vor Ränkespiel und Revolte. Oft genug ging es darum, den minderjährigen Thronfolger um sein Erbe zu bringen und einen anderen zum Pharao einzusetzen. So warnt Amenemhet seinen Sohn Sesostris I.: „Nimm dich in Acht vor den Untergebenen (...). Nähere dich ihnen nicht in deiner Einmaligkeit. Vertraue keinem Bruder, kenne keinen Freund, schaffe dir keine Vertrauten – das führt zu nichts. Wenn du schläfst, behüte dich selbst, denn niemand hat Anhänger am Tage des Unheils."

„Das Große Haus"

Wörtlich übersetzt bedeutet Pharao „das Große Haus", meint also ursprünglich den Palast des Königs. Da diese Herrscherpaläste aus Lehm und nicht aus Stein gebaut waren, ist von ihnen fast nichts erhalten – letzte Überreste sieht man etwa in Medinet Habu und Abydos. Man stellt sie sich als ganze Stadtbezirke mit üppigen Gärten, Kanälen und Springbrunnen vor. Vom „Erscheinungsfenster", dem Balkon über dem Haupteingang, nahm der Herrscher Paraden und Prozessionen ab und überschüttete seine Günstlinge mit Geschenken.

Sein Privatleben mit Familie, Dienerschaft und Harem pflegte der Herrscher im „Haus der Verehrung". Böden, Wände und Decken waren bemalt oder mit Fayencen verkleidet, zum Mobiliar gehörten Liegen, Sessel, Stühle, Tische, Schränkchen und Truhen. Im Schlafgemach standen Nachttopf und Wasserkannen für die Toilette bereit. Ein Treppchen erleichterte Ihrer Majestät und seinen Beischläferinnen den Einstieg in das mit Decken und Kissen reichlich gepolsterte Himmelbett. Barbarisch unbequem mutet die Sitte an, das königliche Haupt nicht auf ein Kopfkissen zu betten, sondern den Nacken auf ein halbrundes Holzgestell zu stützen. So blieb die Frisur erhalten – doch oft genug, wie man vermuten darf, um den Preis der morgendlichen Genickstarre.

„Bitte anschnallen" – Landeanflug am Nil

Reisepraktisches

Einreisebestimmungen

Visum: EU-Bürger und Schweizer benötigen einen noch mindestens sechs Monate (für Deutsche: zwei Monate) gültigen Reisepass bzw. Kinderausweis. Die Einreise mit dem Personalausweis ist möglich, sofern man zusätzlich ein Passbild für das Visum mitbringt und längere Wartezeiten bei der Einreise in Kauf nimmt. Das Visum wird bei Ankunft auf den Flughäfen oder in den Häfen erteilt, Individualreisende erhalten die erforderliche Gebührenmarke für umgerechnet 15 $ in den Wechselstuben vor der Passkontrolle. Für Pauschalreisende sollte die Reiseleitung diese Formalität erledigen. Wer von Libyen, Israel oder dem Sudan auf dem Landweg einreist, sollte sich das Visum vorab bei einer ägyptischen Auslandsvertretung besorgen.

Die aktuellen und detaillierten Einreisebestimmungen finden Sie im **Internet** auf den Seiten der Ägyptischen Botschaft Berlin, www.egyptian-embassy.de.

Einreise von Israel: An den israelisch-ägyptischen Grenzübergängen werden keine Visa ausgestellt. Hier muss man sich zuvor an die ägyptische Vertretung im Heimatland oder in Israel bzw. Jordanien wenden. Dort werden Visa innerhalb weniger Stunden erteilt. Allerdings gibt es am Übergang Eilat/Taba und an den Häfen Nuweiba und Scharm el-Scheich das kostenlose *Sinai-Permit*, mit dem die Ostküste des Sinai bis Scharm el-Scheich und das Katharinenkloster besucht werden dürfen. Das Permit ist 14 Tage lang gültig und kann nicht verlängert werden.

Wer mit einem gewöhnlichen Touristenvisum einen Abstecher von Ägypten nach Israel unternimmt, muss bei der Ausreise angeben, dass er später wieder zurück will, und bekommt dann ein *Reentry-Permit* in den Pass gestempelt.

Achtung: Mit Stempeln im Reisepass, die auf einen Besuch in Israel schließen lassen, wird Ihnen die Einreise nach Syrien, Libanon und in weitere arabische Länder (ausgenommen Jordanien) verweigert!

Das normale Touristenvisum ist einen Monat gültig. Wer ein paar Tage überzieht, geht straflos aus, wer dagegen bei der Ausreise mit einem seit zwei Wochen und länger abgelaufenen Visum erwischt wird, muss eine saftige Strafe berappen. Deshalb lässt man besser ein abgelaufenes **Visum verlängern**: Dies erledigen für einen Gesamtaufenthalt von bis zu sechs Monaten die Ausländerbehörden in Kairo und in den Provinzhauptstädten, die dafür außer einem Passbild eine geringe Gebühr verlangen.

Israel: *Tel Aviv*, 54 Basel St., ✆ 03-5464151, So–Do 9–11 Uhr. *Eilat*, 68 Afraty St., ✆ 07-5976115, So–Do 9–11 und 13–13.30 Uhr, Fr 9–10 und 11–12 Uhr.

Jordanien: *Amman*, 14 Riyad el-Mefleh, ✆ 06-5605175, So–Do 9–12 Uhr. *Aqaba*, Sh. al-Istiqlal, ✆ 03-2016171, So–Do 9–14 Uhr.

Libyen: *Benghazi*, el-Awarsi St., Western Fuweihat, ✆ 061-2223099.

Devisen: Die Ein- und Ausfuhr der Landeswährung ist auf 5000 LE begrenzt. Angesichts der schlechten Wechselkurse im Ausland wäre es allerdings ohnehin töricht, Ägyptische Pfund über die Grenze zu bringen. Wer große Bargeldbeträge in Fremdwährungen mit sich trägt, sollte diese bei der Einreise registrieren lassen, um später nicht als Geldwäscher oder anderweitiger Vergehen verdächtigt zu werden.

Einreise mit Tieren: Erforderlich ist ein amtsärztliches Gesundheitszeugnis. Die Tollwutimpfung darf nicht länger als zwei Wochen zurückliegen.

Zoll: Die ägyptischen Zollbestimmungen unterscheiden sich kaum vom internationalen Standard. Verboten ist die Einfuhr von Waffen, Munition und Sprengstoffen, von Drogen, Pornos und Schriften, die dem nationalen Interesse zuwiderlaufen oder die öffentliche Moral gefährden. Vermeiden Sie die Einfuhr von Videofilmen und DVDs – diese werden erst von einem Zensor begutachtet, und das kann dauern. Mitgebracht werden dürfen bis zu 200 Zigaretten und 1 Liter Spirituosen. Innerhalb von 24 Stunden nach der Einreise dürfen Sie in den *Egypt Duty Free Shops* weitere drei Flaschen Schnaps kaufen, die im Pass vermerkt werden. Für die Ausfuhr von Antiquitäten benötigen Sie eine Erlaubnis der Antikenverwaltung, die für Normalsterbliche kaum zu erlangen ist. Vorsicht bei Imitaten: Der Zöllner mag auch diese für echt halten.

Exotische Tiere, Krokodilledertaschen, Korallen, seltene Muscheln – all dies und noch einiges mehr darf nach dem Washingtoner **Artenschutzabkommen** nicht ohne weiteres von einem Land ins andere gebracht werden und wird spätestens am deutschen Flughafen vom Zoll beschlagnahmt.

Anreise

Nahezu alle Urlaubsgäste kommen schnell und bequem mit dem Flugzeug nach Ägypten. Die Anreise auf dem Landweg ist zwar ebenfalls möglich, aber einigermaßen exotisch, denn von Deutschland aus wäre man mindestens acht Tage unterwegs. Besonders stilvoll ist Überfahrt mit der Fähre von Venedig nach Alexandria.

Mit dem Flugzeug

Vier bis fünf Stunden ist man zwischen Deutschland und Kairo, Luxor oder Assuan, den wichtigsten internationalen Flughäfen am Nil, in der Luft. Neben Egypt Air und Lufthansa bedienen auch Air Berlin, Condor, TUIfly, Swiss, Hello und Austrian Airlines die Routen ins Zielgebiet.

Auch wenn ausländische Ferienflieger heute meist direkt nach Hurghada, Scharm el-Scheich und Luxor fliegen, bleibt Kairo die Drehscheibe des ägyptischen Flugverkehrs. *Lufthansa* bietet Sondertarife von Frankfurt oder München nach Kairo und zurück ab 300 €. Wer einmal Umsteigen und einen kleinen Umweg in Kauf nimmt, kommt zu manchen Zeiten mit *Alitalia*, *Air France* oder der ungarischen *Malev* noch günstiger an den Nil. Die zur Star Alliance gehörende *Egypt Air*, die in puncto Service von den Fachzeitschriften nicht immer die besten Noten bekommt, bietet auch Linienflüge über Kairo nach Hurghada und Scharm el-Scheich an und verlangt dafür rund 500 €.

Direktflüge nach Ägypten (Stand 2011)

Kairo (CAI) mit Egypt Air, Lufthansa, TUIfly, Swiss, AUA

Luxor (LXR) mit Egypt Air, Air Berlin, Condor, TUIfly, Hello

Hurghada (HRG) mit Egypt Air, Air Berlin, Condor, Hello

Marsa Alam (RMF) mit Air Berlin, Condor, TUIfly, Hello

Scharm el-Scheich (SSH) mit Air Berlin, Condor, TUIfly, Hello

Fluggesellschaften im Internet

www.aua.com
www.airberlin.de
www.condor.de
ww.egyptair.com
www.hello.ch
www.lufthansa.de
www.swiss.com
www.tuifly.com

Internet-Angebote

Suchmaschinen bieten Hilfe und Preisvergleiche bei der Jagd nach dem Schnäppchen-Flug.

www.ltur.de – l'tur, der zum TUI-Konzern gehörende Marktführer im Last-Minute-Bereich, sucht und bucht auch Flüge. Bei unserem Test waren manche Angebote um wenige Euro teurer als bei der Konkurrenz. Verkauf auch über Filialen in ganz Deutschland.

www.travelchannel.de – Der Reisedienst des Ottoversands findet zuverlässige und manchmal auch günstigere Angebote als l'tur. Zu loben ist auch die idiotensichere Menüführung.

www.flug.idealo.de – Diese Preissuchmaschine vergleicht die Angebote mehrerer Buchungsdienste wie z. B. **Opodo**, **Expedia** und **seat 24**.

www.skyscanner.de – Das derzeit aufwendigste Flugpreisportal ist nicht ganz einfach zu bedienen, liefert aber auch allerlei Zusatzinfos zu Flugverbindungen und -alternativen.

Mit dem Schiff

Schiffsreisen sind ein Vergnügen für Menschen mit viel Zeit und viel Geld. Dafür erlebt der Ägypten-Urlauber eine behutsame, allmähliche Annäherung an die Fremde, wie sie mit dem Jet nicht möglich ist.

Nach langer Pause schippert wieder jede Woche ein Fähre der italienischen Reederei Visemar (www.visemarline.com) von Venedig über Tartous (Syrien) nach Alexandria und zurück. Für ein Ticket hin und zurück rechne man je nach Saison etwa 400 € und mehr. Auch Autos werden transportiert.

Auf dem Landweg

Auch die Anreise mit dem Frachtschiff ist möglich. Einige Reedereien verdienen sich mit der Beförderung zahlender Passagiere ein Zubrot – bis zu zwölf Fahrgäste darf ein Frachter an Bord nehmen. Den Komfort eines Kreuzfahrtliners bieten die Containerschiffe natürlich nicht, und der Fahrplan wird flexibel gestaltet, je nachdem, welche Häfen unterwegs angelaufen werden. Die wenigstens zehntägige Seereise zwischen Genua und Port Said kostet um 1000 €, die deutlich teurere Fahrt von Hamburg dauert gewöhnlich gar einen Monat.

Weitere Schiffsverbindungen bestehen von Limassol (Zypern) nach Port Said. Auf dieser Route nehmen Kreuzfahrtschiffe auch Passagiere (200–250 €) mit. Nach Presseberichten soll demnächst eine Lkw-Fähre regelmäßig Alexandria mit dem türkischen Hafen Mersin verbinden. Last, but not least verkehren täglich Autofähren zwischen Nuweiba (Sinai) und dem jordanischen Hafen Aqaba.

Frachtschiffreisen: *Neptunia*, Bodenseestr. 5, D-81241 München, ℡ 089-8960 7340, ℻ 8348585, www.neptunia.de.

Überfahrt von Zypern: *Louis Cruise Lines*, 158 Franklin Roosevelt Av., Limassol, Cyprus, ℡ 00357-2557 0000, ℻ 2557 3320, www.louiscruises.com.

Auf dem Landweg

Die Reise auf dem Landweg verspricht ein echtes Abenteuer. Immerhin kommt man per Bus von München aus mit mehrmaligem Umsteigen bis nach Kairo.

Der spärliche Grenzverkehr zwischen Israel und Ägypten fließt vor allem durch die rund um die Uhr geöffnete Grenzstation **Taba** am Golf von Aqaba. Den israelischen Grenzposten steuert ein Stadtbus aus dem nahen Eilat an. Dann geht's in wenigen Minuten zu Fuß am von beiden Staaten aus zugänglichen Taba Hilton vorbei zum ägyptischen Kontrollpunkt, hinter dem außer geldgierigen Taxifahrern auch Linienbusse nach Kairo warten. Folgende Buslinien verkehren vom Ausland nach Kairo:

Ab Tel Aviv: Für ca. 50 $ mit *Egged Tours*, ℡ 03-6948888, www.egged.co.il, und *Mazada Tours*, ℡ 03-5444454, www.mazada.co.il. Die Busse von Kairo nach Tel Aviv starteten zuletzt am Hotel Cairo-Sheraton im Stadtteil Doqqi. Information und Tickets im Hotel bei Misr Travel, ℡ 3335 5470.

Ab Damaskus: Für ca. 130 $ Mo + Do via Amman und Nuweiba mit der ägyptischen Linie *Super Jet*. Tickets für die 30-stündige Fahrt gibt's am Al-Kadem-Busbahnhof.

Ab Amman: Für etwa 90 $ mit der jordanischen Linie *JETT*, Tickets verkaufen die Reisebüros.

Ab Benghazi: Für ca. 70 $ tägl. mit *Super Jet* nach Kairo sowie mit *West Delta Bus* nach Alexandria.

Die Busse von Kairo nach Amman, Damaskus und Libyen starten am Almaza-Terminal im Stadtteil Heliopolis.

Kein Tempel, sondern Kairos Busbahnhof

Schaukeln auf dem Wüstenschiff

Unterwegs im Land

Wer eine Nilkreuzfahrt oder ein Ausflugsprogramm bucht, muss sich um seine Fortbewegung nicht weiter kümmern. Doch auch auf eigene Faust lässt sich das Land gut bereisen. Busse und Sammeltaxis erreichen zu Spottpreisen noch das letzte Dorf. Für Ausflüge in die Einsamkeit stehen Mietwagen und Kamele bereit.

Bewegungsfreiheit

Je nach Sicherheitslage wurden in der Vergangenheit bestimmte Gebiete oder Verkehrswege für Touristen zeitweise völlig gesperrt oder ihnen Polizei-Eskorten zur Seite gestellt.

Nicht alle Reisebeschränkungen dienen vorrangig dem Schutz der Touristen. In den für Ausländer gesperrten Grenz- und Wüstengebieten im Süden und Westen Ägyptens will sich das Militär nicht in die Karten schauen lassen und fürchtet das Eindringen von Schmugglern, Terroristen oder sonstigen unwillkommenen Besuchern. Wo konkret Fremde gerade unerwünscht sind, erfährt der Ausländer am besten vor Ort. Wenn ihm an einem der zahlreichen Checkpoints die Weiterfahrt höflich aber bestimmt verweigert wird und auch das nächste Touristenbüro kein Permit besorgen mag, sondern nur Ausflüchte bereit hat, dann weiß er: Sperrgebiet.

Mit dem Mietwagen

Mietwagen sind in Ägypten noch wenig verbreitet. Verleihstationen gibt es an den Flughäfen von Kairo, Alexandria, Hurghada, Scharm el-Scheich und Marsa Alam.

Vorab kann man einen Mietwagen beispielsweise über *www.billiger-mietwagen.de* oder *www.holidayautos.de* buchen. Für einen in Ägypten angemieteten Kleinwagen

Mietwagen

rechne man mit unbegrenzten Kilometern wenigstens 400 $ pro Woche – ein Taxi mit Fahrer kommt da günstiger, und auch die chaotische Fahrweise anderer Verkehrsteilnehmer animiert wenig dazu, sich selbst ans Steuer zu setzen. Schließlich legt es auch der technische Zustand vieler Leihwagen nahe, das Beheben von Pannen einem Fahrer zu überlassen. Motorräder werden bislang nur in Scharm el-Scheich vermietet – ein Roller kostet dort gerade so viel wie ein Pkw.

- *Voraussetzungen* Fahrer oder Fahrerin müssen mindestens 23, bei einzelnen Verleihern 25 Jahre alt und ein Jahr im Besitz des Führerscheins sein, dazu wird ein Internationaler Führerschein verlangt. In der Praxis nehmen die Verleiher es damit jedoch nicht so genau – sie wollen ja verdienen.
- *Übernahme* Die Leihzeit rechnet sich in 24 Std. Wenn Sie also z. B. ein Auto am Fr um 20 Uhr für 7 Tage übernehmen, müssen Sie es am folgenden Fr bis spätestens 20 Uhr wieder zurückgeben. Wer den Mietwagen nicht am Ort der Übernahme wieder zurückgibt, muss zusätzliche Überführungskosten bezahlen. Wählen Sie nach Möglichkeit ein im Land gängiges Modell, damit Ihnen bei einer Panne leichter geholfen werden kann, und verlassen Sie sich nicht allein auf Allah, sondern prüfen Sie bei der Übernahme soweit nur möglich den technischen Zustand des Wagens. Lassen Sie sich den obligatorischen Feuerlöscher, den Wagenheber und das Ersatzrad zeigen und erklären, wie die Motorhaube geöffnet wird. Prüfen Sie besonders den Zustand der Reifen. Ist der Tank voll?
- *Versicherungsschutz* Vor Ort gemietete Autos haben in aller Regel nur einen eingeschränkten Versicherungsschutz (Haftpflicht nur bis 5000 $, Eigenbeteiligung bei Kasko und Diebstahl, kein Versicherungsschutz für Glas und Unterboden). In den Leihpreisen sind z. B. bei Europcar Haftpflichtversicherung und Vollkasko mit einer Selbstbeteiligung von rund 100 $ (bei Diebstahl des Wagens 315 $) eingeschlossen. Will man dieses Risiko ausschalten, sind zusätzlich 6 bis 7 $ pro Tag fällig. Platte Reifen, zerborstene Scheiben, eine defekte Ölwanne und weitere derartige Schäden sind nicht versichert! Zudem beschränkt das Kleingedruckte die Fahrerlaubnis bei herkömmlichen Pkws auf Asphaltstraßen.

Buchen Sie einen Mietwagen per Internet über einen deutschen Vermittler – so haben Sie mehr Rechtssicherheit. Und sparen Sie nicht am Versicherungsschutz.

- *Verkehrsregeln* **Vorfahrt** hat das größere und stärkere Fahrzeug mit dem mutigeren Fahrer.

Ampeln müssen nur dann beachtet werden, wenn zusätzlich noch ein Polizist an der Kreuzung steht.

Hupen beweist die Potenz, grüßt alle Bekannten, warnt die übrigen Verkehrsteilnehmer (besonders Fußgänger) und zeigt ein beginnendes Überholmanöver an.

Höchstgeschwindigkeit: Wo andere Autofahrer das Speedlimit von innerorts 50 und außerorts 90 km/h ohne Not einhalten, ist mit einer Radarfalle zu rechnen.

Bodenschwellen („Sleeping Policemen"): Vor Einmündungen, Fußgängerüberwegen, Checkpoints und manchmal ohne nachvollziehbaren Grund werden Sie mit Bodenschwellen drastisch ausgebremst – leider sind sie oft schlecht zu erkennen.

Checkpoints werden nachts von Windradleuchten angekündigt. Schalten Sie Standlicht und Warnblinker ein, bremsen Sie auf Schritttempo ab und rechnen Sie mit heftigen Bodenschwellen.

Parken ist im Prinzip überall möglich. In Städten mit Parkraumnot verwalten informelle Parkwächter die Abstellplätze, und wo kein Auto steht, hat dies seinen Grund (weil der Ladenbesitzer die Fläche beansprucht, die Polizei gerade hier gerne abschleppen lässt usw.).

Rechtsfahrgebot: Im Prinzip ja, doch wenn Ihnen einmal ein Geisterfahrer auf Ihrer Fahrbahn begegnet, will der möglicherweise nur links abbiegen oder auf der falschen Straßenseite parken.

Licht: Rücklicht ist überflüssig, denn warum beleuchten, was man hinter sich gelassen hat? Nachts betreiben einander entgegenkommende Fahrzeuge ein Wechselspiel mit Fernlicht, Abblendlicht und völliger Verdunkelung. In Stadtzentren wird gewöhnlich mit Standlicht gefahren.

Als Fußgänger die Straße überqueren: Fahrer bremsen erst, wenn der Fußgänger tatsächlich losläuft, und erwarten, dass dieser Richtung und Tempo beibehält und auf keinen Fall auf der Straße stehen bleibt.

Erwischte Verkehrssünder: Ihnen nimmt die Polizei gelegentlich Führerschein, Wagenpapiere oder Nummernschild ab, die dann in der Provinzhauptstadt auf dem Revier der Verkehrspolizei wieder ausgelöst werden können.

Unfälle: Kleine Blechschäden werden in einer lautstarken Auseinandersetzung verhandelt. Bei größeren lohnt es sich, die Polizei hinzuzuziehen (Protokoll für die Versicherung). Für überfahrene Hühner, Ziegen und Schafe erwartet der Eigentümer Entschädigung zum Marktpreis. Wer mit dem Auto einen Fußgänger verletzt, ist nach islamischem Rechtsverständnis grundsätzlich schuld und muss mit spontanem Volkszorn rechnen.

Offroad

Weite Teile der Wüste sind Sandflächen, in denen selbst Geländewagen stecken bleiben können. Wer auf eigene Faust im Sand unterwegs ist, keine Erfahrung mit Wagen und Gelände hat und damit die fahrtechnischen Grenzen nicht realistisch einschätzen kann, wird sich mit größter Wahrscheinlichkeit früher oder später festfahren.

So lange sich das Auto nicht eingegraben hat, kann man es meist mit Muskelkraft und Rückwärtsgang in der eigenen Spur wieder aus dem Sand schieben. Wer nicht schon vor der Sandfahrt den Reifendruck vermindert hat, wird spätestens jetzt auf diese Art die Auflagefläche des Pneus vergrößern. Versuche, mit Hilfe des Motors *vorwärts* aus dem Sand zu kommen, münden in durchdrehende Reifen, mit denen sich der Wagen nur tiefer im Sand eingräbt. In diesem Fall gilt es zu schaufeln: Die Räder müssen vom Sand befreit, mit dem Wagenheber angehoben und dann mit Steinen und Gestrüpp unterlegt werden, womit auch die Fahrspur befestigt wird.

Natürlich macht es wenig Freude, wiederholt im Sand stecken zu bleiben, und man tut vielleicht besser daran, auf die vorgesehene Route zu verzichten. Oder mietet sich gleich einen Wagen mit Chauffeur. Die Beduinen haben mehr Erfahrung mit den Pisten und wissen, was geht und was nicht.

Hinweis: Vergessene Minen, die jahrzehntelang tief im Sand schlummerten, werden oft von Unwettern freigespült und an neuen Stellen abgelagert. Verzichten Sie deshalb nach Sturzregen bei Wüstentouren nicht auf ortskundige Führer!

Mit dem Bus

Die Überlandbusse, die zwischen den großen Städten verkehren, sind relativ komfortabel. Oft übertreiben die Chauffeure den Komfort sogar: Die Klimaanlage sorgt für Eiseskälte, und aus den Lautsprechern plärren die Akteure des Videostreifens, der über das Bordfernsehen gezeigt wird. Dann sind Pullover und Ohrenstöpsel angebracht. Nachtbusse (nur auf den langen Strecken) sind etwas schneller, kosten aber einen Aufschlag.

Südlich von Kairo und zu den Oasen verkehrt *Upper Egypt Bus*, während Alexandria und die westliche Mittelmeerküste von *West Delta Bus* angesteuert werden. Mit diesen regionalen Busgesellschaften konkurrieren auf manchen Strecken die besonders komfortablen, rot-schwarz-goldenen „Golden Arrows" von *Superjet* und auf den Routen zum Roten Meer die private Gesellschaft *goBus* (vormals El-Gouna-Transport).

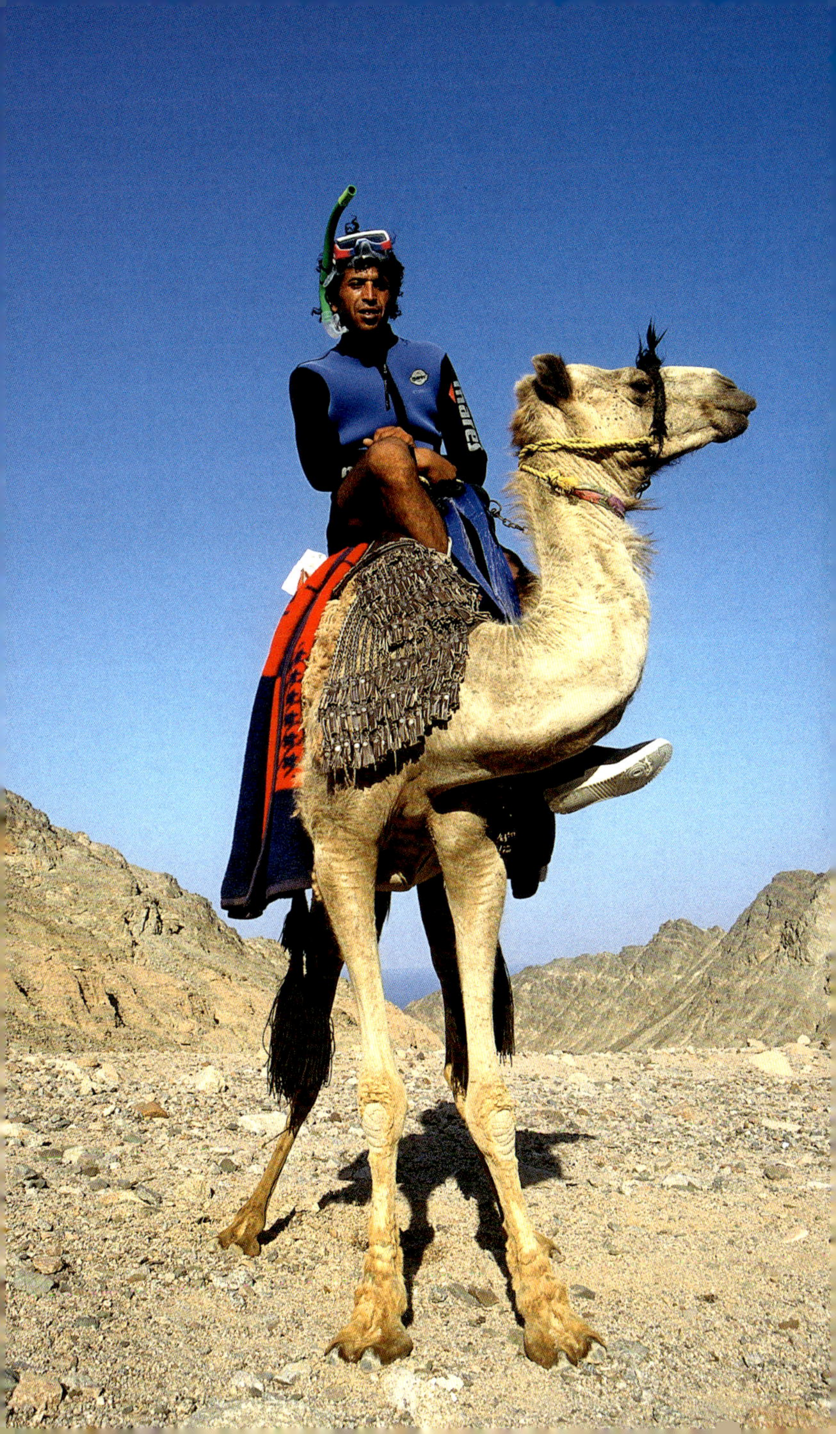

Unterwegs im Land

Entfernungen in Kilometer

	Siwa	Alexandria	Kairo	Assiut	Luxor	Assuan	Farafra
Siwa	—	605	830	1220	1540	1760	600
Alexandria	605	—	220	610	930	1050	770
Kairo	830	220	—	390	710	930	550
Assiut	1220	610	390	—	320	540	750
Luxor	1540	830	710	320	—	220	820
Assuan	1760	1050	930	540	220	—	1040
Farafra	600	770	550	750	820	1040	—

Rotes Meer

	Hurghada	Kairo	Luxor	Suez	Safaga	Quseir	M. Alam
Hurghada	—	510	280	400	60	140	270
Kairo	510	—	720	135	570	650	780
Luxor	280	720	—	680	220	260	390
Suez	400	135	680	—	460	540	670
Safaga	60	570	220	460	—	85	210
Quseir	140	650	260	540	80	—	130
M. Alam	270	780	390	670	210	130	—

Sinai

	Scharm el-Scheich	Kairo	Suez	Port Said	El-Arisch	Sankt Katharina	Taba
Scharm el-Scheich	—	500	370	530	470	240	240
Kairo	500	—	135	220	330	450	390
Suez	370	135	—	175	290	320	260
Port Said	530	220	175	—	240	490	420
El-Arisch	470	330	290	240	—	430	290
St. Katharina	240	450	320	490	430	—	200
Taba	240	390	260	420	290	200	—

Die meisten Städte begnügen sich zum Glück mit einem zentralen Terminal für alle Buslinien. Fahrpläne wechseln, aber die Abfahrtszeiten werden pünktlich eingehalten! Wer zu spät kommt, hat Pech gehabt. Verlässliche Auskunft über die Abfahrtszeiten erhalten Fremde letztlich nur an den Busbahnhöfen – aktuelle Fahrpläne im Internet oder auch nur eine englischsprachige Telefonauskunft gibt es bisher nicht.

Für Langstrecken wie etwa Kairo–Luxor kauft man die Fahrscheine (mit Platzreservierung) besser ein bis zwei Tage im Voraus. Bei kürzeren Entfernungen oder in Kleinstädten ist eine Reservierung nicht immer möglich und nötig; schlimmstenfalls bekommt man nur einen Stehplatz.

Im Sammeltaxi (servis)

Fernverkehr: Sammeltaxis fahren ähnlich einem Linienbus auf festen Routen, starten aber nicht nach Fahrplan, sondern strikt auf Nachfrage, nämlich erst, wenn alle Plätze belegt sind oder die wartenden Passagiere ungeduldig werden und für die leeren Sitze mitbezahlen. Für die Fahrt über größere Entfernungen sollte man sich am Taxiterminal einfinden; Sammeltaxis auf kürzeren Routen halten auch unterwegs auf ein Handzeichen hin, sofern noch ein Platz frei ist. Morgens ist die Chance auf Mitreisende am größten. Der Platz im *servis*, das im gehobenen Ägyptisch-Arabisch auch *arabiya bel nafar* heißt, kostet etwas mehr als das entsprechende Busticket.

Stadtverkehr: Auch der innerstädtische Transport ist überwiegend Sache der Sammeltaxis. Kleinbusse pendeln auf festen Routen in die Außenbezirke, und selbst die gewöhnlichen Taxis (Limousinen) arbeiten oft als *servis*. Das Fahrtziel gibt der Kunde vor, der zuerst einsteigt. Der Fahrer versucht dann, unterwegs noch weitere Passagiere aufzusammeln, die in die gleiche Richtung wollen. Taxameter, sofern überhaupt vorhanden, werden nur ungern benutzt. Auch an die offiziellen Tarife, ob vom Taxameter angezeigt oder mancherorts auf einem amtlich abgestempelten Blatt im Auto ausliegend, hält sich niemand. Sie würden oft nicht einmal die Unkosten des Taxifahrers decken, und so zahlen selbst Einheimische freiwillig mehr. Wer sich auskennt und um den „üblichen" Preis weiß, muss beim Einsteigen nicht feilschen, sondern zahlt am Ende der Fahrt kommentarlos die angemessene Summe. Als Anhaltspunkt kann man im Stadtverkehr von etwa 1 LE pro Kopf und Kilometer ausgehen. Erkundigen Sie sich in Ihrem Hotel oder bei ortskundigen Urlaubern nach den üblichen Preisen. Wer den Taxichauffeur nach dem Preis fragt, gibt sich als ahnungslose Melkkuh zu erkennen.

> **Vertrauen ist gut, Kontrolle ist besser**
>
> Größere Gepäckstücke werden bei Überlandfahrten gerne aufs Dach geladen. Vergewissern Sie sich selbst, dass Ihr Koffer oder Rucksack auch ordentlich festgezurrt ist, und vertrauen Sie nicht blind dem Fahrer – denn der vertraut manchmal blind dem Herrgott, und wenn es das Schicksal dann will, fällt auch mal ein Koffer runter. Vom Schaden ganz abgesehen, wird die Sache besonders ärgerlich, wenn zunächst keiner den Sturz bemerkt und später die Strecke mühsam nach dem verlorenen Stück abgesucht werden muss.

Im Taxi (spesial)

Ein an der Straße angehaltenes Taxi ist grundsätzlich ein Sammeltaxi. Wenn der Fahrer unvermutet von *spesial* zu reden beginnt, will er Ihnen eine Exklusivfahrt verkaufen und keine weiteren Passagiere mehr mitnehmen. Bestehen Sie in diesem Fall auf der Abrechnung nach dem Taxameter und geben Sie dann ein zusätzliches Trinkgeld nach eigenem Ermessen. Taxis, die vor Hotels, Restaurants oder am Flughafen stehen, sind allesamt *spesial* und warten auf besonders zahlungskräftige Kundschaft. Für längere Ausflüge und Tagestouren ist ein *spesial* jedoch immer noch deutlich preiswerter als ein Mietwagen.

Auf dem Fahrrad

Für kürzere Ausflüge werden vor allem in Luxor und den Oasen Fahrräder vermietet. Für mehrtägige Radreisen mit Gepäck und allem Drum und Dran eignet sich das Land jedoch nicht.

In Ägypten ist das Fahrrad vor allem ein Transportfahrzeug. Radler balancieren Backbleche, Stoffballen, aufgetürmte Schachteln, Glasscheiben, vier je 32 kg schwere Gasflaschen und was noch alles mit akrobatischer Geschicklichkeit durchs

Verkehrsgetümmel. Die Räder sind sozusagen mechanische Arbeitspferde: Jahrzehnte alt, mit schwerem Rahmen, oft fehlt die Bremse und noch öfter die Klingel, vom Licht nicht zu reden. Auch mit Leihrädern sollten Sie vor der Übernahme erst einmal eine Proberunde drehen. Und wenn ein Radler hinter Ihnen mit der Zunge schnalzt, ist dies keine Anmache, sondern eine Warnung: Als Fußgänger sollten Sie schleunigst zur Seite springen.

An möglichen Unannehmlichkeiten sind zu nennen: Baustellen mit „Schwimmasphalt", wo der Verkehr über gerade geteerte Strecken geleitet wird, die Abgase der Autos, mit denen man mangels Radwegen die Straße teilen muss, wilde Hunde, die Radler als potenzielle Jagdbeute betrachten, und schließlich mancherorts sogar Steine werfende Kinder, die es besonders auf Radlerinnen abgesehen haben. Ägypterinnen setzen sich nie aufs Fahrrad, Ausländerinnen kommen oft für ägyptische Maßstäbe zu leicht oder aufreizend bekleidet daher, und so gilt eine radelnde Urlauberin abseits der Touristengebiete als eine die Moral verletzende Provokation, während ein Mann schlimmstenfalls als etwas verrückt eingestuft wird.

Gefährlicher als Terroristen …

Dass es im ägyptischen Verkehrschaos doch noch irgendwie vorangeht, mag man bewundern. Wer aber glaubt, der Straßenverkehr am Nil sei sicherer als der mitteleuropäische Asphaltdschungel, unterliegt einem gefährlichen Irrtum. Schon bei einer Fahrt auf Kairos Ring Road sieht man in kurzer Zeit mehr Unfälle als zwischen Hamburg und Basel. Auch die Statistiken sprechen eine klare Sprache: Bei deutlich weniger Fahrzeugen gibt es in Ägypten erheblich mehr Verkehrstote als in Deutschland; Unfälle sind meist besonders schwer (auf drei Verletzte kommt ein Toter) und ganz überwiegend menschlichem Fehlverhalten zuzuschreiben (und nicht dem technischen Versagen schrottreifer Kisten). 15 % der Krankenhausbetten sind mit Verkehrsopfern belegt, und nach dem Herzinfarkt ist der Straßenverkehr die zweithäufigste Todesursache. Daran sollte denken, wer im Vertrauen auf das Geschick der Chauffeure eine Straße überquert oder sich gar selbst ans Steuer setzt.

Mit der Bahn

Die Bahn ist auf längeren Strecken im Niltal das Transportmittel schlechthin. Vor dem Fenster rauscht das Landleben vorbei, im Großraumabteil knüpft man schnell Kontakte mit Einheimischen.

Der Zug empfiehlt sich besonders für Fahrten von Kairo nach Luxor und Assuan. Auf dieser Strecke verkehren die weitgehend Touristen vorbehaltenen „Sleeper" oder **Tourist Trains**, von der Gesellschaft *Watania* gemanagte Schlafwagenzüge. Abendessen und Frühstück sind im Preis inbegriffen. Doch der hat es mit rund 60 $ pro Person für die einfache Fahrt im Zweierabteil in sich – billiger zwar als ein Flug, aber für ägyptische Verhältnisse ein Vermögen.

Nach einer neuen Bestimmung sollen Ausländer für Fahrten Kairo nach Oberägypten nur noch die sogenannten **Tourist Trains** benutzen. Doch wird diese Regel nicht konsequent durchgesetzt.

Mit der Bahn 87

Der Zug steckt mal wieder im Sand

So bleibt als Alternative die Fahrt mit Sitzplatz. Die klimatisierte **1. Klasse** (Kairo–Assuan 110 LE, 13 Std.) bietet im Großraumabteil gehobenes Publikum, Sitzreihen mit 2 + 1 Plätzen, viel Beinfreiheit und freie Mittelgänge bzw. Stehplatzverbot. Essen wird am Platz serviert. Familien bzw. Kleingruppen können gegen einen geringen Aufpreis auch ein recht geräumiges eigenes Abteil mit 6 Sitzplätzen buchen (**Klasse Nefertiti**). In der klimatisierten **2. Klasse AC** geht es etwas enger zu (Reihen mit 2 x 2 Sitzen), doch die Sessel sind auch hier deutlich komfortabler als bei der Deutschen Bahn. Die Tickets kosten etwa die Hälfte des Preises der 1. Klasse.

Die Bummelzüge mit Wagen der 2. und 3. Klasse tun sich auf längeren Strecken nur hartgesottene Eisenbahnfans an. Hier pferchen sich auf harten Bänken die Armen zusammen, die auf jeden Piaster schauen müssen.

- *Information/Reservierung* Im Internet unter www.egyptrail.gov.com: guter Fahrplan mit Verbindungsübersicht, die Internetbuchung funktioniert aber nur mit ägyptischen Kreditkarten. Hinweise zu Schlafwagenzügen erhält man unter www.sleepingtrains.com. Schlafwagenreservierung unter ☏ 02-2574 9474. Aktuelle Infos zum Bahnfahren in Ägypten auch unter www.seat61.com.
- *Züge* Die Zuggattungen **French Train** und **Spanish Train** heißen nicht etwa so, weil an Bord Französisch oder Spanisch gesprochen würde, sondern weil die Waggons aus Frankreich bzw. Spanien stammen. Zwischen Kairo und Alexandria verkehrt außerdem der besonders schnelle **Turbini**. Der **Horus Train** ist ein Personenzug der 2. Klasse ohne Aircondition.
- *Nach Luxor/Assuan im normalen Zug* Der Zwang zum Tourist Train lässt sich umgehen, wenn man sich die Fahrkarte für einen der normalen Schnellzüge von einem Ägypter kaufen lässt. Fragen Sie an der Hotelrezeption.
  Gegen einen kleinen Aufpreis kann man die Fahrkarte auch im Zug selbst beim Schaffner kaufen. Das funktioniert gut zwischen Luxor und Assuan. Selbst in ausgebuchten Zügen von und nach Kairo werden immer einige Plätze für VIPs frei gehalten, über die der Schaffner verfügen kann, solange kein General oder Abgeordneter den Sitz beansprucht.
- *Ermäßigung* Bei Vorlage eines internationalen Studentenausweises.
- *Hinweise* Die Abteile sind oft stark **klimatisiert**! Eine warme Jacke kann hilfreich

88 Unterwegs im Land

sein. Auch ist es sinnvoll, eigenes Toilettenpapier mitzunehmen, da dieses oft fehlt. Vor allem nach längerer Fahrt ist nicht mehr unbedingt mit sauberen **Toiletten** zu rechnen. **Getränke** und **Speisen** im Zug sind für ägyptische Verhältnisse teuer. Anders als beim Fahrkartenverkauf wird hier nicht immer korrekt abgerechnet.

Kairo – Assuan	Touristenzüge			andere Züge	
Zug-Nr.	84	82	86	980	996
Kairo	–	–	21:10	08:00	22:00
Giza	20:15	20:45	21.35	08:20	22:20
Luxor	05:10	05:40	06:40	18:10	07:35
Assuan	08:15	08:45	09:45	21:30	10:55
Assuan – Kairo	**Touristenzüge**			**andere Züge**	
Zug-Nr.	83	85	87	983	989
Assuan	17:15	18:30	20:30	07:00	21:30
Luxor	20:20	21:40	23:40	10:25	01:10
Giza	05:45	06:45	08:30	–	–
Kairo	–	–	08:55	21:05	10:40

Inlandsflüge

Bislang konnte sich die Staatsfluglinie der inländischen Konkurrenz weitgehend erwehren. Ein einfacher Flug von Kairo nach Assuan kostet etwa 100 €.

Preiswerter sind die Inlandsstrecken, wenn sie in Verbindung mit einem Egypt-Air-Auslandsflug gebucht werden. Von Kairo, der Drehscheibe des ägyptischen Luftverkehrs, starten die Flieger mehrmals am Tag nach Alexandria, Hurghada, Scharm el-Scheich, Luxor und Assuan. Seltener werden Assiut, Sohag, Marsa Alam, Marsa Matruh und Taba angeflogen. Weitere Verbindungen bestehen zwischen Assuan und Abu Simbel sowie Scharm el-Scheich, Luxor und Hurghada. Da die Flüge oft von Reisegruppen gebucht werden, bleiben für Einzelreisende nur wenige Plätze übrig, die schnell verkauft oder überbucht sind. Die Flugauskunft der Egypt Air erreicht man unter den folgenden Telefonnummern:

Abu Simbel ✆ 097-2324735, 2324836. Assuan 097-231500-0, -2, -3, -4. Ismailia ✆ 064-361950. Kairo 02-2390 0999. Luxor ✆ 095-238058-0, -1, -1, -3, -4. Hurghada ✆ 065-3447501. Port Said ✆ 066-3220921. Scharm el-Scheich ✆ 062-3600314. Taba ✆ 062-3530010.

Nilkreuzfahrt

Die Ruhe des Wassers und das langsame Vorbeigleiten der Landschaft geben der Nilkreuzfahrt ihren hohen Erholungswert. Kaum an Bord, stellt sich sofort Urlaubsstimmung ein.

Nahezu alle Ägypten-Reiseveranstalter haben Nilkreuzfahrten im Angebot. Die Standardprogramme setzen vor die eigentliche Kreuzfahrt einige Tage Kairo, im Anschluss wird oft ein Badeaufenthalt am Roten Meer gebucht.

Die Nilfahrt führt von Assuan nach Luxor oder umgekehrt. Auf der 200 km langen Strecke drängen sich rund 300 Schiffe. Nachts liegen die Boote vor Anker, dazu kommen Stopps für Besichtigungen und Wartezeiten an der Schleuse von Esna, sodass die Kreuzfahrt alles in allem gewöhnlich vier Tage dauert.

Eine Nilfahrt ist nicht mit einer Kreuzfahrt auf einem Ozeanriesen zu vergleichen. Die Schiffe sind gewöhnlich zweckmäßig und nüchtern eingerichtet – Luxusschiffe wie die *SS Karim*, ein restaurierter Schaufelraddampfer mit Originalmaschine von 1917, der früher Staatsgäste über den Nil schipperte, sind die Ausnahme von der Regel. Großzügige Gesellschaftsräume fehlen ebenso wie Kapitänsdinner und Galaball, dafür geht es leger zu. Die je nach Schiff 20 bis 100 Kabinen sind mit 11 bis 20 m² erheblich kleiner als Hotelzimmer vergleichbarer Kategorie, denn auf engem Raum muss möglichst viel untergebracht werden.

Nur in Ausnahmefällen lassen sich die Kabinenfenster öffnen. Pech hat, wer beim Einchecken eine Kabine ohne Ausblick im Unterdeck zugeteilt bekommt. Weil es zu wenig Anlegestellen gibt, werden die schwimmenden Hotels abends längsseits nebeneinander vertäut – man blickt also aus dem Fenster auf das Nachbarschiff und bekommt eventuell dessen Lärm und Abgase ab, denn die Stromaggregate laufen rund um die Uhr.

Spezialisten für Nilkreuzfahrten sind beispielsweise: *Helios Reisen*, ✆ 089-54495200, www.helios-reisen.de; *Oft Reisen*, ✆ 07156-16110, www.oft-reisen.de; *Phoenix Reisen*, ✆ 0228-72628-0, phoenixreisen.com. Last-Minute-Nilfahrten bekommt man in Luxor z. B. bei *Thomas Cook* in der Arkade des Old Winter Palace – gewöhnlich sind sie jedoch teurer als bereits vom Heimatland aus gebuchte Angebote.

Nilfahrt auf einer Feluke: Wer in Europa gerne mit dem Zelt unterwegs ist, mag die beschauliche und romantische Nilreise im traditionellen Segelboot (arab. *faluka*) erwägen. Mehrtägige Fahrten starten in der Regel in Assuan und führen flussabwärts nach Kom Ombo oder Edfu. Man genießt den angenehm kühlen Wind um die Nase, den Ausblick aufs Wasser, auf die fruchtbare Uferlandschaft vor dem Hintergrund der Wüstenberge. Kabinen haben die kleinen Boote natürlich nicht. Man übernachtet unter freiem Himmel auf dem Boot oder auf einem Inselchen, wäscht sich mit Nilwasser, kocht auf einem Campingkocher. Nur wenige Reiseveranstalter haben solche Touren im Programm. Gewöhnlich „bucht" man in Assuan direkt bei einem der nubischen Schiffsführer. Mehr dazu → S. 341.

Zeitreisen auf alten Zweimastern und Dampfschiffen

Dahabiyas, „Goldene Boote", hießen dereinst die Königinnen unter den Nilseglern. Nur eine Handvoll dieser Zweimaster, auf denen noch die ersten Gruppen von Thomas Cook Ägypten bereisten, haben bis ins Zeitalter der Dieselschiffe überlebt. Wenn eine Dahabiya mit mächtig aufgeblähten Segeln passiert, reiben sich die Passagiere der Kreuzfahrtschiffe verwundert und ein wenig neidisch die Augen.

Dongola und Zarafa: Die etwa 1835 gebaute *Dongola* und ihr Schwesterschiff *Zarafa* begegneten schon Amelia Edwards und fuhr unter Sultan Hussein Kamil (reg. 1914–17) die Herrscherfamilie spazieren. Die restaurierten Schiffe verkehren zwischen Luxor und Assuan. Sie haben fünf bzw. neun komfortable Kabinen mit Bad. Reisen auf der *Dongola* oder *Zarafa* können unter www.orientaltours.de gebucht werden.

Vivant Denon: Der 1889 gebaute Segler trägt den Namen eines Franzosen, der uns die beste Schilderung von Napoleons Ägyptenexpedition hinterließ. Als Direktor der Pariser Museen organisierte er später in Kaisers Namen den Kunstraub im französisch beherrschten Europa. Das Schiff gehört dem Franzosen Didier Caille, der es während einiger Wochen im Winterhalbjahr für 5500 € pro Woche verchartert. Infos unter www.dahabeya.net.

Neferu-Ra: Das Schiff wurde 1910 für einen Baumwollbaron gebaut. Bill and Nancy Petty fanden die Dahabiya in el-Minya als Restaurantschiff vertäut und ließen sie in Luxor restaurieren. Das Schiff hat in vier Kabinen gerade mal fünf Betten, ein modernes Bad und WC wurden eingebaut. Über www.museumtours.com kann das Schiff ab 5000 € pro Woche gemietet werden.

Royal Cleopatra: Das Aschenputtel unter den luxuriösen Nilseglern ist eine 2001 vom Stapel gelaufene Jacht. Anders als bei den historischen Nilschiffen befinden sich die Kabinen und Aufbauten hier nicht am Heck, sondern mittschiffs zwischen den Masten. Dafür ist die *Royal Cleopatra* auch etwas preiswerter als ihre restaurierten Konkurrenten. Sie kann über www.nilecruiseegypt.net gebucht werden.

Neben den historischen und nachgebauten Segeljachten gibt es auch heute noch Dampfschiffe. Noch zwischen Luxor und Assuan unterwegs ist der Heck-Seitenraddampfer **SS Karim**. Das 1917 auf einer britischen Werft gebaute Schiff diente den Königen Fuad und Faruk als Privatjacht, nach der Revolution stand es den Staatspräsidenten zur Verfügung. Jedes Rad hat seine eigene Maschine, sodass die beiden Räder auch in entgegengesetzter Richtung bewegt werden können. Das Schiff hat 30 Außenkabinen und ist über Spring Tours (www.springtours.com) zu buchen.

Nicht weniger exklusiv ist die 1885 vom Stapel gelaufene **SS Sudan**. Unter dem Namen *MS Karnak* diente sie als Drehort von Agatha Christies Thriller „Tod auf dem Nil". Bei einem umfassenden Umbau erhielt das Schiff im Jahre 1994 zusätzlich zu den Schaufelrädern noch Schrauben, die mit einem Dieselmotor angetrieben werden. So kann es heute wahlweise mit Dampfkraft oder mit Dieselöl fahren. Auch die *SS Sudan* bietet während der Saison mehrtägige Touristenfahrten auf der Strecke Assuan–Luxor und kann über www.steam-ship-sudan.com gebucht werden.

Dachlandschaft des Arabella-Hotels in Hurghada

Übernachten – Wie man sich bettet

Die touristischen Zentren halten ein breites Angebot an Unterkünften vom Luxushotel über die familiäre Pension bis hin zur kaum zumutbaren Billigabsteige bereit. Ferienwohnungen oder gar Privatzimmer werden nicht vermietet, die wenigen Campingmöglichkeiten eignen sich nur für Wohnmobilfahrer.

Hotels

Da die besseren Hotels den Reiseveranstaltern großzügige Rabatte einräumen, fährt der Pauschaltourist oder Internetbucher (via Expedia und dergleichen Plattformen) günstiger als Reisende, die erst vor Ort und auf eigene Faust eine gehobene Unterkunft suchen.

Trotzdem sind Häuser wie das Hilton und Sheraton im Weltmaßstab vergleichsweise billig. Umso mehr gilt das für die einfachen Herbergen. Schon für 50 LE bzw. 6 € findet man ein ordentliches, sprich: sauberes Doppelzimmer mit Bad. Singles, die Einzelzimmer beanspruchen, reisen wie üblich etwas teurer als Paare. Sehr einfache Hotels bieten gelegentlich Mehrbettzimmer an, die man mit anderen Reisenden teilt.

Ägyptische Hotels dürfen sich von Staats wegen mit bis zu fünf Sternen schmücken. Die Luxushotels gehören zu den internationalen Ketten wie Mövenpick, Hilton und Marriott und haben den üblichen Komfort; beim Service sollte man allerdings keine mitteleuropäischen Maßstäbe anlegen. In den mittleren Kategorien kann das Niveau der Häuser erheblich schwanken: Ein durchaus gutes Hotel bekommt beispielsweise nur zwei Sterne, wenn es weniger als 30 Zimmer hat. Andererseits kann ein Drei-Sterne-Haus auch ziemlich heruntergekommen sein, aber die rein formalen Bedingungen (Zimmergröße, Ausstattung, Lift, Bäder usw.) trotzdem erfüllen. Weil die Betreiber die Instandhaltung vernachlässigen und zugleich Ausstattungsstandard und selbst Architektur in den letzten Jahren um einiges besser wurden, sind neu eröffnete oder wenigstens generalsanierte Hotels den älteren vorzuziehen. Für Individualreisende lohnt es sich also, ein Hotel vorher anzuschauen. Leider spricht sich ein besonders gutes Preis-Leistungs-Verhältnis schnell herum – diese Häuser sind oft ausgebucht, ohne Reservierung findet man dort kein Unterkommen.

Gepäckbeladene Neuankömmlinge ohne Reisegruppe müssen sich am Busbahnhof zunächst der Schlepper erwehren, die von „ihren" Hotels für jeden angeschleppten Gast eine kleine Kommission kassieren. Sein Versprechen, Ihnen nur den Weg zum Hotel Ihrer Wahl zu zeigen, wird der Schlepper kaum erfüllen, sondern Ihnen unterwegs einreden, dieses Haus sei gerade voll besetzt, für seine Wanzen berüchtigt oder hätte gestern die Preise verdoppelt; stattdessen empfiehlt er Ihnen wärmstens ein anderes Hotel. Leider bedienen sich vor allem die schlechten, überteuerten Häuser solcher aufdringlichen Helfer, während die besseren Billighotels über die Mund-zu-Mund-Propaganda genügend Gäste finden.

● *Hotelpreise* Hotels mit drei und mehr Sternen berechnen die Preise für Ausländer weitgehend auf Dollarbasis. Diese Hotels müssen dann auch in ausländischer Währung (bevorzugt Euro oder Dollar) oder per Kreditkarte bezahlt werden. Bei den einfachen Häusern (1–2 Sterne) werden die Preise dagegen in der Landeswährung festgelegt.

Gerade in den teureren Hotels stehen die offiziellen Preise aber oft nur auf dem Papier. Die einen vermieten überhaupt nur an Reiseveranstalter und wollen keine Individualtouristen. Andere wechseln die Preise je nach Saison und Auslastung, wieder andere lassen mit sich handeln. Insoweit können die von uns recherchierten Preise nur ein Anhaltspunkt sein.

● *Tipps für die Hotelsuche* Wenn Sie zu zweit sind, lassen Sie Ihr Gepäck unter Aufsicht des Reisepartners zunächst in einem Café und machen sich dann ohne Rucksack und Koffer auf den Weg. So werden Sie auch weniger von Schleppern belästigt. In den Hotels sollten Sie sich mehrere Zimmer zeigen lassen. Testen Sie in den Billigquartieren besonders WC-Spülung, Wasserhähne und die Abläufe von Dusche und Waschbecken, dazu die Klimaanlage oder den Ventilator. Auch ein Blick auf das Bettzeug und unter das Bett kann vor späterem Ärger bewahren. Toilettenpapier, Handtuch und Seife sind in einfachen Hotels eher die Ausnahme.

Jugendherbergen

Die preiswerte Unterkunft für nur wenige Pfund ist mit einigen Handicaps verbunden: Einheimische Schulklassen oder Studentengruppen, die wegen der abendlichen Schließstunde früher ins Bett müssen, als sie eigentlich wollen, sorgen für erheblichen Lärm. Tagsüber bleiben die Gäste ausgesperrt. Manche Hostels nehmen gegen einen Aufpreis auch Besucher ohne Internationalen Jugendherbergsausweis auf, doch sollte man sich darauf nicht verlassen. Die Adressen der Herbergen finden Sie im Reiseteil bei den jeweiligen Orten.

Egyptian Youth Hostels Association, 1 Sh. el-Ibrahimy, Garden City, Kairo, ✆ 02-2794 0527, www.egyptyha.com.

Camping

Ägypten ist bisher auf Campingreisende nur unzureichend eingerichtet. Die Campingplätze lassen sich an einer Hand abzählen, hier und da räumen einfache Hotels Campern und Wohnmobilfahrern einen Platz im Garten ein – die Adressen finden Sie im Reiseteil. In der Wüste erregen Camper gelegentlich den Argwohn der Militärs. An den Küsten ist Zelten aus Sorge vor Schmugglern offiziell verboten.

Brunch mit Meeresrauschen

Essen und Trinken – zwischen Garküche und Luxusrestaurant

In ihrer langen Geschichte wurde die ägyptische Küche von libanesischer, türkischer, griechischer und französischer Kochkunst beeinflusst. Weil Fleisch für die breite Masse noch immer ein Luxus ist, stehen vegetarische Gerichte hoch im Kurs.

Die Hauptstadt Kairo ist auch ein gutes kulinarisches Reiseziel – in der Provinz dagegen fehlt die zahlungskräftige einheimische Kundschaft, ohne die gute Restaurants nicht gedeihen können. Die meisten Urlauber buchen Halbpension oder gar All inclusive, essen somit in ihrem Hotel und geben dabei auch der Hotelgastronomie wenig Anreiz zu herausragenden Leistungen: Zum einen schätzt der Gast das, was er bereits kennt, und zum andern hat er ja sowieso bereits bezahlt. Die Hotels und Nilschiffe tischen zum abendlichen Dinner gewöhnlich ein Buffet auf, das sich selbst beim „Orientalischen Abend" bemüht, den europäischen Durchschnittsgeschmack nicht allzu sehr mit ägyptischen Spezialitäten und Gewürzen zu strapazieren.

Lokale

Restaurants: Wer ägyptisch essen will, sollte ein À-la-carte-Restaurant in den Luxushotels oder eines der nicht hotelgebundenen Restaurants (Hauptgerichte ab 20 LE) besuchen, die bei den Orten im Reiseteil jeweils empfohlen werden. In den einfachen Lokalen sind Speisekarten ein Zugeständnis an die Gewohnheiten der Ausländer und deshalb meist auch auf Englisch oder sogar Deutsch abgefasst. Nicht alles, was gelistet wird, ist auch tatsächlich jeden Tag vorrätig. Einheimische, die oft nicht lesen können, fragen den Wirt, was die Küche gerade Gutes anzubieten hat. Gegessen wird mittags zwischen 13 und 16 Uhr, am Abend ab 19 Uhr oder später. Auf die Rechnung addiert der Maître noch Service und Steuern, dazu erwartet er vom Gast ein Trinkgeld. Nur die gehobenen Restaurants schenken auch alkoholische Getränke aus.

Fastfood und Garküchen: Natürlich sind auch die internationalen Burger- und Chicken-Ketten in Ägypten vertreten. Die weniger betuchten Einheimischen begnügen sich mit Imbissständen oder einfachen gekachelten Schnellrestaurants, deren Speisen für wenig Geld viele Kalorien enthalten und deren Ambiente nicht dazu einlädt, länger als zur Nahrungsaufnahme nötig dort zu verweilen. Immerhin werden die Gerichte frisch zubereitet und sind für unsereinen fast umsonst.

Kaffeehäuser: Das Stammcafé, Mittelpunkt der ägyptischen Männerwelt, liegt gerade so weit von der Wohnung entfernt, dass der Bub dem Papa nötigenfalls eine Nachricht bringen kann. Hier verbringt man(n) den größten Teil seiner Freizeit, trifft einander, tratscht, schaut, spielt Backgammon *(taula)*, trinkt Schwarztee mit Minze *(schai bi nanaa)* oder einen Mokka *(ahwa)* und schmaucht die Wasserpfeife *(schischa)*. Das Café, so argumentieren die Ägypter, bietet gegenüber der Wohnung vor allem zwei Vorteile: Man kann Freunde empfangen, ohne dass diese die häusliche Armut sehen, und man ist unter sich, sprich: ohne die Frauen. Dass Touristinnen in diese Männerdomäne eindringen, wird toleriert, wenn nicht sogar goutiert. Eine Ägypterin würde ein volkstümliches Kaffeehaus allerdings nie besuchen – es schickt sich nicht.

Grundnahrungsmittel: Brot, Tee und Fast Food?

„Bemerkenswert ist die Zahl der Kaffeehäuser ... Man begegnet ihnen auf Schritt und Tritt und die Menschen treffen sich dort. Fromme und solche, die des Gebetes wegen früh aufstehen, gehen dorthin, trinken eine Tasse Kaffee und beleben so ihr Leben. Diese Belebung stärkt sie für die religiösen Pflichten und das Gotteslob. Aus diesem Gesichtspunkt sind die Kaffeehäuser zu empfehlen und lobenswert."

Der Chronist Mustafa Ali im 16. Jh.

Die ägyptische Küche

An fahrbaren Imbissständen beginnen die Ägypter auf dem Weg zur Arbeit ihren Tag mit dem Nationalgericht Foul Medames, dazu gibt es Salat und vielleicht in heißem Fett gebackenes Bohnenpüree *(ta'amiya)*; anschließend, wenn die Zeit noch reicht, ein Glas Tee.

Dicke Bohnen

Foul, das „Fleisch des kleinen Mannes", ist das mit Abstand wichtigste Gericht. Ägypter, die es ins Ausland verschlagen hat, zeigen nach einigen Tagen regelrechte Entzugserscheinungen: für einen Teller Foul würden sie noch so raffinierte Köstlichkeiten stehen lassen. Die Grundbestandteile Saubohnen, Linsen und Wasser, manchmal mit Karotten, Tomaten und klein gehackten Zwiebeln angereichert, werden über Nacht in einem geschlossenen Gefäß auf kleiner Flamme geköchelt. Früher brachte man die birnenförmigen Kochtöpfe ins nächste Badehaus und nutzte die nächtliche Glut des Ofens. Das eigentliche Geheimnis jedes Foulverkäufers ist die Mischung aus Öl, Zitronensaft, Salz, Kümmel und anderen Gewürzen, die erst unmittelbar vor dem Servieren hinzugegeben wird und dem Gericht seine individuelle Note verleiht.

Andere Imbissstände haben sich auf in schwimmendem Fett gebackene Schmankerln spezialisiert. Neben Pommes und Auberginenschnipseln verkaufen sie in der Hauptsache **Ta'amiya**. Die ägyptische Ta'amiya wird gewöhnlich aus Bohnen hergestellt, während in Syrien und Palästina für die äußerlich kaum vom Ta'amiya unterscheidbaren Bratlinge *(felafel)* Kichererbsen verwendet werden. Die über Nacht eingeweichten Bohnen püriert man mit etwas Lauch, Zwiebeln und reichlich Knoblauch, würzt mit Dill, Koriander, Petersilie, Cayennepfeffer, Kümmel, Salz und etwas Backsoda. Nachdem die Masse eine Stunde lang gezogen hat, werden kurze, etwa 2 cm dicke Würstchen geformt, mit Sesam paniert und im schwimmenden Fett ausgebacken.

Zu den Bohnengerichten wird, besonders in der heißen Jahreszeit, gerne **Turschi** bestellt, sauer eingelegtes Mischgemüse. Manchmal sind gar Limonen samt Schale darunter, die zu verzehren nicht jedermanns Sache ist. Wem dies zu ägyptisch ist, der findet an größeren Frühstücksständen auch **Sandwiches** mit Ei, Käse, Rindswurst und dergleichen mehr.

Was dem Ägypter am Morgen sein Foul, ist ihm im Lauf des Tages sein **Kuschari**, eine Mischung aus Reis, Nudeln, Linsen, gebratenen Zwiebeln und manchmal Kichererbsen. Für umgerechnet keine 25 Cent wird *doublo* serviert, nämlich die doppelte Portion. Falsch zu bestellen ist praktisch unmöglich: In einem Kuschari-Lokal gibt es ausschließlich Kuschari, nur als Dessert steht vielleicht noch ein Reispudding im Kühlschrank. Mit der scharfen Soße, die in Flaschen auf dem Tisch steht, sollte man sparsam umgehen. Nur ein paar Tropfen, und Ihr Gaumen fühlt sich an wie nach dem Kuss eines Feuer speienden Drachen.

Nicht fehlen dürfen auf dem „Tisch der Armen" Frühlingszwiebeln, Tomaten, **Moluchia** (fein gewiegte Blätter einer spinatähnlichen Pflanze, die in Hühner- oder Kaninchenbrühe gekocht werden) und als allgegenwärtige Beilage das Fladenbrot.

Ägyptens Fleischtöpfe

Richtiges Fleisch *(lachma)* war und ist auf dem Speisezettel der einfachen Leute etwas Besonderes – und für die Reichen ein Mittel zu demonstrieren, dass man eben

96 Essen und Trinken

Geld hat. So ist in der Tradition der ägyptischen Gastronomie das Fleischlokal streng getrennt von jenen ordinären Stätten, die sich mit dem Garen von Saubohnen abmühen. In einem guten Kebab-Haus bestellt man nach Gewicht, für den durchschnittlichen Esser reicht ein halbes Pfund. So preiswert uns ein einfaches Fleischgericht erscheinen mag, ein ägyptischer Durchschnittsbeamter muss dafür ein Zehntel seines Monatsgehalts auf den Tisch legen. Neben gegrillten Fleischstückchen, **Kebab**, und Hackfleisch vom Spieß, **Kufta** – beide aus Lamm- und Hammelfleisch hergestellt – gibt es oft auch Tauben und, seltener, Wachteln. **Schwarma**, das bei uns als Gyros bekannt gewordene Schabefleisch vom Drehspieß, wird an Imbissständen verkauft. Rindfleisch findet man nur in gehobenen Restaurants mit internationaler Speisekarte, Kamelfleisch wird nur im Haushalt verwendet. Selbst Muslime mit westlichem Lebensstil meiden Fleisch vom Schwein, das als unreines Tier tabu ist.

> ### Zu viel des Guten
> Hunger und Unterernährung sind kein ernstes Problem am Nil. Im Gegenteil: Die meisten Ägypter sind zu fett. Zu wenig Eiweiß und zu viele Kalorien als Ergebnis übermäßigen Brot- und Zuckergenusses bereiten den Medizinern Sorge. Mit 30 kg Zucker pro Kopf und Jahr sind die Ägypter Afrikameister im Zuckerverbrauch – und stehen auch in der internationalen Hitliste der Diabetes-Häufigkeit an vorderer Stelle. Eine andere Mangelkrankheit ist Anämie (infolge Eisenmangels). Dick ist insbesondere bei den Frauen in. Der Softdrink-Riese Coca-Cola hatte große Mühe, *Cola-Light* auf dem ägyptischen Markt einzuführen. Es fehle an Kalorienbewusstsein!

Umso beliebter sind Hühnchen, **Firach**. Neben dem bei McDonalds, Kentucky Fried Chicken und Andrea's (dem ägyptischen „Wienerwald") wie wohl überall auf der Welt zubereiteten Grillhuhn am Spieß *(firach maschwiya)* gibt es auch raffiniertere Varianten: etwa gebraten mit Oliven *(firach bil zeytoun)* oder in Jogurt gekocht *(firckh matboucha bil zabadi)* und mit frischer Minze serviert.

Auch der Fisch, **Samak**, wird in den Restaurantküchen überwiegend gegrillt *(maswil)*, manchmal aber auch als Ragout *(tagen)* zubereitet. Aus einheimischen Gewässern werden Brassen, Tintenfische, Krabben und sogar Hummer gefischt. Eine Spezialität der Mittelmeerküste ist **Fenikh**, ein kleiner, stark gesalzener Fisch, der übel riecht und roh gegessen dennoch als Delikatesse gilt.

Kulinarisches Multikulti

Einige Zutaten wie Zwiebeln, Knoblauch, Bohnen und Linsen, Okraschoten, Moluchia und **Batarekh** (Fischrogen) standen schon auf dem Speiseplan der Pharaonen. Wandmalereien in den Tempeln und Gräbern zeigen mit Opferspeisen überreich gedeckte Tische. Andere Gerichte brachten die fremden Eroberer aus ihrer Heimat mit. Am deutlichsten ist der türkische Einfluss in der ägyptischen Küche zu spüren. Die Soldaten Selims des Grausamen sollen mit ihrer Vorliebe für **Burghul** (türkisch *bulgur*, eine Weizenzubereitung), **Baklava** (süße Blätterteigschnitten), **Kunefa** (türkisch *künefer*, eine süße, käsehaltige Teigspeise), **Schischkebab** (Grillspieß), gefüllte Paprika, Auberginen und Weinblätter die Küche am Nil bereichert haben. Auch **Mousaka**, zwischen Türken und Griechen Gegenstand heftigen Streits über das Urheberrecht, kam durch die Türken nach Ägypten.

Aus Marokko kam der Couscous, und aus Syrien und dem Libanon stammen viele der **Mezedes** (kalte Vorspeisen). Bei einem üppigen Mahl mit zahlreichen Gästen werden gleichzeitig oder nacheinander 20 bis 30 Platten mit verschiedenen kalten Vorspeisen serviert, unter denen auch der kritischste Esser etwas seinem Geschmack Entsprechendes findet: Salate mit Dips und Soßen, Gemüse, Fleisch- und Fischspezialitäten, Käse. Unklar ist die Herkunft der **Tahina**, einer sämigen Soße aus Olivenöl und gemahlenem Sesam, gewürzt mit Zitrone, Pfeffer, Salz und Kümmel. Gelegentlich kommt sie auch als **Hummus** (aus Kichererbsen) oder **Babaghanusch** (aus pürierten Auberginen) auf den Tisch. Kenner löffeln diese sämigen Soßen mit der Tasche des Fladenbrots.

Zum Abschluss jedes Gastmahls kommen die Süßspeisen auf den Tisch – je süßer, desto besser. Zucker steht für Fest, Freude und Wohlbefinden. Wer es gut mit seinem Gast meint, gibt ihm noch ein Würfelchen Zucker extra in den Tee, wer Kindern Zuneigung beweisen will, schenkt ihnen Bonbons. So schwimmen manche Teigwaren mit gehackten Nüssen, Pistazien und Mandeln in dickem Zuckersirup oder sind reichlich mit Honig übergossen. Wer es maßvoller wünscht, kann sich an **Milhalabiya** (Reispudding) und Crème Caramel gütlich halten.

Vorspeisen für jeden Geschmack

Getränke

Tee & Kaffee: Ägyptens Nationalgetränk Tee *(schai)* wird traditionell durch Aufkochen der Teeblätter zubereitet. Teebeutel gelten jedoch als modern und schick. Im Winter wärmt ein mit Milch, Zimt und Nüssen angesetzter Gewürztee *(sahleb)*, in der warmen Jahreszeit trinken die Ägypter gern Schwarztee mit Minze *(schai bi naana)*. Auch Kräutertee *(helwa)*, Fencheltee *(yassun)* und Hibiskustee *(karkade)* sind in jedem Kaffeehaus zu bekommen. Kaffee wird als türkischer Mokka *(ahwa turki)* und je nach Wunsch des Gastes ohne Zucker *(saada)*, mit Zucker *(masbut)* oder extrem süß *(siyaada)* gekocht.

Fruchtsäfte & Wasser: Straßenstände bieten frisch gepresste Fruchtsäfte aus dem Obst der Saison wie Orange *(burtu'an)*, Mango *(manga)*, Erdbeere *(farawla)* und Granatapfel *(asiir rumi)* an, dazu Bananenmilch *(mus bi laban)* und Zuckerrohrsaft *(aasab)*. Zu den exotischeren Drinks zählen Dattellimonade *(charrub)* und *tamrhindi*, hergestellt aus Tamarindenwurzeln und geschmacklich irgendwo zwischen Lakritze und schwarzem Johannisbeersaft angesiedelt.

98 Essen und Trinken

Leitungswasser *(maya baladi)* ist entweder hochgradig gechlort und damit von unangenehmem Geschmack oder weniger gechlort und somit hygienisch nicht unbedenklich, auch wenn die meisten Einheimischen ihr Leben lang nur dieses Wasser trinken. Der Urlauber greift besser auf Mineralwasser *(maya maadaniya)* in Flaschen zurück. *Baraka* ist am meisten verbreitet, während der Kauf einer Flasche *Safi* Geld in die Kasse der ägyptischen Streitkräfte bringt, die mit zahlreichen Firmen und Beteiligungen einen Teil der Kosten für die Landesverteidigung selbst erwirtschaften.

Bier: Während sich die Ägyptologen ausführlich mit der Braukunst der Pharaonenzeit beschäftigten, harrt die Geschichte der neuzeitlichen Bierbrauerei Ägyptens noch der Bearbeitung durch trinkfreudige Historiker. Soweit bekannt, begann die Brauerei Crown 1897 in Alexandria mit der Produktion eines *Stout*, dem bald ein *Pilsener* folgte. In den Zwanzigern tauchte erstmals der Markenname *Stella* auf, und 1958 brachte die inzwischen nach den neuen Besitzern *Bomonti* genannte Brauerei ein *Munchner Beer* auf den Markt, das später gar zum *Bier* und 1973 zum *Bayrish Beer* mutierte. Pilsener, Munchner

Teepause in der Wüste

und Bayrish gingen ebenso sang- und klanglos unter wie die Bomontis, doch Stella blieb. Der blaue Stern im gelben Oval ziert seit 80 Jahren das Etikett von Ägyptens beliebtester Biermarke, ein weiteres Markenzeichen sind die grünen Pfandflaschen in unverwechselbarer Gestalt. Gebraut wird es inzwischen von der zur Heineken-Holding gehörenden *Al-Ahram Beverage Company*. Neben dem klassischen Stella gibt es ein *Heineken* in kleineren Einwegflaschen, das süffige *Sakara* und ein Premium namens *Meister*. Auch die Frommen müssen auf ihr Bier nicht verzichten: sie greifen zum alkoholfreien *Birrel*.

Aus den Sudhäusern des Ferienorts el-Gouna am Roten Meer kommen, unter Aufsicht eines deutschen Braumeisters nach dem deutschen Reinheitsgebot gebraut, das leichte *Luxor*, Ägyptens erstes Weizenbier, sowie das Schwarzbier *Luxor Nuba*. Mit ihnen will ein internationales Konsortium das bisherige Beinahe-Monopol der *Al-Ahram Beverage Company* brechen.

Hochprozentiges. Importierte Alkoholika sind in Ägypten unverschämt teuer – der Staat belastet sie mit einem Steuersatz von 3000 (in Worten: dreitausend) Prozent. Umso lieber werden sie in den Hotelbars ausgeschenkt. Die einheimischen Alkoholika sind zwar nicht von Weltklasse, für einen Longdrink oder gar einen Rausch aber gut genug. Beim ägyptischen Brandy hat man die Auswahl zwischen

Getränke

Maa'tak (beste Qualität), *Ahmar* (der billigste) und *Vin* (der beliebteste). Die Etiketten von Gin und Whiskey sind Weltmarken nachempfunden und erst auf den zweiten, noch nüchternen Blick von ihren Vorbildern zu unterscheiden. Notorische Trinker halten sich vor allem an *Zibib*, den ägyptischen Ouzo.

Wein aus der Wüste

Ein Vorzug Ägyptens, den zu loben man allerdings etwas vorsichtig sein sollte, sind seine guten Weine. Nicht, dass Ägypter stets nur *meschrubat* (wörtlich „das Erlaubte", nämlich Alkoholfreies) trinken würden. Wie die gut besuchten Geschäfte des staatlichen Alkohol-Monopols vermuten lassen, wird sogar ziemlich gesoffen – nur eben zu Hause; öffentlich zeigen will sein sündiges Laster kaum ein Moslem.

Vielleicht liegt die Neigung zum Alkohol einfach im „pharaonischen Blut". Bier, so wissen die Ägyptologen, war das wichtigste Getränk im alten Ägypten. Und in den Wandgemälden der alten Gräber kredenzen spärlich bekleidete Dienerinnen den Verstorbenen Kelche mit Wein, sind Szenen von der Weinlese und der Arbeit an den Torkeln dargestellt. Im Grab des Tutenchamun fand Howard Carter drei Dutzend Weinkrüge, deren Aufschriften Jahrgang und Winzer nennen.

An die altägyptische Weintradition knüpfte Ende des 19. Jh. der Grieche Nestor Gianaclis an. In der Mariotis, der heutigen Tahrir-Provinz, wo schon die Römer ihren *Vinum Mariticum* gezogen hatten, kaufte er Land und pflanzte aus Griechenland, Frankreich und Italien eingeführte Reben an. Das in der kargen Landschaft nötige Wasser brachte ein Stichkanal vom Nil.

Gianaclis wurde zum Markenzeichen des ägyptischen Weinbaus. Die Spitzenabfüllungen durften auf keiner Gala des Hofes und der besseren Gesellschaft fehlen. Die 70 km² große Plantage eines der größten zusammenhängenden Weinbaugebiete der Welt beschäftigte fast 2000 Arbeiter, nicht gezählt die vielen Beduinen, die sich nur in der Erntezeit verdingten. Nasser nationalisierte den Betrieb und vereinigte ihn mit verschiedenen Schnapsbrennereien zur *Egyptian Vineyards and Distilleries Company*. Mit vielen anderen griechischen Geschäftsleuten mussten auch Gianaclis Erben das Land verlassen. Nur Kellermeister Alexander Kondilios blieb bis in die 1980er-Jahre als Garant der guten Weine im Amt. Nach seiner Pensionierung ging es mit der Qualität jedoch drastisch bergab.

Nunmehr erneut privatisiert und im Besitz der *Al-Ahram Beverage Company (ABC)*, nimmt das Weingut einen neuen Anlauf in Sachen Qualität und Marketing. Französische Berater sollen das Risiko ausschließen, statt des erhofften Weines eine Flasche Essig zu öffnen. Ob die neuen Eigner den Absatz von *Obelisque* und *Grand Marquis*, von *Omar Khayyam* (rot), *Rubis* (rosé), *Cru de Ptolémées* oder *Gianaclis* (beide weiß) über die bisherige Jahresproduktion von etwa 150.000 Hektolitern steigern können, bleibt abzuwarten. Bei einem Ladenpreis von 60 LE für die 0,7-Liter-Flasche, 75 % davon gehen als Steuer an den Staat, bleibt Wein für die Ägypter ein Luxusgut. Einem Export in die arabischen Länder steht der wiedererstarkte Islam entgegen, und die Ausfuhr in die EU verhindert die Brüsseler Lobby der europäischen Winzer.

Platzhalter am Badestrand

Wissenswertes von A bis Z

Alkohol

Nach dem Koran ist Muslimen der Genuss von Alkohol verboten. Natürlich hält sich nicht jeder daran. Der muslimische Dichter Omar Khayyam beispielsweise fragte sich zeitlebens, wie das Paradies denn ein Paradies sein könne, wenn es dort zwar Frauen, aber keinen Wein gebe; der Kummer darüber trieb ihn in manchen Suff. Schon allein wegen der koptischen Minderheit war Alkohol in Ägypten immer frei erhältlich. Für den Hausgebrauch wird er, hoch besteuert, in speziellen Läden verkauft, alle Touristenhotels und die besseren Restaurants haben eine Lizenz zum Alkoholausschank. Mit Rücksicht auf die religiösen Gefühle sollten Sie jedoch nicht auf der Straße bzw. in aller Öffentlichkeit trinken.

Anmache

Als allein reisende Frau(en) werden Sie grundsätzlich männlichen Annäherungsversuchen ausgesetzt sein; ob Sie deshalb auf eine Reise nach Ägypten verzichten sollten, ist Ermessenssache. Die Belästigungen sind im Grunde nicht ärger als in jeder heimischen Diskothek, sie folgen nur anderen Mustern, mit denen umzugehen Sie weniger gewohnt sind und die deshalb zu bedrohlichen Situationen führen können. Wichtigster Schutz: Ihr Selbstbewusstsein. Sie, nicht der Mann, kontrollieren Situation und Kommunikation; seien Sie weder arrogant noch kokett, aber zeigen Sie, dass Sie wissen, was Sie wollen und was nicht. Zweite Regel: Lassen Sie sich nicht einseifen und gehen Sie immer davon aus, dass kein, aber auch gar kein arabischer Mann Sie als geschlechtliches Neutrum betrachten wird – egal, ob

Sie sich noch so verhüllt oder unattraktiv gemacht haben. Für ihn bleiben Sie letztlich immer eine begehrenswerte Frau. Ob er Sie damit offen konfrontieren wird oder nicht, bleibt seinem Taktgefühl und Ihrer Steuerung der Kommunikation überlassen.

Grabscher und Tatscher

„Ich würde gern in Frieden leben, aber ich kann nicht einen Schritt auf unsere Straßen setzen, ohne mir unflätige und schmutzige Sprüche anhören zu müssen und dauernd angestarrt zu werden. Im 21. Jahrhundert fällt unser Land in puncto Angst, Engstirnigkeit und Ignoranz ins Mittelalter zurück", beklagt sich die 25-jährige Nadia aus Kairos Mittelschichtviertel Zamalek. Wie alle Ägypterinnen hat sie von klein auf gelernt, auf der Straße jeden Blickkontakt mit Männern zu vermeiden und stattdessen auf den Boden oder in den Himmel zu schauen, um entgegenkommende Männer einen großen Bogen zu machen, verbale Attacken zu ignorieren. Doch es bleibt nicht bei Blicken und Worten. In der Menschenmenge, die sich in Ägypten kaum umgehen lässt, werden Männer jeden Alters zu Grabschern und Tatschern, greifen Passantinnen von hinten zwischen die Beine oder pressen ihnen die Brust. Buben, Kinder noch, lernen solche Unsitten von Älteren und imitieren sie. Eine Studentin fährt nicht mehr mit dem Minibus, seit neben ihr ein Mann onanierte, einer Journalistin geschah Gleiches mit einem Taxifahrer – sie benutzt notgedrungen weiter Taxis.

Nach Meinung der Soziologin Saneya Saleh liegt die Schuld bei den Opfern: „Eine Frau, die auf sich hält, wird nicht belästigt." Denn, so darf man hinzufügen, die Frau, die auf sich hält, bewegt sich nur mit dem eigenen Wagen und nie zu Fuß oder in öffentlichen Verkehrsmitteln. Wenn sie es sich leisten kann. Auch für General Mohamed Sami Ismail, den Chef der Sittenpolizei, die jedes Jahr etwa 15.000 Männer wegen unzüchtigen Verhaltens festnimmt, sind die Ursachen klar: spätes Heiratsalter der Männer, Pornos, Sat-TV und schließlich die Frauen selbst, die sich schminken, körperbetont anziehen und aufreizend bewegen. Nadia pflichtet ihm teilweise bei: „Verschleierte Frauen haben inzwischen so überhand genommen und die Männer sich so an diesen Anblick gewöhnt, dass sie ausflippen, wenn ihnen dann doch einmal eine schicke und attraktive Frau auf der Straße begegnet." Doch auch der Schleier oder fortgeschrittenes Alter schützen nur mehr bedingt vor männlichen Übergriffen, die heute weit zahlreicher sind als noch vor einer Generation, da sich kaum eine Frau verschleierte. Ob die Empfehlung eines untergeordneten Beamten der Zensurbehörde, man müsse nur endlich Softpornos in die Kinos lassen, um das Thema Sexualität zu entkrampfen und den jungen Burschen ein Ventil zu schaffen, diese im realen Alltag zu mehr Zurückhaltung und Respekt veranlassen würde, sei dahingestellt.

Derzeit bleibt Frauen nichts anderes übrig, als mit dem Risiko zu leben und sich gegen Handgreiflichkeiten heftig und lautstark zu wehren.

Und damit wären wir bei den größten Gefahren: Ihrer Neugierde und Ihrem Vertrauen. Arabische Männer sind ungeheuer nett und so ganz anders, als Sie es von zu Hause gewöhnt sind. Dies mag dazu verführen, neugierig und arglos die Dinge sich einfach zu entwickeln zu lassen, wie sie eben kommen. Dann aber entwickeln sie sich immer eindeutig. Und wenn Sie das nicht wollen, lassen Sie Ihrer Neugierde lieber keinen freien Lauf und seien Sie grundsätzlich misstrauisch und reserviert.

Nochmals zur Kleidung: In einem derart verhüllten Land wie Ägypten, wo Frauen selbst das Meer gänzlich bekleidet betreten, zieht jeder Zentimeter nackte Haut Blicke auf sich. Wenn Frauen sich belästigt fühlen, sollen sie sich doch verschleiern, argumentieren die religiösen Fundamentalisten und finden dabei Zeitgeist und Staat auf ihrer Seite. Genau auf diese Weise werden jedoch die beiden Kategorien der (verschleierten) unantastbaren islamischen Schwester und der (unverschleierten) Hure, die es ja nicht anders will, geschaffen und jene Ägypterinnen unter Druck gesetzt, die sich der Verhüllung nicht unterwerfen wollen. Im Sinne Ihrer ägyptischen Geschlechtsgenossinnen wünschenswerter als eine Überanpassung in den Kleidungsnormen scheint es mir deshalb, wenn Sie im Umgang mit einheimischen Männern deutlich machen, dass westlich Gekleidete keineswegs Freiwild, sondern zu respektieren sind.

> **Lesetipp**: Christine Pollok, *KulturSchock Islam*, Bielefeld (Rump). Ein Sachbuch zur Problematik von Touristinnen in islamischen Ländern.

Bakschisch

Selbst ein Rucksackreisender ist nach den Maßstäben des Durchschnittsägypters unermesslich reich. Und so wird von Ausländern für jede noch so kleine Dienstleistung ein Trinkgeld erwartet. Bereits am Flughafen werden sich ungerufene Kofferträger um Ihr Gepäck balgen – nicht aus Freundlichkeit, sondern um ein *Bakschisch* zu verdienen. Geradezu unverschämt zeigen sich viele Taxifahrer. Da hier bereits ein saftiger Ausländerzuschlag im regulären Fahrpreis enthalten ist, wäre ein zusätzliches Bakschisch nicht angemessen.

Neben dem Bakschisch als Trinkgeld kennt man die **Gefälligkeit**: etwa für einen Wächter, der Sie außerhalb der regulären Zeiten durch eine archäologische Stätte führt, oder für einen Beamten, der eine Ausnahme von Regeln macht, die vielleicht nur deshalb geschaffen wurden, um für ihre Umgehung etwas kassieren zu können. Von regelrechten Bestechungsversuchen sollten Sie dagegen absehen. Nicht, dass es in Ägypten keine Bestechung gäbe, im Gegenteil. Doch als Fremder kennen Sie weder die komplizierten Regeln noch die Preise und könnten sich schnell die Finger verbrennen.

> „Und wenn einer stocktaub wäre: Dies *Bakschiesch* hört er in Ägyptenland durch, und wenn er kein arabisches Wort weiter aussprechen und behalten lernte; diese Parole der ägyptischen Proletarier und der Eselsburschen, dies *Bakschiesch* bekommt er vom ersten Augenblick fort. So tönt ihm von einem Ende Ägyptens bis zum andern, und über das Meer bis nach Haus; von Alexandria bis zu den Katarakten, und wahrscheinlich bis zu dem Orte, wo noch irgend ein Reisender hingekommen ist, und die Geldgier dieser armseligen, nackten Menschen gereizt hat. Dieses *Bakschiesch* also zeigt demjenigen, welcher die Nilquellen verfolgt, wie weit seine Vorgänger vorgedrungen sind."
>
> *Bogumil Golz, 1853*

Schließlich gibt es noch die **Gabe an den Bettler**. Betteln gilt als ehrenrührig – wer es dennoch tut, zumal als Frau, hat's wirklich nötig, und viele Bettler am Straßenrand verkaufen anstandshalber Streichhölzer, Papiertaschentücher oder andere Kleinigkeiten. Selbst arme Ägypter geben Bettlern ein paar Münzen – tun Sie's auch. Bettelnde **Kinder** sollten Sie jedoch ignorieren. Sie gehen, teils Sport, teils Spiel, ausschließlich Ausländer um Kaugummis, Kugelschreiber und Geld an, und jeder Erfolg ermuntert zu fortschreitender Aufdringlichkeit. Auch die Einheimischen sehen es nicht gerne, wenn sich ihre Kinder ans Betteln gewöhnen.

Trinkgelder: Liftboy und Toilettenmann (wenn der Zustand des WC ein Trinkgeld rechtfertigt) 1 LE; Gepäckträger pro Gepäckstück 1 LE; Kellner 5–10 % der Rechnung; Zimmermädchen 2 LE pro Tag (übergeben Sie es persönlich, ansonsten nimmt es der Minibar-Service oder jemand anderes an sich). Busfahrer einer Reisegruppe 4–5 LE am Tag. Einheimische Reiseleiter erwarten gar 10–20 LE pro Tag und Gast. Empfehlung: Bleiben Sie deutlich darunter und geben Sie Ihr Geld besser anderen, die Reiseleiter verdienen genug. Soldaten an einsamen Checkpoints oder Wachposten freuen sich über Zigaretten, etwas zu essen, ja manchmal sogar über Trinkwasser.

Ausländische Münzen: Wer häufig mit Ausländern zu tun hat, wird seine gesammelten ausländischen Münzen irgendwann bei anderen Touristen in Scheine umwechseln. Für einen Bettler sind fremde Münzen dagegen wertlos wie ein Hosenknopf.

Behinderte

Behinderungen sind in Ägypten sehr viel häufiger als in Mitteleuropa. Wo das Geld für den Arzt und die richtigen Medikamente fehlt, mündet manche an sich heilbare Krankheit in bleibende Schäden. Taubstumme (mit denen Sie im Kaffeehaus besser kommunizieren können als mit arabischsprachigen Gästen), Blinde, Verkrüppelte gehören zum Alltag, sind „Gottes Wille" und erregen keine weitere Aufmerksamkeit. Der hilfsbereiten Bevölkerung steht ein Defizit an Hilfsmitteln und behindertengerechter Infrastruktur gegenüber. Rampen, rollstuhlgerechte Toiletten und Hotelzimmer sind die absolute Ausnahme. Dass Behinderte jüngst von den Tauchschulen als neue Zielgruppe entdeckt wurden, lässt allerdings hoffen. Spezialveranstalter für Tauchreisen unterbreiten auf Anfrage entsprechende Angebote.

Information: Tipps, Beschreibungen behindertengerechter Hotels und Veranstalteradressen bietet der Ratgeber *Handicapped Reisen Ausland*, erschienen im FMG-Verlag, www.fmg-verlag.de.

Spezialanbieter sind z. B. Rolls Reisen, Friesenstr. 27, D-10965 Berlin, ✆ 030-69409700, www.rollsreisen.com.

Grabo Tours, Rennweiler Str. 5, 66903 Ohmbach, ✆ 06386-7744, www.grabotours.de.

In Ägypten hat sich Scherif el-Hendi mit seinem Reisebüro Egypt For All (www.egypt forall.net) auf die Bedürfnisse behinderter Urlauber spezialisiert.

Diplomatische Vertretungen

Bei Verlust des Reisepasses erteilt die Botschaft ein Legitimationspapier, das zur Ausreise berechtigt. Auch bei vermissten Angehörigen, Naturkatastrophen, Verhaftungen sowie bei Todesfällen und Beerdigungen wird Unterstützung gewährt. Alle Botschaften haben ihren Sitz in Kairo.

Deutsche Vertretung: 2 Sh. Berlin, Kairo-Zamalek, ✆ 02-2728 2000, ✆ 2728 2159, www.kairo-diplo.de.

Österreichische Vertretung: 5 Sh. Wissa Wassef Ecke Sh. el-Nil, Kairo-Giza, ✆ 02-3570 2975, ✆ 3570 2979, www.austriaegypt.org.

Schweizer Vertretung: 10, Sh. Abdel Khaleq Sarwat, Kairo, ✆ 02-2575 8284, ✆ 2574 5236.

Wenn Sie nur lang genug hinschauen, …

Einkaufen/Souvenirs

Generell ist das Preisniveau in den Ferienorten höher als in Kairo. Seien Sie besonders vorsichtig, wenn ein Schlepper oder Reiseleiter Sie zu einem Geschäft bringt. Er bekommt eine kräftige Kommission, die Sie selbstverständlich mitbezahlen. Die gängigen Mitbringsel drängen sich dem Ausländer auch ohne Vermittler auf: Straßenverkäufer halten ihm bemalte Papyri und Alabastervasen unter die Nase, freundliche Gelegenheitsbekanntschaften arbeiten „rein zufällig" in einer „Parfümfabrik" oder einem Lederwarengeschäft. Eine Kette mit Goldkartusche erhebt jeden Fremden zum Pharao – die Juweliere kleben den persönlichen Namen in goldenen Hieroglyphen auf den Rohling. Gut dran ist, wer einen kurzen Namen hat, denn andernfalls gerät das Schmuckstück unförmig lang. Beliebt sind gravierte Tabletts oder Stoffapplikationen in grellen Farben. Auch die von Kindern in den als „Schulen" verbrämten Manufakturen gefertigten Bildteppiche sind typisch ägyptische Souvenirs. Als bislang letzter Schrei werden Henna-Tattoos auf die Haut angeboten.

Für das **Feilschen** können keine festen Regeln aufgestellt werden – es muss das Fingerspitzengefühl entscheiden. Falsch wäre es, immer zu feilschen, genauso falsch, jeden geforderten Preis zu zahlen. Die meisten Dinge des täglichen Bedarfs haben ihren Festpreis, den man allerdings, wenn die Ware nicht ausgezeichnet ist, kennen muss. Und je öfter der Verkäufer schon erfahren hat, dass Fremde die Preise nicht kennen, desto eher ist er versucht, seine Kunden zu übervorteilen. Preisvergleiche sind also angebracht.

Dieses Gebot gilt umso mehr bei touristischen Artikeln bzw. in Touristengeschäften. Hier wäre es ein sträflicher Fehler, sog. Festpreise zu akzeptieren, auch wenn die Ware ausgezeichnet ist. Nehmen Sie sich bei wertvolleren Stücken Zeit, trinken Sie mit dem Verkäufer Tee, plaudern Sie über das Wetter und die Familie, lassen Sie grundsätzlich ihn zuerst seine Forderung nennen, und machen Sie dann ein unverschämt niedriges Angebot. Feilschen kann Spaß machen, und ein guter Abschluss ist nur jener, bei dem beide Seiten zufrieden auseinander gehen.

Elektrizität

Die Spannung beträgt 220 Volt. Deutsche Stecker passen nicht immer (bringen Sie einen Universaladapter mit), Glühbirnen haben gelegentlich französische Bajonettfassungen. Erdung ist Luxus, und statt Sicherheit herrscht Gottvertrauen. Vermeiden Sie es, Straßenlampen zu berühren – manchmal stehen die Masten unter Spannung!

… dann fliegt er

Feiertage

• *Unbewegliche Feiertage* **7. Januar**: koptisches Weihnachtsfest
25. April: Tag der Befreiung des Sinai
1. Mai: Tag der Arbeit
18. Juni: Suezkanal-Tag
23. Juli: Tag der Revolution
6. Oktober: Tag der Armee (Oktoberkrieg)
• *Bewegliche Feiertage* Die islamischen Feiertage werden nach dem (islamischen) Mondkalender berechnet und schieben sich jedes Jahr um 11, gelegentlich aber auch 10 oder 12 Tage vor. Die koptischen Feiertage werden nach dem julianischen Kalender berechnet.

Aid el-Fitr (Ende des Fastenmonats): 19. Aug. 2012; 8. Aug. 2013; 28. Juli 2014
Aid el-Adha (Opferfest) 26. Okt. 2012; 15. Okt. 2013; 4. Okt. 2014
Mulid en-Nebi (Geburtstag des Propheten): 24. Jan. 2013; 13. Jan. 2014; 3. Jan. 2015
Islamisches Neujahr: 15. Nov. 2012; 4. Nov. 2013; 25. Okt. 2014
Scham en-Nessim (Frühlingsfest): am Montag nach dem koptischen Osterfest
• *Halboffizielle Feiertage* **1. Januar**: Neujahr
24. Oktober: Tag der Befreiung von Suez
25. Dezember: römisches Weihnachtsfest

Fotografieren

Beim Ablichten von Personen sind Respekt und Zurückhaltung angebracht. Es ist, wie überall auf der Welt, nicht jedermanns Sache, geknipst zu werden, und dieses Recht am eigenen Bild sollte respektiert werden.

Fragen Sie, und das geht auch mit Gesten ganz leicht, Personen deshalb vor einer Ablichtung um ihr Einverständnis. Der eine wird es brüsk verweigern, der andere einwilligen, ein Dritter sich stolz in Pose stellen und Ihnen seine Adresse hinterlassen, damit Sie ihm einen Abzug schicken können. Als Mann sollten Sie keine Frauen fotografieren, und auch die Würde einer religiösen Stätte wird für manchen besonders durch Blitzlichtaufnahmen verletzt. Verboten ist, wie überall, das Ablichten militärischer Einrichtungen, wozu in weiterer Auslegung auch Brücken, Uniformierte und Bahnhöfe gehören. Vorsicht ist bei Bildern angebracht, die das Land und seine Menschen in ein schlechtes Licht rücken könnten.

Gastfreundschaft

Viele unbestimmte Einladungen sind ein Gebot der Höflichkeit, doch keinesfalls ernst gemeint. Peinlich, wenn der unerfahrene Ausländer dann wirklich vor der Türe steht. Eine reelle Einladung wird stets mit fixer Uhrzeit und genauer Adresse bekräftigt. Bei

Verabredungen im Restaurant gilt: Wer das Lokal vorschlägt, der zahlt. Und es wäre höchst unschicklich, einen etwaigen Geschäftspartner schon während des Essens mit dem wahren Anliegen zu behelligen. Das Ernste hat Zeit, zunächst plaudert man über das Wetter, die Familie und preist die Vorzüge des Gastlandes.

Gastfreundschaft hat ihre Wurzeln in den Gesetzen der Wüste. Wer in ein fremdes Zelt oder Haus eingeladen wird, steht unter dem Schutz des Hausherrn, als gehöre er zu dessen Stamm und Familie. Gastfreundschaft ist ein moralischer Imperativ an sich und sollte nicht mit besonderer Wertschätzung einer bestimmten Person verwechselt werden. Der Gast im Haus setzt ein unerbittliches Ritual und eine Kette von teuren Verpflichtungen der Gegen- und Gegen-Gegen-Bewirtungen in Gang. Da wird der Kühlschrank geräumt, das letzte Huhn geschlachtet, die wichtigste Erledigung hintangestellt – der Gast ist König und darf bleiben, so lange es ihm behagt. Vor noch nicht allzu langer Zeit schickten die Beduinenscheichs ihre bewaffneten Söhne los, um den Gastfreund wieder einzufangen, der sich nicht wenigstens drei Tage hatte bewirten lassen.

> **Lesetipp**: Reinhild von Brunn, *Reisegast in Ägypten*, Dormagen (Iwanowski)

Geld

Das Ägyptische Pfund *(gini)* ist in 100 Piaster *(irsch* oder *kurusch)* eingeteilt. Es gibt Noten zu 200 Pfund (LE), zu 100, 50, 20, 10, 5 und 1 LE, zu 50, 25, 10 und 5 Piaster, dazu Münzen zu 100, 50, 25, 10 und 5 Piaster. Nehmen Sie keine beschädigten Noten an – einzig die Zentralbank ersetzt kaputte Geldscheine.

Wechselkurs: Das Pfund (LE) ist eng an den US-Dollar gebunden. Umgerechnet kosten 100 LE rund 12 €, 100 € entsprechen ca. 830 LE (Stand 2011). Tagesaktuelle Umtauschkurse erfahren Sie unter www.oanda.com.

Ganz abgesehen davon, dass Ein- und Ausfuhr von mehr als 5000 LE nicht erlaubt sind, wechseln Sie in Ägypten günstiger als in Europa. **Banken** und private **Wechselstuben** *(forex)* wechseln zu einem nahezu einheitlichen Tageskurs. Von einer unbedeutenden Stempelgebühr abgesehen, sind Kommissionen oder andere Abzüge nicht üblich. Die Wechselbelege sollte man aufheben. Sie müssen eventuell bei der Visaverlängerung oder beim Kauf von Flugtickets vorgelegt werden.

Noch ein Wort zum **Reisebudget**. Ägypten ist eines der billigsten Reiseländer überhaupt. Rucksackreisende mit bescheidenen Ansprüchen können mit 100 € pro Woche über die Runden kommen – in einem guten Hotel kann man diese Summe natürlich an einem Tag durchbringen. Demgegenüber beträgt der **Durchschnittslohn** eines Facharbeiters rund 1000 LE (entspricht 120 €) im Monat, und damit muss er eine ganze Familie ernähren. Wer kann, hat mehrere Jobs: morgens in einer Verwaltung, was ihm Krankenversicherung und im Alter eine Minimalrente garantiert; mittags als Taxifahrer und abends vielleicht noch als Kellner. Jobs im Tourismus sind wegen der Trinkgelder besonders begehrt. Wer es nach Studium und harter Auslese durch Prüfungen zum lizenzierten Reiseleiter gebracht hat, gehört zu den Spitzenverdienern.

• *Öffnungszeiten der Banken*: Su–Do 8.30 14 und 18–21 Uhr (im Winter 17–20 Uhr), teils auch Sa/So 10–12 Uhr. Die Banken an den Flughäfen und Grenzen haben durchgehend geöffnet.

• *Reiseschecks* American Express und Cooks werden von allen Banken akzeptiert, allerdings wird das Geld nur in ägyptischen Pfund ausbezahlt. Die privaten Wechselstuben nehmen gewöhnlich keine Schecks an.

- *Kreditkarten* Sie werden in den größeren Hotels und von Mietwagenfirmen akzeptiert; manche Geschäfte verlangen bei der Bezahlung per Kreditkarte einen Aufschlag von bis zu 5 %.
Verlorene oder gestohlene Kredit- und Bankkarten können Sie in Deutschland unter der Telefonnummer 01805-021021 sperren lassen.
- *Geldautomaten* Die Geldautomaten akzeptieren gewöhnlich Visa- und Mastercard, an den meisten Automaten kann man auch mit Maestro- und Cirrusbankkarten Geld abheben. Sollte ein Automat an touristischen Standorten außerhalb der Bankzeiten einmal nicht funktionieren, hat ihn möglicherweise der Security-Beamte lahm gelegt und verdient sich mit der prompten Ingangsetzung sein Bakschisch. Einfallsreich sind sie, die Ägypter …

Gesundheit

Impfungen: Cholera- und Gelbfieber-Schutzimpfungen werden bei der Einreise aus Europa oder dem Nahen Osten nach Ägypten nicht verlangt. Empfohlen wird die Immunisierung gegen Hepatitis A und B. Vorsichtige Urlauber sollten mit ihrem Hausarzt über Impfungen gegen Typhus sprechen. Auch das gegebenenfalls erforderliche Auffrischen des Schutzes vor Kinderlähmung und Wundstarrkrampf sollte nicht bis nach der Reise aufgeschoben werden. Gegen die in Ägypten relativ häufige Tollwut, die angesichts des schlechten Rettungswesens oft mit dem Tod des Infizierten endet, gibt es bisher keinen hundertprozentigen Impfschutz. Eine vorbeugende Spritze mildert jedoch den Krankheitsverlauf und sichert das Überleben. Malaria-Prophylaxe wird nur bei einem längeren Aufenthalt im Fayum angeraten, wo die letzten Infektionen allerdings bereits einige Jahre zurückliegen.
Aktuelle Impfempfehlungen und Risikowarnungen für Ägypten unter www.fitfortravel.de.

Krankenversicherung: Da die gesetzlichen Krankenkassen in Ägypten entstandene Behandlungskosten nicht übernehmen, wird der Abschluss einer speziellen Auslandskrankenversicherung empfohlen.

> **Hinweis des Auswärtigen Amtes**
> „Die medizinische Versorgung außerhalb Kairos hat sich in den letzten Jahren zwar deutlich verbessert, dennoch entspricht sie nach wie vor selbst in den Haupttouristenzentren oft nicht westeuropäischem Standard. Grundsätzlich ist für alle Reisenden eine **Auslandskrankenversicherung** mit Rückholoption im Notfall dringend zu empfehlen."

Reisekrankheiten: Magen- und Darmerkrankungen bei ausländischen Besuchern sind oft auf eiskalte Getränke zurückzuführen. Wer empfindlich ist, nimmt rohes Obst nur geschält zu sich. Erwischt Sie dennoch der Durchfall, essen Sie trockenes Brot, Reis und reichlich Joghurt. Fragen Sie in der Apotheke nach *Sekem-Tee*, den es als eine spezielle Kräutermischung gegen Diarrhöe gibt. In hartnäckigen Fällen oder bei Blut im Stuhl suchen Sie besser den Arzt auf – nur die Laboruntersuchung kann entscheiden, ob es sich um durch Bakterien oder Amöben verursachte Beschwerden handelt.

Häufig sind Erkältungskrankheiten vom hartnäckigen Schnupfen bis zur Grippe. Bei frühmorgendlichen Fahrten mit dem Taxi oder Bus hilft ein Tuch gegen den gefährlichen Durchzug.

Medizinische Versorgung: Für ägyptische Krankheiten gilt, dass ägyptische Ärzte sie auch am besten zu diagnostizieren und zu behandeln wissen. Eine Konsultation kostet 100–200 LE. In den letzten Jahren hat sich die Gesundheitsversorgung in den großen Urlaubsorten gebessert. Doch Vorsicht: Auch unter Ärzten gibt es

Abzocker, und in manchen Hotels besteht eine recht undurchsichtige Verflechtung zwischen Hotelrezeption, Reiseleitung und dem herbeigerufenen Doktor, die in völlig überhöhte Rechnungen mündet. Suchen Sie also, wenn möglich, selbst den Arzt auf oder schicken Sie Ihren Reisepartner, um ihn zu benachrichtigen. Verzichten Sie auf die Vermittlung durch touristisches Personal.

Für komplizierte Fälle gibt es in Kairo Kliniken der Maximalversorgung, die unseren Universitätsspitälern in nichts nachstehen. Alle Krankenhäuser verlangen vor Aufnahme des Patienten eine Vorauszahlung. Problematisch ist dagegen noch immer die Versorgung auf dem Land, wo es den Ärzten der staatlichen Kliniken oft an wichtigen Medikamenten mangelt. Die entlang der Hauptstraßen in wenigstens 50 km Abstand errichteten Ambulanzstationen mit Rettungswagen sollten nicht darüber hinwegtäuschen, dass auch die Erstversorgung nach Verkehrsunfällen im Argen liegt. Die Stationen sind nämlich nur mit Sanitätern, aber nicht mit Ärzten besetzt – zum Unfallort kommt also kein Notarzt.

Apotheken finden sich in jeder größeren Stadt. Die gängigen Basismedikamente sind preiswert und werden auch ohne Rezept verkauft, nur im Ausland hergestellte Spezialarzneien gibt es natürlich nicht überall.

Aktuelle Gesundheitsinformationen und den vollständigen Horrorkatalog landestypischer Infektionskrankheiten bietet **Travel Health Online** unter www.tripprep.com.

Information

Die ägyptischen **Fremdenverkehrsämter im Ausland** verteilen Prospektmaterial und geben Auskünfte über Hotels und Reiseveranstalter. Die Broschüren sollen vor allem Appetit auf die Reise machen – allzu informativ sind sie nicht. Die Adressen der **Büros im Land** finden Sie in den Ortskapiteln des Buches.

Wer sich über **Ägypten via Internet** informieren möchte, kann sich zum Einstieg die offizielle Visitenkarte des Landes, die Homepage der *Egyptian Tourism Authority*, anschauen. Unter **www.touregypt.net** kann man einige tausend Seiten mit Informationen abrufen, dazu gibt es Videos, Fotogalerien und eine schöne Kinderseite. Als deutschsprachige Seiten seien **www.aegypten-online.de** und das Portal **www.egypt.travel** empfohlen. Das *Informationsamt der Regierung* präsentiert unter **www.sis.gov.eg** Politik, Geschichte und Kultur des Landes. Zugang zu einer umfangreichen Linksammlung findet man über **www.egyptbot.com**.

Mit ägyptologischen Quellen im Internet, darunter viele inzwischen digitalisierte Klassiker, verlinkt die Bibliothek der Universität Heidelberg: **www.ub.uni-heidelberg.de**, dann weiter „Fachbezogene Informationen" und dort „Ägyptologie". Die Antikenverwaltung informiert auf **www.sca-egypt.org** über Neuigkeiten, Öffnungszeiten und Eintrittspreise der Museen und Ausgrabungen. Als Datenbank zur Literaturrecherche benutzten Ägyptologen die Tempelbibliothek von Edfu, die sich über das Portal **www.aigyptos.uni-muenchen.de** öffnet. Fleißige Forscher der Chicago University verzeichnen geografisch sortierte Aufsätze zu Archäologie, Kunst, Philologie und Geschichte des alten Ägypten unter **www.etana.org/abzu**. Mit den gleichen Themen beschäftigt sich **www.guardians.net**, das auch die Webseiten der ägyptischen Altertümerverwaltung enthält. In deutscher Sprache präsentiert **www.manetho.de** eine detailfreudige Faktensammlung samt Chat und Diskussionsforum. Von ähnlichem Inhalt ist **www.selket.de**, das zudem mit einer üppigen Literaturliste samt Rezensionen und einem Terminkalender zu Ägyptenveranstaltungen (Ausstellungen u. Ä.) in Deutschland aufwartet. *Kemet*, die führende populärwissenschaftliche Zeitschrift der Freunde des alten Ägypten, findet man unter www.kemet.de, und selbstredend beschäftigt sich auch www.mein-alt ägypten.de mit dem Pharaonenreich; www.isis-und-osiris.de gefällt vor allem mit seinem Forum, das man auch unter www.aegyptenreiseforum.de anklicken kann.

Ägyptische Fremdenverkehrsämter: *Deutschland*, Kaiserstr. 64a, D-60329 Frankfurt, ☎ 069-252153, www.aegyptisches-fremdenverkehrsamt.de; *Österreich*, Opernring 3/3, A-1010 Wien, ☎ 01-587663, ✉ 5766634; *Schweiz*, Stampfenbachstrasse 42, CH-8006 Zürich, ☎ 044-3502040, ✉ 3503042.

Karten und Stadtpläne

• *Übersichtskarten* Von den Autokarten erscheint **Freytag & Berndt** *Ägypten* (1:1.000.000) am zuverlässigsten. Die Karte ist auch arabisch beschriftet. Nur für den heimischen Schreibtisch eignet sich die unhandliche, aber detailreiche Ägyptenkarte der ungarischen **Cartographia**. Sie wird auch im deutschen Buchhandel vertrieben und verfügt zudem über ein Register, das Arabophile mit der wissenschaftlichen Umschrift der Ortsnamen bis hin zum Ta' marbutah erfreut. Als sehr strapazierfähig zeigt sich die auf einem reiß- und wasserfestem Material gedruckte Ägyptenkarte (1:1.250.000) von **Reise Know-How**.

• *Für Spezialisten* Mit dem Zerfall des roten Riesen sind die Ägyptenkarten des sowjetischen Generalstabs aus den 1970er- und 80er-Jahren auf den Markt gekommen, darunter auch die Serien 1:200.000 und 1:100.000. Beide gibt es auch in digitalisierter Form zur Verwendung mit GPS-Geräten. Vertrieb in Deutschland über **Därr Expeditionsservice**, ☎ 089-282032, www.daerr.de. Der Versandkatalog bzw. die Webseite enthalten auch einen Kartenriss. Beim Kartenstudium kann man dann auch gleich die kyrillische Schrift lernen.

• *Stadtpläne* Im ägyptischen Buchhandel sind Stadtpläne von Kairo, Alexandria, Hurghada, Scharm el-Scheich und Luxor erhältlich. Wer es in Kairo genau wissen will, braucht den **Complete Cairo Street-Finder** (Palm-Press), einen Taschenatlas im Maßstab 1:5750, mit 180 Seiten und umfangreichem Straßenindex. Platz 2 bekommen **Cairo The Practical Guide Maps** von AUC-Press.
Eine aktualisierte Version des legendären Falk-Plans Kairo gibt es bei **Cartographia** – hier vermissten wir die Stadtteile auf dem Westufer wie etwa Mohandissin oder die Pyramiden-Straße.
Die **Cairo City Map** von Lonely Planet ist wasserfest in Folie geschweißt und macht einen sehr strapazierfähigen Eindruck, erfordert für allzu klein Gedrucktes aber gute Augen.

• *Online-Karten und –Pläne* Die Karten und Pläne von **Google Maps** haben in den letzten Jahren große Fortschritte gemacht. Leider sind in den Stadtplänen viele Straßen nur arabisch beschriftet. Straßennamen in lateinischer Schrift zeigen dagegen die auch auf Nokia-Handys ladbaren und so als Navigationsmaterial einsetzbaren **Ovi-Karten** (http://maps.ovi.com).

Lesestoff

Hier aus den wohl an die hundert historischen Ägypten-Romanen sechs Tipps für eine unterhaltsame Reiselektüre:

Agatha Christie, *Tod auf dem Nil*, Frankfurt (Fischer-TB). Für Männer ist Linnet Ridgeway schlicht bezaubernd, Frauen bekommen bei ihrem Anblick messerscharfe Lippen. Nur sie selbst hält sich für harmlos. Als Hercule Poirot neben ihrer Leiche steht, sagt er schlicht: „Die meisten Liebesgeschichten sind doch nur Tragödien."

Georg Ebers, *Eine ägyptische Königstochter*, Bergisch-Gladbach (Bastei-Lübbe). Ägypten im 6. Jh. v. Chr.: Um den Frieden mit den immer mächtiger werdenden Persern zu besiegeln, will Pharao Amasis seine hübsche Tochter Nitetis dem persischen Thronfolger zur Frau geben. Aber sein Sohn, eine Marionette in den Händen der fremdenfeindlichen Priester, arbeitet diesem Plan mit aller Macht entgegen. Weiß er doch, dass die hübsche Nitetis in Wahrheit gar nicht die Tochter des Amasis ist … Dieser „Professorenroman" aus der Feder des Ägyptologen Georg Ebers (1837–1898) war einst ein Bestseller.

Pauline Gedge, *Die Herrin vom Nil*, Reinbek (Rowohlt-TB). Die machthungrige Hatschepsut setzt sich anstelle des viel jüngeren, aber legitimen Thronfolgers Thutmosis III. auf den Thron Ägyptens. Um ihren

Passendes Ambiente für die Lektüre von „Tod auf dem Nil"

Anspruch auf den Thron geltend zu machen, erklärt sie sich selbst zu einer Tochter des Gottes Amun und baut für ihn den riesigen Terrassentempel in Deir el-Bahari. Ihre Popularität im Volk steigt ständig. Doch lernt sie auch schnell die Schattenseiten der Macht kennen: Intrige und Mord erschüttern den Hof ...

Elizabeth Peters, *Verloren in der Wüstenstadt*, Berlin (Ullstein-TB). Amelia Peabody, ihr reizender Mann Emerson und ihr kleiner Sohn Ramses träumen von ungeahnten Funden bei Grabungen im tiefen Sudan, als sie plötzlich ganz gegen ihre eigentlichen Pläne in die Wüste geschickt werden – in die Nubische Wüste. Und zwar mit einem ziemlich obskuren Auftrag: Sie sollen einen vor 14 Jahren verschollenen Entdecker finden, der damals seine junge Braut mit auf die Reise genommen hatte ...

Brigitte Riebe, *Schwarze Frau vom Nil*, München (Diana). „Morgen werde ich sterben", beginnt der Roman über die Geschichte des nubischen Mädchens Sahtis. Entsetzt über die Beschneidung ihrer Schwester, flieht sie aus ihrem Dorf und fällt in die Hände von ägyptischen Soldaten, die sie als Geisel mit nach Ägypten schleppen. Sahtis wird dort zunächst von einer Familie freundlich aufgenommen und in die ägyptische Lebensart und Religion eingeführt. Aber das dort erfahrende Glück währt nicht lange. Schon bald gerät sie in ein Netz von Intrigen gegen den Pharao, denn viele wollen lieber seinen Bruder auf dem Thron sehen ...

Mika Waltari, *Sinuhe der Ägypter*, Bergisch-Gladbach (Lübbe-TB). In der Einsamkeit der Verbannung und erfüllt von der Sehnsucht nach seiner Heimatstadt Theben, schreibt der Arzt Sinuhe die Geschichte seines bewegten Lebens. Es ist zugleich die Kultur- und Sittengeschichte des von Glanz und Rausch umhüllten vorchristlichen Orients. Der Klassiker unter den Ägypten-Romanen.

Maße und Gewichte

In Ägypten gilt seit langem das metrische System. Zwei alte Maßeinheiten sind aber dennoch gebräuchlich: Flächen werden in *Feddan* (= 0,42 ha) gemessen, und auf Märkten und beim Gemüsehändler wird manchmal mit *Okka* (= 1,25 kg) gewogen.

Medien

Presse: Die überregionalen deutschen Zeitungen kommen üblicherweise zwei bis drei Tage nach Erscheinen in Ägypten an. Hinweise auf Verkaufsstellen für ausländische Presseerzeugnisse finden Sie im Reiseteil bei den jeweiligen Orten. *Al-Ahram*, Ägyptens regierungsnahe und renommierteste Tageszeitung, bringt wöchentlich eine englische *(Al-Ahram Weekly)* und französische *(Al-Ahram L'Hebdo)* Ausgabe heraus. Spannende Reportagen und viel Kultur enthalten das Monatsmagazin *Egypt Today* und sein französischer Ableger *La Revue d'Egypte*. Die dünnen Tageszeitungen *Egyptian Gazette* (englisch) und *Le Progrès Egyptien* (französisch) zeigen sich brav bis langweilig. Informativer und kritischer ist die als ägyptische Beilage zur International Herald Tribune verbreitete *Daily News*.

> **Presse online**
> Ahramonline: http://english.ahram.org.eg; Al-**Ahram** Weekly: http://weekly.ahram.org.eg; **Egypt Today**: www.egypttoday.com; **Egyptian Gazette**: www.egyptiangazette.net.eg; **Daily News**: www.thedailynewsegypt.com; **el-masry el-youm**: www.almasryalyoum.com/en. **el-youm el-sabaa**: http://english.youm7.com. Presseartikel finden sich auch auf der Webseite des **Informationsministeriums**, www.sis.gov.eg, Stichwort „press review".

Radio: Wer einen Kurzwellenempfänger hat, kann sich zwischen Rauschen und Knacken über das Geschehen in der Heimat auf dem Laufenden halten. Über Mittelwelle sind deutsche Sender nach Einbruch der Dunkelheit und mit viel Mühe noch an der Mittelmeerküste zu empfangen. Besser hört man die britische *BBC* auf 1325 kHz. *Radio Kairo* strahlt im 2. Programm auch fremdsprachige Sendungen aus, täglich ab 18 Uhr in Deutsch auf UKW 95,4 MHz.

Fernsehen: Das 2. Programm des ägyptischen Staatsfernsehens sendet abends oft ausländische Spielfilme und Seifenopern mit arabischen Untertiteln. Französische (19 Uhr) und englische Nachrichten (20 Uhr) berichten Ihnen, wen der Staatschef heute getroffen und was er sonst noch für sein Volk getan hat. Daneben bieten einige Hotels ausländische Satellitenprogramme von *Deutsche Welle TV* bis hin zum *ZDF*.

Notruf

Polizei ✆ 122; Krankenwagen ✆ 123; Feuerwehr ✆ 125; Touristenpolizei ✆ 126; Pannenhilfe ✆ 110.

Öffnungszeiten

Da es kein Ladenschlussgesetz gibt, kann jeder Händler seinen Laden offen halten, so lange er Lust hat und sich Umsatz verspricht. Als Faustregel kann man bei Geschäften mit Öffnungszeiten von 10 bis 14 und 17 bis 21 Uhr rechnen. Ruhetag ist überwiegend der Freitag, einzelne Läden schließen auch am Sonntag. Behörden und Büros arbeiten (Kernzeit) Sonntag bis Donnerstag von 10 bis 14 Uhr. Da einige Firmen die 5-Tage-Woche haben, ausländische und koptische Firmen dagegen sonntags geschlossen sind und die Banken wiederum freitags und samstags, sollte man bürokratische Angelegenheiten möglichst von Montag bis Donnerstag erledigen.

Post

Post- und Telefonamt sind in Ägypten in verschiedenen Gebäuden untergebracht. Briefmarken verkaufen auch viele Postkartenhändler und die Zeitschriftenläden in den Hotels. Kernzeit der Postämter ist Sonntag bis Donnerstag von 9 bis 15 Uhr.

Die gewöhnliche Luftpost nach Europa kostet pro Brief oder Karte 3,75 LE (Stand 2011) und kann durchaus eine Woche unterwegs sein – oder nie ankommen. Eilige Post vertrauen Sie besser dem *Express Mail Service (EMS)* an. Diesen Service gibt es an den größeren Postämtern des Landes. EMS garantiert nach Europa die Zustellung von Briefen und Dokumenten binnen 48 Stunden, Noch teurer ist der Haus-zu-Haus-Kurierdienst von *DHL*.

Religiöse Stätten

Im Prinzip sind alle Moscheen auch Andersgläubigen zugänglich. Sollte man Sie dennoch am Zutritt hindern, wäre es allerdings unklug, auf diesem Recht zu bestehen. Beim Besuch wird jedoch züchtige Bekleidung erwartet, also bedeckte Schultern, keine Shorts oder Miniröcke. Frauen müssen zusätzlich ihre Haare mit einem Tuch verhüllen, und die Schuhe bleiben am Eingang.

Auch die Kirchen und Klöster erwarten keusche Bekleidung, stören sich aber nicht an barhäuptigen Frauen. Unmittelbar vor der Altarwand schickt es sich nicht, dieser den Rücken zuzuwenden. Der Raum hinter der Ikonostase ist dem Priester vorbehalten, der allerdings Männern manchmal den Zutritt gestattet.

> **Postalischer Taschenspielertrick**
>
> Der unbekannte Erfinder eines besonders einfallsreichen Bakschisch-Tricks aus Scharm el-Scheich sei durch Erwähnung an dieser Stelle belohnt: Briefmarkenverkäufer und Postler behaupten, das Porto sei kürzlich auf 5 LE erhöht worden. Es gebe aber noch keine neuen Marken, und deswegen seien die alten (zu 3,75 LE) eben jetzt 5 LE wert und würden um eben diesen Preis verkauft. Alles Humbug natürlich – wenn das Porto je auf 5 LE steigen sollte, wird man halt noch ein 1,25er-Märklein zusätzlich aufkleben müssen.

Sicherheit

In den letzten Jahren, zuletzt im Februar 2009, gab es immer wieder Anschläge auf Hotels und Touristenziele. Vorsicht ist deshalb besonders rund um die Top-Sehenswürdigkeiten und an all jenen Orten geboten, wo Touristen massenweise zusammentreffen. Denn mit ihren Bomben auf Urlauber zielen die Terroristen auch auf den ägyptischen Staat, dessen wichtigste Einnahmequelle, der Fremdenverkehr, geschwächt werden soll. Entsprechend stark ist die Polizei an touristisch interessanten Orten und Einrichtungen vertreten, unterwegs gibt es immer wieder Kontrollposten. Viele Experten bezweifeln jedoch die Wirksamkeit dieser Maßnahmen.

> Informieren Sie sich vor Reiseantritt über die aktuelle Einschätzung der Sicherheitslage beim Auswärtigen Amt unter www.auswaertiges-amt.de.

Sicherheit 113

Vor der gewöhnlichen **Schwerstkriminalität** haben Ausländer dagegen nichts zu fürchten. In der Weltrangliga der Tötungsdelikte liegt Kairo zwar weit vor Rio und New York, doch sind die Opfer selten Ausländer: Getötet wird im Streit, aus Eifersucht und Rache, um die verletzte Familienehre wieder herzustellen. Raubüberfälle sind dagegen nahezu unbekannt.

Gelegenheit macht **Diebe**. Glaubt man der ägyptischen Polizei, beklauen sich ausländische Rucksackreisende vor allem untereinander. Touristische Brennpunkte sind aber zugleich auch der Arbeitsplatz von Taschendieben und vor allem von Trickbetrügern. Ein echter Volkssport sind inzwischen Mogeleien beim Bezahlen und Herausgeben des Wechselgelds. Da wird etwa unauffällig und blitzschnell eine Note gegen eine geringerwertige ausgetauscht und dem Touristen dann mit Unschuldsmiene weisgemacht, er habe da wohl einen falschen Schein gezückt. Nehmen Sie's sportlich und werden Sie aus Schaden klug, indem Sie auf jeden Trick höchstens einmal hereinfallen.

Brutalität, Misshandlung und Korruption haben die **Polizei** bei den Einheimischen in Verruf gebracht. Gegenüber Ausländern, die nicht gerade unter dem Verdacht der Spionage oder des Drogenbesitzes stehen, zeigen sich die Beamten jedoch meist höflich und hilfsbereit.

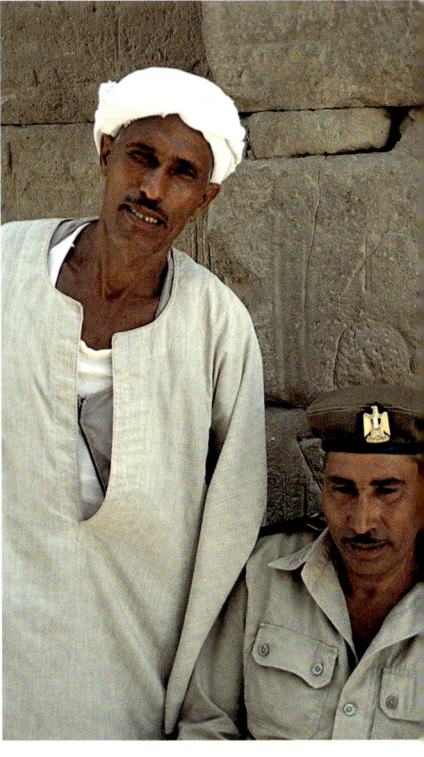

Tempel und Touristen werden gut bewacht

> **Tipp**: Benutzen Sie den Hotelsafe, achten Sie auf Flughäfen und Busbahnhöfen besonders auf Ihre Habe. Eine Reisegepäckversicherung entschädigt Sie, wenn das Gepäck beim Transport „verloren" geht.

Ägyptens Polizei hat viele Uniformen und Abteilungen. Bei Problemen wende man sich am besten zunächst an die **Touristenpolizei** – zumindest die meisten Offiziere sprechen ein wenig Englisch und vermitteln den Ausländer dann an den „Zuständigen". Auf eigene Faust den richtigen Ansprechpartner und Stempelgewaltigen für ein Unfall- oder Diebstahlprotokoll zu finden, ist nicht einfach.

Neben der gewöhnlichen Stadtpolizei *(Municipal Police)* gibt es die Verkehrspolizei *(Traffic Police)*, die Wasserschutzpolizei *(River Police)*, die hoch gerüstete Sicherheitspolizei *(Central Security)*, die weit gehend aus Wehrpflichtigen bestehende Bereitschaftspolizei, die Militärpolizei, die Flughafenpolizei und die Bahnpolizei.

Mit dem Spitznamen *Galabiya bulis* bezeichnet der Volksmund die zahlreichen mit Zivilkleidung getarnten Beamten, die in den Touristenorten natürlich im westlichen Freizeitlook auftreten (für die Kleiderordnung wäre die Sittenpolizei zuständig). Als wären so viele Polizeitruppen nicht genug, gibt es noch das schwer zu durchschauende Geflecht der mehr oder minder geheimen Dienste *(muchabarat)*.

Telefon

Auslandsgespräche führt man von den Kartenautomaten auf den Telefonämtern *(central)*. Telefonkarten werden am Schalter verkauft. Nach 20 Uhr gilt ein ermäßigter Europatarif. Eine Alternative sind die öffentlichen Telefone der privaten Anbieter *Menatel*, *Mobinil* oder *Ringo*. Die erforderlichen Telefonkarten gibt es in Läden oder Kiosken mit dem Menatel-Sticker. Im Hotel geführte Ferngespräche sind stets teurer. Die Mindestgebühr (ab 40 LE) wird in manchen Häusern schon fürs bloße Anläuten verlangt, auch wenn der Angerufene gar nicht abhebt.

Mobiltelefone finden in den besiedelten Gebieten Anschluss. Einzelne Lücken im Netz gab es 2011 noch auf den Wüstenstraßen außerhalb der Oasen. Mit einer deutschen Handykarte in Ägypten zu telefonieren geht ziemlich ins Geld: Selbst für ankommende Gespräche verlangt der Betreiber auch von Ihnen Gebühren.

Eine Alternative sind **ägyptische Prepaid-Karten**. Unter dem Label *Holiday* bietet **Vodafone Egypt** (www.vodafone.com.eg) für 20 LE Zugang zu seinem ägyptischen Handynetz an. Die Leitung ist 60 Tage offen, Prepaid-Karten mit Gesprächsguthaben gibt es für 25 bis 200 LE, die Gesprächsminute ins Ausland kostet 4 LE. Manche Läden, zumal außerhalb Kairos, verkaufen Prepaid-Karten mit einem Aufschlag auf den Nominalwert.

Wer häufig ins Ausland reist, mag die **internationale Prepaid-Karte** von GT-SIM (www.gt-sim.com) in Erwägung ziehen. Für eine einmalige Grundgebühr von 20 € ist man ein Jahr dabei und zahlt bei ankommenden Gesprächen nur 9 Cent/Min. Roaming-Kosten. Gespräche von Ägypten nach Deutschland werden mit 20–30 Cent/Min. berechnet.

Internet-Telefonie: In vielen ägyptischen Internetcafés ist das Programm *Skype* installiert. Mit einem Skype-Account (siehe www.skype.com) können Sie für knapp 2 Cent/Min. per Computer ins europäische Fest- und Mobilnetz telefonieren.

Vorwahlen in Ägypten: Kairo 02; Alexandria 03; Assuan 097; Luxor 095. **Auslandsvorwahlen**: nach Ägypten 0020; nach Deutschland 0049; nach Österreich 0043; in die Schweiz 0041.

Verständigung

Nicht nur, dass der Ägypter mit Arabisch eine fremde Sprache spricht – er schreibt sie auch noch fremdartig:

Zeit für Geschichtenerzähler

von rechts nach links (Ziffernfolgen allerdings von links nach rechts), ungeheuer schnell, ohne mit dem Handrücken das gerade Geschriebene zu verwischen, dabei die kurzen Vokale auslassend. Wer ein geschriebenes Wort nicht kennt, kann es daher, selbst wenn er die einzelnen Buchstaben lesen kann, nicht aussprechen. Das Alphabet hat 28 Buchstaben, die oft drei verschiedene Formen haben, je nachdem, ob sie in der Wortmitte, am Anfang oder am Ende vorkommen.

Man unterscheidet die Sprache des Korans und der Literatur, nämlich das klassische Hocharabisch, vom modernen Standardarabisch *(fusha)* der Massenmedien, vom lokalen Dialekt und schließlich vom Ägyptisch-Arabisch *(ammia)*. Diese Umgangssprache fußt auf dem Kairoer Dialekt und wird, durch Film und Fernsehen verbreitet, längst auch in der arabischen Welt außerhalb Ägyptens überall verstanden.

Doch auf den ausgetretenen Touristenpfaden muss sich der Reisende mit Arabisch nicht plagen: Die Ägypter sind Meister im Erlernen von Fremdsprachen; wer mit Ausländern Geschäfte machen will – und wer will das nicht? –, hat mit Sprachkenntnissen einen unschätzbaren Vorteil. So wird in den Urlaubszentren außer Englisch auch Deutsch und sogar Russisch gesprochen.

Zum **Sprachkurs** nach Kairo oder doch besser nach Damaskus? Da sind die Experten geteilter Meinung. Wer Ägypten in Erwägung zieht, findet auf den Webseiten des DAAD (http://cairo.daad.de) und im Forum „Leben in Kairo" (http://leben-in-kairo.my1.my1.cc) Adressen und sogar Testberichte zu den wichtigsten Sprachschulen in Kairo und Alexandria.

> ### Über die Tücken der arabischen Schrift
>
> „[…] Es werden wiederum die Worte so dicht nebeneinander oder ineinander geschoben, daß kaum ein Eingeweihter, geschweige ein Anfänger, arabische Schrift mit Leichtigkeit zu lesen vermag. Was zu trennen wäre, das wird mit stenografischen Abkürzungen dergestalt ineinandergezogen, daß eventualiter drei Worte ein einziges Zeichen bilden müssen – und, was zusammengefaßt, einheitlich unter einer Idee und einem Bilde begriffen bleiben sollte, das wird streng gesondert und individualisiert. Hierfür eine kleine Exemplifikation:
>
> Es gibt eine Frucht, welche Sim-Sim heißt; die arabischen Buchstaben für das Wort Sim sind س م ; der Vokal *i* bleibt wie im Hebräischen und in allen semitischen Sprachen fort. Im Schreiben aber werden nicht nur *m* und *s* einmal, sondern beide Worte Sim Sim mit nachstehender Abkürzung zu einem Wortbilde konfiguriert; und es wird also statt س م س م nur das Zeichen geschrieben: سمسم."
>
> *Bogumil Goltz, 1853*

Zeit

In Ägypten gilt ganzjährig die osteuropäische Zeit. Die Sommerzeit wurde abgeschafft. Demnach sind die Uhren im Winter gegenüber Mitteleuropa eine Stunde vorzustellen, während unserer Sommerzeit gilt jedoch die gleiche Uhrzeit.

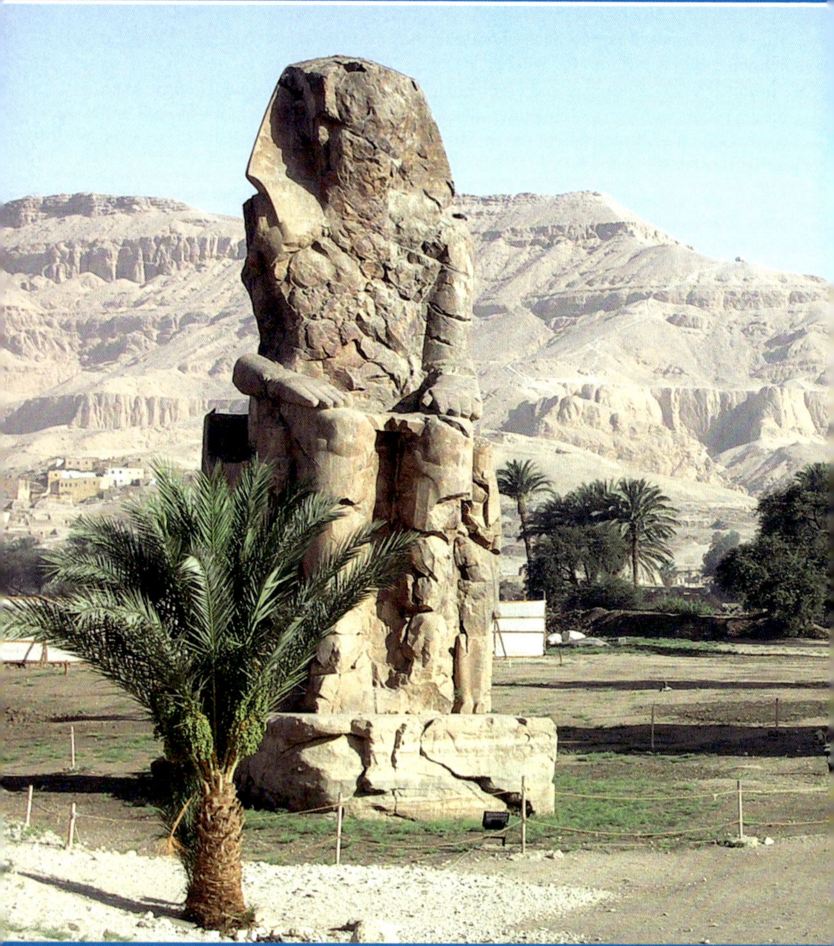

Von Kairo bis Abu Simbel

Kairo – Die Mutter der Städte 118	Luxor 271
Pyramiden und Westufer 205	Zwischen Luxor und Assuan 321
Umgebung von Kairo 219	Assuan – Orient trifft Afrika 334
Mittelägypten – die alte Provinz 240	Nubien und Nasser-Stausee – Preis des Fortschritts 361

Metropole Kairo

Kairo – die Mutter der Städte

Kairo, der mythenumwobene Mittelpunkt des Orients, ist für die Araber gleichbedeutend mit dem gesamten Land am Nil. Denn „Misr", wie die Stadt auf Arabisch auch heißt, meint zugleich Ägypten.

In einem Märchen aus *Tausendundeiner Nacht* lobt ein Mann die Stadt Bagdad. Der Älteste unter den Anwesenden entgegnet ihm aber: „Wer Kairo nicht gesehen, hat die Welt nicht gesehen. Ihre Erde ist Gold, der Nil ist ein Wunder und ihre Weiber sind wie die schwarzäugigen Jungfrauen im Paradies; sie ist die Mutter der Welt."

In der folgenden Nacht preist dann Schehrazâd die Reize der Pyramidenstadt mit folgenden Worten: „Was ist die Wonne, seiner Geliebten entgegenzuschauen, gegen den Anblick dieser Stadt! Wer sie gesehen, der gesteht, dass es für das Auge keinen höheren Genuss gibt."

Ob Schehrazâd auch unserer Tage noch so voll des Lobes wäre? Niemand weiß, wie viele Menschen heute in Kairo leben. Die Schätzungen für die administrativ in mehrere selbstständige Städte auf dem Gebiet dreier Provinzen zersplitterte Agglomeration schwanken zwischen 15 und 18 Millionen. Damit ist Kairo die mit Abstand größte Stadt des afrikanischen Kontinents und steht, was die Probleme aus einer solchen Zusammenballung von Menschen angeht, in einer Reihe mit Tokio und Mexiko City. *Dauscha*, im Wörterbuch mit „Lärm" und „Radau" übersetzt, steht in der Umgangssprache für alle Unbill des Kairoer Alltags: beengte Wohnverhältnisse, tosender Verkehrslärm, Gedränge im Bus, aufdringliche Bettler und eine Luft, die diese Bezeichnung kaum noch verdient. Emissionen aus Fabriken und Kraftwerken mischen sich mit den Abgasen von Millionen altersschwacher Motorfahrzeuge, mit feinem Lehm und Wüstensand zu einem Mix giftiger Schwebstoffe, die an windstillen Tagen Sicht und Atem rauben.

So braucht, wer Kairo besucht, langen Atem, viel Gelassenheit und ein dickes Fell. Nur wer sich auch auf Hektik einlassen und ins Chaos eintauchen kann, wer Widersprüche mehr spannend als quälend erlebt, wird diese Stadt genießen können. Und hat die Gelegenheit, im Umgang mit den Widrigkeiten des Reisealltags auch sich selbst kennenzulernen.

Mehr und mehr verstellt die wachsende Skyline der Hochhäuser längs des Nils den Blick auf die Silhouette der Minarette und Kuppeln. Kein Ort birgt auf engem Raum so viele Monumente islamischer Architektur. Während Bagdad und Damaskus in den Mongolenstürmen zerstört wurden und andere Städte nur kurze Zeit in Blüte standen, ist Kairos Altstadt ein tausendjähriges Museum. Noch älter sind Tutanchamuns Goldmaske und seine anderen Grabschätze, die mit vielen tausend weiteren Exponaten der Pharaonenzeit im Ägyptischen Museum ausgestellt sind. Und gleich vor den Toren der Metropole warten das Weltwunder der Pyramiden von Giza und die rätselhafte Sphinx.

Geschichte der Stadt

Die offizielle Geschichtsschreibung setzt den Beginn Kairos recht willkürlich mit dem 5. August 969 an, als der Feldherr Gowhar nahe dem heutigen Khan el-Khalili den Grundstein der sog. **Fatimidenstadt** legte. Die Sache, so weiß es wenigstens die Legende, stand von Anfang an unter einem schlechten Stern. Denn die Astrologen, die für den ersten Spatenstich eine besonders günstige Konstellation der Gestirne abwarten wollten, kam ein Rabe zuvor. Der Unglücksvogel setzte sich auf die um das Areal der geplanten Stadt gespannte Schnur und ließ die daran befestigten Glöckchen erklingen, was den Bauarbeitern das erwartete Signal gab, mit den Ausschachtungen für die Fundamente der Stadtmauer zu beginnen.

Städtische Zentren, die später wieder verödeten, gab es auf dem Boden des heutigen Kairo oder in seiner Umgebung freilich schon vor der Fatimidenstadt. Von den Anfängen des Pharaonenreichs bis zur Zeit Alexander des Großen war das etwa 30 km südlich von Kairo gelegene **Memphis** königliche Residenz. An einer Furt gegenüber der Nilinsel Roda entwickelte sich in der römischen Zeit aus einem babylonischen Heerlager der Ort Babylon, heute **Alt-Kairo** *(Misr el-Qadima)* genannt, wo auch die Heilige Familie auf ihrer Flucht nach Ägypten Station gemacht haben soll. Frühchristliche Kirchen, eine Synagoge und die Reste der Festung *Qasr esch-Scham'* erinnern an diese Zeit.

Später verschob sich das Stadtzentrum allmählich nach Norden. Die arabischen Eroberer unter 'Amr ibn el-'As errichteten im Jahre 642 ihr Lager in **el-Fustat**, wo heute die Töpfer arbeiten. Eine Moschee trägt noch 'Amrs Namen, hat mit dem ursprünglichen Gebetshaus des Feldherrn aber nichts als die Lage und einzelne, eigentlich antike Kapitelle gemein. Ahmed Ibn Tulun, Begründer einer kurzlebigen Dynastie, baute im 9. Jh. seine Residenz **el-Qatai** auf einem Hügel nahe der noch erhaltenen Tulun-Moschee. Unter dem Khediven Ismail (1863–79) entstand, zunächst als Viertel für die Ausländer, das heutige **Geschäftszentrum** zwischen Altstadt und Nil. In den 1970er-Jahren begannen die Planungen für ein halbes Dutzend Satellitenstädte in der Wüste, die den wuchernden Moloch entlasten.

> **Die Mutter aller Städte**
>
> „Nach langem erreichte ich schließlich Kairo, die Mutter aller Städte und Sitz des Tyrannen Pharao. Sie ist Herrin über grenzenlose Provinzen und fruchtbare Länder, Besitzerin zahlloser Gebäude, unvergleichlich an Schönheit und Glanz, Treffpunkt der Kommenden und Gehenden, Halteplatz der Schwachen und Starken. In ihr ist alles an Gebildetem und Einfachem, an Ernstem und Fröhlichem, an Vernünftigem und Leichtsinn, an Niedrigem und Ehrwürdigem, von hohem Rang und niederem Rang, Unbekanntem und Bekanntem. Sie wogt wie die Wellen des Meeres mit ihrer Masse an Menschen und kann sie kaum fassen trotz ihrer Macht und nicht nachlassenden Kraft. Ihre Jugend erneuert sich ständig trotz der Länge der Tage, und der Stern ihres Horoskops entfernt sich nicht mehr aus dem Herrenhaus des Glücks. Siegreich hat sie die Nationen unterworfen [Anspielung auf el-Qahira = die Siegreiche], und ihre Könige griffen nach den Stirnlocken der Araber und Nicht-Araber. Sie verfügt über einen besonderen Besitz, den majestätischen Nil, der das Flehen und Regen erübrigt. Ihr Gebiet ist eine Monatsreise für den Eilenden, reich an fruchtbarer Erde, und es heißt einen jeden Reisenden willkommen."
>
> Ibn Battuta, 14. Jh.

Orientierung

Kairo ist eine riesige Stadt. Von den neuen Vierteln an der Suez-Autobahn im Nordosten bis zu den Pyramiden im Westen reiht sich über bald 50 km ein Haus ans andere. Es empfiehlt sich für den Besucher, eine Bleibe im geografischen und verkehrsmäßigen Mittelpunkt des städtischen Molochs zu suchen, dem modernen Geschäftszentrum, das hier kurzerhand Zentrum oder Neustadt heißen soll, obgleich es so neu ja nun auch wieder nicht ist. Das Zentrum liegt am östlichen Nilufer und bildet grob ein gleichschenkliges Dreieck mit der Ramses-Straße als Längsseite und, von Norden im Uhrzeigersinn, den Plätzen Ramses, 'Ataba und Tahrir als Ecken, die gleichzeitig die wichtigsten innerstädtischen Verkehrsknotenpunkte und mit Metrolinien verbunden sind. Wenn nicht im Untergrund, bewegt man sich im verstopften Zentrum gewöhnlich am schnellsten zu Fuß.

Information

Telefonvorwahl: 02

Die zentrale **Touristeninformation** befindet sich in 5 Schari' Adli. Tägl. 8.30–20 Uhr, ☏ 2391 3454. Weitere staatliche Informationsstellen gibt es im Ankunftsbereich des Flughafens (Terminal 1 und 2), im Ramses-Bahnhof, im Bahnhof Giza und bei den Pyramiden gegenüber dem Eingang zum Hotel Mena House.

Flughafen

Sollte dies Ihr erster Besuch in Kairo sein, erwischt Sie das Chaos wahrscheinlich im schwächsten Moment. Müde von der Reise, möglicherweise noch vor Stunden im geordneten, kühlen Mitteleuropa, nunmehr ohne Orientierung, sprachlos, sind

Flughafen

Sie zunächst geschockt. Machen Sie sich nichts draus, diese Erfahrung gehört einfach dazu. Als Pauschalreisender, der Sie sich um Transport und Unterkommen keine Sorgen machen müssen, blättern Sie einfach weiter.

• *Terminals* Cairo Airport liegt etwa 25 km nordöstlich des Stadtzentrums. Für den Abflug ist es wichtig zu wissen, von welchem Terminal Ihre Maschine abgeht, denn die Terminals liegen bis zu 2 km auseinander. Egypt Air und die anderen Fluggesellschaften der Star Alliance benutzen den neuen **Terminal 3**. Die übrigen Airlines nutzen den benachbarten **Terminal 2** (2011 wegen Umbau geschlossen) oder den etwa 2 km entfernten **Terminal 1**. Zwischen den Terminals pendeln, auch nachts, Shuttle-Busse: Linie 1 fährt zur Busstation vor Terminal 1, Linie 3 von dieser zum Abflug Terminal 3.

Fluginformation: ✆ 2265 50-00, -01 und www.cairo-airport.com

• *Einreisevisum* Falls nicht schon zu Hause erstanden, müssen Sie an den Wechselstuben vor der Passabfertigung eine Gebührenmarke für umgerechnet 15 $ kaufen – nur mit dieser bekommen Sie an der Passabfertigung Ihr Visum.

• *Hotelbuchung* Sollten Sie nachts ankommen und noch kein Hotel gebucht haben, bedienen Sie sich der Hilfe der Touristinformation (in den Ankunftsbereichen der Terminals).

Ihre momentane Desorientiertheit bei der Ankunft wollen alle möglichen **Nepper, Schlepper und Bauernfänger** ausnutzen und Sie übers Ohr hauen. Faustregel deshalb: Lassen Sie jeden – aber auch jeden! – links liegen, der Sie hier anspricht. Trauen Sie auch jenen nicht, die Ihnen mit entsprechenden Ausweisen („Chamber of Tourism") weismachen wollen, offizielle Touristenhelfer zu sein; einen solchen Ausweis hat jeder, der irgendwo in der Fremdenverkehrsbranche arbeitet.

• *Busse in die Stadt* Die Busstation ist eine offene Halle beim Obelisken vor **Terminal 1**. Von hier kommen Sie für 1–5 LE in einer knappen Stunde ins Zentrum, z. B. zum Md. Abdel Moneim Riyad (hinter dem Ägyptischen Museum) mit Bus Nr. 27, 356, 400 und 949; Nr. 948 bringt Sie zum Md. 'Ataba. Auf dem gleichen Parkplatz warten auch Fernbusse und Sammeltaxis direkt

Willkommen am Flughafen – das Chaos wartet draußen

nach Alexandria und in andere Städte des Landes.
- *Taxis* Taxifahrer verlangen von Neuankömmlingen Phantasiepreise! Nach Taxameter kostet die Fahrt ins Zentrum rund 25 LE – auch mit großzügigem Trinkgeld sind also höchstens 60 LE angemessen.

Die gediegeneren, dunkelblauen Mercedes-„Limousins" ersparen mit Festpreisen (ca. 100 LE) das Feilschen. Über www.cairoshuttlebus.com oder ℡ 19970 können Sie bei **Airport Shuttle** den Transfer in die Stadt vorab buchen, die Website zeigt die aktuellen Preise.

*F*ernbusse und *Ü*berlandtaxis

- *Busbahnhöfe* **Cairo Gateway,** ℡ 2576 2293, auch **Turgoman Garage** genannt, ist der wichtigste Überlandbusbahnhof Kairos und ist knapp 10 Gehminuten von der Metro-Station Orabi entfernt. Die Schalter der verschiedenen Busgesellschaften findet man gleich am Haupteingang des leicht mit einer Shopping Mall zu verwechselnden Gebäudes: Links *Upper Egypt* (Tickets Oasen, Niltal und Rotes Meer) und *West Delta* (Tickets Alexandria, Mittelmeerküste Siwa); rechts *East Delta* (Tickets Suezkanal und Sinai) und *Superjet.* Abfahrt der Busse ist im Tiefgeschoss des Terminals, die **Gepäckaufbewahrung** beim Gate 1.

Außer dem Cairo Gateway gibt es noch eine Reihe andere, für Touristen weniger wichtige Busstationen. Vom **Terminal el-Mounib** an der Endstation der Giza-Metro fahren Busse und Servicetaxis nach **Oberägypten** und **Fayum**.

Am **Terminal el-Aboud** in Schubra warten Busse und Sammeltaxis ins **Delta**. Die Station ist vom Ramses-Bahnhof mit Minibussen zu erreichen.

Manche Busse und alle Servicetaxis zum **Suezkanal** beginnen am **Terminal el-Marg el-Gedida**, zugleich Endstation der Nord-Süd-Metro.

Superjet und *West Delta Bus* lassen manche Linien am **Terminal Almaza** (℡ 2419 8533) in Heliopolis beginnen. Die Station liegt etwa 1 km östlich des Baron Palace.

Busse nach **Alexandria** und **Marsa Matruh** haben eine informelle Haltestelle unweit des Ramses-Hilton bei den Blumenständen auf der Nordseite des **Md. Abdel Moneim Riyad**. Hier haben auch die Busse von *GoBus* (früher: *El-Gouna-Transport*) nach **Hurghada, Marsa Alam** und Marsa Matrouh ihr Ticketoffice.

- *Abfahrten* **Nach Alexandria**: Ab Cairo Gateway, 2½ Std., 20–25 LE. Mit *Superjet*, ℡ 2579 8181, 5.30–20.30 Uhr alle 30–60 Min. Mit *West Delta*, ℡ 2576 5582, 5.30–22 Uhr alle 30–60 Min., darüber hinaus noch um 1 Uhr.

Abfahrt ab Almaza jeweils 45 Min. früher.

Nach Marsa Matrouh: Ab Cairo Gateway, 6 Std., 30–40 LE. Mit *West Delta* um 6.45, 7.45, 9.15, 11, 15.15, 21.45, 0.30 Uhr; im Sommer häufiger und auch mit *Superjet* (6, 7, 8, 9, 17, 18 Uhr) und *GoBus* (0.45, 7.30 Uhr).

Zum Suezkanal (mit *East Delta,* ℡ 2574 2841): Abfahrten ab Cairo Gateway und el-Marg el-Gedida nach
– Port Said, 3 Std., 16–20 LE, 6–20 Uhr stündl.
– Ismailia, 8 LE, 2½ Std., 6–20 Uhr stündl.
– Suez, 2 Std., 7–9 LE, 6–21 Uhr alle 30 Min.

Auf den Sinai (mit *East Delta*): Abfahrten ab Cairo Gateway mit Zusteigehalt in Almaza
– zum Katharinenkloster, 7½ Std., 45 LE, 11 Uhr;
– nach Taba und Nuweiba (8–9 Std., 70–80 LE) um 6, 9.30 und 22.15 Uhr;
– nach Scharm el-Scheich (8 Std., 60–70 LE) 6.30, 10.30, 16.30, 1, 1.45 Uhr, nach Scharm el-Scheich und Dahab (9 Std., 80–90 LE) 7.15, 13.30, 19.30 und 0.15 Uhr.

Mit *Superjet* (60 LE) ab Cairo Gateway nach Scharm el-Scheich um 7.30, 8.30, 15.15, 23.15 und 23.45 Uhr.

Ans Rote Meer (mit *Upper Egypt Bus,* ℡ 2576 0261): Ab Cairo Gateway nach
– Hurghada, 6½ Std., 60–80 LE, 7.30, 9, 15, 16, 23.30, 24 und 0.30 Uhr; mit *Superjet*, ℡ 2579 8181, für 90 LE um 7.30, 15.15 23.30 und 24 Uhr; mit *El-Gouna-Transport* („GoBus", ℡ 19567), 7–2 Uhr beinahe stündlich ab Ramses-Hilton.
– Safaga, 7 Std., 65 LE, 12.30, 18.30, 19.30, 22, und 23 Uhr;
– Quseir (8 Std., 70 LE) und Marsa Alam (10 Std., 80 LE) 18.30, 19.30, 22 und 23 Uhr.

Zu den Oasen (mit *Upper Egypt Bus*): Ab Turgoman nach
– Bahariya, 5 Std., 30 LE, 7, 8 und 18 Uhr (sowie 15 Uhr ab el-Mounib);
– Farafra, 8 Std., 40 LE, 7 und 18 Uhr;
– Dachla, 10–12 Std., 60 LE, 7 und 18 Uhr

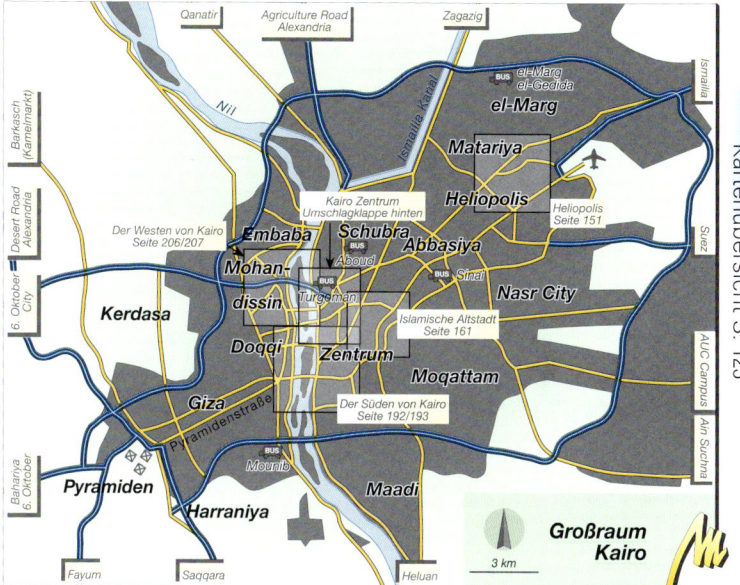

über Farafra, 21.30 und 22.30 Uhr über Charga;
– Charga, 10 Std., 40 LE, 9, 19, 21.30 und 22.30 Uhr;
– Siwa *(mit West Delta)* 12 Std., 65 LE,

19 Uhr.
Ins Fayum: Tagsüber alle 30 Min. ab el-Mounib.
Nach Oberägypten fährt man bequemer mit dem Zug.

Bahn

Endstation aller Fernzüge ist der **Ramses-Bahnhof** am gleichnamigen Platz. In der Haupthalle des Bahnhofs gibt es eine rund um die Uhr geöffnete **Gepäckaufbewahrung** am Gleis 1 neben der Cafeteria, für ein Gepäckstück rechne man 2 LE/Tag. Außer der erwähnten Cafeteria findet man in der Haupthalle Zugauskunft, **Touristinformation** und Telefonamt. 2011 wurde das Bahnhofshauptgebäude bei laufendem Zugbetrieb völlig entkernt, es mag sich also manches ändern.

Züge nach Unterägypten, nämlich nach **Alexandria** (6–22.30 Uhr etwa stündlich, Fahrzeit 2–3 Stunden, Preis bis 50 LE) und nach **Marsa Matruh** (6.40 Uhr, Fahrzeit 8 Stunden) starten von der Haupthalle. Die Tickets der 1. und 2. Klasse mit Aircondition nach Alexandria werden auf der Nordseite der Haupthalle verkauft.

Die Züge nach **Port Said** (4 Std., 20 LE) Ismailia (3 Std., 15 LE) und **Suez** (3 Std., 13 LE) sind ohne Aircondition, deutlich langsamer als der Bus und werden deshalb nicht empfohlen.

Züge nach Oberägypten starten meist auf der Nordseite der Haupthalle von Gleis 8–11 des Durchgangsbahnhofs. Die Tickets nach Oberägypten, auch für die Sitzplätze im Tourist Train, bekommt man in der Schalterhalle am Gleis 11, zu dem Sie durch eine Unterführung gelangen. Für eine Fahrt 1. Klasse Kairo–Assuan zahlt man 110 LE, für den Ausländersitzplatz im 22-Uhr-Zug umgerechnet 170 LE.

Zum Zeitpunkt unserer Recherche wurden im Bahnhof an Ausländer nach **Luxor** und **Assuan** nur Fahrkarten für die Tourist Trains und den 22-Uhr-Zug verkauft (→ S. 87). Wer sich die Tickets von ägypti-

schen Bekannten besorgen lässt oder erst im Zug ersteht, für den gelten diese Einschränkungen jedoch nicht, ebenso wenig für Fahrten nach Mittelägypten (el-Minia, Assiut, Sohag).
Tickets für die Tourist Trains gibt's in der Haupthalle neben der Touristinformation, in der Schalterhalle am Gleis 11 ganz links oder im Reisebüro. Information unter www.sleepingtrains.com und ✆ 2574 9474.

> Tipps und Fahrpläne zum Bahnfahren in Ägypten finden Sie auf S. 87 f.

U-Bahn, Straßenbahn

Ein Wunder im Kairoer Transportchaos: sauber, schnell, pünktlich, Rauchverbot. Zur Erinnerung an die französische Finanzhilfe, mit der Kairos Verkehrsprobleme gemindert wurden, nannten die Kairoer die U-Bahn auf gut Französisch „Metro", übrigens die erste auf dem afrikanischen Kontinent und in der arabischen Hemisphäre. Jeder der unterirdischen Haltepunkte ist in einem anderen Farbton gehalten, Zu- und Abgänge sowie Plattformen sind englisch und arabisch beschriftet. Der mittlere Abschnitt der Züge ist für Frauen ohne männliche Begleitung reserviert. Die letzten Züge verkehren gegen Mitternacht.

- *Tickets* Tickets gibt es zum Einheitspreis von 1 LE am Schalter in den Stationen. Heben Sie den Fahrschein bis zur Sperre im Zielbahnhof auf, sonst kommen Sie nicht mehr raus.
- *Linie 1* Die Strecke beginnt in der nördlichen Vorstadt **el-Marg**, folgt der alten Vorortbahn über Matariya zum **Md. Ramses** (Station Ramsis), führt unter der **Ramses-Straße** (Station Orabi an der Einmündung Sh. Orabi; Station Nasser an der Kreuzung 26. July) zum **Tahrir-Platz** (Station Sadat), um dann aufzutauchen und wiederum auf der Trasse der alten Vorortbahn nach **Helwan** zu fahren. Für Touristen ist sie als Verbindung zwischen Tahrir und Ramses sowie zur Fahrt nach Alt-Kairo (Station Mari Girgis) interessant.
- *Linie 2* Diese Linie führt von der Vorstadt **Schubra el-Chaima** über **Md. Ramses** und 'Ataba zum **Tahrir-Platz** und weiter unter dem Nil hindurch nach **Giza**.
- *Linie 3* Die in Planung befindliche Linie 3 wird von Heliopolis über Abbassiya nach 'Ataba, weiter zur Station Nasser (26. July, Ecke Ramses) unter dem Nil hindurch nach Zamalek und Imbaba führen. Für später ist die Verlängerung über Heliopolis zum Flughafen geplant.
- *Heliopolis-Bahn* Kairos letzte Straßenbahnen, von den Einheimischen wie die U-Bahn „Metro" genannt, fahren vom **Ramses-Bahnhof** zum Roxy in **Heliopolis**, wo sie sich in drei Strecken durch den Stadtteil verzweigen. Die mit Fahrtziel Grün beschriftete **Abdel-Aziz-Fahmi-Linie** führt am Merryland-Park vorbei zum Md. Heliopolis und in Richtung Ain Schams; die **Nouzha-Linie** mit rot angezeigtem Fahrtziel durchquert auf der Sh. el-Azhar das Zentrum von Heliopolis zum Md. Triomphe und Md. el-Higaz; die mit gelbem oder weißem Ziel beschriftete **Merghani-Linie** führt über die gleichnamige Straße hinter dem Baron-Palast und am Almaza-Terminal vorbei zum Md. Triomphe.

> Ein Plan der Metrolinien befindet sich auf der hinteren Umschlagaußenklappe dieses Buches.

Stadtbus, Minibus, Taxi und Schiff

Für die Masse der Kairoer sind die lärmenden, stinkenden und meist überfüllten Linienbusse das wichtigste Verkehrsmittel in ihrer Stadt. Mit der verwirrenden Vielfalt von über hundert Linien, dazu durchweg arabisch beschriftet, eignen sich die Busse nur für wagemutige Ägypten-Urlauber.

Wenige Nachtlinien ausgenommen, fahren die Busse zwischen 5.30 und 24 Uhr. Der **zentrale Busbahnhof** für den innerstädtischen Verkehr befindet sich am Md. Abdel Moneim Riyad auf der Rückseite des Ägyptischen Museums. Einfache Haltestellen haben eine rote Stange mit einem Schild, auf dem die Nummern der Busse notiert

Stadtbus, Minibus, Taxi und Schiff 125

Wichtige Minibusverbindungen

Von	Nach
Midan Abel Moneim Riyad	Pyramiden, Sh. Faysal, Md. Giza, Mohandissin, Bulaq, Bulaq el-Dakrour, Imbaba, Ma'adi, Helwan
Midan Ramses	Aboud-Terminal, Md. Giza, Pyramiden, Zamalek-Mohandessin-Sh. Sudan, Imbaba, Ma'adi, Helwan, Al-Azhar-Dirasa
Mounib-Terminal	Bedraschen (hier umsteigen nach Saqqara), Dahschur, Abu Roash

Wichtige Busverbindungen

von \ nach	Midan Abel Moneim Riyad	Midan Ramses	Midan 'Ataba
Alt-Kairo 'Amr-Moschee	Linie 93//, 134	Linie 93//, 134	Linie 156
Heliopolis Md. Roxi	Linie 400, 500//, 24, 27, 35, 35/, 356	(Minibus, Tram)	Linie 21, 948
Mohandissin Sh. ed-Dauwal el-Arabia	Linie 337	Linie 30, 83	Linie 17, 19, 84, 106, 107
Pyramiden Mena House	Linie 355, 357, 900	Linie 30, 900	Linie 183
Zamalek	Linie 13, 49	Linie 47	Linie 48

sind, die zur Zeit der Errichtung des Schildes dort hielten. Geben Sie „Ihrem" Bus durch Handzeichen zu erkennen, dass Sie mitfahren wollen – er hält nicht ohne Weiteres. Eingestiegen wird hinten, bezahlt beim Schaffner und ausgestiegen vorne. Außer den rot-weißen „Volksbussen", die nur wenige Piaster kosten, sind auch gediegenere, grün-weiße Busse mit Sitzplatzgarantie (Fahrpreis bis 5 LE) im Einsatz.

• *Minibus* Private Minibusse verkehren zwischen bestimmten Plätzen, nehmen in der Regel nicht mehr Passagiere mit, als sie Sitzplätze haben, und sind deutlich schneller als die öffentlichen Busse. Man bezahlt während der Fahrt (je nach Strecke 0,5–2 LE); wer viel Gepäck hat, kauft einfach einen Sitzplatz zusätzlich, auf dem er die Lasten stapelt. Zum Einsteigen irgendwo auf der Strecke stoppt man die Minibusse durch Zuruf des Fahrziels; aussteigen kann man überall auf der Route.

• *Taxi* Eine Taxifahrt ist in Kairo erheblich preiswerter als in Deutschland. Etwa 36.000 Taxis, viele davon älter als 30 Jahre, sind in der Stadt unterwegs (und bleiben auch mal mit einer Panne liegen). Ausländer werden von Fahrern besonders gern mitgenommen, denn sie zahlen gewöhnlich gut und lassen sich leicht übervorteilen. So werden Sie keine Mühe haben, ein leeres Taxi zu bekommen.

Natürlich können Sie auch halb voll vorbeifahrenden Taxis Ihren Zielstadtteil oder -platz (z. B. „Tahrir!") zurufen. Liegt dieses Ziel auf der Route des Fahrers, wird er Sie mitnehmen. Erwarten Sie nicht, dass der Fahrer jede Straße in der Stadt kennt. Anspruch, direkt ans Ziel gefahren zu werden, hat immer der, der am längsten im Taxi sitzt. Zahlen Sie am Ende der Fahrt passend! Taxifahrer geben gewöhnlich vor, kein Wechselgeld zu haben. Nach Taxameter galten 2011 folgende **Taxi-Fahrpreise**, zu denen dann nach Ihrem Gusto noch ein Trinkgeld als „Ausländerzuschlag" zu addieren wäre.

Innerhalb des Zentrums	4–6 LE
Zentrum – Zamalek	5–7 LE
Zentrum – Mohandissin	6–8 LE
Zentrum – Al-Azhar	5–7 LE
Zitadelle – Al-Azhar	5–7 LE
Zentrum – Zitadelle	6–10 LE
Md. Tahrir – Alt-Kairo	10–15 LE
Md. Tahrir – Giza Zoo	5–7 LE
Md. Tahrir – Pyramiden	15–20 LE
Md. Ramses – Heliopolis	15–20 LE
Zentrum – Flughafen	25–30 LE

Für Ausflugsfahrten und Tagestouren den Preis vorher vereinbaren! Über den Daumen mag man 25 LE pro Taxistunde anpeilen.

• *Schiff* Von der Endstation **Maspero** zwischen dem Hotel Ramses-Hilton und dem TV-Building fahren Boote tägl. von 6.30 bis 15.45 Uhr alle 15 Minuten flussauf zur Gam'a-Brücke auf dem Westufer, jedes zweite Boot fährt weiter nach Manial, Roda-Süd, Giza (Corniche, südl. Giza-Brücke) und Alt-Kairo. Die gesamte Strecke nach Alt-Kairo dauert etwa 45 Minuten.

Ausflugsschiffe legen freitag- und sonntagvormittags zur **Barrage du Nil** *(Qanatir Mohammed Ali)* ab, einem Naherholungsgebiet am Nilstaudamm im Norden Kairos.

Kairos neue Taxis

Über Jahrzehnte waren die uralten schwarz-weißen Taxis aus Kairo so wenig wegzudenken wie der Nil: klappernde, schmuddelige Blechkisten mit ausgeleierten Stossdämpfern, durchgewetzten Polstern und abgebrochenen Türgriffen, die funktionierende Technik auf jenes Minimum reduziert, mit dem sich das Fahrzeug gerade noch fortbewegt – und manchmal gerade dann auf offener Strecke den Geist aufgab, wenn man dringend zum Flughafen oder einem anderen wichtigen Termin musste. Nicht zu vergessen die leidigen Streitereien um den angemessenen Preis, denn selbst wenn ein Taxameter vorhanden war, schaltete ihn der Fahrer nie ein.

Das soll nun alles anders werden. Mit einem ambitionierten Programm will die Regierung alle Taxis, die älter als 20 Jahre sind – und das ist der überwiegende Teil der Kairoer Taxen – durch neue, gasbetriebene Fahrzeuge mit Klimaanlage ersetzen. Gefördert wird die Aktion Alt gegen Neu durch großzügige Abwrackprämien, Discountpreise und Förderkredite für den Neuwagen, die der Taxifahrer mit Monatsraten von 800 LE über fünf Jahre hinweg abstottern kann. Und tatsächlich sind die neuen, nach ihrer cremeweißen Lackierung benannten Waite Cabs inzwischen ein vertrauter Anblick im Straßenbild geworden.

Selbstverständlich haben die White Cabs auch einen elektronischen Taxameter, den der Fahrer einschalten und nach dem er abrechnen muss. Die für den Kunden vielleicht wichtigste Neuerung besteht darin, dass die meisten Fahrer dies auch tun: 3,50 LE Grundpreis für den ersten und 1 LE für jeden weiteren Kilometer, bei Kriechgeschwindigkeit oder im Stau treibt eine Zeituhr den Preis nach oben. Alle zwei Monate müssen die Fahrzeuge zum technischen Check, was Manipulationen nicht verhindert, aber erschwert. So sind die Taxipreise nun endlich auch für Stadtfremde transparent. Und der Taxameter erspart das oft nervige Gefeilsche. Selbst wenn man am Ende der Fahrt noch einen „Ausländerzuschlag" als Trinkgeld draufgibt, ist die Fahrt im neuen, sauberen White Cab meist günstiger und auf jeden Fall stressfreier als im schwarz-weißen Oldtimer. Nur eben weniger abenteuerlich.

*V*erschiedenes

• *Apotheken* Tag und Nacht geöffnet haben **Isaaf**, Schari' Ramses, Ecke 26. July; **Ajaz Chanat Sayfa**, 76 Qasr el-Aini.

• *Ärzte* **Dr. Mona Abu Zekry**, Vertragsärztin der Deutschen Botschaft und der Lufthansa, ausgezeichnet mit dem Bundesverdienstkreuz, 7 Sh. ez-Zouhour, Mohandessin, ℡ 3760 0101, mobil 0122-2142669.

Dr. Lamiis Ragab, Vertragsärztin der DEO, 11 Tala'at Harb, ℡ 2392 0774, mobil 0100-1919918.

Zahnarzt Dr. Karim Guindi, 38 Mossadak, Doqqi, ℡ 2761 1715.

Weitere Adressen deutsch sprechender Ärzte finden Sie im Internet unter **www.kairofamiliennetz.de**.

• *Fahrräder* Das beste Sortiment an Ersatzteilen hat **Abu el-Gouch**, 99 Gomhuriya; die Filiale für Freizeiträder liegt etwas versteckt hinter der Abteilung für Lastenräder und Werkzeuge.

In Zamalek, in der Gasse hinter der Buchhandlung Diwan, gibt es sogar einen Fahrradverleiher: **Hannafi Muhammad Moussa**, 8 Sh. Sayed el-Bakri.

• *Kirchen* Deutschsprachige **Katholische Gemeinde**, 9 Sh. Muhammad Mahmoud, Bab el-Louk, ℡ 2795 7516, www.kath.de/kasdbk/kairo.

Deutsche **Evangelische Kirche**, 32, Sh. el-Galaa, ℡ 2577 9177, www.ekir.de/cairo/Neu/index.html.

• *Kulturinstitute* **Goethe-Institut**, 5 Bustan, ℡ 2575 9877, www.goethe.de. Bibliothek (So–Mi 13–19, Fr 14–19 Uhr), Ausstellungen, Konzerte, Vorträge und regelmäßige Filmvorführungen.

British Council, 192 Corniche en-Nil, Agouza, ℡ 19789, www.britishcouncil.org/egypt.htm.

Centre français de Culture, Madraset el-Huquq el-Ferensiya, Mounira, ℡ 2794 7679, www.ambafrance-eg.org/cfcc.

• *Krankenhäuser* **Anglo-American Hospital**, neben dem Cairo Tower, Gezira, ℡ 2735 616-2, -3, -4, -5. Mit rund um die Uhr besetzter Notfall-Ambulanz.

As-Salam International Hospital, Corniche, Ma'adi, ℡ 2524 0250. Das angesehenste (und teuerste) Klinikum Ägyptens.

• *Post* **GPO**, Md. 'Ataba, Sa–Do 7–19, Fr 10–12 Uhr. Die Ausgabestelle der *Poste restante* (postlagernd) befindet sich an der Seite des Gebäudes und schließt bereits um 18 Uhr. **Paketpost** im Post Traffic Centre, Md. Ramses, Sa–Do 8.30–15 Uhr. Auslandspakete sind offen anzuliefern und werden dort verpackt.

• *Schwimmen* Wer nicht Mitglied eines Kairoer Sportclubs oder Gast einer Nobelherberge ist, muss für einen Nachmittag am Hotel-Pool rund 150 LE löhnen. Das **Hyatt-Hotel** liefert als Dreingabe eine schöne Aussicht auf den Nil, das **Mövenpick** wirbt mit Pyramidenblick und einem bezaubernden Garten, das **Marriott** mit exklusivem Publikum und Fitnesscenter.

• *Segeln* Die letzten **Feluken** warten am Ufer nahe der Tahrir-Brücke auf Kundschaft für eine Segelpartie auf dem Nil – ein besonders für warme Sommerabende empfehlenswertes Vergnügen.

• *Telefon* Telefonämter mit 24-Stunden-Dienst gibt es auf der Nordseite des Md. Tahrir und in der Schari' Adly.

• *Visaverlängerung* Sa–Do 8–14 Uhr im 1. Stock des Mougamma-Gebäudes am Tahrir-Platz.

Übernachten

Kairo bietet Übernachtungsmöglichkeiten in allen Preislagen. Die billigsten Hotels und Pensionen konzentrieren sich im Geschäftszentrum. Individualreisende seien vor Taxifahrern und Gelegenheitsbekanntschaften gewarnt, die den ahnungslosen Hotelsucher mit allerlei Tricks in jene Etablissements verfrachten, die keineswegs die besten sind, sondern dem Schlepper die höchsten Kommissionen zahlen.

> **Hotelempfehlungen des Autors**
> Luxuriös: Mena House
> Mittelklasse: Longchamps
> Einfach: Pension Roma

• *Luxuriös* **Mena House** (4, Karte S. 216/217), das von der Oberoi-Kette gemanagte Mena House gehört zu den letzten erhaltenen Luxusherbergen des 19. Jh. Anlässlich der Eröffnung des Suezkanals als standesgemäße Unterkunft für Königin Viktoria gebaut, bezog es später der Khedive Ismail. Zur Ausstattung gehören der hoteleigene Golfplatz, ein Reitstall und ein außergewöhnlich großer Garten. Das Hotel liegt 12 km vom Stadtzentrum zu Füßen der Pyramiden. Schari' el-Ahram, Giza, ℡ 3377 3222, ℡ 3376 7777, www.oberoimenahouse.com.

The Nile (27, Karte Umschlag hinten), die Eröffnung dieses ersten internationalen Hotels in Ägypten wurde 1959 als Staatsakt gefeiert. Allen jüngeren Luxusherbergen der Stadt hat das Nile Hotel die unüberbietbar zentrale Lage voraus. Und wie kein anderes ist es ins städtische Leben von Touristen und einheimischer Oberschicht einbezogen. Das in die Jahre gekommene, früher von der Hilton-Gruppe gemanagte Haus wird derzeit etappenweise umgebaut und soll unter der Marke Ritz-Carlton wieder zur besten Hoteladresse Kairos werden. Md. et-Tahrir, Ⓜ Sadat, www.ritzcarlton.com.

Marriott (17, Karte S. 206/207), die 1400 Betten von Kairos größtem Hotel stehen in zwei Hochhäusern, die sich symmetrisch um den vormaligen Palast und Garten der Lutfi-Familie gruppieren. In diesem Kernbau mit seinem nostalgischen Hauch befinden sich die „Gemeinschaftszonen" mit Rezeption, Shopping und Gastronomie. Lassen Sie sich vom Barkeeper die tragisch-komische Geschichte erzählen, wie der enteignete Lutfi seinen Palast gegen die Nasseristen verteidigte. DZ ab 220 $, Frühstück extra. Pauschal 1 Woche für 2 Pers. inkl. Flug ab 1600 €. Es-Saraya el-Gezira, Zamalek, ✆ 2728 3000, ✇ 2728 3001, www.marriott.com.

Le Riad Hotel de Charme (32, Karte Umschlag hinten), eine langweilige Mietskaserne wurde unter syrisch-französischer Leitung mit viel Sorgfalt zum Boutique-Hotel umgebaut. Die 40–60 m² großen Studios sind farbenfroh und individuell gestaltet, das Dekor reicht von „pharaonisch" bis „arabisch modern". Hausschuhe, Bademantel, DVD-Player und PC auf dem Zimmer sind auch in der gehobenen Preisklasse nicht selbstverständlich. Schöne Dachterrasse, Essen auf Vorbestellung. Studio 250–320 €. 114 Mu'izz li Din Allah, Gamaliya, ✆ 2787 6074, ✇ 2786 2438, www.leriad-hoteldecharme.com.

Talisman (13, Karte Umschlag hinten), wer europäischen Hotelstandard sucht und zu zahlen bereit ist, aber die Anonymität der großen Hotelketten scheut, ist in diesem Boutiquehotel gut aufgehoben. Es wurde 2007 mitten im Zentrum in der 5. Etage eines Geschäftshauses eingerichtet. Die 24 Zimmer sind mit handgearbeiteten Möbeln und Teppichen individuell und „orientalisch" eingerichtet, den Korridor schmücken Bilder einheimischer Künstler. DZ ab 85 €. 39 Tala'at Harb, Ecke Sh. 26. Juli, Ⓜ Nasser, ✆ 2393 9431, ✇ 2390 9432, www.talisman-hotel.com.

• *Mittelklasse* **Flamenco (3, Karte S. 206/207)**, das auch über TUI (2 Pers. 1 Woche DZ mit Flug ab 1000 €) angebotene Hotel mit Retrocharme liegt in einer ruhigen Seitenstraße. Aus den oberen Etagen blickt man mit etwas Glück zwischen den benachbarten Hochhäusern hindurch auf den Nil. Die Zimmer sind mit Teppichboden, Schreibtischchen, TV, Kühlschrank ausgestattet. Die Suiten sind okay, die Standardzimmer etwas klein. DZ ab 110 $. El-Gezira el-Wosta, Zamalek, ✆ 2735 0815, ✇ 2735 0819, www.flamencohotels.com.

City View (28, Karte Umschlag hinten), während der Revolution im Januar 2011 war das Hotel im 5. Stock eines Altbaus am Tahrir-Platz für Polizisten wie Journalisten ein begehrter Ausssichtspunkt – vom Fenster hat man den ganzen Platz im Blick. Die hohen Räume sind mit kleinen Balkonen, Kühlschrank, Safe, TV und AC ausgestattet, im Flur stehen PCs zur Verfügung, das Frühstück ist vergleichsweise üppig und vielseitig. Engagiertes Personal und Management. DZ 60 $. 1 el-Bostan, Md. et-Tahrir, Ⓜ Sadat, ✆ 2773 5980, ✇ 2773 5981, www.cityview-hotel.com.

Victoria (2, Karte Umschlag hinten), ein älteres, doch gut gepflegtes Haus mit viel Stil – schon G. B. Shaw bettete hier sein müdes Haupt. Zentral gelegen mit lauter Straßenfront, auch bei deutschen Reisegruppen beliebt. DZ 70 $. 66 Gomhuriya, Ⓜ 'Ataba, ✆ 2589 2290, ✇ 2591 3008, www.victoria.com.eg.

Windsor (8, Karte Umschlag hinten), ein Kulthotel mit musealem Interieur aus den 1920er-Jahren, bezauberndem Fahrstuhl und einer Bar, an der sich einst die britischen Offiziere betranken. Eigentümer und Manager Wafik Doss kümmert sich engagiert um sein Haus. Die Sanitäranlagen wurden modernisiert, die Zimmer sind sehr unterschiedlich in Ausstattung und Größe. Mit Dachgarten. DZ 50–70 $. 19 Alfi, Ⓜ 'Ataba, ✆ 2589 5277, ✇ 2589 1621, www.windsorcairo.com.

Grand Hotel (10, Karte Umschlag hinten), ein klassisches Hotel mit geräumigen Zimmern, teils mit Balkon und Aussicht. In den unteren Etagen allerdings viel Straßenlärm und je nach Wetterlage auch Abgase. Bei geringer Belegung ist im Übernachtungspreis eine Mahlzeit inbegriffen. DZ 80 $. 17 Schari' 26. July, → Nasser, ✆ 2575 7700, ✇ 2575 7593, www.grandhotel.com.

Longchamps (4, Karte S. 206/207), das kleine, charmant ausgestattete Hotel befindet sich zusammen mit dem Horus-Hotel in einem gediegenen Wohnhaus in einer Seitenstraße von Zamalek. Die Lage weitab vom Zentrum wird durch relative Ruhe, bessere Luft und etwas Grün wettge-

Ein orientalisierter Blick auf die Cheops-Pyramide

macht. Besitzerin Hebba Bakri arbeitete lange als Unternehmensberaterin in Deutschland. DZ 55–65 €. 21 Ismael Mohamed, Zamalek, ✆ 2735 2311, ✉ 2735 9644, www.hotellongchamps.com.

Carlton (9, Karte Umschlag hinten), zweckmäßig ausgestattete Zimmer mit Bad, TV, Kühlschrank und AC, teilweise Balkon, wahlweise geräumig zur lauten Straße oder kleiner zur ruhigen Seitengasse. Im 6. Stock steht noch das mechanische Wunderwerk einer Telefonvermittlung aus den 1930er-Jahren, die Bar ist im Art déco dieser Zeit eingerichtet. DZ 225–310 LE. 21 Sh. 26. July, → Nasser, ✆ 2575 5022, ✉ 2575 5323, www.carltonhotelcairo.com.

Osiris (33, Karte Umschlag hinten), das von einem französisch-ägyptischen Paar geführte Hotel gegenüber der deutschen Schule liegt etwas zurückgesetzt im 12. Stock und ist damit recht ruhig. 17 unterschiedlich ausgestattete Zimmer mit geschmackvoller und oriental anmutender Dekoration. Vom Dach bietet sich ein schöner Blick über die Stadt. An den hoteleigenen PCs kann man seine E-Mails abrufen und Fotos auf CD brennen. Nicht nur frankophones Publikum, manche bleiben auch länger. Zimmer 35–40 €. 49 Noubar, Bab el Louk, → Naguib, ✆ 2794 5728, ✉ 2794 2981, http://hotelosiris.over-blog.com.

● *Einfach* **Pension Roma (14, Karte Umschlag hinten)**, das bei Ausländern beliebteste Billigquartier Kairos versprüht den Charme der guten alten Zeit und ist doch gut in Schuss. Signora Cressati hat ihr Personal im Griff und lässt regelmäßig renovieren. Saubere, große Räume mit Waschnische bzw. Dusche, moderne WC und Bäder auf der Etage. Reservierung notwendig. DZ 120–165 LE. 169 Mohammed Farid, Ecke Adli, Ⓜ'Ataba, ✆ 2391 1088, ✉ 2759 6243, www.pensionroma.com.eg.

Paris (26, Karte Umschlag hinten), die Pension befindet sich im 3. Stock des Geschäftshauses über dem Felfela-Imbiss. Nach dem schmuddeligen Hauseingang und dem seit Menschengedenken defekten Fahrstuhl ist die Pension selbst eine angenehme Überraschung. 24 gemütlich und mit vielen Rottönen irgendwie orientalisch eingerichtete Zimmer, in die nachträglich Duschkabinen eingebaut wurden. Die Zwillinge Walid und Tamer zeigen sich als aufmerksame Gastgeber – sind sie außer Haus, wird der Service allerdings lasch. Tee und Kaffee zur Selbstbedienung, eine kleinen Bibliothek und PCs stehen gratis zur Verfügung. Wegen der Straße sollte man nicht lärmempfindlich sein. Kein Frühstück. DZ 270 LE. 15 Sh. Tala'at Harb, Ⓜ Sadat, ✆ 2395 0921, www.hotelpariscairo.blogspot.com.

Die Hundefänger

Wie die streunenden Hunde gehören auch die Hundefänger zum Kairoer Alltag. Sie kommen bei Dunkelheit. Ein grauer, an einen Häftlingstransporter erinnernder Lastwagen hält am Rande der Kreuzung im nächtens stillen Wohnviertel. Die Hunde ahnen nichts Böses, sie sind an Autos und Menschen gewöhnt. Der größte Teil des Rudels schläft, zwei, drei stehen neugierig herum. Ein Polizist und ein Soldat steigen aus, Letzterer richtet seine Jagdflinte: Wumm! Ein Hund fliegt einen guten Meter rückwärts durch die Luft und landet dann tot auf dem Asphalt. Die anderen springen auf und davon. Der Polizist öffnet den Laderaum, schleift den leblosen Körper über die Straße und wirft ihn mit Hilfe des Kollegen auf die Pritsche. Die Blutspur wird der Staub des neuen Tages verwischen. Zweibeinige Passanten machen einen Bogen um die Szene. Da! Noch einer! Zu seinem Glück verzieht sich das Tier unter ein parkendes Auto. Die Hundefänger steigen ein, fahren davon und suchen neue Opfer. Um die 50 Tiere erledigt eine Crew pro Nacht. Drei Teams sind unterwegs, macht 150 tote Hunde. Nach Schätzung eines Veterinärs werfen auf Kairos Straßen täglich 40 Hundeweibchen im Durchschnitt vier Welpen. Macht 160. Deshalb wird es auch weiter wilde Hunde und Hundefänger geben. Alles bleibt, wie es ist.

Dahab (19, Karte Umschlag hinten), das Hotel befindet sich auf einem Hausdach. Nach Vorbild der Dahab-Camps wohnt man in winzigen gemauerten Hütten, lagert auf Sitzkissen und hört Bob Marley. Geputzt wird leider auch ziemlich lässig. Internetzugang. DZ 60–120 LE. 26 Mahmoud Bassiouni, Ⓜ Sadat, ℅ 2579 9104, www.dahabhostel.com.

Happyton (4, Karte Umschlag hinten), der äußerlich wenig ansprechende Betonbau wird vor allem von ägyptischen Gästen besucht. Das Hotel liegt zentral, ist sehr sauber und abgeschirmt vom Verkehrslärm, aber sehr hellhörig gebaut. Restaurant mit Alkoholausschank, nette Dachterrasse. In einem Laden gegenüber dem Hotel arbeitet übrigens einer der letzten Fußbügler Kairos. DZ 110 LE. 10 Ali el-Kassar (Seitengasse der Schari' Imad ed-Din), Ⓜ 'Ataba, ℅ 2592 8600, ℻ 2592 8676, www.happylifehotel.com.

Mayfair (13, Karte S. 206/207), die kleine Pension liegt relativ ruhig in einem Wohnviertel Zamaleks. Zimmer teilweise mit Bad, Kühlschrank und AC, Frühstücksterrasse. DZ 150–220 LE. 9 Aziz Osman, Zamalek, ℅ 2735 7315, ℻ 2735 0424, www.mayfaircairo.com.

El-Hussein (13, Karte S. 156), einfaches Hotel im Zentrum der Altstadt. Die Zimmer sind besser in Schuss als die Eingangshalle, doch wirklich toll sind die Balkone mit ihrem Ausblick auf die Azhar-Moschee und das städtische Treiben. An die Hygiene darf man freilich keine großen Ansprüche stellen. DZ 130–150 LE. Md. Hussein, Khan el-Khalili, ℅ 2591 8089.

*M*useen

Das Ägyptische Museum ist für jeden Touristen ein Muss. Auf das Islamische und das Koptische Museum wird der Reiseleiter wenigstens hinweisen, und der Kunstfreund wird sich ein Kunstmuseum anschauen. Doch die Kairoer Museumslandschaft bietet auch eine Reihe manchmal verschrobener, verstaubter und oft nahezu vergessener Sammlungen, die auf ihre Entdeckung warten.

Abdin-Palast, Schari' Mustafa Abd er-Raziq, Ⓜ Moh. Naguib, Sa–Do 9–15 Uhr, Eintritt 10/5 LE, Fotoerlaubnis 10 LE. Der Abdin-Palast wurde 1872 als Residenz für die ägyptischen Herrscher gebaut und wird noch heute weitgehend von der Präsidialbürokratie genutzt. Das Museum zeigt Feuerwaffen vom Vorderlader bis zu einer

Museen 131

Pistole Mussolinis, Orden und Medaillen sowie die Geschenke, die Hosni Mubarak in seiner Eigenschaft als Staatspräsident erhalten hatte.
Ägyptisches Museum → S. 135 ff.
Ahmed-Schawqi-Museum, 6 Schari' Ahmed Schawqi, Giza, www.egyptian museums.net, Di–Sa 10–17 Uhr, Eintritt 10 LE. Das Museum in einer Villa am Nil feiert den Poeten Ahmed Schawqi.
Arabic Music Institute, 22 Sh. Ramses (gegenüber dem Eingang zum Taufiqiya-Markt), Ⓜ Nasser, www.cairoopera.org. Das Gebäude beherbergt u. a. ein kleines Museum zum Gedenken an Mohammed Abdel Wahab (→ S. 58) sowie die Ausstellung historischer Musikinstrumente.
Eisenbahnmuseum, im Hauptgebäude des Ramses-Bahnhofs, neben Gleis 1, Ⓜ Ramsis, www.egyptrail.gov.eg, Di–Sa 8.30–14, Fr bis 14 Uhr, Eintritt 10 LE, Fr 20 LE, englischsprachige Führungen. Das 1933 eingerichtete Museum gibt einen Überblick über die Entwicklung des ägyptischen Eisenbahnwesens. Den einschlägigen Fan erfreuen besonders eine elektrische Miniatureisenbahn, welche die Revolutionäre 1952 beim Baumwollmagnaten Farghali Pascha beschlagnahmten. Dazu der Privatzug des Khediven Ismail und die Lok des Said Pascha, der sich, Ordnung muss sein, 1854 zum Lokführer ausbilden ließ. Echt sehenswert!
Ethnologisches Museum, 109 Qasr el-Aini, im Haus der Geographischen Gesellschaft, Ⓜ Sadat, http://server2002.net/egs1/index.html, Sa–Mi 10–15 Uhr, Eintritt frei. Der Besuch dieses eingestaubten und nahezu vergessenen Museums adelt Sie vom schlichten Touristen zum absoluten Insider! Es versteckt sich einen Block südlich der American University auf dem Gelände des Parlaments (Pass mitbringen!). Der Wachposten am schmiedeeisernen Tor wird Ihnen nach einigem Telefonieren den Weg weisen. Die volkskundliche Sammlung zeigt Werkzeuge, Gerätschaften und andere Alltagsgegenstände des 19. Jh. Darüber hinaus kann man sich Gegenstände anschauen, die auf Expeditionen im Sudan und Schwarzafrika gesammelt wurden.
Gayer-Anderson-Museum → S. 189
Geologisches Museum, Ather el-Nebi, Ma'adi Corniche, Alt-Kairo, Ⓜ Zahra', www.touregypt.net/geo/, Sa–Mi 9–14.30 Uhr. Eintritt frei. Gezeigt und auf Nachfrage kompetent erklärt werden Gesteine, Mineralien und Fossilien. Wir treffen den 32 Mio. Jahre alten Schädel des Aegyptopithecus, des primitivsten Affen, und können dann anhand von Proconsul, Australopithecus, Neandertaler und Kollegen die Entwicklung der menschlichen Gattung nachvollziehen. Und dann wäre da noch der kalifornische Säbelzahntiger. Da staunt der Laie, und die Fachfrau freut sich.
Islamisches Museum → S. 168 f.
Kindermuseum, Abu Baqr es-Siddiq, Ecke Harun er-Raschid, Heliopolis, zu erreichen mit der grünen Linie der Heliopolis-Tram, Di–So 9–14 Uhr. Das moderne Museum stellt mit Videoanimationen, Filmen und Touchscreens die Geschichte und die Landschaften Ägyptens auf kindgerechte Weise vor. Wer kein Arabisch kann, wird aber nur wenig verstehen. Der schöne Park des Museums lädt zum Picknick ein.
Koptisches Museum → S. 198 f.
Kutschenmuseum → S. 177 f.
Kutschenmuseum → S. 177 f.
Landwirtschaftsmuseum → S. 205
Mahmoud-Mochtar-Museum, Horreya Garden, Gezira, Ⓜ Opera, Di–So 10–13 u. 17–21 Uhr, www.egyptianmuseums.net, Eintritt 5 LE. Das vormalige Wohnhaus und Atelier des Bildhauers Mahmoud Mochtar beherbergt eine Dauerausstellung von Mochtars Werken sowie eine Galerie für Wechselausstellungen plastischer Kunst. Zeitweise kann man im Garten Bildhauern bei der Arbeit zuschauen.
Manial-Palast, Manial, Ⓜ Saiyida Zeinab, tägl. 9–17 Uhr (Fr 12–14 Uhr geschl.), www.egyptianmuseums.net, Eintritt 35/20 LE. Hinter einer braun-grauen Kalksteinmauer liegt inmitten eines Parks der riesige Palast-Komplex des Prinzen Mohammed Ali (1875–1955), eines Sohnes des Khediven Taufiq. Die Anlage verschafft einen guten Eindruck vom schwülstig-dekadenten Lebensstil und Geschmack der ägyptischen Aristokratie zu Beginn des 20. Jh. Im Einzelnen erwarten den Besucher: **Jagdmuseum** mit Trophäen- und Kuriositätensammlung des Prinzen; die Residenz; der Thronsaal; das private **Museum des Prinzen** mit Möbeln, Porzellan, Glaswaren, Schmuck, Textilien, Gemälden, Stichen, Familienfotos u. a.
Mevlevi–Museum → S. 190
Militärmuseum → S. 177
Mohammed-Nagi-Museum, 9 Mahmud el-Gindi, Hadaiq el-Haram, Mena House, Giza, Di–Mi u. Fr–So 10–15 Uhr (im Sommer

Arabische Architektur von heute

bis 18 Uhr), Do 10–13 Uhr, Eintritt 20 LE. Im früheren Wohnhaus von Mohammed Nagi (1910–1956) sind die Werke dieses führenden ägyptischen Malers der klassischen Moderne ausgestellt.

Museum der Entomologischen Gesellschaft, 14 Ramses, 2. Stock, Ⓜ Nasser, Vögel Sa–Do 10–13 Uhr, Insekten + Vögel Mo, Mi 17.30–20 Uhr, www.ees.eg.net, Eintritt frei. Naturkunde im alten Stil. Die Sammlung ausgestopfter heimischer Vögel entstand vor gut 70 Jahren. Dazu noch 50.000 (!) Insekten, säuberlich aufgespießt und katalogisiert. Touristen sind hier eine sehr seltene Spezies.

Museum für islamische Keramik → S. 148

Museum für moderne ägyptische Kunst → S. 147

Nationalbibliothek (Dar el-Kutub), Corniche, Bulaq, Sa–Do 9–15 Uhr, www.darelkotob.org. Ein Tipp für Bibliophile und Kalligrafie-Fans. Die Nationalbibliothek hat außer einigen Millionen Druckwerken auch die weltweit größte Sammlung arabischer Handschriften, darunter die beiden ältesten Koran-Ausgaben. Eine Wechselausstellung im Eingangsbereich zeigt die schönsten Stücke.

Polizei- und Feuerwehrmuseum → S. 176

Postmuseum, am Md. 'Ataba in der Hauptpost, Ⓜ 'Ataba, Sa–Do 9–13 Uhr, www.egyptianmuseums.net, geringer Eintritt. Briefmarken, Briefkästen, Uniformen der Briefträger und andere Memorabilia dokumentieren die Geschichte des ägyptischen Postwesens.

Taha-Hussein-Museum, 1 Hilmiyat el-Haram, Midan Madkur, Pyramid Road, Giza, Di–So 10–15 Uhr, Eintritt 10 LE. Das Wohnhaus des blinden Publizisten Taha Hussein (1889–1973) versetzt uns zurück in die Welt des westlich orientierten Bürgertums der 1940er-Jahre.

Umm-Kulthum-Museum → S. 197

Textilmuseum → S. 159

*N*achtleben

Romantisch mit einer Felukenfahrt auf dem Nil, klassisch mit dem Besuch der Oper, exotisch in der Afrikaner-Disco, orientalisch bei den tanzenden Derwischen oder ganz formlos in der Kneipe – die Metropole lässt auch zu fortgeschrittener Stunde keine Langeweile aufkommen.

Nachtleben

- *Discos und Clubs* Die Kairoer Discos teilen sich in vier Kategorien. Ganz oben die feinen Clubs, in denen die Reichen und Superreichen unter sich bleiben wollen – Eintritt nur für Mitglieder und deren Gäste. Dann die gehobenen Hoteldiscos und jene auf den Nilschiffen, wo eine dicke Brieftasche als Sesam-öffne-dich ausreicht. Weiter die „normalen" Dancefloors der Mittelschicht, zu denen Männer nur in weiblicher Begleitung Zutritt haben. Schließlich die „afrikanischen" Discos, offen für jedermann, in denen auch Prostituierte um Kunden werben.

Wenngleich unter wechselnden Namen, ist die Disco im Nile-Hotel eine Konstante im Kairoer Nachtleben. Andere Dancefloors, die schneller aufsteigen und wieder out sind als unsere Bücher aktualisiert werden können, nennt Ihnen das Internet. **www.yallabina.com** ist eine gute Seite zum aktuellen Nightlife in Kairo.

- *Musiklokale* **Cairo Jazz Club (5, Karte S. 206/207)**, 197 Sh. 26. July, Agouza, ☎ 2345 9939, www.cairojazzclub.com. Häufig Livemusik und keineswegs nur Jazz. Der Club wird auch für seine Küche gelobt. Offen tägl. ab 12 Uhr, Reservierung erforderlich, abends Einlass für Männer nur mit weiblicher Begleitung.

After Eight (23, Karte Umschlag hinten), 6 Qasr el-Nil, ☎ 0100-339 8000, www.after8cairo.com. „After eight", also ab 20 Uhr, kann man hier essen, trinken und tanzen. DJs und Live-Band, im Publikum viele Ausländer. Rerservierung erforderlich, Einlass für Männer nur mit weiblicher Begleitung.

- *Bauchtanz* Als beste Adresse für Bauchtanzshows galt bei meiner letzten Recherche der Club Harun al-Raschid im **Semiramis-Hotel**, Corniche, Garden City ☎ 2797 1818. Nächtliche Shows mit Startänzerin Dina kosteten allerdings 600 LE. Unter den schwimmenden Restaurants hatten die Shows auf **Nile Pharao** (Giza-Corniche, auf der Höhe des Zoos, ☎ 2570 1000) und **Nile Maxim** (vor dem Marriott-Hotel, Zamalek, ☎ 2735 8888) einen guten Ruf.

- *Kinos* Mit großwandigen Plakaten machen die im Zentrum (Schari' Imad ed-Din und Schari' Tala'at Harb) konzentrierten Kinos auf sich aufmerksam. Hier floriert die Plakatmalerei noch als Berufsstand. Das Kinoprogramm, meist laufen ägyptische Komödien und amerikanische Actionfilme, findet man z. B. in der *Egyptian Gazette* oder der englischen Ausgabe von *Al-Ahram*.

> Weitere Hinweise zu **Bars** und **Nachtkneipen** finden Sie auf S. 145 f.

Das Kairoer Filmfestival

In einer Szene des Films *El-Mansy* („Die Vergessenen") kämpfen sich der von Superstar Adel Imam gespielte Hauptdarsteller und sein Freund durch einen Pulk junger Männer zur Kinokasse vor. „Wie viele Szenen?", schreit Adel über die Köpfe seinem Kollegen zu, der die Kasse fast erreicht hat. „Drei Nackte und zwei im Nachthemd!", schallt es zurück. Mit dieser Szene ist das Kriterium, nach dem die Masse der ägyptischen Kinogänger sich ihre Filme aussucht, auf den Punkt gebracht. Und da einzig beim Kairoer Filmfestival Streifen auf die ägyptischen Leinwände kommen, ohne zuvor die kritischen Augen und gegebenenfalls die Schere des sittenstrengen Zensors passiert zu haben, sind die Filmtage zugleich die Tage der Voyeure.

Das Festival findet jährlich im Herbst statt (www.cairofilm.com). Nahezu alle Aufführungen sind öffentlich, gespielt wird in den normalen Kinos. Mit Glück bekommen Sie an der Rezeption der Nobelhotels ein englischsprachiges Programmheft oder gar den ausführlicheren Katalog mit Texten über die vorgestellten Filme. Mit der landeseigenen Neigung zur Improvisation wird das ausgedruckte Programm gerne kurzfristig umgestellt. Wenn Sie einen bestimmten Film sehen wollen, müssen Sie sich also wenige Stunden vor der geplanten Vorstellung am Kino vergewissern, ob Ihr Film tatsächlich läuft.

Kairo

- *Bühnen* **Cairo Opera House**, auf der Nilinsel Gezira, Ⓜ Opera, ℡ 2739 0144, www.cairoopera.org, Eintritt je nach Event 5–250 LE. Kairos Tempel der klassischen Muse ist Schauplatz der großen Kultur-Events. Hier spielen das hauseigene Symphonieorchester, ein Orchester für arabische Musik und die klassische Balletttruppe, gastieren ausländische Opernensembles und etablierte Weltstars. In der Main Hall herrscht für Herren Jackett- und Krawattenzwang – notfalls kann man sich einen Binder an der Garderobe ausleihen.

In Agouza, nahe der Brücke des 26. Juli, ist der **Ägyptische Nationalzirkus** zu Hause (℡ 3747 0612, Shows 20 Uhr, Do/Fr auch 17 Uhr, Mi Ruhetag).

Auf der Zamalek-Seite der Brücke gastieren im **El-Sawy Cultur Wheel**, ℡ 2736 6178, www.culturewheel.com, Ensembles mit westlicher wie arabischer Musik.

Et-Tannoura, die zur „Egyptian Heritage Dance Troupe" geadelte Gruppe tanzender Derwische zeigt ihre Kunst in der Karawanserei des Sultans el-Ghuri (→ S. 166) nahe der Al-Azhar-Moschee jeweils Sa u. Mi um 20.30 Uhr, sofern sie nicht gerade auf Gastspielreise unterwegs ist.

Im Beit es-Suhaimi (→ S. 162) spielt gewöhnlich So 20 Uhr das **Ensemble el-Nil** ägyptische Folkmusik.

Puppentheater, im Ezbekiya-Garten, Ⓜ 'Ataba, ℡ 2591 0954. Bis ins 20. Jh. zogen Schaustellertruppen mit Marionetten, Stockpuppen oder Schattenspiel von Ort zu Ort und zeigten volkstümliche Stücke. Der „Aragos", eine Adaption der türkischen Schattenspielfigur Karagöz, brachte es als eine Art Hanswurst gar auf die große Bühne. Das Spiel mit Marionetten wurde 1957 wiederbelebt, und die beiden anfangs in Prag ausgebildeten Ensembles gewannen mit eigenen Stücken auch international Anerkennung. Durch die klare Handlung sind die Darbietungen auch ohne Arabischkenntnisse verständlich. Gespielt wird von Okt. bis Mai Mi–Mo jeweils um 19.30 Uhr, Fr und So auch Matinee um 10.30 Uhr.

> Aktuelle **Termine** von Kulturveranstaltungen finden Sie in der Wochenzeitung *Al Ahram weekly* und unter www.yallabina.com/Culture/ sowie www.culturewheel.com.

Kairos wichtigste Sehenswürdigkeiten

Pharaonisches Kairo

☆☆☆ Ägyptisches Museum, S. 135 ff.
☆☆☆ Cheops-Pyramide & Sphinx, S. 212 ff.
☆☆ Saqqara, S. 222 ff.

Koptisches Kairo

☆☆ Koptisches Museum, S. 198 f.
☆☆ Kirche el-Mu'allaqa, S. 201 f.

Islamisches Kairo

☆☆☆ Ibn-Tulun-Moschee, S. 187 ff.
☆☆ Gayer-Anderson-Museum, S. 189
☆☆ Sultan-Hassan-Moschee, S. 170 f.
☆☆ Khan el-Khalili, S. 155 f.

☆☆ Mausoleum-Medrese des Sultan Qala'un, S. 159 f.
☆☆ Beit es-Sihaimi, S. 162
☆☆ Al-Azhar-Moschee, S. 165
☆☆ Islamisches Museum, S. 168 f.
☆☆ Zitadelle, S. 174 ff.
☆☆ Mausoleum-Medrese des Sultan Qaitbey, S. 182

Kurzprogramm – Kairo in drei Tagen

1. Tag: Pyramiden von Giza und Saqqara
2. Tag: Koptisches Viertel, Ibn-Tulun-Moschee und Zitadelle
3. Tag: Ägyptisches Museum, nördliche Fatimidenstadt und Khan el-Khalili

… # ★★★ Ägyptisches Museum

Die Schatztruhe der Pharaonenzeit am Midan et-Tahrir ist zusammen mit den Pyramiden die beliebteste Attraktion der Stadt. Tausende Kostbarkeiten lassen das alte Ägypten lebendig werden.

Die Sammlung wurde 1858 von dem französischen Ägyptologen Auguste Mariette begründet und zog 1902 in das jetzige Museumsgebäude um. Seither wurde die Ausstellung beständig erweitert, und die meisten der rund 120.000 Altertümer ruhen aus Platzmangel in für die Öffentlichkeit unzugänglichen Magazinen. Die Präsentation ist noch auf dem Stand von anno dazumal. „Katalognummer alt" (rot), „Katalognummer neu" (braun) und „Inventarnummer" (weder rot noch braun) verwirren den Besucher, der meist vergeblich eine erklärende Beschriftung sucht. Viel Chaos also. Ein Teil der Sammlung wird in das neue **Grand Museum** bei den Pyramiden umziehen, wenn dieses denn einmal errichtet ist.

- *Öffnungszeiten* Tägl. 9–18.45 Uhr. Da viele Exponate nur vom Tageslicht erhellt werden, tappt man im Winter nach 17.30 Uhr im Dunkeln. Md. et-Tahrir. Reisegruppen besuchen das Museum gewöhnlich vormittags. Wer kann, kommt deshalb besser am Nachmittag, wenn es weniger voll ist. Und wer sich die Zeit nehmen kann, kommt wenigstens zweimal, um sich beim ersten Besuch mit einem Überblick zu begnügen und beim zweiten je nach Geschmack und Interesse ausgesuchte Räume näher zu erkunden.
- *Eintritt* 60 LE, Studenten 30 LE, Mumiensaal 100/50 LE extra, Führer 70 LE/Std. Tickets werden im Torhaus verkauft und beim Eintritt ins Gebäude entwertet. Garten, Museumsshop und Cafeteria sind ohne Ticket zugänglich, nicht aber der Buchladen.
- *Toiletten* Man findet sie auf halber Höhe der zum Obergeschoss führenden Treppen.
- *Fotografieren* Da die Besucher sich nicht an das schon immer geltende Blitzlichtverbot hielten, sind jetzt alle Foto- und Videoaufnahmen im Museumsgebäude verboten.
- *Literatur* Wer sich besonders für ägyptische Kunst interessiert, kauft bereits zu Hause den teuren und schweren Band **Die Hauptwerke im Ägyptischen Museum** aus dem Zabern-Verlag (Mainz). Zum Mitnehmen geeignet ist der National Geographic Art Guide **Schatzkammern der Welt. Das Ägyptische Museum**. Die Buchhandlung im Museum bietet z. B. das dreisprachige Buch **Egyptian Museum Cairo** von Eduard Lambelet und den **Pocket Guide of the Egyptian Museum** von Farid Atiya (AUC Press).

Erdgeschoss

Die Präsentation im Erdgeschoss ist im Uhrzeigersinn weitgehend chronologisch aufgebaut. Sie beginnt im Eingangsraum (48) mit einer Kopie des *Rosetta-Steins*, anhand dessen Jean-François Champollion die Hieroglyphen entzifferte (→ S. 516 f.), und der *Schminkpalette des Narmer* (→ S. 27). Am Übergang zu Raum 47 wacht eine in Saqqara gefundene *Sitzstatue des Djoser* (um 2770 v. Chr.), die älteste Großstatue des Museums.

Raum 47: An der rechten Wand finden wir drei *Schiefertriaden mit Mykerinos*, der die kleine Pyramide von Giza erbauen ließ. Den von der oberägyptischen Krone gekrönten Pharao flankiert (links) die Göttin Hathor, die im Unterschied zu den rangniederen Gaugöttinnen (rechts vom König) ein kleines Schrittchen vorwärts machen darf. In der Vitrine D begegnen wir dem Volk: *Bäcker* (Nr. 37822), *Korn mahlende Dienerin* (Nr. 171), *Frau beim Bierbrauen* (Nr. 66624) und andere Tonfigürchen sollen den Vornehmen im Jenseits die Arbeit abnehmen.

Raum 42: Im Zentrum sieht man Pharao *Chephren* (um 2620 v. Chr.) auf einem Löwenthron. Die Kolossalstatue aus nubischem Dioritgneis gilt als ein Meisterstück

136   Kairo

Ägyptisches Museum Erdgeschoss

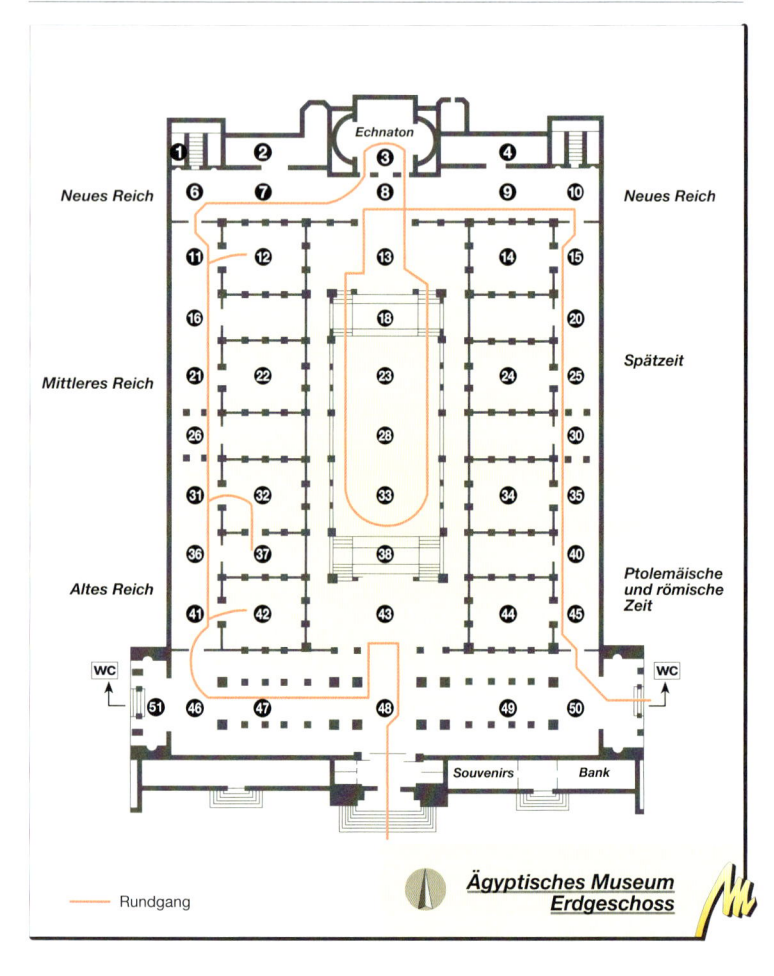

- Rundgang

Echnaton

Neues Reich

Neues Reich

Mittleres Reich

Spätzeit

Altes Reich

Ptolemäische und römische Zeit

Souvenirs   Bank

der Bildhauer des Alten Reiches. Im Gegensatz zur idealisierten Gestalt des Pharao tragen die Statuen der Höflinge durchaus individuelle Züge und wirken damit lebendiger. So etwa die in Saqqara geborgene Holzfigur des *„Dorfschulzen"* *Ka-Aper* (Nr. 140), so benannt, weil er die Finder frappant an ihren Bürgermeister erinnerte. Oder der im Schneidersitz ruhende *Schreiber* (Nr. 141).

Raum 32: Hier begrüßen uns Prinz *Rahotep* (Nr. 223), seines Zeichens General und Oberpriester von Heliopolis, samt Gattin *Nofret*, beide mit vorzüglich erhaltener Bemalung. Als glückliche Familie präsentiert sich der *Zwerg Seneb* (Nr. 6055) mit Frau und zwei Kindern, die an ihren „Lutschfingern" als solche zu erkennen sind. Die Gruppe warb kürzlich in einer Kampagne zur Familienplanung für die Zwei-Kinder-Familie. An der Wand die farbenprächtigen *Maidum-Gänse* (Nr. 136 E) als Ausschnitt einer Stuckmalerei mit Jagdszenen.

Raum 37: Hier werden die ausnahmsweise leidlich beschrifteten Grabbeigaben der Königin *Hetep-Heres* präsentiert. Der Raum ist klimatisiert und bietet neben den antiken Möbeln fürs Jenseits auch neuzeitliche Sitzgelegenheiten für die Besucher – ein guter Platz für eine Verschnaufpause.

Raum 12: Vorbei an düster blickenden Herrschern des Mittleren Reichs (*Mentuhotep II.* in Galerie 26, Nr. 287; *Amenemhet III.* in Galerie 21, Nr. 284 und 6061) und *Granit-Sphinxen* (Galerie 16, Nr. 507 A–D), die nur noch entfernt ihrem Vorbild in Giza ähneln, erreichen wir das Neue Reich. In der zentralen Vitrine steht Göttin Hathor in Gestalt einer lebensgroßen Kuh, der nachgesagt wird, sie habe bei ihrer Entdeckung lautstark gebrüllt. Auch die farbenfroh bemalte Kapelle, in der sich die Hathor-Kuh als Kultbild befand, wurde hier aufgebaut. An netten Kleinigkeiten gibt es ein Relief der *Königin von Punt* (Nr. 452) aus dem Hatschepsut-Tempel zu entdecken. Die Dame leidet an extremer Fettleibigkeit und einer von modernen Medizinern als Hyperlordose diagnostizierten Rückgratverkrümmung.

Echnaton – Kunst oder Krankheit?

Zu den überzogenen, karikaturhaft gesteigerten Darstellungen des Echnaton und seiner Familie hat sich bis heute in der Fachwelt keine einhellige Interpretation durchgesetzt. Anfangs sahen die Ägyptologen hinter Echnatons Erscheinung einen Eunuchen oder gar eine Frau. Jene, die der Amarna-Kunst eine realistische Abbildung des Pharaos unterstellen, vermuten, eine Krankheit habe Echnaton und besonders seine Töchter deformiert: Sie hätten einen Wasserkopf gehabt oder am Marfan-Syndrom gelitten, einer genetischen Anomalie, die zu Missbildungen führt. Selbst der freilich schon von Echnatons Vater Amenophis III. protegierte Sonnenkult wird mit der Sehschwäche der Marfan-Kranken erklärt. Eine andere Theorie unterstellt, man habe damals die Köpfe der Babys bewusst mit Bandagen deformiert. Doch solange die Mumie des Echnaton nicht identifiziert ist, bleiben solche Erklärungen pure Spekulation und, mit Hermann A. Schlögl gesprochen, „ebenso wenig hilfreich wie etwa die pathologische Deutung expressionistischer oder kubistischer Kunstwerke".

Andere Deutungen verbinden die ungewöhnlichen Darstellungen mit Echnatons Reformen (→ S. 254). So wie in der Religion habe Echnaton auch in der Kunst mit den Traditionen gebrochen. Erstmals hätten die Künstler auch die künstlerische Freiheit gehabt, einen neuen Stil zu entwickeln.

Echnaton für Einsteiger: Hermann A. Schlögl, Amenophis IV./Echnaton, erschienen als Rowohlt-TB.

In Gestalt eines Würfelhockers begegnet uns *Senenmut* (Nr. 418). Als Architekt des Terrassentempels und als Erzieher und Vermögensverwalter der Hatschepsut-Tochter Nofrure besaß er seinerzeit immensen Einfluss. Das Kind ragt gerade mit dem Kopf aus dem Würfel, den man sich als über die Knie des Hockenden gezogenen Mantel vorstellen kann. An der Wand eine kolossale *Hatschepsut* (Nr. 6052) aus Rosengranit; in männlicher Gestalt kniet sie opfernd als Nr. 6153 in Galerie 7.

Raum 3: Der Amarna-Saal versammelt Objekte aus der Zeit des *Echnaton* (ca. 1350 v. Chr.), der sich von Religion und Kunst seiner Vorgänger radikal abwandte. Der Pharao, durch seine Mutter Teje übrigens schwarzafrikanischer Herkunft, erscheint nun nicht mehr als zeitlos schönes Ideal. Vier *Kolossalstatuen* aus Karnak präsentieren ihn mit mächtigem Bauch, dicken Schenkeln und wulstigen Lippen in einem expressiven Stil mit beinahe hässlichen Körperformen. Seine Töchter haben einen übergroßen Hinterkopf (vgl. *Die Heilige Familie*, Nr. 482; *Prinzessin beim Verzehr einer Ente*, Vitrine F, Nr. 48035 J; und besonders die Statue Nr. 44872 in Vitrine 162, Raum 8). Auch Familienleben und Gefühlswelt werden thematisiert. Blickfang ist eine in der Mitte des Raums platzierte, mit Blattgold überzogene Plexiglasform. Der feine Goldbelag stammt vom vermutlichen Sarkophag des Echnaton, wurde dem Museum irgendwann in den 1920er-Jahren gestohlen und landete auf verschlungenen Wegen in den Antikensammlungen zu München, wo man ihn kürzlich restaurierte und an Ägypten zurückgab.

Im **Mittelraum** imponieren in Medinet Habu gefundene Großstatuen von Amenophis III. und seiner Gattin Ti. Galerie 28 zeigt ein mit Naturszenen dekoriertes Bodenmosaik aus dem Armana-Palast.

Obergeschoss

Den Ostteil des Erdgeschosses mit den Objekten aus der Spätzeit mag man sich sparen – oben warten die Funde aus dem **Grab des Tutanchamun**. Die meisten Besuchergruppen eilen sofort zu den Juwelen, doch auch die anderen Grabbeigaben sind nicht ohne.

Ostgalerie: Den Eingang zur Ostgalerie bewachen, wie einst in der Grabkammer, zwei lebensgroße *Holzstatuen* des Pharaos mit Stab und Keule. In Galerie 40 steht der vergoldete *König auf einen Papyrus-Floß* (Nr. 410) und auf einem *Panther* (Nr. 407). In Galerie 35 bekomme ich Zweifel, ob Tutanchamun im Jenseits viel Freude am Regieren gehabt hätte. Sein *Thronsessel* aus vergoldetem Holz ist prächtig anzuschauen, sieht aber irgendwie doch unbequem aus. Vitrine 49 birgt zwei königliche *Spielbretter* aus Ebenholz und Elfenbein, Galerie 30 den *Kinderstuhl* des Königs. Unter den Alabasterarbeiten in Galerie 20 gefallen eine jugendstilige *Lotuslampe* und der *Wunschkelch* (Nr. 182 und Nr. 11 in Vitrine 16).

Nordgalerie: Es geht weiter mit den *Totenbetten*, einem *Sonnenschirm* und einer vom Schakalgott Anubis bewachten *Truhe* (Nr. 447). In der einem vergoldeten Tempelchen ähnlichen *Kanopenkapelle* (Nr. 985) stand der *Kanopenschrein* (Nr. 984) aus Alabaster, in diesem wiederum waren die vier in der Schatzkammer ausgestellten *Sarkophage* (Nr. 1184–1186 u. 452) mit den Innereien des Toten untergebracht. Den Rest der Galerie füllen die *Prunkwagen* und vier nach Art einer russischen Matroschka-Puppe ineinander geschachtelten *Schreine* für die Mumienkästen des Toten.

Juwelensammlung: Die drei in Körpergestalt ausgeführten Mumienkästen, davon der Innerste aus purem Gold, stehen im abgedunkelten, klimatisierten und streng bewachten Raum 3 mit den Grabschätzen des Tutanchamun – an diesen Highlights

Ägyptisches Museum 139

— Rundgang
▓ Grabschatz des Tutanchamun

Ägyptisches Museum Obergeschoss

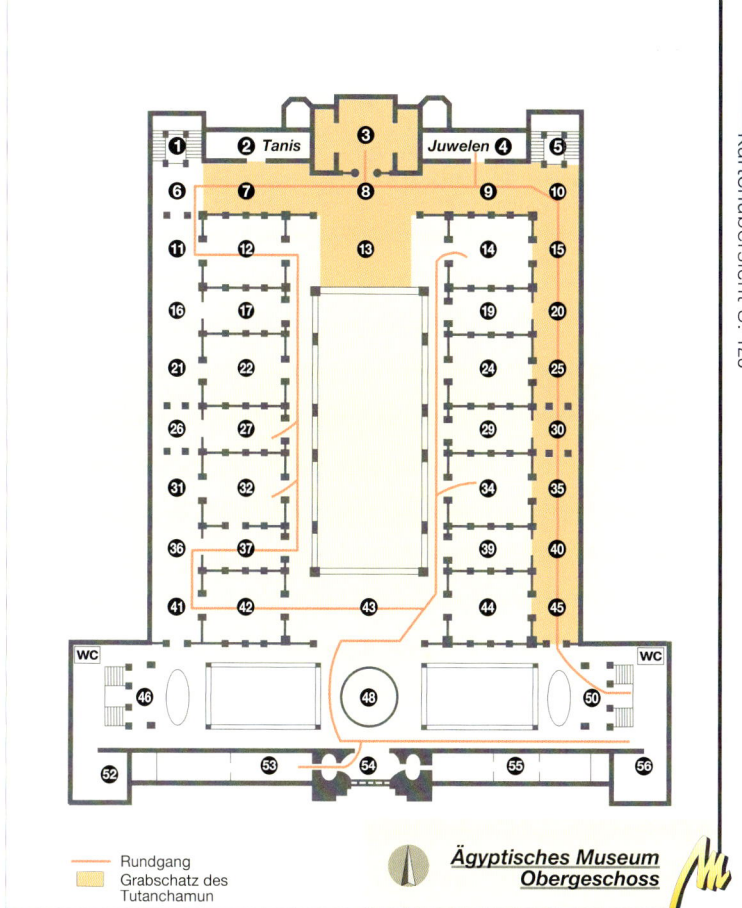

des Ägyptischen Museums herrscht immer besonderes Gedränge. Hier sind die *Totenmaske* und der *Schmuck* ausgestellt, mit dem die Mumie ausgestattet war. Weniger berühmt sind die güldenen Totenmasken und *Grabschätze aus Tanis* (Raum 2), wo sich die Pharaonen der 21. und 22. Dynastie bestatten ließen. Der vorbildlich ausgestattete Raum 4 zeigt eine chronologisch angeordnete Sammlung von *Schmuck der Pharaonenzeit*.

Räume 27, 32, 37: Nur wenige Besucher finden den Weg in diese Räume mit hübschen *Holzmodellen von Alltagsszenen*, an denen vor allem Kinder ihre Freude haben. In Puppenhäusern sieht man Handwerker und Bauern bei der Arbeit, Beamte bei der Abnahme der Ernte, dazu Schiffe mit Totenprozessionen, in Reih und Glied marschierende Soldaten und vieles andere mehr. Was aussieht wie Kinderspielzeug, wurde den Toten mit ins Grab gegeben, um sie auch im Jenseits mit dienstbaren Geistern zu umgeben. Die hier gezeigten Funde datieren aus dem Mittleren Reich.

Galerie 36, 41, Räume 42, 43: Beim Durchgang in die Galerie machen wir einen Zeitsprung um 1000 Jahre zurück zu den Anfängen der ägyptischen Hochkultur. Ausgestellt sind *Grabbeigaben des Hemaka*, eines Wesirs der 1. Dynastie, darunter Spielbretter und rätselhafte Lochscheiben. Vorbei an der Kopie eines Fragments des *Palermo-Steins* mit seiner Königsliste (Vitrine Q in Raum 42) geht es zum Grabschatz von *Yuya und Thuyu* (Raum 43), den Schwiegereltern von Amenophis III. Vor der Entdeckung Tutanchamuns war dies hier der Höhepunkt des Museums.

Raum 34: Hier sind *Gebrauchsgegenstände* aus dem Alltagsleben versammelt, so etwa *Maße und Gewichte* (Vitrine M), *Spiele und Puppen* (Vitrine I), *Musikinstrumente* (Vitrine E) oder ein hübsches hölzernes *Schminktablett* in Form einer Lotusblüte (Nr. 5266 in Vitrine S).

Raum 14: Gezeigt werden Särge, Mumien, Masken und Mumienbilder der griechisch-römischen Zeit, darunter die sog. *Fayum-Porträts*. Etwa von 30 bis 230 n. Chr. pflegte die griechisch-ägyptische Oberschicht in ihre Mumien auf Kopfhöhe Porträts Verstorbener einbinden zu lassen. Die meisten dieser verblüffend lebendigen Bilder wurden von Flinders Petrie in Hauara (→ S. 237) ausgegraben. Das juwelengeschmückte *Golden Girl* (Nr. 33216) vereint Züge von Isis und Aphrodite und erinnert zugleich an eine Ikone. Das *Tondo der zwei Brüder* (Nr. 4310/33267) gilt als ein künstlerischer Höhepunkt des Genres und symbolisiert in den Dargestellten die Symbiose aus griechischer und ägyptischer Welt.

Raum 50: Sie haben die Zeit ganz vergessen und schauen auf Ihre Armbanduhr? Zu Pharaonenzeiten waren die Chronometer weniger handlich. Im Vorraum des Treppenabgangs gibt es die alabasterne *Wasseruhr* von Amenophis III. (Nr. 4940). Der fallende Wasserspiegel gab die Zeit an. Die Nacht von Sonnenuntergang bis -aufgang war in zwölf Stunden unterteilt, die je nach Jahreszeit unterschiedlich lang waren. Deshalb gibt es für jeden Monat eine andere Skala.

Mumien: Der Weg zum *Mumiensaal I (*Raum 56) führt durch eine Galerie mit erklärenden Texttafeln. Im Zentrum des abgedunkelten Raums ruht Ramses II., um ihn herum liegen in mit Schutzgas gefüllten Glassärgen weitere Pharaonen, Mitglieder der königlichen Familien und hohe Würdenträger des Neuen Reiches. Die Zurschaustellung der sterblichen Überreste ist nicht unumstritten, lange war der Mumiensaal geschlossen. Doch nun werden sogar weitere königliche Mumien im Raum 52 präsentiert. Wer den zusätzlichen Eintritt für die Mumiensäle scheut, findet namenlose Mumien in der Galerie 31. *Mumifizierte Tiere*, nämlich Paviane, Ibisse und Adler, dazu ein riesiges Krokodil, sind mit erklärenden Tafeln im Raum 53 ausgestellt.

> **Lesetipp**: Alles über Mumien und die Technik der Mumifizierung erfahren Sie bei Renate Germer, *Mumien*, erschienen im Patmos-Verlag. Als Bildband empfiehlt sich Francis Janots *Mumien* (Travelhouse Media).

Kindermuseum

Im Kellergeschoss, wo früher die „Hidden Treasures" gezeigt wurden, können nun Kinder die Pharaonenzeit als Legowelt erkunden. Als „Geheimnisse der Pharaonen" tourte das Legoreich der Pyramiden lange durch Europa, bevor das im dänischen Billund beheimatete Unternehmen die Modelle dem Ägyptischen Museum stiftete.

Der Zugang zur Ausstellung befindet sich vom Garten aus gesehen auf der linken Seite des Gebäudes. Eine gewaltige Lego-Sphinx begrüßt die Besucher. In fünf Räumen werden Alltagsaktivitäten wie Bierbrauen und Brotbacken, das Mumifizieren und die Fahrt ins Totenreich, die Schreibkunst, Wissenschaften und das Leben im Palast vorgestellt. Wohlgemerkt mit Legofiguren und aus Legosteinen konstruierten Szenen, sei's Tutanchamuns Totenmaske oder eine Statue des großen Ramses, ab und an bereichert um Tafeln mit erklärenden Texten auf Arabisch und Englisch und sogar um originale Artefakte. Auch ein Spielzimmer mit Legosteinen fehlt nicht.

Stadtzentrum (Karte Umschlag hinten)

Das Zentrum mit seinen Geschäften im europäischen Stil hat seine beste Zeit schon hinter sich. Zwischen ergraute Häuser im Geschmack der levantinischen Belle Époque – hier Art déco der 1920er-Jahre und dort ein bisschen Jugendstil – mischen sich erste Glaspaläste.

Im 19. Jh., als Kairo dem zurückweichenden Nil folgte und sich nach Westen ausdehnte, wurde das Zentrum von und für die europäische Ausländerkolonie angelegt. Der in Paris aufgewachsene Khedive Ismail (reg. 1863–1879) und sein beim Pariser Stadtplaner Baron Haussmann ausgebildeter Baumeister Ali Pascha Mubarak wollten ein Paris-sur-Nil schaffen, mit breiten Boulevards, eisernen Brücken, grünen Parks, hygienischer Kanalisation und einem Opernhaus – das alles zum Glück nicht durch Abriss und Umbau der Altstadt, sondern neben dieser. In *Kahira el-Ismailia*, wie das neue Viertel hieß, waren die Europäer und die europäisch orientierte Elite unter sich und lebten üppig – in bis zu sechsstöckigen, großzügigen Apartmenthäusern, ein wenig Jugendstil, venezianische Gotik und Stuck à la Neo-Rokoko. Die Architekten hatte man sich aus Frankeich und Italien gleich mitgebracht. Diskreter Charme der Bourgeoisie, Klavierabende unter Gaslicht, bei Shepheard's zum Tee die Aktienkurse diskutieren und über die Balkankriege den Kopf schütteln. Das Essen serviert der nubische Butler, die Müllabfuhr besorgen Kopten vom anderen Ende der Stadt unauffällig im Morgengrauen.

Etwas von der alten Atmosphäre hat sich in **Garden City** erhalten, jenem alten Villenviertel, das hinter dem Semiramis-Hotel beginnt und sich zwischen Nil und der Schari' Qasr el-Aini südwärts zieht. Andernorts hat die Zeit den alten Glanz stumpf werden lassen; Kolonialoffiziere, levantinische Kaufleute gibt es nicht mehr, ihre Nachfahren wohnen in Ma'adi. In die Wohnblocks der Hauptstraßen sind Büros eingezogen, statt nach dem Aristokraten Suleiman Pascha heißt die umsatzstärkste Einkaufsmeile jetzt Tala'at Harb, und der war Bankier.

Zentrum des Zentrums ist der **Midan Tahrir**, der Befreiungsplatz. Hier war das Epizentrum der Demonstrationen und Streiks, mit denen sich die Ägypter im Februar 2011 von ihrem Langzeitherrscher Hosni Mubarak befreiten. Seinen Namen hat der Verkehrknotenpunkt aber schon seit der 1952er-Revolution. Zuvor hieß er Midan Ismailia, nach dem Khediven Ismail, der ihn als größten Platz des Landes bauen ließ. Heute ist der Tahrir keine städtebauliche Schönheit mehr. Eher schon Bühne für den Verkehrskollaps und eine Wanderbaustelle, die mal hier an dieser, mal an jener Ecke das Pflaster aufreißt. Auf der Südseite steht die halbrunde Bürokratie-Trutzburg *Mougamma*, in die sich täglich Tausende Beamte im Einheitsanzug mit weißem Hemd wälzen. Im Südosten schlendert die westlich-modernistische Jugend zur *American University*. Zum Nil hin steht das *Gebäude der Arabischen Liga*, zwischen ihm und der Mougamma die *Empfangsvilla des Außenministeriums* und die *Omar-Makram-Moschee*, in der die Totenfeiern für Personen des öffentlichen Lebens begangen werden. Am Nilufer erhebt sich das *Ritz-Carlton* mit reichen Urlaubern und ausländischen Geschäftsleuten. Am oberen Ende des Platzes werden die Reisegruppen ins *Ägyptische Museum* geschleust, im Norden blickt man in die Einkaufsachse **Schari' Tala'at Harb**.

Entlang der Tala'at-Harb-Straße und in ihrer Nachbarschaft erinnern Architekturpreziosen an die Belle Époque. Ein mosaikverzierter Eingang markiert das legendäre **Café Groppi**, das unter dem aus Lugano stammenden Konditor Giacomo Groppi (1863–1947) die Upperclass mit süßen Leckereien bediente. Das **Bähler-Building** gegenüber an der Nordwestecke des Midan Tala'at Harb wurde als damals edelstes Geschäftshaus der Stadt für den Schweizer Immobilien-Tycoon Albert Bähler (1868–1937) erbaut. Zwei Blocks weiter wurde Haus Nr. 34, der 1937 im Art-Deco-Stil errichtete **Yakoubian-Bau,** durch den gleichnamigen Skandalroman (→ S. 64) weltberühmt. Das **Cinema Metro**, 1939 mit „Vom Winde verweht" eröffnet, war das vornehmste Filmtheater der Stadt und die volkstümliche Alternative zur Oper. Die Flure präsentieren sich noch im Dekor der Weltkriegsjahre, und der 1500 Zuschauer fassende Saal mit seinen sanft geschwungenen Formen und den Stuckschabracken erinnert an den Bauch einer Wurlitzer-Orgel. In der Schari' Adli einen Block östlich des Kinos steht die **Schar-Haschmamain-Synagoge**. Der gut bewachte Zuckerbäcker-Prunkbau ist gegen eine Spende Mo–Fr 10–18 und Sa 14–18 Uhr zugänglich. Von 1948 noch 65.000 Seelen ist die jüdische Gemeinde Kairos durch die Auswanderung nach Israel auf wenige Dutzend Menschen geschrumpft.

Die Schari' Adli mündet auf den **Midan el-Opera** mit dem bronzenen *Reiterstandbild des Ibrahim Pascha*. Der Platz ist nach dem alten Opernhaus benannt. Für die Einweihung 1869 hatte man bei Verdi „Aida" bestellt, doch der Maestro wurde mit der Komposition nicht rechtzeitig fertig und dirigierte stattdessen „Rigoletto". „Aida" wurde dann gut hundert Jahre später als letzte Vorstellung in der alten Oper gegeben. Die einen sagen, es sei eine Katze gewesen, die

Der Art-déco-Eingang des Café Groppi

Der Bawab – mehr als nur Pförtner

Ein Mann fragt den Bawab: „Wie geht es deinen Söhnen?" „Der Jüngere macht sich prächtig. Er wird auch Bawab. Nur der Ältere macht mir Sorgen. Er studiert." Dieser gängige Witz stellt die Akademikerarbeitslosigkeit den im Volksverständnis schier unerschöpflichen Pfründen des Bawabs gegenüber. Der gehört noch immer zu jedem Wohnhaus, das auf sich hält, sitzt auf einer Bank im Eingang, fragt „verdächtige" Besucher nach dem Woher und Wohin, kennt die Tricks, mit denen der Fahrstuhl wieder in Gang kommt, putzt die Treppe und sammelt am Monatsende die Mieten ein. Ein Patriarch im wallenden Gewand, mit schneeweißem Turban, Sandalen und mit großer Uhr, einer, der alles weiß, jeden kennt und auch schon manche Ehe vermittelt hat.

Sein „Grundgehalt" bezieht der Bawab vom Eigentümer, der es auf die Mieten umlegt. In jenen Vierteln, wo die Mieten niedrig und die Mieter arm sind, kommt auch der Bawab auf keinen grünen Zweig. Dort hat er einen Verschlag unter der Treppe oder eine Hütte auf dem Dach und verdient zu wenig zum Leben und zu viel zum Sterben. Doch in den guten Häusern, in Heliopolis, Garden City oder Zamalek, da ist der Bawab ein kleiner König, der im Monat über 1000 Pfund verdienen und sogar noch Gehilfen beschäftigen kann. Geld bringen die Dienstleistungen für die Mieter wie Auto waschen und Einkäufe erledigen, dazu die „Provisionen" für das Vermitteln von Handwerkeraufträgen oder leer stehenden Wohnungen. Am einträglichsten ist die Kurzzeitvermietung an die Araber aus den Golfstaaten. Die lassen sich kräftig melken und haben spätabends oft noch sehr spezielle Bedürfnisse, deren Befriedigung der Bawab natürlich auch zu vermitteln weiß.

Doch solche Goldgruben sind für Neueinsteiger unerreichbar. Sie werden gewöhnlich vom Vater auf den Sohn oder an Verwandte vererbt. Auch ein Bawab muss sich hochdienen, bevor ihn der Makler, der neben Häusern auch Bawabs vermittelt, für ein „Ausländerhaus" vorschlägt. Gegen Provision, versteht sich. Zusätzlich muss der neue Bawab, der ja auch die Mieten einsammelt, dem Eigentümer eine Kaution von 10.000 bis 20.000 Pfund stellen.

Konkurrenz erwächst den Bawabs durch die uniformierten Angestellten der Security-Branche, die inzwischen zweistellige Zuwachsraten verzeichnet. Diese Firmen bieten vor allem Bürotürmen einen Rundum-Service mit Bewachung, Putzen, Hausmeisterdiensten und Blumenpflege. Die schick kostümierten Guards haben gewöhnlich studiert (können also die Post korrekt in die Briefkästen verteilen) und gelten als modern. Um die kleinen Nebengeschäfte zu verhindern, zu denen die Guards angesichts ihres mageren Salärs nicht weniger neigen als die Bawabs, werden sie alle paar Monate versetzt. Der Guard ist austauschbar – ein guter Bawab aber erkennt mich auch im nächsten Jahr noch wieder.

anderen bezichtigen einen unachtsamen Wächter, jedenfalls fiel des Nachts eine Petroleumlampe um und das ganze Haus ging in Flammen auf.

Der gerade durch den U-Bahn-Bau einmal mehr verwüstete **Ezbekiya-Garten** wurde im 19. Jh. von Pariser Gärtnern mit künstlichem Weiher, Brückchen, Grotten und Pavillons angelegt. Einige exotische Bäume des Parks stammen noch aus dieser Zeit. Auf der Nordseite nahe dem Parkhaus kann man bei den *Bouquinisten* nach alten Büchern stöbern. Gen Osten schließt sich der **Midan el-ʿAtaba** an, ein chaotischer Verkehrsknotenpunkt am Übergang zwischen dem Geschäftszentrum und der islamischen Altstadt.

Jenseits des ʿAtaba-Parkhauses lohnt sich ein Blick in das Kaufhaus **Sednaoui** – nicht, weil es hier so tolle Schnäppchen gäbe, sondern weil der mit viel Aufwand restaurierte Kuppelbau noch weitgehend im Stil der 1920er-Jahre eingerichtet ist. Gegenüber war **Tiring** – der Name prangt noch unter einer Kuppel mit dem die Weltkugel wuchtenden Atlas – das erste moderne Kaufhaus der Stadt. Arkaden mit schlichten Teehäusern und Kneipen säumen die **Schariʿ Clot Bey**, die in einem sanften Bogen zum Midan Ramses führt. Zwischen den Weltkriegen war hier das Rotlichtviertel Kairos.

Weniger anrüchig ging es in den Theatern und Kabaretts der **Schariʿ Emad ed-Din** zu. Sehenswert ist hier der riesige, mit Spiegeln und Lüstern ausgestattete Speisesaal des Restaurants *el-Hati* (8 Md. Halim). Heute trifft man sich abends in der Fußgängerzone **Schariʿ el-Alfi** und isst preiswert bei *Acher Saʿ* und in den *Freiluftlokalen* des Saray el-Ezbekiya. Lebhaft bis spät in die Nacht bleibt auch der **Taufiqiya-Markt**.

*E*ssen & *T*rinken im *Z*entrum *(K*arte *U*mschlag hinten*)*

- *Restaurants* **Taboula (34)**, 1 America Latineya, Garden City, ✆ 2792 5261, tägl. 12–24 Uhr. Eines der besten libanesischen Restaurants in Kairo, gutes Angebot auch für Vegetarier. Der Gast kann seinen Allerwertesten wahlweise auf orientalischen Pouf-Kissen, Holzstühlen oder Sesseln im ägyptischen Ludwig-XIV.-Barock platzieren. Nach den legendären Vorspeisen *(meze)* empfiehlt sich als Hauptgericht etwa das Hühnchen Moustafa in einer Tomaten-Knoblauch-Pilzsoße.

Le Grillon (22), 8 Qasr en-Nil, tägl. 12–2 Uhr. Ein Ölgemälde fröhlicher Zecher erinnert im Eingang daran, dass mancher hier auch gerne nur ein Bier trinkt. Cafeteria im überdachten Innenhof, daneben ab 20 Uhr auch separater Speisesaal. Ägyptische und internationale Küche, dazu eine gut sortierte Bar. Hauptgericht um 50–100 LE.

Estoril (21), 12 Sh. Talaʿat Harb, in der Passage hinter Air France, tägl. 12–15 u. 19–24 Uhr. Französisch-levantinische Küche und eine nostalgische Bar à la „Casablanca". Bei Ausländern beliebt, leider oft voll und sehr verraucht. Hauptgericht 50–100 LE.

Peking (7), 14 Saray el-Ezbekiya, Nähe Kino Diana, www.peking-restaurants.com, tägl. 12–24 Uhr. Hinter einer unscheinbaren Fassade wird im 1. Stock feine chinesische Küche serviert. Beliebt zum Tête-à-Tête, auch Sprachkurse veranstalten hier gerne ihre Abschiedsessen. Hauptgericht um 50 LE.

Le Bistro (29), 8 Hoda Schaʿrawi, tägl. 11–23 Uhr. Zum Lunch wagen sich auch einige Ägypter hinein, abends ist das Lokal des französischen Kulturzentrums fest in französischer Hand. Gepflegt werden französische Küche und Frankophonie, selbstverständlich liegen auch die Pariser Tageszeitungen aus. Hauptgericht um 60 LE.

Alfi Bey (6), 3 Alfi, tägl. 12–24 Uhr. Ein gutbürgerliches Kebabhaus mit weißen Tischdecken, prächtigen Lüstern und würdevollen Kellnern. Die preiswerten Standards der auch französischsprachigen Speisekarte wie Taube, Hähnchen, Kebab, Schnitzel, Kufta, Nifa (Ziege) und Dolma (mit Reis/Lamm gefülltes Gemüse) werden durch wechselnde Tagesgerichte ergänzt. Hauptgericht um 50 LE.

Griechischer Club (20), Md. Talaʿat Harb, Eingang von der Schariʿ Bassiouni, tägl. ab 18 Uhr. Vielleicht weil es in Kairo nur noch wenige Griechen gibt, gestattet der private Club auch Nicht-Mitgliedern den

Stadtzentrum 145

Zutritt. Erwarten Sie hier in aussichtsreicher Lage über dem Café Groppi aber keine Zorbas-Tänze und Geschirrzertrümmerer. Hier treffen sich abends unter einer Hirschtrophäe Intellektuelle, Künstler und viele in Kairo arbeitende Ausländer. An Speisen sind Chicken, Schischkebab, Schnitzel, Fisch oder Kalamari im Angebot, dazu gibt es Bier, Wein und sogar Ouzo. Hauptgericht um 50 LE.

Felfela (26), Schari' Hoda Scha'rawi, Ecke Sh. Tala'at Harb, tägl. 8–23 Uhr. Amina Zaghlul, die exzentrische Besitzerin der Felfela-Kette, hat das Arme-Leute-Essen Foul und Ta'amiya vom Schmuddelimage der Garküchen befreit und für Mittelschichten und Ausländer salonfähig gemacht. Das Stammlokal der Kette besticht zudem mit phantasievoll rustikalem Interieur. Fleischgericht 40–80 LE.

Et-Tabie ed-Dumyati (3), 31 Orabi, Taufiqiya. Eingerichtet mit dem Charme einer Kantine, doch für den schmalen Geldbeutel oder für Vegetarier eine der besten Optionen im Zentrum. Auf der auch englischsprachigen Speisekarte stehen u. a. Foul und Ta'amiya. Üppige Salatbar.

Fatatri et-Tahrir (31), 166 et-Tahir, verabreicht ägyptische Pfannkuchen als solche, nämlich süß, oder mit dem einschlägigen Belag als Pizza.

Acher Sa'a (5), Sh. el-Alfi. Ein beliebter Imbiss mit Foul, Ta'amiya und allerlei Sandwichvarianten. Da die wenigen Tische gewöhnlich besetzt sind, okkupieren die Esser meist auch die Fußgängerzone vor dem Imbiss.

Gad (11), 13 Sh. 26. July. Unten Take-away, im 1. Stock ein Speiseraum mit Sitzplätzen. Auch englische Speisekarte mit einer breiten Palette ägyptischer Gerichte: Neben Foul, Schawarma, Pizza, gefülltem Gemüse, Hühnerteilen und diversen Burgern gibt es auch Spezialitäten wie scharf gebratene Leber *(kibda skanderani)* in Pitta-Brot (*aisch schaami*).

Et-Tahrir (16), 19 Abdel Chaliq Sarwat. Kuschari in drei Portionsgrößen; für unsereinen reicht die kleinste, wenn man anschließend noch einen Reispudding essen will.

● *Cafés und Teehäuser* **Riche (24)**, 17 Tala'at Harb. Nach langer Renovierung erstrahlt das Bistro wieder im auf alt gemachten Glanz. Hier sollen, so der Mythos, einst die Freien Offiziere ihren Putsch geplant haben, und noch heute ist das Riche ein Treffpunkt der westlich orientierten Intellektuellen.

Groppi (20), Md. Tala'at Harb, und **Groppi Garden (15)**, Sh. Abdel Chaliq Sarwat. Mufflige Kellner und ein zur Belanglosigkeit renovierter Gastraum haben den Charme dieser 1920 von einem Schweizer gegründeten Konditorei erheblich gemindert. Doch die Leckereien sind noch immer top. Einen schönen Garten, in dem auch allein sitzende Frauen ungestört bleiben, hat die Groppi-Filiale zwischen Sh. Adli und Sh. Chaliq Sarwat.

Zahret el-Bustan (25), el-Bustan el-Said. Das Freiluft-Teehaus hinter dem Café Riche ist ein Treff der Künstlerszene – nicht der Stars, sondern jener Musiker, Sänger und Schauspieler, die, ohne großen Namen, darauf hoffen, endlich entdeckt zu werden. Hier ist es nicht ungewöhnlich, wenn Gäste lesen, schreiben, rezitieren oder wenn Nasser Fachri auf seiner Laute übt. Das Lokal, dessen Stammgäste und Personal in Porträtform bereits einen Bildband schmücken, veranstaltet auch literarische Lesungen.

Horreya (30), Md. Falaki. Ein typisches Kaffeehaus *(ahwa)* mit imposanten Spiegelwänden, Wasserpfeifen und dem notorischen Klackern der Dominosteine. Abends treffen sich hier die fortgeschrittenen Schachspieler. Alkoholausschank.

El-Andalus (10), im Hof hinter dem Grand Hotel (26. July, Ecke Tala'at Harb). Ein ruhiges Kaffeehaus mit Plätzen im Freien und einem Séparée im Obergeschoss, das Frauen und Paaren vorbehalten ist.

El-Abd (18) 35 Tala'at Harb und Scherifein/Ecke 26. July **(12)**. Die beliebteste orientalische Bäckerei Kairos könnte wohl zwei Dutzend Filialen aufmachen und wäre noch immer von Menschentrauben umlagert. Nur Straßenverkauf.

● *Nachtkneipen* **Tamarai (2, Karte S. 206/207)**, Nile Tower North, Bulaq. Lounge und Bar sind der gerade angesagte Treffpunkt von Schön, Reich und Berühmt. Die renommierte Architektin Shahiry Fahmy entwarf das mit Zitaten pharaonischer Baukunst verfremdete High-Tech-Dekor des Lokals, an dessen Eingang grimmige Türsteher wachen: Einlass nur nach Reservierung! Drinnen zeigen junge Frauen so viel Haut als gerade noch schicklich, ihre Begleiter hüllen sich bevorzugt in markiges Schwarz oder auch mal in Stretch-Jeans. Am Wochenende heizen DJs ein. Das zum Lokal gehörende Restaurant verspricht mit stolzen Preisen (Hauptgericht ab 150 LE) mehr als die Küche zu leisten vermag. Tägl. 12–2 Uhr, Reservierung ✆ 2461 9910.

Odeon Palace (17), 6 Abdel Hamid Said, Tala'at Harb. Die schlichte Terrassenbar auf dem Dach des Odeon-Hotels ist eine der wenigen Kneipen im Zentrum, wo man noch morgens um vier ein Bier zu erschwinglichen Preisen bekommt. In zwangloser Atmosphäre treffen sich Einheimische wie ortsansässige Ausländer.

Windsor (8), 19 Alfi. Auch in Windsors Barell Bar bleibt die Zeit nicht stehen, doch es scheint, als gingen die Uhren wenigstens ein bisschen langsamer als anderswo. Distinguiertes Personal, gediegene Einrichtung, Trinker fortgeschrittenen Alters.

Everest (1), Md. Ramses. Gute Luft und tolle Aussicht (16. Stock!) genießt man auf der Dachterrassen-Cafeteria des Everest-Hotels. Da macht es nichts, dass es keinen Alkoholausschank gibt und der Service lahmt.

*E*inkaufen im *Z*entrum

- *Antiquariate* **L'Orientale**, 15 Qasr el-Nil, www.orientalecairo.com. Statt ihr wie schon öfter ein altes Buch mitzubringen, kaufte der Opernsänger Hassan Kami seiner Frau Nagwa eines Tages gleich einen ganzen Laden. Die Preise beginnen bei etwa 100 LE und gehen bei gesuchten Raritäten bis ins Vierstellige. Auch alte Stiche und Landkarten.
- *Antiquitäten* Nachbildungen pharaonischer Stücke werden im **Museumsshop des Ägyptischen Museums** angeboten. Andere Antiquitäten (alte Möbel usw.) kauft man im Viertel östlich des Felfela-Restaurants.
- *Buchhandlungen* **Lehnert & Landrock**, 44 Scherif, 9.30–14 & 16–19.30 Uhr, Samstagnachmittag u. So geschl. Schwerpunkt deutschsprachige Bücher, dazu eine große Auswahl an Postkarten und historischen Fotografien mit Sujets aus Ägypten und Tunesien.

AUC-Bookshop, Sh. Qasr el-Aini Ecke Sheikh Rihan, Tahrir, Sa–Do 10–20, Fr 14–20 Uhr. Akademische Buchhandlung mit englischsprachigen Büchern zu Ägypten und dem Nahen Osten.

Anglo-Egyptian Bookshop, 165 Imad ed-Din, englisch, gute Auswahl an Belletristik.

- *Kunsthandwerk* **Senouhi**, 54 Chaliq Sarwat. Im 7. Stock verkauft Mme. Layla zu Festpreisen venezianisches Glas, deutsche Stiche, Damaszener Silber, englische Uhren und vieles mehr, was die alte Oberschicht zu Geld machen muss. Diskretion wird gewahrt.
- *Zeitungen* Die größte Auswahl an ausländischen Tageszeitungen und Magazinen hat man der in den Läden der renommierten Hotels sowie an einem Verkaufsstand in der Sh. Muhammad Mahmud zwei Blocks von Tahrir-Platz.

Leben auf dem Nil

Gezira/Zamalek (Karte S. 206/207)

Wem die Hektik der Innenstadt aufs Gemüt schlägt und die Abgase die Lunge reizen, der mag vom Tahrir-Platz über die gleichnamige Brücke auf die Gezira gehen, was nichts anders als „Insel" heißt.

Hier wurde am Nil eine hübsche **Promenade** mit Gärten angelegt. Das Denkmal von Sa'ad Zaghloul bewacht den Eingang zum Gelände des **Opernhauses** und der Kunstmuseen, daneben die **Andalusischen Gärten** und der Aussichtsturm. Weite Flächen der Insel nehmen die vornehmen **Clubs** ein, in denen statt der Engländer heute ältere Ägypterinnen Kricket spielen. Auch wenn es daneben Tennis, Basketball und profanen Fußball gibt, sind die Clubs auf der **Gezira** keine simplen Sportvereine, sondern noble Assoziationen der High Society. Den Nordteil der Insel nimmt das Viertel **Zamalek** ein. Es entstand zu Beginn des 20. Jh. als exklusives Wohnviertel der Europäer. Die Straßenbahn zwischen Kairo und Giza durchquerte das Quartier eingezäunt und ohne Halt, mit Galabiya bekleidete Fußgänger mussten sich an den Brücken eine Ausweiskontrolle gefallen lassen, denn aus dem gemeinen Volk durfte nur nach Zamalek, wer dort als Hauspersonal angestellt war. Noch immer hat das Quartier einen hohen Ausländeranteil.

☆ **Museum für moderne ägyptische Kunst**: Das Museum gibt einen Einblick in die Vielfalt der ägyptischen Malerei und plastischen Kunst des 20. Jh., die zwischen europäisch-amerikanischen Normen und Formen einerseits und der Folklore und den überlieferten islamischen Mustern andererseits eigenständige Wege sucht. Den englisch-arabischen Katalog bekommt man im 1. Stock, die Exponate sind weitgehend auch englisch beschriftet.

Der Hauptsaal in kühlem Marmor stellt die herausragenden Künstler mit jeweils ein oder zwei Werken vor. An prominenter Stelle wurden drei Jahrhundertwerke platziert: Mahmud Saids „Die Stadt" (1937), Mahmoud Mochtars Bronzeskulptur „Nilbraut" (1929) und schließlich ein Bild von Ragheb Ayyad, das wir im Katalog vergeblich suchten. Die Ausstellungsräume in den oberen Etagen sind weitgehend chronologisch geordnet. Es beginnt im 1. Stock mit den Klassikern der Moderne, die schon vor dem Weltkrieg zu Ruhm und Ehre kamen; nach oben werden die Künstler dann immer

Drei Grazien vor dem Kairo-Turm

Auf dem Opernhausgelände. 10–14/17.30– 22 Uhr, Montagvormittag und Fr geschlossen. Eintritt 20/10 LE. Temporäre Kunstausstellungen werden auf dem Operngelände auch im **Hanagar Arts Center** und im **Palace of Arts** gezeigt. Zeitgenössische ägyptische Kunst findet sich im Internet unter www.fineart.gov.eg.

☆ **Kairo-Turm (el-Burg)**: Mit einer großzügigen „Spende" von 3 Mio. $ versuchte einst der amerikanische Präsident Eisenhower, seinen gerade an die Macht gekommenen ägyptischen Kollegen Gamal Abdel Nasser als Bündnispartner zu gewinnen. Doch der erwies sich als unbestechlich. Statt das in einem braunen Aktenkoffer überreichte Bargeld in aller Stille für den Kauf eines gepanzerten Cadillacs, zur Bewaffnung der Leibgarde oder vergleichbare präsidiale Bedürfnisse zu nutzen, sann Nasser auf eine öffentliche Ohrfeige für die Amerikaner. Etwas Großes sollte es sein, auffällig, dauerhaft und eben 3 Mio. $ teuer, werden Nassers Wünsche überliefert. So ist der 1961 eröffnete Turm eine ungewöhnliche Antwort auf einen naiven Bestechungsversuch. Mit seinen 187 Höhenmetern ist er unübersehbar und in einem Stil ausgeführt, der nicht jedermanns Geschmack trifft. Die Kabine eines Schindler-Aufzugs hievt täglich über 1000 Menschen ins Drehrestaurant und auf die Aussichtsplattform, und an den seltenen Tagen, da die Sicht nicht durch den Smog getrübt ist, stehen die Schaulustigen Schlange.
Tägl. 9–24 Uhr, Eintritt 70 LE.

☆ **Museum für islamische Keramik**: Das moderne Museum ist Teil des *Gezira Art Center* im 1924 gebauten Palais des Prinzen Ibrahim, das auch ohne die Ausstellung sehenswert wäre. Schon das Badezimmer mit seiner Alabasterwanne lässt Bedauern aufkommen, nicht als Prinz oder Prinzessin geboren zu sein. Auf zwei Etagen werden rund 300 Kacheln, Vasen, Teller und Lampen aus dem arabischen und persischen Raum gezeigt, die ältesten Stücke stammen aus dem 9. Jh. Im Garten, der auch außerhalb der Museumszeiten zugänglich ist, kann man einen schwebenden Stein und andere Großplastiken bestaunen.
Sh. el-Marsafi, hinter dem Marriott-Hotel. Sa–Do 10–13.30, 17–21 Uhr (Sommer 18–22 Uhr), Eintritt 25/15 LE.

Das tausendundzweite Wunder von Kairo

Aquarium-Park: In den künstlichen Grotten des 1902 eröffneten Parks können hinter Schaugläsern Fische und andere Meerestiere bestaunt werden, für Kinder bieten sich die Tunnel zum Versteckspielen an. Doch die meisten Be-

sucher sind weder Aquarianer noch Mütter mit Kleinkindern, sondern Liebespaare. Sie schätzen die intimen Nischen und Grotten der künstlichen Landschaft ebenso wie die Großzügigkeit der Parkwächter, die es mit der öffentlichen Moral hier nicht so streng nehmen wie an anderen Orten.
Sh. Galabaya, tägl. 9–15 Uhr, geringer Eintritt.

Essen & Trinken in Zamalek (Karte S. 206/207)

Le Pacha 1901 (22), es-Saraya el-Gezira, tägl. 21.30–2 Uhr, ℡ 2735 6730, http://lepacha.com. Das Restaurantschiff, in dem nach dem Menü mit westlichen Songs der 1960er- und 70er-Jahre zum Tanz aufgespielt wird, ist in den Sommermonaten ein Treffpunkt der High Society. Die gute Küche versteht sich von selbst. Für ein Hauptgericht rechne man ohne Getränke mit 50–100 LE. Und glauben Sie der Legende nicht, dass das Schiff 1901 für einen Pascha gebaut worden sei – es lief exakt 100 Jahre später vom Stapel.

Sequoia (1), Abu el-Feda, an der Nordspitze von Zamalek, tägl. 11–2 Uhr, ℡ 2735 0014. Am Bodensee gelegen, wären diese mit Holz und Leinen gestylten Terrassen des Laufstegs eines schicken Segelclubs, der von Kalifornien träumt. Hier am Nil lockt Sequoias Mischung aus Ost und West ein Publikum jenseits der 20, das auch mal High Heels mit hijab kombiniert. Was wohl der Halbindianer Sequoia, der einst eine Schrift für die Cherokeesprache erfand, von diesem Kulturmix gehalten hätte? Im Cafébereich stehen exotisch parfümierte Schischa-Tabake zur Auswahl, nebenan im „Shebatta" wird wechselnde Kunst gezeigt, und essen kann man natürlich auch. Rechnen Sie pro Person mit etwa 100 LE – und bringen Sie eine Jacke mit, denn auch im Sommer wird es hier am Wasser abends recht kühl. Samstagvormittags Jazzbrunch, freitagvormittags Kunst für Kinder.

La Piazza (20), 4 Hassan Sabri, tägl. 12–24 Uhr, ℡ 2736 2961. Viel Grün, Springbrunnen und der Blick auf den Gezira-Sportclub vermitteln das Gefühl, man säße auf einer Terrasse und nicht hinter großen, glasklaren Fenstern. Das preislich der oberen Mittelklasse zuzurechnende Lokal gehört zum örtlichen Four-Corners-Gastrokonzern und serviert französische und italienische Küche – testen Sie die Fettucine à la crème mit weißem Hühnerfleisch und Pilzen.

L'Aubergine (8), 5 Sayed el-Bakri, tägl. 12–1 Uhr, ℡ 2738 0080. Lange ein vegetarisches Restaurant, werden hier inzwischen auch Fleischgerichte serviert. Zweimal die Woche wechselt die Karte. In der zugehörigen Bar wird ab und an Livemusik geboten. Minimumcharge 65 LE.

Bodega (11), 157 Sh. 26. July, Bähler Mansions, 1. Stock, tägl. 12–1 Uhr, ℡ 2735 6761. Das Bistro ist im Stil der 1920er-Jahre eingerichtet, die Bar ein Schaustück der Pop-Art. Dezenter Luxus, wohin man schaut – selbst die Waschbecken in den Toilettenräumen sind kunstvoll illuminiert. Probieren Sie die Ente in Orangensoße.

Deals (9), 2 el-Mahad el-Swissri, tägl. 18–2 Uhr, ℡ 2736 0502. Eine Bistrobar mit Popmusik und Videoclips, auf Hochglanz polierten Holztischen und Filmplakaten an den Wänden. Zu essen gibt's üppige Salate, Chili con Carne und andere Tellergerichte, dazu auf Wunsch französischen Wein.

Abu as-Sid (11), 157 Sh. 26. July, Eingang von der Seitengasse neben Maison Thomas, tägl. ab 11 Uhr, ℡ 2736 9640. Ein „orientalisch" (so wie der Westler ihn sich vorstellt, den Orient) eingerichtetes Restaurant mit gehobener ägyptischer Küche, z. B. Hühnerbrust auf Tscherkessen-Art (mit Walnusssoße) oder Kaninchenragout mit Moluchia. Für ein Hauptgericht rechne man bis 100 LE, abends ist Reservierung angeraten.

Maison Thomas (11), 157 Sh. 26. July, rund um die Uhr geöffnet. Ein Feinkostgeschäft mit echtem Schweizer Käse und Schweinefleisch. Zum Mitnehmen oder zum Verzehr an den Tischen im Lokal gibt es hervorragende Pizza und diverse Sandwiches.

Café Curnonsky (20), 5 Sayed el-Bakri, tägl. ab 11 Uhr. Die coole Kneipe über dem Aubergine ist bei der betuchteren Jugend Typ AUC-Student beliebt. Jazz- und Popmusik, legerer Dresscode, Coktails und Schummerlicht.

Cilantro (11), 157 Sh. 26. July. Nichtraucher-Café im europäischen Stil mit Sandwiches, ordentlichem Kaffee und exzellentem Apfelkuchen. WLAN. Europäisches Preisniveau.

Einkaufen in Zamalek (Karte S. 206/207)

Diwan (11), 159 Sh. 26. July, verkauft englischsprachige Bücher, Filme und CDs; bei einer Tasse Kaffee kann man in Ruhe schmökern.

Livres de France (6), 17 el-Brazil, verkauft französischsprachige Bücher.

Egypt Crafts/Fair Trade Egypt (7), 27 Yehia Ibrahim, Sa–Do 9–20, Fr 10–18 Uhr, www.fairtradeegypt.org, verkauft Kunsthandwerk und Textilien (Teppiche, Schals, Stickereien u. a.) aus Kooperativen und von Entwicklungsprojekten. Obgleich die Produzenten mehr als den üblichen Marktpreis bekommen, sind hier viele Dinge preiswerter als im Basar und zudem von guter Qualität.

Tukul Craft Shop (14), All Saints Cathedral, Sh. Scheich el-Marsafi, www.tukulcrafts.org. Dieser Non-Profit-Laden bei der anglikanischen Kirche verkauft mit afrikanischen Motiven bedruckte Stoffe, Kleider und Wandteppiche aus den Ateliers sudanesischer Flüchtlingsfrauen, denen auch der Erlös zugute kommt.

Nomad (19), 14 es-Saray el-Gezira (beim Marriott-Hotel), www.nomadgallery.net, ist auf Beduinenschmuck und -kleidung spezialisiert.

Ausländische Zeitungen (10) finden Sie in der Sh. 26. July/Ecke Hassan Sabri.

Die letzten Kaleschen

Der greise Ali et-Touni erinnert sich noch an die Weltkriegsjahre, als 8000 Kutschen vor dem Ägyptischen Museum, dem Café Groppi und am Khan el-Khalili auf Kundschaft warteten. Heute sind diese Plätze und die meisten Straßen für die *Kaleschen* tabu und dem motorisierten Verkehr vorbehalten. Die letzten Kutschen warten am Nil (Tahrir-Brücke) oder am Turm der Gezira-Insel auf Kundschaft, sprich ausländische Touristen, die sich als Einzige noch die vergleichsweise teuren Kutschfahrten gönnen. Doch für ein dreijähriges Pferd muss Ali heute bis 8000 LE bezahlen und noch einmal die gleiche Summe für eine neue Kutsche. Dazu kommen monatlich 50 LE für den Stall, 30 LE für den Hufschmied, 20 LE für den Pferdefriseur und 500 LE für das Futter – ein Taxi ist erheblich günstiger zu unterhalten. Während die Kutscher früher, gleich einer Zunft, selbst die begehrten Transportlizenzen erteilten, kann heute jeder Fahrgäste kutschieren, der ein Zertifikat des Gesundheitsamts (für Kutscher und Pferd) ergattert und die städtische Fahrprüfung für Gespanne bestanden hat. Für Ali ist dies zu wenig: „Ein guter Kutscher braucht wenigstens sechs Jahre Erfahrung als Beifahrer. Er muss gleichzeitig ein Touristenführer sein, der die interessanten Plätze empfehlen kann und die Öffnungszeiten kennt; er muss sein Pferd auch im schlimmsten Autoverkehr beherrschen und dabei im äußersten Fall mit der Peitsche knallen, ohne ihm wehzutun." Am besten geht das Geschäft während der lauen Sommerabende und -nächte. Schlimm sind die Winter. „Es gibt Tage, da biete ich den Leuten Fahrten zu jedem Preis an, den sie zu zahlen bereit sind, nur um abends nicht mit völlig leeren Händen nach Hause zu kommen."

Heliopolis (Misr el-Gedida)

Einst als exklusive Gartenstadt für die Wohlhabenden gebaut, wurde Heliopolis längst auch vom gewöhnlichen Volk erobert. Zwischen den Villen wachsen billige Betonsilos, Reklametafeln und gesichtslose Anbauten verunstalten die Einkaufsarkaden im „maurischen Art déco". Als Wohnsitz des Präsidenten und führender Köpfe der staatlichen Nomenklatura gilt Heliopolis aber noch immer als gute Adresse.

Heliopolis oder Misr el-Gedida, das „Neue Kairo", wurde zu Beginn des 20. Jh. als geplante Trabantenstadt angelegt. Die vom belgischen Baron Edouard Empain gegründete Kapitalgesellschaft erstand den Wüstengrund zum symbolischen Preis von einem Piaster pro Quadratmeter und verpflichtete sich im Gegenzug zum Bau einer Oasenstadt. Die ursprünglichen Pläne sahen ein gehobenes Wohngebiet zwischen dem Palast Empains und der Kathedrale vor, dazu im Nordosten ein Viertel mit Fabriken und Arbeiterwohnungen.

Aus Geldmangel konzentrierten sich Empain und sein Architekt, der junge Marcel-Henri Jaspar, ausschließlich auf das gehobene Wohnquartier. Jaspars Gebäude vermengen belgisches Art déco mit neomaurischen Motiven zu einem ungewöhnlichen Stil. Mit damals innovativen Ideen wie der Trennung von Wohn- und Gewerbearealen, mit Regeln für Baufluchten, Traufhöhen, Bebauungsdichten u. Ä. errichtete man eine neue Siedlung, in der um 1928 rund 25.000 Menschen wohnten, knapp die Hälfte von ihnen Europäer oder Levantiner. Mittelpunkt der Stadt war keine Moschee, sondern eine der Hagia Sophia (Istanbul) mehr schlecht als recht nachempfundene Kathedrale, in der sich Empain auch begraben ließ.

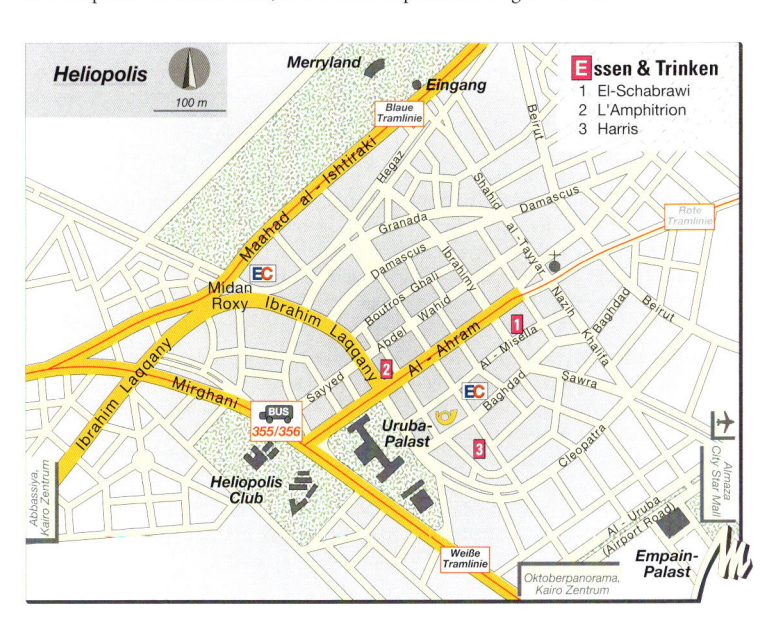

Essen & Trinken
1 El-Schabrawi
2 L'Amphitrion
3 Harris

Die erfolgreiche Entwicklung eines Stadtviertels, in dem heute ca. 250.000 Bewohner mit vergleichsweise kurzen Wegen wohnen, arbeiten, einkaufen und ihre Freizeit gestalten, wäre ohne eine gute Anbindung an das Zentrum Kairos nicht möglich gewesen. Schon 1910 fuhr die erste Straßenbahn in einer halben Stunde vom Ramses-Bahnhof nach Misr el-Gedida.

Panorama des Oktoberkriegs: Im Sandkasten surren Panzer, schweben Flugzeuge an Nylonschnüren und plätschert das Wasser des Suezkanals. Mit nachgestellten Szenen und Filmdokumenten feiert Ägyptens Militär den letzten Krieg gegen Israel und weitere Siege der letzten 5000 Jahre. Bei einem Staatsbesuch in Nordkorea, so heißt es, ließ sich damalige Präsident Mubarak für dieses heroische Spektakel inspirieren, und auch wenn dieses Gerücht frei erfunden sein sollte, so kann man sich das Oktoberkriegspanorama doch auch ganz gut in Pjöngjang vorstellen. Deutschsprachige Tonkassetten führen durch die Ausstellung. In der Nachbarschaft des Panoramas finden sich das *Messegelände*, das größte *Stadion* Kairos, das *Grab des unbekannten Soldaten* und das von Präsident Anwar el-Sadat, der hier 1982 bei der Abnahme einer Parade erschossen wurde.

Sh. el-Oruba (= Straße zum Flughafen) zwischen Abbasiya und Heliopolis, zu erreichen mit Minibussen („Oruba") ab Ramses-Bahnhof oder mit dem Flughafenbus Nr. 356 vom Busbahnhof hinter dem Ägyptischen Museum. Die Shows beginnen Mi–Mo 9.30, 11, 12.30 und 18 (Sommer auch 19) Uhr, Eintritt 20/10 LE.

Empain-Palast (Qasr el-Barun): Auf der Fahrt vom Flughafen in die Stadt sieht man rechter Hand auf einem frisch begrünten Hügel einen Palast im Stil eines kambodschanischen (!) Tempels. Hindugötter, Buddhastatuen, mythische Fabelwesen und anderes exotisches Schmuckwerk zieren die Fassade. Das von Alexandre Marcel nach dem Geschmack des exzentrischen Barons gebaute Geisterschloss war seinerzeit auch technisch revolutionär, nämlich eines der ersten Betongebäude auf dem afrikanischen Kontinent. Nach jahrzehntelangem Leerstand und Besitzstreitigkeiten gehört es nun dem ägyptischen Staat, der immerhin den Garten restauriert hat.

Sh. el-Oruba/Ecke eth-Thawra. Vom Ramses-Bahnhof mit der roten Linie der Heliopolis-Tram bis zur Basilika, dann 10 Min. Fußweg auf der Sh. esch-Schahid Chalifa in südwestlicher Richtung.

Gestüt ez-Zahra': Musikanten spielen auf, bunt geschmückte Pferde mit ebensolchen Reitern zeigen Dressur vor honorig befrackten Herren und weiß gewandeten Scheichs – wir befinden uns auf einer Verkaufsshow der berühmten Araberpferde, die hier im staatlichen Gestüt ez-Zahra' gezüchtet werden. Ein Fohlen bekommen Sie ab 8000 $, der Lufttransport kann arrangiert werden.

Ez-Zahra' finden Sie in der Sh. Ahmed Esmat nahe dem Schams-Club. Grüne Linie der Heliopolis-Tram bis zur Endstation. Geöffnet tägl. bis 14 Uhr, www.elzahraa-stud.org.eg.

Marienbaum (arab. *Schagarat Marjam*): In der Vorstadt Matariya befindet sich mit dem Marienbaum eines der wichtigsten christlichen Heiligtümer Ägyptens. Unter einem Vorgänger der 1670 gepflanzten Sykomore soll die Heilige Familie auf der Flucht vor Herodes gerastet haben. Die Stätte war im Mittelalter ein beliebtes Ziel von europäischen Pilgerreisenden ins Heilige Land. Bereits die altägyptische Mythologie kennt eine Legende vom heiligen Baum, in dessen Schatten der junge Horus gestillt worden sein soll. Im Zuge der letzlich wenig erfolgreichen Bemühungen des Staats, den christlichen Pilgertourismus nach Ägypten zu beleben, kam die Stätte unter die Obhut der Altertümerverwaltung. Außer dem

Heliopolis 153

knorrigen Baum, einer Quelle und einem Modell samt Fotos von den weiteren Stationen der Heiligen Familie in Ägypten ist aber nicht viel zu sehen.

Ⓜ Matariya. Gehen Sie vom Südausgang der Metrostation 7 Min. westwärts, dann kommen Sie direkt zum Marienheiligtum. www.holyfamilyegypt.com. Tägl. 10–16 Uhr, Eintritt 15 LE.

Freilichtmuseum Matariya: Lange lagen die Reste von Alt-Heliopolis, der pharaonischen Tempelstadt des Sonnengottes Re, im Vorort Matariya unter dicken Schichten von Nilschlamm begraben. Nur der *Obelisk des Sesostris* kennzeichnet die Stelle des Heiligtums. Sein Pendant stürzte im 12. Jh. um, andere Obelisken wurden verschleppt. Erst in den letzten Jahren wurden, meist per Zufall bei Bauarbeiten, weitere Monumente entdeckt, so etwa die Grundmauern zweier Tempel aus der Ramessidenzeit, die Gräber des Architekten Waja-Hur und des Paneschi, Gouverneur von Unterägypten unter Psammetich II. (26. Dynastie). Zusammen mit Sarkophagen und einer Ramsesstatue bilden sie den Kern eines neuen Freiluftmuseums, das 2011 allerdings noch nicht geöffnet hatte.

Ⓜ Matariya. Vom Marienheiligtum an der katholischen Kirche und der Moschee vorbei 10 Gehminuten südwärts. Den Obelisken (arab. *mesalla*) sieht man vor der Eröffnung des Museums nur vom Zaun aus.

* *Essen & Trinken in Heliopolis (Karte S. 151)* **L'Amphitrion (2)**, el-Ahram/Ecke Ibrahim el-Laqqani, Roxy. Ein guter Platz für ein kühles Bier oder eine einfache Mahlzeit, an warmen Tagen bevorzugt im schattigen Innenhof mit Springbrunnen. 1937 als französisches Bistro gegründet, hat sich das Amphitrion behutsam an den ägyptischen Geschmack angepasst und bietet jetzt auch einen Imbiss mit Döner und Sandwiches.

Harris (3), 7 Baghdad, Roxy. Ein Café im europäischen Stil mit gutem Cappuccino oder heißer Schokolade, auch einfache Gerichte.

El-Schabrawi (1), 10 Ibrahimy. Dies ist das Stammhaus einer ägyptischen Fastfood-Kette. Ihr Erfolg beruht darauf, die Kost der Straßenhändler in etwas schickerem Rahmen anzubieten, zum Beispiel am Fensterplatz mit Straßenblick. Es gibt Foul in einem Dutzend verschiedener Zubereitungen (probieren Sie *foul iskandarani* mit Gurken, Zwiebeln, Tomaten und Tahina), Ta'amiya und die üblichen Salate. Wer will da noch Pizza oder Burger?

* *Einkaufen in Heliopolis* **City Star Mall**, Sh. Omar Ibn el-Khatab, zwischen Heliopolis und Nasr City, www.citystars.com.eg. Ein Einkaufsparadies der Superlative mit über 500 Shops auf 8 Etagen in 3 Gebäuden. Vom Spielzeug bis zur Wohnungseinrichtung gibt es hier einfach alles! Markenware zu günstigen Preisen.

Pilgerziel Marienbaum

El-Muski und Khan el-Khalili (Karte S. 156)

Auf der Straße el-Muski verheißen Marktschreier textile Schnäppchen. Nebenan findet man die letzten Spuren des alten Judenviertels. Im Khan el-Khalili, vielleicht der berühmteste Basar des Orients, umwerben raffinierte Verkäufer die Besucher mit allen erdenklichen Souvenirs.

Am bequemsten kommen Sie mit dem Taxi (→ S. 125) über den Midan Opera zum Midan Hussein, dem zentralen Platz vor dem Khan el-Khalili. Alternativ stellen wir Ihnen einen interessanten Fußweg vor. Lassen Sie sich durch Staub, Müll und Getümmel nicht abschrecken.

Beginnen Sie Ihre private Eroberung der Altstadt am **Midan 'Ataba**. Nördlich parallel zur Sh. el-Azhar, einer mit ihrem Verkehrslärm extrem ungemütlichen Autostraße, verläuft die von Textilgeschäften gesäumte ☆ **Schari' el-Muski**, offiziell als Sh. Gohar el-Qaid bezeichnet. Diese Fußgängerzone wurde als el-Gedida, „die Neue", um die Mitte des 19. Jh. durch die Altstadt gebrochen und seinerzeit als großer Fortschritt begrüßt, war sie doch auf die Breite von zwei Kamelen mit Ladung berechnet!

Die Muski wird von der Autoschneise Sh. Bur Said unterbrochen, die hier in etwa den Verlauf der westlichen Stadtmauer der Fatimidenstadt markiert. Ein kleiner Abstecher führt Sie in die **Haret Zuweila** mit der **Kirche der Jungfrau** *(el-'Adhra)*, vom 14. Jh. bis 1660 Sitz des koptischen Patriarchats. In der Kirche gibt es eine Heilquelle, an der die Heilige Familie auf ihrer Flucht nach Ägypten Station gemacht haben soll, und neben dem Südaltar birgt ein Seitenraum eine uralte Marienikone (14. Jh.). In der Nachbarschaft gibt es noch zwei weitere Kirchen und ein Nonnenkloster.

Die Haret Zuweila (nicht zu verwechseln mit dem Bab Zuweila) ist die erste Gasse rechts nach der Tankstelle in der Sh. Bur Said. Das Viertel heißt el-Churunfisch und ist auch Schauplatz in den Romanen von Nagib Machfus.

Jenseits der Sh. Bur Said weitet sich die Muski zu einem kleinen Rondell mit Marktständen, dem *Sûq el-Kanto*. Gleich zu Beginn des Marktplatzes nach links und dann die zweite Gasse rechts beginnt die **Haret el-Yahûd**, von der Fatimidenzeit bis zum Exodus nach dem Zweiten Weltkrieg Hauptgasse des Judenviertels. In Haus Nr. 15 soll sich die *Jeschiva* (Talmud-Schule) des Arztes und Philosophen *Maimonides* (1135–1204) befunden haben. Die Stätte, zu der auch eine Synagoge (19. Jh.) gehört, wird nach gründlicher Renovierung nun gelegentlich von der jüdischen Gemeinde genutzt. Etwas zurückgesetzt hinter einer Mauer an der Südfront der Gasse findet man mit der *Synagoge Haim Cappuci* noch ein verlassenes Gebetshaus aus dem 18. Jh.

Am **Komplex des Sultans Aschraf Barsbey** (1425) trifft die Muski auf die Sh. el-Mu'izz, die Nord-Süd-Achse der Altstadt. Barsbey finanzierte sein Bauwerk, zu dem Moschee, Medrese, Kinderschule, Brunnenhaus und das Familienmausoleum gehörten, mit den Einnahmen aus dem Gewürzhandel, den er zum Staatsmonopol erklärte. Noch heute werden in den Gassen zwischen dem Barsbey-Komplex und der Sh. al-Azhar einige Gewürzmühlen betrieben. Entlang der Mu'izz residieren im *Sûq el-Attarin* die Parfümhändler. Durch die Sh. es-Sanadqiya, die erste Seitengasse auf der Ostseite, kommt man zur **Midaq-Gasse** *(Zuqaq el Midaq)*, dem Schauplatz des gleichnamigen Romans von Nagib Machfus. Im nächsten Block ergötzten und gruselten sich Ägypten-Touristen des 19. Jh. am *Sklavenmarkt* in der Wakalat el-Gallaba.

✩ ✩ **Khan el-Khalili**: Ein Einkaufsparadies wie aus dem orientalischen Bilderbuch und zugleich Kairos größte Touristenfalle – wer keine Geduld zum Feilschen mitbringt, wird hier auf ganz legale Art über den Tisch gezogen. Der 1382 vom Emir *Jarkas el-Khalili* errichtete Khan lag im Herzen des heute nach ihm benannten Einkaufsviertels. Leo Africanus, der 1417 nach Kairo kam, schreibt: „Da gibt es einen Khan mit dem Namen Khan el-Khalili, den die persischen Händler besuchen. Dieser Khan sieht wie ein hochherrschaftlicher Palast aus; er ist sehr hoch und fest gebaut. Im Erdgeschoss sind die Räume, in denen die Händler ihre Kunden empfangen und Waren en gros verkaufen. Nur wohlhabende Händler haben Verkaufsräume in diesem Khan. Ihre Waren sind Gewürze, Edelsteine und Seide."

Sultan el-Ghuri ließ den Khan 1511 durch einen größeren Bau ersetzen, von dem etwa die beiden Tore zwischen den Cafés Mahfouz und Feshawi stammen. Später kamen weitere Anbauten hinzu, und die streng rechteckigen Ladenblöcke zwischen Feshawi und der Hussein-Moschee wurden sogar erst 1936 errichtet. Zur Zeit Khalilis gab es schon etwa 30 solcher Kaufhäuser in Kairo, später sollten es über 100 sein. Die Nachbarschaft des Gewürzmarkts, in der Khalili seinen Khan platzierte, war einst die beste Einkaufslage der Stadt und Handelsplatz von Kaufleuten aus aller Herren Länder. Heute sind die ausländischen Händler verschwunden, dafür kommt die fremdländische Kundschaft.

Einkaufsfreuden im Basar Khan el-Khalili

Hussein-Moschee: Die dem schiitischen Märtyrer und seinem Bruder Hassan, beide Enkel des Propheten, geweihte Moschee ist dem orthodox-sunnitischen Gelehrtenzentrum al-Azhar seit jeher ein Stein des Anstoßes. Aber kein Gutachten eines noch so ehrwürdigen Gelehrten konnte bisher den Volksglauben erschüttern, Husseins Kopf sei nach der Schlacht von Kerbela in einem grünen Sack an den Nil gekommen und hier bestattet worden.

Nichtmuslimen ist das Betreten dieser heiligsten Stätte des Islam in Kairo verwehrt. Die Moschee über dem fatimidischen „Allerheiligsten", einem gesonderten Raum mit den Reliquien, wurde weitgehend im 19. und 20. Jh. erbaut. Ein Besuch der unmittelbaren Umgebung von el-Hussein empfiehlt sich allerdings am Vorabend des Tages der Märtyrer und des Geburtstags des Propheten (→ Feiertage, S. 105). Während dieser *Mulids* ist die Moschee von campierenden Pilgern belagert, Sufis wiegen sich im Tanz, und es herrscht Volksfestatmosphäre.

Essen & Trinken im Khan el-Khalili

Am Platz vor der Hussein-Moschee wirbt eine ganze Reihe von Restaurants manchmal alzu aufdringlich um die touristische Kundschaft. Verlässlicher sind die nachstehend genannten Lokale:

Khan el-Khalili (ex-Naguib Mahfouz) **(7)**, el-Badestan. Das teure und klinisch saubere Fünf-Sterne-Café mit Restaurant wird überwiegend von Touristen bzw. Reisegruppen besucht. Abends liest eine Wahrsagerin aus den Handlinien.

Taj al-Sultan (17), 1 Md. al-Azhar, www.tajalsultan.com. Das gediegene Restaurant mit Café, dekoriert im Stil einer orientalischen Märchenwelt, zielt mit mehr als 300 Sitzplätzen auf drei Etagen vor allem auf Reisegruppen. Indisch-arabische Küche.

Fatatri el-Hussein (16), neben dem Taj al-Sultan. Hadj Abd er-Rahman ist der bekannteste Fitir-Bäcker der Stadt. Ob süß oder „salzig" (mit Käse und Fleisch), die Pfannkuchen (oder doch besser: Pizza?) auf ägyptische Art kommen an, und dem Bäcker zuzuschauen, wie er den Teigfladen durch die Luft wirbelt, ist eine Augenweide. Geöffnet rund um die Uhr, auch Take-away.

El-Agati (11), 2 el-Maqasis, el-Sagha. Einfaches Kufta-und-Kebab-Lokal in der Gasse hinter den Juwelieren.

El-Hussein (13), Hotel mit Restaurant, Md. Hussein. Weniger wegen besonderer kulinarischer Genüsse als vielmehr wegen der

Übernachten
13 El-Hussein

Essen & Trinken
7 Khan el-Khalili
11 El-Agati
13 El-Hussein
16 Fatatri el-Hussein
17 Taj al-Sultan

Cafés
12 Feshawi

Einkaufen
1 Wasserpfeifen
2 Kupferwaren
3 Hassib M. Yazdi
4 Hadj Mimi
5 Ali Chorassani
6 Hadj el-Dab'a
8 Mohammed Amin
9 Khan-el-Khalili-Basar
10 Yazedjian
14 Assil
15 Parfüm, Gewürze
18 Chadr el-Attar

El-Muski und Khan el-Khalili

Raucherpause im Kaffeehaus Feshawi

Aussicht empfiehlt sich die Cafeteria im obersten Stock des Hussein-Hotels.
• *Cafés* **Feshawi (12)**, Khan el-Khalili (nahe dem Ausgang zum Md. Hussein). In Kairos bekanntestem Kaffeehaus treffen sich Fremde und Einheimische aller Schichten, gelegentlich gar einheimische Frauen. Möbliert ist das Lokal im europäischen Stil der Jahrhundertwende mit viel Holz und ziselierten Metalltischchen.

Einkaufen im Khan el-Khalili

Zwischen allerlei Kitsch, Ramsch und Plunder „Made in China" gibt es im Labyrinth des Khan el-Khalili auch wunderbare Handwerkskunst zu erstehen. Die Läden im Khan machen vergleichsweise spät auf (manche erst gegen 12 Uhr!) und bleiben dann bis gegen 20 Uhr geöffnet. Ruhetag ist vereinzelt der Freitag, überwiegend der Sonntag.

> Viele Händler bieten den Kunden Tee oder Softdrinks an. Bedenken Sie aber: Es gibt kaum benutzbare Toiletten!

• *Antiquitäten* **Hadj el-Dab'a (6)**, Sikket el-Badestan/Ecke Sikket el-Kabwa. Kein Schaufenster, keine Werbung – hier werden, auf Klopfen, nur ernsthafte Kunden eingelassen, darunter auch mancher deutsche Antiquitätenhändler. Verkauft werden wertvolle Möbel, Porzellan und Glas, die der Inhaber auf Auktionen ersteigert.
Eine große Anwahl an alten und vor allem auf alt gemachten Stücken hat der riesige **Khan el-Khalili-Basar (9)** im Wakalat Badawiya Schahin, Sikket el-Badestan/Ecke Haret es-Suramatiya.
• *Beduinenschmuck* Bei **Mohammed Amin (8)**, el-Mu'izz/Ecke Zuqaq et-Tawus (Eingang zur Wakalat Gawarhagiya), sowie in einem Laden neben der Touristenpolizei beim **Café Sokkariya** findet man auch Originale.
• *Brokatstickereien* **Assil (14)**, am Anfang der Gasse zwischen el-Muski und Khalili-Restaurant.
• *Edelsteine/Goldschmuck* **Hassib M. Yazdi (3)**, Haret el-Suramatiya, Edelsteine. Goldschmuck bei **Mihran und Garbis Yazedjian (10)** am Bab el-Badestan. Hier wurden 1962 die Goldkartuschen kreiert, in

die Sie in pharaonischer Manier Ihren Namen einarbeiten lassen können.
- *Kupferwaren/Holzarbeiten (Maschrabiya)* Kupferwaren gibt's bei der Qala'un-Moschee im Sûq el-Nahhasin, el-Mu'izz (2). Holzarbeiten bietet **Hadj Mimi (4)**, Wakalat el-Qutn (bei der Touristenpolizei).
- *Perlen/Korallen* **Ali Chorassani (5)**, Sikket el-Badestan/Ecke Haret el-Suramatiya.
- *Traditionelle Arzneimittel* **Chadr el-Attar (18)**, el-Mui'zz, an der Südostecke des Barsbey-Komplexes.
- *Wasserpfeifen* In der Mu'izz **(1)**, etwa beim Brunnenhaus des Abdel Rahman Katchuda, haben sich die Geschäfte auf Kaffeehaus-Bedarf einschließlich Wasserpfeifen spezialisiert.
- *Parfüm/Gewürze* Die Wohlgerüche des Orients kaufen Sie im Sûq el-Attarin **(15)**, dem Gewürzbasar.

Bei den Juwelieren

In seinem einfachen, unscheinbaren Laden ohne jedes Firmenschild empfängt Großhändler Chaled Galal die Juweliere der Provinz und kauft gebrauchten Goldschmuck an. Zum Inventar gehören neben dem obligatorischen Tresorschrank aus Großvaters Zeiten auch eine elektronische Waage und ein Computer für Buchhaltung, Abrechnung und Kundenkartei.

Endverbraucher sind neben den Touristen überwiegend Leute vom Land. Goldschmuck ist der Sparstrumpf der Dörfler und im Bedarfsfall mit nur geringem Abschlag jederzeit wieder zu verkaufen. „Gebrauchtes Gold ist garantiert echt. Die Verarbeitung sichert, dass kein Eisen untergemischt ist. Andernfalls hätte es nicht verformt werden können. Die Leute trauen uns, nicht den Banken", meint Chaled.

An der inoffiziellen Edelmetallbörse, dem ökonomischen Herzen des Khan el-Khalili, bestimmt Chaled mit zehn anderen Firmen die Tagespreise und orientiert sich dabei natürlich auch am Fixing in London, Hongkong und New York. Goldschmuck wird nach Gewicht verkauft, dazu kommt ein Aufschlag für die eingearbeiteten Edelsteine. Die Verarbeitung spielt bei neuer Ware nur eine Rolle, wenn sie außergewöhnlich aufwändig ist. Man schätzt, dass jede Woche 100–120 kg 21-Karat-Gold im Khan el-Khalili den Besitzer wechseln. Doch der Absatz geht zurück. „So wie die Lebenshaltungskosten derzeit steigen und die Menschen mehr für Miete, Bus und Essen ausgeben müssen, bleibt ihnen weniger für Rücklagen. Das spüren wir natürlich. Deshalb stellen wir uns auch immer mehr auf den Geschmack der ausländischen Kundschaft ein."

Bevor Sie im Khan el-Khalili Schmuck kaufen, sollten Sie sich die Auslagen der Geschäfte genauer betrachten. Die Juweliere des Basars sind hoch spezialisiert. Wer Gold verkauft, hat kein Silber, wer Tafelsilber hat, führt keinen Beduinenschmuck, für Edelsteine gibt es wieder extra Händler. Angesichts der niedrigen Arbeitslöhne lohnt es sich, Schmuck nach eigenem Geschmack anfertigen zu lassen. Bringen Sie eine Zeichnung oder ein Foto mit, suchen Sie einen Laden mit Waren in ähnlichem Design bzw. aus entsprechendem Material. Steine wird der Gold- oder Silberschmied für Sie von einem anderen Händler holen lassen, und Sie können vom Tablett dann exakt jene Stücke aussuchen, die Sie gefasst haben wollen.

Nördliche Altstadt (el-Gamaliya) (Karte S. 161)

Auf diesem halbtägigen Rundgang durchs Areal zwischen dem Khan el-Khalili und der Stadtmauer lernen Sie eine kleine Auswahl der über hundert registrierten Baudenkmäler kennen. Das Viertel, in dem sich einst auch die Paläste der Fatimidenherrscher befanden, heißt heute Gamaliya.

Unsere Tour beginnt in der Schari' Mu'izz bei den Juwelieren, nach denen die Straße hier auch es-Sagha genannt wird. Von der Muski kommend, sehen Sie kurz vor dem Qala'un-Komplex (s. u.) und zurückgesetzt hinter einem osmanischen Brunnenhaus das **Minarett des Salih Ayub** (1350), des letzten Herrschers aus Saladins Dynastie. Immerhin ist es das einzige erhaltene Minarett der Ajubidenzeit und mag mit den mamelukischen Minaretten auf der anderen Straßenseite verglichen werden. Das *Mausoleum* des Salih liegt am Nordende der Schaufassade gegenüber dem Eingang zur Qala'un, wo Sie den Schließer suchen müssen. Es wurde posthum von Salihs Gattin Schagarat ed-Durr errichtet.

Textilmuseum / Brunnenhaus des Mohammed Ali: An der nächsten Ecke wurde die frühere Grundschule des Viertels zu Ägyptens erstem Textilmuseum umgebaut. Kern des Gebäudes ist ein zur Steaße hin halbrundes Brunnenhaus im osmanischen Rokokostil, das Vizekönig Mohammed Ali zum Gedenken an seinen 1822 im Sudan gefallenen Sohn Ismail errichten ließ. Die Ausstellung zeigt Textilien, darunter auch Teppiche, von der pharaonischen Spätzeit bis ins 20. Jh. Prunkstück ist ein scharlachroter, mit Gold und Silberfäden bestickter Bettüberwurf, den der Vizekönig seiner Tochter zur Hochzeit schenkte. Das Museum ist seit 2007 fix und fertig eingerichtet und mit Personal bestückt – aus unerfindlichen Gründen aber noch nicht für das Publikum geöffnet.

Qala'un-Komplex

Das Portal oder die lanzettförmigen Zwillingsfenster mit Ochsenaugen in der 70 m langen Schaufassade des Bauwerks von Sultan Qala'un (1284/85) könnten auch zu einer gotische Kirche gehören! Sie belegen den Einfluss der syrisch-palästinensischen Kreuzfahrerarchitektur. Viele Handwerker aus Syrien und Mesopotamien waren damals vor den Kriegswirren des Mongolensturms nach Kairo geflüchtet.

Die Passage am Südende der Fassade führt zum **Hospital**. An der Stelle der modernen Augenklinik stand einst das Krankenhaus der wohltätigen Stiftung Qala'uns. Hier behandelten die Kapazitäten ihrer Zeit jeden umsonst, vertrieben Musikanten und Koranrezitatoren den Kranken die Zeit. Barbarisch mutet dagegen die „Behandlung" in der psychiatrischenAbteilung an: Man hielt die Kranken in Käfigen oder kettete sie an die Hofmauer.

Wie die Fassade folgt auch der Innenraum der **Medrese** syrisch-mesopotamischen Vorbildern. So ist die Bethalle wie eine Basilika in drei Schiffe geteilt. Durch Zugbalken gesicherte Spitzbögen überragen die Arkadenreihen und tragen eine hölzerne Kassettendecke. Die Fensternischen folgen nicht der Ausrichtung der Medrese, sondern sind gen Osten abgeknickt. Um die obligatorische innere Ausrichtung nach Mekka mit dem vorgefundenen Straßenverlauf zu vereinbaren, wird die Mihrab-Wand von Nordost nach Südwest hin immer dicker.

> **Märkte im alten Kairo**
>
> Ein Basar oder Suk *(sûq)*, wie er in Kairo heißt, ist nichts anderes als ein Platz, wo irgendetwas verpackt und verkauft, vielleicht auch produziert wird. Er kann ein gemischter Suk sein mit allen möglichen Gütern oder ein spezialisierter mit nur einer Warengruppe wie der Sûq el-Attarin (Parfüm) oder der Sûq el-Kutub (Bücher). Schließlich kann der Suk auch nach der geografischen Herkunft seiner Produkte benannt sein, wie der Sûq es-Sudani.
>
> Natürlich gibt es im Sûq el-Kutub längst keine Bücher mehr. Nur der Name hat sich aus alter Zeit gehalten. Einst hatte in der islamischen Stadt jedes Gewerbe sein eigenes Quartier, doch dieses Muster löst sich auf. Die angesehensten Handwerker, eben Buchbinder, Goldschmiede, Parfümhändler usw., arbeiteten nahe der Moschee. Für Güter des täglichen Bedarfs, allen voran Lebensmittel, hat jedes Quartier seinen eigenen Suk. Der ägyptische Geschichtsschreiber Maqrizi zählt im 15. Jh. allein für die Hauptstraße der Fatimidenstadt 30 Suks mit zusammen 12.000 Läden.
>
> Khan oder Wakala hießen die Karawansereien der Großhändler. Hier stiegen die auswärtigen Kaufleute ab, lagerten, kauften und verkauften im Erdgeschoss ihre Waren und wohnten darüber wie in einer Herberge. Zu jedem Khan gehörten auch Sanitäranlagen, Brunnen, Teehaus und ein Stallbereich.

Qala'uns **Mausoleum** ist ein nahezu quadratischer Saal mit acht Stützpfeilern und damit dem Jerusalemer Felsendom oder byzantinisch-armenischen Kirchen verwandt. Auch die Wandgliederung entstammt diesem Kunstkreis, verwendet werden freilich islamische Ornamente. Als Fremdkörper erscheinen die Hufeisenbögen im Oktogon der Dachtrommel, wenig gelungen die Glasfenster (wenn denn die Restaurierung hier dem Original gefolgt ist). Nach diesem Versuch verschwanden farbige Glasfenster für lange Zeit wieder aus dem Repertoire der Kairoer Baumeister. Das Gitter um den Kenotaph ist eine spätere Zugabe des Sultans en-Nasir, der auch das bei einem Erdbeben zerstörte Minarett (1303) ersetzte und neben seinem Vater hier bestattet wurde. Ein Meisterwerk ist die Gebetsnische mit ihren Intarsien aus Marmor, Metall, Mosaiken, Glas und Halbedelsteinen.

En-Nasir-Medrese: Ein kleiner Brunnen trennt die Fassade des Qala'un-Komplexes vom Bauwerk seines Sohnes en-Nasir. Das Portal wurde nach der Eroberung Akkos (1291) und damit der Vertreibung der Kreuzritter von der dortigen Johannes-Kirche demontiert und hierher verbracht. Die Medrese ist das älteste Beispiel eines Baus mit vier „gleichberechtigten" Iwanen in Kairo. Im Mausoleum liegt ein Sohn des Sultans bestattet.

Medrese und Mausoleum des Sultans Barquq (1386) schließen sich unmittelbar an die Bauten en-Nasirs an. Ein Vergleich mit den vorher besichtigten Medresen/Mausoleen verdeutlicht stärkeren Formalismus und homogeneren Stil als in der späteren Mamelukenzeit. Auf Barquq folgen die osmanische **Moschee des Suleiman Silahdar** (1839) und auf der anderen Straßenseite das Haus des Emirs Beschtak. Nach den alten Fatimidenpalästen wird die Mu'izz in diesem Abschnitt noch immer Bain el-Qasrain, „zwei Paläste", genannt.

Qasr Beschtak: Der mit einer Tochter Sultan en-Nasirs verheiratete Beschtak kaufte damals den gesamten Straßenblock samt elf Moscheen und vier Armenhäusern und platzierte an ihre Stelle 1341 seinen Prunkbau. Fünf Etagen soll er gehabt haben,

Kairo
Islamische Altstadt

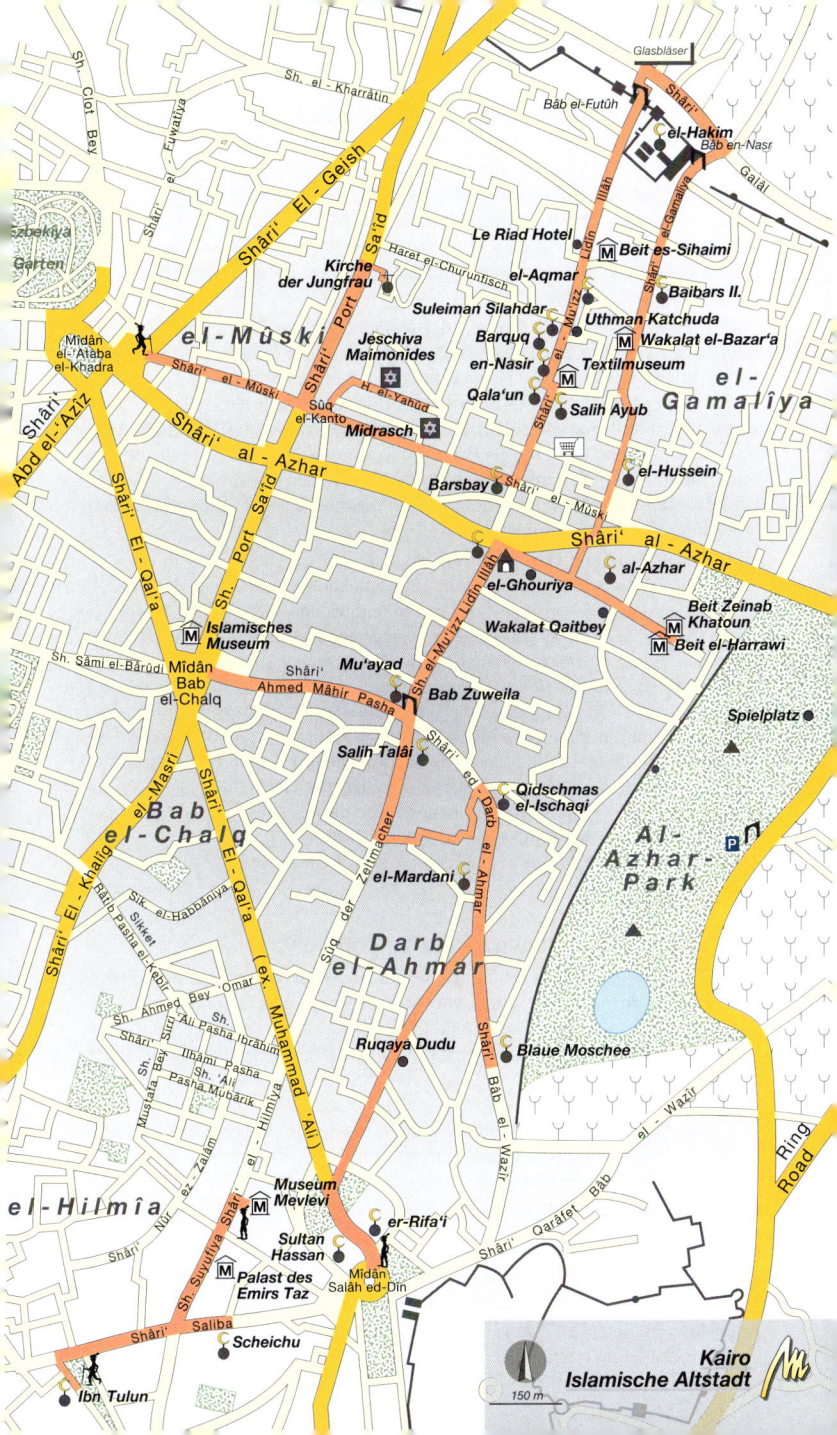

150 m

jede mit fließend Wasser. Der große Empfangssaal erinnert an ein Kirchenschiff. Vom Dach und aus den Fenstern können Sie unbeobachtet das Treiben auf der Straße fotografieren. Vormittags sind die Lichtverhältnisse am günstigsten.

Nach dem Beschtak-Palast gabelt sich die Hauptstraße am fotogenen Brunnenhaus *(sebil kuttab)* des **Abdel Rahman Katchuda** (1744). Über den freigiebigen Mäzen berichten die Chronisten, dass er nicht weniger als 30 Bethäuser und alte Profanbauten renovieren ließ. Am Brunnenhaus imponieren besonders die Blumenmotive der Wandfliesen.

☆ **El-Aqmar-Moschee**: El-Aqmar, „das Mondlicht", wurde 1125 unter einem Fatimidenwesir erbaut und ist das einzige Bauwerk seiner Epoche, das nahezu unverändert erhalten blieb. Seine Fassade greift, z. B. in den Säulen der Fensternischen, schon vorher beliebte Zierelemente auf, bringt aber auch neue Motive: Der horizontal gerippte Bogen über dem Eingang, die Stalaktiten, die Muscheln der Fensternischen – vieles, was Kairos Bauten der späteren Jahrhunderte charakterisiert, nimmt hier seinen Ausgang. Die größte Neuerung der El-Aqmar-Fassade war freilich, dass sämtliche Zierelemente aus Stein gefertigt wurden. Zuvor hatte man mit Stuck oder Ziegeln gearbeitet.

☆☆ **Beit es-Suhaimi**: Der Palast des Al-Azhar-Scheichs Suhaimi in der Darb el-Asfar gilt als das schönste unter den zugänglichen Wohnhäusern des alten Kairo. Gönnen Sie sich in der grünen Oase des Innenhofs eine kleine Pause, bevor Sie sich durch die im 16. und 17. Jh. gebaute Anlage führen lassen. Auf den Bänken am Ende des Hofes dürfte der Hausherr in den Morgenstunden seinen Geschäften nachgegangen sein und Besucher empfangen haben. Abends verkehrte man in der Loggia über dem Eingang, die den kühlen Nordwind fing. Im Winter bevorzugte man die wärmeren Räume im ersten Stock des Nordostflügels. Hier ziert die Mitte des seines Mobiliars entblößten Empfangsraumes noch ein schöner Brunnen. Beachten Sie auch die Windfänge auf dem Dach. Den Westflügel nehmen die Haremsgemächer ein. An der Nordseite des Hauses gibt es eine zweite Grünzone, den Wirtschaftsgarten, der den Frauen vorbehalten war.

Tägl. 9–17 Uhr, Eintritt 30/15 LE.

> ## Maschrabiya – die hohe Schule der Holzarbeit
> Hölzerne Gitter aus feinen Stäbchen und Kugeln schützten einst die Fenster der vornehmen Häuser Kairos vor direkter Sonne und unerwünschtem Einblick, gewährten aber gleichzeitig diffuse Helligkeit und den Blick nach außen. In Moscheen oder Kirchen grenzen sie die Sakralbereiche ab, gelegentlich begegnen sie uns auch in Möbeln und Koranpulten. Lange sah es so aus, als sei diese Kunst vergessen. Doch inzwischen erlebt die Maschrabiya eine Renaissance. Aus Eiche oder Birkenholz werden die Rundstäbchen und Kugeln maschinell gedrechselt und ohne Leim verzapft. Mit je nach Design 50 bis 100 € für den Quadratmeter ist auch die Maschinenware noch teuer genug.

El-Hakim-Moschee: El-Hakim, ein im Alter recht sonderlich gewordener Fatimidenkalif, gilt den Drusen als verborgener Imam, der eines Tages wiedererscheinen wird. Seine 1013 errichtete Hofmoschee diente lange als Karawanserei, später Napoleons Soldaten als Lager, dann baute man eine Schule im Hof. Außer dem Grundriss ist kaum noch etwas vom ursprünglichen Bau erhalten, der zunächst außerhalb der Stadtmauer lag. Als man diese 1087 nach Norden versetzte, wurde die Nordfassade der El-Hakim in die Mauer einbezogen. Das Portal (mit einer Renovierungsinschrift Baybars' II.) und die Eingangsfront sind aus Stein, der restliche Bau aus Ziegeln. Auch die Gestalt der Minarette wurde unter Baybars II. geschaffen, indem man die alten Minarette ummantelte und die Zwischenräume von oben mit Schutt ausfüllte.

> Die letzte **Glasbläserei** der Altstadt finden Sie am Ende der Haret el-Birkedar, der Gasse nördlich des Bab el-Futuh. Hier kann man den Handwerkern bei der Arbeit zuschauen und Glaswaren erheblich günstiger kaufen als im Khan el-Khalili.

Stadtmauer: 1074 hatte der Kalif den armenischen Feldherren Badr el-Gamali samt seiner Truppe angeworben, um etwas Ordnung in das von Unruhen erschütterte Fatimidenreich zu bringen. Zu Badrs Haufen gehörten viele Flüchtlinge, die vor den Seldschuken aus Südostanatolien geflohen waren, darunter Ingenieure und Architekten aus Edessa, dem heutigen Urfa. Ihnen übertrug der Armenier den Neubau der Stadtbefestigung, gedacht als Schutz gegen die Seldschuken, die freilich nie bis Ägypten kamen.

So erinnert das Stadttor **Bab el-Futuh** in der Tradition byzantinischer Militärarchitektur mehr an die römischen Tore in Alt-Kairo (Babylon) als an einen islamischen Bau. Auch das sparsame Dekor folgt antiken Mustern. Das Mauerwerk ist aus großen, behauenen Quadern präzise gefügt. Die vorstehenden Türme erlaubten es, gegen die Mauer anrennende Belagerer von der Seite zu beschießen. Im *Durchgang* sind allerlei pharaonische Spolien und Steine zu entdecken – für den Bau der Befestigung wurden die Ruinen von Memphis recycelt. Derzeit kann man nur außen an der Mauer entlang zum **Bab en-Nasr** (Siegestor) kommen, doch nach Abschluss der Restaurierungsarbeiten sollen Wehrgang und Kasematten wieder geöffnet werden. Nördlich des Bab en-Nasr erstreckt sich ein nach dem Tor benannter **Friedhof** mit ungewöhnlichen Holzpavillons, in denen die sich Anhörigen an den Gedenktagen trafen. Vom Bab en-Nasr biegen Sie für den Rückweg zum Khan el-Khalili in die Schari' el-Gamaliya ein.

Komplex Baibars II.: Emir Baibars hatte den Thron gerade für ein Jahr (1309/10) von en-Nasir usurpiert, bevor dieser wieder die Oberhand gewann. En-Nasir folterte seinen Widersacher grausam zu Tode, und nur massiver Einspruch der Geistlichkeit konnte ihn hindern, auch Baibars' Bauten zu demolieren. Schließlich begnügte er sich damit, den Namen des Usurpators auszulöschen. So klafft eine Lücke in der Fassadeninschrift des Baibars-Komplexes aus Medrese, Mausoleum und Sufi-Kloster.

☆ **Wakalat el-Bazar'a**: So wie diese Karawanserei in der Tumbakschiya-Gasse mag einst der Khan el-Khalili ausgese-

Gottgefällige Straßenbeleuchtung

hen haben. Ursprünglich als Herberge und Markt für die Kaufleute aus Damaskus gebaut, diente Bazar'a später als Lederbasar und schließlich als Wohnhaus. Inzwischen restauriert, steht der Khan nun leer. Im ersten Stock erschließt ein zum Hof hin offener Umgang die 19 Apartments der Herberge mit jeweils 70–120 m² Grundfläche. Die einzelnen Räume jedes Apartments sind übereinander angeordnet und durch Innentreppen verbunden. Nach der Empfangshalle folgt der 12 Meter hohe Wohnraum mit Fenster zur Straße oder zum Hof. Zum Küchenbereich führt eine Treppe aus der Empfangshalle, über die auch die Dachterrasse zugänglich ist, an die sich wiederum ein Winter-Wohnraum anschließt. Von ganz oben, wobei der Wächter für die Kraxeltour aufs Dach natürlich ein Sonderbakschisch erwartet, hat man einen guten Blick über die Altstadt. Denkt man sich moderne Sanitäranlagen hinzu, würde die Herberge auch gehobenen Wohnbedürfnissen genügen und wäre in unseren Breiten längst zu luxuriösen Eigentumswohnungen umgewandelt worden.

Tägl. 9–17 Uhr. Eintritt 20/10 LE.

Die Gassen der Altstadt

Die Kairoer Altstadt mit ihren Sackgassen und verwinkelten Wegen, in denen der Tourist mit Orientierungssinn alleine nicht weiterkommt, sondern wirkliche Ortskenntnis erforderlich ist, dieses Gewirr war von den fatimidischen Stadtgründern so nicht gedacht. Ihr Stadtkarree hatte neben der Hauptstraße noch zwei Nord-Süd- und wenigstens fünf Ost-West-Achsen, welche die Stadt geradlinig querten.

Doch Fußgänger und Esel brauchten keine breiten Straßen; schon Pferde waren ausschließlich den Mameluken vorbehalten. Wohnen, Arbeiten und Einkaufen lagen nahe beieinander, die Masse hatte keine langen Wege. Die engen Gassen mit ihren übergebauten Balkonen waren dem Klima besser angepasst als breite Schneisen. Und in einer Sackgasse waren die Anwohner alleine für ihre Gasse verantwortlich. Hatte kein Nachbar etwas dagegen, konnte man durchaus vor sein Haus eine Bank, eine Hütte oder schließlich einen Anbau stellen. Und war eine Fläche der öffentlichen Nutzung für eine Weile entzogen, hatte sich der Anbau qua Gewohnheitsrecht legalisiert.

Auch Durchgangsstraßen hatten die Tendenz, beständig schmäler zu werden. Zu jedem Haus gehören Luftrecht (Balkone!) und in gewissem Sinn die vorgelagerte Straße. So ist es üblich, dass Geschäftsleute vor ihrem Laden die Gasse mit Wasser besprengen, reinigen und Abfallkübel aufstellen. Da stellte der Händler früher auch mal ein Podest *(mastaba)* auf, um Waren auszulegen, zu beten oder einfach nur herumzusitzen. Und aus diesen Podesten konnte mehr werden, solange kein Nachbar Einspruch erhob oder der öffentliche Verkehr nicht „grundlos" beeinträchtigt wurde.

Freilich wurden diese Anbauten entlang der Hauptstraßen periodisch auf Geheiß des Sultans wieder abgerissen. Diese Kampagnen samt Wehklagen und Geschrei der Betroffenen wiederholen sich bis heute periodisch. Aber ebenso, gleich einem wuchernden Pilz, wachsen die Gassenverengungen wieder nach, wobei in den Wohngassen der Altstadt jetzt oft Hütten wohnungsloser Zuzügler hinzukommen.

Südliche Altstadt Bab Zuweila, Darb el-Ahmar

(Karte S. 161)

Ein Rundgang durch die Altstadt südlich der Al-Azhar-Straße führt durch von organisierten Reisegruppen kaum besuchte Viertel mit volkstümlicher Atmosphäre und günstigen Einkaufsmöglichkeiten. Eilige Reisende beschränken sich auf den Besuch der Moschee des Sultans Hassan.

☆☆ **Al-Azhar-Moschee**: Die einstige Freitagsmoschee der Fatimiden gilt als das geistige und geistliche Zentrum der islamischen Welt. Viele Herrscher stifteten der fatimidischen Hofmoschee (973) später An- und Umbauten, sodass „die Blühende" heute mit Gebäuden verschiedenster Stilrichtungen eine Fläche von bald einem Hektar einnimmt. Durch den Haupteingang auf der Westseite, das *Tor der Barbiere*, kommt man unter dem Minarett des Sultans Qaitbey hindurch in die *Hofmoschee*. Typisch für die fatimidischen Bauten jener Zeit sind die Bögen über dem Säulenumgang, die an die Giebel eines Satteldachs erinnern und weder in Persien noch Mesopotamien ihresgleichen finden. Auf beiden Seiten des Hofs, hinter dem Holzwerk des Säulenganges, lagen einst die Quartiere der auswärtigen Studenten. Gegenüber dem Haupteingang findet man die originale Gebetsnische *(mihrab)*. Mit ihren Marmorintarsien knüpft sie an die byzantinische Tradition an. Entlang der zum Mihrab führenden Zentralachse sind die Säulen in breiterem Abstand gesetzt, und das Dach ist etwas angehoben, was an das Hauptschiff einer Basilika erinnert. Im 18. Jh. wurde die Bethalle um drei Säulenreihen erweitert und an der Ostwand eine neue Gebetsnische geschaffen.

Zugänglich ist nur die Hofmoschee, Frauen brauchen ein Kopftuch. Geöffnet tägl. 7.30–18 Uhr mit Ausnahme der Gebetszeiten. Für den Aufstieg aufs Minarett oder Dach wird ein Bakschisch erwartet.

Auf der Südostseite der al-Azhar ist die Fassade von **Wakala und „Brunnenschule" des Qaitbey** (1477) typisch für den Geschmack der späten Mamelukenzeit. Zur Gasse hin bieten wie einst Geschäfte ihre Waren feil, die Quartiere der Kaufleute im Innenhof sind heute völlig verbaute Wohnungen armer Leute. Geht man die Azhar-Gasse (*Atfet al-Azhari*) weiter, gelangt man auf einen kleinen Platz mit schattigen Sitzgelegenheiten. An dessen Südseite ist das restaurierte **Beit el-Harrawi** (1731) gelegentlich Schauplatz von Kulturspektakeln. So geben hier etwa die Meisterschüler des Lautenspielers Ustaz Nasir Schamma ihre Prüfungs- und Abschlusskonzerte. Das Haus überrascht mit einem in dieser Gegend seltenen Garten. Auf der rechten Seite des Platzes lädt ein Laden mit sehenswertem Kunsthandwerk zum Stöbern ein, auf der Nordseite kann das nach seinem letzten Bewohner benannte Haus Zeinab Khatoun besichtigt werden.

Beit Zeinab Khatoun: Das in den 1980er-Jahren restaurierte Haus reicht bis ins Mittelalter zurück, präsentiert sich mit Um- und Anbauten heute aber etwa so, wie es vor 300 Jahren aussah. Die schlichte Steinfassade mit wenigen Fensteröffnungen und einem einzigen Maschrabiya-Erker wirkt eher abweisend. Der Eingangskorridor führt ums Eck und versperrt so neugierigen Passanten den Blick in den zentralen Innenhof. Im *Salamlik*, dem größten Raum im Erdgeschoss, empfing der Hausherr seine Gäste. Architektonisches Glanzlicht des Hauses ist die mit Holzschnitzereien und steinernen Einlegearbeiten geschmückte Festhalle *(qa'a)* im Obergeschoss.

Tägl. 9–16 Uhr. Eintritt 15/10 LE.

Die Azhariten und der Staat

Al-Azhar ist mehr als eine Moschee. 988 als zweite Universität der Welt gegründet, bekam al-Azhar bald das Monopol für die Ausbildung der Religionsgelehrten. Seit dem Ende des Osmanischen Reiches ist die Ulema, die Gelehrtengemeinde, und an ihrer Spitze der Großscheich, sozusagen der Uni-Rektor, formal die höchste Autorität des Islam.

Noch im 18. Jh. bildeten die Absolventen von al-Azhar mit ihrer Ausbildung in Philosophie, Theologie und anderen Geisteswissenschaften die Elite des Landes. Nach Mohammed Ali waren andere Qualitäten gefragt: Techniker, Ingenieure, Naturwissenschaftler, aber nicht mehr Leute, die „nur" den Koran auswendig kannten. Die Azhariten, bisher vorwiegend Lehrer und Richter, wurden mit der Verweltlichung (was auch sagen will: Verwestlichung) von Schulen und Gerichtshöfen arbeitslos.

1961 begann an al-Azhar schließlich die in unserem Sinn moderne wissenschaftliche Ausbildung, und die Lehrstätte wurde in das staatliche Bildungssystem eingepasst – man kann dort seither, wie schon an den islamischen Universitäten des Mittelalters, auch Ingenieurwissenschaften oder Medizin studieren.

Ungeachtet ihres Prestiges und der hervorragenden Qualifikation ihrer Lehrer ist die theologische Fakultät jedoch von jeher eine fügsame Agentur der weltlichen Obrigkeit und legitimiert deren Politik bei Bedarf mit entsprechenden Rechtsgutachten. Nach der Revolution von 1952 wurden al-Azhar die Kontrolle und die Einnahmen aus den religiösen Stiftungen *(auqaf)* entzogen und einem Ministerium zugeordnet, wodurch die Hochschule auch in finanzielle Abhängigkeit von staatlichen Zuwendungen geriet.

☆ **El-Ghuriya**: Die *Karawanserei* des vorletzten Mamelukensultans Qansuh el-Ghuri (1500–1516) ist heute ein Kulturzentrum mit Künstlerateliers, einer Handarbeitsschule und einer Bibliothek. Im Innenhof präsentiert das Tannoura-Ensemble seine Derwischtänze. *Medrese/Moschee* (rechts) und *Mausoleum* (links) el-Ghuris flankieren den neuerdings wieder nach altem Vorbild in luftiger Höhe überdachten Eingang zum südlichen Teil der Schari' Mu'izz. Die Medrese, deren Innenhof eine exzellente Holzlaterne überdacht, ist das letzte Beispiel einer Vier-Iwan-Anlage nach dem Muster der Sultan-Hassan-Moschee. El-Ghuris Leichnam – er starb in einer Schlacht gegen die Osmanen – wurde nie gefunden, und so liegt im Mausoleum sein Nachfolger Tumanbey bestattet. Die Kuppel mit ihrer zu großen Spannweite stürzte schon bald ein.
Eintritt in Moschee und Mausoleum gegen Bakschisch

Mu'ayad-Moschee: Sie wurde 1422 von Sultan Mu'ayad just an jener Stelle gebaut, wo er, noch Emir, von einem seiner Konkurrenten gefangen gehalten worden war. Gepeinigt von Ungeziefer und Fliegen schwor Mu'ayad, den Ort in eine heilige Stätte zu verwandeln, würde er nur Sultan. 40.000 Dinare war ihm die Erfüllung des Gelübdes dann wert. Die Hofmoschee ist reich dekoriert, ja überladen, und der Innenhof präsentiert sich als grüne Oase mit schattenspendenden Bäumen. Das Bronzetor stammt von der Sultan-Hassan-Moschee. Links vom Eingang kommt man ins Mausoleum, wo Mu'ayad und sein ältester Sohn bestattet sind. Die beiden

Südliche Altstadt   167

Minarette (Aufstieg gegen Bakschisch) wurden im 18. Jh. direkt auf dem Bab Zuweila errichtet – mit Gottes Hilfe trägt das Tor die Last der Türme.

☆ **Bab Zuweila**: Das Stadttor war Teil der Befestigungsanlagen um die Fatimidenstadt. Wie die im Norden erhalten gebliebenen Tore wurde es um 1090 von armenischen und mesopotamischen Baumeistern gebaut. Hier sammelte sich die alljährliche Pilgerkarawane nach Mekka, später war das Tor auch Pranger und Hinrichtungsstätte. Betrügerische Kaufleute wurden gehängt, gewöhnliche Kriminelle geköpft, erwürgt oder gepfählt, zu ehrgeizige Emire ans Tor genagelt – die Marterinstrumente hängen noch im Durchgang. Heute werden nur noch fromme Wünsche ans Tor geschlagen. Sie richten sich an den Heiligen Qutb el-Mitwalli, der im 19. Jh. neben dem Tor wohnte und bei Kopf- und Zahnschmerzen hilfreich sein soll. Das Tor wurde jüngst saniert und seine Fundamente trockengelegt. Eine kleine Ausstellung zeigt die dabei ans Licht gekommenen Bodenfunde, etwa Tassen und Wasserpfeifen aus einem Kaffeehaus von anno dazumal. Auch die Dachterrasse mit ihrem Blick über die Gassen ist wieder zugänglich, ja sogar auf die Minarette kann man klettern.

Auf Augenhöhe – die Minarette des Bab Zuweila

Der Eingang zur Ausstellung und zur Terrasse ist auf der Westseite des Tors. Tägl. 8–17 Uhr. Eintritt 15/10 LE.

Brunnenhaus und Wakala der Nafisa el-Beida: Auf der Nordostseite des Bab Zuweila erläutern in einem Tordurchgang zwei verstaubte Schaukästen die Restaurierung des Gebäudes, das einmal eine Karawanserei war. Die interessante Lebensgeschichte der Bauherrin erfährt man um die Ecke in ihrem 1796 gebauten Brunnenhaus.

Tägl. 8–17 Uhr. Eintritt 10/5 LE. Schlüssel im Bab Zuweila.

Moschee des Salih Talâi: Der fatimidische Bau des Salih (1160) links hinter dem Stadttor ist das erste Beispiel einer „schwebenden", nämlich über einer Ladenzeile errichteten Moschee. Diese Läden sind durch das heute höhere Straßenniveau freilich zu einem Souterrain abgesunken. Dem Narthex einer christlichen Kirche vergleichbar ist der Moschee ein Eingangsportikus vorgelagert. Das Innere besticht mit schlichter Eleganz. Durch die im Vergleich zur al-Azhar noch höher gestelzten Bögen scheint der Bau zu schweben. Die Säulenkapitäle sind griechisch-römischen Ursprungs.

Der Suk der Zeltmacher

Südlich des Bab Zuweila passiert die Mu'izz den überdachten Sûq el-Chayamiya, Kairos farbenprächtigsten Basar. Sicher ist Ihnen irgendwo auf den Straßen Kairos schon unvermittelt ein buntes Zelt begegnet. Es signalisiert: Hier wird gefeiert, ob nun Tod, Hochzeit oder eine Mulid. In jedem Quartier gibt es Zeltverleiher, die den Wetterschutz in gewünschter Größe mit akrobatischem Geschick aufstellen und auch wieder demontieren. Die Muster der heute weitgehend bedruckten Zeltbahnen wurden früher als Patchwork aufgenäht. Heute produzieren die Zeltmacher nur noch Wandbehänge, Kissen und Zierdecken. Das Handwerkszeug ist einfach: verschiedene Scheren, Garne, Kreide, Zeltstoff und Stoffreste. Man unterscheidet im Design die Grundrichtungen islamisch, pharaonisch, kalligrafisch und *baladi* (volkstümlich). Das islamische Design bedient sich der traditionellen geometrischen Muster, wie wir sie auch in Stein, Holz und Einlegearbeiten finden. Gern werden die Muster mit inversen Farben wiederholt. Der pharaonische Stil benutzt alte Tempelreliefs und Symbole. Er wird eher für Wandbehänge als für Zelte gewünscht. Baladi-Designs folgen keiner Tradition, sondern sind Eigenschöpfungen der Künstler: Dorfszenen, stilisierte Kamele, Pyramiden, die Kaaba und viele Motive mehr. Sind Muster und Farben ausgewählt, beginnt die eigentliche Arbeit. Manche Zeltmacher zeichnen ihre Entwürfe mit Kreide vor, andere arbeiten frei Hand.

☆☆ **Islamisches Museum**: Das „Museum für islamische Kunst", wie es mit vollem Namen heißt, hat mit mehr als 80.000 Exponaten die weltweit umfangreichste Sammlung muslimischen (Handwerks-)Kunst. Nur etwa 2000 davon haben einen festen Platz in der neu arrangierten Dauerausstellung. Sie erzählen 1400 Jahre Geschichte von den Omajaden bis zu den Osmanen und zeugen vom hohen Stand der orientalischen Wissenschaften und Baukunst. Die meisten Stücke stammen aus abgerissenen Kairoer Gebäuden oder wurden bei Ausgrabungen auf dem Stadtgebiet geborgen.

Die Sammlung wurde 1881 zunächst in den Arkaden der El-Hakim-Moschee eingerichtet und zog 1903 in das heutige, im neo-maurischen Stil gehaltene Gebäude um. Zum hundersten Geburtstag wurde das Haus dann zwecks Renovierung geschlossen. Den Auftrag, die Sammlung neu einzurichten und zu präsentieren, erhielt der dem breiten Publikum vor allem für seine Lampen bekannte Designer und Ausstellungsmacher Adrien Gardère. Der wollte die Geschichte der islamischen Kunst auf wenige, ihm zentral erscheinende Exponate verschlanken und diese gut ausgeleuchtet vor weißem Hintergrund präsentieren. Sechs Jahre, doppelt so lang wie veranschlagt, war Gardère zugange, bis das Museum renoviert und neu eingerichtet war – und das Resultat seinem Auftraggeber missfiel. Kulturminister Farouk Hosni, zugleich renommierter Maler und damit sozusagen doppelt kompetent, nahm Anstoss an diesem und jenem und vor allem an den weißen Wänden. Gardère wurde entpflichtet und die Wände grau übertüncht, ein weiteres Jahr ging dahin. Erst seit Herbst 2010 darf die Öffentlichkeit die neu in Szene gesetzen Kunstwerke wieder bestaunen.

Die Eingangshalle zeigt ausgewählte Meisterstücke wie eine prächtige Koranhandschrift und kostbare Glasleuchter. Texttafeln geben einen Überblick über Vielfalt

Südliche Altstadt 169

Islamisches Museum

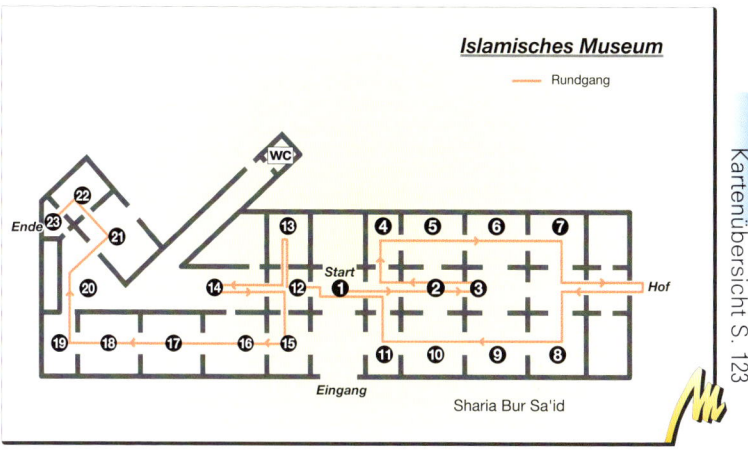

der islamischen Welt und erzählen auf knappem Raum die Stadtentwicklung des islamischen Kairo. Den mit der Stadt verbundenen Stücken, seien es Möbel, Architekturfragmente oder ein ganzer Wohnraum, gehört in chronologischer Ordnung der rechte Flügel des Hauses, von den Omajaden (8. Jh.) mit ihren noch nicht vom Tabu belegten Tierdarstellungen bis hin zu den Osmanen. Höhepunkt ist hier ein aus unzähligen Mosaikstückchen zusammengesetzter Sprungbrunnen. Für den Laien nicht immer leicht zu entdecken sind die Kriterien, nach denen die Exponate im linken Flügel ausgewählt und gruppiert wurden: Mal ist es der Kulturraum (z. B. Iran), mal das Material (Textilien und Teppiche), mal einfach ein Thema (Gräber und Sarkophage; Geometrie im Architekturdekor) oder die schiere Größe der Objekte (Raum mit Kleinfunden). Hier wünscht man sich mehr erklärenden Text.
Tägl. 9–16 Uhr, Fr Gebetspause. Eintritt 50/25 LE.

Moschee des Qidschmas el-Ischaqi: Ischaqi, der Stallmeister von Sultan Qaitbey, hatte mit seiner Moschee (1480) in dem damals schon dicht bebauten Quartier *Darb el-Ahmar* erhebliche Platzprobleme. Die Iwane im Norden und Süden sind zu Nischen verkürzt, die Koranschule steht, über eine Passage verbunden, auf der anderen Straßenseite. Die Moschee ist reich mit Stuck und Marmor dekoriert. Offensichtlich haben auch die Ägypter Schwierigkeiten mit dem Namen des Tscherkessen, denn die Moschee wird üblicherweise nach einem hier bestatteten *Abu Horeyba* benannt.

El-Mardani-Moschee: Mardani, der Schwiegersohn Sultan en-Nasirs, stammte aus dem türkischen Mardin und starb, gerade 25 Jahre alt, in Aleppo. Den Vorhof der Moschee (1340) zieren Brunnenhaus und Schatten spendende Akazien. Die Gestaltung des Innenhofes mit Umgang, Fensternischen und Zinnen folgt fatimidischem Vorbild, die Säulenbogen sind hochgezogen, leicht spitz und durch Zugbalken gesichert. Eine Maschrabiya grenzt die Gebetshalle im Südosten vom Hof ab – ein Beispiel für die großzügige Verwendung dieses Raumteilers in der frühen Mamelukenzeit.

Moschee des Aq Sunqur (Blaue Moschee): Emir Aq Sunqur führte nach dem Tod Nasirs als Regent die Staatsgeschäfte für den gerade sechsjährigen Thronfolger

Aschraf Kütschük, bis Aschraf von seinem Bruder Schaban („der Einfältige") gestürzt wurde. Schaban seinerseits fiel bei einer von Aq Sunqur inspirierten Intrige später dem el-Muzaffar zum Opfer, einem weiteren Sohn Nazirs, der sich dann seines Helfers entledigte und Aq Sunqur erwürgen ließ – wilde Zeiten. Schaban hat links neben dem Eingang der Hofmoschee (1346/47) ein Mausoleum bekommen, Stifter Aq Sunqur selbst ist in einem ungeschmückten Grab neben der Gebetsnische bestattet. Bekannt ist die Moschee wegen ihrer blauen Fayencen, die 1654 ein türkischer General anbringen ließ und die die Besucher regelmäßig enttäuschen, weil sie nur einen sehr kleinen Teil der Moschee zieren.

Brunnenhaus der Ruqaya Dudu: Im *Sûq es-Silah*, dem alten Waffenmarkt, werden heute Metallwaren und Trödel zum friedlichen Gebrauch verkauft. Kurz vor dem Ende der Gasse entdeckt man linker Hand ein gern auf Postkarten oder Aquarellen abgebildetes Motiv: Kairos bekanntester, weil besonders pittoresker Brunnen mit Koranschule (1761), der Sebil-Kuttab der Ruqaya Dudu. Sie war die Tochter eines Mamelukenoffiziers, der mit Politik und Militär wenig im Sinn hatte und sich stattdessen als Mäzen und Stifter hervortat. Das Monument wurde nach ihrem und des Vaters Tod von der Mutter als Denkmal gestiftet. Es ist im Stil des osmanischen Barock gehalten, nämlich als aus der Straßenflucht hervorspringendes Viertelrund mit überkragendem Dach, Gitterwerk an den Fenstern und schönen Fayencen.

☆☆ Sultan-Hassan-Moschee

Hassan, Enkel des Qala'un, kam zwölfjährig auf den Thron, wurde mit 16 abgesetzt, kam drei Jahre später wieder an die Macht, um 1361 – noch war sein Bau nicht fertig – als 26-Jähriger ermordet zu werden. Seine Medrese (1356–62) – sie mag wegen der Lichtverhältnisse am besten morgens besichtigt werden – ist neben der Ibn-Tulun-Moschee der großartigste Bau des islamischen Kairo. Die immensen Baukosten konnte Hassan nur aufbringen, da die Todesfälle der Pestwelle von 1348 die Staatskasse mit nachgelassenen Barschaften und Grundstücken üppig gefüllt hatten. Was der Ibn-Tulun-Moschee die Wirkung der Fläche, ist hier die Vertikale. Die Kuppel schwebt 50 Meter über Grund, das große Minarett – sein Zwilling stürzte und wurde nur verkleinert wiederaufgebaut – ragt 80 Meter auf.

Die **Medrese** ist in persischer Tradition kreuzförmig um einen Hof angelegt und hat drei identische Iwane, während der vierte in Gebetsrichtung etwas größer ist. Die ursprünglich strahlend weißen Wände des Hofes haben das für Kairo so typische Graubraun angenommen; einige sagen, man habe der extremen Höhe wegen die Moschee überhaupt nie frisch geweißelt. Jeder Iwan gehörte einer der vier islamischen Rechtsschulen, die hinter den Ecken des Hofes jeweils zusätzliche Räume hatten. Baumaterial sind Großquader, nur die Halbkuppeln der Iwane sind, wiederum nach persischem Vorbild, mit Ziegeln ausgeführt. Die Originaltore des Hofes sind verschollen, die Flügel des Haupteingangs zieren jetzt die Mu'ayad-Moschee am Bab Zuweila.

Dem Hauptiwan schließt sich das **Mausoleum** Hassans an. Hier ist die Dekoration besonders gut erhalten. Die alte Kuppel soll eiförmig gewesen sein; jetzt ist das Dach eine osmanische Halbkugel. Aus dem Fenster neben dem Mihrab hat man einen guten Blick auf das Zitadellen-Tor Bab el-Azab.

Tägl. 8–22 Uhr, Fr 11.30–13.30 Uhr Gebetspause. Eintritt 25/15 LE.

Wunder der Baukunst

„Diese Moschee ist unter dem Namen ‚Hochschule des Sultan Hassan' bekannt. Sie liegt der auf dem Berge erbauten Citadelle gegenüber und befindet sich auf dem Platz zwischen der Citadelle und dem Teiche el-Fil, an der Stelle, wo früher das Haus des Emirs Jalbaghda el-Jahjawa stand. Der Sultan begann den Bau der Moschee im Jahre 757 d. H. [1356 n. Chr.]. Er ließ ihren Umfang weit ausdehnen und ein großes Gerüst aufschlagen und ließ sie in schöner Symmetrie und gewaltiger Größe ausführen. In den Ländern des Islams kennt man kein Gebäude, das mit dieser Moschee zu vergleichen wäre. Ich habe den Sultan sagen hören: ‚Wenn es nicht deshalb geschähe, da man sonst sagen würde, der Herrscher Ägyptens sei nicht imstande, das Werk zu vollenden, das er angefangen hat, würde ich den Bau der Moschee der vielen Kosten wegen aufgeben.'

In dieser Moschee sind Wunder der Baukunst. Ihre große Halle dehnt sich in einer Länge von 65 Ellen aus; wie man sagt, ist sie fünf Ellen länger als die große Halle des Khosrau in Madein in Irak. Sie hat eine große Kuppel, die in Ägypten, Syrien, Irak und dem Maghreb nicht ihresgleichen hat. Und in ihr ist ein Mimbar [Kanzel] aus Marmor, der einzig in seiner Art ist. Wunderbar sind auch das große Portal und die vier Abteilungen der Hochschule, welche um den Moscheehof herum angelegt sind.

Der Sultan hatte beschlossen, vier Minarette zu erbauen, von denen der Ruf zum Gebet ertönen sollte. Drei derselben waren vollendet, als am Sonnabend, dem 6. Rabi el-Akhir des Jahres 762 d. H. [1361 n. Chr.] das Minarett über dem Portal einstürzte. Ungefähr 300 Waisenkinder, die in der Schule neben dem dort angelegten Brunnen unterrichtet wurden, kamen dabei um; von den Waisenkindern retteten sich sechs. Der Sultan gab es auf, das Minarett wieder aufzubauen und ein anderes, ihm Ähnliches zu errichten. Zwei Minarette blieben bestehen."

Ahmad Maqrizi, um 1410

Er-Rifa'i-Moschee: Die Moschee gleich gegenüber der Sultan Hassan wäre in vielen anderen Städten ein Glanzlicht. In Kairo freilich mit der Konkurrenz seiner vielen mittelalterlichen Monumente wird die Rifa'i von Führern und Kunstkritikern nicht sonderlich hoch geschätzt. Die Moschee wurde 1869 von der Mutter des Khediven Ismail in Auftrag gegeben, doch erst 1912 vollendet. Sie birgt die Gräber des Sufi-Scheichs er-Rifa'i, der schon vorher an dieser Stelle begraben war, des Abdallah el-Ansari (ein Gefährte des Propheten), der Könige Fuad und Faruk sowie des letzten iranischen Schahs, Mohammed Reza Pahlawi, der nach seiner Vertreibung in Ägypten Exil fand. In den Katakomben der Moschee schließlich (Zugang durch eine Tür in der Gebetswand) ruhen Ismail, seine Familie und Sultan Hussein Kamil (1914–17). Der Innenraum wurde nach Entwürfen von Max Herz mit 19 verschiedenfarbigen Marmorarten und einer vergoldeten Decke gestaltet. Herz war um die vorletzte Jahrhundertwende Leiter der islamischen Abteilung der Antikenverwaltung und nahm sich die alten Moscheen Kairos zum Vorbild für die Rifa'i.

Tägl. 8–22 Uhr, Fr 11.30–13.30 Uhr Gebetspause. Eintritt 25/15 LE.

Al-Azhar-Park (Muntasa al-Azhar): Ein Fleckchen Grün hat in Kairo Seltenheitswert. Und die Schaffung eines 30 Hektar großen Parks ist ein Jahrhundertereignis, wie es die Stadt seit den Zeiten des Khediven Ismail nicht mehr erlebt hat. Aus einer früheren Müllkippe, in der man knietief im Staub versank, hat die Aga-Khan-Stiftung eine Oase geschaffen mit Rasenflächen, Blumenbeeten, Baumalleen, mit Spielflächen, Cafés und Restaurants, mit Springbrunnen, Bächlein und künstlichem See. Mancherorts erinnert das Design an die Alhambra. Von Aussichtspunkten

Al-Azhar-Park, grüne Oase im Häusermeer

Südliche Altstadt 173

Beim Hutmacher

überblickt man die Totenstadt oder das Altstadtviertel Darb el-Ahmar. Auch für dessen Bewohner war der Park gedacht, er sollte die in Kairo so ausgeprägte räumliche Trennung von Arm und Reich überwinden. Doch um in den Park zu kommen, den nur die mittelalterliche Stadtmauer von ihrem Viertel trennt, müssen die Bewohner einen langen Weg auf sich nehmen: Der bislang einzige Eingang liegt autogerecht zur Salah-Salem-Straße. Auch der Eintrittspreis, für Anwohner 1– 2 LE, ermuntert Leute, die jeden Piaster umdrehen müssen, nicht zum Besuch.

Der Park (www.alazharpark.com) ist tägl. ab 10 Uhr bis nach Mitternacht geöffnet, Eintritt 10 LE. Das Hilltop-Restaurant auf dem höchsten Punkt des Parks ist Treffpunkt der High Society; im weniger förmlichen Lakeside-Restaurant gibt's libanesische Küche.

●*Einkaufen in der südlichen Altstadt* **Al Khatoun**, 3 Sh. Moh. Abdou, beim Beit Zeinab Khatoun, tägl. 11–23 Uhr www.alkhatoun.net. Vier Künstler und Designer haben sich zusammengetan und in einer früheren Färberei einen Laden mit anspruchsvollem Kunsthandwerk aufgemacht. Man kann ungestört stöbern, das Personal hält sich zurück.

Fes: Südlich der Ghouriya sind auf der rechten Straßenseite die beiden letzten Fesmacher Kairos am Werk. Auf altertümlichen Pressen formen sie Filz zu den folkloristischen Kopfbedeckungen, die heute gerne von Hoteldienern, Kellnern und manchmal gar von Touristen getragen werden.

Heilkräuter: Ein Duft von Thymian und Myrrhe umweht den Laden von Abdel Rahman Moh. Harraz am Bab el-Chalq gegenüber dem Islamischen Museum. Harraz bietet mehr als nur Küchenkräuter und Gewürze. Das Geschäft ist eine Volksapotheke, im Mittelpunkt stehen der Verkauf von Arzneipflanzen und die einschlägige Beratung.

Stoffapplikationen: siehe auch S. 168. Für ein Kissen rechne man mit 25–50 LE, für Bettüberwürfe ab 300 LE.

☆☆ Zitadelle (el-Qal'a)

An die 700 Jahre residierten Ägyptens Potentaten auf der Zitadelle. Die mächtige Festung beherbergt Moscheen, Paläste und drei Museen.

Der kurdische Offizier Salah ed-Din war 1168 als Führer einer Söldnertruppe nach Ägypten gekommen. Drei Jahre später machte er sich mit einem Staatsstreich zum Sultan und befestigte den Felssporn über der Stadt gegen den erwarteten Angriff der Kreuzritter. Die nördliche Hälfte ließ er zu einem Militärlager ausbauen, in dem bis zu 12.000 Soldaten stationiert waren. Erst 1984 wurde diese Zone von der Armee geräumt – zuletzt diente sie als Prominentengefängnis. Im Südteil befanden sich ab 1218 die königliche Residenz, der Palast des Wesirs und die große Moschee. Vom 13. Jh. bis zum Umzug Ismails in den Abdin-Palast (1874) residierten die Herrscher auf der Zitadelle. Die meisten Bauten stammen aus der osmanischen Zeit. Die Zitadelle ist ein Vorzeigeobjekt der Altertümerverwaltung mit üppiger Begrünung, Cafés und relativ sauberen öffentlichen Toiletten.

Tägl. 8–17, Sommer bis 18 Uhr, Museen nur bis 16.30 Uhr (Fr 12–14 Uhr Gebetspause). Eintritt 50/25 LE. Zugang zur Zitadelle hatte man zuletzt nur durch das Bab el-Gebel auf der Südostseite, zu erreichen per Taxi über die Sh. Salah Salem.

☆☆ **Mohammed-Ali-Moschee**: Hier stand der mamelukische Regierungspalast. 1824 flog er bei einer sicher nicht zufälligen Explosion seiner Pulvermagazine in die Luft. Mohammed Ali ließ seine Moschee von einem griechischen Baumeister nach dem Vorbild der Blauen Moschee in Istanbul gestalten. In ihrer Monumentalität sollte sie des Vizekönigs Macht auch gegenüber dem osmanischen Sultan demonstrieren. Nach der Wandverkleidung wird sie auch Alabastermoschee genannt. Den Vorhof ziert ein *Brunnenhaus* im osmanischen Barock. Der *Uhrturm* war ein Gegengeschenk Louis Philippes für den Obelisken, der in Paris auf der Place de la Concorde steht. Er fügt sich überraschend gut in den neoklassizistischen Umgang des Hofs, ist aber purer Zierrat. Seit der Montage hat die Uhr noch keine Sekunde funktioniert.

Die Dachlandschaft der Moschee besteht aus vier Eckkuppeln, in deren Mitte vier Halbkuppeln zur riesigen Zentralkuppel hinaufführen. Die zeigte schon frühzeitig Risse und musste um 1935 schließlich durch eine Neukonstruktion ersetzt werden. Die eklektizistische Dekoration des Innenraumes steht im Kontrast zur schlichten Würde des Baukörpers. Mohammed Alis Grab finden Sie in einer Ecke hinter einem Bronzegitter. Von der Terrasse auf der Südwestseite der Moschee bietet sich ein schöner Blick über die Stadt.

☆ **Gauhara-Palast**: Hinter Mohammed Alis Moschee hat man seinen 1974 abgebrannten Palast teilweise wiederaufgebaut und mit Möbeln, Gemälden und Kunsthandwerk aus anderen Residenzen ausgestattet. Im Audienzsaal begegnet uns der Hausherr in Gestalt einer Puppe. Mit einem Dolmetscher zur Seite – als Türke konnte Mohammed Ali kein Arabisch – hört er sich die Klagen eines Bauern an. Am Standort des Palasts, so weiß die Überlieferung, hat Franz von Assisi einst dem Aijubiden-Sultan el-Kamil gepredigt.

En-Nasir-Moschee: Sie wurde 1318 als Hauptmoschee der Burg gebaut, äußerlich ein strenges und düsteres Rechteck, dessen Fassade nur oben durch einen Umlauf kleiner, spitzbogiger Fenster sowie das Eingangsportal aufgelockert wird. Antike Säulen bilden die Arkaden um den Innenhof. Über den mit Zugbalken gesicherten Spitzbögen aus abwechselnd hellen und dunklen Hausteinen erhebt sich ein zwei-

Zitadelle 175

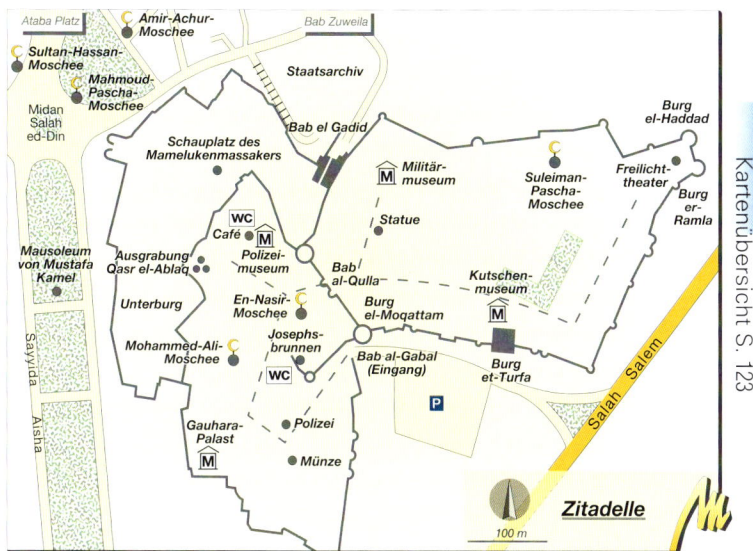

tes Geschoss mit Rundbögen, ähnlich dem Tragwerk der Omajadenmoschee in Damaskus. Der Marmorschmuck der Innenwände wurde von Sultan Selim dem Grausamen nach Istanbul überführt. Nur an der Gebetswand hat man jüngst den Originalzustand rekonstruiert. An den Spitzen der Minarette haben sich noch Reste von Fayencen im persischen Stil gehalten.

Josephsbrunnen: In einer Tiefe von 97 m wird der Brunnen über Wasseradern vom Nil versorgt. Die Stufen des Abganges waren früher mit Erde bedeckt und bildeten eine schiefe Ebene, auf der die Zugtiere das untere Schöpfrad betreiben konnten. Wahrscheinlich war der Brunnen nur für den Belagerungsfall gedacht, während die Zitadelle ihr Wasser in friedlichen Zeiten über zwei Aquädukte erhielt, die an den Fuß des Hügels führten, von wo man das kostbare Nass mit mehreren Schöpfrädern nach oben hievte.

„Die meisten Altertumsgegenstände in der Zitadelle werden dem Saladin (Yousef Sala Eddin) zugeschrieben, der hier Yousef heißt […] Der Brunnen […] ist dadurch merkwürdig, daß er eine breite, rund um den Schacht in den Felsen gehauene Wendeltreppe hat; diese geht nur bis zur Hälfte hinunter, wo zwei Ochsen verwendet werden, das Wasser mit einem Rade und Eimern von unten heraufzuziehen, von wo es in eine Zisterne gegossen wird, um von da aus mit einem zweiten Rade nach oben vollends gefördert zu werden. Man vermutet jedoch, daß dieser Brunnen ein Werk aus dem Altertum ist, und daß er von Saladin nur gereinigt wurde, als er die Mauern der Stadt wieder baute und die Zitadelle befestigte."

Robert Curzon, 1847

Ägyptens „neue" Verbrechen

Mord aus Rache, Eifersucht oder wegen verletzter Ehre ist am Nil so alt wie Ägypten selbst. Doch heute machen einst nahezu unbekannte Verbrechen wie Raub, Kidnapping oder Vergewaltigung Schlagzeilen in den Kairoer Tageszeitungen. Kriminologen und Soziologen führen den drastischen Anstieg dieser neuen Gewaltverbrechen auf den Zusammenbruch des überlieferten Normensystems, die soziale Entwurzelung im großstädtischen Leben und die wachsende Schere zwischen Reich und Arm zurück. „Wirtschaftliche Probleme sind immer von sozialen Problemen begleitet", meint Dr. Sayid Awadis. „Wenn der ökonomische und soziale Druck zu groß wird, entsteht Fanatismus – sei er nun in politischer, religiöser oder sozialer Gestalt. Und Verbrechen ist im Kern nichts anderes als sozialer Fanatismus."

Zaki Abdel Aziz, Richter am Kassationshof für Strafsachen, sieht die wirtschaftliche Notlage der Armen als Hauptursache für die Zunahme der Gewaltkriminalität. Zwar habe es in Ägypten schon immer Armut gegeben, doch „nie hatten wir ein System, das einigen Leuten in so kurzer Zeit erlaubte, so ungeheure Vermögen mit illegalen, wenigstens fragwürdigen Methoden anzuhäufen." Da fühlten sich die Armen übervorteilt. „Nach allgemeiner Auffassung unternehmen die Behörden zu wenig gegen solcherart Bereicherung auf Kosten der Gemeinschaft. Da nehmen es die Leute selbst in die Hand, sich auch ihren Anteil vom Kuchen zu holen."

Psychiater Abou el-Azayem sieht darüber hinaus noch eine weitere Ursache der zunehmenden Kriminalität, nämlich den wachsenden Drogenmissbrauch ägyptischer Jugendlicher. „Obwohl das Problem bei uns noch nicht so groß ist wie in anderen Ländern, im Drogengeschäft geht es doch um riesige Beträge. Und überall, wo Big Money ist, gibt es natürlicherweise Verbrechen. Da kämpfen Schmugglerbanden um ihre Märkte, werden Polizisten und Beamte korrupt, und schließlich ganz unten die Konsumenten mit ihrer Beschaffungskriminalität."

Polizei- und Feuerwehrmuseum: Das Sahat el-'Alam, Mohammed Alis Artillerieschule und zuletzt Gefängnis, wurde passend zum Polizeimuseum umgestaltet und gibt, mittlerweile ziemlich heruntergekommen, einen Überblick über 5000 Jahre Ordnungsmacht in Ägypten.

Eingangs begrüßen uns mit meist strengem Blick die Porträts der seit 1878 amtierenden Innenminister. Die Reihe der Verbrechen beginnt mit einer Verschwörung zur Ermordung von Ramses III. Dann ein Zeitsprung in den Zweiten Weltkrieg zum Anschlag auf einen britischen Kolonialbeamten, ausgeführt mitten in Zamalek durch eine zionistische Terrorzelle. Das Attentat gegen Anwar el-Sadat suchen wir dagegen vergebens. Stattdessen folgen ein böser Bube aus Assiut, nämlich der Gangster el-Chott, und die Raubmörderinnen Raya und Sakina, die in den 1920er-Jahren zwei Dutzend Frauen killten, um an deren Schmuck zu kommen. Dazu Totenmasken von Hingerichteten, Druckerpressen für Falschgeld, Hehlerware und Schmuggelgut. Den Fortschritt im Strafvollzug wollen uns Zellen mit lebensgroßen Puppen verdeutlichen, die Gefangene verschiedener Zeiten darstellen. Statt Ketten hat der neuzeitliche Sträfling ein Buch in der Hand. In einer separaten Halle schließt sich das Feuerwehrmuseum an.

Von der Terrasse vor dem Polizeimuseum hat man einen schönen Blick über die Stadt. Am Südende wurden die Fundamente des **Qasr el-Ablaq** freigelegt, des Palasts von Sultan en-Nasir. Gehen Sie jetzt zurück zur Moschee en-Nasirs und durch das **Bab el-Qulla** in den nordöstlichen, gesondert umfriedeten Teil der Zitadelle. Der Kern der Ostmauer – sie ist teilweise begehbar – datiert aus der Zeit Salah ed-Dins und wurde später nach Art eines Sandwichs beiderseits verstärkt. An der Nordostspitze der Festung, hinter dem Freilichttheater, können Sie die Bastionen und Mauern begehen.

Militärmuseum: Ein Reiterstandbild des Vizekönigs Ibrahim Pascha, 1872 gegossen von Charles Cordier und ursprünglich auf dem Midan el-Opera platziert, weist den Weg zum Eingang des Militärmuseums. Das riesige Gebäude wurde unter Mohammed Ali als Haremspalast gebaut und später von den Briten als Militärkrankenhaus genutzt. Besonders die Eingangshalle im Mittelflügel gibt noch einen Eindruck vom opulenten Lebensstil der Monarchen. Die Ausstellung zeigt u. a. auf riesigen Gemälden und mit Diashows allerlei Schlachten

Die Alabastermoschee des Mohammed Ali

von der Pharaonenzeit bis zu den Kriegen mit Israel. Kinder haben ihre Freude an den Modellen mittelalterlicher Belagerungsmaschinen.

Kutschenmuseum: Mohammed Ali war der Erste, der in Kairo mit einer Kutsche umherfuhr. Das ausgediente Fahrzeug eines Kardinals soll es gewesen sein. Bald schafften sich auch die anderen Mitglieder der vizeköniglichen Familie solche Fahrzeuge an und bekamen Minister dieses Privileg, und um 1850 durfte dann jeder Kalesche fahren, der es sich leisten konnte. „Die Zahl der Kutschen ist ins Alarmierende gewachsen, wo doch die Stadt für eine Durchfahrt von Geräten solcher Breite nicht gebaut ist", beklagte ein Zeitgenosse. „Sie fahren höchst ungebührlich und nehmen auf Passanten keine Rücksicht. Als ein Freund von mir vor viereinhalb Jahren seine neue Wohnung bezog, gab es in dieser Straße nur eine Kutsche; heute sind es 24 oder 25, und das Leben ist dort wirklich gefährlich geworden."

Suleiman-Pascha-Moschee: Dieser Suleiman, nicht zu verwechseln mit dem gleichnamigen General Mohamed Alis, war ein osmanischer Heerführer und kommandierte die in der Zitadelle stationierten Janitscharen-Truppen. Seine Moschee (1528) und das schlanke Minarett sind ganz im Stil der türkischen Klassik gebaut und Fremdkörper unter den ägyptischen Sakralbauten.

Moqattam-Hügel

Als Standort von Kairos zentraler Mülldeponie und einer Siedlung der Müllsammler hat der Moqattam keinen guten Ruf. Zu Unrecht, denn das 150 m hohe Felsmassiv ist groß genug, um seine Schattenseiten in diversen Tälern zu verstecken – oben sieht und riecht man den Müll nicht. Stattdessen bietet die **Moqattam-Corniche** am Rand des Gipfelplateaus, soweit es der Smog zulässt, einen schönen Blick auf die Stadt. Liebespaare flanieren bei Sonnenuntergang, einfache Cafés warten auf Gäste. Außer seiner Aussicht hat der Berg, aus dem die Pharaonen der 4. Dynastie Steine für die Pyramiden von Giza gewannen, eine interessante Moschee und ungewöhnliche Kirchen zu bieten.

Moschee el-Guyuschi: Die Moschee gleich an der Auffahrt von der Salah-Salem-Straße wurde 1085 von Badr al-Gamal (reg. 1036–1094), dem Feldherrn und Regenten des Fatimidenkalifen el-Mustansirgebaut und danach kaum noch verändert. Doch war das Gebäude wirklich eine Moschee? Die Inschrift über dem Eingang nennt es ein Mausoleum, verschweigt aber, zu wessen Gedenken es errichtet oder wer hier beigesetzt wurde – Bauherr al-Gamal wurde am Bab el-Nasr bestattet. Manche halten das Monument für ein Siegesdenkmal, andere für einen Militärposten und sein nach dem Vorbild der Moschee in Kairuan gestaltetes Minarett für einen Wachturm. Wie auch immer es sich verhält, auf jeden Fall hat el-Guyuschi den ältesten Turm der Stadt. Und in den Trompen, die vom viereckigen Grundriss des Hauptraums zum achteckigen Kuppelfuß überleiten, finden wir erstmals die Stalaktitenmuster, die später so typisch für die islamische Architektur wurden.

Simonskloster (Deir es-Sama'an): Der Legende nach war der Moqattam-Hügel dem Kalifen el-Mu'izz (reg. 952–975) im Wege, der hier gern mehr Platz und eine andere Aussicht gehabt hätte. So stellte el-Mu'izz dem koptischen Patriarchen Abraham die Aufgabe, die Kraft des christlichen Glaubens und den Wahrheitsgehalt der Bibel zu beweisen, in der es doch heißt (Matthäus 17:20): „Wenn ihr Glauben habt wie ein Senfkorn, so könnt ihr sagen zu diesem Berge: Hebe dich von hinnen! Und so wird er sich heben." Der ratlose Patriarch hieß seine Gläubigen beten und fasten, bis Gott am dritten Tag dem Schuster Simon die Kraft gab, das Wunder zu tun: Wenn sich die Gemeinde erhob, so hob sich mit ihr unter gewaltigem Getöse auch der Berg; fielen sie auf die Knie, krachte tosend auch der Berg nieder. So bebte denn die Erde, bis der in Angst und Schrecken versetzte Kalif den Schuster bat, den Moqattam wieder ruhen zu lassen.

Heute, ein Jahrtausend später, erinnert am stadtfernen Ende der Zabalin-Siedlung ein Ensemble aus sieben Höhlenkirchen an den wundertätigen Schuster Simon. Die größte Kirche bietet in einem zum Altar hin abfallenden Halbkreis von Sitzrängen rund 5000 Gläubigen Platz und bewahrt in einer Vitrine die 1991 gefundenen Reliquien des Heiligen. Ein polnischer Künstler meißelte biblische Szenen und Gestalten aus dem Fels. Gläubige aus dem ganzen Land pilgern hierher.

Anfahrt: Lassen Sie den Taxifahrer gegenüber der Zitadelle das Zabalinviertel Manschiet en-Nasr ansteuern. Dort müssen Sie nicht weiter fragen – die Leute sind daran gewöhnt, dass Fremde das Heiligtum suchen und zeigen den Weg. Per GPS findet man den Haupteingang zum Kirchenareal bei 30°02'00"N 31°16'35"O.

Führungen: Die Association for the Protection of the Environment (A.P.E.), www.ape-egypt.com und www.ape.org.eg, ein gemeinnütziger Verein zur Verbesserung der

Lebensbedingungen der Zabalin, bietet Führungen zu den Höhlenkirchen und den Projekten des Vereins im Müllviertel. Nach Verabredung (✆ 2510 2753 oder 0122-321 1259) werden Sie an der Zitadelle abgeholt und vom Projektleiter Bechit Rizk Mettri oder seinen Mitarbeitern geführt. Eine Spende wird erwartet.

Die Müllsammler vom Moqattam

Zwischen dem östlichen Friedhof und dem Moqattam liegt direkt am Fuße des Steilhanges inmitten der Abfallhalden die Siedlung der Kairoer Müllsammler *(zabalin)*. Ihr Quartier sieht von ferne nicht anders aus als andere Armenviertel, außer vielleicht, dass statt der Moschee eine Backsteinkirche im Zentrum thront. Etwa drei Viertel der Häuser mögen von Stein sein, der Rest sind Provisorien aus Blech, Matten und Segeltuch. Es gibt Teehäuser und Geschäfte, Eselskarren und staubige Straßen – und natürlich den Müll.

Zuwanderer aus Dachla sollen es gewesen sein, die vor gut hundert Jahren damit begannen, die vornehmen Häuser der Stadt gegen entsprechende Bezahlung vom Abfall zu befreien. Schon lange arbeiten die Nachkommen dieser *Wahis* nicht mehr selbst, haben das Müllgeschäft aber noch immer fest in der Hand. Das „Recht" am Müll eines Hauses vererbt sich vom Vater auf den Sohn, Neubauten werden nach Quoten unter den Clans aufgeteilt.

Die eigentliche Arbeit machen die Zabalin, koptische Zuwanderer aus Mittelägypten. Der Wahi kassiert von den Bewohnern eine geringe monatliche Gebühr und verkauft das Müllrecht seinerseits weiter an einen Zabalin, wobei sich das Entgelt am Niveau des Wohnviertels und damit der Qualität des Abfalls orientiert. Die Zabalin leben vom Verkauf der sortierten Abfälle. Die Hauptarbeit des Müllsortierens obliegt den Frauen und Mädchen. Den organischen Müll, etwa 70 % der insgesamt 25.000 Tonnen Haushaltsabfälle, die in Kairo täglich (!) anfallen, verkauften sie an Schweinefarmen oder verfütterten ihn an die eigenen Schweine. Alle paar Monate kam der Händler und kaufte die jungen Ferkel zur weiteren Mast auf.

Nachdem die Regierung in der Hysterie um die Schweinegrippe 2009 alle Schweine im Land keulen ließ, sind diese Einnahmen weggebrochen. Schlimmer noch: Im Viertel der Zabalin und auf Kairos Straßen faulen nun die wertlos gewordenen organischen Abfälle vor sich hin – weshalb die ägyptische Öffentlichkeit die Massenschlachtung inzwischen für einen groben Fehler hält.

Wegen ihres Umgangs mit Müll und den „unreinen" Schweinen genießen die Zabalin in Kairo kein hohes Ansehen. Angeblich wegen Verkehrsbehinderung ist ihnen nur des Nachts erlaubt, mit den traditionellen Eselskarren in die Stadt zu fahren. Doch auch nach Einführung einer modernen Müllabfuhr und -verwertung, die an internationale Konzerne vergeben wurde, wollen viele Haushalte nicht auf die Zabalin verzichten: Diese holen, anders als die städtische Müllabfuhr, den Abfallsack nämlich direkt an der Wohnungstür ab. Infos unter unter www.zabbaleen.com.

Totenstädte

Als kilometerlanger Gürtel ziehen sich die Friedhöfe am Ostrand Kairos entlang. Sie lohnen einen Besuch wegen ihrer Baudenkmäler und wegen des alltäglichen Lebens, das sich hier angenehmer gestaltet als in den engen Armenvierteln der Stadt. Die Zeiten, da sich hier Kriminelle verbargen, sind lange vergangen – denen ist es zu lebhaft geworden.

Die Friedhöfe ziehen sich einem Band gleich im Osten die Stadt entlang. Die ältesten Grabbezirke zwischen Zitadelle und Ibn-Tulun-Moschee wurden schon im Mittelalter wieder eingeebnet. Seit Jahrhunderten sind die Friedhöfe bewohnt. Mystiker suchten die Nähe eines verehrten Heiligen, die Schüler lebten in der frommen Stiftung, die ein Verstorbener neben seinem Grab hatte errichten lassen, Grabarbeiter und Wächter hausten sowieso bei den Toten.

Mit der Wohnungsnot nahmen auch ganz gewöhnliche Lebende auf den Friedhöfen Quartier, und heute dürften allein auf dem südlichen Friedhof 250.000 Menschen leben. In altägyptischer Tradition begnügen sich Ägyptens Muslime, soweit sie es sich leisten können, nicht mit einem einfachen Grabschacht, sondern lassen sich in Mausoleen bestatten. Da liegt es nahe, aus diesen Totenhäusern Wohnungen für die Lebenden zu machen. Die Aufseher wissen um jene Gräber, die von niemandem mehr gepflegt werden oder bei denen die Nachfahren der Verstorbenen um ein bisschen Mietgeld ganz dankbar sind. Irgendwann gab auch die Stadtverwaltung klein bei und versorgte die bewohnten Gräber mit Wasser und Strom. Selbst Polizeistation und Postamt gibt es inzwischen.

Touristen haben, dezente Kleidung und taktvollen Umgang mit der Kamera vorausgesetzt, keine Schwierigkeiten zu fürchten. An Fremde gewöhnt ist man besonders auf dem nördlichen Friedhof, der leicht erreichbar hinter der Al-Azhar-Universität gelegen ist.

Östlicher Friedhof (el-Qarafat esch-Scharkiya)

Das nordöstliche Ende des Totengürtels entwickelte sich um Zentren verschiedener Sufi-Gemeinschaften, die sich im 14. Jh. auf dem Ödland niederließen. Neben den Khanqahs wurden die prominenten Scheichs begraben, was den Platz gleichermaßen für die Bestattung einfacher Gläubiger wie für die Elite attraktiv machte, denn jeder hoffte, im Jenseits von der spirituellen Kraft der Sufis profitieren zu können. Die Mausoleen der Sultane und Wesire verschmolzen mit den gestifteten Klöstern und Schulen zu Wirtschaftseinheiten, die über hundert Menschen beschäftigen konnten. Heute ist das Quartier um den Komplex des Qaitbey unter den von Lebenden bewohnten Friedhöfen das Viertel mit der besten Infrastruktur. Es gibt gepflasterte Straßen, Märkte, Läden und richtige Apartmenthäuser.

Mausoleum der Prinzessin Tughay (Nr. 81, gebaut 1348): Tughay war die Favoritin en-Nasirs. Nach seinem Tod standen ihr genügend Mittel zur Verfügung, sich ausgiebig dem Aufbau mildtätiger Stiftungen und religiösen Studien widmen zu können. Kurz nach Fertigstellung von Mausoleum und Khanqah starb sie an der Pest. Von ihrem Komplex haben sich das Mausoleum und der Hauptiwan des Khanqah erhalten. Zerstört sind Minarett, Hof und die zweite Kuppel links des Haupt-Iwans. Am Übergang zwischen Dachtrommel und Kuppel fällt eine teilweise erhaltene Inschrift auf. Sie ist aus kleinen Glasstückchen gesetzt, eine Technik, die aus dem Iran nach Kairo kam. Gar aus China stammen die Pfingstrosenmotive in der Außenfassade des Iwan.

Totenstädte 181

Östlicher Friedhof

75 m

Kairo — Kartenübersicht S. 123

- Heliopolis Airport
- Sultan Inal
- Qurkumas
- Ibn Inal
- Salah Salem
- Ahmed
- Soldatenfriedhof (1967)
- Barquqiya
- Sultan Ahmed
- Aschraf-Barsbay-Komplex
- Tariq en - Nasr
- Suez
- Qaitbey-Komplex
- Tor
- Taufiq
- El-Azhar / Khan el-Khalili
- Tughay
- Tulbay
- Zitadelle
- Ma'adi

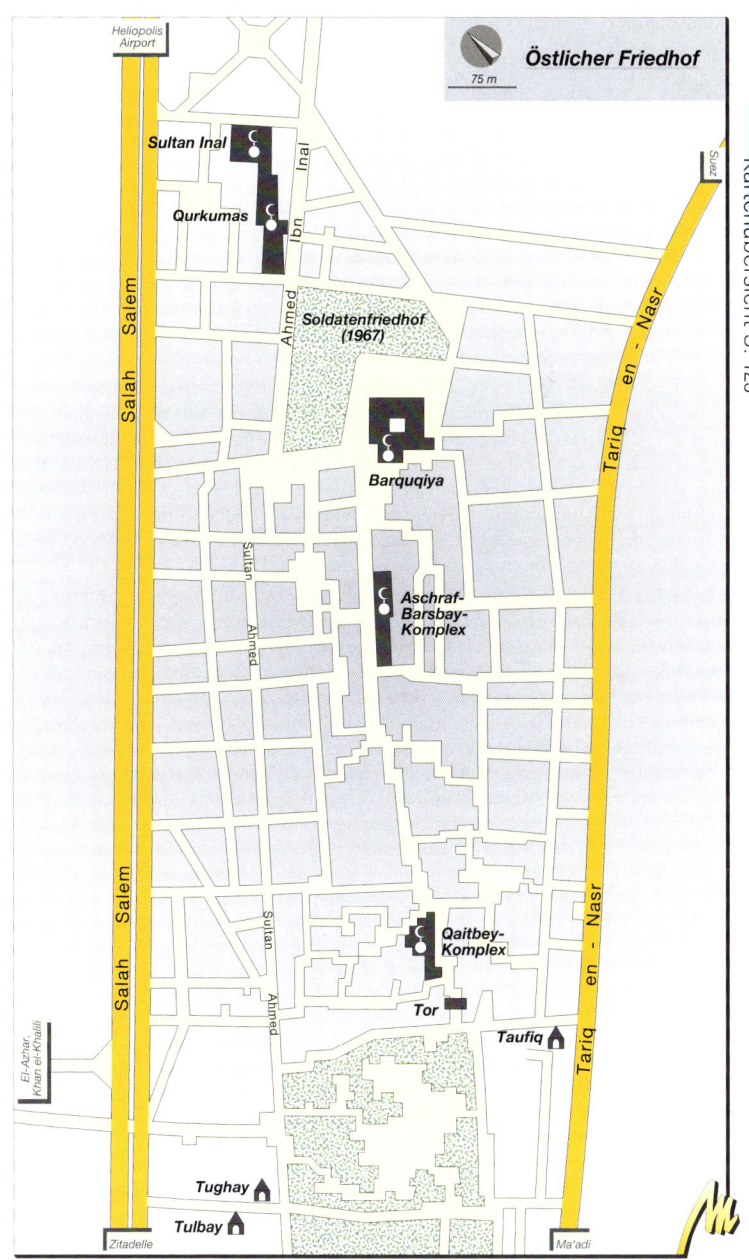

Mausoleum der Prinzessin Tulbay (Nr. 80, gebaut 1364): Mongolischer Herkunft, war sie zur Bekräftigung eines Friedensvertrages von ihrem Vater dem Sultan en-Nasir zur Hauptfrau gegeben worden. Gab sie ihr Vermögen für anderes aus, oder wurde sie gegenüber Tughay geringer bedacht? Jedenfalls ist ihr Grab schlichter und kleiner als das der Tughay. Die Bauten beider Frauen orientieren sich sehr an persischen Vorbildern, wie die Zeit en-Nasirs überhaupt in kulturellen Dingen nach Osten blickte.

Mausoleum des Khediven Taufiq (gebaut 1894): Am Ostrand des Friedhofs und unmittelbar an der Umgehungsstraße birgt ein Garten ein Grabhaus der letzten Königsdynastie. Hier sind u. a. die Khediven Taufiq, Abbas Hilmi II. und Prinz Mohammed Ali bestattet. Die Stühle des Mausoleums wurden ursprünglich für die Eröffnung des Suezkanals gefertigt und aus dem Abdin-Palast hierher gebracht. Nicht weniger kunstvoll sind die seinerzeit an einer Schule für Kunstgewerbe gefertigten Kenotaphen. Nach einem nebenan bestatteten Scheich wird das Areal auch el-Afifi genannt.

✮ ✮ **Komplex des Qaitbey** (gebaut 1474, Eintritt 20/10 LE): Dieser Höhepunkt der späten Mamelukenarchitektur steht am Hauptplatz des nördlichen Friedhofs, der hier mit Marktständen, modernen Geschäften und Wohnblocks wie ein ganz normales Stadtviertel aussieht. Seit 500 Jahren herrscht hier reges Leben. Die Anlage gab bestimmt hundert Menschen Wohnung und Arbeit, entfernten Verwandten, Freunden, Günstlingen und Sklaven des verstorbenen Sultans, denen so ein Auskommen gesichert war. Zudem war die an der Straße etwa 50 m nördlich gelegene *Herberge* Empfangsstation der in Kairo eintreffenden Handelskarawanen.

Die **Medrese** dient heute den Anwohnern als Moschee. Innen herrscht wohltuende Stille. Farbige Glasfenster und die Holzgitter der Dachtrommel brechen das Sonnenlicht zu einer schattigen Helle, irgendwo zwitschert ein verirrter Vogel. Das reiche Dekor ist von eleganter Schönheit. Vier Iwane gruppieren sich um einen rechteckigen Hof, der von einer Holzdecke mit Ampel überdacht ist, die Ornamente kombinieren geometrische, arabeske und kalligrafische Muster. Das *Mausoleum* mit den Kenotaphen Qaitbeys und zwei seiner Schwestern liegt neben der Gebetsnische unter der großen Kuppel. Außer Mihrab und Kenotaph stehen hier ein vorzüglich geschnitztes Koranpult und ein Tabernakel mit dem Fußabdruck des Propheten in Stein, eine Reliquie, die Qaitbey in Mekka erworben hatte. Abschließend steigen Sie über das Minarett aufs *Dach*. Hier erschließen sich Ihnen die zwei verflochtenen Grundmuster der Kuppel, Stern und Blütenornament, die je nach Sonnenstand in erhabener Plastizität erscheinen.

Komplex des Aschraf Barsbey (gebaut 1432): 200 m nördlich der Qaitbey-Medrese findet man die Bauten des Barsbey. Khanqah, Mausoleum, Medrese und zwei Brunnen reihen sich an der Straße, dahinter liegt der Hof. Das Hauptmausoleum neben der Medrese birgt das Sultansgrab, drei kleinere Grabbauten ehren Höflinge. Die Moschee des Khanqah ist eine einfache, spartanisch dekorierte Halle. Übermäßige Verzierungen, so die Meinung der Sufis, lenken die Meditierenden ab und stören die Begegnung mit Gott. Das Dach wird von zwei Säulenarkaden getragen. Herausragendes Schmuckstück ist die hölzerne Kanzel. Im Kontrast zur Schlichtheit des Gebetshauses stehen die aufwändigen Perlmutt- und Marmorintarsien der Grabkammer.

✮ **Komplex des Farag ibn Barquq** (gebaut 1411): Auf seinem Totenbett bat der 1399 verstorbene Sultan Barquq, man möge ihn nicht wie seine Vorgänger in der Stadt, sondern bei den Sufischeichs in der Wüste beisetzen. Barquqs Sohn Farag erfüllte den Wunsch und ließ das erste Sultansgrab des Friedhofes bauen. Der tscherkessische Architekt entwarf eine quadratische und streng symmetrische An-

Leben auf dem Friedhof

„Am Anfang", gesteht Bahiga Lutfy, „hatte ich hier schon ein bisschen Angst vor den Geistern. Aber man gewöhnt sich daran." Die 24-Jährige lebt mit ihrem Mann Riza seit acht Monaten in der Totenstadt, wie es auch viele ihrer Verwandten tun, durch deren Hilfe sie hier eine Wohnung gefunden hat. Als eines von sechs Kindern eines Hausierers ging sie einige Jahre zur Schule, hatte aber nicht viel Freude daran und war froh, wie sie erzählt, bald die Schule aufgeben zu können und nur noch für die Familie zu sorgen. Heute betrachtet sie es als Fehler, so früh von der Schule abgegangen zu sein, denn für jemanden mit Abschluss ist es leichter, eine gut bezahlte Arbeit zu finden. Der Lohn des bei einer Konfekt-Fabrik beschäftigten Ehemannes reicht hinten und vorne nicht.

Das Paar lebt in einem Gebäude mit zwei Räumen und ohne Bad. In einem Zimmer steht die mit einer Decke drapierte hölzerne Bettstatt, die Couch, gleichermaßen als Garderobe und Sitzgelegenheit genutzt, dazu ein niedriger Tisch. Im anderen Raum sind Spüle, der Ofen mit einem verrußten Kessel darauf und ein kleiner Schrank mit Küchengeräten und Lebensmitteln untergebracht. Nicht weit vom Haus befindet sich der öffentliche Brunnen, wo Bahiga jeden Morgen mit einem Kanister den Tagesbedarf an Wasser holt.

„Es mag bescheiden sein, aber mit den vier Pfund Miete im Monat können wir uns leisten, auch wenn es nicht so schön ist wie eine Wohnung in Heliopolis oder Zamalek." Tatsächlich haben Bahiga und ihr Mann Glück gehabt. Es ist nicht einfach, eine Bleibe in der Totenstadt zu finden. Nur wer hier schon Freunde oder Verwandte hat oder einen guten Draht zu den *Turabi*, den Totengräbern, kann sich Hoffnung auf eine Wohnung machen. Alle Häuser auf dem Friedhof gehören reichen Familien und waren ursprünglich als Wohnstatt für die Grabarbeiter und Wächter gedacht. Daneben gibt es „Ferienwohnungen", denn früher zog man an den Feiertagen mit der ganzen Familie auf den Friedhof, um einige Tage zu bleiben und bei den Verstorbenen zu sein. Doch diese Sitte gehört der Vergangenheit an. In den besten Häusern haben sich heute die Turabi niedergelassen, die anderen vermieten sie an Freunde und Verwandte.

Man könnte annehmen, die morbide Umgebung beeinflusse das tägliche Leben der Bewohner. Doch dem ist nicht so. Bahiga besucht oft eine ihrer wohlhabenden Nachbarinnen und schaut bei ihnen fern, während ihr Mann dort mit seinen Freunden Tee trinkt und schwätzt. Neulich war eine Hochzeit. „Wir tanzten und waren alle fröhlich. Die Braut war die Tochter eines angesehenen Totengräbers." Häufiger sind Begräbnisse. „Am Anfang hat es mich betroffen gemacht. Aber jetzt kümmert es mich nicht mehr. Wo käme ich hin, bei jedem Begräbnis mitzutrauern, da bliebe ja keine Zeit zum Lachen mehr."

lage um einen Zentralhof. Gegenüber dem Vier-Iwan-Typ, wie ihn die Medrese des Sultans Hassan verkörpert, lehnte man sich also wieder an ältere Vorbilder an. Nur wenige Anbauten springen aus der Fassadenflucht hervor. Die *Gebetshalle* auf der Südseite des Hofs ist mit 20 gleichförmigen Kuppeln überdeckt. Nur die 21. Kuppel

Die Stadt der Toten, Wohnraum für Lebende

direkt über dem Mihrab ist etwas erhöht und mit Stalaktiten verziert. Die Nordhalle diente dem Unterricht, während an den Längsseiten des Hofes die Quartiere der Mönche lagen.

An beiden Seiten der Gebetshalle überwölbt je eine Steinkuppel mit einfachem geometrischem Muster die Mausoleen. Auf der Außenseite sind die Ecken im Übergang vom Raumwürfel zur achteckigen Basis des Kuppeltambours abgeschrägt und mit dicken Querwülsten verziert, innen leiten steinerne Stalaktitenzwickel zur Kuppel über – ein Übergang, der bis zum Ende der Mamelukenzeit nachgeahmt wurde. An den zwei anderen Ecken der Anlage setzen die *Minarette* Akzente.

Südlicher Friedhof (el-Qarafa el-Kubra) (Karte S. 192/193)

Den ältesten Teil des Friedhofsbezirks erreicht man bequem zu Fuß von der Ibn-Tulun-Moschee auf der Sh. el-Chalifa. Hier haben sich nur Mausoleen hochrangiger Persönlichkeiten und von Lokalheiligen erhalten, während der Rest neu überbaut wurde. Wer auch das Mausoleum des Imam esch-Schafi'i besuchen will, braucht ein Taxi. Freitags wird am Westrand des Viertels bei der Salah-Salem-Überführung ein bunter **Trödelmarkt** abgehalten.

Den Reigen eröffnen, von Norden kommend, das **Mausoleum der Schagarat ed-Durr** (Nr. 163, siehe Kasten) und zwei grün-weiß gestrichene **Fatimidengräber** (Nr. 33, 1120/1125), von denen das rechte Mohammed el-Ga'fari gehört, einem Nachfahren des Propheten. Seinen ursprünglichen Eingang verbaute man zur Gebetsnische des zweiten und jüngeren Grabes, das 'Atika, einer Tante des Propheten, zugeschrieben wird. Der Übergang vom Rechteck der Mauern zum Kuppelrund mittels fensterdurchbrochener Eckzwickel nimmt die Stalaktitennischen des Mamelukenstils vorweg.

Schrein der Saiyida Rukaiya (Nr. 273, gebaut 1133): Saiyida Rukaiya, eine Tochter Alis, ist neben ihrer Halbschwester Saiyida Zeinab und Saiyida Nafisa die dritte Stadtheilige Kairos. Sie wurde in Damaskus bestattet, ihre Kairoer Moschee ist also eine reine Gedenkstätte. Zwei Gebetsnischen flankieren den Eingang zum Raum mit dem Kenotaph. Dessen hölzerne Schranke stammt vermutlich aus dem Heiligtum der Saiyida Nafisa, ein ebenfalls hölzerner Mihrab wurde ins Islamische Museum überführt. Erhalten sind die fatimidischen Stuck-Mihrabs hinter dem Kenotaph. Im Medaillon der mittleren Nische steht in großen Lettern der Name Alis, kreisförmig umgeben von sieben „Mohammeds".

Moschee der Saiyida Nafisa: Die Urenkelin Hassans wurde hier 824 begraben und galt schon zu Lebzeiten als Heilige, die zahlreiche Wunder vollbrachte. Ihr Mausoleum wurde im Lauf der Jahrhunderte immer wieder erneuert, die jetzige Wallfahrtsstätte datiert von 1897 und ist teilweise über alten Fatimidengräbern gebaut, die eine Art Krypta bilden. Das Betreten durch Nicht-Muslime ist nicht erwünscht.

> ### Den Hunden zum Fraß ...
> Schagarat ed-Durr brachte es in einer erstaunlichen Karriere von der Haremssklavin zur einzigen Sultanin über Ägypten – und starb schließlich auf selbst für mittelalterliche Maßstäbe ungewöhnlich makabere Art. Die Mameluken hatten Schagar, Witwe des Sultans el-Salih Ayub, auf den Thron gehoben, nachdem sie ihren Stiefsohn Sultan Turanschah ermordet hatten. Hinter ihr stand der mächtige Emir Aybek, den Schagar schließlich heiratete, um ihre Position abzusichern. Als die Sultanin erfährt, dass Aybek neue Heiratspläne schmiedet und künftig allein regieren will, lässt sie ihn im Bad ertränken. Doch Aybeks Anhänger gewinnen die Oberhand. Sie schrecken davor zurück, eine Frau umzubringen, und setzen Schagar im Roten Turm auf der Zitadelle unter Hausarrest, wo diese ihren Schmuck in einem Mörser zerstampft, auf dass keine andere ihn je trage. Zum neuen Sultan erheben die Generäle Ali, einen Sohn Aybeks aus erster Ehe. Der übergibt Schagar seiner Mutter, und die prügelt ihre Rivalin, die ihr einst den Aybek abspenstig gemacht hatte, mit Holzpantinen zu Tode. Den Leichnam näht man in einen Sack und wirft ihn über die Zitadellenmauer den Hunden und Aasjägern zum Fraß vor. Was an Knochen übrig blieb, wurde von mitleidigen Menschen irgendwann heimlich in ihrem Mausoleum beigesetzt – ein äußerlich schlichtes Grab, dessen Schlüssel tief in den Tresoren der Altertümerverwaltung vergraben ist.

Kalifengräber (Nr. 276, gebaut 1242): Das Mausoleum der Abbasidenkalifen grenzt unmittelbar an die Rückseite der Saiyida-Nafisa-Moschee. Es ist, wie auch der ursprüngliche Nafisa-Schrein, nach Süden orientiert und belegt damit, dass man es in den ersten Jahrhunderten nach Mohammed mit der Gebetsrichtung noch nicht so genau nahm. Erst später hat sich in Kairo die geografisch exakte Gebetsrichtung gen Südost durchgesetzt.

Als die Abbasiden nach der Eroberung Bagdads durch die Mongolen 1261 ins Kairoer Exil kamen, hatte sich ihr früherer Gesandter bereits ein Mausoleum neben dem Nafisa-Schrein errichtet. Doch dieses Mausoleum nahm Sultan Baybars I. für seine Söhne in Beschlag, und die zu machtlosen Vorzeigefiguren der Mamelukensultane degradierten Abbasidenkalifen mussten mit einfachen Gräbern neben dem Mausoleum vorlieb nehmen. Gegenüber dem Eingang zum Mausoleum schützt ein Holzschuppen den schönen Marmor-Kenotaph einer Khadiga (gestorben 959), über die man nichts Näheres weiß.

☆ **Mausoleum des Imam esch-Schafi'i** (gebaut 1211): Esch-Schafi'i, ein Nachfahre Abu Talibs, des Onkels von Mohammed, kam zusammen mit Saiyida Nafisa um 800 nach Kairo, wo er 820 starb. Er genießt als Begründer einer der vier sunnitischen Rechtsschulen hohes Ansehen, und sein Mausoleum ist ein beliebter Wallfahrtsort. Neben dem zunächst schlichten Grab des Gelehrten baute Salah ed-Din die erste Medrese, um dem schiitischen Erbe der Fatimiden gegenzusteuern. Von ihr blieb nur der Kenotaph des Heiligen erhalten. Das gegenwärtige Mausoleum stiftete Sultan el-'Adil I., ein Bruder Salah ed-Dins.

Man betritt die Anlage heute über einen Hof, den Max Herz um 1900 zusammen mit dem benachbarten Grab der königlichen Familie anlegte. Ein Portal führt in das Vestibül mit schönen Bodenfliesen, die samt dem ersten Tor Abdel Rahman Katchuda (→ S. 162) zugeschrieben werden, während die inneren Türflügel zur Originalausstattung des Mausoleums gehören. Die Innenwände wurden unter Qaitbey vielfarbig gestaltet, während die Eckzwickel wiederum Katchuda restaurierte. Die vergoldete *Kuppel* – von ferne gleicht sie dem Jerusalemer Felsendom – wurde 1772 gebaut. Statt einem Halbmond oder Wetterhahn schmückt ihre Spitze eine Art kupfernes Boot, das früher regelmäßig mit Körnern für die Vögel gefüllt wurde.

Fest verriegelt

Auch in diesem Mausoleum war die Gebetsrichtung ursprünglich gen Süden. Eine zusätzliche, unter Qaitbey eingebaute Gebetsnische weist die korrekte Richtung nach Mekka. Hinter einer Barriere aus Sandelholz steht der aus indischem Teak gefertigt *Kenotaph des Imam*. Die Inschrift zeigt neben den eckigen kufischen Lettern erstmals Naschki-Schriftzüge, die die Aijubiden nach Ägypten brachten. Rechts daneben der Kenotaph des Mohammed Abd el-Hakim, eines Vorfahren von esch-Schafi'i. Unter den anderen Schreinen sind Sultan el-Kamil I. und seine Mutter beigesetzt, die Schwester Salah ed-Dins.

Hosch el-Pascha: Abschließend noch eine Zugabe für Freunde der Royals. Auf der Rückseite des Schafi'i-Mausoleums sind in einem unauffälligen, recht baufälligen Grabhaus Nachkommen und Frauen Mohammed Alis bestattet. Erstaunlicherweise ist ein Raum den Opfern des Mamelukenmassakers (→ S. 38) gewidmet – offenbar plagte den Pascha noch im hohen Alter ein schlechtes Gewissen wegen dieser seiner Gräueltat.

Eintritt 15/10 LE.

Saiyida Zeinab & Ibn Tulun (Karte S. 192/193)

Die beiden Viertel erstrecken sich südlich des modernen Zentrums zwischen dem Nil und der Zitadelle. Die Ibn-Tulun-Moschee. und das nahe Gayer-Anderson-Museum sind die wichtigsten Sehenswürdigkeiten in diesem Gebiet.

Am Midan Saiyida Zeinab steht die 1885 gebaute **Grabmoschee Zeinabs**, der Tochter Alis bzw. Enkelin des Propheten. Das Betreten dieses Heiligtums durch Nichtmuslime ist unerwünscht. Hinter der Moschee findet sich in der Sh. Zein el-Abdin ein farbenfroher **Markt**.

Beit es-Sennari: Das stattliche Haus mit seinen schönen Windfängen wurde 1794 von Ibrahim Katkhuda es-Sennari, einem vom Türsteher zum Emir aufgestiegenen Nubier, gebaut. Vier Jahre später wurde es von den Franzosen beschlagnahmt und beherbergte dann jenes Komitee von Wissenschaftlern und Künstlern, dem wir eine umfangreiche Bestandsaufnahme des seinerzeitigen Ägypten verdanken. Nach einer umfangreichen Renovierung ist das Haus wieder geöffnet.

17 Haret Monge, → Saiyida Zeinab. Am Md. Saiyida Zeinab folge man gegenüber der Moschee dem Wegweiser „Monge District", dann links, rechts und nochmals rechts. Sa–Do 10–14 Uhr. Eintritt 30/15 LE.

☆☆☆ **Ibn-Tulun-Moschee**: Ibn Tulun war im mesopotamischen Samarra aufgewachsen, der Hauptstadt der Abbasiden. Zum Gouverneur von Ägypten aufgestiegen, verweigerte er 870 dem Abbasidenkalifen den Tribut und machte sich selbstständig. Doch 35 Jahre später gewannen die Abbasiden wieder die Oberhoheit über Kairo zurück, sodass die Dynastie der Tuluniden längst vergessen wäre, hätte Ibn Tulun nicht seine herrliche Moschee hinterlassen.

Die 876–879 n. Chr. erbaute Hofmoschee ist das älteste muslimische Gebetshaus der Stadt, das den Wechsel der Zeiten nahezu unverändert überstanden hat. Ibn Tulun orientierte sich am Vorbild der beiden heute zerstörten Großen Moscheen von Samarra. So benutzte er Ziegel als Baumaterial, während die koptischen Baumeister wie ihre pharaonischen Vorfahren die Sakralbauten weitgehend aus Steinen errichteten. Charakteristisch für den Samarra-Stil ist auch das spiralförmige *Minarett* (Aufstieg gegen Bakschisch, hier auch Zugang zum Dach der Säulenhallen).

Die Moschee ist auf drei Seiten von einem *Außenhof (ziyada)* umgeben, der sie vom Straßenlärm abschirmt. Die je

Stadtpalais Beit es-Sennari

162 m langen Außenmauern formen ein Quadrat, dessen Ecken nach den vier Himmelsrichtungen angeordnet sind. Insgesamt 16 Tore führen in den von Pfeilerarkaden umgebenen Innenhof. An den Ecken der Stützpfeiler stehen „falsche Säulen", die nämlich Teil des Ziegelwerks der Pfeiler sind. Ihre Form ist aus den Ziegeln herausgeschlagen. Die Rosetten und anderen *Stuckverzierungen* sind nicht die sonst üblichen vorgefertigten Abdrücke von Gipsschablonen, sondern wurden in den noch feuchten Putz eingeschnitten. Die Motive sind der Kunst von Samarra und koptischen Holzschnitten entlehnt. Zusammen mit den mächtigen Zinnen auf den beiden Mauergevierten mildern sie wohltuend die klare Strenge der Anlage.

Über den Bau der Ibn-Tulun-Moschee

„Ich entnehme aus der Schrift des el-Hafiz Gamal ed-Din el-Jaghmuri, daß Ahmed ben Tulun den Bau der Moschee im Jahre 263 d. H. [877 n. Chr.] begann. Er sagt: ‚Ich will, daß sie so erbaut werde, daß, wenn Misr verbrennt, sie bestehen bleibt und daß, wenn Misr überschwemmt wird, sie auch bestehen bleibt.' Die Moschee wurde aus Kalk und Asche und gebrannten Ziegeln aufgebaut bis zum Dach. Auf der Rückseite der Moschee wurde ein Raum, wo die Muslime sich waschen, und eine Apotheke angelegt, in der es alle Heiltränke und Arzneimittel gibt. Es ist dort ein Diener angestellt, und am Freitag sitzt dort ein Arzt, den die Gläubigen konsultieren können. Diese Moschee ist nach dem Vorbild von Samar erbaut und ebenso ihr Minarett."

Ibn Duqmaq, 1391

Der Verfasser der Biografie des Ibn Tulun sagt: „Ahmed ben Tulun betete am Freitag in der Moschee, die neben der Wache lag; als dieselbe ihm aber zu eng wurde, erbaute er die neue Moschee mit dem Schatz, den Gott ihn auf dem Berge hatte finden lassen, an dem Orte, der unter dem Namen des Pharaos bekannt ist. Als er die Moschee erbauen ließ, bestimmte der Baumeister, daß dabei dreihundert Säulen verwendet werden sollten. Andere sagten zu ben Tulun: ‚Du wirst diese Säulen nicht finden können, wenn Du nicht in die Kirchen sowohl in den bewohnten wie in den verödet daliegenden Gegenden hineingehst und sie von dort wegnimmst.' Er aber verabscheute solches und ergrimmte in seinem Gemüt bei diesem Gedanken. Der Christ, der mit der Ausführung des Baus beauftragt war, kam, als der Emir noch gegen ihn erzürnt war. Er schlug ihn und ließ ihn ins Gefängnis werfen, wie der Bericht erzählt. Jener schrieb ihm: ‚Ich will dir die Moschee bauen, wie du es willst, ohne Säulen außer denen der Kibla.'

Der Emir ließ den Christen kommen. Sein Haar war in der Zeit lang gewachsen und hing über sein Gesicht herab. Ahmed ben Tulun fragte ihn: ‚Was sagst du über den Bau der Moschee?' Jener antwortete ihm: ‚Ich will dir den Plan aufzeichnen, damit du ihn mit eignen Augen sehen kannst, ohne Säulen, außer den Säulen der Kibla.' Der Emir befahl, ihm ein Stück Pergament zu geben, und der Christ zeichnete den Plan. Ahmed ben Tulun bewunderte denselben und fand ihn schön. Er setzte den Baumeister in Freiheit und schenkte ihm ein Ehrengewand. Für die Kosten des Baus gab er ihm 100.000 Denare und sagte zu ihm: ‚Verbrauche so viel, wie notwendig ist, wir werden es dir geben.'"

Ahmad Maqrizi, um 1410

Zweihundert Jahre bevor die europäische Gotik diese Form aufgriff, sind die Arkaden- und Fensterbögen der Ibn Tulun leicht spitz und ausladend; der Hufeisenbogen deutet sich an. Um die gesamte Moschee zieht sich unterhalb der Decke ein *Sykomoren-Holzfries* mit kufischer Schrift, der auf seinen 2 km Länge etwa ein Fünfzehntel des gesamten Korans wiedergibt. Verschalte Palmstämme tragen das rekonstruierte Dach von Umilauf und Betsaal. Mit seinem dunklen Ton verschärft es den Kontrast der Schattenzone zur gleißenden Helle des Innenhofes. Der nicht für Waschungen bestimmte, sondern als reines Zierelement gedachte *Brunnen* im Zentrum des Hofs stammt von der Restaurierung unter Sultan Lagin (1296) und ersetzte einen niedergebrannten Vorgänger. Links der Mittelachse des fünfschiffigen *Gebetssaals* findet sich an der zweiten Pfeilerreihe ein fatimidischer *Mihrab* (1094), rechts eine Kopie desselben von 1296. Auch die Gebetsnische an der Südostwand und die Kanzel wurden bei der Restaurierung von 1296 geschaffen.

Die Moschee liegt zwischen Md. Saiyida Zeinab und Md. Salah ed-Din und ist am besten mit dem Taxi zu erreichen.

Schnellen Schritts durch die Ibn-Tulun-Moschee

☆☆ **Gayer-Anderson-Museum**: Das Museum an der Ostecke der Ibn-Tulun-Moschee besteht aus zwei miteinander verbundenen Wohnhäusern, nämlich dem Beit el-Kiritliya („Haus der Kreter") von 1631 und dem Haus der Amna Bint Salim el-Gazzar, („Amna, Tochter des Metzgers Salim") von 1540. 1935 erwarb der englischen Major John Gayer-Anderson den Komplex. Der enthusiastische Sammler islamischer Antiquitäten richtete das Doppelhaus mehr oder weniger so ein, wie es sich heute präsentiert, und vermachte es testamentarisch der Altertümerverwaltung. Verglichen mit anderen Patrizierhäusern, etwa dem Beit es-Sihaimi (→ S. 162), ist die Architektur des Gayer-Anderson-Museums nicht sonderlich bemerkenswert. Durch seine mit viel Sachkenntnis und Geschmack ausgewählte Einrichtung gibt es uns Laien aber einen lebendigen Eindruck vom Lebensstil der Oberschicht in der osmanischen Zeit. Räume und Möbel sind gut beschriftet. Der Rundgang beginnt im Nordflügel, der nach dem Zusammenschluss der Häuser den Frauen vorbehalten war. Im Südflügel beeindruckt vor allem der große Empfangssaal mit Galerie, Springbrunnen und seinem üppigen Dekor. Der *Damaszene-Raum* wurde aus einem Haus in Damaskus komplett übernommen. Im Hof zwischen beiden Häusern findet sich eine dem Volksglauben nach heilsame Quelle.

Tägl. 8.30–16 Uhr, Fr 12–14 Uhr geschl. Eintritt 30/15 LE. Midan Ibn Tulun.

Moschee und Khanqah des Scheichu: Emir Sayf ed-Din Scheichu war die graue Eminenz hinter dem jungen Sultan Hassan. Als der endlich selbst regieren wollte, ließ er seinen Aufpasser ermorden. Die Überlieferung zeichnet von Scheichu das widersprüchliche Bild eines skrupellosen Intriganten und gleichzeitig gottesfürchtigen Mystikers, der sich während der Pestepidemie nicht zu schade war, mit eigener Hand die Pestleichen zu waschen.

Moschee (1349) und Khanqah (1355) stehen in der Schari' Saliba, der mittelalterlichen Hauptstraße der Südstadt, einander gegenüber. In beiden Gebäuden finden wir über dem Eingang Türstürze mit *pharaonischen Inschriften*. Das Recycling alter Steine war an sich nicht ungewöhnlich – doch in keiner anderen Moschee findet man diese an derart prominenter Stelle und mit sichtbarer Aufschrift. Die um einen Hof angeordneten Gebäude des *Khanqah* beherbergten einst 700 Sufibrüder. In der Nordostecke des Haupt-Iwans, durch eine Maschrabiya abgetrennt, ist das Mausoleum Scheichus und des ersten Vorstehers des Khanqah untergebracht. Auf der Südseite der Bethalle führt eine Tür in den großen Saal, wo die Sufis ihren religiösen Tanz zelebrierten. An den Wänden der **Moschee** fallen die eingelegten Stücke aus schwarzem poliertem Glas auf. Sie mögen als Spiegel gedient und vor *Dschinnen* (Dämonen) und anderen bösen Geistern geschützt haben. Auch die steinerne Kanzel ist ein seltenes Stück. Das leere Grab war ursprünglich für Scheichu vorgesehen.

Brunnenhaus der Emine Umm 'Abbas: Zwischen Ibn-Tulun-Moschee und dem Scheichu-Ensemble hat Emine Umm 'Abbas, also die türkischstämmige Mutter des Khediven 'Abbas II., ein marmornes Brunnenhaus im osmanischen Stil gestiftet. An diesem Hingucker verlassen wir die Schari' Saliba und folgen der Schari' Suyufiya gen Norden.

Palast des Emirs Taz: Bald passiert man auf der rechten Straßenseite eine lange zweigeschossige Fassade mit von Holztoren verschlossenen Ladenlokalen. Sie gehören zum Palast des Mamelukenemirs Taz al-Naziri. Aufgestiegen als Militärführer, hatte er 1351 zusammen mit Scheichu (siehe oben) den jungen Sultan Hassan abgesetzt und den noch jüngeren Al-Salih Salih auf den Thron gehievt, in dessen Namen Taz und Scheichu die Staatsgeschäfte selbst zu führen gedachten. 1352 heiratete Emir eine Enkelin von Sultan Qalaun und ließ den Palast errichten, in dem zu wohnen er dann aber nicht mehr viel Gelegenheit hatte. Die Parteigänger des abgesetzten Hassan gewannen wieder die Oberhand, und Taz musste Kairo verlassen.

Durch die einen guten Meter unter dem modernen Straßenniveau liegende Einfahrt kommt man in den zentralen, mit Palmen begrünten Hof des Palasts und weiter in die Innenräume der weitläufigen, aus mehreren Trakten bestehenden Anlage. So schlicht die Straßenfassade war, so reich verziert präsentiert sich das Innere. Ausstellungen erzählen die wechselhafte Geschichte des Bauherrn und seines Hauses, auch bei den Ausgrabungen geborgene Funde werden gezeigt. Die Archäologen rekonstruierten auch das Schöpfrad *(sakiya)*, das Haus und Garten mit Wasser versorgte.
Sa–Do 8.30–16 Uhr. Eintritt frei. Sh. Suyufiya.

☆ **Mevlevi–Museum**: Der frühere Konvent des Sufiordens der tanzenden Derwische ist ein ganz ungewöhnliches und einmaliges Denkmal. Die Anhänger des Mevlana Dschalal ad-Din Rumi übernahmen 1607 den wohl ziemlich heruntergekommenen, 1315 gebauten Komplex aus Mausoleum und Medrese des Emirs Sunqur as-Sa'adi. Statt des in der Verbannung gestorbenen Sunqur ruhte im *Mausoleum* dessen Zeitgenosse Hassan Sadaqa. Die Kuppel krönt kein Halbmond, sondern ein Derwischturban. Über der Medrese errichteten die Mevlevi ihren Tanzraum, den *Semahane* (arab. *samakhana*). Dieses Rundtheater mit Empore und kleinem Balkon, auf dem die Kapelle spielte, war bis in die 1940er-Jahre in Betrieb. Italienische Experten um Professor Giuseppe Farfoni arbeiteten über 10 Jahre an der Restaurierung der mit Malereien geschmückten Holzkonstruktion. Dabei wurden im Untergeschoss die Fundamente der *Medrese* und eines alten Brunnens freigelegt. Die *Tekke*, der frühere Wohntrakt der Derwische, wird heute manchmal für Kunstausstellungen genutzt. Wären die lästigen Fliegen nicht, könnte man sich im *Garten* zum Picknick niederlassen. Ebenfalls auf dem Gelände zuhause ist das Italian-Egyptian Centre for Restoration and Archaeology (CIERA) – derzeit arbeitet man an der Sicherung des an den Garten grenzenden Nachbarhauses, des *Palasts der Emire Qusun-Yashbak-Aqbardi*.

Tägl. 9–16 Uhr, Eintritt mit Führung gegen Trinkgeld. Sh. el-Hilmiya.

• *Essen & Trinken in Saiyida Zeinab (Karte S. 192/193)* **Abu Schaqra (2)**, 69 Qasr el-Aini, www.aboushakra.com. Typisches Fleischlokal mit Kebab und Kufta, dazu einer reichen Auswahl an Vorspeisen und Desserts. Hauptgericht 250 g Fleisch kosten um 25 LE, Hauptgericht 20–50 LE.

Er-Rifai *(Kebab et-Taherah)* **(3)**, 5 Haret Monge, Md. Saiyida Zeinab, offen ab 19 Uhr bis zum frühen Morgen. Gegen Mitternacht, wenn Theater, Empfänge und Gala-Diners zu Ende sind, schaut mancher Showstar, Künstler oder wer sonst noch Rang und Namen hat bzw. gern hätte, bei er-Rifai vorbei. Serviert wird die übliche Grillfleischtriade mit Kebab, Kufta und Lammkotelett.

Abu Rami (1), Md. Zein el-Abdin, Saiyida Zeinab, offen ab 20 Uhr bis zum frühen Morgen. Der Besuch dieses bizarren Freiluftlokals beim früheren Schlachthof setzt eine gehörige Portion Abenteuerlust voraus. Abu Ramis Gäste stammen aus allen Schichten und aus der ganzen Stadt; eine Gemeinde der Fleischesser, die sich hier nachts zu ihrem kulinarischen Zeremoniell trifft und pro Kopf und Mahlzeit ein halbes Kilo Kufta, Kebab, Kotelett, Würstchen oder Innereien zu verschlingen pflegt – kein Reis, kein Gemüse, kein Geflügel, nicht einmal Rind, nur Schaf und Ziege kommen auf den Tisch. Gemetzgert wird gleich hinter der Küche.

• *Einkaufen in Ibn Tulun* **Khan Misr Toulun**, an der Ibn-Tulun-Moschee, hat eine Auswahl qualitativ hochwertigen Kunsthandwerks – eine gute Adresse für Souvenirsammler und -schenker.

Im Tanzsaal der Derwische

Map: Cairo – Gezîret el-Rôda area

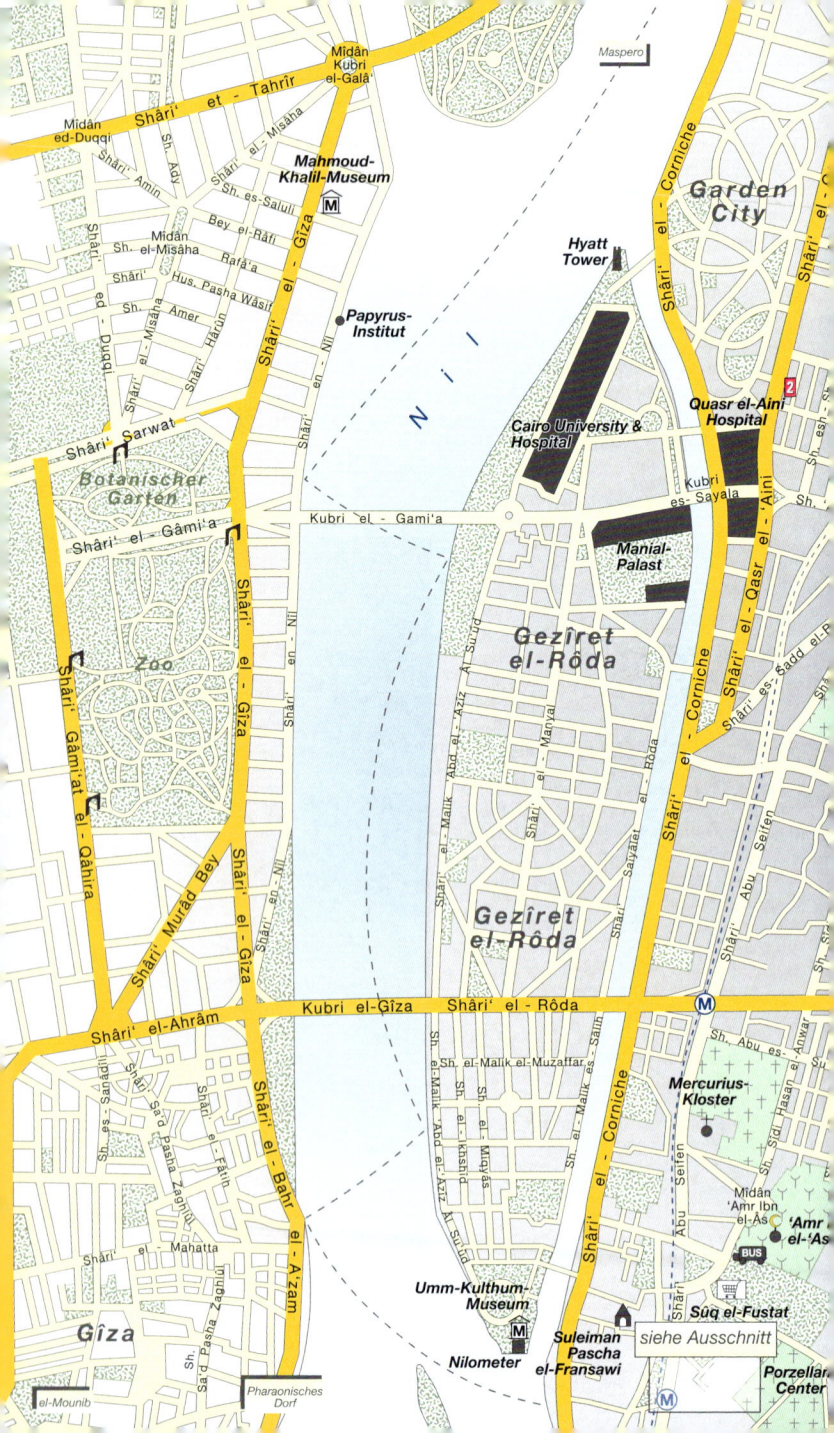

- Maspero
- Mîdân Kubri el-Galâ'
- Shâri' et-Tahrîr
- Mîdân ed-Duqqi
- Sh. Ady
- Sh. el-Misâha
- Shâri' Amîn
- Mahmoud-Khalil-Museum
- Sh. es-Salûli
- Bey el-Râfi'
- Mîdân Sh. el-Misâha
- Rafâ'a
- Shâri' Hus. Pasha Wâsif
- Sh. Pasha Amer
- Shâri' el-Nîl
- Shâri' en-Nîl
- Shâri' ed-Duqqi
- Hârûn
- Sh. el-Misâha
- Papyrus-Institut
- Nil
- Hyatt Tower
- Garden City
- Shâri' el-Corniche
- Shâri' Sarwat
- Botanischer Garten
- Shâri' el-Gâmi'a
- Cairo University & Hospital
- Quasr el-Aini Hospital
- Kubri es-Sayala
- Kubri el-Gami'a
- Zoo
- Shâri' el-Gîza
- Manial-Palast
- Shâri' el-Qasr el-Aini
- Gezîret el-Rôda
- Shâri' el-Corniche
- Shâri' es-Sadd
- Gâmi'at el-Qâhira
- Shâri' Murâd Bey
- Shâri' el-Gîza
- Shâri' el-Nîl
- Shâri' Abd Al-'Aziz
- Maryal
- Shâri' Sayyala
- Shâri' Abu Seifen
- Gezîret el-Rôda
- Shâri' el-Ahrâm
- Shâri' el-Bahr el-A'zam
- Kubri el-Gîza
- Shâri' el-Rôda
- Shâri' el-Corniche
- Sh. Abu es-Anwar
- Sh. Sidi Hasan el-R.
- Mercurius-Kloster
- Sh. Malik el-Muzaffar
- Sh. Malik Abd el-Khaliq
- Sh. Malik el-Aziz Al-Suud
- Shâri' el-Corniche
- Shâri' Abu Seifen
- Mîdân 'Amr Ibn el-'As
- 'Amr el-'As
- BUS
- Shâri' Sa'd Pasha Zaghlul
- Shâri' Mahatta
- Shâri' el-Fath
- Sh. Sa'd Pasha Zaghlul
- Gîza
- el-Mounib
- Pharaonisches Dorf
- Umm-Kulthum-Museum
- Nilometer
- Suleiman Pascha el-Fransawi
- Sûq el-Fustat
- siehe Ausschnitt
- Porzellan-Center

Essen & Trinken
1 Abu Rami
2 Abu Schaqra
3 Er-Rifai

el-Hilmîya

Beit es-Sennari
Saiyida Zeinab
es-Saiyida Zeinab
Museum Mevlevi
Palast des Emirs Taz
Scheichu
Midân Salâh ed-Din
Ibn Tulûn
Zitadelle
Midân es-Salakhana
Saiyida Rukaiya
Freitagsmarkt
Tilûl Zeinom
Saiyida Nafisa
Kalifengräber

Shâri' Salâh Salam

Koptisches Kairo
Kirche der Jungfrau
Georgskloster
Gemeindehaus
Bischofspalast
Georgskirche (griechisch)
Georgskirche (koptisch)
St Sergius
Römischer Turm
St Barbara
Koptisches Museum
Ben Ezra Synagoge
el-Fustat
el-Mu'allaqa
Ausgrabung
Römische Mauer
Wassertor

Imam esch-Schafi'i
Ain el-Sira See
Museum NMEC

Der Süden von Kairo
200 m

Alt-Kairo (Misr el-Qadima) (Karte S. 192/193)

Im Süden des heutigen Stadtzentrums lag schon in pharaonischer Zeit ein kleiner Marktflecken. Nach Diodor unterhielten die Pharaonen hier ein Lager für babylonische Kriegsgefangene, das dem Ort seinen Namen **Babylon** gegeben habe. Die Perser bauten zur Sicherung des Flussübergangs ein Kastell. In christlicher Zeit entwickelte sich Babylon zu einer stattlichen Siedlung. Der Flusslauf des Nils lag damals etwas weiter östlich als heute, die Festungsmauer und die Klöster des Mercurius und Menas markieren das alte Ufer. Nach der fatimidischen Stadtgründung el-Qahira (969) blieb Babylon außerhalb der neuen Stadtmauern und bekam den Namen **Qasr esch-Scham'** („Festung der Kerze"). Der Name **Misr el-Qadima** („Alt-Kairo") entstand nach Gründung der Fatimidenstadt und bezieht sich auf alle älteren Zentren im Süden, meint neben Qasr esch-Scham' also auch el-Fustat und el-Qatai.

El-Fustat

In Verbindung mit dem Besuch des koptischen Viertels bietet sich ein Abstecher zu den Töpferwerkstätten, christlichen Friedhöfen und zur ältesten Moschee Kairos in el-Fustat an.

In el-Fustat, wahrscheinlich abgeleitet vom lateinisch-griechischen *fossaton* (Festungsgraben), errichtete das arabische Heer 642 nach der Eroberung Ägyptens seine Zeltstadt als Ausangspunkt für weitere Kriegszüge. Bald ersetzten Ziegelhäuser die Zelte, und das Lager verschmolz mit Babylon zu einer städtischen Einheit.

Warum Feldherr Amr sich in Babylon niederließ, ist einfach nachzuvollziehen. Schon die Römer hatten hier ihre Schiffbrücke über den Nil. Weiter nördlich ließen die Flüsse und Kanäle des Deltas keine Ost-West-Querung zu, und so führte der kürzeste Weg von Syrien nach Alexandria oder nach Libyen über Kairo, zumal die Araber ja keine Seefahrer waren. Dazu begann in Babylon jener Kanal zwischen Nil und Rotem Meer, dessen Erneuerung dem Kalifen Omar so am Herzen lag, um das hungrige Arabien mit ägyptischem Getreide zu versorgen. Schließlich war mit Babylon eine schon fertige Stadt in unmittelbarer Nachbarschaft, die das Wüstenheer mit Handwerkern, Händlern, einer Administration, eben der gesamten städtischen Infrastruktur versorgen konnte, ohne dass die christlichen Städter zahlreich genug waren, die arabischen Neusiedler kulturell zu assimilieren.

Abbasiden und Tuluniden legten ihre Residenzviertel außerhalb von el-Fustat an, doch erst nach Gründung der Fatimidenstadt el-Qahira wurde el-Fustat weitgehend aufgegeben. Mit der Hungersnot und den Epidemien von 1066 bis 1072, dem „großen Unglück", wie es die mittelalterlichen Autoren nannten, zogen viele Bewohner von el-Fustat in die Nachbarschaft der fatimidischen Residenz. Als die Kreuzritter nach Ägypten vordrangen, fürchtete man, die Christen könnten das unbefestigte el-Fustat in einen Stützpunkt für die Belagerung el-Qahiras verwandeln. Am 22. November 1168 ließ Wesir Schawar die zuvor geräumte Stadt mit Naftalin und Fackeln in Brand setzen. 54 Tage soll das Feuer gewütet und der Rauch die südwärts lagernden Kreuzritter tatsächlich vertrieben haben.

So ergiebig die **Ausgrabung el-Fustat** für die Wissenschaftler auch war, für den Laien sind die freigelegten Fundamente, Straßenzüge und Wassersysteme wenig anschaulich. Vielleicht wird das hier geplante *Museum der ägyptischen Zivilisation* auch die Geschichte der Stätte anschaulich aufbereiten. Lohnend ist dagegen ein

Besuch des **Egyptian Porcelain Center**, wo führende Künstler ihre Ateliers haben und eine Galerie feine Keramiken verkauft. An der gleichen Straße weiter östlich findet man auch die in zwei Zentren zusammengefassten **Töpferwerkstätten**. Hier werden unter anderem die großen Krüge hergestellt, die manchmal noch als Wasserspender am Straßenrand stehen. Durch Beimischen von Asche bleibt der Ton nach dem Brennen derart porös, dass die Verdunstung das Trinkwasser auch in größter Hitze schön kühl hält. Ein Restaurant und weitere Shoppingmöglichkeiten bietet der **Sûq el-Fustat**. Das für Autos und Tourbusse günstig gelegene Einkaufszentrum präsentiert gehobenes Kunsthandwerk, z. B. Keramik und Metallarbeiten.

Einkaufen: Im Sûq el-Fustat verkauft ein Laden des Hilfsprojekts **A.P.E.** (→ S. 178) von den Zabalin gefertigtes Kunsthandwerk.

Amr-Moschee: Die heutige Moschee hat mit dem Bauwerk des Amr gerade noch einige Steine gemein. Das Gebäude geht überwiegend auf das 18. Jh. zurück, zuletzt wurde 1983 kräftig an- und umgebaut. Amr gründete die Moschee als Gebetshaus des Ahl ar-Raya, jenes Stadtbezirks, in dem er selbst und seine Offiziere wohnten. Der schätzungsweise 480 m² große Bau bot etwa 700 Betenden Platz. Ein Umbau zur Hofmoschee (667) und die Erweiterung (827) zur jetzigen Größe mit 110 mal 120 m² Grundfläche machten sie zur Hauptmoschee von el-Fustat. Mehrschiffige Arkadenhallen mit antiken Säulen umrahmen einen Zentralhof. Der Brunnen aus dem 9. Jh. kommuniziert, so der Volksglaube, mit einer Wasserstelle in Mekka. In der Nordostecke befindet sich das Grab eines Sohnes von Amr. Wie damals üblich, begrub man ihn in seinem Haus, das später bei einer Erweiterung in die Moschee einbezogen wurde.

Mercurius-Kloster (Deir Abu'l-Saifayin): Das koptische Nonnenkloster – früher floss vor seinen Mauern der Nil – zählt drei Kirchen. *Abu Mercurius* von 1176 ist überreich mit Ikonen ausgestattet. In seiner Krypta wohnte einst der Eremit Barsum,

Die Moschee des Feldherrn Amr

dessen Patronatsfest am 10. November gefeiert wird. Auf halber Höhe der vom Hof zum Dach der Kirche führenden Treppe kommt man in die Galerie mit ihren zahlreichen Kapellen. Hier sind an den Wänden noch Freskenreste aus dem 6. Jh. zu entdecken, ähnlich den ins Koptische Museum verbrachten Malereien aus Bawit.

Nur 20 m neben dieser Kirche liegt das *Heiligtum des Schenute*. Im Narthex steht ein überdachter Brunnen, die prächtigen Ikonostasen aus Zedernholz und Perlmutt stammen aus der Fatimidenzeit. Von der Empore kommt man in die *Kirche der Jungfrau* mit weiteren Fresken und einer interessanten Deckenkonstruktion.

Der Klosterbezirk findet sich auf der Nordseite der Sh. Gami Amr, der vom Nil zur Amr-Moschee führenden Gasse, am Ende des Friedhofes. Die Kirchen sind So–Do 8–16 und Fr–Sa 8–13 Uhr geöffnet. Die Messe wird Mi 8–12, Fr 7–11 und So 6–10 Uhr gefeiert.

☆ **Christliche Friedhöfe**: Ein Besuch der christlichen Friedhöfe mag einen Eindruck von der religiösen Vielfalt des vorrevolutionären Kairo geben. Neben den Kopten gibt es noch heute etwa eine halbe Millionen christlicher Ägypter anderer Riten, als da sind: Protestanten, Anglikaner, Griechisch-Orthodoxe (mit griechischem, russischem und arabischem Ritus), Armenier, syrische Jakobiten, Maroniten, lateinische Katholiken und die mit Rom unierten Abspaltungen der Chaldäer sowie koptische, armenische, griechische und syrische Katholiken mit jeweils eigener Liturgie. Die Kirchen der einzelnen Gemeinschaften sind über die ganze Stadt verstreut, doch ihre Friedhöfe konzentrieren sich in Alt-Kairo. Gewöhnlich zugänglich ist etwa der maronitische Friedhof (Sh. Sidi Hassan al-Anwar, nördlich der Amr-Moschee). Deutsche Gefallene des Ersten Weltkrieges ruhen auf dem protestantischen Friedhof (Eingang auf der Westseite von der Sh. Abu Saifayin) und dem katholischen Gräberfeld (zwischen altem Schlachthof und Aquädukt).

Grab des Suleiman Pascha el-Fransaui: Das auf einem kleinen Platz stehende Grab des 1859 verstorbenen Suleiman Pascha zeugt mit seinen schmiede- und gusseisernen Bauelementen von der Begeisterung, die man dem Werkstoff seinerzeit neuen entgegenbrachte. Den heute ziemlich vernachlässigten Kiosk entwarf der orientbegeisterte Schinkelschüler Carl von Diebitsch (1819–1869), der in Potsdam das Maurische Kabinett auf dem Pfingstberg schuf und 1868 im Planungswettbewerb um den Berliner Dom einen Entwurf einreichte, der zwei riesige Glockentürme in Gestalt von Minaretten vorsah. Suleiman Pascha war als Jean Anthelme Sève mit Napoleons Expedition an den Nil gekommen, im Land geblieben, zum

Todesengel auf dem griechischen Friedhof

Islam konvertiert und hatte dann noch 35 Jahre in der Armee Mohammed Alis gedient. Auch die Moschee des Viertels trägt seinen Namen. Suleimans Ururenkelin wurde die Mutter König Farouks. Neben ihm ruht Gattin Maryam. Suleiman rettete sie im griechisch-ägyptischen Krieg von einem Schiff, das mit jungen Griechinnen auf dem Weg zu Alexandrias Sklavenmarkt war.

Man quert die Bahn auf der Fußgängerbrücke südlich des Mercurius-Klosters, geht weiter südwärts und die erste Straße rechts, in der sich das Grab befindet.

Auf dem Markt von el-Fustat

„Hier wird täglich Markt mit allen möglichen Lebensmitteln gehalten, mit Fleisch und Fischen, mit Tauben, Hühnern, Eiern und Apfelsinen; mit Bohnen, Lupinen, Linsen und ‚Kichern', mit Weizen, Gerste, Durrah, türkischem Weizen (dessen geröstete Kolben aus freier Faust verzehrt werden), mit Brotfladen, Zwiebeln, Rettigen und Gemüsen; desgleichen mit Eselheckerling, mit Taubenmist für die Gärtner, und was weiß ich womit sonst. Es ist auf dem Markte ein Gewühl von Weibern und Männern, von Fellahs und Bürgerleuten, von Bettlern und Lastträgern, von Kameltreibern und Eselbuben, dass man in die Wogen eines Menschenmeeres gerät, in welchem man unterzugehen glaubt. Platzmacher; was nicht freiwillig aus dem Wege gehen will, wird übergeritten und zur Seite gestoßen, ohne dass der übel Behandelte sich anders als mit einem Schimpfworte oder einer Zorngeberde rächt. Es ist mal so die arabische Lebensart, überall kurzen Prozess mit persönlichen Hindernissen zu machen, und ganz besonders, sobald Geld zu gewinnen steht. Man stößt und tritt und wird contra gestoßen und getreten."

Bogumil Goltz, 1853

Insel Roda

Im Nordteil der Insel mag man den Manial-Palast (→ S. 131) besichtigen, die Sehenswürdigkeiten an der Südspitze, Nilometer und Umm-Kulthum-Museum, sind bequem mit der Nilfähre (→ S. 126) oder von Alt-Kairo aus über eine Fußgängerbrücke zu erreichen.

Auf Roda, damals noch schlicht Gezira (Insel) genannt, hatten die Araber im Mittelalter ihre Werft, den Kriegshafen, Gefängnisse, dazu Unterkünfte für Truppen und Arbeiter. Die Hälfte der Insel gestaltete 1830 ein schottischer Gartenbaumeister im Auftrag Ibrahim Paschas zu einem großen Park, den Rest nahmen Gärten und wenige Landhäuser der Aristokratie ein. Seit 1945 wurden die Grünzonen überbaut, und Roda verwandelte sich in ein Wohnviertel.

Umm-Kulthum-Museum: An der Südspitze der Insel steht auf dem Gelände des *Monastirli-Palastes*, den sich 1851 ein Höfling von Abbas Hilmi Pascha bauen ließ, das Museum der Sängerin Umm Kulthum. Man sieht alte Phonographen, Fotos und andere Erinnerungsstücke an die in der arabischen Welt als größte Sängerin verehrte Diva, so etwa Kleider und ihre Sonnenbrille. Ein Film stellt ihr Leben vor, und in der Audiothek können wir am Computer Konzertmitschnitte und Interviews hören – man staunt, dass dieses Hightech-Equipment auch einige Jahre nach der Museumseröffnung noch funktioniert.

Tägl. 10–17 Uhr. Eintritt 6 LE.

Nilometer: Hinter dem Museum findet sich der nach der Nilregulierung bedeutungslos gewordene Nilometer von 861. Das zugehörige Brunnenhaus wurde nach dem osmanischen Vorbild im 20. Jh. wieder aufgebaut. Es erhebt sich über einem quadratischen Becken mit drei (jetzt zugemauerten) Einlässen für das Nilwasser. Man beachte die Spitzbögen und die kufischen Brunneninschriften – religiöse Dankesverse für gute Ernte und reichen Regen. In der Mitte steht eine Messsäule, deren Skala in 17 Ellen à 54 cm eingeteilt ist. Der Niedrigwasserstand lag gewöhnlich bei sieben Ellen. Hatte Ende Juli die Flutwelle Kairo erreicht und der Wasserstand 16 Ellen überschritten, öffnete man mit einem großen Fest die Dämme zu den Bewässerungskanälen. Heute wird der Wasserstand neben dem Turm mit einem Pegel unmittelbar am Flussufer abgelesen.
Tägl. 8–17, im Sommer bis 18 Uhr. Eintritt 15/10 LE.

Koptisches Viertel (Qasr esch-Scham')

Das bis in die Pharaonenzeit zurückreichende Viertel hat noch immer einen hohen christlichen Bevölkerungsanteil. Es bietet auf engem Raum eine Reihe koptisch-christlicher Denkmäler und schließlich Ägyptens älteste Synagoge.

☆☆ **Koptisches Museum**: Es birgt die weltweit umfangreichste Sammlung koptischer Kunst. Die Werke sind streng nach ihrem Material sortiert (ein Raum zeigt Holzarbeiten, der andere Textilien, der dritte Stein usw.), was ihnen den ursprünglichen Kontext nimmt und den Vergleich, etwa der Porträtkunst in verschiedenen Medien, erschwert. Das Museum wurde 1910 als Privatsammlung im so genannten Alten Flügel begründet, einem der schönsten Häuser Alt-Kairos. 1947, jetzt in staatlicher Hand, fügte man den Neuen Flügel an. Nach der Jahrtausendwende wurde das baufällig gewordene Museum saniert, umgestaltet und erweitert. Den Eingang flankieren zwei römische Festungstürme, im Garten gibt es eine Cafeteria.

Die beiden um 100 n. Chr. gebauten *Rundtürme* am Museumseingang sind ungewöhnliche Zeugnisse römisch-byzantinischer Militärarchitektur. Zwischen ihnen begann der in Quellen der frühen Kaiserzeit erwähnte Kanal, der den Nil mit Roten Meer verband. Später, als der Kanal verfiel und schließlich aufgefüllt wurde, sicherten die Türme die Schiffsbrücke über den Nil. Der Nordturm kann durch eine Treppe von der Georgskirche (siehe unten) aus besichtigt werden.
Tägl. 9–17 Uhr, Einlass bis 16 Uhr. Eintritt 50/25 LE. www.coptic-cairo.com.

Durch den Eingangsbereich des Museums, der zugleich der Verbindungskorridor zwischen den beiden Flügeln ist, führt der Rundgang zunächst ins Erdgeschoss.

Erdgeschoss des Neuen Flügels

In **Raum 2** machen drei Meisterstücke exemplarisch mit der koptischen Kunst bekannt: Links befindet sich der farbenfrohe Wandteppich eines dunkelhäutigen Pfeifers neben einem Zierband mit Kriegern und Tänzern – ein Lieblingstück des früheren Museumsdirektors Gawdat Gabra. Dann ein Fries aus Kalkstein, vielleicht einst im Saqqara-Kloster als Türsturz in Gebrauch, mit feinen, als Halbrelief gearbeiteten Kreisen von Akanthusblättern, die zwei Menschen sowie Löwe und Antilope einrahmen. Auf der anderen Seite eines der seltenen koptischen Wandbilder, wie sie auf die verputzten Lehmziegelwände der Kirchen und Klöster aufgebracht wurden; hier sieht man zwei Mönche und zwei Kirchenväter.

In den Räumen des Erdgeschosses sind Architekturfragmente und Grabstelen in chronologischer Folge ausgestellt. **Raum 3** beginnt mit vorchristlichen Stücken aus Ihnasya, dem antiken Herakleopolis magna (bei Beni Suef) aus dem 3./4. Jh. Im zeittypischen griechisch-ägyptischen Mischstil zeigen sie Szenen aus der griechischen Mythologie.

In **Raum 4** steht dagegen das pharaonische Erbe im Mittelpunkt. Hier begegnen uns an frühe, als *ankh* („Lebensschlüssel") be-

Alt-Kairo

zeichnete Kreuze (siehe Kasten „Koptische Kunst" unten).

Die nächsten Galerien stellen uns die frühchristliche Kunst aus den Klöstern vor. **Raum 5/6** zeigt Funde aus dem Jeremiaskloster von Saqqara, etwa Altarnischen mit herrlichen Wandmalereien. Die Kapitele der Klosterkirche werden zusammen mit der Kanzel im angrenzenden Innenhof präsentiert.

Die **Räume 7–9** zeigen Schätze aus dem Apollokloster von Bawit (Dairut): Ungewöhnliche, teils rechteckige Wandpanele mit streng geometrischen Motiven in polychromen Temperafarben; eine reich bemalte Altarnische mit Christus über Maria und den Aposteln; zuletzt wiederum vor allem Baufragmente, etwa ein trapezförmiges Kapitell mit Flechtmuster.

Obergeschoss des Neuen Flügels

Raum 10 bietet einen Querschnitt durch die koptische Kunst, doch scheinen die Exponate etwas zufällig zusammengestellt. Bruchstücke eines Kalksteinfries mit Szenen der Weinlese erinnern ebenso an griechische Vorbilder wie das Relief des Zentauren mit jungem Reiter (Nr. 7822 zeigt das gleiche Motiv als Textilarbeit). Ein Münzschatz aus dem Weißen Kloster (Sohag) ringt mit einem in Alt-Kairo gefundenen Bronzeadler aus der Römerzeit um unsere Aufmerkamkeit; Textilfragmente, Meßgewänder, ein Lesepult mit Intarsien und alte Manuskripte wollen bestaunt werden.

In **Raum 11** geht es auf Stein, Holz und Stoff um biblische Themen. Ungewöhnlich sind das Wandbild von Adam und Eva im Paradies vor (links) und nach (rechts) dem Sündenfall; sowie der Kamm (Nr.5655) mit Szenen von der Auferstehung Lazarus und der Heilung des Blinden.

Raum 12 zeigt Messgewänder und Altartücher aus dem 18./19. Jh., die **Räume 13/14** Fragmente von spätantiken Webarbeiten. Sie wurden größtenteils in Mumien gefunden, die man mit „alten Lumpen" ausgestopft hatte.

Raum 15 gehört den Kodizes aus Nag Hammadi, einer Sammlung in Leder gebundener Papyri mit frühchristlichen Texten – mit ihrer damals im 4. Jh. neuartigen Buchform weisen diese Schriften deutlich leserfreundlicher und bequemer in der Handhabung als die sonst üblichen Papyrusrollen.

In **Raum 16** geht es um Schriftkunst und Buchmalerei. Wir sehen Schreibgeräte und

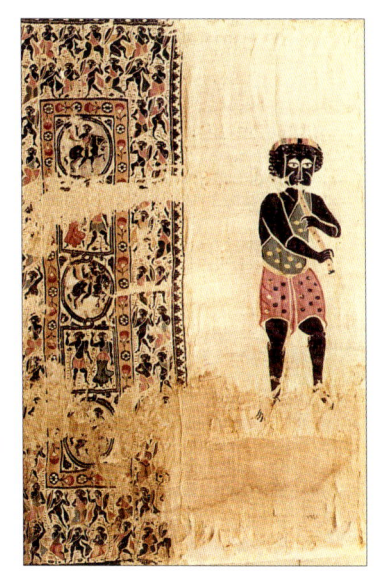

Kurator Gabras Lieblingsstück

eine breite Palette von Materialien, etwa bekritzelte Tonscherben, Papyrus, Pergament und zuletzt auch Papier.

Raum 17 zeigt ein koptisch geschriebenes Psalterium (4./5. Jh.)

Im **Übergang zum Alten Flügel** sind Funde aus Kellia ausgestellt, einem Gebiet am Westrand des Nildeltas, in dem vom 4.–7. Jh. christliche Einsiedler mit Gott und dem Teufel rangen. Beachtenswert vor allem die Wandmalereien.

Alter Flügel

Der ältere Teil des Museums integriert die Kunst ins Gebäude. Bei seinem Bau wurden wertvolle Holzdecken, Türen und Kacheln aus anderen, zum Abriss bestimmten Häusern geborgen und hier neu montiert.

Thema von **Raum 18** ist das Leben am Nil, den ein Kalksteinfragment (Nr. 7021) aus Ihnasya als bärtigen Mann personifiziert. Wir sehen Friese mit Fischen, Krokodilen und Wasserpflanzen, irgendwo versteckt sich gar ein Nilpferd.

Raum 19, man beachte die schöne, mit mediterranen Motiven geschmückte Kuppel, ist dem Alltagsleben der römischen und byzantinischen Zeit gewidmet. Vitrine D verwahrt holzgeschnitztes Kinderspielzeug, etwa ein Pferd mit Reiter, das auf Rädern fortbewegt werden konnte; in Vitrine B findet man Kastanietten.

Die **Räume 20–22** zeigt die Entwicklung der Ikonenmalerei vom einfachen Rundbild der Gottesmutter bis zum aufwändigen Triptychon. Prominente Themen sind etwa die Flucht der Heiligen Familie oder Porträts und Szenen mit Heiligen. Paulus von Theben und Antonius der Große etwa begegnen uns in der geradezu klassischen Ansicht mit Löwen und dem Raben, der dem Paulus täglich das Brot brachte (Nr. 3418). Ungewöhnlich ist eine Darstellung der Lokalheiligen Ahrakas und Oghani mit Hundeköpfen (Nr. 3375).

Raum 23 versammelt Metallarbeiten, darunter riesige Schlüssel aus dem Weißen Kloster oder posierliche Öllampen in Tiergestalt. Die **Räume 24/25** präsentiert Objekte aus Keramik und Glas. Im **Treppenhaus 26** steht eine geschlossene Sänfte aus Holz, reich verziert mit Elfenbein und Perlmut, in der sich fromme und vor allem reiche Christinnen auf die Pilgerfahrt nach Jerusalem begaben.

Der Rundgang führt nun hinunter in den **Hof** des Alten Flügels. In einer Halle, die einmal das **Torhaus** des römischen Forts war, sind noch Schätze aus den Kirchen Alt-Kairos ausgestellt: ein früher, fast wie ein Tempelchen anmutender Altar aus der Sergiuskirche, die Ikonostase und eine alte Tür aus Sitt Barbara, ein prächtiges Evangelium aus der Kirche el-Mu'allaqa.

> **Lesetipp:** Gawdat Gabra und Marianne Eaton-Krauss, *The Illustrated Guide to the Coptic Museum and Churches of Old Cairo*, zuletzt 2007 bei AUC-Press.

Koptische Kunst

Die frühchristliche Kunst Ägyptens schöpft gleichermaßen aus dem altägyptischen und dem griechisch-byzantinischem Kulturkreis, ohne deswegen mit der spätantiken Kunst Alexandrias oder den spätheidnischen Werken des Niltals verwechselt werden zu dürfen, wo noch im 4. Jh. Tempel ganz im pharaonischen Stil dekoriert wurden. Mit der Islamisierung Ägyptens kam die christliche Kunst ab dem Jahr 900 zum Stillstand.

Koptische Kunst ist in erster Linie Volkskunst und Kunsthandwerk, erstellt von Laien für den alltäglichen Gebrauch: Verzierung eines Tontopfes, Ornament eines Kleides, auch Heiligenbilder eines Klosters. Ein herausragendes Feld koptischer Kunst sind Textilarbeiten, überwiegend Leinen, selten Seide. Einige Webarbeiten sind so fein, dass man sie auf den ersten Blick für Stickereien halten mag. Obwohl aspektivisch, d. h. aus verschiedenen Perspektiven, stark stilisiert und abstrakt, wirken die Figuren äußerst lebendig, und das Arrangement ist manchmal fast eine kleine Erzählung. Gleiches gilt für die Buchminiaturen.

Wandmalereien haben sich überwiegend in den Klöstern erhalten, sind weniger eigenständig und eher provinzielle Kopien byzantinischer Vorbilder. Freier ist man in der Gestaltung von Ikonen, die ab dem 5. Jh. aufkommen, um die Verehrung heidnischer Reliquien abzulösen. Unter den benutzten Symbolen ist die Nähe des christlichen Kreuzes zum pharaonischen *ankh*, dem Lebensschlüssel, kein Zufall. Ebenso wird der Heilige Geist gern als Vogel dargestellt, entsprechend der Seele *ba*, die aus der Brust des Verstorbenen davonschwebt. Auch die Verwandtschaft der den Kindgott Horus säugenden Isis mit Maria und Jesus sei erwähnt.

Alt-Kairo

☆☆ **Kirche el-Mu'allaqa**: Wie man vom Garten des Koptischen Museums gut erkennen kann, steht die „Schwebende" auf zwei Bastionen der römischen Festung. Diesem Platz verdankt die etwa um 680 gegründete, doch im Laufe der Jahrhunderte vielfach umgebaute und erneuerte Kirche ihren merkwürdigen Namen. Wie alle historischen Gebäude Alt-Kairos leidet auch el-Mu'allaqa unter dem stetigen Anstieg des Grundwasserspiegels. Zusätzlich ließ die Altertümerverwaltung in den 1980er-Jahren auf der Suche nach den Gräbern der frühen koptischen Patriarchen die Bastionen unter der Kirche freilegen. Seither neigten sich die Fundamente. Das Erdbeben von 1992 brachte die Kirche vollends aus dem Lot und machte eine neuerliche Restaurierung erforderlich.

Die über eine Treppe, Passage, Atriumshof und schließlich den Narthex erschlossene Basilika gliedert sich in drei Schiffe, die mit einem hölzernen Tragwerk überdacht sind. Die korinthischen Kapitelle der Säulen wurden aus einem spätantiken Bau hierher verschleppt. Nur noch an einer Marmorsäule, in der Südreihe die fünfte von Osten, sind Spuren der Bemalung zu erkennen: eine Heilige, vielleicht eine Königin oder Prinzessin.

„Schwebende Kirche" el-Mu'allaqa

Die Kanzel ruht auf Säulenpaaren, die die sieben Sakramente symbolisieren. In Zedernholz eingelegte Kreuzornamente aus Elfenbein zieren die *Ikonostase*. Der Hauptaltar ist der Jungfrau Maria geweiht, der nördliche Seitenaltar St. Georg (dargestellt auf den Ikonen im oberen Teil der Ikonostase), der südliche schließlich Johannes dem Täufer (sieben Ikonen mit Szenen aus seinem Leben). Alle Ikonen (um 1770) sind das Werk eines armenischen Künstlers.

Als ein Meisterwerk koptischer Handwerkskunst präsentiert sich jene aus Holz und Perlmutt gearbeitete Schranke, die auf der Südseite des Hauptschiffes die Kapelle des äthiopischen Nationalheiligen *Takla Haymanot* abtrennt. Auf der Ostwand ein altes Fresko mit den 24 Ältesten der Apokalypse, an der Südwestecke Maria mit dem Kind. Neben dem Baptisterium führt eine Treppe zu einer weiteren Kapelle hinauf, einer Kammer mit vier Holzsäulen, die möglicherweise schon im 3. Jh. gebaut wurde.

Aus dem Fenster des Baptisteriums blickt man auf die *römischen Bastionen* mit dem Stadttor. Nach den Ergebnissen der Ausgrabungen war der Stadtgraben vom Nil bis zur Bastion schiffbar, und es befand sich hier, 6 m unter dem heutigen Straßenniveau, Babylons Hafen.

Die Kirche dient noch als Gotteshaus und kann außerhalb der Messen gegen eine Spende besichtigt werden. Zutritt hat man von der Hauptstraße gleich südlich des Koptischen Museums.

Koptischer Gottesdienst

Freitags (8–11 Uhr) oder an einem Sonntagmorgen (7–10 Uhr) wird in den Kirchen Alt-Kairos die Messe zelebriert. Die heiligen Handlungen vollziehen sich weitgehend im Sanktuar hinter der Ikonostase und sind damit den Blicken der Gläubigen entzogen. Frauen sitzen rechts, Männer links, und im hinteren Teil des Kirchenraumes ist ein lebhaftes Kommen und Gehen: Man trifft Bekannte und geht mit ihnen für einen Schwatz vor die Tür, womit der Gottesdienst auch den Charakter eines schlichten Gemeindetreffens bekommt.

Wie in den anderen Ostkirchen sind die Gemeindepriester verheiratet, hingegen erfordern die oberen Kirchenränge zölibatäres Leben, womit garantiert ist, dass sich etwa die Bischöfe in aller Regel aus den Klostermönchen und nicht aus den Gemeindepriestern rekrutieren. Kleriker sind an ihrem schwarzen Umhang, dem umgehängten Kreuz und der charakteristischen Kopfbedeckung auch im Straßenbild leicht zu erkennen.

Zwar verbietet die offizielle Dogmatik gleich dem Islam explizit Heiligenverehrung, doch erlebt man in den Kirchen, dass die gemeinen Gläubigen von diesem Verbot nichts halten. Unter Muslimen wie Christen ist es üblich, den Heiligen kleine Briefchen mit Wünschen um Fürbitte in speziellen Angelegenheiten zu schreiben. Auch die Existenz von Wundern wird allgemein akzeptiert, selbst wenn die Amtskirche sie leugnet: So soll zuletzt 1973 die Jungfrau Maria leibhaftig in Qasr esch-Scham' gesehen worden sein.

Georgskirche (Mari Girgis): Die Rundkirche der griechisch-orthodoxen Gemeinde steht auf dem Nordturm der römischen Festung. Sie ersetzt einen bis in die vorarabische Zeit zurückgehenden Bau, der 1904 durch unachtsames Hantieren mit einer Opferkerze auf dem hölzernen Heiligenschrein abbrannte. Die Kopten sagen freilich, Georg selbst habe die Kirche angezündet, da sie von den Besuchern fortgesetzt entweiht worden sei. Die Reliquie selbst (links neben dem Eingang) und die Ikonen überstanden den Brand unversehrt. An der Südwand führt eine Treppe hinab zu den neun in den alten Turm gebauten Kapellen. Unter jenen der 40 Märtyrer entdeckte man den vom mittelalterlichen Geografen Maqrizi erwähnten *Nilometer* der Kirche. Beachtenswert ist ferner eine kleine Sammlung alter Ikonen und liturgischer Geräte. Im Nebengebäude residiert der griechisch-orthodoxe Patriarch von Kairo. Von der Rückseite der Kirche haben Sie einen guten Blick über Qasr esch-Scham'.

Das **Patronatsfest der Georgskirche** am 22./23. April ist noch immer Treffpunkt der arg geschrumpften griechischen Gemeinde Ägyptens. Daneben kommen zahlreiche kranke Kopten und Muslime, die sich von der Wunderkraft des Heiligen Linderung oder Heilung ihrer Leiden erhoffen. Gaukler unterhalten die Pilger. Seinen Höhepunkt erreicht das von Bouzukimusik und griechischen Tänzen begleitete Fest um Mitternacht: Dann soll gemäß dem Volksglauben der Heilige persönlich erscheinen.

Georgskloster (Deir el-Banat): Man betritt man das Innere des Festungsviertels von der Straße her durch ein in tief unter heutiges Straßenniveau gesunkenes Tor. Seit der Sanierung, die das einstige Armenquartier zu einer Touristenattraktion herausputzte, wohnen nur noch wenige Menschen hier. Gleich links liegt das Areal des

Alt-Kairo 203

koptischen, St. Georg geweihten Nonnenklosters. Von Interesse sind hier der gewaltig dimensionierte Vorraum, der einmal Empfangssaal eines Mameluken-Palastes war, und die von hier durch eine 7 m hohe Tür erschlossene Kapelle des Drachentöters mit jener wundersamen Eisenkette, die, um den Leib geschlungen, Befreiung von Dämonen und psychischen Leiden verheißt.

Wieder zurück in der Gasse wird Ihnen vermutlich Ahmed „Schalom" begegnen, ein Original des Viertels, der seine Souvenirs früher direkt vor der Synagoge verkaufte und die Besucher dort auf Hebräisch begrüßte. Die nächste Gasse links führt zur **Georgskirche der Kopten**. 681 gegründet, soll sie einmal die prächtigste im Viertel gewesen sein, doch von alter Bausubstanz ist nur noch die der Kirche vorgelagerte Festhalle *(Qa'at al-'Irsan)*.

☆ **Kirche St. Sergius** *(Abu Sarga)*: Da sich im Lauf der Zeiten das Gelände durch den Schutt zusammengefallener oder zerstörter Häuser erhöht hat, liegt die bis in das 5. Jh. zurückreichende Basilika gut einen Meter unter dem Straßenniveau. An dieser Stelle soll nach der Überlieferung die Heilige Familie auf ihrer Flucht nach Ägypten gerastet haben. Seit dem Mittelalter war die Kirche ein beliebtes Ziel europäischer Pilger, im 16./17. Jh. gehörte die Krypta gar den (katholischen) Franziskanern – offenbar eine Gegenleistung dafür, dass Kopten eine Kapelle in der katholischen Jerusalemer Grabeskirche benutzen durften.

Zwei Reihen doppelstöckiger Säulen trennen das Hauptschiff von den Seitenschiffen. Sie repräsentieren die zwölf Apostel, die einzige schwarze den Judas. An der rechten Seitenwand hängen verschiedene mittelalterliche Ikonen. Die Kanzel ist eine neuzeitliche Kopie jener aus der Barbara-Kirche. Teile der ursprünglichen Kanzel aus mit Elfenbein und Perlmut eingelegtem Rosenholz sind im Koptischen Museum ausgestellt.

Lebensabend im koptischen Viertel

Der Hauptaltar ist den Märtyrern Sergius und Bacchus geweiht, zwei römischen Legionären. In die Ikonostase sind verschiedene Holzpaneele eingebaut, die einst Türfüllungen gewesen sein dürften. Der obere Teil zeigt Ebenholzpaneele mit Elfenbeinkreuzen, darunter elfenbeinerne Ornamente. Ganz oben sieht man Ikonen der zwölf Apostel und Mariens. An der Kuppel über dem Alter sind noch alte Fresken zu erkennen. Durch die linke Seitenkapelle geht es hinunter in die Krypta, wo sich die Heilige Familie verborgen haben soll.

Tägl. 8–16 Uhr. Eintritt gegen Spende. Patronatsfeste finden am 28. Nov. und 13. Feb. statt, am 1. Juni feiert eine Messe das Andenken an die Flucht der Heiligen Familie.

Aus dem Reisetagebuch von Gustave Flaubert

„Sonntag, die koptische Kirche des alten Kairo besucht. – Herr von Voltaire würde gesagt haben: ‚Einige elende Lumpe, die in einer häßlichen Kirche versammelt sind, verrichten ohne Pomp die Riten einer Religion, von der sie nicht einmal die Gebete verstehen.' Von Zeit zu Zeit gibt der erste Beste der Anwesenden ganz laut die Aussprache des Wortes an, das der Pfarrer nicht lesen kann. [...] Krypta der Jungfrau; hier soll sie sich ausgeruht haben, als sie auf der Flucht mit ihrem Kinde nach Ägypten kam. Die Krypta wird auf der Seite von hohen Rundbögen getragen. Übrigens ist sie ohne Interesse."

☆ **Kirche St. Barbara** *(Sitt Barbara)*: Das Hauptschiff der Doppelkirche stammt aus dem 13. Jh. und wurde einem kleineren Bau (jetzt hinter dem linken Seitenaltar) angefügt, der seinerseits 684 gestiftet worden war. Dieser Teil der Kirche ist den Heiligen Cyrus *(Abu Kir)* und Johannes *(Yuhanna)* geweiht. Eine Ikone an der Südwand der Kapelle zeigt die beiden zusammen mit ihrem Reliquienschrein. Der Legende nach gingen Cyrus und Johannes zum römischen Stadtkommandanten von Damanhur, offenbarten sich als Christen, wurden daraufhin gefoltert und schließlich vor der Stadt geköpft. Die Märtyrer waren dann eine Weile in der Krypta der Markus-Kathedrale von Alexandria bestattet, wo sie wahre Wunder wirkten, nämlich zahlreiche Heiden zu Bekehrung und Taufe bewegten.

☆ **Synagoge Ben Ezra**: Nach jüdischer Überlieferung soll auf diesem Gelände seit Moses' Zeiten eine Synagoge gestanden haben. Der jetzige Bau, obgleich einer Kirche ähnlich, wurde im 12. Jh. als Synagoge vom Jerusalemer Rabbi Ben Ezra gestiftet, dessen Namen sie trägt. Aus dieser Zeit stammen große Teile der Inneneinrichtung, zum Beispiel die Kanzel und die Holzschränke zur Aufbewahrung der Torarollen. 1894 fand man bei Bauarbeiten in einem vermauerten Schrank die so genannten *Geniza-Dokumente*. Nach jüdischer Tradition dürfen auch profane Schriften, die den Namen Gottes zum Beispiel in der Grußformel enthalten, nicht einfach weggeworfen werden. So mauerte man in der Ben-Ezra-Synagoge etwa 100.000 mittelalterliche Pergamente mit aramäischen, hebräischen und arabischen Handschriften ein, die den Alltag der jüdischen Gemeinde Kairos dokumentieren. Quasi als Bezahlung für die Hilfe bei der jüngsten Restaurierung der Synagoge gingen auch die letzten noch verbliebenen alten Schriften in die Vereinigten Staaten. An der Rückseite der Kirche kann man noch einen alten Brunnen entdecken und durch ein Kellerfenster in das frühere Ritualbad spähen.

Pyramiden und Westufer (Karte S. 206/207)

Mohandissin, Agouza, Doqqi, Giza

Die modernen Wohnviertel auf dem Westufer des Nils haben nur wenige Sehenswürdigkeiten. Ganz am Ende der langen Pyramidenstraße wartet mit dem Pyramidenbezirk von Giza freilich ein Weltwunder auf Ihren Besuch.

Noch im Ersten Weltkrieg genossen die britischen Diplomaten und Offiziere aus ihrer Botschaft in Garden City freien Blick auf die Pyramiden. Das Westufer des Nils war eine ländliche Idylle mit Feldern und Gärten. Giza und Embaba sind auf den Landkarten dieser Zeit als bescheidene Bauerndörfer verzeichnet, einzelne Villen säumen den Nil.

Doch längst hat sich der Moloch Stadt auch das Westufer des Nils erobert. **Mohandissin**, **Agouza** und **Doqqi** wurden nach der Revolution als seinerzeit moderne Wohnviertel für die wachsenden westlich orientierten Mittelschichten aus Bürokraten, Ingenieuren und Angestellten gebaut. **Giza**, heute eine verwaltungsmäßig von Kairo unabhängige Millionenstadt, wuchs zunächst an den Nil und dann als langes Band entlang der Pyramidenstraße *(el-Haram)* und der parallelen Feisal-Straße *(el-Malik Faisal)* bis an den Rand des Fruchtlandes.

Landwirtschaftsmuseum: Nach dem Tod seiner Schwester Fatma (1853–1920) ließ König Fuad auf dem Gelände ihres Palastes ein Museum bauen, das Geschichte und Gegenwart der ägyptischen Landwirtschaft dokumentiert. Der 1938 eröffnete Komplex residiert zusammen mit dem Landwirtschaftsministerium in einem riesigen Park mit mächtigen Bäumen und exotischen Sträuchern. Wenn nicht gerade die First Lady im März die alljährliche Blumenschau eröffnet, verirren sich außer den Bürokraten nur wenige Liebespaare und Schulklassen in die grüne, vom Verkehrslärm abgeschirmte Oase samt ihren beiden pharaonischen Gärten.

Der Eingang zum Museumsgelände befindet sich am Nordende der Sh. ed-Doqqi, 10 Gehminuten von der Metrostation Doqqi. Di–So 9–14 Uhr, Eintritt 0,10 LE (!).

Museum für die Landwirtschaft der Pharaonenzeit: Dieser Neubau ist leider nur für Prominente und Menschen mit guten Beziehungen zugänglich. Im Altbau, gleich rechts neben dem Eingang zum Gelände, verblieben nur die Exponate aus der griechischen und römischen Zeit, die eines fernen Tages zu einem Museum für die Landwirtschaft von den Ptolemäern bis ins 19. Jh. erweitert werden sollen.

Das Hauptgebäude präsentiert sich als Museum eines Museums, für dessen Erhalt leider nur wenig getan wird. Immerhin werden die Vitrinen und Exponate entstaubt. Das Erdgeschoss (**Hydrologie & Landwirtschaft der Gegenwart**) zeigt mit kürzlich neu eingekleideten Gipspuppen in nachgestellten Dorfszenen das ländliche Leben, Modelle demonstrieren Bewässerungstechniken, Schleusen und Staudämme. Im Obergeschoss (**zoologische Sammlung**) wird man von einem ausgestopften Nilpferd empfangen, das den Reigen der präparierten Löwen, Krokodile, Kleinsäuger und Vögel eröffnet. Ein ganzer Raum ist dem Kamel gewidmet, an anderer Stelle lernen wir, was das gute vom schlechten Legehuhn unterscheidet.

Das ebenfalls altertümliche **Botanische Museum** demonstriert minutiös den Weg vom Korn zum Brot, von der Blüte zum Parfüm und vom Gemüse zur Konserve. Wussten Sie, dass es 50 verschiedene Sorten Mango gibt? Hier sind sie versammelt.

Während der kurzlebigen „Vereinigten Arabischen Republik", als Ägypten mit Syrien einen Staat bildete, wurde ein Museum für syrische Landwirtschaft und Volkskunde eingerichtet. Als Relikt dieser Episode und zum Denkmal der arabischen Zwietracht mutiert, schloss man das Museum dann irgendwann. Unter dem Etikett **Arab Hall** soll es zu einer Ausstellung über die Landwirtschaft der gesamten

206 Kairo

arabischen Welt erweitert und neu arrangiert werden.

Seit nunmehr 30 Jahren geschlossen ist auch das **Baumwoll-Museum**. Auch diese Sammlung soll eines Tages erneuert und wieder gezeigt werden – wenn die Motten denn noch etwas übrig gelassen haben.

Villa Fatma: Ebenfalls Teil des Landwirtschaftsmuseums, birgt die Villa, vom Eingang gesehen ganz rechts, Kunstschätze der königlichen Familie, die nach der Enteignung im Zuge der Revolution 1952 in den Besitz des Landwirtschaftsministeriums kamen. Mohammed el-Aqqad, Kunstliebhaber und Leiter des Landwirtschaftsmuseums, durchforstete die Büros und Magazine des Ministeriums und brachte dabei Erstaunliches ans Licht: Gemälde des 19. und 20. Jh., alte Teppiche, Statuen, wertvolle Möbel, sogar eine Sammlung alter Fotoapparate. Das Museum ist neu, gut in Schuss und mit Personal besetzt – umso mehr ärgert man sich darüber, dass wieder einmal nur Menschen mit guten Beziehungen hinein dürfen.

☆ **Mohamed-Mahmud-Khalil-Museum**: Neben all seinen pharaonischen und islamischen Denkmälern bietet Kairo auch vorzügliche europäische Kunst des 19. Jh. Der aus einer begüterten Familie stammende Mohamed Mahmud Khalil (1877–1953) erstand sein erstes Bild, einen Renoir, 1903 für lächerliche 400 LE – die „Junge Frau mit weißer Schleife" wird heute auf 40 Mio. Euro geschätzt. Mahmud Khalil und Gattin Emilienne bevorzugten französische Impressionisten wie Monet, Toulouse-Lautrec, Degas oder Rodin, der mit vier Skulpturen vertreten ist, dazu romantische Naturalisten wie van Gogh und Delacroix und schließlich Gauguin. Eine Sammlung von Miniaturen, die die Khalils meist als Zugaben bei ihren Einkaufstouren durch die Pariser Galerien ergatterten, dazu chinesisches Porzellan und eine Reihe japanischer Parfümflakons ergänzen die Kollektion.

In fortgeschrittenem Alter verfiel Khalil dem Liebreiz einer blutjungen Tscherkessin, und dieser Liaison entstammte sein einziger Sohn. Doch Emilienne, die den treulosen Gatten überlebte, wollte

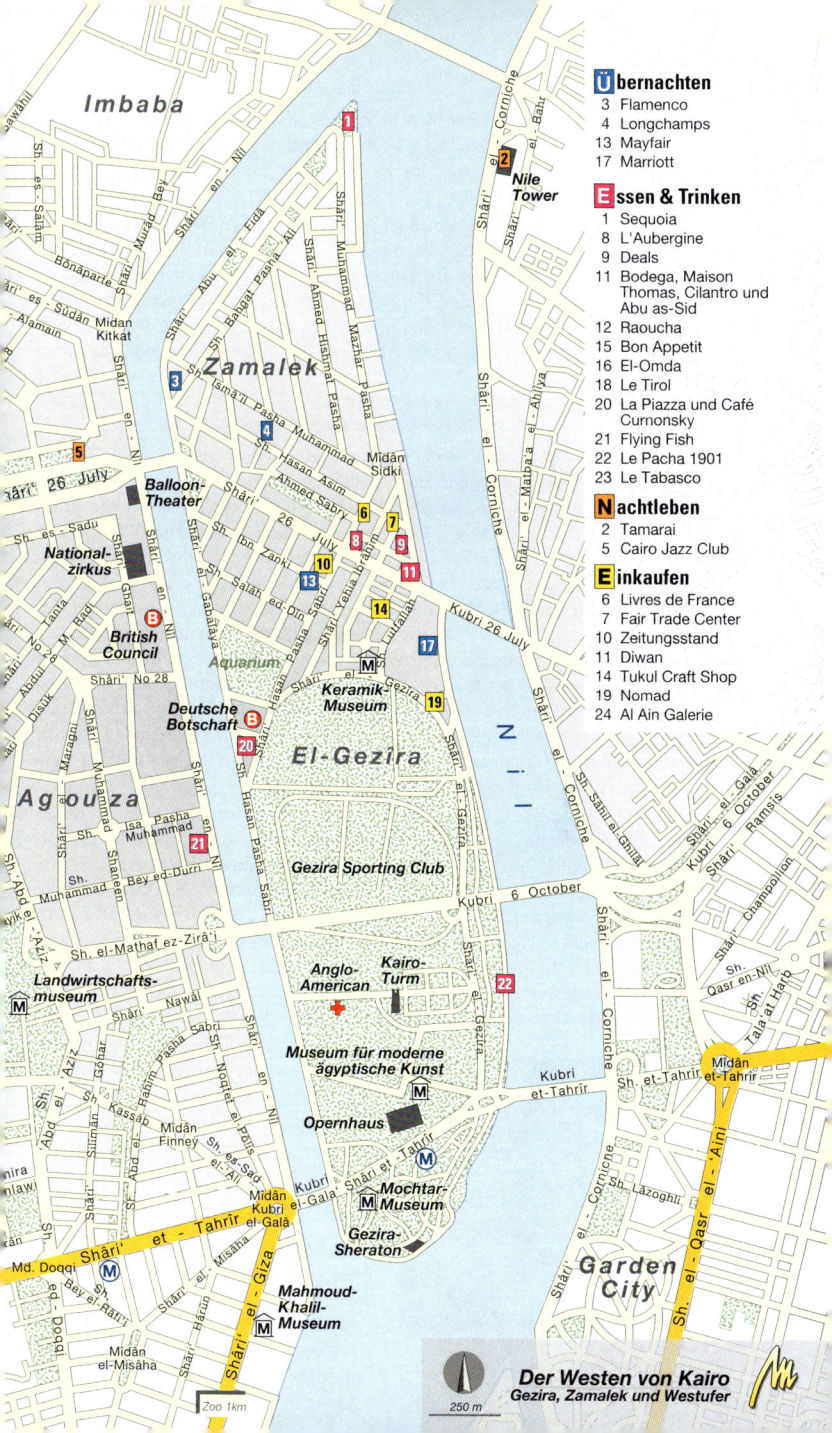

Übernachten
- 3 Flamenco
- 4 Longchamps
- 13 Mayfair
- 17 Marriott

Essen & Trinken
- 1 Sequoia
- 8 L'Aubergine
- 9 Deals
- 11 Bodega, Maison Thomas, Cilantro und Abu as-Sid
- 12 Raoucha
- 15 Bon Appetit
- 16 El-Omda
- 18 Le Tirol
- 20 La Piazza und Café Curnonsky
- 21 Flying Fish
- 22 Le Pacha 1901
- 23 Le Tabasco

Nachtleben
- 2 Tamarai
- 5 Cairo Jazz Club

Einkaufen
- 6 Livres de France
- 7 Fair Trade Center
- 10 Zeitungsstand
- 11 Diwan
- 14 Tukul Craft Shop
- 19 Nomad
- 24 Al Ain Galerie

Der Westen von Kairo
Gezira, Zamalek und Westufer

das zunächst ihr zugefallene Erbe nicht dem Bastard zukommen lassen und vermachte in ihrem Testament deshalb die Kunstsammlung samt Villa dem Staat. Wer weiß, ob wir ohne die Amour fou des Herrn Khalil seine Sammlung heute anschauen könnten.

Kein Thema ist dem Museum die Geschichte der Villa. Sie wurde einst von Raphael Menahem Suares (1846–1909) gebaut, der als Bankier und Grundbesitzer zu den reichsten Männern Ägyptens gehörte. Die Suares waren ägyptischen Juden, und an die erinnert man sich seit den Kriegen mit Israel nur ungern. Im Nachbarhaus residierte später Präsident Sadat und nahm, als es ihm dort zu eng wurde, die Khalil-Villa in Beschlag. Erst 1995 konnte das Museum wieder an seinen angestammten Platz zurückkehren.

1 Sh. Kafour, ed-Doqqi, bei der Russischen Botschaft, → Doqqi. Di–So 10–18 Uhr. Eintritt 25/15 LE (Personalausweis/Pass erforderlich!). www.egyptianmuseums.net.

Zoo (Hadiqit el-Hayawan): Wir verdanken den Kairoer Zoo der exzessiven Prunksucht eines Potentaten, der seinen Staat schließlich in den Ruin führte. Khedive Ismail baute auf dem heutigen Zoogelände seinen Haremspalast und legte drum herum einen prächtigen Garten an, ließ exotische Bäume pflanzen, die Wege mit bunten Kieseln pflastern und allerlei Vögel und Tiere wie Gazellen, Schafe, Affen und Kängurus aussetzen. Grotten wurden gebaut, Wasserfälle und Becken für die königlichen Forellen errichtet. Über die Kanäle spannten sich Brücklein, deren Geländer mit Samt bezogen waren, um die zarten Hände der Haremsdamen nicht zu verletzen. Die grüne Hängebrücke, die zwischen zwei Hügeln gespannt ist, stammt von Herrn Eiffel. Der Khedive erwarb sie auf der Pariser Weltausstellung und ließ sie nach Kairo verschiffen. Mit dem Konkurs Ismails ging das Gelände an den Staat über. 1890 wurde der Park vergrößert und der Öffentlichkeit zugänglich gemacht. In den unvollendeten Haremspalast zog das Ägyptische Museum ein, und im Garten wurden die ersten exotischen Tiere zur Schau gestellt.

In seinen Neuerwerbungen, so heißt es, konzentriere sich der Zoo heute auf die in Ägyptens freier Wildbahn ausgestorbenen oder bedrohten Arten wie Ibexe, Gnus, Antilopen oder Strauße. Tatsächlich wurde etwa der an Altersschwäche gestorbene Eisbär nicht durch einen Artgenossen ersetzt, auch die Giraffe ist verschwunden. Die schon lange hier ansässigen Exoten wie Affen, Bären und Raubkatzen sind teilweise noch wenig artgerecht in engen Käfigen untergebracht, die aus der Gründerzeit stammen. Doch es bleibt rätselhaft, warum dieser Zoo etwa 30 Löwen weitgehend in Einzelhaft hält, während das durchaus vorhandene Freigehege des Löwenhauses allenfalls von verwilderten Hauskatzen und zugeflogenen Rabenvögeln bevölkert ist.

Freigänger in Kairos Zoo

Am Geld allein liegt es nicht. Die Schildkröten im Reptilienhaus leben in kahlen Betonbecken ohne jeden Unterschlupf – Steine, Äste und oder etwas Sand, mit denen die Terrarien artgerecht gestaltet werden könnten, gibt es auf dem Zoogelände genug. Hauptproblem des 2004 aus der Weltzoovereinigung WAZA ausgeschlossenen Zoos sind seine Tierpfleger. Die leben davon, dass ihre Tiere gegen ein Trinkgeld den Zuschauern Kunststückchen vorführen. Da liegt dann der Elephant in Ketten, damit er für die Besucher er-

Pyramiden und Westufer 209

reichbar ist, da wird der Tiger schon mal mit der Stange gepieksackt, damit er ordentlich faucht. Der ganze Zoo dient in erster Linie der Unterhaltung der an guten Tagen bis 150.000 Besucher, die hier eine der wenigen Grünflächen Kairos zum Spaziergang, Ballspiel und Picknick nutzen.

Tägl. 9–16 Uhr (April–Sept. bis 17 Uhr). Eintritt 20 LE. Der Haupteingang liegt an der Ecke Sh. el-Giza, Sh. el-Gami'a (Karte S. 192).

☆ **Pharaonisches Dorf**: Auf der Yakoub-Insel südlich der Giza-Brücke steht ein komplettes Museumsdorf mit Tempeln, Statuen und 300 (lebenden) Arbeitern, die Handwerk und Landwirtschaft im alten Ägypten nachspielen, Boote bauen, töpfern, pflügen. Kein Disneyland, sondern bis ins Detail die Umsetzung ägyptologischen Fachwissens. Dafür bürgt Dr. Hassan Ragab als Gründer des jetzt von seinem Sohn geleiteten Dorfes. Der Altertümerfan und Diplomat aus gutem Hause rekonstruierte in den 1960er-Jahren die damals längst vergessene Technik der Papyrus-Herstellung, wofür ihm ein Denkmal seitens der Souvenirindustrie gebührt.

Alle halbe Stunde starten die Boote zur Zeitreise durch die Kanäle der Insel. An einer Station entdecken wir auf Howard Carters Spuren eine Replik des Tutanchamun-Grabes, auf einer anderen bekommen wir einen Schnellkurs in Mumifizierung. Doch nicht genug mit den alten Pharaonen. Auch das Leben des Propheten und Gamal Abdel Nassers, der Mameluken und der frühen Christen wird uns vorgestellt. Hier lernt man mehr und anschaulicher als in den Museen oder bei den Vorträgen der Reiseleiter. Allerdings hätte das Dorf eine gründliche Renovierung nötig.

3 Sh. el-Bahr el-Azam (Giza Corniche), www.pharaonicvillage.com, tägl. 9–18 Uhr, Juni–Aug. bis 21 Uhr. Mit Restaurant, im Sommer abendliche Show. Eintritt je nach gewähltem Programm ab 120 LE, Kinder unter 9 Jahren die Hälfte, Kinder unter 4 Jahren frei. In den Tageszeitungen gelegentlich Gutscheine für vergünstigten Eintritt.

• *Essen & Trinken am Westufer (Karte S. 206/207)* **Flying Fish (21)**, 166 Corniche en-Nil, ✆ 3749 3234, geöffnet mittags und ab 19 Uhr. Ein klassisches Fischrestaurant, in dem angeblich auch Omar Sharif gerne speist, wenn er mal in Kairo ist: teuer und edel.

Le Tabasco (23), 8 Md. Amman, Mohandissin, tägl. 19–2 Uhr, ✆ 3336 5583. Das eklektizistische Dekor mischt Khan el-Khalili mit Mittelmeer und Neogotik, die Küche orientiert sich an New Orleans, aus den Lautsprechern fließen Eric Clapton und Edith Piaf, dazu ein jung-reiches Publikum, das, ob in Jeans oder feiner Abendgarderobe, auf jeden Fall im Trend liegt.

Raoucha (12), 3 Gamiat ed-Dauwal el-Arabia, Mohandissin, tägl. 12.30–24 Uhr, ✆ 3303 0615. Das Mittelklasse-Lokal mit libanesischer Küche bietet Gelegenheit, die Palette levantinischer Vorspeisen (Mezze) zu probieren, bis zum Dessert (z. B. Aprikospudding) dringt angesichts der üppigen Portionen kaum ein Gast vor. Im gleichen Haus und unter gleicher Leitung offeriert das **Kandahar** indische Küche.

Le Tirol (18), 38 Gaziret el-Arab, ✆ 3344 9725. In Almhüttenambiente trifft man bei Gulasch oder Wiener Schnitzel auf Landsleute deutscher Zunge. Verächter der mitteleuropäischen Küche können auf Pizza und Pasta italienischen Stils ausweichen.

Bon Appetit (15), 21 Wadi en-Nil, tägl. ab 10 Uhr. Das elegante Lokal überzeugt mit leichten Gerichten wie Fischkebab oder Schrimpskufta sowie mit leckeren Desserts und Kuchen.

El-Omda (16), 6 el-Gezayer (beim Atlas-Hotel), Mohandissin, tägl. 12–2 Uhr. Eine der besten Adressen für preiswerte ägyptische Küche wie Kuschari, Kufta oder Schisch Taouk. Kein Alkoholausschank, dafür Take-away.

• *Einkaufen am Westufer* **Al Ain Galerie (24)**, 7 Hussein, Doqqi. Azza Fahmy (www.azzafahmy.com), Ägyptens führende Schmuckdesignerin, verbindet traditionelle Formen mit modernem Chick. Ihre Schwester Randa (www.randafahmy.com) entwirft orientalische Lampen, Truhen und andere Kleinmöbel aus Metall. Beide statteten schon Könige und Showstars aus, die Preziosen sind entsprechend teuer.

Pyramiden von Giza

Die in der Antike zu den sieben Weltwundern gezählten Pyramiden von Giza symbolisieren das Pharaonenreich und gelten als größte Sehenswürdigkeit Ägyptens – Millionen Tonnen säuberlich geschichteter Steine als Denkmäler staatlicher Macht und Hilfe für ein Weiterleben des Herrschers im Jenseits.

Schnurgerade zielt die kilometerlange Pyramid Road direkt auf das Weltwunder, dessen Konturen mit der Annäherung allmählich aus dem Dunst hervortreten und sich verdichten. Die Straße wurde unter dem Khediven Ismail Mitte des 19. Jh. auf einem Damm angelegt, um den Touristen auch bei Nilflut eine trockene Anfahrt zu ermöglichen. Später ratterte hier sogar eine Straßenbahn. Am Rand des Fruchtlandes angekommen, schwingt sich das Asphaltband in einer eleganten Kurve hoch in die Wüste, und schon ist man im Schatten der Cheops-Pyramide, die jetzt als kolossaler Grabberg gen Himmel ragt – „eine Extravaganz von grandioser Verrücktheit", so der langjährige Leiter des Deutschen Archäologischen Instituts Kairo, Rainer Stadelmann, ein „aufgetürmter Grießbrei" (so die Bedeutung des griechischen *pyramos*), wie der *Spiegel* schreibt, oder gar ein Werk der Außerirdischen, wie mancher glaubt.

• *Anfahrt* Bequem und preiswert (2 LE) mit den klimatisierten **Linienbussen 355 oder 357** vom Md. Abdel Moneim Riyad (hinter dem Ägyptischen Museum) bis zur Endstation am Mena House, gerade 200 m von den Pyramiden entfernt. Alternativ mit dem **Minibus** (Linie „Haram", 1 LE), ebenfalls ab Md. Abdel Moneim Riyad oder ab Md. Giza (Metrostation) bis zur Endstation am Mansouriya-Kanal 600 m vor den Pyramiden. Für ein **Taxi** vom Stadtzentrum bezahle man keinesfalls mehr als 25 LE.

• *Eingänge/Rückfahrt* Außer dem Haupteingang des Pyramidenbezirks am **Mena House** gibt es derzeit einen weiteren Eingang im Dorf Nazlet es-Seman an der **Sphinx**, sodass man nach der Besichtigung nicht wieder den ganzen Weg zurücklaufen muss. Für die Rückfahrt in die Stadt geht man von der Sphinx auf der Dorfstraße bis zum Mansouriya-Kanal und nimmt auf dessen Ostseite **Bus 913**, **Bus 997** oder einen **Minibus** bis zur nahen Pyramid Road, wo man in einen Minibus ins Stadtzentrum umsteigen kann.

Im Zusammenhang mit dem Bau des neuen Museums ist auch ein **neuer Eingang** mit Besucherzentrum von der Fayum-Straße her geplant.

• *Öffnungszeiten/Eintritt* Das **Pyramidenareal** ist tägl. von 8–16, im Sommer bis 17 Uhr geöffnet, die Monumente schließen in der Praxis aber jeweils schon 30 Min. früher. Am frühen Vormittag ist der Andrang am geringsten und haben Fotografen im Sommer die besten Lichtverhältnisse. Ticket inkl. Fotoerlaubnis 60/30 LE, Auto zusätzlich 10 LE.

Im Wechsel kann meist eine der **Pyramiden von innen** besichtigt werden. Das kostet dann bei Chephren 30/15 LE, bei Mykerinos 25/15 LE, bei Cheops 100/50 LE. Diese Tickets sind limitiert – vormittags ab 8 Uhr und nachmittags ab 13 Uhr wird nur eine

Pyramiden von Giza

Karte: Pyramiden von Giza

Beschriftungen auf der Karte:
- Mena House, Kairo
- Tickets
- Touristenpolizei
- WC und Tickets für Cheops
- Mastabas der 4. und 5. Dynastie
- Westfriedhof
- Cheops-Pyramide
- Aufweg
- Pyramiden der Königinnen
- Sonnenboot
- WC/Tickets für Chephren
- Ostfriedhof
- Chephren-Pyramide
- Totentempel
- Aufweg
- Sphinx
- Kairo
- Tickets
- Pyramide der Königin
- Taltempel
- Ton- und Licht-Show
- Mykerinos-Pyramide
- Aufweg
- Friedhof
- Pyramiden der Königinnen
- 100 m

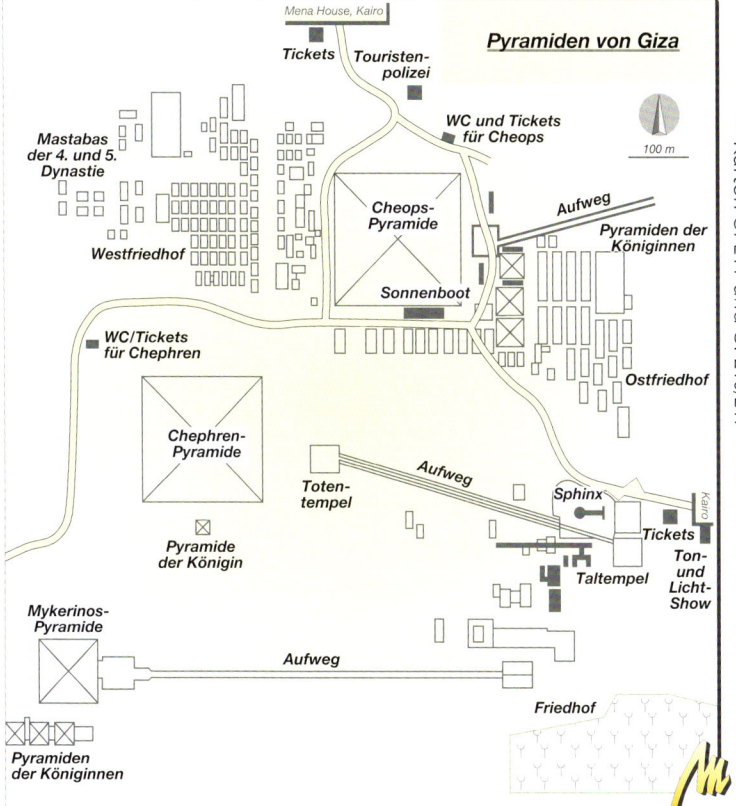

bestimmte Anzahl verkauft und dann die Kasse geschlossen. In den großen Pyramiden darf nicht fotografiert werden. Da es an den Pyramideneingängen kein Kameradepot gibt, müssen die Apparate gegen Bakschisch einem Wächter zur Aufbewahrung anvertraut werden.

Das **Museum der Sonnenbarke** kostet zusätzlich 50/25 LE Eintritt.

• *Ton-&-Licht-Show* Bei diesem allabendlichen, etwas kitschigen Spektakel erzählen Sphinx und Cheops ihre Story, derweil die Pyramiden in bunten Farben angestrahlt werden. Eintritt 75 LE, die Sitzplätze sind bei der Sphinx. Deutschsprachige Vorführungen Mai–Sept. Mi 22.30 u. So 20.30 Uhr, Okt.–April jeweils zwei Stunden früher. www.soundandlight.com.eg.

• *Pferde/Kamele* Wer das Areal per Kamel oder Pferd besichtigen will, erkundigt sich bei der **Touristinformation** (schräg gegenüber dem Eingang des Mena House) nach den offiziellen Preisen. Mit dem Treiber sollten Sie dann den „Leistungsumfang" exakt vereinbaren (um nicht statt des erhofften Wüstenritts nur einen Fototermin zu bekommen) und erst nachher zahlen. Wer einen sachkundigen Führer wünscht, der mehr zu erzählen weiß, als Sie sowieso sehen, lauscht am besten (und billigsten) einem der professionellen Reiseleiter, die mit Gruppen auf dem Gelände unterwegs sind.

• *Belästigungen* Gegenüber früher halten die Ordnungskräfte Nepper und Schlepper innerhalb des Pyramidenbezirks einigermaßen in Schach. Dennoch versuchen aufdringliche Kameltreiber, Souvenirhändler,

Softdrinkverkäufer und selbst ernannte „Führer" mit allen erdenklichen Tricks, Ihnen Geld zu entlocken. Da hilft nur entschiedenes Desinteresse.

Wenig raffiniert, doch gewöhnlich wirksam ist z. B. der „Geschenk-Trick": Man drückt Ihnen ein geringwertiges Präsent in die Hand. Wer wollte da ablehnen? Doch das Geschenk zielt auf eine geldliche Gegengabe Ihrerseits, und wenn Sie sich dieser „moralischen Verpflichtung" verweigern, bekommen Sie es gar wieder abgenommen!

Andere Tricks zielen zusätzlich auf Körperkontakt. Frauen werden zur Fotopose vor dem Kamel eingeladen. Auch der Treiber will mit aufs Bild, bei der Gelegenheit ausgiebig tatschen und anschließend noch Bakschisch kassieren. Oder wie wär's mit einem Ritt zu zweien im Sattel?

• *Pyramiden im Internet* www.cheops.org – eine virtuelle Reise mit Rudolf Gantenbeins Kriechroboter durch die Schächte der Cheopspyramide.

http://drhawass.com – die persönliche Website von Zahi Hawass, dem Chefarchäologen Ägyptens.

www.pbs.org/wgbh/nova/pyramid – die Pyramiden virtuell.

• *Pyramiden im Buch* Rainer Stadelmann, **Die Ägyptischen Pyramiden**, Mainz (Zabern-Verlag) – das Standardwerk vom Leiter des Deutschen Archäologischen Instituts in Kairo.

Mark Leher, **Geheimnis der Pyramiden**, München (Bassermann). Sehr schönes und reich bebildertes Buch mit Informationen über so gut wie alle ägyptischen Pyramiden, von einem Fachmann informativ und leicht verständlich geschrieben, zum Mitnehmen aber zu schwer.

Müller-Römer, Frank, **Die Technik des Pyramidenbaus im Alten Ägypten**. Der gelernte Ingenieur fasst den Forschungsstand zum Thema zusammen und entwickelt eine eigene, plausible Theorie zum Pyramidenbau.

☆☆☆ Cheops-Pyramide

Die nördlichste und mit 137 m (ursprünglich 146 m) höchste der Pyramiden von Giza ist, am Volumen gemessen, noch immer das größte Steinbauwerk der Erde. Wie ihre Nachbarpyramiden datiert sie aus der 4. Dynastie, also von etwa 2500 v. Chr. Durch den Abbruch der Fassade, deren Steine im Mittelalter zum Bau der Zitadelle verwendet wurden, wirken die einzelnen Schichten wie eine überdimensionale Treppe mit jeweils 1 m hohen Stufen, deren Besteigung bei hohen Strafen allerdings streng verboten ist.

Cheops begnügte sich zunächst mit einer Mastaba (im Aufriss A) unter der späteren Pyramide, ließ dann einen kleinen Oberbau mit der Grabkammer B beginnen und änderte diesen Plan später zum Projekt der Pyramide in ihrer jetzigen Gestalt (mit Grabkammer C) ab; der Baufortschritt zum Zeitpunkt des Wechsels lässt sich gut an den dann aufgegebenen Luftschächten erkennen. Der originale Eingang lag auf der 13. Bauschicht in etwa 25 m Höhe, der heutige wurde etwas darunter von Grabräubern gebrochen. Ein Stollen **(1)** führt abwärts in die unvollendete Grabkammer A und verzweigt sich etwa auf Höhe des natürlichen Geländeniveaus. Ab hier geht es durch einen sehr engen Gang **(2)** wieder aufwärts, bis am Fuß der Großen Galerie Schacht 4 zur Kammer B abzweigt.

Die **Große Galerie (3)** ist 8,5 m hoch und bis zu 2,15 m breit – ein Unikum, das man so in keiner anderen Pyramide findet. Vermutlich waren hier jene Blöcke zwischengelagert, die man nach der Bestattung des Pharaos in Gang 2 rutschen ließ, um diesen für immer zu verschließen. Entgegen der Legende wurden die Arbeiter, die dies bewerkstelligten, damit keineswegs lebend begraben. Sie umgingen den verschlossenen Gang und entkamen durch die Schächte 5 und 1.

Die **Grabkammer C** ist mit Rosengranit verkleidet, aus dem auch der bereits beim Bau der Pyramide eingelassene Sarkophag gefertigt wurde. Von der Grabkammer führen Luftschächte ins Freie, durch die die Seele des Verstorbenen, das vogelgestaltige *Ba*, ins Jenseits ausfliegen konnte.

Cheops-Pyramide

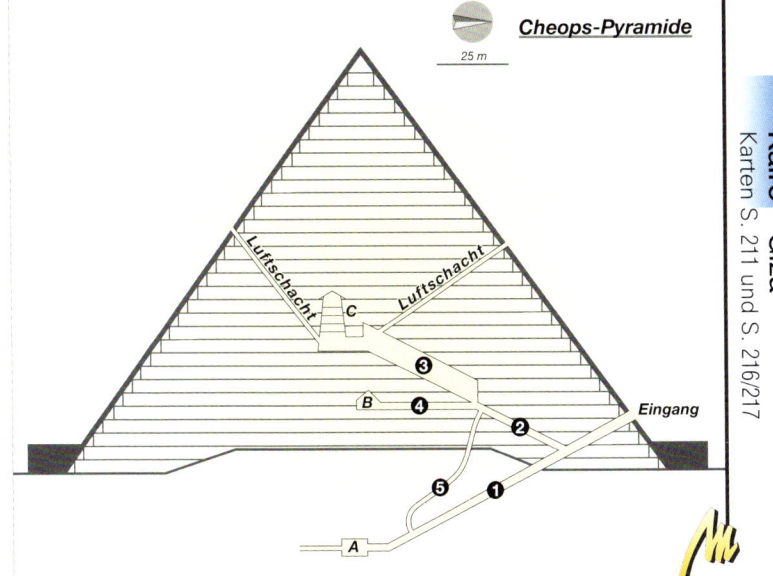

25 m

Luftschacht · Luftschacht · C · ③ · B · ④ · Eingang · ② · ⑤ · ① · A

Die **drei kleinen Pyramiden** auf der Ostseite der Cheops-Pyramide werden den Frauen oder Töchtern des Cheops zugeschrieben. Dazu berichtet Herodot: „Cheops war ein so verruchter Mensch, daß er in seiner Geldnot die eigene Tochter in ein Freudenhaus brachte und ihr eine bestimmte Geldsumme – wieviel, sagen die Priester nicht – anzuschaffen befahl. Sie brachte die verlangte Summe zusammen und faßte auch den Entschluß, ebenfalls ein Denkmal für sich zu errichten. Jeden Mann, der sie besuchte, bat sie, ihr einen Stein für den großen Bau zu schenken. Aus diesen Steinen soll sie die mittlere der drei Pyramiden haben bauen lassen, die vor der großen Pyramide steht und deren jede Seite anderthalb Plethren [ca. 45 m] mißt."

In einem **Museum** neben der Cheops-Pyramide ist das 44 m lange **Sonnenboot** ausgestellt, das man am Fuß der Pyramide fand. Die 1954 von Kemal el-Mallach entdeckte Barke hatte, fein säuberlich in ihre Einzelteile zerlegt, in einer unterirdischen Kammer 4600 Jahre unbeschadet überstanden, um nach ihrer Entdeckung während zwei Jahrzehnten unsachgemäßer Lagerung buchstäblich zu zerbröseln. Nach mühsamer Restaurierung fand sie einen Platz im seinerseits bootsförmigen Museumsbau. Später wurde am Weg zwischen Pyramide und Taltempel noch ein zweites Boot gefunden und klugerweise vorerst in seiner Kammer belassen.

Wenn überhaupt, wurden die Boote nur ein einziges Mal benutzt: um den Leichnam des toten Cheops von der Residenzstadt Memphis flussab zur Grabpyramide zu bringen. Warum zwei Boote? Um sich der ewigen Prozession des Sonnengottes *Re* und seiner Götterkollegen anzuschließen, brauchte der Pharao eines für die Reise über das Firmament am Tage und ein zweites für die nächtliche Fahrt durch die Unterwelt.

Der Bau der Pyramiden – Rätsel für die Ewigkeit?

Die Pyramiden von Giza sind, zumal angesichts der damals verfügbaren Technologie, technische Meisterwerke. Man nimmt an, dass für die Cheops-Pyramide etwa 35.000 Männer auf der Baustelle selbst und weitere 10.000 in den Steinbrüchen schufteten – keineswegs Sklaven, sondern Bauern, die sich nur während der Nilflut, wenn die Feldarbeit brachlag, für den Pharao ins Zeug legten. Doch vier Monate Schwerstarbeit im Jahr waren genug, ihre Knochen zu deformieren, wie die jüngst auf dem Arbeiterfriedhof der Giza-Pyramiden gefundenen Skelette beweisen.

Nach der Wahl eines möglichst hoch gelegenen Bauplatzes im „Totenreich" auf dem Westufer des Nils galt es zunächst, diesen zu nivellieren. Neben Messschnüren und Setzwaagen bediente man sich dabei eines rundum gezogenen Wassergrabens als überdimensionaler Wasserwaage. Die nach den vier Himmelsrichtungen angelegten Seitenflächen justierte man nach der Sonne bzw. dem Polarstern. Der Steigungswinkel wurde – Pi und die Winkelfunktionen waren noch unbekannt – als Verhältnis von Höhe zu halber Basislänge berechnet. Die verschiedenen Pyramiden variieren zwischen 3:2 und 17:18, wobei man nach dem Einsturz der Dahschur-Pyramide (4:3) Neigungswinkel von weniger als 50° bevorzugte.

Als Baumaterial dienten Granit für den Kern und Kalkstein für die Fassade. Mörtel wurde aus Sand und Gips bereitet, wobei die Außensteine (noch erhalten im oberen Teil von Chepren) unvermörtelt aneinander gefügt und glatt geschliffen wurden. Gehärtetes Kupfer ausgenommen, waren Metallwerkzeuge unbekannt, man arbeitete mit Steinzeug (Diorit). Auch Radwagen, Flaschenzug und Kippschlitten kannte man noch nicht. Vom Nilkanal wurden die angeschifften Steinblöcke mittels Schlitten, Walzen und Rollen bis an die Baustelle transportiert. Nach Herodot dauerte bei der Cheops-Pyramide allein der Bau dieser Transportstraße 10 Jahre, also halb so lang wie Arbeit an der Pyramide selbst.

Bei 2,3 Mio. verbauten Steinblöcken muss, gerechnet auf 20 Jahre Bauzeit, etwa alle ein bis zwei Minuten ein 2,5 Tonnen schwerer Block an seinen Platz gesetzt worden sein. Schicht für Schicht baute man die Pyramide auf. Wie wurden die Steine noch oben gebracht? Die meisten Fachleute gehen von Schrägrampen aus, mit denen der Bau ummantelt war, und die Etage um Etage verlängert wurden. Auf ihnen hat man die Steine mit Hilfe von Seilwinden gezogen. Mit dem Bau der Verkleidung (von oben nach unten) riss man die Rampen dann wieder ab. Detailfragen, wie zum Beispiel das Aufsetzen der Pyramidenspitze und das gefahrlose Glätten der äußeren Verkleidungsschicht sind jedoch umstritten. Immerhin wiegen die Dachsteine der Grabkammer 70 Meter über dem Boden bis 40 Tonnen, die Blöcke der Verkleidung 10 Tonnen! So besinnen sich manche Forscher auch wieder auf die von Herodot erwähnten hölzernen Hebevorrichtungen und versuchen, diese rätselhaften Maschinen zu rekonstruieren.

★★ Chephren- und ★ Mykerinos-Pyramide

Die **Chephren-Pyramide** ist zwar kleiner als der Bau des Cheops, steht aber auf einem höheren Gelände und wirkt damit mindestens genauso groß. Anhand der noch vorhandenen Verkleidung an der Spitze kann man sie leicht von der Cheops-Pyramide unterscheiden. Die Gänge im Inneren sind genauso klaustrophobisch. Ein Prozessionsweg verbindet die Pyramide mit ihrem Taltempel unten bei der Sphinx.

Die ★ **Mykerinos-Pyramide** ist die kleinste der drei großen Pyramiden und wurde für Menkaure, den Sohn des Chephren gebaut. Im unteren Bereich ist sie mit Granitsteinen verkleidet, die besonders schwer zu bearbeiten waren. Menkaure starb offenbar unerwartet früh, denn die letzten Arbeiten verraten Hast und wenig Sorgfalt: Der Grabtempel und viele Statuen blieben unvollendet, der Prozessionsweg wurde mit Lehmziegeln statt Steinen gepflastert. Der Sarkophag wurde im 19. Jh. aus der Grabkammer entfernt und nach England verschifft, sank unterwegs aber mitsamt dem Schiff auf den Grund der Biskaya.

Noblengräber: In der Nachbarschaft der Pyramiden ließen sich zahlreiche Höflinge und Beamten des Alten Reiches bestatten. Einige dieser Gräber können besichtigt werden, doch sind sie weniger eindrucksvoll als die Beamtengräber von Saqqara.

Das Sonnenboot des Cheops

★★★ Sphinx

Die Araber nennen die unheimlich dreinblickende Kolossalstatute den „Vater des Schreckens" *(Abu'l Hol)*. Die 73 Meter lange und 20 Meter breite Kalksteinfigur trägt, so sagen die Ägyptologen, auf ihrem Löwenkörper das Antlitz des Pharaos Chephren. Man nimmt an, dass der zur aufgehenden Sonne blickende Löwenmensch den Pharao beim Opfer für den Sonnengott symbolisieren sollte. Möglicherweise hat, so spekuliert man weiter, ein inmitten des Aushubs für die Cheops-Pyramide stehen gebliebener Felsknollen die Bildhauer des Chephren zur Gestaltung angeregt.

Archäologische Operationen an der Sphinx sind fast so alt wie die Statue selbst. Schon bald bis zum Kopftuch versandet, wurde sie vor 3500 Jahren unter Thutmosis IV. freigelegt, dem, noch Prinz, in einem Traum die Sphinx erschien und als Belohnung für gründliche Körperpflege den Thron versprach. Der „Vater des Schreckens" erfüllte seine Verheißung und ließ den älteren Bruder des Thutmosis, dem der Thron zugestanden hätte, unerwartet dahinscheiden. Pharao Thutmosis IV. bedankte sich mit einer Stele zwischen den Pranken der Sphinx.

Griechen und Römer befreiten das Monument mehrfach aus dem Sand. Das ägyptische Mittelalter war auch für den „Vater des Schreckens" eine schreckliche Zeit. Einem bilderstürmenden Scheich um 1380 werden erhebliche Zerstörungen des Gesichts zugeschrieben, und die verlorene Nase haben nicht etwa Asterix und Obelix auf dem Gewissen, sondern der natürliche Zerfall und ein allzu frommer Scheich. Wie Al-Maqrizi berichtet, wurde der mittelalterliche Bilderstürmer für diese Tat vom wütenden Volk gelyncht.

Neuzeitliche Ausgrabungen fanden 1818 (Caviglia) und 1886 (Maspero) statt, 1925 befestigte man ausgebrochene Körperteile mit Zement. Die Erosion durch Luftverschmutzung, Wind und Veränderungen im Grundwasserspiegel setzte dem Kalkstein so zu, dass 1981 eine neuerliche Restaurierung begonnen und die Figur durch eine Mauer vor Souvenirsammlern geschützt wurde. Nach heftigen Regenfällen und Sandstürmen verlor die Sphinx am Morgen des 10. Februar 1988 zwei 300 kg schwere Schulterstücke – und damit der Leiter der Altertümerverwaltung seinen Job. Nach den Vorschlägen einer internationalen Expertenkommission ging man wiederum daran, den Verfall des alternden Nationaldenkmals aufzuhalten. Dies wird nicht die letzte Reparatur bleiben, denn gegen die Schäden in den Eingeweiden der Sphinx hat bislang niemand ein Rezept. Das gestiegene Grundwasser löst den Kalkstein zu Pulver.

● *Essen & Trinken bei den Pyramiden* **Moghul Room (4)**, im Mena House Hotel, Sh. el-Haram, tägl. 12.30–14.30/19.30–23 Uhr, ✆ 3383 3582. In den späten 1970ern, als die Kairoer ausländische Küche nur als „Weener

Pyramiden zwischen Giza und Dahschur

1,25 km

Übernachten
4 Mena House

Essen & Trinken
1 Felfela Village
2 Andrea
3 Felfela Café
4 Moghul Room

Pyramiden von Giza
❶ Cheops
❷ Chephren
❸ Mykerinos

Sonnentempel von Abu Gurob
❹ Ne-user-Re
❺ Userkaf

Pyramiden von Abu Sir
❻ Sahure
❼ Ne-user-Re
❽ Neferirkare
❾ Raneferef

Pyramiden von Saqqara
❿ Teti
⓫ Userkaf
⓬ Djoser
⓭ Unas
⓮ Sechemchet
⓯ Pep I.
⓰ Merenre
⓱ Djedkare-Isesi
⓲ Pepi II.
⓳ Mastaba el-Fara'un
⓴ Chendjer
㉑ ? (12. Dynastie)

Pyramiden von Dahschur
㉒ Sesostris III.
㉓ Rote Pyramide des Snofru
㉔ Amenemhet II.
㉕ Knickpyramide des Snofru
㉖ Schwarze Pyramide des Amenemhet III.

Pyramiden von Giza 217

Kairo – Giza
Karten S. 211 und S. 216/217

Sh. Faisal
Giza
BUS Pyramid Road
Pyramiden von Giza
Harraniya
Ring Road
Kairo
Mounib Terminal
Mansouriya-Kanal
Nil
Ma'adi
Schabramant
Marioutiya-Kanal
Tura
Sonnentempel von Abu Gurob
Pyramiden von Abu Sir
Hawamdiya
Pyramiden von Saqqara
Saqqara
Mit Rahina
Badrascheen
Memphis
Helwan
Dahschur
Pyramiden von Dahschur
Marazi-Brücke
Tibiin

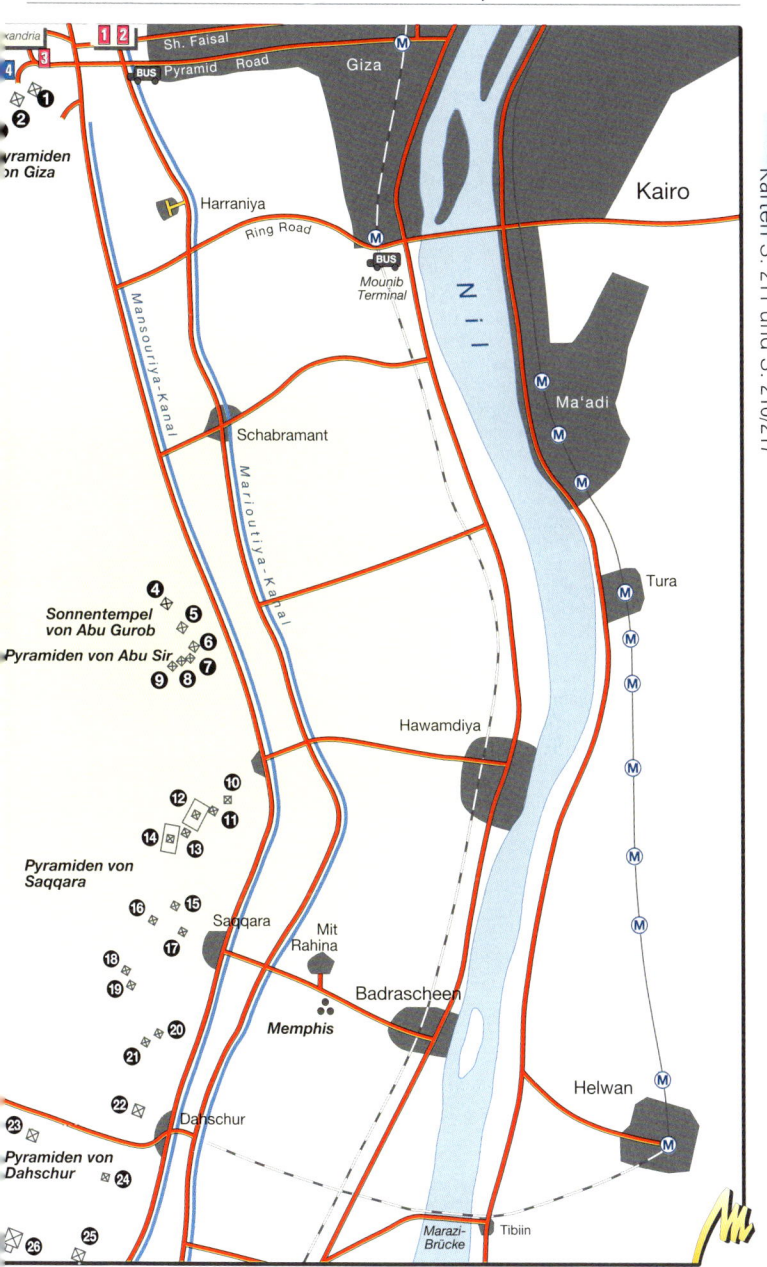

Snitsel" oder Roastbeef kannten, bedeutete die Eröffnung des Moghul Room eine kulinarische Revolution. Seither haben Präsidenten und Showstars hier diniert, und der Moghul Room ist ungeachtet aller Modeströmungen ein Top-Lokal geblieben. Zur kompromisslos indischen (Tandoori-)Küche spielt eine indische Kapelle die Tafelmusik. Das pro Person 250 LE teure Menü ist sein Geld wert.

Andrea (2), 60 Teraat el-Marioutiya (zwischen Pyramid Rd. und Feisal Rd.), tägl. 12–24 Uhr. Das mit vielen Blumen geschmückte Gartenlokal (Moskitoschutz mitbringen!) ist Kairos bekanntester Hähnchengriller; außer Grillhuhn, Hühnerspieß, Hühnerleber etc. gibt es auch Meze, Wachteln und Kufta.

Felfela Café (3), Cairo-Alexandria Road, 300 m nördlich des Mena House, und **Felfela Village (1)**, 117 Marioutiya-Kanal, 3 km nördl. der Pyramid Rd. Diese Filialen des gleichnamigen Lokals in der Innenstadt bieten preiswerte ägyptische Küche. Man kann in beiden auch im Freien sitzen, wobei das Village ein richtiger kleiner Park mit Bauernhof und Tieren ist. Hier wird Fr/Sa nachmittags ein kindgerechtes Unterhaltungsprogramm geboten.

• *Wüstenritte* Zwischen Giza und Saqqara balgen sich heute etwa 70 Reitställe um Kundschaft. Ernsthafte Reiter ignorieren die hageren Mähren, die am Eingang zum Pyramidenareal angeboten werden, und wenden sich an die seriösen Ställe in Kafr el-Gebel. Die liegen am Wüstenrand 10 Fußminuten südlich der Sphinx. Einen guten Ruf haben etwa **Eurostables** (℡ 3385 0531) und **FB** (www.fbstables.com, ℡ 0106-5070288) oder die **Family House Riding School** vom Mahmoud Rabia Brish.

Wer zum ersten Mal und ohne reiterliche Referenzen kommt, muss zunächst unter den kritischen Augen eines Reitlehrers auf einem „braven" Pferd zeigen, was er kann. Erst dann wird dem Kunden eventuell ein temperamentvolleres Tier anvertraut, das auch ohne Begleitung im Wüstenareal hinter den Ställen geritten werden darf. Weitere Ausflüge, etwa nach Saqqara oder zum Wüstenpicknick, erfolgen in Begleitung. Alle Ställe haben auch Ponys für Kinder. Für eine Stunde zu Pferd rechne man rund 80 LE, mit Führer 120 LE, 10 Std. mit Lehrer 700 LE, und für den Ausflug nach Saqqara 150–250 LE.

Ambitionierten Reitern und solchen, die mehrtägige Ausflüge unternehmen wollen, sei der Reiterhof **Recoub al-Sorat** („Der richtige Weg", ℡ 0122-211 8386, www.alsorat.com) in Abu Sir empfohlen. Maryanne Stroud, eine der beiden Chefinnen, die aus Kanada und Australien stammen, führt unter http://miloflamingo.blogspot.com auch ein Blog über ihren ägyptischen Alltag.

Ein Fall für Professor Mang?

Die Stufenpyramide des Djoser, Wahrzeichen von Saqqara

Umgebung von Kairo

Pyramiden von Abu Roasch (Abu Rawash): Die nach dem nächsten Dorf benannte Pyramide des Djedefre (auch Radjefef), Sohn und Nachfolger von Cheops, steht etwa 8 km nördlich der Giza-Pyramiden auf einer Anhöhe neben der Straße nach Alexandria. Die nähere Umgebung wurde schon ab der 1. Dynastie als Friedhof benutzt, doch warum Djedefre seine Pyramide so weit ab von der des Vaters errichten ließ, wird wohl auf immer ein Rätsel bleiben. Wollte er sich von Cheops abgrenzen? Suchte er im Tod die Nähe des Sonnenheiligtums Heliopolis? Die Pyramide war bei einer Basislänge von 106 m jedenfalls nur etwa halb so hoch wie das Monument des Cheops. Ob Djedefres Pyramide je vollendet wurde, ist ebenso umstritten wie die Länge seiner Regierungszeit. Heute jedenfalls ist das Bauwerk weitgehend abgetragen. Geblieben ist die beeindruckende Grabkammer. Anders als bei den Gizapyramiden von Vater und Bruder war sie nicht im Inneren der eigentlichen Pyramide, sondern tief im Boden versenkt: ein gewaltiges Loch mit einer aus dem Fels gehauenen Schrägrampe als Eingang, die nach dem Polarstern ausgerichtet ist. Eine kleinere Grube sollte wohl das Sonnenboot aufnehmen. Auch eine Nebenpyramide und der aus Lehmziegeln gebaute Totentempel sind zu erkennen.

Das Areal (30°01'56"N 31°04'30"O) ist nur mit einer speziellen Genehmigung der Altertümerverwaltung zugänglich, wird aber gelegentlich von Reisegruppen besucht.

Kamelmarkt Birqasch: Der Umgang mit den Tieren ist harsch, und sie sind oft in schlechtem Zustand, sodass sensible Tierfreunde gut beraten sind, auf diesen Ausflug zu verzichten. Wer es dennoch wagen will, sollte sich auf dem Rückweg vom Markt auch den Mohammed-Ali-Staudamm anschauen (siehe unten).

In den 1990er-Jahren wurde Kairos alter Viehmarkt am Stadtrand von der Bodenspekulation eingeholt. Das Land war zu wertvoll geworden, um es weiter dem Vieh-

„Touristen kommen – schnell an den Ofen!"

auftrieb zu überlassen, und so verlegte man den Markt an den Rand der Wüste etwa 30 km nordwestlich von Kairo. Kamele sind die Hauptattraktion dieser gern von Fremden besuchten, aber nicht eigentlich touristischen Veranstaltung. Nach wochenlangem Marsch durch die sudanesische Wüste und einem Autotag von Assuan ist hier die vorletzte Station der Trampeltiere. Käufer sind Kairos Fleischgroßhändler, und dann geht's ab in den Schlachthof. Pittoresk die Verkäufer. Die pechschwarzen Herdenbesitzer in frisch gebügelten, schneeweißen Galabiyas sind standesgemäß mit dem Flugzeug von Khartum eingeflogen und kontrastieren mit den erschöpften Tieren und den nicht weniger ausgelaugten Treibern. Außer Tieren wird auch allerlei Rückfracht angeboten: Billigtextilien, Schuhe, einfacher Schmuck – was eben so an Basisgütern gebraucht wird.

Mit dem **Auto** erreicht man Birqasch (sprich „Brisch") entlang dem Teraat el-Mansouriya, dem letzten Kanal, der die Pyramidenstraße kreuzt, in ca. 25 km gen Norden. Die Anfahrt mit **öffentlichen Verkehrsmitteln** ist ein Abenteuer für sich: mit Bus 214 vom Md. Abdel Moneim Riyad bis zur Endstation am Mohammed-Ali-Staudamm (Qanatir), von dort weiter mit dem Minibus. Für ein **Taxi** ab Kairo rechne man inkl. Rückfahrt mit etwa 100 LE.
Öffnungszeiten/Eintrtt: Der Kamelmarkt *(Sûq el-Gamal)* findet Freitagvormittag statt, Sie sollten zeitig dort sein. Ausländer zahlen 20 LE Eintritt (Fotoerlaubnis 10 LE).

Mohammed-Ali-Staudamm (Kanater, Qanatir): Der erste der großen Nilstaudämme wurde 1835 unmittelbar an der Verzweigung der Nilarme, also an der Südspitze des Nildeltas, errichtet, um das flussab gelegene Land ganzjährig für den Anbau nutzen zu können. Das im hier grotesk anmutenden Stil einer Ritterburg gebaute technische Denkmal wurde zuletzt 1939 grundlegend erneuert. Es überspannt die beiden Nilarme mit 132 Wehren, Schleusen erlauben die Schiffspassage. Ein **Bewässerungsmuseum** im früheren Verwaltungsgebäude informiert, wenn es denn geöffnet ist, anhand von Modellen über die Bewässerungstechniken. Die Parklandschaft am Westufer des Staudammes ist ein beliebtes Naherholungsgebiet.

Freitag und Sonntag mit dem Schnellboot ab Maspero vormittags hin, nachmittags zurück. Bus von der Rückseite des Ägyptischen Museums, nämlich Nr. 210 entlang dem Ostufer oder Nr. 214 entlang dem Westufer. Mit dem eigenen Wagen einfach 25 km den Nil entlang gen Norden.

Von den Giza-Pyramiden nach Saqqara

Wer mit dem Taxi oder eigenen Wagen Saqqara besucht, dem bieten sich unterwegs Stopps im Weberdorf Harraniya und an den Pyramiden von Abusir an.

Harraniya: In diesem Dorf begann die Massenherstellung jener Webteppiche mit gegenständlichen, oft naiven Motiven, wie sie heute von den Souvenirhändlern an allen Ecken angeboten werden. Ramses Wissa-Wassef (1911–1974), der zuvor schon im Werkunterricht einer Privatschule mit Webstühlen experimentiert hatte, gründete 1952 in Harraniya seine eigene Werkstatt, um die koptische Knüpf- und Webkunst neu zu beleben. Das kunsthandwerkliche Repertoire wurde später um Batikarbeiten und Töpferwaren erweitert. Ursprünglich arbeiteten nur Jungen und junge Burschen an den Webstühlen. Sie wurden in der Technik unterwiesen, wählten die Motive aber selbst und gestalteten ohne Vorlagen, sodass die Teppiche ihre Alltagswelt widerspiegeln. Heute arbeiten vor allem Frauen in der Werkstatt, die jetzt von den Töchtern des Architekten geführt wird und viele Nachahmer gefunden hat. Warum heute Frauen statt Buben? Die Frage bleibt offen. Eine Dauerausstellung (tägl. 9.30–17 Uhr) zeigt die herausragenden Werke der ersten Weber-Generation.

Harraniya liegt am Marioutiya-Kanal etwa 4 km südlich der Pyramid Road.

Pyramiden von Abu Sir: Um die Altertümer in Giza und Saqqara vom Besucherstrom zu entlasten, wurden in den letzten Jahren weitere archäologische Stätten in der Umgebung für das Publikum geöffnet. Die Pyramiden der 5. Dynastie in Abu Sir sind jedoch erheblich bescheidener als die vorgenannten Denkmäler und lohnen für Nichtfachleute kaum einen gesonderten Besuch – es sei denn, man käme, etwa auf der Kameltour nach Saqqara, sowieso hier vorbei.

Von Nord nach Süd reihen sich die Grabmäler der Pharaonen *Sahure*, *Ne-user-Re*, *Neferirkare* und *Raneferef*. Die von einer deutschen Expedition (1902–08) unter Ludwig Borchardt entdeckten Reliefs im *Totentempel des Sahure* schildern Kämpfe gegen Libyer, die Ankunft von Booten aus Byblos und den Aufbruch einer Expedition ins Weihrauchland Punt. Szenen am Aufweg zeigen, wie der Schlussstein auf die Pyramide gesetzt wird. Eine weitere Darstellung mit sichtlich ausgemergelten Menschen erinnert an die Hungerjahre während der 5. Dynastie. Der von Klimaforschern auf etwa 2350 v. Chr. datierte Übergang von der neolithischen Feuchtperiode zum Wüstenklima, wie es heute in Ägypten herrscht, trug sicher zum Zusammenbruch des Alten Reiches bei. Eine tschechische Expedition legte seit den 1970er-Jahren die unvollendete *Pyramide des Raneferef*, des 4. Pharaos der 5. Dynastie frei, dazu die *Mastaba des Wesirs Ptahschepses*, der seine höfische Karriere als königlicher Haarschneider begann, und das unversehrte *Schachtgrab des Priesters Iufaa* (26. Dynastie).

Abu Sir liegt am Weg entlang dem Mansouriya-Kanal von den Giza-Pyramiden nach Saqqara etwa 5 km vor der Ausgrabung Saqqara. 2010 geschlossen, zuvor tägl. 9–17 Uhr, Eintritt 20/10 LE.

Sonnentempel von Abu Gurob: Das Heiligtum des Sonnengottes Re in Heliopolis, das einst neben Memphis und Karnak die wichtigste Kultstätte Ägyptens war, ist heute spurlos verschwunden. Hier in Abu Gurob, etwa 20 Fußminuten nördlich von Abu Sir, blieben jedoch zwei kleinere Tempel des Sonnengottes erhalten, die ganz anders als die herkömmlichen ägyptischen Tempel sind. Die Abu Sir näher gelegene Anlage des *Userkaf* (5. Dynastie) ist arg zerfallen, doch bei *Ne-user-Re* (29°54'14"N 31°11'39"O) lässt sich der Bauplan noch gut nachvollziehen: Auf einer Granitplatte im hinteren Teil des Hofs stand ein gemauerter Obelisk, der den

Urhügel symbolisieren sollte, auf dem sich der Gott zuerst niedergelassen hatte. Davor, zum Sonnenaufgang hingewandt, ein Altartisch aus Alabaster in Form des Schriftzeichens *hetep* („opfern"). Freistehend war er der Sonne(ngottheit) zugänglich. In großen Steintrögen wurde das Blut der Opfertiere gesammelt, und südlich der Umfassungsmauer erkennt man im Sand noch eines der Ziegelbecken, in denen die Sonnenbarken vergraben waren.

Saqqara

Als Friedhof der alten Hauptstadt Memphis gehört Saqqara zu den interessantesten archäologischen Stätten Ägyptens. Höhepunkte sind die Stufenpyramide des Djoser, das Serapeum als Grabstätte der heiligen Stiere und die Mastaba des Herrn Ti.

Das Gräberfeld erstreckt sich über etwa 10 km² und wurde von den Anfängen des Pharaonenreiches bis in die römische Zeit, also fast über drei Jahrtausende hin, belegt – neben den Vornehmen des Reiches wurden auch viele Mumien heiliger Tiere bestattet. Der Laie wird sich auf den Besuch des nördlichen Friedhofs um die Djoser-Pyramide herum beschränken. Haben Sie nur einen halben Tag Zeit für den Ausflug, beginnen Sie mit der Stufenpyramide. Besuchen Sie dann die Mastaba des Pthahotep, das Serapeum und das Grab des Ti und fahren Sie schließlich weiter nach Memphis. Eine ganztägige Exkursion sollte zusätzlich die Mastabas der Idut und des Mererurka einschließen, dazu (falls zugänglich) das Grab des Haremhab und die Pyramide des Teti oder jene des Unas.

Die Nekropole Saqqara liegt etwa 20 km südlich der Giza-Pyramiden am Wüstenrand. Die Anfahrt mit **öffentlichen Verkehrsmitteln** (Minibus ab Giza, Marioutiya-Kanal, 1,5 km vor den Pyramiden) ist umständlich und zeitraubend, da diese nur das moderne Dorf Saqqara anfahren, das sich 2 km östlich der Nekropole befindet. Auch weil die Monumente sehr verstreut liegen, ist es ratsam, für den Ausflug ein **Taxi** zu chartern. Für einen fünfstündigen Ausflug zahlt man etwa 100 LE, mit Dahschur und Memphis 120–150 LE.

Öffnungszeiten/Eintritt: Die Monumente sind theoretisch 9–17 Uhr geöffnet, in der Praxis wird aber schon ab 16 Uhr geschlossen. Eintritt 60/30 LE, für die Gräber Iru-ka-Ptah, Nefer-Ptah, Chnum-Hotep und Ni-anch-Chnum ist ein gesondertes Ticket (30/15 LE) erforderlich.

Reiten: Von den Ställen an den Giza-Pyramiden werden Tagesritte mit Pferden oder, etwas teurer, mit Kamelen nach Saqqara angeboten. Man rechne für zwei Tiere mit Führer oneway 150–300 LE. Der übliche und

Im Säulengang des Djoser

Saqqara 223

kürzeste Weg führt am Rand des Fruchtlandes entlang. Vereinbaren Sie den Trip bis zum Kasse des Saqqara-Geländes, nicht nur bis zum Serapeum.

Rasten: Vor dem Museum gibt es eine Cafeteria und einen Kiosk mit Büchern und Postkarten.

Imhotep-Museum: Das nach dem Pyramidenbaumeister Imhotep benannte Museum am Eingang zum Areal zeigt einen einführenden Film über die Stätte und eine Auswahl der Funde, die hier gemacht wurden. An erläuternden Texttafeln wurde nicht gespart, sodass der Museumsbesuch (vor dem Rundgang durchs Gelände!) besonders Individualtouristen empfohlen werden kann, die ohne Führer nach Saqqara kommen.

Zentrales Exponat im **Foyer** ist die Basis einer Djoser-Statue (von der nicht mehr als der Fuß blieb) mit der ersten namentlichen Erwähnung des Imhotep. Im **rechten Nebenraum des Foyers**, benannt *Saqqara Missions*, werden herausragende Grabungsfunde aus den letzten Jahren Saqqara vorgestellt: etwa eine Gruppe bronzener Götterfiguren um Isis und Horus, in denen unschwer das Vorbild für die Darstellung Marias mit Jesuskind zu erkennen ist; oder die zarte Doppelstatue des Amenemipet und seiner Frau.

Der linke Nebenraum birgt die Bibliothek von Professor Jean-Philippe Lauer (1902–2001), der 75 Jahre in Saqqara forschte.

Die Haupthalle ist der Stufenpyramide gewidmet. Wir sehen Fragmente der Kobrafassade vom Südgrab des Djoser und blaue Fayencen von seinem symbolischen Palast unter der Pyramide Die rechte Seitenhalle zeigt unter dem Motto Saqqara Styles Steingefäße der 1./2. Dynastie, Alabasterarbeiten (die unter Imhotep populär wurden) und Statuen aus dem Alten Reich. Die linke Seitenhalle, Saqqara Tombs, zeigt das Modell eines kleinen Grabes mit den typischen Grabbeigaben. Über einer Sphinx hängt der am Aufweg zur Unas-Pyramide gefundene „Hungerfries" mit abgemagerten Beduinen – ob hier die Mildtätigkeit des Pharao oder nur die Mühen einer Expedition dargestellt werden soll, ist unter Fachleuten umstritten.

☆☆ Stufenpyramide des Djoser

Neben den Mauern von Jericho gilt die Stufenpyramide als ältester Steinbau der Welt. Die alten Ägypter verehrten den Universalgelehrten Imhotep, der die Pyramide entwarf, später als Gott der Heilkunst, die Griechen verschmolzen ihn mit Asklepios. Am einzigen Zugang (Südostecke) des eingefriedeten Areals und in der folgenden Säulenhalle wird deutlich, dass wir vor frühen, noch unsicheren Versuchen des Steinbaus stehen. Die Formen ahmen die Struktur von Lehmziegelbauten (Umfassungsmauer) bzw. Schilfkonstruktionen (Wände der Säulenhalle) nach, am Ostende der Passage wird eine Holztür imitiert.

Die sechsstufige Pyramide, 60 m hoch und mit rechteckigem Grundriss, entstand in mehreren Bauphasen, die man gut an den Unterschieden im Mauerwerk der Südfront nachvollziehen kann. Zunächst wurde eine 8 m hohe Mastaba mit der Grabkammer angelegt, dieser Bau später 4 m dick ummantelt. In der dritten Phase erweiterte man die Mastaba 10 m gen Osten, um Platz für die Gräber der königlichen Familie zu schaffen. Darüber wurde eine vierstufige Pyramide errichtet, die in der fünften Phase an der Basis nach Norden und Westen erweitert und auf sechs Stufen hochgezogen wurde. Am Schluss wurde das Äußere ummantelt. Das Labyrinth der unterirdischen Grabanlage ist nicht zugänglich.

Auf der Ostseite der Pyramide stehen mit dem **Haus des Südens** und dem **Haus des Nordens** die für die Ewigkeit gedachten Nachbildungen des Herrscherpalastes, dessen Hausherr sich ja als Doppelkönig über Unter- und Oberägypten verstand. An der Nordseite stehen der **Tempel für den Totenkult** und der Serdab, die Statuenkammer. Aus ihr stammt die durch eine Replik ersetzte Statue des Djoser im

Kairoer Museum. Durch die Löcher in Augenhöhe, so dachte man es sich jedenfalls, konnte die Seele des Verstorbenen aus- und eingehen.

Wenn man sich auf dem Rückweg entlang der Ostmauer hält, quert man einen Hof mit den Resten von Scheinkapellen, wo der jenseitige König auf dem Thron der Feier seines Krönungsjubiläums beiwohnen konnte. Schließlich befindet sich auf der Mitte der Südmauer ein **Scheingrab** (nicht zugänglich), über dessen Bedeutung sich die Archäologen noch nicht recht einig sind. Die einen deuten es als symbolisches Grab der königlichen Lebenskraft (Ka), andere suchen Entsprechungen in den Scheingräbern von Abydos, wo sich viele Herrscher eine zusätzliche Grabstätte bauen ließen, ohne diese je zu nutzen.

Monumente im Süden der Stufenpyramide

Die **Pyramide des Unas**, des letzten Königs der 5. Dynastie, gehört zu den kleinsten ihrer Art. Hauptattraktion sind die Pyramidentexte in Vorraum und Grabkammer, Ritualtexte, die dem König bei der Fahrt durch die Höllenwelt beistehen und seine Widerstandskraft stärken sollten. Südlich der Unas-Pyramide birgt ein kleines Haus den Eingang zu drei **Gräbern der Perserzeit**. Es schließt sich der unvollendet gebliebene und bis zur Unkenntlichkeit ausgeschlachtete **Pyramidenkomplex des Horus Sechemchet** an, dem nur eine kurze Regierungszeit beschieden war. Direkt an der Südmauer der Stufenpyramide liegt die ☆ **Mastaba der Prinzessin Idut** aus der 6. Dynastie. Hier bestechen die Wanddekorationen. Offensichtlich hatte die Dame ein Faible für das Leben auf dem Wasser; diesem Thema jedenfalls sind die ersten beiden Räume mit recht gut erhaltenen Farben gewidmet. Das Grab gehörte ursprünglich einem Wesir und wurde von Idut usurpiert.

Imhotep-Museum, Saqqara

Zwischen Idut- und der Unas-Pyramide befindet sich das **Doppelgrab von Hennut und Nebet**, zweier Frauen des Unas. Im ersten Raum der Nebet-Mastaba wieder

Saqqara

nautische Szenen, im zweiten betrachtet die Königin inmitten des Harems mächtige Weinkrüge, die auf Schlitten in ihre Gemächer gezogen werden. Hinter Nebet eine Zwergin. Auch die Deckendekoration ist in gutem Zustand. Noch an der Südmauer westlich von Idut die **Gräber Unas-Anch und Ijnedert**, in deren Tornische der Pharao (6. Dynastie) als alter Mann dargestellt ist, wie er geradewegs in sein Grab marschiert – eine der seltenen Darstellungen eines Pharaos im Greisenalter. Östlich neben Idut die ☆ **Mastaba des Mechu**. Im großen Opferraum wird mit gut erhaltenen Farben das gesamte Themenrepertoire der Grabreliefs im Alten Reich geboten. Wer würde sich im Jenseits und auf Ewigkeit nicht ein derart üppiges Leben wünschen, wie es hier magisch beschworen wird?

Als nächsten Fixpunkt für die Orientierung wähle man die beiden Steintröge am Aufweg zur Unas-Pyramide, die früher die königlichen Barken schützten. Westlich davon das **„Vogelgrab" des Nefer-Ptah**. Hier ist die Arbeit am Relief einiger Vogelszenen der Kultkammer abgebrochen worden, stattdessen schmückte ein Maler die Entwurfzeichnungen aus. Der ein Grab weiter bestattete **Iru-ka-Ptah** war, wie aus den Reliefs unschwer zu erschließen ist, Vorsteher der königlichen Schlachthöfe. In der Nachbarschaft sind noch weitere Beamtengräber der 5. Dynastie zugänglich. Die Bauten beschließt nach Westen hin die Ruine des **Jeremias-Klosters** (5. Jh.).

Stierkämpfe in Saqqara

Über den Stierkult in Saqqara berichtet der griechische Geograf Strabo: „Hier wird der [...] für einen Gott gehaltene Stier Apis, weiß an der Stirn und einigen anderen kleinen Stellen des Körpers, übrigens schwarz, in einer Tempelhalle unterhalten. Nach diesen Abzeichen wählen sie immer den zur Nachfolge tauglichen aus, wenn der, welcher diese Verehrung genoss, gestorben ist. Vor der Tempelzelle liegt ein Hof, an welchem sich noch eine andere Zelle für die Mutter des Stiers befindet. In diesen Hof lassen sie zu einer bestimmten Stunde den Stier hinein, besonders zur Besichtigung für die Fremden. [...] Ist er dann ein wenig im Hofe herumgesprungen, so führen sie ihn wieder an seinen eigentlichen Standort zurück. Dieser Tempel des Apis steht neben dem des Hephaistos [...] Vor ihm steht auf dem Vorplatze ein kolossales Standbild aus einem einzigen Steinblock. Es ist aber gebräuchlich, auf diesem Vorplatze Kämpfe von Stieren anzustellen, welche einige eigens dazu halten, gleich den Rosseszüchtern. Losgelassen, stürzen sie zum Kampfe gegeneinander, und der für den Sieger erklärte erhält einen Preis."

Grab des Haremhab: Als Befehlshaber des Heeres hatte Haremhab, bevor er in hohem Alter als letzter Pharao der 18. Dynastie auf den Thron kam, überwiegend in Memphis gelebt und sich deshalb hier sein Grab bauen lassen. Tatsächlich bestattet wurde er wie die anderen Pharaonen des Neuen Reichs in Theben, während in Saqqara nur seine Frauen (darunter Nefertitis Schwester Mutnedjmet) und Kinder beigesetzt wurden. Die Reliefs zeigen Militärszenen und sind noch vom Stil der Amarna-Zeit beeinflusst, obwohl Haremhab als einer der Drahtzieher der nachechnatonschen Restauration gilt und anderenorts jedes Andenken an Echnachton zerstören ließ.

Das Grab liegt etwa in der Mitte zwischen Kloster und Sechemchet-Pyramide.

226 Umgebung von Kairo

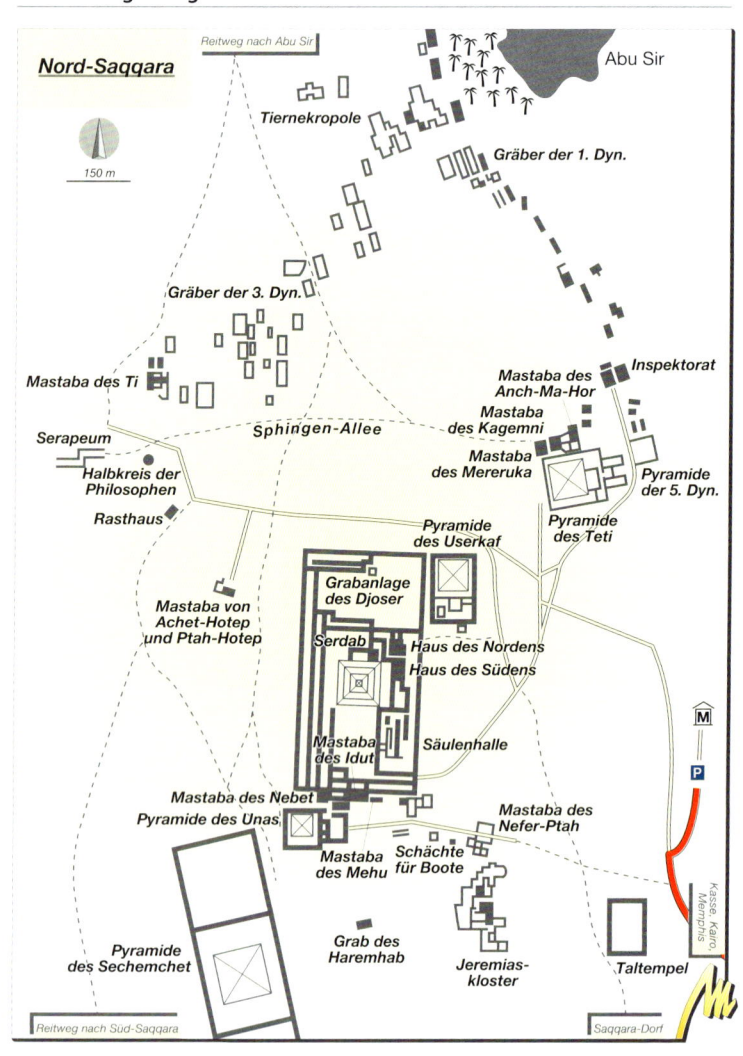

Nord-Saqqara

150 m

Reitweg nach Abu Sir
Abu Sir
Tiernekropole
Gräber der 1. Dyn.
Gräber der 3. Dyn.
Mastaba des Ti
Mastaba des Anch-Ma-Hor
Inspektorat
Mastaba des Kagemni
Serapeum
Sphingen-Allee
Mastaba des Mereruka
Halbkreis der Philosophen
Pyramide der 5. Dyn.
Rasthaus
Pyramide des Userkaf
Pyramide des Teti
Mastaba von Achet-Hotep und Ptah-Hotep
Grabanlage des Djoser
Serdab
Haus des Nordens
Haus des Südens
Mastaba des Idut
Säulenhalle
Mastaba des Nebet
Pyramide des Unas
Mastaba des Nefer-Ptah
Mastaba des Mehu
Schächte für Boote
Kasse, Kairo, Memphis
Pyramide des Sechemchet
Grab des Haremhab
Jeremias-kloster
Taltempel
Reitweg nach Süd-Saqqara
Saqqara-Dorf

Monumente nordwestlich der Stufenpyramide

☆☆ **Grab des Achethotep und Ptahhotep**: Die Doppelmastaba des Wesirs Achethotep und seines Sohnes liegt etwas versteckt in einer Sandmulde. Über der Tür zu seiner Grabkapelle lauscht der in einem Sessel sitzende Ptahhotep einem Konzert; an der Westwand zwischen zwei Stelen der opfernde Grabherr, weitere Opferszenen an der Südwand. Zwei große Darstellungen auf der Ostwand zeigen wiederum den Verstorbenen. Im Nordteil der Wand, 1. Register, ein Schifferstechen. Die Inschrift weist jenen Mann, dem der Knabe ein Getränk reicht, als den „Nianch Ptah, Meister der Bildhauer" aus. Hier hat sich der Künstler der Grabreliefs selbst verewigt.

Nordwestlich des Grabes steht an Stelle des abgerissenen Gebäudes, das Auguste Mariette während seiner Grabungen bewohnte, jetzt ein **Rasthaus**. Im weiteren Verlauf der Straße, durch eine Schutzmauer vor der Erosion geschützt, der ptolemäische **Hemizykel (Halbkreisbau) der Dichter und Denker**. Im Zentrum (sitzend) Homer, am Ostende Plato. Von allen Statuen am besten erhalten ist der am Westende sitzende Pindar.

✩✩ **Serapeum**: Der Beschreibung Strabos folgend, entdeckte Auguste Mariette 1851 die unterirdische Grabstätte der Apis-Stiere. Apis war der heilige Stier des memphitischen Stadtgottes Ptah und wurde in der ptolemäischen Zeit mit Osiris zu Serapis verschmolzen, woraus der Name Serapeum für die Anlage entstand. Sie besteht aus neun Einzelgräbern (18. Dynastie), der unter dem Ramses-Sohn Chaemweset gebauten Kleinen Galerie und der unter Psametich (26. Dynastie) errichteten Großen Galerie. Die Katakomben bergen 24 riesige Steinsärge mit nahezu 70 Tonnen Gewicht, in denen die Mumien der Stiere lagen. Durch In-

Fototermin mit der Antikenpolizei

schriften datierbar sind nur drei Sarkophage aus der Zeit des Amasis, Kambyses (beide 6. Jh. v. Chr.) und des Chababasch (um 333 v. Chr.). Die einzige noch erhaltene Stiermumie ist im Kairoer Landwirtschaftsmuseum ausgestellt.

✩✩ **Grab des Ti**: Die schönste und größte Mastaba von Saqqara gehörte einem hohen Beamten der 5. Dynastie, der gleich drei Pharaonen diente. Von Mariette freigelegt, ist das Grab heute wieder teilweise vom Sand verweht. Ein Gang führt vom Hof in die Hauptkapelle mit ihren zahlreichen Darstellungen des Alltags der altägyptischen Oberschicht. An der Nordwand Szenen aus den Nildelta-Sümpfen und dem Landleben. Im Zentrum der Ostwand der lebensgroße Ti, vor denen allerlei Feldarbeit ausgeführt wird, hinter ihnen eine Schiffswerft. Zwischen den Schlitzen der Südwand werden Opfer dargebracht, während die Scheintüren der Westwand die eigentliche Kultstelle sind, durch die man sich den Kontakt mit dem Jenseits dachte.
Die Mastaba liegt 300 m nordwestlich des Serapeums.

Tierfriedhöfe: Grabungen in einer Nekropole der 3. Dynastie stießen unvermutet auf ausgedehnte Tierfriedhöfe der persischen und ptolemäischen Zeit. Hier liegen rund zwei Millionen Ibisse, eine noch ungezählte Menge Falken und 425 Paviane. Die Tiere wurden an Ort und Stelle gehalten oder gar aufgezogen, bis sie ein Pilger kaufte und auf seine Kosten opfern, mumifizieren und bestatten ließ. Daneben gibt es die Grabanlage der Mütter der Apis-Stiere, also der heiligen Kühe.
Die Tierfriedhöfe liegen 600 m nordnordöstlich der Mastaba des Ti.

Monumente nordöstlich der Stufenpyramide

Direkt neben der Stufenpyramide verfiel die **Pyramide des Userkaf**, des Gründers der 5. Dynastie, zu einem Trümmerhaufen. Seine Nachfolger wurden in Abusir bestattet. Die **Pyramide des Teti**, des ersten Pharaos der 6. Dynastie, folgt bis zu den Inschriften dem Vorbild der Unas-Pyramide. An der Nordseite der Teti-Pyramide (von West nach Ost) findet sich zunächst die 32 Räume umfassende ☆ **Mastaba des Mereruka**. Mereruka, dessen Statue uns in der Kultkapelle empfängt, war Priester der Teti-Pyramide, und so ist der Eingang zu seinem Grab ausnahmsweise auf der Südseite, mit Blick auf die Pyramide. Die Reliefs sind facettenreich, doch wenig sorgfältig gearbeitet. Man hatte es – kein Wunder bei den vielen Flächen – offenbar eilig. Es schließen sich die Gräber **Kagemni** und **Anch-ma-Hor** an, das „Grab der Ärzte", so genannt wegen zweier Szenen in der Türnische zwischen erstem Raum und Pfeilersaal, die eine Beschneidung und eine Zehenoperation zeigen. Fünf Minuten nördlich, ziemlich am Rand des Plateaus, liegt das **Gräberfeld der Frühzeit** (1. Dynastie) mit Resten von Ziegelbauten über den Grabschächten.

> ### Wer schützt Ägyptens Altertümer?
>
> Unmittelbar vor Memphis schlägt die neue Straße einen scharfen Haken, den die Autofahrer Ex-Präsident Mubarak verdanken. Hätte der nicht im letzten Moment interveniert, führte die Straße direkt durch die antike Nekropole von Memphis. Auch bei den Giza-Pyramiden wurden Gräber nur durch ein präsidiales Machtwort vor den Bulldozern der Straßenbauer gerettet.
>
> Verantwortlich für das Beinahe-Desaster ist die Altertümerverwaltung. Auch mit der Aufwertung zu einem eigenen Ministerium (MSA) hat sich innerhalb dieser kafkaesken Behörde wenig geändert: 24.000 Beamte sollen alle bekannten Antiquitäten des Landes schützen und weitere finden bzw. ausgraben lassen. Jedes Bauvorhaben bedarf der Zustimmung des MSA – rund 100 solcher Gesuche landen jede Woche auf den Schreibtischen des verstaubten Büroturms in Abbasiya, wo die Zentrale des MSA residiert. Ein Beamter müsste dann die geplante Baustelle aufsuchen und sich überzeugen, dass im Boden aller Wahrscheinlichkeit nach keine Altertümer verborgen sind. Doch das MSA verfügt nicht einmal über aktuelle Lagekarten der bereits bekannten historischen Schätze – wie kann er gar von den noch unerforschten wissen? So bekam auch die vor langer Zeit geplante Umgehungsstraße einst die Zustimmung der Altertümerverwaltung und war danach nur noch durch den Präsidenten zu stoppen.
>
> Auch den Überblick über die ausgegrabenen Artefakte hat das MSA teilweise verloren. Zwar führen die Museen Inventarlisten, doch niemand weiß, was in den 157 Depots der Grabungsstätten alles schlummert. So können Diebe über Jahre ihrem Handwerk nachgehen, bis die systematische Plünderung durch einen Zufall ans Licht kommt – oder auch nicht. Im Durchschnitt werden jede Woche zehn Versuche aufgedeckt, Antiquitäten außer Landes zu schmuggeln. Oft sind auch Angestellte der Altertümerverwaltung darin verwickelt. Ein Wächter verdient den Mindestlohn von 700 LE im Monat, ein Inspektor beginnt seine Karriere mit wenig mehr. Da ist die Versuchung zu einem Nebengeschäft groß. Die spezielle Antikenpolizei, die solche Diebstähle verhindern soll, untersteht dem Innenministerium und wird nicht anders ausgebildet als gewöhnliche Verkehrspolizisten.

Memphis, Dahschur, Maidum

Von Memphis, der Hauptstadt des alten Ägypten, ist nur noch wenig erhalten geblieben. Sehenswert sind der umgestürzte Koloss des Ramses und der gigantische Präpariertisch, auf dem die Apis-Stiere balsamiert wurden. In Dahschur, wohin nur wenige Reisegruppen fahren, kann man in aller Ruhe eine Pyramide von innen anschauen.

Memphis

Aus einem wahrscheinlich in der Frühzeit gegründeter Weiler, der sicher nicht größer als das heutige Dorf **Mit Rahina** war, entwickelte sich Memphis spätestens unter der 3. Dynastie zu Ägyptens Hauptstadt. Die 4. Dynastie verlegte die Hauptstadt noch einmal nach Giza, doch die letzten Pharaonen des Alten Reiches kehrten nach Memphis zurück, das fortan zu den ersten Städten des Reiches zählte. Zu dieser Kontinuität trug neben der geografischen Lage zwischen Unter- und Oberägypten auch der Tempel des Ptah bei, des alten memphitischen Stadtgottes, der hier als Schöpfer verehrt wurde, während er in anderen Landesteilen eher mit dem Totenkult assoziiert wurde.

Seit dem Neuen Reich beherbergte Memphis auch zahlreiche Ausländer. Griechen und Phönizier hatten ihre eigenen Stadtviertel, und der kosmopolitische Geist mag dem levantinischen Alexandria der Neuzeit in nichts nachgestanden haben. Alexandria war es auch, das in der ptolemäischen Zeit Memphis schließlich in den Schatten drängte, bis die Araber mit ihrer Neugründung el-Fustat den Kairoer Raum wieder in den Mittelpunkt rückten. Während arabische Geografen des 12. Jh. die Ruinen von Memphis noch eine Ansammlung von Wundern nannten, verwandelte das Verschleppen der Steine gen Kairo und der Verfall der Deiche in der Mamelukenzeit das Gelände in eine Schwemmlandebene, aus der nur noch wenige Schutthügel ragen.

Beachtung verdient der umgestürzte **Koloss des Ramses** (9–16 Uhr, Eintritt 30/ 15 LE), dessen Gegenstück mitten im Verkehrschaos des Kairoer Bahnhofsplatzes platziert wurde. Ein **Alabaster-Sphinx** markiert den Eingang zum verschwundenen Ptah-Tempel, und 200 m westlich stand rechts der Fahrstraße das Balsamierungshaus der Apis-Stiere, von dem gerade noch ein alabasterner **Präpariertisch** übrig ist.

Memphis liegt zwischen Saqqara-Dorf und dem Nil nahe der modernen Siedlung Mit Rahina. Servicetaxis zwischen Saqqara und Badrascheen passieren die Stätte.

Pyramiden von Dahschur

Den Bau seiner **Knickpyramide** ließ Pharao Snofru mit einem stolzen Neigungswinkel von 54° beginnen, doch noch während der Arbeiten geriet die Pyramide aus dem Lot. Absenkungen im Untergrund oder mangelhafte Fundamente könnten dafür ursächlich gewesen sein. Die Baumeister versuchten,

Die Knickpyramide von Dahschur

durch Auffüllen der Kammern im Inneren und Abflachen des Winkels auf 43° das Volumen zu verringern und das Bauwerk wieder zu stabilisieren – mit Erfolg, und so blieb uns auch eine Pyramide mit Knick erhalten. Da die Mantelsteine leicht nach innen gekippt wurden, hat die Knickpyramide auch noch ihre ursprüngliche Verkleidung, die bei allen anderen Pyramiden verloren ging. Einzigartig ist die Erschließung der Grabkammer durch gleich zwei Eingänge.

Warum Snofru nach der Knickpyramide auch noch die 2 km nördlich gelegene **Rote Pyramide** errichten ließ, bleibt rätselhaft. Diese, größer angelegt als alle bisherigen Pyramiden, wurde nie vollendet; der Pharao ließ sich in der Knickpyramide beisetzen. Man kann in die Grabkammern hinabsteigen. Neben der Pyramide ruht auf einem Podest das Pyramidion, also der Schlussstein des Bauwerks. In der Nachbarschaft Richtung Nil stehen noch drei Pyramiden der 12. Dynastie, nämlich (von Nord nach Süd) die *Schwarze Pyramide des Sesostris III.* (nördlich der Zufahrtsstraße), die *Weiße Pyramide des Amenemhet II.* und die aus Lehmziegeln gebaute *Schwarze Pyramide von Amenemhet III.*

Tägl. 8–17 Uhr, Eintritt 25/15 LE. Dahschur liegt etwa 6 km südl. von Saqqara. Das Dorf ist ab Giza, Marioutiya-Kanal, mit dem Minibus zu erreichen, die Pyramiden stehen 4 km außerhalb der Siedlung.

> **Lesetipp**: Michael Haase, *Das Feld der Tränen. König Snofru und die Pyramiden von Dahschur*, Berlin (Ullstein)

Pyramide von Maidum

Die Pyramide des Huni (4. Dynastie) in Maidum bestand zunächst aus einem Kern, der mit mehreren nach innen geneigten und in der Höhe abgestuften Mauerringen umgeben war, sodass das Gebilde schließlich der Stufenpyramide des Djoser ähnelte. Unglücklicherweise erweiterten Huni oder sein Nachfolger Snofru das fertige Bauwerk noch um einen Mauerring und stockten es auf. Bei einem weiteren Umbau wurden die Stufen aufgefüllt, und die Pyramide bekam das klassische Design mit glatten Schrägen. Diese An- und Umbauten taten dem Bauwerk nicht gut: Die äußeren Schichten lösten sich ab und stürzten ein – die Pyramide von Maidum ist heute ein Trümmerhaufen. Mit einer Taschenlampe ausgerüstet kann man durch einen 70 m langen Schacht in die Grabkammer hinunterkriechen. Uralte Zedernstämme aus Byblos stützen die Wände der Gruft.

Tägl. 8–16 Uhr, Eintritt 35/20 LE. Die Pyramide liegt etwa 80 km südl. von Kairo zwischen der Wüstenautobahn und dem Fruchtland. Sie können in Giza, Mounib-Terminal, den Bus nach Beni Suef nehmen und sich an der Abzweigung absetzen lassen. Oder Sie chartern im nächsten größeren Ort, el-Wasta (mit Bahnstation), ein Taxi.

Maidum: Anbau – Umbau – Einsturz

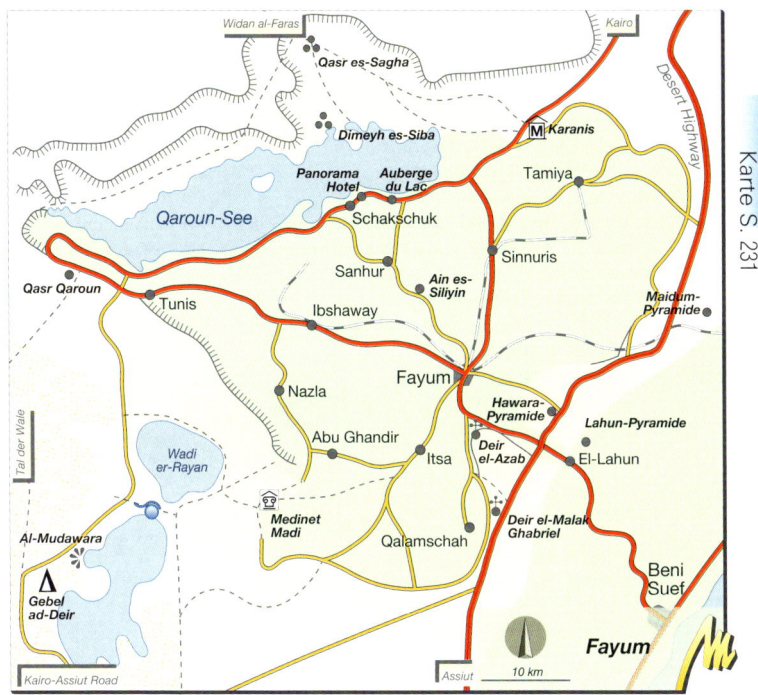

Fayum

Die bukolische Landschaft mit ihren Palmen, Taubentürmen, Schöpfrädern und (bescheidenen) Altertümern bietet sich von Kairo aus für einen Tagesausflug an, um zeitweilig der Großstadthektik zu entfliehen.

Auf den Landkarten erscheint das westlich des Nils etwa 100 km flussauf von Kairo gelegene Fayum als ein großer grüner Fleck inmitten der Wüste. Wie die dem Reisenden auf der Anfahrt entgegenkommenden Lastwagen signalisieren, ist die etwa 4000 km² große Oase der Gemüsegarten Kairos. Berühmt ist das Fayum auch für seine Blumen, die zu Parfümessenzen verarbeitet werden. Aus Schilf und Palmfasern geflochtene Korbwaren werden am Straßenrand feilgeboten.

Die 20–40 m unter dem Meeresniveau gelegene Senke wird durch den Bahr Yussuf bewässert. Dieser einst kanalisierte Seitenarm des Nils zweigt heute nicht mehr direkt vom Nil ab, sondern vom Ibrahimiya-Kanal, der den Strom über 300 km an seinem Ostufer begleitet. Der Bahr Yussuf fließt also, in Umkehrung der gewöhnlichen Verhältnisse, aus dem Nil heraus. Einst war das Fayum ein riesiges, von Krokodilen bevölkertes Sumpfland. Die Pharaonen des Mittleren Reiches regulierten den Zulauf und entwässerten den Sumpf. Das Restwasser sammelte sich hinfort im Qaroun-See, wo es verdunstete. Früher bedeckte der See nahezu die Hälfte der Oase, heute ist er auf einen Bruchteil seiner ursprünglichen Größe geschrumpft. Jetzt

Umgebung von Kairo

werden die Abwässer auch ins Wadi Rayan geleitet, wo zwei mit einem netten Wasserfall verbundene Seen entstanden sind und neue Ackerflächen erschlossen wurden.

Mit rund zwei Millionen Einwohnern ist die Oase außerordentlich dicht besiedelt. Ein Drittel lebt in der Hauptstadt Medinet el-Fayum, der Rest verteilt sich auf vier Kreisstädte, 157 Dörfer und etwa 1500 Weiler. Darüber hinaus leben am Rand der Oase noch einige Halbnomaden, die von den Bauern, welche oft selbst von Beduinen abstammen, verächtlich „Zigeuner" genannt werden.

Telefonvorwahl: 084

- *Information* Medinet el-Fayum, ✆ 634 2313, Sa–Do 8–14 Uhr. Das Büro befindet sich auf der Rückseite des Governorate Building. Hier gibt es, falls vorrätig, einen kostenlosen Hochglanz-Stadtplan und eine Infobroschüre zur Provinz.
- *Bus/Sammeltaxi* Abfahrt nach Medinet el-Fayum halbstündlich vom Mounib-Terminal in Giza mit Zusteigehalt am Beginn der Fayum Road hinter den Pyramiden. Von Medinet el-Fayum verkehren Sammeltaxis zu den Zielen innerhalb der Oase.
- *Zug* Die Zugfahrt ab Kairo dauert 3 Stunden! Auch innerhalb der Oase gibt es ein bescheidenes Eisenbahnnetz.
- *Sicherheit* In der Oase werden Ausländer von der Polizei begleitet. Ausgenommen ist die Route am Qaroun-See entlang zum Wadi er-Rayan.
- *Übernachten* Die Oase wird üblicherweise im Rahmen von Tagesausflügen ab Kairo besucht. Hotels sind hier deshalb auf einheimische Reisende eingestellt.

Auberge. Das aus einem Jagdpavillon König Farouks entwickelte Luxushotel am Ufer des Qaroun-Sees ist nach einer gründlichen Renovierung die beste Unterkunft im Fayum. DZ ab 85 $. Schakschouk, ✆ 698 1200, www.helnan.com.

New Panorama Village, empfiehlt sich als ziviles Hotel am See. Das Haus ist besonders an Wochenenden als Ausflugsziel beliebt. Die Zimmer sind geräumig und sauber, und das Restaurant kann sich sehen lassen. DZ 350 LE. Schakschouk, ✆ 683 0757.

Übernachten
2 Queen
3 Honey Day
5 Palace

Essen & Trinken
1 Governorate Club
4 Kebabgi

Honey Day (3), ein Hochhaus neben der Bank of Alexandria, Zimmer mit AC, TV und Kühlschrank. Die Hotelbar ist das einzige Lokal in der Stadt, das Bier ausschenkt. DZ 180 LE. Medinet el-Fayum, Sh. Gamal Abdel Nasser, ✆ 634 1205.

Queen (2), in einer Seitenstraße etwa 500 m von den Wasserrädern gelegen, die Zimmer sind teilweise mit Aircondition und Kühlschrank ausgestattet. Saubere Bäder, gutes Restaurant, der Manager spricht deutsch. DZ 230 LE. Medinet el-Fayum, Sh. Atallah Hassan, ✆/℻ 634 6819.

Palace (5), zentral am Hauptkanal nahe den Wasserrädern, Zimmer unterschiedlicher Qualität, zum Teil mit Etagenbad, aber ohne Aircondition. DZ 50–80 LE. Medinet el-Fayum, ✆/℻ 633 3641.

- *Essen & Trinken* **Governorate Club (1)** (Nadi el-Muhafza), Medinet el-Fayum. Ein Gartenlokal am Bahr Sinnuris, in dem sich zwitschernde Vögel und die örtlichen Honoratioren treffen.

Kebabgi (4), Medinet el-Fayum, Sh. Mustafa Kamil (am Fluss 500 m westl. der Wasserräder). Einfaches und preiswertes Lokal mit der üblichen Auswahl an Kebab, Kufta oder Hähnchen und als Beilagen Spinat, Zucchini und weiße Bohnen. Gleich gegenüber liegt die Konditorei Scherif, die im Winter mit heißem *bilela* aufwartet, einer Spezialität aus Weizen, Milch, Nüssen und Rosinen.

Gebel ez-Zena, Birket Qaroun, 2 km westl. der Auberge du Lac. Ein nettes Ausflugslokal am See mit schmackhaftem Grillfisch und Kinderspielplatz.

• *Einkaufen* Fayum ist für seine **Flecht-** und **Töpferwaren** bekannt. In Tunis hat sich eine ganze Kolonie von Keramikkünstlern entwickelt, die hier auch eine Töpferschule für die Dorfkinder betreiben.

☆ Kom Auschim/Karanis

Um den fruchtbaren Boden für den Ackerbau aufzusparen und mit der Nilflut überschwemmen zu können, lagen die meisten antiken Siedlungen am Rand der Oase in der Wüste. Karanis, am Wege von Kairo, wurde von griechischen Kolonisten im 3. Jh. v. Chr. angelegt – das Schachbrettmuster der Straßenzüge entsprach dem Geschmack der hellenistischen Städtebauer. Später ließen sich viele römische Veteranen hier nieder, die bei ihrem Ausscheiden aus dem Militärdienst ein Stück Land geschenkt bekamen. Daneben war Karanis Karawanenstation und Garnison, deren Soldaten das Fayum vor den Überfällen der Beduinen schützen sollten. Als der Qaroun-See sich immer weiter zurückzog und mit dem sinkenden Wasserspiegel die Wasserversorgung von Karanis zusammenbrach, wurde der Ort im 5. Jh. aufgegeben.

Von den aus Lehmziegeln errichteten Häusern blieben nur die Grundmauern stehen. Besser sind die steinernen **Tempel** erhalten. Der größere, laut einer Inschrift unter Kaiser Nero errichtete, war dem Oasengott Sobek geweiht. Auch die Thermen sind noch zu erkennen. Das kleine **Museum** vor der Ausgrabungsstätte wartet mit dem in Hauwara gefundenen Modell eines Wohnhauses auf. Vier Blöcke rezitieren den Hymnus des Isidoros für die Göttin Isis. Weitere Glanzstücke sind zwei Mumienporträts und kleine weibliche Terrakottaköpfchen mit verschiedensten Frisuren. Anhand dieser Mustersammlung eines Friseurs dürften sich die Damen ihre Wunschfrisur ausgesucht haben. Im Obergeschoss finden wir koptische Textilien und Kunsthandwerk der islamischen Zeit.

Giza–Fayum Road, kurz vor der Oase. Sa–Do 8.30–16 Uhr. Eintritt Museum 10/5 LE, Ausgrabung 25/15 LE.

Qasr es-Sagha/Dimeyh es-Siba: Der Ausflug zu den in der Wüste 25 bzw. 32 Pistenkilometer westlich von Karanis gelegenen Ruinen setzte 2011 noch einen geländegängigen Wagen voraus. Eine Teerstraße ist geplant. *Qasr es-Sagha* („Juwelenschloss") ist ein Tempel aus dem Mittleren Reich ohne jede Inschrift oder Relief, der nicht aus Quadern, sondern unregelmäßig geformten Sandsteinen erbaut wurde – einst lag er am Ufer des Sees, der sich heute 11 km zurückgezogen hat. In der Nähe zeigen die Führer das verlassene, an einer Bruchkante aus dem Sandstein gehöhlte Wüstenkloster *Deir Abu Lifa* mit Resten spätantiker Fresken. *Dimeyh es-Siba* war, wie Karanis, eine ptolemäische Stadt. Obwohl einst auf einer Insel gelegen, war es noch zusätzlich mit einem bis zu 5 m dicken Wall geschützt.

Vor dem Trip sollte man die formlose Erlaubnis der Museumsverwaltung (℡ 650 1825) in Karanis einholen, die bei Bedarf einen Führer oder einen Geländewagen mit Fahrer stellt. Nach Dimeyh, heute 3 km vom Ufer entfernt, kommt man auch mit dem Boot über den See.

Birket Qaroun

Der salzhaltige Qaroun-See hüllt sich in einen dichten Schilfgürtel, der nur an wenigen Stellen einen Blick auf die Wasserfläche erlaubt, etwa bei Schaksuk, vor der *Auberge du Lac* oder bei der Cafeteria auf dem *Gebel ez-Zena*. Auch wenn im See keine Bilharziose droht, lädt das im Sommer blaue, im Winter graubraune und dann oft sturmgepeitschte Wasser nur bedingt zum Baden ein. Zunehmende Versalzung lässt die Fischer um ihre Erträge fürchten, ein steigender Wasserspiegel bedroht die angrenzenden Felder der Bauern. Vom Panorama-Hotel bringen Boote die Ausflügler auf die Insel Qorn (ein Reiseführer der Kolonialzeit empfahl sie als Übernachtungsplatz „frei von Belästigungen durch Hyänen und Araber") und in die Ruinenstadt Dimeyh es-Siba.

'Ain es-Siliyin: Für die Einheimischen sind die Quellen von Siliyin der schönste Fleck ihrer Oase. Inmitten von Cafeterien, Spielplätzen, Ferienhäusern und einem schlichten Hotel sprudelt das mineralhaltige Wasser in ein Bassin. Das Grün – es mag einmal üppig gewesen sein – wurde von den picknickenden Familien und spielenden Kindern in eine Steppe verwandelt. Das kräftig strömende Quellwasser treibt etwas bachabwärts noch eine alte Getreidemühle an.

Die Quelle liegt am Wege der Sammeltaxis von Medinet el-Fayum nach Sanhur und Schaksuk.

Qasr Qaroun

An der Westspitze des Qaroun-Sees erreicht man den kleinen Ort Qaroun, das antike *Dionysias*. Hier begann der Karawanenweg von der Fayum-Oase nach Bahariya. Ausgrabungen legten eine ptolemäisch-römische Siedlung mit Wandfresken, Bodenmosaiken und Thermen frei, die heute weitgehend wieder von Sand bedeckt ist. Kaiser Diokletian sicherte den Ort mit einem Fort aus Ziegeln und Kalksteinquadern, in dem später eine Basilika eingerichtet wurde – vergleichbare Grenzfestungen kennen wir aus der Oase Charga. Als das Fort um 400 n. Chr. aufgegeben wurde, war die Stadt bereits verödet.

Bis heute weithin sichtbare Landmarke von Dionysias ist sein spätptolemäischer, aus Kalksteinquadern gemauerter **Tempel**. Außenmauern, Innenwände, ja sogar das Dach sind erstaunlich gut erhalten, doch es gibt keine Inschriften. So bleibt außer dem Tempelstifter auch unklar, ob das Heiligtum dem Krokodilgott Sobek oder dem Amun-Chnum geweiht war, wie ein Relief im Dachgeschoss vermuten lässt. Zu dem nach Osten gewandten Eingang gelangt man über einen sorgfältig aufgemauerten Vorhof. An der Fassade erinnert noch eine Halbsäule an die sonst verschwundene Säulenhalle. Durch drei Vorsäle steigt der Boden bis ins Allerheiligste stetig an. Dieses ist nach Art eines christlich-orthodoxen Altarraums in drei Nischen gegliedert. Aus den Vorsälen münden Treppen in Katakomben und führen über Zwischenetagen aufs Dach mit schönem Blick über das versandete Dionysias hinweg auf den Qaroun-See. Im Osten sieht man den Grundriss eines weiteren, von den Römern aus Lehmziegeln gebauten Heiligtums.

Anfahrt: Kurz vor dem Seeende der Abzweigung links Richtung Wadi el Rayan folgen und nach Überqueren eines kleinen Kanals (2 km ab Abzweigung) rechts abbiegen, dann noch 8 km. Der Tempel ist tägl. geöffnet und kostet 25/15 LE Eintritt.

Warten auf Ausflügler am Qaroun-See

> In Tunis, dem letzten Dorf vor Qasr Qaroun, hat sich eine kleine **Künstlerkolonie** etabliert. Das *Fayum Art Center* veranstaltet im Februar und März Workshops für Künstler und Kunsthandwerker (www.fayoumartcenter.com). Das ganze Jahr über lohnt der Besuch von Mohamed Ablas *Karikaturenmuseum* (www.ablamuseum.com). Übernachten kann man im Gästehaus Zad al-Mosafer, ☏ 682 0180. Die einfache Ökolodge (20 €/Pers.) wird von einem früheren Journalisten geführt und ist an Wochenenden Treffpunkt von Kairoer Künstlern und Intellektuellen.

Medinet el-Fayum

Attraktion der Hauptstadt Fayums sind ihre ewig knarrenden und ächzenden Schöpfwerke am Stadtplatz, die obendrein noch Kühle spenden. Diese ☆ **Nuriyas**, mehr als mannshohe, unterschlächtige Wasserräder, hängen über dem Bahr Yussuf und werden allein von der Kraft des Flusses getrieben, wobei ein kleiner Teil des Wassers mit dem Rad gehoben und oben in einen Kanal geleert wird. Diese Technik, nach der auch die berühmteren Wasserräder im syrischen Hama arbeiten, brachten die Ptolemäer ins Fayum; im Niltal ist das Gefälle für solche Hebewerke zu gering. Während die Räder in Medinet el-Fayum sich nur noch der Show halber drehen, sind hier und dort in der Oase solche Hebewerke auch noch für die praktischen Bedürfnisse der Bauern im Einsatz.

Außer seinen Nuriyas hat Fayum-Stadt mit dem *Sûq el-Qantara* noch einen interessanten **Basar** zu bieten: ein kompaktes Labyrinth teilweise überdachter Gassen, in denen Metallwaren, Kleider, Stoffe, Schmuck und was der Mensch alles braucht verkauft werden. Dienstags füllt sich die Stadt mit reisenden Händlern; etwas außerhalb an der Straße nach Beni Suef gibt es dann mit dem *Sûq et-Tala'at* einen großen **Viehmarkt**. Pralles Leben erfüllt die Stadt besonders an den Festtagen: Im Monat Schaban wird das *Mulid des Ali er-Rubi* um seine gleichnamige Moschee gefeiert, im Ramadan an ihrem weißen Kuppelgrab nahe den Wasserrädern der Geburtstag der *Scheicha Mariam*. Der Ramadan schließlich wird am ersten Abend mit einer großen Prozession der Sufiorden und der maskierten Handwerkerzünfte eröffnet.

Das antike **Krokodilopolis** lag etwas außerhalb im Norden der heutigen Hauptstadt. Ein Besuch lohnt allerdings nicht, außer einem Hügel ist nichts mehr zu sehen. An der Straße nach Kairo steht jedoch ein 13 m hoher **Obelisk des Sesostris I.**, eines Pharaos der 12. Dynastie, den die Altertümerverwaltung aus zwei Bruchstücken zusammenfügen und hier aufstellen ließ.

Medinet Madi: Wer sich besonders für die Pharaonenzeit interessiert, für den ist der Besuch in Medinet Madi ein Muss – sein Tempel zählt zu den am besten erhaltenen Kultstätten des Mittleren Reiches im Land. Die Weihe-Inschrift an der Wand links des Eingangs datiert den Tempel in die Zeit Amenemhets III. (1842–1797 v. Chr.). Auf der Rückseite findet sich, schon halb im Dünensand begraben, ein weiteres Heiligtum aus der ptolemäischen Zeit.

Der Tempel steht am südöstlichen Rand der Oase bei 29°11'37"N 30°38'32"O. Mit einem Geländewagen kann man von hier direkt weiter ins Wadi er-Rayan fahren.

Deir el-Azab: Freitags und sonntags pilgern die Christen des Fayum zum Grab ihres jüngsten Lokalheiligen, dem 1941 verstorbenen Bischof Anba Abraham. Besonders frommen Besuchern, so geht die Kunde, streckt der mit einem Tuch und einer Totenmaske im Stil der Fayum-Porträts drapierte Leichnam des Heiligen die Hand zur Begrüßung entgegen. Vom alten, im 18. Jh. aufgegebenen Kloster blieb nichts erhalten. Mulid wird Mitte August zu Maria Himmelfahrt gefeiert.

Die Kirche liegt bei 29°15'48"N 30°51'07"O an der Straße von Medinet el-Fayum nach Beni Suef.

Raubtierfütterung

Der griechische Geograf Strabo erklärte vor rund 2000 Jahren: „Man verehrt in diesem Nomos vorzüglich das Krokodil, und es findet sich bei ihnen ein solches heiliges Tier, das in einem See besonders unterhalten wird und gegen die Priester zahm ist. Es heißt Su'chos und wird mit Brot, Fleisch und Wein genährt, welche die zur Beschauung kommenden Fremden immer mitbringen. Unser Gastwirt, einer der geachtetesten, der uns die heiligen Gegenstände zeigte, ging mit uns zum Teich und nahm von der Mahlzeit einen Kuchen, gebratenes Fleisch und ein Fläschchen Honigmet mit. Wir fanden das Tier am Rande des Sees liegend. Die Priester traten hinzu; die einen öffneten ihm den Rachen und ein anderer steckte ihm das Backwerk und dann wieder das Fleisch hinein, worauf er ihm den Honigmet eingoß; das Tier aber sprang in den Teich und schwamm ans jenseitige Ufer. Als noch ein anderer Fremder dazukam, der die gleichen Opfergaben mitbrachte, nahmen die Priester dieselben, liefen um den See herum und reichten dem Krokodil, das sie gefunden, das Mitgebrachte auf die gleiche Weise."

Deir el-Malak: Das Kloster des Erzengels Gabriel thront am Rande des Fruchtlands auf einem Felsrücken mit schönem Blick auf die Oase. Das Landschaftserlebnis macht es in der kühleren Jahreszeit zum Ziel einer von der Hauptstraße gerechnet etwa 1½-stündigen Wanderung. Eine Mauer umgibt das Areal großräumig. Der bis ins 6. Jh. zurückreichende Kern des Klosters versteckt sich inmitten großzügiger Erweiterungen aus den letzten Jahren. In den Felsen hinter dem Kloster gibt es verlassene Eremitagen zu entdecken. Polnische Archäologen um Professor Godlewski erforschen das Gelände. Ihr spektakulärster Fund war bislang ein Krug mit mittelalterlichen Goldmünzen. Zu sehen sind vor allem Wandmalereien aus dem 11. Jh. Die unter Verwendung älterer Architekturfragmente errichtete Klosterkirche stammt aus dem 19. Jh.

Von Medinet el-Fayum mit dem Sammeltaxi Richtung Qalamschah; vom Fahrer die Stelle zeigen lassen, wo die 5 km lange Wüstenpiste zum Kloster (29°11' 47"N 30°52' 23"O) beginnt. Infos zur Ausgrabung unter www.centrumarcheologii.uw.edu.pl.

Lesetipp: Gawdat Gabra (Hrsg.), *Christianity and Monasticism in the Fayoum Oasis*, Kairo (AUC-Press).

Pyramide von Hauara: Anders als ihre Vorfahren errichteten die Pharaonen der 12. Dynastie ihre Pyramiden nicht völlig aus Stein, sondern weitgehend aus Lehmziegeln; nur der Mantel wurde mit Kalkstein ausgeführt. Diese arbeitsparende Schlichtbauweise rächte sich, sobald der Mantel von späteren Generationen abgetragen und anderswo verarbeitet wurde: Die Pyramide ist heute nicht mehr als ein Lehmhügel. Auch die besonders kompliziert angelegten Gänge und Schächte sowie 20 Tonnen schwere Türsteine schützten das Grab Amenenhets III. nicht vor den Räubern. Flinders Petrie fand nur noch leere Sarkophage des Pharaos und einer seiner Töchter. Auf der Südseite der Pyramide befand sich das von Herodot beschriebene *Labyrinth*, ein ausgedehnter Komplex verschiedener Tempel, der zu den sieben Weltwundern gezählt wurde. Aus dem Gräberfeld um die Pyramide, das bis in die römische Zeit belegt wurde, stammen viele der im Ägyptischen Museum ausgestellten Mumienporträts.

Sammeltaxi ins Dorf Hauara, von dort 3 km zu Fuß. Tägl. 8–17 Uhr, Eintritt 30/15 LE.

> Alljährlich im November ist die Hauara-Pyramide Ziel eines in Giza beginnenden **100-Kilometer-Laufs**. Das 2001 wiederbelebte Langstreckenrennen geht auf Pharao Taharqa zurück, der damit seine Truppen trainierte. Mehr dazu unter www.egyptianmarathon.com.

Pyramide von el-Lahun: Dank eines Kerns aus gewachsenem Fels und einzelner zwischen die Lehmziegel gesetzter Steinsäulen ist die Pyramide von Sesostris II. (1897–1878 v. Chr.) heute noch etwas besser in Form als jene des Großenkels Amenemhet III. Architekt Anupi umgab sie mit einem sand- und kieselgefüllten Graben, um das Eindringen des Grundwassers zu verhindern.

Sammeltaxi Richtung Beni Suef; die Pyramide befindet sich 3 km nördlich der Stauwehre von el-Lahun. Tägl. 8–17 Uhr, Eintritt 35/20 LE.

Die Lehmziegelpyramide von el-Lahun

Wadi er-Rayan

Kanäle leiten das überschüssige Wasser des Fayums in das etwa 15 km westlich gelegene Wadi er-Rayan. So wurde das Wüstental zu einer grünen Oase mit zwei fischreichen Seen und Ägyptens größtem Wasserfall. Das Gebiet steht unter Naturschutz.

Das mit einer Asphaltstraße gut erschlossene Westufer der Seen ist zu einem besonders an Wochenenden beliebten Ausflugsziel geworden. Farbenfrohe Ruderboote ziehen übers Wasser, Möwen belohnen die Brotbröckchen werfenden Kinder mit waghalsigen Flugmanövern, am **Wasserfall** gibt es eine Cafeteria, schattige Rastplätze und einen Informationspavillon des Nationalparks. Die Hoffnungen auf neues Ackerland haben sich indes nicht erfüllt: Das Wasser in den Seen versalzt allmählich, ein dritter See ist bereits wieder trockengefallen. Besonders der untere See eröffnet mit dem Kontrast zwischen blauem Wasser und gelbem Sand für Auge und Kamera wunderschöne Motive. Vom Aussichtspunkt *el-Mudawara* haben Sie einen tollen Blick über die Landschaft, 22,5 km weiter wurde am See ein Verschlag zum Beobachten der Wasservögel angelegt.

Zwischen beiden Beobachtungspunkten zweigt eine Jeeppiste gen Westen ab und erreicht nach etwa 2,5 km ein von schwefelhaltigen **Quellen** genährtes **Biotop** aus Tamarisken, Büschen und dichtem Gestrüpp (29°04'14''N 30°19'11''O). Beduinen sammeln hier regelmäßig Heilpflanzen, nachts kommen Sandfüchse und die scheuen Dünengazellen *(Gazella leptoceros)*, übrigens die letzten ihrer Art in Ägypten. In den hinter neueren Gemäuern verborgenen Höhlen (29°04'52''N 30°17'06''O) am Hang des *Gebel ed-Deir*, des Klosterbergs, lebten in den 1960er-Jahren die späteren Erneuerer des koptischen Mönchtums um Pater Matta el-Meskin.

Ebenfalls nur mit Allradfahrzeugen erreicht man das **Tal der Wale** (Wadi el-Hitan), etwa 40 km westlich des Wasserfalls. Hier legte die Erosion uralte, im Sandstein verborgene Fossilien frei. Dieser Vorzeitfriedhof wurde 1877 von Georg Schweinfurth entdeckt. Die etwa 200 Skelette stammen vom Basilosaurus, einem riesigen Säugetier, dazu von Zeugloden und Doroden, walartigen Tieren, die vor 40 Mio. Jahren halb zu Wasser, halb zu Lande lebten. Das Tal gehört zum Weltnaturerbe und wird, nachdem schon viele Skelette gestohlen wurden, inzwischen von Rangern bewacht.

Eintritt ins Wadi el-Rayan 5 $ (ca. 30 LE), dazu 5 LE fürs Auto. Am See und im Wadi el-Hitan wurden Campingplätze eingerichtet, Anmeldung unter wadielrayan@parksegypt.com. Infos zum Wadi er-Rayan auch unter www.eiecop.org/pdf/DiscoveryGuide.pdf.

Ein gestrandeter Wal

Mittelägypten – die alte Provinz

Mit den Denkmälern von Kairo und Luxor kann Mittelägypten nicht mithalten. Immerhin ist der Urlauber hier weitgehend ohne seinesgleichen und lernt die vom Tourismus kaum berührte Provinz kennen. Als Standorte für die Erkundung der Region eignen sich el-Minya, Assiut und Sohag.

Für die Bewohner Kairos beginnt gleich vor den Toren der Hauptstadt *el-Sa'id*, der Süden. Der hat seit jeher einen denkbar schlechten Ruf, wird mit Armut, Rückständigkeit, Blutrache und religiöser Intoleranz assoziiert. In den 1990er-Jahren haben bewaffnete Auseinandersetzungen zwischen Islamisten und der Staatsmacht die Provinzen Beni Suef, el-Minya, Assiut und Sohag auch im Ausland in Verruf gebracht. Erst seit kurzem haben einzelne Reiseveranstalter diese Gegenden wieder in ihr Programm genommen.

Warum wurde Mittelägypten – und hier besonders Assiut – zu einer Hochburg des **militanten Islamismus?** Armut und enttäuschte Aufstiegserwartungen sind der beste Nährboden für die radikalen Gruppen. Zwischen der Wirtschaftsmetropole Kairo und dem Touristenzentrum Luxor liegen die am wenigsten entwickelten Regionen des Landes. Die **Landwirtschaft**, traditionell der wichtigste Erwerbszweig, wirft kaum noch etwas ab. Begrenzt durch wüste Hügelketten, wurde der schmale Streifen Fruchtland in immer kleinere Parzellen für immer mehr Söhne geteilt. Mit der Rückabwicklung der Landreform sehen sich die Bauern nun auch den Forderungen der alten Grundherren gegenüber. Anders als in Luxor und Assuan bietet der Tourismus keine Alternative. Die wenigen großen Industriebetriebe, etwa Zuckerraffinerien oder das noch mit sowjetischer Hilfe gebaute Aluminiumwerk in Nag Hamadi, machen sich fit für den Weltmarkt und reduzieren ihre Belegschaft. So bleibt den jungen Leuten nur die Abwanderung nach Kairo oder Hurghada.

Was erwartet den Urlauber, der sich allen Warnungen zum Trotz nach Mittelägypten wagt? Zuallererst wird er ein vom Tourismus kaum berührtes Ägypten kennenlernen. **Pharaonische Stätten** wie Beni Hassan oder Amarna, so spektakulär sie auch sein mögen, können mit den Pyramiden oder den Königsgräbern nicht mithalten. Die **Landschaft?** Nun ja, es gibt schöne Strecken mit bukolischen Szenen, hier und da wachsen Inseln und Auen aus dem Nil, doch meist verläuft die alte Hauptstraße abseits vom Fluss. Die **Kleinstädte**, eine reiht sich an die andere, haben bessere Zeiten gesehen.

Vor allem in den Dörfern und Landstädten Mittelägyptens überlebte das **koptische Christentum** bis in unsere Zeit. Südlich der Hauptstadt ergänzen mehr und mehr die charakteristischen Doppeltürme der Kirchen die Minarette, bis schließlich Kreuz und Halbmond gleichberechtigt die Silhouetten der Siedlungen zu beherrschen scheinen. Jeder fünfte Einwohner der Provinzen el-Minya, Assiut und Sohag ist Christ. Zwar gibt es auch bitterarme Kopten, doch sind die meisten Christen wirtschaftlich besser gestellt als der Durchschnitt ihrer muslimischen Landsleute.

Beni Suef

Die etwa 200.000 Einwohner zählende Hauptstadt der gleichnamigen Provinz liegt etwa 120 km südlich von Kairo am Westufer des Nils. In der Osmanischen Zeit war Beni Suef für seine Leinenstoffe berühmt, heute sind Zementfabriken die größten Industriebetriebe.

Von touristischem Interesse ist einzig das **Museum** der Stadt. Man findet es, von Kairo auf dem Westufer des Ibrahimiya-Kanals kommend, zu Beginn der Stadt neben einem kleinen Zoo. Welch ein Kontrast zum Gedränge im Ägyptischen Museum zu Kairo! Hier in der Provinz trifft man im Museum vielleicht auf eine Schulklasse, ist ansonsten aber wahrscheinlich der einzige Besucher. Die engagierte Kuratorin Soad Fayez Mahrouz lässt es sich nicht nehmen, die seltenen ausländischen Gäste nach Möglichkeit persönlich durch die streckenweise auch englisch gut beschriftete Ausstellung zu führen. Diese beginnt im Erdgeschoss mit allerlei Großplastiken, seien es Herrscher wie der düster blickende Sesostris III. oder Amenemhet III. mit einer geheimnisvollen Schachtel auf den Knien, deren Inhalt wir nie erfahren werden. Eine Hatschepsut aus Rosengranit lächelt den Betrachter an, Gott Horus hebt drohend die Faust. Interessant auch die Statuen in ägyptisch-griechischem Mischstil wie die beiden geflügelten Sphingen. Das Obergeschoss zeigt Exponate aus der islamischen und koptischen Zeit, z. B. ein eindrucksvolles Triptychon mit der Kreuzigungsszene.

Museum: Tägl. 8–16 Uhr. Eintritt 10/5 LE, Fotoerlaubnis 10 LE. Sh. Salah Salem.

> Telefonvorwahl: 082

Anfahrt: Der **Zug** braucht von Kairo nach Beni Suef 1½–2 Std. Bahnhof mitten im Stadtzentrum.
Übernachten: *City Center*, am Bahnhofsplatz. 2009 eröffnet und das beste Hotel im Zentrum; wählen Sie nach Möglichkeit ein Zimmer in den oberen Etagen. Kostenloses WLAN. DZ 140 LE. Midan el-Mahatta, ✆/℡ 2367273.

Christus im Museum Beni Suef

El-Minya (el-Minjeh)

El-Minya ist ein Ort der Atmosphäre, nicht der Sehenswürdigkeiten. Diese liegen außerhalb der Stadt und sind ohne Taxi oder eigenen Wagen nur beschwerlich zu erreichen.

Basarviertel, Ägyptens schönste Uferpromenade, da und dort noch eine stattliche Villa oder ein morsches Hotel aus der Zeit, da hier noch die Paschas das Sagen hatten – viel mehr gibt es in el-Minya nicht zu sehen. Über zwei Jahrzehnte wurde um Standort und Finanzierung eines Echnaton-Museums gerangelt. Nun ist es auf dem Ostufer nördlich der Brücke in Bau.

So bescheiden sie auch sein mag, die Universitätsstadt hat die beste touristische Infrastruktur weit und breit. Wer die Echnaton-Stätte Tell el-Amarna oder die Gräber von Beni Hassan besichtigen will, muss in el-Minya übernachten.

Telefonvorwahl: 086

• *Anfahrt* Von Kairo dauert die Anfahrt (250 km) auf der verkehrs- und abwechslungsreichen **Landstraße** *(tariq ez-zira'at)* am Westufer des Nils 4–5 Std. Schneller sind die Straße am Ostufer und die hinter den Giza-Pyramiden beginnende **Autobahn** *(tariq es-sahraui)*.

Von der **Busstation** 500 m südlich des Bahnhofs kommt man tagsüber stündlich nach Kairo (Moneib Terminal) und Assiut, ein Bus fährt direkt nach Hurghada. Nahezu alle **Züge** zwischen Kairo und Luxor halten in el-Minya. Abfahrten nach Kairo: 4.30, 5, 5.35, 6.00, 8.35, 12.00, 15.40, 17.00, 17.45, 18.45 Uhr.

Für **Tagesausflüge** mit dem **Taxi** in die Umgebung el-Minyas rechne man mit 80–150 LE. Solange die Ostufer-Straße noch nicht bis Amarna reicht, bieten sich die beiden folgenden Touren an: eine nach Beni Hassan in Verbindung mit Deir el-'Adra und Saujet el-Maitin, die andere nach Tell el-Amarna in Verbindung mit Hermopolis und Tuna el-Gebel.

• *Verschiedenes* **Touristinformation**: An der Corniche bei der Lamati-Moschee, ✆ 2731521. Hussein Farag (✆ 0100-1299479) und sein Kollege Mahmoud Abdel Samir (✆ 0100-3371388) arrangieren Ausflüge zu den Stätten der Umgebung. Sie stellen sich für 150 LE am Tag auch selbst als **Führer** zur Verfügung. Etwas günstiger führt John Ezat Fawzy, ✆ 0122-3300816.

Die **Post** befindet sich am Anfang der vom Bahnhof zum Nil führenden Sh. el-Gomhuriya. Sa–Do 8–14 Uhr.

• *Übernachten* **Horus (2)**, am Nordende der Corniche. Das direkt am Nil gelegene Bungalowhotel gilt als die beste Hoteladresse in Minya und wird von den seltenen Reisegruppen belegt. Geräumige Zimmer, Pool, kostenfreies WLAN. Küche und Service des Restaurants lassen Wünsche offen, auch die frühmorgendliche Einnebelung des Gartens mit Insektenspray stößt auf Kritik. DZ 50 €. ✆/✆ 2316660, ✆ 2316662, www.horusresortmenia.com.

Aton (1), am Nordende der Corniche. Das Bungalowhotel steht direkt neben dem Horus Resort am Nil. Die Bungalows verteilen

Fatimidenmoschee el-Lamati

el-Minya 243

Mittelägypten
Karte S. 246

Übernachten
1. Aton
2. Horus
3. Cleopatra
4. Lotus
6. Dahabiya
8. Echnaton
10. Armed Forces Hotel

Essen & Trinken
5. Mermaid
7. Kased Karim
9. El-Hayek

Stadtbuslinie

El-Minya
50 m

Waschtag am Nil

sich über einen großflächigen Garten. Auf einem Ponton kann man auf dem Nil Kaffee trinken, selbstverständlich gibt es auch einen Pool. Die Küche ist besser als im Horus. DZ 50 €. ✆ 2342993, ℻ 2341517, aton resort@yahoo.com.

Armed Forces Hotel (arab. *funduk el-geish*) **(10)**, am Ostufer südlich der Brücke. Auch Zivilisten dürfen in diesem Palast wohlgesichert übernachten. Zwar kann das Personal kein Englisch, doch findet sich unter den Militärs schnell ein höherer Dienstgrad als Dolmetscher. Die Zimmer sind sauber, mit pflegeleichten Fliesenböden, verfügen über TV und AC. Außer herrlicher Aussicht und einem schönen Garten am Nil bietet das Hotel auch Sportplätze und in der Nachbarschaft sogar eine Bowlingbahn und Autoscooter. DZ 250 LE. ✆ 2366283.

Cleopatra (3), 2 km nördl. des Zentrums an einer belebten Straße. Relativ neu und mit kräftigen Farben dekoriert, wird das Hotel von einheimischen Geschäftsreisenden bevorzugt. Restaurant im Dachgeschoss. DZ 180 LE. Sh. Taha Hussein, ✆ 2370800, ℻ 2370801, www.cleopatrahotelmenia.com.

Akhenaten (Echnaton) (8), im Zentrum der Corniche. 50 Zimmer mit AC, TV und Kühlschrank, teils mit Nilblick. Die Zimmer sind unterschiedlich groß, die meisten haben neue Bäder. Alkoholfreies Restaurant. Von den Hotels im Stadtzentrum ist dies die beste Wahl. DZ 150 LE. ✆/℻ 2365918, www.kingakhenaton.8m.com.

Lotus (4), in Bahnhofsnähe laut gelegen, die schon etwas abgewohnten Zimmer mit AC und TV. Pluspunkte sind Dachrestaurant und -bar mit Alkoholausschank und Aussicht. DZ 100 LE. 1 Sh. Bur Sa'id, ✆ 2364500, ℻ 2364576.

Dahabiya (6), vor der National Bank. Übernachten im Hausboot auf dem Nil! Wenn das Sozialwerk der koptisch-evangelischen Kirche (CEOSS) sein Gästeboot gerade nicht selbst benötigt, vermietet „Kapitän" Wael Adly (✆ 0100-1996829) die vier Zimmer (1–3 Betten, Etagenbad) an jedermann. Schlicht, doch romantisch und mit Flair. Das Boot ankert flussaufwärts neben der Mermaid. Pers. 80 LE. Corniche, ✆ 2342993.

• *Essen & Trinken* Das ab dem späten Nachmittag geöffnete Restaurantboot **Mermaid (5)** ankert an der Corniche und kann so auch mit Aussicht und frischer Luft aufwarten. Zu essen gibt's Standards wie Spagetti Bolognese oder Hühnchen; auch wer nur einen Kaffee trinken möchte, ist willkommen.

Günstig isst und trinkt man auch gleich neben der Mermaid in der **Cafeteria des Dahabiya (6)**. Wahlweise kann man am Ufer oder auf dem Schiff sitzen.

Kased Karim (7), am Bahnhofsplatz, empfiehlt sich mit Snacks und süßen Törtchen als Konditorei für alle Tageszeiten. Auch Frühstück.

El-Hayek (9), Sh. el-Mudiriya, bietet Kuschari in riesigen Portionen. Schleckermäuler besuchen die Konditorei.

Alkohol wird nur in den Hotels Horus, Aton, Lotus und Ibn Khassib ausgeschenkt.

Sehenswertes um el-Minya

Wer sich für christliche Archäologie interessiert, wird die auf die Zeit Konstantins und Helenas zurückgehende Felskapelle im **Kloster Deir el-'Adra** besuchen. Der heute nur noch von der Hausmeisterfamilie bewohnte Konvent liegt malerisch auf dem Gebel et-Ter („Vogelberg"), einem Steilfelsen über dem Niltal. Der Überlieferung nach rastete hier die Heilige Familie auf ihrer Flucht nach Ägypten. An den Tagen vor Mariä Himmelfahrt, die hier nach dem koptischen Kalender am 22. August gefeiert wird, pilgern Christen wie Muslime aus der Region gerne zum Kloster.

Mit dem **Auto** bzw. **Taxi** in el-Minya über die Nilbrücke und dann direkt am Nil 21 km nordwärts zum Dorf Deir el-'Adra.

Tihna el-Gebel

Etwa auf halber Strecke zwischen el-Minya und dem Kloster gibt es beim Dorf Tihna el-Gebel die Ruinen eines Amuntempels, einer griechisch-römischen Stadt und ungewöhnliche Felsreliefs zu entdecken.

Man parkt zweckmäßig am Dorfrand neben dem Wächterhaus. Mit Begleitung geht es dann hinauf zum **Amuntempel** aus der Zeit Ramses II. In der ersten von vier hintereinander aus dem Fels geschlagenen Kammern erkennt man einen Grabschacht, in der letzten einen Altar. Unter Kaiser Nero wurde dem Tempel eine Pfeilerhalle vorgesetzt. An der Seite des Eingangsportals kniet der Nilgott Hapi; darüber, nur noch der Unterkörper ist erhalten, bringt Nero ein Opfer dar. Südlich des Amuntempels wurde in einem weiteren aus dem Fels geschlagenen Grabtempel der **Krokodilgott Sobek-Re** verehrt. Am Grab Nr. 3 zeigt der Wächter eine hinter dem Eingangsgitter sicher verwahrte Krokodilmumie.

Nächste Station ist eine **römische Felskapelle**. Da die Treppe weggebrochen ist, bedarf es einer kleinen Kraxelei, um hinauf zu kommen. An der linken Hälfte der Fassade bringt der in eine Toga gewandete Stifter ein Opfer dar. Am Eingang links und rechts oben zwei Darstellungen des vergöttlichten Imhotep, auf den sich auch die Inschriften der Laibung beziehen. Opferszenen schmücken die Wände der Kultkammer.

Man geht nun wieder zum Amuntempel zurück und umrundet den Hügel im Uhrzeigersinn bis zu einem Plateau. In südöstlicher Richtung erkennt man die Reste einer römischen Siedlung und oben am Fels ein **Relief der Zwillinge Castor und Pollux**, zwischen ihnen die mit einem Halbmond geschmückte Mond- und Jagdgöttin Diana. Das Plateau wird gen Südwesten überquert, der Pfad läuft abwärts und mündet auf einen nach Süden führenden Weg. Über diesem feiert ein etwa 4 x 4 m großes **Felsrelief** das Krönungsjubiläum **Ramses III.** Vor dem Pharao steht der krokodilköpfige Gott Sobek-Re, hinter ihm Amun-Re mit seiner Doppelfederkrone. Noch etwas weiter prangt eine monumentale Kartusche des Königs.

Man kehrt nun um und geht den Weg in nördliche Richtung. An einer zerklüfteten Felswand lässt sich **Ptolemaios V. Epiphanos** mit einer dreizeiligen **Inschrift** vor Osiris und einer weiteren Gestalt feiern. Dann fallen oberhalb des Wegs zwei pharaonische **Gräber** auf. Mangels Inschriften lassen sie sich nicht weiter datieren. Die Innenräume sind mit nachträglich eingeritzten Graffiti von Kamelkarawanen geschmückt.

Der Weg mündet wieder auf den Zugang zum Amuntempel. Wer noch nicht genug hat, besucht anschließend die **griechische Grabkapelle** (ca. 150 m nordöstlich der Kirche von Tihna el-Gebel) sowie die vier nach ihrem Entdecker benannten **Fraser-**

Mittelägypten

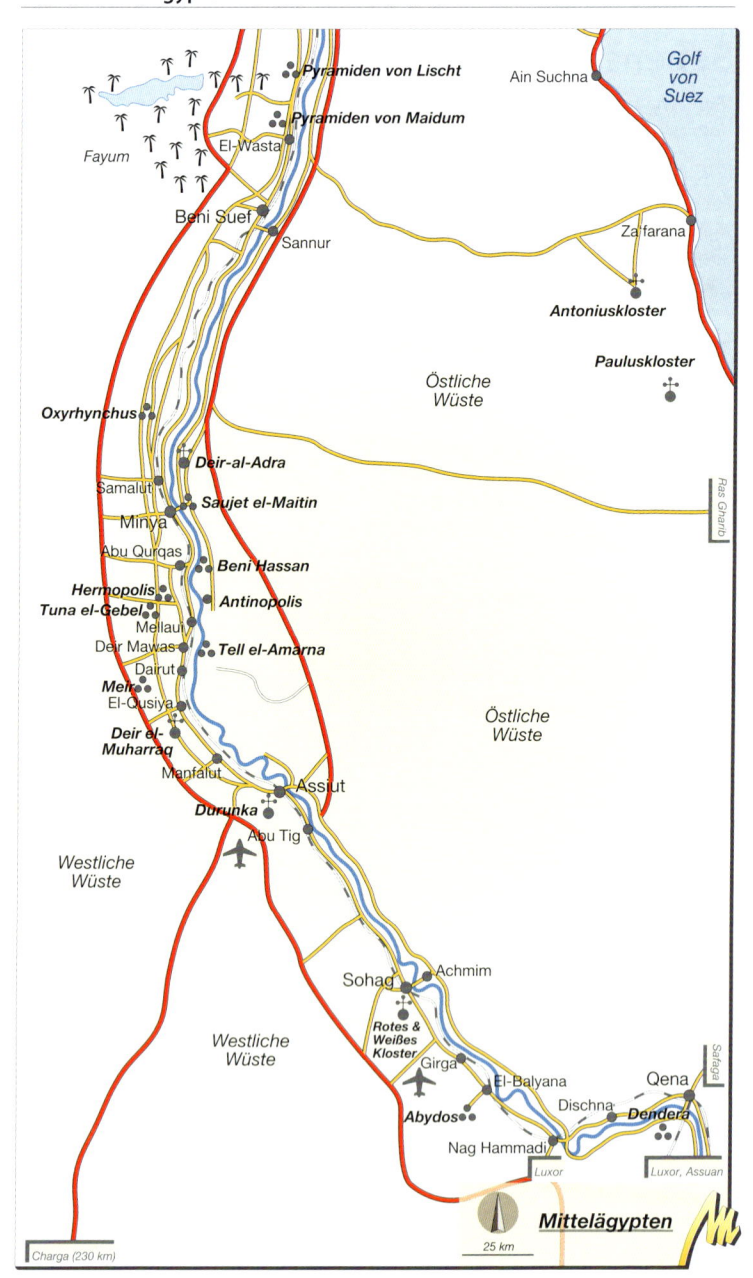

Sehenswertes um el-Minya 247

Gräber aus dem Alten Reich. Noch am besten erhalten ist das Felsengrab des Hathor-Priesters Ni-ka-anch (5. Dynastie).

Mit dem **Auto bzw. Taxi** in el-Minya über die Nilbrücke und dann direkt am Nil nordwärts. Zu den Fraser-Gräbern (Eintritt 20/10 LE) bei Kilometer 10 nach der Brücke im Dorf Scheich Mohammed ostwärts abbiegen (2 km). Kilometer 12 Tihna el-Gebel.

GPS-Koordinaten: Wächterhaus 28°11'13"N 30°46'18"O; Castor & Pollux 28°10'51"N 30°46'33"O; Ramses III. 28°10'43"N 30°46'32"O; Inschrift 28°10'49"N 30°46'31"O; Grabkapelle 28°10'20"N 30°46'34"O.

☆ Saujet el-Maitin (Zawiyat el-Mayitin)

Kuppel an Kuppel reihen sich geräumige Familienmausoleen zu einem Labyrinth, in dem man leicht die Orientierung verlieren kann – angeblich handelt es sich um den größten Friedhof der Welt.

Seit Menschengedenken ist Saujet el-Maitin („Platz des Todes") der Bestattungsplatz für die gesamte Region. Vom Kom el-Ahmar, dem durch moderne Steinbrüche lädierten „Roten Hügel", in dessen Felsengräbern Fürsten des Alten Reiches ihre letzte Ruhe fanden, hat sich das Gräberfeld immer weiter Richtung Nil und dann entlang den Ufer ausgedehnt. Traditionell am Freitag und darüber hinaus vor den großen Feiertagen besuchen Frauen und Kinder die Gräber ihrer Angehörigen.

Ob Kopte oder Moslem, im Tode sind sie alle gleich und die Gräber in Saujet el-Maitin nicht zu unterscheiden. Weder Christentum noch Islam haben hier dem Grab seinen Charakter als „Haus der Ewigkeit" nehmen können, das, aus Stein, beständiger gebaut ist als manche Lehmhütte der Lebenden. Einige Grabstätten sind mit Fähnchen und Wimpeln geschmückt. Hier ruht ein Marabu, ein Heiliger. Wie etwa Scheich Kurtibu, der zwölf Bücher geschrieben hat, wie die Dörfler ehrfurchtsvoll berichten. Weniger bekannt ist das Grab der Frauenrechtlerin Hoda Shaarawi.

Pyramide von Kom el-Ahmar: Zwischen Straße und Rotem Hügel steht eine jetzt noch etwa 5 m hohe Pyramide mit 22 x 22 m Grundfläche. Dies ist die einzige Pyramide auf dem Ostufer des Nils, und ihre Funktion ist ebenso umstritten wie ihr Erbauer – oft wird Pharao Huni (3. Dynastie) genannt.

Grab des Nefersecheru: Von den antiken Gräbern am Kom el-Ahmar ist einzig das des Schreibers und Verwalters Nefersecheru (19. Dynastie) zu besichtigen. Die nur schlecht erhaltene Innendekoration zeigt an der linken Wand den Grabherrn mit Gattin, wie sie von Horus zu den Horussöhnen und zu Osiris und Nephtys geführt werden. Auf der rechten Wand erkennt man das Paar vor zwei Schreinen. Im vorderen Wandteil schreitet eine Totenprozession; auch das Einbringen der Grabbeigaben ist dargestellt. Die drei zerfallenen Statuen an der Rückwand der Kammer könnten Nefersecheru (Mitte), seine Frau und seine Mutter dargestellt haben.

Mit **Taxi oder eigenem Wagen** über die Nilbrücke und dann rechts, nach wenigen Kilometern beginnt die Totenstadt. Der Kom el-Ahmar liegt etwa 5 km nach der Brücke hinter dem zweiten Dorf.

Dank für die GPS-Koordinaten von Tihna el-Gebel und Kom el-Ahmar (Pyramide 28°02'45"N 30°49'43"O, Nefersecheru 28°02'47"N 30°49'54"O) an Roland Unger!

Warnung: Die Kinder sind hier extrem aufdringlich und orientieren sich am Vorbild des Dorfvorstehers (Scheich el-Balad). Dieser, ein Mann mit mächtiger Statur und Schnauzbart, nötigt ausländischen Besuchern ein als „Teegeld" umschriebenes Bakschisch ab.

☆☆ Beni Hassan

Lebendige Wandmalereien und die herrliche Aussicht über den Nil machen die Gräber von Beni Hassan zu einem lohnenden Ausflugsziel.

Die 39 Felsengräber von Vornehmen des Mittleren Reiches sind längst ihrer beweglichen Schätze beraubt. Auch die Stuckbilder haben gelitten, zumal die Höhlen lange bewohnt waren. Bevorzugt sind Themen aus Natur und Alltag dargestellt: Antilopen und Wildziegen sichern dem Toten im Jenseits reiche Jagdgründe, Schlachtvieh und Ernteszenen lassen ihn auf Ewigkeit satt werden, Fische und Vögel versprechen ihm kulinarische Höhepunkte. Zu den Standardthemen der Grabmalerei in Beni Hassan gehören auch Tanz und Sport, Handwerksarbeit, das Einsammeln der Abgaben und die Totenfahrt nach Abydos.

Zu Gaufürst **Chnumhotep III.** (Grab Nr. 3) führt der Jagdmeister eine Kolonne von Männern, Frauen, Kindern, Vieh und opferbeladenen Lasttieren. Die naturalistisch und humorvoll gezeichneten „Sandwandler", wie die Beduinen in der Inschrift heißen, sind an ihren scharfen Nasen, dem spitzen Kinn und dem Backenbart als Semiten auszumachen. Andere Bilder zeigen Sport und Kriegsspiel. In ihnen kündigt sich die im Neuen Reich so dominante „Schlachtenmalerei" an.

An der Rückwand des **Grabs von Cheti** (Nr. 17) sehen wir die berühmten Ringkampfszenen: Reihenweise werden wir mit den Griffen und Kniffen der rot-schwarz voneinander abgesetzten Ringer vertraut gemacht. Im **Grab von Baket** (Nr. 15), Vater des Cheti, beeindrucken an der Nordwand Szenen einer Wüstenjagd mit Fabeltieren. Die Ostwand gehört wiederum Ringkämpfern und Kriegern. An der Südwand u. a. naturalistische Tierdarstellungen und prügelnde Aufseher, auch eine Stillende wird von deren Hieben getroffen.

Einige Kilometer südlich bewacht der **Felsentempel Speos Artemidos** den Eingang eines Wadis. Die unter Hatschepsut und Thuthmosis III. ein halbes Jahrtausend nach den Gräbern geschaffene Anlage entspricht dem architektonischen Konzept des Neuen Reichs, wie es später unter Ramses II. in Abu Simbel seinen Höhepunkt fand. Lange Inschriften berichten von den ruhmreichen Taten Hatschepsuts.

Beni Hassan liegt am Ostufer. Für einen **Taxiausflug** rechne man mit 80 LE.
Wer den Ausflug nach Beni Hassan mit der Besichtigung von Hermopolis und Tuna el-Gebel auf dem Westufer verbinden will, muss 150 LE für das Taxi zahlen. Es fährt dann am Westufer entlang und bringt Sie zum Fähranleger bei Abu Qurqas, 25 km südlich von el-Minya, wo der Fahrer wartet, während Sie nach Beni Hassan übersetzen. Die **Fähre** kostet pro Fahrt und Tourist 5 LE. Am Ostufer angekommen, geht man die kurze Strecke zur Cafeteria mit Kasse zu Fuß.
Öffnungszeiten: Tägl. 9–17 Uhr, Eintritt 25/13 LE.

Hermopolis

Der noch zu Napoleons Zeiten leidlich erhaltene Kultort des Gottes Thoth verschwand im 19. Jh. weitgehend in den Kalköfen der Bauern. Beeindruckend sind die Reste der frühchristlichen Basilika.

Der ibisköpfige Thoth, Gott der Weisheit und Patron der Schreiber, war pharaonischer Stadtgott von *Schmunu*, dem Hauptort des Hasengaus. Die Ptolemäer verschmolzen Thoth mit Hermes und nannten den Ort *Hermopolis Magna*. Der altägyptische Name Schmunu lebt noch im nahen Dorf Aschmuneïn fort. Die Priester von Schmunu entwickelten den Mythos vom Ur-Ei, aus dem die Sonne entschlüpfte und damit die Schöpfung begann. Mit der Verbindung von Hase und Ei wurde Schmunu

Straßentreiben am Weg nach Hermopolis

zur Wiege abendländischen Kulturguts in Gestalt des Osterhasen. In Europa wurde das Fabeltier freilich erst 1678 durch den Heidelberger Medizinprofessor Georg Franck von Franckenau bekannt, der es in seinem Werk *Satyrae medicae* beschrieb.

Blickfang des weitläufigen Trümmerfelds sind die wieder aufgerichteten Säulen einer imposanten **Basilika**, die im 5. Jh. über einem ptolemäischen Tempel errichtet worden war. Nordöstlich davon die Reste eines **Pylons** von Ramses II. Im Fundament waren über tausend farbig bemalte Reliefblöcke aus dem Anton-Tempel von Amarna verbaut; die meisten davon wurden entwendet und an Museen und Sammler in aller Welt verkauft. Der durch den Pylon laufende Prozessionsweg führte zum **Thoth-Tempel**. Nur wenige umgestürzte Säulen in einem Palmenhain erinnern an das uralte Heiligtum, das zuletzt 330 v. Chr. unter dem Oberpriester Petosiris erneuert wurde. Zum Tempel gehörten auch die von den Archäologen in einem **Freilichtmuseum** (an der Zufahrt) neben anderen Großstatuen wieder aufgerichteten Pavianfiguren.

Für einen **Taxiausflug** von el-Minya nach Hermopolis Magna und Tuna el-Gebel rechne man 80 LE, in Verbindung mit Beni Hassan oder Amarna 150 LE. Die Ausgrabung liegt südlich von Mellaui am Rande des Dorfs Aschmunein.

Öffnungszeiten: Tagsüber geöffnet. Eintritt 20/10 LE.

Warnung: Das Gelände war früher Militärgebiet, angeblich liegen hier noch Minen herum. Bleiben Sie deshalb auf den Wegen und in der Nähe der Monumente.

☆ Tuna el-Gebel

Häuser für die Toten, Katakomben für mumifizierte Tiere, ein Schöpfwerk für Affen und Vögel, und die Geschichte der schönen Isidora – die Nekropole Tuna el-Gebel ist ein recht ungewöhnlicher Friedhof.

Außer Pavian und Ibis wurden auch Falke und Eule als heilige Tiere mit Thoth assoziiert. Auf dem Friedhof Tuna el-Gebel versorgte eine ptolemäische **Sakija**, die älteste ihrer Art in Ägypten, die Tränke für Vögel und Affen. Wer sich vor Fledermäusen nicht fürchtet, mag in den mehr als 30 m tiefen Brunnenschacht hinabstei-

Hier ruht die nicht mehr ganz so schöne Isidora

gen. In den benachbarten **Katakomben** fand man Tausende **mumifizierter Affen und Vögel**, die einst von den Priestern umhegt und gepflegt und schließlich in Würden bestattet wurden. Pilger stifteten Särge für die heiligen Tiere, um den Gott der Weisheit zu erfreuen.

Der **Grabtempel des Petosiris** demonstriert, wie die Künstler des pharaonischen Ägypten die überlieferten Themen immer wieder reproduzierten, aber doch ihren Stil veränderten. Während die profanen Alltagsszenen der Vorhalle einen deutlichen griechischen Einschlag verraten, sind die religiösen Halbreliefs in der hinteren Kapelle noch rein ägyptisch gearbeitet – die Neuerung endete hier an der Schwelle zum Jenseits. Der Sarkophag wird im Ägyptischen Museum zu Kairo gezeigt.

In römischer Zeit wurde Petosiris als Heiliger verehrt. Viele wollten in seiner Nähe bestattet sein, um das Grab wuchs eine ganze Totenstadt. In einem Grabhaus ruht die **Mumie der Isidora**. Der Legende nach ertrank die junge Frau auf der Überfahrt zur Hochzeit mit ihrem Bräutigam am anderen Nilufer. Nach einer romantischeren Version versuchte sie heimlich des Nachts zu ihrem Geliebten zu rudern. In einem an der Wand des Grabraums verewigten Gedicht preist der Vater die Schönheit des Mädchens – der Mumie ist die Wohlgestalt der Verblichenen indes nicht mehr anzusehen.

Das **Rasthaus** von Tuna el-Gebel geht auf den damaligen Kultusminister **Taha Hussein** zurück, der sich hier in der Einsamkeit gerne vom Trubel Kairos erholte. Die alten Wächter berichten, der Schriftsteller und Philosoph habe, wenn er in Tuna el-Gebel weilte, täglich das Grab der Isidora besucht und ihr eine Kerze gestiftet. Auch der ägyptische Stararchäologe *Zahi Hawass* ist Tuna el-Gebel eng verbunden. Er begann hier als Inspektor seine Karriere, die ihn bis auf den Chefsessel der Altertümerverwaltung brachte.

Etwa 2 km vor dem Rasthaus führt neben der Zufahrt eine Monumentaltreppe hinauf zu der von einer Glaswand geschützten **Echnaton-Stele**. Ursprünglich wohl die Rückwand einer Felskapelle, markierte sie die Grenze des Stadtgebiets von Amarna.

Unter der der Sonne opfernden Königsfamilie verkündet der Pharao seinen Entschluss, eine neue Hauptstadt zu gründen.

Die Anfahrt ist derzeit nur mit dem **Taxi** möglich (siehe Hermopolis). Am westlichen Dorfausgang von Aschmuneïn lässt man die Hermopolis-Abzweigung rechts liegen und nimmt stattdessen die nächste Abzweigung nach rechts. Nach 6 km erreicht man die Eintrittskasse, von dort sind es noch weitere 5 km bis zur Nekropole.

Öffnungszeiten: Da derzeit in der Woche allenfalls ein Dutzend Besucher vorbeikommen und der Schlüsselgewaltige nicht immer vor Ort ist, wird geraten, den Besuch über das Touristoffice in el-Minya bereits vorab anzukündigen. Eintritt 20/10 LE.

Mellaui (Mallawi)

Der schleichende ökonomische Niedergang bereitete in der 45 km südlich von el-Minya gelegenen Kreisstadt den Boden für die Islamisten, die Mellaui zu einem Schwerpunkt ihrer bewaffneten Rebellion machten. Daraufhin geriet die Stadt unter das drakonische Regime der staatlichen Sicherheitskräfte, die mit Razzien, Ausgangs- und Straßensperren das öffentliche Leben lähmten.

Gott Thoth (in Ibisgestalt) und seine Kollegin Maat (mit Feder)

Ein **Museum** zeigt in verstaubten Vitrinen Grabungsfunde aus der Region: Statuen und Mumien von Affen und Ibissen, Sarkophage, griechisch-römische Wandmalereien und Totenmasken, dazu (im Obergeschoss) allerlei Kleinfunde. Als schönstes Stück gelten die im Alten Reich aus Kalkstein gefertigte Sitzstatue des Pepi-anch und seiner Frau sowie die Statue einer Ramsestochter.

Nach Mellaui kommt man von el-Minya am einfachsten und ohne Polizei-Stress mit dem **Zug**. Das Museum steht in der Neustadt an der Ost-West-Hauptstraße neben dem Rathaus. Geöffnet tägl. 9–16 Uhr, Mi- und Freitagnachmittag geschlossen. Eintritt 10/5 LE.

Tell el-Amarna

Enttäuscht sind die meisten Besucher von Tell el-Armana, der Stadt des Echnaton. Außer einigen Grundmauern und Gräbern ist von der Stadt des „Sonnenkönigs" nichts erhalten geblieben.

Um seine Neuerungen zu unterstreichen (→ Kasten S. 254), gründete Echnaton ungefähr 1350 v. Chr. weit entfernt vom verhassten Theben seine neue Hauptstadt Achet Aton („Horizont der Sonne"), heute Tell el-Amarna genannt. Mit dem Tempel des Aton und dem Königspalast im Zentrum erstreckte sie sich 2,5 km am Nilufer entlang. Nach Echnatons Tod gewannen unter seinem (vermutlichen) Schwiegersohn Tutanchamun jedoch die Amun-Priester wieder die Oberhand. Gerade mal 14 Jahre nach Baubeginn wurde Achet-Aton aufgegeben und geschleift. Und was damals nicht beseitigt wurde, besorgten die Jahrtausende danach.

Tell el-Amarna liegt am Ostufer. Eine Straße von Beni Hassan her ist im Bau, doch 2011 setzte man noch mit der Fähre über.

Für einen **Taxiausflug** ab el-Minya rechne man 80 LE, in Verbindung mit Hermopolis und Tuna el-Gebel 150 LE.

Eine **neue Nilbrücke** südl,. von Mellaui war 2011 noch im Bau. Bis zur Eröffnung setzt man noch mit der **Fähre** über. Dazu verlässt man 5 km südlich von Mellaui die Landstraße links und überquert den Ibrahimiya-Kanal – die Stichstraße führt zur Anlegestelle am Nil. wo die **Fähre nach et-Till** übersetzt (Personenfähre 4,50 LE/Pers., auch Autotransport).

Öffnungszeiten: Die Stätte ist tägl. 7–17 Uhr, Okt.–Mai bis 16 Uhr geöffnet. Alles liegt weiträumig verstreut, und man braucht ein Auto. Wer ohne Wagen unterwegs ist, bekommt einen samt Fahrer für 80 LE am Kartenhäuschen beim Fähranleger et-Till. Eintritt für die Stätte 30/15 LE.

Dazu kommt noch ein gesondertes Ticket für das Echnaton-Grab (25/15 LE). In den Gräbern darf nicht fotografiert werden.

> Man bringe ausreichend Kleingeld mit! Bürgermeister, Fahrer, Schließer, Wächter und Beleuchter erwarten jeweils ein Bakschisch.

Essen & Trinken: An der Fähre und bei den Nordgräbern bieten Teebuden Erfrischungen.
Internet: Amarna, die Stadt des Echnaton, wird dokumentiert unter www.amarnaproject.com.

Die Stadt

„Welcome – Civilisation starts Here", grüßt ein Schild an der Fähre – und der Ankömmling wird von Kindern umringt, die ihm Korbwaren zu verkaufen suchen. Aber wo ist die angekündigte Kultur? Die meisten Gebäude von Achet-Aton bestanden nur aus Lehmziegeln, und die kleinen Steine, mit denen man der Eile halber die Tempel errichtet hatte, ließen sich bequem abtransportieren und anderswo verwenden. Schwer vorzustellen, dass hier einst 50.000 Menschen wohnten.

Der Reisende wird im staubigen Kleinbus über eine große, flache Sandfläche kutschiert, passiert hier und da ein paar Fundamente und rekonstruierte Säulenbasen des **Aton-Tempels** und der Paläste. Östlich des Hauptpalasts, so erfahren wir, wurde 1885 das Staatsarchiv mit den aufschlussreichen **Amarna-Tafeln** gefunden. In diese Tontafeln war die diplomatische Korrespondenz zwischen Ägypten und sei-

Überfahrt nach Tell el-Amarna

Sehenswertes um el-Minya 253

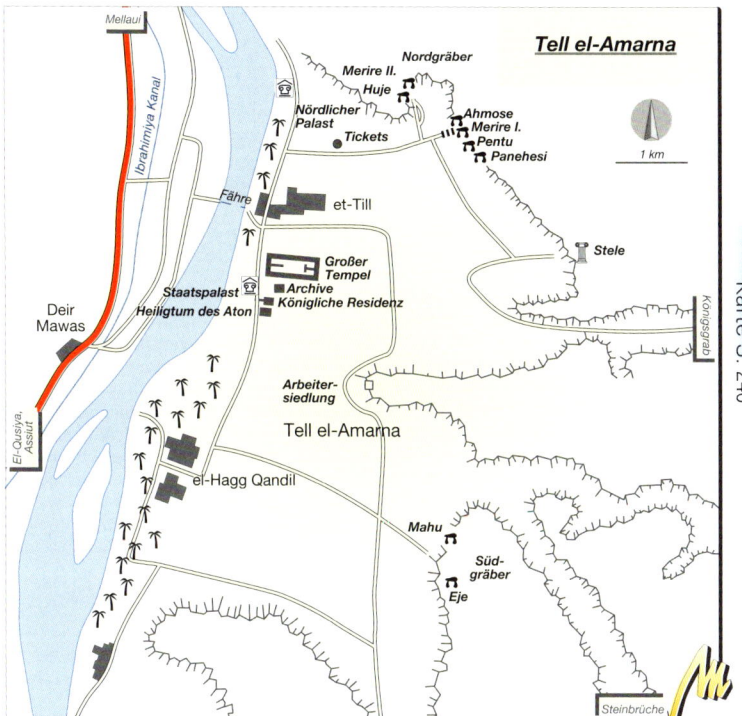

nen Nachbarstaaten geritzt. Aus dem Schutt einer Bildhauerwerkstatt stammt das Wahrzeichen der ägyptologischen Sammlung Berlins, die **Büste der Nofretete**.

Die Gräber

An den Rändern der Ebene versöhnen zwei Gruppen von Felsengräbern, **Nord** und **Süd** genannt, mit dem sonst enttäuschenden Amarna. Die meisten blieben unvollendet und wurden wahrscheinlich nie belegt. Stil und Thematik der Reliefs machen sie einzigartig. Während sonst der Grabherr und seine Familie im Mittelpunkt stehen, kommt diesen in Amarna nur eine Nebenrolle zu. Sie begegnen uns etwa im Eingang beim Rezitieren der Aton-Hymne oder als Nebenfiguren in Szenen mit der königlichen Familie. Um diese geht es in Amarna. Sie wird wieder und wieder gezeigt, dazu die Gebäude und sogar die Gärten von Achet-Aton.

In der **Nordgruppe** zählt das **Grab von Merire I.** (Nr. 4) zu den schönsten. Im Eingang zum Säulenraum sehen wir den Aton-Priester Merire (rechts) und seine Gemahlin (links) beim Gebet. In der linken Hälfte des Raums (vom Eingang im Uhrzeigersinn) wird er vom Pharao (im Fenster des Palasts) mit Gold beschenkt und in sein Amt als Aton-Priester eingeführt. Dann die königliche Familie mit Gefolge auf dem Weg zum Tempel, wo sie vom Priester mit Opfertieren und blinden Musikanten erwartet werden. Auf der rechten Eingangswand opfert die königliche Familie: An den Altären zelebriert Merire mit einem Kollegen, darunter Höflinge, Priester und der Tempelchor. Von den Höflingen hielt der Künstler offenbar wenig: Er karikiert sie mit Glatze, Schlitzaugen und spitzem Kinn. Auf der Südwestwand sehen wir den Palast und den Besuch der Herrscherfamilie im Tempel, darunter wird Merire von Echnaton und Nofretete beschenkt. Auf der rechten Rückwand schließlich das Anwesen des Grabherrn.

Das **Grab des Huje** (Nr. 1), Haushofmeister der Königsmutter Teje, liegt abseits und wird nur selten besucht. Neben dem königlichen Paar und den Prinzessinnen sind im Vorraum auch **Teje**, deren Gemahl Amenophis III. und Tochter Baketaton dargestellt. In einer **Speiseszene** (rechte Eingangswand) hält Nofretete eine Gans in der Hand – in den Augen der Amun-Priester ein schrecklicher Frevel, wird doch hier das Symbol ihres Gottes verspeist! Auf der linken Wand nimmt die Herrscherfamilie **Tribut** aus Syrien und Nubien entgegen.

Auch das **Grab von Merire II.** (Nr. 2), Vorsteher des königlichen Harems, liegt abseits der üblichen Route. Es wurde noch unter Echnatons Nachfolger Semenchkare bearbeitet, ausnahmsweise sind hier auch die Säulen des Vorraums intakt. Die schon von Huje bekannte **Tributszene** ist hier besonders detailreich ausgeführt.

Im unvollendeten **Grab von Ahmose** (Nr. 3), „Wedelträger zur Rechten des Königs", sind die meisten Reliefs nur vorgezeichnet. An der linken Wand des Vorraums, über dem Mahl der Herrscherfamilie, bahnt eine bewaffnete Eskorte im Laufschritt dem königlichen Wagen den Weg zum Tempel – „Sicherheitskräfte" anno dazumal.

Das **Grab des Arztes Pentu** (Nr. 5) ist unvollendet und stark zerstört.

Panehesi (Grab Nr. 6) war Priester am Aton-Tempel. Hier ist auch der Schmuck an der Außenwand des Eingangs noch erhalten und zeigt auf dem Türsturz zwei betende Hofzwerge. Die erste Halle diente in christlicher Zeit als Kirche, eine Scheintür wurde zu einem Taufbecken umgebaut.

„Ketzerkönig" Echnaton

Echnaton, ursprünglich als Amenophis IV. auf den Thron gekommen, wollte sich dem politischen Einfluss der Amun-Priester Thebens entziehen. Fortan sei nicht mehr dem Amun und seiner korrupten Priesterschaft zu opfern, sondern es seien die Opfer dem neuen Gott Aton darzubringen, dazu dem obersten Priester, dem Pharao, und den von ihm bestimmten Aton-Priestern. Der König verbot seinen Untertanen sogar das Gebet zu den Göttern. Jedermann hatte sich zunächst an den Pharao als Mittler zu wenden, denn nur dessen Gebete hört Aton an.

Man wird Echnaton („dem Aton wohlgefällig") nicht absprechen, dass er tatsächlich davon überzeugt war, was er dem Volk predigen ließ. Vieles deutet darauf hin, dass seine Beschäftigung mit theologisch-metaphysischen Problemen ihm gegen Ende seines Lebens keine Zeit mehr zur Politik ließ. Fremde Völker überschritten die Grenzen, ohne dass der Pharao zu reagieren fähig gewesen wäre.

Echnatons Gedanken konnten auf eine alte Tradition der ägyptischen Priesterschaft aufbauen, in der es schon immer Schulen gab, die das Schwergewicht auf *einen* Gott legten. Diesem Ur- oder Schöpfergott wurde meist in Gestalt des Sonnengottes Re gehuldigt. Echnaton ist also keineswegs geistiger Urheber der monotheistischen Weltreligionen. Er hat nur als Erster den Glauben an einen Gott zur Staatsreligion erhoben.

Von den **Südgräbern** lohnen sich besonders Nr. 9 und Nr. 25. **Mahu** (Grab Nr. 9) war Polizeichef von Achet-Aton. Die Wände der vorderen Halle zeigen alle Arbeitsschritte von der ersten Skizze bis zum fertigen Relief, sodass sich hier die Technik

Sehenswertes um el-Minya

Hier huldigte Nofrete dem Gott Aton

der Künstler gut nachvollziehen lässt. Links Szenen aus dem Berufsleben des Polizeichefs: oben ein befestigtes Lagerhaus mit Waffen und Vorräten, Bedienstete bringen Waren; darunter grüßt Mahu, hinter sich drei gefangene Ausländer, den Wesir und eine Gruppe von Offizieren und Beamten. Dann der Grabherr im Wagen, darüber wärmt er sich an einem Becken mit glühender Kohle. Oder werden hier Eisen zum Foltern der Gefangenen erhitzt? In der Ecke Mahu (mit Hund) im Gespräch mit einem Schreiber, darunter vielleicht Mahus Haus. An der linken Rückwand eine Prozession der nubischen Polizeitruppe.

Das **Grab des Eje** (Nr. 25), möglicherweise Vater der Nofretete, war besonders grandios geplant. Von der Halle mit 24 Säulen wurde jedoch nur die eine Hälfte vollständig aus dem Fels gearbeitet. Der nach Tutanchamuns Tod zum Pharao aufgestiegene Eje ließ sich in Theben ein neues Grab bauen und wurde schließlich dort im Tal der Könige beigesetzt (→ S. 303). Die einzige vollendete Szene zeigt Eje und Gattin Tij vor dem Palast, wo sie von der königlichen Familie beschenkt werden.

Königsgrab: Gesondert von den übrigen Gräbern liegt die Familiengruft Echnatons etwa 11 km östlich von et-Tell im Darb el-Melek, einem weltabgeschiedenen Wadi. Sie war für die Bestattung des Pharaos, der früh verstorbenen Tochter Meketaton und für zwei weitere Personen vorgesehen, vielleicht Nofretete und Mutter Teje. Da das spröde Gestein kaum zu modellieren war, wurden die Reliefs auf einer Gipsschicht aufgetragen – umso leichter waren sie zu zerstören oder zu stehlen. Die Gruft ist derart verwüstet, dass ein Besuch allein der Bilder wegen kaum lohnt – nur wer dem gescheiterten Reformer Echnaton seine Referenz erweisen will, wird die Anfahrt auf sich nehmen. Sein Sarkophag ist im Kairo-Museum zu sehen.

Vom Grundriss folgt die Anlage den Vorbildern im Tal der Könige. Treppe und ein langer Korridor führen in den Berg. Auf halber Strecke zweigt rechts ein **unvollendetes Grab** ab, das vielleicht für Nofretete vorgesehen war. Der Korridor mündet in eine zweite Treppe und den Schachtraum, dahinter liegt die **Grabkammer des Königs**.

Nennenswerter Wandschmuck blieb nur im **Grab von Meketaton** erhalten, das vor der letzten Treppe rechts abzweigt. Im ersten Raum huldigen die Königsfamilie und das Volk, ja sogar Ausländer der untergehenden (links) und aufgehenden (rechts) Sonne. Rechts vom Eingang trauern das Königspaar und Klageweiber um die aufgebahrte Prinzessin. Eine Amme hält ein Baby, woraus einige Forscher schlossen, dass Meketaton im Kindbett gestorben sei. Der zweite Raum blieb ohne Wandschmuck, im dritten wiederum Trauerszenen.

… 256   Mittelägypten

Assiut

Mit wenigen Sehenswürdigkeiten, eher schnell als schön gebauten Hochhäusern und seinem Ruf als Islamistenhochburg ist Assiut kein Ort für Touristen. Die stranden hier allenfalls am Ende der Oasentour durch die Libysche Wüste und warten auf den Zug.

Die mit ca. 400.000 Einwohnern größte Stadt Mittelägyptens lebt weitgehend vom Handel. Am Stadtrand gibt es eine riesige Universität, und schnell wird der Fremde auf einen Studenten treffen, der ihm die Stadt zeigen will und das Gespräch sucht. Als Themen bieten sich etwa an: der Erfolg des örtlichen, von der Zementfabrik gesponserten Fußballclubs; die Karriere des aus Assiut stammenden Popstars und Sexsymbols Ruby; die Erscheinung der Jungfrau Maria (siehe unten) – oder die Geschichte des mittlerweile hingerichteten Gangsterkönigs Izzat Hanafi, der sich im Frühjahr 2004 in seinem Heimatdorf nahe Assiut ein mehrtägiges Gefecht mit Polizei und Armee lieferte, bis die Ordnungskräfte seiner habhaft werden konnten.

Vielleicht weniger als Gesprächsthema eignen sich die sozialen und religiösen Auseinandersetzungen, die Assiut im späten 20. Jh. erschütterten. Die alten „Paschas", also die Großgrundbesitzer und Baumwoll-Barone, waren meist Christen – und Assiut zudem ein Schwerpunkt amerikanisch-presbyterianischer Missionsarbeit in Ägypten. Nichts war den Islamisten leichter, als den Neid auf die Reichen in einen Hass auf die Christen umzuwandeln. Es ist kein Zufall, dass der im Zuge der Ermordung Sadats geplante Volksaufstand von 1981 in Assiut beginnen sollte und dass militante Islamisten 1989 erneut versuchten, das dortige Rathaus zu stürmen.

Sehenswert ist vor allem das **Basarviertel** im Westen des modernen Zentrums. Weniger einladend erscheint dagegen das Nilufer. Ein Großteil ist mit monströsen Verwaltungsgebäuden zubetoniert. Dort, wo die Straße direkt am Ufer entlang führt, vermisst man Cafés und Grünanlagen. Von den einst schmucken Villen der Baumwoll-Barone am Nil und entlang des Ibrahimiya-Kanals blieb nur eine einzige erhalten – bewohnt von Fledermäusen.

Telefonvorwahl: 088

● *Anfahrt* Vom **Busterminal** am Bahnhof bestehen direkte Verbindungen in alle Landesteile. Busse nach Charga (15 LE) fahren um 13, 15 und 17 Uhr, Busse nach Charga–Dachla (30 LE) um 11, 20 und 22 Uhr. **Sammeltaxis** haben ihre Station Arba'in weitab vom Bahnhof am El-Mallah-Kanal. Ausländer dürfen hier jedoch nur die Sammeltaxis nach Charga benutzen.

Für Reisen nach Kairo, el-Minya oder Luxor empfiehlt sich der **Zug**. Außer den Schlafwagenzügen halten alle Züge zwischen Kairo und Luxor in Assiut, es gibt keine Reisebeschränkungen für Ausländer.

Zweimal die Woche fliegt Egypt Air von Kairo nach Assiut und zurück. Das Egypt-Air-Büro im Governorate Building erreicht man unter ✆ 2315228.

● *Information* Im **Governorate Building** am Nil, Sh. eth-Thawra, ✆ 2305110, geöffnet So–Do 8.30–15 Uhr. Ramadan Abdou und Madame Fikri freuen sich über den seltenen Besuch und arrangieren die Polizeieskorten für Ausflüge in die Umgebung.

● *Feste* **Governorate Festival** am 18. April, ein lokaler Feiertag mit Paraden zum Gedenken an einen lokalen Aufstand gegen die Franzosen im Jahre 1799.

Mariä Himmelfahrt, 15.–30. August, mit großer Wallfahrt zum Kloster Deir el-'Adra in Dirunka, 12 km vor der Stadt.

● *Polizeibegleitung* Wird hier eher strikt gehandhabt. Selbst auf dem 150 m kurzen Weg vom Bus- zum Zugbahnhof, so berichten Durchreisende, wurden sie von Uniformierten begleitet. Andere wiederum, wie auch der Autor, konnten sich 2011 völlig unbehelligt und ohne Aufpasser in der Stadt bewegen.

● *Übernachten* **Watania Palace (1)**, das mit Abstand beste Hotel der Stadt. Neu,

Übernachten
1. Watania Palace
2. Assiutel
3. Assiut University Guest House
6. YMCA
8. El-Madina

Essen & Trinken
4. KFC
5. Grand Nile und Happy Dolfin
7. Casablanca

Assiut

250 m

sauber, gut in Schuss, makellose Sanitäranlagen. Mit Restaurant (Dachterrasse) und eigener Konditorei. DZ 70 $. Sh. el-Gomhouriya, ✆ 2387981, ✆ 2287972, www.mictelonline.com.

Assiut University Guest House (3); die geräumigen Zimmer, gelegentlich für Gruppenreisen gebucht, verfügen über Kühlschrank, TV, Klimaanlage und WLAN. Die Möbel erinnern an realsozialistische Vorbilder. DZ 60 $. Auf dem Campus der Uni, ✆ 2344240, ✆ 2335816, www.aun.edu.eg

Assiutel (2); das Restaurant (Alkoholausschank) ist oka y, das Hotel meide man aber nach Möglichkeit. Es ist abgewohnt und war bei meinem Besuch ziemlich schmutzig. Halbwegs akzeptabel erschien lediglich die Suite (mit Nilblick). DZ 65 $, Suite 85 $. Sh. eth-Thawra, ✆ 2312121, ✆ 2312122.

El-Madina (8), hinter dem Busbahnhof – wer spät ankommt und früh abreisen will, mag hier sein Haupt betten. Futuristische Fassade, dahinter aber gewöhnliche Zimmer mit TV, AC, Kühlschrank, Bäder akzeptabel. Lärmempfindliche wird das mächtige Tuten und Dröhnen der Züge im nahen Bahnhof stören. DZ 180 LE. Sh. Mohamed Farid, ✆ 2372507, ✆ 237506.

YMCA (6), die Herberge liegt etwa 15 Gehminuten nordwestlich des Bahnhofs zwischen Zentrum und Nil. Die Zimmer auf der Rückseite sind relativ ruhig, es gibt einen Garten und eine Gästeküche. DZ 50 LE. Sh. Salah ed-Din el-Ayubi, ✆ 2323218.

● *Essen & Trinken* Neben den Hotelrestaurants gibt es nur wenige Speiselokale, die der Rede wert sind.

Grand Nile und **Happy Dolfin (5)**, Sh. eth-Thawra. Zwei auf Pontons schwimmende Freiluftlokale im Nil, auch im Sommer durch die Brise angenehm kühl. Tagsüber Tee, Softdrinks und Snacks, abends wird der Grill angeworfen.

KFC (4), Sh. eth-Thawra. Während andere internationale Fastfoodketten durchaus Zugeständnisse an landesübliche Geschmäcker machen, bleibt der amerikanische Wienerwald kompromisslos: Von Kentucky bis Tokio und eben auch in Gelsenkirchen

und Assiut gibt es überall das Gleiche – Hühnerteile eben.
Casablanca (7), Sh. el-Geish, Ecke 26. July. Konditorei und Cafeteria mit Süßigkeiten, Sandwichs, Snacks, Pizza und ägyptischen Pfannkuchen. Man sitzt im 1. Stock in originellem Retrodesign der 70er-Jahre mit viel orangefarbenem Plastik.

Sehenswertes

Basar el-Qasriya: Assiut war Endpunkt des Darb el-Arba'in und anderer Karawanenrouten durch die Libysche Wüste. Noch heute hat es mit dem Basar el-Qasriya, der dem ganzen Viertel den Namen gab, die vielleicht längste überdachte Einkaufsstraße Ägyptens. Wie anno dazumal sind die einzelnen Handwerke in gesonderten Gassen und Abschnitten konzentriert, hier die Blechner, dort die Tuchhändler, wieder woanders die Juweliere. Außer der überdachten Basarstraße lohnt auch der angrenzende Bauernmarkt einen Besuch. Ausländer sind in el-Qasriya eine kleine Sensation, beim Fotografieren empfiehlt sich große Zurückhaltung.

Ein verwittertes Blechschild weist auf die historischen Bauten des Viertels hin: *Wakala Lutfi* (27°10'37"N 31°10'49"O) steht hinter der dem Stadtheiligen Galaeddin as-Siyouti geweihten Basarmoschee (27°10'36"N 31°10'48"O). Eine Großfamilie bewohnt die Karawanserei, die gerade restauriert wird. Schon abgeschlossen ist die Sanierung der *Wakala Schalabi* (an der Basarstraße, 27°10'38"N 31°10'46"O). Hier wie dort erkennt man gut die Aufteilung in Lagerräume (unten), Unterkünfte (oben) und den Hof für die Lasttiere. Verschlossen und verfallen ist das osmanische Badehaus *Hammam el-Sabet*.

Museum: Die Sammlung von etwa 600 Objekten wurde einst von Sayed Chaschaba Pascha angelegt, einem Mäzen und Kunstliebhaber aus reicher Familie, der auch Ausgrabungen in der Umgebung Assiuts finanzierte. Nach der Revolution kam die Sammlung in die Hände der Altertümerverwaltung und wurde aus der Chaschaba-Villa „provisorisch" in das Taggart Library Building der protestantischen Es-Salaam-Oberschule umgelagert. Das Provisorium währt nun schon ein halbes Jahrhundert, ein richtiges Museum hat man nie gebaut. Seit Jahren ist im Gespräch, die Schätze im Alexain-Schlösschen (siehe unten) auszustellen, doch getan hat sich nichts. Unter einer dicken Staubschicht, chronologisch angeordnet und fein säuberlich nummeriert, dämmern in zwei Räumen vordynastische Tonwaren, Reliefs aus Amarna, ptolemäische Sarkophage, Totenmasken, Mumien, Skarabäen, Papyri, mamelukische Militäruniformen, Statuen aus dem fernen Indien und vieles andere mehr vor sich hin – ein vergessener Schatz, der nur selten besucht wird.

Kein Müll auf Assiuts Straßen!

Wer das Museum besichtigen will, lasse den Besuch durch die Touristinformation arrangieren.

Villa Alexain: Vor der Revolution der Freien Offiziere machten oder verloren Baumwoll-Barone wie die Alexains durch die Spekulation mit dem „weißen Gold" über Nacht ihre Vermögen. Hinter der üppig mit Rosengranit und Carrara-Marmor verzierten Fassade (die dicke Schmutzschicht lässt heute die Pracht nurmehr erahnen) der 1910 am Nil gebauten Villa feierte die feine Gesellschaft dereinst ihre Feste und Bankette. Der greise Ahmed Schukri, damals in Diensten der Alexains, erzählt: „Uns, also dem Hauspersonal, ging es vergleichsweise gut. Wir bekamen Essen, Kleidung und hatten ein Dach über dem Kopf. Schlimm stand es um die Fellachen. Die landlosen Arbeiter mussten von Sonnenaufgang bis -untergang auf den Feldern der Herrschaft schuften. Und nach der Baumwollernte jagte man sie dann einfach davon."

Haus und Garten in der Sh. eth-Thawra sind nur von außen zu besichtigen.

> ### Marienerscheinung über der Markuskirche
> Der Überlieferung nach war eine Höhle in Deir Durunka (an der Oasenstraße etwa 10 km von Assiut) die südlichste Station der Heiligen Familie auf ihrer Flucht nach Ägypten. Mitte August feiern Zehntausende Wallfahrer das Ereignis. Maria muss es in der Gegend gefallen haben, denn pünktlich zum Jubiläum der Reise kam sie im Herbst 2000 in die Stadt Assiut und erschien dort als Lichtgestalt über der koptischen Markuskirche. So sahen es jedenfalls die Gläubigen, selbst aus Europa kamen Pilger, um des Wunders teilhaftig zu werden.

Umgebung von Assiut

Kloster Deir el-Muharraq: Das vermutlich bereits im 4. Jh. vom Mönchsvater Pachomius oder seinen Schülern gegründete Kloster umfasst eine Grotte, in der die Heilige Familie auf ihrer Flucht nach Ägypten exakt drei Jahre, sechs Monate und zehn Tage gelebt haben soll. Der von einigen hundert Mönchen und Internatsschülern bewohnte Konvent gilt mit seinen umfangreichen Ländereien als sehr wohlhabend, spielte historisch aber nie eine bedeutende Rolle. Nach koptischer Überlieferung war die *Klosterkirche el-'Adra* das erste christliche Gotteshaus in Ägypten. Ungewöhnlich ist der stelenartige Altarstein, den eine Inschrift auf das Jahr 747 datiert. Tausende Pilger aus nah und fern feiern vom 21. bis 28. Juni die Kirchweih. Ein *Wehrturm* mit Zugbrücke diente den Mönchen einst bei den Angriffen der Beduinen als Fluchtburg. Er verfügt im Mittelgeschoss über eine eigene Kirche. Auf der Dachterrasse gibt es die Latrine und zwei Grabkammern, in denen beigesetzt werden konnte, wer während der Belagerung verstarb. In *Sankt Georg* (1888), der dritten Kirche im inneren Klosterbezirk, werden an den Wallfahrtstagen massenweise die mitgebrachten Babys getauft.

Die **Stichstraße (12 km) zum Kloster** zweigt etwa 45 km nördlich von Assiut in el-Qusiya von der Niltalroute ab. Ausländer müssen den Besuch derzeit über das Touristoffice in Assiut arrangieren. Für die **Taxifahrt** mit Wartezeit und Besuch der Meir-Gräber rechne man 100 LE.

Eintritt: Die Mönche erwarten eine Spende. Besonders von Frauen wird zudem „schickliche" Kleidung erwartet, die Schultern und Knie verhüllt. Vor Betreten der Klosterkirchen ziehe man die Schuhe aus.

Umgebung des Klosters: Auch wenn Fachleute die Reliefbilder in den pharaonischen **Felsengräbern von Meir** zu den „besten Werken der Flachkunst des Mittleren Reichs" zählen, ist der Besuch für den Laien wenig ergiebig. Frühchristliche Eremiten, die in den Höhlen hausten, zerstörten die Gesichter. So–Do 9–17 Uhr. Eintritt 20/10 LE.

Sohag

Als Mittelägypten seinen Ruf als touristisches Reiseziel noch nicht ruiniert hatte, war Sohag Ausgangspunkt für den Besuch von Abydos sowie des Weißen und Roten Klosters. Mit einem neuen Museum und den Ausgrabungen in Achmim versucht die Stadt nun, wieder Besucher zu gewinnen.

Ein neues Hotel hat aufgemacht, erste Reisegruppen übernachten wieder in der Stadt. Auf dem Ostufer wird hinter der Provinzverwaltung gerade ein **Museum** eingerichtet, das die archäologischen Funde aus Region zeigen soll. Montag früh gibt es an der Ausfallstraße nach Girga einen großen **Viehmarkt**. Anderweitige Sehenswürdigkeiten hat Sohag nicht. Doch wer Achmim oder die Klöster besuchen will, kommt um die Stadt kaum herum.

Telefonvorwahl: 093

● *Anfahrt* Der Polizei ist es am liebsten, wenn Sie mit der **Bahn** kommen. Bis auf die Schlafwagenzüge halten alle Züge zwischen Kairo und Luxor in Sohag.
Die **Busstation** befindet sich im Süden des Stadtzentrums beim Krankenhaus. Gute Verbindungen nach Assiut, el-Minya und Kairo, aber nur ein morgendlicher Bus nach Luxor.
Am neuen **Sohag International Airport** (Kürzel HMB, http://sohagairport.com) landen mehrmals die Woche aus Kairo kommende Egypt-Air-Maschinen.
● *Verschiedenes* Die **Touristinformation**, ✆ 4604453, So–Do 9–15 Uhr, befindet sich nördlich vom Museum (Sh. Gamaa) am Ostufer. Hassan Rifat (✆ 0122-2775055, hassan79_2003@yahoo.com) und seine Kollegen arrangieren Übernachtung und Ausflüge.
Die **Post** und das benachbarte **Telefonamt** mit Kartentelefonen stehen an der Corniche.
● *Übernachten/Essen* **Nile (1)**, neueres Hotel am Nil, das gern von Reisegruppen gebucht wird. Ausgestattet ist es auf ägyptischem 4-Sterne-Niveau, doch lassen Professionalität und Engagement des Personals viele Wünsche offen. DZ 250–350 LE. Am Ostufer bei der Brücke, ✆ 4606255, ✆ 4606093.
El-Safa (2), ein 3-Sterne-Haus am Nil und die beste Wahl in der Stadt. Freundliches Personal. Lobby im Retrostil, die geräumigen Zimmer sind mit AC, Kühlschrank, TV und Balkon mit Nilblick ausgestattet, Restaurant. DZ 280 LE. Corniche, ✆ 2307701, ✆ 2307704.
Außer den Hotelrestaurants gibt es vor dem Bahnhof die üblichen **Imbiss- und Saftstände**.

Umgebung von Sohag

Achmim: Ihren Namen hat diese Kleinstadt am Ostufer von Min, einem pharaonischen Fruchtbarkeitsgott, der hier besonders verehrt wurde. Der lokalen Überlieferung nach ist sie gar die älteste Stadt Ägyptens, gegründet von Kusch, einem Enkel des Noah. Ob's stimmt oder nicht, jedenfalls lebt Achmim ganz gut von seiner Vergangenheit. Ägyptische Artefakte im Angebot internationaler Kunstschmuggler stammen oft aus den Baugruben der Altstadt.

Die Monumentalstatue der Ramses-Tochter und -gattin Meret Amun, die 1981 ans Licht kam, war für die Schmuggler offenbar eine Nummer zu groß. Zusammen mit einem sitzenden Ramses, einer römischen Isis, allerlei Stelen und Architekturfragmenten, mit steinernen Pavianen und weiteren Monumentalstatuen ist Meret Amun in einem **Freilichtmuseum** ausgestellt (tägl. 9–17 Uhr, Eintritt 25/15 LE). Als weiteren spektakulären Fund vermeldete die Altertümerverwaltung 2004 einen 700 Tonnen schweren Ramses II. Der sitzende Koloss ähnelt den Ramses-Statuen von Abu Simbel. Der Fundort, an dem einst ein Tempel stand, wird derzeit noch weiter erforscht.

Koptische Textilien, wie sie weltweit in den Museen präsentiert werden, stammen von einem **antiken Friedhof** im Osten der Stadt. Die dazugehörigen Mumien, 10.000 sollen es gewesen sein, verkaufte man Ende des 19. Jh. als Brennmaterial an die ägyptische Eisenbahn. Vom gleichen Gräberfeld stammen die in vielen koptischen Kirchen verehrten Reliquien der **Märtyrer von Achmim**. Diese Gebeine, die der Erzbischof von Achmim zu verschenken pflegt, stammen von Mumien, die Mönche des Klosters esch-Schuhada entdeckten, als sie 1990 einen Olivenhain anlegten. Unmoralisch? Schon die Kirchenväter Athanasius und Schenute wetterten gegen die Unmoral der Bewohner. Und Nestorius, der auf dem Konzil von Ephesus der Häresie bezichtigte Patriarch von Konstantinopel, wurde hierher verbannt, wohl weil man dachte, es gäbe nichts mehr zu verderben.

Achmim erreicht man per **Taxi** vom Bahnhof der Provinzhauptstadt Sohag.

Einkaufen: Die handwerkliche Textilproduktion hielt sich in Achmim bis ins 19. Jh., dann brachten billige Importware und Fabrikwebereien die Heimarbeiter um ihren Broterwerb. Einer katholischen Laienorganisation verdanken wir die Wiederbelebung dieses Handwerks nach dem Zweiten Weltkrieg. **Schals, Teppiche** und **Tücher** von hoher Qualität werden in Achmim etwa in einem **Fabrikladen** gegenüber dem Postamt nahe der Meret-Amun-Statue verkauft, in Kairo bei Egypt Crafts (S. 150) oder Senouhi (S. 146).

Klöster von Sohag: Im knapp 10 km westlich des Stadtzentrums gelegenen **Weißen Kloster** *(Deir el-Abyad)* sollen einst 4000 Mönche gelebt haben. Im Geröll und Wüstensand erkennt man noch die Grundmauern ihrer Unterkünfte und Wirtschaftsgebäude. Schmuckstück des Klosters ist seine dem heiligen *Schenute* (350–466) geweihte Hauptkirche. Äußerlich gleicht der wehrhafte, kastenförmige Bau aus weißem Kalkstein einem Tempel, den dreischiffigen Innenraum gliedern Säulen und Rundnischen. An die südliche Längsseite ist ein Narthex angefügt, über dessen Zweck die Wissenschaftler rätseln. Schenute, der in Rom und Konstantinopel durch seinen Auftritt auf dem Konzil von Ephesus bekannt wurde, wirkte lange Jahre als Abt des Weißen Klosters. Er war ein fleißiger Autor und ließ seine Mönche zahlreiche religiöse Schriften ins Koptische übersetzen, sodass das Kloster schließlich die größte koptische Handschriftensammlung aller Zeiten besaß – was davon übrig blieb, wurde im 19. Jh. Blatt um Blatt in alle Welt verkauft und zerstreut.

Dem **Roten Kloster** *(Deir el-Ahmar)* geben gebrannte Ziegel Farbe und Namen. Es ist deutlich bescheidener als sein Pendant und liegt 3 km nördlich von diesem inmitten einer Siedlung. Sein dem Anba Bischoi geweihtes Gotteshaus kopiert maßstabsgetreu verkleinert die Kirche des Weißen Klosters. Die farbenfrohen Wand- und Deckenbilder werden derzeit gereinigt und restauriert, und Experten sagen dem Kloster eine Zukunft als Touristenattraktion voraus.

Die Klöster erreicht man per Taxiausflug (40–50 LE) vom Bahnhof Sohag. Die Nutzung von Sammeltaxis wird Ausländern von Polizei nicht gestattet.

Am 14. Juli jedes Jahres feiern Kopten und Muslime am Weißen Kloster gemeinsam eine große **Wallfahrt**. Dabei rollen sich Frauen, die wider Willen bislang kinderlos blieben, in einen Sack gepackt einen Hügel hinunter, um so den Kindersegen zu erlangen. Der seltsame Brauch mag mit der Überlieferung zusammenhängen, dass der strenge Schenute dereinst seinen Mönchen gebot, sich im Sand zu wälzen, um sich zu säubern; das Waschen mit Wasser galt Schenute als übertriebener Luxus.

Nachtclub?

☆☆ Abydos

Abydos war eine der ältesten Kultstätten am Nil. Hauptsehenswürdigkeiten sind der unter Ramses II. vollendete Tempel von Sethos I. und dessen Scheingrab.

Schon die Pharaonen der Frühzeit ließen sich hier bestatten – bis in die 1. Dynastie mitsamt Dienern, Frauen und Hofzwergen, wobei unklar ist, ob der Hofstaat dem Herrscher freiwillig in den Tod folgte. Esel und Lieblingshunde taten dies sicher nicht, sie wurden als Grabbeigaben erschlagen. Im Mittleren Reich erinnerte man sich der Gräber dieser frühen Könige und verklärte die Verstorbenen zu Göttern. Mit ihnen wurde auch Osiris populär, der an die Stelle des örtlichen hundsköpfigen Totengottes Chont-amenti trat. Man vermutete, Osiris' Kopf sei hier begraben, und wollte ihm nah sein. Einfache Leute ließen, wenn schon nicht sich selbst, wenigstens Devotionalien oder ein kleines Tontäfelchen in Abydos vergraben. Die weitläufige, über 2000 Jahre belegte Nekropole ist für Laien freilich weder interessant noch geöffnet.

Abydos liegt am linken Nilufer etwa 150 km flussauf von Luxor beim Städtchen el-Balyana. **Züge** brauchen für die Strecke 2½ Std. Nimmt man in Luxor den Zug um 8.45 Uhr nordwärts, hat man in Abydos genügend Zeit zur Besichtigung, um dann um 15.20 Uhr mit dem Schnellzug wieder nach Luxor zurückkehren zu können.

Am Bahnhof el-Balyana arrangiert die Polizei den **Taxitransport** (hin und zurück 20 LE) zum 10 km entfernten Tempel.

Für einen Taxiausflug ab Luxor einschließlich der Besichtigung von Dendera sind 250–300 LE angemessen. Organisierte Bustouren ab Luxor sind deutlich teurer.

Der **Sethos-Tempel** ist tägl. 8–17 Uhr geöffnet; Eintritt 30/15 LE.

Übernachten: *House of Life*, das esoterische Zentrum gleich gegenüber vom Tempel hat 7 einfach eingerichteten Gästezimmer mit Etagenbad. Sind gerade keine Gruppen da, wird an jedermann vermietet – ohne Druck, an den Meditationen und spirituellen Praktiken teilzunehmen. DZ 210 LE. Sh. el-Gomhouriya, ✆ 0122-7330071, www.houseoflive.info.

☆☆ Tempel Sethos' I.

Wer, von Dendera kommend, den gut erhaltenen Sethos-Tempel in Abydos besichtigt, macht einen Zeitsprung von 1200 Jahren. Das Heiligtum war gleich sieben Göttern geweiht und hatte noch einige Sonderfunktionen. Der verwinkelte Tempel zählt etwa 600 großflächige Darstellungen, nicht gerechnet die kleineren Szenen auf Säulen, Durchgängen, Türstürzen und Friesen.

Erster Hof: Thema sind hier die politischen und militärischen *Taten des Ramses*. An der Westecke der Nordwand beginnend, erkennt man (im Uhrzeigersinn) folgende Motive: Ramses reitet zur Schlacht (**1**), schlägt sich (Südwand) mit Syrern, Kanaanitern, Asiaten und anderen (**2**) und schenkt seine Beute schließlich (Südwestecke) dem Amun und Vater Sethos (**3**). An der Front zum zweiten Hof sind (**4**, links) 29 Söhne und (**5**, rechts) 29 Töchter des Ramses verewigt, denen der Zahn der Zeit aber schon sehr zugesetzt hat.

Zweiter Hof: Der zweite Hof ist den *religiösen Verdiensten des Ramses* gewidmet. An den Nord- und Südmauern opfert er allerlei Göttern, in der Nordwestecke (**6**) dem Hausherrn Osiris. An der Außenfront des Tempels wird die Inthronisation des Ramses dargestellt (**7**). In der Südhälfte rühmt Ramses in einer recht langen Inschrift seine Verdienste und sucht sich für den Thron zu legitimieren (**8**). Um Platz für diese Inschrift zu gewinnen, ließ er drei von den ursprünglich sieben Tempeltoren zumauern.

Erste Säulenhalle: An der Ostwand der ersten Halle zeigen die beiden nördlichen Register **(9)** idealtypisch *Gründung und Bau eines Tempels*.

Gründungsritual: Nachdem am Vorabend die Astronomen den Ort des künftigen Tempels anhand der Sterne genau fixiert hatten, vollzog der Pharao mit seiner Familie die einzelnen Schritte des Gründungsrituals: Festlegen der Tempelachse, Ausmessen und Fixieren der Eckpunkte mit Pfosten, Ziehen der Gräben für die Fundamente, Formen der Ziegel, Auffüllen der Gräben beiderseits der Ziegelfundamente mit Sand und Tonscherben (als Wasserschutz), Versenken symbolischer Ecksteine und von Röhren mit Tonmodellen der Werkzeuge, Reinigen der Fundamente mit Kalk, Vergraben der Köpfe der beim abschließenden Fest geopferten Tiere.

Zum obligatorischen Kanon gehört die *Einführung des lebenden Pharaos* in sein Amt. Weil die alten Ägypter ihre Bilderfolgen nach einem uns fremden Schema ordneten, ist das Ritual für den modernen Betrachter nicht auf Anhieb nachzuvollziehen. Nach einer logischen Abfolge wäre an der Nordwand der ersten Halle **(10)** zunächst die untere Reihe von links nach rechts zu lesen; dann **(11)** die Nordhälfte der Westwand (erste Halle) von links nach rechts jeweils unten und oben im Wechsel, weiter die obere Reihe der Nordwand – und der Rest steht wieder ganz woanders. Zudem sind alle Rituale doppelt dargestellt, nämlich in der Nordhälfte des Tempels für den König von Unterägypten und in der Südhälfte nochmals für den Regenten Oberägyptens. Beide sind an ihren Kronen zu unterscheiden.

Für den **Bau des Tempels** gruben die Arbeiter vom Nil her einen Kanal mit anschließender Rampe, auf dem die Steinblöcke herangeschifft und gezogen werden konnten. War die unterste Reihe der Mauern aufgestellt, füllten die Arbeiter den künftigen Innenraum mit Sand und erzielten so wieder eine ebene Fläche, auf der die Steine umhergezogen werden konnten. So verfuhr man (unter beständigem Erhöhen der Rampe) bis zur Dachhöhe. Waren die Mauern und Decken vollendet, wurde durch die Türöffnungen der Sand langsam wieder aus dem Tempel entfernt, währenddessen die Steinmetze von oben herab die Wände gestalteten.

Zweite Säulenhalle: Die Geschichte wiederholt sich in der zweiten Halle, meint dort aber die *Einführung des toten Pharaos* in sein Amt im Jenseits. Durchgänge, Säulen und die Ostwand der zweiten Halle zeigen das Prozessionsritual. Die Bilder beziehen sich jeweils auf den Gott, zu dessen Kapelle die Durchgänge führen, also (von Süd nach Nord): **(I)** auf den toten, Gott gewordenen Sethos, **(II)** den Totengott Ptah (sitzender Glatzkopf), **(III)** den Sonnengott Re (Falkenkopf mit Sonnenscheibe), **(IV)** den Reichsgott Amun (Mann mit Federkrone), **(V)** Osiris (geschlossene Beine, Krummstab und Geißel), **(VI)** Isis und **(VII)** Horus (Falkenkopf mit Krone) sowie deren Familien. Von der Südecke des Saals gelangt man in das **Heiligtum des Ptah**, des Totengottes von Memphis.

Kapellen: Die Bilder in den Kapellen erzählen die *tägliche Kulthandlung*. Wer die grobe Reihenfolge der Szenen nachvollziehen will, beginnt rechts neben dem Eingang mit der Nordwand und liest die „Spalten" im Wechsel unten/oben, dann geht's an der Südwand auf die gleiche Art weiter. Die Ägypter gingen davon aus, dass die Statue im Tempel Gott oder Göttin nicht nur repräsentiert, sondern die Gottheit selbst ist. Ihr schrieb man den gleichen Tagesablauf zu, wie ihn der Pharao am Hof zelebrierte. Morgens tritt der mit Weihwasser gereinigte Oberpriester – an hohen

Abydos

❶ Ramses reitet zur Schlacht
❷ Ramses in der Schlacht
❸ Ramses opfert die Beute
❹ Die Ramses-Söhne
❺ Die Ramses-Töchter
❻ Ramses opfert dem Osiris
❼ Inthronisation des Ramses
❽ Große Inschrift
❾ Gründung und Bau des Tempels
❿, ⓫ Einführung des Pharaos in sein Amt
⓬ Osirisfest

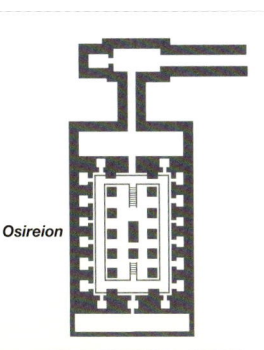

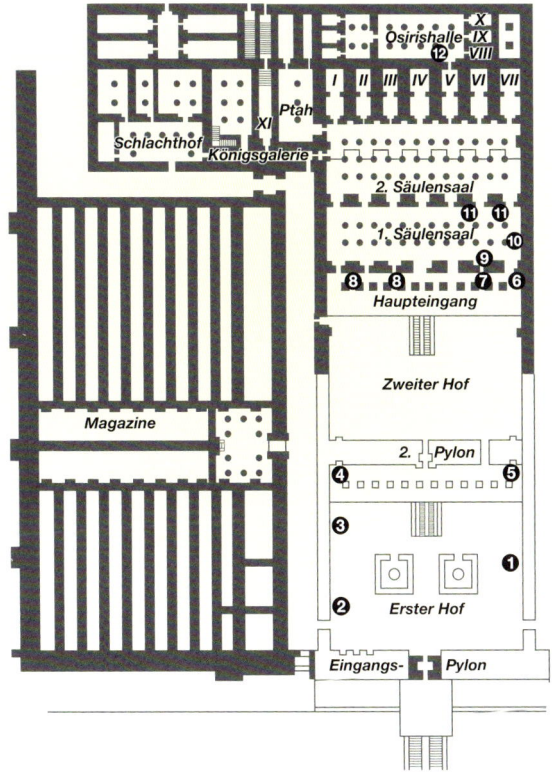

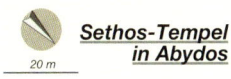

Osireion

Osirishalle
Ptah
Schlachthof
Königsgalerie
2. Säulensaal
1. Säulensaal
Haupteingang
Zweiter Hof
Magazine
2. Pylon
Erster Hof
Eingangs- Pylon

Sethos-Tempel in Abydos

20 m

Mittelägypten
Karte S. 246

Festtagen der Pharao selbst – vor die Kapelle. Feierlich öffnet er die versiegelte Tür, singt, räuchert, rezitiert, zieht den Vorhang des Schreins beiseite, umarmt die Statue, wäscht sie, salbt sie und kleidet sie an, stellt ihr gar ein Frühstück hin, dessen „Reste" die Priester später selbst verspeisen. Tagsüber darf sich die Gottheit an Gesang und Tanz der Priester erfreuen, abends wird die Morgenzeremonie in umgekehrter Reihenfolge vollzogen, bis die Kapelle wieder verschlossen und versiegelt ist.

Osirishalle: Durch die Osiriskapelle betritt man ein besonderes Heiligtum des Totengottes. Während der *Osirisfestspiele* wurde hier ein Ritual zelebriert, das so nur aus Abydos bekannt ist. An der Ostwand (vom Eingang beginnend) sieht man **(12)** die Vorbereitungen, die sich wohl in der inzwischen zerstörten zweiten Halle fortsetzten. In der rechten der drei Kapellen an der Nordseite (**VIII**) besteigt Sethos den Thron, in der linken (Isis-)Kapelle (**X**) bekommt er seine Jubiläen gewährt, und in der mittleren (Osiris-/Sethos-)Kapelle (**XI**) verschmilzt Sethos mit Osiris und wird nun selbst zum Gott der Totenwelt. Die leuchtenden Farben der Reliefs im Osiris-Komplex haben sich über 3000 Jahre hinweg original erhalten.

Nebenräume: Von der zweiten Säulenhalle gelangt man nach links in die Königsgalerie, so genannt nach einer langen Liste an der linken Wand, welche die 76 Vorgänger Ramses' II. auf dem Pharaonenthron aufzählt – ausgelassen wurden allerdings die Herrscher der Zwischenzeiten und verfemte Pharaonen wie Hatschepsut oder die Könige der Amarna-Zeit. Auf der rechten Wand opfern Vater und Sohn einer nicht minder langen Reihe von Göttern. Die Königsgalerie mündet in den Schlachthof. An der Wand des Treppenhauses (**XI**), das gegenüber der Königsliste zum Hinterausgang führt, fängt der König einen Opferstier und überreicht dem Gott eine Keule, wodurch der Vollzug des Opferrituals symbolisiert wird. Zu Sethos' Zeiten war man vom wortwörtlichen „Keulen" allerdings längst abgekommen und tötete die Opfertiere mit einem Schnitt durch die Kehle.

Osireion

Hinter dem Tempel war das Scheingrab von Sethos I. ursprünglich tief in einem künstlichen Hügel verborgen. Um den zentralen Saal verlief ein Wassergraben, der über einen teils unterirdischen Kanal mit dem Nil verbunden war. Die so geschaffene Insel symbolisierte den Urhügel, aus dem, so der Schöpfungsmythos, die Welt erschaffen wurde. Der Bau bleib unvollendet. Später ließ Pharao Merenptah einige Räume ausschmücken.

Tempel Ramses' II.

Die Reste des stark zerstörten Ramses-Tempels stehen etwa 200 m nordöstlich des Sethos-Tempels. Man erkennt noch gut den Grundriss der Anlage mit zwei Höfen, offener Querhalle und zwei hintereinander liegenden Sälen samt seitlich angrenzenden Kapellen und Nebenräumen. Neben Kalkstein wurden Granit und Sandstein verwendet. Trotz des schlechten Zustands des Tempels gelten die Reliefs an den bis zu 2 m hohen Mauern als Meisterwerke, stammen sie doch aus den ersten Regierungsjahren, als Ramses II. sich noch am Stil eines Vaters orientierte und mit seinen Bauwerken mehr nach Klasse als nach Masse strebte. Die Reliefs im Hof zeigen einen Opferzug, an den Außenwänden einmal mehr Szenen aus den Hethiterkriegen.

☆☆ Dendera

Der Tempel von Dendera ist das jüngste der großen pharaonischen Heiligtümer. An den Wänden opfern Augustus, Caligula, Nero und andere römische Kaiser.

Dendera war Kultort der Hathor, Göttin des Tanzes und der Liebe. Die Griechen verschmolzen sie mit Aphrodite. Mit Hathor wurden hier ihr falkenköpfiger Göttergatte Horus von Edfu und beider Sohn Ihi verehrt, der Gott der Musik. Bereits im 3. Jahrtausend. v. Chr. soll es in Dendera einen Tempel gegeben haben. Ein von Mentuhotep (2055–2004 v. Chr.) gestifteter Schrein ist im Ägyptischen Museum ausgestellt. Das heutige Heiligtum wurde unter den letzten Ptolemäern begonnen und weitgehend im 1. Jh. n. Chr. gebaut.

Für ein **Taxi** Luxor–Dendera–Luxor rechne man 120–150 LE. Mit dem **Zug** ab Luxor z. B. 8.45 Uhr nach Qena, von dort weiter per Taxi (5–10 LE) zum 5 km entfernten Dendera-Tempel. Da dieser abseits der Hauptstraße liegt, lasse man das Taxi für die Rückfahrt warten.

Als weitere Option gibt es von Luxor aus alle paar Tage **Schiffsausflüge** nach Dendera. Tickets für die Tagestour (mit Buffet 400 LE) verkaufen die Reisebüros.

Öffnungszeiten: Tägl. 7–17 Uhr (Sommer bis 18 Uhr). Eintritt 35/20 LE.

Übernachten: *Basma Hotel* in Qena. Das Hotel, nicht zu verwechseln mit seinem Namenvetter in Assuan, steht am Stadtrand von Qena in bester Nillage. Pompöser Eingang mit Kronleuchtern und imposanten Couchgarnituren. Die Zimmer sauber und geräumig mit Teppichboden und Schreibtisch. Garten mit Pool. Freundliches Personal. DZ 280/400 LE. Qena, Sh. el-Mina el-Nahri, ✆/℡ 096/5332779.

Besichtigung

Einst umgab eine nahezu quadratische, über 1000 m lange **Umfriedung** aus Lehmziegeln den heiligen Bezirk. Im **römischen Geburtshaus** (Mammisi) gleich rechts nach dem Eingang wurde alljährlich mit einem Mysterienspiel die Geburt des Götterkindes und damit des Pharaos gefeiert. Die von Bilderstürmern demolierten Reliefs zeigen Geburt und Aufzucht des Knaben, der, wie bei Kinderdarstellungen üblich, mit einem Lutschfinger gezeigt wird. Im umlaufenden Säulengang wacht der gnomenhafte Gott Bes, der Schutzpatron von Schwangeren, Müttern und Kindern. An das römische Geburtshaus grenzt eine koptische Kirche, daran das **Geburtshaus von Nektanebos** I. (380–362

Balanceakt in Dendera

v. Chr.), und daran wiederum schließen sich die Reste des **Sanatoriums** an, in dem die Kranken mit Bädern und Heilschlaf Linderung ihrer Leiden erhofften.

Der **Brunnen** des Tempels, eine begehbare Rampe, reicht nach einer gründlichen Reinigung heute wieder bis zum Grundwasser hinab. Der Volksglaube schreibt dem kühlen und klaren Nass einmal mehr empfängnisfördernde Wunderkräfte zu – Frauen, deren Lebensplanung gerade keinen Nachwuchs vorsieht, begnügen sich also besser mit einem Blick in die Tiefe. Auch am Rand des **Heiligen Sees**, heute eine mit Palmen begrünte Kiesfläche, führen Stollen bis ans Grundwasser.

Dem **Haupttempel** fehlt der sonst übliche Pylon, auch ein Säulenumgang des Hofs wurde nie gebaut. So geht der Blick vom Eingang direkt auf die Front der **Vorhalle** mit ihren monumentalen **Hathor-Säulen**. Sie tragen am Kapitell ein Bildnis der kuhohrigen Göttin und darüber eine Rassel (Sistrum) als Symbol der Lebensfreude. Auf den Säulenschranken und im Durchgang opfern römische Kaiser in Pharaonengestalt, auf der Rückseite der Eingangswand lässt sich Nero krönen.

Architrave teilen die mit astronomischen Motiven geschmückte **Decke der Vorhalle**. Restauratoren entfernen gerade den Ruß und Schmutz der Jahrhunderte und lassen die Farben wieder leuchten. Die linke Hälfte der Decke steht für den Nordhimmel, die rechte für den Südhimmel. Ganz außen bringt die Himmelsgöttin Nut die Sonne zur Welt, die den Tempel bestrahlt. Diesen symbolisiert ein Hathor-Kopf zwischen baumbestandenen Bergen. Am anderen Ende geht die geflügelte Abendsonne wieder in den Mund der Göttin ein. Tierkreiszeichen und Barken, deren Schiffer je einen Stern symbolisieren, ziehen unter ihrem Leib über den himmlischen Ozean. Die jeweils angrenzenden Felder zeigen die Sonnenfahrt während des Tages (rechts) und in der Nacht (links), die inneren Felder die Sonne während der zwölf Tagstunden (rechts) und die Mondphasen (links), das Mittelfeld schließlich die geflügelte Sonne und Geier.

> ### Namenlose Pharaonen
>
> Im inneren Bereich des Hathor-Tempels, wie auch in vielen anderen ptolemäischen Tempeln, sind die dargestellten Pharaonen namenlos, ihre Kartuschen leere Ovale. Wollten sich die Priester alle Möglichkeiten offen halten, um auf die Schnelle den Namen jenes Pharaos einsetzen zu können, der als Erster seinen Besuch ankündigte – und nie kam? Oder sollten damit alle jeweils herrschenden Könige geehrt werden? Das Rätsel der leeren Kartuschen ist bis heute nicht zufriedenstellend gelöst.

Die Eingangswand im folgenden **Saal des Erscheinens** dokumentiert die Gründungszeremonie und die Weihe des Tempels. Nebenräume dienten als Magazine und Laboratorien für die Herstellung der Salben und Duftöle, mit denen das Kultbild täglich behandelt wurde. Vom **Opfersaal** führen Prozessionstreppen aufs Dach. Rechts vom zweiten Vorsaal öffnet sich ein hübscher **Kiosk**, in dem Hathors Geburtstag und das Neujahrsfest gefeiert wurden – an der Decke prangt wieder die schon aus der Vorhalle bekannte Darstellung der Himmelsgöttin.

Die Mittelachse des Tempels mündet in den Barkenraum, den nur der König oder sein priesterlicher Stellvertreter betreten durften. Die Wandbilder zeigen, vom Eingang beginnend links/rechts im Wechsel nach hinten fortschreitend, das zeremoniel-

Dendera 269

Isis-Tempel

Tempel

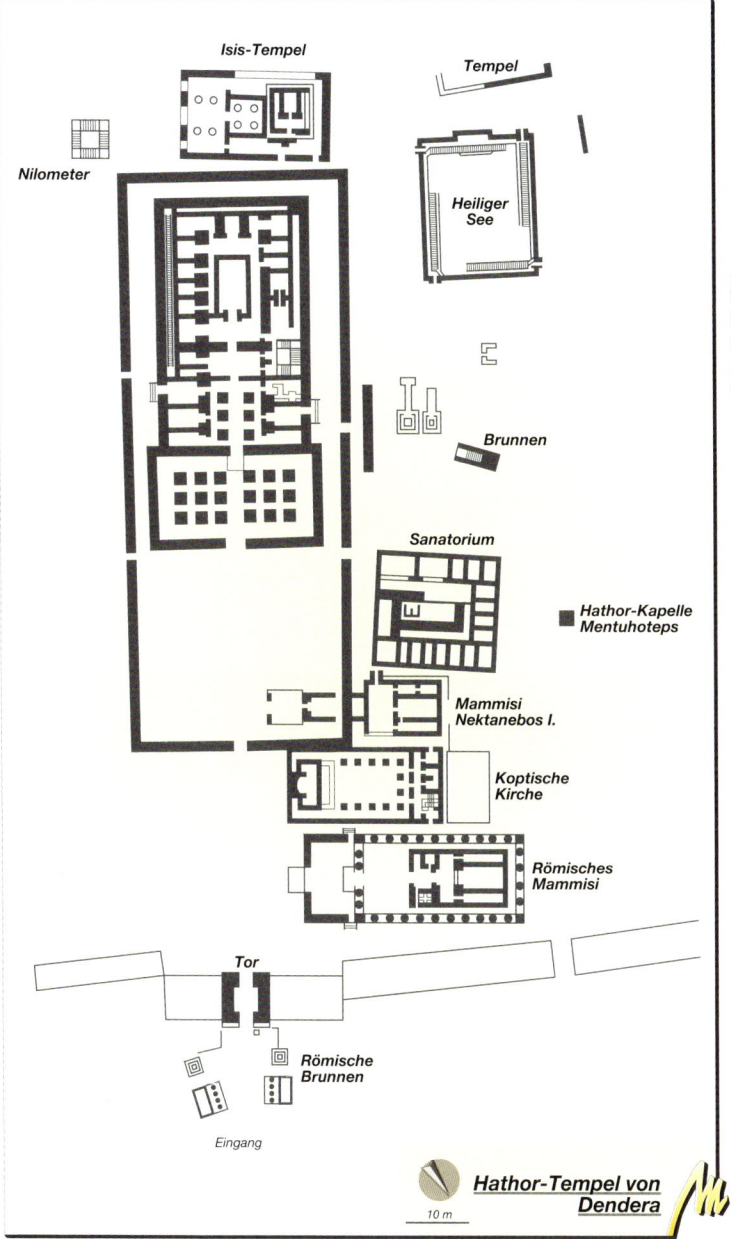

Nilometer

Heiliger See

Brunnen

Sanatorium

Hathor-Kapelle Mentuhoteps

Mammisi Nektanebos I.

Koptische Kirche

Römisches Mammisi

Tor

Römische Brunnen

Eingang

Hathor-Tempel von Dendera

10 m

Mittelägypten
Karte S. 246

le Öffnen der Türe und die Kulthandlungen. Der mit Prozessionsszenen geschmückte **Umgang** um den Barkenraum erschließt kleine **Kapellen** verschiedener Gottheiten, direkt hinter dem Barkenraum wurde das Kultbild der Hathor verwahrt. An der Südwestecke kommt man über eine Treppe in den zugänglichen Teil der ausgedehnten **Krypten**. Sie symbolisierten Göttergräber, in denen der Körper Kräfte für die Wiedergeburt sammeln konnte. Auch der Tempelschatz wurde hier verwahrt. In der letzten Krypta links befindet sich unter den ungewöhnlich fein gearbeiteten Reliefs auch die „**Glühbirne von Dendera**", die für Esoteriker die Kontakte der alten Ägypter mit außerirdischen Kulturen beweist. Für Ägyptologen repräsentiert der einer kolbenförmigen Radioröhre ähnliche Kultgegenstand den Mutterleib der Himmelsgöttin Nut, aus dem der Schlangengott Harsomtus am Morgen hervorkommen und vor der Götterkapellen von Dendera erscheinen soll.

Blickfang auf dem **Dach** ist ein hübscher **Hathor-Kiosk**, in dem sich das an Neujahr aufs Dach getragene Kultbild der Hathor mit dem Sonnengott vereinigte. An der Decke der westlichen der beiden **Osiris-Kapellen** prangt eine Kopie des berühmten **Tierkreises von Dendera**, einer aus Babylon übernommenen kreisförmigen Himmelsdarstellung. Das 69 Tonnen schwere Original wurde im 19. Jh. herausgesprengt und nach Paris in den Louvre gebracht.

Zum Abschluss gehe man noch auf die **Rückseite des Tempels**. Auf der Rückwand ganz links huldigen **Kleopatra VII.** und Cäsarion, der Sohn des großen Cäsar, den Göttern von Dendera. Wer noch immer nicht genug gesehen hat, mag sich vom Wächter das nach der zentralen Darstellung im Sanktuar benannte **Geburtshaus der Isis** aufschließen lassen. Während Hof und Halle nach Westen ausgerichtet sind, blicken die unter Kaiser Augustus ausgeschmückten inneren Räume gleich dem Hathor-Tempel südwärts. Ein ungewöhnliches Arrangement.

Die Göttin Hathor in ihrem Tempel

Einmal heilig, immer heilig: die Moschee Abu el-Haggag im Luxor-Tempel

Luxor (el-Uqsur)

Mit seinen grandiosen Sehenswürdigkeiten begeistert Luxor, das ehemalige Theben, seit der Antike die Reisenden. Dicht an dicht stehen hier zahllose Zeugnisse der Pharaonenzeit.

Die etwa 150.000 Einwohner zählende Stadt erstreckt sich am Ostufer des Nils vom Sheraton-Ressort und den Neubauvierteln im Süden bis zum Karnak-Heiligtum im Norden. Auf der Landseite breiten sich eher ärmliche Viertel über die Bahnlinie aus, die die östliche Grenze der Kernstadt bildet. Mittelpunkt ist der Luxor-Tempel am Nilufer. Auf dessen Rückseite liegen das Bazarviertel und am Ende der Bahnhofstraße (Sh. el-Mahatta) der Bahnhof. Vor dem Tempel legt die Fähre zum Westufer ab, wo sich am Wüstenrand die Gräber und Totentempel befinden.

Mit dem Heiligtum von Karnak, dem Luxor-Tempel und der Nekropole auf dem Westufer ist Luxor ein kultureller Höhepunkt jeder Ägyptenreise. Dazu lassen sich in bequemen Tagesausflügen die ptolemäischen Tempel von Dendera und Edfu erreichen, auch der Badeort Hurghada ist nur wenige Autostunden entfernt. Tempel und Gräber geben die große Bühne für ein Massenspiel: auf der einen Seite die kulturbeflissene Studienrätin, der um jeden Piaster feilschende Rucksacktourist, der Bilderbuch-Japaner (immer in der Gruppe und mit Kamera); auf der anderen Seite Händler, Straßenverkäufer, Kutscher, Bootsleute, Eselstreiber, Grabwächter, Gigolos, Schlepper, „Guides".

Das Geld der Fremden fließt jedoch in nur wenigen Händen zusammen, und im planlos gewachsenen Stadtbild macht sich der Reichtum kaum bemerkbar. Es ist ge-

„Mit Cook, dann klappt's"

„Cooks Agent ist der erste, dem man in Ägypten begegnet; und man wird ihm auf Schritt und Tritt begegnen. Er führt einen ein, er führt einen hindurch, er führt einen hinaus. Man sieht von hinten einen Turban, lang wallendes blaues Gewand, roten Gürtel, nackte braune Beine: ‚Wie echt orientalisch!', ruft man aus. Dann dreht sich der echte Orientale um, und über seine Brust läuft die Aufschrift 'Cooks Porter'. ‚Reisen Sie mit Cook, Sir', grinst er, ‚dann klappt's.' Und es klappt." (George Steevens, 1898)

1869 veranstaltete Thomas Cook die erste Nilkreuzfahrt. Für seine 32 zahlenden Gäste hatte der Erfinder der modernen Pauschalreise die Salonschiffe *Benha* und *Beni Suef* vom Khediven angemietet. Misses Riggs, die dabei war, beklagt in ihrem Tagebuch die Flöhe und den Anblick nackt im Nil schwimmender Mönche. Was die Firma später zum Anlass nahm, in einem Merkblatt die viktorianischen Ladys zu ersuchen, beim Passieren des Klosters doch lieber in den Salon zu gehen.

Mit Thomas Cook, den der Hof bald zum konkurrenzlosen „Agenten für die Personendampfschifffahrt auf dem Nil" privilegierte, rückten die zuvor reichen Einzelreisenden vorbehaltenen Pyramiden und Tempel in Reichweite der englischen Mittelschichten. Werbung besorgten zeitgenössische Schriftsteller wie Flaubert und Mark Twain durch ihre Romane und Reiseberichte.

Noch 1858 empfahl Murray's Palästina-Handbuch den Reisenden, sie könnten zwar auf Kompass und Sextanten verzichten, sich aber keineswegs unbewaffnet und ohne Eskorte in die Wüste wagen. „Cookies", wie die frühen Pauschalreisenden von den Ägyptern genannt wurden, mussten sich solche Sorgen nicht machen. Selbst die bis heute berüchtigte Zollabfertigung am Hafen in Alexandria meisterten sie mit Hilfe der Cookschen Agenten in gerade einer halben Stunde.

Cook befreite seine Gäste von dem nervenaufreibenden Kontakt mit der fremden Umwelt und ihren Bewohnern und ersparte ihnen gleichzeitig die Plünderung durch einheimische Dragomane (Führer). „Die englischen Agenten haben ein Monopol auf das Geschäft mit den Gruppenreisenden und uns damit unseres Lebensunterhaltes beraubt", beklagen ägyptische Reiseführer 1874 in einem Leserbrief an die Times. Cook verteidigt sich. Er habe erst kürzlich einen belgischen Grafen gerettet, nachdem dessen Dragoman die gesamte Campingausrüstung beim Glücksspiel verloren habe, und die guten und verlässlichen Führer fänden bei Cook eine sichere Anstellung.

Seine Nildampfer waren eine Welt für sich und ersetzten die fehlende Infrastruktur zwischen Kairo und Assuan. Wer mit Cook fuhr, musste auf seine britischen Gewohnheiten nicht verzichten. Zum opulenten Frühstück bekam er Porridge, Bacon 'n' Eggs, Fish 'n' Chips, Bitterorangenmarmelade und zu jeder Tageszeit den obligatorischen Tee. Im Leseraum der Schiffsbibliothek lagen die neuesten, vom gesellschaftseigenen Kurierdienst zum letzten Hafen speditierten Londoner Zeitungen aus. Und selbstverständlich fand der Reisende jeden Morgen unter der Teetasse die Post von daheim, nur zu adressieren an „Thomas Cook, Cairo" – alles Weitere besorgte wiederum der Cooksche Ägypten-Postdienst.

Während die letzten ägyptischen Dörfer erst um 1960 an das Stromnetz angeschlossen wurden, war Elektrizität auf den Cookschen Dampfern schon zur Jahrhundertwende selbstverständlich. Nur in der Badewanne mussten die Passagiere gewisse Einschränkungen in Kauf nehmen: „Das Nilwasser ist trübe wie eine Tasse Schokolade", beklagte der Reiseschriftsteller Douglas Sladen, um sogleich zu beruhigen: „Es reinigt nicht schlechter als anderes Wasser."

Nichts blieb dem Zufall überlassen, und damit alles in geordneten Bahnen verlief, wurde die Cooksche Kundschaft vor und während der Reise großzügig mit Informationen versorg. Vom Flugblatt über den Prospekt, vom Taschenbuch, das wirklich in die Tasche passte, bis zu mehrbändigen Konvoluten gab es Lesestoff aller Kategorien. „Man muss sich ausreichend vor der kalten Nachtluft schützen". Unvorsichtigkeit in dieser Hinsicht rächt sich oft mit schwerer Diarrhöe" und „Statt die Araber durch das Tragen eines Fes nachzuahmen, wäre es besser, wie diese ein warmes Tuch um die Lenden zu tragen" sind Beispiele für praktische Tipps, die an Aktualität nicht verloren haben. Nicht fehlen durften Hinweise über das den verschiedensten Dienstleistungen angemessene Bakschisch. Cooks Konzept folgt der Pauschaltourismus, egal ob in Luxor oder Acapulco, bis heute.

rade 25 Jahre her, dass endlich die Hauptstraße asphaltiert wurde, und manche Gasse in den Wohnvierteln ist noch immer ohne Teerdecke und Kanalisation. Im Zentrum allerdings gibt man sich Mühe: Den Nil entlang wurde eine Flaniermeile geschaffen, auf der Stadtseite des Luxor-Tempels eine große Freifläche, auf der sich abends das Volk trifft und die Kinder Fußball spielen. Der Bazar, wenigstens der touristische Teil, bekam neue Fassaden und ein Sonnendach, und nach einer brutalen Abrissaktion, bei der 800 Menschen ihre Behausungen verloren, wird nun auch die mitten durch die Stadt gen Karnak verlaufende Sphingenallee aus der Pharaonenzeit freigelegt. Will el-Uqsur („Die Paläste"), wie Luxor auf Arabisch nach seinen majestätischen Ruinen heißt, seinem Namen wieder Ehre machen? Der mächtige Gouverneur Samir Farag träumt sich die Stadt als ein Freilichtmuseum mit angeschlossenen Feriendörfern und schafft tatkräftig an der Verwirklichung seines Plans. Die angestammte Bevölkerung ist da eher ein Störfaktor. Den Genuss der kulturellen Highlights trüben nämlich allerlei Nepp und eine Kultur der Plünderung, die nach Jahrtausenden der Grabräuberei nunmehr den Touristen das Geld aus der Tasche zieht. Der Zeitungsmann am Bahnhof verlangt für die *Egyptian Gazette* ungeniert den zehnfachen Preis. Der Droschkenkutsche lädt zur Gratisfahrt ein und fordert selbst dann, wenn sich der Gast für die vermeintliche Großzügigkeit erkenntlich zeigen will, das Doppelte des angebotenen Bakschischs. Reisegruppen werden in Läden geführt (die nicht schlechter sind als andere, nur teurer), in denen der Reiseleiter anschließend seine Provision kassiert. „Antik! Antik!", wird dem Ahnungslosen auf der Westbank geheimnisvoll zugeflüstert und ihm in einer dunklen Ecke eine in Zeitungspapier gewickelte Gipsfigur als jüngster Fund aus dem Tal der Könige angepriesen. Greift die genervte Melkkuh schließlich zur Gegenwehr und schleudert einem Bauernfänger, stellvertretend für alle, die sie in den letzten Tagen genervt haben, ein *„Allah yikhrib beytak!"* („Möge Gott dein Haus zerstören!") entgegen, erinnert sich mancher Plünderer unvermittelt an seine Ehre und fühlt sich ernsthaft beleidigt. Zum Trost bleibt festzuhalten, dass Luxor sicherer ist

Luxor

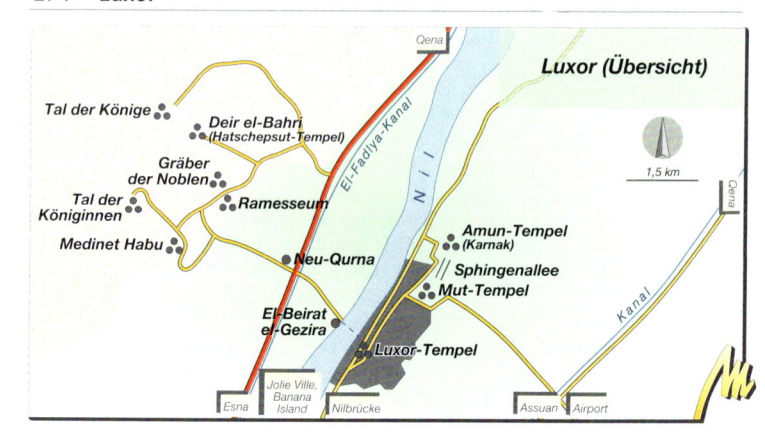

Map labels: Qena; Luxor (Übersicht); Tal der Könige; Deir el-Bahri (Hatschepsut-Tempel); Gräber der Noblen; El-Fadîya-Kanal; Nil; 1,5 km; Qena; Tal der Königinnen; Ramesseum; Medinet Habu; Neu-Qurna; Amun-Tempel (Karnak); Sphingenallee; Mut-Tempel; El-Beirat el-Gezira; Luxor-Tempel; Kanal; Jolie Ville, Banana Island; Esna; Nilbrücke; Assuan; Airport

als jeder französische Ferienort. Diebstahl und Gewaltkriminalität sind gegenüber Fremden nahezu unbekannt – niemand schlachtet die Melkkuh.

Der Aufstieg der Stadt, die Homer das „hunderttorige Theben" nannte, begann im Mittleren Reich, als ein lokales Geschlecht unter Mentuhotep (11. Dynastie, 2055–2004 v. Chr.) den Pharaonenthron eroberte. Während am Westufer die Totenstadt mit ihren Gräbern und Totentempeln lag, war die Stadt am Ostufer durch den Palast des Pharaos und das Tempelzentrum Karnak bestimmt. Unter den Ramessiden, so wird geschätzt, lebten über eine Million Menschen in Theben. Mit der Verlegung der Hauptstadt ins Delta und der Entmachtung der Amun-Priester durch die Assyrer begann der Verfall von Luxor. Erst im 19. Jh. wurde sie durch Archäologen und Touristen wieder aus dem Dornröschenschlaf geweckt.

Verbindungen

• *Fernverkehr* **Bahn**: Am Schalter (in der Bahnhofshalle rechts) wurden Ausländern zuletzt nur Tickets für die Schlafwagenzüge (www.sleepingtrains.com) verkauft. In die anderen Züge steigt man einfach ein, findet hoffentlich noch einen freien Platz (Tipp Richtung Kairo: Versuchen Sie's am Zugende in der 1. Klasse) und zahlt beim Schaffner. Leider hängt im pompösen Bahnhof von Luxor kein Fahrplan. Schnelle Züge nordwärts sind Nr. 981 (8.45 Uhr), Nr. 1903 (21.30 Uhr), Nr. 89 (23.10 Uhr); Richtung Assuan (Fahrzeit 3¼ Std.) Nr. 996 (7.35 Uhr), Nr. 1902 (9.30 Uhr), Nr. 980 (17.45 Uhr). Aktuelle Fahrplaninfos unter www.egyptrail.gov.eg.
Servicetaxis: Das Taxi-Terminal befindet sich direkt hinter dem Bahnhof.
Fernbusse: Fast alle Busse aus allen Städten des Niltals und nach Hurghada kommen dagegen an einem Terminal an der Überlandstraße nahe beim Flughafen an. Von dort fahren Servicetaxis zum Bahnhof.

Abfahrt nach Hurghada (5 Std.) von 6.30 bis 20 Uhr etwa alle 2 Std., um 19 Uhr startet ein Bus über Hurghada nach Dahab (Sinai). Nach Assuan fährt man besser mit der Bahn.
Reservierungsbüros: Das Büro der maßgeblichen Busgesellschaft *Upper Egypt Travel* findet sich in der Ladenzeile rechts vom Bahnhof. Manchmal verkehren von hier Zubringerbusse zum Terminal. Zwei Läden weiter hat *Superjet* seinen Schalter. Die Superjetbusse (Abfahrt nach Hurghada und Kairo 20 Uhr) enden und starten nicht am Busbahnhof, sondern direkt vor dem Büro, also zentral in der Stadt.
Für ein Taxi von der Stadt zum oder vom **Flughafen** zahlen Einheimische 25 LE. Als Touristenpreis sind 40 LE angemessen.

• *Organisierte Ausflüge* Budgethotels bieten Transfers über Edfu und Komombo nach Assuan für 250–400 LE pro Fahrzeug. Für den Taxiausflug nach Dendera, Abydos und zurück rechne man 300–350 LE (ganzes

Auto). Nach Dendera offerieren die Agenturen für 400 LE auch Tagesausflüge per Schiff. Bei den großen Reiseveranstaltern bzw. in den gehobenen Hotels kosten diese je nach Ziel 50–100 €.

• *Stadtverkehr* Das Zentrum Luxors erschließt sich gut zu Fuß. Mit Gepäck, zum immerhin 3 km entfernten Karnak oder um des reinen Vergnügens willen mag man eine **Kalesche** benutzen. Die offiziellen Preise sind an der Touristinformation angeschrieben, doch kein Kutscher wird damit zufrieden sein. 10–15 LE scheinen für die Fahrt vom Zentrum nach Karnak angemessen. Suchen Sie sich einen Kutscher, dessen Pferd einen guten Eindruck macht, und meiden Sie Tierquäler.

Für eine **Taxifahrt** zu den Hotels am Stadtrand oder nach Karnak sind 10 LE angemessen. **Servicetaxis** fahren für 0,50–1 LE vom Hilton-Hotel *(hilton)* im Norden über die Sh. el-Karnak zum Midan Salah ed-Din. Dort gabelt sich die Route: Die einen nehmen die Sh. Television bis zum Krankenhaus *(mustaschfa)*, die anderen die Uferstraße südwärts bis zum Sheraton *(aumia)*.

Verschiedenes (Karte S. 277)

> Telefonvorwahl: 095

• *Anders reisen* Arabisch lernen, ägyptisch kochen, Kontakte zu einheimischen Familien knüpfen und noch viel mehr kann man mit Hilfe der seit vielen Jahren in Luxor lebenden Deutschschweizerin Evelyn Karlen, ✆ 0106-2448567, www.luxor-alternativ.com.

• *Einkaufen* Der **Souk** beginnt gleich hinter dem Luxor-Tempel. Im ersten, überdachten und besch hergerichteten Abschnitt gibt es alle Schätze aus dem Orient, die das Touristenherz begehren könnte. Im zweiten Abschnitt, jenseits der Sh. Youssef Hassan, bleiben die Einheimischen weitgehend unter sich.

Fair Trade Center (14), Sh. el-Karnak, Nähe Hotel Horus, verkauft Kunsthandwerk und Souvenirs, die von NGO-Projekten hergestellt wurden. Die Filiale beim Aboudi Bookshop hat weniger Auswahl. www.egyptfairtrade.com.

Aisha (7), Sh. Youssef Hassan gegenüber dem Emilio-Hotel, bietet in einem allzu winzigen Laden (Vorsicht mit Rucksack oder Kind!) Kunsthandwerk, z. B. Kelims aus Baschendi (Dachla), Schals aus Achmim, Laternen, Kupferschalen und vieles mehr. Angeschriebene Festpreise, kein Verkaufsdruck.

Habiba Gallery, Sh. Sidi Mahmoud, beim Susanna-Hotel, www.habibagallery.com. Der von einer Engländerin geleitete Laden ist eine weitere Fundgrube für hochwertiges Kunsthandwerk zu Festpreisen.

Aboudi Bookshop (17), Sh. El-Karnak, neben McDonald's, ist die beste fremdsprachige Buchhandlung in Luxor.

Gaddis (21), in der Ladenzeile des Winter Palace, empfiehlt sich ebenfalls für Bücher, aber auch für edle Geschmeide und Repliken von Antiquitäten.

• *Festivals* Die **Mulid** zu Ehren des Sufischeichs und Stadtheiligen **Abu'l-Haggag**,

Prêt-à-porter

dessen Moschee inmitten des Luxor-Tempels thront, wird alljährlich in der 2. Woche des Monats Scha'ban, also in der 3. Woche vor Beginn des Ramadan, gefeiert.

Ein Dorffest wird am 27. Sha'ban in Tarif (an der Straße ins Tal der Könige) gefeiert, wo man den erst 1984 verstorbenen **Abu'l-Qusman** verehrt; am Ende des Monats Ashura feiert man in Karnak **Scheich Musa**.

Größtes christliches Fest der Region ist die **Wallfahrt zum Kloster Mar Girgis** (in Razagat bei Armant am Beginn der Straße nach Charga) in den Tagen vor dem 11. November.

Sportliches Großevent ist Mitte Februar der **West Bank Marathon** für Läufer und Skater, der bald mehr Aktive als Zuschauer hat.

• *Fliegen/Heißluftballon* Für rund 100 € am frühen Morgen im Ballon über die Westbank, Champagnerfrühstück inbegriffen. Die Touren werden in den Reisebüros und 5-Sterne-Hotels verkauft oder sind bei **Sindbad Ballons** (✆ 0100-3307708, www.sindbadballoons.com) und **Magic Horizon** (✆ 0100-5688439, www.magichorizon.com) zu buchen.

• *Information* **Egyptian Tourist Authority** (ETA), am Bahnhofsplatz, ✆ 2373294, tägl. 8–22 Uhr. Ein unnötiges Büro. Das Personal ist desinteressiert und hat wenig Ahnung. Um die Filialen am Nil (unterhalb vom Winter Palace) und am Flughafen steht es nicht besser. Hilfreich ist dagegen die englischsprachige Website www.luxortraveltips.com. Neuigkeiten und Termine erfährt man auch unter www.leben-in-luxor.de.

• *Internetcafés* Am günstigsten ist das **Hauptbüro** des lokalen Providers **Rainbow** im Stadtzentrum (Sh. Youssef Hassan, Midan Hassan).

• *Nachtleben* Kein Vergleich mit den Badeorten am Roten Meer. Tägliches Ruinengucken erschöpft die Urlauber offenbar, so dass abends nicht mehr viel los ist. Die besten **Tanzshows mit Saidi-Musik** und **-Folklore** präsentieren der Nachtclub des **Pyramisa Isis (15)** und jener im **Hilton**, der auch nubische Abende und Bauchtanzshows bietet.

• *Notfälle* **Touristenpolizei**, in der Ladenzeile rechts vom Bahnhof, ✆ 2373845. **International Hospital**, Sh. Television, ✆ 2387192.

• *Passbüro/Post* Passbüro Sh. Khalid Ibn el-Walid, beim Steigenberger-Hotel. Sa–Do 8–20 Uhr, Fr 8–11 Uhr. Post am Westende der Sh. el-Mahatta („Bahnhofstraße").

• *Reiten* Viele Hotels drängen ihren Gäste vormittägliche **Ausflüge per Kamel oder Esel** zu den Sehenswürdigkeiten auf der Westbank auf. Auf eigene Faust kann man die Vierbeiner samt Begleiter für 40–50 LE/Std. am Fähranleger auf dem Westufer mieten. Für Pferde empfiehlt sich **Pharaoh's Stables**, ✆ 2310015, auf der Westbank bei der ersten Tankstelle nach der Fähre. **Luxor Stables**, der Konkurrent, ✆ 2310015, www.luxorstables.com, organisiert sogar mehrtägige Trekkingtouren auf Pferden oder Kamelen.

• *Schwimmen* Neben den Nobelherbergen lassen auch einige kleinere Hotels wie **Emilio**, **St. Joseph** und **Karnak** Tagesgäste an ihren Pool (für rund 50 LE). Auf dem Westufer kann man in den Pools der Hotels Nile Valley und Gezira Garden planschen.

• *Segeln* Kaum möglich, den Aufreißern an der Corniche zu entgehen. Für eine **Feluken-Tour** auf dem Nil rechne man pro Stunde und Boot 50–70 LE. Die einst empfehlenswerte Insel mit dem zweideutigen Namen **Banana Island** (Eintritt 10 LE), ca. 5 km flussaufwärts von Luxor, ist zur Cruising Area von Strichjungen verkommen.

*Ü*bernachten

Schon bei der Ankunft am Bahnhof oder Busterminal werden Rucksackreisende von Schleppern umworben. Die meisten der Billighotels und Pensionen stehen in und um die Sh. Television oder die Sh. Youssef Hassan. Nehmen Sie das angebotene Zimmer unbedingt vorher in Augenschein. Übernachtungspreise sind Verhandlungssache und werden von der Auslastung, der Ankunftszeit und von der Laune des Managers bestimmt. Die einfachen Hotels verdienen dabei weniger am Zimmer als am Vermitteln von Zusatzleistungen (Taxi, Kalesche, Fahrrad, Eselstour usw.), die oft allzu aggressiv vermarktet werden.

• *Oberklasse* Die besseren Herbergen bestrafen ausländische Individualtouristen mit unverhältnismäßig hohen Preisen von 150 $ pro DZ und mehr. Wer mehr als nur ein, zwei Nächte bleiben will, bucht diese Häuser besser im Internet oder von Deutschland aus über ein Pauschalarrangement.

Winter Palace (21), der alte Flügel des direkt

Übernachten

- Rezeiky Camp
- El-Luxor
- New Pola
- Emilio
- Nefertiti
- Susanna
- Martitim Jolie Ville
- Winter Palace
- Bob Marley House
- Mara House
- Little Garden
- Happy Land

Essen & Trinken

- 3 el-Hussein
- 4 Amun
- 8 Oasis
- 10 Jamboree
- 12 King's Head Pub
- 13 Snobs und Jewel of the Nile
- 16 Murphy's Irish Pub
- 18 Ali Baba Café
- 20 Metropolitan Café
- 22 Sofra
- 25 New Royal Fish
- 28 Arous el-Bahr

Einkaufen

- 7 Aisha
- 14 Fair Trade Center
- 17 Aboudi Bookshop
- 21 Gaddis

Nachtleben

- 15 Pyramisa Isis

Luxor
250 m

Reisen wie Hercule Poirot – eine Kabine auf der „SS Sudan"

am Nil gelegenen Hauses hat den Charme eines Grandhotels der Kolonialzeit; auch König Faruk verbrachte hier manche Ferientage. Schöner subtropischer Garten, der auch für Nichtgäste einen Spaziergang wert ist. DZ im Altbau ab 230 €; pauschal 1 Woche für 2 Pers. DZ mit Flug ab 2200 €. Corniche, ✆ 2380422, 🖷 2374087, www.sofitel.com.

Maritim Jolie Ville (19), Bungalowdorf auf einer Nilinsel inmitten eines großflächigen Gartens. Guter Service, üppiges Frühstücksbuffet, umfangreiches Sportangebot, hoteleigener Fährdienst und Busservice ins 6 km entfernte Stadtzentrum. DZ ab 70 €, pauschal 1 Woche für 2 Pers. mit Flug ab 1200 €. Crocodile Island, ✆ 2374855, 🖷 237 4936, www.maritime.de.

● *Mittelklasse* Je nachdem, ob das Hotel gerade mit Reisegruppen im Geschäft ist, wird der Individualtourist gehätschelt oder höflich bis rüde abgewiesen.

El-Luxor (2), (ex-ETAP, ex-Mercure), ein nüchterner Bau der 1990er-Jahre in zentraler Lage am Nil; 2010 wurde das Hotel bei laufendem Betrieb blockweise generalsaniert und war deshalb preiswert zu buchen. Nach Abschluss des Umbaus werden die Preise sicher anziehen. DZ 40–100 €. Corniche, ✆ 2380944, 🖷 2374912, www.el-luxor-hotel.com.

Mara House (24), die am Stadtrand in einem gänzlich untouristischen Wohnviertel gelegene Pension lebt vom Charme und Engagement ihrer irischen Besitzerin Mara. Die geräumigen Apartments sind mit Geschmack und freundlichen Farben eingerichtet, im Erdgeschoss befinden sich Café und Restaurant. App. für zwei 75 $. Sh. Salakhana, ✆ 0100-7571855, www.egyptwithmara.com.

Susanna (11), ein Neubau im Stadtzentrum. Die Zimmer ohne besonderen Charme und Stil, doch sauber, sehr gepflegt und für das Gebotene überraschend günstig. Von der Dachterrasse mit Pool und Restaurant schöner Blick auf den Luxor-Tempel. Makel ist die Strahlung des Handyfunkmastes neben dem Haus. DZ 225 LE. 52 Sh. Mabad el-Karnak, ✆ 2369915, 🖷 2369904, www.susannahotelluxor.com.

Emilio (6), ein siebengeschossiges Haus mit etwa 50 Zimmern und Pool auf dem Dach; abseits des Nils, doch zentral gelegen. Das Personal zeigt wenig Charme und ist auf Massenabfertigung geeicht. Als Schnäppchen bei einem Last-Minute-Veranstalter kann man das Emilio aber getrost buchen. DZ 30–45 €. Sh. Youssef Hassan, ✆ 2376666, 🖷 2370000.

New Pola (5), neues Hotel 15 Gehminuten südlich des Zentrums. Gebucht wird es vor

Essen & Trinken 279

allem von Individualreisenden, darunter auch viele Ägypter. 80 solide Zimmer mit Balkon verteilen sich auf 7 Etagen, von denen die oberste für dienstreisende Staatsbeamte reserviert ist. Darunter verstellen Bäume den Nilblick, straßenseitig Verkehrslärm. Pool mit Liegestühlen auf dem Dach. DZ 200 LE. Sh. Khalid Ibn el-Walid, ℡ 2365081, ℡ 2365085 www.newpolahotel.com.

Little Garden (26), das Haus hat tatsächlich einen kleinen Garten und liegt in einer ruhigen Seitenstraße. Der Chef lebte lange in Deutschland. Geräumige und saubere Zimmer mit Klimaanlage und teilweise eigener Terrasse. Ganz oben das mit schmiedeeisernem Himmelbett, Kuppel und viel Rot ausgestattete Themenzimmer „Scheich el-Balad". Sonnendach mit Liegestühlen, Duschen, Garten und Cafeteria. Internetzugang. DZ 20–30 €. Sh. Radwan, ℡ 2389038, www.littlegardenhotel.com.

• *Einfach* **Nefertiti (9)**, kleines, viel gelobtes Hotel in zentraler Lage mit Dachterrasse und Tempelblick. Die 2010 neu ausgebauten und eingerichteten Zimmer sind alle mit AC und Bad ausgestattet, jedoch nicht sonderlich groß. WLAN; hauseigenes Internetcafé. Fragen Sie vor der Buchung, ob die Bauarbeiten abgeschlossen sind und auch der Pool auf dem Dach fertig ist. DZ 160 LE. Sh. el-Sahabi (zweigt am Nordende des Luxor-Tempels von der Sh. el-Karnak ab), ℡ 2372386, www.nefertitihotel.com.

Happy Land (27), ruhig gelegen und supersauber, Zimmer mit Ventilator, Moskitofalle, teils mit Bad (samt Handtüchern und WC-Papier!). Das Hotel hat für seine Gäste ein eigenes Internetterminal und serviert üppiges Frühstück (Cornflakes, frisches Obst) auf einer hübschen Dachterrasse. Unter den Billighotels die beste Wahl. DZ 60 LE. Sh. el-Qamar (zweigt von der Sh. Television ab), ℡ 2271828, www.luxorhappyland.com.

Bob Marley House (23) (ex-Sherif), der Name ist Programm. Chillige Dachterrasse, es gibt Bier und andere Drogen. Küche, Waschmaschine, Internet, das Personal schwankt zwischen passiv (beim Service) und übereifrig (beim Verkauf von Touren). DZ 60 LE. Sh. Badr (zweigt von der Sh. Television ab), ℡ 0100-6465503.

• *Camping* **Rezeiky Camp (1)**, 25°42,66'N, 32°38,90'E. Teilweise schattiger Camping- und Caravanplatz im Hof eines Häuserblocks. Mit Pool und Restaurant, auch Bungalows werden vermietet. Internetzugang. Person 25 LE, Auto 35 LE. Sh. el-Karnak. ℡ 2381334, www.rezeikycamp.com.eg.

> Weitere am **Westufer** des Nils gelegene **Hotels** finden Sie S. 292 ff.

Essen & Trinken (Karte S. 277)

Luxor ist kein Ort für kulinarische Hochgenüsse. Selbst die Küche des gediegenen „1886" im Winter Palace hält nicht, was Ambiente und Preise versprechen.

Jamboree (10), Sh. el-Souk, beim Umm Kulthum Café, Montazah. Obwohl unter britischer Leitung, ist die Qualität der ägyptischen und internationalen Küche hier deutlich über dem ortsüblichen Niveau. Spezialität ist ein Steak im Brotteig mit Tomatensauce und Käse. Salatbar, Dachterrasse, AC. Hauptgericht 35–90 LE. Nachmittags geschlossen.

Sofra (22), 90 Sh. Mohamed Farid, el-Manshiya, www.sofra.com.eg. Ein altes Stadthaus wurde zum Restaurant. Der im Stil vergangener Zeiten eingerichtete Hauptraum bietet gerade mal fünf Tischen Platz, die mit Damast und edlem Geschirr eingedeckt sind. In der warmen Jahreszeit wird man die mit Möbeln und altem Krimskrams vom Trödler dekorierte Dachterrasse bevorzugen – der schmale Hof neben dem Haus gefiel uns weniger. Zu essen gibt's traditionelle ägyptische Küche. Spezialitäten sind die gefüllte Ente oder der Eintopf aus Molouchia mit Kaninchenfleisch. Hauptgericht 30–60 LE, kein Alkohol.

Snobs (13), Sh. El-Rawda el-Sharifa (beginnt gegenüber dem Lotus Hotel). Service wird hier groß geschrieben – und beginnt mit dem im heißen und staubigen Luxor willkommenen Geste: einem Erfrischungstuch für den eintretenden Gast. Die Karte bietet vor allem britische und internationale Gerichte, von Pizza und Pasta bis zum Filetsteak. Empfohlen sei der üppige Snobs salad (mit Früchten). Hauptgericht 30–60 LE, preiswerte Mittagsgerichte.

Jewel of the Nile (13), Sh. El-Rawda el-Sharifa (beginnt gegenüber dem Lotus-Hotel). Das britisch-ägyptische Gemeinschaftsunternehmen befindet sich am Ende einer im vorderen Teil mit europäischen Restaurants gut besetzten Straße in einem noch unfertigen Wohnviertel. Mit Gardinen, Fliesenboden und Holzmöbeln wirkt es mediterran, informell und gemütlich. Ägyptische Küche (Hauptgericht um 40 LE, Menü 75 LE), auch vegetarische Optionen, dazu die obligaten Steaks und der englische Sonntagsbraten.
New Royal Fish (25), Sh. el-Madina el-Minawra Ecke Nugoum. Ein Familienbetrieb mit schlichter Einrichtung. Frischer Fisch aus dem Roten Meer wird mit Reis, Chips und Salat zu schlappen 30–60 LE aufgetischt. Internationales Publikum, da auch von anderen Reisebüchern empfohlen. Wer's gestylter und lieber mit ägyptischem Publikum mag, geht die Hauptstraße etwas weiter und isst seinen Fisch bei der „Meerjungfrau" **Arous el-Bahr (28)** (Menü 65–165 LE).
Oasis (8), Sh. St. Joseph. Das legendäre Bistrocafé mit Galerie ist nun in neuen Räumen beim St. Joseph-Hotel. Es gibt zu Jazzmusik und fremdsprachigen Zeitschriften italienischen Maschinenkaffee und englischen Tee. Snacks wie Scones, Sandwichs und Coleslaw zielen auf britische Gäste, wogegen die Kellner etwas distanzlos auftreten. Wer's ägyptisch mag, bestellt die Linsensuppe. Bis 16 Uhr liefert die Küche auch diverse Omeletts und Pfannkuchen, abends z.B. Grillplatte (55 LE) oder vegetarisches Curry (40 LE).

King's Head Pub (12), Sh. Khalid Ibn el-Walid, beim Lotus-Hotel, www.kingshead luxor.com. Der Pub im britischen Stil (Billard, Darts etc.) ist rund um die Uhr geöffnet. Tagsüber durchgehend einfache Gerichte wie Sandwichs, Fish 'n' Chips oder Bangers 'n' Mash (Würstchen mit Kartoffelbrei und Erbsen). Auf Schweizer zielt das Kalbsschnitzel Appenzeller Art, während Wiener nicht mit dem Schnitzel, sondern mit Hähnchen Viennoise umworben werden. Sonntags Lunch mit Roastbeef und Yorkshire Pudding. „King's Head" ist übrigens ein im Tudor-Stil gewanderter Echnaton.
Amun (4), Corniche, im Savoy Bazar. Preiswerte orientalische Küche, auch Pizza und Vegetarisches, in ansprechender grün-roter Deko mit Straßenblick bei guter Kühlung. Probieren Sie die Moussaka im Tontopf. Hauptgericht 25–75 LE. Zusammen mit dem auf der Nilseite des Gebäudes befindlichen **el-Hussein (3)** zählt es zu den beliebtesten Budget-Restaurants am Ostufer.
Ali Baba Café (18), Sh. el-Karnak, mit Blick auf den Luxor-Tempel. Gute Aussicht, doch mäßiges Essen. Auf der Karte z. B. Fish 'n' Chips, Kufta und Tagin. Alkoholausschank.
Metropolitan Café (20), am Nil unterhalb des Winter Palace, mit schöner Aussicht, frischer Luft, Sandwichs und Snacks, Obstsäften, Bier und Musikteppich.
Murphy's Irish Pub (16), Sh. el-Gawazat, Nähe Steigenberger-Hotel. Glänzendes Holz, Poolbillard, Großbild-TV, Pubfood, Cocktails und Bier – geradeso, als wären wir in Dublin.

Besichtigungsprogramm

Für den Besuch der Sehenswürdigkeiten sollte man sich wenigstens zwei Tage gönnen. Das herkömmliche Programm beginnt, die kühleren Tagesstunden nutzend, möglichst früh am Morgen mit dem **Tal der Könige**. Anschließend lässt es den **Hatschepsut-Tempel** folgen, dann eventuell noch das Tal der Königinnen oder Medinet Habu. Den verbleibenden Rest des Nachmittags nutzen Sie zur Entspannung und besuchen erst wieder am Abend den Luxor-Tempel. Den zweiten Tag beginnen Sie wieder auf der Westbank mit den **Gräbern der Noblen** und der Stadt der Grabarbeiter, bevor Sie auf der Ostseite das **Heiligtum von Karnak** und am Abend das **Museum** besuchen. Besser ist es natürlich, Sie können dieses Programm auf mehrere Tage verteilen.

☆☆☆ Karnak (Karte S. 283)

Karnak war das größte und bedeutendste Heiligtum im alten Ägypten. Hier wurde dem Reichsgott Amun-Re, seiner Gattin Mut und dem Sohngott Chons gehuldigt.

Mehr als 2000 Jahre, nämlich vom Mittleren Reich bis in die römische Zeit, wurde an diesem steingewordenen Symbol für die Herrlichkeit des Pharaonenlandes gebaut. Herrscher und Priester ließen immer wieder neue Tempel, Obelisken, Pylone und Kioske errichten, bauten um und aus, tilgten die Namen ihrer Vorgänger und ersetzten sie durch die eigenen, um Ruhm und Gottgefallen einzuheimsen.

Großer Hof

Eine rund 2400 m lange Umwallung aus Lehmziegeln umfasst das Heiligtum des Amun. Zugang hat man heute von der Nilseite über eine **Allee widderköpfiger Sphingen (1)**, die einst bis zum Fluss reichte. Der Widder war das Symbol Amuns, und beim Opet-Fest wurden auf diesem Prozessionsweg die Götterbarken zum Nil getragen. Früher konnte man den **ersten Pylon (2)** besteigen und von oben einen Überblick über die Anlage gewinnen, heute muss ein im Durchgang aufgestellter Plan genügen.

Blickfang im Großen Hof ist die **Säule des Taharqa (3)** als einziger Überrest der Kolonnade. Rechts findet sich ein **Tempel von Ramses III. (4)**, links ein **Tempel Sethos II. (5)**, in dem die Barken für die Nilfahrt von Amun, Mut und Chons aufbewahrt wurden. Ein Durchbruch in der Umfriedung des Hofs führt zum **Freilichtmuseum (6)**, wo Blöcke von bereits in der Antike abgebrochenen Bauten ausgestellt sind. Rekonstruiert haben die Archäologen hier den ältesten Tempel von Karnak, nämlich die Kalksteinkapelle des Sesostris.

Großer Säulensaal

Wieder zurück im Großen Hof, kommt man durch den von zwei Kolossalstatuen Ramses' II. flankierten Durchgang des **zweiten Pylons (7)** in den **Großen Säulensaal**. 134 Säulen mit 2 bis 3,5 m Durchmesser erheben sich zu einem steinernen Wald. Im Nordteil sind sie teilweise noch mit erhabenen Reliefs aus der Zeit Sethos I. verziert, im Südteil dominieren die gröberen, versenkten Reliefs aus der Zeit Ramses' II. Dolden krönen die zwölf dickeren Säulen des

Im steinernen Wald von Karnak

Mittelgangs, die übrigen laufen in Papyrusbündeln aus. An den Architraven und Deckenresten sind noch Farbreste zu erkennen. Die Szenen und Texte an den Wänden berichten von den siegreichen Schlachten Ramses' II. und seines Vater Sethos: Da prescht der König mit seinem Kampfwagen über die Steppe, verstecken sich Flüchtlinge hinter Bäumen, müssen unterjochte Libanesen Zedern für die Schiffe der Ägypter schlagen, werden Gefangene vor die Götter geführt.

Obelisken und Kultzentrum

Im schmalen Hof **(8)** zwischen 3. und 4. Pylon, von denen nur spärliche Reste blieben, ragt als einzig verbliebener von vier Obelisken der des Thutmosis I. gen Himmel. Im anschließenden Säulenhof steht der aus Rosengranit gefertigte **Obelisk der Hatschepsut (9)**, 30 m hoch und 323 Tonnen schwer. Einst war die Spitze mit einer Legierung aus Gold und Silber verkleidet. Hatschepsuts Nachfolger Thutmosis III. ließ die Nadel ummauern, um ihr die magische Wirkung zu nehmen und das Andenken an seine Rivalin auszulöschen, Echnaton tilgte im oberen Bereich Namen und Figuren des Amun, die Sethos später wieder herstellen ließ. Doch diese Details sieht man besser am zweiten, umgestürzten Obelisken der Hatschepsut, dessen Spitze wir später am Ufer des Heiligen Sees begegnen werden.

Der 5. Pylon wurde unter Thutmosis I. errichtet, der **6. Pylon (10)** unter seinem Enkel Thutmosis III., der auf der Westwand die von ihm unterworfenen Städte und Völker verewigen ließ. Die Annalen setzen sich im folgenden Saal fort, dann betritt man das **Allerheiligste (11)** des Amun-Tempels. Die aus zwei Räumen bestehende Granitkapelle wurde an Stelle einer älteren von Philipp Arrhidaios, dem Nachfolger Alexanders des Großen, gebaut. Reliefs zeigen den Pharao bei rituellen Handlungen, in den nördlich angrenzenden Gemächern aus der Zeit der Hatschepsut sind sogar noch die Farben erhalten.

Festhalle des Thutmosis

Man überquert nun eine mit Trümmern übersäte Freifläche, auf der einst der älteste, schon im Mittleren Reich gebaute Teil des Tempels stand. An der Südwestecke befindet sich der Eingang zur **Festhalle von Thutmosis III. (12)**, einem quer zur Hauptachse des Tempels angelegten Saal, der ein Festzelt nachbildet. Die blaue Deckenbemalung ist noch gut zu erkennen. Kreuze und rudimentäre Umrisse von Heiligen stammen von den Kopten, die den Raum nach der Christianisierung im 4./5. Jh. zur Kirche machten und dabei auch die Reliefs zerstörten.

Weiter auf der Hauptachse kommt man in die Sonnenkapelle und von dort links durch eine Pforte und über ein Treppchen in den **Botanischen Garten (13)**. An den halbhohen Wänden dieses Raums ließ Thutmosis wie in einem Lehrbuch Pflanzen und Tiere darstellen, die er von seinem Syrien-Feldzug nach Ägypten mitgebracht hatte – darunter als eine bis heute geschätzte kulinarische Innovation „den Vogel, der jeden Tag gebiert", wie das Haushuhn in den alten Texten heißt. Bakschischhungrige Wächter hüten die Treppen im Nordosten der Festhalle, von denen man einen guten Überblick über das Gelände hat.

In Richtung Osttor liegen die Reste des **Obelisken-Tempels (14)**, von dem die vor dem römischen Lateran-Palast stehende Steinnadel stammt. Beim Nordtor lehnt sich der Tempel des Totengottes Ptah an die Umfassungsmauer an. Außerhalb der Umfriedung wurde in einem gesonderten **Tempelareal (15) Month** verehrt, der vor dem Aufstieg Amuns der Lokalgott der thebanischen Provinz war. Nur unermüdliche Ruinengänger werden auch diese Heiligtümer besuchen.

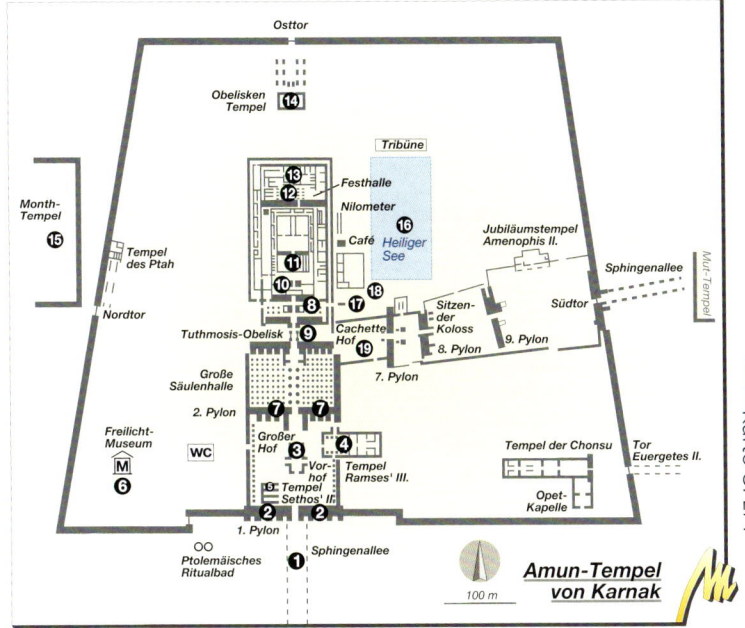

Heiliger See und Südachse des Amun-Tempels

Die anderen haben eine Ruhepause verdient, steuern dazu von der Festhalle die Tribünen für das Ton-und-Licht-Spektakel mit dem **Heiligen See (16)** an und finden an dessen Nordwestecke eine Cafeteria samt WC. Einst war der See durch einen unterirdischen Kanal mit dem Nil verbunden. Die Bootsfahrt der Götterstatue gehörte zum täglichen Ritual. Nahe der Cafeteria liegt die **Spitze eines Obelisken der Hatschepsut (17)** neben einem riesigen **Granitkarabäus (18)**.

Man trifft nun auf die durch weitere Pylone markierte **Südachse des Amun-Tempels**. Im Hof vor dem 7. Pylon wurden in einer Grube, der sogenannten **Cachette (19)**, nicht weniger als 18.000 Statuen gefunden, die hier in der ptolemäischen Zeit von den Priestern entsorgt wurden, um in dem übervollen Tempel Platz für neue Götterbilder zu schaffen. Das Areal zwischen dem 8. Pylon und dem Südtor ist wegen Grabungsarbeiten für das Publikum gesperrt. Eine Sphingenallee führte außerhalb des Tors weiter zum **Heiligtum der Mut**, das ebenfalls unzugänglich ist.

● *Hinkommen* Der Eingang zum Tempelstadt Karnak befindet sich von der Uferstraße etwa 3 km nördl. des Zentrums von Luxor. Für die Taxifahrt (einfacher Weg) sind 10 LE angemessen. Sammeltaxis fahren für 0,50 LE von der Kreuzung beim Hotel Emilio über die Sh. Karnak an den Eingangsbereich des Tempels.

● *Öffnungszeiten* Tägl. 6–16.30 Uhr, im Sommer bis 17.30 Uhr. Reisegruppen besuchen Karnak gewöhnlich zwischen 8 und 12 Uhr. Tickets kosten 65/35 LE, Freilichtmuseum 25/15 LE extra. Die Kasse befindet sich am Ausgang des Besucherzentrums rechts.

● *Toiletten* WCs gibt es im Besucherzentrum, in der Cafeteria am Heiligen See und am Eingang zum Freilichtmuseum.

● *Sound & Light* Die Show wird Mi und So 18.30 Uhr (Mai–Okt. 20 Uhr) in deutscher Sprache präsentiert, Eintritt 100 LE. www.soundandlight.com.eg.

★ ★ Luxor-Tempel (Karte S. 285)

Auch der Luxor-Tempel war der thebanischen Göttertriade Amun, Mut und Chons geweiht. Er steht inmitten des Stadtgebiets von Luxor, nur durch die Corniche vom Nilufer getrennt.

Amenophis III. (1402–1364 v. Chr.) ließ den Tempel an Stelle eines älteren Heiligtums beginnen, viele Erweiterungen gehen auf Ramses II. (1290–1224 v. Chr.) zurück. Um 300 n. Chr. wurde der Tempel zu einem römischen Heerlager, im Mittelpunkt des Kults stand nun der vergöttlichte Kaiser. Die Muslime errichteten später im Hof die **Moschee** des Stadtheiligen **Abu'l-Haggag** (Fotoblick auf den Vorhof des Tempels). Ein Prozessionsweg verband den Tempel mit dem Heiligtum Karnak. Die Barke, die heute am Namenstag des 1243 gestorbenen Sufi-Scheichs in einer Prozession durch Luxor geführt wird, erinnert noch an das altägyptische Opet-Fest, zu dem die Götterstatuen von Karnak nach Luxor reisten, wo sich die Herrscher als Inkarnation der Götter feiern ließen.

Vor dem **ersten Pylon** sind zwei von ursprünglich sechs **Kolossalstatuen** von Ramses II. erhalten. Der Zwilling des **Obelisken** ziert heute die Place de la Concorde in Paris. Am Pylon selbst rühmen Reliefs die Heldentaten des Ramses. In der Südostecke des anschließenden **Hofs von Ramses II.** zeigt ein Relief das ursprüngliche Aussehen des Eingangsbereichs mit dem ersten Pylon.

Mit dem **zweiten Pylon** macht die Tempelachse einen Knick. Wir betreten nun durch einen **Säulengang** den älteren, unter Amenophis errichteten Teil des Tempels, der anders als die vorgelagerten Bauten noch nicht exakt auf das Heiligtum von Karnak ausgerichtet war. Auf den Säulen haben sich außer Amenophis II. auch Haremhab, Sethos I. und Ramses II. verewigt, die Bilder an den Wänden entstanden unter Tutanchamun und zeigen die Nilfahrt der Götterstatuen am Opet-Fest.

Im **Hof von Amenophis III.** drohten infolge des gestiegenen Grundwasserspiegels die mächtigen Säulen auf der Ostseite einzustürzen. In den 1990er Jahren wurden sie deshalb auf ein Betonfundament gesetzt, das Areal wird nun mit unterirdischen Drainagen entwässert. Bei diesen Arbeiten fand man eine Grube mit entsorgten Statuen, deren beste Stücke heute im Luxor-Museum ausgestellt sind.

Durch die **Vorhalle** kommt man in das Vestibül, wo die Römer ihren Kaiserkult zelebrierten. Christen bauten sie später zur Kirche um. Nach einem Raum für die Opfergaben folgt das Allerheiligste, wo in einem von Alexander dem Großen gestifteter Schrein die Barke des Amun stand. Die Götterstatue selbst wurde im hintersten Raum des Tempels aufwahrt. Reliefs im Geburtsraum, dem linken Nebenzimmer des Barkenraums, zeigen die Zeugung des Amenophis (durch Amun), die Schwangerschaft der (jungfräulichen) Königsmutter Mutemwia, die Geburt und den Regierungsantritt des jungen Königs. Diese auch aus anderen Tempeln bekannte Szenenfolge war in mancher Hinsicht Vorlage für die christliche Weihnachtslegende.

Abschließend besuche man noch das 2010 eingerichtete **Freilichtmuseum** auf der Ostseite des Tempels. Hier wurden allerlei Architekturfragmente mit Inschriften und Reliefs in chronologischer Folge aufgereiht, so dass man sogar verfolgen kann, wie sich die Darstellung der Götter und Pharaonen im Lauf der Jahrhunderte allmählich veränderte. Als Höhepunkt gilt eine aus über hundert Blöcken zusammengesetzte Szene mit Amenophis III. und der Barke des Amun – unter Echnaton zerstört, unter Tutanchamun erneuert, von Haremhab usurpiert, von Sethos I. restauriert, vergrößert und als eigenes Werk gepriesen.

Tägl. 6–20.30 Uhr, im Sommerhalbjahr bis 21.30 Uhr. Eintritt 50/25 LE.

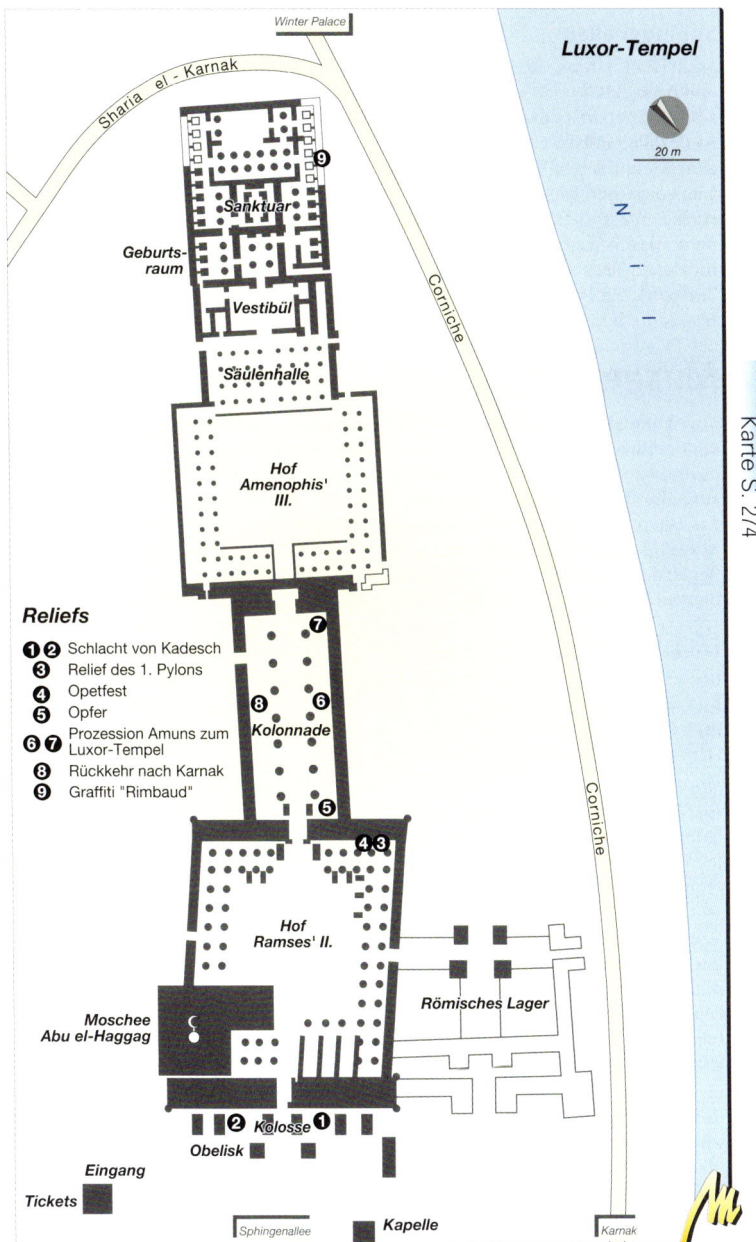

Luxor-Tempel 285

Reliefs

1. ❶❷ Schlacht von Kadesch
2. ❸ Relief des 1. Pylons
3. ❹ Opetfest
4. ❺ Opfer
5. ❻❼ Prozession Amuns zum Luxor-Tempel
6. ❽ Rückkehr nach Karnak
7. ❾ Graffiti "Rimbaud"

Sphingenallee

Nach fünf Jahren Arbeit von Abrisskommandos und Archäologen nimmt die Sphingenallee zwischen Karnak- und Luxortempel allmählich Gestalt an. 800 Häuser wurden bereits planiert; zwei Kirchen, eine Moschee und das Viertel Naga Abu Asab sollen noch weichen, damit Besucher wieder wie einst zur Pharaonenzeit auf dem 2,7 km langen Prozessionsweg wandeln können – flankiert von 1350 Sphingen, von denen weniger als die Hälfte noch Originale sind oder wenigstens Bruchstücke von solchen enthalten. Angelegt wurde die Allee ursprünglich unter Pharaonin Hatschepsut (reg. 1488–1468 v. Chr.), so berichtet eine Inschrift in Karnak. Erneuert wurde sie ein knappes Jahrtausend später unter Pharao Nektanebos I. (30. Dynastie). Aus römischer Zeit fanden die Ausgräber längs des Wegs Werkstätten von Töpfern und Steinhauern, eine Weinkellerei und eine Zisterne.

Museen

☆☆ **Luxor-Museum**: Das 1975 eröffnete Museum ergänzt den Besuch der Tempel und Gräber. Anders als im Ägyptischen Museum zu Kairo, das mit seiner Überfülle lieblos verwahrter Exponate jeden Besucher erschlägt, werden in Luxor nur wenige ausgewählte Funde präsentiert und gut erklärt. Höhepunkte der Ausstellung sind das Haupt der Göttin Hathor in Kuhgestalt und eine Statuette (Nr. 61) von Thutmosis III. Im Obergeschoss wurde eine Wand aus Karnak rekonstruiert, auf deren Reliefs Echnaton und Nofretete dem Sonnengott Aton huldigen. Das Museum verfügt auch über eine Bibliothek, eine (überteuerte) Cafeteria und einen Buchladen.

Eingangshalle

In der Eingangshalle begrüßt den Besucher eine **Statue des Amun**. Rechts beachte man das aus rötlichem Granit gearbeitete **Haupt Amenophis' III.** – ein feines Lächeln scheint die Mundpartie zu umspielen. Den gleichen Pharao zeigt an der linken Wand ein farbenfrohes, nur noch in Fragmenten erhaltenes **Fresko** aus dem Grab Nr. 226 in Theben-West. Aus dem Grabschatz des Tutanchamun stammt der **Kopf der Göttin Hathor** in Kuhgestalt aus vergoldetem Holz. Ihre Augen sind aus schwarzem und weißem Glas gefertigt. Der von Hals abwärts schwarze Anstrich deutet an, dass die Göttin gerade aus der Unterwelt emporsteigt und so den Toten die Wiedergeburt verheißt.

Untergeschoss

Im Untergeschoss gleich neben dem Eingang sind 16 der 22 Statuen aus der sogenannten **Luxor-Cachette** ausgestellt, eine Art Statuengrab, das 1989 unter dem Säulenhof des Luxor-Tempels entdeckt wurde. Wann und warum die Götter dort verborgen wurden, bleibt ein Geheimnis. Die linke Reihe beginnt mit der **Krönung des Ha**remhab durch Gott Amun, daneben eine Sitzstatue der Göttin Junit aus der Zeit Amenophis' III. Das übergroße Standbild aus rotem Granit am Ende der Galerie zeigt den muskulösen **Amenophis III.** auf einem Schlitten, einem Transportmittel für besonders schwere Objekte. An der rechten Wand thront Göttin **Hathor** in knöchellangem Gewand, das Ankh-Zeichen in der Hand, auf dem Kopf die charakteristische Krone und eine lange, bis zur Brust reichende Perücke. Ungewöhnlich ist die etwa 1,50 m hoch aufgerichtete **Kobra** mit aufgeblähtem Halsschild; sie symbolisiert den Schöpfergott Kamutef. Der Kopf ging wohl schon im Altertum verloren, Bohrlöcher oben am Halsansatz deuten auf einen Ersatz hin. In einem Nebenraum treffen wir das Götterpaar Amun und Muth, einen kopflosen Ramses II. und eine Sphinx.

Haupthalle

Die Haupthalle beginnt mit der Kunst des Mittleren Reiches. An der Stirnseite steht eine in Karnak gefundene **Granitbüste Sesostris' III.** mit den für seine Zeit (12. Dyn.) typischen individuellen Zügen, die einen nachdenklichen bis melancholischen Herrscher zeigen. Um die Ecke, also an der Ostwand des Saals, sitzt (kopflos) der **Wesir Mentuhotep** im Schreibersitz mit Papyrusrolle und Tintennapf, als müsse er die Besucher befragen. Die Leibesfülle des aus schwarzem Granit gefertigten Herrn soll seinen Rang und Wohlstand ausdrücken. Verdrossener noch als Vater Sesostris blickt die Stand-Schreit-Statue von Sohn und Nachfolger (reg. 1842–1795) **Amenemhet III.** drein.

Etwa in der Mitte der Ostwand lobt die erläuternde Tafel die geschickt ausgeleuchtete Statuette **Thutmosis' III.** aus grünlicher Grauwacke als schönstes Werk, das je geschaffen wurde. Blickfang im Zentrum des Raums ist die aus einem einzigen Steinblock gemeißelte **Figurengruppe mit Gott Sobek**, der seine schützende Hand auf den Oberarm von Pharao Amenophis III. legt. Ramses II. tilgte den Namen des Amenophis und ließ stattdessen seinen eigenen eingravieren.

An weiteren Kunstwerken der Haupthalle gefielen uns **Jamu-Nedjeh**, ein als Würfelhocker dargestellter Gefolgsmann Thutmosis III.; ihm gewährte der Pharao die außergewöhnliche Gunst, die Statue im königlichen Totentempel aufzustellen. Ein ungewöhnliches Stück ist der von einem gewissen Nebnefer und seiner Familie den Göttern Hathor und Sobek gestiftete **Steinwürfel mit Reliefs**.

Anbau Erdgeschoss

Die Ausstellung im neuen Flügel ist unter dem Motto „Die Armee im goldenen Zeitalter" den großen Kriegern des Neuen Reichs gewidmet. Am Eingang stößt man zunächst auf eine **Sitzstatue Thutmosis III.** aus dem Hatschepsut-Tempel. Neben ihm berichtet eine **Stele** von den Siegen des Pharao Kamose (17. Dyn.) über die Hyksos. An der linken Längswand schützt eine Vitrine einen **Streitwagen** aus dem Grab Tutachamuns. Daneben ein Relief mit **Amenophis II. als Bogenschütze**, dann wiederum eine Vitrine mit königlichen **Pfeilen und Bögen** aus dem Tutanchamun-Grab.

In der Mitte des Anbaus sind in einem abgedunkelten Bereich zwei **Königsmumien** zu sehen: Ahmose, der Begründer der 18. Dynastie, und ein noch nicht sicher identifizierter Pharao, in dem viele Ramses I. sehen. Beide Mumien wurden im 19. Jh. in der Cachette von Deir el-Bahri gefunden, ei-

Ramses II. bewacht den Luxor-Tempel

nem Massengrab, in dem Priester der 22. Dynastie sie mit anderen Mumien zum Schutz vor Grabräubern versteckt hatten. Die vermutliche Ramses-Mumie erwarb ein kanadischer Arzt, der sie dem Museum in Niagara Falls verkaufte. Nach dessen Schließung reiste der mumifizierte Pharao weiter nach Atlanta (USA) und kehrte von dort erst nach zähen Verhandlungen 2004 wieder nach Ägypten zurück. Die Vitrinen zwischen den Mumien zeigen die goldene Prunkaxt und einen Dolch des Ahmose, dazu ein Halsband mit drei goldenen Fliegen aus dem Grabschatz der Ahhotep, Mutter des Ahmose und Kamose.

Weiter an der Ostwand eine **Statue des Amenophis II.** aus rotem Granit. Dann der Schreiber **Amenophis Sohn des Hapu** als **Würfelhocker**. Von diesem einflussreichen, später sogar als Gott verehrten Beamten stammen die Pläne des Luxor-Tempels und

Im großen Hof des Luxor-Tempels

des Tempels von Amenophis III.; auch die Pläne der Großen Säulenhalle im Tempel von Karnak werden ihm zugeschrieben.

Nach Amenophis kommt wieder eine Vitrine mit **Waffen**, daneben **Ramses II.** mit Doppelkrone und ganz am Ende eine **Alabasterstatue Sethos I.** aus Karnak.

Um die Ecke folgt eine Statue des **Nebre**, Kommandeur der westlichen Grenztruppen unter Ramses II., geschmückt mit einem feinen Colliers und einem Sechmet-Zepter. Weiter die auf dem Sinai gefundene Doppelstatue des Generals **Paser** und seiner Gemahlin Hennet, dann die Kalksteinbüste des **Nachtmin**, Sohn des Pharaos Eje und Truppenführer unter Tutanchamun.

Zu Füßen der Rampe werden wir mit den Verlierern konfrontiert: ein **Gefangener** aus schwarzem Granit, dazu ein unterlegener Libyer, dem gerade **Ramses VI.** den Schädel einschlägt (neben dem Pharao symbolisiert eine Löwe die königliche Macht), und schließlich eine Reihe von Gefangenen auf dem Sockel einer Statue.

Anbau obere Etage

Am Ende der Rampe sieht sich der Besucher der Plastiken der löwenköpfigen Kriegsgöttin **Sechmet** gegenüber. Neben ihr der schon bekannte **Amenophis Sohn des Hapu**, diesmal in Schreiberhaltung und aus schwarzem Granit. Dann die Sitzstatue des **Yamunnedjeh**, die Figur des betenden Pharaos **Amenemhet I.** und das bemalte Relief einer **Siegesparade** sowie ein Offizieller mit dem Ehrengold. Ihnen gegenüber die ungeachtet ihrer Größe anmutige Statue **Ramses III.**

Die übrigen Exponate auf der Etage stehen für die Themenkreise Kunst, Schreibkunst und Technik. Die Vitrine neben der Ramses-Statue präsentiert drei **Bootsmodelle**: eine Barke für Prozessionen und andere zeremonielle Anlässe, ein Ruderboot und ein Segelboot. Die edlen Halsketten belegen, dass der **Höfling Thai** (aus Elfenbein) und der **Architekt Mai** (sitzend, schwarzer Granit) sich der besonderen Gunst ihrer Pharaonen erfreuten. Die nächsten Vitrinen zeigen diverse **Tonscherben mit Grundrissen** von Häusern und Gräbern, Werkzeuge der Bauleute und, bewacht von einer Figur des ibisköpfigen Thoth, die Utensilien eines Schreibers.

Am Ausgang werden in einer Nische Funde aktueller Ausgrabungen präsentiert. Bei unserem Besuch waren reich bemalte **Holzsärge** des Richters **Imeni** und der **Geheset** zu sehen, die Forscher des Deutschen Archäologischen Instituts 2004 in der Nekropole Dra Abu el-Naga nahe dem Hatschepsut-Tempel ans Licht brachten.

Hauptgebäude obere Etage

Zurück im Altbau setzt sich der Rundgang mit der Rampe zum Obergeschoss fort. Im Aufgang liegt ein entspannter Dionysos, Trauben schleckend, als Halbrelief auf seiner Couch. Es folgen frühchristliche **Grabstelen** und **Architekturfragmente**, darunter als Glanzlicht die mit einem Adler geschmückte Apsis einer Kapelle aus dem Luxor-Tempel. In der langen Vitrine, die zugleich als Raumteiler dient, findet man Kleinfunde wie **Münzen**, **Papyri**, **Schmuck** und allerlei **Grabbeigaben**. Höhepunkt ist hier ein **Kasten mit Kanopenkrügen** aus dem Hatschepsut-Tempel. An der hinteren Querwand zeigt ein Relief die legendäre Pharaonin in ganz ungewohnter Gestalt, nämlich als Frau (opfernd vor Amun).

An der Westwand des Obergeschosses flankieren zwei Kolossalköpfe des Amenophis IV., also des jungen Echnaton, die 17 m lange und bald 3 m hohe **Echnaton-Mauer**. Diese befand sich ursprünglich in Karnak und wurde im Museum aus 283 bemalten reliefierten Sandsteinblöcken zu einer Wand zusammengefügt. Sie zeigt im linken Teil den Ketzerkönig, begleitet von Gattin Nofretete, beim Anbeten der Aton, der göttlichen Sonne. Auf der rechen Hälfte sieht man Tempeldiener bei den täglichen Arbeiten und Kulthandlungen. Nach Echnatons Sturz wurde die Mauer abgerissen, die Blöcke kamen als Füllmaterial in den 9. Pylon.

• *Öffnungszeiten* Tägl. 9–14/16–21 Uhr (Sommerhalbjahr 17–22 Uhr). Eintritt 80/40 LE. Corniche, 1 km nördl. des Luxor-Tempels.

> **Lesetipps**: Abeer el-Shahawy, Luxor Museum. The Glory of Ancient Thebes, Kairo, AUC-Press, 2006.
>
> Janice Kamrin, The Illustrated Guide to the Luxor Museum of Ancient Art and the Nubia Museum of Aswan, Kairo, AUC-Press, angekündigt für Herbst 2011.
>
> Eine virtuelle Reise durch das Museum ermöglicht www.insecula.com/musee/M0017.html.

Mumien-Museum: Das kleine Museum an der Uferpromenade ist der Technik der Mumifizierung gewidmet. Den Eingang des Gruselkabinetts bewacht Anubis, der schakalgestaltige Gott der Totenzeremonien. Begleitet von spärlichen Erklärungen, sehen wir beim Gang in die Unterwelt das Material und die Werkzeuge der Balsamierer, darunter das Löffel, Schaber und Haken, mit denen das Hirngewebe durch die Nasenöffnung aus dem Schädel gezogen wurde. Ein Krokodil aus Kom Ombo, ein Widder von Elephantine und andere mumifizierte Tiere schauen uns an, so wie Mumien eben noch schauen können. Jüngstes Exemplar ist eine Ente aus dem 20. Jh. Mit ihr bewies Konservator Nasri Iskander, der die Mumifizierungstechnik der Pharaonenzeit rekonstruierte, seine Fertigkeiten. Als menschliche Mumie ist der Priester Maserhati (21. Dyn.) ausgestellt, dazu Sarkophage und Artefakte, die dem Toten die Reise ins Jenseits erleichtern sollten.

Corniche, beim Fähranleger, tägl. 9–14/16–21 Uhr (Sommerhalbjahr 17–22 Uhr). Eintritt 50/25 LE. Oft stellen samstags um 19 Uhr Archäologen und Ägyptologen ihre aktuellen **Forschungsprojekte** im Museum vor.

Luxor Heritage Centre: Das 2007 in einem pompösen Neubau eröffnete Zentrum will den Besuchern Ägyptens Kulturerbe näher bringen. Beim Wort sollte man das Zentrum allerdings nicht nehmen. Von den ambitionierten Projekten funktionieren nämlich nur die **Public Library** – eine Art Stadtbücherei mit wissenschaftlicher Abteilung zu Ägyptologie und Koptologie – sowie der Kindergarten, der auf den Nachwuchs aufpasst, während Papi und Mami in den Büchern schmökern. Allenfalls auf Vorbestellung und für Gruppen wird das **Culturama** entfaltet – ein 40 Minuten langes Multimedia-Spektakel, welches das ägyptische Erbe auf einer 180-Grad-Panorama-Großleinwand präsentiert. Zuvor dürfen die Zuschauer an Computern 3D-Animationen der Pyramiden, des Tutanchamun-Grabs und von archäologischen Stücken drehen und wenden.

Sh. Mabad el-Karnak, Mi–Mo 10–22 Uhr. Eintritt (ohne Culturama) 10 LE.

Westufer von Luxor (Theben West)

Ein Besuch der Nekropolen des alten Theben gehört zu den Höhepunkten jeder Ägyptenreise. In grandioser Landschaft gibt es neben den Felsengräbern der Pharaonen und ihrer Angehörigen auch monumentale Totentempel und die farbenprächtigen Gräber der Höflinge zu besichtigen.

Von der Frühzeit bis in die koptische Zeit, also über einen Zeitraum von mehr als 3000 Jahren, wurden hier auf dem Westufer am Rande der Wüste immer neue Friedhöfe angelegt, darunter im Neuen Reich auch Gräber der Pharaonen. Das Westufer war aber nicht nur der Ort der Toten. Zu den Tempeln gehörten Bibliotheken, Schulen für die Schreiber und Maler, Wohnungen der Priester und Stallungen. Auch die zahlreichen Grabarbeiter wohnten in einer eigenen Siedlung unweit ihrer Arbeitsplätze.

Außer Denkmälern bietet das Westufer auch ein herrliches Landschaftserlebnis. Vom Nil kommend, durchquert man zunächst das Fruchtland mit seinen Palmenhainen, Gärten und Zuckerrohrfeldern. Von der üppig grünen Vegetation hebt sich am Horizont die kahle, gelbbraune Hügelkette ab, in der sich das Tal der Könige versteckt.

Über den Nil

Zwar verbindet 7 km südlich der Stadt eine **Brücke** die beiden Ufer, doch wer kein Auto hat und auch nicht mit dem Bus unterwegs ist, wird besser die Fähren benutzen. Zudem ist die Brücke von 18 bis 6 Uhr für Touristen gesperrt.

Die **Fähre** kreuzt mit Bäuerinnen, Hühnern, Fahrrädern und allerlei „Traglasten" den Fluss auf Höhe des Luxor-Tempels von morgens gegen 5 Uhr bis nach Mitternacht.

Von Ausländern wird ein Fahrpreis von 1 LE erwartet.

Taxiboote *(lunches)* setzen für 1 LE/Pers. über. Minimum 5 LE pro Überfahrt.

Blick über den Nil

Westufer von Luxor

Westufer von Luxor

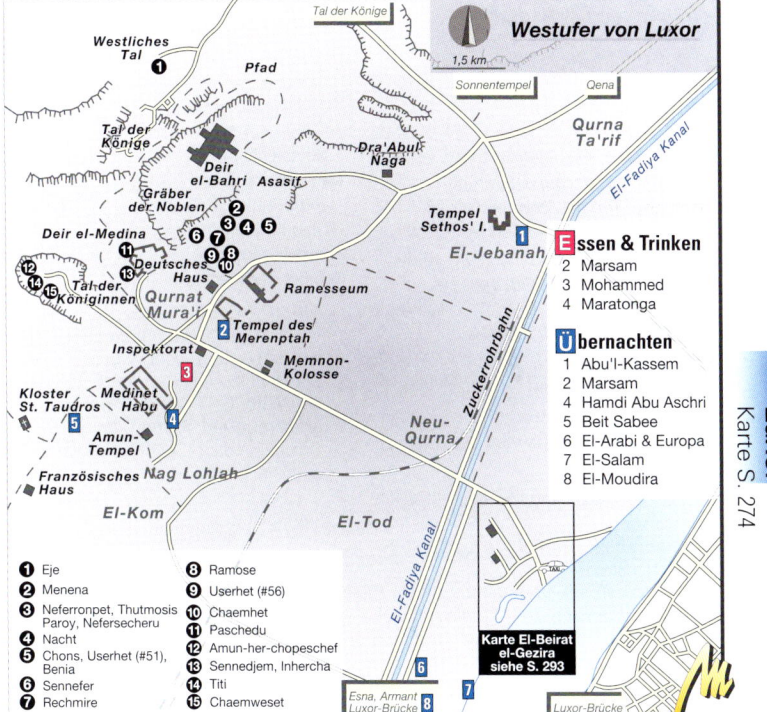

1,5 km

Essen & Trinken
2 Marsam
3 Mohammed
4 Maratonga

Übernachten
1 Abu'l-Kassem
2 Marsam
3 Hamdi Abu Aschri
4 Beit Sabee
5 El-Arabi & Europa
6 El-Arabi & Europa
7 El-Salam
8 El-Moudira

❶ Eje
❷ Menena
❸ Neferronpet, Thutmosis Paroy, Nefersecheru
❹ Nacht
❺ Chons, Userhet (#51), Benia
❻ Sennefer
❼ Rechmire
❽ Ramose
❾ Userhet (#56)
❿ Chaemhet
⓫ Paschedu
⓬ Amun-her-chopeschef
⓭ Sennedjem, Inhercha
⓮ Titi
⓯ Chaemweset

Karte El-Beirat el-Gezira siehe S. 293

Unterwegs

Bequem ist die Fahrt mit dem Taxi, üblich ist die Tour mit dem Fahrrad, abenteuerlich der Ritt mit dem Esel und am billigsten die Kombination Sammeltaxi und Fußmarsch.

• *Fahrrad* Die etwa 30 km, die man zwischen Fähranleger und den verschiedenen Monumenten weitgehend auf Asphalt unterwegs sein wird, sind gerade die richtige Radlentfernung. Sie können Ihr Velo (10–15 LE/Tag) schon in Luxor oder aber am Fähranleger auf der Westbank mieten.

• *Esel* Im Schritttempo und mit vielen „Hoosch!" (Halt!) und „Hatla!" (Schneller!) erlebt man, auf eher abenteuerliche als bequeme Art, die Welt aus Eselsperspektive. Hier ein frisches Gräslein, dort ein interessanter Artgenosse – die Gräber, zu denen es seine Last bringen soll, interessieren das Tier am allerwenigsten. Erst am Übergang von Deir el-Bahri ins Tal der Könige werden Sie merken, ob der Ihre zur Gattung der „Bergesel" (seit Kindesbeinen mit Touristen unterwegs) gehört oder ein „Feldesel" ist, dem schmale Bergpfade überhaupt nicht zusagen. Die Tour (Tal der Könige, Deir el-Bahri, Noblengräber) sollte nicht mehr als 40 LE + Bakschisch kosten.

• *Taxi* Für einen fünfstündigen Ausflug zu den Sights mit einem privaten Taxi rechne man 80–150 LE. Für die Fahrt zum Tal der Könige und zurück zahle man nicht mehr als 30 LE.

• *Sammeltaxi* Wer gerne wandert, wird sich mit einem der Sammeltaxis (0,50 LE/Pers.) von der Fähre zum Inspektorat (Kasse) bringen lassen, von wo aus die Monumente gut zu Fuß zu erreichen sind.

Eintrittskarten/Öffnungszeiten

- *Tickets im Tal der Könige*

Je drei Königsgräber nach Wahl	80/40 LE
Grab Ramses VI.	50/25 LE
Grab Tutanchamun	100/50 LE
Westliches Tal, Grab des Eje (Ay)	25/15 LE

- *Tickets am Hatschepsut-Tempel*

Hatschepsut-Tempel (Deir el-Bahri)	30/15 LE
Gräber von Cheruef und Anchor	30/15 LE
Grab des Pabasa	20/10 LE

- *Tickets im Tal der Königinnen*

Tal der Königinnen	35/20 LE

- *Tickets am Inspector's Office*

Diese Kasse befindet sich etwa 3 km landeinwärts der Fähre am Inspektorat der Altertümerverwaltung.

Medinet Habu	30/15 LE
Ramesseum	30/15 LE
Gräber der Noblen	
Gräber von Nacht und Menena	30/15 LE
Gräber Rechmire und Sennefer	30/15 LE
Ramose/Userhet/Chaemhet	30/15 LE
Chons/Userhet/Benia	15/8 LE
Neferronpet/Thutmosis/Nefersecheru	30/15 LE
Deir el-Medina	
Tempel und 2 Gräber	30/15 LE
Grab des Paschedu	15/8 LE
Tempel Setos I.	30/15 LE
Tempel des Merenptah	10/8 LE

Alle Tickets gelten nur an dem Tag, an dem sie gelöst wurden. Die Stätten sind im Sommer 6–18 Uhr, im Winter 6–17 Uhr geöffnet. **Fotografieren und Filmen** ist in den Tempeln erlaubt, in den Gräbern jedoch verboten.

Übernachten (*Karten S. 291 und 293*)

Auf der Westbank übernachtet sich's ruhiger und romantischer als in Luxor. Morgens wird man von den Vögeln geweckt, und die Gräber und Tempel sind nur wenige Schritt entfernt. Ferienwohnungen und -häuser, ob zur Miete oder zum Verkauf, sind hier ein gutes Geschäft geworden. Wenigstens 500 Ausländer, meist Briten, haben sich auf dem Westufer niedergelassen.

El-Moudira (8, Karte S. 291), pauschal zu buchen bei Oft-Reisen. Ein Luxushotel mit gerade mal 54 Zimmern, das wohltuend aus dem üblichen Hoteleinerlei herausragt. Der Manager spricht perfekt deutsch. Die Zimmer haben jeweils einen eigenen Garten und sind in einem Dutzend Villen in orientalischen Landhausstil untergebracht: ein Disneyland mit Inszenierungen verschiedener arabischer Stile und Epochen. Alle Räume sind mit erlesenen Antiquitäten und Werken zeitgenössischer ägyptischer Künstler ausgestattet. Pool und wunderschönes Dampfbad. Das hervorragende Restaurant steht auch Nicht-Hotelgästen offen. DZ ab 220 €, pauschal 1 Woche für 2 Pers. mit Flug ab 2300 €. ℡ 0122-3251307, ℡ 0122-3220528, www.moudira.com.

- *In Medinet Habu (Karte S. 291)* **Beit Sabee (5)**, schicke Pension unter französischer Leitung. 8 farbenfroh eingerichtete Zimmer, die auch schon mal in einem Deko-Magazin gefeiert wurden. Stil ist hier alles. Aufmerksames Personal, Abendessen auf Vorbestellung. DZ 50–80 €. ℡ 2311228, www. nourelnil.com.

- *Beim Inspektorat (Karte S. 291)* **Marsam (Scheich Alis) (2)**, das noch im alten Stil aus Lehmziegeln gebaute Anwesen des legendären und hoch betagt verstorbenen Grabräubers und Großbauern ist die älteste Herberge auf der Westbank. Schöner Innenhof, saubere Sanitäreinrichtungen, die Zimmer in den Nebengebäuden sind mit Bad ausgestattet. Im Winter ist das Hotel oft mit Archäologen belegt. DZ 110–160 LE. ℡ 2372403 www.luxor-westbank.com/marsam_az.htm.

- *Am Fähranleger (el-Gezira, Karte S. 293)* **Gezira Gardens (18)**, die um einen Innenhof mit Pool gruppierte Anlage umfasst außer herkömmlichen, eher kleinen und nicht mehr ganz neuen Doppelzimmern auch Apartments für bis zu 4 Pers, mit funktionsfähiger Küche, Telefon und TV. Der Einrichter des Hoteltrakts schätzte Schmiedeeisen und Spiegel. Gartenrestaurant mit Alkoholausschank, Dachterrasse mit Luxorblick. DZ 35 €, App. 60 €. ℡ 2312505, ℡ 2312506, www.el-gezira.com.

Westufer von Luxor

Nile Valley (15), wenige Schritte vom Fähranleger bieten Karin und Hamada, ein niederländisch-ägyptisches Paar, in ihrem Hotel auf zwei Etagen Fremdenzimmer, ausgestattet mit Bad, Deckenventilator und teilweise AC. Dachterrasse mit Nilblick und Restaurant, hinter dem Haus ein Pool mit Sonnenliegen. WLAN. 2011 wurde das Hotel um einen viergeschossigen Anbau erweitert, auch das Haupthaus soll aufgestockt werden. Erkundigen Sie sich nach Stand der Bauarbeiten. DZ 200–260 LE. ℡ 2311477, www.nilevalley.nl.

El-Mesala (16), eine Villa in der ersten Reihe am Nil wurde zum Hotel umgebaut. Die 12 Zimmer sind ausgestattet mit dunklen Möbeln, TV, Kühlschrank, kostenlosem WLAN, AC und Balkon, einige haben direkten Blick auf den Nil und den am anderen Ufer abends beleuchteten Luxortempel. Auf der gemütlichen Dachterrasse bewirtet ein Restaurant. DZ 28 €. ℡ 2314004, www.hotelmesala.com.

El-Nakhil (13), das von einer Deutschen geleitete Hotel am Dorfrand setzt auf angepasste Architektur mit Kuppeldächern. Es zählt gerade mal 15 geräumige und mit Geschmack eingerichtete Gästezimmer. Hübscher Garten mit Blumen, Zuckerrohr und Schildkröten, leider kein Pool. Restaurant mit Alkohollizenz. Im Winter die erste Wahl auf der Westbank. DZ 20–35 €. ℡/℻ 2313922, www.el-nakhil.com.

Sheherazade (12), gleich neben dem Nakhil-Hotel fällt ein dreigeschossiger Bau mit Ziegelmauerwerk als Blendfassade im irgendwie orientalischen Stil ins Auge. Die Zimmer sind unterschiedlich groß, manche gar mit Kuppeln, doch deswegen nicht kühl – im Sommer geht's nicht ohne Klimaanlage. Bei unserem Besuch wirkte das Haus etwas vernachlässigt (Staub, kaputte Lampen usw.). Es fehlen Fliegengitter und ein Fahrstuhl. Pluspunkte sind der große Garten und die Dachterrasse mit ihrem Nilblick. DZ 250 LE. ℡ 0100-6115939, www.hotelsheherazade.com.

El-Gezira (14), 300 m von der Fähre. Mit diesem schon älteren Objekt begann Gamal Mahmud, dem auch Gezira Gardens gehört, seine Karriere als Hotelier auf der Westbank. Das Haus liegt an einem Seitenkanal des Nils. Die 11 einfach eingerichteten Zimmer sind mit AC und Bad ausge-

Luxor Karte S. 274

Übernachten
9 Amon
10 Fayrouz
12 Sheherazade
13 El-Nakhil
14 El-Gezira
15 Nile Valley
16 El-Mesala
18 Gezira Gardens

Essen & Trinken
11 Africa Paradise
15 Nile Valley
16 El-Mesala
17 Tutanchamun

Luxor Westufer: El-Beirat el-Gezira

294 Luxor

stattet. Für die lauen Abende gibt es eine Dachterrasse mit Restaurant. DZ 130 LE. ℡ 2310034, www.el-gezira.com.

Fayrouz (10), das deutsch-ägyptische Gemeinschaftsprojekt am Dorfrand bietet 14 Zimmer, teils mit AC. Dachterrasse mit Blick auf Luxor, das Frühstück wird in der warmen Jahreszeit im Garten serviert, wo man im Schatten von Bananenstauden sitzen und den Vögeln lauschen kann. Auch einen Fischteich gibt es hier. DZ 150–200 LE. ℡ 2312709, www.elfayrouz.com.

Amon (9), das Hotel von Ahmed Mahmoud Suleiman liegt am Weg zu den Pharao-Reitställen. Mehrere Gebäude mit Zimmern sehr unterschiedlichen Zuschnitts und Komforts gruppieren sich um einen grünen Innenhof mit gewachsenem Baum bestand. Hier wohnten auch die Archäologen von Kent R. Weeks „Theban Mapping Project", der virtuellen Bibliothek der Westbank. DZ 25–35 $. ℡ 2310912, ℡ 2311205, www.amonhotel.com.

• *Beim Sethos-Tempel (Karte S. 291)* **Abu'l-Kassem (1)**, etwas abseits gelegen, abgewohnte Zimmer mit Teppichboden und Ventilator, zudem Restaurant, Fahrradverleih und Souvenirladen/Alabasterfabrik. Im Winter ist das Hotel oft mit Archäologen aus Ungarn belegt. DZ 60 LE. Qurna Ta'rif, ℡ 2313248, www.abou-el-kassem.com.

• *Ferienwohnungen und –häuser* Ausländer und Auslandsägypter erwerben zunehmend Zweitwohnungen auf der Westbank und vermieten diese einen Teil des Jahres an Feriengäste. Ein breites Angebot für 40–75 $/Tag finden Sie im Internet unter www.bikerentalluxor.com und www.flatsinluxor.co.uk.

El-Arabi & Europa (6, Karte S. 291), Mubarak Hassan vermietet 3 Ferienwohnungen. Eine 4. Wohnung ist inzwischen dauerhaft mit der deutschen Rentnerin Helga belegt, die zugleich Ansprechpartnerin für deutschsprachige Gäste ist. Die Apartments haben 1–2 Schlafzimmer. Die Dachterrasse wird auch von der im Haus wohnenden Familie des Vermieters genutzt – Familienanschluss ist also möglich. 70–110 €/Woche. el-Ezba, ℡ 2551735, Kontakt D: +49 172 919 3992, www.luxor-info.com.

Hamdi Abu Aschri (4, Karte S. 291), Besitzer der Alabasterwerkstatt am Habu-Tempel; vermietet an Leute, die länger bleiben. Wohnungen für ca. 1000 LE im Monat. ℡ 0122-3716606, ahmedhabo@hotmail.com.

• *Camp (Karte S. 291)* **El-Salam (7)**, ca. 1,5 km südl. der Fähre – mit dem Bootstaxi kann man bequem bis unmittelbar vor das Camp fahren. Es bietet Schilfhütten im Dahab-Stil, wo Besitzer und Manager Ahmed sein Handwerk gelernt hat. Schlafsack, Seife und Handtuch muss man selbst mitbringen. Hütte 50 LE. el-Gezira, ℡ 0100-6824067, www.alsalamcamp.com.

Fassadenkunst in Alt-Qurna

*E*ssen & *T*rinken (*K*arten *S.* 291 und 293)

• *Am Fähranleger (el-Gezira, Karte S. 293)* **Tutanchamun (17)**, südlich der Fähre am Nil. Wer die vom Kellner heruntergerasselte Speiseauswahl („ChickenCurry-Rosmarin-KebabHalaRoastbeef") nicht versteht, dem wird ein Fotoalbum mit Bildern der Hauptgerichte gereicht. Aufgepasst, dass Sie sich nicht schon an den üppigen Vorspeisen satt essen. Als landestypischen Nachtisch gibt's Umm Ali oder Kunefe. Hauptgericht mit Fleisch 35 LE.

Nile Valley (15), beim Fähranleger. Auf der Dachterrasse des Nile Valley Hotels speist man abends unter Gehängen von Plastikblumen und im Schummerlicht bunter Kugellampen. Auf der Karte stehen gleichermaßen Weltgerichte wie Spaghetti Bolognese und Landestypisches, etwa gefüllte Täubchen. Hauptgericht 25–40 LE.

Africa Paradise (11), beim Fähranleger. Abu Ali hat sein einst tolles Gartenlokal gegen eine Dachterrasse eingetauscht, auf der mittags auch Reisegruppen verköstigt werden. Ob's eine gute Wahl war? Geboten wird ein Menü (45 LE) mit drei Vorspeisen, Reis, Gemüse, Kartoffeln und einem aus den üblichen Verdächtigen („Kebab-Kufta-Chicken-Fish?") zu wählenden Haupt-

Westufer von Luxor

gang, abschließend ein Stückchen Süßes. Die Aussicht war gut, das Essen eher lieb- und gewürzlos.

● *In Qurna und Umgebung (Karte S. 291)*
Mohammed (3), beim Pharao-Hotel bzw. Inspektorat. In einem schlichten Lehmziegelhaus mit prächtigem Garten werden Menüs ägyptischer Familienkost serviert (Hühnchen, Tauben, Ente, Kufta, u. ä.). Ziegenkäse aus eigener Herstellung. Das Lokal ist bei den ausländischen Archäologen beliebt und schenkt auch Alkohol aus. Menü 30–40 LE.

Marsam (Scheich Alis) (2), beim Inspektorat. Man speist im angenehm kühlen Innenhof, wechselnde Tagesgerichte und Snacks, auch für eine mittägliche Teepause ist der Platz zu empfehlen. Kein Alkohol.

Maratonga (4), beim Hatschepsut-Tempel. Außer dem Namen hat diese Cafeteria nichts mit dem gleichnamigen Münchner Tanzcafé gemein; der im Schlager besungene „weiße Mond von Maratonga" mag aber auch hier Wünsche erfüllen. Der Deutsch-Ägypter Sayed und sein Team bewirteten mit Getränken, Snacks und warmen Mahlzeiten, die unter Aufsicht von Sayeds Schwester gekocht werden. Verlässliche Qualität bei gutem Service zu anständigen Preisen. Nur tagsüber geöffnet.

Neu-Qurna

Angesichts der vielen Altertümer auf der Westbank wird ein Denkmal aus dem 20. Jh. nur wenig beachtet. Zwischen Fähranleger und den Memnonkolossen, gleich hinter der Brücke über den Nilseitenkanal und der Kreuzung der Zuckerrohrbahn, sieht man rechts der Straße in der zweiten Reihe hinter den Betonhäusern noch einige ungewöhnliche Lehmbauten, denen der Zahn der Zeit sichtlich zugesetzt hat: die Anfänge von Neu-Qurna.

1945 erhielt Hassan Fathy, der nach dem Pyramidenbauer Imhotep berühmteste ägyptische Architekt, den Auftrag, für die 7000 Bewohner des archäologischen Bezirks ein neues Dorf zu bauen. Der Entwurf war für die Zeit revolutionär. Das neue Dorf sollte eine Schule haben, einen Marktplatz, ein Gemeinschaftshaus und sogar einen künstlichen See, damit die Kinder nicht weiter in den bilharzioseverseuchten Kanälen planschen mussten. Dabei griff Fathy bei Material und Form auf die traditionelle ägyptische Bauweise zurück. Lehm, so wollte er zeigen, wird den klimatischen, ökologischen und sozialen Erfordernissen am besten gerecht und ist zudem billig, denn die Bauern können die Ziegel selbst herstellen und der Rohstoff ist reichlich vorhanden.

Als Dachformen wählte Fathy Kuppel und Gewölbe. An den Getreidespeichern des nahen Ramesseums kann man sehen, dass solche Lehmkonstruktionen im oberägyptischen Klima 3000 Jahre überdauern können. Mit einfachen Neuerungen wollte der Architekt das Leben der Fellachen erleichtern. In jedes Haus kamen Latrine und ein Bassin, eine Art Badewanne. „Fließwasser" floss von ins Dach eingelassenen Tonkrügen, die periodisch über eine öffentliche Pumpe aufgefüllt wurden. Kachelöfen statt des offenen Kohlebeckens spendeten an den Winterabenden behagliche Wärme.

Allen Annehmlichkeiten zum Trotz geriet Fathys Neu-Qurna zum Fehlschlag und wurde nie vollendet. Lehmwände wurden durch Beton ersetzt, je nach Bedürfnis wurde angebaut und abgerissen. Nahezu unversehrt blieb neben Fathys eigenem Haus nur die Moschee. Die Dörfler von Qurna dachten überhaupt nicht daran umzuziehen, sie wollten lieber in ihren alten Häusern gleich neben den Gräbern bleiben. Zudem war Neu-Qurna für Kleinfamilien konzipiert, nicht aber für oberägyptische Mehrgenerationenhaushalte, bei denen der verheiratete Sohn einen Anbau an das Vaterhaus zu errichten pflegt.

Die Gräber

☆☆☆ Tal der Könige (Biban el-Moluk)

In 64 Felsengräbern wurden hier Pharaonen und deren engste Angehörige beigesetzt. Grabräuber aller Epochen plünderten die Schätze, und doch reichten die verbliebenen Dinge noch aus, die Museen der Welt zu füllen. Vor Ort blieben herrliche Wandmalereien.

Aus guten Gründen ließen sich die Pharaonen des Neuen Reiches (1550–1070 v. Chr.) in diesem abgelegen Tal bestatten: Man wollte die Gräber in der Nähe der neuen Residenz (Theben) haben. Gleichzeitig sollten sie abgelegen und geschützt gegen Grabräuber sein. Dafür nahm man die weite räumliche Distanz der Gräber zu den Totentempeln in Kauf, die am Rande des Fruchtlandes standen. Schließlich war für die Grabanlagen eine stabile, doch nicht allzu schwer bearbeitbare geologische Formation notwendig, wie sie der bei Luxor-West unter dem Sandstein liegende Kalk beispielhaft bietet.

3000 Jahre Grabraub

Der Fels erwies sich als stabil, doch mit dem Schutz vor Grabräubern war es nicht weit her. Alle Gräber wurden irgendwann geplündert, auch bei Tutanchamun drangen die Räuber bis ins Vorzimmer vor. Bereits aus der Regierungszeit Ramses' III. (1184–1153 v. Chr.) gibt es Hinweise auf Grabräuber, und unter Ramses IX. (1126–1108 v. Chr.), so berichten zeitgenössische Papyri, war der Grabraub ein wohlorganisiertes Gewerbe, in das auch höchste Beamte verwickelt waren. Wenn man schon nicht alle Schätze schützen konnte, sollten wenigstens die Mumien unversehrt bleiben. 974 v. Chr., drei Tage vor der Bestattung des Oberpriesters Pinodjem II., bargen dessen Gefolgsleute alle bekannten Königsmumien und schafften sie samt 6000 Artefakten in Pinodjems Familiengrab.

Doch auch hier war die Totenruhe nicht von Dauer. In der Neuzeit verdiente sich der in Qurna ansässige Clan der Rassuls mit dem Grabraub ein Vermögen. 1874 entdeckte Achmed Abd er-Rassul das Grab des Pinodjem und verscherbelte die Funde. Die Sache flog erst auf, als die Familie über die Aufteilung der Beute in Streit geriet und Achmed von einem Bruder bei den Behörden denunziert wurde, der dafür einen Judaslohn von 500 Pfund und eine Anstellung bei der Antikenverwaltung bekam. Eiligst verschiffte man Kunstschätze und Mumien nach Kairo, wobei die sterblichen Reste, für die die Hafenbeamten keine passende Klassifikation im Zolltarif fanden, pietätlos als „Ladung von Trockenfisch" deklariert wurden.

Im Volk hatte sich die Kunde von der wahren Fracht des Dampfers jedoch in Windeseile herumgesprochen. Zwischen Luxor und Qft versammelten sich die Leute am Ufer, um den toten Pharaonen noch einmal die Ehre zu erweisen, wie es wohl schon die alten Ägypter getan hatten. Bäuerinnen zerrissen unter Klagegesängen ihre Umhänge und streuten sich Staub aufs Haupt, die Männer feuerten Salutschüsse ab. Die Mumien aus der Gruft des Pinodjem sind heute im Ägyptischen Museum ausgestellt.

Die Gräber   297

Architektur: Mit der Arbeit am Grab des Pharaos wurde gleich nach seiner Krönung begonnen. Je länger der Herrscher also regierte, desto größer und prunkvoller geriet seine Gruft. Ob groß oder klein – die Gräber im Tal der Könige folgen weitgehend dem gleichen Design: Ein langer Korridor führt in den Fels und mündet, in den älteren Gräbern um 90 Grad abgewinkelt, in eine Vorhalle oder eine Reihe von Säulenhallen. Von diesen gehen Magazine und Nebenräume sowie die Grabkammer ab.

Totenglaube: Während man zur Pyramidenzeit glaubte, der verstorbene Herrscher würde direkt zu den Göttern gen Himmel aufsteigen, führte im Neuen Reich der Weg ins Jenseits für den zum Osiris gewordenen Toten zunächst in die Unterwelt. Dort bestieg er die Barke des Sonnengottes Re, durchfuhr mit ihm die zwölf Nachtstunden und stieg dann am Morgen mit der Sonne gen Himmel auf.

Jenseitsbücher: Farbenfrohe Malereien und Reliefs illustrieren Szenen aus den Jenseitsbüchern. Das *Totenbuch* erklärt dem Verstorbenen, wie er sich im Jenseits und besonders vor dem Totengericht zu verhalten hat. *Amduat*, „Die Schriften der verborgenen Kammer", und das jüngere *Pfortenbuch* illustrierten die nächtliche Fahrt des Sonnengottes. Ohne Kenntnis dieser Texte und Rituale sind die Bilder kaum zu verstehen – Szenen aus dem täglichen Leben, wie sie die Gräber der Privatleute schmücken, sucht man in den Königsgräbern vergebens.

Konservierung: Wo die Gräber nicht durch Sturzfluten und damit hereinbrechenden Schutt beschädigt wurden, haben die Wandbilder drei Jahrtausende in der trockenen Luft tief im Berg gut überstanden. Umso schneller verfielen sie in den letzten Jahrzehnten, seitdem die Anlagen dem Publikum zugänglich sind. Atem und Schweiß der Besucher heben die Feuchtigkeit in den Stollen um ein Vielfaches und nähren damit Pilze und Algen. Die von den Tritten aufgewirbelten Staubpartikel wirken auf die Malereien wie ein Bombardement mit mikroskopisch kleinen Geschossen. Manche Wissenschaftler fordern, die Gräber umgehend zu schließen, wovon der Staat schon allein aus wirtschaftlichen Gründen nichts wissen will.

Luxor Karte S. 274

Das **Besucherzentrum** beim Parkplatz zeigt ein Plastikmodell des Tals und einen Film über Howard Carters Bergung der Schätze aus dem Tutanchamun-Grab. Eine Kasse verkauft die Eintrittskarten, die andere Tickets (4 LE) für die obligatorische, doch eigentlich überflüssige **Kleinbahn** zum 300 m entfernten Eingang des Areals. In der **Ladenzeile** nebenan gibt's Souvenirs, Bücher und für teures Geld Mineralwasser und Erfrischungen.

Filmen und Fotografieren ist im gesamten Tal verboten, Kameras müssen im Bus oder Taxi bleiben. Und wer mit Rad oder gar zu Fuß gekommen ist? Der bekommt die eindringliche Ermahnung, seinen Apparat in der Tasche zu lassen.

Lesen: Kent R. Weeks, *Luxor und das Tal der Könige*, Verlag National Geographic. Der Autor forscht seit dreißig Jahren im Tal der Könige und kennt hier jeden Stein. Das Buch ist bei aller Fachkenntnis unterhaltsam geschrieben und gut bebildert.

Im **Internet** informieren die Seiten www.kv5.com umfassend über das Tal der Könige und die laufenden Forschungen.

Etwa 15 Gräber sind derzeit für das Publikum **geöffnet**. Beim ersten und vielleicht einzigen Besuch empfiehlt es sich, die Gräber Nr. 9 (Ramses V./VI.), 47 (Siptah) und 34 (Thutmosis III.) zu besichtigen. Je weiter die Gräber vom Eingang des Tals, desto seltener werden sie von Reisegruppen besucht.

Das berühmteste Grab und zugleich eines der kleinsten, jenes des Tutanchamun, ist nur teilweise zugänglich. Verschlossen sind das mit Abstand schönste Grab (KV 17 von Sethos II.) und KV 5, die erst jüngst wieder entdeckte Anlage für die Söhne von Ramses II., die noch erforscht wird.

☆ **Tutanchamun** (reg. 1347–1337), Echnatons Sohn und vermutlich zugleich Schwiegersohn, war, verglichen mit anderen Pharaonen wie Ramses II. oder Thutmosis III., ein recht unbedeutender Herrscher. Er kam nur deshalb zu spätem

Ruhm, weil sein Grab durch den Bauschutt von der Anlage Ramses' VI. so gründlich verschüttet wurde, dass es den Plünderern entging und Howard Carter 1922 den weitgehend unversehrten Grabschatz bergen konnte. Hinter Tutanchamun stand sein Erzieher Eje, der die Rücknahme der Echnatonschen Reformen durchsetzte und später selbst den Thron usurpierte. Eje war es auch, der die Beisetzung seines 19-jährig gestorbenen Vorgängers organisierte – und ihn in ein Grab legen ließ, das offenbar zunächst für eine hochrangige Privatperson (Eje selbst?) gebaut worden war. Der Sarkophag war ursprünglich Semenchkare zudacht, dem möglichen Halbbruder und Vorgänger Tutanchamuns auf dem Thron. Oder der Nofretete, denn manche glauben, Semenchkare sei in Wahrheit Nofretete gewesen. Mit viel Mühe haben die Handwerker die alten Inschriften abgeschliffen und die Kartusche Tutanchamuns einsetzt.

Während der laufenden Restaurierungsarbeiten kann nur die Vorkammer besichtigt werden. Von 13–14 Uhr ist auch diese geschlossen.

Tutanchamun: Tod durch Malaria?

Galten bislang ein Jagdunfall oder ein Schwerthieb ins Knie als Todesursache, so starb Tutanchamun nach der neuesten Theorie an einer schweren Malariainfektion in Verbindung mit der Knochenkrankheit. Ein Gehstock als Grabbeigabe und die gleichfalls im Grab gefundene Medizin gegen Schmerzen und Fieber stützen diese durch eingehende Untersuchungen der Mumie gewonnene Vermutung der Forscher. Geklärt scheint nun endlich auch die Abstammung des so jung verstorbenen Pharaos. Sein Vater war der berühmte Echnaton. Von seiner Mutter kennt man zwar die Mumie, weiß sonst aber nichts über sie.

✩ ✩ **Ramses V. & VI.**: KV 9 besteht aus vier Korridoren, gefolgt von einem Brunnenschacht, einer Pfeilerhalle, zwei weiteren Korridoren, einem Vorraum und der Grabkammer. Die Wände sind mit vertieften, bemalten Reliefs in gutem Zustand dekoriert. Ramses V. herrschte gerade einmal vier Jahre, in denen Bürgerkriege das Land erschütterten, und wurde dann von seinem Bruder Ramses VI. gestürzt. Ob Ramses V., der später vermutlich an den Pocken starb, hier beigesetzt wurde, darf bezweifelt werden. Der hintere Teil der Gruft entstand erst unter Ramses VI., der die Namen seines Vorgängers tilgte. Die Anlage ist seit der Antike offen und hat an die tausend Graffiti. Wie uns Papyri berichten, wurde sie bereits zur Zeit Ramses' IX. geplündert. Die Grabräuber zerstörten dabei auch die Mumie von Ramses VI. Bei der „Restaurierung" der Mumie behalfen sich die Priester mit Körperteilen anderer Leichen.

✩ ✩ **Siptah**: Nach dem Tod von Sethos II. ging die Thronfolge an dessen jüngeren Sohn Ramses über, der sich bald Siptah nannte. Da der Pharao noch minderjährig war, regierte Königin Tausret gemeinsam mit dem Wesir Baj anstelle ihres Stiefsohnes. Siptah war durch einen Klumpfuß behindert, vermutlich die Folge einer Kinderlähmung, und starb nach nur fünf Amtsjahren. Möglicherweise war auch Siptahs leibliche Mutter Tia'a in KV 47 bestattet. Die Situation gegen Ende der 19. Dynastie, als die Enkel und Urenkel von Ramses II. um den Thron stritten, muss recht chaotisch gewesen sein. So wurden im Grab die Kartuschen von Siptah zunächst ausgelöscht, dann aber wieder hergestellt.

Die Gräber

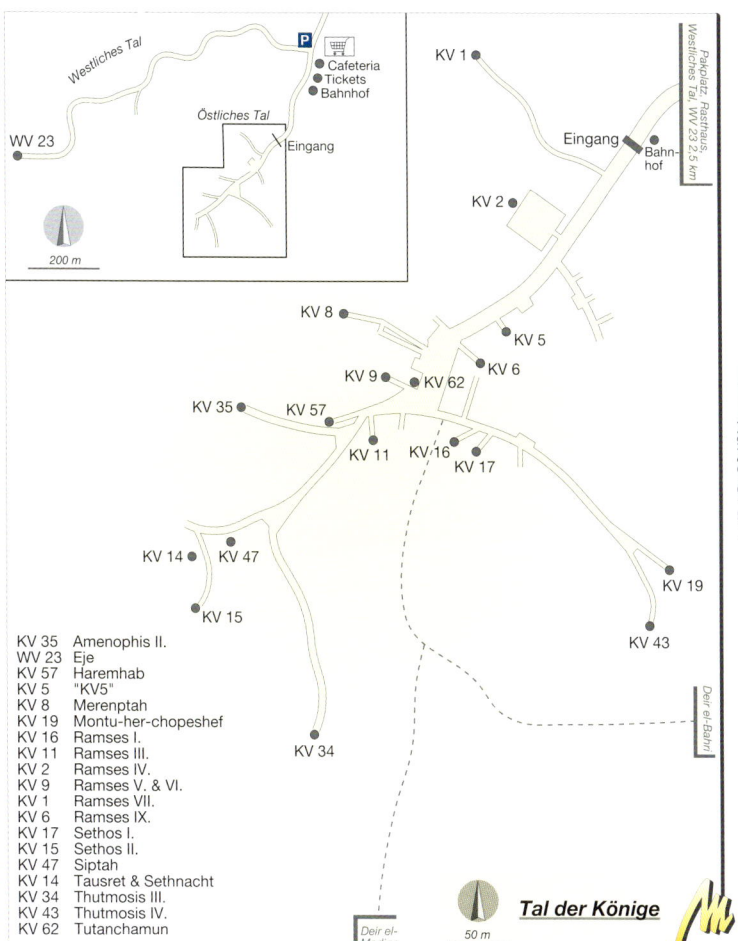

KV 35	Amenophis II.
WV 23	Eje
KV 57	Haremhab
KV 5	"KV5"
KV 8	Merenptah
KV 19	Montu-her-chopeshef
KV 16	Ramses I.
KV 11	Ramses III.
KV 2	Ramses IV.
KV 9	Ramses V. & VI.
KV 1	Ramses VII.
KV 6	Ramses IX.
KV 17	Sethos I.
KV 15	Sethos II.
KV 47	Siptah
KV 14	Tausret & Sethnacht
KV 34	Thutmosis III.
KV 43	Thutmosis IV.
KV 62	Tutanchamun

Eine Rampe, die auf beiden Seiten von Treppen begleitet wird, führt zum Grab hinab. Im Eingang tritt Siptah vor Re-Harachte, die folgende Decke ist mit fliegenden Geiern geschmückt. Im ebenen Abschnitt des Korridors entdeckt man unter einem Sternenhimmel an den mit Texten aus den Totenbüchern beschrifteten Wänden rechteckige Aussparungen, die einander genau gegenüber liegen. In diesen Löcher waren die Balken verankert, an denen der Sarkophag abgeseilt wurde, der nun in einer Vertiefung der unvollendeten Grabkammer ruht. Ursprünglich sollte die Grabkammer direkt hinter dem Vorraum angelegt werden. Die Stelle ist an seitlichen Ausmeißelungen zu erkennen. Nachdem die Arbeiter dabei versehentlich zu einem angrenzenden Grab durchbrachen, änderte man den Plan und verkleidete die rohen Seitenwände mit Kalksteinplatten. Die Anlage hat durch Überflutungen stark gelitten, im unteren Teil sind nur wenige Dekorationen erhalten.

Eine Figur des Königs schmückt den Sarkophagdeckel. Von einem Säulenstumpf aus können auch wenig bis gar nicht herausragende Menschen die Szene betrachten. Isis (vom Kopf gesehen links) und Nephtys umarmen das Bildnis des Königs, flankiert von einem Krokodil, einer Schlange und zwei Kobras mit menschlichen Köpfen und Armen. Auf der Südwand des Grabraums zeigen vier Paare senkrechter roter Linien die Stellen an, wo Säulen entstehen sollten, hinter denen eine Fortsetzung des Raums geplant war.

☆☆☆ **Thutmosis III.**: Der Eingang zu KV 34 liegt in der Felswand ganz am Ende des Wadis und ist über eine abenteuerliche Metalltreppe zu erreichen. Ein steiler Eingang mündet in den von einer Rampe geteilten Korridor. Hinter dem Brunnenschacht knickt die Anlage ab. Von einem trapezförmigen Raum mit zwei Pfeilern führt eine Treppe in den geräumigen Grabraum. Unmittelbar vor der Beisetzung wurden die Durchgänge verbreitert, um die voluminösen Grabbeigaben ins Innere schaffen zu können. Offenbar wurde die Gruft bereits im Altertum ausgeraubt, doch fanden die Archäologen im 19. Jh. noch viele, wenngleich wertlose und oft beschädigte Objekte. Die Mumie von Thutmosis III. entdeckte man in einem Versteck in Deir el-Bahri, wohin sie wohl während der 21. Dynastie gebracht worden war.

Die Wände des Vorraums verzeichnen in Listen insgesamt 741 Gottheiten und Dämonen aus dem Buch *Amduat*. Darüber sieht man ein Muster aus Weihrauchgefäßen und Sternen. Von der blauen Decke des Grabraums leuchten weiße Sterne. Hier beschreiben die Wandbilder und Texte, schwarz und rot auf grauem Grund, die in zwölf Stunden unterteilte nächtliche Fahrt des Sonnengottes durch die Unterwelt. Die Figuren auf den Pfeilern zeigen die 74 Formen des Sonnengottes aus der *Litanei des Re*, dazu wiederum Texte aus dem *Amduat*. In einer ungewöhnlichen Szene begegnet uns der König, wie er von Isis in Gestalt eines Baumes gestillt wird. Der mit eingeritzten Figuren und Texten geschmückte Sarkophag aus gelbem Quarzit hat die Form einer Kartusche. An Kopf- und Fußende sind Isis und Nephtys dargestellt, an den Seiten Anubis und die vier Söhne des Horus. Nut ziert Innen- und Außenseite des Deckels, in Innenwände und Boden der Wanne ist die Westliche Göttin eingraviert.

Weitere Gräber im Tal der Könige

Ramses VII.: KV 1 ist ein kleines und unvollendetes Grab mit dem typischen Grundriss der späten Ramessiden-Zeit. Der Sarg ruhte in einer Grube im Fußboden der Grabkammer, die mit einem Steinblock bedeckt war. Putz und Malereien sind in relativ gutem Zustand, allerdings mit zahlreichen Graffiti von der griechisch-römischen Zeit bis ins 19. Jh. übersät. In der Spätantike bewohnten christliche Mönche oder Eremiten die Gruft.

Ramses IV.: Auch KV 2 war – wie die Graffiti belegen – schon im Altertum eine Touristenattraktion, das älteste stammt von 285 v. Chr.! Das Grab besteht aus einer Folge sanft abfallender Korridore, einem Vorraum, der Grabkammer und einem weiteren Korridor mit Seitenräumen. Die Gänge sind mit Motiven aus den Jenseitsbüchern dekoriert. Über die Decke der Grabkammer spannen sich die Himmelsgöttin Nut und der Luftgott Schu.

Ramses IX.: Vielleicht mit Absicht wählte Ramses IX. für sein Grab (KV 6) einen Platz direkt gegenüber der Gruft seines großen Namensvetters Ramses II. Die Anlage besteht aus vier aneinander gereihten Korridoren, gefolgt von einer Pfeilerhalle und dem Sargraum.

Der ursprüngliche Plan sah ein viel größeres Grab vor, doch Ramses IX. starb zu früh. Zu diesem Zeitpunkt waren erst die beiden vorderen Korridore verputzt und einer bemalt. Der Rest wurde in aller Eile und wenig sorgfältig dekoriert. Schlangen an den Durchgängen sollten wohl vor Grabräubern schützen. Die Grabkammer ist nur teilweise ausgeschmückt, dafür erscheint an der Decke die Himmelsgöttin gleich in zweifacher Ausfertigung, als Morgen- und Abendhimmel.

Das Horusauge als Schutzsymbol eines Hauses in Alt-Qurna

Merenptah: Merenptah war ein Sohn und Nachfolger von Ramses II. Den Eingang zum Grab (KV 8) bewacht ein Relief des Sonnengottes. Im Inneren haben Sturzfluten und damit eindringendes Geröll große Flächen des Dekors zerstört, und noch immer sind nicht alle Stollen und Kammern vom Schutt befreit. Die verbliebenen Malereien gehören jedoch zu den schönsten im Tal.

Ramses-Montu-her-chopeschef: KV 19 ist am Kopf des östlichen Seitenarms des Tals der Könige in einen Felssporn geschlagen. Einige Forscher meinen, das Grab sei ursprünglich für Seth-her-chopeschef, den späteren Ramses VIII., vorgesehen gewesen. Nur der Eingang zum ersten Korridor und der Korridor selbst sind mit Malereien auf Putz geschmückt. Beachtenswert an diesen Szenen, auf denen der Prinz den Göttern opfert, sind die verschiedenen Gewänder – fast eine Modenschau!

Thutmosis IV.: Das unvollendete KV 43 ähnelt im Grundriss dem Grab von Thutmosis III. Zwei hieratische Inschriften im Vorraum der Sargkammer berichten von einer Inspektion und erneuten Versiegelung der geplünderten Anlage unter Pharao Haremhab. Carter entdeckte hier jedoch noch eine Vielzahl von Objekten.

Ramses I.: Als Ramses I. nur zwei Jahre nach seiner Thronbesteigung verstarb, musste das unvollendete Grab (KV 16) hastig für die Bestattung hergerichtet werden. Die Korridore sind sauber behauen, aber undekoriert belassen. Die Grabkammer wurde aus einem ursprünglich als Gang geplanten Raum umgearbeitet. Hastig bedeckte man sie mit einer dicken Putzschicht, schenkte den Wandmalereien dann aber wieder mehr Sorgfalt. Die Decken wurden undekoriert belassen.

Den unvollendeten Sarkophag aus rotem Granit beschädigten Grabräuber bei dem Versuch, den Deckel aufzustemmen. Die Inschriften auf dem Deckel waren eingraviert und bemalt, auf der Wanne wurde das Dekor nur mit gelber Farbe auf einen roten Anstrich aufgetragen. Darstellungen von Isis und Nephtys schmücken Kopf- und Fußende, während an den Seiten die vier Söhne des Pharaos mit Horus, Anubis und Thoth abgebildet sind. KV 16 hat durch Überflutungen und von oben eindringendes Regenwasser gelitten. Vier Pfosten müssen deshalb die Decke über dem Sarkophag stützen.

Die Anlage wurde während der 21. Dynastie geplündert und die bis heute nicht gefundene Mumie Ramses' I. irgendwann umgelagert. Statt ihrer befanden sich zwei nicht identifizierte Mumien im Sarkophag. Bald nach dieser Zweitbestattung wurde der

Eingang offenbar verschüttet, denn es gibt keine griechischen oder lateinischen Graffiti. Als Belzoni KV 16 wiederentdeckte, fand er u. a. zwei lebensgroße Holzfiguren des Königs, die sich heute im Britischen Museum befinden.

Ramses III.: KV 11 wurde von Sethnacht begonnen. Das Grab zählt zu den größten im Tal, der hintere Teil ist für Besucher nicht zugänglich. Nachdem die Arbeiter beim Ausschachten einer Seitenkammer versehentlich die Decke des angrenzenden KV 10 durchbrachen, gab der Begründer der 20. Dynastie die Anlage zugunsten von KV 14 (siehe unten) auf. Erst der Sohn von Ramses III. ließ die Arbeiten fortsetzen und wurde hier beigesetzt. Um einen erneuten Durchbruch zu KV 10 zu vermeiden, ist die Achse im hinteren Teil des Grabes leicht versetzt. Gleich links vom Eingang wartet ein Krokodil darauf jene Seelen zu verschlingen, die bei der Reise ins Jenseits einen Fehler machen. Den vorderen Korridor schmücken Opferszenen (besonders schön in den Nischen), dann folgen die Litaneien aus den Totenbüchern, und schließlich wird der Pharao von den Göttern als ihresgleichen begrüßt. Besonders prächtig ist etwa die Szene mit dem Totengott Ptah (im „Knickraum").

Haremhab: Haremhab diente als Offizier unter Amenophis III., wurde unter Echnaton Oberbefehlshaber des Heeres und danach königlicher Stellvertreter von Tutanchamun. Nach dem Tod von Eje, dem Nachfolger Tutanchamuns und vermutlichen Vater von Nofretete, heiratete Haremhab eine Schwester Nofretetes und macht sich damit selbst zum Pharao. Unter seiner Regierung wurden Echnatons Reformen annulliert, dessen Tempel zerstört und der alte Kult des Amun wieder zur Staatsreligion.

Nur die inneren Räume des Grabs (KV 57) sind dekoriert und zeigen den Pharao zusammen mit den wichtigsten Göttern. In der Sargkammer ist die nächtliche Reise des Sonnengottes dargestellt, wie sie im *Buch der Pforten* beschrieben ist. Den Großteil der Nordwand nimmt der Gerichtssaal des Osiris ein. Die Dekoration blieb unvollendet, so dass man hier die verschiedenen Stufen in der Arbeit der Künstler nachvollziehen kann.

Amenophis II. (engl. Amenhotep II.): Der Eingang zu KV 35 findet sich am Ende eines westlichen Seitenarms des Tals der Könige. Während der 21. Dynastie wurden hier mehrere Königsmumien vor den Plünderern versteckt und erst 1898 durch Victor Loret entdeckt. Die einzigen Dekorationen befinden sich in der Grabkammer. Die Wände geben das *Amduat* wieder, die Pfeiler sind mit sich wiederholenden Szenen des Königs und von Osiris, Anubis und Hathor dekoriert. Loret fand die Königsmumie unversehrt im kartuschenförmigen Sarkophag. Dieser ist mit eingravierten und ausgemalten Texten geschmückt. Die Darstellungen zeigen Anubis und die vier Söhne des Horus an den Seitenwänden und kniende Figuren von Isis und Nephtys am Kopf- und Fußende.

Tausret & Sethnacht: Tausret stieg von der Position als Gattin eines Pharaos (nämlich Sethos II.) zur Regentin (für den minderjährigen Siptah) und schließlich zum Pharao auf. Der zweite Grabraum von KV 14 war vielleicht für die Umbettung von Sethos II. vorgesehen. Später usurpierte Sethnacht die Anlage, nachdem er die Arbeiten an seinem eigenen Grab (KV 11) aufgegeben hatte. Wo die Dekoration vollendet ist, wurde sie als bemaltes, vertieftes Relief gearbeitet. Hinter der ersten Grabkammer gibt es nur noch unfertige Reliefs oder Vorzeichnungen in schwarzer Farbe. Der zerborstene Granitsarkophag des Sethnacht in der zweiten Grabkammer war ursprünglich für Tausret vorgesehen. Am Kopfende der Wanne sind noch Spuren entfernter Hieroglyphen zu erkennen. Den Deckel ziert ein mumienförmiges Bildnis des Königs, flankiert von Figuren der Isis und der Nephtys, einer Schlange, einem Krokodil und zwei menschenköpfigen Kobras.

Sethos II.: Wie bei Siptah wurden auch in KV 15 die Kartuschen des Pharaos zunächst beseitigt und dann wieder hergestellt. Der erste Sektor des Korridors ist mit vertieften und erhabenen Reliefs dekoriert, doch das Dekor im Rest des Korridors wurde nur mit Farbe ausgeführt oder gar nur auf dem Putzgrund vorgezeichnet. Die Mumie von Sethos II. wurde im Altertum weggeschafft und später mit anderen Pharaonen im Grab des Amenophis II. entdeckt. Die einem

Schaukasten ausgestellte Mumie eines unbekannten Mannes stammt von einer späteren Bestattung.

Vom Sarkophag blieben nur Bruchstücke des Deckels, den die Antikenverwaltung wieder zusammensetzte und auf Stützen platzierte. Die Oberseite zeigt den Pharao als Osiris, eine Skulptur der Göttin Nut bedeckt die Unterseite. Ihr Kopf befindet sich heute im Louvre.

Eje (engl. Ay): Das Grab befindet sich im Westlichen Tal (WV 23) oder Tal der Affen (Wadi el-Gurud), das etwa eine halbe Gehstunde vom Tal der Könige entfernt ist. Es wird nur selten besucht, und man muss sich am Eingang zum Tal der Könige anmelden, um einen Begleiter mit dem Schlüssel zu bekommen.

Die Dekorationen in der einzigen geschmückten Kammer ähneln stilistisch und thematisch jenen des Tutanchamun-Grabs. Szenen an der Ostwand der Grabkammer zeigen Eje und Gattin Tij im Sumpfland, das hier symbolisch für Chaos und politische Wirren steht. Wir sehen das Paar bei der Jagd auf Nilpferde und Enten. Teilweise sind Namen und Darstellungen der beiden getilgt, im unteren Bereich gingen Partien des Dekors durch Wasserschäden verloren.

Ob Eje wirklich hier bestattet wurde, ist ungewiss. Immerhin hat man Überreste seiner Begräbnisausstattung gefunden. Es gibt die Hypothese, dass die Gruft zunächst für jemand anderen vorgesehen war, einige meinen gar, dass hier zuerst Tutanchamun bestattet wurde, bevor er ins KV 62 gebracht wurde. Der Sarkophag aus rotem Granit wurde aus dem Ägyptischen Museum wieder in die Grabkammer zurückgebracht.

Das Grab der Ramses-Söhne

Das Grab „Kings' Valley Nr. 5" (KV 5) war bereits den Reisenden des 19. Jh. bekannt. Howard Carter untersuchte es, fand nichts Aufregendes und schüttete den Eingang mit dem Aushub anderer Gräber zu – danach wurde KV 5 vergessen. Erst der amerikanische Archäologe Kent Weeks stieß 1987 beim Studium alter Lagepläne wieder auf das Grab. Da direkt darüber ein Busparkplatz angelegt werden sollte, entschloss er sich, den Stollen noch einmal zu öffnen, und stieß tiefer in das bis an den Rand mit Schutt gefüllte Grab vor, als Carter es tat. Damit machte Weeks die größte Entdeckung der letzten Jahre: Er fand das Grab der Ramses-Söhne. Darauf deuten jedenfalls die Inschriften hin, auch wenn erst von vier Söhnen als sicher gilt, dass sie hier bestattet wurden. Mit seinen 110 entlang von T-förmigen Gängen angelegten Kammern ist KV 5 auf jeden Fall das größte bislang bekannte Grab in Theben. Das Tal der Könige hat seine Schätze noch längst nicht alle freigegeben.

Carter House

Stilgerecht an einem 4. November, jenem Jubiläumstag, da Howard Carter die Treppe zum Tutanchamun-Grab entdeckte, wurde sein Grabungshaus als Museum eröffnet. Eingerichtet ist es ganz im Stil der 1920er-Jahre, und manches Möbelstück, etwa der Schreibtisch, wurde tatsächlich bereits von Carter benutzt. Im Gästezimmer erzählt uns der Hausherr mittels modernster Technik seine Lebensgeschichte. Ansonsten bietet das Haus auch eine technologische Zeitreise: Geräte von der Schreibmaschine über den Küchenherd bis zur Dunkelkammereinrichtung stammen noch aus Carters Zeit. Was für eine Mühe mag es gewesen sein, allein die riesige Kamera zu den Gräbern zu schleppen! Man sieht Kopien seines Feldtagebuchs, seiner säuberlich geführten Karteikarten und seiner Korrespondenz, dazu viele alte Fotografien von den Monumenten der Westbank.

An der Abzweigung zum Tal der Könige. Keine regelmäßigen Öffnungszeiten. Eintritt 20 LE.

✩✩✩ Gräber der Noblen

Während die Könige bei der Gestaltung ihrer Gräber an einen strengen Kanon heiliger Texte und Bilder gebunden waren, schmückten die Privatleute sie mit farbenprächtigen Szenen des täglichen Lebens. Aus diesem Grund sind die Darstellungen in den Privatgräbern dem wenig vorgebildeten Betrachter leichter zugänglich als die Ausstattung der Königsgräber.

In ihrer Gestaltung ungebundene Dekorationskunst bestimmt den lebendigen Eindruck der von Farbe und Bewegung überströmenden Bilder. Die schon aus dem Alten Reich bekannte „Speisetischszene", um nur ein Beispiel herauszugreifen, findet in den Gastmahldarstellungen der Privatgräber eine vom kultischen Bereich losgelöste, freie Darstellung. Der Grabherr und seine Familie bewirten die Gäste nicht nur mit Speis und Trank, sondern auch mit Tanz und Musik.

Die Privatgräber aus der 18./19. Dynastie, die wir in Qurna und Umgebung finden, haben sämtlich den Grundriss eines umgekehrten T. Da der Kalkstein sich schlecht zum Bearbeiten eignete, sind die Innenwände der meisten Felsengräber mit Nilschlamm verputzt und gekalkt. Erst auf diese Schicht wurde die Farbe aufgetragen – die einzelnen Arbeitsschritte sieht man gut im unvollendet gebliebenen Grab des Ramose.

Die etwa 450 bekannten Gräber (nur wenige sind für das Publikum geöffnet) liegen in den Hügeln zwischen Hatschepsut-Tempel und der Straße zum Tal der Königinnen. Die schönsten und am meisten besuchten Gräber findet man beim Dorf Scheich Abd el-Qurna.

✩✩✩ **Nacht, Nr. 52:** In das winzige Grab werden die Besucher nur in Vierergruppen eingelassen, doch die Wartezeit lohnt sich – es gehört zu den schönsten von Qurna. Der Besitzer war Hofastronom unter Thutmosis IV. Nur der enge Querraum ist mit Bildern geschmückt. Links vom Eingang opfert Nacht mit seiner Frau den Göttern und beaufsichtigt die Bauern bei der Feldarbeit. An der linken Rückwand die berühmte Festszene: Das Paar vor dem Speisetisch, auch die Katze nimmt teil und verzehrt unter dem Stuhl einen Fisch. Musikanten und Tänzerinnen begleiten das Mahl, links die nach Geschlechtern getrennten Gäste, darunter ein blinder Harfner; Frauen im Gespräch, eine nackte Dienerin schmückt ihre Herrin.

✩✩ **Menena, Nr. 69**: Der auch Menna genannte Zeitgenosse des Nacht war Schreiber und Landvermesser in Diensten des Pharaos. In der Eingangspassage betet der Verstorbene mit Frau und Tochter zu Amun. Links in der Querhalle sehen wir Szenen aus der Landwirtschaft: Menena vermisst eine Parzelle. Von rechts kommen Bauern mit Erfrischungen und hoffen damit, der Züchtigung (nebenan) zu entgehen. Darunter wird Getreide abgemessen, geworfelt und gedroschen. Wiederum darunter beaufsichtigt Menena Erntearbeiten. Zwei Mädchen liegen sich in den Haaren, ein Junge spielt Flöte. Ganz unten wird gepflügt. Ein Mädchen zieht sich einen Dorn aus dem Fuß, Flachs wird gerauft. Rechts ist die Querhalle mit Opferszenen geschmückt. Im Längsraum links Begräbnisszenen und das Totengericht. Rechts Wallfahrt nach Abydos, Menena mit Familie bei der Jagd in den Sümpfen, dann Opfer der Verwandten an den Toten und seine Frau.

✩✩ **Sennefer, Nr. 96**: Nach den mit Reben bemalten Decken und Friesen wird die Grabstätte des Vorstehers von Theben zurzeit von Amenophis II. auch *Weintraubengrab* genannt Im Vorraum links nimmt Sennefer Opfer von seiner Tochter und Priestern entgegen, rechts schaffen Diener die Grabausstattung herbei. Im Pfeilersaal links tritt Sennefer mit seiner letzten Frau aus dem Grab heraus, „um die Sonne zu sehen". An der Seitenwand Leichenprozession und Bestattungszeremonien, auf der Rückwand Sennefer und Frau beim Essen, wieder eine Prozession und die Wallfahrt nach Abydos. An der rechten Eingangswand des Pfeilersaals begegnen wir wiederum dem Toten nebst Gattin beim Mahl, ihr Sohn in Priestergestalt räuchert und gießt ein Trankopfer aus. Hinten betet das Paar in einer Laube zu Osiris und Anubis.

☆☆ **Rechmire, Nr. 100**: Die Malereien zeigen Rechmire, den Wesir von Thutmosis II., bei den Staatsgeschäften. Links vom Eingang empfängt er Boten und Bittsteller, auf der linken Rückwand bringen ausländische Delegationen den Tribut ihrer Länder. Im rechten Teil der Querhalle inspiziert Rechmire die Abgaben der Bauern und Tempelwerkstätten und geht auf die Jagd. Links in der Längshalle beaufsichtigt er den Bau eines Tempels und kontrolliert die Arbeit verschiedener Handwerker, auf der rechten Wand Heimkehr von Schiffen, Festmahl, Barkenprozession und Opferszenen.

☆☆ **Ramose, Nr. 55**: Der Tote lenkte als Wesir unter Amenophis III. und Echnaton die Geschicke des Reiches. Sein Grab entstand in den ersten Jahren von Echnatons Herrschaft und verdeutlicht den Stilwandel unter dem Ketzerkönig. Als Ramose mit Echnaton nach Amarna umzog, wurde die Arbeit am unvollendeten Grab eingestellt.

Vom Vorhof betritt man einen Säulensaal, spärlich beleuchtet durch ein später angebrachtes Oberlicht. Ein besonders feines Relief an der Eingangswand (rechts in der Mitte oben) zeigt den Verstorbenen mit Frau (dahinter) und Töchtern (davor). Auf der linken Eingangswand weiht Ramose Opfergaben. Zwei noch in Umrissen unter Stühlen erkennbare Gänse, zu ihrem Unglück zufällig auch Symbol des Amun, wurden ausgehackt. Diesem Schicksal entging die unter einem anderen Stuhl mit einem Vogel beschäftigte Katze.

An der Südwand eine Begräbnisszene mit Klageweibern und einer Prozession, die die Grabbeigaben trägt. Kahlköpfige Priester stehen vor der Mumie am Grab, Ramose und Frau sprechen Hymnen zu Osiris. Auf der linken Rückwand huldigt der unvollendete Ramose Amenophis IV., dem späteren Echnaton, der mit Göttin Maat unter einem Baldachin steht. Rechts des Durchgangs erscheint derselbe Pharao im Amarnastil. Mit Nofretete steht er im Sonnenlicht des Aton auf dem Balkon des Palasts von Amarna. Vor ihnen wird Ramose geschmückt, hinter ihnen bezeugen (teilweise nur vorgezeichnet) Würdenträger die Zeremonie.

Weitere Gräber in Scheich Abd el-Qurna

Userhet, Nr. 56: Userhet war Schreiber unter Amenophis II. Bei dem von Musikanten begleiteten Festmahl im linken Teil der Querhalle hocken einmal nicht Katzen, sondern Affen unter den Stühlen! Im rechten Teil inspiziert der Grabherr die Rekruten. Darunter sehen wir einen Barbier bei der Arbeit. Einige Kunden sind, des Wartens müde, bereits eingeschlafen!

Chaemhet, Nr. 57: Auch dieser Grabherr lobte unter Amenophis II. und war Inspektor der Kornspeicher. In der Querhalle sehen wir ihn bei der Arbeit.

Chons, Nr. 31: Er war unter Ramses II. Oberpriester in einem Totentempel. Bemerkenswert ist eine Szene, in der Chons dem Mentuhotep II. opfert, der 800 Jahre vor Lebzeiten des Priesters den ersten Tempel auf dem Westufer baute.

Userhet, Nr. 51: Userhet – nicht zu verwechseln mit seinem Namensvetter von Grab 56 – war Priester unter Sethos I. Als Höhepunkt des Grabs gilt die Szene auf der rechten Schmalseite der Querhalle, wo der Tote mit Frau und Mutter an einem See sitzt, aus dem ihre vogelgestaltigen Seelen (Ka) trinken.

Benia, Nr. 343: Das Grab des Aufsehers der Arbeiter im Schatzhaus unter Thutmosis III. hat nur bescheidene Ausmaße, wartet aber mit brillanten Farben auf. An der Eingangswand der linken Querhalle sehen wir ihn, wie er ganze Wägen voll mit Schmuck und Gold entgegennimmt und protokolliert. Am Ende des Grabs die Statuen Benias und seiner Eltern, die Gesichter wurden zerstört.

Neferronpet, Nr. 178: Der Grabherr war unter Ramses II. Schreiber im Schatzhaus des Amun-Tempels. Wir sehen ihn auf der Innenseite des Türsturzes mit Gattin beim Rezitieren der Hymne des Re. Szenen aus dem *Pfortenbuch* schmücken die Längshalle: Beispielsweise trinkt das Paar aus einem Teich, Anubis führt sie vor das Totengericht. Geometrische Muster, teilweise auch Blumen, überziehen die Decke.

Weiterhin zu besichtigen sind die Gräber des **Thutmosis Paroy** (Nr. 295), „Führer des Anubis", und des Schreibers **Nefersecheru** (Nr. 296).

Das Dorf der Grabräuber

Die ockerfarbenen Lehmhäuser von Qurna standen bis vor wenigen Jahren direkt über der gleichnamigen pharaonischen Nekropole. Ob als Wächter, Helfer der Archäologen oder gar als Grabräuber – seit Jahrhunderten lebten die Dörfler vom Erbe der pharaonischen Beamten und Würdenträger. Seit dem Zweiten Weltkrieg bemühte sich die Altertümerverwaltung, die Bewohner umzusiedeln, um das archäologische Gelände von Scheich Abd el-Qurna, wie der Ort amtlich hieß, großräumig absperren zu können. Die Häuser waren den Ausgrabungen im Weg. Abwässer sickerten in die Gräber, und früher hatten die Bauern in den unterirdischen Kammern gar ihre Ställe und Vorratsräume. Doch wer möchte schon seine Pfründe aufgeben. Bis ins Frühjahr 2006 widerstanden die störrischen Dörfler allen Versuchen der Obrigkeit, sie mit Geld oder Schikanen zum Umzug an einen neuen Ort zu bewegen. Dann machten unter Polizeischutz anrückende Abrissbagger deutlich, dass die Behörden es diesmal ernst meinten. Bis auf ein paar wenige, wohl zur Erinnerung oder für Fotografen erhaltene Häuser wurde Qurna abgerissen. Das Ersatzquartier, man findet es an Kreuzung vor dem Tal der Könige, ist nicht halb so pittoresk.

Nekropole el-Asasif

Die Gräber von Asasif (arabisch für „Tunnel") liegen am Aufweg zum Hatschepsut-Tempel, an dessen Kasse auch die Tickets verkauft werden. Sie werden eher selten besucht und dann von jenen, die das zweite oder dritte Mal nach Luxor gekommen sind. Angelegt in der 25. und 26. Dynastie, als das *„schöne Fest vom Wüstental"* mit der Prozession von Karnak nach Deir el-Bahari wieder belebt wurde, greifen sie Bauelemente von Gräbern und Tempeln aus früheren Zeiten auf. Bis heute auffällig sind die Lehmziegel-Pylone, durch die man die Grabanlagen betrat. Denn dann folgenden Hof darf man sich begrünt vorstellen. Daran schloss sich ein zweiter Hof an, in dessen Mitte ein Lichtschacht mündet, an dessen unterem Ende sich der zentrale Opferraum befand. In die unterirdischen Gemächer kam man über eine Rampe oder Treppe, deren Anfang ein weitere Pylon markiert. Unten öffnet sich dann ein wahres Labyrinth aus Vorsälen, Hallen, Kulträumen und Grabkammern.

Das größte Grab (Nr. 34) gehört **Montuemhat** (auch Monthemhat), Gouverneur von Oberägypten zur Zeit des Taharka. Leider kann man nur von oben einen Blick in den mit Lotusblüten-Reliefs geschmückten Innenhof werfen.

Zugänglich ist das Grab des **Pabasa** (Nr. 279), Oberhofmeister der Nitokris, die als „Gottesgemahlin" in der Regierungszeit ihres Vaters Psammetich I. die Oberpriesterin des Amun waltete. Damit war Pabasa der höchste Beamte des thebanischen Priesterstaats. Sein Grab ist wegen der Darstellungen aus dem täglichen Leben wie etwa Winzerei, Fischerei und besonders der Bienenzucht berühmt (Opferhalle links mittlerer Pfeiler). Im folgenden Saal schöne Opferszenen mit Nitokris, Psammetich und Pabasa, doch sind manche Köpfe herausgeschnitten.

Mit **Anch-Hor** ist auch ein Nachfolger des Pabasa in Asasif bestattet. Sein Grab (Nr. 414) wurde in den 1070er Jahren vom Österreichischen Archäologischen Institut in Kairo unter Manfred Bietak freigelegt, dokumentiert, rekonstruiert und schließlich der Öffentlichkeit übergeben.

Aus dem zeitlichen Rahmen der anderen Asasif-Gräber fällt der Komplex des **Cheruif** (Nr. 192), Verwalter der Königin Teje (18. Dynastie). Im Durchgang zum Hof sehen wir Amenophis IV. Echnaton noch vor seiner Wende zum Aton-Glauben im Gebet zu den alten Göttern. Die Westwand des Hofs zeigt hinter den Pfeilern die Feiern zum Thronjubiläum Amenophis' III.

Stadt der Grabarbeiter (Deir el-Medina)

So unscheinbar die Reste der antiken Siedlung Deir el-Medina heute erscheinen mögen, für die Archäologen waren sie eine wichtige Informationsquelle zum Alltagsleben der Ägypter.

In den knapp hundert Häusern wohnten von etwa 1290 bis 1070 v. Chr. die Handwerker, denen das Ausschmücken der Gräber oblag. Der **Tempel** als markantestes Bauwerk wurde jedoch erst im 3. Jh. v. Chr. unter Ptolemaios IV. begonnen und blieb unvollendet. Später bezogen ihn christliche Mönche, von denen Deir el-Medina („Kloster der Stadt") seinen Namen hat.

In einem Brunnenschacht beim Tempel fand man eine Vielzahl von Tonscherben *(Ostraka),* auf denen Gerichtsverhandlungen bis zu Rechnungen notiert waren. Dazu Skizzen, auf denen die Handwerker, losgelöst vom Kanon, ihrer Kreativität freien Lauf ließen: Karikaturen wie „Pharao mit Stoppelbart", verkehrte Welt wie „Maus frisst Katze", erotische Szenen und andere Tabu-Verletzungen. Auch der älteste historisch belegte Streik fand unter Ramses III. in Deir el-Medina statt, als aufgrund der allgemeinen Wirren die Nahrungsmittellieferungen (und damit der Lohn) ausblieben.

Neben der Siedlung errichteten die Vorarbeiter und Ingenieure, die tagaus, tagein mit dem Bau von Pharaonengräbern beschäftigt waren, nach Feierabend eigene Gräber für sich und ihre Familien. Besonders sehenswert ist das ☆☆ **Grab des Sennedjem** (Nr. 1), das vor der Stadtmauer genau gegenüber seinem Haus gelegen ist. Die Kammer imitiert einen Sarg. Links vom Eingang sehen wir die Mumie auf der Totenbahre zwischen Isis und Nephtys, davor opfern die Söhne. Auf der rechten Eingangswand beten Sennodjem und Frau vor den Wächtern der Unterwelt. Als schönste gelten die Szenen der rechten Schmalwand: Paviane beten die Sonnenbarke an, darunter in vier Registern das Paradies. Auch dort müssen der Verstorbene und seine Frau freilich arbeiten: Wir sehen sie beim Pflügen und Ernten.

Weniger gut erhalten blieben die Farben im Grab von **Inhercha** (auch geschrieben *Onuris-Cha*, Nr. 359), das mit Szenen aus den Jenseitsbüchern, Anbetungen und den Freuden des Paradieses geschmückt ist.

Im **Grab Paschedu** (Nr. 3) begegnet man an der rechten Eingangswand dem Verstorbenen, wie er sich, unter einer Palme liegend, am Wasser aus einem Teich labt.

Tal der Königinnen (Biban el-Harim)

Die Gräber der Königinnen und Prinzen ähneln denen der Herrscher im Tal der Könige, sind aber von bescheideneren Dimensionen. Das schöne Grab der Nefertari ist zum Schutz der Fresken leider verschlossen.

Neben den Frauen, die selbst Pharao wurden (und damit in männlicher Gestalt erscheinen), wurde keine Ägypterin so gefeiert wie **Nefertari**. Ramses verewigte seine Lieblingsgattin, die eigentlich Nofret-iri hieß, in Abu Simbel mit einer Monumentalstatue und in Luxor mit dem schönsten aller Gräber, das wegen seiner Malereien gern mit der Sixtinischen Kapelle verglichen wird. Nach umfangreichen Restaurierungsarbeiten durch italienische Experten strahlten die Szenen in einer Farbenpracht, als seien sie erst gestern aufgetragen worden. Doch nur kurze Zeit war das Grab wieder der Öffentlichkeit zugänglich: Seit der Putz neuerlich bröckelt, dürfen nur noch VIPs zu Nefertari. Mit 5000 Dollar, so der offizielle Tarif, werden auch Sie für die ägyptische Staatskasse zum VIP und dürfen als Gruppe (bis zu 20 Personen) für 20 Minuten ins Grab.

Leider suchten sich die Grabarbeiter seinerzeit eine geologisch extrem schwierige, um nicht zu sagen: ungeeignete Gesteinsformation aus. Der Kalkstein im Tal der Königinnen ist sehr weich, weshalb die Bildhauer ihre Reliefs nicht direkt in den Fels meißeln konnten. Sie behalfen sich mit dem Auftragen einer Gipsschicht, aus der die Bilder und Texte als feines Hochrelief modelliert wurden. Durch die feinen Risse und Spalten im Fels sickerte Feuchtigkeit in die Gräber, die das Salz des Kalksteins löste und zwischen Stein und Putz wieder auskristallisierte, bis dieser Blasen warf und schließlich abbröckelte.

Prinz ☆ **Amun-her-chopeschef** (Nr. 55) war ein Sohn von Ramses III., der seine Kinder nach den Nachkommen von Ramses II. benannte. Die Wandbilder zeigen einen von Vater Ramses III. begleiteten Knaben im Alter von etwa zehn Jahren, Amun-her-chopeschef dürfte also bereits im Kindesalter verstorben sein. Rätsel gibt noch immer das in einem Glaskasten ausgestellte Skelett eines sechs Monate alten Fötus auf. Vielleicht erlitt die Mutter des Prinzen aus Schmerz über dessen Tod eine Frühgeburt.

Ebenfalls für das Publikum geöffnet sind die Gräber von **Titi** (Nr. 52), der Gattin von Ramses III., und von ☆ **Chaemweset** (Nr. 44), einem Sohn Ramses' III.

Deir el-Bahri, Terrassentempel der Hatschepsut

Die Tempel

Am Übergang vom Fruchtland zur Wüste reihen sich die Totentempel der Pharaonen – oder wenigstens das, was von ihnen übrig geblieben ist. Absolut sehenswert ist die Anlage der Hatschepsut. In den anderen wird man weitgehend ungestört sein.

So wird etwa der **Tempel von Sethos I.** von den meisten Reisegruppen, wenn überhaupt, en passant auf dem Weg ins Tal der Könige abgehakt. Die ursprünglich 158 m lange Anlage, von der nur der hintere Teil erhalten ist, war wie alle Totentempel Amun geweiht und diente zugleich dem Totenkult für Sethos I. und seinen Vater Ramses I. Die vom Deutschen Archäologischen Institut aufwendig restaurierten Reliefs sind jenen in Abydos (S. 263 ff.) vergleichbar.

☆ ☆ Tempel der Hatschepsut (Deir el-Bahri)

Drei übereinander liegende Terrassen schmiegen sich an den Fuß des Bergmassivs und bieten besonders in der Morgensonne einen herrlichen Anblick: Deir el-Bahri, der Totentempel Hatschepsuts. Angelehnt an die Tempelarchitektur des Mittleren Reichs wurde er von ihrem Vertrauten und vielleicht auch Geliebten Senenmut entworfen. Auch die Lage gleich neben dem heute zerfallenen Tempel Mentuhoteps und unterhalb von Gräbern der 11. Dynastie sollte Hatschepsut wohl in die Tradition des Mittleren Reiches stellen. Polnische Archäologen sind seit geraumer Zeit mit der Restaurierung der Anlage beschäftigt – dabei wurde mit Beton nicht gespart.

Eine schöne, etwa 45-minütige **Wanderung** führt vom Tal der Könige über den Bergrücken zum Hatschepsut-Tempel (hier ist der Einstieg unmittelbar vor dem Parkplatz mit den Verkaufsbuden) Allerdings empfiehlt sich die schweißtreibende Tour nur in den kühlen Morgenstunden. Der Aufstieg beginnt am zentralen Platz im Tal der Könige neben dem Grab von Ramses I. (KV 16). Beim Wachposten auf dem Kamm zweigt ein längerer Panoramaweg über Deir el-Medina ins Tal der Königinnen ab – diese Tour dauert insgesamt 1½ Std.

In der Spätantike, als der Tempel als Kloster diente (daher der Name Deir = *Kloster* el-Bahri), wurden viele Bilder gezielt zerstört. Besonders die unteren Hallen haben darunter gelitten. Die **mittleren Hallen** zeigen im Nordteil die mythische Zeugung Hatschepsuts durch Amun, ihre Geburt, Kindheit und Krönung.

Im Südflügel wird die legendäre **Expedition nach Punt** (Somalia/Jemen) gezeigt, die phönizische Seefahrer im Auftrag Hatschepsuts unternahmen. Wir sehen (linke Seitenwand) die Palmengestade und Bienenkorbhütten des fremden Landes und die Begrüßung der Expedition durch die fettleibige, kranke Herrscherin von Punt (Original im Museum Kairo). Die Fische im Fries und im Wasser unter den Schiffen sind so realistisch wiedergegeben, dass Wissenschaftler die Arten bestimmen konnten. Auf der Längswand werden die Schiffe mit den Schätzen von Punt beladen, derweil sich Affen in der Takelage tummeln. Nach geglückter Rückkehr der Expedition registriert Thoth den mitgebrachten Weihrauch, der in Scheffeln abgemessen wird. Die ergatterten Schätze Schwarzafrikas stiftet Hatschepsut dem Amun: Wir sehen Truhen mit Gold, Panther, eine Giraffe, Straußeneier, Elefantenzähne, Ebenholz und was noch alles – wiederum säuberlich von einer Schreibergöttin gelistet, denn Ordnung muss sein. Ein Anbau der Südhalle birgt die teilweise aus dem Fels geschlagene **Hathorkapelle**. Kapitele zeigen die kuhohrige Göttin, Reliefs die göttliche Kuh auf du und du mit dem Pharao.

Hatschepsut – Karriere einer Königstochter

Unter den wenigen Frauen, die den Pharaonenthron bestiegen, war Hatschepsut neben Kleopatra zweifellos die bedeutendste Herrscherin. Als einziges überlebendes Kind von Thutmosis I. mit seiner Hauptfrau („Gottesgemahlin") Ahmes wurde sie, als der Vater starb, mit ihrem Halbbruder Thutmosis II. verheiratet. Ehen zwischen Halbgeschwistern waren bei den Pharaonen keine Seltenheit. Sie stärkten die Legitimation des neuen Herrschers, zumal wenn dieser nur aus der Verbindung des alten Pharaos mit einer Nebenfrau stammte.

Der junge Thutmosis II. starb seinerseits nach wenigen Regierungsjahren. Wieder gab es aus der Ehe mit „Gottesgemahlin" Hatschepsut nur eine Tochter, doch dazu einen Sohn (Thutmosis III.) von einer Nebenfrau. Gemäß der Tradition wurde die junge Königswitwe zur Regentin für ihren minderjährigen Stiefsohn und Neffen. Doch Hatschepsut begnügte sich damit nicht, sondern ließ sich selbst zum König ausrufen. Zeigen ihre frühen Darstellungen noch weibliche Gesichtszüge und Formen in einem männlichen Gewand, erscheint sie später in vollständig männlicher Gestalt mit Königsbart und Schurz.

1468 v. Chr. verschwand Hatschepsut nach 20 Regierungsjahren urplötzlich von der Bildfläche. Wurde sie entmachtet, starb sie, eventuell gar durch Mörderhand? Wir wissen es nicht. Nun schlug die Stunde von Thutmosis III., der seiner Stiefmutter aus verständlichen Gründen nicht wohlgesonnen war. Um ihr Andenken zu tilgen, ließ er ihren Namen ausmeißeln und sogar ihren Obelisken in Karnak zumauern.

Die Tempel 311

Hatschepsut-Tempel von Deir el-Bahri

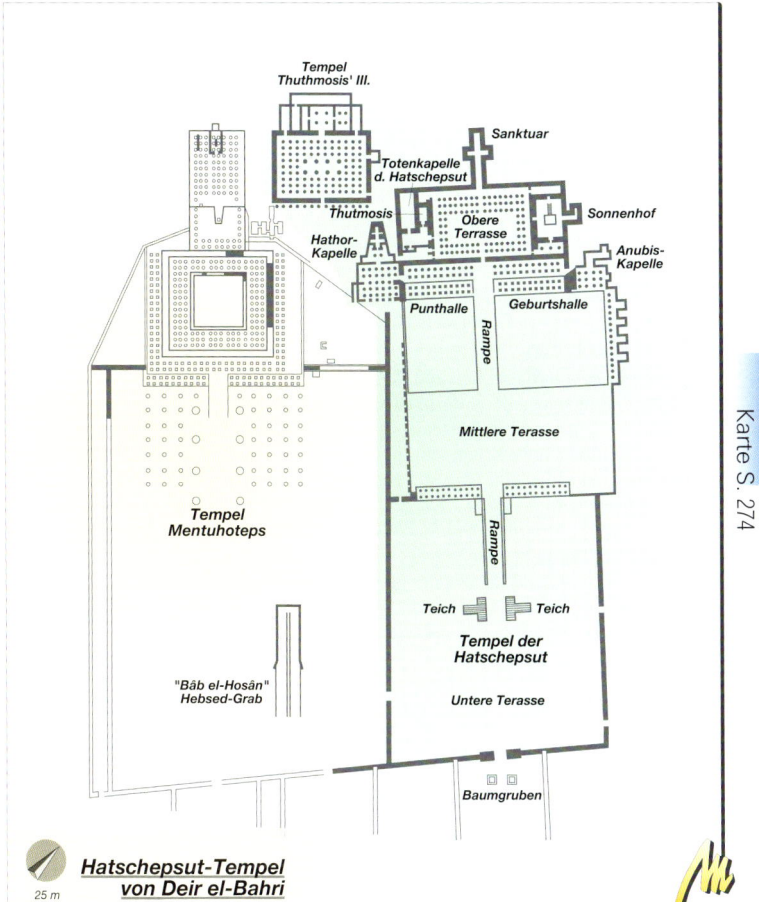

(Plan mit Beschriftungen: Tempel Thuthmosis' III., Sanktuar, Totenkapelle d. Hatschepsut, Thutmosis, Obere Terrasse, Sonnenhof, Hathor-Kapelle, Anubis-Kapelle, Punthalle, Geburtshalle, Rampe, Mittlere Terasse, Tempel Mentuhoteps, Rampe, Teich, Teich, Tempel der Hatschepsut, "Bâb el-Hosân" Hebsed-Grab, Untere Terasse, Baumgruben; Maßstab 25 m)

Die **oberen Hallen** wurden weitgehend rekonstruiert. Den Säulenhof mit seiner schönen Aussicht hinüber nach Karnak flankieren ein Sonnentempel (rechts) und die Räume für die Totenopfer zu Ehren von Hatschepsut und Thutmosis I. (links). Die Mittelachse führt ins Allerheiligste. Hinter einer Tür – ein Wächter wird Ihnen die Stelle zeigen und dafür ein Bakschisch erheischen – sitzt Hatschepsuts Vertrauter Senenmut. Einst nahm der Erbauer des Tempels hier heimlich an den Zeremonien teil, heute beobachtet er die Besucher. Die innerste Kapelle wurde in ptolemäischer Zeit für Imhotep umgewidmet, den Gott der Medizin und Architektur. Im direkten Vergleich mit der Kunst aus der Zeit Hatschepsuts wirken diese Reliefs plump und grob.

☆ Ramesseum

Der Zahn der Zeit und der Bedarf späterer Generationen an solide behauenen Steinblöcken haben vom gigantischen Totentempel Ramses' II. (1290–1224 v. Chr.) nur wenige Mauern und Säulen übrig gelassen – doch immer noch genug Beute für die Antiquitätensammler des 19. Jh. Belzoni barg hier jene Ramsesstatue, die heute als Blickfang im British Museum steht und den romantischen Dichter Percy Shelley zu seinem Sonett *Ozymandias* inspirierte.

In seiner *Geschichte Ägyptens*, einem in der Antike beliebten Reisebegleiter, beschreibt der Grieche Hekataios von Abdera auch das Ramesseum. Ihn, der in den ersten Jahren der Ptolemäerherrschaft Theben besuchte, führten noch der alten Riten und der Hieroglyphenschrift kundige Priester durch das „Mausoleum des Ozymandias", wie Ramses II. bei den Griechen hieß, und so ist sein Bericht unsere wichtigste Quelle über den Tempel.

Ringsum war er von Magazinen und Werkstätten aus Lehmziegeln umgeben, auch ein Palast für den Pharao gehörte dazu. Die Reste des nahezu 70 m breiten **ersten Pylons** feiern auf der Innenseite den Feldzug des großen Pharaos gegen die Hethiter. Wie in allen von ihm errichteten Tempeln ließ er auch hier die Szenen der **Schlacht von Kadesch** in Stein meißeln, dazu die ebenfalls obligatorische Beischrift mit dem flehentlichen Anruf an Amun *(„... Ich rufe zu dir, mein Vater Amun ... Alle Länder haben sich gegen mich verbunden und ich bin ganz allein und kein anderer ist mit mir."),* der – Gott sei Dank, ist man geneigt zu sagen – schließlich erhört wird: *„Vorwärts, denn ich [Amun] bin mit dir und bin dein Vater. Ich bin nützlicher als Hunderttausende von Menschen. Ich bin der Herr des Sieges."* Ein Sieg wurde es am Ende zwar dann doch nicht, aber immerhin ein leistungsgerechtes Unentschieden.

> **Hauptsache groß – Ramses als Bauherr**
>
> Um sich die Gunst der Götter zu sichern und der Nachwelt sichtbare Andenken zu hinterlassen, überzog Ramses II. mit geradezu manischer Besessenheit ganz Ägypten mit seinen Bauwerken. Er vollendete die Säulenhalle von Karnak, ließ in Luxor einen neuen Hof anfügen, errichtete mit dem Ramesseum den größten aller Grabtempel. Dazu brachte Ramses unfertige Bauten seiner Vorgänger zu Ende, wobei er ihren Namen gern durch seine Kartusche ersetzte. Um einer entsprechenden Behandlung durch die Nachwelt zu entgehen, markierte er seine Bauten an geheimen, nur den übermächtigen Göttern sichtbaren Stellen. Als ein Obelisk aus Luxor nach Paris verladen wurde, entdeckte man auf der Unterseite (!) den Namen des Ramses.
>
> Persönlich begab er sich an die Bauplätze und überwachte den Fortgang der Arbeiten. Kriegsgefangene wurden herangezogen, um die Handwerker in den Steinbrüchen und die Transportarbeiter zu entlasten. Gefragt war Größe, nicht Detail: Für aufwendige, mit Putz gefüllte und bemalte Flachreliefs, wie sie unter Vater Sethos üblich waren, blieb keine Zeit.

Auf der rechten, nördlichen Wand (1) des ersten Pylons sehen wir das Lagerleben der Soldaten und den König beim Kriegsrat. Gefangene werden verprügelt. Von oben links greifen die Hethiter an. Am anderen Flügel des Pylons (2) stürmen die Ägypter, Ramses voran, die Hethiterfestung Kadesch.

Die Tempel 313

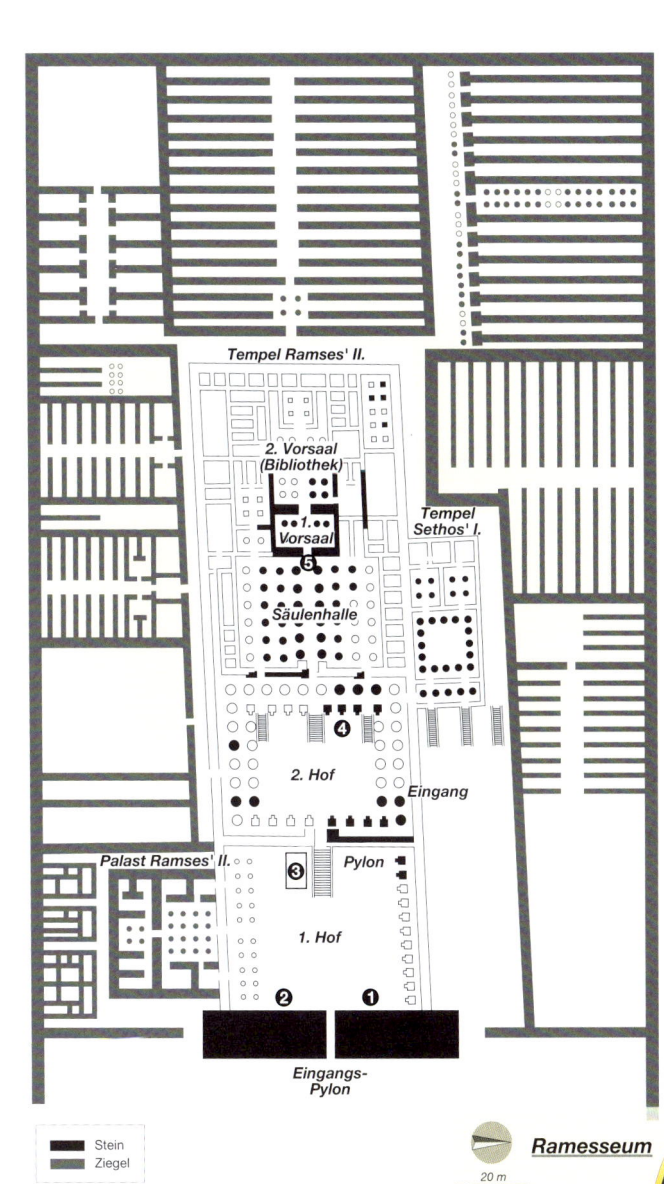

Tempel Ramses' II.

2. Vorsaal (Bibliothek)

1. Vorsaal ❺

Tempel Sethos' I.

Säulenhalle

❹

2. Hof

Eingang

Palast Ramses' II.

❸ **Pylon**

1. Hof

❷ ❶

Eingangs-Pylon

Stein
Ziegel

Ramesseum

20 m

Luxor
Karte S. 274

Vor dem zweiten Pylon bestaunt der Besucher eine umgestürzte **Kolossalstatue von Ramses II.** (3). Ohren und Zeigefinger sind einen Meter lang, die gepflegten Fingernägel größer als dieses Buch. Für Hekataios war dieses 1000 Tonnen schwere, aus einem einzigen Steinblock gefertigte Monstrum die größte Statue in Ägypten überhaupt. Auf dem Sockel stand: „Ich bin Ramses, König der Könige. Wenn jemand wissen möchte, wie groß ich bin und wo ich mich befinde, so überwinde er eines meiner großen Werke."

Die erhaltenen Wände des **zweiten Hofs** (Peristyl) feiern wiederum die militärischen Erfolge von Ramses. An der Front zum **Großen Säulensaal** (Hypostyl) geben **Osirispfeiler** (4) ein hübsches Fotomotiv. Im nächsten Durchgang (5) hat sich rechts Belzoni mit seinem Namenszug in Stein verewigt. Astronomische Darstellungen schmücken die Decke des **ersten Vorsaals**. An der rechten Rückwand kniet Ramses in einer großformatigen Szene vor dem Heiligen Baum im Tempel von Heliopolis. Amun (links), Thoth (rechts) und die Schreibergöttin Seschat (im Tigerfell) schreiben den Namen des Königs auf die Blätter und damit ins Buch der Geschichte.

Thoth und Seschat finden sich auch auf den Pfeilerbasen des Durchgangs zum zweiten Vorsaal, woraus Champollion und andere Ägyptologen folgerten, dieser müsse die von Hekataios erwähnte **Bibliothek** gewesen sein – eine umstrittene Hypothese, denn andere lokalisieren die Bibliothek in Nebenräumen des ersten Vorsaals oder des Hypostyls, und wieder andere vermuten, es habe überhaupt keine Bibliothek gegeben, sondern, wie im Tempel von Edfu, lediglich Regale für die Schriftrollen. Wie auch immer: Die Gemächer nach dem ersten Vorsaal sind vollständig zerstört, und das Rätsel wird nicht mehr zu lösen sein.

Tempel des Merenptah

Wer zum ersten und vielleicht einzigen Mal nach Luxor kommt, kann diese Stätte getrost auslassen. Denn der Totentempel des Merenptah hat keine himmelhohen Säulen und trutzigen Pylone, keine endlosen Fassaden und mächtigen Türstürze mehr, mit denen er beeindrucken könnte. Vielmehr belohnt die Ausgrabung mit Kleinigkeiten und Details. Und der Gunst, hier alles in Ruhe und ohne den Auftrieb der Reisegruppen zu können.

Als Nachfolger des bauwütigen Ramses II. hatte Merenptah (1224-1214 v. Chr.) es nicht leicht, die Götter mit eigenen Tempeln günstig zu stimmen. Die Staatskasse war leer und die Steinbrüche waren erschöpft. So besann sich der erst als Sechzigjähriger auf den Thron gekommene Ramses-Sohn aufs Recycling schon fertigen Materials und schlachtete das benachbarte Gebäude seines Vorgängers Amenophis II. aus: Blöcke, Statuen und Stelen wurden abgetragen und zu einem neuen Tempel wieder zusammenfügt. Da spätere Generationen dem Merenptah-Tempel das gleiche Schicksal zufügten, blieb auch von diesem „Haus der Millionen Jahre" nicht viel übrig. Ende des 19. Jh, erforschte Flinders Petrie die Reste, Ende des 20. Jh. überarbeitete Horst Jaritz vom Schweizer Institut für ägyptische Bauforschung Petries Befund. Jaritz platzierte die noch verbliebenen Steine in etwa dort, wo sie einst gestanden waren und markierte den Verlauf gänzlich verlorener Mauern.

Wenngleich mit deutlich bescheideneren Dimensionen, ähnelt der Tempel im Grundriss dem Ramesseum. Neu war seinerzeit allerdings der Bau eines zweiten Pylons zwischen den beiden Höfen. In zwei unterirdischen Ausstellungsräumen sind die gewaltigen Fundamente zu bestaunen, auf denen der Doppelturm ruhte, und die zugleich mit gut erhaltenen Reliefs aus der Zeit Amenhoteps geschmückt waren. Andere „gute Stücke" stehen wohl geordnet im Lapidarium oder im Museum, das der Merenptah-Tempel von den Schweizern bekommen hat.

☆ Memnonkolosse/Tempel Amenophis' III.

Die Kolosse bewachten einst den Tempel von Amenophis III., dessen Grundfläche sich nur noch als ein übergroßes Fußballfeld präsentierte, bevor die Archäologen den Boden aufrissen. Anders als seine Vor- und Nachfahren auf dem Thron ließ der Vater Echnatons seinen Totentempel großteils ins Fruchtland bauen und damit bewusst alljährlich vom Nil überfluten – der tat dann seinen Teil, dass oberirdisch kein Stein auf dem anderen blieb. Solange die Erforschung noch andauert, kann das Gelände des einst größten Tempels in Theben-West mitsamt den wieder aufgestellten Statuen und Architekturfragmenten nur von der Straße aus betrachtet werden.

„Fünf Minuten höchstens", drängt der Führer an den Memnonkolossen. Er will im Tal der Könige der Erste sein, damit sich die Gruppe an den Gräbern nicht anstellen muss. Zum Weltwunder und zur Touristenattraktion wurden die Statuen kurz vor unserer Zeitrechnung, als ein Erdbeben den nördlichen Koloss derart mitnahm, dass die Risse im Stein bei morgendlichen Temperaturschwankungen einen Pfeifton von sich gaben. Griechische und römische Schriftsteller verbreiteten den Ruhm des „singenden" Standbilds und lockten die Besucher. Sogar Kaiser kamen und verewigten sich in Versen auf Sockel und Knie. Kaiser Septimus Severus ließ im Jahr 199 den sitzenden Riesen reparieren – wenig kunstvoll, wie man sieht, und das Pfeifen verging ihm dann auch.

„Fünf Minuten, höchstens!" für den Memnonkoloss

Aus dem Reisetagebuch von Gustave Flaubert

„Die Memnon-Kolosse sind sehr dick; aber sie verfehlen ihren Eindruck. Welch ein Unterschied zu dem Sphinx! Die griechischen Inschriften lassen sich gut lesen, es war nicht schwierig, sie zu entziffern. Steine, die so viele Menschen beschäftigt und so viele Leute herbeigelockt haben, betrachtet man nicht ohne Vergnügen. Wieviel Blicke von Spießern haben nicht darauf geruht! Jeder sagt seine Meinung darüber und geht weiter."

✩✩ Medinet Habu

Der heute größte Tempel auf der Westbank war das Heiligtum von Ramses III. Sein Name, „Stadt des Habu", leitet sich von einer Siedlung ab, die es in der Spätantike innerhalb der festungsartigen Umfriedung gab. In pharaonischer Zeit residierte in Medinet Habu die Verwaltung aller Anlagen auf der Westbank, dazu die Ausbildungsstätte der Schreiber. Nach dem Vorbild des Ramesseums gab es auch hier einen Palast für den Pharao.

Der Tempel wirkt martialisch. Ramses III. (1180–1155 v. Chr.) war eher Soldat als Politiker, Schlachten sind das bestimmende Thema der Reliefs. Bereits am Eingang, dem **Hohen Tor**, sehen wir den Pharao, wie er die Feinde am Schopf packt und zu erschlagen droht. Aus der rechten Wand des Durchgangs ragen als erhabene Reliefs die Köpfe der besiegten Feinde. Hinter dem Hohen Tor steht rechts der **Kleine Tempel**. Begonnen während der 18. Dynastie, wurde er bis in die Spätzeit erweitert und umgebaut. Dahinter befand sich der Heilige See. Auf der anderen Seite **Grabkapellen** von Priesterfürstinnen der Spätzeit. Um 600 v. Chr. errichteten die Ägypter hier ihre ersten echten Gewölbe.

Den **Großen Tempel** betritt man wie üblich durch einen Pylon. Schächte für die Flaggenmasten gliedern die Fassade, Kolonnaden säumen den **ersten Hof**. An die Westwand grenzte der Palast, und von einem Erker konnte der Herrscher die Prozessionen und sportlichen Wettkämpfe beobachten – sie sind auf Reliefs unter dem Erker dargestellt. Religiöse Szenen schmückten die Mauern des **zweiten Hofs**. Die frühen Kopten hatten hier eine Kirche eingerichtet und die heidnischen Reliefs mit einer Mörtelschicht überzogen, dank der die Szenen vom Fest des Erntegottes Min **(1)** und des Totengottes Ptah-Sokaris **(2)** gut erhalten blieben. Auf der rechten Längswand erwartet in einer hübschen Szene **(3)** der Pharao die Prozession des Erntefestes, während die Priester vier blaue Tauben mit der frohen Kunde in alle Himmelsrichtungen fliegen lassen. Farbige Ausmalungen haben sich besonders an den Decken der Durchgänge und oben an der Stirnseite des Hofs erhalten.

Von den folgenden Räumen stehen nur noch Säulenstümpfe und Grundmauern. An der linken Wand des **Großen Säulensaals** beachte man die „Geheimtür" zur Schatzkammer **(4)**. Sie war dadurch getarnt, dass sich die Reliefs (sie zeigen die Schätze) nahtlos über das Türblatt fortsetzen. Am

Wehe dem, der dem großen Jäger Ramses III. in den Weg kommt

Die Tempel 317

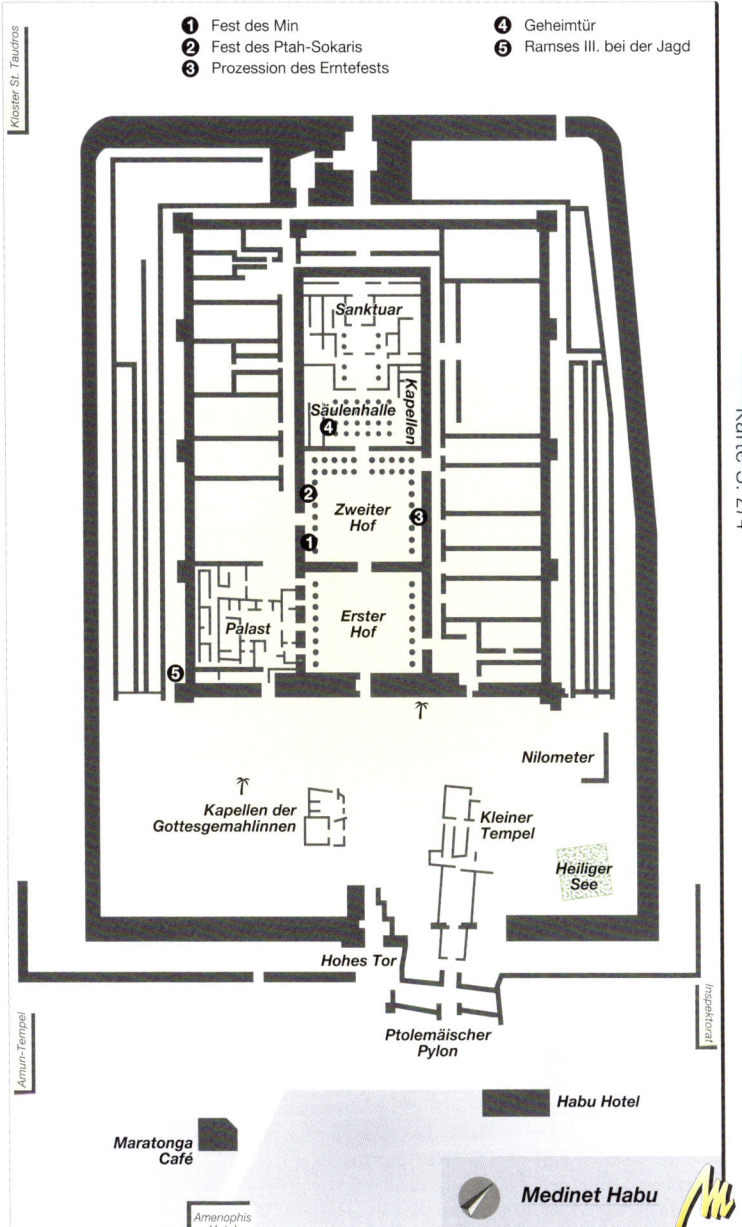

1. Fest des Min
2. Fest des Ptah-Sokaris
3. Prozession des Erntefests
4. Geheimtür
5. Ramses III. bei der Jagd

Kloster St. Taudros

Sanktuar
Kapellen
Säulenhalle ❹
❷ *Zweiter Hof* ❸
❶
Palast *Erster Hof*
❺

Luxor
Karte S. 274

Nilometer

Kapellen der Gottesgemahlinnen

Kleiner Tempel

Heiliger See

Hohes Tor

Amun-Tempel

Inspektorat

Ptolemäischer Pylon

Habu Hotel

Maratonga Café

Amenophis Hotel

Medinet Habu

Kolonnade in Medinet Habu

Ende der Tempelachse ist im **Allerheiligsten** noch der Sockel für die Barke des Amun erhalten. Die Seitenkapellen gehörten Mut (links) und Chons (rechts). Die **Krypten** im hinteren Teil des Tempels wurden in der Spätzeit als Gräber genutzt.

Zum Abschluss mache man noch einen Abstecher auf die südliche **Rückseite des Pylons**. Hier präsentiert sich der Pharao als großer Jäger **(5)**, bevor er (weiter links) einmal mehr die ziemlich erschrocken dreinschauenden Feinde am Schopf packt.

Hadsch-Malerei

Auf ihre Art sind die Dörfer Oberägyptens Freilichtmuseen moderner Kunst. Wann immer ein Gläubiger, nur selten ist es eine Frau, zur Pilgerfahrt nach Mekka aufbricht, beauftragt er zuvor einen Maler, die Reise in Bildern an der Hausfassade festzuhalten. Die Szenen zeigen das Transportmittel (Flugzeug, Schiff oder Auto), die Kaaba, Episoden aus dem Koran und vom Pilgerritual, aber auch Motive aus dem Dorfleben, Blumen und Bäume. Die Maler sind gewöhnlich Naturtalente und ohne jede künstlerische Ausbildung; im Hauptberuf mögen sie Dorfschullehrer, Krämer oder einfache Bauern sein. Die meisten waren nie reich genug, um selbst nach Mekka zu fahren. Sie malen die Hadsch so, wie sie sie von Erzählungen, von anderen Hadsch-Bildern oder vom Fernsehen kennen. Der eine arbeitet mit kalligraphischen Elementen, bevorzugt blaue und braune Töne und platziert hell- und dunkelhäutige Menschen in seine Bilder, um die Verbrüderung aller Menschen im Islam zu symbolisieren. Ein anderer setzt die Kaaba in eine üppig grüne, paradiesische Traumlandschaft mit Blumenmotiven und Bäumen. Ahmed et-Tayeb (→ Bild S. 294/302) und Mohamed Abd el-Malik, die viel auf dem Westufer von Luxor gemalt haben, mischen pharaonische Motive unter die Hadsch-Malerei und machen so gleichzeitig Werbung für die Souvenirwerkstätten der Pilger. Diese und andere Maler überwinden die naive Folklore, haben ihren eigenen Stil entwickelt und wurden zu echten Künstlern.

Nähere Umgebung von Luxor

Ruinenfreaks, die sich länger in Luxor aufhalten, können auf einem Tagesausflug auch die archäologischen Stätten von Medamud, el-Tod und Mo'alla besuchen.

Medamud (Nag el-Madamud)

Der am Rand eines Bauerndorfs gelegene Tempel von Medamud ist ein nettes Ausflugsziel, gerade 10 Autominuten von Luxor entfernt. Das Heiligtum war dem oft in Stiergestalt dargestellten Kriegsgott Month geweiht. Vor dem Aufstieg Amuns war er der Hauptgott von Theben. Die stark zerstörten Ruinen stammen aus ptolemäischer und römischer Zeit, doch gab es hier bereits Ende des Alten Reichs einen einfachen Tempel. Im Freilichtmuseum Karnak wurde das Portal eines Lehmziegeltempels des Pharaos Sesostris (12. Dynastie) aus Bruchstücken rekonstruiert.

Vom Nil her führte eine Sphingenallee zum Eingang des 75 x 42 m große Tempelareals, einem von Kaiser Tiberius gestifteten **Torbau**. Innerhalb der Lehmziegelumfriedung und unmittelbar vor der pylonartigen **Tempelfassade** stehen die Reste dreier **Kioske**; im mittleren erkennt man noch eine Reliefszene mit Musikanten. Den **Säulenhof** schmücken Szenen mit Kaiser Antonius Pius (reg. 138–161). Auf der Rückseite des Hofs stehen fünf fotogene Säulen des Umgangs aufrecht – die beiden mittleren mit Kompositkapitellen, die anderen mit steinernen Papyrusbündeln. Es folgt der eigentliche Tempel mit **Querhalle**, zwei Vorsälen und dem von einem Kapellenkranz umgebenen Allerheiligsten.

Hinter dem Tempelhaus war das Areal des **Buchis-Stiers** mit einem Hof und weiteren Kapellen. Das tierische Abbild von Gott Month, ein weißer Stier mit schwarzem Gesicht, war zwar nicht ganz so berühmt wie der Apis-Stier von Saqqara, erfreute sich aber wie dieser der Pflege durch einen Trupp Priester – und besorgte den Männern als göttliches Orakel ein gutes Auskommen.

Anfahrt: Von Luxor Richtung Flughafen. An der Kreuzung mit der Landstraße Qena – Assuan links abbiegen; 5,3 km gen Qana, dann links eine weitere Brücke mit der Zufahrt zum modernen Dorf und zum Tempel (25°34'59"N 32°42'35"O).

El-Tod (at-Tod)

Einen weiteren dem Month geweihten Tempel findet man auf dem Ostufer etwa 20 km südlich von Luxor am Rande von el-Tod. Dieser bislang eher beschauliche Ort hat, so sehen es wenigstens die Pläne vor, eine große Zukunft. Da in der Kernstadt Luxor alle guten Plätze belegt sind, sollen künftige Hotels in el-Tod errichtet werden. Eine Nilpromenade nur für Fußgänger ist schon im Bau, der neue Bahnhof und eine gewaltige Jugendherberge mit 6 Etagen und 1200 Betten samt Tagungsräumen, Kino und Sportplatz ist schon fertig.

Der Weg vom Eingang des archäologischen Areals zum Haupttempel folgt dem Verlauf der **Sphingenallee**, die das Heiligtum mit einer Anlegestelle am Nil verband. Dort wurde der in el-Tod wie in Medamud verehrte Buchis-Stier für seine Prozessionen ein- und ausgeschifft. Neben der Prozessionsstraße ließ Thutmosis II. einen **Barkenschrein** errichten.

Die Baugeschichte des weitgehend aus der Ptolemäerzeit und der Ära der römischen Kaiser stammenden **Haupttempels** beginnt bereits im Alten Reich. Erhalten und recht fotogen sind der römische Hof mit seinen Säulenstümpfen, die Querhalle und die Seitenkapelle der Tenenet, Gefährtin des Month und Göttin des Bieres (!), dargestellt oft als weibliche Figur mit gehörnter Sonnenscheibe auf dem Kopf. Über der Kapelle kann man einen verborgenen Raum ausmachen, vielleicht eine **Schatzkammer**.

Die hinteren Teile des Tempels sind nur noch anhand ihrer Grundmauern zu lokalisieren. Die Archäologen – kein geringerer als Jean-François Champollion zählte zu den ersten Erforschern von el-Tod – entdeckten

„Sir, was fällt Ihnen ein!"

hier Spuren einer koptischen **Kirche**. Etwas östlich des Haupttempels, doch noch innerhalb der Umfriedung findet man die Fundamente eines **Tempels von Ramses II.** Ein weiterer Tempel soll sich außerhalb der Mauer unter der Moschee befinden.
Anfahrt: Von Luxor 18 km Richtung Edfu. ca. 1 km nach einer großen koptischen Kirche mit Mauer rechts abbiegen, dann fährt man direkt auf den Tempel zu. Von der Bahnstation Armant sind es etwa 3 km zum Tempel (25°34'59"N 32°32'00"O).
Tickets (25/15 LE) muss man am Tag der Besichtigung vorab an der Kasse des Luxor-Tempels kaufen!

Mo'alla

Knapp 40 km südlich von Luxor ist neben dem Dorf Naga Abu'l-Said ein Felsen mit pharaonischen Gräbern durchlöchert. Das am besten erhaltene, angelegt für Anchtifi, ein Gaufürst der Ersten Zwischenzeit, kann besichtigt werden.

Dreißig aus dem natürlichen Gestein gehauene Säulen stützten quer zum Hügel im Grabraum des **Anchtifi** die Decke. Gleich am Eingang sehen wir den Hausherrn, den die Inschriften als Gouverneur und Feldherr bezeichnen, mit drei Hunden; andere Säulen zeigen landwirtschaftliche Szenen und das Brauen von Bier. Auf der Wand rechts vom Eingang jagt er in ungewöhnlichen Farben mit seiner Frau Fische und Wasservögel und beaufsichtigt vor dem Hintergrund wartender Schiffe einen Schlachter bei der Arbeit. Ein Mann dreht gerade einem riesigen Hasen den Hals um. Auf der Wand links begegnen uns Rinder und Esel – beachten Sie die schön geflochtenen Haare. An der Rückwand sehen wir Anchtifi vor einer gut gedeckten Tafel.
Das Grab von Nachbar **Sobekhotep** ist deutlich kleiner, weniger gut erhalten und seit einigen Jahren wegen Restaurierungsarbeiten geschlossen.
Anfahrt: Von Luxor 39 km Richtung Edfu. Dann links über Kanal und Bahnlinie, nach dieser gleich wieder links 200 m zum Depot der Antikenverwaltung. Die Gräber befinden sich 200 m nördlich vom Depot bei 25°26'55"N 32°32'37"O. Auch die Anfahrt mit dem Personenzug ist möglich, Naga Abu'l-Said hat eine eigene Bahnstation.
Tickets (15/10 LE) muss man am Tag der Besichtigung vorab an der Kasse des Luxor-Tempels kaufen!

Zwischen Luxor und Assuan

☆ Esna

Die Schleuse von Esna beschert den Nilschiffen oft Wartezeiten. Währenddessen besuchen die Reisegruppen den ptolemäisch-römischen Tempel im Zentrum der Kleinstadt.

Esna war unter den Pharaonen die Heimat des widderköpfigen Schöpfergottes Chnum und seiner Gefährtinnen Menhit und Nebet-Uu. Meist wird Chnum als Töpfer dargestellt, wie er auf seiner Drehscheibe aus einem Klumpen Lehm den ersten Menschen formt. Von dem im 3. Jh. v. Chr. begonnenen Tempel steht noch die Vorhalle – mitten in der Stadt wohl 10 m tief unter dem heutigen Straßenniveau. Die Architektur dieses Säulensaals gleicht weitgehend derjenigen von Dendera. Als ein später Höhepunkt altägyptischer Kunst gelten die Säulenkapitelle. Manche davon zeigen mit ihren floralen Motiven – Weinreben und symbolisierte Blüten – bereits Stilelemente, die man vor allem aus den frühen koptischen Kirchen kennt.

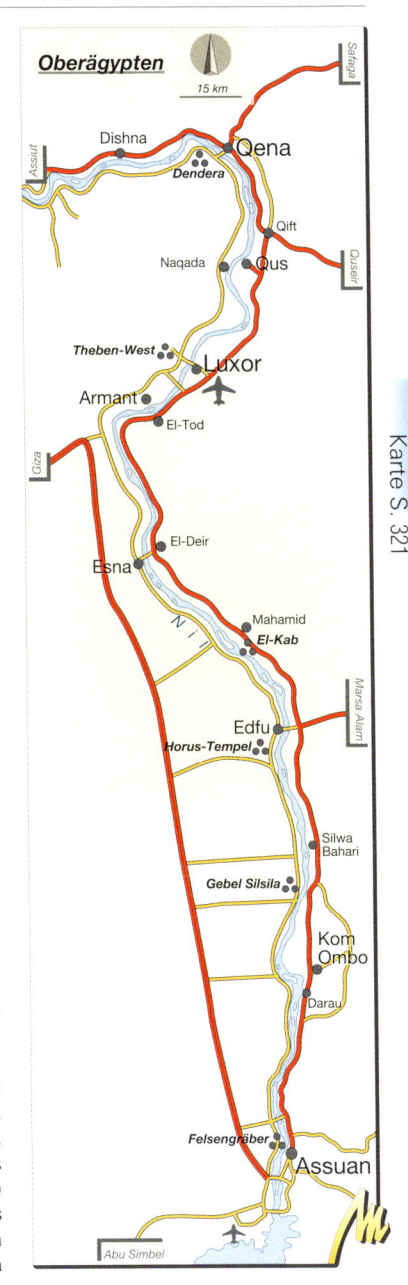

Gemäß der Widmungsinschrift im Fries wurde die Halle unter Kaiser Tiberius (14–37 n. Chr.) begonnen. Über dem Mitteleingang werden Claudius (41–54) und Vespasian (69–79) als Herrscher über Rom gepriesen. Die Kartuschen der Wandbilder und Säulenreliefs nennen weitere römische Kaiser. Dargestellt werden sie in Esna oft nicht mehr im Pharaonengewand, sondern in römischer Kleidung. Als letzter Herrscher hat Decius (249–251) in die linke Rückwand einen Festzyklus meißeln lassen – dies sind die letzten längeren Texte, die in Hieroglyphen in einen ägyptischen Tempel geschrieben wurden. Rätsel geben die merkwürdigen Textspalten aus Widder- und Krokodilzeichen an den beiden Enden der Eingangswand auf: Die kryptographischen Spielereien, wenn sie denn überhaupt einen Sinn ergeben, sind bis heute nicht entziffert.

Bus- und Zugstation liegen 55 km südlich von Luxor auf dem Ostufer des Nils; von dort mit dem Taxi oder der Kutsche in die Stadt und zum Tempel auf dem Westufer.

Tägl. 6–17.30 Uhr geöffnet, Juni–Sept. bis 18.30 Uhr. 20/10 LE. Die Tickets werden nicht am Tempel, sondern 150 m entfernt am Nilufer verkauft.

Bitterer Zucker

Anderswo mögen Babys einen Schnuller bekommen – in Oberägypten gibt man ihnen ein Stück Zuckerrohr. „Einst waren wir berühmt für unsere Bohnen. Doch damals war die Erde noch fruchtbar, das Klima besser und wir hatten jeden Tag Wasser", klagt ein alter Fellache. „Heute bleibt uns nichts anderes, als Zuckerrohr anzubauen. Wenigstens müssen wir dafür nicht mehr so viel arbeiten wie früher." Nach dem Einpflanzen bleibt das Zuckerrohr die nächsten zwölf Monate sich selbst überlassen. Die dann in einem Durchgang fällige Ernte allerdings kann der Bauer nicht allein bewältigen, er muss dazu Schnitter und Träger anstellen.

40 % der ägyptischen „Bauern" haben überhaupt kein eigenes Land, sondern verdingen sich als Taglöhner oder Wanderarbeiter. Weitere 50 % bewirtschafteten bis zu drei Feddan (1,2 Hektar), die meist nur gepachtet sind. Verschuldet sind sie alle.

Im Spätherbst, vor dem Einpflanzen der Schösslinge, macht der Bauer seinen Kontrakt mit der Zuckerfabrik, der ihm die Abnahme der Ernte garantiert. Damit geht er dann zur Bank und bekommt pro Feddan (0,42 ha) Vertragsfläche 2500 LE Kredit. Davon muss die Familie das Jahr über leben. Nach der Ernte gibt ihm die Fabrik 4000 LE. Inzwischen schuldet er der Bank aber bereits 3000 LE, auch müssen Erntehelfer und das Saatgut für die nächste Saison bezahlt werden. Dazu kommt die Pacht. Nach der Rückabwicklung von Nassers Landreform verlangen die Grundbesitzer heute wieder bis zu 1500 LE Pachtzins für einen Feddan Zuckerrohrland. „Wir haben zum Leben zu wenig und zum Sterben zu viel. Eigentlich müssten wir alle in die Stadt. Doch wie sollen wir dort unser Brot verdienen?"

El-Kab

Das am Eingang eines Wüstentals gelegene el-Kab war zusammen mit seiner Schwesterstadt Hierakonpolis (auf dem Westufer) von vordynastischer Zeit bis zum Aufstieg Thebens das wichtigste politische und kulturelle Zentrum nilaufwärts von Abydos. Zu entdecken gibt es reich geschmückte Felsengräber, Wüstentempel und allerlei Graffiti.

31 Straßenkilometer südlich der Brücke von Esna und 1,5 km nach dem Bahnübergang von el-Mahamid fällt neben der Landstraße am Ostufer die mächtige **Stadtmauer** des antiken Necheb auf. Mit ihr versuchten die letzten einheimischen Pharaonen (30. Dynastie) Oberägypten vor den Persern zu schützen. Necheb (griech. Eileithyias) war der Geiergöttin Nechbet geweiht, der Schutzgöttin Oberägyptens. Vor der Vereinigung mit Unterägypten wurden hier die oberägyptischen Herrscher gekrönt. Archäologen fanden bis zu 9000 Jahre alte Siedlungsspuren. Wer hinter

den Wall zu schauen versucht, wird schnell von einem Wächter zurückgepfiffen. Doch es gäbe sowieso nicht viel zu sehen. Die letzten Altertümer der ursprünglich 540 x 570 m messenden Stadt verschwanden im 19. Jh. in den Kalköfen der Fellachen. Auch die Tempel der Nechbet und des hier als ihr Göttergemahl verehrten Thoth wurden bis auf den Grund abgetragen.

Interessanter sind die **Felsengräber** in den Hängen des sich östlich der Stadt weitenden Talkessels. Die asphaltierte Zufahrt zweigt kurz vor der Nordostecke der Stadtmauer von der Landstraße ab und endet am Tickethäuschen (Eintritt 30/15 LE). Dahinter führt eine gemauerte Treppe zur Terrasse mit den zugänglichen Gräbern hinauf, die alle recht ähnlichen angelegt sind: als schmaler, lang gezogener Tunnel mit gewölbter Decke, der in einer Statuennische endet. Vor dieser ist rechts manchmal noch ein gesonderter Sargraum angelegt.

Grab des Paheri (EK 3): Am prächtigsten ausgestattet ist das Grab des Paheri, Gaufürst von Nechbet in der Zeit Thutmosis' III. Die **Außenfassade** des Grabs ist heute weitgehend zerstört. Nur auf der rechten Seitenwand erkennt man noch die zur Anbetung Nechbets (so die Inschrift) knienden Grabherrn. Auf der östlichen Innenseite der **Eingangswand** steht er mit einer transparenten und über dem Schurz hoch taillierten Tunika, mit der linken Hand auf den Amtsstab gestützt und in der rechten eine rätselhafte Schlaufe haltend. Das Boot über ihm könnte eine Pilgerfahrt nach Abydos symbolisieren. An der **Westwand**, vordere Hälfte, sehen wir Paheri als Aufseher landwirtschaftlicher Arbeiten; etwa in der Mitte sitzt er von seiner Frau umarmt unter einem Baldachin, in der oberen Reihe mit dem Prinzen Uadjmes auf dem Schoß. Der hintere Teil der Wand zeigt Begräbnisrituale. Im Zentrum der **Ostwand** feiert die Familie ein üppiges Bankett (in der unteren Reihe drei Musikantinnen); daneben Opferszenen und im vorderen Bereich ein Inschrift für das Wohlergehen Paheris im Jenseits. An der **Stirnseite** schließlich umgibt eine umfangreiche Lobeshymne auf Paheri die Nische mit den stark zerstörten Statuen Paheris, seiner Frau und seiner Mutter.

Grab des Setau (EK 4): Setau war ein Priester Nechbets unter Ramses III. Am Eingang sehen wir ihn mit seiner Frau vor Re-Harachte. Die arg beschädigten Bilder im Inneren zeigen u. a. Opferszenen und den Grabherrn als Priester mit Pantherfell (Ostwand) sowie eine Barke mit dem Schrein der Nechbet (Westwand).

Grab des Ahmose (EK 5): Ahmose, Sohn des Ebana und Großvater des Paheri, diente zu Beginn der 18. Dynastie unter den Pharaonen Ahmose, Amenophis I. und Thutmosis I. als Chef der königlichen Flotte. Seine Grabinschrift, rechts vom Eingang beginnend und fast die gesamte Ostwand einnehmend, ist die wichtigste Quelle über die Vertreibung der Hyksos aus Ägypten, an der Ahmose als Befehlshaber teilnahm.

Grab des Reneni (EK 7): Über Reneni (Renni), Bürgermeister und Oberpriester von Necheb unter Amenophis I., ist wenig bekannt. Sein Sohn Neferhotep war Schreiber am Tempel der Hatschepsut in Theben. Ungewöhnlich sind die vielen Namen im Grab, selbst untergeordnete Helfer werden benannt. Offenbar wollte Reneni auch seinen Bediensteten ein Leben im Jenseits sichern. Die **Westwand** des Grabs ist vorne mit den üblichen Szenen aus der Landwirtschaft geschmückt, dabei im unteren Register das seltene Bild einer Schweineherde mit ihrem Hirten. Hinten sehen wir ein rituelles Bankett mit der Familie des Sobekhotep, eines Großvaters des Grabherrn. Die **Ostwand** zeigt neben dem Begräbniszeremoniell ein weiteres Bankett, diesmal für die Eltern Renenis. Die **Decke** ziert ein Schachbrettmuster, das wohl ein Zeltdach symbolisiert.

Wadi Hilal: Eine Piste führt weiter in das Hilal-Tal hinein. Nach 2 km stößt man auf einen kleinen rechteckigen Bau, den die Einheimischen **el-Hammam** nennen. Diese Kapelle zu Ehren Thoths und des vergöttlichten Ramses II., so erzählt uns die Inschrift, stiftete Setau, Vizekönig von Nubien (und nicht identisch mit jenem Setau, dessen Grab wir gerade gesehen haben). Hinter der Kapelle führt wieder eine Treppe auf eine Felsterrasse mit einem **Felsentempel der Nechbet**. Die Ptolemäer erneuerten dieses auf Ramses II. zurückgehende Felsheiligtum und setzten einen

Vorbau mit hübschen Hathorsäulen davor. Rechts davon im Fels eine Stele mit Ramses II. vor Nechbet und Re-Harachte.

Nach weiteren 700 m passiert die Piste den **Geierfelsen**, einen stattlichen Felsturm, der den Wappentieren Oberägyptens wohl einst als Schlafplatz diente. Heute lebt der Weißrückengeier *(Gyps africanus)* nur noch südlich der Sahara. Prähistorische Felsritzungen zeigen Jagdszenen und sogar Boote, Reisende vom Altem Reich bis in die Römerzeit hinterließen ihre Graffiti.

Die Piste endet an dem mit gut erhaltenen Reliefs geschmückten **Tempelchen Amenophis' III.** Glaubt man der Baedeker-Ausgabe von 1929, erlebte die Hieroglyphenschrift hier im 19. Jh. eine unvermutete Renaissance. Vom „Jahr 13 unter der Majestät des Herrn der Welt Napoleon III." steht da am Eingang geschrieben, und ein anderer kontert mit „König Henri V. Graf von Chambord, † 1883", dem die politischen Wirren des Jahres 1830 nur wenige Tage auf dem französischen Königsthron gönnten.

✩✩ Edfu

Der Horus-Tempel von Edfu ist der am besten erhaltene Kultbau des alten Ägypten, wenn nicht der gesamten vorchristlichen Mittelmeerwelt. Den Laien beeindruckt er weniger durch seine Reliefs als durch seine imposante Architektur.

Das dem Falkengott Horus geweihte Heiligtum wurde anstelle einer älteren Anlage errichtet, von der noch der Eingangspylon in der östlichen Umfassungsmauer erhalten ist. Ausnahmsweise ist der Tempel nicht wie üblich in Ost-West-Richtung, sondern von Süd nach Nord ausgerichtet. Den Grundstein legte 237 v. Chr. Ptolemaios III. Euergetes, 180 Jahre später wurden die Bauarbeiten unter Ptolemaios XII. Neos Dionysos mit den Reliefs am Eingangspylon abgeschlossen. In christlicher oder islamischer Zeit wurde der Tempel dann zur Wohnstatt, bis die Archäologen im 19. Jh. die Bewohner aus dem Tempel warfen und deren Lehmhütten im Hof und auf dem Dach abrissen.

Es scheint, als hätten die Priester der ptolemäischen Zeit eine Vorahnung vom nahenden Untergang ihrer Religion gehabt. Sie mochten sich nicht mehr auf die mündliche Überlieferung oder vergängliche Papyri verlassen, sondern schrieben die Tempelrituale, Mythen, Feste und Hymnen in Stein, ja meißelten sogar den Katalog der Tempelbibliothek und die Rezepte der heiligen Salben und Öle – eine unschätzbare Quelle für die Ägyptologen.

Mehr über die den Alltag im Tempel und die Rituale zu Ehren des Horus erfährt man als Zuschauer der abendlichen Ton-und-Licht-Show. Im letzten Akt des von einem Team um die Tübinger Lichtkünstler Sabine Weißinger und Friedrich Förster gestalteten Spektakels wird das Publikum auf dem Vorplatz des großen Tempelpylons Augenzeuge des dramatischen Kampfes von Horus gegen seinen das Böse verkörpernden Bruder Seth.

Bahnhof und Busstation liegen am Ostufer des Nils, Stadt und Tempel am Westufer. Der Taxitransfer sollte für Ausländer nicht mehr als 15 LE kosten (einfache Fahrt). Tägl. 7–20 Uhr, Juni–Sept. bis 21 Uhr. 50/25 LE. Sound & Light Show (Deutsch über Kopfhörer) 20 und 21 Uhr, 100 LE. www.soundandlight.com.eg.

Besichtigung

Geburtshaus des Harsomtus: Den heiligen Bezirk umgibt eine größtenteils antike Mauer aus Lehmziegeln. Das unter Ptolemaios II. errichtete Geburtshaus des Har-

Edfu 325

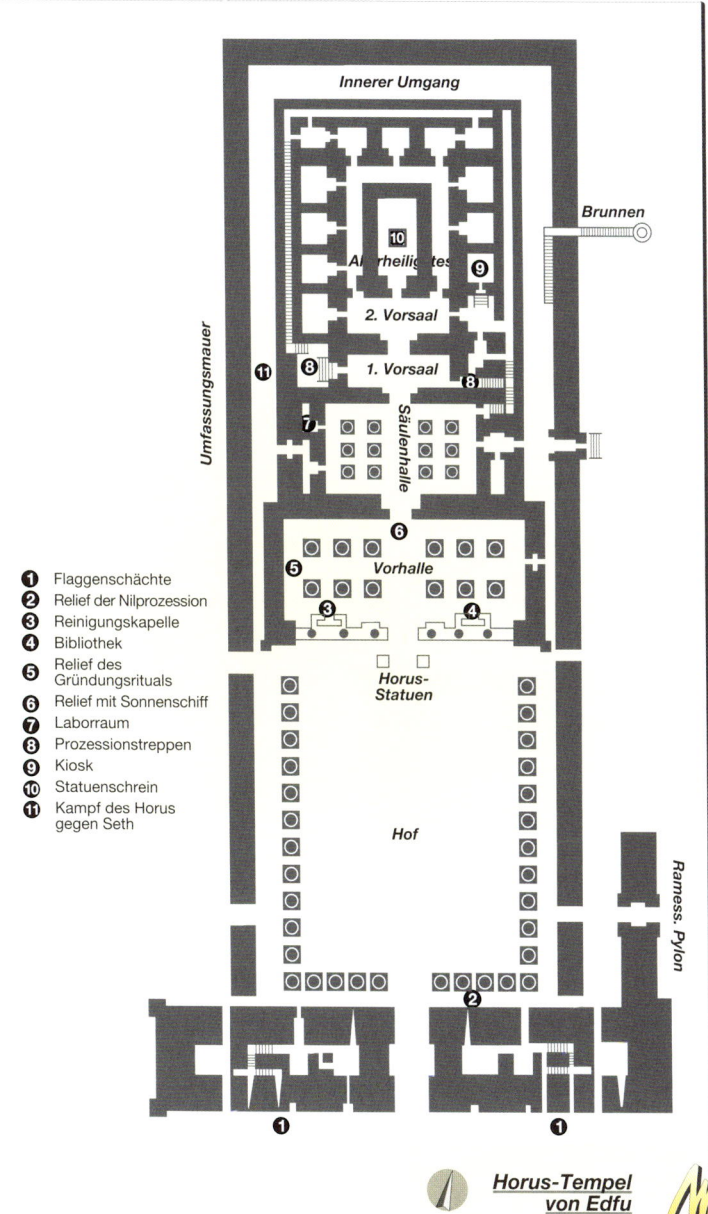

Innerer Umgang

Brunnen

10 Allerheiligstes

9

2. Vorsaal

1. Vorsaal

11 8

Säulenhalle

8

Umfassungsmauer

7

6 Vorhalle

5

3 4

Horus-Statuen

1. Flaggenschächte
2. Relief der Nilprozession
3. Reinigungskapelle
4. Bibliothek
5. Relief des Gründungsrituals
6. Relief mit Sonnenschiff
7. Laborraum
8. Prozessionstreppen
9. Kiosk
10. Statuenschrein
11. Kampf des Horus gegen Seth

Hof

Ramess. Pylon

2

1 1

Horus-Tempel von Edfu

Zwischen Luxor und Assuan
Karte S. 321

somtus, eines Götterkindes von Horus und Hathor, steht rechts vor dem Tempeleingang. Den Bau umgibt eine Säulengalerie, deren Würfelkapitelle Bes, den Schutzgott der Gebärenden, zeigen. Im Inneren begleiten die den Schicksalsgöttinnen der Griechen vergleichbaren „Sieben Hathoren" musikalisch das Freudenfest zur Geburt des Kindes. Die frühen, in ihrem Glauben wohl noch nicht ganz sicheren Christen haben hier wie im gesamten Tempel ihre Spuren hinterlassen, indem sie die Gesichter und Gliedmaßen der Götter und Pharaonen zerstörten, um die jenseitigen Ebenbilder hilflos zu machen.

Pylon: Den Pylon des Haupttempels, nach dem Eingangsturm von Karnak der zweitgrößte Ägyptens, schmücken auf Höhe der Flaggenschächte (**1**) martialische Szenen mit Neos Dionysos, dem Vater Kleopatras VII., dessen Beiname „der Flötenspieler" nicht recht zu den kriegerischen Bildern passen will.

Hof: Durch den von granitenen Falken bewachten Durchgang betritt man einen nahezu quadratischen Hof, der auf drei Seiten von Kolonnaden eingefasst wird. Hier wie in den folgenden Säulenhallen zeigen die Kapitelle mannigfaltige Variationen von Blatt- und Blütenformen: Bewegung und Formenreichtum sind an die Stelle der majestätischen Ruhe getreten, wie sie in Karnak und den älteren Tempeln von gleichförmigen Kapitellen erzeugt wurden. Am Fuß von Säulen und Umfassungsmauern ziehen sich Papyrusstauden und Lotusblüten entlang, als stünde der Tempel im Sumpf. Die Reliefs darüber zeigen den namenlosen Pharao mit verschiedenen Gottheiten, auf der Innenseite des Pylons (**2**) ist unter anderem die Nilfahrt der Hathor von Dendera nach Edfu zu ihrem Gemahl Horus dargestellt.

Vorhalle: Auf der Südseite begrenzt die Fassade der Vorhalle den Hof. Ein vorspringendes Gesims schließt sie nach oben ab. Es wird von schräg ansteigenden Seitenwänden und sechs Säulen getragen, die mit halbhohen Schranken verbunden sind.

Den Eingang flankierten kolossale Falken mit Doppelkrone, von denen der rechte zerschmettert am Boden liegt. Die Kapellen an der Innenseite der Eingangsfront dienten zur rituellen Reinigung (**3**) und als Bibliothek (**4**). Reliefs an der Westwand (**5**) halten das Gründungsritual und die Weihe des Tempels fest, ansonsten sehen wir auf den Wänden die Kulthandlungen. Über dem nächsten Durchgang opfert Ptolemaios IV. dem von zwei Horusgestalten geleiteten Sonnenschiff (**6**), dazu die Götter Thoth und Neith sowie allegorische Figuren, die Sehen und Hören, Erkenntnis und Entschluss symbolisieren.

Säle: In einem Laborraum (**7**) links des Säulensaals wurden die für den Kult erforderlichen Salben und Duftöle hergestellt – die Rezepturen konnten die Priester von den Wänden ablesen. Von den Seiten des ersten Vorsaals gelangt man über Prozessionstreppen (**8**) aufs Dach, vom zweiten Vorsaal (rechts) in

Der Horusfalke von Edfu

einen Kiosk **(9)** mit der Himmelsgöttin Nut, unter deren Leib, anders als in Dendera, die verschiedenen Gestalten der Sonne auf Barken über den Himmel fahren.

Sanktuar: Im Zentrum des Tempels, dem Allerheiligsten, steht noch der Granitschrein für die Kultstatue des Horus **(10)**. Der Inschrift nach wurde er von Nektanebos II. (360–343 v. Chr.) gestiftet und stammt damit noch aus dem Vorgängerbau des ptolemäischen Tempels. Vor dem Schrein wurde eine Nachbildung der Barke aufgestellt, in der die Kultstatue bei den Prozessionen ausgeführt wurde und ihre jährliche Urlaubsreise zu Gattin Hathor nach Dendera antrat. Der innere Umgang erschließt die Kapellen anderer Götter und Magazine für die liturgischen Geräte, auch die Barke hatte hier ursprünglich ihren Platz.

Äußerer Umgang: Den Tempel umschließt ein schmaler Umgang, der über Durchgänge von der Vorhalle und vom Säulensaal zugänglich ist. Beachten Sie oben die hübschen Wasserspeier! An der Westwand erzählt eine Bildergeschichte **(11)** den Kampf des Horus gegen seinen bösen Bruder Seth, der hier in Gestalt von Nilpferden und Krokodilen erscheint. Die Reliefs sind das komplette Skript eines Mysterienspiels, das ähnlich wie in Oberammergau an hohen Festtagen im Tempelhof aufgeführt wurde. Auf der Ostseite führt eine Treppe hinunter zum Brunnen.

> **Edfu 1850 – aus dem Reisetagebuch von Gustave Flaubert**
>
> „Das Dorf liegt links um den riesenhaften Tempel und klettert zum Teil auf ihn hinauf. Ungeheure Pylonen, die größten, die ich gesehen habe; innerhalb der Pylonen mehrere Säle. Rechts schöne Isis. Vom Pylonentor Blick auf die Kolonnaden zu beiden Seiten. Der Hof mit unregelmäßigem Boden, Anhäufungen von grauem Staub.
>
> Von den Pylonen prachtvolle Aussicht: nach Norden verläuft die nach Esne führende Straße; unter sich erblickt man das Dorf, dessen Häuser mit Strohmatten gedeckt sind. Überall dasselbe Bild regen Lebens: eine Frau tränkt einen Esel aus einem Kürbis; zwei Ziegen stoßen einander kämpfend mit den Hörnern; eine Mutter trägt ihr Kind auf der Schulter und bereitet Essen. Oben am Pylon Namen französischer Soldaten.
>
> Nicht weit davon liegt abseits so verschüttet, daß man ihn kaum erkennen kann, der kleine Tempel; er ist zerstört und hält sich nur noch durch eine Säule, die aus einem Trümmerhaufen von Steinen besteht. An den Wänden Malereien: Darstellungen der Isis, wie sie Horus die Brust reicht. Die Isisbilder von Edfu wie die von Philä zeigen meist ein nach unten verlängertes Gesicht, dicke Backen und eine spitze Nase; das ist der Typus der Berenike und Arsinoe, deren Gesichtszüge angeblich diesen Darstellungen zugrunde liegen."

Gebel es-Silsila

Freunde altägyptischer Kunst können sich hier auf dem Westufer am Felsentempel des Haremhab samt allerlei Stelen und Kapellen begeistern. Dazu wurden eigens die Anlagestelle für die Nildampfer erneuert und eine Zufahrt von der Wüstenautobahn geschaffen.

Etwa 40 km südlich von Edfu rücken die Felsen entlang des Nils so eng zusammen, dass kein Platz mehr für Felder und Gärten bleibt. Für einen kurzen Abschnitt verschwindet das Grün aus der Landschaft, der Fluss zwängt sich durch sandsteinbraune Felswände und gewinnt dabei sichtlich an Strömung. Altägyptisch hieß die Stelle Chenu, „Ruderort", weil die Bootsleute bei Südfahrt unter schwachem Wind oftmals die Ruder zur Hilfe nehmen mussten; der arabische Name Gebel es-Silsila, „Kettenberg", soll darauf zurückgehen, dass der Fluss hier einst mit einer Kette gesperrt war.

Steinbrüche: Vom Neuen Reich bis in die römische Zeit wurde der hochwertige Sandstein in großen Mengen abgebaut und direkt unten am Fluss auf Schiffe geladen. So sollen unter Ramses II. 3000 Arbeiter damit beschäftigt gewesen sein, Steine für das Ramesseum (→ S. 312) zu brechen; auch die Steine für die Tempel von Esna, Edfu und Dendera stammen vom Gebel es-Silsila, dazu mancher Obelisk und das Material vieler Großplastiken. Zuletzt lieferte Silsila 1906–09 die Quader für den Staudamm von Esna. Die beste Qualität gab es auf dem Ostufer. Man zeichnete die Trennfugen der Blöcke vor und arbeitete sie dann von oben nach unten und von vorne nach hinten ab. Im Lauf der Zeit wurden immer härtere und längere Werkzeuge eingesetzt, die eisernen Meißel der Spätzeit konnten bereits 50 cm tief in den Stein getrieben werden. Zur Enttäuschung besonders jener, die sich für Bergbau und Transporttechnologie interessieren, sind die Steinbrüche auf dem Ostufer samt ihren unvollendeten Werkstücken, den vielen Felszeichnungen, dem Hafenbecken und Siedlungsresten für Besucher gesperrt.

Felsentempel (Speos) des Haremhab: Hinter einer Schmuckfassade mit fünf Durchgängen öffnet sich eine Querhalle mit tonnengewölbter Decke und umfangreichem Bildprogramm in gutem Zustand. Über dem Türsturz des mittleren Eingangs bewachen eine Sonnenscheibe und die Kartusche Haremhabs das Heiligtum. Links vom Eingang kündigt in einer Nische Prinz Chaemweset das Sed-Fest, ein Thronjubiläum seines Vaters Ramses II., an. Innen, an der linken Schmalwand, reicht die nilpferdgestaltige Göttin Thoeris dem Haremhab die Brust; hinter ihr Chnum, hinter dem Pharao Amun-Re. Daneben, also an der rückseitigen Breitwand, geht es um den Sieg Haremhabs in einem **Feldzug gegen die Nubier**. Der Pharao sitzt auf seinem Thron, getragen von zwölf federgeschmückten Soldaten. Über seinem Haupt die lebensspendende Sonnenscheibe, als Vorhut und Nachhut Fächerträger, dazu ein räuchernder Priester, Soldaten (finden Sie den Trompeter?) und Gefangene. Links davon stehen Pharao und Amun auf den am Boden liegenden Schwarzen. Unter der Szene eine Nische, die von weiteren Gefangenen flankiert wird. Die zugehörige Inschrift preist den Sieg Haremhabs.

In der nächsten Nische ein Hochrelief des Höflings Chay, darüber ein Blumenopfer von Pharao Siptah an Amun. Nische Nr. 4 ist besetzt von einem Memorial zum 2. Regierungsjahr des Merenptah, der dem Amun und Gattin Mut eine Statuette der Maat als Symbol gerechter Herrschaft stiftet. Hinter dem Pharao stehen seine Frau (mit Sistrum) und sein Wesir (mit Fächer). In der letzten Nische vor dem Eingang ins **Allerheiligste** verkündet Chaemweset das 4. Krönungsfest seines Vaters. Werfen wir noch einen Blick in das Sanktuar. Im Durchgang opfert Haremhab den Göttern. Vor der Rückwand stehen, ähnlich arrangiert wie in Abu Simbel, die Reste von sieben Götterfiguren, darunter Amun-Re (in der Mitte) und der nun vergöttlichte Haremhab (Zweiter von rechts).

Südliche Denkmäler: Vom Felsentempel führt ein Weg am Ufer entlang flussauf und passiert dabei Felsinschriften und Scheingräber, viele mit fein bemalten Deckengewölben. Am Ende des Pfades erblickt man die sogenannten südlichen Denkmäler, zwei etwa 2 m tiefe Nischen zu Ehren des Nilgottes Hapi. Bündelsäulen tragen die mit Hohlkehle und Uräusschlange geschmückten Architrave. Die nördliche Nische stiftete Merenptah, die andere Ramses II. Die Darstellungen in beiden zeigen den König, wie er den Göttern opfert; darunter ein langes Loblied auf den Nil und Listen mit Opfergaben für Hapi. Die türartige Stele, die sich zwischen den beiden Nischen befindet, wurde dem Merenptah von seinem Wesir gewidmet.

Anfahrt vom Westufer: Man verlässt die Wüstenautobahn bei 24°36'12"N/ 32°43'00"O (56 km nach der Abfahrt Edfu) Richtung Nil. Nach 18 km an der T-Kreuzung links; wenn die Straße den Nil erreicht, noch 400 m rechts.

Vom Ostufer kommend, verlässt man 1,8 km nach dem Bahnübergang von el-Kagug die Landstraße unmittelbar an einer Kanalbrücke (24°38'36"N 32°56'51"O) Richtung Nil. Mit Glück findet man an der Mündung des Kanals einen Bootsmann für die Überfahrt.

Öffnungszeiten: im Winter tägl. 7–16 Uhr, im Sommer bis 17 Uhr. Eintritt 30/15 LE.

Kom Ombo

Im Doppeltempel von Kom Ombo waren der Krokodilgott Sobek und der falkenköpfige Haroëris zu Hause. Wer nicht mit dem Nilschiff kommt, besucht das Heiligtum am besten mit einem Tagesausflug vom 45 km entfernten Assuan.

Der Tempel von Kom Ombo liegt direkt am Nil, kaum eine Reisegruppe kommt auch ins Stadtzentrum. Anders als Edfu, wo die Urlauber auf dem Weg vom Schiff zum Tempel den Ort durchqueren müssen und dabei den Händlern beträchtliche Umsätze bescheren, lebt Kom Ombo nur zum geringen Teil vom Fremdenverkehr. Größter Arbeitgeber ist die Zuckerfabrik. Auch die Bauern der Umgebung leben weitgehend vom Zucker: Das fruchtbare Wadi Kom Ombo erscheint aus der Vogelperspektive als eine riesige Zuckerplantage.

Wer von Luxor kommt, dem fallen auf den Straßen Kom Ombos die vielen dunkelhäutigen Menschen auf. Im Winter 1963/64 wurden 50.000 Nubier aus dem Niltal

Kom Ombo: Doppelhaus für die Götter

oberhalb von Assuan nach **Neu-Nubien** *(en-Nuba el-Gedida)* ins Becken von Kom Ombo umgesiedelt – die alte Heimat versank in der organisierten Sintflut des Stausees. Jede Umsiedlerfamilie bekam ein Stück Land und ein neues Haus – mit Strom, wie stolz vermerkt wurde. Freilich bedeuteten die neuen Lebensverhältnisse viel Umstellung: Von der Überschwemmungs- zur Dauerbewässerung, Flurzwang, Genossenschaften, Fabrikarbeit, Konfrontation mit der Staatsautorität. Die alten Häuser fehlen. In Neu-Nubien bauten die Ingenieure kompakt und ohne Innenhof, traditionelle Nachbarschaften wurden auseinandergerissen, Witwen, Geschiedene von ihren Verwandten getrennt und willkürlich an andere Dorfende gesiedelt. Die aufgezwungenen Siedlungsmuster sorgten für viel Unmut.

Verbindungen: Einheimische zahlen im **Sammeltaxi** von Assuan nach Kom Ombo 3 LE. Für ein ganzes **Taxi** sind daher 40 LE angemessen. Mit dem **Zug** starten Sie z. B. in Assuan um 7.00 Uhr; zurück um 11.10 oder 11.50 Uhr.
Der **Tempel** (tägl. 7–20 Uhr, Juni–Sept. bis 21 Uhr, 30/15 LE) liegt 6 km vom Bahnhof auf Höhe des südlichen Stadtrands am Nil. Für ein Taxi vom Bahnhof rechne man 5 LE. Zum Sammeltaxi (0,25 LE) Richtung Tempel verlassen Sie den Bahnhof nicht durchs Hauptgebäude, sondern über die Fußgängerbrücke, gehen an der Kirche vorbei weg von der Bahn und finden am Ende der Straße links die Sammeltaxis.

☆☆ Der Tempel von Kom Ombo

Das Doppelheiligtum stammt aus der Ptolemäerzeit, doch haben auch Tiberius und andere römische Kaiser hier ihre Spuren hinterlassen. Die linke Hälfte gehört dem Sonnengott Haroëris (Horus als Sohn des Re), die rechte dem Sobek, ein Gott des Wassers, aus dessen Schweiß der Nil hervorgeht und der auch als Verkörperung des Sonnengottes verehrt wurde.

Man betritt das Areal vom Nil her durch einen Allee mit Verkaufsbuden, an deren Ende links die Tickets verkauft werden. Von Land her passiert man zunächst das Gebäude des neuen und fertig eingerichteten, bei Redaktionsschluss aber noch nicht geöffneten **Museums**. Auch mumifizierte Krokodile werden her zu sehen sein. Aus antiken Reiseberichten wissen wir, dass die Priester heilige Krokodile im Tempelteich hielten und reichlich fütterten. Nach ihrem Tod wurden die Tiere einbalsamiert und auf einem nahen Friedhof bestattet.

Auf der Nordseite des weitgehend zerstörten **Geburtshauses** war ein Künstler des überlieferten Kanons überdrüssig und trieb seinen Schabernack. Auf einer Barke gleiten Euergetes II. (145–116 v. Chr.) und mit ihm zwei Götter durch die Papyrussümpfe. Der Herrscher zupft leicht gelangweilt an den Halmen und scheint sich der Gefahr nicht bewusst, die auf ihn lauert: Statt eines Mungos, wie er in dieser Szene üblicherweise durch die Sümpfe schleicht, lauert ein leibhaftiger Löwe auf einem Papyrusstängel.

Der ursprüngliche Eingang zum Tempelbezirk war ein mächtiges **Tor**, das Ptolemaios XIII. errichten ließ, bevor ihn seine Schwester und Mitregentin Kleopatra ins Jenseits schickte. Gleich daneben steht eine **Hathor-Kapelle**. Über die kläglichen Reste des Pylons und des Vorhofs blickt man direkt auf die **Fassade der Vorhalle** mit ihren Säulenschranken, den zwei Portalen und einem Gesims mit wachsamen Uräus-Schlangen. Innen an der linken Wand reicht Haroëris Euergetes II. ein Sichelschwert. Den Pharao begleiten Frau und Schwester, beide mit Namen Kleopatra.

Durch den Säulensaal und drei kleinere Vorsäle kommt man in die beiden Sanktuarien. Zwischen ihnen, genau auf der Tempelachse, eine „Geheimkammer", die über eine Treppe vom Dach her erschlossen war. Vielleicht ließ ein in diesem Raum ver-

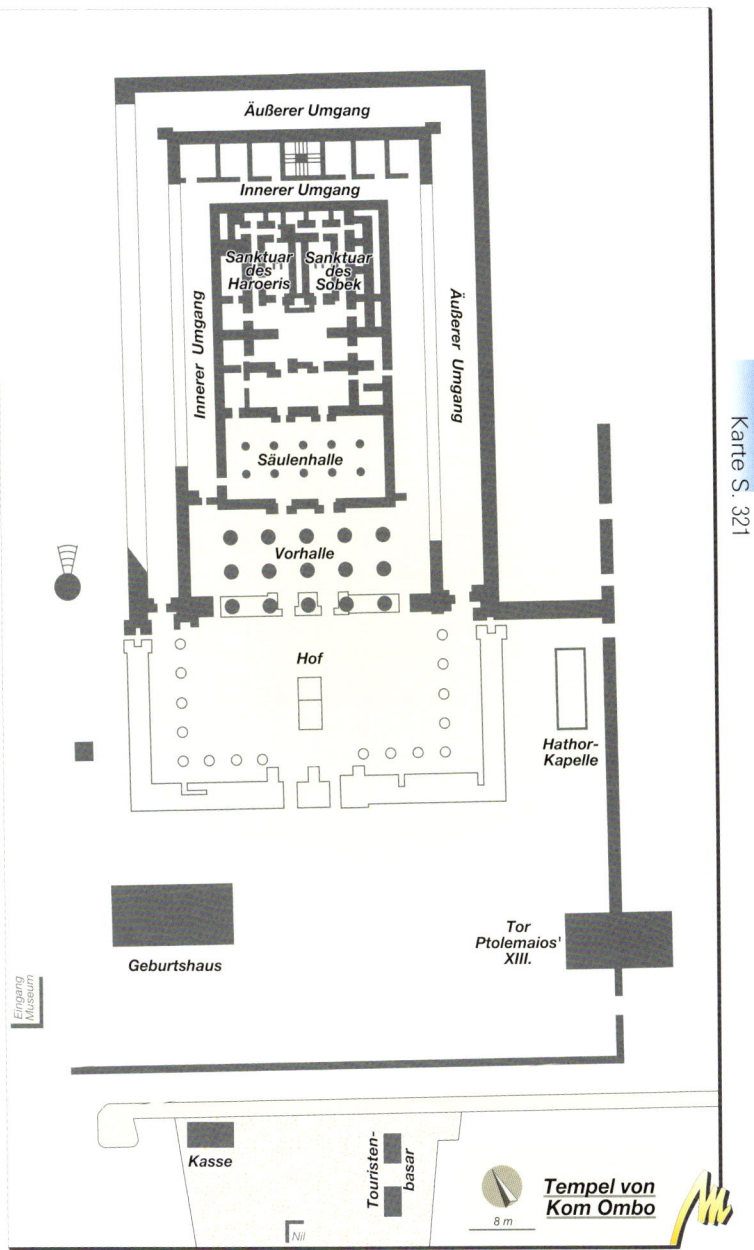

Kom Ombo

Äußerer Umgang

Innerer Umgang

Sanktuar des Haroeris

Sanktuar des Sobek

Innerer Umgang

Äußerer Umgang

Säulenhalle

Vorhalle

Hof

Hathor-Kapelle

Geburtshaus

Tor Ptolemaios' XIII.

Eingang Museum

Kasse

Touristen-basar

Nil

Tempel von Kom Ombo

8 m

Zwischen Luxor und Assuan
Karte S. 321

steckter Priester die Kultbilder mit seiner Stimme sprechen. Die Reliefs der Gemächer auf der Rückseite des **inneren Tempelumgangs** blieben unvollendet. An der Nordostecke des **äußeren Umgangs** reicht der kniende Kaiser Trajan dem Haroëris einen Satz chirurgischer Instrumente, so jedenfalls die übliche Interpretation – andere deuten sie als Gerätschaften für das Tempelritual.

Die Zuckerfabrik

In der Erntesaison von Dezember bis Mai arbeitet die Zuckerfabrik von Kom Ombo rund um die Uhr. 1200 Eisenbahnwaggons, hoch beladen mit Zuckerrohr, rollen täglich in die Fabrik, 4000 Arbeiter passieren in drei Schichten das Werkstor am Ende der „Straße der Zucker-Gesellschaft". Die um 1900 gegründete *Societé Generale des Sucreries* war der private Vorläufer des heutigen Staatsunternehmens. Die Anteilseigner dieser Gesellschaft wie der britische Zuckerbaron Ernest Cassel und der levantinische Bankier Raphael Suares hatten zuvor den Bau des unteren Assuan-Staudamms (1898–1902) finanziert und kontrollierten über die *Societé de Wadi Kom Ombo* zugleich den Anbau des Zuckerrohrs. 1919, als während des Aufstands der Nationalisten alle Verbindungen mit der Hauptstadt unterbrochen waren, gab die Gesellschaft in Kom Ombo sogar eigene Banknoten heraus.

Auf die sozialen Errungenschaften der Nasser-Zeit wie Werkswohnungen, kostenlosen Transport zur Arbeit und freie medizinische Versorgung müssen die Arbeiter schon eine gute Weile verzichten. Doch noch immer hat der Staatsbetrieb auch politische Vorgaben zu erfüllen. So muss die Zuckerfabrik zu staatlich festgesetzten Preisen alles Zuckerrohr verarbeiten, das ihr die Bauern anbieten. Weil die Kapazität dazu nicht ausreicht, wird notgedrungen schon mit der Ernte begonnen, bevor die Stängel ausgereift sind und ihren maximalen Zuckergehalt erreichen.

Im ersten Schritt zerkleinern gewaltige Mahlwerke das Rohr zu einem Faserbrei, aus dem dann der Zuckersaft gepresst wird. Der Trester wandert in die Öfen des fabrikeigenen Kraftwerks oder wird als Rohmaterial für Faserplatten und die Papierherstellung verkauft. Die aus dem Zuckersaft gefilterten Schwebstoffe verwenden die Bauern als Dünger. Der Saft wird dann mehrmals unter Druck erhitzt und zu einem immer dickeren Sirup, bis schließlich die weißen Zuckerkristalle entstehen.

Die Ägypter sind mit 30 kg pro Kopf und Jahr Weltmeister im Zuckerverbrauch. Schon lange vermag die heimische Produktion von Zuckerrohr und Zuckerrüben, die im kühleren Unterägypten angebauten werden, die Nachfrage nicht mehr decken. So forcieren die Politiker eine Ausweitung der Anbauflächen – sie wuchs im letzten Jahrzehnt um ein Drittel. Zugleich steht das Land jedoch unter großem internationalen Druck, seine Schutzzölle abzuschaffen, die unbegrenzte Einfuhr ausländischen Zuckers zu erlauben und die eigenen Zuckerfabriken zu privatisieren. Für die ägyptische Zuckerindustrie und die Bauern wäre diese Liberalisierung ein harter Schlag, denn ihre Produktionskosten liegen deutlich über dem Weltmarktpreis.

„Wo soll's denn hingehn?"

Darau (Daraw)

Das Städtchen liegt 8 km südlich von Kom Ombo und ist für seinen ☆ **Kamelmarkt** *(Sûq el-Gamal)* berühmt. Die Tiere stammen aus dem Sudan. Viele haben den langen Treck auf dem legendären „Weg der 40 Tage" *(Darb el-Arba'in)* hinter sich, der von Darfur (Westsudan) durch die Wüste nach Ägypten führt. Ihre Vorfahren brachten auf dieser Karawanenroute die Schätze Afrikas gen Norden. In Abu Simbel oder Assuan werden die Kamele dann auf Lastwagen geladen und nach Darau gebracht. Andere Herden werden von den Bisharin-Nomaden aus dem Ostsudan dorthin getrieben.

So trifft man auf dem Markt ein buntes Völkergemisch. Erschöpfte arabisch-sudanesische Treiber, die geschniegelten, oft mit dem Flugzeug eingeflogenen Besitzer der Herden, ägyptische Käufer, dazu die Bisharin, von denen etliche das Nomadendasein gegen Darau als ständigen Wohnort eingetauscht haben. Zwei Tage müssen die Kamele in Quarantäne, dann wechseln sie für 300 bis 5000 Pfund den Besitzer. Den höchsten Preis erzielen die hellen, fast eleganten Reitkamele, doch die meisten Tiere werden schließlich im Schlachthof von Kairo und dann als Fleisch auf den Tischen der Armen enden.

● *Verbindungen* Nehmen Sie von Assuan ein **Taxi** oder den 7-Uhr-**Zug** nach Darau und dort vom Bahnhof ein Taxi zum Viehmarkt. Dieser liegt am östlichen Ortsrand, etwa 1,5 km jenseits der Bahnlinie. Im Sommer, wenn keine Kamele gehandelt werden, ist der Viehmarkt Teil des gewöhnlichen Wochenmarkts auf der Westseite der Bahn.

● *Marktzeiten* Kamele werden im Winterhalbjahr (Nov.–Mai) vor allem Sonntagvormittag, in geringerem Umfang auch Dienstagvormittag gehandelt. Markttag für andere Insassen der Arche Noah (Büffel, Esel, Ziegen, Schafe, auch Schlangen usw.) ist ganzjährig der Dienstagvormittag. Zeitgleich gibt es im Stadtzentrum einen großen Wochenmarkt.

Assuan: die Insel Elephantine im Abendlicht

Assuan (Aswân) – Orient trifft Afrika

Grüne Gärten am Ufer des Blauen Nils, auf dem schneeweiße Feluken vor dem Hintergrund der gelbbraunen Wüste kreuzen – Assuan ist ein Fest der Farben, und selbst Kultur wird hier zum Landschaftserlebnis.

„Wer klug sein will, etwas für seine Gesundheit tun möchte und einen Monat wirklichen Vergnügens von seinem sonst ernsthaften Leben zu borgen gedenkt, dem sage ich: Komm und erlebe den Nil", riet einst der Entdecker und New-York-Herald-Reporter Henry M. Stanley seinen Lesern. Assuan, ein bevorzugter Winterurlaubsort für reiche Engländer, war des Klimas und der hohen natürlichen Radioaktivität wegen als Rheumakurort berühmt. Lord Kitchener und andere britische Militärs erholten sich hier von ihren Feldzügen im Sudan.

Assuan ist heute mit 300.000 Einwohnern nach Assiut die größte Stadt Oberägyptens. Die Masse der heutigen Bevölkerung (bzw. der Elterngeneration) verschlug es mit dem Bau der Staudämme nach Assuan. Nubier, deren angestammte Dörfer im Stausee ertranken, fanden hier eine neue Heimat, andere lockten die Arbeitsmöglichkeiten bei Kima, einer riesigen Düngemittelfabrik am Stadtrand.

Die archäologischen Funde auf der vorgelagerten Insel Elephantine reichen bis in die Zeit vor dem Pharaonenreich zurück. Obwohl die Pharaonen auch noch weiter im Süden Handelsstützpunkte unterhielten und die Reichsgrenze lange bis an den 4. Katarakt vorgeschoben war, endete nach dem Verständnis von Ägyptern, Griechen und Römern die zivilisierte Welt in Assuan. Die „Barbaren" aus Schwarzafrika empfing man als Pilger und Handelspartner.

Der Grieche Eratosthenes bestimmte hier den Erdumfang. Römische Beamte residierten in der Stadt, der Schriftsteller Juvenal kommandierte die Garnison (und be-

Assuan 335

klagte sich bitterlich über die Strafversetzung auf diesen Posten). Später waren türkische und schließlich englische Soldaten in Assuan stationiert, wo sich seit jeher die Siedlungsgebiete von Nubiern und Ägyptern überschneiden. Vielleicht dank des langen Kontakts mit Ausländern ist Assuan heute offen und tolerant gegenüber Fremden wie keine andere Stadt am Nil.

Orientierung

Die **Corniche** wurde in der Nasserzeit angelegt. Bevor das Terrain mit dem beim Dammbau angefallenen Aushub aufgefüllt wurde, floss hier der Nil. Als Flaniermeile und modernes Gesicht der Stadt zieht sie sich von den Verwaltungsgebäuden im Norden über nahezu 2 km bis zum **Ferial-Garten** (Eintritt 5 LE), in dem die Einheimischen den Sonnenuntergang genießen. Am Ufer liegen die Hotelschiffe, Feluken warten auf Kundschaft, Fähren setzen zu den Inseln über.

Die Verlängerung der Corniche erklimmt an der pompösen koptischen **Kathedrale** einen Hügel. Auf der Nilseite reihen sich die **Hotels** Cataract (dahinter unten am

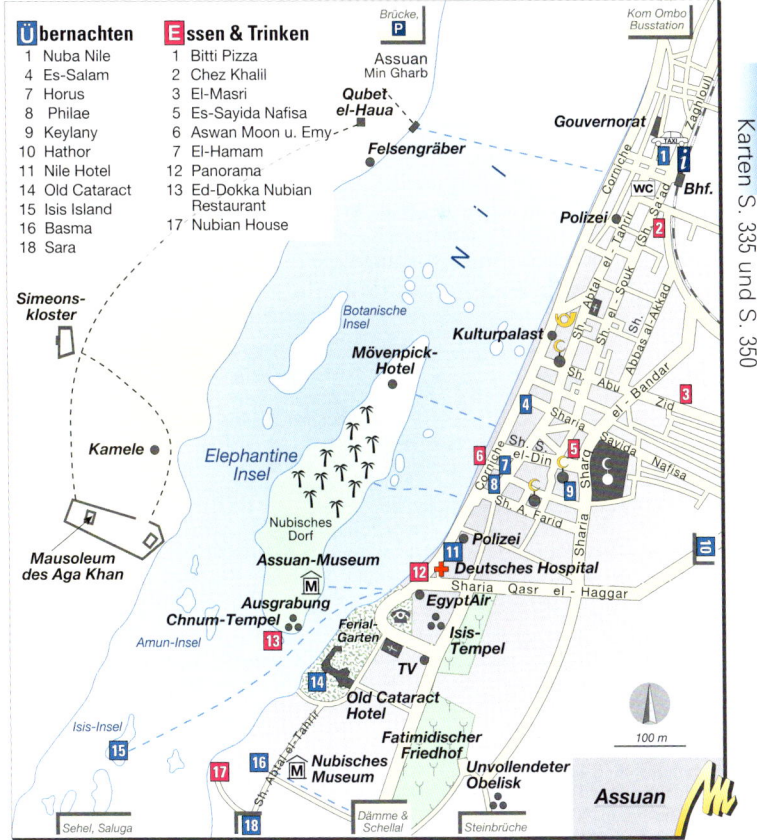

Übernachten	**E**ssen & Trinken
1 Nuba Nile	1 Bitti Pizza
4 Es-Salam	2 Chez Khalil
7 Horus	3 El-Masri
8 Philae	5 Es-Sayida Nafisa
9 Keylany	6 Aswan Moon u. Emy
10 Hathor	7 El-Hamam
11 Nile Hotel	12 Panorama
14 Old Cataract	13 Ed-Dokka Nubian Restaurant
15 Isis Island	17 Nubian House
16 Basma	
18 Sara	

Ufer ein nubisches Dorf) und Basma aneinander, auf der Landseite findet man das **Nubische Museum**. Nach etwa 1 km führt ein nilseitiger Abzweig zum **Nubischen Haus**, ein Aussichtspunkt mit herrlichem Blick über die Landschaft des Katarakts.

> ### Teatime mit Agatha Christie
>
> Nostalgiker, deren Geldbeutel eine Übernachtung im von Agatha Christie („Tod auf dem Nil") gefeierten Cataract-Hotel nicht zulässt, nehmen wenigstens einen Drink auf der Terrasse und lassen sich zusätzlich vom Sonnenuntergang jenseits des Nils berauschen – ein im Prinzip den Hotelgästen vorbehaltenes Vergnügen, doch wer gediegen gekleidet und selbstbewusst durch die Halle schreitet, mag für einen Hausgast gehalten werden.
>
> Das Cataract ist ein Hotel der Kolonialzeit par excellence. Dabei war altertümliches Flair so ungefähr das Letzte, was Herr Pignon im Sinn hatte, als er 1899 sein Hotel eröffnete. „Mit elektrischem Licht rund um die Uhr, vollendeten Sanitäreinrichtungen und jedem erdenklichen modernen Komfort", warb er in der Egyptian Gazette vom 11. Dezember 1899. Ein Jahrhundert später wurde der Hotelpalast erneuert und behutsam modernisiert. Für die Authentizität des Designs bürgte Chefdekorateur Am Omar, der schon als kleiner Junge seinem Vater bei der Ausstattung des Cataract zur Hand gegangen war.

Zwei Blöcke landeinwärts der Corniche und parallel zu dieser erschließt die **Marktstraße** (Sh. es-Sûq) die Basare der Stadt. Im Südteil dominieren inzwischen Souvenirgeschäfte das Angebot. Entfernt man sich noch weiter vom Fluss und überquert gar die Bahnlinie, landet man in den ausgedehnten **Armenvierteln** Assuans.

*I*nformation

Telefonvorwahl: 097

Das Hauptbüro der **Tourist Information** (℡ 2312811) befindet sich am Bahnhofsplatz und sollte tägl. außer Freitagvormittag 8.30–14 und 18–20 Uhr geöffnet sein. Hakim Hussein (℡ 0100-5767594) und seine Assistenten informieren freundlich und kundig über die aktuellen Konvoizeiten und Reisebeschränkungen für Ausländer, über die Preise für Taxis und Ausflüge. Auch einen Stadtplan gibt's in diesem für ägyptische Verhältnisse exzellenten Info-Büro.

*V*erbindungen

• *Fernverkehr* **Flug**: Tägl. nach Luxor, Kairo und Abu Simbel. Die letzteren Flüge kosten hin und zurück 130–150 €, sind aber oft von den Reisebüros ausgebucht. Diese verkaufen den Tagesausflug Abu Simbel mit Transfer, Eintritt, Führung und Lunch für rund 200 €. Das Egypt-Air-Büro, ℡ 2315000, liegt am Südende der Corniche.
Bahn: Richtung Luxor (3½ Std.) und Kairo (12–14 Std.). Am Schalter werden Ausländern Tickets für die abendlichen Schlafwagenzüge *(tourist trains)* verkauft. Wer nach Darau, Kom Ombo, Edfu oder Luxor will, setzt sich einfach in einen Schnellzug (z. B. morgens 7 Uhr) und kauft sein Ticket direkt beim Schaffner.
Bus: Die Busstation befindet sich etwa 3 km nördlich des Bahnhofs am Stadtrand. Für ein Taxi in die Stadt rechne man 10 LE, Servicetaxis (0,50 LE) zur Busstation starten am Bahnhof hinter der Touristinformation.
Fernbusse von *Upper Egypt Transport* fahren über Darau, Kom Ombo und Edfu nach Luxor und z. T. weiter nach Hurghada und

Kairo (12–15 Std.). Am frühen Morgen fährt ein Bus nach Marsa Alam. Busse nach Abu Simbel (25 LE) starten um 8, 11 und 15 Uhr.
Sammeltaxi: Sammeltaxi-Station neben dem Busbahnhof.
Fähre: Montagnachmittags startet im Hafen Sadd el-'Ali (Endstation der Niltalbahn) eine Fähre Richtung Wadi Halfa (Sudan). Wer ein Visum (→ Verschiedenes/Konsulat) vorzeigt, bekommt das Ticket Sa/So 8–14 Uhr bei Mr. Salah von der Nile Navigation Company, Tourist Market, Corniche, ✆ 2303348, 0128-3160926, takourny@gmail.com. Bei Bedarf transportiert die Fähre auf einem Ponton auch Autos. Auf der privaten Website www.takourny.free-boards.net hat Mr. Salah die wichtigsten Infos rund um die Fähre zusammengestellt.

- *Stadtverkehr* Das Zentrum von Assuan erschließt sich gut zu Fuß. Für ein *Taxi* sind innerorts 5–10 LE angemessen, im **Minibus** 0,50 LE. Zum Flughafen rechne man 25 LE, für eine halbtägige Rundfahrt (Obelisk, Alter Damm, Hochdamm, Philae) 40–50 LE.
Fahrräder werden für 15 LE/Tag vermietet, z. B. jenseits der Fußgängerbrücke beim Bahnhof.

Programmvorschlag Assuan

Bedenken Sie bei Ihrer Programmplanung, dass das Thermometer in Assuan von März bis November nachmittags auf über 40 °C klettern kann.

1. Tag: Rundfahrt Unvollendeter Obelisk, Philae, Hochdamm, Kalabscha, Alter Damm; abends Basarbummel, eventuell Folklore-Show.

2. Tag: Bootsfahrt Elephantine, Westufer (Felsengräber und Simeonskloster), Botanische Insel; abends Nubisches Museum.

Verschiedenes

- *Bücher/Zeitungen* Ein bescheidenes Angebot an fremdsprachigen Büchern haben Läden in den **Hotels Basma** und **New Cataract** sowie die Buchhandlung **Hope** im deutschen Krankenhaus. Ausländische Zeitungen werden in der **Corniche-Arkade** beim Philae-Hotel verkauft.
- *Folklore* Im **Kulturpalast** *(Qasr eth-thaqafa)*, Corniche, zeigt die renommierte **Aswan Troupe** ihre Show mit nubischen und ägyptischen Tänzen. Nov.–Feb. Sa–Do 21.30 Uhr – wenn die Truppe nicht auf Tournee ist oder, so 2010, der Kulturpalast wegen Renovierung geschlossen ist. CDs mit Aufnahmen des Orchesters der Truppe sind auch in Deutschland erhältlich.
- *Geldwechsel* Zwei günstige **Wechselstuben** gibt es in der Corniche-Arkade nahe dem Philae-Hotel.
- *Gesundheit* Das **Deutsche Missionsspital** (mit Ambulanz) gilt als die beste Klinik der Stadt. Corniche, ✆ 2317176.
- *Internetcaés* **Aswanet** im Hotel Keylany, tägl. 9–24 Uhr, 5 LE/Std. Günstiger (doch langsamer) im Information Technology Club an der Corniche auf Höhe der Touristenpolizei.
- *Konsulat* Wer in den Sudan will und das nötige Visum nicht bereits im Heimatland besorgt hat, kann sein Glück im **Konsulat der Republik Sudan** versuchen. Atlas Area, Sh. Ibrahim Ahmad Hussein, ✆ 2307231.
- *Lesen* Idris Ali, *Dongola – a Novel of Nubia*, übersetzt ins Englische von Peter Theroux, Kairo (AUC-Press).
- *Nachtleben* Nachtschwärmer, die mehr als nur die Corniche im Mondschein auf und ab gehen oder ein Bier auf einem Hoteldach genießen wollen, finden nur wenige Angebote. Einheimische Gigolos schleppen ihre ausländischen Eroberungen bevorzugt in die **Disco** des Ramses-Hotels. Die Tanzflächen der Nobelhotels bleiben gewöhnlich gähnend leer.
- *Organisierte Ausflüge* Die Budgethotels vermitteln, manchmal recht aufdringlich, diverse Ausflüge:

Stadtrundfahrt (3–4 Std.): Unvollendeter Obelisk – Alter Damm – Hochdamm – Philae-Hafen; 20 LE/Pers. im Minibus oder 40–60 LE als Taxiausflug (ohne Eintritte und Überfahrt nach Philae).

Felukatrip Elephantine – Botanische Insel – Fürstengräber: 40 LE pro Pers. und Stunde (ohne Eintritte); nach Kom Ombo (2 Tage + 1 Nacht) 125 LE/Pers., nach Edfu (3 Tage + 2

338 Assuan

Nächte) 200 LE/Pers. (beide ohne Rückfahrt).
Tagesausflüge nach Abu Simbel: im Minibus 80 LE/Pers. (ohne Eintritt); im Reisebus (mit Eintritt und Führung) ca. 50–100 €; im Flugzeug (mit Eintritt und Führung) 150–200 €.

• *Passbüro* Corniche, im Polizeihochhaus neben Hotel Continental, ✆ 2322238, Sa–Do 8–14 Uhr.

• *Post* An der Corniche, neben dem Kulturpalast. Postlagernde Sendungen werden im alten Postamt hinter dem Philae-Hotel ausgegeben. Beide haben Sa–Do 8–14 Uhr geöffnet.

• *Schwimmen* Einheimische Bootsleute und Kinder scheinen das Bad im Nil irgendwie schadlos zu überstehen, doch unsereiner schwimmt um der Gesundheit willen besser in einem Pool. Die größten Becken haben **Cataract** und **Isis Island**, preiswerter ist die Abkühlung im **Basma** (35 LE).

• *Telefonamt* Am Südende der Corniche, tägl. 8–22 Uhr. Auch Verkauf von Telefonkarten und Faxversand.

Übernachten (Karte S. 335)

• *Oberklasse* **Old Cataract (14)**, nach gründlicher Renovierung erstrahlt das nostalgische Hotel ab Herbst 2011 wieder in altem Glanz. Der nüchterne Neubau („Nile Wing") kann den alten Grandhotel („The Palace") nicht das Wasser reichen, doch wer drin wohnt, sieht das Haus nicht von außen. DZ um 300 €. Sh. Abtal et-Tahrir, ✆ 2316000, ℻ 2316011, www.sofitel.com.

LTI-Pyramisa Isis Island (15), der Hotelpalast steht vor dem Stadtzentrum auf einem kleinen Eiland mitten im Nil – gerade einen Steinwurf vom Naturschutzgebiet der Kataraktinseln entfernt, weshalb das Bauprojekt einst sehr umstritten war. Die Beteiligung von Alaa Mubarak, eines Sohns des Ex-Präsidenten Mubarak, an dieser Investition mag manche bürokratische Hürde aus dem Weg geräumt haben. DZ ab 80 €. Auf der Insel Abnarti, ✆ 2317400, ℻ 2317405, www.pyramisaegypt.com.

Basma (16), am Südende der Stadt auf einem Hügel mit Nilblick, mit schönem Garten. Das Hotel wurde in den 1990er-Jahren für den Stuttgarter Reiseveranstalter Hetzel gebaut. Da die Vorbesitzer ihr Grundstück in bester Lage nicht hergeben wollten, bedurfte es einer Enteignung. Der Basar kolportiert, der damalige baden-württembergische Landesvater Lothar Späth habe zugunsten der Investoren bei Präsident Mubarak interveniert. Das Hotel wurde für seine Umweltschutzstandards ausgezeichnet, doch das ist schon ein paar Jahre her. Während des alljährlich im Frühjahr veranstalteten Bildhauerwettbewerbs (www.cdfeg.org) ist hier mit Maschinenlärm zu rechnen. Im Nebengebäude werden familiengerechte Apartments mit Kochzeile vermietet. DZ ab 100 €. Sh. Abtal et-Tahrir, ✆ 2310901, ℻ 2310907, www.basmahotel.com.

• *Mittelklasse* **Anakato**, eine Pension für Reisende, die das Außergewöhnliche suchen und dafür etwas tiefer in die Tasche zu greifen bereit sind: Betuchte Pensionäre etwa oder Hochzeitsreisende. Anakto, übersetzt „unser Heim", liegt etwa 15 Autominuten vom Zentrum entfernt am Westufer, dort unterhalb eines Dorfes eingezwängt zwischen Sanddünen und dem Nil, der hier oberhalb der Stadt noch so sauber ist, dass man darin schwimmen kann. Von außen sieht Anakato aus wie das formen- und farbenreiche Werk eines nubischen Friedensreich Hundertwasser, abends stiftet eine ausgeklügelte Beleuchtung romantische Atmosphäre. Zu den angebotenen Aktivitäten zählen Sandsurfen, Segeln, nubische Folklore und Besuche im Dorf. Etwas aufgesetzt wirkt allerdings das Bemühen, diese Oase als „echt nubisch" zu verkaufen – solchen Luxus können sich hier nur wenige leisten. DZ/Halbpension 115 €. Gharb Soheil, Assuan, ✆ 3451745, ℻ 3451744, www.anakato.com.

Sara (18), etwa 1,5 km südlich des Nubischen Museums auf einem Steilfelsen über dem Nil – die etwas abseitige Lage wird also mit wirklich herrlicher Aussicht belohnt. Die Zimmer haben Balkon, die Einrichtung ist eher zweckmäßig als schön. Es gibt eine Panoramaterrasse mit Pool, die am Wochenende gern für Hochzeitsfeiern und ähnliche Anlässe gebucht wird. DZ 100 $. Sh. el-Fanadek, Naser City, ✆ 2327234, ℻ 2327236, www.sarahotel-aswan.com.

Philae (8), das noch etwas schäbige Foyer erweckt einen falschen Eindruck. Frau Hanan, die ausgezeichnet Deutsch spricht, lässt ihr Hotel gerade Etage für Etage renovieren, und die bereits neu eingerichteten Zimmer können sich sehen lassen: roséfar-

Übernachten

bene Bäder, orientalische Lampen, Klimaanlage, Flachbildschirm, Kühlschrank und kleiner Balkon mit Nilblick – was will man mehr? Auf Wunsch ägyptisches Frühstück. DZ 42–50 €. 79 Cornish el-Nil, ✆ 2312090, ✆ 2324089, hanan-atiatallah@web.de.

Nile Hotel (11) das Hotel der (ägyptischen) Mittelklasse umwirbt in bester Lage an der Corniche zwischen Polizeihochhaus und Egyptair die Kunden. Klimatisierte Zimmer mit TV, teils mit Balkon und Nilblick, weitgehend ägyptische Gäste. DZ 40 €. Corniche, ✆ 2314222, www.nilehotel-aswan.com.

• *Einfach* **Horus (7)**, die Lage an der Corniche gewährt auf der Straßenseite unverbauten Nilblick, dazu aber auch ziemlichen Autolärm. Die teilweise renovierten Zimmer (vorher anschauen!) sind geräumig und mit AC ausgestattet. Der hoteleigene Nachtclub (Bauchtanz!) wirkte bei Licht betrachtet ziemlich heruntergekommen. Sollte das Haus wider Erwarten ausgebucht sein, bleibt als Alternative in der gleichen Preisklasse das benachbarte Hotel **es-Salam (4)** (mit großzügiger Dachterrasse; ✆ 2312651). DZ 100–150 LE. Corniche, ✆ 2313323, ✆ 2313313.

Hathor (10), sticht aus der Reihe der Corniche-Hotels hervor, weil es als einziges Haus einen kleinen Pool auf dem Dach hat. Manche Zimmer sind allerdings klaustrophobisch klein. DZ 150 LE. Corniche, ✆ 2303462, www.hathorhotel.com.

Nuba Nile (1), älteres Haus mit frischem Anstrich, 5 Min. vom Bahnhof. Unterschiedlich große Zimmer mit AC und dunklen Möbeln aus Großmutters Zeiten. Sitzecken und PCs in der Lobby. Die Dachterrasse hätte Potential, war 2010 aber eine ungenutzte Baustelle. DZ 180 LE. Sh. Abtal el-Tahrir/Ecke Md. el-Mahatta, ✆ 2313267, hussein45@hotmail.com.

Keylany (9), das Hotel hat seinen Namen von einem Heiligen, dessen Schrein in das Gebäude integriert ist. Ein Internetcafé gehört zum Haus, in dem man auch Fotos auf CD brennen kann. Die unterschiedlich großen Zimmer sind mit Naturholzmöbeln ansprechend eingerichtet, haben Deckenventilatoren, Safe, TV, teilweise AC und Balkon. Gefrühstückt wird auf der chilligen Dachterrasse, wo man auch in einem Wasserbecken planschen kann. DZ 130–160 LE. Sh. Keylany, ✆/✆ 2317332, www.keylanyhotel.com.

• *Camping/Sonstiges* **Captain Ashraf's**, 6 km südl. der Nilbrücke auf dem Westufer, N 24°08'03'' E 32°52'18''. Der alte Campingplatz Adam's Home ist geschlossen. Als Alternative für Sudan-Fahrer wurde in der Nachbarschaft ein neues, bislang sehr schlichtes Camp eingerichtet. Es gibt heißes Wasser und Kochgelegenheiten. Übernachtung im Zelt oder Auto 50 LE/Pers. Gharb Aswan, Sahlol Family. ✆ 0122-28867775.

Ein zufriedener Gast auf der Dachterrasse des Hotels Keylany

Ferienwohnungen: Das Team *Assuan individuell* bietet auf seinen Webseiten auch Wohnungen, Häuser und sogar ein Hausboot an. Die Preise sind allerdings gesalzen. www.assuan-individuell.de.

Essen & Trinken (Karte S. 335)

Ed-Dokka Nubian Restaurant (13), Essa Island, wird gern von Reisegruppen besucht. Eher internationale statt nubische Küche mit wechselnden Menüs (ca. 60 LE), dazu eine Folkloreshow. Die einen sind begeistert, den anderen ist es zu kitschig. Kostenlose Fähre vom Anleger vor dem Egypt Air Office.

Chez Khalil (2), Sh. es-Sûq; ein kleines Fischlokal nahe dem Bahnhof. Süß- oder Salzwasserfisch, den man sich aus der Vitrine selbst aussuchen kann, wird frisch zubereitet, Preis nach Gewicht. Als Beilage Salat mit Reis oder Pommes. Hauptgericht 20–100 LE.

El-Masri (3), Sh. el-Matar; das alteingesessene, auch von Einheimischen besuchte „gutbürgerliche" Lokal serviert ägyptische Fleischgerichte (Kebab, Kufta, Täubchen oder Huhn) in riesigen Portionen mit Salat und Tahina. Menü 35–50 LE. Kein Alkohol.

Nubian House (17), auf der Anhöhe hinter dem Basma-Hotel. Schöner Aussichtspunkt, tagsüber (teurer) Tee und Snacks, abends auf Vorbestellung nubisches Essen. Hauptgericht 20–30 LE. Gelegentlich Folkloreveranstaltungen.

Aswan Moon (6), Corniche; das populäre Lokal (mit Alkoholausschank) schwimmt auf einem Ponton im Nil, Spezialität ist *Daoud Pascha* (Fleischbällchen in Tomatensauce); auch Pizza und Pasta. Hauptgericht 15–50 LE.

> **Rezeptvorschlag:**
> **Nilpferd in Burgunder**
>
> „Etwas für festliche Tage, vorausgesetzt, daß sich das Nilpferd in Burgunder wohl fühlt. Nilpferd waschen und trocknen, in passendem Schmortopf mit 2000 Litern Burgunder, 6 bis 8 Zwiebeln, 2 kleinen Mohrrüben und einigen Nelken 8 bis 14 Tage kochen, herausnehmen, abtropfen lassen und mit Petersilie servieren."
>
> *Vorgeschlagen von Loriot in „Der gute Geschmack", Diogenes 1964.*

Emy (6), Corniche, beim Aswan Moon; einfacher und preiswerter als die benachbarten Lokale, ist diese Cafeteria mit Alkohollizenz eher ein Ort zum Trinken als zum Essen. Gleichwohl gibt es hier auch einfache warme Gerichte.

Panorama (12), am Ufer nahe dem Südende der Corniche. Internationale und ägyptische Küche. Spezialitäten sind Ragouts im Schmortopf *(tagen)*, Reispudding *(milhalabiya)* und „Beduinen-Kaffee", ein langsam auf heißem Sand erhitzter Mokka, dazu Kräutertees von Ägyptens erster biologisch wirtschaftender Farm. Angenehm unaufdringlicher Service, dezente Hintergrundmusik. Das Lokal ist im nubischen Stil und mit allerlei Kuriositäten und Antiquitäten dekoriert. Im Büro zeigt der Besitzer, ein pensionierter Geologe, gern seine Mineraliensammlung. Leider verstellen die ankernden Nildampfer den Blick von der Terrasse, auch schließt das Lokal abends schon gegen 21 Uhr.

Bitti Pizza (1), Bahnhofsplatz. Auf zwei Etagen, angenehm kühl klimatisiert, kann man hier süße ägyptischen Pfannkuchen oder Pizza im westlichen Stil genießen – dafür sind 40 LE für die örtlichen Verhältnisse allerdings ein stolzer Preis.

Assuan, Blick über den Nil

Segeln

Es-Sayida Nafisa (5), Sh. es-Sûq, zwischen der Moschee und den Limonenhändlern etwas versteckt in einem Hinterhof an der östlichen Straßenseite. Kofta, gegrilltes Lamm oder Rindergulasch schmecken zart und lecker. Kleine Portionen, die gegrillte Taube ist geradezu ein Häppchen.

El-Hamam (7), Corniche, in der Kolonnade nahe dem Horus-Hotel. Imbiss mit Snacks für den kleinen Hunger. Einige Schritte weiter gen Norden findet sich nach dem Kaufhaus eine einfache **Konditorei**.

*E*inkaufen

Assuans **Suk**, in einer Parallelstraße zur Corniche gelegen, erwacht während der heißen Sommermonate erst am Abend. Als klassische Mitbringsel eignen sich die fotogen präsentierten Gewürze und Kräuter: *Karkadee* (Hibiskus) als Teesorte, Kardamom als Beigabe für den typisch arabischen Kaffee, dazu Ingwer, Zimt und andere afrikanische Gewürze, die meist aus dem Sudan importiert sind. Dazu gibt es Korbwaren und eher afrikanisch als ägyptisch anmutende Holzschnitzereien. Freundliche Schneider fertigen *Galabiyas* nach Maß.

Afrikanika, von der Voodoopuppe bis zur Maske verkauft Farag Sa'ad seine Produkte im Südabschnitt der Sh. es-Sûq gegenüber vom Bata-Schuhgeschäft.

Nubisches Kunsthandwerk und allerlei Trödel gibt es bei Abu Sahlah, einem höhlenartigen Laden im Südabschnitt der Corniche zwischen dem Polizeihochhaus und dem deutschen Krankenhaus.

*S*egeln

„Feluka! Sailing boat! Trip to the Islands!", schallt es dem Fremden entlang der Corniche auf Schritt und Tritt entgegen. Zum Standardprogramm jedes Assuanbesuchs gehört die Segeltour zu den Inseln vor der Stadt und hinüber ans Westufer. Für die Fahrten nach Kom Ombo (1 Tag, 1 Nacht) und Edfu (3 Tage, 2 Nächte) lassen sich dagegen nur Rucksacktouristen gewinnen: Man muss mit einfacher Campingküche vorlieb nehmen, sich mit Nilwasser waschen und auf einem Inselchen oder am Ufer unter freiem Himmel übernachten.

• *Kurztrips* Die Boote dürfen je nach Größe maximal 6–8 Personen befördern. Die offiziellen Preise, die man allerdings selbst mit hartem Feilschen kaum erzielen wird, betragen pro Boot (!) für 1 Std. 30–40 LE, für einen halben Tag 120 LE.

• *Mehrtägige Touren* Verlässliche Kapitäne? Sie heiraten ins Ausland, lassen ihr Boot von einem Verwandten fahren, der andere bedienen sich des guten Namens. Deshalb gebe ich hier keine Tipps. Schukri Sa'ad und die Touristinformation haben die Szene besser und aktueller im Blick und vermitteln auch Reisepartner für längere Touren.

Die **Preise** betragen pro Person etwa 120 LE nach Kom Ombo (zwei Tage, eine Übernachtung) und 200 LE nach Edfu (drei Tage, zwei Übernachtungen). Bei weniger als 6 Passagieren muss für die leeren Plätze mitbezahlt werden. Weiter nach Luxor fahren die Bootsleute nur ungern – die Uferlandschaft unterhalb von Edfu ist weniger attraktiv, der Gegenwind stärker und die Schleuse von Esna kostet Zeit und Geld.

Schauen Sie sich das **Boot** vorher an. „Wie der Herr, so's Gescherr", heißt es im Volksmund, und der Zustand steht für die Sorgfalt und Seriosität des Kapitäns. Gibt es Decken für die bitterkalten Nächte (besser wäre ein eigener Schlafsack), einen funktionierenden Kocher, ein Schließfach für Wertsachen? Vereinbaren Sie die Zahl der Mitreisenden und den exakten **Endpunkt** der Tour. Manche Kapitäne entlassen ihre nach Edfu gebuchten Gäste gern schon 30 km vor der Stadt in ein Sammeltaxi! Alternativ vereinbaren Sie einen **Zeitraum** (z. B. 2 Tage + 1 Nacht). Dann gibt es keinen Stress und Sie vermeiden, bei Windstille von einem stinkenden Motorkahn geschleppt zu werden.

Begleiten Sie den Kapitän beim Einkauf der **Verpflegung** oder besorgen Sie diese selbst – so bekommen Sie, was Ihnen schmeckt. Denken Sie an Wasserflaschen. Die Bootsleute sind Nilwasser gewöhnt, Ihr Darm mag da empfindlicher reagieren.

Broker versuchen mit allerlei Vorwänden, Ihren **Pass** zu bekommen – u. U. müssen Sie dann tagelang warten, bis er eine Grup-

pe zusammen hat. Händigen Sie niemandem Ihren Pass aus. Begleiten Sie stattdessen den Bootsführer zur Polizei, wenn er dort die Tour anmeldet.
Schwimmen im Nil? Seien Sie flussabwärts von Assuan vorsichtig. Selbst in der Strömung (Flussmitte) droht Bilharziose; die infektiösen Larven sind auch nach Verlassen ihres Wirts noch ca. 2 Tage lebensfähig, können also mit der Nilströmung auch dorthin weitertransportiert werden, wo es keine Wasserschnecken gibt. Zudem ist das Nilwasser zum Schwimmen schlicht zu schmutzig. Noch immer entsorgen selbst manche Kreuzfahrtschiffe bei Dunkelheit heimlich Unrat ins Wasser.

Sehenswertes in der Stadt

☆ **Basar**: Ungeachtet der aufdringlichen Nepper, Schlepper und Bauernfänger sollte kein Besucher auf den Gang durch die Marktstraße verzichten. Nubische Körbe, T-Shirts, Parfüm, Gewürze, natürlich auch die üblichen Papyri und Alabasterstatuen warten auf Käufer, Straßenhändler quälen sich mit Obstkarren durch die Menge. An manchen Stellen dämpfen über die Gasse gespannte Schattensegel die Tageshitze. Vom späten Vormittag bis Sonnenuntergang schließen viele Händler ihre Läden, zumal die Touristen tagsüber ohnehin mit Besichtigungsprogrammen beschäftigt sind und erst am Abend kommen.

☆☆ **Nubisches Museum**: Das mit dem Aga-Khan-Preis für islamische Architektur ausgezeichnete Museum (tägl. 9–13 und 17–21 Uhr, Eintritt 50/25 LE) präsentiert die Geschichte Nubiens sowie Kunst und Alltagskultur des Volkes. Äußerlich am traditionellen nubischen Baustil angelehnt, fügt es sich harmonisch in die Felslandschaft oberhalb des Cataract-Hotels ein. Den Bau entwarf Mahmud el-Hakim, der auch das Luxor-Museum plante, die Innendekoration gestaltete der mexikanische Architekt Pedro Ramirez Vasquez.

Im Saal rechts neben dem Eingang stehen verschiedene Großstatuen und Mumien, darunter ein **Widder mit Goldmaske** von Elephantine. Alte Fotos dokumentieren die im Stausee untergegangenen Monumente. Am Fuß der Eingangstreppe zeigt ein Modell die Topografie Nubiens vor der Flutung. Dahinter als Blickfang eine **Kolossalstatue von Ramses II.**
Der folgende Rundgang (im Uhrzeigersinn) durch den Hauptsaal ist weitgehend chronologisch aufgebaut. Kritiker werfen der Ausstellung vor, zu sehr den ägyptischen Einfluss auf die nubischen Kulturen zu betonen. Höhepunkte sind der **Felsschrein des Usersatet** (15. Jh. v. Chr.) aus Qasr Ibrim, die **meroitische Doppelstatue** einer Königin und eines Prinzen, Reliefs aus dem Tempel von Gerf Hussein und die Kapelle des Haremhab aus Abu Oda. Aus den Gräbern von Kostul wurden zwei Pferdeskelette mit edlem **Zaumzeug** geborgen, aus der Kirche von Abdallah Nerqe stammen die **christlichen Fresken**.
In der **ethnografischen Abteilung** unter der Treppe stellen lebensgroße Puppen Wohnkultur, Handwerk und landwirtschaftliche Aktivitäten in den untergegangenen nubischen Dörfern nach.
Nach dem Besuch versäume man nicht die hübschen **Außenanlagen** mit Springbrunnen und künstlichen Wasserläufen. Repliken prähistorischer Felszeichnungen zieren eine Höhle, auch ein nubisches Wohnhaus wurde rekonstruiert. Historisch sind die in das Museumsareal integrierten Gräber, darunter das Kuppelgrab eines Heiligen.

Isis-Tempel: Verglichen mit seinem berühmten Namensvetter auf der Insel Philae fristet der von Ptolemaios III. im 3. Jh. v. Chr. gestiftete Stadttempel der Göttin völlig zu Recht nur eine Schattendasein. Er steht wenige Gehminuten nordöstlich der Koptischen Kathedrale in einer Grube tief unter dem heutigen Straßenniveau und kann hinter einem Zaun nur von außen betrachtet werden. Ein Granitdach mit löwenköpfigen Wasserspeiern schützt den weicheren Sandstein der Außenwände. Der Eingang ist auf der Westseite des Gebäudes. Reste des Vorhofs mögen sich unter den Häusern außerhalb des Grabungsgeländes befinden. Die Ziegelmauern

Sehenswertes in der Stadt 343

neben dem Tempel stammen von spätantiken und mittelalterlichen Bauten. Interessantester Fund bei den Ausgrabungen war ein Bauplan mit einer nie ausgeführten Erweiterung des Tempels.

Chnum-Tempel: An der Corniche zwischen dem Deutschen Missionsspital und dem Polizeihochhaus schirmt ein Bauzaun ein Brachfläche vor den Blicken der Passanten ab. Im hinteren Teil des Geländes, auf dem einmal Assuans Grand Hotel stand, wurde die Vorhalle eines Chnum-Tempels freigelegt. Gegen ein Trinkgeld zeigt der Wächter Säulenstümpfe, die Reste des Portals und (auf der rechten Seite) ein Relief mit Kaiser Domitian vor Chnum und der Göttergattin Anukis.

Fatimidengräber: Auf dem Friedhof hinter dem Nubischen Museum fallen die aus Lehmziegeln errichteten Kuppelgräber auf, manche sind mehr als 1000 Jahre alt. Fähnchen markieren die besser erhaltenen Mausoleen der Heiligen, doch die meisten Grabbauten sind verfallen. Bis Ende des 19. Jh. verzeichneten Marmortafeln die Namen und Sterbedaten der Toten. Dann brachte man die Inschriften allesamt nach Kairo, wo sie seither in einem Magazin lagern – und vergaß zu notieren, welche Tafel aus welchem Grab stammt.

Eintritt und Führung durch den Wächter gegen Trinkgeld.

☆ **Unvollendeter Obelisk**: In Assuan fanden die Pharaonen den für ihre Statuen und Tempel so geschätzten Granit. Auf den Inseln, am Alten Staudamm und am Südrand der Stadt findet das geübte Auge noch die Spuren der antiken Steinbrüche. Prominentester Zeuge ist der knapp 42 m lange unvollendete Obelisk. Aufgestellt hätte er 1168 Tonnen gewogen. Doch dazu kam es nicht mehr, nachdem sich ein Riss im Stein zeigte. Auch der Versuch, aus dem Werkstück einen kleineren Obelisken herauszuschneiden, scheiterte. So kann man an dem aufgegebenen Koloss noch gut die Arbeitstechnik der Steinmetze nachvollziehen.

Auf dem Fatimidenfriedhof

Tägl. 9–16 Uhr. Eintritt 30/15 LE.

Nubisches Haus: Das private Museum steht in bester Lage auf einem Felsen über dem Nil. Besitzer Tariq sammelt Einrichtungs- und Alltagsgegenstände, um so die untergehende Wohnkultur der Nubier zu dokumentieren. Das Haus ist zugleich Café und ein schöner Ort, um einen beschaulichen Nachmittag zu verbringen.

In der Regel tägl. ab 9 Uhr, Eintritt frei, doch Mindestverzehr von 5 LE im Café.

☆☆ Insel Elephantine

Archäologen legten an der Südspitze des Eilands die Reste der uralten Siedlung frei. Schon die Siedler der Frühzeit wählten den Elefanten als Symbol, denn Elephantine (altägyptisch *Yebu*) war der Handelsplatz für Elfenbein. Noch zu Beginn des Alten Reiches, so glauben die Klimaforscher, war die Umgebung Assuans eine Savannenlandschaft, in der auch wilde Elefanten lebten, später kamen die wertvollen Zähne dann nur noch aus Schwarzafrika. Irgendwann verlagerten sich Handelsplatz und Siedlung auf das heutige Stadtgebiet, und Elephantine wurde zu einem reinen Tempel- und Verwaltungszentrum.

Heute dominiert der Turm des **Mövenpick-Hotels** die Insel, ein hässlicher Betonklotz, dessen Abriss immer mal wieder diskutiert und verworfen wird. Ein hoher Zaun trennt die mondäne Welt des Hotelgeländes von den beiden **nubischen Dörfern**, wo die Frauen Geschirr und Kleider noch immer im Fluss waschen. In der Mitte der Insel verbindet ein Fußweg das nördliche Siou mit dem südlichen Koti. Auf halber Strecke lädt ein Gartencafé zur Rast.

Motorfähren setzen von den Stegen beim Telefonamt und beim Thomas-Cook-Büro für 2 LE inkl. Rückfahrt nach Elephantine über. Feluke je nach Verhandlungsgeschick um 50 LE.

Museum: Das archäologische Museum residiert in einer Villa mit hübschem Garten. Gebaut wurde sie einst für William Willcocks, den Architekten des Alten Staudamms. Die eingestaubte Sammlung, weitgehend bei den frühen Ausgrabungen auf Elephantine (1906–1910) und in Nubien geborgene Stücke, bedürfte dringend einer zeitgemäßen Präsentation. Neuere Funde werden in einem modernen Nebengebäude gezeigt. Aufschluss über das Alltagsleben gibt hier ein etwa 350 v. Chr. geschlossener Heiratsvertrag, der mit anderen Papyri aus einem pharaonischen Familienarchiv geborgen wurde. Ein Modell veranschaulicht Elephantine zur Ptolemäerzeit, Pläne zeigen die Entwicklung der Siedlung.

Sa–Do 8–17 Uhr, Juni–Sept. länger. Eintritt (mit Ausgrabung) 30/15 LE.

Grabungsgelände

Der Rundweg beginnt im Garten links neben dem Museum. Das Gelände präsentiert sich für den Laien als ein unübersichtliches Durcheinander von Hausmauern, Treppenfluchten und mehrfach überbauten Tempeln verschiedener Epochen. Einige der vor Ort von 1 bis 28 nummerierten Sehenswürdigkeiten wurden aus später anderweitig verbauten Blöcken rekonstruiert.

Tempel der Satet: Satet (Satis), dargestellt mit hoher Krone und zwei Antilopenhörnern, wurde auf Elephantine als „Bringerin des Wassers" verehrt. Ihr Heiligtum belegt die erstaunliche Kontinuität der Kultstätten. Ein in der Frühzeit zwischen zwei Granitfelsen errichteter Schrein aus Lehmziegeln, innen mit blauen Fayencen geschmückt, wurde im Alten Reich zu einem Tempel (**3**) erweitert. Unter Sesostris I. (ca. 1950 v. Chr.) legte man darüber einen neuen Tempel (**25**) aus Kalkstein an – die Archäologen haben ihn etwas nördlich rekonstruiert. Weitere 500 Jahre später, das Bodenniveau lag nun einige Meter höher, entstand in der 18. Dynastie ein Tempel (**2**) mit Säulenumgang (Peripteros), der heute auf einer Betonplatte steht. Ein Schacht führte hinunter in das alte Heiligtum. In der Spätzeit erweiterten die Pharaonen Amasis (26. Dyn.) und Nektanebos II. (30. Dyn.) die Anlage, unter den Ptolemäern wurde wiederum ein neuer Tempel (**1**) gebaut. Die Römer restaurierten die Kultstätte, Christen und Muslime nutzten sie als Steinbruch.

Insel Elephantine 345

Nilometer: Gleich zwei Messstationen zeigten auf Elephantine den Wasserstand des Nils, nach dem die Feldarbeit organisiert wurde. Mit dem seit der Nilregulierung konstanten Pegel haben die Nilometer nur noch musealen Wert. Die Anlage beim Satet-Tempel (**10**) stammt aus dem 6. Jh. v. Chr., wurde von den Römern restauriert und mit neuen Skalen versehen, 1822 wiederentdeckt und 1870 erneut in Betrieb genommen. Markierungen im Stein zeigen Hochwasser, Niedrigwasser und Mittelwasser. Der zweite Nilometer (**7**), ein gemauerter Schacht aus der 30. Dynastie, liegt südlich der Terrasse des Chnum-Tempels (siehe unten). Er hat eine zusätzliche Skala, an der sich die Höhe der Nilflut über dem Niveau des Ackerlandes ablesen lässt, und wird von Strabo beschrieben.

Der **Tempel des Chnum** (**13**) wuchs aus einem anfangs schlichten Schrein zu dem die Insel beherrschenden Bauwerk. Von seiner weitläufigen Terrasse und einer Aussichtsplattform (**17**) überblickt man die Insel und den Stadtkern von Assuan. Eine **„ptolemäische" Kapelle** (**15**) steht an der Südspitze von Elephantine, wo während der Versetzung die Steine des Kalabscha-Tempels (→ S. 359 f.) lagerten. Aus jenen Ziegeln, Steinblöcken und Relieffragmenten, für die es in Neu-Kalabscha keine Verwendung mehr gab, bauten die Archäologen besagte Kapelle im ptolemäischen Stil.

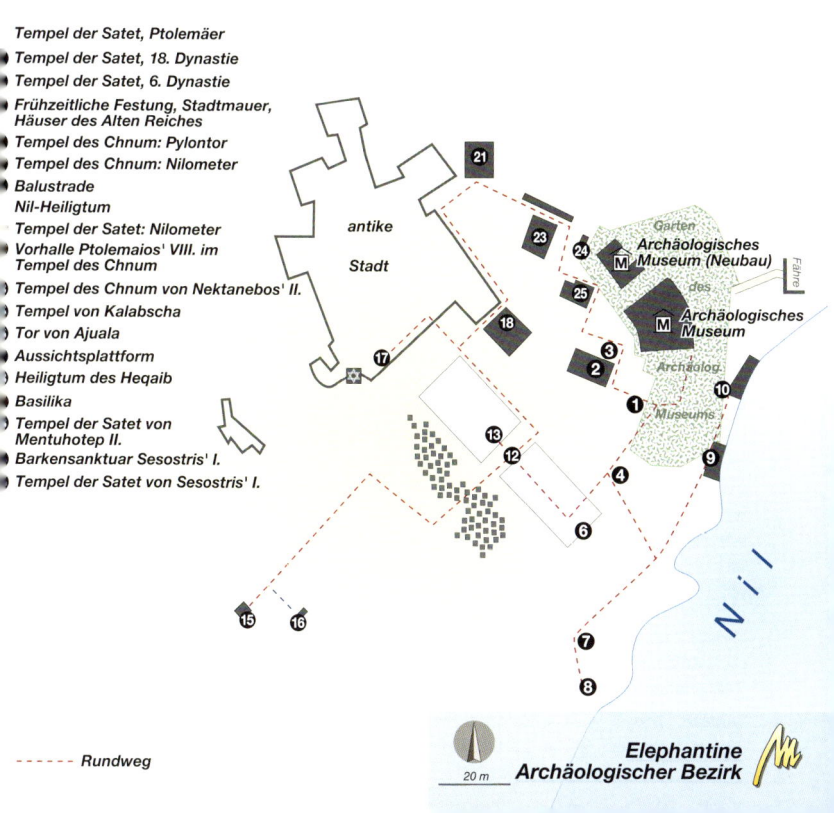

- Tempel der Satet, Ptolemäer
- Tempel der Satet, 18. Dynastie
- Tempel der Satet, 6. Dynastie
- *Frühzeitliche Festung, Stadtmauer, Häuser des Alten Reiches*
- Tempel des Chnum: Pylontor
- Tempel des Chnum: Nilometer
- *Balustrade*
- *Nil-Heiligtum*
- Tempel der Satet: Nilometer
- *Vorhalle Ptolemaios' VIII. im Tempel des Chnum*
- Tempel des Chnum von Nektanebos' II.
- Tempel von Kalabscha
- Tor von Ajuala
- Aussichtsplattform
- Heiligtum des Heqaib
- Basilika
- *Tempel der Satet von Mentuhotep II.*
- Barkensanktuar Sesostris' I.
- Tempel der Satet von Sesostris' I.

- - - - Rundweg

Elephantine
Archäologischer Bezirk

Westlich der Aussichtsplattform und am Rande der Oberstadt befand sich das in zahlreichen Schriftquellen erwähnte **Jahwe-Heiligtum** der aramäischen Kolonie auf Elephantine, in dem neben dem Gott der Juden auch noch Anat und Bethel verehrt wurden. Später gab es auf Elephantine auch eine christliche **Basilika (21)**.

Vom Chnum-Tempel führt der Rundweg hinunter zum **Tempel des Heqaib (18)**. Heqaib-Pepinacht, ein hoher Beamter unter Pepi II., starb ca. 2200 v. Chr. und wurde in einem der Felsengräber am Westufer bestattet. Nach seinem Tod wurde er als Heiliger verehrt und im Mittleren Reich schließlich vergöttlicht. Sarenput, Gouverneur von Assuan und angeblich Nachfahre von Heqaib, erwirkte von Pharao Sesostris I. die Erlaubnis zum Bau eines Tempels. In diesem fanden sich porträthafte Statuen von Heqaib und Würdenträgern des Mittleren Reiches – viele sind im Nubischen Museum ausgestellt, im Tempel befinden sich Kopien.

Den Ackerbauern nützlich

„Dieser Nilmesser ist ein an dem Ufer des Nils aus gleichmäßigen Quadersteinen erbauter Brunnen, in welchem man die Anschwellungen des Nils, sowohl die größten als die kleinsten und mittleren, bezeichnet; denn das Wasser im Brunnen steigt und fällt mit dem Strome. An der Mauer des Brunnens nun sind Merkzeichen als Maße der vollkommenen und der anderen Anschwellungen. Diese beobachtet man und macht sie den anderen bekannt, damit sie es wissen; denn aus solchen Zeichen und Maßen erkennt und verkündigt man die zukünftige Anschwellung schon lange vorher. Dies aber ist sowohl den Ackerbauern nützlich der Wasserbenutzung, der Dämme, der Kanäle und anderer dergleichen Dinge wegen, als auch den Statthaltern der Staatseinkünfte wegen; denn größere Anschwellungen verheißen auch größere Einkünfte."

Strabo, griechischer Geograf

Weitere Inseln

☆ **Botanische Insel**: Auf dieser Insel residierte einst Horacio Herbert Kitchener, nach dem sie gelegentlich auch Kitchener-Island genannt wird. Er befehligte von Assuan aus, also weitab der Front, zwischen 1896 und 1898 die englischen Truppen, die den Sudan unterwarfen und von der Mahdiherrschaft „befreiten". Von 1900 bis 1902 erlangte er als „Schlächter" im Burenkrieg zweifelhafte Berühmtheit und hätte wohl besser daran getan, sich weiter mit seinem Garten auf der Nilinsel zu beschäftigen. Im Ersten Weltkrieg Kriegsminister, ging er im nördlichen Eismeer mit einem Schiff unter. Unter Kitchener wurde die Insel zu einem botanischen Garten mit afrikanischen und asiatischen Tropenpflanzen umgestaltet. Jüngst verschönerte man die Anlage mit viel Aufwand: Neue Wege sind angelegt, ein Kakteengarten, Sprinkler machen manchen Gärtner überflüssig. In einem Versuchsgarten werden fremde Pflanzen auf ihre Eignung für das ägyptische Klima getestet. Besonders am Ostufer nisten Ibisse und andere Vögel. Ärgerlich für Tierfreunde ist der kleine Zoo, in dem etwa Affen unter erbärmlichen Bedingungen gehalten werden.

Tagsüber geöffnet. Eintritt 20 LE. Die Insel ist nur mit der Feluke erreichbar.

Saluga: Flussab wird jeder fruchtbare Quadratmeter der Uferlandschaft von den Bauern kultiviert, flussauf ertrank das ursprüngliche Biotop in den Fluten des Stausees. Damit sind die etwa 30 kleinen Inseln vor Assuan die letzten Zeugen der natürlichen Vegetation des oberen Niltals. Saluga ist das größte Eiland eines Naturschutzgebiets, zu dem auch Awad und Ghazal gehören. Fünf verschiedene Arten von Akazien gedeihen im Schwemmland zwischen den Granitfelsen und bieten den Zugvögeln einen Rastplatz. Ein befestigter Weg führt über die Insel, die wichtigsten Bäume und Sträucher wurden beschriftet, außerdem richtete man eine Plattform zum Beobachten der Vögel ein. Leider fehlt es an Wächtern, um die Insel vor Picknickgesellschaften und deren Müll zu schützen.

Sehel: Gewöhnlich am Spätnachmittag steht der Wind günstig für eine gemütliche Segelpartie zu den Kataraktinseln weiter flussaufwärts. Auf den Felsen von Sehel, der größten Insel zwischen Assuan und dem Alten Damm, haben sich Reisende aller Zeiten in zahllosen Graffiti verewigt. Die nubischen Dörfer warten schon auf die Besucher, Kinder betteln um Bakschisch, und Erwachsene wollen Ketten und andere Souvenirs verkaufen. Altertümerfans lassen sich die *Hungersnotstele* zeigen (Zutritt 25 LE). Dieser „Josephstein", wie ihn der Volksmund nennt, wurde unter den Ptolemäern von den Priestern des Chnum errichtet, um Stellung und Besitz gegen die wachsende Konkurrenz der Isispriester von Philae abzusichern. Er erinnert – die Parallelen zur Bibel sind unverkennbar – an eine Hungersnot der „sieben mageren Jahre" unter Pharao Djoser, die erst endete, als der Herrscher die Tempel des Kataraktgottes restaurieren ließ.

Alternativ zur Fahrt mit dem Segelboot setzen vom Nubierdorf el-Mahatta auf dem Festland Ruderboote nach Sehel über.

Sehenswertes am Westufer

Aga-Khan-Mausoleum: Der steinreiche Mohammed III. Aga Khan (1877–1957) ließ sein der Kairoer Gijuschi-Moschee nachempfundenes Grabmal noch zu Lebzeiten beginnen und wurde am 20. Februar 1959 hier bestattet. Nachdem sich Besucher allzu respektlos benahmen, ist die einstige Touristenattraktion heute nicht mehr öffentlich zugänglich. Das aus Indien stammende Oberhaupt der Nazari-Ismailiten wählte Assuan zur letzten Ruhe, um die Verbindung zu den Fatimiden zu betonen. Die Stadt am Nil hatte er als Ferienort kennengelernt. Aga Khan war ein Weltbürger: Herrscher von über alle Kontinente verstreuten Gläubigen, zeitweise Präsident des Völkerbunds, gleichermaßen in Paris, Genf, Assuan und Karachi zu Hause. Seine junge Witwe überlebte ihn um 40 Jahre – die meiste Zeit davon in Assuan, wo sie täglich zum Mausoleum hinaufpilgerte und eine Rose auf den marmornen Sarkophag legte.

Simeonskloster *(Deir Amba Sam'an)*: Kameltreiber bedrängen den Reisenden an der Anlegestelle auf dem Westufer, um ihm für stolze 50 LE den zu Fuß gut 20-minütigen Aufstieg zu einem verlassenen koptischen Kloster zu erleichtern. Dieses wurde bereits im 13. Jh. wegen der schwierigen Wasserversorgung und den wiederholten Angriffen der Nomaden aufgegeben. In den Fels gehauene Grotten umgeben die Ruine der dreischiffigen Basilika. Auf der oberen Terrasse sind noch Reste des Hauptgebäudes mit Mönchszellen und dem Refektorium auszumachen, daneben alte Mühlsteine, die Olivenpresse und ein großer Backofen.

Tägl. 9–17 Uhr. Eintritt 25/15 LE.

Felsengräber

Die Gräber der Gaufürsten und hohen Beamten wurden im Alten und Mittleren Reich an einem Steilfelsen über dem Nil angelegt. In Anlage und Ausstattung erin-

Ein geduldiges Modell mit Henna-Tattoo

Henna-Schmuck

Seit jeher dienen die pulverisierten Blätter des Henna-Strauchs *(Lawsonia inermis)* von Marokko bis Indien als Haarfärbemittel und Körperschmuck. Lange als altmodisch abgetan, gelten die Henna-Tattoos seit einigen Jahren auch unter Kairos Jeunesse dorée wieder als schick. Schon die Pharaonen benutzten den pflanzlichen Farbstoff zum Styling – Spuren davon fand man an den Fingernägeln von Mumien. Die aufwendigsten Henna-Tattoos stammen aus dem Sudan und aus Nubien. Dort trifft sich die Braut am Vorabend der Hochzeit mit ihren weiblichen Verwandten und Freundinnen zur *Laylat al-Henna*, der Hennanacht. Zunächst wird die Braut unter Anleitung der *Hennana*, der Hennaspezialistin, an Händen und Füßen mit wunderbaren Designs geschmückt, dann bemalen sich die übrigen Frauen mit dem Rest der Paste. Auch der Bräutigam, so will es die Tradition, muss zur Hochzeit mit gefärbten Handflächen oder wenigstens einem Henna-Finger erscheinen. Etwa zwei Wochen hält die Färbung der Haut, dann ist sie verblichen.

Die echten Henna-Tattoos sind mit den Tuschezeichnungen, wie sie in den ägyptischen Ferienorten an jeder Straßenecke angeboten werden, nicht zu vergleichen. Die jungen „Maler" im Suk – nur selten sind es begabte Künstler – werden von Altersgenossen darum beneidet, mit der Berührung meist weiblicher Haut Geld verdienen zu können. Bessere Adressen sind die nubischen Dörfer, wo frau Gelegenheit hat, sich von Frauen schmücken zu lassen und dabei die Nubierinnen gleich ein bisschen kennenzulernen. Auch im Nubischen Haus (→ S. 343) werden Tattoos gemalt. Für ein Tattoo rechne man je nach Aufwand 15–50 LE. Allergiker, so der Hautärzte-Rat, sollten auf Henna-Tattoos besser verzichten. Neben dem Hennapulver enthält die Paste auch Öle und Essenzen anderer Pflanzen.

Sehenswertes am Westufer 349

nern sie an die Nekropole von Beni Hassan in Mittelägypten, sind aber in sehr viel schlechterem Zustand. Nachts werden die Terrassen mit den Grabeingängen effektvoll illuminiert, tagsüber bieten sie einen herrlichen Ausblick auf die Kataraktlandschaft. Auf der Höhe über den Felsengräbern thront der muslimische Heiligenschrein **Qubbet el-Haua**.

Am südlichsten liegt das **Doppelgrab** von **Mechu** und seinem Sohn **Sabni I.** (**Nr. 25/26**, 6. Dynastie). Mechu, so die Inschrift auf der Fassade, fiel bei einem Feldzug in Nubien, doch der Sohn rächte mit einer Strafexpedition den Vater, barg den Leichnam und brachte ihn nach Assuan zurück. Ein schönes Wandbild zeigt Sabni mit seinen Töchtern bei der Jagd in den Sümpfen.

Im Korridor des Grabes von **Sarenput II.** (**Nr. 31**, 12. Dynastie) begegnen wir Statuen des Grabherrn in Mumiengestalt. An der Stirnseite der hinteren Kammer sitzen Sarenput und Sohn (mit Blumen) vor dem Speisetisch, auch an den Seitenwänden wird er von seiner Familie mit Nahrung versorgt.

Hor-Chuef (**Nr. 34**), auch Herhuf oder Harchuf genannt, wurde wegen der Inschriften am Grabeingang berühmt, die ausführlich von seinen Expeditionen in die Oasen, nach Nubien und in den Sudan berichten. Bekanntestes Mitbringsel für den damals gerade mal acht Jahre alten Pharao Pepi II. (2254–2160 v. Chr.) war ein leibhaftiger Pygmäe, der mit anderen Kleinwüchsigen den Aufgang des Sonnengottes als Tanzzwerg feiern sollte. „Meine Majestät wünscht diesen Zwerg mehr noch zu sehen als die Erzeugnisse Sinais und Punts. Passt auf, dass er nicht ins Wasser fällt!", schrieb Pepi nach Assuan.

Zwei verjüngte Säulen markieren den Eingang zum Grab jenes **Heqaib-Pepinacht** (**Nr. 35**, 6. Dynastie), der später auf Elephantine einen Tempel bekam. Die Votivgaben aus dem Grab sind im Museum auf der Insel ausgestellt, Reliefs zeigen Jagdszenen und einen Stierkampf.

Ganz im Norden liegt die Anlage von **Sarenput I.** (**Nr. 36**, 12. Dynastie). Darstellungen des Toten und biografische Texte schmücken die Säulen der Eingangsfront, in der ersten Halle sehen wir Jagdszenen, einen Stierkampf und in einer Laube die Familie des Toten.

Gott Thoth als sitzendes Äfflein im Museum Elephantine

Eine **Fähre** setzt vom Ostufer auf Höhe der Provinzverwaltung (Governorate Building) über. Die durch den Wüstensand recht beschwerliche **Wanderung** vom Kloster zu den Felsengräbern (immer den Kamelspuren nach) dauert 40 Minuten.

Öffnungszeiten: Geöffnet sind die Gräber tägl. 7–17 Uhr. Eintritt 25/15 LE. Tickets werden unten am Nil verkauft.

350 Assuan

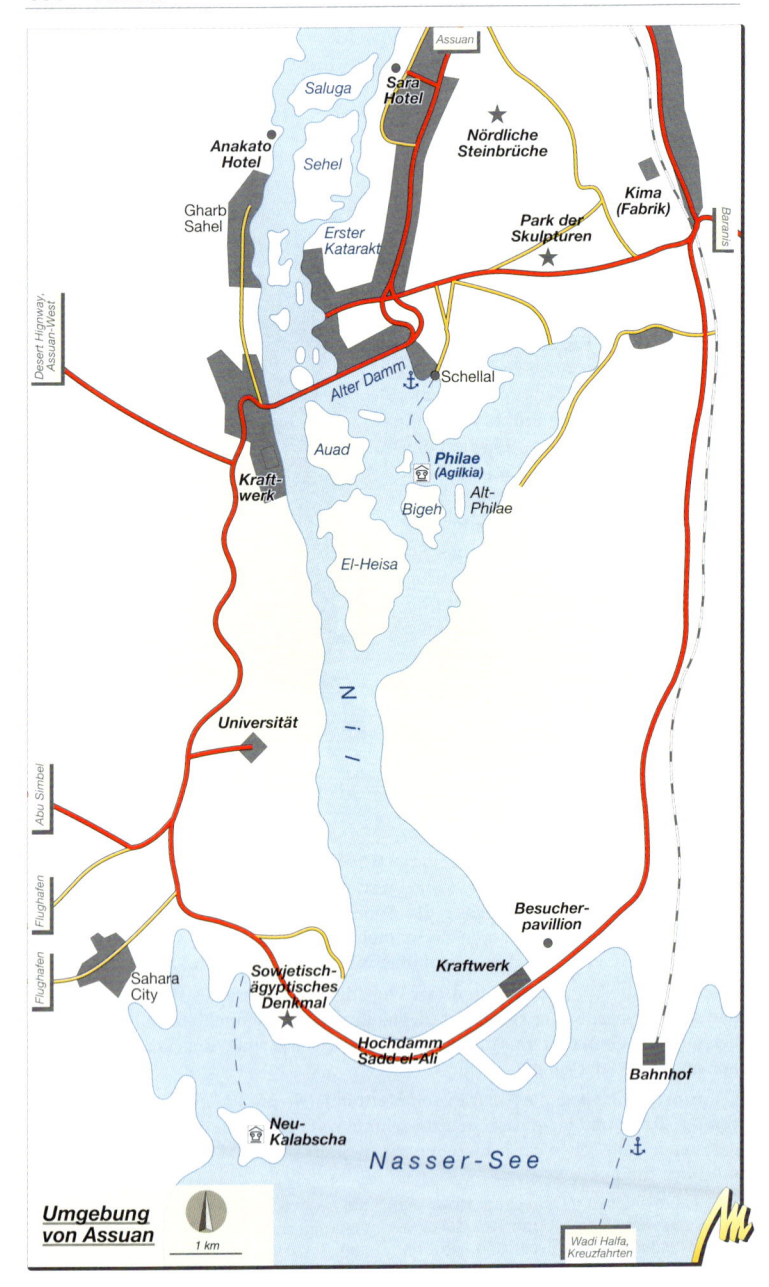

Umgebung von Assuan

1 km

- Assuan
- Saluga
- Sara Hotel
- Nördliche Steinbrüche
- Anakato Hotel
- Sehel
- Gharb Sahel
- Erster Katarakt
- Park der Skulpturen
- Kima (Fabrik)
- Baranis
- Desert Highway, Assuan-West
- Alter Damm
- Schellal
- Auad
- Philae (Agilkia)
- Kraftwerk
- Bigeh
- Alt-Philae
- El-Heisa
- Nil
- Universität
- Abu Simbel
- Flughafen
- Flughafen
- Sahara City
- Sowjetisch-ägyptisches Denkmal
- Besucherpavillon
- Kraftwerk
- Hochdamm Sadd el-Ali
- Bahnhof
- Neu-Kalabscha
- Nasser-See
- Wadi Halfa, Kreuzfahrten

☆☆ Philae

Hier fand Isis, so weiß es der Mythos, das linke Bein ihres Gatten Osiris, der vom bösen Seth zerstückelt und über ganz Ägypten verstreut worden war. Im heiligen Hain der Nachbarinsel Bigeh, den nur die Priester betreten durften, bestattete sie das Bein des Totengottes. Nach einer anderen Legende entsprang aus ihm der Nil.

Während alle anderen ägyptischen Tempel längst zu Kirchen geworden oder geschlossen waren, gestatteten die byzantinischen Kaiser hier in Philae noch für geraume Zeit die Verehrung der pharaonischen Götter – ein Zugeständnis an die heidnischen Blemmyer (Beja) und Nubier. Erst 535 fiel im Zuge einer Strafexpedition des byzantinischen Feldherrn Narses gegen die Blemmyer auch diese letzte Bastion des Heidentums. Christen übernahmen den ptolemäisch-römischen Isis-Tempel, richteten eine Kapelle ein und zerstörten Gesichter, Hände und Füße der Reliefs, um die magische Macht der alten Götter zu brechen.

Handelsexpeditionen hinterließen ihre Graffiti, Tiervater Brehm schrieb sich in die unvollendete Wand des Trajan-Kiosks ein, gegenüber entdecken wir einen Baron von Uxküll. Gordon war da, das napoleonische Korps hinterließ eine Inschrift im Durchgang des Pylons, nicht zu reden von den zahllosen Kritzeleien in griechischer Schrift. Im hinteren westlichen Seiteneingang finden sich sogar hebräische Buchstaben. Man nimmt an, dass diese Steine von der Synagoge auf Elephantine stammen.

Alte Postkarten zeigen die Tempelanlage, wie sie nur mit dem oberen Teil aus dem Wasser ragt und von Booten durchfahren wird. Der Bau des unteren Damms (siehe „Alter Staudamm", S. 355) hatte Philae ins Wasser gesetzt. Zwar wurden so alle Farben ausgewaschen, doch sonst tat das 70 Jahre während Wasserbad dem Tempel eher gut, indem es das Salz auswusch und den Stein härtete. Erst seit der Errichtung des Hochdamms Sadd el-'Ali droht ihm Gefahr. Der Wasserstand des unteren Sees schwankt jetzt täglich analog der von den Kraftwerken angeforderten Leistung – und die mit dem Wechselbad verbundenen Temperaturschwankungen gefährdeten die Bausubstanz.

So wurde Philae versetzt. Die Ingenieure glichen die höher gelegene Nachbarinsel Agilkia im Terrain dem alten Philae an, trugen Stein für Stein von der eingedockten Anlage ab und bauten sie auf Agilkia wieder auf. Von der ursprünglichen Insel Philae ist nichts mehr zu sehen.

Anfahrt: Zum Hafen Shellal, wo die Boote nach Philae übersetzen, kommt man mit dem Taxi (einfach 15 LE, mit Wartezeit und Rückfahrt 50 LE). Die **Überfahrt** kostet mit den kleinen Kuttern (max. 8 Passagiere) pro Boot 25 LE (abends 30 LE), inkl. Wartezeit und Rückfahrt; die größeren Boote verlangen 50 LE. Obwohl es die Bootsleute nicht gern sehen, wartet man zweckmäßig, bis sich mehrere Passagiere zusammengefunden haben.

Öffnungszeiten: Tägl. 7–16 Uhr, im Sommer bis 17 Uhr. Eintritt 50/25 LE. Tickets gibt es bereits am Hafen auf dem Festland.

Sound & Light: Das allabendliche Spektakel (80 LE) bietet Gelegenheit, den Tempel bei Dunkelheit und Scheinwerferlicht zu besichtigen. Shows in deutscher Sprache nur So um 18.30 Uhr (Mai–Sept. jeweils 20 Uhr).

Lesen: Günther Hölbl, *Altägypten im Römischen Reich II: Die Tempel des römischen Nubien*, Mainz (Zabern) 2004. Sachbuch mit ausführlicher, reich bebilderter Beschreibung der Philae-Tempel.

Christian Jacq, *Die letzten Tage von Philae*, Reinbek (Rowohlt) 1998. Ein spannender Historienroman. Das große Land der Pharaonen ist untergegangen und die Christenheit hat sich in Ägypten ausgebreitet. Nur Philae trotzt der Macht. Doch die Tage sind gezählt. Man spürt, dass das Ende der ägyptischen Kultur unausweichlich naht. Das macht den Leser traurig und wütend.

Besichtigung

Links des Aufgangs vom Landesteg steht der **Pavillon des Nektanebos I.** (378–361 v. Chr.) als ältester Teil des Heiligtums. Von ihm verläuft eine Mauer mit Säulengang zum Haupttempel. Ihr Pendant auf der Ostseite des **Vorplatzes** beginnt mit dem **Tempel des Arensnuphis**, eines nubischen Lokalgottes. Ein Relief am Nordende der Ostwand zeigt Kaiser Tiberius, wie er die Dodekaschoinos („Zwölfmeilenland"), also das Nilland südlich von Philae, der Isis und damit praktisch dem Philae-Tempel schenkt.

Vor dem Eingang des Isis-Tempels wachen zwei Granitlöwen. Auf dem **ersten Pylon** schlägt Ptolemaios XII. Neos Dionysos (81–51 v. Chr.) seine Feinde nieder, überreicht Horus und Nephtys die Kronen von Ober- und Unterägypten und räuchert vor den Göttern. Im Haupttor beachte man die koptischen Kreuze, auf der Rückseite tragen Priester die Barke der Isis. Im **Vorhof** links das **Geburtshaus des Harpokrates**, Sohn von Isis und Horus. Der Umgang auf der rechten Seite des Hofs erschließt einige kleinere Räume. Das sog. **Meroitische Zimmer**, das zweite von Süden, hat seinen Namen von den meroitischen Inschriften und der Ritzzeichnung einer Gesandtschaft meroitischer Würdenträger (3. Jh. n. Chr.).

Mit dem **zweiten Pylon** erzwingt die Topografie der Insel ein Abknicken der Tempelachse. Eine Inschrift „aus dem Jahre 7 der Republik" auf dem rechten Turm erinnert an Napoleon und den Sieg von General Desaix über die Mameluken. Die in die Fassade eingelassene Stele notiert einen Erlass Ptolemaios' VI. vom 28. Juli 157 v. Chr., der das Zwölfmeilenland dem Isis-Tempel schenkt und von allen Steuern und Abgaben befreit. Den folgenden **Hof** schützte einst ein Zeltdach vor der Sonne. Wie die zahlreichen Kreuze bezeugen, diente er mit den angrenzenden Hallen als christliche Kirche. Der Altar, ein wiederverwendeter Granitblock, steht vor einer mit christlichen Symbolen umgebenen Wandnische. Es versteht sich, dass gerade hier die heidnischen Reliefs besonders stark zerstört wurden. Im Durchgang rühmt sich Bischof Theodoros (im Amt 525–577) dieses „guten Werks". Durch die Vorsäle gelangt man ins Sanktuarium, in dem noch der Sockel für die Barke steht.

Osiris-Heiligtum: Von der linken Seitenkammer führt eine Treppe aufs Dach mit dem Osiris-Heiligtum. Gewöhnlich bewacht ein Pharao den Eingang zu den Heiligtümern und wehrt alles Übel mit harter Hand ab, doch in römischer Zeit kommt diese Tradition ins Wanken. Der Pharaokaiser ist ein Fremder aus dem fernen Rom und die Priester sind sich seiner magischen Kraft nicht mehr sicher. So beschützen hier Gott Horus von Edfu (links) und ein unbestimmter „**Pharao von Bigeh**" (rechts) den Türdurchgang.

Ebenfalls im Vorhof, auf der Ostwand ganz links, sehen wir die **Seele (Ba) des Osiris**, dargestellt als menschenköpfiger Falke im heiligen Hain von Bigeh, wie sie vom unterägyptischen Nilgott aus dessen linker Hand

Drink aus dem Öko-Kühlbehälter?

Philae 353

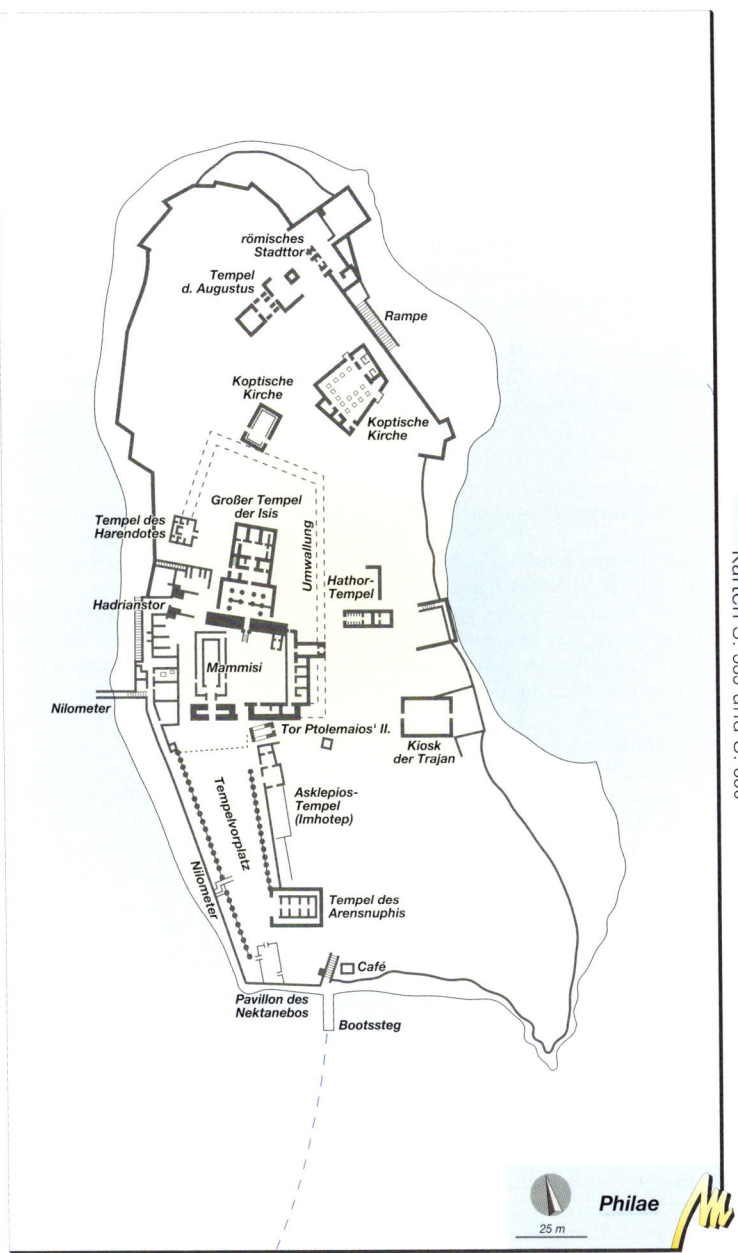

römisches Stadttor
Tempel d. Augustus
Rampe
Koptische Kirche
Koptische Kirche
Tempel des Harendotes
Großer Tempel der Isis
Umwallung
Hathor-Tempel
Hadrianstor
Nilometer
Mammisi
Tor Ptolemaios' II.
Kiosk der Trajan
Tempelvorplatz
Asklepios-Tempel (Imhotep)
Nilometer
Tempel des Arensnuphis
Café
Pavillon des Nektanebos
Bootssteg

Assuan
Karten S. 335 und S. 350

Philae
25 m

und der rechten Brust mit Wasser übergossen wird. Die Szene wiederholt sich auf der Westwand (links neben der Kultnische), hier mit dem oberägyptischen Nil, auf dessen Hand man einen Frosch als Wasserspender ausmachen kann.

Die Rolle des Osiris als Quelle des Lebens verdeutlicht ein ungewöhnliches Relief an der Südwand der Kammer (Mitte der untere Reihe), nämlich die Darstellung des Osiris als **Kornmumie**: Aus dem Körper des toten, auf einer Bahre ruhenden Gottes sprießen Getreidehalme. Rechts davon wird er von Anubis balsamiert und von Isis und Nephtys betrauert.

Die letzten Hieroglyphen

An einem heißen Sommertag, man feierte den Geburtstag des Osiris, vollendete der greise Esmet-Achon sein Relief des Mandulis an der inneren Nordwand des Hadrianstors. Nun bedurfte es noch der zugehörigen Inschrift. Mit unsicherer Hand, kaum leserlich und dabei manche Zeichen verwechselnd, ritzt der Priester die übliche Eröffnungsphrase in den Stein: *„Vor Mandulis, Sohn des Horus, (gemacht) von Esmet-Achom, dem Sohne des Esmet, zweiter Priester der Isis, für alle Ewigkeit. Zu rezitieren durch Mandulis, den Herrn von Abaton, den großen Gott."*

Doch wie weiter? Was spricht der Gott? Mandulis schweigt. Der Alte weiß die Texte nicht mehr und auch nicht die Zeichen, lässt Raum, damit vielleicht ein anderer die Inschrift vollende. Weiter unten notiert er noch eine persönliche Bemerkung und bedient sich dabei der demotischen Schreibschrift, wie sie in der profanen Welt außerhalb der Tempel benutzt wurde: *„Ich bin Esmet-Achon, Schreiber des Archivs der Isis, Sohn des Esmet-Panechetut, des zweiten Priesters der Isis; dessen Mutter Asetweret ist. Ich habe die Arbeit an diesem Mandulisbild für die Ewigkeit ausgeführt, denn er ist wohlwollend mir gegenüber. Am Geburtstag des Osiris, am Fest desselben, im Jahre 110."*

Niemand hat den Text zu Ehren des Mandulis mehr vollendet. Die unbeholfenen Zeilen des Esmet-Achon waren die letzten, die in der ägyptischen Hieroglyphenschrift geschrieben wurden. Mit den Priestern ging die Kenntnis der alten Zeichen verloren, und die Christen, die später das Relief des Mandulis zerstörten, konnten den Text nicht mehr verstehen. Bei seiner Jahresrechnung benutzte Esmet-Achon bereits den koptischen Kalender, der 284 n. Chr. mit dem Regierungsantritt Diokletians beginnt. Als Datum der letzten Hieroglypheninschrift lässt sich damit der 24. August 394 errechnen.

58 Jahre später endete auch die Ära der demotischen Schrift. Am 6. Choiak im Jahr 169 des koptischen Kalenders, umgerechnet der 12. Dezember 452, verewigte sich „Smeto, Sohn des Pachom, erster Priester der Isis" rechts vom Eingang der Osiriskammer auf dem Dach des Isis-Tempels. Sein Graffito ist das letzte datierte demotische Dokument.

Westlich des Tempels befindet sich auf Höhe des ersten Pylons ein **Nilometer**, der nach der Versetzung des Tempels nun im Trockenen steht. Auf Höhe des zweiten Pylons sieht man im **Hadrianstor** (rechte Wand) ein schönes Relief der Nilquellen. An der Nordseite des Isis-Tempels wurden die Reste des **Augustus-Tempels** und des **römischen Stadttors** rekonstruiert. Auf den Säulen des **Hathor-Tempels** tummeln sich die Fabelwesen wie in einer romanischen Kirche. Affen musizieren, der koboldartige

Gott Bes spielt Harfe und Tamburin: sie begrüßen die von ihrer Reise nach Nubien zurückkehrende Tefnut, die hier als „Ferne Göttin" bezeichnet wird. Der fotogene **Kiosk des Trajan**, in dem die Prozessionen empfangen wurden, blieb unvollendet.

> ### Die Legende der Fernen Göttin
>
> Als der Sonnengott Re noch auf der Erde lebte, geriet er einmal in heftigen Streit mit Tochter Tefnut. Die verließ ihren Vater, nahm die Gestalt einer Löwin an und zog sich voller Grimm in die Nubische Wüste zurück. Doch der Verlust seiner Tochter schmerzte Re sehr. Er sandte den Schu, Tefnuts Zwillingsbruder und Luftgott, sowie den für seine magischen Künste bekannten Thoth aus, um die Göttin zurückzuholen. Die beiden entdecken Tefnut beim Berg des Sonnenaufgangs, verwandeln sich, um nicht erkannt zu werden, in Paviane und malen der Göttin in herrlichen Farben ein Leben in Ägypten aus: Dort würde sie von den Menschen in Tempeln verehrt, bekäme Opfergaben en masse und müsse nicht mehr mühsam die in der unwirtlichen Wüste so knappe und magere Beute jagen. Tefnut lässt sich überzeugen, kehrt zurück und wird in Philae mit einem großen Fest empfangen. Sie heiratet den Thoth und wacht fortan als Uräus-Schlange auf der Stirn von Vater Re, wenn dieser über den Himmel zieht. Die gut gestimmte Tefnut tritt auch als sanfte Katze (Bastet) auf. Im Zorn verwandelt sie sich aber noch in eine Löwin (Sechmet).

☆ Alter Staudamm

Der kürzeste Weg von Assuan zum Flughafen oder nach Abu Simbel führt über den Alten Staudamm. Auf der Krone ist jedes Anhalten streng verboten, doch von den Brückenköpfen kann man einen Blick auf die Kataraktlandschaft werfen.

Von Frühjahr 1898 an schufteten unter der Aufsicht britischer Ingenieure 800 italienische Steinmetze sowie Tausende Nubier und Ägypter vier Jahre lang Tag und Nacht, um die „Pyramide des 19. Jahrhunderts" zu bauen, wie Zeitgenossen die damals größte Talsperre auf dem Planeten überschwänglich nannten. Nach zwei Aufstockungen (1912 und 1931) hebt der aus Granitblöcken errichtete Damm den Wasserspiegel heute von 85 auf 121 m an.

„Dieser Staudamm ist keine gewöhnliche Sache", schrieb Julius Meier-Gräfe 1927. „Er hat die Breite einer anständigen Straße und zweier Geleise. Er ist ganz aus Stein und seine schnurgerade Länge beträgt fast zwei Kilometer. Nach der einen Seite, nach Süden, überragt er nur wenig die große Wasserfläche. Das andere Steingeländer steht in gewaltiger Höhe über dem fast leeren Felsenbett des Nils. Und das Wasser, das die Siebe in Kaskaden durchließen, war eine Winzigkeit neben der Ausdehnung des steinigen Flußbettes, das einem hingelegten und auseinandergefallenen Riesengerippe glich. Es bleibt erstaunlich, daß der Damm der Wassermenge, die auf Hunderte von Kilometern nach Nubien hineingestaut wird, standhält. Obwohl sicher alles doppelt und dreifach kalkuliert ist, wird man nicht sein Unbehagen los und fühlt sich als Seiltänzer."

Die Funktion des Alten Dammes ist nur aus der Zeit vor dem Bau des Hochdamms Sadd el-'Ali zu verstehen. Der bis 300 km lange Stausee konnte 4,9 km^3 Wasser aufstauen, also etwa 7 % der durchschnittlichen Jahreswassermenge des Stroms. Dieses Volumen erlaubte, das Land stromab bis in den Winter hinein zu bewässern. Um die Nilflut aufzuhalten oder gar Schwankungen zwischen wasserreichen und wasserarmen Jahren auszugleichen, war der See aber zu klein. Vor der Nilregulierung kamen im Durchschnitt auf dem Höhepunkt der Flut Anfang September in Assuan 8500 m³/sec Wasser an, hingegen im Mai nur 520 m³/sec.

Kam die sommerliche Flutwelle, öffnete man alle 180 Tore im Damm und ließ das Wasser hindurchrauschen. So wurde das Ackerland stromab weiterhin überschwemmt, und der fruchtbare Nilschlamm konnte sich auf den Feldern ablagern. Nach der Flut, in den immer noch wasserreichen Monaten bis zum Jahresende, schloss man die meisten Tore und füllte den See auf. Im Januar machte der Damm gänzlich dicht. Dann wurden in Ägypten die Kanäle gereinigt, die Uferbefestigungen erneuert und die Brücken repariert. Von Februar bis zum Beginn der Flutwelle wurden wiederum einige Tore geöffnet und das aufgestaute Wasser langsam abgelassen.

> Soldaten wachen darüber, dass niemand über den Damm läuft, dort fotografiert oder auch nur anhält. Radler berichten, dass ihnen der Film aus der Kamera genommen wurde. **Fotografierverbot** gilt auch an den Brückenköpfen.

Der **Erste Katarakt** war schon vor dem Bau des Damms eine Stromschnelle, kein tosender Wasserfall. Andere Passagen im Fluss, etwa die Enge von Kalabscha oder der 150 km lange „Steinbauch" Batn el-Hadschar, waren für die Bootsleute weit schwieriger zu überwinden. Bei Niedrigwasser war der Katarakt unpassierbar, doch während der Flut brachten die Pharaonen ganze Flotten den Nil hinauf. Schon im Alten Reich baute man einen Kanal, um die Passage zu erleichtern. Gordon Pascha, der unglückliche Befehlshaber des von den Truppen des Mahdi belagerten Khartum, verfügte über ein Dutzend Raddampfer, die allesamt irgendwann die Stromschnellen überwunden hatten.

Der Alte Staudamm ist 5 km südlich des Stadtzentrums.

Park der Skulpturen: Jedes Frühjahr kommen Bildhauer aus aller Welt zum *Aswan Sculpture Symposium* (www.cdf-eg.org) und arbeiten coram publico auf der Terrasse des Basma-Hotels. Die dort über die Jahre entstandenen Skulpturen sind auf einem Freigelände nahe den antiken Granitsteinbrüchen ausgestellt. Die Anhöhe ist auch ein guter Platz zum Genießen des Sonnenuntergangs (→ Bild S. 362). In der Umgebung findet man unvollendete Statuen und antike Sarkophage.

Das Freilichtmuseum *(el-mathaf el-maftouna)* findet sich auf dem Ostufer an der Straße vom Alten Staudamm zum Hochdamm. Eine Karte mit den Fundstellen unvollendeter pharaonischer Statuen steht unter http://img96.imageshack.us/i/shellal.jpg.

Nilpferd vor dem Untergang

Kalabscha: Gott Mandulis Aug' in Aug' mit sich selbst

☆ Hochdamm (Sadd el-'Ali)

Kaum ein technisches Projekt in der jüngeren Geschichte Ägyptens war derart umstritten wie der Hochdamm mit seinem Stausee, der 500 km weit bis in den Sudan reicht.

Optisch ist der Sadd el-'Ali weniger spektakulär, als viele Besucher erwarten. Die Barriere ist nicht als Mauer, sondern als mit Steinen, Lehm und Sand gefüllter Damm ausgeführt, der auf der Talseite in flachem Winkel abfällt und an der Basis fast einen Kilometer stark ist.

Mit dem Hochdamm wollte Ägypten auch das letzte Drittel noch ungenutzten Nilwassers für die Landwirtschaft verfügbar machen. Mit den so ermöglichten Bewässerungsprojekten erhöhte sich die Ackerfläche des Niltals um 8000 km², also um ein Viertel. Für ein Land, das zu 95 % aus Wüste besteht, ein entscheidender Einschnitt. Auch die Flotte der inzwischen über 300 Hotelschiffe könnte ohne den Abfluss des Sees nur im Sommer verkehren.

1954 waren die Vorbereitungen im Wesentlichen abgeschlossen – ein deutsches Konsortium hatte den Zuschlag erhalten. Doch die Finanzierung barg noch mancherlei Schwierigkeiten. Amerikaner und Briten erklärten sich zu einer Anleihe bereit, ebenso die Weltbank, die dafür allerdings die Kontrolle über den ägyptischen Staatshaushalt bis zur Tilgung der Anleihe verlangte – Nasser willigte gezwungenermaßen ein.

Am 16. Juli 1956 kündigten die USA ihre Versprechungen. Das ägyptische Regime sei nicht gefestigt genug, und man habe kein Vertrauen in die Rückzahlung der Anleihe. England und die Weltbank schlossen sich dem amerikanischen Schritt an. Daraufhin gewann Nasser die Sowjetunion als Partner. Am 9. Januar 1960 feierte man mit der ersten Sprengung den Baubeginn, am 15. Januar 1971 wurde der

3,6 km lange und 110 m hohe Damm eingeweiht. Ein lotusförmiges **Betondenkmal** – ein Fahrstuhl bringt die Besucher zur Aussichtsplattform – feiert die ägyptisch-sowjetische Zusammenarbeit.

Baupläne, ein Modell des Damms und Fotos von den Bauarbeiten sind im **Besucherpavillon** auf dem Ostufer ausgestellt. Seine Bewährungsprobe bestand der Sadd el-'Ali 1979–88, als er die ägyptischen Bauern vor einer Dürrekatastrophe bewahrte. Damals fiel zunächst über neun Jahre in Äthiopien fast kein Regen, und der Wasserzufluss des Nils blieb weit unter dem Durchschnitt. Der Speicherinhalt des Nasser-Stausees halbierte sich, und sein Pegel sank von 175 m über Normalnull auf gerade noch 150 m, trockenen Fußes konnte man zum Kalabscha-Tempel gelangen. 1988 kam der Regen dann geballt über das äthiopische Hochland: Ohne den Hochdamm wäre es in Ägypten damals zu schweren Überschwemmungen gekommen.

Zum Hochdamm (Straßenzoll 20 LE) fährt man zweckmäßig mit dem Taxi. Zu Fuß und per Rad darf der Damm nicht überquert werden. Taxis halten gewöhnlich nur am Parkplatz in der Mitte des Damms, wo Fotografieren erlaubt ist. Zusätzliche Stopps am Denkmal *(el-burg)* und am Pavillon *(mekat)* nur auf Anfrage.

Ökologische Folgen des Hochdamms

Fehlender Nilschlamm: Der Nilschlamm, der früher während der Flut auf die Felder geschwemmt wurde oder sich wenigstens im Fluss und in den Kanälen ablagerte, sinkt durch den im Stausee verlangsamten Wasserfluss schon an der sudanesisch-ägyptischen Grenze auf den Seegrund. Für die Nährstoffversorgung der Böden hatte der Schlamm jedoch nur geringe Bedeutung. Die Ziegeleien, die den Schlamm zu Baumaterial verarbeiteten, versorgen sich heute mit Ton aus der Wüste.

Schrumpfendes Delta: Jedes Jahr geht ein etwa 30 m tiefer Streifen der Deltaküste im Mittelmeer unter. Der Zusammenhang zwischen fehlendem Nilschlamm und der Küstenerosion ist jedoch umstritten, da die Küste schon lange vor dem Dammbau zu schrumpfen begann.

Ufererosion: Die Veränderung der Abflussverhältnisse brachten den Fluss „in Bewegung", und noch hat der Nil sein Bett an die neuen Verhältnisse nicht gänzlich angepasst. Er mäandert, vertieft hier das Flussbett und spült Ufer ab, wird dort flacher und lagert Land an. Die natürliche Fahrrinne der Schifffahrt verschiebt sich häufig und unerwartet.

Gestiegenes Grundwasser und Versalzung: Vor Errichtung des Hochdamms stieg und fiel der Grundwasserspiegel im Niltal und bis weit in die Wüste hinein mit dem Kommen und Gehen der Nilflut. Heute fehlt diese zyklische Bewegung, die zusammen mit der Flut auch das Salz aus der Erde löste. Mit der Ausdehnung der Bewässerungsflächen und der Siedlungen versickerte flussabwärts mehr Wasser im Boden, der Grundwasserspiegel stieg und brachte manches Baudenkmal aus dem Lot. Da vielerorts die notwendigen Drainage-Kanäle erst Jahrzehnte verspätet gebaut wurden, versalzten die Böden.

Klimaveränderung: Der Nasser-Stausee gibt nur etwa 90 % der Wassermenge wieder her, mit der er gespeist wurde. Der Rest löst sich in Luft auf – er verdunstet. Seit der Füllung des Stausees gibt es in Assuan mehr Wolken und Regen, so sagen wenigstens die Einheimischen.

☆ Neu-Kalabscha

Auf der Insel nahe dem Hochdamm wurden einige der vor den Fluten des Nasser-Sees geretteten Denkmäler neu aufgebaut. Besonders sehenswert sind der römische Mandulis-Tempel von Kalabscha und das Felsenheiligtum Beit el-Wali.

Blickfang der Insel ist der **Kiosk von Qertassi**, der als weithin sichtbare Landmarke einst den Eingang zu einem Steinbruch bewachte. Mit seinen hübschen Hathorsäulen erinnert er an den Trajanskiosk auf Philae. Zwischen Kiosk und Mandulis-Tempel lagern Felsen mit **prähistorischen Tierzeichnungen**. Nachdem seine Blöcke an die 40 Jahre auf der Insel gelagert hatten, wurde 2002 auch der **Ramses-Tempel** von Gerf Hussein rekonstruiert.

Mandulis-Tempel: Das Heiligtum des Mandulis, einer nubischen Sonnengottheit, stammt aus der Zeit des Kaisers Augustus. Ursprünglich stand es etwa 40 km weiter im Süden und wurde als deutscher Beitrag zur Unesco-Rettungsaktion der nubischen Denkmäler hierher versetzt. Dabei kamen die verbauten Blöcke eines älteren ptolemäischen Schreins zu Tage, der als Dank für die deutsche Hilfe nun im Berliner Ägyptischen Museum steht.

Der Mandulis-Tempel folgt dem üblichen Plan ptolemäisch-römischer Heiligtümer. Die Reliefs blieben unvollendet, der vorhandene Wandschmuck ist oberflächlich und wenig kunstvoll, fast grob ausgeführt. Amelia Edwards, die bei ihrem Besuch 1873 noch die Farben sah, echauffierte sich über die Maskerade der Gottheiten und die krude und grelle Kolorierung: „We have never seen the like of."

Vom Ufer führt ein 30 m langer Aufweg zum Pylon, der leicht schräg gegen die Tempelachse steht. Im Eingang zum **Hof** belegen Kreuze und koptische Graffiti die spätere Nutzung als Kirche, an den Säulenschranken der **Säulenhalle** entdeckt man die Farbreste eines biblischen Bildes der drei Männer im Feuerofen. Die linke Rückwand zeigt rechts in der zweiten Reihe von oben Amenophis II. (18. Dynastie) mit einem Trankopfer vor Min-Re und Mandulis; links davon opfert ein nicht näher bestimmter Pharao Ptolemaios der Triade Isis, Mandulis und Horus. Es ist nicht mehr nur der jeweils regierende Pharaonen(kaiser), dessen magische Kräfte die Tempelbauer beschwören, auch Pharaonen aus ferner Vergangenheit werden nun bemüht.

Die Wächter des Mandulis-Tempels

Assuan

An anderer Stelle im Tempel bleiben die Königskartuschen ganz leer. Mancher Name mag, nur in Farbe aufgetragen, verblichen und ausgewaschen sein. Doch viele Kartuschen trugen nie einen Namen und standen einfach nur für „Pharao". Im **Opfersaal**, dem zweiten Raum des Tempels, findet sich am Westende der Südwand eine kuriose Abwechslung vom Einerlei der üblichen Opferszenen: Thoth und Horus reinigen einen kopflosen Pharao.

Interessante **Graffiti** finden sich im Hof rechts des Eingangs zur Säulenhalle: Über einer beschädigten Opferszene mit Pharao vor Mandulis und Isis befiehlt Gouverneur Aurelius Besarion in einer griechischen Inschrift von 248 n. Chr., dass Schweine vom Tempel fern zu halten seien. Auf der zweiten Säule, zwischen zwei griechischen Votivtexten, eine meroitische Inschrift des Blemmyer-Fürsten Charamadoye (4. Jh.).

Am rechten Rand der Fassade feiert Silko, König von Nobatia, seinen Sieg über die Blemmyer. Unter dem in fehlerhaftem Griechisch geschriebenen Text durchbohrt Silko den Feind mit der Lanze, ein geflügelter Siegesengel reicht die Krone. Kleidung und Pose des Siegers erinnern an die römischen Soldatenheiligen der Spätantike, wie sie uns in der koptischen Ikonografie begegnen.

Beit el-Wali: Der Felsentempel Ramses' II. war schon am alten Standort Nachbar des Mandulis-Tempels. Der Hof war einst mit einem Ziegelgewölbe überdacht, das in christlicher Zeit, als der Tempel als Kirche diente, erneuert wurde. Sehenswerte Reliefs schildern die Feldzüge des Pharaos. Auf der Nordwand sind die Kriege gegen Libyer und Syrer dargestellt, auf der Südwand (linkes Bild) jagt er mit zwei Söhnen in Streitwagen die nubischen Feinde. Diese fliehen in ihr Dorf, das inmitten eines Dumpalmen-Hains liegt. Zwei Männer führen einen Verwundeten, Frauen und Kinder kommen ihnen entgegen. Im rechten Bild empfängt der in einem Pavillon thronende Ramses die Schätze Afrikas als Tribut der Nubier: Leopardenfelle, Goldringe, exotische Tiere wie Affen, Giraffen, Leoparden und Strauße, dazwischen Gefangene samt Frauen mit Kindern.

Museumsinsel tägl. 8–16 Uhr. Eintritt 35/20 LE. Taxiboote (70 LE) setzen von der Werft am Westende des Hochdamms über.

Meroitisch – die Sprache, die niemand versteht

Die einst in Nubien herrschende Meroë-Kultur, die Tempel und Pyramiden nach ägyptischem Vorbild baute, hatte von etwa 120 v. Chr. bis zu ihrem Untergang (Ende 4. Jh. n. Chr.) eine eigene Schrift. Man schrieb von links nach rechts und benutzte für förmliche Anlässe ein Alphabet mit aus Ägypten entliehenen Hieroglyphenzeichen. Für den Alltagsgebrauch genügte eine Kursivschrift. 1909 gelang es dem britischen Gelehrten Francis L. Griffith, die beiden Alphabete zu entziffern und ihnen je 23 Zeichen Vokale und Konsonanten zuzuordnen.

So weit, so gut. Wir können dank Griffith die vielen tausend meroitischen Inschriften und Papyri laut lesen und wissen dank neuerer Forschungen auch ein wenig über die Grammatik. Doch wir verstehen die Sprache nicht! Vergeblich sucht man bislang einen Rosetta-Stein aus Meroë, auf dem ein meroitischer Text zusammen mit der Übersetzung in eine andere Sprache steht. Meroitisch scheint mit keiner bekannten afrikanischen Sprache verwandt zu sein. Wissenschaftliche Außenseiter suchen den Schlüssel zum Meroitischen gar in zentralasiatischen Idiomen. Solange kein neuer Champollion die Sprache von Meroë entschlüsselt, bleibt uns auch die Kultur dieses Reiches weitgehend verschlossen.

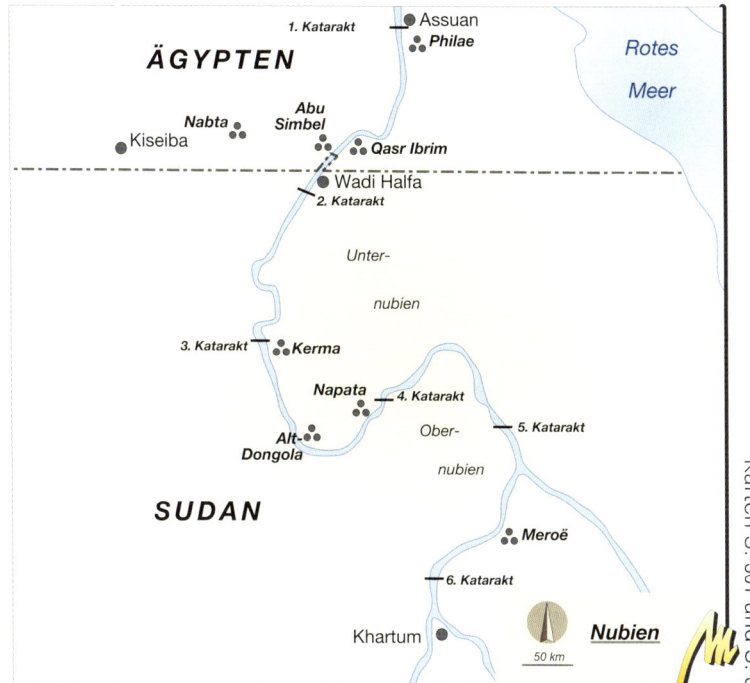

Nubien und Nasser-Stausee – Preis des Fortschritts

Der Tagestrip im Flugzeug nach Abu Simbel ist ein Höhepunkt vieler Ägyptenreisen. Gemütlicher reist sich's mit dem Schiff über den Nasser-Stausee, in dem die Kulturlandschaft zwischen dem ersten und zweiten Katarakt unterging. Unterwegs werden auch die geretteten und an höhere Standorte versetzten Tempel von Unternubien angelaufen.

Die Kreuzfahrt von Assuan nach Abu Simbel ist bislang noch eine eher exklusive Angelegenheit. Gemächlich zieht die Wüstenlandschaft vorbei, in der trockenen Luft leuchten Sand und Felsen in intensiven Braun- und Gelbtönen. Reiher thronen auf kleinen Felsinseln, Pelikane jagen im Sturzflug über das Wasser.

Nur wenige Menschen wohnen am Buharat en-Nuba, dem „Nubischen See", wie die Nubier Nasser-Stausee nennen. Die einzigen Städte sind **Abu Simbel** und der sudanesische Grenzort **Wadi Halfa**. Die sich mit dem wechselnden Wasserstand stetig verändernde Uferlinie erschwert den Feldanbau. Hier und da trifft man auf ein Zeltlager der Fischer, keine Nubier, sondern Ägypter aus den Provinzen Qena und Sohag. Mit ihren Netzen holen sie riesige Nilbarsche ein. Einst waren die Fischer arme Knechte in der Hand einer Assuaner Familie, die das Fischereirecht gepachtet hatte. Dann ging die Fischpacht an eine Genossenschaft, welche die Fischer allerdings kaum weniger ausplündert. Das Sagen hat eine Gruppe von Bootsbesitzern – wer nur seine Arbeitskraft mitbringt, kann nicht Genosse werden.

Geschichte Nubiens

Auf einem jetzt in Khartum aufgestellten Sandsteinblock des Gebel Suleiman, drei Fußstunden von Wadi Halfa entfernt, hat ein Kriegsberichterstatter vor 5000 Jahren die Kunde vom Triumph des Pharaos Djer hinterlassen: Das ägyptische Schiff schwimmt inmitten von Leichen, am Vordersteven baumelt der feindliche Häuptling, und am Ufer steht ein Gefangener mit auf dem Rücken gefesselten Händen vor dem symbolisierten Sieger Djer. „Das Nubierland zerhackt; als Gefangene siebentausend Männer und Weiber fortgeführt und zweihunderttausend Rinder und Schafe", feiert der Palermostein den Pyramidenbauer Snofru. Dem Gaufürsten Hapdjefai, der in Kerma als Gouverneur über Nubien gewaltet hatte, wurden 200 bis 300 mit Drogen betäubte Menschen bei lebendigem Leibe mit ins Grab gegeben. Menschen? „Waren alle nur Nubier", sucht die Inschrift zu beschwichtigen.

Als Rohstoffbasis, wegen seines „Menschenmaterials" und als Handelsweg war Unternubien die meiste Zeit unter ägyptischer Kontrolle. Aus dem „Land vor der südlichen Türöffnung" kamen Rinder, eine sonst nirgendwo erhältliche Sorte Weihrauch, Elfenbein, Holz (!), Kupfer und vor allem viel, viel Gold. In friedlichen Zeiten verdingten sich die Nubier in Ägypten als Söldner und Hausknechte. War Ägypten jedoch geschwächt, bedrohten die Nubier das Pharaonenland. In einer Botschaft lud der Herrscher der Hyksos seinen nubischen Kollegen aus Kusch zu Verhandlungen über die Aufteilung Ägyptens ein. Doch das „Jalta" der Zweiten Zwischenzeit fiel aus – ägyptische Spione hatten den Brief abgefangen. Wie die germanischen Legionen die „Kaisermacher" der römischen Spätzeit waren, so hoben auch die nubischen Söldner 1085 v. Chr. in einem Militärputsch den General Herihor auf den Pharaonenthron. „Dem jugendlichen Heer, das du [Amun] ausgesandt hast, gehört der Sieg. Und viele sollen beben vor ihm", verkündet die Stele des Pianchi, König von Napata am 4. Katarakt. 730 v. Chr. fiel er in Ägypten ein und beherrschte es mit seinen Nachfolgern als 25. Dynastie für 75 Jahre. In dieser Periode sind die geschichtlichen Hintergründe von Verdis *Aida* angesiedelt.

Auch in Zeiten der politischen Unabhängigkeit standen die Nubier unter dem Einfluss der ägyptischen Kultur und Religion. Ab etwa 300 v. Chr. blühte zwischen dem 5. und 6. Katarakt das Reich von Meroë. Zu dieser Zeit klaffte in der Kulturbrücke zwischen Schwarzafrika und dem Mittelmeer eine Lücke, denn das Niltal zwischen Assuan und Wadi Halfa war unbesiedelt. Trotzdem blickte Nubien nach Norden. 1000 Jahre nach dem Bau der letzten ägyptischen Königspyramide ließen sich die dunkelhäutigen Herren von Meroë wieder in Pyramiden beisetzen – und bauten mehr davon, als die Ägypter je schufen. Kultureller und religiöser Wandel ging zwischen den Katarakten immer ein wenig langsamer vonstatten als in Ägypten. Bis ins 6. Jh. blühten die heidnischen Kulte, und erst im 14. Jh. wurde der letzte christliche König von Nubien nach Kairo deportiert.

Zeittafel

7700 v. Chr.	Erste Spuren von Viehzüchtern zwischen Nabta und Bir Kiseiba
6000–5200 v. Chr.	Nabta/al-Jerar-Kultur mit Viehzucht und Vorratshaltung
4400–2700 v. Chr.	Jungsteinzeitliche Megalithkultur von Rinderzüchtern in Nabta
3500–2200 v. Chr.	Halbnomadische A-Kultur, ägyptischer Handelsstützpunkt in Buhen (2. Katarakt)
2200–1570 v. Chr.	C-Kultur in Unternubien
1990–1570 v. Chr.	Unternubien gehört zeitweise zum Reich von Kusch (Kerma-Kultur)
1570–1070 v. Chr.	Nubien wird von den Ägyptern kontrolliert
760–300 v. Chr.	Napata-Kultur, nubischer König als 25. Dynastie zeitweise auf dem Pharaonenthron
300 v. Chr. – 350 n. Chr.	Meroë-Kultur mit Schwerpunkt in Obernubien, Tempel und Pyramiden nach ägyptischem Vorbild, eigene Schrift
21/20. v. Chr.	Die Römer annektieren die Dodekaschoinos, d. h. den Norden Unternubiens zwischen Assuan und Maharraqa
298 n. Chr.	Kaiser Diokletian verlegt die Grenze zurück nach Assuan
350 – 540	Ballana- oder X-Kultur in Unternubien, Königreich Nobatia vom 1. bis 3. Katarakt
ca. 540	Sieg über die Blemmyer, erster christlicher Herrscher von Nobatia
6. Jh.	Christianisierung
ca. 700	Vereinigung der nubischen Reiche Nobatia und Makuria, Verlagerung des politischen Schwerpunkts nach Dongola
1272–1295	Kämpfe zwischen Nubiern und Mameluken
1323	Erster muslimischer Herrscher in Dongola
14./15. Jh.	Islamisierung
1820	Ägyptische Eroberung Nubiens durch Truppen Mohammed Alis
1899	Durch die Grenzziehung wird Unternubien Teil des modernen Ägypten, Obernubien Teil des Sudan
1902	Mit dem Bau des ersten Assuan-Damms wird das nubische Niltal zum Stausee. Die Dörfer müssen in höheren Lagen neu angelegt werden. Verstärkte Emigration ins ägyptische Kernland.
1963/64	Mit dem Bau des Hochdamms wird Unternubien gänzlich geflutet, die Restbevölkerung wird ins Becken von Kom Ombo umgesiedelt.

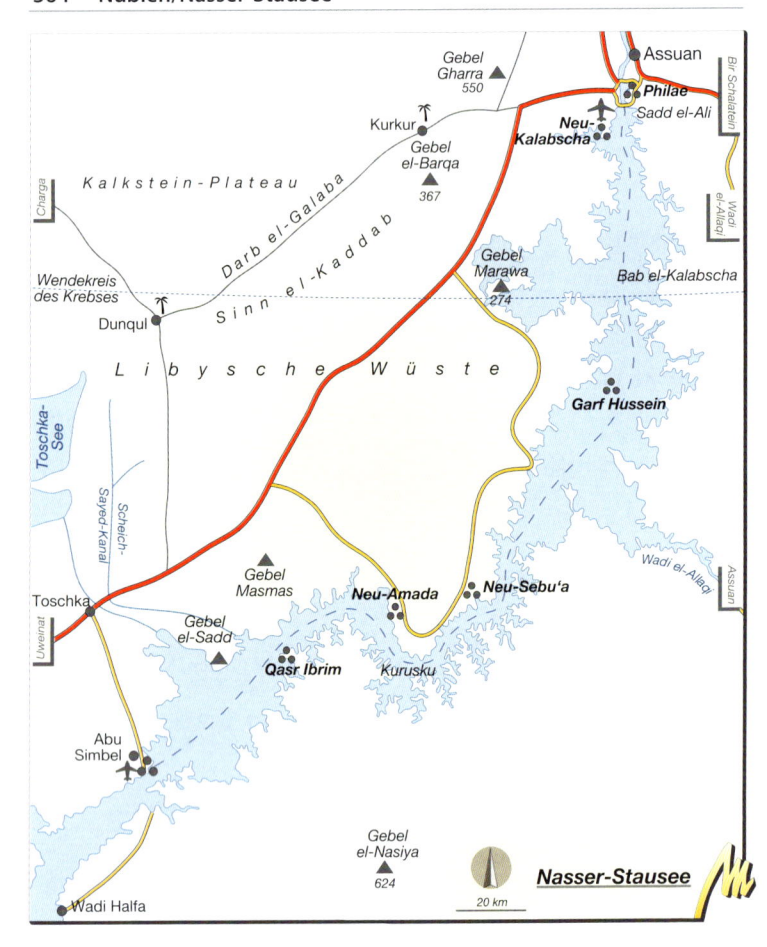

Urlaub auf dem Nasser-Stausee

● *Schiffe* Nur sechs Touristenschiffe kreuzen auf dem See. Am schönsten ist die im Stil eines alten Salondampfers gebaute **MS Eugénie**. Auch das Schwesterschiff **MS Kasr Ibrim** kann sich mit seiner dem Art déco der 1930er-Jahre nachempfundenen Inneneinrichtung sehen lassen. Beide werden von *Belle Époque Travel* betrieben, dessen Eigentümer Mustafa el-Guindi als Erster das Wagnis einging, Kreuzfahrten auf dem See anzubieten.
Ebenfalls in altem Stil wurde die von Mövenpick gemanagte **MS Prince Abbas** gebaut. **MS Omar el-Khayam** ist mit rund 80 Kabinen das größte Schiff auf dem See. Dann gibt es noch die bei deutschen Veranstaltern und Gästen besonders beliebte **MS Nubian Sea**. Das neueste, größte, edelste und teuerste Schiff auf dem See ist die 2010 in Dienst gestellte **MS African Dream**.

● *Programm* Die Kreuzfahrten dauern bei einer reinen Fahrtzeit von 18 Std. 3 Tage, je nach Programm verbringt man 3 bis 4 Nächte an Bord. Von Assuan aus schifft man sich montagabends am Hafen **Sadd el-'Ali** ein. Dienstag früh stechen die Schiffe in See. Nach kurzer Fahrt wird **Kalabscha** besichtigt, dann geht es weiter nach **Sebu'a**, wo die Schiffe über Nacht am Ufer ankern. Nach dem Landgang am nächsten Morgen Weiterfahrt gen **Amada**. Am Donnerstagmorgen Halt vor **Qasr Ibrim**, das nur von Deck aus betrachtet werden kann. Mittags Eintreffen in **Abu Simbel**, Ausschiffung Freitag früh, dann nimmt das Schiff für die Rückfahrt neue Gruppen an Bord, mit der es das Programm in umgekehrter Reihenfolge abwickelt.

• *Konvoi* Da die Reiseprogramme auf Montag bzw. Freitag beginnende Kreuzfahrten geeicht sind und es so auch für den Begleitschutz wie für die Tempelwächter bequemer ist, fahren vier Schiffe nach dem gleichen Fahrplan. So fallen einige hundert Urlauber stets gleichzeitig in die archäologischen Stätten ein und treten sich dort auf die Füße. Nur mit der **MS Eugénie** (Fr ab Assuan und Mo ab Abu Simbel) und **MS Kasr Ibrim** (Sa ab Assuan, Mi ab Abu Simbel) lassen sich Konvoi und massenhafter Landgang vermeiden.

• *Buchung* Kreuzfahrten auf dem Nasser-Stausee werden von nahezu allen Ägypten-Reise-veranstaltern angeboten. Billigofferten wie auf dem Nil erwarte man nicht. Zumindest die **MS Eugénie** und **MS Kasr Ibrim** können auch direkt bei der Reederei gebucht werden, **Nubian Sea** und **African Dream** werden nur über Reisebüros vermarktet.

Eugénie und **Kasr Ibrim**: Belle Epoque Travel, Kairo, ✆ 2516 9653, ✉ 2516 9646, www.eugenie.com.eg, www.kasribrim.com.eg.
Omar el-Khayam: Travcotels, Kairo, ✆ 3854 3222, ✉ 3854 2259, www.travcotels.com.
Prince Abbas: Nile Exploration Group, Kairo, ✆ 2738 3382, ✉ 2738 3386, www.nile-exploration.com.eg.

• *Anglerferien* Nach Ägypten zum Fischen? Einige hundert Petrijünger kommen jedes Jahr an den Nasser-See, um kapitale Nilbarsche, Tigerfische und Welse zu angeln. Bei der Uferfischerei gilt etwa eine 70 Pfund schwere Beute als nur mittelprächtiger Fang, vom Boot aus sind noch dickere Brocken üblich – ganz ehrlich und kein Anglerlatein! Für den Erfolg bürgt der Veranstalter African Angler (www.african-angler.co.uk), dessen Chef Tim Bailey einst in Kenia Safaris führte. In Deutschland vermittelt Andrees Angelreisen Baileys Angeltouren auf dem See (www.andrees-angelreisen.de, ✆ 06127-8011).

> Mehr über Nubien erfahren Sie unter www.thenubian.net und www.nubien.de.

Wadi 'Allaqi

Auf dem Ostufer führt eine Teerstraße von Assuan etwa 180 km weit bis ans Wadi 'Allaqi, in dessen unterem Teil der See als eine breite Bucht weit in die Nubische Wüste hineinreicht. Hier machen die vom Sudan kommenden Kamelkarawanen eine Pause, in der die Tiere grasen und die Treiber frisches Wasser und Vorräte fassen. Einige hundert Ababda und Bischarin bewohnen das Gebiet, weiden ihre Kamele, Schade und Ziegen, bauen Weizen, Hirse und Melonen an, verbrennen abgestorbene Akazienäste zu Holzkohle, sammeln Heilkräuter und handeln mit den Karawanen. Militärposten, Moschee und Ambulanz bilden den Kern der Siedlung am Kopf des Wadi Umm Aschira, die Moderne ist mit Heuschreckenbeobachtern der FAO, Forschern der Universität Assuan und Beamten der ägyptischen Umweltbehörde vertreten. Noch vor einer Generation zogen die Männer im Winter mit den Tieren ostwärts in die Wüste bis hin zum Roten Meer. Die lang anhaltende Trockenheit macht die Nomaden aber immer mehr zu sesshaften Ackerbauern, die an den Ufern des Sees ihr Auskommen suchen. Doch hier gibt es die Nilflut noch, die Uferlinie weicht vom Maximum im Spätherbst bis zum Minimum im Juni um bis zu 15 km weit zurück, was Anbau und Bewässerung verkompliziert.

Lesen: Ahmed Belal u. a., *Bedouins by the Lake*, Kairo (AUC Press) 2009

Auszug der Nubier

Schon im 19. Jh. konnte der schmale Streifen Fruchtland neben dem Strom die Nubier nicht mehr ernähren. Die Männer zogen in die Fremde, damit ihr Heimatdorf überleben konnte. Als Hausdiener, Köche oder Wächter verdingten sie sich in Kairo und Alexandria. Geradezu Massenaufbrüche brachte der Bau des Alten Assuan-Dammes (1902) und seine Aufstockungen (1912, 1934). Jedesmal hatte der Stausee die Nubier gezwungen, neue Häuser höher am Ufer zu bauen. Erst aus dieser Zeit stammen die schmucken, von Reisenden so gerühmten Hofburgen.

Wie heute in den Heimatdörfern türkischer Arbeitsemigranten demonstrieren die nubischen Gastarbeiter den Zurückgebliebenen, dass sie gemachte Leute sind. Mancher serviert den von Pyramiden und Tempeln erschöpft ins Hotel zurückkehrenden Touristen Tee und Erfrischungsgetränke. Auch die wie für eine Operette geschaffene „orientalische" Maskerade nimmt den hoch gewachsenen, dunkelhäutigen Kellern nicht ihre steife Würde. Alle ein bis zwei Jahre kommen sie auf Besuch in die Heimat, bringen Geld, besichtigen die während der Abwesenheit geborenen Kinder, zeugen neue und helfen ein wenig bei der Arbeit. In die Fassaden ihrer Häuser sind Teller und Untertassen als Zierrat eingelassen, auch Medaillen, deren Inschriften bezeugen, dass jemand bei Hilton, Oberoi, Cataract oder anderen großen Namen in Amt und Würden steht.

300 km flussauf, noch über die ägyptisch-sudanesische Grenze hinaus, verschluckte der Stausee des „kleinen" Dammes im Winter das Niltal – ein künstlicher Fjord, den streckenweise halb ertrunkene Palmen und Tamarisken säumten und der mancherorts so breit war, dass der Ruf eines Menschen das andere Ufer nicht mehr erreichte. Nur noch während der Flutmonate, wenn in Assuan alle Dammtore offen standen, erwachte Nubien zum Leben. Mit Reusen und Netzen stellten die Menschen den Barschen und Karpfen nach, ernteten das in Felspfannen aus dem verdunstenden Wasser kristallisierte Salz und arbeiteten auf den Feldern.

Doch die drei Monate waren zu kurz, als dass Getreide reifen konnte. War die Flut schwach, schlossen die Ingenieure in Assuan den Damm etwas früher, und in Nubien ging die Ernte unter. Einmal die Woche, und das nur bei Hochwasser, kam das Postboot mit einem dürftigen Angebot an Grundnahrungsmitteln, die von den Zurückgebliebenen mit dem Geld der Emigranten gekauft wurden. Zwischen Assuan und Wadi Halfa gab es medizinische Hilfe nur im bescheidenen Missionsspital von Dakka.

Ohne die Vernichtung der wunderbaren Landschaft und die Zwangsumsiedlung eines ganzen Volkes herunterspielen zu wollen: Die nubische Kultur war schon 1963 in Auflösung begriffen und von der Assimilation an die Werte ägyptischen Stadtlebens erfasst. Die alte Heimat aufzugeben schien vielen Nubiern nicht nur unvermeidlich, sondern geradezu wünschenswert. Während die vom alten Stausee Vertriebenen noch in eigener Initiative neue Dörfer bei Assuan gebaut hatten, erhielten die Opfer des Sadd el-'Ali ihre neuen Siedlungen bei Kom Ombo vom Staat.

ID
☆ Neu-Sebu'a

Das Wadi es-Sebu'a („Tal der Löwen") hat seinen Namen von den Sphingen vor dem Felsentempel Ramses' II. Mit Festbeleuchtung empfangen die drei wiedererrichteten Tempel abends die ankommenden Kreuzfahrtschiffe.

Neu-Sebu'a liegt etwa 140 km Luftlinie südlich von Assuan und kann derzeit nur per Schiff besucht werden. Für die Besichtigung aller drei Tempel zahlt man 45/25 LE.

Tempel von Wadi es-Sebu'a

Das Amun Re-Harachte und dem vergöttlichten Ramses geweihte Heiligtum wurde 1961–1965 um 4 km nach Westen versetzt. Die **Sphingen** im ersten Hof symbolisieren mit menschlichem Antlitz und Doppelkrone den Pharao, im zweiten Hof stehen sie mit Falkenkopf für Horus. Eine Treppe führt auf die Tempelterrasse, vor dem Eingangspylon wacht links eine **Kolossalstatue** des Königs. Ihr beinloser Zwilling liegt seit der Umsetzung 30 m entfernt im Sand und wartet dort vielleicht auf eine Prothese. So lässt sich der Kopf aus nächster Nähe betrachten, man entdeckt in der Frisur die Löcher, in denen die Krone befestigt war. Auf dem **Pylon** begegnet uns ein martialischer Ramses, wie er seine unterworfenen Feinde den Göttern zum Opfer anbietet.

In den Kolonnaden des Hofs das übliche Programm mit Opferszenen, an denen unten in langen Reihen auch die zahlreichen Kinder des Ramses teilnehmen. Die folgende aus dem Fels geschlagene **Säulenhalle** wurde in christlicher Zeit als Kirche genutzt. An den Säulen zerstörte man die heidnischen Figuren, doch an den Wänden blieb mancherorts sogar die Bemalung der Reliefs erhalten. Durch eine **Querhalle** mit Seitenräumen gelangt man ins **Sanktuarium**. Hier ist noch ein Teil des koptischen Wandputzes samt den darauf gemalten Heiligen zu sehen. Durch das Nebeneinander von pharaonischen Reliefs und christlichen Fresken ergibt sich an der Rückwand eine kuriose Szene, in der Ramses dem Apostel Petrus opfert.

Tempel von Dakka

Das Heiligtum thront etwa 1 km entfernt vom Felsentempel auf einem Hügel. Wer den schweißtreibenden Marsch durch den Wüstensand scheut, mag auf dem Rücken eines Kamels zum Tempel schaukeln. Am Ziel warten Souvenirhändler. Andere verdienen sich ihr Bakschisch, indem sie Skorpione als Fotomodell ausleihen – noch im heimischen Wohnzimmer kann der Urlauber so beim Sichten der Aufnahmen seinen Nervenkitzel auffrischen. Vom Dach des Pylons bietet sich eine herrliche Aussicht über den blauen See, die goldbraune Wüste und die grüne Oase einer nahen Farm.

Der Tempel war dem Weisheitsgott Thoth, seiner löwenköpfigen Gattin Tefnut und dem Arsenuphis geweiht, einem nubischen Gott, den die Ägypter mit Schu identifizierten. Das Gebäude ist, wie bereits am alten Standort, unüblich in Nord-Süd-Richtung ausgerichtet. Sein ältester Teil, nämlich die Kapelle vor dem Allerheiligsten, wurde ca. 220 v. Chr. unter dem meroitischen König Ergamenes II. (= Arqamani II.) gebaut, Querhalle und Vorsaal unter den Ptolemäern. Unter Kaiser Augustus kamen der Pylon und ein neues Sanktuarium hinter der Ergameneskapelle hinzu.

Tempel von Maharraqa

Der kleinste und arg zerstörte römische Tempel von Neu-Sebu'a blieb unvollendet. Gewöhnlich wird er Serapis zugeschrieben, doch die wenigen erhaltenen Reliefs zeigen vor allem Osiris, Isis, Horus, Thoth und Tefnut. Aufs Dach führte die einzige bekannte Wendeltreppe aus der Pharaonenzeit.

> **Ritueller Königssuizid**
>
> Der Geschichtsschreiber Diodor von Sizilien, der sich auf einen heute verschollenen Text des im 2. Jh. v. Chr. lebenden Geografen Agatharchides von Knidos stützt, berichtet von einem ungewöhnlichen Brauch der Napata-Kultur: Zeigte ein Herrscher die ersten Anzeichen körperlicher oder geistiger Schwäche, sandten ihm die Priester eine vorgeblich von Amun stammende Nachricht, dass seine Zeit auf Erden nun abgelaufen sei – worauf der brave König für sein eigenes Seelenheil und zum Wohl des Landes den rituellen Freitod vollzog. Erst der reformfreudige Ergamenes I. (ca. 280 v. Chr.) habe sich dieser Barbarei verweigert und stattdessen eine andere bevorzugt: Er ließ die Priester töten und ihre Tempelstadt Napata zerstören.

☆ Neu-Amada

An einer Biegung des Nils, wo der Strom für eine kurze Strecke gen Süden fließt, wurden drei weitere antike Stätten vor dem Stausee gerettet. Die Wächter zeigen den Reisenden ein bedauernswertes, im Kanister gehaltenes Krokodilbaby, die Schiffsmannschaften liefern sich in der Abenddämmerung ein Fußballmatch.

Neu-Amada liegt etwa 160 km Luftlinie südlich von Assuan und ist derzeit nur per Schiff zu erreichen. Für die beiden Tempel und das Grab zahlt man zusammen 45/25 LE.

Tempel von Amada

Das älteste pharaonische Heiligtum in Nubien wurde unter Thutmosis III. und seinem Sohn Amenophis II. (18. Dynastie) errichtet. Die Kopten nutzten es als Kirche. Eine Putzschicht mit den Heiligenbildern bewahrte die alten Reliefs und ihre Bemalung vor dem Verfall.

Der aus Lehmziegeln errichtete **Eingangspylon** wurde nach der Versetzung des Tempels ansatzweise rekonstruiert. Die folgende **Pfeilerhalle** war ursprünglich ein offener Hof, der Umbau wurde von Thutmosis IV. veranlasst. In der linken Ecke der Eingangsfront hat er sich als „Liebling von Senusert III." verewigt, einem Pharao der 12. Dynastie, der in den nubischen Tempeln des Neuen Reichs als Eroberer Nubiens vergöttlicht wurde. Im Gesims der Rückwand begegnen uns krude Ritzzeichnungen, die Kamele darstellen. Diese Graffiti stammen wohl von Beduinen oder Reisenden des Mittelalters, als der Tempel bereits bis unters Dach versandet war. Noch 1873 musste Amelia Edwards auf Händen und Knien in den Bau kriechen.

Ein **Querraum** und drei Kapellen bilden den Kern des Tempels. Reliefs in der **rechten Kapelle** zeigen die Gründungszeremonie und Einweihung. Der Tempel war den Göttern Amun-Re und Re-Harachte geweiht, die uns auf der Rückwand des **Allerheiligsten** begegnen, wo ihnen Amenophis II. aus einem Boot heraus opfert. Darunter berichtet eine lange Inschrift vom Syrienfeldzug des Amenophis und vom rüden Umgang mit den Feinden. Die Leichen der erschlagenen syrischen Anführer wurden für alle sichtbar am Bug des königlichen Schiffes nilauf geschippert und schließlich in Theben und Napata zur Schau gestellt. Dergleichen Schicksal, so macht der König klar, droht allen Aufrührern und besonders jenen in den Randregionen des Reiches. Auf diese dürfte die Inschrift jedoch kaum Eindruck gemacht haben, da nur der Oberpriester das Allerheiligste betreten durfte. Erst Ramses II. ließ seine Kriegstaten in den äußeren Bereichen der Tempel dokumentieren.

Um die feinen Reliefs nicht zu beschädigen, wurde der hintere Teil des Gebäudes bei der **Umsetzung** nicht in einzelne Blöcke zerlegt, sondern in toto versetzt. Dazu unterlegte man den Bau mit einem Betonsockel, packte ihn in ein Stahlgerüst und zog ihn dann auf drei Gleisen mit hydraulischen Winden über 2600 m an den neuen Standort. Drei Monate dauerte dieser Transport im Schneckentempo.

> ### Der Herr des Nils ist zurück
>
> Fast schien es, als habe er Ägypten für immer verlassen. Doch zumindest im Nasser-See zeigt er seit geraumer Zeit wieder Präsenz, sonnt sich ungeniert auf den Sandbänken oder treibt träge in der Strömung, sodass gerade mal die Nasenlöcher und Augen aus dem Wasser ragen. Es scheint nur eine Frage der Zeit, bis der „Herr des Nils" den Hochdamm überwindet und auch den Unterlauf des Stroms zurückerobert.
>
> Die alten Ägypter verehrten und fürchteten ihn. Mit Hymnen und magischen Sprüchen suchten sie ihn zu besänftigen, derweil sie den Nil überquerten. Auch ihre Nachfahren appellieren heute wieder an höhere Mächte. Besonders die Fischer fordern vom Staat eine Aufhebung des Jagdverbots, dem das Nilkrokodil sein Comeback verdankt. „Vor unseren Augen schnappen sie sich die dicksten Fische! In meiner Jugend waren sie gerade 1,50 m lang. Nun verwickeln sich 4,50 m lange Bestien in unseren Netzen", klagt ein alter Fischer. Seine Nachkommen müssen sich auf noch stärkere Konkurrenten gefasst machen. *Crokodylus niloticus* kann unter günstigen Lebensbedingungen bis zu 10 m lang und hundert Jahre alt werden. Wittert er Beute, vermag der Räuber seine 600 kg Kampfgewicht blitzschnell bis auf 50 km/h beschleunigen. Selbst Nilpferde greift das Krokodil ungeniert an und schlägt seine 66 messerscharfen Zähne in die sprichwörtlich dicke Haut.
>
> Sind die Krokodile im Nasser-See für den Menschen gefährlich? Wer die niedlichen Krokodilbabys im Basar von Luxor oder auf dem Kairoer Kleintiermarkt sieht, mag dies kaum glauben. „In den letzten zehn Jahren gab es nur einen einzigen Fall, in dem ein Krokodil einen Menschen tötete", erklärt Mustafa Fuda, Chef der ägyptischen Naturschutzbehörde. Sie seien menschenscheu, jagten in ihrem an Landtieren armen Wüstenhabitat nahezu ausschließlich Fische, und wer gewisse Vorsichtsmaßnahmen berücksichtige, könne im See sogar schwimmen, versichert der Safari-Veranstalter *African Angler* den potenziellen Kunden. Die einheimischen Fischer jedenfalls halten die Krokodile für alles andere als harmlos: Eine junge Hirtin habe sterben müssen, als sie ihre zur Tränke geführten Schafe zu verteidigen suchte. Ein Fischer sei verspeist worden, als er sein aufgelaufenes Boot von einer Sandbank schieben wollte. Manchmal scheint ein Krokodil gar der Teufel selbst: So wurde ein Frommer zerfleischt, der am Ufer seine religiösen Waschungen vollzog.
>
> Betrachten Sie die Krokodile also besser aus respektvoller Entfernung. Und wenn Sie eines der am See den Touristen oft angebotenen Jungtiere kaufen, dann nur, um es wieder in die Freiheit zu entlassen. Krokodile fallen unter das internationale Artenschutzabkommen. Wer eines im Gepäck hat, ob lebend oder ausgestopft, riskiert die Beschlagnahme durch den Zoll und eine empfindliche Geldstrafe.

Tempel von Derr

Dieser Tempel von Ramses II. stand ursprünglich am anderen Nilufer. Der Pylon ist verschwunden, von der ersten Halle mit Szenen von den Kriegszügen des Ramses blieben nur Grundmauern. Die zweite, aus dem Fels gehauene Halle zeigt grobe Reliefs mit religiösen Motiven. An der Rückwand des Allerheiligsten stehen die von koptischen Bilderstürmern demolierten Statuen von Ramses II. und Ptah (links) sowie Amun-Re und Re-Harachte (rechts).

Grab des Pennut

Das Grab besteht aus einer rechteckigen Kammer mit Grabnische. Die Inschriften stellen uns den Pennut als obersten Verwaltungsbeamten des Gaus Wawat (Unternubien) unter Ramses VI. vor. Mit ihm wurde auch seine Familie hier beigesetzt. Die linke Hälfte der Kammer ist mit Szenen aus den Jenseitsbüchern geschmückt, die rechte präsentiert den Alltag des Grabherrn. Eine 1937 veröffentlichte Dokumentation zeigt den Wandschmuck noch weitgehend intakt, doch seither sind zahlreiche Reliefs verschwunden.

Qasr Ibrim

Was heute als flache Insel aus dem See ragt, war einst ein 70 m hoher Hügel. Zu sehen sind, leider nur vom Schiff aus, die Ruinen der einzigen archäologischen Stätte am Stausee, die nicht überflutet wurde.

Die *Burg Ibrim* wurde nach der osmanischen Eroberung (ca. 1550) als Grenzfestung ausgebaut. Ab dem 17. Jh. errichteten die hier stationierten türkischen Janitscharen private Häuser, trieben Ackerbau, rekrutierten Soldaten aus dem eigenen Nachwuchs und verschmolzen schließlich mit den Einheimischen. Vornehme nubische Clans behaupten heute, über diese Soldaten von bosnischen Vorfahren abzustammen, doch Historiker betrachten solche Genealogien eher mit Skepsis. Von der französischen Besetzung Ägyptens (1798) blieb das abgelegene Qasr Ibrim ausgespart und wurde so zum Exil für aus Oberägypten geflohene Mameluken, bis diese 1812 von den Truppen Mohammed Alis vertrieben wurden. Danach blieb das zerstörte Fort verlassen und wurde seit den 1960er-Jahren zu einem ergiebigen Feld für Archäologen, die aus dem Schutt auch uralte Papyri und Pergamentrollen bargen.

Als ältesten Fund entdeckten die Forscher eine **Stele** aus der Zeit Amenophis' I. (18. Dynastie). Eine **Felskapelle** aus dieser Zeit, die unten am Flussufer stand, wurde herausgeschnitten und ist jetzt im Nubischen Museum von Assuan zu sehen, drei weitere warten in Neu-Sebu'a auf den Wiederaufbau. Unter einer Kirche fand man die Reste eines **Lehmziegeltempels** aus der Zeit des nubischen Pharaos Taharqa (7. Jh., 25. Dyn.). In der römischen Epoche florierte Ibrim, damals Primis genannt, als Handelsplatz und religiöses Zentrum, nach der Christianisierung wurde es Sitz eines Bischofs. Aus den Steinen der demolierten Tempel baute man im 7. Jh. die stattliche **Kathedrale** am höchsten Punkt des Hügels, die dann im 15. Jh. in eine Moschee umgewandelt wurde.

Toschka

Gleich einer Badewanne hat der Nasser-See einen Überlauf. Ab einem Wasserstand von 178 m füllt sich ein 22 km langer Stichkanal und leitet das überschüssige Nass in eine Wüstensenke nordöstlich von Abu Simbel. In den wasserarmen 1980er-Jahren hatte mancher diese Vorkehrung belächelt, doch im Oktober 1996 trat erstmals

Wasser in den Überlauf. Da auch die Folgejahre ungewöhnlich große Wassermengen brachten, lief schließlich auch der von den Ingenieuren angelegte **Toschka-See** über, und es entstanden drei weitere Seen, nüchtern Toschka-B, -C und -D genannt. Mit Spannung beobachten Gewässerkundler nun das Schicksal der neuen Seen. Wie lange werden sie bleiben, wie schnell versalzen?

Zwar gibt es an der Abzweigung des Überlaufs vom Nasser-See inzwischen einige Farmen, doch die Toschka-Seen selbst eignen sich nicht zur Neulandgewinnung. Ihr Volumen schwankt, und in durchschnittlichen Wasserjahren bleibt der Zufluss aus. Um die Toschka-Senke für die Landwirtschaft nutzen zu können, bedarf es einer durchgehenden Wasserversorgung. Für dieses 1997 begonnene **Toschka-Projekt** hebt 8 km nördlich des alten Überlaufs die größte **Pumpstation** der Welt Wasser aus dem Nasser-See auf ein Niveau von 203 m. Dort speist es den zunächst 72 km langen **Scheich-Sayed-Kanal**, der später einmal bis in die Oasen Charga, Dachla und Farafra verlängert werden soll. Bis 2017 wollte man in der Toschka-Senke etwa 2200 km² neues Bewässerungsland und damit 300.000 neue Arbeitsplätze schaffen. Nach Vollendung des gesamten Kanals sollte sich die landwirtschaftlich nutzbare Fläche Ägyptens um bis zu 50 % erhöht haben und drei Millionen Menschen eine neue Heimat in der Wüste bieten.

Doch nach der anfänglichen Euphorie ist das Vorhaben ins Stocken geraten. Die internationalen Investoren scheuen den hohen Kapitaleinsatz. Anderswo in Afrika lassen sich große Ackerflächen sehr viel günstiger schaffen. Zumal keiner so recht weiß, woher die für das Toschka-Projekt jährlich benötigten 5 km³ Wasser kommen sollen. Denn schon jetzt verbraucht Ägypten den gesamten ihm zustehenden Anteil an Nilwasser. Und nicht nur in Ägypten, auch in den Ländern am Oberlauf des Nils wird der Wasserbedarf weiter steigen.

> ### Die letzten Palmen im Nirgendwo
> Wer sich für Botanik interessiert und mit einem Geländewagen in der Gegend unterwegs ist, sollte die unbewohnten Oasen **Dunqul** (23°26'48"N 31°37'40"O) und **Kurkur** (22°54'01"N 32°19'37"O) besuchen. Hier gedeihen noch die extrem seltenen Argun-Palmen *(Medemia argun)* in ihrer natürlichen Umgebung. Lange kannte man nur ihre außen schwarzen, innen rotweißen Früchte, die als Beigaben in Gräbern der frühen Pharaonenzeit entdeckt wurden. Damals war die Argun-Palme noch viel weiter verbreitet, mit dem Klimawandel der Sahara hin zu immer mehr Trockenheit wurde sie auf wenige Inselvorkommen in abgelegenen Oasen zurückgedrängt. Mehr zur den archäologischen Funden der Region, die als Nationalpark unter Schutz gestellt werden soll, unter www.yale.edu/egyptology/ae_kurkur.htm.

Nabta Playa

Weit abseits der Touristenrouten liegt mitten in der Wüste Ägyptens größte prähistorische Fundstätte. Wissenschaftler vermuten hier eine Wiege der pharaonischen Hochkultur.

Bereits vor knapp 10.000 Jahren, so schätzt der amerikanische Archäologe Fred Wendorf, ließen Nomaden ihr Vieh in der heute staubtrockenen Wüste weiden. Damals reichten die Ausläufer des afrikanischen Sommermonsuns bis an den nörd-

Der Herr des Nils mit gutem Biss – kaputte Zähne wachsen nach

lichen Wendekreis und speisten in der etwa 180 km westlich von Abu Simbel gelegenen Nabta-Senke (Nabta Playa, 22°32' N 30°42' O) saisonale Seen und Tümpel. Um 7000 v. Chr. entstanden die ersten Dauersiedlungen, tausend Jahre später benutzten die Siedler bereits Tongefäße, hielten neben Rindern auch Ziegen und Schafe und ernteten wildes Sorghum und Hirse. Wiederholt vertrieben längere Trockenzeiten die Menschen, ab etwa 2700 v. Chr. blieben die Niederschläge gänzlich aus.

Der Anthropologe Fred Wendorf, in Ägypten ehrfürchtig „Wüstenfuchs" genannt, kennt die Libysche Wüste seit seinem Militärdienst im Zweiten Weltkrieg. Sein Lehrmeister war der britische Major Ralph A. Bagnold, Chef der legendären *Long Range Desert Group*. In Nabta Playa entdeckten Wendorf und sein Team auf einer Fläche von 38 km² die Spuren von 18 kleinen Dörfern mit ovalen, halb in den Boden gegrabenen Behausungen. Die beiden letzten jungsteinzeitlichen **Nabta-Kulturen** (4400–2700 v. Chr.) bestatteten geopferte **Rinder** unter mächtigen Grabhügeln. Vielleicht liegen hier die Ursprünge der Göttin Hathor und der Rinderverehrung im pharaonischen Ägypten. Wendorf jedenfalls nimmt an, dass die Leute von Nabta mit zunehmender Trockenheit ins Niltal abwanderten und dort die entstehende pharaonische Hochkultur beeinflussten. Zur Kultstätte gehört ein „**Observatorium**", errichtet etwa 4000 v. Chr. und damit lange vor Stonehenge. Zwei Reihen bis zu 3 m hohe Megalithen sind exakt in Nord-Süd- und Ost-West-Richtung justiert, ein Steinkreis markiert zusätzlich den Sonnenaufgang zur Sommersonnenwende.

Dieser spektakuläre Fund machte Nabta und seinen Entdecker Wendorf Ende der 1990er-Jahre auch außerhalb der Fachwelt bekannt. Dabei hatte bereits Bagnold 1930 einen ganz ähnlichen Steinkreis am Rande des Gilf Kebir gefunden und fotografiert. Doch **Bagnolds Steinkreis** geriet in Vergessenheit und wurde nie wissenschaftlich untersucht.

Abu Simbel

Hier an der Grenze seines Reiches demonstrierte Ramses II. den unterworfenen Nubiern mit zwei gewaltigen Tempeln seine und der ägyptischen Götter Macht. Besonders die Kolossalstatuen nötigen uns noch heute Respekt ab.

Abu Simbel liegt 280 km südlich von Assuan und 40 km vor der sudanesischen Grenze. Jenseits der touristischen Infrastruktur mit Flughafen, ein paar Hotels und den Tempeln samt einem schicken Besucherzentrum besteht der Ortskern aus einigen Verwaltungsgebäuden mit Postamt und Krankenstation sowie einer Einkaufszeile mit Läden für den täglichen Bedarf. Einige Modellhäuser sind im „nubischen Stil" gebaut, die meisten jedoch nur schlichte Betonwürfel. Außer den Tempeln gibt es also keinen Grund, den Ort zu besuchen.

> Abu Simbel liegt südlich des nördlichen Wendekreises. An Tagen um die Sommersonnenwende steht die Sonne zur Mittagsstunde im Norden, am Nachthimmel kann man das legendäre Sternbild **„Kreuz des Südens"** ausmachen.

Telefonvorwahl: 097

● *Anfahrt* **Tagesausflüge von Assuan** per **Flugzeug** kosten mit Transfer, Eintritt und Führung ca. 200 €. Die Flüge sind oft lange im Voraus ausgebucht und lassen nur 90 Minuten Zeit für die Besichtigung. Kurzfristig kann bekommt jedoch, wer in Abu Simbel übernachtet, nämlich in der letzten Abendmaschine von Assuan nach Abu Simbel und in der Morgenmaschine für den Rückweg. Vom Flughafen Abu Simbel fahren **Zubringerbusse** zum Tempel.

Im Konvoi per **Minibus** 80 LE/Pers. (ohne Eintritt), per **Reisebus** (mit Eintritt und Führung) ca. 100 €. Die Konvois starten in Assuan um 4 und 11 Uhr, Rückfahrt 11 und 14 Uhr. Die 390 km lange Fahrt dauert rund 3½ Std. Von den Minibusfahrten ist allerdings abzuraten, da sich die Fahrer unterwegs halsbrecherische Rennen zu liefern pflegen.

Sicherer und bequemer ist der **Linienbusse**, der am frühen Vormittag nach Abu Simbel (25 LE) fahren. Fragen Sie den Fahrer nach der Zeit der Rückfahrt. Von der Endstation im Dorf läuft man etwa 15 Min. zum Tempel.

● *Übernachten & Essen* Außer zu den Tempelfesten (22. Feb. und 22. Okt.) übernachten nur wenige Reisende in Abu Simbel und genießen die sternenklare Wüstennacht, den Sonnenaufgang und am frühen Morgen auch die Tempel ungestört. Das tröstet vielleicht über das niedrige Niveau der Hotels in Abu Simbel hinweg.

Nefertari, das älteste Hotel des Orts wurde einst für die Ingenieure gebaut, die an der Versetzung der Tempel arbeiteten. Es steht etwa 500 m von den Tempeln auf einer Anhöhe über dem See und hat 120 teils renovierte Zimmer in Reihenbungalows – dank einer architektonischen Fehlleistung sind alle ohne Seeblick. Der schleppende Service und die 08/15-Küche („chicken-kebab-fish") sind legendär. DZ mit HP 80–120 $, bei Oft-Reisen 60–70 €. ✆ 3400508, ✆ 3400510.

Abu Simbel Village („Abbas Hotel"), das Hotel ist in seiner Preiskategorie ohne Konkurrenz. Hübsch gebaute Zimmer im nubischen Stil, doch schlechter Service und keine Instandhaltung. Viele Moskitos, zu kleine Boiler, aber für eine Nacht hält man's aus. DZ 120 LE. ✆/✆ 3400092 und 3400179.

Eskaleh, endlich gibt es auch in Abu Simbel eine einladende Unterkunft. Fikry Kachif, Musiker, Intellektueller und nach einem Studium in der Schweiz auch mit der französischen Sprache bestens vertraut, hat sich direkt am See und nur 20 Gehminuten vom Tempel eine Villa im nubischen Stil gebaut. Nicht billig, aber gut. Auch das Restaurant empfiehlt sich. DZ 50/70 €. ✆ 0122-3680521, www.eskaleh.110mb.com.

Außer in den Hotels kann man sich tagsüber auch in den einfachen **Garküchen** an

der Dorfstraße verpflegen. Kulinarische Highlights erwarte man dort nicht.
* *Öffnungszeiten der Tempel* Mai–Sept. 7–18, sonst 8–17 Uhr. Eintritt 90/50 LE, inkl. Gebühr für einen Führer, der freilich, wenn man ihn denn bucht, nur im Visitor Center und vor den Tempeln etwas erzählt. In den Tempeln selbst sind keine Führungen erlaubt. Auch Fotografieren ist dort verboten.
* *Sound & Light* Für 75 LE bekommt man am Abend ein raffiniertes Laserspektakel zu sehen, dank computergesteuerter Überblendtechnik fühlt man sich wie im Freilichtkino. Per Kopfhörer ist die deutsche Simultanübersetzung zu hören. Bei zu wenig Publikum fällt die Show leider aus.
* *Abu-Simbel-Festival* Am 21./22. Feb. und 21./22. Okt. feiert Abu Simbel mit Tanz und Musik. Anlass ist, dass nur um diese Zeit die Strahlen der aufgehenden Sonne ins Innerste des Großen Tempels dringen.

☆☆☆ Großer Tempel

Der Große Tempel war dem Sonnengott in den Gestalten des oberägyptischen Amun-Re und des unterägyptischen Re-Harachte geweiht, dazu Ramses II. selbst. Der erhob sich hier als noch lebende Person selbst zum Gott, ein Schritt, den vor ihm nur der mächtige Pharao Amenophis III. gewagt hatte.

Vom Eingang auf der Rückseite des Tempelareals geht man noch ein gutes Stück ans Ufer hinab, kommt dann von der Seite auf den einst eingefassten Vorplatz und steht schließlich unvermutet vor der aus dem Fels gemeißelten **Fassade** des Tempels. Statt der üblichen Zwillingspylone beschränkten sich die Baumeister auf einen „Turm", aus dem die paarweise neben der Mittelachse angeordneten **Sitzstatuen** des Königs herauswachsen. Kolossale Wucht empfängt den winzigen Menschen, der sich dem vierfachen Ramses zu nähern wagt. Die blickt fern über den Horizont der aufgehenden Sonne entgegen, entspannt, verhalten lächelnd und ein wenig entrückt, aber mit ganz und gar nicht gewalttätiger Miene. Zu seinen Füßen Mitglieder der königlichen Familie, ganz oben am Gesims begrüßen **Paviane** die aufgehende Sonne. In der Nische über dem Eingang sieht man den Sonnengott Re, gestützt auf das schakalköpfige Zepter *(User)* und die Göttin Maat – zusammen ergibt das *User-Maat-Re*, den Thronnamen des Pharaos.

Noch zu Lebzeiten des Ramses erschütterte ein Erdbeben den Tempel. Die Schäden wurden weitgehend repariert, doch den abgebrochenen Oberkörper eines Kolosses vermochten die Bauleute nicht wieder zu montieren. So liegen Kopf und andere Brocken seither im Sand. Die **Hochzeitsstele (1)** am Südende der Terrasse berichtet von der Vermählung des Ramses mit der Tochter des Hethiterkönigs, die den Frieden zwischen den beiden Großmächten besiegeln sollte. Am **Eingang** in den Berg haben antike und neuzeitliche Reisende ihre Graffiti hinterlassen. Hoch oben, nahe dem Knie des Kopflosen, verewigten sich etwa griechische und levantinische Söldner, die 593 v. Chr. hier vorbeikamen.

Im **großen Pfeilersaal** empfängt der Pharao als an die Pfeiler gelehnten Osiris-Gestalt, Geier und Sterne schmücken die Decke. An der **Eingangsfront** begegnen wir den zahlreichen Prinzen (rechts) und Prinzessinnen (links), in der Nordostecke **(2)** hat Bildhauer Piay sein Werk sogar mit einer Hieroglypheninschrift signiert. Die **Seitenwände** zeigen die militärischen Erfolge des Königs. Manche Reliefs, zum Beispiel Ramses mit Pfeil und Bogen im Streitwagen **(3)**, sind doppelt ausgeführt. Die Fachleute streiten, ob damit die Dynamik der Bewegung betont werden sollte oder unter dem abgefallenen Gipsputz nur eine ältere, verworfene Version des Reliefs zu Tage kam. An der Nordwand **(4)** sieht man die schon aus Karnak und Abydos bekannten Szenen der Schlacht von Kadesch.

Abu Simbel 375

① Hochzeitsstele
② Signatur des Piay
③ Ramses im Streitwagen
④ Schlacht von Kadesch
⑤ Ramses opfert sich selbst
⑥⑦ Ramses und Nefertari opfern Amun
⑧ Götterstatuen

Kleiner Pfeilersaal

Nebenräume

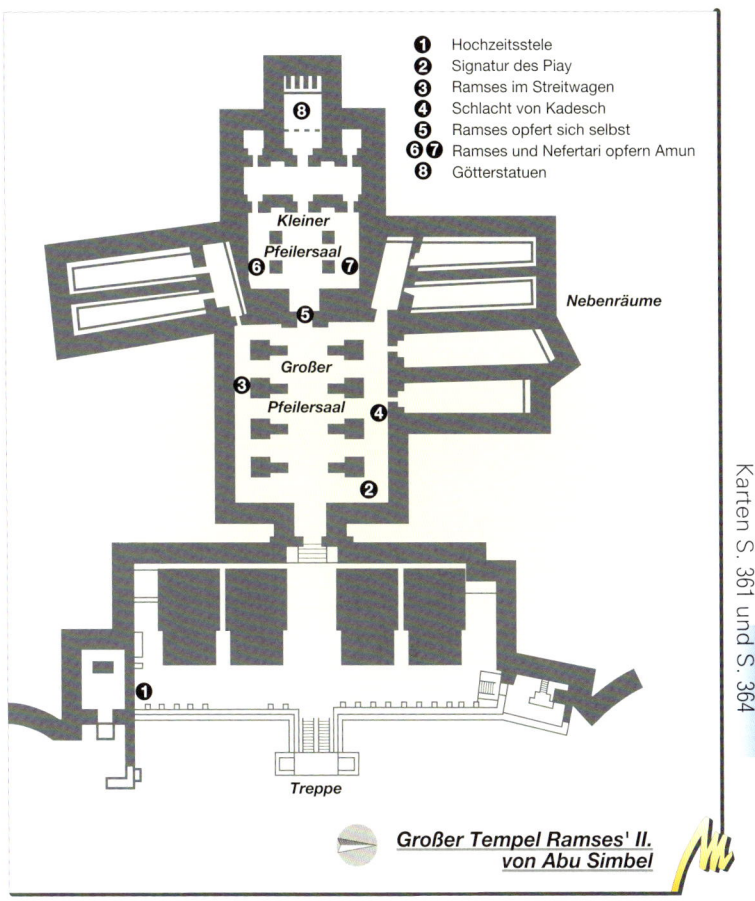

Großer Pfeilersaal

Treppe

Großer Tempel Ramses' II. von Abu Simbel

Nubien/Nasser-Stausee
Karten S. 361 und S. 364

In den lang gezogenen **Nebenräumen** lagerten einst Vorräte und vielleicht auch der Tribut der Nubier. Rechts im **Durchgang (5)** zur kleinen Pfeilerhalle opfert Pharao Ramses sich selbst, dargestellt als Gott zwischen Amun und Mut. Hier zeigt sich, dass diese in der späten Regierungszeit des Königs proklamierte **Selbstvergottung** die überlieferten Vorbilder sprengte und den Künstlern Probleme bereitete. Die ursprünglich sitzende Mut wurde zu Gott Ramses umgearbeitet und dahinter erneut eingefügt – nunmehr stehend und mangels Platz verkleinert, was ganz und gar nicht ihrem Rang entsprach. Auch in anderen Szenen musste Mut dem göttlichen Ramses weichen. Nur hier in Nubien, fernab der thebanischen Priesterschaft, ließ Ramses seiner Selbstherrlichkeit so ungestört freien Lauf.

Den **kleinen Pfeilersaal** schmücken vor allem Opferszenen. Auf der Südwand **(6)** opfern Ramses und Nefertari dem in seiner Barke getragenen Amun, auf der Nordwand **(7)** wiederholt sich die Szene mit Gott Ramses im Boot. Drei Durchgänge münden in den **Vorraum** und zielen auf drei Kapellen, von denen die äußeren ohne Dekor blieben. An der Stirnseite des **Sanktuariums** sitzen auf einer Bank **(8)** von links nach rechts Ptah, Amun-Re, Ramses II. und Re-Harachte.

Lichtspiel

Die 33 m lange Achse des Großen Tempels ist so ausgerichtet, dass die Strahlen der aufgehenden Sonne zweimal im Jahr an wenigen Tagen auf die Kultstatuen im Sanktuarium fallen. Ab Mitte Februar beginnt das längstens 20-minütige Lichtspiel kurz vor 6 Uhr mit der Ausleuchtung des Amun, erreicht am 20. Februar seinen Höhepunkt mit der Illumination des Ramses und klingt mit der kurzen Bestrahlung des Re-Harachte aus. Ab Mitte Oktober – die Tage werden kürzer – verläuft das Phänomen in umgekehrter Reihenfolge: zuerst Re-Harachte, dann am 23. Oktober Ramses und zuletzt Amun. Die Statue des Unterweltgottes Ptah bleibt bezeichnenderweise bei beiden Durchgängen weitgehend im Dunkeln.

Durch dieses natürliche „Wunder", das sich mit der Versetzung des Tempels um einen Tag hin zur Wintersonnenwende verschob, wurde die Götterkraft auf den Pharao übertragen. Der oft hergestellte Zusammenhang mit dem angeblichen Geburtstag (21. Februar) und Krönungstag (22. Oktober) von Ramses ist wissenschaftlich nicht haltbar – wir wissen weder das Geburtsdatum noch das Krönungsdatum des Königs. Damit bleibt auch ungewiss, ob die Tempelachse bewusst auf den Sonnenaufgang dieser Tage ausgerichtet wurde.

☆☆ Kleiner Tempel

Der kleine Felsentempel feiert Hathor als Göttin der Liebe, Schönheit und Mutterschaft – und passend dazu Ramses' Lieblingsfrau **Nefertari** (auch *Nofret-iri*). Wie in ihrem Grab wird ihr auch in Abu Simbel ungewöhnliche Verehrung zuteil. Während Nefertari rechts neben dem Eingang zum Großen Tempel dem Gatten nicht mal bis ans Knie reicht, ist sie ihm an der Fassade ihres Tempels der Größe nach ebenbürtig. Zwei **Kolossalstatuen** zeigen sie mit Sistrum (ein rasselartiges, mit dem Hathor-Kult verbundenes Musikinstrument) und Hathorkrone, die anderen vier Riesen stellen Ramses dar. Zu Füßen der beiden stehen Prinzen und Prinzessinnen.

Die Pfeiler der **Halle** sind auf der zum Mittelgang gerichteten Seite mit übergroßen Sistren geschmückt. An der Südwand findet sich eine ungewöhnliche Krönungsszene mit Ramses zwischen Horus und Seth – ungewöhnlich, weil Seth hier nicht als Inkarnation des Bösen, sondern als Schutzgott auftritt. Der farbenfrohe **Wandschmuck** kommt nicht ganz ohne kriegerische Szenen aus (an der Ostwand schlägt Ramses die Feinde), auch in anderen Szenen ist der Pharao häufig präsent. Allerdings gibt es Bilder, auf denen Nefertari ohne den Gatten opfert. Viele Darstellungen mit Blumen und die grazil gezeichneten Figuren geben dem Tempel ein feminines Flair von subtiler Schönheit. So wird etwa Taueret, Schutzgöttin der Schwangeren und Gebärenden, an der rechten Eingangswand des **Quersaals** nicht in der üblichen Gestalt eines schwangeren Nilpferds, sondern als schlanke Frau mit Hathorkrone dargestellt. Als künstlerisches Glanzlicht gilt die Krönungsszene (Nefertari zwischen Hathor und Isis) an der linken Eingangswand des Querraums. In ihrer

Kuhgestalt, halb verborgen im Schilf, wird Hathor (über den Durchgängen an den Stirnseiten) von Nefertari (links) und Ramses (rechts) verehrt. Auch das Kultbild im **Sanktuarium** zeigt Hathor als Kuh, diesmal den Ramses beschützend.

Kuppeln

Die Felsentempel waren unten am Fluss angelegt und wären wie die nubischen Dörfer in den Fluten des Stausees untergegangen, der Nubiens Vergangenheit ertränkte, um Ägyptens Zukunft zu retten. In einer aufwendigen Aktion wurde deshalb der gesamte Felsen in kleine Blöcke zersägt und 64 m oberhalb des alten Platzes wiederaufgebaut. Damit die Tempel am neuen Standort Halt haben, hängen sie an Spannbetongerüsten, die ihrerseits von zwei Hohlkuppeln aus Beton geschützt sind, auf die wiederum Erde aufgeschüttet wurde. So sind die Kuppeln äußerlich der Landschaft angeglichen und müssen dem Nichteingeweihten als natürliche Hügel erscheinen. Sie entlasten das Tempelinnere vom Druck der künstlich aufgetürmten Erdmassen und beherbergen die aufwendige Technik zur Klimatisierung und Beleuchtung der Tempel.

Europa befreit Abu Simbel

Die Natur besiegt auch den Größten, sagen die Nubier. Und wie um die Unterworfenen davon zu befreien, auf ewig das Denkmal ihres Unterdrückers anschauen zu müssen, begrub der Treibsand allmählich den Tempel von Abu Simbel. Als der Basler **Johann Ludwig Burckhardt** 1813 in Nubien auf Entdeckungsfahrt unterwegs war, hätte er die vier je 20 m hohen Kolosse vor der Schaufassade fast übersehen. Von dem „für Millionen Jahre, ewiglich" angelegten Denkmal der pharaonischen Kolonisation Nubiens ragten gerade noch zwei Kronen und ein Kopf mit Schulterpartie aus dem Sand. Der vierte Kopf war schon zu Ramses' Lebzeiten heruntergedonnert – die Baumeister hatten Spannungen im Fels übersehen. Wie ein mächtiger Lavastrom war dann die Wüste über einen Sattel im Kamm des Tempelhügels gequollen, hatte en passant den Tempel eingehüllt und ergoss sich unten in den Strom, als ob das Wasser ihr eigentlicher Feind sei, den es auszutrocknen gilt.

1817 kam **Giovanni Battista Belzoni**, um die Fassade freizulegen und die vermuteten Schätze zu bergen. Da den Einheimischen die Köpfe nicht geheuer waren, fand der Italiener statt bereitwilliger Arbeitskräfte kaum verhohlene Feindseligkeit. Der Schatzsucher und seine Begleiter mussten selbst Hand anlegen. Was für ein Team! Zwei britische Offiziere, ein Konsularbeamter, ein griechischer Koch, ein türkischer Soldat und Belzoni selbst schaufelten bei einer Hungerdiät aus Maisbrei und Wasser Tag für Tag von Aufgang bis Untergang der glühenden Sommersonne Sand, Sand, immer nur Sand. Am 27. Tag war der Eingang des Felsentempels freigelegt, und der frühere Zirkusathlet Belzoni konnte beglückt auf dem Bauch ins Innere kriechen. Die weitere Ausgrabung (im wörtlichen Sinne) überließ er späteren Reisenden. Wie zum Rombesuch der Münzwurf in den Trevi-Brunnen gehörte es zu einer Abu-Simbel-Reise, wenigstens ein paar Schaufeln Sand abzutragen. Selbst Flaubert ließ es sich nicht nehmen, ein Kinn freizulegen. Erst 1910 wurden Tempel und Vorplatz gänzlich entsandet.

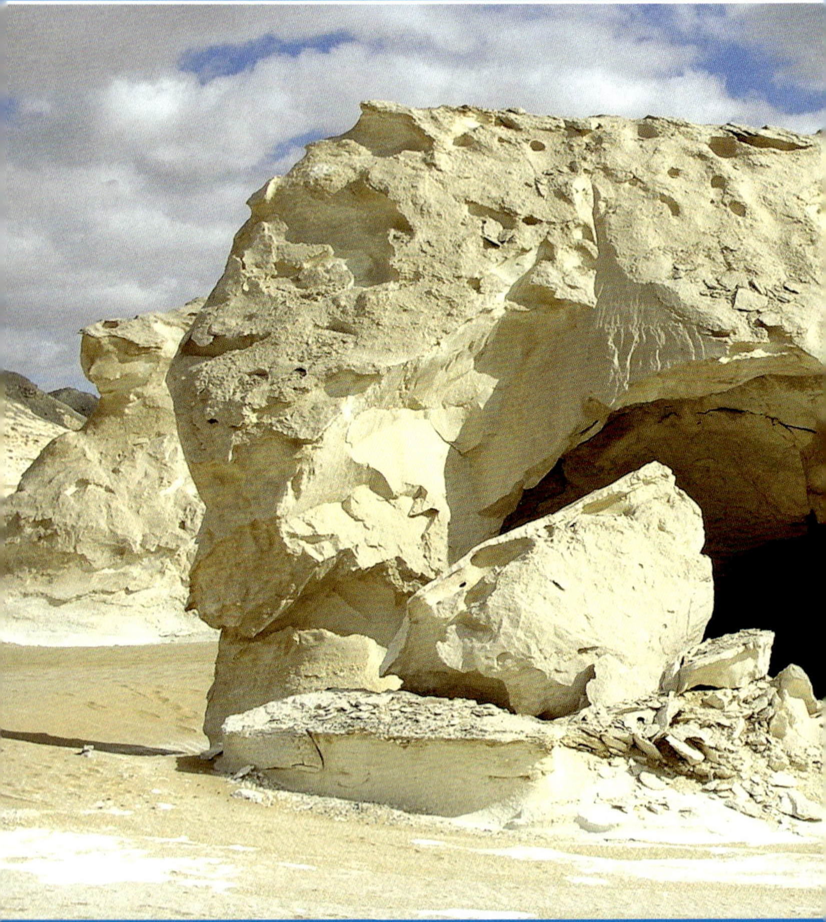

Von Alexandria zum Roten Meer

Alexandria und Mittelmeerküste ... 380	Nildelta und Suezkanal ... 512
Westliche Wüste – das Oasenquintett ... 429	Sinai – harte Natur ... 544
	Rotes Meer – Entdeckung des Hinterlands ... 613

Strand und Skyline von Sidi Bischr, Alexandria

Alexandria und Mittelmeerküste

Die ägyptische Mittelmeerküste wurde erst relativ spät für den Massentourismus erschlossen. Vor allem Einheimische verbringen hier ihre Ferien, mit den Anforderungen von TUI & Co. können erst wenige Ferienanlagen mithalten. Nur wer mit eigenem Wagen unterwegs ist, kann sich weit im Westen noch an dem einen oder anderen unverbauten Strand erfreuen.

Lohnende Ziele sind die Ferienstadt **Marsa Matrouh** und das Schlachtfeld **el-Alamein** mit seinen Gedenkstätten und Friedhöfen. Und natürlich **Alexandria**, Ägyptens zweitgrößte Stadt mit dem morbiden Charme einer in die Jahre gekommenen Schönheit. Am Weg von Kairo nach „Alex", wie es von den Europäern genannt wird, laden die alten Klöster des **Wadi en-Natrun** zu einem Abstecher ein. Das von den beiden Nilarmen und dem Meer begrenzte **Nildelta** bietet Urlaubern dagegen nur wenig. Seine archäologischen Stätten liegen irgendwo unter dem Ackerland begraben, allenfalls **Tanis** mag auch für Laien von Interesse sein.

Wüstenstraße Kairo–Alexandria: Gegenüber der durch das dicht besiedelte Delta führenden *Agricultural Road* ist die Wüstenstraße *(Desert Road)* die schnellere Route nach Alexandria. Für die (von Stadtzentrum zu Stadtzentrum) gut 210 km lange *Sahrawi* rechne man etwa drei Stunden. Die Landschaft längs des Wegs ist kaum spektakulär: Industriebetriebe am Anfang der Route, dann die Reißbrettstadt Medinet Sadat, Geröllwüste, großflächige Bewässerungslandwirtschaft, Funktürme, Reklametafeln und ab und an ein Rasthaus mit Tankstelle. Der Eingang ins Wadi en-Natrun markiert etwa die Mitte der Strecke. Mit dem der Wüste abgerungenen Neuland um Amiriya beginnt bereits die Agglomeration von Alexandria, und nach dem Mariut-See wird die Mittelmeerküste erreicht.

Wadi en-Natrun

Seit dem 4. Jahrhundert ließen sich Mönche und Einsiedler im Wadi en-Natrun und der angrenzenden Wüste nieder. Wegen der vier noch erhaltenen Klöster bietet sich das Tal als kleiner Abstecher von der Wüstenstraße oder, von Kairo aus, als Ziel eines Tagesausflugs an.

Als eine ovale, an den Achsen 50 km lange und 8 km breite Senke erstreckt sich das „Natron-Tal" etwa auf der Mitte zwischen Kairo und Alexandria links der Wüstenstraße. In vorgeschichtlicher Zeit floss hier ein Seitenarm des Nils. Heute nähren die in der Senke zu Tage tretenden Grundwasserströme einige kleinere Seen und Tümpel, die im Sommer nahezu austrocknen und deren zurückbleibende Salzdecke dann aus der Ferne wie ein Gewühl aus Schneeflocken aussieht. Am flachen, magentablauen *Birket el-Hamra* kann man bis zur inmitten des Sees eingefassten Quelle laufen. Das frisch austretende Wasser ist zumindest für Tiere noch genießbar, weshalb sich am See allerlei Vögel tummeln. Seinen Namen hat das Tal von dem aus den Seen gewonnenen Natron (Natriumoxid), mit dem schon die Leichen der Pharaonen mumifiziert wurden. Andere Seen liefern gewöhnliches Kochsalz, wieder andere auch Soda. Im Wadi selbst wird das Natron heute von einigen Werkstätten zur Leinenherstellung benutzt. Daneben leben die 20.000 Bewohner weitgehend von der Landwirtschaft. Seit dem 4. Jh. kamen Mönche und Einsiedler in die Sketis, wie das Gebiet damals genannt wurde. Von den über 50 Klöstern blieben vier erhalten; sie erleben seit den 1970er-Jahren eine geistige wie wirtschaftliche Renaissance.

● *Anfahrt* Ausgangspunkt für den Besuch des Wadi en-Natrun ist das gleichnamige Rasthaus an der Wüstenstraße Kairo–Alexandria, das von allen Bussen auf der Strecke angefahren wird. Einige wenige Busse der *West Delta Company* fahren gezielt nach Bir Hooker, dem Hauptort des Wadi en-Natrun.

Für eine halbtägige Taxitour ab dem Rasthaus oder Bir Hooker zu den Klöstern rechne man mit 80–100 LE bzw. 25 LE/Std.

Sammeltaxis verkehren von Kairo (Terminal Turgoman) und Alexandria zum Rasthaus sowie zwischen Rasthaus, Bir Hooker und dem Kloster Deir Anba Bischoi. Zum Deir el-Baramus muss man ab Bir Hooker trampen oder ein Taximoped *(tok-tok)* nehmen. Das Deir Abu Maqar erreicht man am leichtesten über die direkte Zufahrt von der Wüstenstraße.

● *Übernachten* **El-Hammra Ecolodge**. Ein pensionierter General baute hier am Ufer eines Salzsees seinen Jugendtraum: ein kleines Feriendorf mit rustikalen und geräumigen 2-Raum-Hütten aus Lehm und Schilf. Gut geeignet für Vogelgucker oder Familien, die mal ein Wochenende dem Kairoer Lärm und Dunst entfliehen wollen. Es gibt Reitpferde, auch Kameltrekking wird angeboten. Bungalow (4–6 Pers.) 80–100 €. Am Südufer des Birket Hamra (30°23'21"N 29°19'17"O, Zufahrt von der Desert Rd. beim Wahat Omar Restaurant). ✆ 045-3550944, www.elhammraeco-lodge.com.

Anafora Retreat. Vor allem Gruppen mit religiösem Hintergrund übernachten in diesem Gästehaus und Begegnungszentrum der koptischen Kirche. Schön gelegen inmitten einer Farm, ein Kanal fließt mitten durch das Areal. Übernachten gegen Spende. Cairo Alex Desert Rd., ✆ 0100-1141044, anafora.retreat@yahoo.com.

In den Gästehäusern der Klöster werden Ausländer nur mit Empfehlungsschreiben aufgenommen, die bei den Niederlassungen der Klöster in Kairo zu beantragen sind (Abu Maqar, ✆ 2577 0614, stmacarius@stmacariusmonastery.org; el-Baramus, ✆ 2592 2775; es-Suriyan, ✆ 2592 9658; Anba Bischoi, ✆ 2591 4448).

● *Essen* **Omar Oasis** (Wahat Omar), Km 111, Cairo Alex Desert Rd., tadelloses Restaurant mit ägyptischer und italienischer Küche. Für Kinder gibt es zudem einen kleinen Zoo, für Leser eine Filiale der Buchhandelskette Shorouk.

Deir Abu Maqar

Das Kloster geht auf Makarios den Großen (300–390) zurück, der sich als erster Anachoret am Rande des damals menschenleeren Wadi en-Natrun niederließ. Der Überlieferung nach baute er eine Kapelle an der Stelle des heutigen Klosters, um die herum dann seine Anhänger und Schüler in Felshöhlen wohnten. Mehrfach plünderten und zerstörten Beduinen das junge Kloster. Erst in den ruhigeren Zeiten nach der arabischen Eroberung kehrten die Mönche zurück und bauten um 650

> ### Gott, Satan und der Mönch
>
> Satan fordert von den Teufeln Rechenschaft über ihre Arbeit. „Ich", erzählt der erste, „war die letzten beiden Wochen in der Großstadt, habe 20 Leute an die Nadel gebracht, 300 zu Meineiden und 400 zum Ehebruch verführt." Satan ist dies zu wenig. Er lässt den armen Teufel auspeitschen. „Ich war eine Woche in Afrika, habe einen Bürgerkrieg angezettelt. Wer nicht getötet wurde, ist auf der Flucht und wird verhungern", berichtet ein anderer. Auch damit ist Satan nicht zufrieden, er lässt auch diesen Teufel malträtieren. Und so fort. Satan hat nie genug und lässt alle auspeitschen. Bis einer schließlich erzählt: „Ich war die letzten 40 Jahre in der Wüste und habe mit einem Mönch gerungen. Gestern habe ich in ihm fleischliche Begierden geweckt." Satan umarmt den Teufel, bietet ihm den Ehrenplatz neben sich an und spricht zu den anderen: „Seht, was für ein Kerl. An dem nehmt euch ein Beispiel!"
>
> Die Wüste, so weiß der Mönch, ist das Land, in dem er Gott begegnen kann. Doch bevor es dazu kommt, so weiß außer dem Mönch auch jedes Kind, ist die Wüste zunächst einmal das Land der Teufel, der Stärksten unter ihnen. Ihre Waffen sind Trägheit, Unwissenheit und Begierde. Auch um den Teufeln zu widerstehen, gingen Antonius und Generationen von Mönchen nach ihm in die Wüste. Mit seinem breiten Gürtel und der helmartigen Kopfhaube gleicht der fromme Bruder dabei einem Krieger. Sein Schutz sind die zwölf gestickten Kreuze der Apostel sowie das dreizehnte und mächtigste, dasjenige Christi, auf der Rückseite der Kopfhaube – der Teufel ist hinterhältig und schleicht sich am liebsten von hinten an. Sollte der Teufel sich doch einmal von vorne heranwagen, so schützt den Mönch auch hier ein Kreuz, das er an einem Lederband trägt.
>
> Doch nur wenige Mönche sind fähig, so ganz auf sich gestellt der Versuchung zu widerstehen. Viele fühlen sich berufen, wenige werden auserwählt. Sorgfältig prüft der Abt jene, die ein Leben in der Eremitage der klösterlichen Gemeinschaft vorziehen. Lässt sie fasten, stellt ihnen einen erfahrenen Bruder als spirituellen Führer zur Seite, gewährt ihnen das Recht, sich innerhalb des Klosters über Wochen schweigend in ihre Zelle zurückzuziehen.
>
> Kann der Mönch Gott begegnen, ohne die Bekanntschaft des Teufels zu machen? „Sein Einfluss ist überall", weiß Vater Dioskoros, der Abt des Antoniusklosters, und ist glücklich, dass ihm die Begegnung mit dem personifizierten Bösen bisher erspart blieb. Dioskoros hat seinerzeit das Marienwunder von Zeytun erlebt, als sich die Jungfrau wiederholt in der Tuman-Bey-Gasse zeigte. Das reicht ihm. „Doch anderen ist er erschienen …"

Wadi en-Natrun

die heutige Hauptkirche. Im Mittelalter stiegen immerhin 29 Brüder aus Abu Maqar bis zum Patriarchen auf, zeitweise war das Kloster gar Amtssitz des Kirchenoberhaupts. Im 14. Jh. begann dann der bis in die Gegenwart andauernde Verfall von Abu Maqar, über den uns verschiedene Reisende berichten. So traf der französische Pater und Reisende du Bernat 1710 gerade noch vier Mönche an. Parallel zum Niedergang wurde die Klosterbibliothek geplündert: Vom Kapuzinermönch Cassien de Nantes (1631) bis zu Hugh Evelyn-White (1921) reicht eine lange Liste von Buchräubern, die unter dem Deckmantel wissenschaftlichen Interesses alte Manuskripte ins Ausland schafften.

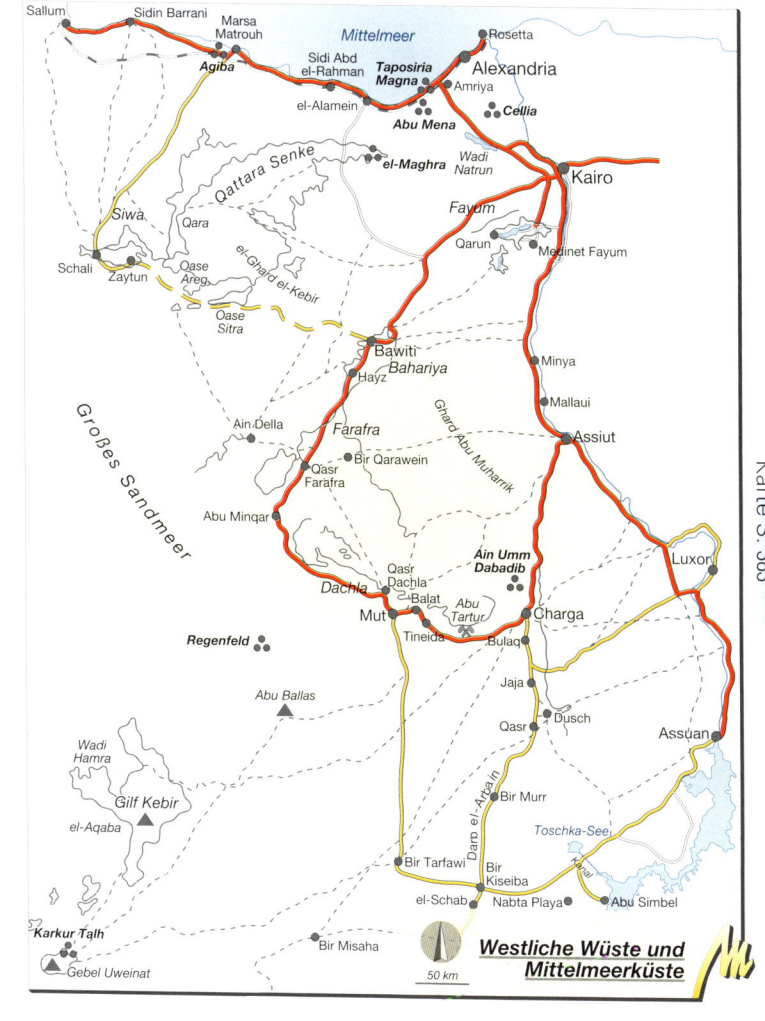

Von Kairo nach Alexandria — Karte S. 383

Westliche Wüste und Mittelmeerküste

Seine Erweckung aus dem Dornröschenschlaf verdankt Abu Maqar Pater Matta el-Meskin („Matthäus der Arme", 1919–2006), über lange Jahre „geistiger Vater" der Gemeinschaft und Erneuerer des koptischen Mönchtums, dessen Schriften längst auch in katholischen Klosterbibliotheken stehen. Matta hatte mit einer kleinen Gruppe von Anachoreten zunächst im Wadi Rayan gelebt, 1970 die ihm angetragene Patriarchenwürde abgelehnt und stattdessen das Kloster bezogen. Die mittlerweile mehr als hundert Mönche sind überwiegend gut ausgebildete Akademiker, die aus ihrem weltlichen Leben ausgestiegen sind, ohne nun in die reine Kontemplation zu versinken. Das hinter einer mächtigen Mauer verborgene Kloster, nur der Turm ragt weit ins Land, betreibt eine Versuchsfarm und Landwirtschaftsschule, gibt eine eigene Zeitschrift heraus und druckt religiöse Schriften und Bücher. Eine Besichtigung durch Touristen ist seit geraumer Zeit nicht mehr erwünscht. Zu sehen gäbe es den alten Wehrturm *(qasr)* mit Zugbrücke, in den sich die Mönche bei Gefahr zurückziehen konnten. Die Kirchen im Obergeschoss des Turms enthalten sehenswerte Wandmalereien aus dem Mittelalter. In der Makarios geweihten Hauptkirche wird die wichtigste Reliquie des Klosters verwahrt, das angebliche Haupt Johannes des Täufers, das allerdings auch Damaskus und Venedig zu besitzen behaupten. Informationen auch unter www.stmacariusmonastery.org. Im Kloster sind Touristen derzeit nicht erwünscht.

Deir Anba Bischoi

Das größte Kloster im Wadi en-Natrun liegt etwa 10 km abseits der Wüstenautobahn. Ab und an ist hier auch Patriarch Schenuda III. anzutreffen, der auf dem Klostergelände eine Residenz hat und Deir Anba Bischoi auch aus jenen Tagen kennt, da er hier von Präsident Sadat unter Hausarrest gestellt war. Die Führungen deutscher Gruppen übernimmt gerne der dynamische Pater Sidrak, der lange in der Schweiz lebte.

Die Überlieferung zählt den Klostergründer Bischoi zu den ersten Anachoreten im Wadi en-Natrun. Ihm ist die **Hauptkirche** des Klosters geweiht, deren älteste Teile noch aus dem 9. Jh. stammen. Bemerkenswert sind besonders die hölzerne Altarschranke, das Becken für die Fußwaschung und natürlich die Reliquien. Bleiben Sie angesichts seines unter einem Tuch ruhenden Leichnams gefasst: Der 407 Verstorbene soll Frommen noch immer die Hand zur Begrüßung reichen. Über die Wundertaten des Paul von Tammuah, seines nebenan ruhenden Gefährten, will ich erst gar nichts berichten, denn mir würde sowieso

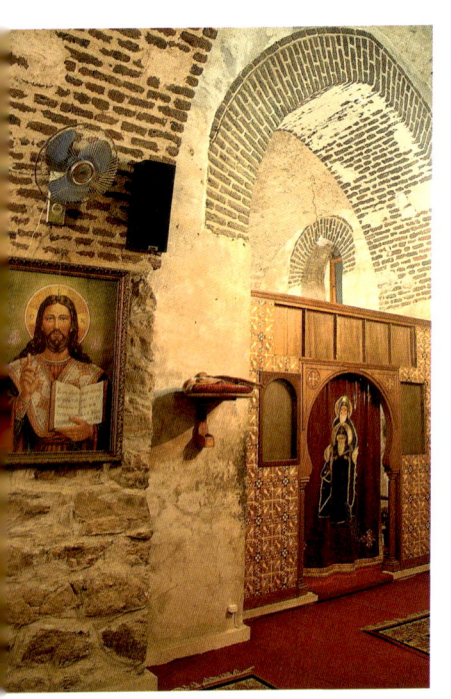

Kapelle im Kloster des Anba Bischoi

❶ Krankenstation
❷ Turm
❸ Gästehaus
❹ Altes Refektorium
❺ Kirche St. Bischoi
❻ Alte Mühle
❼ Zellen
❽ Bibliothek

Kloster des Anba Bischoi

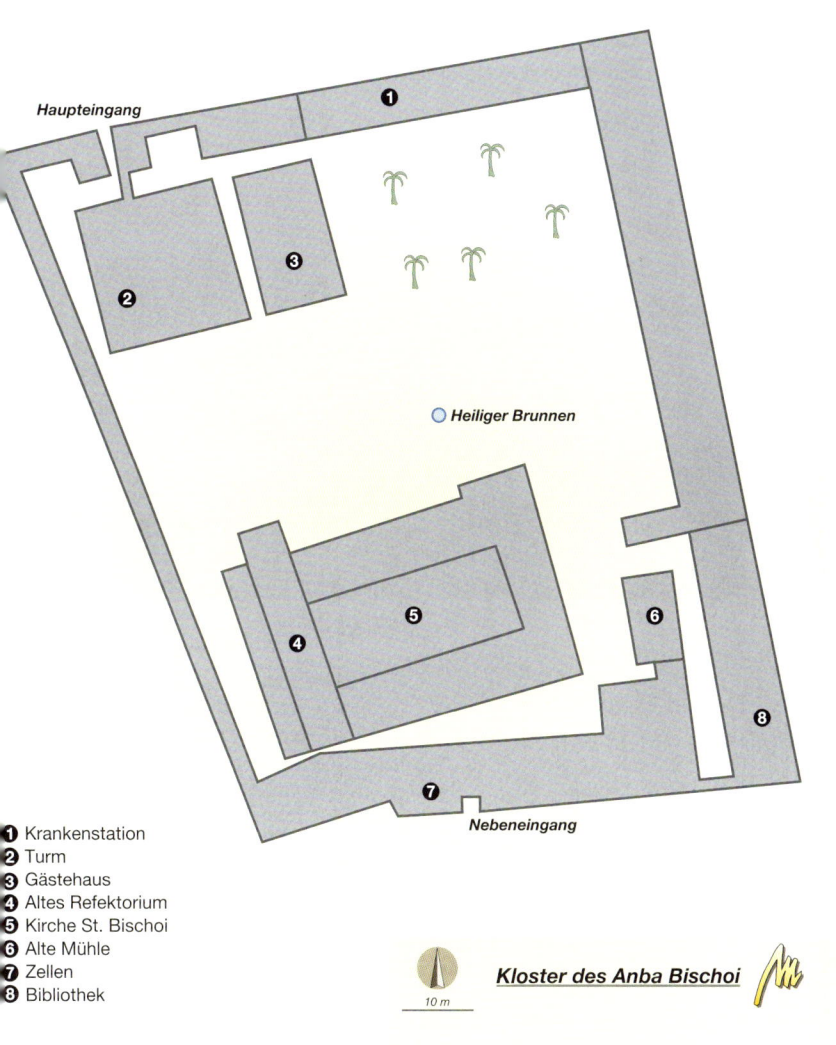

niemand Glauben schenken. Das auf der Westseite an die Hauptkirche gebaute alte **Refektorium** gefällt mit seinen aus Ziegeln gemauerten Kuppeln. Ein niedriger Tisch teilt den Raum, der heute als Lager für museale Artefakte vom Mühlstein bis zum Chorgestühl dient. Sehenswert ist auch der **Wehrturm** (13. Jh.). Man betritt ihn vom Torhaus über eine hölzerne Zugbrücke. Im 1. Stock waren die Vorratsräume, man sieht noch eine Getreidemühle, die Olivenpresse, einen Backofen und einen wohl 30 m tiefen Brunnen. Auf dem Dach befindet sich eine dem hl. Michael geweihte Kapelle.

Tägl. 7–18 Uhr, im Sommer bis 20 Uhr.

Sonnenuntergang hinter dem „Kloster der Syrer"

Deir es-Suriyan

Das „Kloster der Syrer" liegt etwa 500 m nördlich des Anba Bischoi und innerhalb derselben Umfassungsmauer. Vor den jüngsten Erweiterungen hatte es den Grundriss einer Arche. Es wurde im 6. Jh. als Abspaltung von Anba Bischoi gegründet – die Mönche hatten sich über die Natur Marias zerstritten. Im 8. Jh., nach der Rückkehr der Dissidenten ins Anba Bischoi, erwarben syrische Kaufleute das Kloster für Mönche der jakobitischen Konfession, was dem Kloster außer seinem Namen auch viele aramäische Manuskripte bescherte. Im 15. Jh. fanden hier auch die Mönche des Klosters Johannes Kame Unterschlupf, die ihren Konvent wegen einer Termitenplage hatten aufgeben müssen. Beide Gemeinschaften verschmolzen schließlich, und im 17. Jh. fanden Reisende nur noch Kopten im Kloster. Im 19. Jh. weckte die Bibliothek das Interesse europäischer Gelehrter, die viele Handschriften abtransportierten und nach Rom und London verkauften.

Die der Jungfrau *(el-'Adhra)* geweihte **Hauptkirche** wurde lange auf das Jahr 980 datiert. Unter der dicken Putzschicht fanden Experten jedoch in den letzten Jahren Fresken, die zum Teil schon in den Gründerjahren des Klosters gemalt worden waren – wenigstens einzelne Mauern der Kirche müssen also viel älter sein. Die Fresken, für die ein Museum geplant ist, wurden bislang nur abschnittsweise freigelegt. So sind an der Kirchenwand einzelne „Fenster in die Vergangenheit" entstanden. Ein weiteres Kleinod der Kirche ist ihre Ikonostase aus Ebenholz mit elfenbeinernen Einlegearbeiten. In der Mitte des Schiffs befindet sich das Becken für die vorösterliche Fußwaschung. Ein niedriger Gang führt in die Zelle des Bischoi, wo der Heilige seine Tage stehend im Gebet verbrachte. Um nicht einzuschlafen und umzufallen, hatte er seinen langen Haarschopf an einem Deckenhaken befestigt.

Winter So–Fr 9–18, Sa 9–15 Uhr, Sommer So–Fr 9–19, Sa 9–17 Uhr. Während der Fastenzeiten (43 Tage vor Weihnachten, 55 Tage vor Ostern, von Pfingsten bis 12. Juli sowie vom 7. bis 22. August) werden keine Gäste empfangen.

Deir el-Baramus

Das „Kloster der Römer", 4 km nordwestlich des Deir es-Suriyan gelegen, erinnert im Namen an die Römer Maximus und Domitius, Söhne von Kaiser Valentinian, die sich als Schüler des heiligen Makarios in der Wüste zu Tode fasteten. Beide sind in der Krypta unter der **Hauptkirche el-'Adhra** bestattet, die sich zwischen anderen Klostergebäuden versteckt. Auch in diesem Gotteshaus haben die Restauratoren alte Fresken freigelegt. Die Reliquien an der Nordwand gehören dem heiligen Theodor (dem Bruder des Drachentöters Georg) und Moses dem Schwarzen, der vor seiner Bekehrung als Räuber und Wegelagerer die Mitmenschen plagte. Nebenan wird ein nicht länger benutztes **Refektorium** gezeigt, an dessen Tafel sich die Brüder jeden Sonntag zum gemeinsamen Mahl trafen. Der **Qasr** war noch in jüngerer Zeit Wohnstatt von Mönchen.

Tägl. 9–17 Uhr, im Sommer bis 18 Uhr.

Tahrir-Provinz

Die Straße durchzieht jetzt das Neuland der Tahrir-Provinz, die durch Tiefbrunnen und vom westlichen Nilarm über Kanäle mit Wasser versorgt wird. Neben den Großfarmen gibt es auch Pachtland und Kleinbetriebe. Unter Nasser übergab man die vom Staat mit hohen Kosten erschlossenen und urbar gemachten Parzellen vor allem Kriegsveteranen und ehemaligen Landarbeitern. Heute werden junge, arbeitslose Akademiker mit allerlei Vergünstigungen ins Neuland gelockt. Manche der neu erschlossenen Flächen wurden inzwischen wieder aufgegeben. Der sandige, wasserdurchlässige Boden „verbraucht" hier erheblich mehr Wasser als die Lehmböden des Niltals. Wird er zu großzügig und ohne Drainagen bewässert, versalzt er.

Weingut Gianaklis

In der Antike war Ägypten ein Zentrum des Weinbaus. Noch unter den Fatimiden frönte etwa der Dichter Omar Khayam unverhohlen dem Rebensaft, doch mit dem religiösen Alkoholverbot taten die Bauern besser daran, sich anderen Früchten zu widmen. Erst der Grieche Gianaklis begann um die vorletzte Jahrhundertwende südlich des Mariut-Sees wieder mit großflächigem Weinbau. Bei der Verstaatlichung nach der Revolution war das Gianaklis-Gut einer der größten landwirtschaftlichen Betriebe Ägyptens: Über 7000 ha Rebfläche wurden von 6000 Beschäftigten und Erntehelfern bewirtschaftet. Inzwischen ist das Gut wieder in privatem Besitz. Einer Produktionsausweitung stehen allerdings der begrenzte einheimische Markt und die Handelshemmnisse der Europäischen Union entgegen.

Einen „Fabrikladen" des Weinguts gibt es beim Rasthaus Wadi en-Natrun (→ S. 381).

Mariut-See

Kurz vor der Einmündung auf die Küstenstraße empfängt Alexandria die Reisenden mit Ammoniakgestank und dem Geruch fauliger Eier. Die üblen Ausdünstungen steigen aus dem Mariut-See auf. Auffüllungen haben die Fläche des Sees von einst 200 km² auf nunmehr rund 60 km² reduziert. Seit der „Sanierung" des Alexandriner Abwassernetzes wird die städtische Kloake nicht mehr unmittelbar ins offene Meer geleitet, sondern zunächst in den See. Erst in einer späteren Phase soll die zwischengeschaltete Kläranlage auch chemische und biologische Reinigungsstufen enthalten. Bislang filtert sie nur den Grobschmutz aus dem Wasser. Die Fischer, die ihren stinkenden Fang zuletzt selbst nicht mehr zu essen wagten, mussten ans Rote Meer und an den Nasser-Stausee abwandern. Zurück blieben Frauen, Kinder und Alte.

Doch es ist nicht das erste Mal, dass der Mariut-See die von ihm abhängigen Menschen im Stich lässt. Die Tahrir-Provinz war bereits in der Antike eine fruchtbare Landschaft mit Weizenfeldern, Weinbau und Olivenkulturen. Gespeist vom kanopischen Nilarm, dessen altes Bett als Senke zwischen Bahnlinie und Küstenstraße noch zu erkennen ist, erstreckte sich der Mariut-See damals von den Toren Alexandrias aus 60 km weit nach Westen. Als der Zufluss im Mittelalter versandete, schrumpfte auch der See, versumpfte und wurde zu einer Salzbracke. Beduinen vertrieben die Bauern, die sich nach Osten zurückzogen. Um den französischen Truppen die Trinkwasserzufuhr abzuschneiden und seiner Flotte die „Hintertür" Alexandrias zu öffnen, durchschnitt der britische General Hely-Hutchinson am 12. April 1801 den natürlichen Damm zwischen Meer und dem inzwischen völlig ausgetrockneten Mariut-Becken – die Senke wurde zum Meer. Erst seit 1892 ist der Mariut-See über Kanäle wieder mit dem Nil verbunden.

Alexandria (el-Iskanderiya)

Strände, die frische Meeresbrise, Fischrestaurants und Flaniermeilen locken im Sommer jene Ägypter, die es sich leisten können, in die zweitgrößte Metropole (4,3 Mio. Einwohner) des Landes. Die Stadt zehrt von der Erinnerung an eine große Vergangenheit, die kaum etwas hinterlassen hat.

Durrell nannte Alexandria eine Stadt ohne Charakter, doch mit starker Atmosphäre. Diese Atmosphäre an der Schnittstelle von Europa und Afrika, von Mittelmeer und Wüste ist die Stärke der Stadt, von deren glorreicher Vergangenheit nur bescheidene Sehenswürdigkeiten geblieben sind. Vieles ist physisch nicht mehr greifbar und bleibt unserer Vorstellungskraft und Spekulation überlassen, anderes verfällt mit erschreckender Eile. Umso mehr hat die Bühne der levantinischen Belle Époque, von Alexander dem Großen, von Cäsar, Antonius und Kleopatra europäische wie einheimische Schriftsteller inspiriert. Als Setting von Romanen, Gedichten und Filmen erschufen Kavafis, E. M. Forster, Durrell, Machfus und der Cineast Chahine, um nur die Bekanntesten zu nennen, ein fiktives, in chronischer Schwermut um vergangene Größe schwelgendes Alexandria, eine mythische Landschaft, die im Rückblick von der realen Vergangenheit nicht mehr zu trennen ist. So bestimmt auch der Mythos den Eindruck, den europäische Besucher aus der **„Hauptstadt der Erinnerung"** (Kavafis) mitnehmen – eine Stadt, die zu genießen es auch eines gehörigen Sinns für Nostalgie und Melancholie bedarf.

Geschichte

Wie der Name verrät, wurde Alexandria 332 v. Chr. auf Geheiß **Alexanders des Großen** gegründet. Nachdem der Makedone mit strategischem Blick den natürlichen Hafen als künftige Hauptstadt Ägyptens auserkoren hatte, übertrug er die Planung seinem Städtebauingenieur *Deinokrates* und eilte weiter nach Siwa. Erst als einbalsamierter Leichnam kehrte der König wieder nach Alexandria zurück und ist, so die glaubhafte Überlieferung, irgendwo unter der Stadt begraben – trotz allen Forscherfleißes ist die genaue Lage der **Soma**, wo auch die ptolemäischen Könige ruhen, bis heute ungeklärt.

Etwa 50 Jahre nach Alexanders Tod dürfte die bald von 800.000 Menschen bewohnte Hauptstadt des Ptolemäerreiches jene Gestalt gehabt haben, die antike Autoren immer

Alexandria – Mythos und Wirklichkeit

Nach **Lawrence Durrells** *Alexandria-Quartett* fällt es schwer, die reale Stadt der Belle Époque hinter ihrem Mythos zu entdecken. Durrell, der keine drei Jahre in Alexandria verbrachte (dafür immerhin mit zwei Alexandrinerinnen verheiratet war), hat sein Möglichstes getan, beide Ebenen zu vermischen und die literarische Fiktion für die Wirklichkeit auszugeben. „Die Charaktere in dieser Geschichte ... haben keine Ähnlichkeit mit lebenden Personen. Nur die Stadt ist wirklich (real)", heißt es gleich zu Beginn des „Quartetts". Durrells Alexandria ist eine mythische Landschaft, die in erster Linie das Setting für einen großen Roman liefern soll: ein eleganter, erotischer, verruchter, gewalttätiger, stolzer Bastard; eine Gesellschaft, in der Heirat eine Sache des Geschäfts ist und die an einem Übermaß an „Geschmack" krankt; ein Schauplatz der Kinderprostitution, von politischen Intrigen, Kidnapping und Mord. Vielleicht mit Nabokovs Bemerkung vor Augen, „wirklich" sei das einzige Wort, das man nur in Anführungszeichen benutzen dürfe, hat der Kavafis-Biograf **Robert Liddell** mit der Alexandria-Novelle *Unreal City* („Unwirkliche Stadt") gekontert.

Lawrence Durrell, E. M. Forster, Robert Liddle, D. J. Enright („Academic Years"), die alle dem levantinische Alexandria literarisch feierten, erwiesen **Konstantinos Kavafis** (1863–1933) ihre Reverenz und flochten seine Gedichte in ihre Prosa ein. Er gilt als Begründer der neugriechischen Lyrik. Im Haus Nr. 4 der Rue Scharm esch-Scheich, wo er seine letzten Lebensjahrzehnte verbrachte, hat man ihm ein kleines Museum eingerichtet. Kavafis historische Gedichte thematisieren die griechische Welt von Alexander bis zur osmanischen Eroberung Konstantinopels. Die ptolemäischen Könige, die Lichtgestalten des Museions, Antonius, Kleopatra und Söhnchen Cäsarion, die Seleukiden – fast alle Größen der hellenistischen Welt werden in seiner Dichtung lebendig. Der Grieche, besser gesagt: der Hellene Kafavis ist das Bindeglied zwischen antikem und levantinischem Alexandria. „Die Rue Cherif Pascha ist mein erster Cousin, die Rue de Ramleh mein zweiter und der Platz meine Tante. Wie kann ich sie verlassen?", weigerte sich Kavafis bis zu seinem Tode beharrlich, dem Drängen der Freunde nachzugeben und nach Athen überzusiedeln. In Kavafis, dem „letzten Alexandriner", verdichten sich für Durrell und Kollegen die Stadt des Museions und die Stadt der Baumwolle.

> Du findest keinen Platz, findest keine anderen Küsten.
> Dir folgt die Stadt. Durch Straßen streifst du, unveränderlich
> dieselben. Und in selben Vierteln kommt das Alter über dich;
> und es wird in selben Häusern weiß dein Haar.
> Dein Ziel liegt stets in dieser Stadt. Nach anderen Orten –
> Hoffnung fahr –
> gibt es kein Schiff für dich und gibt es keine Straße.
> Wie du dein Leben hier verheert hast, in dem Maße
> dieses kleinen Ecks, so musstest du es in der ganzen Welt verwüsten.*

*aus: „Die Stadt", übersetzt von W. Josing und D. Gundert, Köln, Romiosini-Verlag.

Selbst der Futurist **Marinetti**, gleichfalls in Alexandria geboren, zollt dem „dichtenden Historiker", wie Kavafis sich verstand, Tribut: „Sie sind zwar nicht von Maschinen beeindruckt, Sie benutzen noch Verben und Kommata, Sie mögen kein elektrisches Licht, [...] Sie benutzen die Formen der Vergangenheit – aber von dem, was ich in Ihren Gedichten entdecke, komme ich zu dem Schluß, daß Sie ein Futurist sind. Wer immer seiner Zeit voraus ist, sei es in Kunst oder Leben, der ist ein Futurist."

wieder entzückte: ein im Norden vom Meer, im Süden vom Mariut-See begrenztes Schachbrett großzügiger Straßen, auf denen zwei Kutschen einander mühelos passieren konnten und das durch einen Damm mit der vorgelagerten Insel Pharos verbunden war.

Alexandria war damals nicht nur die größte Stadt im Mittelmeerraum, sondern auch der Geburtsort und der geistige **Mittelpunkt des Hellenismus**. Hier entwickelte *Euklid* die Grundlagen der Geometrie, berechnete *Eratosthenes* den Erdumfang und schufen namenlos gebliebene Astronomen im Auftrag Cäsars den Julianischen Kalender, nach dem die Ostkirchen bis heute das Datum des Osterfests berechnen. Für das Ende der Alexandriner Wissenschaften steht die Priesterin, Mathematikerin und Musikwissenschaftlerin *Hypatia* – sie wurde 415 von aufgehetzten Christen gesteinigt. Nur die Philosophie, die „Königin der Wissenschaften", mochte unter den Ptolemäern zunächst nicht recht zu florieren: Allzu freies Geistesleben war nicht erwünscht. Erst in der Auseinandersetzung mit dem aufstrebenden Christentum erstarkte auch die Philosophie: Der Neoplatoniker *Plotin* begann seine Karriere in Alexandria, kam allerdings erst mit der Übersiedlung nach Rom zu Ehren.

Nach der **römischen Besetzung** war Alexandria die große Nebenbuhlerin der Stadt am Tiber und das theologische Zentrum des frühen Christentums. Der Legende nach missionierte hier zuerst der *Apostel Markus*, nach anderer Überlieferung der *hl. Apollos*, ein Schüler des Paulus. Die Katechetenschule trat als Arena des Geistesstreits an die Stelle des Museions und gebar mancherlei „Irrlehren" und Abweichungen vom wahren Glauben oder vielmehr von dem, was die Konzilien als solchen erklärten. *Arius*, sein Gegenspieler *Athanasius*, auch *Origines* lehrten hier. Die Gnostiker und der Aristoteles-Kenner *Johannes Philoponos*, der als Greis noch die arabische Eroberung erlebte, suchten nach einer Synthese aus dem jungen Christentum und der überlieferten Philosophie.

Mit der Vertreibung und Ermordung der jüdischen Gemeinde unter Kaiser *Trajan* begann die zunächst schleichende **Talfahrt Alexandrias**. Im Jahre 215 schloss *Caracalla* das Museion und ließ in einer Strafaktion die geistige Elite der Stadt töten. Der irre Kaiser sah sich als Rächer Alexanders, der seiner Überzeugung nach von Aristoteles vergiftet worden war.

Nicht vor, sondern in der Stadt bekämpften sich die Heere *Aurelians* und der syrischen Wüstenkönigin *Zenobia*. Wie schon sein Vorgänger *Valerian* ließ Kaiser *Diokletian* zahlreiche Christen umbringen – ein traumatisches Ereignis, das sich tief im kollektiven Gedächtnis der Kopten festgeschrieben hat. Die mit dem Toleranzedikt 383 endlich als Religionsgemeinschaft anerkannten Christen verhielten sich allerdings nicht viel besser. Sie zerstörten mit den heidnischen Tempeln auch deren Schriften. Dennoch: Als der Beduinengeneral ʿAmr Ibn el-ʾAs Alexandria, das in jenen Jahren zu allem Überfluss noch mehrmals von der Pest heimgesucht worden war, am 22. Dezember 640 eroberte, machte die Stadt selbst als Schatten vergangener Größe noch immer mächtig Eindruck: „Ich will nur erwähnen, dass ich darin 4000 Paläste und ebenso viele Bäder gefunden habe, 400 Theater und Vergnügungsstätten, 1200 Obstläden und 40.000 steuerpflichtige Juden", beschrieb er dem Kalifen die Beute. ʿAmr verlegte die Hauptstadt nach Fustat (Kairo), und Ägypten kehrte Europa fortan den Rücken.

Als *Napoleon* 1798 in Alexandria landete, fand er hier nur ein bescheidenes Fischerdorf. Die **Renaissance der Metropole** ist das Werk *Mohammed Alis*, der sie zum Exporthafen für Ägyptens Baumwolle ausbaute. Da der kanopische Nilarm, der die Stadt mit Trinkwasser versorgt hatte, schon in der Spätantike versandet war, schloss der Vizekönig Alexandria mit dem 1820 vollendeten Mahmudiya-Kanal wieder an den Nil an. Französische Planer gaben der Metropole ihr modernes Gesicht: im Westen der Hafen mit den Industriebetrieben, Lagerhallen und Arbeitervierteln, im Osten das vornehme Quartier der Europäer und Levantiner, die sich bald in großer Zahl in der boomenden Stadt niederließen und als Händler, Spekulanten, Schiffsausrüster oder Gastwirte ein üppiges Auskommen fanden. Sie machten Alexandria zu jenem kosmopolitischen Zentrum der Levante, deren französisch kultivierte Oberschicht in ihren 2000 Villen ein Leben kaum vorstellbarer Raffinesse führte und in der sich, neben Beirut, der dekadente Geist des Fin du Siècle am längsten hielt, ein Geist, der etwa im Lebensstil König *Faruks* seinen traurig pervertierten Höhe- und Endpunkt fand.

Die Revolution der Nasseristen bedeutete auch die **Nationalisierung Alexandrias**. Viele Firmen und Geschäfte in ausländischem Besitz wurden verstaatlicht, Engländer und Franzosen nach der Suez-Krise ausgewiesen, Juden emigrierten angesichts des ihnen gegenüber feindseligen Klimas. Als der Mob bei den Brotunruhen 1977 schließlich die Börse stürmte, wurden dort schon lange keine Aktien mehr gehandelt.

Alexandria heute

Auch arabisiert und afrikanisiert ist el-Iskanderiya noch die Stadt mit dem höchsten Ausländeranteil Ägyptens. An die 30.000 Griechen, Italiener, Armenier und Libanesen leben hier, dazu kommen im Sommer viele Araber aus den Golfstaaten. Manche Geschäfte tragen noch griechische Namen. Neben den Kopten gibt es vergreisende Gemeinden griechisch-orthodoxer, armenischer, maronitischer und syrischer Konfession samt ihren unierten und protestantischen Abspaltungen. Der armenische Feinmechaniker arbeitet über der griechischen Kaffeerösterei.

Die 17 km lange Corniche als Schaufassade der Stadt, die wichtigen Plätze im Zentrum und die großen Ausfallstraßen erlebten in den letzten Jahren ein erstaunliches Facelifting. Parkwächter behüten die neuen Grünzonen, emsige Müllmänner säubern tagaus, tagein das Terrain. Abseits der üblichen Touristen- und Prominentenpfade macht Alexandria jedoch einen trostlosen Eindruck. Südlich der Bahnlinie, wo sich der Khedive Abbas im Führerstand seiner privaten Dampflok am Blick auf das Vogelparadies der Brackwassertümpel erfreute und vielleicht einen Jagdstopp einlegte, stehen heute Quartiere, die eine Mitarbeiterin Mutter Theresas mit den Slums von Kalkutta verglich. Hier hat sich Alexandria von einer viel gepriesenen Schönheit zu einem entstellten Körper entwickelt, dessen krankhaft wuchernde Geschwulste niemand mehr zu kontrollieren vermag.

Orientierung: Hat man die Industrieviertel im Westen passiert, erstreckt sich die Stadt entlang der Küste als ein etwa 20 km langes und gerade nur 3 km breites Band, das auf der Landseite vom Mahmudiya-Kanal begrenzt wird. Das moderne Geschäftsviertel – die frühere Kolonialstadt – liegt an der halbkreisförmigen Bucht des Osthafens. Mittelpunkte sind der Verkehrsknoten Midan Ramleh und der Midan Sa'ad Zaghloul mit dem Hotel Cecil, dazu die ebenfalls nach Sa'ad Zaghloul benannte Einkaufsstraße. Gen Nordwesten geht das Geschäftsviertel mit den Plätzen Tahrir und Orabi in die Märkte und dann in die Altstadtviertel Anfuschi und Ras et-Tin über, welche die Halbinsel zwischen Ost- und Westhafen einnehmen. Auf der anderen Seite läuft die Uferstraße Corniche an der von einzelnen Badebuchten gesäumten Küste entlang bis zum Montazah-Park, der das Ostende Alexandrias markiert.

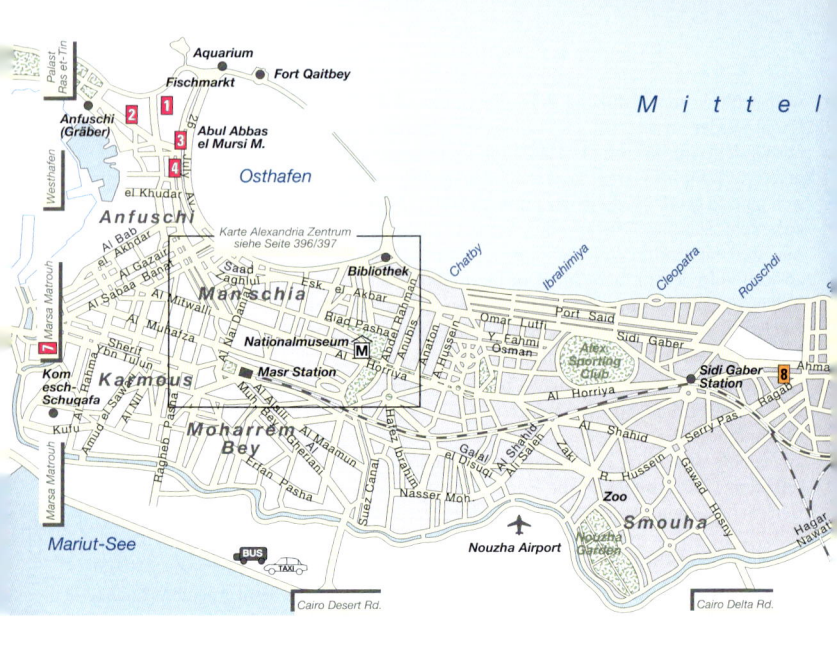

Verbindungen

Von Kairo reist man bequem mit dem Schnellzug nach Alexandria. Für das innerstädtische Fortkommen seien auch die Straßenbahnen empfohlen, die viele touristisch interessante Orte ansteuern.

• *Bahn* Alle Züge starten an der **Misr-Station** und halten zusätzlich am **Bahnhof Sidi Gabr** im Osten der Stadt. Nach Kairo von 6 bis 22 Uhr etwa stündlich Abfahrten. Der Nonstop-Express „Turbini" legt die Strecke in 2 Std. 10 Min. zurück, andere Schnellzüge sind bis zu 3 Std. unterwegs. Tickets für die 1. und 2. Klasse (AC) bekommt man im Misr-Bahnhof am nördlichsten Bahnsteig neben der Touristinformation, in Sidi Gabr im meerseitigen Bahnhofseingang, notfalls auch gegen Aufpreis direkt im Zug.

Nach Marsa Matrouh fahren zwei bis vier Züge täglich, die nur fanatischen Bahnfahrern empfohlen werden können: Fahrzeit 6–9 Std. Vorortzüge verbinden Alexandria mit Abu Qir und Rosetta (2 Std.).

• *Überlandbusse* Den neuen **Busbahnhof** (*el-moqaf el-gedid*) erreicht man vom Zentrum mit Kleinbussen ab Misr Station. Direktbusse von *Superjet* (℡ 3633552) nach **Kairo** (3½ Std.), zum **Kairo-Airport**, im Sommer nach **Marsah Matrouh** und ganzjährig nach **Libyen**.

Mit *West Delta Bus* (℡ 3629685) reist man nach **Marsa Matrouh** und **Siwa**, in die Städte des Deltas und an den Suezkanal. Die Firma hat ein zusätzliches Ticket Office an der Südwestecke des Md. Sa'ad Zaghloul. *Superjet* und *Upper Egypt Bus* schicken auch vier oder fünf Busse am Tag nach **Hurghada** und **Safaga**.

• *Sammeltaxis* Die Wagen warten vor der **Misr-Station** auf Fahrgäste nach Abu Qir. Alle anderen Destinationen werden vom Taxibahnhof **el-Moqaf el-gedid** an der Umgehungsstraße im Stadtteil **Moharrem Bey** bedient, der mit Kleinbussen ab Misr-Station zu erreichen ist.

• *Flughafen* Alexandria hat zwei Flughäfen. Der stadtnahe und geradezu intime **Nuzha-Airport (ALY)**, ℡ 4201989, ist vom Zentrum (Md. Orabi) mit den Bussen 703 und 710 zu erreichen. Für die Taxifahrt rechne man bis 30 LE. Nuzha-Airport soll demnächst für Umbau und Erweiterung geschlossen werden.

Die meisten internationalen Gesellschaften fliegen den Airport **Borg el-Arab (HBE)**, ℡ 4491486, an. Dieser liegt etwa 60 km außerhalb und ist vom Zentrum mit Bus Nr. 555 zu erreichen. Für die Taxifahrt rechne man rund 100 LE.

E ssen & Trinken
1 Samakmak
2 Abu Aschraf
3 Fish Market
4 Qadoura
7 Seagull

Ü bernachten
5 Helnan Palestine
6 Salamlek

N achtleben
8 Portugiesischer Club

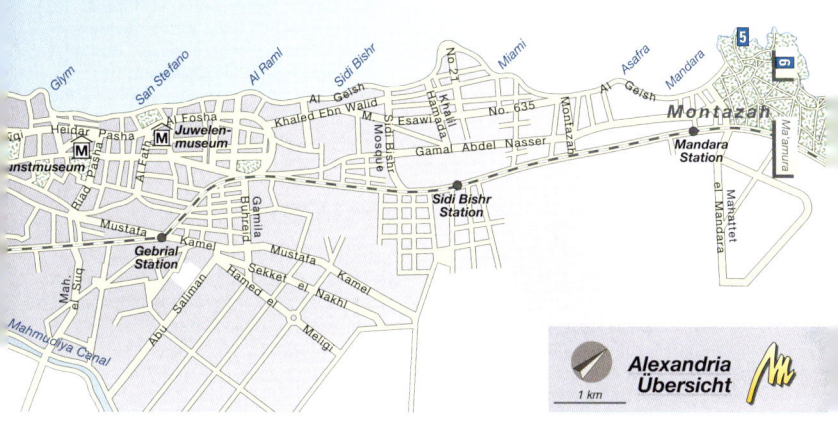

- *Stadt- und Vorortbusse* Linie 1: Md. Sa'ad Zaghloul – Sidi-Gabr-Bahnhof
Linie 2: Md. Sa'ad Zaghloul – Bitasch – Hanoville
Linie 3: Mandara – Misr-Station – Hanoville
Linie 719 und Linie 735: Ras et-Tin – Corniche – Ma'amura
Linie 728 und Linie 729: Misr-Station – Abu Qir
- *Blaue Tram (el-ramleh lines)* Vom Md. Ramleh entlang der **Küste nach Osten** bis Victoria – ein Streckenschema mit Haltestellen und Linien hängt an jeder Station aus.
- *Gelbe Tram (el-madina lines)* Linie 2: Misr-Station – Pompeius-Säule
Linie 3: St, Catherine – Sherif – el-Meks
Linie 6: Ras et-Tin – Hafen – Scherif – Misr-Station
Linie 14: Misr-Station – Moharrem Bey – Zoo
Linie 15: Md. Ramleh – Anfuschi – Ras et-Tin
Linie 16: St. Catherine – Pompeius-Säule
Linie 25: Cleopatra – Md. Ramleh – Md. Orabi
Linie 36: San Stefano – Sidi Gabr – Md. Ramleh – Ras et-Tin

*V*erschiedenes

Telefonvorwahl: 03

- *Ausländerbehörde* **Passport Office**, 28 Tala'at Harb, Sa–Do 8.30–13/19–21 Uhr.
- *Information* Md. Sa'ad Zaghloul, ✆ 4851556, Mo–Sa 8–17 Uhr; freundliche und kompetente Auskunft, wenig Info-Material. Zweigstellen im Hafen, am Airport und im Bahnhof. Infos im Internet unter www.alex4all.com.
- *Kulturinstitute* **Goethe-Institut**, 10 el-Batalsa (ehemals Rue Ptolemees), Bab Scharqi, ✆ 4879870; **British Council**, 11 Mahmud Abu el-Ela, Kafr Abdu, Rouschdi, ✆ 5456512; **American Cultural Center**, 3 Pharana, ✆ 4861009.
- *Mietwagen* **Avis**, Hotel Cecil, Md. Sa'ad Zaghloul, ✆ 4857400.
- *Notfalladressen* **Deutsches Konsulat**, Honorarkonsulin Nevine Leheta, 9 el-Fawatem, Bab Scharqi, ✆ 4867503, ✆ 4840977.

Österreichisches Konsulat, 8 Kenesset el-Dabana, ✆ 4808888, Mo–Fr 10.30–14 Uhr.

German Hospital, 56 Abdel Salam Aref, Glym, ✆ 5840717, www.germanhospital.net.

Victoria-Hospital (24-Stunden-Notfalldienst), 18 Philip Galad, Md. Isfar, Victoria, ✆ 570-6400.

Dr. Alexander Ghorayeb, Vertrauensarzt des dt. Konsulats, 34 Sa'ad Zaghloul, ✆ 4826745, priv. 4932617.

394   Alexandria und Mittelmeerküste

- *Pferderennen* Vor dem Eingang zum Nuzha-Garten (Bus 710, Tram 10, 11, 18), einem öffentlichen Park im Südwesten der Stadt, gibt es sonntags gegen 17 Uhr informelle Pferderennen – Folklore pur und echt erlebenswert!
- *Post* Ein zentral gelegenes Postamt findet sich am Md. Ramleh. Postlagernde Sendungen werden am Md. Ismail ausgegeben.
- *Unterwasserarchäologie* Mancher träumt von einem Museum auf dem Meeresgrund, in dem die Besucher von einem Plexiglastunnel geschützt die archäologischen Schätze vor der Stadt besichtigen können. Bis es so weit ist (oder nie dazu kommt), bleibt nur der Tauchgang, wobei die Sicht unter Wasser im Osthafen mehr schlecht als recht ist. Dergleichen bietet **Montazah Watersports**, Montazah Park, ✆ 0100-5604458, www.montazawatersports.com. Weniger angesehen ist Aschraf Sabris **Alexandra Dive Company**, beim Tikka-Grill, Corniche, Anfushi, www.alexandra-dive.com, ✆ 4832045. Für einen halbtägigen Ruinen-Tauchgang inkl. Ausrüstung und Lunch zahlt man 80–120 €.

Übernachten (Karten S. 392/393 und S. 396/397)

Entweder Luxushotel oder Billigquartier – in der mittleren Preisklasse hat Alexandria nichts zu bieten. Die zentral gelegenen Hotels und Pensionen leiden alle unter höllischem Straßenlärm. Im Juli und August, Höhepunkt der ägyptischen Feriensaison, ist ohne Reservierung kaum eine Unterkunft zu bekommen.

- *Gehoben* **El-Salamlek Palace (Karte S. 392/393, Nr. 6)**, das feinste Hotel der Stadt hat gerade zwei Dutzend Betten und liegt im Montazah-Park. Es wurde 1892 vom Khediven Abbas Hilmi II. als Jagdschloss für seine ungarische Geliebte errichtet. Aus den riesigen Fenstern und vom Terrassencafé des Schlösschens blickt man aufs nahe Meer, die Innenräume wurden aufwändig zu altem Glanz restauriert. DZ ab 150 $. Montazah, ✆ 5477999, ✉ 5473585, www.sangiovanni.com.

Helnan Palestine (Karte S. 392/393, Nr. 5), etwa 12 km vom Stadtzentrum entfernt, an einer geschützten, zum Baden geeigneten Bucht des Montazah-Parks, gleich neben dem königlichen Sommerpalast. Das Hotel, 1964 für die Staatsgäste des arabischen Gipfeltreffens gebaut, bietet den üblichen Komfort seiner Klasse und wird vor allem von einheimischen Gästen und ausländischen Reisegruppen gebucht. Für Individualreisende scheint es mir etwas überteuert. DZ ab 200 €. Montazah, ✆ 5474033, ✉ 5473378, www.helnan.com.

Sofitel Cecil (Karte S. 396/397, Nr. 3). Größen wie König Faruk, Umm Kulthum, Churchill und Somerset Maugham stiegen hier ab, und Lawrence Durrell hat das Cecil in seinem „Quartett" literarisch verewigt. Heute ist das Cecil nicht mehr das beste (sprich: teuerste), aber mit Sicherheit das stilvollste Hotel der Stadt. Anfang der 1990er-Jahre wurde es behutsam modernisiert und auch wieder mit alten Stilmöbeln ausgestattet – das Originalmobiliar war in der Nasser-Ära, als das Haus verstaatlicht wurde, großteils „verloren" gegangen. DZ 110–200 €. Md. Sa'ad Zaghloul, ✆ 4877173, ✉ 4855655, h1726@accor.com, www.accorhotels.com.

Windsor (Karte S. 396/397, Nr. 7), das dem Cecil durchaus vergleichbare, doch weniger berühmte Haus der Belle Époque liegt im Zentrum direkt an der Corniche. DZ 60–100 €, im Sommer 150–180 €. 17 esch-Schohada (beim Cecil), ✆ 4808123, ✉ 4809090, www.paradiseinnegypt.com.

Egypt (Misr) (Karte S. 396/397, Nr. 1), im Obergeschoss eines Eckhauses der Corniche. Das Hotel empfängt mit einer Lobby im ägyptischen Barock, also mit Stilmöbeln, Lüstern, Gold und Glitter. Die Zimmer, teils mit Seeblick und Balkon, sind deutlich schlichter eingerichtet, doch die Betten sind bequem und die Bäder sauber und auf der Höhe der Zeit. DZ 300–370 LE. 1 el-Digla Ecke Corniche, ✆ 4814483, ✉ 4816648.

- *Einfach* **Union (Karte S. 396/397, Nr. 5)**, an der Corniche drei Blocks westlich des Cecil. Das Hotel in den Obergeschossen eines Geschäftshauses ist wohl die beste Wahl in der unteren Mittelklasse. Die Zimmer, teils mit frontaler, teils mit seitlicher Seesicht, sind von unterschiedlicher Qualität, jedoch alle mit Balkon und TV. Freundliches, doch nicht aufdringliches Personal. DZ 110–150 LE. 164 Schari' 26. July, ✆ 4807312, 4807537, ✉ 4807350.

New Capri (Karte S. 396/397, Nr. 10), im Haus der Touristinformation. In luftiger Höhe eines Hochhauses, Zimmer teils mit Bad, relativ gepflegt, vorwiegend ägyptische und osteuropäische Gäste. DZ 140–170 LE. 23 el-Mina el-Sharkiya, ✆ 4809310.

Zuckerbäckers Traum: Schloss Montazah

Suez Canal (Karte S. 396/397, Nr. 13), zentral, doch einigermaßen ruhig gelegen; hohe, helle und saubere Zimmer (teils mit AC) mit neueren Möbeln und modernen Bädern. Fahrstuhl, weitgehend einheimische Gäste. Wer sparen will, ist hier gut aufgehoben. DZ ohne Frühstück 90–130 LE. 14 el-Borsa el-Qadima, ✆ 4808373, ✆ 4841797.

Pelizaeusheim (Karte S. 396/397, Nr. 9), der in Ägypten reich gewordene Kaufmann Wilhelm Pelizaeus stiftete zu Kaisers Zeiten dem katholischen Orden der Borromäerinnen in Alexandria ein Altersheim. In ihrem früheren Schwesternhaus vermieten die gut deutsch sprechenden Nonnen 2 DZ und 4 Einzelzimmer (teils mit Etagenbad). Das Haus liegt zentral, hat einen wunderschönen Garten und bietet dem Gast auch Einblick in das Los der Pflegebedürftigen. DZ VP 20 €/Pers. 12 el-Sultan Hussein, ✆ 4842505, www.pelizaeusheimborromee.com.

Essen & Trinken (Karten S. 392/393 und S. 396/397)

● *Fischlokale* **Seagull** (Karte S. 392/393, Nr. 7), el-Ayumi Rd., el-Meks. 365 Tage im Jahr von mittags 12 bis 2 Uhr nachts Fisch und Meeresfrüchte samt Vorspeisenplatte, Salat und köstlichen Nachspeisen. Das renommierte Lokal, in dem schon Omar Sharif und Prinz Albert von Monaco tafelten, bietet auf seiner Terrasse am Meer bis zu 500 Gästen Platz! Kein Alkohol. Fürs Hauptgericht rechne man 40–100 LE. www.seagullegypt.com.

Fish Market (Karte S. 392/393, Nr. 3), Anfuschi, Corniche, auf der Meerseite bei der Abbas-el-Mursi-Moschee (nicht beim eigentlichen Fischmarkt!). Das Lokal (mit Alkoholausschank) wird gleichermaßen von einheimischen Familien wie von Reisegruppen besucht. Keine Speisekarte, vielmehr sucht man sich Fisch oder Schalentier am Tresen aus. Die Vorspeisenplatte ist ein magenfüllendes Gericht für sich. Weitere Pluspunkte sind die Sicht über Corniche und Bucht. Im gleichen Gebäude auch der Hendlröster **Tikka Grill** und ein **Wimpy**.

Abu Aschraf International Fish (Karte S. 392/393, Nr. 2), 28 Safar Bascha, el-Gomruk. Das volkstümliche Fischlokal, in dem Geschäftsleute und Familien aufeinander treffen, liegt zwischen Fischbrätern und Kleintierhändlern mitten im Milieu. Man sucht seinen Fisch (50–100 LE/kg) oder die Krabben am Tresen aus und vertreibt sich die Zeit, bis alles gegrillt oder gebraten auf den Tisch kommt, mit den Vorspeisen oder dem Beobachten des Gassenlebens.

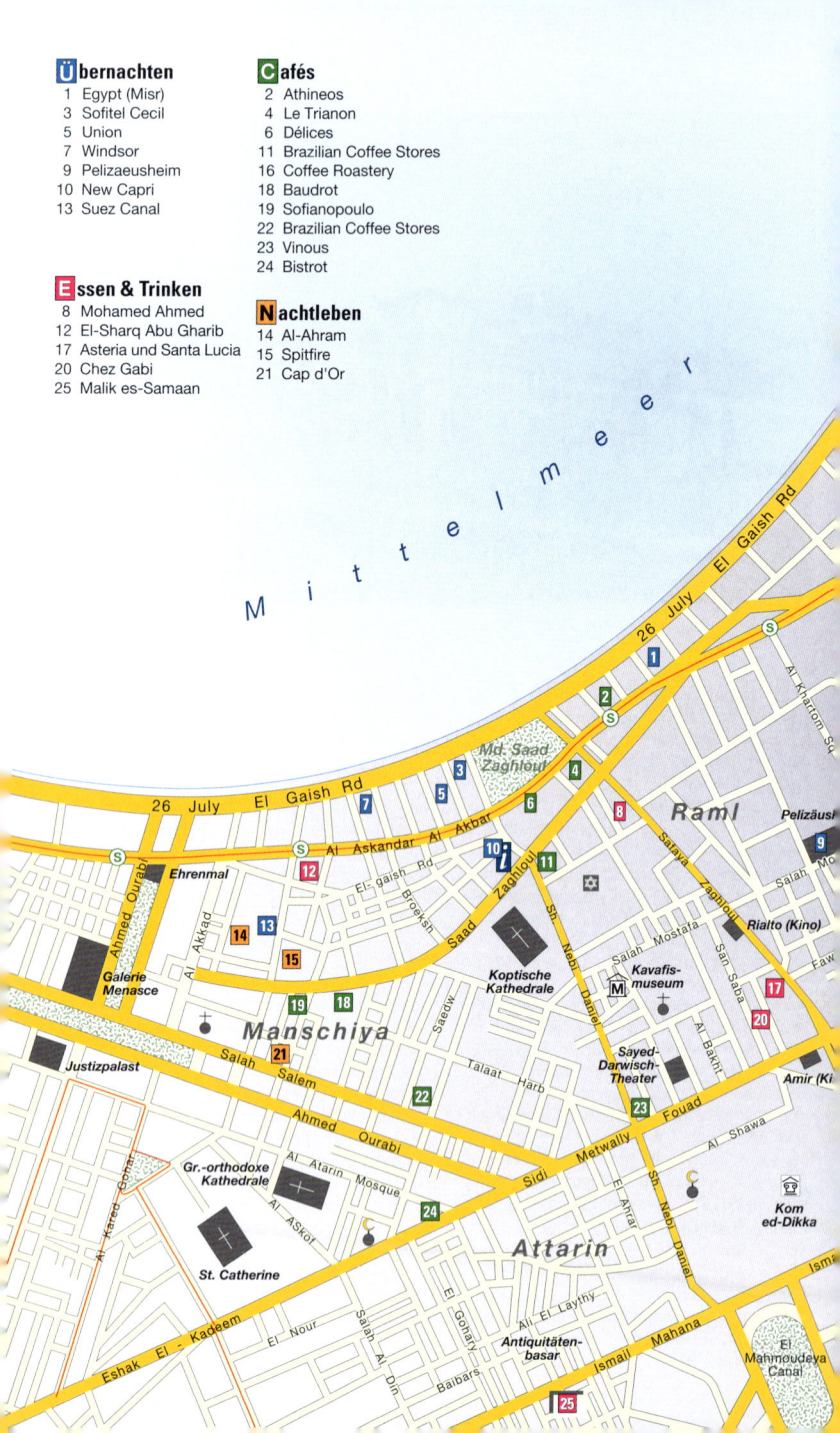

Übernachten
1. Egypt (Misr)
3. Sofitel Cecil
5. Union
7. Windsor
9. Pelizaeusheim
10. New Capri
13. Suez Canal

Essen & Trinken
8. Mohamed Ahmed
12. El-Sharq Abu Gharib
17. Asteria und Santa Lucia
20. Chez Gabi
25. Malik es-Samaan

Cafés
2. Athineos
4. Le Trianon
6. Délices
11. Brazilian Coffee Stores
16. Coffee Roastery
18. Baudrot
19. Sofianopoulo
22. Brazilian Coffee Stores
23. Vinous
24. Bistrot

Nachtleben
14. Al-Ahram
15. Spitfire
21. Cap d'Or

Chatby Nekropole
Chatby
Bibliothéca Alexandrina
Port Saeid
Suez Canal Rd
Omar Lofti
Aflaton
26 July El Gaish Rd
Ali Mustafa Mshrafa
Dinkrat
Al Askandar Al Akbar
Abd Al Hamid Abou Heat
Mohamed Hassan
Azarita
Hebokrat
Alabastergrab
Shalalat-Garten
Hammad
Housny
Zisterne el-Nabih
Rar el-Sada
Shambiuon
Taghour
Universitäts-klinikum
Estanbol Salah Moustafa
Bani El Abbas
Al Faraana
Nationalmuseum
Al Bastmi
Goethe-institut
L'Atelier
Al Moutar
El Horeya Rd
Salah Mostafa
Suez Canal Bridge
Griechisch-Römisches Museum
Al Gabarti
Al Imamin
Sidi Mehrez
Omar Toson
Ali El Badry
Nabil Al Woqad
Zefer
Grinfel
Mahmoud Salamah
Saad Zaghloul
Feuerwehr
Galal
Hend
Ismail
Ahmed
Mohandes
Moharram Bey
Cairo
Tayloun
Misr Station
Mahmoud Salamah
El Fardous
Al Sham
El Ahrar
Hasabou
100 m
Alexandria Zentrum

Alexandrias Opernhaus

Qadoura (Karte S. 392/393, Nr. 4), 33 Bairam el-Tunsi Ecke Corniche, Anfuschi (vom Unbekannten Soldaten die Corniche acht Straßenblöcke nach links). Ein weiteres Fischlokal mit Lokalkolorit, wozu außer Sägespänen und Straßenverkäufern leider auch viele Fliegen gehören. Man sucht seinen Fisch (50–100 LE/kg) oder die Shrimps aus, die Vorspeisen kommen von selbst.
Samakmak (Karte S. 392/393, Nr. 1), 42 Qasr Ras et-Tin, Anfuschi. Empfehlenswertes Fischrestaurant an der Uferstraße gegenüber den Werkstätten der Bootsbauer. Besitzerin Sissi Salem war einst Königin der örtlichen Bauchtanzszene. Spezialität ist das Fischragout *(tagen)* im Tontopf.
• *Europäische Küche* **Santa Lucia (Karte S. 396/397, Nr. 17)**, 40 Safia Zaghloul, nur abends geöffnet. Das einmal zu den weltbesten Fischlokalen zählende Restaurant wurde 1932 von Panagiotis Soulos gegründet, dem auch das Asteria und das Hotel Metropole gehörte. Nach langen Jahren des Niedergangs ist es nun wieder im Besitz der Gründerfamilie und wurde aufwändig restauriert. Hier treffen sich die örtlichen Honoratioren, ab und an auch Reisegruppen.
Chez Gabi (Karte S. 396/397, Nr. 20), 22 el-Horriya, in einer Seitengasse auf der Rückseite des Cinema Royal. Restaurant und Cafeteria mit italienischer Küche zu moderaten Preisen, beliebt bei Expats und Touris.
Cafeteria Asteria (Karte S. 396/397, Nr. 17), 40 Safia Zaghloul. Sandwichs, Makkaroni, ägyptische Pizza, Eiscreme und Kaffee – im hallenartigen Anbau treffen sich die Liebespaare.
• *Orientalische Küche* **Malik es-Samaan (Karte S. 396/397, Nr. 25)**, el-Attarin. Das Freiluftlokal auf dem Gebrauchtkleidermarkt wird erst am Abend aufgebaut und öffnet gegen 21 Uhr. Dann aber ist es Atmosphäre pur. Gegessen werden nach üppigen Vorspeisen Täubchen *(hamam)* und in der Saison (Spätsommer/Herbst) vor allem Wachteln *(saman)*. Alkoholausschank.
Mohamed Ahmed (Karte S. 396/397 Nr. 8), 17 esch-Schakur. Auf zwei Etagen „best Foul in Town". Gut eingespieltes Personal meistert auch Massenandrang in Minutenschnelle. Auf der auch englischen Speisekarte stehen alle Arten von Foul, Ta'amiya und traditionellen Salaten. Eine Spezialität ist der gebackene weiße Käse *(gibna beyda)*. Auch Take-away.
El-Sharq Abu Gharib (Karte S. 396/397, Nr. 12), 13 el-Borsa el-Qadima. Einfaches Restaurant mit Take-away. Grillgerichte wie Kufta und Kebab werden nach Gewicht verkauft. Spezialität ist das Eintopfgericht Fatta

Alexandria

(mit Lammfleisch, Knoblauchbrot und Reis), auch der Makkaroniauflauf wird gelobt.

● *Cafés & Bistros* **Le Trianon (Karte S. 396/397, Nr. 4)**, Md. Sa'ad Zaghloul. Der Name erinnert an ein Lustschloss im Park von Versailles. Das noble Art-déco-Café mit seinen Spiegeln, Lüstern und Säulen wurde aufwändig restauriert und erstrahlt in altem Glanz. Neben der Konditorei mit ihren süßen Verführungen und der legendären heißen Schokolade gibt es auch einen Speisesaal für einfache Mahlzeiten (Kofta, Pizza). Alkoholausschank bis hin zum Champagner.

Délices (Karte S. 396/397, Nr. 6), zwischen Midan und Schari' Sa'ad Zaghloul. Hier haben Renovierung und Neumöblierung das Vergnügen etwas gemindert. Kuchen, Desserts, Softdrinks und Bier gibt's vom frühen Morgen bis Mitternacht, auch ein Restaurant wurde jüngst eingerichtet. Einige Plätze im Freien mit Blick auf den Platz.

Coffee Roastery (Karte S. 396/397, Nr. 16), el-Horriya/Ecke Amin Fikry, tägl. ab 8 Uhr geöffnet. Ein vergoldeter Osiris mit Kaffeebohnenkopf wirbt für diese Filiale eines bereits in Kairo erfolgreichen Ladens. Neben Kaffee und Schokoladenkuchen gibt es auch Sandwichs, Burger, Salate und Fruchtsäfte. Die auf alt gemachte Einrichtung erinnert ein bisschen an einen Western-Saloon, das Publikum ist jung und die Musik amerikanisch.

Café Bistrot (Karte S. 396/397, Nr. 24), el-Horriya. Hier kehrt man für ein kleines Abendessen, für einen (alkoholfreien) Drink oder eine Wasserpfeife ein. Abends leider etwas verraucht, doch es gibt in der Gasse neben dem Haus auch einige Plätze im Freien.

Athineos (Karte S. 396/397, Nr. 2), Midan Ramleh. Klassisches Straßencafé. Innen dekoriert mit Spiegeln, klassischen Motiven und exzentrischen Gästen. Im Obergeschoss befindet sich ein einfaches Restaurant, das wir jedoch nicht empfehlen.

Baudrot (Karte S. 396/397, Nr. 18), 23 Sh. Sa'ad Zaghloul. Das vormalige Petit Trianon ist eines der wenigen Gartenlokale im Stadtzentrum. An warmen Sommertagen ist der Garten mit seinem Sonnendach und wildem Wein eine echte Oase. Neben Kaffee und Kuchen auch einfache warme Gerichte und Bier. Zum 100. Geburtstag (2009) wurde das noch immer von der Gründerfamilie Pyrillis geführte Lokal umfassend renoviert.

Brazilian Coffee Stores (Karte S. 396/397, Nr. 11), Nebi Daniel/Ecke Sa'ad Zaghloul. Eine populäre Kaffeerösterei mit Stehcafé (Filterkaffee, Cappuccino und Espresso). Bei der Filiale an der Ecke Salah Salem/Sesostris (22) kann man auch Platz nehmen und das Straßentreiben durchs Schaufenster beobachten.

Sofianopoulo (Karte S. 396/397, Nr. 19), 18 Sh. Sa'ad Zaghloul. Auch hier haben Sie in kaffeebraunem Ambiente die Wahl zwischen Robusta und Braziliana, Cappuccino und Mokka. Es gibt ein paar Tischchen, doch die meisten Gäste stehen einfach an der Theke. Aufgrund von Erbstreitigkeiten ist der denkmalgeschützte Laden jetzt auf ziemlich blödsinnige Art zweigeteilt.

Vinous (Karte S. 396/397, Nr. 23), Horriya/Ecke Nebi Daniel. Ein etwas antiquiert eingerichtetes Kaffeehaus im Wiener Stil mit weißen Vitrinen und hübschen Jugendstillampen.

Nachtleben (Karten S. 392/393 und S. 396/397)

Für Touristen, die gut betuchten allemal, beginnt und endet Alexandrias Nachtleben in Montys Bar (Cecil Hotel). Neben dieser klassischen und teuren Location gibt es auch draußen im Getümmel der Stadt lohnende Ziele. Übrigens: Für Einheimische ist Donnerstag die bevorzugte Ausgehnacht, denn am Freitag kann man ausschlafen.

● *Bars* **Al-Ahram (Karte S. 396/397, Nr. 14)**, Sh. Al-Ahram (geht von der Sa'ad Zaghloul ab). Bar und Coffeeshop, beliebt bei Sportlern (jedenfalls flimmern meist irgendwelche Wettkämpfe über die Mattscheibe). Definitiv kein Ort für Frauen ohne Begleiter. Freitag Ruhetag.

Cap d'Or (Karte S. 396/397, Nr. 21), 4 Adib (geht von der Sa'ad Zaghloul ab). Dunkles Holz, Spiegel und viel Alkohol, auch kleine Auswahl an Speisen. Der Spitzname „Trapdoor" gemahnt daran, sich hier vor der Bestellung nach den Preisen zu erkundigen. Geöffnet bis 3 Uhr nachts.

Spitfire Bar (Karte S. 396/397, Nr. 15), am Platz zu Beginn der Sh. Sa'ad Zaghloul, sieht verruchter aus, als sie ist. Hassan Fuad erbte die Bar von seinem Vater, der

400 Alexandria und Mittelmeerküste

hatte sie von seinem Bruder und dieser von seinem griechischen Patron ... Familiengeschichten. Von den Gästen hinterlassene Aufkleber lesen sich als Who's who internationaler Konzerne und der angloamerikanischen Kriegsmarine. Sonntags Ruhetag.
Portugiesischer Club („Nady Portugali", Karte S. 392/393, Nr. 8), 42 Sh. Abdel Qader Ragab (Seitenstraße der Sh. Kafr Abdou), Rouschdi. Alexandrias Ausländergemeinde trifft sich hier an der Bar, zum Essen oder Tanzen (Do). 60 LE Mindestverzehr für Nicht-Mitglieder. Tägl. ab 15 Uhr, Fr auch Brunch. Etwas versteckt, da nicht beschildert.

• *Kinos* Mit einem alljährlich im September veranstalteten **Filmfestival** (Infos unter http://alexandriafilm.org) versucht Alexandria neuerdings wieder an seine große Vergangenheit als kosmopolitische Kinostadt (www.bibalex.org/alexcinema) anzuknüpfen.

Außerhalb der Festspielzeit lohnen alt-ehrwürdige Filmpaläste wie das **Amir** oder das **Metro** vielleicht wegen ihrer Architektur, aber kaum wegen der dort gezeigten zweitklassigen Hollywoodproduktionen einen Besuch.

• *Shows* Zahlreiche Hotels bieten den Sommer über **Bauchtanzshows**. Empfohlen seien die Nächte (ab 23 Uhr) im *Montazah Sheraton* und im *Palestine*, das Cecil-Hotel bringt dagegen meist nur mittelmäßige Tänzerinnen auf die Bühne. Die Terrasse des *Salamlek-Hotels* ist an Sommerabenden gelegentlich Schauplatz **latino-karibischer Tanzshows** – anschließend bittet ein DJ das animierte Publikum auf die Tanzfläche.

• *Clubs* Öffnen und schließen schneller, als dieses Buch erscheint. Bevorzugte Locations sind die Dächer der Stadt. Beständiger sind die Discos in den Hotels, etwa im **Maritime Jolie Ville** oder im **Montazah Sheraton**.

*E*inkaufen

• *Bücher* **Dar el-Ma'ref**, 44 Sa'ad Zaghloul, neben dem Café Delices, führt Belletristik und Sachbücher in europäischen Sprachen. An der selben Straße gibt es beim Cinema Amir Stände mit **Secondhand-Büchern**, darunter jedoch nur wenige nichtarabische Titel.
Al-Ahram Bookshop, Horriya/Ecke Nebi Daniel. Fremdsprachige Titel besonders für Touristen zu ägyptischen Themen.

• *Lederwaren* **Sarkis Vartzbedian**, Salah Salem/Ecke Horriya, im 4. Stock über dem Antiquitätenladen Habaschi; erste Qualität zu Fixpreisen.
Suq esch-Schunat („Handtaschen-Markt"), bei der koptischen Kathedrale; preiswertere Lederwaren, auch Plastikware.

• *Zeitungen/Zeitschriften* Ausländische Presse gibt's an der Nordwestecke des Md. Sa'ad Zaghloul und beim Telefonamt am Md. Ramleh.

*L*iteratur

• *Belletristik* **Durrell, Lawrence**: *Das Alexandria-Quartett*. Der große, streckenweise etwas langatmige Alexandria-Roman. Auf Deutsch derzeit nur antiquarisch.
Forster, E. M.: *Alexandria – a History and a Guide*. Ein literarischer Führer durch die Stadt der Belle Époque. Auf Englisch als Band 16 der von Miriam Allott herausgegebenen E.-M.-Forster-Gesamtausgabe erhältlich.
Machfus, Nagib: *Miramar*. Im Mikrokosmos einer Alexandriner Pension diskutieren die Gäste das Schicksal des Bauernmädchens Zahra – eine beißende Kritik an der ägyptischen Elite der Nasser-Zeit. Auf Deutsch erschienen im Unions-Verlag.
Al-Charrat, Edwar: *Safranerde*. Ein nicht leicht zu goutierender Blick in die koptische Subkultur Alexandrias. Als Taschenbuch erschienen im Lenos-Verlag, Basel.

Zitelmann, Arnulf: *Hypatia*. Die spannende Geschichte einer außergewöhnlichen Frau, die um das Jahr 400 in Alexandria lebte. Ihr Schicksal wird aus der Sicht des jungen Thonis geschildert. Als Jugendroman erschienen im Beltz-Verlag.
Chotjewitz, Peter O.: *Der Fall Hypatia*. Noch einmal aufgerollt und in einem unterhaltsamen Roman verarbeitet. Europäische Verlagsanstalt.
Aciman, André: *Damals in Alexandria*. Eine Elegie auf die versunkene Welt der Juden von Alexandria. Berliner Taschenbuchverlag.
Sartorius, Joachim (Hrsg.): *Alexandria – Fata Morgana*. Eine Anthologie literarischer Texte über die Stadt. Deutsche Verlagsanstalt.

• *Lyrik* **Kavafis, Konstantinos**: *Das Gesamtwerk*. Fischer-TB. Die Stadt als Obsession – als magischer Bannkreis mit den

Schauplätzen Büro, Bar und Bordell. Kavafis ist einer der größten und zugleich rätselhaftesten Dichter des letzten Jahrhunderts. Nacht für Nacht zog er in Alexandria von Taverne zu Taverne, um in jungen Männerkörpern einen Abglanz der Schönheit antiker Statuen zu finden.
• *Sachbücher* **Keeley, Edmund**, *Cavafy's Alexandria. Study of a Myth in Progress*, und **Pinchin, Jane L.**, *Alexandria Still*: beides Standardwerke zum literarischen Mythos der Stadt.
Clauss, Manfred: *Kleopatra*. Ihre Person und ihr Name gerieten zur Chiffre für die Träume wie die Alpträume der Männer aller Zeiten. Ein Althistoriker versucht sich an ihrer Biografie.
Clauss, Manfred: *Alexandria*. Schicksale einer Weltstadt. Souverän und fesselnd erzählt Clauss die wechselvolle Geschichte des antiken Alexandria und seiner Bewohner aus allen Teilen der damaligen Welt. Das Buch behandelt die Historie der Stadt während der gesamten Antike. Klett-Cotta.
Canfora, Luciano: *Die verschwundene Bibliothek*. Eine kluge, doch flüssig und spannend wie ein Krimi zu lesende Reise auf den verschlungenen Wegen der Überlieferung verschwundener Bücher. Europäische Verlagsanstalt.

Sehenswertes

„Wenn etwas zu sehen wäre", bemerkte E. M. Forster über die Denkmäler Alexandrias, „wäre es vermutlich einfacher". Auf Schritt und Tritt verfolgt die Antike den Alexandria-Besucher – im Kopf, denn in der Stadt selbst bleibt sie weitgehend unsichtbar. Die berühmtesten Stätten wie der Leuchtturm, die antike Bibliothek, der ptolemäische Königspalast oder das Alexander-Grab sind spurlos verschwunden. Die antike Stadt liegt, soweit nicht auf dem Meeresgrund, irgendwo unter dem heutigen Zentrum. Sichtbar bleiben nur ein paar unbedeutende Säulen, Katakomben, Mosaiken und ein Theater.

Anfuschi/Ras et-Tin

Westhafen: Der Westhafen verbirgt sich hinter einer 7 km langen Mauer. Hier landeten Thomas Cook, Edward Lane, der Tiervater Brehm, Maspero, Flaubert und die vielen anderen bekannten und die noch zahlreicheren namenlosen Ägyptenbesucher. Seit das Flugzeug die Reisezeit verkürzt und auch nur einen Bruchteil einer Schiffspassage kostet, ist es im Passagier-Terminal still geworden. Irgendwann in den 1980er-Jahren kam die letzte Personenfähre. Hier steckt ein ausgebranntes Wrack im Schlick, dort hieven Schauerleute Sack für Sack Düngemittel über die Reling eines Hochseeschiffs und lassen sie mit einem improvisierten muskelbetriebenen Seilzug auf einen Leichter hinab. Ein verrosteter, funktionsuntüchtiger Kran schaut sehnsüchtig vom Kai aus zu. Mit 600 Hektar Wasserfläche ist Alexandrias Hafen noch immer der größte im östlichen Mittelmeer und von strategischer Bedeutung. Doch an den Kais ist kaum etwas los. Wegen der selbst für ägyptische Maßstäbe umständlichen und korrupten Hafenverwaltung und der überlasteten Transportwege ins Landesinnere lassen die Reeder ihre Schiffe um Alexandria einen Bogen schlagen, wann immer sie können. Port Said, Suez und vor allem der moderne Container-Terminal in Damietta laufen der alten Metropole den Rang ab.

Eine Halbinsel trennt den Industriehafen vom Osthafen, der Fischerbooten und Yachten vorbehalten ist. In der Antike war die Landspitze eine durch einen 1200 m langen Damm *(Heptastadion)* mit dem Festland verbundene Insel, die nach ihrem Leuchtturm (siehe Kasten) *Pharos* genannt wurde. Der Damm verlandete, später entstand hier mit **Anfuschi** das älteste Viertel der modernen Stadt. In der Kolonialzeit war dies die Gegend der Einheimischen: keine Prachtbauten wie im Europäerviertel, sondern enge Gassen mit schlichten Häusern.

Palast Ras et-Tin: Ganz im Nordwesten liegt der unter Mohammed Ali erbaute Palast Ras et-Tin, aus dem in den Sommerferien Präsident Mubarak die Geschicke seines Landes lenkte. Unter Nasser diente das Schloss zeitweise als Museum, in dem die Besucher u. a. die mit Rubinen bestückte Babyrassel König Faruks zu sehen bekamen. Vom Steg des „Königlichen Yachtclubs", an der Stelle der heutigen Trockendocks, reiste der gescheiterte König ins Exil und verabschiedete sich von General Naguib, dem Führer der Putschisten, mit den seltsamen Worten: „Sie haben das verwirklicht, was ich selbst verwirklichen wollte. Ihre Aufgabe wird nicht einfach sein. Sie wissen, es ist nicht einfach, Ägypten zu regieren."

Nekropole von Anfuschi: Die fünf Felsengräber, zwei davon zugänglich und nicht halb so interessant wie Kom esch-Schuqafa, wurden im 2. Jh. v. Chr. angelegt und repräsentieren damit die griechisch-ägyptische Mischkultur der Ptolemäerzeit. Eine Treppe führt jeweils in ein Atrium, von dem aus zwei Grabanlagen mit Vorraum und Grabkammer zugänglich sind. Die Vorräume sind mit Marmor- und Alabasterimitationen bemalt, die Grabkammern mit religiösen Szenen. Sie zeigen etwa den Toten im Kreis von Horus, Isis, Anubis und anderen Göttern. Je tiefer man ins Grab und je näher man damit im übertragenen Sinn dem Jenseits kommt, desto ägyptischer werden die Motive.

Sa–Do 9–16, Fr 9–11/13.30–16 Uhr. Eintritt 20/10 LE. Sh. Ras et-Tin.

☆ **Fort Qait Bey:** Das fotogene Fort wurde unter dem Mamelukensultan Aschraf Qait Bey Ende des 15. Jh. zur Verteidigung des Hafens erbaut. Seine heutige Gestalt

Weltwunder Leuchtturm

Alexandrias Wahrzeichen, der etwa 100 m hohe Pharos, stand von 280 v. Chr. bis ins 14. Jh. etwa an der Stelle, die heute das aus seinen Steinblöcken erbaute Fort Qait Bey einnimmt. Schon aus 50 km Entfernung wies der Turm den Schiffen den Weg in die Stadt. Über das vermutlich mit Brennholz befeuerte Licht in der Turmspitze wissen wir nichts Genaues. Irgendwann im 8. Jh. ist es erloschen, und der Raum, in dem es loderte, wurde durch eine Moschee ersetzt. Mittelalterliche Reisende pflegten allerdings die Legende, oben im Turm hätten sich Spiegel befunden, durch die man bis Zypern habe blicken können. Vielleicht bedienten sich also die antiken Ingenieure einer ganz ähnlichen Technik wie heute die Grabwächter beim Pharao in Luxor, die, wenn einmal der Strom ausfällt, mit einfachen Blechplatten und Aluminiumfolien das Sonnenlicht bis in die hintersten Winkel der Gräber spiegeln und diese taghell ausleuchten, wie es schon die Maler und Bildhauer der Pharaonenzeit machten, um unter Tage arbeiten zu können.

Zwei Erdbeben ließen das antike Weltwunder im 14. Jh. zusammenbrechen. Jene Steine, die nicht beim Bau des Forts recycelt wurden, liegen auf dem Meeresgrund. 1995 hat ein französisch-ägyptisches Team von Unterwasserarchäologen die etwa 2500 um Qait Bey verstreuten Steinblöcke und Statuen dokumentiert. Unglücklicherweise wurden noch kurz davor mitten in dieses „Unterwassermuseum" tonnenschwere Betonklötze versenkt, um so mit einem künstlichen Wellenbrecher das Fort vor der Erosion zu schützen. Ob wirklich alle auf dem Meeresgrund verstreuten Stücke einst zum Pharos gehörten, ist ungewiss. Vielleicht schützte ja schon Sultan Qait Bey seine Burg oder noch frühere Generationen den Pharos mit einem Wellenbrecher aus antikem Schutt.

erhielt es unter Mohammed Ali. Mitsamt der Landzunge ist es ein beliebtes Ausflugsziel für die Einheimischen. Von der Mauer hat man einen schönen Blick auf den Osthafen, zu Füßen der Festung warten Angler geduldig auf den großen Fang. Unter der Zitadelle liegt ein riesiger Wasserspeicher, denn die Soldaten sollten auch eine lange Belagerung überstehen können. Korinthische Kapitelle, Säulenstücke und anderes antikes Baumaterial sind hier in den Mauern zu sehen, wie es ein Museum nicht besser zeigen könnte. Vor der Burg steht das Fischmuseum, eine angestaubte, doch kuriose Sammlung präparierter oder aus Gips nachgebildeter Meerestiere und vergilbter Stiche. Höhepunkte sind das Gebiss eines Hais und das Gerippe eines Walfischs. Kleinere Fische und Wasserschildkröten tummeln sich in Becken des Aquariums auf der anderen Straßenseite.

Sa–Do 9–16, Fr 9–11/13.30–16 Uhr. Eintritt Fort 25/15 LE, Fischmuseum und Aquarium je 1 LE. Anfuschi.

Vor dem Fort beginnt die Corniche, Alexandrias Prachtmeile, die zunächst in sanftem Schwung den Osthafen umrundet. An einem Platz prunkt die **Moschee des Sidi Abu'l Abbas el-Mursi**, die 1943 über dem Grab eines Lokalheiligen errichtet wurde. Bescheidener gibt sich die **Moschee des Ibrahim Terbana**, die 1648 unter Verwendung antiker Architekturfragmente errichtet wurde. Zwei Blocks weiter beginnt dann das Basarviertel, das den Übergang zur einstigen Kolonialstadt markiert, dem Zentrum des modernen Alexandria.

Stadtzentrum

Herz des modernen Alexandria ist „der Platz", wie ihn die Europäer immer nannten. Den politischen Wechseln folgend hieß er amtlich Place des Consules, dann Midan Mohammed Ali, und zuletzt **Midan Tahrir** („Platz der Befreiung"). Die Einheimischen heißen ihn nach der angrenzenden Polizeistation „Manschia". Auf einem **Bronzepferd** thronend erlebt **Mohammed Ali** hier den allmählichen Wandel seiner Stadt. Lange vom tosenden Autoverkehr umflossen, steht der Reiter neuerdings wieder in einer Grünanlage. Die 1872 vom französischen Bildhauer Henri Alfred Jacquemart geschaffene Statue trug seltsamerweise nie eine Inschrift. 1954 erlebte der Platz ein gescheitertes Attentat auf Gamal Abdel Nasser, das dieser zum Anlass nahm, die Moslembruderschaft zu verbieten und seinen Konkurrenten General Naguib von der politischen Bühne zu drängen. Zwei Jahre später, bei einer Mammutrede am Jahrestag der Abdankung des Königs, verkündete Nasser die Verstaatlichung des Suezkanals (siehe S. 41).

In der zweiten Reihe hinter den Prunkfassaden des Platzes finden sich die **orientalischen Einkaufsviertel**. Hinter dem Justizpalast hantieren die Lebensmittelhändler. An der Stirnseite (zwischen den Straßen Nokraschi und Faransa) geht's in die Zinqat as-Sittat, einen Suk für Textilien und Kurzwaren – Knöpfe, Broschen, Bordüren und anderer Zierrat, es gibt nichts, was es hier nicht gibt. Zum Meer hin schließt sich das Viertel der Juweliere an.

Wo der bronzene Mohammed Ali, könnte er seinen Kopf denn drehen, über den **Midan Orabi** aufs Meer blicken würde, flanieren die Alexandriner unter den Schatten spendenden Palmen des wiedererrichteten „Französischen Gartens". Vor der Wasserfront hebt sich ein weißes Halbrund vom Meer ab. Dieses in den 1930er-Jahren von der italienischen Gemeinde zu Ehren des Khediven Ismail gestiftete Monument ist eine Kopie des römischen Victor-Emanuel-Denkmals. Nasser ließ den Khediven kurzerhand entfernen und widmete die Gedenkstätte dem **Unbekannten Soldaten**. Indirekt präsent ist Victor Emanuel noch in der **Passage**

Der Zeitschriftenhändler

Menasce (auf der linken Seite des Orabi). Wer durch eine der mit Verkaufsbuden verstellten Passagen zum Innenhof findet, kann dort im Ahwa el-Hindi den Dominospielern über die Schulter schauen. Über ihnen befand sich einst eine Glaskuppel. Der Italo-Alexandriner Antonio Lasciac, der 1884 die Entwürfe für das Einkaufszentrum Menasce zeichnete, nahm erkennbare Anleihen an der Mailänder Galeria Vittorio Emanuele.

Mit Ausnahme der anglikanischen **Markus-Kirche** entstand das Ensemble um den Platz erst unter der britischen Herrschaft; zuvor, im Juli 1882, hatte die Ali-Statue mit ansehen müssen, wie britische Geschütze fast die gesamte Umgebung in Schutt und Asche legten. In dem klotzigen **Justizpalast** auf der Nordwestseite des Platzes richtete das von den Konsuln ernannte „Gemischte Tribunal" über die Händel der Ausländer untereinander oder mit Ägyptern. Als Symbol einer Herrschaft, welche die Ägypter fremdem Recht unterwarf, war es besonders verhasst. Erst spät, als das levantinische Alexandria längst nationalisiert war, rächte sich der Volkszorn an dessen Bauten. Als der Mob bei den Brotunruhen 1977 die **Börse** stürmte, wurden dort schon lange keine Aktien mehr gehandelt und die Baumwollpreise andernorts festgelegt. Das Haus am Kopfende des Befreiungsplatzes nahm solchen Schaden, dass es später abgerissen werden musste.

Unversehrt blieben damals die Geldpaläste im Bankenviertel. Am bombastischsten, wie es sich gehört, der Tempel der **Nationalbank** an der Ecke Schari' Salah Salem, Mohammed Azmi (ehemals Tousson Pascha) – in der Replik des römischen Palazzo Farnese residierte früher die Banco di Roma. Auch für das neoislamische Design der „nationalen" **Bank Misr** zeichnete mit Giuseppe Loria ein Italiener verantwortlich. Im Eckhaus (Nr. 1) gegenüber der Bank residierten einst Alexandrias Freimaurerloge und ein Pressebüro der britischen Armee, in dem Lawrence Durrell 1942 arbeitete, in Nr. 2 der Rue Tousson hatten die Brüder el-Fayed ihr erstes Handelsunternehmen. Heute sind sie Multimillionäre und Eigentümer des Londoner Nobelkaufhauses Harrods.

Wir erreichen nun mit der Schari' Horriya (ehemals Fuad) die West-Ost-Achse der Altstadt, die bis heute dem Verlauf der antiken Prachtstraße **Via Canopica** folgt. Die nächste Ecke, heute die Kreuzung mit der **Schari' Nebi Daniel**, war der Mittelpunkt der antiken Stadt. Irgendwo hier befand sich nach den antiken Berichten das Sema, das Grab Alexanders des Großen und der ptolemäischen Herrscher, das freilich noch niemand wieder gefunden hat. Auch die **Moschee des Nebi Daniel** ist für Enttäuschungen gut: Der hier bestattete Prophet Daniel ist nämlich keineswegs jener aus der Bibel, sondern ein Sufischeich namens Mohammed Danyel el-Maridi, den außerhalb Alexandrias niemand kennt.

Zwei Blocks nördlich der Sema-Kreuzung lebte einst über einem Bordell in Nr. 4 der Rue Lepsius (heute Schari' Scharm esch-Scheich) der schwule Lyriker **Konstantinos Kavafis** (→ S. 389 f.). Das griechische Konsulat hat ihm und seinem in Kairo geborenen Dichterkollegen Stratis Tsirkas hier ein Museum eingerichtet (Di–So 10–17 Uhr, 15 LE). Noch einen Block weiter treffen wir auf die prunkvolle **Synagoge Eliahu Hanavi**. Vor der Gründung des Staates Israel war die jüdische Gemeinde der Stadt noch 90.000 Seelen stark, heute lassen sich die verbliebenen Juden an zwei Händen abzählen. Gemeindevorstand Youssef Gaon, geboren 1956, ist der jüngste.

Antikes im Stadtzentrum

☆☆ **Nationalmuseum**: Wenden wir uns wieder zurück zur Schari' Horriya. Kurz vor dem Platz mit der Blumenuhr wurde im früheren amerikanischen Konsulat ein historisches Museum eingerichtet – zugegeben derzeit das modernste seiner Art im Land, aber keineswegs einzigartig: Vergleichbare „Nationalmuseen" sind in mehreren Provinzstädten geplant, doch das neue „Grand Museum" in Kairo wird sie, wenn es denn fertig ist, alle in den Schatten stellen.

Das neoklassizistische Gebäude wurde 1929 als Residenz für den steinreichen Kaufmann Bassili Pascha gebaut. Innen signalisieren wechselnde Wandfarben die verschiedenen Epochen der chronologisch aufgebauten Ausstellung: Dunkelblau für die Pharaonenzeit, Himmelblau als Hintergrund für Ptolemäer und Römer, Grün für die koptische und islamische Ära. Die 1800 Exponate stammen allesamt aus den Magazinen anderer Museen – Ägypten könnte wohl mühelos jeden Staat dieses Planeten mit einem ägyptologischen Museum ausstatten. Höhepunkt des gut gekühlten Museums sind zwei Räume zur Unterwasser-Archäologie mit erst kürzlich vom Meeresgrund geborgenen Artefakten.

Das **Kellergeschoss** war unter Bassili Pascha Revier des Dienstpersonals. Dessen Vorfahren aus der Pharaonenzeit sind in Gestalt kleiner Figürchen mit Bierbrauen, Mahlen und den Essensvorbereitungen beschäftigt. Eine hölzerne Statue (antik) trägt eine hölzerne Beinprothese (modern), an anderer Stelle blicken uns gar Ersatzköpfe (antik) an. Dann die Gruppenstatue des Mersuanch: Drei Figuren beanspruchen, den Verstorbenen als Jüngling, im besten Mannesalter und als Senior zu zeigen, doch mir erschien Mersuanch eher zeitlos. Besorgt blickt der granitene Amenemhet III. (im Hauptraum neben dem Feuerlöscher), unter der Treppe wacht Echnaton.

Hinter dem Kamin und vorbei an Würfelhockern geht es zu den **WCs** und in die **Unterwelt des Tiefkellers**, der passend mit Grabbeigaben und mit Mumiensarkophagen ausgestattet wurde.

Das **Erdgeschoss** ist der griechisch-römischen Zeit gewidmet. Im Wintergarten Stelen und Amphoren, Tafeln erklären das Serapeum, die Bibliothek und andere wichtige Stätten des antiken Alexandria. An der Wand des Hauptraums hängt ein aufwändiges Medusenhaupt, das beim Kino Diana ans Tageslicht kam.

Rechts vom Haupteingang zeigen zwei Räume zur **Unterwasser-Archäologie** kürzlich vom Meeresgrund geborgene Schätze, etwa die Basaltstatue eines Isis-Priesters und die Granitfigur der Göttin selbst. Großformatige Fotos zeigen die Stücke noch „in situ", also an ihrem Fundort. Münzen aus dem Schatz von Abu Qir sind goldglänzend präsentiert, dazu zwei Taschenuhren aus den Wracks von Napoleons Flotte.

Die Ausstellung im **Obergeschoss** kann mit dem Glanz der unteren Etagen nicht ganz mithalten. Oder waren wir nur einfach schon ermattet? Man passiert koptische Ikonen und Textilien, islamische Architekturfragmente und Mamelukenrüstungen, osmanische Intarsien, europäisches Tafelsilber und schließlich Fotos der Stadt des 19. Jahrhunderts.

Öffnungszeiten: Tägl. 9–16 Uhr. Eintritt 35/20 LE. Sh. el-Horriya.

> In diesem Museum ist das Fotografieren (ohne Blitzlicht) erlaubt!

406   Alexandria und Mittelmeerküste

✫✫ **Griechisch-römisches Museum (Mathaf er-rumani)**: Mit seinen rund 40.000 aus dem ganzen Land zusammengetragenen Funden deckt das Museum die ptolemäische und römische Epoche ab, die ja im Ägyptischen Museum zu Kairo nicht vertreten sind. Nur wenige Stücke reichen bis in die pharaonische Zeit zurück. Unter den Mosaiken – Alexandriner Werkstätten belieferten damals die Reichen des gesamten östlichen Mittelmeerraums mit Bildern aus bunten Steinchen und Keramikteilchen – gefällt besonders das Porträt der Königin Berenike II. (Raum 6), die mit weit aufgerissenen Augen auf ein imaginäres Ereignis starrt. Die vielen Mosaiken, die teilweise im Fundus des Museums lagern, sollen irgendwann einmal in einem eigenen Gebäude zur Schau gestellt werden. Derzeit wird renoviert und umgestellt. 2005 war man mit der Neuordnung bis Raum 19 vorgedrungen, um dann das Museum ganz zu schließen und alles nochmals von Anfang an neu zu sortieren.
Das Museum ist zumindest bis 2012 geschlossen. Sh. el-Mathaf er-Rumani.

> Zwei Museumsführer sind auf dem Markt, die jedoch beide die laufende Umgruppierung der Exponate noch nicht berücksichtigen: ein handliches Bändchen von Jean-Yves Empereur, **A Short Guide to the Graeco-Roman Museum Alexandria**, sowie der Bildband des Supreme Council of Antiquities, **Alexandria. Graeco-Roman Museum. A Thematic Guide**, der auch die Altertümer im Stadtgebiet vorstellt.

✫ **Kom ed-Dikka**: Als das alte osmanische Fort von Alexandria vor einem halben Jahrhundert abgerissen wurde, stieß man im Untergrund auf mittelalterliche Gräber und ein kleines, aber feines römisches **Musiktheater** (Odeon). Auf zwölf Sitzreihen aus weißem Marmor fanden wohl 800 Menschen Platz, darüber befand sich eine Galerie mit Stehplätzen für das einfache Volk. Zeitweise war die Anlage auch Schauplatz von Kampfspielen. Östlich des Theaters sieht man die „Vogelvilla" mit ihren prächtigen **Bodenmosaiken**, auf denen neben einem Panther, einer kunstvollen Rosette und geometrischen Mustern vor allem eben Vögel unterschiedlicher Arten zu bestaunen sind. Damit alles schön glänzt und aussieht wie (fast) neu, werden die Mosaikböden jeden Morgen mit Wasser besprengt.

Auf dem Plateau über dem Theater, wo schon jetzt drei Dutzend vom Hafengrund geborgene Sphingen, Obelisken, Kapitele und Fragmente einer Kolossalstatue stehen, ist ein **Freilichtmuseum für Unterwasserarchäologie** geplant. Auch das Eingangsportal des Pharos soll hier aufgestellt werden.

Interessant ist auch jener Teil des Geländes, auf dem Grzegorz Majchereck und sein Archäologenteam noch zugange sind. Nördlich des Theaters markieren wieder aufgerichtete Säulen die **Agora**. Auf ihrer Ostseite haben die Forscher eine Reihe von **Auditorien** mit hufeisenförmig angelegten Sitzrängen freigelegt. Es liegt nahe, in der bei spätantiken Umbauten geschaffenen Anlage eine Art Akademie zu sehen. Das Odeon hätte dann als Audimax gedient. Die arabischen Inschriften legen nahe, dass die Auditorien auch nach der arabischen Eroberung weiter benutzt wurden. An weiteren Gebäuden entdeckt man die Ziegelsteinruinen stattlicher **Thermen** und die dazugehörige Zisterne.
Sa–Do 9–16, Fr 9–11.30/13.30–16 Uhr. Eintritt 20/10 LE, an der gleichen Kasse auch Tickets zu den Mosaiken für zusätzlich 15/10 LE. Zwischen Sh. el-Horriya und dem Bahnhof.

Serapeum: Mit der Straßenbahn (Linie 2 und 16) kommt man ins ärmliche Viertel Karmous, wo sich einst das Serapeum befand. Bischof Theophilus ließ die heidnische Kultstätte samt ihrer Bibliothek im Jahr 389 zerstören. Heute steht als letzter

Alexandria

Rest des Tempels die **Pompeius-Säule** *(Amud el-Sauwari)* aus rotem Assuangranit. Mit über 20 m Höhe ist sie eine der längsten aus einem Stück bestehenden Säulen überhaupt. Auf dem Kapitell in luftiger Höhe sollen anno 1832, als es noch kein Guinness-Buch der Rekorde gab, angeblich 22 Menschen zugleich diniert haben.

Nach einer Legende, der die Kreuzritter Glauben schenkten, befand sich dort, wo die Säule errichtet wurde, das Grab des römischen Feldherrn Pompeius. Tatsächlich aber stammt sie aus der Zeit Diokletians, dem sie um 300 n. Chr. als Unterwerfungsgeste von der Stadt gebaut wurde, die er zuvor in Schutt und Asche gelegt hatte. Auf dem Hügel und in der Grünanlage zu Füßen der Säule sind noch einige antike Architekturfragmente, Sphingen und ein Granit-Skarabäus ausgestellt, die alle vermutlich aus Heliopolis stammen. Auf der Westseite sind zwei unterirdische Gänge mit Nischen zu besichtigen, deren Zweck bislang unklar ist: Die einen vermuten hier die Bibliothek des Serapeums, die anderen Gräber für Vögel und andere heilige Tiere.

Tägl. 9–16 Uhr. Eintritt 20/10 LE. Sh. Amud es-Sauwari.

> **Die Zerstörung des Serapeums**
>
> „Theophilos ging daran, den Tempel des Serapis zu zerstören, ohne auf andere Schwierigkeiten zu stoßen als die, die im Gewicht und der Stärke der Baumaterialien lagen; doch diese Hindernisse zeigten sich so unüberwindlich, daß er gezwungen wurde, die Fundamente zu verschonen. Die reiche Bibliothek wurde geplündert oder zerstört, und noch etwa 20 Jahre danach erregte der Anblick der leeren Regale die Klagen und den Zorn jedes Betrachters, dessen Verstand nicht völlig von religiösen Vorurteilen vernebelt war. Während die Statuen und die goldenen und silbernen Gefäße eingeschmolzen und die weniger kostbaren Metallgegenstände voller Verachtung zerschlagen und weggeworfen wurden, hetzte Theophilos die Anwesenden auf, indem er ihnen die Betrügereien und die Laster der Götzenpriester vor Augen stellte."
>
> *Edward Gibbon*

☆☆ Katakomben von Kom esch-Schuqafa

Nahe der Pompeius-Säule findet man bei einer kleinen Moschee die größte und bedeutendste Grabanlage der Stadt. Die drei Stockwerke tiefen Katakomben wurden wohl im 2. Jh. für eine wohlhabende Familie oder einen Bestattungsverein aus dem Fels gehauen, der noch die heidnischen Kulte pflegte. Mit Kom esch-Schuqafa endet die altägyptische Kunst – in einem barocken, verschnörkelten Disneyland. Wiederentdeckt wurde die Anlage im Jahre 1900 durch den Fehltritt eines Esels, der unvermutet in einem Loch zu verschwinden drohte.

Nur die ersten beiden Etagen sind noch zugänglich, die dritte steht völlig im Grundwasser. Eine Wendeltreppe führt um den **Lichtschacht** herum, durch den auch die Leichen abgelassen wurden. An halbkreisförmigen Tornischen mit Sitzbänken vorbei kommt man in eine überkuppelte **Rotunde**. Von dieser gehen drei später angefügte **Grabräume** und das **Triclinum** ab, in dem man sich zum Leichenschmaus traf. Die ersten Archäologen, die den Raum betraten, fanden sogar noch Amphoren und Essgeschirr. Grabräuber schlugen den Durchgang von der Rotunde zum Nachbargrab, der **Halle des Caracalla**. Hier, so weiß die Überlieferung, sind Opfer des Gemetzels bestattet, mit dem sich Caracalla an der Stadtbevölkerung für

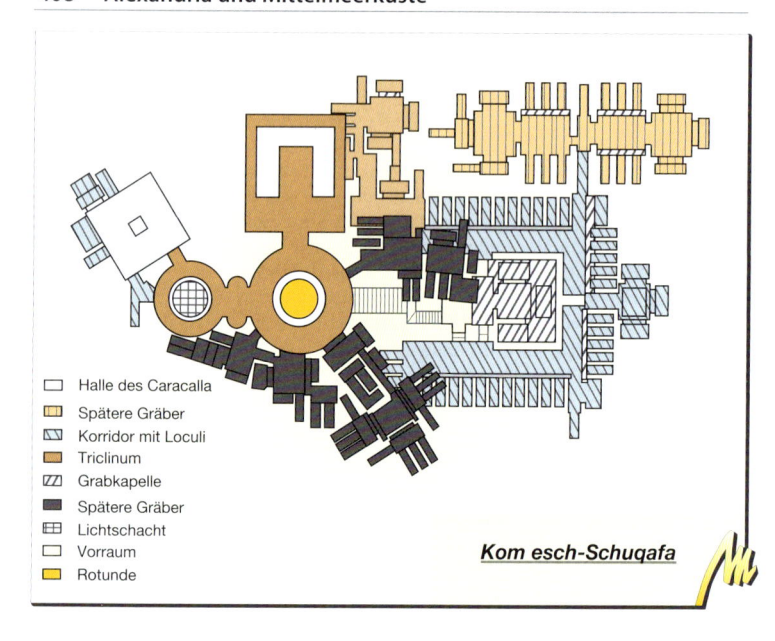

Alexandria und Mittelmeerküste

Legende:
- Halle des Caracalla
- Spätere Gräber
- Korridor mit Loculi
- Triclinum
- Grabkapelle
- Spätere Gräber
- Lichtschacht
- Vorraum
- Rotunde

Kom esch-Schuqafa

einige Spottverse rächte, die an sein kaiserliches Ohr gedrungen waren. Die in einer Vitrine ausgestellten Gebeine sind allerdings tierischer Herkunft.

Die Treppe bringt uns weiter in den **Vorraum** der zentralen Grabkapelle. Die beiden Statuen zeigen möglicherweise den Grabherrn und seine Frau. Zwei Säulen gliedern die Eingangsfassade, rechts und links des Eingangs tragen Schlangen die Kronen Unter- und Oberägyptens sowie Sonnenscheiben. Die Nischen der **Grabkapelle** enthalten aus dem Fels gehauene Scheinsarkophage. Die Wände zeigen den Verstorbenen auf einer löwenförmigen Bahre, um ihn herum Horus, Thoth, ein als Legionär gekleideter Anubis und weitere Bestattungsgötter. Auf der Rückwand der rechten Nische opfert der Kaiser dem Verstorbenen in Osirisgestalt. Die Figuren sind im griechisch-römischen Stil ausgeführt, in die ägyptischen Szenen griechisch-römische Zierelemente wie etwa Weintrauben und Medusenhäupter eingefügt. Durch Seitentreppen kommt man von der Vorhalle in einen U-förmigen **Korridor** mit insgesamt 91 backofenähnlichen Grabschächten *(loculi)*, in denen jeweils drei bis vier Tote beigesetzt waren. Seitlich angehängte **Grabräume** stammen aus späterer Zeit.

Kaum beachtet wird das vor dem Eingang der Katakomben aufgebaute **Grab des Tiganes**. Es wurde 1952 bei Bauarbeiten in der Port-Said-Straße entdeckt und hierher versetzt. Die Malereien sind schlicht und laienhaft, doch nicht ohne Charme.

Tägl. 9–16 Uhr. Eintritt 35/20 LE. Sh. el-Nasseriya.

Chatby und die Friedhöfe

Das Gelände östlich des Stadtzentrums war in der Antike Alexandrias größter Friedhof. Nahe am Meer ist diese Nekropole heute vom Stadtteil **Chatby** überbaut. Wieder freigelegt wurde ein **Hypogäum**, also eine unterirdische Grabanlage aus den Gründerjahren der Stadt. Die Grabkammern sind in drei Etagen an den

Alexandria 409

Wänden eines rechteckigen Raums angeordnet – heute, da die Anlage ausgegraben und nach oben offen ist, gleicht er einem Innenhof. Im Zentrum stand ein Altar.

Tägl. 9–16 Uhr. Eintritt 20/10 LE. Die Chatby-Nekropole in der Sh. Bur Said erreicht man in einem 10-minütigen Fußweg von der Bibliotheca Alexandrina am Meer entlang ostwärts. Oder man fährt mit der blauen Straßenbahn bis zur Station Gama'a, geht die Sh. Aflaton Richtung Meer und dann die erste Straße rechts.

Weiter landeinwärts – zwischen Straßenbahnlinie und Horriya-Straße – bestatten seit dem 19. Jh. die nicht-muslimischen Religionsgemeinschaften ihre Toten: Katholiken, Protestanten, Armenier, Griechisch-Orthodoxe, Kopten, Juden, ja sogar Freidenker haben hier ihre Gräberfelder mit oft stattlichen Mausoleen und melancholischen Grabmälern. Auf dem neueren Teil des katholischen Friedhofs (Terra sancta Nr. 2) wurde das **Alabastergrab** freigelegt, so benannt nach den ungewöhnlich großen Alabasterplatten, die den würfelförmigen Vorraum zu einem monumentalen Grab schmücken. Manche Forscher vermuten hier das Mausoleum eines ptolemäischen Herrschers, wenn nicht gar Alexanders des Großen.

Der Eingang zur Terra Sancta Nr. 2 mit dem Alabastergrab ist in der Sh. Anubis. Gehen Sie vom Nationalmuseum kommend die Sh. el-Horriya ostwärts, nach dem Beginn der Friedhöfe die erste Straße links, dann das erste Tor auf der rechten Seite.

An der Ecke Horriya-/Aflaton-Straße fanden in den 1990er Jahren der Treppenaufgang, vier Säulen und die Plattform des **Tempels von Ras el-Soda** einen neuen Platz. Das der Göttin Isis geweihte Heiligtum aus dem 1. oder 2. Jh. v. Chr. stand ursprünglich bei Abu Qir, drohte dort aber durch den gestiegenen Grundwasserspiegel zu zerfallen.

Schallalat-Park

Stadtbefestigung: Ein halbrunder, an seiner Taille von der Schari' el-Horriya durchschnittener Park schmiegt sich als grünes Band an den Ostrand des Stadtzentrums. Er folgt in etwa dem Verlauf der alten Stadtbefestigung. Im Süden, wo die Schari' Patrice Lumumba auf das Stadion trifft, blieb der südöstliche **Eckturm** der Stadtmauer aus der Zeit Sultan Ibn Tuluns (9. Jh.) erhalten. Sein ovales Pendant an der Nordostecke steht in der Grünanlage zwischen der Straße des Märtyrers Salah Mustafa und den Wasserteichen. Etwa in der Mitte zwischen beiden Türmen findet man eine fünfeckige **Bastion**, am Nordwestende des Parks das **Arsenal Nahassin**. Beide stammen aus den 1840er Jahren, als Vizekönig Mohammed Ali den französischen Ingenieur Barthélémy Gallice die Stadtbefestigung erneuern ließ – ein Vorhaben, das nicht mehr in die Zeit passte. Während Gallice Bey hier mit viel Aufwand ein Verteidigungswerk nach den schon ziemlich veralteten Prinzipien des Festungsbaumeisters Vauban errichtete, riss man an anderer Stelle die Stadtmauer nieder, um Platz für die wachsende Bevölkerung zu schaffen.

Zisterne el-Nabih: Wie das alte Konstantinopel war auch Alexandria eine Stadt der Zisternen. Seit der Antike versorgte ein Kanal die Metropole mit Trinkwasser aus dem mittlerweile verlandeten kanopischen Nilarm. Innerhalb des Stadtgebiets floss das Wasser durch ein Netzwerk von Tunneln und gemauerten Röhren und speiste die Zisternen. Eine Bestandsaufnahme aus dem 19. Jh. verzeichnete rund 700 dieser unterirdischen Wasserspeicher. Im 2. Weltkrieg waren sie als Luftschutzkeller willkommen, heute sind nur noch wenige erhalten. Das El-Nabih-Reservoir, eine der prächtigsten dieser unterirdischen Kathedralen, wird gerade unter Leitung französischer Archäologen restauriert. Die 9 Meter tiefe Zisterne aus dem 9. Jh. fasste rund 1000 Kubikmeter Wasser. Drei Etagen mit jeweils vier mal vier aus antiken

Abendstimmung im Schallalat-Park

Architekturfragmenten zusammengesetzten Säulen, alles in allem also 48 Stück, trugen ursprünglich ein nur noch teilweise erhaltenes Kreuzrippengewölbe. Manche windschiefe Säule und mancher aus dem Lot geratene Bogen erzählt von den Erdbeben, die Alexandria bis in seine Unterwelt erschütterten. Die sich leicht nach innen neigenden Wände sind mit einem wasserdichten Mörtel bestrichen, der Keramikgranulat enthält. Ein Überlauf leitete überschüssiges Wasser zurück ins Netz der Wasserversorgung.

Die Zisterne *(sahrig)* kann meist gegen Trinkgeld besichtigt werden. Sh. Konstantin Sinadino/Ecke Shallalat-Park.

☆☆ Bibliotheca Alexandrina

Die Entscheidung der Athener Volksversammlung, ihren Mitbürger Demetrios von Phaleron wegen Konspiration mit der makedonischen Partei ins Exil zu schicken, erwies sich für Alexandria als Glücksfall – der Flüchtling gründete dort die Bibliothek, die später weltberühmt werden sollte.

Außer als Staatsmann hatte Demetrios sich einen Namen mit verschiedenen literarischen Studien und der Herausgabe von Äsops Fabeln gemacht. Wie die meisten Athener Größen seiner Zeit war er am Lykeion im Apollo-Hain am Hang des Lykabettos ausgebildet worden. Zu seinen Mitschülern zählten Menander, der spätere „Vater der Komödie", sowie der junge Epikur. Um noch die Vorlesungen des Aristoteles zu hören, kam Demetrios einige Jahre zu spät; allerdings stand ihm die reiche Bibliothek des Philosophen zur Verfügung.

307 v. Chr. ging Demetrios in Alexandria an Land. König Ptolemaios Soter, der Stammvater der Ptolemäer-Dynastie, berief ihn in seine Gesetzgebungskommission und beauftragte ihn mit der Organisation eines der Athener Konkurrenz vergleichbaren Gelehrtenzentrums. Kernpunkt war die Bibliothek. Vom König mit nahezu unbegrenzten Geldmitteln ausgestattet, sammelte Demetrios alle Schriften, derer

er habhaft werden konnte. Bis nach Äthiopien und Persien schwärmten seine Beschaffer aus. Der vermeintlich größte Coup, nämlich die Überführung der Bibliothek des Aristoteles nach Alexandrien, erwies sich aber als Reinfall. Neleus, der Verwalter des aristotelischen Büchererbes, hatte den Alexandrinern nur zweitrangige Werke verkauft.

Dennoch ist es nicht übertrieben zu sagen, dass Alexandria das Wissen der Antike verwahrte. 490.000 Papyrusrollen und Pergamente füllten schließlich die Regale in

Die Gelehrten von Alexandria

Ein 1903 auf einer antiken Müllkippe am Rande des Fayum entdecktes Papyrus-Fragment listet die ersten Bibliothekare auf und liest sich als ein Who's who der hellenistischen Wissenschaften. Da finden wir den Geografen Erathostenes, der über den Vergleich der mittäglichen Schattenlängen in Alexandria und Assuan den Erdumfang berechnete, außerdem die Philologen Aristarchos und Aristophanes (nicht mit dem gleichnamigen Autor zu verwechseln), die Homers Werke in einer kritischen Edition herausgaben und kommentierten. Kallimachos, der schon unter Demetrios für den Katalog der Bibliothek verantwortlich war, stritt mit seinem Schüler Apollonios über dessen Fassung des Argonauten-Epos (Kallimachos: „Eine aufgeblähte Schrift, die viel Schmerz verursacht"). Theokrit, ein anderer von den Ptolemäern geförderter Dichter, beeinflusste mit seinen bukolischen Hirtengedichten und Spielen über den Römer Vergil noch Dante und Shakespeare. In seiner *Techne grammatike* fasste Dionysios Thrax, Schüler des Aristarchos, das sprachliche Wissen seiner Zeit zusammen und schuf damit das erste grammatische Standardwerk, das die Tradition der abendländischen Grammatikschreibung bis in die Neuzeit hinein maßgeblich beeinflussen sollte. Und Euklid entwickelte die Grundlagen der Geometrie, derweil Erasistratos systematisch Verstorbene sezierte, um anatomische Kenntnisse vom Aufbau des Körpers und der Funktion der Organe zu gewinnen.

Auch in der Astronomie haben die Alexandriner einiges vorzuweisen. Ihr größtes Werk, der im Auftrag Cäsars am Observatorium entwickelte *Julianische Kalender*, setzte das Jahr allerdings um elf Minuten zu lang an. Die Kalenderreform Papst Gregors ging 1582 in einem Sprung vom 4. auf den 15. Oktober über und lässt in einzelnen Jahrhundertjahren den Schalttag ausfallen. In Russland wurde der Julianische Kalender noch bis 1923 benutzt, die Ostkirchen ermitteln nach ihm bis heute das Datum des Osterfestes.

Nur in der Philosophie musste Alexandria, der „Leuchtturm des Hellenismus", auch weiter Athen den Vortritt lassen. Ein allzu freies Geistesleben war bei den Ptolemäern unerwünscht. So lebte die Alexandriner Philosophie erst auf, nachdem die Ptolemäer von der politischen Bühne abgetreten waren und Alexandria politisch zu einer römischen Provinzstadt abstieg. Im 3. Jh. n. Chr. machten Ammonius Saccas, ursprünglich Dockarbeiter und Begründer der religiösen Richtung des Neoplatonismus, und sein Schüler Plotin ihrer Heimatstadt auch als Zentrum der „Königin der Wissenschaften" Ehre. Hypatia, die letzte große Philosophin der neoplatonischen Schule – Charles Kingsley umrankte ihr Leben mit einem voluminösen Roman –, starb um 415 unter den Steinwürfen aufgebrachter christlicher Fanatiker.

Das futuristische Dach der Bibliotheca Alexandrina

den Räumen des Museions, einer Art Gelehrtenpension und Hochschule, in der die Wissenschaftler wohnten und sich ihren Studien widmeten. Das Museion verfügte über Laboratorien, botanische Gärten, einen Zoo und ein Observatorium. Weitere 42.000 Schriften wurden im Heiligtum des Serapis verwahrt.

Der Untergang der Bibliothek vollzog sich in Etappen: Zehntausende Manuskripte aus Pergamon, die Mark Anton seiner Geliebten Kleopatra geschenkt hatte, verbrannten noch unausgepackt in den Hafenschuppen, als Oktavian die ptolemäische Flotte beschoss. Das Serapeum samt seinen Schätzen vernichtete im Jahr 391 ein eifernder Bischof. Das Museion mit seinen Büchern ging wahrscheinlich bei den Kämpfen zwischen Aurelian und Zenobia in Flammen auf, und von ʿAmr Ibn el-ʿAs überliefert der Chronist Ibn al-Qifti, dass er auf Geheiß des Kalifen die Schriften der Katechetenschule in den Badehäusern verheizen ließ.

Neue Bibliothek (Bibliotheca Alexandrina): Der 2002 eröffnete Nachfolger der antiken Bibliothek steht an der Corniche etwas östlich des Stadtzentrums. Etwa hier könnte sich auch das Museion befunden haben, und auf dem Grund der vorgelagerten Bucht wird der ehemalige Standort des königlichen Palastes vermutet. Hinter der grauen Granitfassade mit Schriftzeichen aus bekannten wie exotischen Alphabeten verbirgt sich ein elfstöckiges Gebäude, dessen Form die einen an ein Raumschiff, die anderen an einen Diskus erinnert. Außer der eigentlichen Bibliothek beherbergt das 250 Millionen US-Dollar teure Bauwerk auch Museen, ein Planetarium, Konferenzräume, Forschungsinstitute und eine Cafeteria. „Aufgabe der Bibliothek wird es sein", so eine Broschüre der Unesco, „Bücher aller Länder zu allen Themen zu sammeln." Noch steht in den Regalen erst ein Bruchteil der anvisierten acht Millionen Bücher (für die Sammlung einer entsprechenden Menge brauchte die Bayerische Staatsbibliothek 400 Jahre), doch im riesigen Lesesaal sind schon fast alle Plätze besetzt. „Ägyptens Fenster zur Welt und der Welt Fenster zu Ägypten" – so die frühere First Lady Suzanne Mubarak bei der Eröffnung – genoss als ein Lieblingskind Mubaraks allerhöchste Protektion. Einwände haben die Klimaforscher: Wenn der Spiegel des Mittelmeeres weiterhin steigt, werden die in einer direkt am Wasser erbauten Bibliothek versammelten Schätze, wie schon das hellenistische Soma, eines Tages schlicht absaufen.

In der Bibliothek werden zwei Dauerausstellungen gezeigt. Die *Awad Collection* versammelt Beschreibungen, Stiche und Fotos des neuzeitlichen Alexandria, darunter beispielsweise ein Faksimile aus der Schedelschen Weltchronik (Nürnberg 1493). Cineasten erfreuen sich an der *Welt des Schady Abdel Salam*, eines Alexandriner Regisseurs, in der man das Arbeitszimmer und zahlreiche Skizzen und Szenenbilder des Künstlers zu sehen bekommt. Gesonderten Eintritt kosten die Wechselausstellungen der *Raritätensammlung* des Museums.

Bibliothek: Sa–Do 11–19, Fr 15–19 Uhr. Eintritt 10/5 LE, Handschriftenausstellung 20/10 LE. Kombiticket Bibliothek/Handschriften/Museum 45 LE. Eintrittskarten nur an den Schaltern auf der Südseite der Bibliothek. www.bibalex.org.

Planetarium: Shows (meist auch mit englischem Ton) zu verschiedenen Themen gewöhnlich Mi, Do, Sa–Mo 11–14, Do & Fr auch 16 und 17 Uhr. Eine Programmübersicht liegt aus oder ist im Internet abrufbar: www.bibalex.org. Eintritt 25 LE.

Museum: Das Museum befindet sich im Erdgeschoss des Hauptgebäudes der Bibliothek. Am Eingang begrüßt uns das Foto der ptolemäischen Terrakottastatue eines Schulmädchens mit Griffel und Tafel. Die kennen wir doch …? Ja, richtig, sie wohnte früher in Raum 18a des griechisch-römischen Museums. Die Artefakte sind chronologisch geordnet. Großformatige Fotos laden zur Schnitzeljagd, denn die abgebildeten Stücke stehen oft nicht an der angegebenen Stelle. In der pharaonischen Abteilung sehen wir vor allem Inschriften, Papyri, Schreibwerkzeuge und Schreiberstatuen. Die griechisch-römische Blütezeit Alexandrias ist mit den Büsten bekannter Gelehrter, Totenmasken und Urnen für die Asche der Verstorbenen vertreten. Die Bodenmosaiken, etwa das Stillleben „Hund mit Trinkgefäß" oder die „Ringkämpfer", wurden beim Bau der Bibliothek entdeckt. In einer Vitrine glänzen Goldschmuck und Münzen eines vor Abu Qir (→ S. 416) vom Meeresgrund geborgenen Schatzes. Aus Spätantike und Mittelalter datieren farbenfrohe koptische Textilien, islamische Holzarbeiten, Teppiche und Inschriften. Ein eigener Raum ist den Bestattungsbräuchen im pharaonischen, griechischen und römischen Ägypten gewidmet. Im Mittelpunkt stehen drei Mumien.

So–Do 9–19, Fr 13–19, Sa 11–19 Uhr. Eintritt 20/10 LE, Fotoerlaubnis ohne Blitz 10 LE. Tickets am Eingang des Museums.

Strände, Vororte und Sehenswertes im Osten

In einem Schlager von Abdel Halim Hafez wird Montazah als der schönste Strand der Welt besungen. Diese Zeit ist lange vorbei. Zwar werden die Abwässer nicht mehr direkt im Stadtbereich ins Meer geleitet, doch sind die öffentlichen Strände im Sommer völlig übervölkert. Auch die Strandkultur hat sich gegenüber den 1950er-Jahren gewandelt: Frauen zeigen sich nicht mehr im Badeanzug, sondern gehen, wenn überhaupt, vollständig bekleidet ins Wasser. Eine Touristin, die es anders halten will, kann sich größter Aufmerksamkeit sicher sein. Noch am ehesten können Ausländerinnen sich auf die Privatstrände von Montazah und Ma'mura wagen. Besser aber folgt man/frau dem Beispiel der Alexandriner Mittelschicht und weicht nach Agami oder in die Feriendörfer am Weg nach Marsa Matrouh aus.

Ramleh: Etwa dort, wo sich die Stadtbahn in zwei Stränge teilt, beginnt die frühere Gartenstadt Ramleh. Einst waren die einzelnen Haltestellen nach den ersten Siedlern benannt, die sich hier nach 1860 ihre Villen errichteten. Doch die Poesie der Stationsbezeichnungen – Fleming, Bacos, Schutz oder Ginanaclis – ist verklungen, und nur noch ältere Alexandriner wissen um diese bedeutungslos gewordenen Namen längst arabisierter Quartiere. Viele Villen samt ihren Gärten sind Opfer der Verdichtung geworden und Apartmentblocks gewichen. Mit einem Abrissverbot versucht der Staat zu retten, was noch zu retten ist; wo ein Eigentümer sein Haus jedoch dem Verfall preisgibt, kann auch die Behörde nicht viel tun. Ihr fehlt das Geld, zumal selbst die in den 1950er-Jahren beschlagnahmten und jetzt staatlichen Häuser dahinkümmern und verlottern: so etwa die neoklassizistische, von einem italienischen Architekten entworfene Villa des Tabakexporteurs Eduard Laurens, die eine Schule beherbergt. Nur wenige Häuser wurden von den Erben der Bauherren oder neuen Besitzern liebevoll restauriert. Besichtigt werden können etwa die beiden folgenden Museen:

☆☆ **Museum der königlichen Juwelen (Mathaf el-Mughawharat)**: Das Schlösschen nahe der Residenz des Gouverneurs wurde zwischen 1919 und 1923 von französischen und italienischen Architekten für Zeinab Fahmy, eine Tochter des Khediven Isma'il, gebaut. Die aber verkaufte das Anwesen schon bald an ihre Cousine Fatima el-Zahra'a, mit deren Namen das Haus als *Villa Fatima* bis heute verbunden ist. Die Ausstattung und die gut präsentierten und beschrifteten Juwelen der Dynastie Mohammed Alis verraten mit ihrer wahllosen Vielfalt der Formen und Stile viel über den Geschmack der Familie: edel, teuer und aus Europa. Ägyptisch ist hier nichts, und echt auch nicht alles, so wird gemunkelt. In der Halle ziehen die von Florentiner Glasmalern gestalteten Bleiglasfenster den Besucher mit Szenen einer bukolischen Romeo-und-Julia-Geschichte in ihren Bann. Von der Decke lächeln leicht bekleidete Gestalten der griechischen Mythologie, und in den Korridoren der Dienstboten ackern, bildlich, provenzalische Bauern. Höhepunkt der Inneneinrichtung sind die Bäder mit ihren Strandszenen von der Côte d'Azur und den an einem Wasserfall badenden Nymphen. Hier ließ es sich gut leben. Tägl. 9–16 Uhr. Eintritt 40/20 LE. 28 Ahmed Yehia (Stadtbahn 2, Stopp Zizinia/Qasr es-Safa).

☆ **Mahmud-Said-Museum**: Nicht allzu weit von der Villa Fatima entfernt lebte und arbeitete der Maler *Mahmud Said* (1897–1964), ein Onkel von Königin Farida. Nach seinem Tod erwarb der Staat das Gebäude und einen Teil des künstlerischen Nachlasses. Nach weiteren 30 Jahren Umbau und Einrichtung wurde das schicke Atelierhaus endlich für das Publikum geöffnet. Ständig ausgestellt sind etwa 40 Arbeiten von Mahmud Said. Er zählte zu den Pionieren der modernen Malerei in Ägypten, seine Bilder, oft mit Folkloremotiven, sind realistisch und von Expressionismus und Kubismus beeinflusst. Neben sinnlichen Frauen (z. B. „Die Sirenen von Alexandria" oder „Nabawiya mit einem Blumenstrauß") begegnen uns vor allem Landschaftsbilder. Im Obergeschoss werden Arbeiten von *Seif Wanly* (1906–1979), seinem Bruder *Adham* (1908–1959) und noch lebenden Künstlern gezeigt, auch der langjährige Kulturminister *Faruk Hosny* ist mit einem Bild vertreten.

Sa–Do 9–13.30/17–19 Uhr, Eintritt 10/5 LE. 6 Mohammed Said Pascha (Stadtbahn 2, Stopp San Stefano).

Im Museum der königlichen Juwelen

Die Pompeiussäule

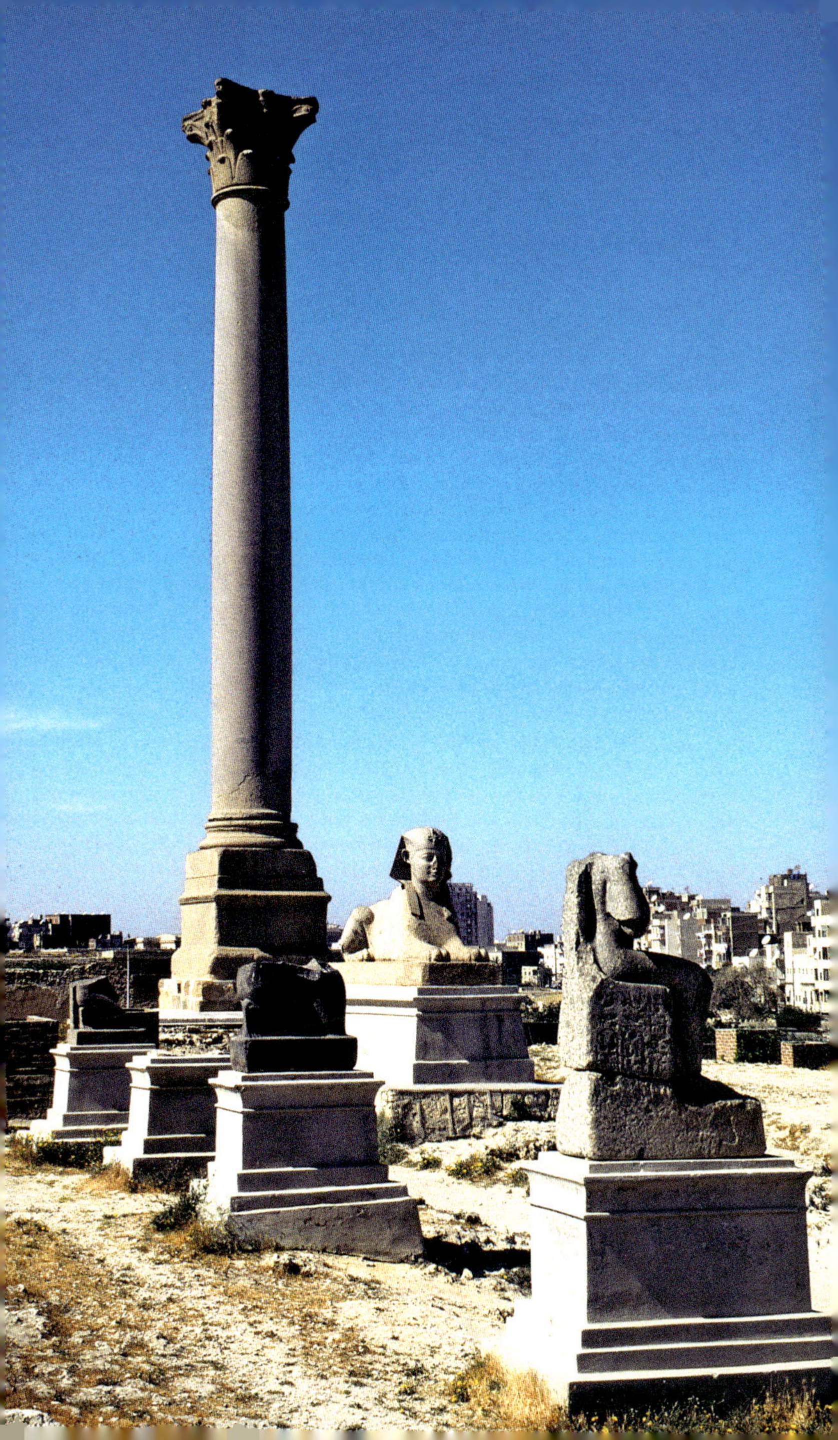

Die Räumlichkeiten des **Museums der Schönen Künste** (Musée des Beaux-Arts) im Stadtteil Moharrem Bay, 18 Sh. Manschiya, werden vor allem für Sonderausstellungen und die *Alexandria Biennale* genutzt. Kunstausstellungen findet man auch im **Atelier d'Alexandrie**, 6 Sh. Victor Bassili, beim Goethe-Institut, www.atelieralex.com.

Montazah: Auf einer Halbinsel 18 km westlich des Stadtzentrums ließ sich der Khedive Abbas Hilmi Ende des 19. Jh. ein maurisch-viktorianisches Neuschwanstein errichten, in dem der Staatschef seine Sommergäste zu empfangen pflegte und das der Öffentlichkeit nicht zugänglich ist. Besucht werden kann jedoch der weiträumige Park, der zugleich der beliebteste Picknickplatz Alexandrias ist. Wer sein Essen nicht mitbringt, kann mit dem Wagen auf asphaltierten Wegen schnurstracks zu Burger-King und KFC fahren, die zusammen mit allerlei Souvenirständen das Parkvergnügen etwas trüben. Die Strandkabinen im *Semiramis* und *Aida*, den beiden Badeanstalten von Montazah, scheinen etwas heruntergekommen, sind aber unbezahlbare Statussymbole; wer hier über ein *„Cabana"* verfügt, kann sich zum alten Geldadel der Stadt rechnen. Immerhin darf das gewöhnliche Publikum an den Strand und ins Wasser; hier kann frau sich auch im Bikini zeigen. Liebespaare und Angler treffen sich auf der Leuchtturminsel, zu der eine pittoreske Brücke hinüberführt. Als weiteres Fotomotiv bietet sich der *Salamlek* des Parks an, ein Gartenkiosk, dessen Zuckerbäckerstil dem großen Schloss in nichts nachsteht und der das vornehmste Hotel Alexandrias beherbergt.

Zu erreichen mit den Bussen 720, 728 und 729 oder mit der Vorortbahn. Eintritt (Park) 4–5 LE.

Ma'mura: Die sich direkt an Montazah anschließende Zweitwohnungssiedlung wurde um 1960 für die neue Elite der Staatsfunktionäre und Führungskräfte der staatlichen Betriebe gebaut. Mit deren Niedergang hat auch Ma'mura an Glanz verloren. Vor allem Araber aus den Golfstaaten belegen jetzt in den Sommermonaten die über 7000 Apartments der Kolonie und zahlen dafür bis zu 25.000 LE Monatsmiete. Den Strand bevölkern zusätzlich Horden von Tagesausflüglern; die allmorgendliche Müllabfuhr funktioniert mehr schlecht als recht.

Abu Qir: Die Agglomeration von Alexandria endet im Osten mit dem Fischerstädtchen Abu Qir (gesprochen „Abu Ier", mit langem I), einem etwas trostlosen Ort mit schmutzigem Strand. Der Ausflug lohnt einzig wegen der Fischlokale. Vor Abu Qir versenkten die Briten 1798 Napoleons Flotte. Ebenfalls auf dem Meeresgrund liegen die erst vor wenigen Jahren entdeckten Trümmer der antiken Städte **Herakleion** *(Thonis)* und **Kanopus**. Beide wurden lange vor Alexandria gegründet und waren griechische Handelsplätze und Pilgerziele an der Mündung des heute verlandeten kanopischen Nilarms. Ohne Pfähle auf den weichen Matsch des Deltas gebaut, schlitterten die Städte wohl 742 bei einem katastrophalen Erdrutsch ins Meer, und zwar so plötzlich, dass die Menschen Gold und Schmuck zurückließen, ja sogar von einstürzenden Wänden begraben wurden. Noch streiten die Experten, ob ein Seebeben oder eine besonders starke Nilflut dafür verantwortlich war – und sie warnen, dass einige moderne Städte wie etwa Bangkok auf ähnlich unsicherem Grund stehen.

Von Alexandria nach Abu Qir mit Minibussen ab Misr-Bahnhof, Corniche oder der Bahnunterführung in Montazah. Zu den erwähnten Fischlokalen zählt **Zephyrion**, am Strand und mit griechischer Leitung und Küche. Spezialität ist die Fischroggenzubereitung Tarama. Alkoholausschank.

Marsa Matrouh, Kleopatras Bad

Mittelmeerküste westlich von Alexandria (ed-Diffa)

Feriendorf um Feriendorf, eintönig bis hässlich: Hier verbringen die besser gestellten Einheimischen ihre Sommerferien an feinem Strand vor azurfarbener See. Gräber und Minenfelder erinnern bei el-Alamein an die Panzerschlachten des Zweiten Weltkriegs, Säulenstümpfe und Marmorbrocken in Abu Mena an ein spätantikes Lourdes.

Während der Sinai und das Rote Meer mit internationalem Kapital für ausländische Urlauber erschlossen wurden, entstand an der Küste westlich von Alexandria eine Ferienlandschaft für die Ägypter: zunächst Feriendörfer für die Staatsklasse der Offiziere, Funktionäre und Ministerialbeamten, später auch Kolonien für die Neureichen Marke Lions und Rotary. Auf den 120 km bis el-Alamein wurden insgesamt 116 Konzessionen für touristische Anlagen vergeben, den nächsten Abschnitt bis Marsa Matrouh füllen weitere 10.000 Betten. Da es außer den Feriendörfern kaum Siedlungen gibt, bleiben auf den 500 km zwischen Alexandria und Libyen eigentlich nur drei interessante Punkte: die Ruinen der Pilgerstadt **Abu Mena**, das Schlachtfeld von **el-Alamein** und die Provinzhauptstadt **Marsa Matrouh**.

Bis el-Alamein ist die Küste ein flacher Sandstrand, danach kommen die Felsen bis ans Wasser und formen einen abwechslungsreichen Küstensaum mit Buchten und Steilhängen. Die **Küstenstraße** verläuft nicht direkt am Wasser, sondern ist durch eine Hügelbarriere von der Küste getrennt. Auf der Landseite erhebt sich parallel zur Straße eine weitere Hügelkette, dahinter erstreckt sich die Bahnlinie, eine Nebenstraße und die Trinkwasserpipeline. Der ed-Diffa genannte Küstenstreifen ist eine von den Winterregen genährte Steppenzone mit schütteren Büschen und

Gestrüpp. Über die Hälfte der in Ägypten bekannten Wildpflanzenarten sind hier vertreten. Auch für Zypressen, Pinien, Oliven und Feigenbäume reicht der Niederschlag aus, und in der Regenzeit säen die Beduinen Roggen aus. Die eigentliche **Wüste** beginnt erst 10 bis 20 km landeinwärts.

Die Beduinen, meist vom Stamm der *Aulad Ali*, der „Söhne Alis", stellen die Mehrheit der auch im Winter zwischen Alexandria und Libyen lebenden Menschen. An ihrer Kleidung sind sie leicht zu erkennen: Die Galabiyas der Männer sind enger geschnitten als bei den Bauern des Niltals, die Frauen bevorzugen knallbunte Farben. Längst sind sie im Küstensaum sesshaft geworden, haben sich an Gemüse und Leitungswasser gewöhnt und das Kamel durch den Toyota ersetzt. Ihre aus dem hellen Kalksandstein der Gegend errichteten Gehöfte fügen sich gut in die Landschaft. Nur wenige Männer gehen im Winterhalbjahr noch mit den Tieren auf Wanderschaft.

Agami

Der Badeort im Westen Alexandrias lockt mit seinen Ferienwohnungen und -häusern die ägyptische Mittelschicht. Doch der Strand leidet unter angeschwemmtem Teer, und draußen im Meer muss man sich vor gefährlichen Strömungen hüten.

Den Anfang machte der Schweizer Teehändler *Blaire*, der von den Beduinen ein Stück Wüste im Westen der heutigen Siedlung erwarb und daraus eine Feigenplantage machte. Bald folgten der italienische Baumwollhändler *Bianchi* und der Ägypter *Hano* diesem Beispiel, und die Generation der Erben parzellierte nach dem Weltkrieg die Plantagen der Väter und verkaufte das Land weiter an die Geschäftswelt Alexandrias, die hier ihr Villen und Gärten anlegte. Irgendwann geriet die planlose und zufällige Entwicklung jedoch außer Kontrolle: Jeder freie Fleck wurde mit Villen, Apartmentblocks und schließlich auch einzelnen Hochhäusern zugepflastert – für Kanalisation und Straßenplanung war niemand zuständig, und so muss, wer heute vom Ortsteil Agami-Bitasch in das 2 km westlich gelegene Hanoville will, den langen Umweg über die Landstraße nehmen. Selbst Strandgängern wird der direkte Weg durch Privatgrundstücke versperrt.

Mit seinen Restaurants, Diskotheken und Boutiquen ist **Bitasch**, wo die erste in den Ort führende Stichstraße endet, heute das Zentrum Agamis. In Richtung Osten folgt **Bless** mit seinen vornehmen Villen in einem schönen Pinienhain und dem öffentlichen Strandabschnitt. Die Hausbesitzer von **Bianchi**, dem Viertel im Westen, haben über eine Kooperative ihren Strand gekauft und erheben ein Eintrittsgeld. Dafür wird der *Paradise Beach* leidlich sauber gehalten, und Frauen können sich hier ohne weiteres auch im Bikini zeigen. **Hanoville**, der über eine palmengesäumte Stichstraße erschlossene Ortsteil noch weiter im Westen, wirkt am wenigsten gepflegt, lockt aber die meisten Tagesausflügler.

• *Anfahrt* Von Alexandria (Md. Ramleh) Bus Nr. 750 nach Bitasch, Bus Nr. 2 nach Hanoville.

• *Übernachten* Die meisten Urlauber übernachten in Ferienwohnungen oder mieten ganze Häuser, die von den zahlreichen Maklern offeriert werden. Die einst renommierten Hotels Agami Palace und Hanoville haben ihre besten Zeiten schon hinter sich.

Radisson Blue, bei Km 23 auf der Landseite der Hauptstraße in einem Neubaugebiet. Das Hotel eignet sich für Geschäftsleute, die im Industrieviertel Alexandrias zu tun haben, als Flughafenhotel für den nahen Borg el-Arab-Airport oder bei Veranstaltungen im neuen Stadion – für einen Urlaub taugt es nicht. DZ ab 120 €. Mehwar El Taameer, ✆ 03-5896000, www.radissonblu.de.

• *Essen & Trinken* **Christina**, in Bianchi; Restaurant und Bar in einer alten Villa, französische Küche, manchmal spielen Stammgäste am Klavier. Nur abends geöffnet,

Reservierung ✆ 03-4332014.
Leonardo da Vinci, in Bitasch; italienisch angehauchte Küche mit Pizza, Pasta, Fisch und vegetarischen Gerichten. Preiswerter als vergleichbare Lokale in Alexandria.
Gad, in Hanoville, am Hauptplatz. Einheimische Küche, auch Foul und Felafel.

• *Nachtleben* **Rigoletto**, in Bianchi. Der Platz vor dem Eissalon ist gegen 21 Uhr Treffpunkt der Teenies von Agami; hier spricht sich herum, bei wem am Abend die Party steigt.
Blues Beach@Summer Moon Club, in Bitasch; hier trifft sich die ältere Jugend zum sommernächtlichen Abtanzen.

Esch-Schona

Die nächste Abzweigung nach Hanoville (ausgeschildert zum Schatee el-Zohour) führt zum Kunstpark esch-Schona. Etwa 30 bildende Künstler leben und arbeiten hier, die einen als Dauergäste, andere mit Jahresstipendien. Im Rahmen des ägyptisch-schweizerischen Künstleraustauschs kommen auch regelmäßig Schweizer Kunstschaffende. Manche künstlerische Karriere begann in den „Kreativ-Camps", zu denen Isaak Azmy, der Gründer und Leiter der Kolonie, jeden Sommer einige Kinder einlädt, die unter Anleitung der professionellen Künstler malen und werken. Traditionsgemäß vermachen die Stipendiaten wenigstens ein hier entstandenes Werk dem Museum der Kolonie, das damit auf dem Weg zur bedeutendsten Sammlung ägyptischer Gegenwartskunst ist. Andere Ausstellungsräume werden im Zweijahresrhythmus an einzelne Künstler vermietet.

Besucher sind nach Voranmeldung (✆ 02-24159752) herzlich willkommen, es stehen auch einige Gästezimmer zum Übernachten zur Verfügung. Infos auch im Internet unter www.designcentrecairo.com.

Abusir

Ein gutes Stück westlich von Agami fällt auf der Landseite der Straße die Ruine eines ptolemäischen **Leuchtturms** ins Blickfeld – so etwa, nur größer, stellt man sich den berühmten Pharos von Alexandria vor. Abusir, damals *Taposiris Magna*

Von den Anfängen US-amerikanischer Nahostpolitik

Am 23. Februar 1805, jenem Tage, da Thomas Jefferson als US-Präsident vereidigt wurde, unterzeichneten im Turm von Abusir der amerikanische Konsul von Tunis und ein gewisser Hamid Karamanli einen Vertrag, mit dem Letzterer zum Pascha von Tripoli eingesetzt wurde und dafür versprach, amerikanische Schiffe im Mittelmeer künftig vor den nordafrikanischen Seeräubern zu schützen. Allerdings saß in Tripoli, dessen Korsaren die christlichen Seefahrer arg plagten, Yussuf, der jüngere Bruder Hamids, auf dem Thron. Um diesen zu stürzen, ergänzte Konsul Eaton seine nur aus einer Hand voll Marines bestehende Streitmacht um Beduinen und griechische Söldner und zog zusammen mit Hamid gen Tripoli. Die Truppe schlug sich in die Cyrenaika durch, wo sie in der Festung Derna von Yussufs Streitmacht gestellt und eingekesselt wurde. Zum großen Sieg oder Heldentod blieb den Marines jedoch keine Gelegenheit: Die erste amerikanische Militärintervention außerhalb des eigenen Kontinents endete vorzeitig, weil Washington sich inzwischen mit dem Machthaber in Tripoli arrangiert hatte. Ein Kriegsschiff evakuierte Hamid Karamanli, der als politischer Flüchtling in den Vereinigten Staaten Asyl und eine Ehrenrente bekam, dazu Konsul Eaton und die christlichen Soldaten – die muslimischen Hilfstruppen jedoch wurden dem Rachdurst Yussufs überlassen.

genannt, war in der Antike der Hafen des Pilgerzentrums Abu Mena (s. u.). Die Reste der Hafenanlagen findet man unterhalb der rechteckigen Umfassungsmauer des großen Osiris-Tempels; das gesamte Terrain ist mit Tonscherben übersät und von alten Grabhöhlen durchlöchert. Irgendwo hier wird das Grab Kleopatras vermutet. 2008 gab der Fund einer Alabasterstatue von Ägyptens letzter Pharaonin den Spekulationen neuen Auftrieb. Vom Tempel selbst blieb kaum etwas übrig – die Araber nutzten das Gelände als Kaserne und später als Quarantänestation.

Borg el-Arab

Als ein „Florenz der Wüste" war die Beduinenstadt geplant. Ein exzentrischer Engländer hinterließ eine Ritterburg, und die ehemalige Teppichmanufaktur auf einer Anhöhe gleich am Ortseingang wurde zum Ferienhaus des Staatspräsidenten.

Burgherr war der britische Kolonialoffizier Sir Wilfried Jennigs-Bramley, der Borg el-Arab kurz vor dem Ersten Weltkrieg gegründet hatte und den Ort zur Hauptstadt einer Beduinenprovinz machen wollte. Die Wüstensöhne, damals noch weitgehend Nomaden, sollten hier „zivilisiert" werden. Um dafür das geeignete Ambiente zu schaffen, ließ Jennigs-Bramley von Sträflingen Kapitelle und antike Säulen aus Abu Mena und Alexandria heranschaffen. Entgegen seinen Absichten wurde der Ort jedoch zunächst von reichen Europäern aus Alexandria bevölkert, deren exzentrische Villen noch heute zu bewundern sind. Auch seine als Alterssitz konzipierte Burg konnte Jennigs-Bramley nicht lange genießen, denn unter Nasser wurde der Beduinenfreund, dessen Vorbild Lawrence von Arabien war, des Landes verwiesen.

Heute haben die Beduinen die Stadt übernommen und südlich der Bahn um ein neues Viertel erweitert. Eine politische oder administrative Rolle spielt Borg el-Arab nicht – für Ansätze ethnischer Autonomie gibt es im ägyptischen Nationalstaat keinen Platz.

Anfahrt: Borg el-Arab wird mit Bussen und Servicetaxis von Alexandria angefahren.

Iberotel Borg el-Arab, hufeisenförmiges Haus auf halber Strecke zwischen Alexandria und el-Alamein bei Km 52 auf der Landseite der Hauptstraße. 1999 als erstes Kettenhotel an der Nordküste eröffnet und zunächst von der Hilton-Gruppe gemanagt, wurde es 2010 umfassend renoviert und wechselte den Betreiber. DZ je nach Saison 110–150 €. Marakia, ✆ 03-3740730, ✉ 3740760, www.jaz.travel.

Abu Mena

Ein neues Wüstenkloster und die alten Ruinen von Ägyptens größter Pilgerstadt, die vor 1500 Jahren Reisende aus Köln, Trier und Mainz anlockte.

Abu Mena, Kultort des heiligen Mena, war in der Spätantike eine Art Lourdes. In kleinen, linsenförmigen Tonfläschchen brachten die Pilger das wundertätige Wasser bis in die Bischofsstädte des Rheinlandes, wo die Gefäße mit dem Bild des Heiligen zwischen zwei Kamelen heute etwa in den Museen von Mainz und Köln verwahrt werden. Nach der Überlieferung brachten Kameraden den Sarkophag des nach dem koptischen Kalender am 11. November 309 in Kleinasien zu Tode gemarterten Legionärs mit nach Ägypten, als ihr Regiment hierher verlegt wurde. In Abu Mena verweigerte das Kamel, das den Leichnam trug, schließlich jeden weiteren Schritt. Die Soldaten folgten dem göttlichen Zeichen und begruben den Märtyrer. Der Pilgerverkehr begann wohl unter den Kaisern Valentinian und Valens (364–378) und erreichte seinen Höhepunkt im 5./6. Jh. Allerdings hatte Abu Mena nie einen eigenen Bischof. Nach der arabischen Eroberung ebbten die ausländischen Pilgerströme ab, und mit dem Vorrücken der Beduinen wurde Abu Mena, wohl im

13. Jh., schließlich aufgegeben. Die Gebeine des Heiligen überführte man nach Kairo. 1905 entdeckte der Frankfurter Archäologe Carl Maria Kaufmann die Ruinen der Pilgerstadt, die Ausgrabung ist seither in Händen des Deutschen Archäologischen Instituts Kairo.

Noch vor einer Generation lag die zum Unesco-Weltkulturerbe zählende Stätte mitten in der Wüste. Heute erstreckt sich das Fruchtland bis an den Rand des archäologischen Areals. Damit reicht das Grundwasser nun bis direkt unter die Erdoberfläche. Salz kristallisiert an und in den alten Steinen, sodass weite Teile der Ausgrabung von der Zerstörung bedroht sind.

Die Hauptkirchen von Abu Mena wurden durch byzantinische Kaiser finanziert. Auf Zeno (474–491) geht die über einem älteren Gotteshaus errichtete **Große Basilika** zurück, die größte je in Ägypten gebaute Kirche, deren Grundfläche einem halben Fußballfeld entsprach. Säulen, Kapitele und viele Bausteine wurden aus den Ruinen Alexandrias herbeigeschafft. Gen Westen geht die Basilika in die **Märtyrerkirche** über, deren Krypta die Gebeine des Heiligen barg. Kaiser Justinian (527–565) ersetzte die ältere, fünfschiffige Basilika durch einen Vier-Konchen-Bau, der irgendwann abbrannte und im 8. Jh., als auch die Große Basilika bereits aufgegeben war, durch eine letzte, wiederum rechteckige Kirche ersetzt wurde. Diese Schichtung übereinander und ineinander gebauter Kirchen macht die Rekonstruktion für den Laien etwas verwirrend.

Noch weiter nach Westen schließt sich das **Baptisterium** an. Auf der Südseite grenzt an Märtyrerkirche und Baptisterium ein halbrunder **Hof** mit Kolonnadengang und Zel-

> ### Ferien hinter Mauern
>
> Westlich von Alexandria verschanzt sich Feriensiedlung um Feriensiedlung hinter hohen Mauern und gut bewachten Eingangstoren. **Porto Marina** bei el-Alamein ist mit 35 km² und 8300 Wohneinheiten die größte und bekannteste dieser Kolonien. Die ersten Hauskäufer wurden handverlesen, dann wurde die Sache zum Selbstläufer und die ägyptische Elite stand Schlange, um hier eine Villa zu erwerben. Fremde, die keine Einladung vorweisen konnten, durften nicht aufs Gelände. „Hier verwirklichen sich Ihre Träume!", versprach der Werbeprospekt. Als Ghetto der High Society wurde Marina zum Symbol neureicher Dekadenz und rücksichtslosen Verhaltens besonders von Jugendlichen: Kokspartys, Sexaffären, nächtliche Autorennen mit Todesfolge, Prügel für honorige Abgeordnete und ähnliche Geschichten geisterten durch die ägyptische Boulevardpresse.
>
> Inzwischen hat Marina seine Exklusivität verloren – ein ähnlicher Prozess von der Klasse zur Masse, wie er einst schon in Miami, Ma'mura und Agami zu beobachten war. Die Eigentümer nutzen ihre Ferienhäuser nicht mehr selbst, sondern vermieten diese auch für kürzere Aufenthalte. Gegen ein Eintrittsgeld dürfen nun auch Tagesbesucher auf das Gelände und an den Strand. Bei einem im Gewerbezentrum ansässigen Tierhändler kann man sich einen schwarz getupften Dalmatiner stundenweise als Statussymbol ausleihen. Im Sommer gastieren populäre arabische Showstars auf der Bühne des Feriendorfs, Autoausstellungen sollen Gäste locken und unterhalten. Die oberen Zehntausend dagegen sind längst weitergezogen: nach Venessia, Hacienda, Ghazala oder wie die Feriendörfer der jüngsten Generation noch heißen. Go west …

len, in dem vielleicht die auf Heilung hoffenden Kranken übernachteten. Herbergen, Bäder und eine Weinkellerei flankierten die zum Kirchenkomplex führende Straße. Auch die Töpferwerkstatt, aus der die Souvenirfläschchen stammten, wurde hier gefunden.

Neben den Ruinen steht mittlerweile ein neues **Kloster** (www.stminamonastery.com). Gestiftet wurde es vom koptischen Patriarchen Kyril VI., der sich 1959 – gerade frisch gewählt – des Ortes besann und auch die Reliquie des Heiligen wieder zurück nach Abu Mena bringen ließ; die heilige Quelle hat sich freilich nicht wieder geöffnet. Dennoch ist Abu Mena seither an Wochenenden und dem Namenstag des Heiligen, der nach dem gregorianischen Kalender am 24. November begangen wird, wieder das Ziel zahlreicher Pilger und darüber hinaus ein beliebter Ort für die Taufe junger Christen. Kyril selbst blieb dem Kloster zeitlebens besonders verbunden und ließ sich auch hier bestatten – seine Grabkapelle zeigt Fotografien von kleinen und großen Momenten im Leben des Patriarchen, dem auch Wunderheilungen zugeschrieben werden.

Anfahrt: Am Wochenende und an Feiertagen Minibusse vom Taxibahnhof Alexandria, sonst nur mit dem Taxi, z. B. ab Borg el-Arab (15 km). Selbstfahrer halten sich von Borg el-Arab zunächst südwärts und durchqueren das Industriegebiet. Das Kloster (30°51'05"N 29°39'52"O) ist dann gut sichtbar.

El-Alamein

Mit der Schlacht von el-Alamein hielten die Alliierten im Herbst 1942 den deutsch-italienischen Vormarsch auf den Suezkanal auf. Nun kommt eine neue Invasion aus Europa: Touristen.

Noch kommt das Servicepersonal extra aus Borg el-Arab angefahren, wenn eine der wenigen Chartermaschinen auf dem 2005 eröffneten Flughafen el-Alamein landet. Doch schon in wenigen Jahren soll sich der Landstrich zwischen el-Alamein und Marsa Matrouh in eine „ägyptische Algarve" verwandelt haben – und irgendwo dazwischen auch Ägyptens erstes Atomkraftwerk arbeiten.

Am Ufer etwa 5 km vor el-Alamein legen polnische Archäologen Reste der griechisch-römischen Stadt **Leukaspis** frei – die von der Feriensiedlung Marina umzingelte Grabung (30°49'25"N 29°00'43"O) soll demnächst zu einem Freilichtmuseum aufbereitet werden. Bevor zuerst die Ölindustrie und dann die Feriendörfer kamen, bestand el-Alamein, bei Km 106 der alten Landstraße und abseits der Autobahn, aus wenig mehr als zwei Tankstellen, einem Rasthaus und dem **Museum**, das angesichts der davor aufgestellten Panzer nicht zu verfehlen ist (im Sommer tägl. 8.30–18, im Winter bis 15 Uhr, Eintritt 15 LE). Militärpersonal garantiert eine sachkundige Führung zur **Schlacht von el-Alamein**.

Nachdem zunächst die Briten in wenigen Tagen weit nach Libyen vorgerückt waren, um dann vom deutsch-italienischen Afrikakorps in einem Blitzfeldzug bis nach el-Alamein zurückgeworfen zu werden, erstarrten die Fronten hier im Juli 1942 zum Stellungskrieg. Beide Seiten verschanzten sich an der letzten Verteidigungslinie vor Alexandria hinter Minenfeldern. Die Commonwealth-Streitkräfte hatten dabei den Vorteil der kürzeren Nachschublinien: Zu ihren gut gefüllten Depots in Alexandria waren es gerade zwei Stunden, während die Achsenmächte Treibstoff, Ersatzteile, neue Waffen und Nahrung über viele hundert Kilometer aus Libyen und Tunesien heranschaffen mussten. Die Faschisten profitierten vom Mythos ihres Heerführers Erwin Rommel, dem Freund wie Feind übernatürliche Fähigkeiten zuschrieben. Ein am 23. Oktober begonnener Gegenangriff wendete das Kriegsglück und brachte den Durchbruch der Alliierten, die die deutschen Streitkräfte schließlich bis Mai 1943 ganz aus Afrika vertreiben konnten und dabei 250.000 Gefangene machten. 18.000 Tote bleiben auf dem Schlachtfeld. Den Ägyptern hinterließ dieser Krieg, der nicht der ihre war, Gräber, Schrott und jede Menge Minen in der Wüste, die bis heute nicht alle geräumt sind und besonders für die Beduinen eine tödliche Gefahr darstellen.

Die Friedhöfe liegen etwas außerhalb. Am östlichen Ortsrand, etwa dort, wo die Ferienstadt Marina beginnt und noch zu Fuß zu erreichen, befinden sich ein Ehrenmal für die gefallenen Griechen und der große **Friedhof der Commonwealth-Streitkräfte**, deren Toten namenlos und ohne Rangabzeichen bestattet wurden. Der achteckige Bau des **deutschen Ehrenmals** (10 km westlich) wurde dem apulischen Castell del Monte nachempfunden, während das **italienische Ehrenmal**, noch ein Stück weiter im Westen, mit seinen Marmorwänden und der zum Meer (Richtung Italien) gewandten Glasfront das architektonisch anspruchsvollste der Grabmäler ist. Mit weniger Eleganz müssen die Toten der muslimischen Hilfstruppen auskommen, zu deren Friedhof auch eine kleine Moschee gehört.

• *Anfahrt* Für einen **Taxiausflug** ab Alexandria rechne man 250–350 LE. Die meisten **Busse** von Alexandria nach Marsa Matrouh halten in el-Alamein, im Sommer gibt es auch Direktbusse von Alexandria und Kairo nach Marina. Vor der Anfahrt mit dem sehr langsamen **Zug** sei abgeraten, zumal sich der Bahnhof ein gutes Stück außerhalb befindet. Wenn man keinen eigenen Wagen hat, kann man zwischen den Friedhöfen nur trampen.

Der **Flughafen** el-Alamein liegt bei el-Daba, Km 160, und wird im Sommer ab und an von Chartermaschinen angeflogen.

• *Übernachten in der Umgebung* **Porto Marina**, das Superluxushotel an der Nordküste gehört zum Feriendorf Marina. Die Gäste können ihre Yacht in Ägyptens erster Mittelmeer-Marina ankern, finden Tauchbasis und Shopping-Mall. Die Architektur erinnert mit ihren Kanälen und Arkaden an ein modernes Venedig, selbst Gondeln schaukeln im Wasser. DZ ab 200 €. Marina Village, el-Alamein, ✆ 046-4452711, ✉ 4452 712, www.porto-marina.com.

Charm Life Resort, mit Badekuren und Wellness-Angeboten will man die weitgehend italienischen Gäste auch in den regnerischen Wintermonaten locken. Herz der Badefreuden ist ein als Grotte gestaltetes Hallenbad. Im Sommer locken draußen eine ausgedehnte Pool-Landschaft und natürlich das Meer. In der Umgebung sind Reitstall, Golfplatz und ein Übungsparcours für Rallyefahrer geplant. Solange die Anlage aber noch weitab vom Schuss und jedem Laden liegt, müssen alle Getränke zu Hotelpreisen gekauft werden. 1 Woche DZ/HP mit Flug ab 800 €/Pers. Km 140, Ghazala Bay, ✆ 046-4190060, ✉ 4190069, www.charmlifehotels.net.

Seagull Marina Hotel, das mit Stil und Geschmack eingerichtete Haus hat gerade 10 Fremdenzimmer, dazu ein Fischrestaurant, Garten mit Tanzfläche und einen eigenen Strand. DZ 100–200 $. Marina Village, el-Alamein, ✆ 046-4061090, www.seagullegypt.com.

El-Alamein Hotel, gegründet wurde das Haus 1964 auf Befehl Gamal Abdel Nassers, der ein großer Fan der Nordküste war. Häufiger Wechsel der Betreibergesellschaften, Investitionsrückstau und gleichzeitig hohe Preise haben dem Ruf des Hotels nicht gut getan. Jetzt ist es neu renoviert und Teil des Marassi-Resorts. Außerhalb der übervollen sommerlichen Hochsaison mag man sich am schönen, 2 km langen Sandstrand erfreuen. DZ ab 450 $. Km 130, Sidi Abdel Rahman, ✆ 046-4680140, ✉ 4680341, www.alalameinhotel.com.

• *Essen & Trinken* **Seagull**, Marina Village, el-Alamein. Die Filiale eines renommierten Alexandriner Fischrestaurants mit kleiner Disco und eigenem Strand.

Andrea, Km 140, Hacienda Village. Die Filiale des populären Kairoer Hähnchenrösters serviert auch Fleischgerichte und Salat. Das Lokal hat auch einige im Sommer stets ausgebuchte Fremdenzimmer, die vom Kairoer Stammhaus (✆ 02-3831133) vermietet werden.

Tout Express, Marina Village, el-Alamein. Obstsäfte aller Art, von Wassermelone bis Erdnuss! Gleich nebenan empfiehlt sich das **Café Saber** mit köstlichem Reispudding.

Qattara-Senke

Südlich von el-Alamein fällt die Wüste in einer großräumigen Senke bis 137 m unter den Meeresspiegel ab. Dieser Umstand beflügelt seit geraumer Zeit die Phantasie der Ingenieure. Eine Idee sah vor, das Meerwasser durch einen Kanal in die Wüste zu leiten und mit dem natürlichen Gefälle Energie zu gewinnen. Zum Glück fehlte bislang das Geld für das ökologisch bedenkliche Experiment. Stattdessen wird in der Qattara-Senke verstärkt nach Erdöl und -gas gebohrt. Und die Küste bei el-Dabba ist seit den vielen Jahren als künftiger Standort eines Atomkraftwerks im Gespräch.

Marsa Matrouh

Die Hafen- und Ferienstadt (ca. 150.000 Einwohner) liegt an einer schönen Bucht, bietet aber wenig Abwechslung und keine nennenswerten Sehenswürdigkeiten. Östlich der Stadt wagt der TUI-Konzern mit dem neuen Iberotel Almaza den Sprung an die ägyptische Mittelmeerküste.

Von der Fernstraße kommend fährt man sanft bergab, passiert den Busbahnhof, eine künstlerisch gestaltete Scheinfassade von Häusern, die keine sind, dann das Bahngleis, und schon ist man mitten auf der Alexanderstraße, der schnurgeraden Hauptstraße des Städtchens. Während die weitläufigen Randbezirke eher chaotisch gewachsen sind, ist das Zentrum ein Schachbrett breiter Straßenzüge. Die Hauptstraße mündet unten am Meer sozusagen in die Haustür des Gouverneurs. Hier befindet sich auch das Prächtigste der Mosaiken, die von Künstlern im Rahmen einer Stadtverschönerung an markanten Plätzen montiert wurden. Links, also gen Westen, geht es vom Gouvernorat zur Corniche mit dem Viertel der Hotels und Ferienwohnungen.

Schon Alexander der Große gründete 332 v. Chr. an der Bucht eine Siedlung unter dem Namen *Amonia*, die später Kleopatra als Ferienort schätzte. Die neuzeitliche Geschichte begann Ende des 19. Jh. mit einem Posten der Küstenwache, einem Versammlungshaus *(zawiya)* der Senoussi und ein paar griechischen Händlern, die ihre nach Schwämmen tauchenden Landsleute versorgten. Diese kamen in ihren Booten während der Sommermonate von den Kykladen und tauchten ohne Pressluftflaschen, nur mit Steinen beschwert, bis in 90 m Tiefe. In den 1930er-Jahren entdeckten britische Offiziere den feinen Strand der Lagune als Ausflugsziel. Mit ihnen kamen Ausländer aus Alexandria, um Hotels und Restaurants zu betreiben.

Heute ist die orthodoxe Kirche geschlossen, das griechische Restaurant unter ägyptischer Leitung, ja, der ganze Ort fest in ägyptischer Hand: Provinzhauptstadt der Westlichen Wüste, Umschlagplatz des Kleinhandels mit Libyen und in der kurzen, nur von Juni bis September reichenden Saison auch Urlaubsziel der ägyptischen Mittelschicht. Die Strandkultur ist konservativ – vollständig verhüllt steigen die Frauen ins Wasser, und Europäerinnen im Badeanzug, gar nicht zu reden vom Zweiteiler, müssen sich unwohl fühlen.

Einzige Sehenswürdigkeit ist das private **Rommel-Museum** in einer Höhle auf der östlichen Landzunge, wo der Feldmarschall zeitweise seinen Befehlsstand hatte (im Sommer tägl. 10–16, im Winter Sa–Do 10–13 Uhr, Eintritt 10 LE). Sonst gibt es neben Uferspaziergängen und Strandausflügen wenig Abwechslung.

*A*nfahrt

Mit dem **Zug** (ohne Aircondition) nach Alexandria (bis 9 Std. Fahrzeit) und zur libyschen Grenze. Vom 15. Juni bis 15. Sept. gibt es So, Di und Do um 0.30 Uhr einen direkten Schlafwagenzug von Kairo. Als Ausländer rechne man in der Zweierkabine pro Person 50 $.

Marsa Matrouh

Der **Busbahnhof** befindet sich 2 km außerhalb an der Straße nach Alexandria. Minibusse dorthin fahren im Zentrum am oberen Ende der Sh. Omar el-Muchtar ab, für ein Taxi rechne man 5 LE.

Mit den **Bussen** von West Delta und Superjet kommt man tagsüber alle 1–2 Std. nach Alexandria, Fahrzeit 3–4 Std. Die von Alexandria kommenden Busse fahren gewöhnlich weiter an die libysche Grenze nach **Sallum**. Busse nach **Kairo** (6–7 Std.) starten um 7.30, 12 und 15.30 Uhr, in der Ferienzeit auch öfter. Nach **Siwa** (3–4 Std.) geht es um 7.30, 13.30, 16 und 19.30 Uhr.

Servicetaxis fahren von der Station neben dem Busbahnhof nach Alexandria, Siwa und Sallum.

Per **Flugzeug** hat man im Sommer 3-mal die Woche Verbindung von und nach Kairo. Egypt Air, Sh. el-Matar, ✆ 4934398. Im Sommer landen hier auch Charterflüge aus England, der Schweiz und Italien.

Im **Stadtverkehr** ist die Fortbewegung mit dem **Taxi** oder einem (gemieteten) **Fahrrad** üblich. Im Sommer fahren Busse zu den Badestränden.

Verschiedenes

> **Telefonvorwahl: 046**

- *Einkaufen* **Sahara Art**, in der Saison im Beach Palace, sonst im Beau-Site-Hotel. Kunsthandwerk der Beduinen und aus den Oasen, vom Teppich bis zu roten Pantoffeln aus Qara, dazu auch Silberschmuck und Gemälde. Besitzer Chaled ist gelernter Designer.
- *Fahrradverleih* An der Corniche oder in der Sh. Gala'a, üblich sind 30 LE/Tag. Drehen Sie vorher eine Proberunde um den Block, die meisten Leihräder sind in sehr schlechtem Zustand.
- *Information* Auf der Rückseite des Rathauses, Sh. Alexandria, ✆ 4931841, im Sommer tägl. 8–14 (Fr 8–12) und 18–20 Uhr, im Winter nur vormittags. Gleich nebenan noch ein kommunaler Infoschalter, beide Stellen erwiesen sich aber nur auf sehr gezielte Fragen auskunftsfreudig.
- *Nachtleben* Während der Saison gibt es in den Vergnügungsparks an der Corniche und im Beau-Site-Hotel spätabendliche **Tanzmöglichkeiten**. Am Strand vor dem Hotel Arous el-Bahr gibt ein **Folkloreensemble** sein Bestes. Gegenüber dem Beau Site befindet sich ein **Bowlingcenter**.
- *Notfalladressen* **Polizei**, Sh. el-Shata'a, ✆ 4933376, Krankenhaus, Sh. Gala'a, ✆ 4935286.
- *Passbüro* In der namenlosen, vom Bahnhof gerechnet zweiten Querstraße zwischen Sh. Bur Said und Sh. Alexandria.
- *Post/Telefon* In der Sh. el-Shata'a kann man Post aufgeben und telefonieren.
- *Tauchen* Der **Marsa Matrouh Water Sports Club** will eine Tauchbasis eröffnen. Attraktion in den Küstengewässern sind die vielen Wracks, darunter sogar im Zweiten Weltkrieg abgestürzte Flugzeuge.

Übernachten (*Karte S. 426/427*)

Die älteren Hotels, oft umgebaute Wohnhäuser, sind ansprechend aus Kalksteinen errichtet, die neueren im Allerweltsstil mit Ziegeln und Stahlbeton. Außerhalb der Saison können erhebliche Preisnachlässe ausgehandelt werden.

Jaz Almaz Resort, klares Wasser, super Personal, tolles Essen und super Freizeitangebote. Vor dem Hotel außer zwei weiteren Resorts allerdings das große Nichts. Überwiegend italienische Gäste, lebhafte Animation. Die stete Brise vertreibt die Moskitos, aber nicht den Lärm. 1 Woche DZ/HP mit Flug ab 750 €/Pers. Am Meer, 38 km östl. der Stadt. ✆ 4360000, ℻ 4933319, www.jaz.travel.

Carols Beau Rivage, die von italienischen und ein paar Schweizer Gästen belegte All-inclusive-Anlage steht 18 km außerhalb am Meer (Schwimmen nur eingeschränkt möglich). Ein Militärclub versperrt den Weg zum Oubeiyid-Strand. In der Saison italienische Animation. Die Gäste klagen über das eintönige Büffet und vermissen einen Shuttleservice in die Stadt. 1 Woche DZ/HP ab 500 € (Winterpreis). Oubeiyid, ✆ 4851000, ℻ 4850333, www.carolsbeaurivage.com.

Beau Site (mit Beach House) (1), das Haus liegt auf einer Landzunge etwa 20 Gehminuten vom Stadtzentrum und gilt als letzte Bastion levantinischen Lebensgefühls in Marsa Matrouh. Der Halbgrieche Dimitri Madpak gründete den Familienbetrieb

Übernachten
1. Beau Site
2. Negresco
4. Madyafa
5. Riviera Palace
6. Lido

1956, die jetzigen Gebäude stammen aus den 1990er-Jahren. Die geräumigen Zimmer sind mit Moskitogittern und AC ausgestattet und werden gut instand gehalten. Der hoteleigene Strand steht auch Tagesgästen zur Verfügung. Für die Abendunterhaltung sorgen im Sommer Disco und Bowlingbahn. DZ Mai–Okt. 170 $, im Winter 90 $. am Westende der Corniche, ✆ 4932066, ✉ 4933319, www.beausitehotel.com.

Negresco (2); dem Hotelgründer, im Hauptberuf Chefarzt des örtlichen Krankenhauses, imponierte einst das Negresco-Hotel in Nizza, und so lieh er sich den Namen. Darüber hinaus haben beide Häuser wenig gemein. Negresco Matrouh ist ein 08/15-Betonbau, die sauberen Zimmer verfügen über Teppichböden, Aluminiumfenster und teils Balkon/Meerblick. Im Sommer obligatorische Halbpension, in der Nebensaison erhebliche Preisnachlässe. DZ/HP 700 LE. Corniche, ✆ 4934492, negresco_matrouh@link.net.

Riviera Palace (5), älteres, modernisiertes Haus im Stadtzentrum, ein Porzellantiger bewacht die Eingangshalle. Geräumige Zimmer, abends spielt ein Pianist in der Lounge auf. DZ im Sommer 700 LE, sonst die Hälfte. Sh. Alexandria, ✆ 4933045, ✉ 4930004.

Madyafa (4), ein Neubau am Stadtrand auf Zwei-Sterne-Niveau, die rund 40 Zimmer um einen Pool gruppiert. DZ ab 200 LE. Sh. el-Qasr el-Agiba, 1 km westl. vom Beau Site, ✆ 4933662, ✉ 4932499, www.encongroup.com.

Lido (6), Ecke Gala'a. Zentrale Lage an der Hauptstraße, einfache, saubere Zimmer mit Bad, Ventilator, teils Balkon und TV, freundliches Personal. Wer in Marsa Matrouh nur übernachtet, um am nächsten Tag nach Siwa weiterzufahren, ist hier gut aufgehoben. DZ im Sommer 240 LE, sonst die Hälfte. Sh. Alexandria, ✆/✉ 4932248.

Essen & Trinken

Marsa Matrouh ist nicht gerade ein Platz für Gourmets, doch man wird auch hier durchaus satt. Die meisten Lokale finden sich in der Nähe der Kreuzung Sh. Alexandria/el-Gala'a.

New Panayotis (9), Sh. Alexandria. Einst war dies eine Taverne unter griechischer Leitung. Es gibt Fisch und Meeresfrüchte in einfachem Ambiente. Alkoholausschank; im Winter geschlossen.

Kamouna (7), Sh. Alexandria/Ecke Gala'a. In diesem einfachen Grillfleischlokal kann man auch auf Beduinenart essen, nämlich auf Kissen am Boden sitzend von niedrigen Tischchen.

Hammo el-Temsah (8), Sh. Tahrir. Hierher gehen die Einheimischen zum Fischessen. Verkauft wird nach Gewicht, als Beilagen gibt es Salate mit Reis.

Mouftah el-Sayed (9), Sh. Tahrir. Das kühle und saubere Lokal gehört zur Metzgerei auf

Essen & Trinken

3 Pizza King
7 Kamouna
8 Hammo el-Temsah
9 New Panayotis, Mouftah el-Sayed und Konditorei el-Sharbaty
10 Abu Rabie

---

der anderen Straßenseite. Serviert werden Fleischgerichte aus eigener Schlachtung, so etwa 250 g Kufta mit Reis, Salat und Brot für 35 LE.

Abu Rabie (10), Sh. Alexandria, ägyptische Volksküche mit Foul, Ta'amiya, Schwarma und anderen Imbissgerichten.

Pizza King (3), Corniche, beim New-Lido-Hotel, nur in der Saison geöffnet. Beste Pizza in der Stadt, auch zum Mitnehmen.

Konditorei el-Sharbaty (9), Sh. Alexandria, Süßes und Törtchen. Vor dem Eingang zelebriert ein Pfannkuchenbäcker sein Handwerk – leider nur zum Mitnehmen und ohne Sitzgelegenheit.

Strände in Stadtnähe

Bis auf den Privatstrand des Hotels **Beau Site**, an dem frau sich auch im Badezug zeigen darf, sind die Badeplätze an der Lagune wenig einladend oder dem Ausbau des Hafens zum Opfer gefallen. **Rommels Strand**, ein vor der Meeresbrandung geschützter

Abschnitt mit flachem, auch für Kinder geeignetem Wasser, findet sich am Übergang zur östlichen Nehrung – Europäerinnen sollten diesen Platz allerdings meiden.

Voller Unrat fanden wir den **Lido-Strand** im Westen außerhalb der Stadt. **Schatt el-Gharam**, der „Strand der Liebenden", liegt 10 km außerhalb an der Meerseite der westlichen Nehrung und geht (weiter auf die Landzunge hinaus) schließlich in **Kleopatras Strand** über. Scharfe Felskanten, spitze Steine, Brandung und starke Strömungen machen das Baden hier zu einer gefährlichen Sache. Attraktion ist ✭ **Kleopatras Bad**, ein natürlicher, ringsum von Felsen umgebener Pool, der durch einen Tunnel mit dem Meer verbunden ist. Auch beim wildesten Sturm ist das Baden in diesem windgeschützten Whirlpool möglich und sicher. Die Grundmauern einer römischen Siedlung auf dem Dünenmund werden vom Volksmund mit dem Palast der Kaiserin identifiziert, die hier mit Mark Anton zusammen Urlaub von den Staatsgeschäften machte.

Auf die westliche Nehrung setzt im Sommer ein **Badeboot** über (Abfahrt hinter dem Beau Site Hotel), sonst muss man den windverwehten Landweg um die Lagune herum nehmen. Am Strand des San Giovanni Resort (auf der Buchtseite der Landzunge) kann man sich mit **Drinks** und **Speisen** versorgen (nur in der Saison geöffnet). Der Eintrittspreis schließt einen Verzehrbon mit ein.

✭ Bucht von Agiba

Auf dem Weg passiert man zunächst den **Oubeiyid Beach** (Km 18), einen flachen, mit Ferienhäusern verbauten Sandstrand. Nach dem Feriendorf der Armee liegen landeinwärts die Fundamente der sandverwehten Tempelfestung **Saujet Umm er-Racham** (engl. Zawiyet Umm el-Rakham – das „Rasthaus der Geiermutter"). Ein General Ramses II. ließ diesen letzten Vorposten des Pharaonenreichs am Wege nach Libyen errichten, der aber bald nach dem Tod des großen Pharao wieder aufgegeben wurde. Die Stelle ist nicht ausgeschildert und wird in den Wintermonaten von einem Team der Universität Liverpool unter Steven Snape erforscht.

Die Bucht von Agiba ist ein wirklich bezauberndes Naturdenkmal mit Südseeatmosphäre, sie hat allerdings in jüngster Zeit etwas gelitten. Der hintere Teil des Wadi glich bei unserem letzten Besuch einer Müllkippe, im Osten wurde das Ufer mit einem Feriendorf verunstaltet, in dem die meisten Häuser schon wieder verlassen und dem Verfall preisgegeben sind. Doch davon merkt nichts, wer oben auf der Klippe parkt und über eine Betontreppe hinunter an den Sandstrand mit dem hellblauen Meer steigt. Zu beiden Seiten flankieren Felsen die Bucht, unten kann man auf einer Felsplattform spazieren. In der Nebensaison ist man in Agiba weitgehend ungestört, auch Frauen können hier baden.

Im Sommer fahren **Minibusse** und **Pick-ups** von Marsa Matrouh in die 25 km entfernte Bucht. Außerhalb der Saison rechne man für einen Nachmittagsausflug im Taxi 30–50 LE. Radfahrer haben mit heftigem Gegenwind zu kämpfen. Im Sommer hat auf dem Parkplatz über der Bucht ein **Café** geöffnet, auch **Imbisswagen** versorgen dann die Besucher.

Weiter nach Libyen

225 km bzw. vier Busstunden nach Marsa Matrouh wird der ägyptische Grenzort **Sallum** erreicht. Läden, einfache Absteigen, Pendler, Schmuggler, Gastarbeiter, kleiner und großer Grenzverkehr, doch keine Touristen. Wozu auch, da es außer einem Kriegsfriedhof ähnlich dem von el-Alamein nichts zu sehen gibt. Wer weiter will und bereits von zu Hause ein libysches Visum mitbringt, nimmt in Sallum ein Taxi zur Grenzstation Amsaad hinauf, auf deren libyscher Seite Sammeltaxis zur Fahrt in die nächste Stadt warten.

Bizarre Felsformationen in der Weißen Wüste

Westliche Wüste
– das Oasenquintett

Jeeptouren ins Nirgendwo, Dünensurfen mit dem Sandboard, Meditation am Lagerfeuer – die Wüste lockt und verheißt Abenteuer.

Seit den 1980er-Jahren sind Ägyptens Oasen für Touristen zugänglich, längst bieten auch die großen Reiseveranstalter Wüstentouren an. Doch im Vergleich zu den Badedestinationen am Roten Meer und den archäologischen Stätten am Nil steht dieser Teil des Landes noch immer im Abseits. Dabei (oder gar deshalb?) ist der Besuch der Oasen, nicht zu reden von Wüstensafaris abseits der Teerstraßen, noch immer ein Abenteuer. Besonders die Naturerlebnisse werden in eindrücklicher Erinnerung bleiben.

Das Terrain verweigert sich dem gängigen Wüsten-Klischee. Allenfalls ein Zehntel der Sahara ist mit **Sand** bedeckt. Den Rest teilen sich **Felsen** und **Gebirge**, **Geröllfelder** und schier endlose gleichförmige **Plateaus**. Die wenigen Oasen, jedenfalls die ägyptischen, sind nicht jene kreisrunden Bilderbuch-Gebilde, die um eine Quelle aus dem Sand wachsen. Dachla zum Beispiel ist ein 140 km langes unregelmäßiges Gemenge von Wüste mit Grünflächen und Dörfern, die sich aus vielen Brunnen nähren. Bahariya ist ein Becken von der Größe Schleswig-Holsteins, in dem hier und da Wasser an die Oberfläche dringt. Die hier angelegten Gärten sind oft Tagesmärsche voneinander entfernt.

Die fünf großen **Oasen** westlich des Nils sind schon seit Urzeiten bewohnt, doch die Quellen und Funde der Pharaonenzeit bleiben dürftig. Die Oasen erscheinen als Vorposten, die das Land gegen die „barbarischen" Wüstenstämme verteidigen. Hier

Westliche Wüste

rüsteten sich Expeditionen aus, um Farbstoffe und erlesene Bausteine aus der Wüste zu bergen, mit denen die Pharaonen ihre Gräber und Tempel schmückten. Zugleich begegnen uns die Oasen auch als Hochburgen der Schmuggler, Verbannten und anderer zwielichtiger Gestalten. Siwa gelangte dank seinem Orakel und einem Besuch Alexanders des Großen zu Ruhm.

Ihre produktivste Zeit hatten die Wüstensiedlungen unter den Römern. In Bahariya zeugen die Gräber vom Wohlstand dieser Zeit. Danach blieben die Oasen wieder sich selbst überlassen und rückten erst um die Mitte des 20. Jh. neuerlich ins Interesse des Nillandes: Im Rahmen des *New Valley Project* wurden seither in großem Maßstab Tiefbrunnen angelegt und neue Ackerflächen in der Wüste erschlossen.

Reisehinweise

- *Routen* Die **Route von Siwa nach Bahariya** ist nur mit Allradfahrzeugen passierbar, die nur wenige Jahre nutzbare Teerstraße ist zerfallen. So wird die Mehrheit der Reisenden Siwa auf einem Abstecher über Alexandria und Marsa Matrouh besuchen.

  Nach **Bahariya**, **Farafra**, **Dachla** und **Charga**, den vier Oasen des Neuen Tals, bietet sich eine Rundfahrt ab Kairo an, die nach 1200 km in Luxor oder Assiut wieder das Niltal erreicht.

- *Ab in die Wüste* In die Hauptorte der Oasen kommt man problemlos mit Linienbussen. Wer sich innerhalb der Oasen bewegen oder Ausflüge in die Wüste machen will, kommt um einen ortskundigen Führer samt Geländewagen nicht herum. In allen Oasen werden entsprechende Tagesausflüge, soweit es die Behörden erlauben auch Trips mit ein bis zwei Wüstenübernachtungen angeboten. Leider sind Touren per Kamel nur noch die Ausnahme.

  Bahariya und Farafra sind Ausgangspunkte für den Besuch des Naturparks **Weiße Wüste**. Der **Große Sandsee** beginnt gleich am Rande von Siwa, doch auch zwischen Dachla und Charga gibt es mächtige Dünenfelder. Mehr dazu bei den einzelnen Oasen. Für einen Ausflug mit einer Wüstenübernachtung rechne man etwa 100 € pro Person.

  Auch große Veranstalter wie TUI oder der Ägyptenspezialist Oft-Reisen (www.oft-reisen.de) bieten inzwischen Wüste pauschal. Längere Fahrten, etwa auf den Spuren des „Englischen Patienten" zum Gilf Kebir oder zum Gebel Uweinat, bedürfen einer Erlaubnis von Militär und Polizei und müssen deshalb einige Wochen vorab gebucht werden.

- *Reisezeit* „Die Wüste ist ein kalter Ort, an dem die Sonne heiß ist", bringt ein Berbersprichwort das Wüstenklima auf den Punkt. Der Unterschied zwischen Tag- und Nachttemperatur kann bis zu 30 Grad ausmachen, und der rasche Temperaturwechsel kann sogar Felsen sprengen! Beste Reisezeit für die Wüste ist Ende Oktober bis Mitte Februar – dann beginnt die Saison des *Chamsin*, in der man mit heißen Sandstürmen rechnen muss.

Sicherheitsbestimmungen für Wüstentouren

Für Touren abseits der Oasen und der Teerstraßen galten 2011 folgende Bestimmungen:

(1) Touren in das Gebiet zwischen Oasenstraße und Nil (also z. B. Weiße Wüste), in die nähere Umgebung von Siwa oder zwischen Siwa und Bahariya können nach Anmeldung bei der Polizei ohne Polizei- oder Militärbegleitung unternommen werden.

(2) Touren westlich bzw. südlich der Oasenstraße und nördlich des 23. Breitengrads erfordern gewöhnlich die Begleitung durch einen Militäroffizier.

(3) Touren südlich des 23. Breitengrads, also das Grenzgebiet zum Sudan, bedürfen einer mehrköpfigen Militärbegleitung mit eigenen Fahrzeugen.

Expeditionen, Unterkunft, Ausrüstung

- *Veranstalter* Einen Überblick über Oasenreisen und Wüstenexpeditionen deutscher und Schweizer Reiseveranstalter bieten die Webportale www.transafrika.org und www.forumandersreisen.de.

  Fliegel Jezerniczky Expeditions, Andras Zboray, im Hauptberuf Manager einer Computerfirma, organisiert seit 1987 Expeditionen in die Sahara. Er gilt als Spezialist für prähistorische Felszeichnungen. ☏ 0036-1-2744290, www.fjexpeditions.com.

  Djoser Reisen, von Sept. bis April einmal im Monat 16-tägige Rundreisen im Expeditions-Lkw durch die fünf großen Oasen. ☏ 0049-221-9201580, www.djoser.de.

  Nomad Reisen, der Rheinländer Kleinveranstalter bietet gut durchdachte und anspruchsvolle Programme, zum Beispiel auch Kameltrekking und -reiten in der Sahara. ☏ 0049-6591-949980, www.nomad-reisen.de.

  Suntours bietet mehrere Expeditionsreisen mit Geländewagen durch die Westliche Wüste. ☏ 0049-6447-92103, www.suntours.de.

  Desert Team, Schweizer Wüstenspezialist, umfangreiches Programm mit Anreise, festen Terminen und transparenten Preisen. ☏ 0041-31-3184878, www.desert-team.ch.

  Arabica Orient Reisen, Expeditionen ins Große Sandmeer und den Gilf Kebir, mehrtägiges Kameltrekking in die Umgebung von Dachla. ☏ 0041-79-3351100, www.arabica-orientreisen.ch.

  Wahat-Reisen, auf Kamelen durch den Nationalpark Weiße Wüste oder im Geländewagen durchs Große Sandmeer. ☏ 0049-9153-925833, www.oasenreisen.de.

  El-Badawiya Safari, Sa'ad Ali und seine Brüder sind als Beduinen in Farafra aufgewachsen und eröffneten dort das erste Hotel, mit dem sie das Ausflugsgeschäft sozusagen von der Pike auf lernten. Angeboten werden Jeep- und Kameltouren, als Krönung etwa eine 13-tägige Kamelsafari nach Siwa. ☏ 0020-2-25260994, www.badawiya.com.

  Khalifa Expeditionen, Khaled und Rose-Maria bieten von Bahariya aus bis zu zwei Wochen lange Wüstentrips im Wagen oder auf dem Kamel, als Besonderheit haben sie auch Meditationsreisen im Programm. ☏ 0020-2-8473260, www.saharasilica.com.

  Zarzora, für die Qualität der angebotenen Expeditionen bürgt Ahmed el-Mestikawi, der einst als hochrangiger Offizier für die Wüstenpatrouillen verantwortlich war. www.zarzora.com, ☏ 0020-10-1001109.

- *Unterkunft* Längst gibt es in den Oasen neben einfachen Herbergen für Rucksacktouristen auch Hotels der Mittel-, ja sogar Luxusklasse, die sich um Reisegruppen bemühen. Weithin bescheiden bleibt jedoch das Angebot der Restaurants. Geld wird vor allem mit Jeepausflügen gemacht – ein besonders in Bahariya zwischen Einheimischen, Zuwanderern und Offiziellen heiß umkämpfter Markt, auf dem nicht nur mit lauteren Mitteln gearbeitet wird.

- *Ausrüstung* Als erfahrener Wüstenreisender wissen Sie natürlich, was Sie brauchen und was nicht. Für alle, die zum ersten Mal eine längere Wüstenexpedition mit Geländewagen unternehmen, hier ein paar Tipps für die persönliche Ausrüstung:

Warten aufs Lagerfeuer

- Hut (als Sonnenschutz)
- Schaltuch (als Staubschutz)
- Handtuch
- knöchelhohe Trekkingschuhe
- Papiertaschentücher
- Feuchtigkeitscreme und Sonnenschutz
- Mückenschutz
- Notfalldecke (für kalte Abende)
- Isomatte oder Thermoluftmatratze
- Schlafsack
- Thermolite-Freizeitanzug (für kalte Nächte)
- Thermosflasche
- GPS-Gerät mit Ersatzakkus
- GPS-Adapterkabel für Zigarettenanzünder
- Ladegerät für Akkus
- Transformator 12 V auf 230 V (zum Anschluss von Geräten an die Autobatterie)
- Verteiler für Zigarettenanzünder (damit Sie nicht um die Steckdose streiten müssen)
- Mehrfachstecker
- Stirnlampe
- Taschenmesser
- Nähzeug, Sekundenkleber
- Ersatzbrille

Touristische Benimm-Vorschläge, nicht nur für die Oasen

- Als Mann keine Frauen fotografieren.
- Als Frau in den Brunnen nur im Badeanzug und, falls der Brunnen in einem Dorf oder an einem frequentierten Weg liegt, nur nachts baden. Andererseits aber auch energisch darauf dringen, dass sich offensichtlich Schaulustige entfernen.
- Einladungen grundsätzlich zunächst ablehnen und sich höchstens nach hartnäckigem Verhandeln erweichen lassen, dann aber sinnvolle Gastgeschenke mitbringen. Neun von zehn Einladungen sind „Einladungen des Bootsmannes", benannt nach dem Schiffer, der vom vorbeifahrenden Boot aus seine Freunde am Ufer zu sich einlädt – pure Höflichkeit also, aber nicht ernst gemeint.
- Nicht gerade einen Schleier tragen, aber Zugeständnisse an die örtlichen Gepflogenheiten machen. Das gilt auch für Männer. Shorts wirken in Ägypten etwa so absonderlich, als würde ein Ägypter in Europa im Pyjama herumlaufen – und so geschmacklos, als gingen Sie zu Hause in der Unterhose einkaufen.
- Wasser ist kein Eigentum, sondern Geschenk Gottes: Jeder wird Ihnen Wasser geben, sofern er hat. Von Ihnen wird das Gleiche erwartet.
- Müll in der Wüste nicht nur vergraben – die Hunde haben ihn binnen Sekunden wieder freigebuddelt –, sondern entweder vorher mit Benzin übergießen und verbrennen oder (noch besser) wieder mit in die Zivilisation nehmen.

Siwa

Siwa lockt mit den Spuren Alexanders des Großen, einem grünen Meer aus Dattelpalmen, mit spiegelnden, flirrenden Salzseen und mit der Sandwüste, die bis an den Rand der Oase kriecht.

Wie die meisten Oasen hat Siwa nicht zu wenig Wasser, sondern zu viel. Ein Großteil dessen, was aus den warmen Brunnen sprudelt, fließt durch die Felder und Gärten in die tiefer gelegenen Flächen der abflusslosen Siwa-Senke und verdunstet dort. Übrig bleiben die im Wasser gelösten Mineralien, vor allem das Salz. Ein beträchtlicher Teil Siwas ist deshalb mit Salztümpeln bedeckt und für die Landwirtschaft verloren.

Die Moschee von Schali, Oase Siwa

Orientierung

Am Rande des modernen Städtchens Siwa, Hauptort der Oase, bröckelt auf einem Hügel die verlassene, aus Lehm gebaute Altstadt **Schali**. Aus dem Palmenwald ragen weitere Hügel heraus, im Norden liegt der **Gebel el-Mauta**, Siwas vorislamischer Friedhof. Die Gräber dieser in den Fels geschlagenen Nekropole stammen aus der pharaonischen Spätzeit, der ptolemäischen und der römischen Epoche. Man erkennt die Felslöcher mit bloßem Auge. Auch Siwas höchster Hügel, der 5 km im Südwesten gelegene **Gebel ed-Dakrur**, hat seine Felsengräber. Etwas links, gen Westen, der Burgfelsen von **Aghurmi**, Siwas geschichtsträchtigster Ort mit den Ruinen des Amun-Orakels.

Die Siwa-Senke misst etwa 80 mal 30 km. Hinter dem Horizont befinden sich noch weitere kleine Grünzonen: im Westen die unter dem Gemeindenamen **Maraqi** zusammengefassten Weiler Chamisah und Bahiyaldin, im Osten die Gebiete um **Abu Schuruf** und **Zeytun**, das wegen der Versalzung von seinen Bewohnern aufgegeben wurde. Am Rand der Senke gibt es kleine Zonen natürlicher Vegetation, die den Bauern zu weit abseits liegen und nicht genutzt werden. Etwa 130 km nordwestlich von Schali, also außerhalb der Siwa-Senke, liegt **Qarah**, Ägyptens kleinste Oase mit etwa 100 Bewohnern, die von Siwa versorgt und verwaltet wird.

Geschichte

Herodot bezeichnet Siwa als die „Oase des Amun", als Gewährsleute für seine Ausführungen gibt er die griechischen Händler der Kyrenaika an. Und die sollten es gewusst haben, denn ihnen war Siwa ab dem 6. Jh. v. Chr. Zwischenstation auf dem Handelsweg nach Nubien. So konnten sie das Niltal und die Ägypter umgehen.

Spätestens ab dem 6. Jh. v. Chr. war das Amun-Orakel Sehenswürdigkeit und Reiseziel für Prominente. Als berühmtester Besucher kam Alexander der Große. Von Marsa Matrouh her quälte sich sein Trupp auf Pferden, Eseln und zu Fuß durch die Wüste (Kamele kamen in Nordafrika erst ab dem 2. Jh. v. Chr. als Karawanentiere in Gebrauch). Das Orakel belohnte die Mühe und nannte den Makedonen einen Sohn des göttlichen Amun, womit die Priester ihn als Pharao und rechtmäßigen Herrscher über Ägypten legitimierten. Diese Episode erzählt, eingebettet in eine Beschreibung Siwas, der griechische Geograf Pausanias. 500 Jahre nach Alexander dem Großen folgte er dessen Spuren bis nach Siwa. Das Orakel fand er beklagenswert verfallen und verarmt.

Die verlorene Armee

Womit die Siwaner oder Ammoniter, wie sie damals hießen, den Zorn des Kambyses erregten, ist nicht überliefert. Vielleicht hatte das Orakel (→ Geschichte) ihm üble Sprüche geliefert. Jedenfalls schickte der Perserkönig, nachdem er Ägypten erobert hatte, 50.000 Soldaten gen Siwa, um das Orakel zu zerstören und die Bewohner zu versklaven. Ob nun von Theben (so Herodot) oder aus Nubien (so Strabo), bis Charga ist das Heer den Berichten nach gelangt. Dann ging es mit Mann und Maus in der Wüste verloren. Niemand kam je in Siwa an, niemand fand je den Weg zurück. „Während sie auf der Mitte zwischen Oasis [d. i. Dachla] und Ammon gerade das Frühstück einnahmen, erhob sich ein gewaltiger Sturm, der das ganze Heer unter den aufgewühlten Sandmassen begrub", weiß Herodot vom Hörensagen. Hatte sich das Orakel mit göttlicher Hilfe seiner Feinde entledigt? Jedenfalls brachte die Geschichte ihm Ruhm und Respekt – und sie beflügelt seit je die Phantasie von Schatzsuchern und Abenteurern. Bis heute fehlt jede Spur von der verlorenen Armee des Kambyses, der bald darauf dem Wahnsinn verfiel.

Von Siwa blieb, mit Mythos und Legende Alexanders verknüpft, in Europa nur die grobe Kenntnis, dass da irgendwo in der Wüste etwas sei – bis koloniale Afrikareisende nach Siwa vordrangen und es mit der Amun-Oase identifizierten. Als Erster kam 1792 der Engländer William G. Browne, wurde von den Siwanern bestaunt und freundlich aufgenommen. Schlechter erging es sechs Jahre später dem Göttinger Afrikaforscher Friedrich Hornemann. Er gab sich als Moslem aus, was die Siwaner ihm nicht recht abkauften – sie hielten ihn für einen Spion. Hornemann rettete sein Leben, indem er in Todesgefahr kaltblütig genug war, den Koran zu rezitieren. Die derart verunsicherten Siwaner ließen ihn laufen.

1819 kam Frederic Cailliaud. Er war tatsächlich ein Spion, und sein Besuch hatte für die Siwaner schlimme Folgen. Des Franzosen Beschreibung der ägyptischen und nubischen Oasen ist eine bibliophile Kostbarkeit. Die Folianten zeigen neben präzisen Beschreibungen der Sitten und Lebensverhältnisse auch Stiche nach Skizzen des Malers Letorzec, der Cailliaud begleitet hatte. Die Expedition war im Auftrag Bernardino Drovettis unterwegs, seinerzeit französischer Generalkonsul in Alexandria und ein berüchtigter Antiquitätenräuber, der alle Altertümer, derer er habhaft werden konnte, nach Europa verschiffte. Cailliauds Bericht dürfte über Drovetti in die Hände des Vizekönigs Mohammed Ali gekommen sein. Der schickte im nächsten Jahr sein Heer, um den bis dato autonomen Siwanern zu zeigen, dass sie Teil Ägyptens seien und Steuern zu zahlen hätten.

Kultur

Die meisten Oasenbewohner wissen über Vergangenheit und Traditionen recht gut Bescheid, denn die Legenden und Geschichten werden von Generation zu Generation mündlich weitergereicht. Ein Mysterium umrankt dagegen ein handgeschriebenes Buch mit dem Titel *Geschichte der Oase Siwa*. Es ist im Besitz der Familie Abu Musallim, und nur wenige haben es bisher zu Gesicht bekommen. Sein Großvater, erzählt Scheich Abd el-Wahab, habe an der el-Azhar studiert und sei später Mufti von Siwa gewesen. Er habe zwischen 1910 und 1936 auf 112 Blättern die mündliche Überlieferung der Oase festgehalten und mit den alten Texten der arabischen Geografen verglichen.

Die Siwaner sind ethnisch keine Ägypter, sondern Berber. Weil sie sich längst mit Beduinen und schwarzen Sklaven, die früher in den Gärten arbeiten mussten, vermischt haben, sind physiognomische Ähnlichkeiten mit algerischen und marokkanischen Berbern zwar kaum auszumachen, ihre Berber-Kultur haben sich die Menschen in Siwa aber bis heute erhalten. Ihre Muttersprache ist ein Berber-Dialekt, der mit Arabisch so wenig zu tun hat wie Deutsch mit Türkisch. Dank Fernsehen, Schulunterricht und wachsender Verflechtung mit dem Rest des Landes gewinnt die arabische Sprache in Siwa aber immer mehr an Boden.

Die Siwa-Kultur ist nach unseren, den europäischen Maßstäben extrem frauenfeindlich. Um die Wende zum 20. Jh. kam eine Gruppe von Notabeln auf dem Rückweg von der Pilgerfahrt nach Istanbul und brachte von dort Frauen nach Siwa mit. Die sicherlich ohnehin keinen freizügigen Umgang gewohnten Türkinnen hielten es mit ihren Siwaner Männern nicht lange aus. Es gelang ihnen, eine Nachricht zum türkischen Konsul in Kairo zu schmuggeln. Der ließ die Sache untersuchen und zwang den Mufti, die Frauen wieder zu scheiden. Grund: seelische und körperliche Misshandlung. Siwanerinnen werden heute nicht mehr ganz so jung verheiratet wie früher. Mit Stickereien für ein italienisches Modehaus tragen einige hundert Frauen zum Familieneinkommen bei und können damit auch bei der Wahl des Ehemanns höhere

Der Wüstenfuchs

Wie wenig sich die Siwaner als Ägypter begriffen, zeigte zuletzt die Besatzungszeit im Zweiten Weltkrieg. Am 20. Juli 1942 landeten auf dem Flugfeld der Oase zwei italienische Maschinen. Ihnen schickte der Bürgermeister das einzige Auto Siwas zum Empfang; feierlich hisste man vor allen Notabeln die italienische Flagge. Andertags, durch die Emissäre höflich angekündigt, kam von der libyschen Nachbaroase Jaghbub zu Lande der deutsche Tross. Auch Rommel machte den Scheichs seine Aufwartung. 3,5 kg Tee und 10.000 Lira soll der Wüstenfuchs mitgebracht haben – er steht auch im modernen Siwa noch in hohem Ansehen. Ganz anders König Faruk, der 1945 seine befreiten Untertanen besuchte und sich ohne Geschenke und in kurzen Hosen mit den Scheichs traf.

So wie der Einmarsch verlief auch der Abzug der faschistischen Streitkräfte friedlich und wohl geordnet. Nach der Niederlage bei el-Alamein verkaufte das italienische Heer seine Vorräte in der Oase, wechselte der Quartiermeister den Einheimischen noch alle italienischen Lira in britische Pfund um, und nach drei Monaten und 18 Tagen Gastspiel zogen sich die Achsenmächte kampflos gen Jaghbub zurück.

436 Westliche Wüste

Ansprüche stellen. Noch immer bleiben die verheirateten Frauen ins Haus verbannt. Besorgungen und Arbeit außerhalb des Hauses sind ausschließlich Sache der Männer. Wenn die Frauen doch einmal nach draußen gehen, hüllen sie sich vom Kopf bis zu den Knöcheln in einen blaugrauen Überwurf. Nur ein schmaler Sehschlitz bleibt frei.

Anfahrt

Busse nach Siwa fahren in Alexandria um 8.30, 11 und 22 Uhr ab, halten nach etwa 5 Std. in Marsa Matrouh und erreichen nach weiteren 4 Std. Siwa. Ein zusätzlicher Bus startet um 7 Uhr in Marsa Matrouh. In Kairo (Terminal Turgoman) startet um 19 Uhr ein Nachtbus nach Siwa (65 LE). Oder man nimmt um 7.30 Uhr den West-Delta-Bus Kairo–Marsa Matrouh und hat dort Anschluss nach Siwa. **Zurück** geht es um 7, 10 und 22 Uhr über Marsa Matrouh nach Alexandria und um 20 Uhr nach Kairo (Endstation im Stadtteil Ma'adi). Reservierung empfohlen, Tickets gibt's am späten Vormittag und am Vorabend. Ein weiterer Bus fährt um 14 Uhr (im Winter 13 Uhr) nach Marsa Matrouh.

Servicetaxis nach Marsa Matrouh starten am frühen Morgen und nach Sonnenuntergang. Abfahrt um die Ecke vom Restaurant Abdu auf der Westseite des Dorfplatzes.

Die **Straße nach Bahariya** (410 km) ist zu einer schlechten Piste verkommen und darf nur noch von Allradfahrzeugen befahren werden. Das notwendige Permit kann innerhalb eines Werktags über die Touristinformation in Siwa besorgt werden. Die Fahrer verlangen für die Non-Stop-Tour mindestens 1200 LE, mit Besichtigungen am Weg (→ S. 447) 1500 LE pro Auto. Wüstenübernachtungen erlauben die Behörden nicht.

Innerhalb der Oase bewegt man sich auf einachsigen **Eselskarren** (*caretta*, 15 LE/Std.), **Mopedtaxis** (25 LE/Std.) und **Fahrrädern** (20 LE/Tag). **Pick-ups** verbinden als Sammeltaxis Siwa-Stadt mit den Dörfern der Umgebung.

Verschiedenes

Telefonvorwahl: 046

- *Festival* **Siyaha Festival**, im Oktober am Gebel ed-Dakrur. Männer und Kinder treffen sich zum gemeinsamen Mahl, legen alte Fehden bei, beten und feiern *zikr*, den rituellen Sufitanz.
- *Geld* Bei der Bank *Misr* gegenüber der Touristinformation gibt es einen Geldautomaten.
- *Information* Am Anfang der Straße nach Marsa Matrouh, ✆ 4601338, mahdihweiti@yahoo.com, Sa–Do 9–14.30/17–20 (im Sommer 19–22), Fr 11–13 Uhr. Mahdi Hweiti, in der Oase aufgewachsen, nimmt seinen Job ernst. Mit kostenlosen Videoshows bringt er den Besuchern die Oase näher und vermittelt auch Fahrer für Wüstentrips bzw. hilft beim Zusammenstellen von Fahrgemeinschaften für die Ausflüge.
- *Literatur* **Ahmed Fakhry**: *Siwa* (= The Oasis of Egypt, vol. 1). Ein bereits 1973 geschriebener Klassiker zu Geschichte und Archäologie der Oase, leider nie auf Deutsch erschienen.

Abdel Aziz Abddel Rahman al-Dumairy: *Siwa Oasis*, ein in Siwa erhältliches Büchlein über die Archäologie der Oase.

Frank Bliss: *Siwa, die Oase des Sonnengottes*, Bonn 1998; nur noch in Bibliotheken oder Antiquariaten zu finden.

Fathi Malim: *Siwa from the Inside*. Die „teilnehmende Beobachtung" eines in Siwa aufgewachsenen Ethnologen, von den örtlichen Scheichs heftig kritisiert und nun in einer bereinigten Fassung im Verkauf. Vom gleichen Autor inzwischen auch *Siwa Woman Unveiled* und das Kochbuch *Secrets of the Oasis*. Fathi hat neben dem East-West-Restaurant einen eigenen Laden, wo Sie sich die Bücher vom ihm auch signieren lassen können.

- *Notfalladressen* **Polizei**, im Postgebäude, ✆ 4601008. Das **Krankenhaus**, das bei den Einheimischen keinen guten Ruf hat, liegt 2 km südlich des Zentrums, ✆ 4600419.
- *Post/Internet* Die Post befindet sich östlich vom Hotel Reem el-Waha. Schnellen Internetzugang hatte **Desert Net**, zwischen Tankstelle und Bank (5 LE/Std.).
- *Wüstensport* Die **Safari Adventure Company** neben der Bank verleiht Boards und Drachen zum Sandsurfen und -kiten bzw. veranstaltet einschlägige Tagesausflüge in die Wüste.

Übernachten (Karte S. 439)

Ein Überangebot an Hotelbetten im Budgetbereich hält dort die Preise niedrig. Das Frühstück ist darin aber gewöhnlich nicht inbegriffen. Zusätzlich wurden in den letzten Jahren auch einige ansprechende Mittelklassehäuser gebaut.

• *In Siwa-Stadt* **Siwa Safari Paradise (6)**, wer auf Komfort nicht verzichten will, bettet sich hier richtig. Das gern von Reisegruppen gebuchte Haus liegt zentral und hat einen hübschen Garten, der Pool wird von einem Brunnen gespeist. Bungalowzimmer mit Veranda und Ventilator, die Zimmer im Haupthaus mit AC. DZ 50–55 €. Aghurmi Rd., ✆ 4601290, ✉ 4601592, www.siwaparadise.com.

Siwa Safari Gardens (5), um einen Garten mit Pool stehen zwei Bungalowreihen. Die ansprechend, doch geschmacksneutral eingerichteten Zimmer sind mit TV, Kühlschrank und AC ausgestattet. Besitzer und Manager Sami Riad spricht fließend Deutsch. DZ/HP 60 €. Aghurmi Rd., ✆ 4602802, ✉ 4602804, www.siwagardens.com.

Al Babenshal (16), das an den Shali-Hügel gebaute Hotel ist nach der Shali Loge und Adrere Amellal der dritte Streich des Ökopioniers Mounir Neamatalla, der seine Hotels in der traditionellen Bauweise Siwas errichtet. Ein Labyrinth aus Gassen und Treppen erschließt die aus Lehmziegeln gebauten Gästezimmer, von der Dachterrasse bietet sich ein schöner Blick auf Shali und den Marktplatz. Guter Service. Tolle Fotos vom Hotel gibt's unter www.pmimage.ch/www/siwa/albabinshal.htm. DZ 380 LE. Am Marktplatz, ✆ 0100-3614140, info@siwa.com.

Shali Lodge (10), die Lodge am Stadtrand mit Platz für 30 Gäste ist ein Beispiel dafür, wie Ökotourismus aussehen kann. Das Haus wurde aus Salzlehm gebaut. Die minimalistisch dekorierten Zimmer sind mit mundgeblasenen Lampen, weißen Baumwollkissen, niedrigen Holztischchen und Beduinenteppichen ausgestattet. Im Restaurant gibt es neben Cola auch Minzetee und Datteln. DZ 380 LE. Sh. Sebucha, ✆ 4601299, ✉ 4601799, info@eqi.com.eg.

Dream Lodge (2), am Gebel Mauta, in gerade noch fußläufiger Entfernung zur Stadtmitte, vom Eigentümer Gamal Youssef selbst gebaut. 8 Bungalows mit Kuppeldächern, alle individuell gestaltet und eingerichtet, mit Bad, TV und Ventilator; ansprechender Garten, leider keine Moskitonetze. DZ 180 LE. ✆ 4601745, www.siwadreamlodgehotel.com.

Cleopatra (19), Hotel etwa 200 m südl. des Marktplatzes. Einfache und ältere Zimmer (teils mit Bad) im Haupthaus, die sog. „Chalets" im Anbau sind geräumiger und haben Balkon. Das Hotel ist abgewohnt, der Putz bröckelt, doch Zimmer und Bäder sind sauber und die Moskitogitter intakt. DZ 40/65 LE, kein Frühstück. Sh. Sadat, ✆ 4600421, www.cleopatra-siwa.net.

Arous el-Waha (3), staatliches Hotel zentral nahe der Busstation. Weil es heute genügend private Herbergen gibt, hat das Haus an Bedeutung verloren, und besonders schön anzuschauen ist es auch nicht. Die Zimmer sind jedoch sauber, und das Personal ist freundlich. DZ 70 LE, mit AC 110 LE. Matrouh Rd, ✆ 4600071, 0100-3604941 (Mr. Youssef).

El-Kelany (9), bei unserem Besuch war dies das beste unter den Budgethotels. Saubere Zimmer mit Bad und Ventilator, Dachterrasse, leider hat das Haus keinen Garten. DZ 70 LE, mit AC, TV und Kühlschrank 120 LE. Marktplatz, ✆ 0122-4039218.

Palm Trees (15) ist vor allem bei Budgettouristen aus Fernost beliebt. Zimmer mit Ventilator und kleinem Balkon, auch einige geräumige Bungalows. Garten mit gemütlichen Palmholzmöbeln und Bartresen aus transparentem Salzstein. Kommunikative Atmosphäre, an die Sauberkeit darf man keine hohen Ansprüche stellen. DZ (teils mit Bad) 35/50/ 75 LE, Frühstück extra. Marktplatz, ✆ 4601703, ✉ 4600006, m_s_siwa@yahoo.com.

Youssef (8), eines der billigsten Hotels in der Stadt. Die Betten und Bäder sind leidlich sauber, heißes Wasser, kein Garten. DZ (teils mit Bad) 30–40 LE, kein Frühstück. Marktplatz, ✆ 4600678.

Desert Rose, das Haus mit acht Gästezimmern und zwei Etagenbädern liegt in einem Oliven- und Palmengarten am Rand der Wüste und 45 Gehminuten außerhalb des Zentrums. Damit ist es vor allem für kleine Gruppen geeignet, die sich abends selbst zu unterhalten wissen. Oder man mietet sich ein Fahrrad. Wer im Hotel essen will, kann bei Manager Ali am Morgen sein Wunschgericht bestellen. Es gibt einen Pool, gemütliche Sitzecken, Kinderspielplatz und den kinderfreundlichen Esel Dongul. Bislang fehlt Elektrizität: Kerzen und Öllampen sorgen für romantische Stimmung. DZ im Haupthaus (Etagenbad) 150 LE, im Bungalow (eigenes Bad) 200 LE. Bir Wahed Rd., ✆ 0122-4408164, www.desert-rose-hotel.com.

Siwa Villa (14), der englische Aussteiger (im früheren Leben Promi-Fotograf) Duncan Ridgely und seine Familie haben sich hinter dem Shali-Hügel ein Ferienhaus gebaut – ein Tipp für reisende Großfamilien oder Kleingruppen. 4 Schlafzimmer für bis zu 10 Gäste, Selbstversorgerküche, Stube mit Kaminfeuer, Dachterrasse und Grillplatz. Auf Wunsch mit Abholservice ab Kairo und Programm in Siwa. Haus 130–190 €. ✆ 0106-53400018, www.somewheredifferent.com.

● *Am Birket Siwa* **Taghaghien Touristic Island (1)**, das vor allem von Reisegruppen belegte Hotel steht 13 km westlich der Stadt auf einer Insel. Ein Damm führt hinüber. Die etwa 30 Bungalows sind aus Natursteinen, Ziegeln, Lehm und Salz gebaut, die Möbel aus Olivenholz und Palmen, die Aschenbecher aus Salz – ein weiteres Ökohotel, das auf natürliche Materialien setzt. Schwachstellen waren bei unserem Besuch die Warmwasserbereitung mit Elektroboilern, zumal der Generator nur am Abend Strom liefert, sowie das von der Versalzung verursachte Palmensterben. Ein Rundbecken mit Quelle lädt zum Baden, der Salzsee zum Segeln. Zum Hotel gehören noch sechs weitere unbewohnte Eilande im See. Liebespaare und andere Einsamkeitssucher können sich dort mit Zelt und Vorräten aussetzen lassen. DZ 70 €. ✆ 4600455, www.taghaghien-island.com.

Taziry (1), das im traditionellen Stil gebaute Hotel Taziry, übersetzt „Mond", liegt etwa 15 km außerhalb von Siwa-Stadt einsam am Westufer des Siwa-Sees. Es wird von zwei Stadtflüchtlingen aus Alexandria geführt. Einfachheit und Naturnähe sind angesagt. Es gibt nur wenige Gästezimmer, einen warmen Brunnen zum Baden, doch keinen Strom. DZ 120 €. Ghari, ✆ 0122-3408492, www.taziry.com.

Ecolodge Adrere Amellal (1), Gebel Ghafir. Adrere Amellal heißt in der Berbersprache Siwas „Weißer Berg" und meint die Steilklippe, an deren Fuß das ungewöhnlichste Luxushotel ganz Ägyptens errichtet wurde. Es hat kein Telefon, keinen Strom, verzichtet auf jede Werbung, ist sauteuer – und gewöhnlich gut ausgebucht. Man wohnt in Lehmhäusern, die 17 Zimmer sind mit Palmholzmöbeln und Teppichen aus Siwa eingerichtet. Livrierte Butler servieren das Frühstück auf feinem Chinaporzellan und mit englischem Silber in einer Felshöhle. An kühlen Tagen wird mit Kohlebecken geheizt, abends sitzt man bei Öllampen und Kerzenlicht. Eigentümer Mounir Neamatalla aus Kairo, der in seinem Berufsleben soziale und wirtschaftliche Entwicklungsprojekte plante und begleitete, hat sich hier seinen Traum von ökologischem Tourismus verwirklicht. DZ all inclusive 600 $. ✆ 4601299, info@eqi.com.eg.

Siwa 439

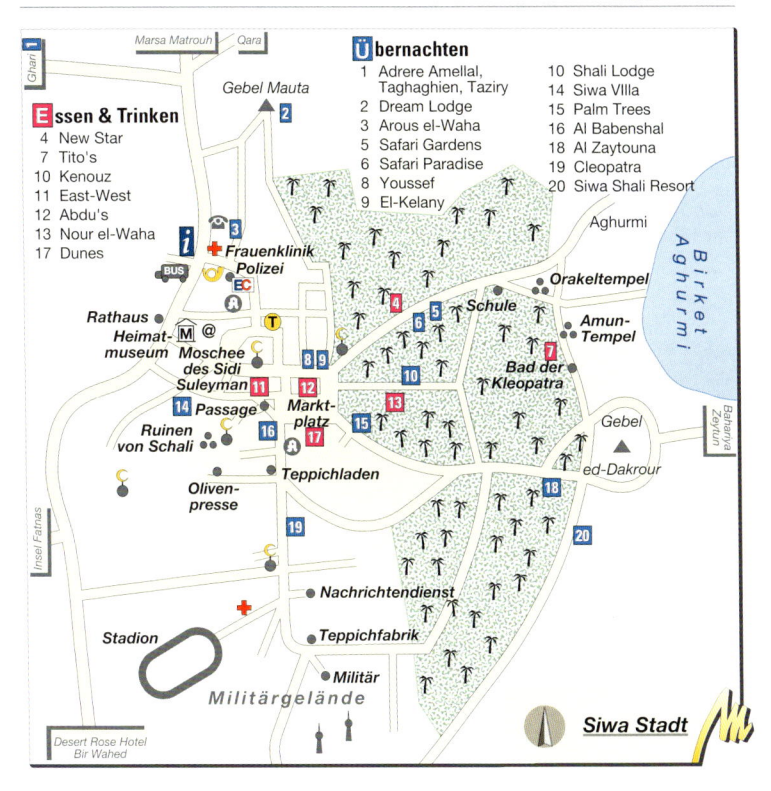

Übernachten
1. Adrere Amellal, Taghaghien, Taziry
2. Dream Lodge
3. Arous el-Waha
4. Safari Gardens
5. Safari Paradise
8. Youssef
9. El-Kelany
10. Shali Lodge
14. Siwa VIlla
15. Palm Trees
16. Al Babenshal
18. Al Zaytouna
19. Cleopatra
20. Siwa Shali Resort

Essen & Trinken
4. New Star
7. Tito's
10. Kenouz
11. East-West
12. Abdu's
13. Nour el-Waha
17. Dunes

(Stadtplan Siwa Stadt mit Orten: Ghari, Marsa Matrouh, Qara, Gebel Mauta, Frauenklinik, Polizei, Rathaus, Heimatmuseum, Moschee des Sidi Suleyman, Passage, Marktplatz, Ruinen von Schali, Teppichladen, Olivenpresse, Insel Fatnas, Nachrichtendienst, Stadion, Teppichfabrik, Militär, Militärgelände, Desert Rose Hotel, Bir Wahed, Aghurmi, Orakeltempel, Amun-Tempel, Schule, Bad der Kleopatra, Gebel ed-Dakrour, Birket Aghurmi, Bahanya Zeytun)

• **Am Gebel ed-Dakrur** Siwa Shali Resort (20), 5 km außerhalb der Stadt. Ein Feriendorf mit angepasster Architektur, das gern von italienischen Reiseveranstaltern gebucht wird. Markenzeichen ist der 200 m lange Pool, der sich als Wasserstraße durch die Anlage schlängelt. Zu den Annehmlichkeiten zählen Bibliothek, Dampfbad und Piano. Nachteilig ist die Lage weitab von der Stadt. DZ ab 60 €. ✆ 4600237, www.siwashaliresort.com.

Al Zaytouna (18), 4 km außerhalb der Stadt. Das Bungalowhotel mit Garten und Pool war bei meinem Besuch erst im Aufbau. Besitzer und Manager Samieh el-Scherbini plant, im Hotelrestaurant vorrangig biologisch angebautes Gemüse und Obst sowie Fleisch von der eigenen Farm anzubieten. ✆ 0122-2224209, 460037, www.alzaytouna.com.

Essen & Trinken

Die Einheimischen bleiben zum Essen unter sich in den Häusern. So bedienen die Restaurants weitgehend Touristen mit einer nicht immer gelungenen Melange aus einheimischen Kochgewohnheiten und internationalen Gerichten.

Kenouz Siwa (10), Sh. Sebucha. Das Restaurant der Shali Lodge ist mit Holz und anderen Naturprodukten eingerichtet. Die Küche ist mit Abstand die beste in Siwa-Stadt, die Preise sind dennoch günstig geblieben.

Nour el-Waha (13), Sh. Sebucha, gleich gegenüber der Shali Lodge. Ägyptische und internationale Gerichte in einer schattigen Laube. Auch nur zum Tee ist der Gast willkommen; Schachspiel, Dominosteine und Backgammon liegen bereit.

Chill-out-Zone Kleopatras Bad

Abdu's (12), am Marktplatz. Das älteste und lange Zeit einzige Restaurant der Stadt ist bis heute *der* Treffpunkt der Rucksacktouristen. Es gibt Standards wie Hähnchen, Lammfleisch- oder Gemüseeintopf, auch Pizza, Frühstück und sogar Steaks. Bei meinem ersten Besuch dereinst forderte noch ein großes Schild vor dem Eingang die Besucher von Siwa zu geziemender Kleidung und Respekt vor den lokalen Sitten auf.

East-West (11), an der großen Moschee. Das nach den beiden rivalisierenden Fraktionen Siwas benannte Lokal entstand aus einer einfachen Garküche, die noch immer Foul, Ta'amiya, Auberginen *(betingan)* und manchmal auch Pommes *(batates)* zum Mitnehmen anbietet. Das Lokal öffnet früh am Morgen und ist die erste Frühstücksadresse. Den Speiseraum schmücken Wandbilder des Siwaner Allroundmalers Youssef.

Dunes (17), Marktplatz, gegenüber dem Hotel Palm Trees. Das stimmungsvolle Gartenlokal bietet einfache und preiswerte Gerichte nach touristischem Geschmack. Zum Einschlafen lahmer Service.

New Star (4), Sh. Aghurmi, nahe dem Hotel Paradise. Slowfood, alles wird frisch zubereitet. Auf den Vorspeisen-Salat oder eine Suppe folgen zum Beispiel Tauben, Schnitzel, Schischkebab oder gefülltes Hähnchen.

Tito's (7), Kleopatras Bad. Klein-Dahab in Siwa: flippige Musik, chillige Atmosphäre mit Palmholzmöbeln und Sitzkissen unterm Laubendach, Aussichtsterrasse, einfache Gerichte wie Lasagne und Salat, und davor natürlich ein Bad im Pool – nur leider kein Bier.

*E*inkaufen

Beliebte Souvenirs sind **Datteln** und **Oliven**, bei denen man sich durch die verschiedenen Sorten durchprobieren kann. Auch Olivenöl und -seife sind typische Mitbringsel aus Siwa. Ebenso die traditionellen **Gewänder** der Frauen, die in der Oase genäht werden. Mancher mag an den **Töpfer- und Korbwaren** Gefallen finden.

Die Oase war einst berühmt für ihre Silberwaren, die weltweit in Museen ausgestellt sind. In der Oase selbst gibt es kaum noch alte Stücke und vor allem keine Silberschmiede mehr. Was heute an oft schlechten Kopien der alten Muster und Formen erhältlich ist, stammt aus der Serienfertigung einer Werkstatt in Alexandria.

Government Handicraft Shop, neben der Tankstelle am Platz der Suleyman-Moschee, So–Do 9–16 Uhr (Festpreise).

Markt wird am Freitag abgehalten.

Sehenswertes

Siwa-Stadt

☆ **Schali**: Anno 1826, als wieder einmal ein heftiger Regen die aus Salzlehm gebauten Häuser quasi dahinschmelzen ließ, erlaubten die Scheichs den Bauern, Häuser auch außerhalb des engen Burghügels zu bauen. Das war im sechsten Jahr nach der Eroberung Siwas durch die Truppen Mohammed Alis, und mit einer Garnison in der Stadt fühlte man sich nun sicher vor den Überfällen der Beduinen. So begann der Exodus vom Burghügel, der heute ein bizarres Trümmerfeld ist. Von unten mag Schali, zumal im nächtlichen Scheinwerferlicht, als malerisch und romantisch erscheinen, doch in den Gassen selbst wird man von einer unwirtlichen, drohenden Atmosphäre ergriffen. Dies Loch mag ein Fenster gewesen sein, dort eine ausgewaschene Treppe, hier eine Kochstelle. Schwer, sich Leben vorzustellen. Einzig die Moschee wird noch erhalten und gepflegt. Nach einem Vorschlag der Unesco soll die Altstadt als Museumsdorf wiederaufgebaut werden. Wenn das Geld je zusammenkommt …

Der Aufweg beginnt neben dem Babenshal-Hotel, im oberen Teil ist er markiert und gesichert.

☆ **Museum**: Nördlich des Burghügels zeigt ein kleines Heimatmuseum (So–Do 9–14 Uhr), traditionelle Kleidung, Schmuck und anderes Kunsthandwerk aus der Oase. Ein ehrenwerter Anfang. Eine weit bedeutendere Sammlung von Stücken aus Siwa gibt es etwa im Völkerkundemuseum in Wien.

☆☆ **Gärten**: Mehr noch als der Markt zeigt die Fahrt durch die Gärten, wie reich Siwa ist. Im Schatten der Dattelpalmen wachsen Tomaten, Zwiebeln, Knoblauch, Gurken, Paprika und Auberginen, *Moluchia* (die zu einem spinatähnlichen Gemüsebrei zerkocht wird) und Minze als unverzichtbare Zugabe zum Tee. An Obst gibt es Feigen, Trauben und Granatäpfel. Gegen Tiere und wohl auch Menschen schützen die Siwaner ihre Gärten mit einem einfachen Zaun: In einen Erdwall aus Lehm werden Palmwedel gesteckt. Auch die Gartentore sind aus Wedeln geflochten und mit einem altertümlichen Holzschloss gesichert.

Wer bei einem neugierigen Blick über den Zaun einen ordentlichen, sauber angelegten Garten erwartet, wird enttäuscht. Alles ist etwas chaotisch und durcheinander, Gestrüpp, verfallene und noch benutzte Wasserrinnen, kultivierte Beete und wild bewachsene Brache. Die Gärten erscheinen als kleiner Urwald, nur aufs Nötigste gelichtet und bearbeitet. Gerade dies gibt Siwa Charme. Auch die Geräuschkulisse bietet zivilisationsgeschädigten Stadtmenschen Erholung. Grillen zirpen, Frösche quaken, Vögel zwitschern, mal röhrt ein Esel oder kräht im fernen Dorf ein Hahn und kläfft die Hundemeute. Leider kutschieren nun immer mehr Siwaner statt mit dem Eselskarren mit dem Moped umher und verlärmen so die Gartenidylle.

☆ **Gebel el-Mauta**: Schon der Name, übersetzt „Hügel der Toten", weist darauf hin, was es an diesem konischen Felsen 2 km nördlich des Stadtzentrums zu sehen gibt. Er ist über und über von Gräbern durchlöchert. Die ältesten datieren aus der 26. Dynastie, viele wurden bereits in römischer Zeit geplündert und neu belegt. Auch als Wohnhöhlen der Lebenden wurden die Gräber immer wieder genutzt, im Zweiten Weltkrieg suchten die Siwaner hier Schutz vor Luftangriffen.

Am schönsten ist das erst 1940 entdeckte Grab des **Si Amun**. Der Grabherr, ein wohlhabender Mann ohne besonderes politisches oder religiöses Amt, begegnet uns in verschiedenen Opferszenen. Sein Bart weist ihn als Griechen aus. Seine und seiner Familie zerfallene Mumien befanden sich bei der Entdeckung noch im Grab, auch einige Beigaben wurden gefunden und von den britischen Soldaten gekauft. In den

Das Alexandergrab

Voller Stolz, doch etwas voreilig verkündete der Chef der ägyptischen Altertümerverwaltung 1995 der erstaunten Weltöffentlichkeit die größte Entdeckung seit Howard Carter: Man habe in Siwa das Grab Alexanders des Großen gefunden! Ein Irrtum oder gar arglistige Täuschung, befand die Fachwelt nach wenigen Wochen. Der blamierte Abdel Halim Nur ed-Din war das Opfer eines Possenspiels geworden: in der Hauptrolle eine griechische Archäologin, dazu neidische Kollegen, gutgläubige Beamte, griechische Nationalisten, makedonische Separatisten, ein vielleicht vergifteter Kaiser.

1. Akt: Von einer „inneren Vision" geleitet, rüstet Liana Souvaltzi, eine Außenseiterin der Zunft, mit den Mitteln ihres reichen Gatten eine archäologische Expedition nach Siwa aus. In einem Hügel bei Bilad er-Rum findet sie eine Kammer mit Löwen-Statuen, Stelen sowie den Eingang eines engen Tunnels. Alles sehe so aus wie das Grab von Philipp, Alexanders Vater, in Makedonien. Es gebe den achteckigen, makedonischen Stern von Vergina, und eine der Stelen beschreibe die Totenprozession und widme „den Tempel dem Vornehmsten unter allen, die Gift zu sich nahmen" – eine Bestätigung der Legende, dass Alexander nicht am natürlichen Kreislaufkollaps gestorben, sondern vergiftet worden sei. Demnächst werde man das Ende des Tunnels freilegen und dort die Grabkammer öffnen, verabschiedet sich Liana und kehrt nach Griechenland zurück.

2. Akt: Die Fachwelt zweifelt. Jeder wisse, dass der Leichnam des 33-jährig in Babylon verstorbenen Kaisers zunächst nach Makedonien gebracht werden sollte. Ptolemaios fing die Karawane ab, leitete sie nach Memphis um und begrub hier den Kaiser. Später habe man die Leiche in die neue Hauptstadt Alexandria umgebettet. Alexanders Wunsch, in Siwa bestattet zu werden, erfüllten ihm seine ptolemäischen Nachfolger aus durchsichtigen politischen Gründen nie – sie wollten die Reliquie in ihrer Nähe und in ihrer Familiengruft wissen.

3. Akt: Die Verteidigungsrede der Liana. Man solle stolz sein, dass eine Griechin den Makedonen gefunden habe und nicht etwa slawische Ausgräber jener exjugoslawischen Republik, die den Namen Makedonien für sich beanspruche und die sich als Nachfahren der Makedonen ausgäben.

4. Akt: Eine Delegation griechischer Experten fliegt nach Siwa, um die Funde zu überprüfen. Die Stelen, so stellen sie fest, sind alle aus spätrömischer Zeit; der Tunnel zur vermeintlichen Grabkammer ist gerade 76 cm breit – zu schmal für den Transport eines Sarkophags – und außerdem L-förmig, was weder bei ägyptischen noch makedonischen Königsgräbern üblich sei. Liana verschwindet darauf in der Anonymität, ihre Grabung wird abgebrochen. Was Liana Souvaltzi, wenn nicht das Grab, in Siwa eigentlich gefunden hat, bleibt offen.

Nachspiel: Der schon etwas ergraute Herr Mieczyslaw Rodziewicz liest sichtlich erleichtert die Zeitungsmeldung vom unrühmlichen Ende der Souvaltzi-Expedition und wendet sich anschließend seinem Stadtplan zu. Auch er sucht das Alexandergrab – in Alexandria, und das seit 1966.

Folgejahren entfernten Kunsträuber Teile des Wandschmucks. Kaum gelitten hat dagegen der wundervolle Sternenhimmel mit den Sonnenbooten, der Göttin Nut und den geier- und falkengestaltigen Schutzgöttern.

20 m östlich von Si-Amun wird das unvollendete Grab der **Mesu-Isis** gezeigt. Diese wurde hier mit ihrem Gatten bestattet, dessen Name aber nicht mehr entziffert werden kann.

Die Anlage von **Niperpathot** hat ein arg beschädigtes Vestibül, sechs schmucklose Seitenkammern und einen Grabraum, der mit Inschriften und kruden Zeichnungen aus roter Tusche geschmückt ist. In den Kammern werden Mumien und Knochenfunde aus ungesicherten Nachbargräbern gelagert.

An der Nordostecke der Gräberterrasse beachte man noch das „**Krokodilgrab**", das seinen Namen von einem entsprechenden Wandbild hat. Nach der Entdeckung im Zweiten Weltkrieg war das Grab eine große Attraktion für die örtliche Bevölkerung, hatte doch kaum jemand je solch ein Reptil gesehen.

Öffnungszeiten/Eintritt: Di–Do 8–14, Fr 8–12 Uhr. Ticket 25/15 LE oder ein entsprechendes Trinkgeld an den Schließer. Fotografieren ist nicht erlaubt.

Gebel ed-Dakrur

Der Hügel befindet sich etwa 5 km südöstlich von Siwa am Rande der Grünzone. Es gibt schöne Aussicht, ein wenig einladendes Hotel, leer stehende Hütten und einige ptolemäische Felsengräber in schlechtem Zustand. Der Gipfel wurde in der Antike als Steinbruch ausgeschlachtet, heute gewinnen die Töpfer ihren Rohstoff am Berg. Auf der Siwa abgewandten Seite fördert ein Tiefbrunnen das Mineralwasser Marke „*Siwa*" zu Tage, das an Ort und Stelle abgefüllt wird. Im Sommer pflegen Rheumakranke im heißen Sand zu baden – nur der Kopf schaut noch aus den Dünen heraus. Manch einer träumt von einem Thermalzentrum. Die ebenfalls auf der Ostseite des Bergs gelegene **'Ain el-Maza** ist ein abendlicher Treffpunkt der männlichen Dorfjugend, die sich hier in einer Cafeteria an Kairopop und heimlich auch selbst gebranntem Dattelschnaps berauscht.

Einst zogen die Siwaner bei Vollmond im Monat Rajab mit Kind, Kegel und Zelt für einige Tage auf den Gebel ed-Dakrur. Sie machten hier eine Art Kur, bei der sie ungeheure Mengen Knoblauch aßen, um ihre Abwehrkräfte gegen Krankheiten zu stärken. Ich war nicht dabei, aber so berichtet es Ahmed Fakhry. Das Fest firmiert heute als **Siyaha Festival** und wird nun im Oktober mit rituellen Tänzen und Sufi-Gesängen gefeiert. Knoblauch ist kein Thema mehr, über das gesprochen wird, doch wer weiß schon, was in die Kochtöpfe kommt?

Aghurmi

✮ **Kleopatras Bad**: Bei den Einheimischen heißt es *'Ain el-Gubah*, bei Herodot „Sonnenquelle", und für die meisten Reiseführer ist es das „Bad der Kleopatra". Was alt und schön ist, dazu irgendetwas mit Frauen zu tun hat, wird in Ägypten nur zu gern mit Kleopatra in Verbindung gebracht. Vielleicht hätte sie auch hier gebadet, wäre sie je nach Siwa gekommen. Der Führer behauptet steif und fest, die Quelle wechsle im Tageslauf die Temperatur, sei mittags kühl und nachts heiß. Herodot hat diese Legende in die Welt gesetzt, und wer weiß, wie sie sich zu einem Siwaner Eselstreiber herumgesprochen hat. An der Quelle gibt es eine Cafeteria.

Amun-Tempel: Der Amun-Tempel, arabisch *Umm 'Ubaydah* genannt und nicht mit dem Orakel zu verwechseln, besteht aus gerade noch einer Wandpartie mit Hieroglyphen. Das Nektanebos II. (30. Dyn.) zugeschriebene Heiligtum ist nicht dem Zahn der Zeit zum Opfer gefallen, sondern 1897 dem Bürgermeister Mahmud Azmi. Der ließ es sprengen, um Bausteine für sein Haus und die Polizeistation zu gewinnen.

✩ ✩ Akropolis von Aghurmi

Der in der Spätzeit unter Pharao Amasis (26. Dyn.) gebaute **Orakeltempel** (Eintritt 20 LE) krönt den Burghügel von Aghurmi – ein romantischer Ort, der wie eine Insel aus dem Palmenmeer ragt. Bis ins Mittelalter war dies die Hauptstadt der Oase. Irgendwann zwischen den Weltkriegen wurde die Lehmburg verlassen, in den 70er-Jahren befreite man die Tempelruine vom Schutt der eingebauten Wohnhäuser.

Ein Tor aus Palmstämmen sicherte den Eingang der Zitadelle. Im schattigen Durchgang erkennt man Sitzbänke, wo die Alten den Tag verbracht und dem Kommen und Gehen zugeschaut haben mögen. In der oberen Etage des **Torbaus** befand sich die Moschee, auch das Minarett ist noch auszumachen, ebenso der Brunnenschacht. Der Kern des Tempels befindet sich in der Nordwestecke des Hügels. Es fehlte nicht viel, und sein Allerheiligstes wäre den Abhang hinuntergekullert, denn der Burgfelsen bröckelt. Man sieht die Risse, und massige Felsbrocken haben sich bereits gelöst und liegen unten.

Seit 1993 sichern und dokumentieren Wissenschaftler und Ingenieure unter Leitung des Deutschen Archäologischen Instituts Kairo den Berg und seinen Tempel. Der Form nach folgt dieser den Vorbildern aus dem Niltal. Technische Details belegen jedoch, dass nicht ägyptische, sondern griechische Baumeister das Heiligtum errichteten. Schatzsucher haben die Wände des **Allerheiligsten** *(cella)* durchlöchert wie einen Emmentaler. Nur an den Flanken und zum Eingang hin waren sie mit Reliefs und Inschriften versehen, die Rückseite blieb schmucklos. An der rechten Wand opferte Amasis, von dem gerade noch die unterägyptische Krone blieb, acht Göttern. An der linken Wand würde man den König mit der oberägyptischen Krone vermuten – doch nimmt seinen Platz hier ein Libyer ein, der „Anführer der Wüstenbewohner". Auf Augenhöhe mit dem Pharao belegt er die relative Unabhängigkeit der Herrscher von Siwa, die bei Herodot gar als Könige betitelt werden.

Rechts neben der Cella geht es in einen schmalen **Korridor** mit drei Nischen. Saß hier im Verborgenen der Priester, der dem Orakel seine Stimme gab und Alexanders Fragen beantwortete? Oder befand sich das Versteck über dem Sanktuar und war vom Dach aus zugänglich? Aus Karnak und Kom Ombo kennen wir vergleichbare Geheimkammern, in denen sich der Orakelpriester verbergen konnte.

Fatnas

Eine Gehstunde westlich von Siwa liegt der gleichnamige Salzsee – so flach, dass er zum Schwimmen nicht taugt, und so salzarm, dass sich Fische darin tummeln, die wiederum Vögel anlocken. Ein Damm führt auf das Inselchen Fatnas, dessen Palmen und üppiges Grün von einer Quelle genährt werden. Der Garten hinter der Quelle hat sich zu einem bei Touristen beliebten Sonnenuntergangs-Aussichtspunkt entwickelt. Der geschäftstüchtige Gartenbesitzer hat ein Café eingerichtet und wirft nun just vor Sonnenuntergang seinen Stromgenerator an, dessen Rattern die Idylle etwas stört.

Der Westen von Siwa

4 km nördlich von Siwa-Stadt zweigt von Landstraße eine Route ab, die den Westen der Oase erschließt. Sie streift zunächst ein Gebiet mit neu angelegten Gärten und Olivenhainen, dann (rechts) eine Felswand mit römischen Gräbern und (links) ein rotbraunes Marschland, das ein künstlicher Damm vom **Birket Siwa** trennt. Am

Aussichtspunkt Fatnas-Insel

westlichen Ufer sieht man den als Halbinsel in den See hineinragenden **Gebel Beida** („Weißer Berg") mit der *Ökolodge Adrere Amellal* (→ S. 438). Angeblich benutzte die italienische Besatzung während des 2. Weltkriegs den Gipfel des Tafelbergs als Landeplatz. Die Südflanke des Felsens ist von undekorierten Felsengräbern durchlöchert. Auch sein kleinerer Nachbar, der **Gebel Hamra** („Roter Berg"), musste im Altertum als Friedhof herhalten.

Verlassen wir die Hauptroute auf Höhe des Gebel Hamra für einen kurzen Abstecher nach links durch die Gärten und den Weiler **el-Ghari** auf die Ostseite des Gebel Hamra. Hier stehen neben der Straße einige *Ölmühlen* zum Pressen der Oliven; auf die gleiche Art wurde schon in der Antike das wertvolle Öl gewonnen. An der nächsten Gabelung halbrechts kommt man nach **Chamisa**. Die von fünf Quellen genährten Gärten gelten als die fruchtbarsten in der ganzen Oase und gehören den reichen Familien aus Siwa-Stadt, deren Landarbeiter in Chamisa wohnen. Am Rand der Siedlung stehen die Überreste eines undekorierten Tempels aus Kalksteinquadern.

Zurück zur Hauptstraße und diese weiter gen Westen, passiert man die Gehöfte von **Mischandid** und erreicht das Gebiet von **Bilad er-Rum** („Stadt der Byzantiner"). Den Auftakt macht rechts der Straße der klägliche Rest des *Qasr er-Rum*, ein bislang nicht näher erforschter Lehmziegelbau, den die örtliche Überlieferung für eine Kirche hält. Einmal mehr sieht man im Berghang zahlreiche Grabnischen. Am Südrand des nicht von Byzantinern, sondern von Beduinen bewohnten Dorfs steht der *Dorische Tempel*, bei dem Liana Souvaltzi das Alexandergrab gefunden zu haben glaubt. Frederic Cailliaud pries ihn als den schönsten Tempel in ganz Siwa, doch haben die Steinräuber des 19. Jh. von der Pracht im ägyptisch-griechischen Mischstil nur noch Grundmauern übrig gelassen, dazu einige verstreute Fragmente des von Experten in die römische Kaiserzeit datierten Tempels.

446 Westliche Wüste

Die Straße führt nun eine Weile durch die Felswüste und erreicht dann den Bezirk **el-Maraqi**, den westlichsten Teil der Siwa-Oase um den dritten und zugleich kleinsten Salzsee, den **Birket Maraqi**. Die vielen Gräber bezeugen die vergleichsweise dichte Besiedlung der Gegend im Altertum. Der arabische Chronist al-Maqirizi lobte el-Maraqi als ein fruchtbares Gartenland mit Palmen, Weizen- und Reisfeldern und berichtet weiter, anno 922 (304 nach dem islamischen Kalender) seien die Bauern aus Angst vor Beduinenangriffen nach Alexandria ausgewandert. Die heutigen Bewohner sind weitgehend Beduinen vom Stamm der Schiheibat. Hauptort ist der Weiler **Bahi ed-Din** an der Nordostecke des Sees. Wer weiter will, braucht ein Permit der Militärbehörden. Die Teerstraße führt nach 2,5 km weiter zur **Bir Regwa**.

Manche Safari-Anbieter haben eine Tour über Bir Regwa hinaus nach **Schiyata** im Programm. An diesem von spärlicher Vegetation gesäumten Salzsee auf halbem Weg zwischen Birket Maraqi und der libyschen Grenze wurden die letzten frei lebenden Dünengazellen *(Gazella leptoceros)* Ägyptens gesichtet und fotografiert – und 2005 wohl von Wilderern getötet. Auf dem Grund des Sees, so behauptet wenigstens Dr. Aschraf Sabri von Alexandria Dive, gäbe es ein pharaonisches Sonnenboot. Schiyata und die unbewohnten Oasen **Qirba** und **Umm ʿAscha** waren Stationen auf dem *Masrab el-Ichwan*, dem „Weg der Bruderschaft", nämlich der Senussi (→ Farafra) von ihrem Zentrum in Jaghboub (Libyen) nach Siwa. In Qirba fochten die Brüder 1917 ihr letztes Rückzugsgefecht gegen die Briten, die die Senussi aus Ägypten vertrieben. Heute kontrollieren Militärpatrouillen regelmäßig die kleinen Oasen und die Schmuggelrouten von und nach Libyen.

Für eine Tour bis Bahi ed-Din rechne man 160–180 LE. Tagesausflüge im Geländewagen bis Schiyata und auf dem Rückweg über Bir Wahed kosten 800 LE pro Auto.
Ölmühlen in el-Gharî 29°13'07"N 25°24'52"O;
Chamisa-Tempel 29°12'45"N 25°24'35"O;
Mischandid 29°13'29"N 25°24'36"O;
Qasr er-Rum 29°13'42"N 25°23'58"O;
Dorischer Tempel 29°13'40"N 25°24'00"O;
Bahi ed-Din 29°15'33"N 25°19'57"O;
Schiyata 29°15'33"N 25°19'57"O.

Ausflüge von Siwa-Stadt

Hotels, Restaurants, Läden, um nicht zu sagen: jedermann in Siwa ist zugleich ein Reisebüro und vermittelt Ausflüge in die Umgebung. Da gibt es etwa halbtägige Trips nach Bir Wahed (400 LE pro Auto) sowie Tagestouren nach Qarah (600 LE). Das erforderliche Permit (40 LE) besorgen die Führer am Vortag. Wer jedoch mehrtägige Wüstensafaris will, muss sein Vorhaben über ein Reisebüro mehrere Wochen im Voraus genehmigen lassen.

☆ Bir Wahed

Die bei der Suche nach Erdöl unabsichtlich geschaffene Schwefelquelle bewässert etwa 20 km südlich von Siwa einen Garten, bevor sich das Wasser in einem See verliert. Der Ausflug lohnt auch deshalb, weil diese Kleinstoase bereits im Großen Sandsee liegt. Ein Bad im heißen Wasser und dabei zuschauen, wie die Sonne am Horizont hinter den Dünen versinkt – was will man mehr (weniger Fliegen vielleicht …)? Der Gartenbesitzer betreibt ein Ausflugslokal, erwartet von Badenden den Genuss teurer Drinks und vermietet auch einige Zelte zum Übernachten. Gegen die Fliegen und Stechmücken „seiner" Quelle gibt er sich machtlos.

Qarah (Qaret Umm es-Sughayar)

Vom Rasthaus zwischen Siwa und Marsa Matrouh führt ein schmaler Teerstreifen 110 km gen Westen in die wohl ärmste Oase Ägyptens. Die Bewohner haben die gleiche Kultur und Sprache wie die Siwaner. Das alte, erst vor einer Generation verlassene Lehmdorf liegt malerisch auf einem Hügel über der modernen Siedlung. Vor der Bohrung eines Tiefbrunnens war Qarah berüchtigt für sein schier ungenießbares Trinkwasser, dessen hoher Gehalt an Mineralsalzen die Oasenbewohner nicht alt werden ließ.

> ### Verfluchte Oase
> Der Überlieferung nach lastet ein Fluch auf Qarah: Wann immer ein Kind geboren wird, muss ein Erwachsener an seiner Stelle sterben. Nach einer Geburt soll mancher alte Mensch freiwillig zum Sterben in die Wüste gegangen sein, um einem anderen den Tod zu ersparen. Die Überlieferung hängt sicher mit den einst prekären Lebensverhältnissen in der abgelegenen Oase zusammen, die mit ihrem schlechten und knappen Wasser nur eine begrenzte Zahl Menschen ernähren konnte. In unserer Zeit scheint der Fluch jedoch außer Kraft gesetzt: Wurden beim Zensus 1966 noch 142 Bewohner gezählt, so sind es heute mehr als 300.

Von Siwa nach Bahariya

Darb Siwa, eine uralte Karawanenroute, verbindet Siwa mit der Oase Bahariya. Kurze Zeit lang konnte man die 410 km in wenigen Stunden auf einer Teerstraße zurücklegen, die Reiseunternehmen planten gar Bustouren zwischen den Oasen. Doch dieser Traum währte nicht lange. Die als einfaches Asphaltband über Stock und Stein gelegte Straße wurde schnell zu einer Holperpiste mit tiefen Schlaglöchern, die hier und da gänzlich unter Sandverwehungen verschwand. 2003 wurde ein Neubau begonnen, doch der mündete auf halber Strecke in einen Streit zwischen Staat und Baufirmen um die angemessene Bezahlung und in den Abbruch der Bauarbeiten. So ist der Darb Siwa heute ein Weg für Allradfahrzeuge.

Zeitun-See: Der Darb Siwa beginnt heute am Gebel Dakrour, überquert auf einem Damm den Salzsee Birket Zeitun, passiert die Neusiedlung Qurayschat und eine Mineralwasserfabrik, die ihr köstliches Nass unter dem Namen *Hayat* in ganz Ägypten verkauft. Gegenüber der Fabrik kann man sich mit den Fischen im Teich der Quelle ʻ**Ain Schurouf** (29°11'00"N 25°44'36"O) tummeln. Seit Menschengedenken werden die Eselstuten der Oase ausschließlich von Beduinen in Schurouf gehalten – offensichtlich wollten die alten Siwaner ihre Esel, ja vielleicht sogar ihre jungen Männer an Eseleien hindern.

Im Westen von Schurouf befinden sich die Überreste einer antiken Siedlung (1. Jh. v. Chr.–3. Jh. n. Chr.) mit einem aus Kalkstein errichteten Tempel. Es folgt rechts der Straße das nach einem Luftangriff 1940 aufgegebene **Zeitun**, einst eine Siedlung von abhängigen Landarbeitern, die die Gärten auf der anderen Straßenseite bewirtschafteten. Diese gehörten einst dem Oberhaupt der Senussi-Bruderschaft und später der reichsten Familie Siwas. Inmitten der verfallenen Lehmhäuser findet man Spuren eines antiken Tempels. Mit dem Beduinendorf ʻ**Ain Safi** endet dann die Siwa-Oase.

448 Westliche Wüste

Ein Checkpoint (29°08'25"N 25°49'48"O) kontrolliert die Ausfahrt, ab hier braucht man ein Permit.

Manchmal veranstaltet Touristmanager Mahdi Hweiti nachmittags eine Tour nach 'Ain Schurouf und an den Zeitun-See an. Fragen Sie ihn!

Tabaghagh: Beim nächsten Checkpoint, neben dem ein neuer Brunnen die Wüste mit noch jungem Grün belebt, zweigt links eine Fahrspur (17 km) in die Oase Tabaghbagh ab. Sie wird im Norden von einem Kalksteinrücken begrenzt, an dem mehrere Quellen entspringen. Einzelne Guides kennen hier gute Plätze zur Fossiliensuche. 4 km südlich von Tabaghbagh findet man die kleinere, ebenfalls unbewohnte Oase Umm Kitabain.

Checkpoint 2 bei 29°03'42"N 26°10'30"O, 'Ain Tabaghbagh 29°06'00"N 26°24'00"O, Hatiyat Umm Kitabain 29°03'42"N 26°10'30"O.

El-'Arag: Etwa 20 km nach dem Checkpoint erspäht man links der Straße für einen kurzen Moment die in einer Senke versteckte Oase el-'Arag, früher ein berüchtigtes Schmugglernest. Die Quellen und damit auch der See sind heute versiegt, einige Palmen kämpfen ums Überleben. Grabkammern in den schneeweißen Felswänden am Südwestrand der Oase belegen, dass el-'Arag in der Antike bewohnt war. Manche Gräber, etwa das höchste in der linken Felswand, zeigen noch Spuren von Reliefs und Bemalungen. Grab 12 auf der anderen Seite birgt die bekannte Szene mit einem Mann, der gerade ausholt, um ein an eine Dattelpalme gebundenes Rind zu schlachten. Ein von Gerhard Rohlfs beschriebenes Fundament eines Rundtempels hat nach ihm niemand mehr gefunden. Die schwierige Ausfahrt aus der Oasensenke wieder hinauf aufs Plateau gibt dem Fahrer Gelegenheit, sein Können zu demonstrieren.

Die Zufahrt nach el-'Arag zweigt bei einer Sandgrube der Straßenbauer (28°51'01"N 26°22'43"O) ab. Die Gräber sind bei 28°53'41"N 26°24'02"O. Gute Infos zur Oase bei www.sandro-schwarz.com/El-Areg.pdf.

Bahrein: Der dritte Armeeposten an der Strecke bewacht den Zugang (rechts, 15 km) zur Oase Bahrein („Zwei Seen"). Die beiden Salzseen sind je etwa 5 km lang, am Nordostende des westlichen Sees findet man etwa 50 undekorierte Felsengräber. Die Toten wurden vor der Beisetzung in einen Gipspanzer gekleidet, der sie wohl vor Tierfraß schützen sollte – eine in Nordafrika nirgendwo sonst übliche Praxis. Ein italienisches Team um Professor Paolo Gallo entdeckte hier einen kleinen Amun-Tempel aus der Zeit des Pharaos Nektanebos I. (30. Dynastie, reg. 380–361 v. Chr.). Ein in schattiger Lage sturmsicher aufgebautes Zelt mit Decken und Wasservorrat gibt Wächtern und Forschern Schutz und bietet sich als Picknickplatz an.

Checkpoint 3 bei 28°47'42"N 26°33'15"O, Tempel bei 28°40'20"N 26°30'42"O, Gräber bei 28°40'21"N 26°30'53"O.

Felsengräber in der Oase Bahrein

Nuweimisa und **Sitra:** Als nächstes sieht man südlich der Straße die Oase *Nuweimisa*, die „Oase der Stechmücke". Wieder zwei Seen von im Rhythmus der Jahreszeiten wechselnder Größe und Farbe, ein paar Gräber – und die Moskitos. Sobald die Sonne sich hinter den Horizont verzieht, greifen die Blutsauger an, ganze Schwärme fallen über die seltene Beute

Skelett eines eisernen Vogels

her. Man versteht jetzt besser, warum die kleinen Oasen schon lange nicht mehr bewohnt sind.

Als letzter und größter Salzsee liegt *Sitra* etwas abseits der Straße zwischen den Dünen. Auch hier lauern Moskitos en masse. In den Soldaten des Checkpoints Nr. 4 und ihren halbwilden Hunden, welche die Nachtwache übernehmen, haben sie eine verlässliche Blutbank. Nach einer von Schilf überwucherten Senke, in der es wohl eine Quelle geben muss, endet die neue Straße und man muss ein Dünenfeld überwinden. Wo dieses allmählich ausklingt, zeigen ortskundige Fahrer noch das völlig ausgeweidete Wrack eines Kleinflugzeugs. Das eiserne Skelett erinnert an die Reste eines in der Wüste verendeten Tiers. Nach zwei weiteren Checkpoints und insgesamt 410 km nach Siwa endet die Route in el-Qasr, Bahariya.

Nuweimisa 28°43'N 26°45'O; Sitra 28°43'N 26°53'O; Checkpoint 4 28°47'28"N 26°56'00"O; Schilfsee 28°46'32"N 27°05'50"O; Wrack 28°42'02"N 27°34'42"O; Checkpoint 5 28°27'07"N 28°06'43"O; Checkpoint 6 28°34'42"N 28°38'00"O.

Tipps für die Fahrt von Siwa nach Bahariya: Lassen Sie sich, bevor Sie Ihre Fahrt beim Vermittler buchen, den Fahrer vorstellen, der die Tour mit Ihnen machen wird. Er sollte ein paar Worte Englisch könnten und schon etwas älter und damit erfahrener sein. Besprechen Sie mit ihm, nicht mit dem Agenten, was Sie unterwegs sehen wollen. Die reine Fahrzeit ohne Abstecher und Besichtigungen beträgt 6 Stunden. Bestehen Sie auf einem früheren Aufbruch, am besten bei Sonnenaufgang. um nicht das letzte Wegstück im Dunkeln mit völlig überzogener Geschwindigkeit über Stock und Stein gerüttelt und geschüttelt zu werden.

Bahariya

Attraktionen der vier Autostunden von Kairo gelegenen Oase sind ihre Palmenhaine und die Entdeckungen im „Tal der goldenen Mumien", einem Gräberfeld aus griechisch-römischer Zeit. Auch ein Ausflug in die Schwarze und Weiße Wüste bietet sich an.

Die Bahariya-Senke misst etwa 94 mal 42 km². Vor allem am Westrand kann man den geologischen Aufbau gut nachvollziehen: Sandstein als unterste Schicht, die auch den Boden der Senke bedeckt, darüber Kreide, Basalt und als oberste Lage Dolomit. Die zusammen 12 km² bedeckenden Grünflächen finden sich überwiegend im Norden der Senke – logischerweise liegen hier auch die meisten Dörfer. Das touristische Leben konzentriert sich weitgehend auf **Bawiti**, den Hauptort der Oase. Hier hält der Bus, stehen die Hotels, starten die Jeepausflüge in die Weiße Wüste. Im Süden gibt es nur wenige und schwächere Brunnen und entsprechend kleinere Grüninseln und Dörfer.

Bahariya zählt etwa 35.000 Menschen, 150.000 Dattelpalmen, 10.000 Aprikosen- und 6000 ausgewachsene Olivenbäume (nicht gerechnet die vielen Setzlinge der finanziell sehr ertragreichen Ölfrucht). Weizen und Gemüse werden für den Eigenbedarf angebaut, Reis wird auch ins Niltal ausgeführt. Im Unterschied zu den anderen Oasen war für Bahariya eine Neulandgewinnung im großen Stil nicht vorgesehen: Zu problematisch gestaltet sich hier die Entwässerung, wie man an den Salzsümpfen hinter den Gärten von Bawiti sehen kann. Ihre Brunnen bohrten die Bauern früher mit einfachsten Methoden bis in 135 m Tiefe, von wo das Wasser durch natürlichen Druck nach oben sprudelte oder mit unterirdischen Kanälen auf tiefer gelegene Felder gebracht wurde. Mehrere Familien teilten sich die schwere Arbeit des Brunnenbaus und später auch das Wasser. In den von den Scheichs zu jedem Brunnen geführten Wasserbuch war genau festgelegt, wer das Wasser wann und wie lange in seine Gärten leiten durfte.

Doch die Natur ist launisch: Quellen und Brunnen versiegen, Wanderdünen begraben das Kulturland und ersticken schließlich die Palmen, Äcker versalzen. Zwischen den Weltkriegen verlor Bahariya so die Hälfte seiner Palmen, viele Menschen wanderten damals nach Kairo ab. Neue, vom Staat angelegte Tiefbrunnen und Motorpumpen haben die Lage wieder stabilisiert, sodass die Oase heute keinen Wassermangel mehr hat, sondern zu wenige Arbeitskräfte – zur Erntezeit kommen Wanderarbeiter aus dem Niltal. Doch die neuen Tiefbrunnen haben auch ihre Nachteile: In ihrer Umgebung fallen über kurz oder lang die alten Privatbrunnen der Bauern trocken, die damit allein auf die staatlichen Wasserzuteilungen angewiesen sind.

Als ich Bahariya für dieses Buch nach langer Pause wieder besuchte, fiel mir auf, wie vernachlässigt die Gärten inzwischen sind: Eingefallene Zäune, Felder liegen brach, Obstbäume bleiben sich selbst überlassen, verstopfte Kanäle laufen über. Während die alten Gärten verkommen, wird draußen in der Wüste mit viel Aufwand neues Land kultiviert. Salopp gesagt, scheinen die Alteingesessenen keinen Bock mehr auf die Gartenarbeit und diese auch nicht mehr nötig zu haben, während junge Männer aus dem Niltal ohne weiteres bereit sind, sich als Landarbeiter auf einer Melonenplantage in Bahariya zu verdingen.

Geschichte

Über die Oase wird erstmals in pharaonischen Quellen der 12. Dynastie berichtet. Wein und andere landwirtschaftliche Erzeugnisse wurden mit Eselskarawanen ins

Bahariya

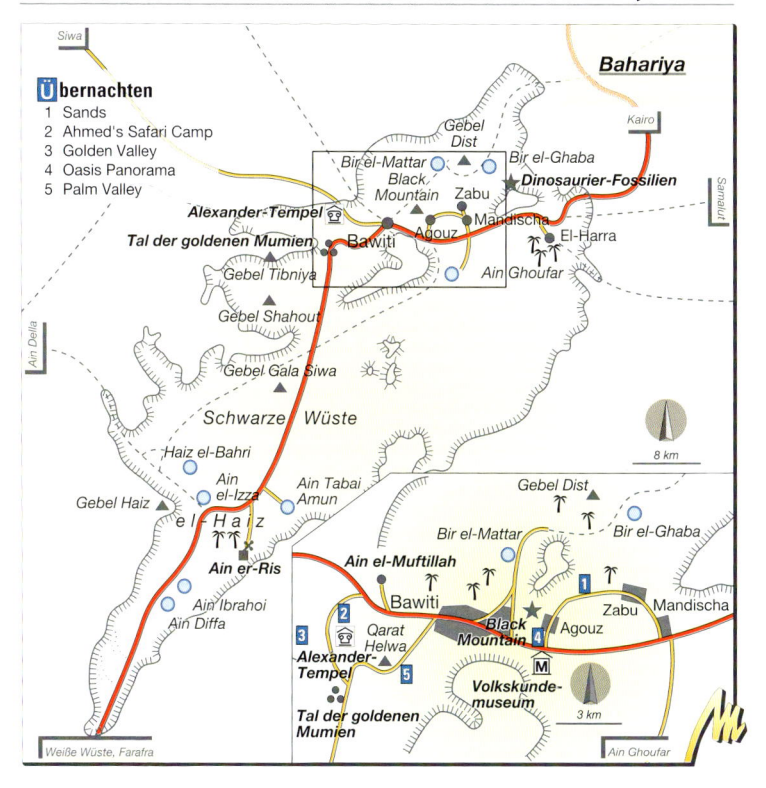

Übernachten
1. Sands
2. Ahmed's Safari Camp
3. Golden Valley
4. Oasis Panorama
5. Palm Valley

Fayum gebracht, denn Kamele waren noch unbekannt. Die Ramnessiden beuteten bereits die Erzvorkommen Bahariyas aus – und priesen den Wein der Oase. Eine Garnison schützte die Bauern vor den Überfällen der Beduinen. Unter den Pharaonen der 26. Dynastie (663–525 v. Chr.) war Bahariya das Zentrum eines regen Karawanenverkehrs zwischen Libyen und dem Niltal. Der koptischen Überlieferung nach brachte der Apostel Bartholomäus das Christentum in die Oase. Bis ins 14. Jh. hatte sie einen eigenen Bischof.

Mit dem Islam wurde der Weinbau durch Datteln und Oliven ersetzt. Auch die Sanddünen, die heute das Fruchtland von vielen Seiten bedrohen, erreichten erst in muslimischer Zeit die Oase. Als erster Europäer der Neuzeit kam 1815 Giovanni Battista Belzoni nach Bahariya. 1820 fertigte der Geologe und Entdecker Frederic Cailliaud bei einem sechswöchigen Aufenthalt eine minutiöse Beschreibung samt eindrücklichen Zeichnungen an.

1973 bekam Bahariya eine Teerstraße nach Kairo, auf der die Fahrt statt vorher mindestens drei Tage nur noch wenige Stunden dauert. Mit dem nun regen Handel erreichten auch neue Pflanzen- und Tierkrankheiten die Oase, und die reichliche Verwendung von Pestiziden führte etwa in el-Haiz zu Fehlgeburten und Missbildungen. Bald nach der Straße kamen die Elektrizität und 1986 schließlich das Fernsehen. Noch bis zum Ende des 20. Jh. wurden in Bahariya als vermutlich letztem

Ort Ägyptens alle Telefongespräche von einem freundlichen Beamten handvermittelt. Jetzt ist die Oase telefonisch ein Anhängsel Kairos.

Von Kairo nach Bahariya

Die New Valley Road verlässt Kairo hinter den Pyramiden. Sobald der Bus die Höhe des Kalksteinplateaus erklommen hat, sieht man sich aufs Reißbrett eines Stadtplaners versetzt: schnurgerade Straßenzüge, Alleen von Peitschenleuchten und jungen, windgebeugten Bäumchen, großzügig gezogene Zäune und Mauern, Geschossbauten, mal neomaurisch, mal mediterran, und immer wieder Baustellen. **Sitta October** gehört zur zweiten Generation der Satellitenstädte, mit denen die Planer den Großraum Kairo entlasten wollten.

Nach der Wüstenstadt wird das Gelände monoton. Die Straße und die sie begleitende Bahnlinie durchqueren eine flachwellige **Geröllwüste** mit Sandsteineinsprengseln und Milliarden kleiner bis mittelgroßer Kieselsteine. In vorgeschichtlicher Zeit floss hier ein gewaltiger Strom. Mit seinem Geschiebe aus Sand, Schlamm und Sinkstoffen füllte er die Senken und ebnete das Terrain. Auch einen Wald muss es in der Vorzeit gegeben haben. Ab etwa 100 km nach den Pyramiden findet man **versteinertes Holz**. Eisenoxide haben die bis zu einen Meter langen Strünke über die Jahrmillionen schwarzrot gefärbt.

Einzelne Sanddünen, wie man sie bei Charga noch eindrucksvoller treffen wird, kündigen die erste Stufe des Abstiegs in die Bahariya-Senke an. Wie eine gewaltige Zentrifuge hat der Wind, wo sich ihm eine Angriffsfläche bot, die vom urzeitlichen Wasser abgelagerten Partikel sortiert und die leichten Sedimente, wie etwa den Lehm, weit mit sich fortgetragen. Zurück blieben die schwereren Quarzkörner. Sie sind vergleichsweise wenig beweglich und sammeln sich im Windschatten oder bilden Dünen, die der Wind nur langsam in seine Richtung zwingt. Allmählich, doch unaufhaltsam wälzen sich diese Wanderdünen über Straßen, Palmen, Häuser, einfach über alles hinweg, was sich ihnen entgegenstellt – so zu sehen etwa in Mandischa, einem Dorf der Oase Bahariya, wo Wanderdünen jahrhundertealte Gärten zerstören.

Managim

Die Mine von Managim, von Kairo kommend noch oben auf dem Wüstenplateau vor der Abfahrt in die Oase, war ein Prestigeprojekt der Nasserschen Industrialisierungspolitik und liefert über die eigens dafür gebaute Bahnlinie das im Tagbau gewonnene Eisenerz an die Stahlhütten in Helwan. Die Arbeiter stammen aus allen Teilen Ägyptens und wohnen mit ihren Familien in einer Siedlung, die samt Kantine, Kino, Bibliothek, Club und Schwimmbad nach realsozialistischem Vorbild gebaut wurde und ebenso verkam – nur die Moschee erfreut sich wachsender Beliebtheit. Neben dem Erzabbau betreibt die Minengesellschaft auch eine über die Jahre dem Wüstensand abgerungene Farm, die die Beschäftigten mit Bohnen, Tomaten und Frischgemüse versorgt.

Bawiti

Neuankömmlingen zeigt Bawiti, die Hauptstadt der Oase, zunächst ihre langweilige Seite: eine Hauptstraße mit gesichtslosen Neubauten und gleichförmigen öffentlichen Gebäuden für Post, Polizei, Schule und Verwaltung. Der alte Dorfkern liegt rechter Hand etwas versteckt. Viele der pittoresken Lehmhäuser sind verlassen. Der Staat ermutigt zum Wegzug in die Neubauviertel, denn die Altstadt steht auf antiken

Bahariya 453

Ruinen und Gräbern. Machen Sie einen Spaziergang durch die Gassen und die Gärten, die sich unmittelbar am Ortsrand anschließen.

Der kurzzeitige Flirt des oberbayrischen Kurorts Bad Endorf mit Bawiti verhalf der Oase zu einer „Endorfer Straße". Erfolgreicher war die private Initiative des jungen Peter Wirth, der heute das führende Kurhotel der Oase betreibt. Doch nicht das warme Schwefelwasser, sondern die Entdeckung des pharaonischen Friedhofs der „goldenen Mumien" brachte Ende der 1990er-Jahre den lange erhofften Touristenboom. Dass bislang gerade nur fünf dieser Mumien mit ihren goldenen Gesichtsmasken ausgestellt sind und der Fundort bis auf Weiteres nur für Fachleute zugänglich ist, schien dabei nicht zu stören. Inzwischen kommen die meisten Gäste, um von Bawiti aus einen Abstecher in die Weiße Wüste zu machen.

*A*nfahrt/*V*erschiedenes

> Telefonvorwahl: 02

● *Bus* Mit Upper Egypt Bus **ab Kairo** um 7 und 8 Uhr (ab Turgoman-Terminal, Reservierung spätestens am Vortag empfohlen); um 15 Uhr (ab Mounib-Terminal, Reservierung möglich); um 18 Uhr (ab Turgoman, Reservierung nur nach Farafra–Dachla möglich). Die 370 km lange, von einer Rast auf halber Strecke unterbrochene Fahrt dauert 5 Std. und kann, je nach Fahrzeug, sehr staubig, zugig, heiß, auf jeden Fall unangenehm sein.

Rückfahrt **nach Kairo** tägl. gegen 6.30, 10 und 15 sowie um 13 und 24 Uhr. Die beiden letztgenannten Busse kommen aus Dachla – Sitzplätze können nicht reserviert werden. Die Busse enden in Kairo an der Metrostation Mounib.

Fahrt nach **Farafra** und **Dachla** um 11 und 23 Uhr mit Bussen aus Kairo.

Tickets verkauft ein frühmorgens und abends geöffneter Kiosk im Wartehäuschen an der Hauptstraße gegenüber der Feuerwache. Hier starten auch die Busse ab Bawiti. Durchfahrende Busse jedoch halten 800 m weiter vor dem Hilal Coffeeshop im Westen der Stadt.

● *Minibus* Abfahrten **in Kairo** am frühen Morgen (ab 7 Uhr) vom Café el-Wahia, Sh. Qadri, Sayida Zeinab. Abfahrten von Bawiti (Hilal Coffeeshop) **nach Kairo** morgens ab 6 Uhr und gegen Mitternacht. Seltener sind Sammeltaxis nach **Farafra** – fragen Sie im Coffeeshop.

● *Straße nach Siwa* Die Straße nach Siwa (410 km) ist zu einer schlechten Piste verkommen. Man braucht für die Strecke Allradfahrzeug und Permit, das die Fahrer kurzfristig besorgen können. Für die Fahrt rechne man 1500 LE (ganzes Auto), Zwischenübernachtungen oder auch nur Abstecher von der Piste sind nicht erlaubt.

● *Geld* Die **National Bank** neben dem Postamt hat einen Geldautomaten. Die Bankschalter sind So–Do geöffnet.

Öffentliches Baden ist Männersache

- **Information** Das Touristenbüro, ☎ 3847 3039, mohamed_kader26@hotmail.com, befindet sich in Bawiti an der Hauptstraße schräg gegenüber der Polizeistation. Mohammed Abdel Kader oder seine Vertreter sollten dort Sa–Do 9–14 Uhr anzutreffen sein.
- **Literatur** Wer sich besonders für Bahariya interessiert, kann seine Reise in deutschen Bibliotheken vor- oder nachbereiten. **Frank Bliss** behandelt in *Die Oasen Bahariya und Farafra* die Modernisierungsproblematik. **Zahi Hawass'** Buch *Das Tal der goldenen Mumien* (Scherz Verlag, 2002) bringt außer gehöriger Selbstdarstellung des Autors auch eine Beschreibung der archäologischen Stätten Bahariyas.
- **Internet** Internetcafés findet man an der Hauptstraße.

Übernachten

In Bawiti gibt es Hotels der mittleren und einfachen Kategorie in ausreichender Zahl. Wer Ruhe und Natur sucht, mag eines der Camps außerhalb der Stadt wählen. Zeitweise stritten die Schlepper der Camps und Budget-Hotels derart um ankommende Busreisende, dass diese vom beamteten Touristenmanager empfangen und erst nach Beratung an die Hotels vermittelt wurden.

- *Hotels in Bawiti* **Qasr el-Bawiti (6)**, Hotel im „Oasenstil" am Rand der Gärten. Die Kuppelhäuschen der Anlage wurden mit natürlichen Materialien aus der Umgebung wie Holz, Stein und Ziegeln gebaut. Palmholzmöbel, saubere Bäder mit ausreichend Wasserdruck, Therme, Pool, Restaurant und Garten. Wer aufs Geld nicht schauen muss und will, bucht eine der Suiten mit eigener Terrasse und toller Aussicht. Für alle anderen Individualtouristen ist das Haus überteuert. DZ/HP 120 €. Bawiti, Bir el-Ghaba Rd. 2 km außerhalb des Zentrums, ☎/℡ 3847 1880, www.qasrelbawity.com.

International Hot Spring (9), Hotel am Stadtrand zu Füßen des Black Mountain, geführt von Peter Wirth und seiner japanischen Frau Miharu; sie verwöhnen ihre Gäste mit einer ins Hotel integrierten heißen Quelle, einem schönen Garten und dem besten Restaurant weit und breit. Die 36 Zimmer sind mit AC, Elektroheizung und Ventilator ausgestattet. Abends sitzt man gemütlich in „Peters Bar". Peter und Miharu haben sich auch als zuverlässige Veranstalter von Wüstenausflügen per Jeep oder Motorrad einen Namen gemacht. DZ mit HP 60–80 €, zu buchen auch über Oft-Reisen. Bawiti, Cairo Rd.

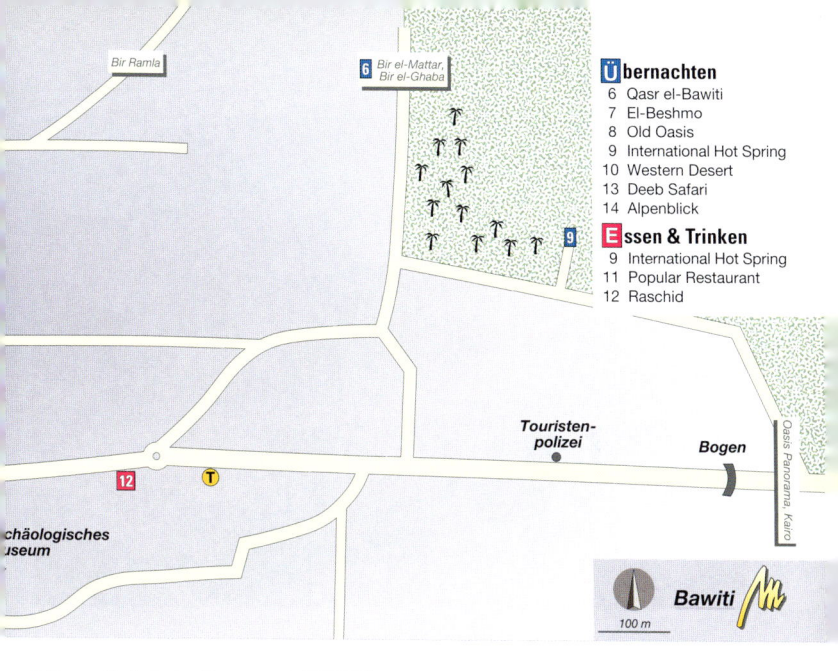

Übernachten

- 6 Qasr el-Bawiti
- 7 El-Beshmo
- 8 Old Oasis
- 9 International Hot Spring
- 10 Western Desert
- 13 Deeb Safari
- 14 Alpenblick

Essen & Trinken

- 9 International Hot Spring
- 11 Popular Restaurant
- 12 Raschid

1,5 km außerhalb des Zentrums, ☏ 3847 3014, ✉ 3847 2322, www.whitedeserttours.com.

Oasis Panorama (Karte S. 451, Nr. 4), das zweigeschossige, abends farbenfroh ausgeleuchtete Hotel ist als Halbrund um einen Hof gebaut. Rezeption, Shop und Restaurant befinden sich in einem separaten Gebäude. Als dritter Bau kam jüngst eine Bungalowreihe mit überkuppelten Gästezimmern dazu. Zimmer mit TV, Kühlschrank, AC. Als Besonderheit verdient die Ausstattung mit Moskitonetzen Lob. DZ 200–300 LE. Bawiti, Cairo Rd., 1,5 km außerhalb des Zentrums, ☏ 3847 3354, ✉ 3847 3896, www.oasispanorama.net.

Western Desert (10), neueres und sauberes Haus mitten im Ortszentrum. Dachterrasse, geräumige Zimmer im ägyptischen Barock, kleinere Reisegruppen und freundliches Personal, WLAN. DZ 40 €. Bawiti, ☏/✉ 3847 1600, www.westerndeserthotel.com.

Old Oasis (8), das von Saleh Abdallah am Rande des Palmenhains geführte Haus hatte bei meinem Besuch das beste Preis-Leistungsverhältnis unter den Hotels der Oase. Herrlicher Garten mit altem Baumbestand, Aussichtspavillon, Warmwasserpool. Die Zimmer im Altbau sind einfach eingerichtet. Ventilatoren sorgen für Kühlung. Im Neubau gibt's mehr Stil mit Rosenmotivtapeten und schweren Vorhängen, dazu AC, Kühlschrank und TV. Das beste Zimmer ist Nr. 410. DZ 150–250 LE. Bawiti, bei der 'Ain Bischmu, ☏ 3847 3028, ✉ 3847 1855, www.oldoasissafari.4t.com.

El-Beshmo (7), schön gelegenes, doch etwas nachlässig geführtes Bungalowhotel mit 20 Zimmern, einige davon mit Bad und AC. Man schläft etwas hart auf gemauerten Betten. Die Ausgräber der „goldenen Mumien" wohnten einst hier. Es gibt einen Pool und eine Teeküche, Bier, auf Vorbestellung auch Abendessen. DZ 200–220 LE. Bawiti, bei der 'Ain Bischmu, ☏/✉ 3847 3500, elbeshmo@hotmail.com.

Alpenblick (14), das traditionsreiche Haus mit dem hier gänzlich unerwarteten Namen (früher konnte man von Hotel bis zum Berghang am Rand der Oase blicken) hat sich nach langem Niedergang wieder etwas gefangen. Einfache Zimmer mit Bad (prüfen Sie Armaturen und Abflüsse), überdachte Terrasse mit Palmholzmöbeln. Leider versuchen manche Mitarbeiter ziemlich penetrant, den Gästen Ausflüge und was noch alles aufzudrängen. 50 LE/Pers. Bawiti, bei der Telefonzentrale, ☏ 3847 2184, ✉ 3847 2177, www.alpenblick-hotel-oasis.com.

Deeb Safari Hotel (13), Neubau an der Hauptstraße, könnte in der Budgetklasse eine Alternative zum Alpenblick sein, war bei meinen Besichtigungsversuchen aber stets zu, den der Wirt musste beten, essen, Dringendes besorgen oder schlafen. Vielleicht haben Sie mehr Glück. Bawiti,

456 Westliche Wüste

Die Stadtreinigung von Bawiti

Hauptstraße beim Hilal-Teehaus, ✆ 0122-4637310.

• *Hotels und Camps außerhalb (Karte S. 451)* **Sands (1)**, neues und viel gelobtes Hotel 5 km vom Zentrum in einem großen Grundstück mit eigenem Küchengarten. Ansprechende Bauweise im „Oasenstil", Bar, Pool, Restaurant, geräumige Zimmer mit Terrasse, AC und Palmholzmöbeln, die etwas teureren Themenzimmer mit Himmelbetten und aufwendigem Design. DZ 90–120 €. Tibniya, ✆ 3749 0167, ✆ 3749 0183, www.shoreshotels.com.

Palm Valley (5), 5 km außerhalb in einem Palmenhain, lebt das Hotel auch von der Empfehlung durch Ägyptens Chefarchäologen Zahi Hawass, der hier gelegentlich nächtigt und nach dem auch die Suite benannt wurde. Billard, Reitpferde (60 LE/Std.). DZ 30–60 €. Agouz, ✆ 3771 1117, palmavillage@hotmail.com.

Golden Valley Hotel and Camp (3), man hat die Wahl zwischen einfachen Hütten mit Gemeinschaftsbad oder kleinen Reihenbungalows mit eigenem Bad und AC. Zum Hotel gehört ein von der hauseigenen Quelle gespeister Pool. DZ 100–150 LE. 2,5 km außerhalb Richtung Farafra, ✆ 0122-4972143, www.craweentours.com.

Ahmed's Safari Camp (2), im Camp des Schulinspektors Ahmed, dessen Sohn die Anlage managt, hat man die Wahl zwischen einfachen Schilfhütten, herkömmlichen Zimmern und kleinen Kuppel-Bungalows mit Bad. Prüfen Sie die Sanitäranlagen, denn in einzelnen Bädern roch es nach Kloake. Ansprechende Wandbilder und viel Grün schmücken das Camp. Vor allem Selbstfahrer und Expeditionen übernachten bei Ahmed. Der Alexander-Tempel und eine heiße Quelle befinden sich gleich hinter dem Camp. DZ mit Bad 100–160 LE. Tibniya, 4 km außerhalb an der Straße nach Siwa, ✆ 3847 2770, ahmed_safari@hotmail.com.

Essen & Trinken/Einkaufen (Karte S. 454/455)

• *Essen & Trinken* Spezialitäten der Oase sind Oliven(öl) und Datteln, die an Ständen etwa vor Hilals Coffeeshop verkauft werden. Nur für den Eigenbedarf ziehen die Bauern *ruz wahi*, einen braunen Reis mit Nussgeschmack, und die Hausfrau kocht *kischki*, ein Gericht aus Dickmilch und Weizen.

Das **Hot Spring Hotel (9)** hat die beste Küche der Oase und schenkt auch Bier und Wein aus.

Popular Restaurant (11), an der Hauptstraße beim Western Desert Hotel, geführt von Mohamed el-Bayoumi und Sohn. Im Angebot sind eine Suppe mit Fleisch (fettige und knochige Stücke), Hühnchen, Reis, ein Gemüse (meist Bohnen oder Kartoffeln), Salat, schließlich Tee: Das macht pro Person rund 30 LE, das Bier kostet 15 LE extra – sofern Sie den Preis vor der Bestellung vereinbart haben. Sonst würde Mohammed Sie möglicherweise gnadenlos über den Tisch ziehen. Solange das Lokal ohne Konkurrenz bleibt, gibt es wenig Anlass zu Verbesserungen.

Raschid (12), an der Hauptstraße nahe der Tankstelle. Cafeteria mit einfachen Gerichten, kein Alkohol.

• **Einkaufen** Das bescheidene Handwerk Baharyias kann sich gegen die aus Kairo importierten Waren nicht mehr durchsetzen und stirbt aus. So gibt es keinen Juwelier mehr, und es tragen nur noch wenige alte Frauen den traditionellen Schmuck mit Nasenring und die mit aufgenähten Münzen verzierten Festtagskleider. Einzig Kamelhaardecken und Strickwaren aus Kamelwolle sind noch „Made in Bahariya".

Souvenirs und Kunsthandwerk verkaufen einige Läden an der Kreuzung beim Popular Restaurant. Aus Bahariya stammen die Kamelhaardecken und Kleider im Stil der Oase.

Der **Oasis Bookshop** im Gebäude des Western Desert Hotel verkauft Bücher und ansprechende Postkarten.

Der **Shop der Frauenkooperative** im Zentrum (beim Qarat el-Firagi) verkauft Kunsthandwerk aus der Oase, z. B. bestickte Kleider und andere Textilien oder Körbe. Nur vormittags geöffnet.

Ein ähnliches Angebot hat der von einer NGO betriebene **Desert Lover Shop**, im Zentrum an der Westseite der Durchgangsstraße.

Sehenswertes in Bawiti

Die archäologischen Stätten in Bawiti und el-Qasr (→ S. 458 ff.) sind nur mit einem Sammelticket zugänglich, das täglich von 8.30 bis 14 Uhr an einem Kiosk unterhalb des Museums für 45 LE (Studenten 25 LE) verkauft wird.

☆ **Qarat Qasr Selim**: Am Rande von Bawitis Altstadt sind im Hügel Qasr Selim zwei pharaonische Gräber der 26. Dynastie zu besichtigen. Das farbenprächtige Grab des Bannentiu und, 15 m östlich davon, das Grab seines Vaters Zed-Amun-ef-Anch liegen etwa 6 m unter dem heutigen Straßenniveau. Sie wurden schon in der Antike geplündert und neu belegt. Zed-Amun-ef-Anch mag ein Kaufmann oder reicher Grundherr gewesen sein. Sein ungewöhnliches Grab besteht aus gerade nur einem Raum mit vier runden Pfeilern und sieben Scheintüren. Bannentiu hat die mit Abstand schönsten Wandbilder in Bahariya.

Grab des Bannentiu: Eine Metalltreppe führt in die nahezu quadratische, von vier Säulen abgestützte Halle. Rechts vom Eingang begegnen wir dem Grabherrn, wie er mit rasiertem Kopf von einem Priester dem Gott Amun-Re vorgestellt wird. Im hinteren Teil der rechten Wand balsamiert Anubis den Leichnam, während Isis und Nephtys den Tod des Bannentiu beklagen, dessen Seele (ba) über der Mumie schwebt.

An der Rückwand sehen wir rechts die Reise des Mondes über den ozeanblauen Himmel – ein ungewöhnliches Motiv, das sonst der Sonne vorbehalten ist. Isis und Nephtys halten den Mond, Himmelsgott Schu trägt ihn. Auf der anderen Seite der Rückwand wiederholt sich die Szene mit der Sonne und Himmelsgöttin Nut. Den Eingang in die Grabkammer bewachen Thoth (links) und Horus (rechts).

> Durch den Hügel zieht sich ein römisch-ptolemäischer Qanat (→ S. 500). Man erkennt seinen Verlauf an der Reihe in regelmäßigen Abständen niedergebrachter Brunnenschächte (manawir), die unten mit einem Stollen verbunden wurden. Zuletzt wurde so das Wasser der 'Ain Hubajah von oberhalb der Landstraße in die Gärten geleitet. Die Reihe der Brunnenschächte setzt sich an der Westseite des Museums fort und führt zu der seit 1985 versiegten Quelle – ein tiefes Loch mit einer Palme auf dem Grund, die leider im Müll unterzugehen droht.

Aus der Grabkammer wurde rechts des Eingangs die Göttin Neith (mit Pfeil und Bogen) geklaut, die vor Anubis und Thoth unter einer Balsamierungsszene stand. An der rechten Seitenwand sehen wir das „Totengericht" mit dem Wägen des Herzens.
Im rechten Teil der Rückwand steht Isis und sitzt Osiris vor Opfergaben – am anderen Ende des Tischs ein Monster, das, so der Text, die Sünder zu verschlingen droht. Die Szene wiederholt sich spiegelbildlich im linken Teil der Wand und setzt sich an der linken Seitenwand fort, wo der Grabherr zu Osiris und Isis betet, hinter denen sieben weitere Götter Spalier stehen.

Volkskundemuseum: Lebensgroße Kamele und Lehmfiguren von Bauern und Bäuerinnen markieren den Eingang zu einem ungewöhnlichen Museum, mit dem Mahmud Aid der Oase eine neue Sehenswürdigkeit schuf. Jeder „Lehmmensch" hat eine Persönlichkeit aus dem Dorf zum Vorbild, und so kommen gelegentlich auch die Einheimischen vorbei, um die Abbilder von sich selbst oder ihren Nachbarn in nachgestellten Szenen aus dem Dorfleben zu bestaunen: Frauen beim Käsen, ein Seiler, Männer beim Siga-Spiel. Wie sein Rohmaterial gewinnt Aid auch die Farben aus der Natur. Gemälde mit Folkloremotiven, eine Sammlung traditioneller Seidentücher und Beduinenkleidung runden die kleine Sammlung ab. Kleinere Tonfiguren und -köpfe, die auch in den Reisekoffer passen, werden verkauft. Eine etwas traurige Angelegenheit ist der dem Museum angegliederte *Reptilienzoo*. Die der Wüste entnommenen Schlangen und Echsen werden hier wenig artgerecht gehalten.

Das Museum ist an der Landstraße beim Camel Camp, ca. 2 km außerhalb der Stadt. Eintritt frei, Spende erwünscht. www.camelcamp.com.

Archäologisches Museum: Halten wir der Altertümerverwaltung zugute, dass ihr Museum (tägl. 8.30–15.30 Uhr) erst im Aufbau begriffen ist. Bis jetzt handelt es sich um eine von hohen Mauern und Wachtürmen geschützte Lagerhalle, in der ein Raum zu besichtigen ist. Hier sind ohne weitere Erklärung zehn Mumien aufgebahrt – und zerfallen samt ihren Masken allmählich zu Staub. Reisefürer, die hier regelmäßig vorbeikommen, zeigen sich jedenfalls erschreckt über die fortschreitenden Schäden.

Mumie A aus Grab Nr. 54, ein im Alter von etwa 50 Jahren verstorbener Mann trägt eine vergoldete Uräus-Schlange über dem Stirnband mit Fayencen und Halbedelsteinen. Ähnliche Bänder teilen den goldenen Brustpanzer in drei Register.
In der **Mumie B** vermuteten die Ausgräber die Ehefrau von A. Sie lag direkt neben ihm und hat den Kopf leicht zur Seite geneigt. Je nach Perspektive des Betrachters scheint die Frau zu lächeln, nennen wir sie also die **Mona Lisa von Bahariya**.
Mumie C repräsentiert den Mumientyp ohne Brustschild. Nur das Gesicht des jungen Mannes ist vergoldet, die übrigen Teile der Kartonage sind mit Göttern bemalt, die dem Toten bei der Reise durch die Unterwelt beistehen sollen.
Dann gibt es noch einen kleinen **Jungen** mit Gesichtsmaske aus Gips und ein Mädchen.

'Ain Bischmu: Das einstige Wahrzeichen Bawitis hat seinen Charme verloren. Der Felsübergang über der kleinen Schlucht ist eingestürzt, die Quelle fördert nur noch mit Hilfe einer Motorpumpe Wasser zu Tage. Kinder zeigen das *Grab des Scheichs Bischmu*. Gleich unterhalb bilden die Palmen ein dichtes Dach über den von Kanälen durchzogenen Gärten.

Sehenswertes in el-Qasr

Nach Südwesten hin geht Bawiti in das Dorf el-Qasr über, das seit der Pharaonenzeit bewohnt ist. Am Ortsrand, oberhalb der Quelle **'Ain el-Muftillah**, wurde ein Tempelkomplex freigelegt und zu seinem Schutz überdacht. Eine Kapelle war Bes geweiht, dem Gott des Glücks und des Vergnügens, dessen gnomenhafte Gestalt wir in den erhaltenen Reliefs noch erkennen – auch in Bawiti hatte er ein Heiligtum. Als Stifter wird Zed-Chonsu-ef-Anch genannt, der unter Pharao Amasis (570–

Tonscherben am Alexander-Tempel

525 v. Chr.) Gouverneur von Bahariya war. Sein kürzlich in Bawiti entdecktes Grab ist noch nicht zugänglich. Von der Anhöhe hat man besonders mit der untergehenden Abendsonne einen schönen Panaromablick über die Oase.

Tempel Alexanders des Großen: Der einzige ägyptische Tempel mit den Kartuschen des Makedonen liegt 4 km außerhalb hinter Ahmeds Safari Camp, ist schlecht erhalten und nur für Archäologen von Interesse. Ob Alexander, vielleicht auf dem Rückweg von Siwa, je persönlich nach Bahariya kam, ist ungeklärt. Die gerade noch 1–2 m hohen (überdachten) Mauerreste aus mit Sandstein verkleideten Lehmziegeln zeichnen auf einem Hügel den Grundriss von 45 Räumen. Nebenan blieben Mäuerchen und Tonscherben von Lagerräumen und den Häusern des Tempelpersonals erhalten. Die Einheimischen nennen den Ort *Qasr Migisbah*. Tempelwächter Abdul Maugud – genau genommen sein Esel – entdeckte die „goldenen Mumien" (siehe unten).

Grab des Amenhotep Huy: Am Qarat Helwa (etwa 1 km außerhalb von el-Qasr neben der Straße nach Farafra) findet man als Teil eines Friedhofs der Pharaonenzeit dieses Grab aus der 18. oder 19. Dynastie. Die bislang älteste archäologische Stätte in el-Qasr besteht aus einer Eingangshalle mit zwei Säulen und einem zweiten Raum mit drei kleineren Grabkammern. Zwei dieser Kammern sind weiter in je zwei winzige Räume unterteilt. Die Grabstätte wurde im Lauf der Jahrtausende ziemlich ramponiert, die Decke ist weggebrochen. In der Eingangshalle erkennt man noch einige verblichene Reliefs, die den Verstorbenen, seine Frau beim Festmahl und beide zusammen mit *Min*, dem Gott der Fruchtbarkeit, zeigen. In der Grabkammer sehen wir Amenhotep Huy beim Zählen des Tributs aus Wein (oder Bier) und Getreide für den Pharao.

Tal der goldenen Mumien: Der Fehltritt eines Esels verhalf Bahariya 1996 zu weltweiten Schlagzeilen. Das Tier brach in der Wüste 2 km südlich des Alexander-Tempels in die dünne Decke einer Grabkammer ein (auf gleiche Weise hatte ein Artgenosse bereits die Katakomben Kom esch-Schuqafa in Alexandria „entdeckt"). Dies war die erste Spur eines ganzen Gräberfeldes, in dem Wissenschaftler heute einige tausend Mumien aus ptolemäisch-römischer Zeit vermuten. Nie zuvor wurden so viele intakte Mumien gefunden, die wie durch ein Wunder von Plünderern und Grabräubern unbehelligt blieben. Oft über mehrere Generationen wurden die Toten hier in Familiengräbern beigesetzt. Die Gräber sind schlicht und weitgehend schmucklos, also ohne Inschriften, Malereien und Reliefs. Statt an den Wänden erscheinen die Totengötter nun auf den Mumien: aufgemalt auf teils vergoldete Kartonagen, die Gesicht und Brust bedecken und die Züge der Toten lebensecht wiedergeben. Offenbar konnten sich nur die Reichen solchen Totenschmuck leisten, denn die Mehrheit der Mumien wurde nur in Bandagen gewickelt, mal mehr, mal weniger sorgfältig. Noch sind die Ausgräber auf dem 10 km² großen Friedhof am Werk und Touristen nicht willkommen.

> Die Amerikanerin Teri L. Tucker untersuchte reihenweise Knochen aus dem goldenen Tal, um ein Bild vom Gesundheitszustand der damaligen Oasenbewohner zu gewinnen. Demnach starben die Leute meist im Alter von 25 bis 35 Jahren. Infektionskrankheiten und die oft tödlichen Zahnprobleme waren jedoch seltener als im Niltal. Offenbar ernährten sich die Oasenbewohner, auf deren Speisezettel vor allem Weizen und Datteln standen, gesünder als die Leute am Nil. Häufige Krankheiten waren Arthritis, Knochenbrüche und Abnutzung des Schienbeins, eine Folge von Belastungen in hockender Haltung.

Warme Brunnen: Nur der etwa 45 °C heiße *Bir Ramla* liegt in Laufweite (2 km) von Bawiti. Er ist gut einzusehen und wird auch von Einheimischen besucht, weshalb

Sonnenuntergang in Abu Muharrik, dem längsten Dünenfeld der Sahara

Frauen auch im Badeanzug allenfalls bei Dunkelheit in den Pool können. Gleiches gilt für den 7 km von Bawiti entfernten, stark schwefelhaltigen *Bir el-Matar*, der seinen Namen von einer nahen, im Weltkrieg benutzten Flugpiste hat. Unter sich sind Ausländer nur am *Bir el-Ghaba*, der eine halbe Jeepstunde von Bawiti entfernt liegt. Zu allen Brunnen bieten die Hotels Fahrten an.

Bir el-Matar 28°23'05"N 28°54'43"O; Bir el-Ghaba 28°25'54"N 28°56'29"O.

Ausflüge

Die Hoteliers und ein Dutzend unabhängiger Guides bieten Jeepausflüge mit Übernachtung in der Weißen Wüste, eventuell einen Besuch in Farafra mit eingeschlossen. Viele Besucher empfinden den als Tagestour rund 100 €, mit Übernachtung 150 € teuren Wüstentrip zu den bizarren Kalksteinformationen und besonders die Lagerfeuerromantik mit Übernachtung unter dem Sternenzelt als einen Höhepunkt ihrer Ägyptenreise. Was eine gute Tour von der schlechten unterscheidet, erfährt man schnell von den Guides, die den Ausfahrten ihrer Konkurrenten alle erdenklichen Mängel zuschreiben: Fahrt auf dem Asphalt statt offroad, keine Decken für die Übernachtung, karges Essen, pannengefährdetes Auto, Fahrt mit einem Gehilfen, der die schönsten Flecken nicht kennt, usw. Auf jeden Fall sollten Sie *vor* der Fahrt alle Details aushandeln, spätestens in der Mittagszeit aufbrechen (sonst ist es dunkel, wenn Sie in der Weißen Wüste ankommen) und erst nach der Fahrt bezahlen.

Ich habe mit Peter Wirths (vom Hot Spring Hotel), **White Desert Tours**, gute Erfahrungen gemacht, doch zählt dieser zugegebenermaßen zu den teuersten Veranstaltern in Bahariya. ✆ 3847 3014, www.whitedeserttours.com.

AIKO-Deserttours, Stefanie Heine und Mohamed „Kosa" Senussi, einer der erfahrensten Wüstenfahrer, arbeiten viel für Reiseveranstalter, bietet aber auch Individualtouristen maßgeschneiderte Wüstentouren in die nähere und weitere Umgebung Bahariyas. ✆ 0122-4388040, aiko_deserttours@yahoo.de.

Außer der unten näher vorgestellten Weißen Wüste seien noch einige weniger bekannte Attraktionen erwähnt, die man etwa auf der Fahrt zum Bir el-Ghaba besuchen kann. Zwischen den Abzweigungen nach Mandischa und el-Harra hebt sich nördlich der Landstraße vom hellen Sand das düstere Ruinenfeld **Qasr Muharib** ab, eine verfallene römisch-christliche Siedlung mit einst stattlichen Villen, einem Fort, Kirche und Aquädukten. Der **Pyramid Mountain** *(Gebel Dist)* und sein Nachbar, der **Gebel Maghrafa**, sind eine Schatzgrube für Fossiliensammler. Hier entdeckte der bayerische Paläontologe Ernst Stromer den *Bahariasaurus*, dessen Skelett 1944 bei einem Luftangriff auf München zerstört wurde. Neuere Funde zeigt das Geologische Museum in Kairo (→ S. 131).

Auf dem **Black Mountain** *(Gebel Mayisra* oder *Gebel el-Ingliz)*, einem Tafelberg aus dunklem Dolorit und Basalt, hatte der englische Armeeoffizier Williams im Ersten Weltkrieg einen komfortabel eingerichteten Beobachtungsposten. Damals war die Oase in Händen der libyschen Senussi-Bewegung (→ Farafra), während die Engländer die Zugänge besetzt hielten und die Aufständischen zehn Monate belagerten, bevor diese die entscheidende Schlacht verloren.

Die Tropfsteinhöhle ✮✮ **Djara** *(el-Qaf el-Gara)* versteckt sich in einer öden Ebene 130 km südöstlich von Bahariya. Am Heiligabend 1873 soll es gewesen sein, als mit dem Afrika-Forscher Gerhard Rohlfs der erste Europäer das Naturwunder betrat, dann wurde es bis in die 1990er-Jahre wieder vergessen. Die Höhle, groß wie ein Handballfeld, bezeugt eindrücklich, dass es in der heute staubtrockenen Wüste einst Wasser im Überfluss gab. Und damit auch Menschen, die hier Unterschlupf fanden und Felszeichnungen (am Eingang gleich links, nicht leicht zu entdecken) von Straußen, Antilopen, Ziegen und anderen Tieren hinterließen. Meterhohe Stalaktiten hängen von der Decke, auf sanftes Antippen antwortet jeder dieser Kalkzapfen mit einem anderen Ton. Bringen Sie eine Taschenlampe mit! Etwa 20 km östlich der Höhle beginnt dann die Dünenkette **Ghurd Abu Muharrik**. Drei parallele, mehrere hundert Kilometer lange Dünenreihen wandern in der vorherrschenden Windrichtung Südsüdost. Mancher Fahrer brettert begeistert über die Flanken der Sandwälle, Fotografen finden im späten Licht reizvolle Motive.

Pyramid Mountain 28°25'52"N 28°55'29"O; Black Mountain 28°21'57"N 28°54'28"O; Djara-Höhle 27°24'12"N 29°38'15"O.

Zwischen Bawiti und Farafra

Auf der Straße nach Farafra zeigt sich die Wüste von ihrer farbenprächtigen Seite. Etwa 20 km nach Bawiti passiert man die wie verbrannt wirkende ✮✮ **Schwarze Wüste** *(Sahara as-Sauda)*. Auf dem flachen Talboden erheben sich dunkle Zeugenberge aus Dolorit und anderen Vulkangesteinen. Dort sind Kieselsäuren ausgeblüht und haben Stein und Sand mit dünnen Limonit-Krusten überzogen. Viele Hügel sind gleich geschichtet und gleich hoch – Überreste der Deckschicht, die Wasser und Wind sonst bis zum Talgrund abtrugen. Nach Süden hin treten neben die Zeugenberge zusehends stärker erodierte Kegel mit Schuttfächern, dann schließen sich unscheinbare Sandhaufen an. Im Zeitraffer läuft vor dem Fenster des eilenden Wagens ein viele Jahrmillionen dauernder geologischer Prozess ab: die Abtragung einer ganzen Landschaft.

Als Aussichtspunkt über das Terrain der Schwarzen Wüste eignet sich der leicht zu erklimmende *Gebel ez-Zuqaq*, ein Hügel 25 km nach Bawiti gleich neben der Straße. Hier beginnt auch eine Piste, die parallel zur Straße zwischen den Hügeln verläuft. An einer Felsformation rechts der Straße und nahe dem Sendemasten, etwa 30 km südlich von Bawiti, schimmern rot-gelb-goldene Streifen im hier hellen Fels. Eine Ambulanzstation markiert den Eingang zu den Oasen von *el-Haiz*, der südlichen Oasengruppe in der Bahariya-Senke. Sehenswert sind hier die römisch-byzantinischen Ruinen von ✮ *'Ain er- Ris*, der zweiten Oase links der Straße. Dort gibt es die frisch restaurierte Georgsbasilika mit ihren Lehmziegelmauern und ein zerfallenes Kloster zu sehen. 500 m südlich davon auf der anderen Straßenseite die stattlichen Reste einer der größten römischen Garnisonen Ägyptens, dazu ein Hügel aus Siedlungsschutt, eine antike Kelterei und ein Friedhof mit in den Sandstein geschlagenen Gräbern. Bei der Festung legen die Ausgräber gerade eine Palastanlage mit bemalten Wänden frei. Aus Furcht vor Raubgrabungen an der noch kaum erforschten Stätte war die Besichtigung zuletzt nur in Absprache mit der Antikenverwaltung in Bawiti möglich.

Bahariya 463

Bergkristalle findet man etwa 110 km nach Bawiti beim *Gebel el-Izaz*, dem **Crystal Mountain**. Dieser Hügel erhebt sich in einer lang gezogenen Linkskurve gleich neben der Straße. An seinem Fuß ist auf der Farafra zugewandten Seite ein halbrunder Felsüberhang auszumachen, der wohl in grauer Vorzeit die Decke einer Höhle war. Hier wachsen die schönsten Kristalle. Damit diese nicht weiter als Mitbringsel verschwinden, ist der Felsen nun mit einem Absperrseil gesichert. Wir sind nun bereits im Nationalpark Weiße Wüste, über den uns eine Tafel informiert. Auch das Eintrittsgeld (umgerechnet 5 $ pro Person und Auto) wird hier kassiert.

Ain er-Ris 28°00'42"N 28°41'56"O; Crystal Mountain 27°39'43"N 28°25'47"O.

☆ ☆ ☆ Weiße Wüste

Sanddünen begleiten die Straße am *Nabq es-Sillim* (27°29'59"N 28°14'55"O), dem „Treppenpass" in die Farafra-Senke. Manche Karten nennen ihn nach dem Pass der weiter östlich verlaufenden Karawanenroute fälschlich Nabq el-Aqabat. Die fotogene Hügelkette *Aqabat* mit dem markanten Doppelgipfel *Twin Peaks* sieht man nun links der Straße. 20 km nach dem Pass markiert ein Hinweisschild den Haupteingang zur Weißen Wüste. Hier hat der Wind wie ein Sandstrahler den weichen, hellen Kalkstein bearbeitet. Entstanden sind bizarre Gebilde und Skulpturen aller Größen: Tiere, Pilze, Blumen, Bäume, Fabelwesen und Märchengestalten, der getarnte Dschin und die erstarrte Frau Lot – viele eindrucksvolle Anregungen für die Phantasie. Das Morgenlicht taucht die Landschaft in Ocker und Orange, in einer kühlen Vollmondnacht fühlt man sich in die weiße Arktis versetzt, als könnte jeden Moment hinter dem Felsen ein Eisbär auftauchen.

Viele Felsskulpturen finden sich dankenswerterweise gleich neben der Straße. Ein Netz gut markierter Jeeppisten erschließt gen Osten noch andere Naturwunder: erst ein Feld unten abgebrochener Eistüten oder versteinerter Brokkoli, dann einen zweiten Skulpturenpark, dessen Erosion schon weiter fortgeschritten ist. Eine Palmengruppe markiert die Quelle *'Ain Hadra* am alten Karawanenweg. Als Müll vergangener Zeiten liegen hier allerlei Tonscherben im Sand. Das Gebiet westlich der Straße wird seltener besucht. Die Führer haben die Region mit ihren die Fantasie anregenden Inselbergen *Neue Weiße Wüste* getauft, zeigen hier eine Sphinx, dort ein Krokodil und da ein Kamel. Der Felsen *el-Qabour* („Der Meißel") ist das markante Wahrzeichen dieser Gegend. Die

„Und Lots Weib sah hinter sich und ward zur Salzsäule."

erodierten Kalksteinformationen sind hier von dunklem Vulkangestein durchsetzt, ein reizvoller Kontrast.

Wadi el-Oubeiyid: Gen Osten geht die Weiße Wüste in ein breites Wadi über. Etwa in der Mitte verläuft die zerfallene und weithin unter dem Sand begrabene Teerstraße nach 'Ain Dalla. In der letzten Feuchtzeit, also vor etwa 7000 Jahren, war das Wadi nach Regenfällen von einem flachen See gefüllt, ein *Playa* (→ S. 371), der auch Menschen eine Existenzgrundlage bot. Im *Hidden Valley* fanden italienische Archäologen Spuren von Gehöften, Steinwerkzeuge, Scherben von Gefäßen aus Straußeneiern und die kleine Tonfigur einer Frau. Die Siedler bauten Hirse an und züchteten Ziegen und Schafe. Die *Magharat el-Oubeiyid*, eine natürliche Höhle am Nordrand des Wadis, war vielleicht ein Kultort oder eine heilige Quelle der Gemeinschaft. Im vorderen Raum erkennt man geometrische Motive und Zeichnungen von Büffeln, Antilopen und anderen Tieren, im hinteren Raum Abdrücke von Händen.

Die *Boat Cave*, eine Art Felsentor, schmücken Ritzzeichnungen einer Giraffe und von zwei Booten. Schon von weitem fällt der Felsturm *Schaks el-Oubeiyid* ins Auge, nach einer Überlieferung der letzte, zu Stein erstarrte Soldat der auf dem Weg nach Siwa verschollenen Armee des Perserkönigs Kambyses. Die nahe Oase *'Ain Della* ist als Militärstützpunkt für Zivilisten gesperrt. Früher mit Kamelen, heute mit Geländewagen machen die Grenztruppen von 'Ain Della aus Jagd auf Schmuggler, Schleuser und andere, die sich in der Wüste unangemeldet aufhalten.

Vom Wadi el-Oubeiyid gibt es eine 2003 von der Rallye Paris-Dakar befahrene Route über das Plateau hinüber nach Farafra; sie streift *el-Bahr* („Das Meer"), eine nahezu kreisrunde, topfebene Fläche. Schaufelt man die dünne Sandschicht beiseite, stößt man auf die feinkörnigen Sedimente des früheren Salzsees. Mit etwas Glück und wachem Blick findet man auf der Playa (so nennen Geologen derartige Ablagerungsflächen) prähistorische Werkzeuge wie Klingen, Schaber und Ahlen. Der spektakuläre Abstieg in die Farafra-Oase kann nur abwärts befahren werden.

Twin Peaks 27°27'40"N 28°15'09"O; 'Ain Hadra 27°22'18"N 28°13'12"O; Hidden Valley 27°22'24"N 27°47'06"O; Magharat el-Oubeiyid 27°23'42"N 27°45'31"O; Boat Cave 27°22'33"N 27°43'58"O; Schaks el-Oubeiyid 27°19'24"N 27°37'49"O; el-Bahr 27°10'N 27°44'O; Abstieg nach Farafra 27°07'48"N 27°51'23"O.

Farafra

Noch vor einer Generation war Qasr el-Farafra eine Bilderbuchoase und die einzige Siedlung weit und breit. Heute gibt es in der Farafra-Senke ein Dutzend neue Ansiedlungen mit Bauern aus dem Niltal – etliche hundert Hektar Land wurden mit Wasser aus Tiefbrunnen urbar gemacht.

Nicht mehr die Wüste, sondern von Eukalyptusbäumen und anderen Windbrechern gegliederte Felder bestimmen das Bild. Motorpumpen tuckern und befördern das kostbare Nass in Betonkanäle, ja es gibt sogar einen See mit Fischen. Nur ein kleiner Teil des Landes gehört den ursprünglichen Oasenbewohnern und wird vom alten Hauptort aus bewirtschaftet. Die Neusiedler bleiben weitgehend unter sich und leben in ihren eigenen Dörfern. Auf den Feldern bauen sie Weizen, Bohnen, Gemüse, Klee und sogar Reis an. Kunstdünger und Pestizide sind den Bauern verboten.

Geschichte

Farafra lag abseits der Handelswege und war die ärmste unter den fünf großen Oasen. Nur einmal im Jahr stellte eine Sippe eine Karawane zusammen, die Datteln und Oliven zum Nil trug und bestellte Waren von dort mitbrachte. Anders als in Bahariya halten einige Familien bis heute Kamele, von denen der Reisende freilich nur die wenigen Exemplare zu Gesicht bekommt, die als Reittiere für Touristen herhalten müssen. Die Mehrzahl lebt halbwild im *Wadi Hinnis*, einen Tagesmarsch nordöstlich von Farafra, wo sie sich früher den Schatten einer einzigen uralten Schirmakazie mit Gazellen teilten, bevor diese zum regelmäßigen Lagerplatz von Ausflüglern wurde.

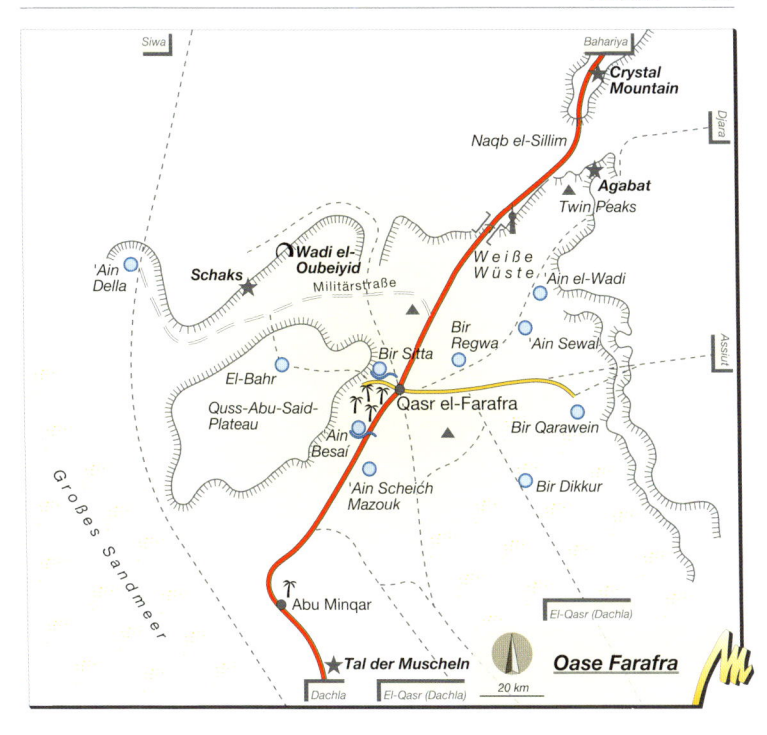

Einst galt die Oase als Hochburg der in Libyen beheimateten **Senussi-Bewegung**. Als Beleg für die Sittenstrenge dieser auch in Siwa starken Bruderschaft mag genügen, dass die Senussi als einziger Sufiorden auch in Saudi-Arabien zugelassen sind. Auf die Senussi gehen Besonderheiten wie der rege Schulbesuch oder die Abneigung der Älteren gegen das Rauchen zurück. Hier, am Ende Ägyptens, achten die Eltern peinlich darauf, dass auch ihre Töchter lesen und schreiben lernen und die Kinder über den Einheitslehrplan hinaus auch in Landwirtschaft und praktischer Botanik unterrichtet werden. Just nach der raucherfreien Bruderschaft benannte übrigens 1921 der Markenentwickler Hans Domizlaff die *Senoussi*, eine noch heute produzierte Zigarettenmarke des Hauses Reemtsma.

Qasr el-Farafra

Der Hauptort Qasr el-Farafra hat sich in den letzten Jahren um ein Vielfaches ausgedehnt und zählt nun etwa 5000 Einwohner. Bauten aus Zement und sogar Kalkstein bestimmen das Ortsbild, die alten Lehmhäuser mit ihren Pilgergemälden sind aufgegeben und verfallen. Sie teilen damit das Schicksal der **Festung**, in die sich einst die Bewohner zum Schutz vor Beduinenüberfällen zurückziehen konnten. Ob ein schwerer Regen oder ein Brand 1958 das einzige Denkmal der Farfaronis ruinierte, ist unter den Alten ein schier unerschöpflicher Streitpunkt.

Von der auch als Badeplatz genutzten **'Ain Balad** plätschert das lauwarme Wasser in die Gärten auf der Rückseite des Dorfhügels. Diese sind verglichen mit Bahariya geradezu winzig, sodass jeder Bauer gleich mehrere Gärten nutzen muss, um seine Familie zu ernähren. Wasser sprudelt reichlich, mehr als die Farfaronis brauchen. Einige Brunnen sind verplombt, aus anderen fließt der kostbare Rohstoff ungenutzt in die Sümpfe, wo er verdunstet.

Gleich neben der Schule verdient Badr Abdel Moghnys ☆ **Kunstmuseum** Beachtung, das um einen Skulpturengarten erweitert wurde. Neben seiner persönlichen Weltsicht hält der frühere Lehrer auch den Alltag der Oasenbewohner in Gemälden, Lehm- und Sandsteinfiguren fest. Für Hobbykünstler, die über einige Tage mit ihm arbeiten wollen, hat Badr ein Gästehaus.

Telefonvorwahl: 092

• *Anfahrt* Farafra liegt an der Busstrecke von Kairo über Bahariya nach Dachla. **Busse** von Upper Egypt Transport nach Bahariya (2½ Std.) und Kairo (8–9 Std.) kommen gegen 10.30 und 21.30 Uhr vorbei; in die Gegenrichtung fahren sie ca. um 15.30 und 1.30 Uhr nach Dachla (4½ Std.). Haltepunkt ist an der Tankstelle und vor dem Teehaus im Basar. Reservierung ist nicht möglich, Tickets gibt's nur im Bus.
Von Farafra nach Kairo fahren gegen 18 und 3.30 Uhr auch Busse einer privaten Kooperative. Die Busse (ohne AC) machten allerdings einen wenig einladenden Eindruck.
Für ein **Taxi** nach Mut (Dachla) rechne man 250 LE.

• *Übernachten* **Aquasun Farafra (1)**, die Anlage gehört dem Rallyefahrer Hisham Nessim, der auch Hotels auf dem Sinai betreibt. Sie liegt etwa 6 km außerhalb am Brunnen Nr. 6 (Bir Sitta) und wird vor allem von organisierten Reisegruppen genutzt; wer als Individualtourist unangemeldet kommt, wenn gerade keine Gruppe da ist, trifft das Personal völlig unvorbereitet an. DZ 55 $. Bir Sitta, ✆ 0122-6678099.
El-Badawiya (3), das Hotel, ein ansprechender Lehmbau mit Bögen, Kuppeln und Gewölben, steht am Ortsrand Richtung Bahariya. Besitzer und Manager Saad Ali, der gut Deutsch spricht, hat den Betrieb von bescheidenen Anfängen auf das heutige Niveau ausgebaut. Die Zimmer im älteren Teil sind mit Teppichen, Moskitonetz und Ventilator ausgestattet. Fast alle haben ein eigenes Bad und getrennte Wohn- und Schlafbereiche. Im hinteren und zugleich neueren Teil des Hotels sind die Zimmer auch klimatisiert und haben teilweise einen Kamin. DZ 45–65 € (bei Oft-Reisen mit HP 80–100 €). ✆ 7510060, ✆ 7510400, www.badawiya.com.
Sunrise (2), das 2008 eröffnete Hotel mit aus Ziegeln gemauerten Kuppelbungalows gehört den beiden Brüdern, die auch das el-Waha (s. unten) betreiben. Zimmer mit Kühlschrank, TV, Ventilator und kleinem Gärtchen, freundliches Personal. DZ 35 $. Bahariya Rd. neben Krankenhaus, ✆ 7511550, www.sunrise4safari.com.
El-Waha (4), bei Badrs Museum. Ein einfaches Hotel mit 3-Bett-Zimmern und Etagenbädern, einzelne Zimmer auch mit eigenem Bad. Wir fanden das Haus ziemlich schmuddelig. Bett 20 LE. ✆ 7511352, wahafarafra@yhoo.com.

• *Essen & Trinken* Außer im Hotel Badawiya kann man sich auch im Suk verpflegen. Hier bieten einfache Restaurants wie **el-Tamawy (6)** oder **el-Hussein (5)** die üblichen Gerichte wie Suppen, Hähnchen, Foul, Salat usw.

• *Einkaufen* Im Badawiya-Hotel werden nach alter Tradition hergestellte Socken und andere Wollsachen aus Kamelhaar verkauft.

• *Baden* Im Badehaus am Ortsrand möchten die einheimischen Männer unter sich bleiben. Fremde können sich im **Bir Sitta** (27°04'23"N 27°5525'O) oder in den noch weiter außerhalb liegenden Brunnen erfrischen.

• *Ausflüge* Das lokale Ausflugsgeschäft liegt weitgehend in Händen der Leute vom Badawiya-Hotel. Lange Erfahrung und beste Ortskenntnis sind sicher positiv zu bewerten; das Beinahe-Monopol für Ausflüge ab Farafa sorgt für stolze Preise. Übliches Ziel sind die Naturschönheiten der **Weißen Wüste**. Badawiya berechnet je nach

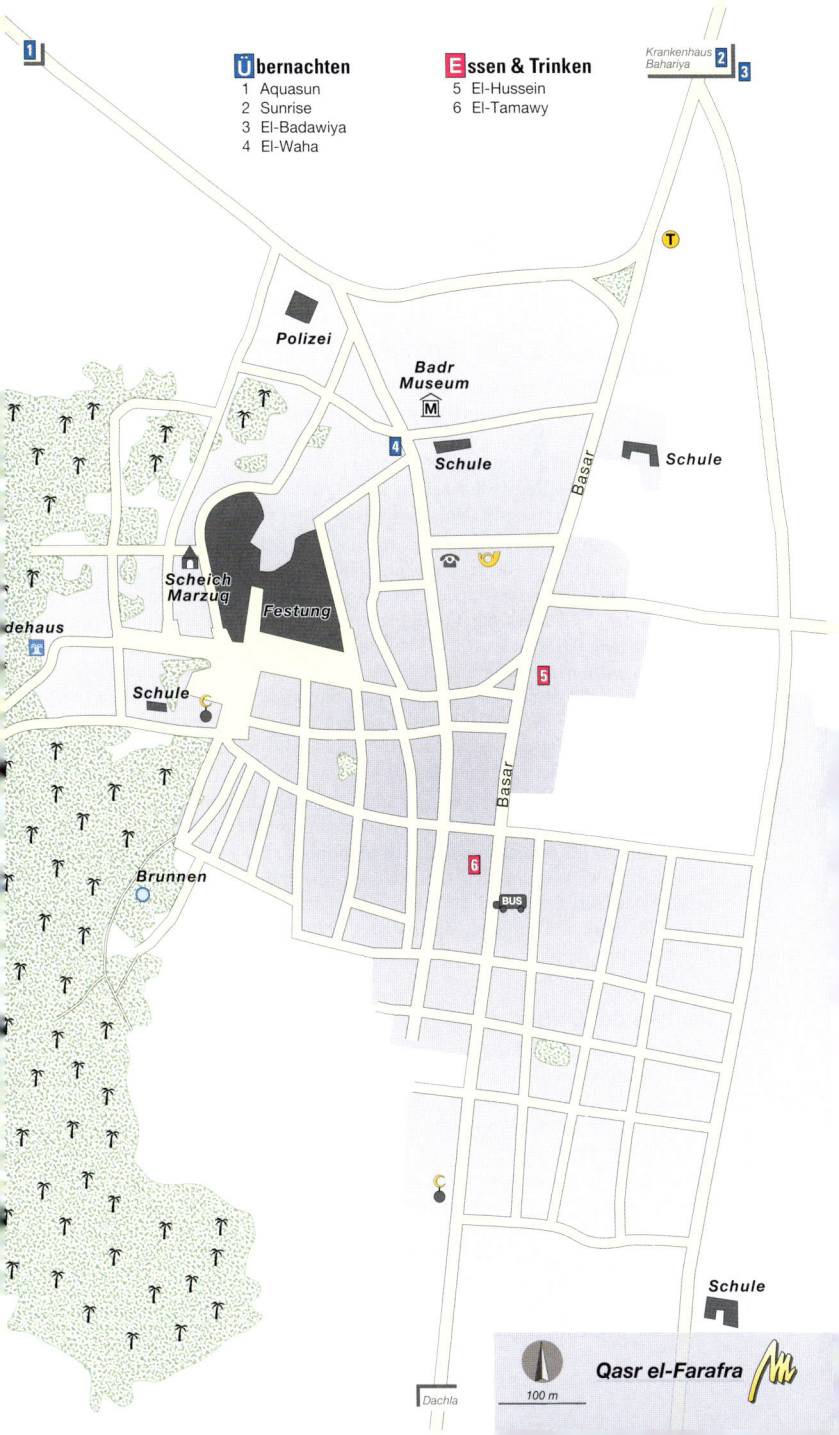

Übernachten
1. Aquasun
2. Sunrise
3. El-Badawiya
4. El-Waha

Essen & Trinken
5. El-Hussein
6. El-Tamawy

Krankenhaus Bahariya

Polizei

Badr Museum

Schule

Schule

Scheich Marzuq

Festung

dehaus

Schule

Brunnen

Basar

Basar

BUS

Schule

Dachla

Qasr el-Farafra

100 m

Gruppengröße 70–120 € pro Person und Tag. Günstiger machen es die Brüder vom Waha- und Sunrise-Hotel: 600 LE pro Wagen. Auch Kameltrekking wird angeboten.

Im Norden der Oase ist mit dem **Birket Abu Nuss** ein kleiner See entstanden, an dem sich allerlei Vögel beobachten lassen und in dem man auch gut baden kann. Man fährt von der Tankstelle westwärts Richtung Aquasun-Hotel (27°04'48"N 27°55'30"O), an diesem rechts vorbei, stößt 9 km nach dem Hotel bei einem Pumpenhaus (27°09'49"N 27°55'52"O) an den hier völlig verschilften See und umrundet diesen entgegen dem Uhrzeigersinn, bis man am Ostufer auf eine frei zugängliche Stelle trifft (27°09'49"N 27°55'52"O).

Zwischen Farafra und Dachla

Auf der etwa 300 km langen Weiterfahrt nach Dachla passiert man eine Reihe von Neubausiedlungen ohne besonderen Reiz. ʻ**Ain Besai** (Km 22) hat einen alten Friedhof und nicht näher erforschte Felsengräber. Die Quelle gilt den Farfaronis als Heimstatt gefährlicher Brunnengeister, die in dunkler Vorzeit gar Menschenopfer verlangten, doch die Neusiedler zeigen sich davon nicht beeindruckt und bewässern, Geister hin oder her, mit dem Quellwasser ihre Felder.

Als man noch mit Kamelen unterwegs war, lag ʻ**Ain Scheich Marzuq** (Km 30) eine Tagesetappe von Qasr el-Farafra entfernt. Rohlfs machte hier Station, später errichteten die Senussi eine *Zawiya*. Die alten Gärten sind heute in einem Neulandprojekt aufgegangen. Gleiches gilt für die schon unter den Römern kultivierte Oase **Abu Minqar** (Km 90), den westlichsten Punkt der Oasenroute. Eine Cafeteria lädt zur Rast. Mit Abu Munqar endet die Oase Farafra. Danach zwingt eine etwa 70 m hohe Sanddüne die Straße zu einem Bogen. Sie ist der östlichste Vorposten des **Großen Sandmeers** (→ S. 502). Vom Dünenkamm sieht man ein Dutzend weitere Sandketten, bis die Dünen ineinander übergehen und nur noch ihre Kämme aus dem schier endlosen Sandmeer aufragen.

Die Straße verläuft dann auf einer eintönigen Hochfläche mit tückischem Untergrund, der Querfeldeinfahrten schnell mit durchdrehenden Rädern bestraft. 215 km nach Farafra erreichen wir **Gharb Mahoub**, eine Neubausiedlung mit Allee und Straßenschwellen um den westlichsten Brunnen der Oase Dachla; dann schließlich das Dorf **Ezbet Mahoub** (Km 265). Beide Orte haben ihren Namen vom Clan der Mahoub – Beduinen, die mit der Senussi-Bewegung aus Libyen nach Dachla kamen.

> ### Der Pass des Ochsen
>
> Bei meiner ersten Oasenreise übernachtete ich, zwischen Abu Munqar und Gharb Mahub von der Dunkelheit eingeholt, im Windschatten eines Hügels. Wie sich am Morgen zeigte, befand sich hier, exakt auf 26°00'55"N 27°55'50"O, der **Naqb el-Iqla**, der „Pass des Ochsen". Ob von Scherzbolden aufgerichtet oder verirrt und hier kläglich verendet, jedenfalls stand ein Rind aufrecht auf dem Hügel, wie man es aus Spanien von den Osborne-Reklamestieren kennt, nur eben als mumifizierter Torso. Für mich ein großer Schreck und Anlass, den Ort schnellstens und ohne Frühstück zu verlassen. So rätselhaft, wie es erschien, ist das Memento mori inzwischen wieder verschwunden, nicht mal Knochen sind noch auszumachen. Nur der Name blieb, und würde nicht jeder Fahrer den „Pass des Ochsen" kennen, müsste ich meinen, einem Trugbild aufgesessen zu sein.

Blick auf die Oasenstadt el-Qasr

Dachla (Dakhla)

Dachla ist mit etwa 600 Brunnen und 100.000 Bewohnern die größte und bedeutendste unter den ägyptischen Oasen. Wegen ihres mächtigen, im Hintergrund rosarot schimmernden Felsabbruchs wird sie auch die „Rosa Oase" genannt.

Der Tourismus spielt hier nur eine bescheidene Rolle. Etwa 5000 Ausländer, so heißt es, übernachten jedes Jahr in der Oase. Die meisten Familien leben von der Landwirtschaft. Oliven, Datteln und Trockenfrüchte werden ins Niltal exportiert, sogar Reis wird angebaut. Geradezu ein Markenzeichen der Oase ist der *schamsiya*, ein Strohhut mit breiter Krempe, der die Männer bei der Feldarbeit vor der gleißenden Sonne schützt. Die einen erinnert's an Südamerika, die anderen an Vietnam, in Ägypten haben diese Hüte jedenfalls nicht ihresgleichen. Mit riesigen Körben behängt, tragen fleißige Eselchen abends Feldfrüchte, Futterklee und alle erdenklichen Dinge heim. Auch diese *maqtaf* sind aus Pflanzenfasern geflochten, ebenso die schmucken Bastmatten. Einen guten Überblick über das vielseitige Kunsthandwerk der Oase, darunter auch bunte Webteppiche und allerlei Töpferwaren, bekommt man im Heimatmuseum von Mut.

Dachla ist Ausgangspunkt für Jeeptouren in den Gilf Kebir. Die touristische Infrastruktur konzentriert sich im Hauptort Mut, wo auch die Buslinien enden. Unbedingt sehenswert ist der auf römischen Fundamenten aus Lehm gebaute Ort **el-Qasr** im Nordosten der Oase, während sich gen Westen ein Ausflug nach **Balat** lohnt.

Das neue Tal

An einem Oktobertag des Jahres 1959 soll es gewesen sein sein, als ein lang gehegter Traum der Ingenieure und der ägyptischen Staatsklasse Wirklichkeit wurde: In der Oase Charga wurden die ersten 3000 Neusiedler in ihre Parzellen eingewiesen. Mit ihnen sollte die Verwandlung der staubtrockenen Wüste in einen grünen Garten Eden beginnen, in ein „neues Tal" *(el-wadi el-gedid)*, das den Bevölkerungszuwachs des Nillandes auffangen und die Menschen ernähren sollte.

Geologen hatten tief unter der Westlichen Wüste eine wassertragende Schicht ausgemacht, deren Vorräte noch aus der letzten Eiszeit stammen. Diese Lage nubischen Sandsteins ist leicht gekippt: Am Südrand der Sahara tritt sie an die Erdoberfläche, im Norden mündet sie in den Tiefen des Mittelmeers. Wie ein Schwamm saugt der zwischen wasserundurchlässige Schiefer-Formationen gebettete Aquifer (Grundwasserleiter) an seinem offenen Ende Wasser auf und transportiert es Richtung Mittelmeer, wo es versickert. Die Fachleute sind sich einig, dass sich das Grundwasser unter der Wüste noch heute auf diesem Weg erneuert. Zerstritten sind sie jedoch über den Umfang dieses Zuflusses, denn davon hängt ja ab, wie viel Wasser man entnehmen darf, ohne dass das Reservoir eines Tages leer ist. Noch steht es jedenfalls vielerorts unter hohem Druck. Man muss nur tief genug bohren, und schon schießt das Wasser aus eigener Kraft an die Oberfläche.

So getan – worauf in der Nachbarschaft der Tiefbohrungen die Flachbrunnen der Bauern trocken fallen und der Boden sich genau da verwirft, wo es den Menschen besonders unangenehm ist: unter Straßen, Häusern und anderen Lasten. Den über Jahrtausende standhaften Hibis-Tempel von Charga geriet ins Wanken. Und so wie eine durchlöcherte Luftmatratze schließlich in sich zusammensinkt, lässt der Druck in den unterirdischen Kavernen bald nach. Pumpen müssen her, um weiter Wasser nach oben zu befördern.

Das Nass aus dem nubischen Sandstein, so unappetitlich es in manchen Brunnen auch aussieht, ist von guter Qualität. Allerdings enthält es viel Schwefelwasserstoff und Kohlendioxid und ist damit unmittelbar an der Quelle, bevor die Gase sich verflüchtigt haben, hoch aggressiv. Die erste Generation der Bewässerungsmaschinerie war schon nach wenigen Jahren Schrott. Ventile fraßen sich fest, Rohre korrodierten und zerbarsten. Nur Anlagen aus teurem Spezialstahl halten der Belastung stand. So brach über die Hälfte der mit viel Aufwand gebohrten Tiefbrunnen schon bald wieder zusammen und wurde aufgegeben. Auch die Neusiedler der ersten Jahre warfen weitgehend das Handtuch und kehrten an den Nil zurück.

Inzwischen hat man aus den Fehlern gelernt. Besonders in der Farafra-Senke, wo man erst in den 1980er-Jahren mit der Neulandgewinnung begann, nimmt das neue Tal Gestalt an. In Dachla und Charga dagegen dürfte die landwirtschaftliche Nutzfläche heute geringer sein als vor hundert Jahren. Das Wasser soll künftig nicht mehr nur aus dem Boden kommen. Von Süden her nähert sich der Scheich-Sayed-Kanal den Oasen (→ S. 371). Mit ihm, so der Plan, käme dann das Wasser aus dem Nil – wenn der noch genug davon hat.

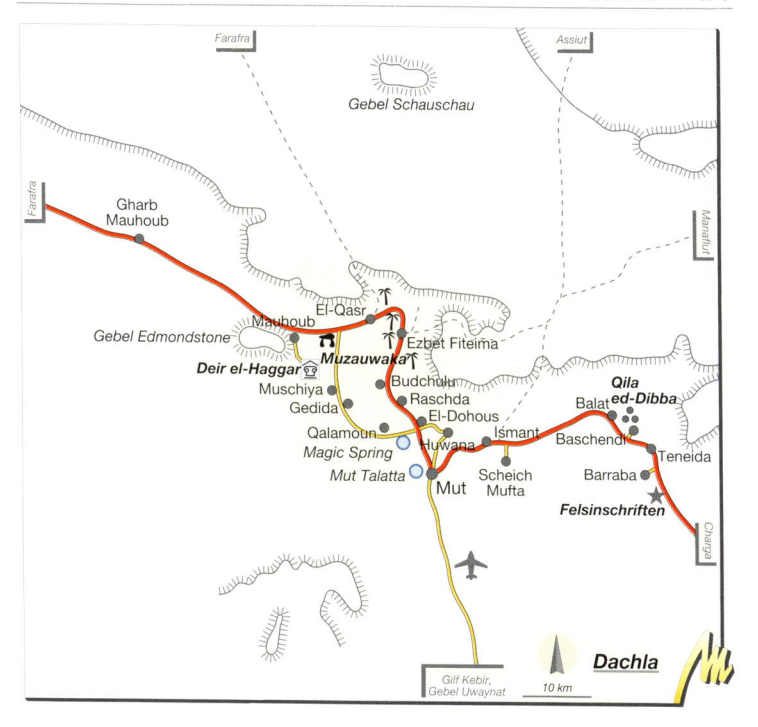

Geschichte

Seit 1978 erforschen im Rahmen des *Dachla Oasis Project* (DOP) Wissenschaftler verschiedener Disziplinen die Natur und Geschichte der Oase, über die wir deshalb vergleichsweise gut Bescheid wissen. Zusammen mit Nabta Playa (→ S. 371 f.) gilt Dachla als eine Wiege der ägyptischen Hochkultur. Klimaforscher gehen davon aus, dass im 6. Jahrtausend v. Chr., dem Höhepunkt der Sahara-Feuchtzeit, weite Teile der Oase von einem See bedeckt waren. In einem regenreichen Savannenklima lebten Elefanten, Giraffen und Zebras. Die Jäger und Viehzüchter der nach ihrem ersten Fundort benannten **Baschendi-Kultur** durchstreiften Dachla, Charga und die angrenzende Wüstensteppe.

Die Menschen der von 4000–2200 v. Chr. nachgewiesenen **Scheich-Muftah-Kultur** hatten befestigte Siedlungen, hinterließen Fragmente kleinformatiger Kupferwerkzeuge und brannten Keramik, die der frühen Töpferware aus dem Niltal ähnelt. Außer Rindern domestizierten sie gelegentlich auch Esel und Ziegen. Da Siedlungsreste der Scheich-Muftah-Kultur auch unmittelbar neben pharaonischen Stätten des Alten Reichs gefunden wurden, geht man von einem friedlichen Nebeneinander aus, bis die Eingeborenen schließlich in der Niltalkultur aufgingen.

Für die **Pharaonen** des Alten Reichs war Dachla anfangs eine Basis für Expeditionen, die begehrte Rohstoffe in der Wüste bargen. Erst kürzlich entdeckte der Abenteurer Carlo Bergmann zwei Tagesreisen südwestlich von Dachla mitten in der Wüste den „Wasserberg des Djedefre", an dem Expeditionen seltene Farbpigmente für Pharao Cheops und dessen Sohn Djedefre gewannen. Doch die Exploratoren müssen bald bemerkt haben, dass die Westliche Wüste, verglichen etwa mit den Gebirgen östlich des Nils, kaum wertvolle Hartgesteine bietet. So wurde die Oase vor allem zu einem Handelsposten. Stein um Stein entreißen heute die Archäologen der Wüste ihre Geheimnisse. Franzosen erforschen nahe Balat die Stätte 'Ain 'Asil, in der sie die erste Hauptstadt des pharaonischen Dachla vermuten. Erst im Neuen Reich wurde dann **Mut** zur Kapitale.

Wandbilder in den Gräbern von Theben prunken mit Tribut der Oase in Form von Wein, Obst, Mineralien und gewebten Stoffen. Ihren Höhepunkt dürfte die landwirtschaftliche Produktion der Oase unter den Römern erreicht haben. Aus jener Zeit stammen der Tempel **Deir el-Hagar** und die Gräber von **Muzawaqa**, während in **Ismant el-Charab**, dem antiken Kellis, die älteste Kirche Ägyptens entdeckt wurde. In der islamischen Zeit suchten die Oasenbewohner in befestigten Städten Schutz vor den Überfällen der Beduinen. Gut erhalten blieb die Lehmstadt **Qasr**. In **Qalamun** gründeten die Mameluken gar eine Militärkolonie, um so mit regulären Soldaten die Oase zu schützen.

Mut

Die gemächliche Oasenhauptstadt, benannt nach der Muttergöttin Mut, ist seit pharaonischer Zeit besiedelt, hat aber keine nennenswerten Altertümer aufzuweisen.

Ein Hinweisschild am Ortseingang kündet von den „Tourism Wells" und meint damit eine 1244 m tiefe Brunnenbohrung. Ingenieure und Einheimische sprechen nüchterner vom **Brunnen Mut 3**, in dessen 43 °C warmem Wasser die Gäste des angrenzenden Solymar-Hotels baden. Im Zentrum gibt sich der etwa 20.000 Einwohner zählende Ort sauber und gepflegt. Straßen werden regelmäßig gereinigt, Mittelstreifen und Plätze bepflanzt und gegossen. Über die Plattenbauten sehen wir hinweg und betrachten lieber die Kuhreiher, die sich abends auf den Bäumen versammeln. Unvollendet bröckelt das **Tourist Village** vor sich hin. Selbst als Entwurf, einer der letzten des ägyptischen Stararchitekten Hassan Fathy, hat es Hotelprojekte im ganzen Land inspiriert. Vorbei an der Ruine kommt man in die Altstadt, von der nur noch die unteren Teile bewohnt sind, während die Lehmburg auf der Spitze des Hügels schon lange aufgegeben wurde.

Midan Gama'a, der Platz mit der **Neuen Moschee**, ist heute der Mittelpunkt von Mut. Südwestlich davon liegen auf einer Anhöhe die Relikte der antiken Stadt **Mut el-Charab**. Reste einer römischen Mauer umgeben dieses nur für Archäologen interessante Trümmerfeld, Spuren eines Tempels sind auszumachen. Weiter südlich fällt am Ortsrand eine Villa ins Auge: Das **Rasthaus von König Faruk** dient heute Spitzenpolitikern und -beamten als Unterkunft, wenn diese einmal nach Dachla kommen.

Nicht entgehen lassen sollte man sich das **Heimatmuseum** von Mut (Schlüssel beim Tourist-Office oder im Kulturzentrum, Sh. el-Wadi). In sieben Räumen werden Hausrat und Werkzeuge gezeigt. Tonfiguren des örtlichen Künstlers Mabrouk stellen Dorfszenen und Lokalgrößen nach.

Anfahrt/Verschiedenes

Telefonvorwahl: 092

• *Anfahrt* Jeden Dienstag geht ein **Charterflug** der Provinzverwaltung von **Kairo** nach Mut und um 16 Uhr zurück. Tickets (oneway

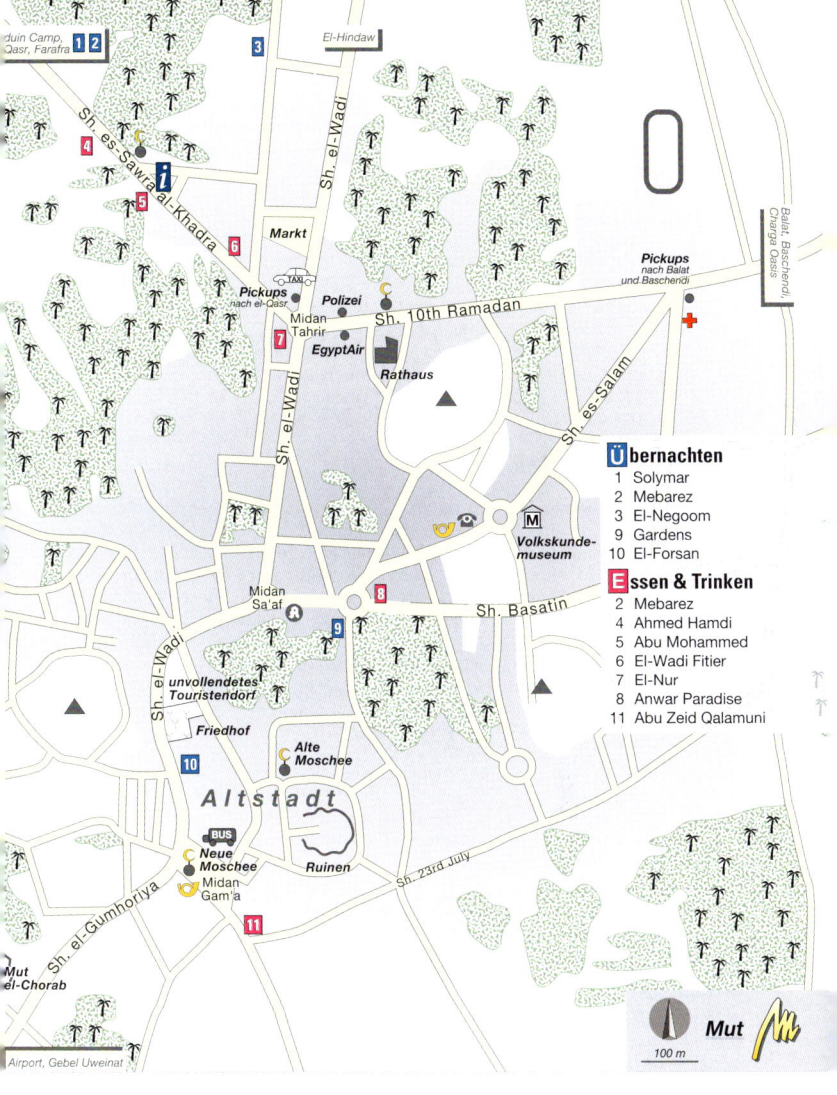

Übernachten
1. Solymar
2. Mebarez
3. El-Negoom
9. Gardens
10. El-Forsan

Essen & Trinken
2. Mebarez
4. Ahmed Hamdi
5. Abu Mohammed
6. El-Wadi Fitier
7. El-Nur
8. Anwar Paradise
11. Abu Zeid Qalamuni

500 LE) bekommen Sie nicht per Internet oder Reisebüro, sondern in Dachla über die besseren Hotels, die Touristinformation oder die Provinzverwaltung (Government Building, Mr. Kemal Safina, ✆ 7821514).

Die **Busstation** befindet sich am Md. el-Gami'; demnächst soll sie in einen Neubau 100 m stadteinwärts neben das Forsan-Hotel umziehen. Eine weitere Haltestelle mit Ticketverkauf befindet sich am Md. Tahrir. Um 6 und 17 Uhr starten Busse über die Route **Farafra** (4 Std.) – **Bahariya** (7 Std., 50 LE) nach Kairo (12 Std.). Etwas schneller kommt man um 19 und 20 Uhr via Charga und Assiut nach **Kairo** (10 Std., 60–70 LE). Ein weiterer Bus nach **Charga** (2½ Std., 15 LE) und **Assiut** (5½ Std., 30 LE) fährt morgens um 6 Uhr. Danach warten **Servicetaxis** nach Charga, Assiut, Kairo und Farafra am Md. el-Gami'.

Innerhalb der Oase bedienen von Mut aus Pick-ups und Minibusse die kleineren Dörfer. **Fahrräder** werden etwa im Restaurant Abu Mohammed und im Hotel Gardens verliehen.

474 Westliche Wüste

- *Baden*   Am häufigsten wird der **Magic Spring** in einem Palmenhain an der Straße nach Qalamun zum Baden aufgesucht.
- *Geld*   Die **Misr Bank** am Md. Tahrir hat einen Geldautomaten und wechselt So–Do Bargeld.
- *Information*   **Tourist Office**, Sa–Do 8–14 Uhr, Sh. es-Saura, ✆ 7821686 (Nebenstelle im Government Resthouse am Midan el-Gama'a). Omar Ahmed Mahmud (desert lord@hotmail.com, ✆ 0122-1796467) und seine Assistentin Mme. Soheir kennen ihre Oase und ihre Leute – Touristen wie die im Touristengeschäft Tätigen. Beide sind seriös und engagiert. Omar organisiert und vermittelt auch Ausflüge.
- *Antikenbehörde*   Inspektor Maher Baschandi Amin, Hospital Sq., im Haus hinter dem Einkaufszentrum, 3. Stock, ✆ 7820452. Sollten Sie über Charga nach Dachla kommen, empfiehlt es sich, den Besuch nicht geöffneter archäologischer Stätten in Dachla bereits der (übergeordneten) Antikenbehörde in Charga abzusprechen (→ S. 488).
- *Notfalladressen* **Touristenpolizei**, ✆ 7821687; **Krankenhaus**, ✆ 7821555.
- *Post/Internet*   Die **Post** befindet sich in der Sh. es-Salam nahe dem Volkskundemuseum. **Internetcafés** gibt es etwa am Md. Sa'af oder in der Sh. es-Saura (5 LE/Std.).

Übernachten/Essen & Trinken (Karte S. 473)

- *Übernachten*   **Solymar Mut Inn (1)**, das Hotel liegt hübsch an einem Pool, der von einer Thermalquelle gespeist wird. Die Zimmer befinden sich teils im Haupthaus, teils in Bungalows. Mit einer Reisegruppe ist man hier gut aufgehoben, für Individualtouristen ist die Anlage jedoch überteuert und mangels eigener Rezeption nur über Internet oder das Schwesterhotel in Charga zu buchen. DZ 80 €, bei Oft-Reisen mit HP 90–120 €. Mut Talata, 3 km Richtung Farafra, ✆ 7929751, ✆ 7927983, www.jaz.travel.

El-Negoom (3), nordwestl. des Md. Tahrir, etwas versteckt, doch ruhig gelegen. Kitschiges Dekor, saubere Zimmer, weitgehend mit AC, eigenem Bad und Balkon. Schattiger Garten mit Tischtennisplatte. DZ 120 LE. ✆ 7821524, ✆ 7823084.

Mebarez (2), an der Straße nach Farafra. Das Hotel wurde gründlich renoviert und mit neuen Sanitäranlagen ausgestattet. Die Zimmer sind sauber, haben Klimaanlage, Balkon und teils auch Kühlschrank und TV. Es gibt ein Restaurant mit Palmenterrasse, und Chef Mohammed Hassan arrangiert auch Touren. DZ 150 LE. ✆ 0106-0778255, ✆ 7821524.

El-Forsan (10), einfaches Hotel zentral nahe der Busstation. Zimmer teils mit AC und eigenem Bad, die neueren und besseren in der kleinen Bungalowanlage hinter dem Haupthaus. Kostenloses WLAN, Cafeteria, eigener Parkplatz. Wer früh abreist, bekommt am Vorabend ein Frühstückstablett samt Wasserkocher. DZ 75–100 LE. Sh. el-Wali, ✆ 7821343, ✆ 7821347, www.elforsan1 @yahoo.com.

Gardens (9), die einen beklagen ein abgenutztes Hotel mit durchgelegenen Betten und bröckelnden Etagenbädern, die anderen loben das freundliche Personal, die schöne Dachterrasse, die Waschmaschine und den Fahrradverleih. Schauen Sie sich das Haus also vorher gut an. Allein reisende Frauen müssen mit Annäherungsversuchen ägyptischer Gäste rechnen. DZ 30 LE. Sh. el-Basatin, ✆ 7821577.

> Hotels außerhalb von Mut → S. 476 und 477.

- *Essen & Trinken*   Immerhin, man wird satt. Und um gepflegt zu speisen, fährt man ja wohl kaum in die Wüste. Die Lokale in Mut haben allesamt ein ähnliches Angebot an Suppen, Hähnchen, Kufta, Reis, Gemüsegerichten und Salat.

Mebarez (2), Sh. es-Saura. Das Hotelrestaurant ist eines der wenigen Lokale in Dachla, die Bier und Wein ausschenken.

Ahmed Hamdi (4), Sh. es-Saura, vor dem Mebarez-Hotel. Das älteste Touristenlokal am Ort und Vorbild für die Konkurrenz.

Abu Mohammed (5), Sh. es-Saura. Etwas teurer als Hamdi, doch die vom Chef selbst zubereiteten Gerichte sind eine willkommene Abwechslung vom Chicken-Kebab-Kufta-Einerlei. Auch Vegetarier werden schmackhaft bedient. Die Wartezeit verkürzt das Stöbern in den zu einem Stapel angewachsenen Gästebüchern, in denen Abu Mohammeds Besucher außer Lobeshymnen auch manch amüsantes Reiseerlebnis notiert haben. Zudem gibt es eiskaltes Bier, Internet und einem Fahrradverleih.

El-Nur (7), Md. Tahrir. Ein solides, von Einheimischen besuchtes Fleischlokal mit Sägespäneboden und wohlgenährten

Katzen. Für eine Portion (250 g) Kufta mit Reis, Gemüse und Salat zahlten wir 25 LE.
Anwar Paradise (8), Sh. Basatin, beim Anwar-Hotel. Als Take-away auch bei den Einheimischen beliebt, bietet schon zum Frühstück Foul und Ta'amiya. Der Besitzer ist allerdings ein Schlitzohr – fragen Sie vor der Bestellung nach dem Preis und meiden Sie das Hotel.
El-Wadi Fitir (6), Sh. es-Saura. Verkauft honigsüße Pfannkuchen.
Abu Zeid Qalamuni (11), Md. Gama'a. Cafeteria mit Foul, Ta'amiya und anderen einfachen Gerichten.

Ausflüge

Fast alle interessanten Stätten der Oase liegen abseits der Hauptstraße. Wer nicht viel Zeit oder die Bereitschaft sowie die Kraft zu Wüstenwanderungen mitbringt, braucht einen Wagen samt Fahrer, welche beispielsweise die Touristinformation vermittelt. Zwei Tagesausflüge, den einen nach Qasr und in den Westen der Oase, den anderen nach Balat und in den Osten, sollte man mindestens einplanen. Für eine Tagestour rechne man pro Taxi 200 LE, für den Halbtagsausflug in den westlichen oder östlichen Teil Dachlas zahlt man 150 LE, für einen Kamelritt zum Sonnenuntergang samt Beduinenfolklore mit Abendessen und Wüstenübernachtung 150 LE. Ein Jeep vom Bedouin Camp (siehe unten) kostet pro Tag 500–600 LE. Größere Touren, etwa zum Gebel Uweinat oder zum Großen Sandmeer, bedürfen jedoch einer Erlaubnis der Behörden in Kairo, die kurzfristig nicht zu bekommen ist.

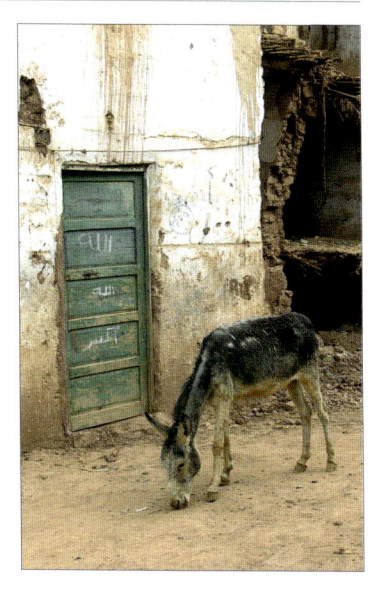

In der Altstadt von Mut

Zwischen Mut und el-Qasr

Zwei Straßen erschließen von Mut aus den Osten der Oase. Die Hauptroute passiert zunächst jenen **künstlichen See**, in dem sich das überschüssige Wasser der Oase sammelt. Als deutsch-ägyptisches Entwicklungsprojekt sollte er Fischern den Lebensunterhalt ermöglichen. Doch das Wasser und mit ihm die Fische sind von den Insektiziden und Herbiziden, wie sie die Bauern auf ihren Feldern ausbringen, derart vergiftet, dass das Fischen im See verboten ist – ja, selbst das Schwimmen ist als gesundheitsgefährdend untersagt. So lassen sich am See in aller Ruhe die Vögel beobachten.

Über das Beduinendorf **ed-Dohous** gibt es wenig zu sagen, der Nachbarort **Raschda** kann mit einer uralten Akazie aufwarten, in der nach dem Volksglauben die Seele eines Scheichs wohnt. Gut 3 km nördlich des Dorfs stehen links neben der Straße noch die Grundmauern der Basilika **Deir Abu Matta** (27°37'48"N 28°55'00"O). Der Friedhof von **Budchulu** ist für seine Grabsteine im türkischen Stil bekannt. Der Dorfkern wartet mit überdachten Gassen, trutzigen Lehmmauern und einem Pfefferstreuerminarett auf.

Al Tarfa Lodge, zählt Robert de Niro und andere Promis zu seinen Stammgästen und wird vom Magazin „Tatler" zu den 100 besten Hotels der Welt gerechnet. Die nur 20 Zimmer und Suiten, gebaut auf traditionelle Art aus Holz, Lehm, Kacheln und Ton, sind mit rustikalen Eisenbetten, schweren Holztischen und Vorhängen aus Jute eingerichtet und verfügen auch über moderne Annehmlichkeiten wie Klimaanlage, Minibar und Fön. Das Hotel bietet Reitpferde, Bio-Küche, Spa, natürlich einen Pool und ein gut durchdachtes Ausflugsprogramm in die Oase. Auch die Oasenbewohner profitieren von der Lodge, denn die vielen dienstbaren Geister werden vor Ort rekrutiert und ein Großteil der benötigten Lebensmittel und Waren des täglichen Gebrauchs in den Dörfern gekauft. Für die Energieversorgung setzt man leider auf traditionelle Elektrizität. In den 440 € pro DZ und Nacht ist dann aber auch alles inbegriffen. 15 km von Mut in el-Mansoura, ✆ 9105007, ✆ 9105006, www.altarfalodge.com.

Bedouin Camp, das über die Jahre zu einer komfortablen Lodge gewachsene Camp steht auf einer Anhöhe 800 m abseits der Landstraße und gehört einer Beduinenfamilie. Der neue Teil bietet in einem mit Terrassen und Blumenbeeten gestalteten Gelände Zimmer mit Bad in schmucken Bungalows. Ein Bereich ist für Wohnmobile und Zelte reserviert. Nebenan blieb für anspruchslosere Gäste das alte Camp mit Schilfhütten und einfachen Lehmziegelhäusern erhalten. Abends trifft man sich mit den Beduinen im Festzelt, auch die Ausstattung mit Teppichen und Sitzkissen lässt Wüstenromantik aufkommen. Nur wenige Schritte vom Camp sprudelt eine warme Quelle. Auch kurze bis mehrtägige Ausflüge mit Jeep oder Kamelen werden offeriert. Altbau 20 LE/Pers., Neubau DZ 120 LE, mit HP 170 LE. 7 km von Mut in ed-Dohous, ✆ 7850480, www.dakhlabedouins.com.

☆ Qasr Dachla (el-Qasr)

Von der Hauptstraße durch Palmenhaine und einen kleinen Salzsee getrennt, drängen sich die graubraunen Lehmhäuser von el-Qasr um einen Hügel – eine richtige Stadt, wie man sie hier am Ende der Welt nicht vermutet.

Ausgangspunkt des ausgeschilderten Tourist Trails ist die weiße Moschee am Ortseingang. Dort wartet der Führer, auf den man kaum verzichten kann, denn er hat die Schlüssel zu den Museumshäusern. Er geleitet uns durch die kühlen Gassen, die teilweise überdacht oder überbaut sind. Nur etwa 40 Häuser sind noch bewohnt, 300 Seelen sollen in der Altstadt leben. Einige wenige Häuser wurden restauriert und mit modernen Annehmlichkeiten wie Spültoilette und Elektrizität ausgestattet.

Steil ragt das mit Traghölzern gespickte Minarett der **Moschee Nasr ed-Din** gen Himmel. Stilistisch gehört es in die Ajubidenzeit (12. Jh.), doch darf man annehmen, dass es zu einem späteren Zeitpunkt mit altem Vorbild errichtet wurde. Scheich Nasr ed-Din ruht nebenan in einem Kuppelgrab. Die Moschee markiert in etwa die Südostecke eines römischen Forts, aus dem sich die Stadt entwickelte.

El-Qasr lebte vom Karawanenhandel mit Libyen, dem Sudan, ja gar dem fernen Ghana. Reiche Kaufmannsfamilien schickten einen der Ihren in die Stadt. So zeigt der Führer etwa das **Haus des Emirs Qureisch**, der irgendwann im 16. oder 17. Jh. aus Mekka zuzog. Türstürze aus Akazienholz nennen das Baujahr und den ersten Hausherrn. Der Eingang des **Hauses Abu Nafir** ist gar mit Hieroglyphen beschriftet – sie stammen von einem ptolemäischen Tempel des Gottes Thoth.

Wir entdecken **Brennöfen** der Töpfer, deren Nachfahren nun außerhalb der Altstadt an der Landstraße ihrem Handwerk nachgehen. Eine **Olivenpresse** aus Akazienholz scheint auf die nächste Ernte zu warten, auch eine **Sakija** (Schöpfrad) wirkt noch funktionsfähig, sogar eine Schmiede wird uns gezeigt. Am Nordrand der Altstadt dann die **Medrese**, die zugleich Versammlungsraum und Gerichtssaal war.

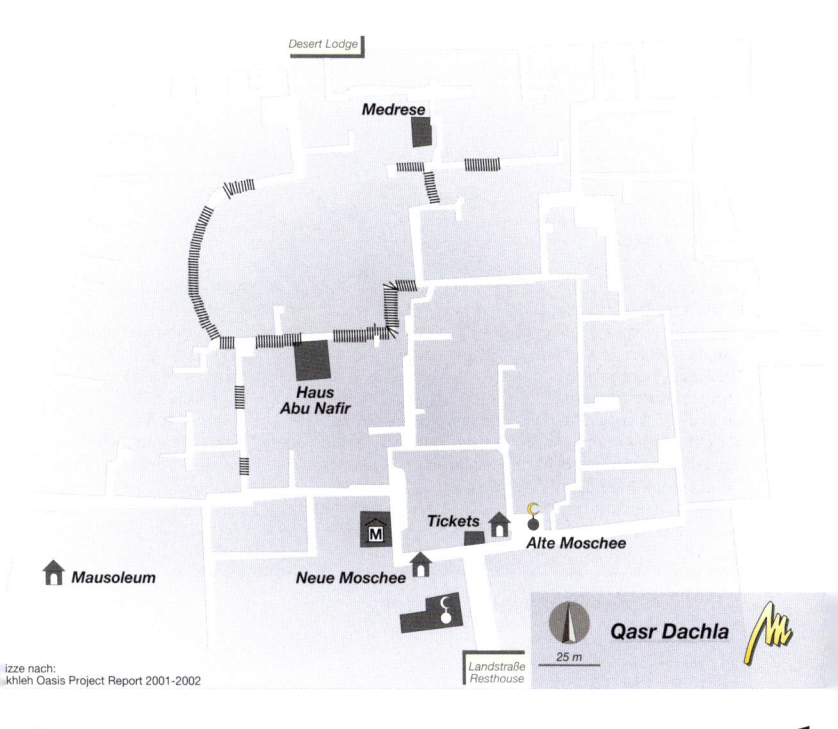

Map labels:
- Desert Lodge
- Medrese
- Haus Abu Nafir
- Mausoleum
- Tickets
- Alte Moschee
- Neue Moschee
- Qasr Dachla
- Landstraße Resthouse
- 25 m

Skizze nach: Dakhleh Oasis Project Report 2001-2002

Übeltäter mussten in einer Zelle auf ihre Verhandlung warten, am Eingang gab es einen Pranger.

Zum Abschluss lasse man sich zum **Volkskundemuseum** (Eintritt 5 LE) von Aliya Hussein führen. Die aus Kairo stammende Anthropologin sammelt hier auf zwei Etagen eines historischen Wohnhauses (gebaut 1785) altes Interieur, Gerätschaften, Trachten und Fotos aus der gesamten Oase.

- *Anfahrt* Pick-ups von Mut (Tahrirplatz) für 1 LE, auch die Busse zwischen Mut und Farafra passieren el-Qasr.
- *Übernachten* **Desert Lodge**, auf dem Hügel über el-Qasr. Das Hotel von Ahmed Moussa und Ursina Rüegg ist ein ägyptisch-schweizerisches Gemeinschaftsunternehmen und ökologisches Vorzeigestück. Die Sonne erwärmt das Duschwasser, Trinkwasser erzeugt das Hotel selbst. Die von Ferne einer Burgfestung ähnelnden Gebäude wurden auf traditionelle Weise aus Salzlehm errichtet und sind dank hoher Räume und geschickter Lüftung auch ohne Klimaanlage im Sommer angenehm kühl. Die meisten der 32 geräumigen Zimmer haben einen Balkon mit Blick auf das Altstadtensemble von el-Qasr oder auf die Berglandschaft. Den Gästen stehen Bibliothek und Internet-PC zur Verfügung. Ob mit oder ohne Tourprogramm kann die Desert Lodge in der Schweiz auch über Sina Orient Tours, www.sina-orient.ch, gebucht werden. DZ/HP 120–180 €. ☏ 7727061, www.desertlodge.net.

Badawiya, ein Ableger des gleichnamigen Stammhauses in Farafra und wie dieses an die traditionelle Oasenarchitektur angelehnt. Zimmer mit TV, AC und Minibar, geschmückt mit raffinierten Lampen und schönen Teppichen. Pool, ab und an abends Beduinenfolklore, kein Alkohol. DZ 75–85 €. An der Landstraße 3 km östl. von el-Qasr, ☏ 7727421, ✆ 7727453, www.badawiya.com.

El-Qasr Resthouse, einfaches, sauberes und gut geführtes Haus mit ein paar Dreibettzimmern, TV und Tischtennisplatte. Vom Dach schöner Blick auf die Altstadt. Auf Vorbestellung wird gekocht – gute Hausmannskost und willkommene Abwechslung vom üblichen Chicken-Kebab-Einerlei. 15 LE/Pers. El-Qasr, an der Landstraße nahe der Post, ☏ 7867013.

Prozessionsweg im Tempel Deir el-Hagar

Deir el-Hagar

Einst säumten Säulen und geflügelte Sphingen die Prozessionsstraße zum Deir el-Hagar, der als bislang letzter Tempel Ägyptens erst 1995 vom Treibsand befreit wurde. Auf den dabei ans Licht gekommenen Reliefs ist zum Teil sogar noch die originale Bemalung erhalten.

Eine Lehmmauer umgrenzte den Tempelbezirk. Auch der Umgang des ersten Hofs war aus Lehm gebaut, der eigentliche Tempel jedoch aus Sandstein. In der Nachbarschaft haben wir uns eine Farm und die Siedlung vorzustellen, in der die Priester und Bediensteten des Tempels hausten. Heute steht in einer Ecke der äußeren Umfriedung ein kleiner Schauraum aus Lehm, in dem Wandtafeln den Tempel und seine Restaurierung im Detail erläutern.

Errichtet wurde das „Kloster aus Stein" zu einer Zeit, als Ägyptens Prunk und Herrlichkeit längst vergangen und das Land römische Provinz war. Kaiser Nero (54–68) und seine Nachfolger bis hin zu Hadrian (117–138) beanspruchen mit ihren Kartuschen in der Säulenhalle die Bauherrschaft, doch nur wenige Details der Ornamentik verraten römischen Einfluss. Man verehrte sowohl die Triade von Theben, also Amun, Mut und Chons, wie auch den Wüstengott Seth. Am Boden des Sanktuars, an Tempeltoren und Säulen fanden die Archäologen eine zunächst mysteriöse zähe, dunkle Masse. Im Labor erwies sie sich als Rest der Harze und Duftöle, mit denen die Priester die Götterfigur und ihren Weg reinigten.

Kleinfunde und Statuen aus dem Tempel sind im Museum von Charga ausgestellt. In einer Nische links des Eingangspylons findet man eine ungewöhnliche Darstellung des Motivs „Löwe mit Lamm". Manche Experten halten Deir el-Hagar für eine nur saisonal besuchte Pilgerstätte. Gewiss war sie eine solche im 19. Jh., als die europäischen Wüstenforscher dem Tempel ihre Reverenz erwiesen und ihre Graffiti hinterließen. Von Gerhard Rohlfs meint die Überlieferung der Oase gar zu wissen, er sei auf Schatzsuche nach Deir el-Hagar gekommen. Indem er einen Diener opferte, habe er den Geist besänftigt, der den Schatz bewachte, und so die Reichtümer unbehelligt aus dem Tempel schleppen können.

Tägl. 8–17, Mai–Sept. bis 18 Uhr. Eintritt 25 LE. Die Piste nach Deir el-Hagar (25°39'53"N 28°48'48"O) zweigt 8 km nach Qasr von der Hauptstraße ab. Von Maghoub, dem nächsten Dorf, läuft man 20 Minuten.

Muzauwaqa

Kurz nach el-Qasr weist ein Schild links zur Nekropole Muzauwaqa (25°39'43"N 28°25'47"O). Dieser römisch-ägyptische Friedhof umfasst etwa 300 Gräber. Leider waren die beiden einzigen interessanten Grabstätten, jene des *Mauhoub Petosiris* und des *Petubastis*, geschlossen. Da die langwierige Restaurierung nun abgeschlossen ist, hoffen alle, dass bald wieder Besucher in die Gräber dürfen. Touristen kommen derweil trotzdem und bekommen gegen Bakschisch ein anderes Grab mit zwei Mumien vorgestellt, doch lohnen diese kaum den Besuch. Fragen Sie also vorher in Mut, ob die Hauptgräber wieder geöffnet sind.

Beide Gräber stammen aus dem 1. und 2. Jh. n. Chr. Die Archäologen sind sich aber nicht sicher, ob sie seinerzeit auch belegt wurden. Besonderen Reiz stiftet der römisch-ägyptische Mischstil der Wandbilder: hier ein Blonder in pharaonischer Pose, dort ein ägyptisches Antlitz mit römischer Toga. Dazu lockige Engel und bärtige Janusköpfe, die zugleich ins Diesseits zurück- und ins Jenseits vorausschauen. Tierkreise schmücken die Decken, bei Petosiris steht ein Mann auf einer Schildkröte und schwenkt triumphierend Schlange und Fisch.

Amheida

Muzauwaqa ist nur eines von mehreren Gräberfeldern des antiken Amheida, das unter den Römern die Hauptstadt der Oase war. Amerikanische Archäologen legten hier die **Villa des Serenus** mit Wandfresken von Szenen der griechisch-römischen Mythologie frei, wie wir sie anderenorts als Bodenmosaiken kennen. Glanzpunkt ist eine Darstellung von *Perseus und Andromeda:* Der Held hat gerade mit dem Schwert die Medusa enthauptet. Den bluttriefenden Schlangenschädel triumphierend in die Höhe gereckt, ist er auf dem Weg, seine Geliebte zu befreien, die am rechten Bildrand an einen Felsen gekettet ist. Hoffen wir, dass Amheida bald für Besucher geöffnet wird.

Mehr zu Amheida (25°40'00"N 28°22'21"O) unter www.amheida.org.

Gedida

Gedida, übersetzt „das Neue", mag verglichen mit den Nachbardörfern neu sein, ist aber auch schon 200 Jahre alt. Die Bewohner gelten als besonders wohlhabend, viele arbeiten zeitweise in Kairo. Beim Triumphbogen am Ortseingang gibt es eine mit deutscher Hilfe gebaute **Maschrabiya-Manufaktur** zu besichtigen, in der die kleinen Holzteilchen gedrechselt und zu Schachteln, Möbeln, Raumteilern und Fenstergittern kombiniert werden. Nördlich von Gedida legen die Führer am Brunnen **Bir Muschiya** (25°37'23"N 28°52'00"O) gern einen Badestopp ein.

Kellis (Ismant el-Charab)

Bei Ismant hat der Wüstensand eine ganze Stadt begraben. Jahr um Jahr bringen die Forscher hier neue Überraschungen ans Licht. Doch wie in Amheida bleiben Touristen vorerst ausgesperrt.

Das weitgehend aus Lehmziegeln errichtete Kellis (1 km südl. der Landstraße bei 25°31'00"N 29°05'38"O) boomte in römischer Zeit. Mumienmasken und Totenporträts mit individuellen Zügen zeigen eine multiethnische Gesellschaft. Neben den Ägyptern gab es da dunkelhäutige Nubier aus dem Süden, Menschen römischer Herkunft mit heller Haut und blauen Augen, bärtige Syrer, Griechinnen und Griechen mit typischer Haartracht. Beamte und Soldaten, Händler und Schmuggler, Glücksritter und Verbannte – ein bunter Haufen muss es gewesen sein. Warum Kellis schließlich verlassen wurde, wissen wir nicht. Auch das bislang letzte Dokument, ein Horoskop aus dem Jahre 392, verrät uns darüber nichts. Vielleicht versalzten die Brunnen oder es wälzten sich Wanderdünen unaufhaltsam über die Stadt – und konservierten sie.

Tempel: Im Südwesten des Ortes umfasst eine Lehmziegelmauer den steinernen Haupttempel. Die ältesten Teile stammen noch aus ptolemäischer Zeit. Unter Hadrian (117–138) wurde gebaut, auch der vor seiner Ermordung (193) nur 87 Tage regierende Kaiser Publius Helvius Pertinax ist mit Kartuschen vertreten. Das Heiligtum war dem Gott Tutu, seiner Mutter Neith und seiner Gemahlin Tapshais geweiht. Tutu, der „Herr der Dämonen", wurde zum Schutz vor Feinden und übersinnlichen Kräften angerufen und meist als Sphinx oder als Mensch mit Löwenhaupt dargestellt. Tapshais, von der man eine hübsche Bronzestatuette fand, kennen wir einzig aus Kellis. Außer einem Kultbild im Altarraum schmückten nur wenige Reliefs an Durchgängen und Säulen den Tempel. Anders die Kapellen im Hof, deren verputzte Lehmwände mit Szenen im römischen Stil bemalt waren. Im Geburtshaus des Tutu schließlich vereinen die Wandbilder griechisch-römische und ägyptische Elemente zu einem kuriosen Stilgemisch, wie man es von den Fayumporträts kennt. Die Archäologen arbeiten hier daran, auch die eingestürzte Decke wieder aufzurichten.

Kirchen: Die erste Kirche der Stadt war noch ein umgebautes Wohnhaus. Um die Mitte des 4. Jh. errichtete man wenige Schritte entfernt die Basilika und im Tempelviertel die sog. Westkirche. Doch waren es koptisch-orthodoxe Christen, die hier beteten? Es gab damals in Kellis auch eine Gemeinde von Manichäern (→ Kasten), die uns einige Tausend Papyri mit religiösen Schriften hinterließen.

Haus des Buchmachers: Ein ungewöhnlicher Fund sind auch die „Bücher" aus Kellis, nämlich hölzerne Schrifttafeln, die mit Schnüren zu Kodizes zusammengebunden wurden. Mit dem Haus des Buchmachers glaubt man die Werkstatt gefunden

Von der Finsternis zum Licht – die manichäische Häresie

„Da nun alles, was sich in der Welt zuträgt, entweder unter die Rubrik des Guten oder des Bösen sich bringen läßt; so nahm man eine Dualität Gottes an, ein principium bonum et malum. Und das war der Manichäismus."

Immanuel Kant

Für seinen Weg von der Finsternis zum Licht bediente sich der im Zweistromland aufgewachsene Mani (215–277) bei den Lehren seiner „Brüder" Christus, Buddha und Zarathustra. Als erster Religionsstifter schrieb er seine Wahrheiten auch selbst und unverschlüsselt nieder. Mani gewann die Gunst des persischen Königs Schapur, seine Anhänger missionierten bald von China bis Spanien und verstanden sich im Westen als die wahren Christen. Der Kirchenvater Augustinus (354–430) war als junger Mann ein Anhänger Manis – und bekämpfte später besonders energisch die manichäische Häresie, die noch bis in die mittelalterlichen Ketzerbewegungen der Bogumilen und Katharer fortwirkte. Zur Staatsreligion wurde der Manichäismus zeitweise in Uigurien, in China hielt sich der Glaube bis ins 17. Jh.

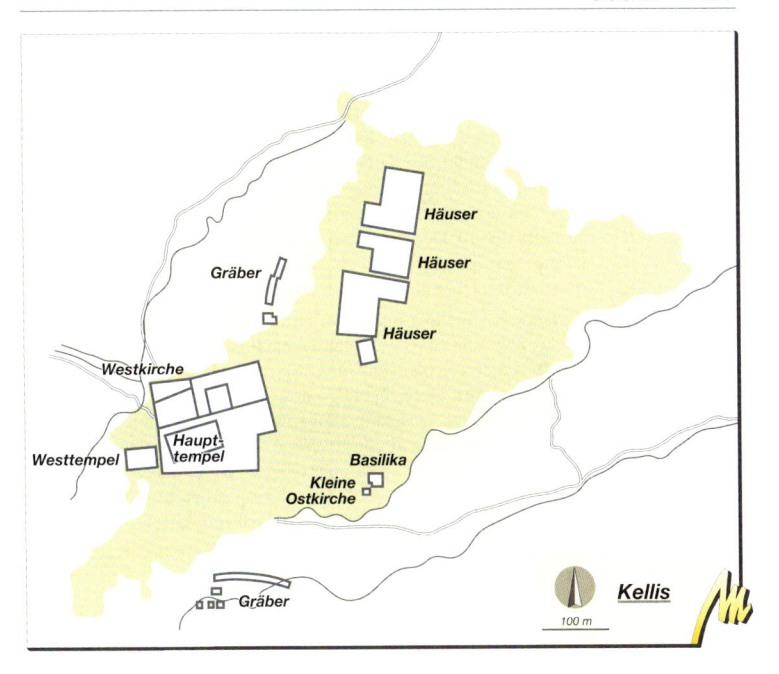

zu haben, wo diese Tafeln hergestellt oder zu neuen Texten recycelt wurden. Da gibt es Kaufverträge, die Abrechnungen eines Gutshofs mit seinen Pächtern, Fragmente der Ilias. Dann eine Ausgabe der Reden des Platon-Opponenten Isokrates (436–338 v. Chr.), jenes Rhetorikers, der die Redekunst zwar lehrte, doch selbst nur ungern sprach, weil er eine so miserable Stimme hatte. Einige Kodizes sind im Museum von Charga ausgestellt.

Balat

An der Ortseinfahrt beugen sich ordentlich aufgereihte Kängurubäume *(Casuarinae)* dem Wind, dann hält der Bus vor dem Teehaus. Das alte Dorf liegt auf der Anhöhe (25°33'40"N 29°15'51"O). Wie Qasr Dachla ist es aus Lehm gebaut. Die Farbe geht etwas mehr ins Rotbraun, die Häuser sind kleiner und schlichter – ein Dorf eben, irgendwie afrikanisch. Wir irren durch ein Labyrinth schmaler Gassen und überdachter Passagen, bestaunen die beschrifteten Türstürze und hölzernen Schlösser, freuen uns an den runden, gefälligen Formen.

1,5 km nordöstlich und auf der anderen Seite der Straße gen Charga wartet die Nekropole ☆ **Qila ed-Dabba**. Burgen aus Lehmziegeln, so scheint es, erheben sich mehrere Etagen hoch aus dem Sand. Es sind Mastabas von Gouverneuren der Oase unter Pepi I. (2316–2284 v. Chr.) und Pepi II., jenem Pharao der 6. Dynastie, dessen 94 Regierungsjahre (2278–2184 v. Chr.) vermutlich Weltrekord sind – oder ein Fehler in der Überlieferung. Eine Mastaba wurde von den Archäologen aufgeschnitten und ausgeschachtet, sodass man nun die Konstruktion bis hinunter auf das Niveau der steinernen Grabkammer nachvollziehen kann. Anders als in Saqqara wurden hier der tief in den Boden führende Zugang und die Mauern des Vorraums aus Lehmziegeln gebaut.

Zu besichtigen ist die **Mastaba des Chentika**. Rotbraune Reliefs zeigen den Grabherren, mal beim Erlegen eines Nilpferds, mal auf einem Stuhl mit Löwenfüßen, unter dem ein Hund ruht. Rechts nähert sich ein weiterer Hund dem Fressnapf. Frau Chentika berauscht sich an einer Lotusblüte, symbolhaft für die Wiedergeburt. Auf der gegenüberliegenden Stirnwand sind Alltagsarbeiten wie das Pflügen oder die Nilpferdjagd dargestellt; der Türsturz der Grabkammer zeigt die Pilgerfahrt nach Abydos. Über dem Grab blieben die Reste des Totentempels erhalten. Gezeigt wird in einer neu errichteten unterirdischen Kammer auch das **Grab des Betju**, eines Gouverneurs der 10. Dynastie. Sein bescheidener Grabraum – so wie er präsentiert wird, könnte man ihn leicht mit einem Sarkophag verwechseln – gleicht einer bemalten Kalksteinkiste. Über den Toten spannte sich ein Sternenhimmel.

Wo schalteten und walteten Chentika und Betju zu Lebzeiten? Von der Balat abgewandten Seite der Nekropole sind es 15 Gehminuten nach **'Ain 'Asil**. Hier, wo der Darb el-Tawil als direkter Karawanenweg ins Niltal die Oase verließ, unterhielten die Pharaonen zunächst ein einfaches Fort. Unter Pepi II. wurde daraus ein regelrechter Palast mit einer Grundfläche von zuletzt 33 Hektar. Heiligtümer, Vorratsräume und Gemächer für die Bediensteten konnten identifiziert werden. Die ganze Pracht ging gegen Ende des Alten Reichs in Flammen auf, wurde aber wenigstens teilweise wieder aufgebaut. Erst zwei Jahrtausende nach Pepi wurde 'Ain 'Asil endgültig aufgegeben.

Tägl. 8–17, Mai–Sept. bis 18 Uhr. Die in Qila ed-Dabba verkauften Tickets (25/15 LE) gelten auch für 'Ain 'Asil. Die weitgehend asphaltierte Zufahrt nach Qila ed-Dabba (25°33'30"N 29°16'48"O) zweigt am Ortsende von Balat (25°33'32"N 29°16'14"O) ab. Wer keinen Geländewagen dabei hat, lässt sich vom Schließer den Fußweg nach 'Ain 'Asil (25°33'34"N 29°17'29"O) zeigen.

Baschendi

Ein weiteres Lehmdorf, nicht ganz so schön wie Balat und direkt über einem römischen Friedhof gebaut. Gibt es hier Leichen im Keller? Gräber immerhin. Der Schließer zeigt uns das **Mausoleum des Pascha Hindi**, der als Heiliger für das Wiederfinden verlorener Dinge zuständig ist. Dann das **Grab des Kitinos** (Eintritt 25 LE), dessen Reliefs aus dem 2. Jh. die lange Nutzung der Anlage als Wohnraum erstaunlich gut überstanden haben. Im Ersten Weltkrieg waren hier gar Soldaten untergebracht. Am Ortsrand wirbt eine von der Kunstakademie Heluan betreute **Teppichmanufaktur** um Besucher. Gegen einen kleinen Obolus kann man Kindern und Jugendlichen bei der Arbeit zuschauen und anschließend gegen weiteres Geld auch Webteppiche erstehen.

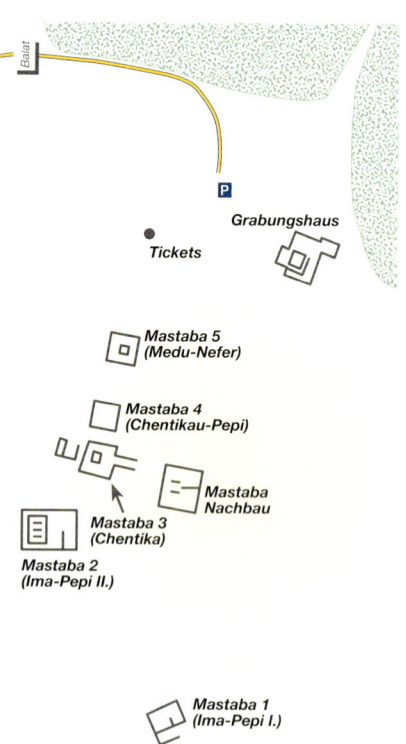

Zwischen Dachla und Charga

☆ **Felszeichnungen**: Etwa 6 km südlich von Teneida, dem letzten Dorf der Oase, stehen auf Höhe der letzten Felder markante Sandsteinfelsen direkt an der Straße, manche in der Gestalt phantastischer Tiere. Im vorautomobilen Zeitalter verzweigten sich hier der Darb el-Ghabari, dem in etwa die moderne Straße von Dachla nach Charga folgt, und eine längst vergessene Route nach Baris. Die Weggabelung war einst ein beliebter Rastplatz. Auf der straßenzugewandten Seite des „Sitzendes-Kamel-Felsens" (25°27'38"N 29°20'55"O) findet man allerlei Ritzungen: vor allem neuzeitliche Graffiti, etwa den Namen des britischen Gouverneurs Jarvis oder „Allgäu 2000", dazu Stammessymbole der Beduinen und mit Glück und Spürsinn auch prähistorische Petroglyphen von Giraffen, Antilopen und Jägern, die der Baschendi-Kultur (→ S. 471) zugeschrieben werden. Angesichts des weichen Sandsteins bezweifeln Skeptiker jedoch, ob die Ritzzeichnungen wirklich so alt sind, wie sie vorgeben. Es wäre nicht die erste Fälschung dieser Art. Doch vielleicht hat ja eine Sandverwehung die Steinzeitkunst vor der Erosion durch die strengen Nordwinde geschützt.

Abu Tartur: Mit dem Checkpoint nach den Felszeichnungen endet Dachla. Dann geht es etwa 140 km durch abwechslungsreiches Wüstenterrain. Wir passieren das Neulandprojekt *Bir Sijat*, dann ein Tal mit Pyramidenhügeln, eine weitere Neulandfarm, die völlig überdimensionierte und deshalb weitgehend leerstehende Werkssiedlung (25°12'30"N 29°46'54"O) der Phosphatmine Abu Tartur und schließlich die Einfahrt ins Minengelände. Der vor allem für Düngemittel benötigte Rohstoff wird 15 km abseits der Oasenstraße im Tagbau gewonnen und an Ort und Stelle extrahiert. Abu Tartur ging 1995 in den Probebetrieb. Einige tausend Arbeiter sind hier beschäftigt. Für den Abtransport des Phosphats baute man eigens eine Bahnlinie bis ans Rote Meer, die nach wenigen Betriebsjahren aber bereits wieder aufgegeben wurde. Die Höhe der Gesamtinvestition Abu Tartur ist ein gut gehütetes Geheimnis – von einer Milliarde US-Dollar ist die Rede. Seit Jahren sucht die Regierung nach privaten Betreibern für die Mine. Doch die Weltkonzerne winken ab – der „weiße Elefant" in der Wüste verheißt chronisch rote Zahlen. Um die Gewinnschwelle zu erreichen, müssten weitere 1,5 Mrd. $ in das Unternehmen gesteckt werden, meinen Gutachter. So hoffen die Ägypter, dass die steigende Nachfrage nach dem Rohstoff irgendwann auch Abu Tartur zu einer lukrativen Investition macht. Und dass bis dahin nicht alle Anlagen zerfallen und die Bahnschienen geklaut sind.

Ghurd Abu Muharrik: Nach der Minenbahn queren wir die Sandfelder Ghurd Abu Muharrik. Das schmale Sandband beginnt östlich von Bahariya und läuft parallel zur Hauptwindrichtung bis hinter Baris, den südlichsten Ort der Charga-Oase. Wohl ein Dutzend Mal haben die im Schneckentempo von 10 bis 15 m jährlich vorrückenden Barchandünen die Straße verschüttet und neue Wegführungen erzwungen. Telefonmasten wichen, als man sie noch brauchte, nach oben aus. Stand ihnen der Sand bis zum Hals, wurden sie von den Arbeitern einfach ein Stück höher gesetzt. An den niedrigen Flanken einer quer zum Wind stehenden Düne bewegt sich der Sand schneller vorwärts als im Mittelstück. Besser als es alle Berechnungen vermögen, verwandelt der Wind jeden Sandhaufen in ein aerodynamisches Nonplusultra. Die windzugewandte, äußere Seite ist flach und fest, während auf der Leeseite die über den Kamm gewälzten Sandkörner steil und locker abrollen. Perfekte Natur.

Das Wandern ist der Dünen Lust

Das Sandkorn als finale Form des Steins ist selten allein. Als Gemeinschaft mit Billionen Artgenossen türmt es sich unter der sanften Kraft des Windes zu Dünen auf. Die dabei entstehenden Formen lassen sich auf wenige Grundstrukturen reduzieren, von denen die sichelartige Barchan-Düne sicher die eleganteste ist. Messerscharf ist ihr wie mit dem Lineal gezogener Kamm, die Dünenseiten haben überall das exakt gleiche Gefälle, die Enden zeigen exakt wie ein Wetterhahn an, wie der Wind weht ...

... und wo's langgeht. Oft sogar mit „Gesang" gehen diese Symbole ariden Nomadentums nämlich auf Wanderschaft und begraben alles, was ihnen in den Weg kommt, um es erst nach langer, langer Zeit wieder freizugeben. Dabei bewegen sich die Kleinen schneller als die Großen und können diesen auch über den Rücken kriechen. Die Sandberge bei Dusch, so schätzt man, haben vor etwa 22.000 Jahren die Oase Charga betreten. Seit damals stürzen sich lang gezogene Seifdünen – so benannt, weil ihre Form dem wellenförmig geschliffenen Schwert der Araber gleicht – über die Klippen am Nordwestrand Chargas. Die Riesen können bis 100 m hoch und 150 km lang sein – und werden am Fuß der Klippe als Barchane wiedergeboren.

Satellitenaufnahmen zeigen, dass Barchan- und Seifdünen das Bild der ägyptischen Sandwüsten bestimmen. Nur eine Nischenexistenz führt in der Sahara dagegen die Sterndüne. Diese äußerst seltenen Gebilde brauchen ein Biotop mit häufig wechselnder Windrichtung und bleiben dann auf ihrem Fleck, nur ihre Form verändern sie.

Wanderdüne Ghurd Abu Muharrik

Lassen sich Dünen wenn nicht bezähmen, so doch kalkulieren? Archimedes setzte sich in seinem Traktat *Die Sandzahl* mit dem Unendlichen auseinander. Warum bilden sie sich? Unter welchen Bedingungen sind sie stabil? Was bestimmt ihre Gestalt, ihre Größe, ihre Geschwindigkeit – und wie hängen alle drei Faktoren miteinander zusammen? Der nach vielen Jahren Wüsteneinsatz wieder nach Britannien heimgekehrte Offizier Ralph A. Bagnold war dermaßen dem Sandfieber verfallen, dass er sich tonnenweise Sand auf sein Schloss liefern ließ und damit jahrelang in einem selbst gebauten Windkanal experimentierte. Sein 1941 erschienenes *The Physics of Blown Sand and Desert Dunes* ist bis heute ein Standardwerk der Sandforschung. Der Stuttgarter Physiker Gerd Sauermann meint mit *Modeling of Wind Blown Sand and Desert Dunes* (2001) nun endlich eine Formel gefunden zu haben, die das Werden und Wandern der Barchane zu beschreiben vermag. Ob dies der Weisheit letzter Schluss ist?

Charga

Von den Touristenzentren am Roten Meer oder in Oberägypten aus betrachtet ist Charga die nächstgelegene Oase. Doch sie ist bei Urlaubern deutlich weniger beliebt als etwa Siwa oder Dachla.

Und dies aus guten Gründen. Zum einen ist es einer jener Orte, wo die Behörden ihren Leuten oder den Fremden so sehr misstrauen, dass jeder Ausländer unter Polizeischutz gestellt wird. Ein Aufpasser, der freilich kein Wort Englisch versteht, begleitet uns, sobald wir das Hotel verlassen, auf Schritt und Tritt. Zum anderen braucht, wer die Oase genauer erkunden will, ein Allradfahrzeug. Doch die sind in Charga rar und unverschämt teuer. Man könnte meinen, der Staat wolle gar nicht, dass Touristen in die Oase kommen. Leider. Denn der Steilabfall am Nordrand der Oase gehört zu den eindrücklichsten Szenarien der Westlichen Wüste.

Vier Stunden brauchte ein Reiter einst, um die Klippe in zahllosen Serpentinen zu überwinden, heute sind es mit dem Auto nur wenige Minuten. Es gibt Sanddünen, pharaonische Tempel und herrlich gelegene **römische Festungen**, die es vielleicht nicht mit der Saalburg oder Kaiseraugst aufnehmen können, dafür aber umso geheimnisvoller sind – leider oft nur mit teuren Geländewagen samt Führer zu erreichen. Dann der gut erhaltene **Hibis-Tempel**, eines der seltenen Denkmäler aus der Zeit, da die Perser über Ägypten herrschten. In Sichtweite hinter dem Heiligtum ließen sich auf dem **Friedhof Bagawat** Chargas frühe Christen bestatten. Manche waren vor den Verfolgungen im Niltal geflohen oder gehörten zum Gefolge des Athanasius und des Nestorius, die zeitweise in die Oase verbannt waren. Das **Museum** in el-Charga birgt herausragende Funde, auch solche aus der Nachbaroase Dachla.

Eher nüchtern wirkt die Oasenhauptstadt **Qasr Charga** (auch einfach nur el-Charga genannt): Als Gesicht des „Neuen Tals" zeigt sie breite Boulevards mit blinkenden Neonlichtern und Betonarchitektur, während die Altstadt verfällt.

Geschichte

Anders als in Dachla gibt es in Charga nur ganz wenige Funde aus der Zeit vor dem 6. Jh. v. Chr., was auch daran liegen mag, dass die Oase viel schlechter erforscht ist als ihre westliche Nachbarin. Wohl erst seit der Spätzeit und mit Hilfe neuer Bewässerungstechniken entwickelte sich Charga zu jener blühenden Landschaft, als die es antike Schriftsteller preisen. „Es ist ein dicht besiedelter Ort, der ausreichend mit Wasser versorgt ist und Wein und andere Annehmlichkeiten in ausreichendem Überfluss liefert", berichtete Strabo über die Hauptstadt Hibis der „Oasis Magna", wie Charga damals hieß. Ruinen, antike Brunnenbauten und Bewässerungsanlagen beweisen, dass die Bauern in der Lage waren, außer sich selbst und ihre Angehörigen auch Scharen von Bauarbeitern samt Verwaltung und Garnison zu ernähren. Die Anbaufläche war etwa doppelt so groß wie heute.

Nach der islamischen Eroberung brach der Markt für Wein und andere Luxusgüter zusammen, und die Bauern produzierten nur noch für den persönlichen Bedarf. Brunnen versandeten, Felder wurden unter Wanderdünen begraben. Schutzlos war man nun den Überfällen der Beduinen ausgesetzt, lokale Herrscher vermochten die Karawanenrouten nicht vor Räubern und Wegelagerern zu sichern. Erst gegen Ende des Mittelalters besann man sich am Nil wieder auf die Oase, und Mameluken und Osmanen belegten **Deir el-Kaschif** und andere Forts erneut mit Soldaten. Ganz im Süden

Chargas richtete man Zollstationen zur Besteuerung der Karawanen auf dem **Darb el-Arba'in** ein, der als Route von Sklaventransporten traurige Berühmtheit erlangte.

Die Briten interessierten sich für Charga, als sie befürchteten, der aufständische Mahdi werde aus dem Sudan auf diesem Weg in Ägypten einfallen. Die *Western Desert Corporation* stieß bei der erfolglosen Suche nach Öl immer wieder auf Wasser und begann mit der Kultivierung von Wüstenflächen. Eine später wegen des Treibsands aufgegebene **Schmalspurbahn** brachte ab 1908 auch Touristen in die Oase.

Bis in die Gegenwart war Charga ein **Abschiebeort**. Die beiden prominenten Bischöfe wurden schon erwähnt. Lange vor ihnen wurde der Satiriker Juvenal, der sich schon in Assuan am Ende der Welt wähnte (→ S. 334), von dort weiter nach Charga beordert und durfte die Oase erst wieder verlassen, als sein kaiserlicher Widersacher Hadrian schließlich verstorben war. Egal zu welcher Zeit, Beamte wollten meist nur schnell wieder weg aus der Wüste und nutzten den Aufenthalt allenfalls, um sich persönlich zu bereichern. Von Assiut kommend, sieht man am Eingang der Oase links ein Hochsicherheitsgefängnis, in dem schon allein das Klima an Folter grenzt. Und bis 1970 gab es in Charga auch noch Arbeitslager.

> ### Der Weg der 40 Tage
>
> Oft mögen es auch 60 oder 90 Tage gewesen sein, während der die Karawanen von Darfur über Charga nach Assiut unterwegs waren, und man war froh, wenn auch nur die halbe Fracht unversehrt den Nil erreichte. Als Handelsroute mag der von der Lage der wenigen Wasserstellen vorgegebene Weg schon in der Pharaonenzeit benutzt worden sein. Berühmt-berüchtigt wurde er jedoch erst ab dem 17. Jh., als die Karawanen vorwiegend Sklaven transportierten.
>
> In Darfur, der Westregion des Sudan, war damals Bürgerkrieg. Und wer immer die Oberhand hatte, legte den Verlierer in Ketten und schickte ihn nach Ägypten, wo auf dem Sklavenmarkt von Kairo der Bedarf schier unerschöpflich war. War gerade einmal Frieden, erlaubte der Sultan von Darfur jenen Getreuen, die sich besonders verdient gemacht hatten, einen Raubzug ins Nachbarland. Nicht viel anders ging die sudanesische Zentralregierung 2003 vor, als sie die Nomaden Darfurs als Hilfssheriffs gegen aufständische Bauern engagierte – mit dem Unterschied, dass mangels Sklavenmarkt nun nur das Töten eine dauerhafte Vertreibung verspricht. Außer den Opfern von Krieg und Kidnapping gerieten manche auch durch friedlichen Handel in die Sklaverei, indem sie von ihren Angehörigen verkauft wurden oder gar sich selbst verkauften, um die Familie aus der Schuldknechtschaft zu befreien.
>
> Als Heuschrecken in Menschengestalt müssen die Karawanen den Oasenbauern erschienen sein, soweit sie nicht als Händler an den Besuchern verdienten. Cailliaud erlebte 1816 in Assiut die Ankunft eine Karawane mit 16.000 Reisenden, darunter 6000 Sklaven. Obgleich Vizekönig Mohammed Ali auf ausländischen Druck hin 1842 den Kairoer Sklavenmarkt schloss und den Menschenhandel verbot, kam auf den nur schwer kontrollierbaren Wüstenwegen noch bis ins 20. Jh. neue „Ware" ins Land. Erst als die britisch-ägyptische Herrschaft über den Sudan 1916 auch in Darfur durchgesetzt wurde, endeten die Sklaventransporte. Damit geriet dann auch der genaue Verlauf des Darb el-Arba'in in Vergessenheit, den wir heute nur noch aus Berichten europäischer Reisender kennen.

Charga 487

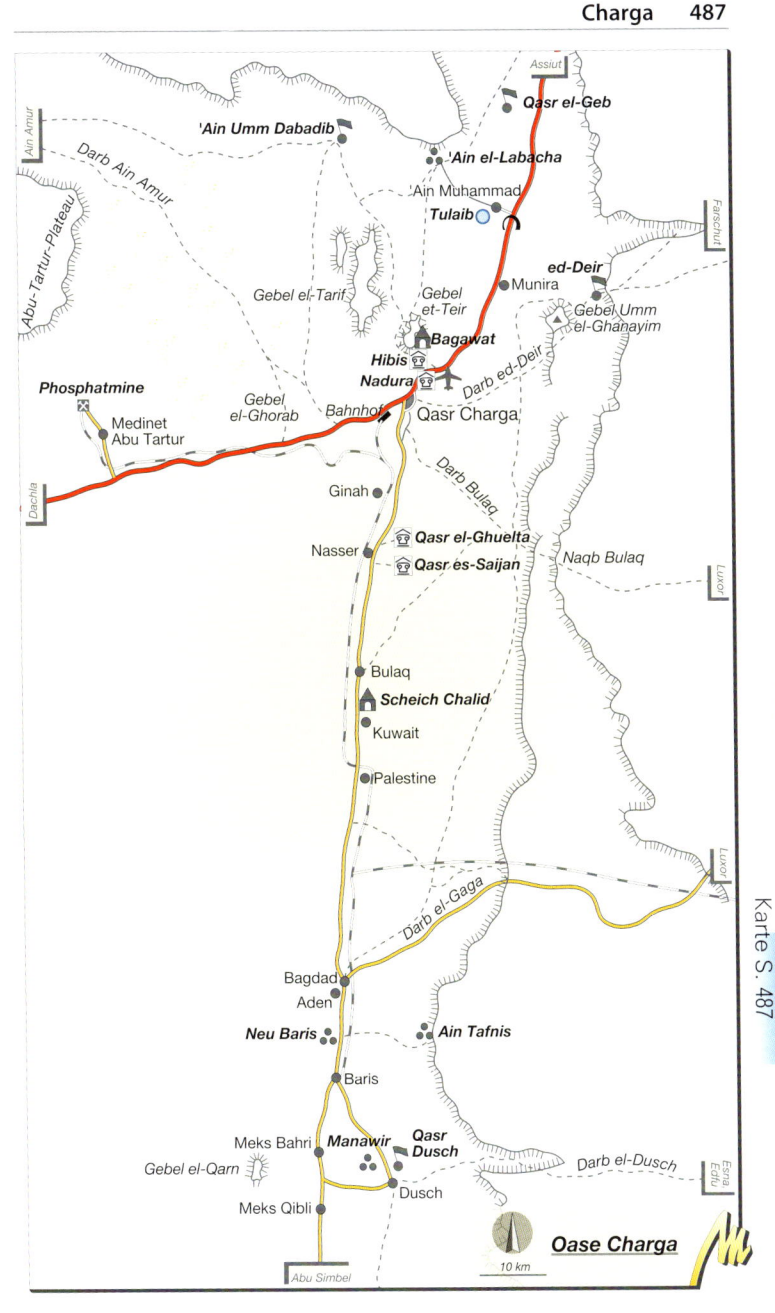

Westliche Wüste – Charga
Karte S. 487

Qasr Charga (Medinet el-Charga)

Als Verkehrsknotenpunkt und mit mehreren Hotels ausgestattet, ist die 65.000 Einwohner zählende Provinzhauptstadt eine geeignete Ausgangsbasis, um die Oase zu erkunden.

Qasr Charga ist weit auseinander gezogen und damit eher autogerecht als fußgängerfreundlich. Pick-ups besorgen den Transport auf der Gamal-Abdel-Nasser-Straße, der mit Büschen und Obelisken geschönten Hauptachse der Neustadt. Am Nordende gegenüber der Touristinformation steht der von einem örtlichen Künstler angeblich in nur drei Tagen geschaffene **Mabrouk-Brunnen** mit einer großbrüstigen „Mutter Ägypten", die ihr unwilliges Kind (Charga?) vorwärts zerrt. Man passiert das Museum, die gleichfalls nach Nasser benannte **Hauptmoschee** und den Amtssitz des Gouverneurs. Am Midan es-Saha biegt die Taxiroute gen Osten ab, streift die Palmengärten und endet am Midan Scha'ala, dem zentralen Platz des **Suks**. Zu Fuß kann man von hier weiter in die Wohnviertel der Altstadt vordringen.

Anfahrt

Der **Flughafen** liegt 5 km nordöstlich der Stadt. Sonntags kommt ein Charterflug (Petroleum Air Service) der örtlichen Verwaltung aus Kairo und fliegt um 16 Uhr wieder zurück. Tickets (450 LE) im Governorate Building, Sh. Gamal Abdel Nasser, bei Mahmoud Shukri, ✆ 7921695. Die Flüge können nicht auf dem normalen Weg (Internet, Reisebüro) gebucht werden. In Kairo kontaktiere man, Arabischkenntnisse vorausgesetzt, das Verbindungsbüro des New Valley Governorate, ✆ 02-2392 1674.

Der **Busbahnhof**, ✆ 7920838, am Midan Basatin ist vom Zentrum mit Minibussen zu erreichen. **Busse** fahren nach **Assiut** (240 km, 3–4 Std., 15 LE) um 6, 7, 11 und 12 Uhr. Nach **Kairo** (8 Std. via Desert Road, 50 LE) um 22 und 23 Uhr, Abfahrten nach **Dachla** (3 Std., 15 LE), von Assiut kommend, gegen 14 und 1 Uhr. Nach **Baris** (6 LE) um 6 und 9 Uhr. Nach **Luxor** gibt keine Direktbusse. Man fährt stattdessen um 7 Uhr nach Assiut und wechselt dort in den Zug.

Servicetaxis, auch die nach Baris, Assiut und Dachla, haben ihren Standplatz am Md. Scha'ala (am Eingang zum Basar). Innerhalb der Stadt zahlt man 0,50 LE.

Eine direkte **Straße** führt von **Charga** nach **Luxor**, sie mündet etwa 15 km südlich der Luxor-Brücke ins Niltal. Die Straße ist in gutem Zustand, wird aber wenig befahren. Für eine Taxifahrt von Charga nach Luxor werden 350–500 LE verlangt.

Verschiedenes

Telefonvorwahl: 092

• *Einkaufen* Auch in Charga gibt es Souvenirs! Eine Manufaktur an der Straße nach Baris produziert **Teppiche** und **Töpferwaren**, etwas weiter kann man während der herbstlichen Erntesaison in der **Dattelfabrik** die Trocknung der Früchte erleben.

• *Geld* Die Möglichkeit zum Geldwechsel bieten die *Banque Misr* (beim Gouvernorat) und die *Banque du Caire* (Sh. el-Kenissa). Letztere hat auch einen Geldautomaten.

• *Information* **Touristinformation**, Md. Nasser, beim Charga Hotel, ✆ 7921206, Sa–Do 9–15 Uhr, manchmal auch abends. Hilfreich und engagiert, eines der besten Touristbüros in Ägypten! Mohsen Abd el-Moneim (mohsen_dl@yahoo.com, ✆ 0100-1806127) arrangieren auch Unterkunft und Ausflüge.

• *Antikenbehörde* Sh. Abd el-Nasser, gegenüber dem Museum, So–Do 8–14 Uhr. Abteilungsleiter für altägyptische und griechisch-römische Altertümer: Ahmad Ibrahim Bahgat, ✆ 7920836. Abteilungsleiter für koptische und islamische Altertümer: Mansur Osman, ✆ 7920874, 0122-3745279. Beide sind sehr hilfsbereit und Ansprechpartner, wenn man nicht regulär geöffnete Ausgrabungen besuchen will.

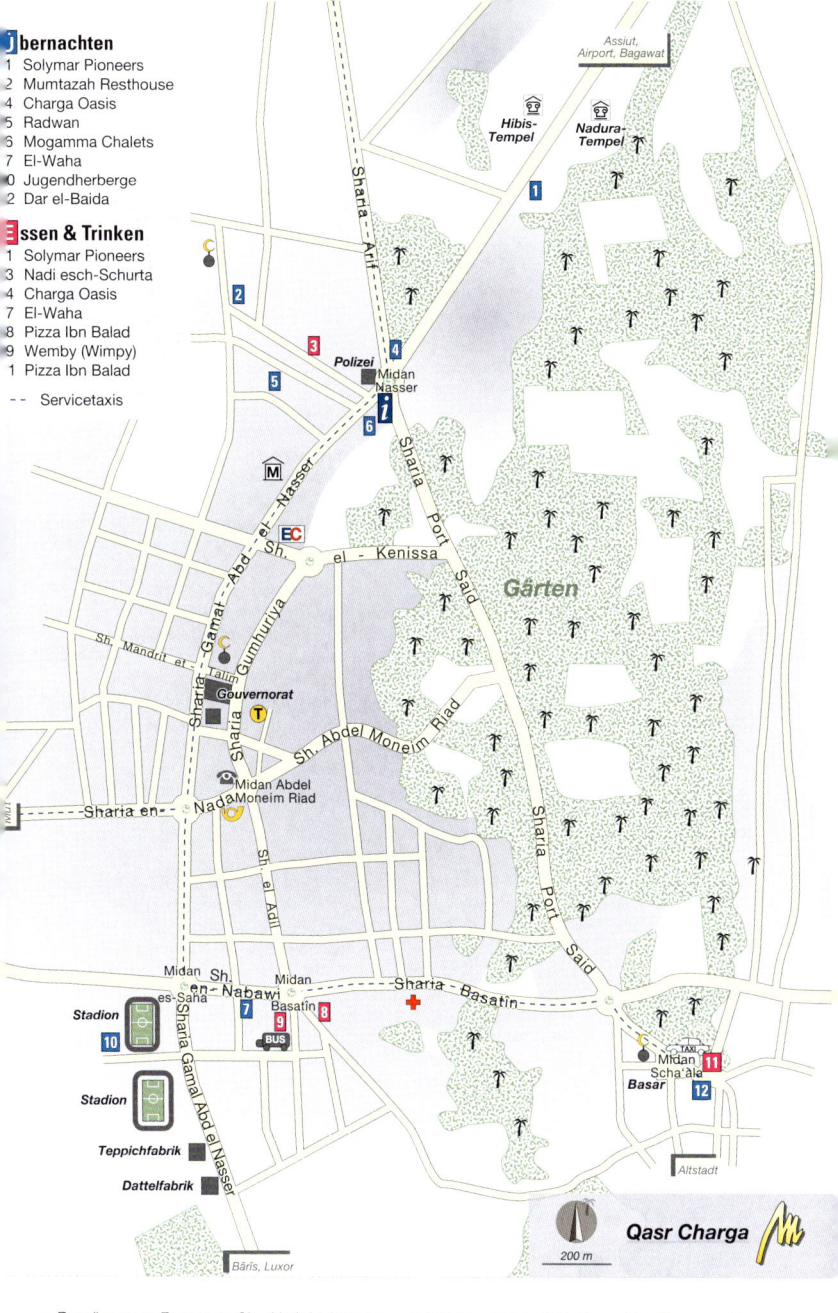

Übernachten
1. Solymar Pioneers
2. Mumtazah Resthouse
4. Charga Oasis
5. Radwan
6. Mogamma Chalets
7. El-Waha
10. Jugendherberge
12. Dar el-Baida

Essen & Trinken
1. Solymar Pioneers
3. Nadi esch-Schurta
4. Charga Oasis
7. El-Waha
8. Pizza Ibn Balad
9. Wemby (Wimpy)
11. Pizza Ibn Balad

-- Servicetaxis

Qasr Charga

200 m

- *Post/Internet* **Postamt**, Sh. Abdel Moneim Riyad, Sa–Do 8.30–14.30 Uhr; durchgehend geöffnet.

Internetzugang gibt's (teuer) im Pioneers-Hotel und (günstig) im Internetcafé el-Nasiah (neben dem Dar-El-Baida-Hotel). Den Laden

Westliche Wüste

schmeißt ein junger Bub, der schon jetzt ein begnadeter Informatiker ist.
- *Notfalladressen* **Touristenpolizei**, bei der Touristinformation, ℡ 7921673; **Krankenhaus**, Sh. Basatin, ℡ 7920770.
- *Polizeibegleitung* Ob per Auto oder zu Fuß – Ausländer bekommen in Charga Polizeieskorte. Manchmal wird man die lästigen Begleiter los, indem man im Hotel schriftlich auf diesen „Schutz" verzichtet.

Übernachten/Essen & Trinken (Karte S. 489)

Die Auswahl an Hotels ist erstaunlich groß, die Gastroszene dagegen eine Katastrophe. Einzig die Speiseräume im Hotel Pioneers verdienen die Bezeichnung Restaurant.

Solymar Pioneers (1), am Ortsausgang Richtung Assiut. Anders als das Solymar in Dachla bietet dieses, von den Einheimischen „er-ruwad" („Pioniere") genannte Hotel internationalen Standard. Geräumige und schicke Zimmer mit Balkon, AC, Minibar, TV und Teppichböden. Mit zwei Restaurants und der einzigen Bar in Charga ist das lachsfarbene Haus zugleich Treffpunkt der örtlichen Elite. In der Saison ist Halbpension obligatorisch. DZ mit HP bei Oft-Reisen 125–155 €, Tagesaufenthalt am Pool 50 LE. ℡ 7929751, 🖷 7927983, www.jaz.travel.

Charga Oasis (4), nach langem Niedergang ist diese Hommage an den Rasterbau inzwischen gründlich renoviert. Geräumige Zimmer mit Klimaanlage, TV und viel Licht; sauber, schöner Palmengarten und insgesamt gutes Preis-Leistungs-Verhältnis. Ausländer bekommen gewöhnlich die neueren Zimmer in den Gartenbungalows. Schwachpunkt des Hotels ist sein Restaurant. DZ 280 LE. ℡ 7921500, 🖷 7924940.

Radwan (5), in der Seitenstraße hinter dem Museum. Sauber, ruhig, alle Zimmer mit Bad, Dachterrasse mit Ausblick, Internet. DZ 120 LE. ℡ 0100-3457230.

Dar el-Baida (12), beim Md. Scha'ala. Einfaches Hotel am Platz der Servicetaxis, auch viele Ägypter steigen hier ab. Die Zimmer haben Ventilator und teils ein eigenes Bad, doch das Haus ist recht laut. Internet in der Lobby. DZ ohne Frühstück 60–100 LE. ℡ 7929393.

El-Waha (7), das einfache Hotel in Laufweite der Busstation ist bei Rucksacktouristen beliebt. Akzeptabel erschienen die „Luxrooms" mit eigenem Bad, ziemlich abschreckend dagegen die fensterlosen Einzelzimmer. Frühstückslokale gibt's in der Nachbarschaft, und neben dem Haus kann man mit den Kids Fußball spielen. DZ ohne Frühstück 25–40 LE. Sh. en-Nabawi, ℡ 7920393.

El-Mumtazah Resthouse (2), gleich vorweg: Das Haus ist zu verkommen, um es als Nachtquartier empfehlen zu können. Doch es ist mit seinen großen Glasflächen ein Architekturdenkmal. Einst für Spitzenpolitiker und -beamte gebaut; auch Präsident Sadat hat hier schon gewohnt. Off Sh. Aref.

Mogamma Chalets (6), vier klimatisierte Bungalows für jeweils bis zu neun Gäste stehen gleich hinter der Touristinformation und werden von dieser geführt. Man hat viel Platz, in jedem Haus eine kleine Küche, TV und Telefon. Besonders für kleine Gruppen sind die Chalets eine gute Wahl. 25 LE/Pers. ohne Frühstück. ℡ 7921206.

Jugendherberge (10), das Stadion trennt die JH von der Hauptstraße. Die Zimmer haben 3 bis 8 Betten und alle ein eigenes Bad; der Standard ist höher als in manchem Billighotel. Im Restaurant bekommt man für 10–25 LE ein Abendessen. 6 LE/Pers + 5 LE fürs Frühstück. Md. es-Saha, ℡ 7933854.

- *Essen & Trinken* **Wemby (9)**, Md. Basatin. Das verballhornte Wimpy bietet in modernem, etwas nüchternem Ambiente ägyptische Grillküche mit Hühnchen, Kebab und Kufta, Reis und Salat. Auch Plätze im Freien mit Sicht auf das Straßentreiben.

Pizza Ibn Balad, Md. Scha'ala **(11)**, Filiale am Md. Basatin **(8)**. Geschickt wirbelt der Bäcker den Teigfladen durch die Luft und steigert den Appetit. Es gibt Pizza und ägyptische Pfannkuchen, leider nur im Straßenverkauf.

Nadi esch-Schurta (3), hinter dem Polizeigebäude am Md. Nasser. Wenn wir sowieso unter Polizeiaufsicht stehen, dann können wir auch gleich in den Polizeiclub. Der ist nämlich Chargas schönstes Freiluftcafé, bietet Snacks, mittags Tellergerichte und ist preiswert dazu. Clubmanager Ajmar ist zudem das lebende Beispiel, dass es in Charga auch Polizisten mit Charme und Stil gibt.

Sehenswertes in Qasr Charga

Altstadt: Viele Häuser sind verlassen, andere dienen als Scheunen und Stall, und von den Rändern her erobert ganz allmählich der Beton die Altstadt *Darb es-Sindadiya*. Nur hier und da sind noch die alten, verwinkelten Gassentunnels erhalten, die unter den Obergeschossen der Häuser hindurchführten und früher auch bei Tage mit Öllämpchen beleuchtet wurden. Der Kühle wegen und um dem Wind weniger Widerstand entgegenzusetzen, waren die Lehmhäuser halb in die Erde versenkt. Das neue, betonierte Charga hingegen weiß sich gegen Sommerhitze und Winterkälte allenfalls mit elektrischen Klimaanlagen zu schützen.

☆ ☆ **Museum**: Das Museumsgebäude erinnert äußerlich an die Gräber von Bagawat. Im Erdgeschoss werden Funde von der grauen Vorzeit bis zu den Römern gezeigt, oben warten die koptische und islamische Abteilung samt einer bescheidenen volkskundlichen Sammlung. Als historisch bedeutendster Fund gilt die Stele des Chentika, am interessantesten sind sicher die hölzernen Bücher aus Kellis.

Vor- und Frühgeschichte: Im Erdgeschoss, hier in der Seitenhalle rechts vom Eingang, werden die im Rahmen des Dachla-Oasis-Projekts gemachten Funde präsentiert. Die Objekte sind auch in Englisch beschriftet, laminierte Informationstexte betten sie in den historischen Kontext ein. Verwirrend allerdings die Anordnung der Vitrinen. Wer die prähistorischen Felszeichnungen bei Teneida verpasst hat, kann hier die Giraffenjagd als Reproduktion anschauen.

Altes Reich: Auch die Pharaonenzeit ist ganz überwiegend mit Funden des Dachla-Oasis-Projekts vertreten. In der Mittelhalle nach dem Eingang rechts die von Qila ed-Dibba stammende Stele des Chentika, deren Inschrift den Wissenschaftlern viel über die Beziehungen zwischen Dachla und dem Niltal im Alten Reich verraten hat. An der linken Wand der Eingang zur Mastaba des Im-Pepi und in der Mitte eine hübsche Doppelstatue dieses Gouverneurs mit Frau.

Blickkontakt mit Mumiensärgen

Griechisch-römische Epoche: Wir sehen Totenmasken und bemalte Sarkophage aus Labakha. Ausgrabungen in Dusch brachten die hübschen Ba-Vögel ans Licht. Als Symbol der Seele wurden sie den Toten mit ins Grab gegeben. Tierfreunde mögen sich an den schön bemalten Mumien von Schafböcken aus Muzawaqa erfreuen, Bücherfreunde können in der linken Halle die Kodizes aus Kellis bestaunen, zu Büchern gebundene Holztafeln (siehe auch S. 480). In einem ledernen Federmäppchen bewahrte der Schreiber seine Werkzeuge auf.

Die Exponate der **koptischen** und **islamischen Abteilung** im 1. Stock des Museums sind weniger gut beschriftet. Andere Museen haben ihre Magazine entrümpelt und Überschüssiges nach Charga geschickt. So stiftete das Koptische Museum die Texti-

lien und zwei Ikonen (18. Jh.) des Drachentöters Georg und von Maria mit dem Kind. Der Manial Palace sandte herrschaftliches Tafelsilber. Auch Schmuck und die obligatorischen Münzkabinette sind zu sehen.
Öffnungszeiten/Adresse: Tägl. 8–16 Uhr. Eintritt 30/15 LE. Das Museum befindet sich in der Sh. Gamal Abdel Nasser.

☆ Tempel von Hibis

Der größte und am besten erhaltene Tempel der Westlichen Wüste steht etwa 2 km nördlich der Stadt Charga am Rande eines Palmenhains. Bei der Anfahrt passiert man auf der rechten Seite der Hauptstraße einen Hügel mit der Tempelfestung **Nadura**. Sie geht auf Kaiser Antonius Pius (reg. 138–161) zurück und wurde noch in osmanischer Zeit als Militärposten genutzt, der den Zugang nach Qasr Charga bewachte. Die Ruinen (25°28'08"N 30°33'50"O) sind bei Sonnenuntergang ein romantischer Platz, doch nicht weiter sehenswert.

In der Antike erstreckte sich **Hibis**, die „Stadt des Pflugs", über etwa einen Quadratkilometer im Tal zwischen dem Gebel et-Teir und dem Nadura-Tempel. Nördlich des Tempels erkennt man noch bescheidene Spuren, und bei den Ausgrabungen zu Beginn des 20. Jh., als auch der **Tempel** vom Sand befreit wurde, kamen noch einige Gewölbe und Wandbilder ans Licht.

Das über dem Schutt eines Vorgängers gebaute Heiligtum war der thebanischen Triade Amun, Mut und Chons geweiht. Der Prozessionsweg durchschreitet zunächst eine Reihe von **Prunktoren** aus ptolemäischer und römischer Zeit. Am rechten Flügel des zweiten Tores steht ein Steuerdekret des Kaisers Galba (69 n. Chr.) in griechischer Sprache und Schrift. Die Herrscher der 30. Dynastie (378–341 v. Chr.) hinterließen den mächtigen **Eingangskiosk (1)**, dessen Deckenspannweite von 7,40 m nur eine Überdachung mit Holz statt mit Steinplatten zuließ, zwei **Obelisken** und eine Allee von **Sphingen**, die nun im Museum sind. Der wenig bekannte Pharao Achoris (auch Hakoris, reg. 392–380, 29. Dyn.) ließ die große **Säulenhalle**

> **Vorsicht Baustelle! Der Hibistempel**
>
> Ein instabiler Untergrund, Schwankungen des Grundwasserspiegels und die Erosion des Tempels selbst bedrohen seit geraumer Zeit das Bauwerk. Säulen geraten aus dem Lot, Wände reißen, eine Salzkruste überzieht die Reliefs. Bereits 1979 versuchte man, das Gelände über den vormals heiligen Teich zu entwässern. Eine von Ahmed Fakhry in bester Absicht als Regenschutz verordnete Betondecke trug ihren Teil dazu bei, die Mauern aus dem Lot zu bringen. Den vermeintlich letzten Ausweg sah die Altertümerverwaltung schließlich in der Versetzung des Tempels an einen geeigneteren Standort etwa 400 m entfernt. Warum sollte, was in Philae und Abu Simbel so gut funktioniert hatte, nicht auch in Charga möglich sein? Doch es war nicht möglich! Die im Jahre 2000 begonnenen Versetzungsarbeiten wurden bereits nach wenigen Monaten wieder eingestellt. Der Tempel erwies sich als Sandburg, deren einzelne Blöcke unter den Vibrationen der Trennsäge zerfielen. Das Bauwerk ist in einem so schlechten Zustand, dass eine Versetzung nichts anderes als den Aufbau einer Replik bedeutet hätte. So stoppte man das Vorhaben und baute die bereits abgetragenen Tempelteile wieder auf. Nun wird der Stein durch Injektion chemischer Lösungen gehärtet, Holzgerüste und Stahlrahmen stützen Mauern und Säulen, Drainagen und 13 m tiefe Dämme sollen den Tempel vor Grundwasser schützen. Der Tempel wird wohl eine Dauerbaustelle bleiben.

Charga 493

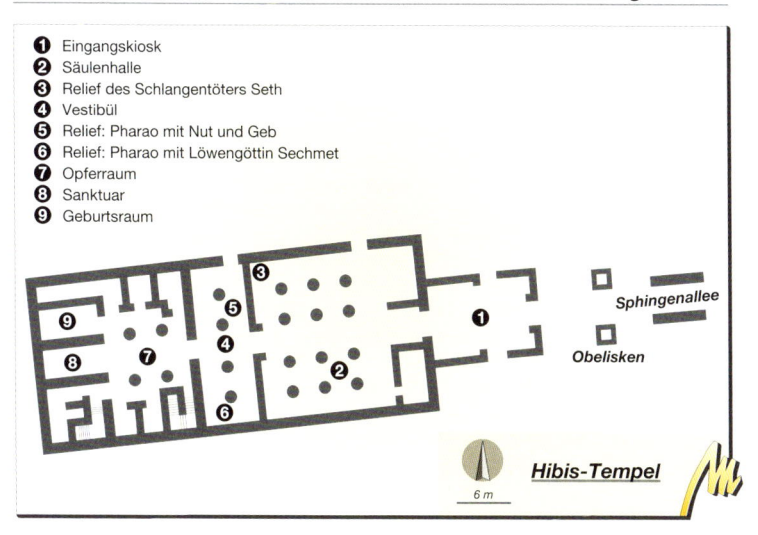

① Eingangskiosk
② Säulenhalle
③ Relief des Schlangentöters Seth
④ Vestibül
⑤ Relief: Pharao mit Nut und Geb
⑥ Relief: Pharao mit Löwengöttin Sechmet
⑦ Opferraum
⑧ Sanktuar
⑨ Geburtsraum

Sphingenallee
Obelisken
Hibis-Tempel
6 m

(2) errichten. Die bei den ptolemäischen und römischen Tempelbaumeistern später so beliebten **Kompositkapitelle**, die Lotus- und Papyrussymbole miteinander mischen, wurden hier zum ersten Mal erprobt. Vorne rechts finden wir ein prächtiges **Relief** (3) des falkenköpfigen und geflügelten **Seth**, wie er eine Schlange ersticht. Anders als im Niltal, wo Seth in der Spätantike zum Götterfeind mutierte, hat man ihn hier offenbar weiter verehrt. Manche sehen in ihm das Vorbild des Drachentöters Georg. So wie ein Köter seine Duftmarke haben am Durchgang die Reisenden des 19. Jh. ihre **Graffiti** hinterlassen – Cailliaud war der Erste.

Der Kern des Tempels mit einer quer gelagerten **Vorhalle** (4), dem **Opferraum** (7) und dem **Kultraum** (8) wurde unter Pharao Apries (26. Dynastie) 588 v. Chr. begonnen und unter dem Perserkönig Darius I. 522 v. Chr. vollendet. In der Vorhalle wird der König von den Göttern aufgenommen: **Geb** und **Nut** umarmen ihn (5), auf der gegenüberliegenden Seite wird er von der löwenköpfigen **Sechmet** empfangen (6). Darunter die acht schlangenköpfigen Urgötter von Heliopolis und ein Hymnus auf Amun-Re. Die Bilder im Kultraum – nur hier wurden sie auf eine feine Putzschicht statt auf den nackten Stein gemalt – bilden in seltener Ausführlichkeit nahezu den gesamten ägyptischen Pantheon ab. Nebenan (9) wurde die Geburt des Pharao gefeiert. Vom Opferraum führen Treppen aufs Dach mit der **Osiriskapelle**.

Tägl. 8–17, Mai–Sept. bis 18 Uhr. Eintritt 20/ 10 LE. 2011 wegen Renovierung geschlossen. „Man sollte aber versuchen, solange der Tempel noch nicht frei gegeben wurde, eine Sondergenehmigung von Herrn Bahgat, Antikendienst in Charga, ✆ 7920836, zu bekommen, so dass man wenigstens um den Tempel herum laufen darf. Wissenschaftler und VIPs dürfen sich den Tempel ganz ansehen." (Tipp von Roland Unger)

☆☆ Bagawat

Der Friedhof lag an der nördlichen Stadtgrenze des alten Hibis. Zwischen ungezählten Einzelgräbern ziehen sich, an Gräberstraßen aufgereiht, 263 Mausoleen aus Lehm über den sanften Hang. Gebaut vom 4.–6. Jh., also alle schon in christlicher Zeit, geben sie Aufschluss über die frühkoptische Architektur. Manche Rundbauten mit

Kuppel erinnern an die Grabeskirche in Jerusalem, andere Mausoleen an eine Basilika. Alle waren überkuppelt oder mit einem Tonnengewölbe überdeckt, wobei die Dachkonstruktion oft durch hochgezogene Blendfassaden verdeckt wird. Halbsäulen und Arkaden schmücken die Außenwände. Aus dem trockenen Wüstensand von Bagawat stammen viele der koptischen Textilien, die in den Museen der Welt gezeigt werden.

Die mit zahlreichen Graffiti bedeckte **Kapelle des Friedens (Nr. 80)** nahe dem Eingang des Friedhofs wird wegen ihres Bildschmucks im byzantinischen Stil auch „byzantinisches Grab" genannt. Zwischen Weinranken und Pfauen begegnen wir den Allegorien des Friedens („Eirene", mit Röckchen, Anch-Zeichen und Szepter), der Gerechtigkeit („Dikaiosyne", mit Waage) und des Gebets („Euche", die Hände vor der Brust gefaltet). Wie die anderen Darsteller des biblischen Dramas sind sie dankenswerterweise beschriftet, wenn auch auf Griechisch. Als Paare treten sie auf Adam und Eva, Paulus und Thekla, Abraham mit Sarah. Nicht der Engel, sondern eine Taube verkündet Maria die frohe Botschaft. Die Arche Noah ist eine Nilbarke mit zwei korinthischen Säulen, auch Daniel mit Löwengrube ist zu sehen.

Mittelpunkt des Friedhofs ist die auf einer Anhöhe stehende **Basilika (Nr. 180)** mit drei Kirchenschiffen und einem Säulenumgang. An ihr vorbei kommt man zur **Kapelle des Exodus (Nr. 30)**. Sie dürfte zu den ältesten des Friedhofs gehören und hat ihren Namen von den alttestamentarischen Szenen in der Kuppel. Die obere Reihe zeigt Moses, wie er den Auszug seines Volkes anführt, verfolgt von den nachstürmenden Ägyptern. Diese gleichen in Tracht und Bewaffnung römischen Truppen. Die Inschrift weist den mittleren Reiter als Pharao aus.

Darunter eine der ältesten Darstellungen des Martyriums der Heiligen Thekla. Sie überstand bekanntlich alle Folter unversehrt und erschreckte den Apostel Paulus, indem sie (als Frau!) predigte. Adam und Eva sind auszumachen, an der Nordwand Noahs Arche und darüber das verheißene Land, dessen Gebäude ein bisschen aussehen wie die Gräber von Bagawat. Und dann sind da noch die Schreckensbilder biblischer Gewaltphantasien: *Daniel in der Löwengrube*, die *Drei Männer im Feuerofen*, die *Zersägung des Jesaja* und *Abraham beim Opfer Isaaks* – zum Fürchten.

Ebenfalls in der Nachbarschaft der Basilika lohnt noch ein Blick in die **Kapelle Nr. 35** mit einem Gewölbedekor aus stilisierten Blättern und Blüten. In **Nr. 23** berichtet eine arabische Inschrift von einem schweren Erdbeben im Jahre 702 A. H. (1302 n. Chr.).

Biblische Szenen in der Kapelle des Friedens, Bagawat

Tägl. 8–17, Mai–Sept. bis 18 Uhr. Eintritt 30/15 LE.

'Ain Mustafa Kaschif: Wer auf dem Felsen am Nordrand des antiken Friedhofs sitzt, genießt einen prächtigen Ausblick und sieht schon von weitem, wer da kommt und was sich tut. Früher muss die Aussicht noch abwechslungsreicher gewesen sein, denn man blickte sozusagen auf eine Straßenkreuzung: Der von Süden kommende „Weg der 40 Tage" *(Darb el-Arba'in)* verzweigte sich hier in eine Route nach 'Ain el-Dabadib, eine weitere gen Labacha und eine dritte nach ed-Deir. So hatten hier wohl schon die Pharaonen des Alten Reichs einen Beobachtungsposten. Die Römer errichteten dann ein **Fort** *(qasr)*, das später zum Kloster wurde. Vier Bauperioden werden unterschieden, doch sind diese kaum zu datieren. Letzter Bauherr war wohl der namensstiftende Mamelukenkommandant Mustafa, der hier einen längst wieder versandeten Brunnen graben ließ. Die frühere Kirche ist nicht auszumachen, dann ein Felsengrab mit tonnengewölbten Vorräumen. Der südliche Anbau des Hauptgebäudes wurde als eine Herberge für Reisende (Pilger?) identifiziert.

Vom Fort aus am Klippenrand ostwärts entdeckt man zwei pharaonische, der 6. Dynastie zugeschriebene **Gräber** und ein zweigeschossiges Grabtürmchen aus koptischer Zeit. In der Ebene zu Füßen des Forts steht die Lehmziegelruine eines kleinen **Klosters** *(deir)*. Die Wände sind mit Graffiti übersät, man erkennt noch gut sechs winzige Zellen der Mönche und die runde Klosterkirche. Weiter hinten in der Ebene und mit dem Wagen nur auf Umwegen zu erreichen wacht **Tahunet el-Hawa** (25°30'48"N 30°32'00"O), der rätselhafte „Turm der Winde", vielleicht ein Wegzeichen aus römischer Zeit. Fährt man vom Kloster noch 2 km weiter am Klippenrand entlang, wird mit **'Ain Sa'af** („Quelle der Palmwedel", 25°30'24"N 30°32'56"O) eine weitere Klostersiedlung erreicht. Manche vermuten hier die Kirche des nach Charga verbannten Patriarchen Athanasius (298–373), der schon als junger Mann auf dem Konzil von Nizäa das noch heute für Katholiken und Protestanten maßgebliche Glaubensbekenntnis formulierte.

Die Zufahrt nach 'Ain Mustafa Kaschif (25°29'37"N 30°33'13"O) beginnt am Parkplatz Bagawat und lässt den Friedhof rechts liegen.

Ausflüge von Qasr Charga

Während die vorgenannten Sights alle noch von Qasr Charga aus zu Fuß zu erreichen sind (so beschwerlich das an einem warmen Tag auch sein mag), braucht man für die drei folgenden Ziele einen Wagen samt Führer. Da zudem auch eine Erlaubnis der Altertümerverwaltung erforderlich ist, arrangiert man zweckmäßig die gesamte Tour mit den entsprechenden Guides:

Museumsdirektor **Mahmoud Youssef** (℡ 7920084, privat 7934716) und **Mohsen Abd el-Moneim** von der Touristinformation (℡ 7921206, privat 7927896) verlangen für einen Tagesausflug per Taxi 80 €, im Geländewagen 150 €. Auch **Mansur Osman**, Inspektor der Altertümerverwaltung (℡ 0122-3745279), verdient sich mit Ausflügen ein Zubrot.

'Ain el-Labacha: Eine Tagesetappe nördlich von Qasr Kaschef rasteten die Karawanen in einem anmutigen Wadi, umgeben von sanften Dünen. Dumpalmen wiegen sich im Wind, im Hintergrund begrenzt die steile Felswand die Oase. Vom römischen **Fort** sind noch die Grundmauern und die vier abgerundeten Ecktürme auszumachen, das Innere ist versandetes Chaos zerfallener Wände und Gewölbe. Weiter nördlich befinden sich die 1952 von der Regierung zum Schutz der Denkmäler versiegelte Quelle, Felsengräber und eine **Tempelfestung**. Ein zweites Heiligtum, etwa 250 m südlich gelegen, ist als **Felsentempel** mit einem Vorbau aus Lehmziegeln gestaltet. Anfangs mag die Grotte dem Herkules geweiht gewesen sein. Ab dem 3. Jh. wurde ein vergöttlichter Mensch namens Piyris verehrt, dann

Westliche Wüste

Palmengruppe in ʿAin el-Labacha

ein gewisser Jesus. Eine Falkenstatue aus dem Felsentempel ist im Museum von Charga ausgestellt, auch ein Relief des Piyris, dargestellt als herkulischer Muskelprotz.

Spuren im Gelände deuten noch Gehöfte, Felder und Gärten an. Dass die raffinierten Bewässerungsanlagen der Antike bis heute funktionieren, beweist Fayed Hassanein Tulaib Sayed. Er konnte hier mitten in der Wüste eine Farm anlegen, indem er die alten, mannshohen **Wasserstollen** reinigte und instand setzte, die im Fels hinter der Oase beginnen. Sein Gehöft ist inzwischen ganz auf Touristen eingestellt – es gibt Tee, Souvenirs, und im Garten wurde bei unserem letzten Besuch gerade ein Pool gebaut.

Information unter http://labakha.4t.com und www.alpha-necropolis.com.
Anfahrt: Nach Labacha (25°42'56"N 30°33'16"O) fährt man von Charga zunächst 28 km Richtung Assiut, nach dem Torbau die erste Asphaltstraße links, dann durch Ezbet Tulaib (25°41'33"N 30°38'03"O) 11 Pistenkilometer ostwärts. Die Tour ist mit Zweirad-Antrieb machbar. In den Gärten von Tulaib kann man in einer heißen **Quelle** baden.

Arme Mumien?

Nördlich des Forts lag der Prominentenfriedhof des Orts. Manche Gräber haben mehrere Räume und waren mit Fresken geschmückt. Vergoldete Totenmasken im Stil der Fayumporträts bedeckten die sorgfältig balsamierten Mumien, die Maske einer Frau mit schrägem Blick ist im Charga-Museum ausgestellt. Besonders Frauen und Kinder bekamen wertvollen Schmuck und kostbare Glasgefäße mit ins Jenseits. Kaum etwas von Wert entging den Schatzsuchern, die alle Gräber durchwühlten. Wenig erträglich dürfte diese Mühe auf den Gräberfeldern im Süden und Westen der Siedlung gewesen sein, wo das einfache Volk bestattet war.

Außer den Grabräubern störten ab 1994 auch französische Forscher die Totenruhe und verfrachteten etwa 60 Mumien ins Labor, um sie dort mit modernster Technik nach ihren Lebensverhältnissen zu befragen. Röntgenbilder zeigen Rheuma und von schweren Lasten gekrümmte Rücken. Viele Frauen starben an den Folgen einer Geburt. Andere wurden Opfer der Bilharziose. Vier Mumien hatten sich zu Lebzeiten gegenseitig mit Tuberkulose angesteckt. Einige Skelette mit Wachstumsstörungen signalisieren gelegentliche Hungersnöte, ein zertrümmerter Schädel eine Gewalttat. Im Schnitt wurden die Leute damals gerade 38 Jahre alt, mit 50 war man schon ein Greis.

'Ain Umm Dabadib: Durch schwieriges Gelände quält sich der Wagen von 'Ain el-Labacha 23 km westwärts zu einem weiteren ptolemäisch-römischen Ruinenfeld am Rand der Charga-Oase. Ein Kastell aus Lehmziegeln, ausnahmsweise mit eckigen Türmen, wacht über der Stätte. Der höchste Turm misst heute immerhin noch 13 m. Der Haupteingang zum Fort befindet sich auf der Südseite, doch gibt es innen nicht mehr viel zu sehen. Auf der Ostseite des Tempels wurde 1998 eine christliche Kapelle mit Brachialgewalt vom Sand befreit: Grabräuber durchstießen mit einem Bulldozer die Wand. Etwa 500 m nördlich der Burg findet sich die eigentliche Oase mit einem wunderschönen Akazienhain, den Spuren der Gärten, des Dorfs und des Tempels. Aus der Anhöhe im Osten starren die dunklen Löcher der Felsengräber, auch hier waren noch in jüngster Zeit Schatzsucher mit schwerem Gerät zugange. Vom Gebirge im Norden her kommen wie in 'Ain el-Labacha die Wasserstollen. Hier sind es vier, oberirdisch zu erkennen als kilometerlange Ketten von Brunnenschächten, durch die die Tunnel gereinigt werden konnten.

'Ain Umm Dabadib (25°44'12"N 30°25'12"O) ist nur mit Geländewagen zu erreichen.

'Ain Amur liegt 45 km östlich von 'Ain Umm Dabadib und markiert etwa die Mitte des Darb 'Ain Amur, des alten Karawanenwegs zwischen Charga und Dachla. So wird der abgelegene Platz heute vor allem von jenen besucht, die mit Geländewagen, Motorrad oder gar Kamel zwischen den beiden großen Oasen unterwegs sind. Eine Anfahrt nur um ihrer selbst willen lohnt die Stätte nicht. Die Quelle am Hang des Abu-Tartur-Plateaus speist einen kleinen Tümpel. Neben diesen ragt die Lehmmauer eines römischen Forts gen Himmel, dahinter im Hang die in den letzten Jahren von Plünderern systematisch verwüsteten Gräber. Auch der Boden des bislang nicht näher erforschten Tempels wurde mit einem Bulldozer aufgerissen.

Nach 'Ain Amur (25°39'08"N 29°59'27"O) sollte man sicherheitshalber nur mit zwei Fahrzeugen fahren oder wenigstens ein SAT-Telefon dabeihaben.

Ed-Deir: Ein anderes Lehmkastell liegt am Nordostrand der Oase. Wiederum mit einem Jeep verlässt man 21 km nach Charga bei den Gärten Mounira die Hauptstraße. Die Gegend hier ist berühmt für ihre **Yardangs** oder „Erdlöwen", nämlich vom Wind geschaffene, längliche Skulpturen aus Sand und Stein. Nach weiteren 10 km auf der Piste ist das **Kastell** erreicht. Die mächtige Anlage mit ihren zwölf Rundtürmen duckt sich im Schatten des Tafelbergs Umm el-Ganayim. Ein Karawanenweg zum Niltal erreichte hier die Oase, und Aufgabe der am Ende des 3. Jh. angelegten Burg war es, diesen Zugang zu bewachen. Ein Brunnen befand sich mitten im Burghof. Noch im 20. Jh. waren hier Soldaten stationiert, man muss sich also nicht wundern, wenn die Graffiti neben zeitlosen Obszönitäten auch Fes-Träger und Panzer zeigen. Außerhalb der Burg steht im Nordwesten am Rand der Ebene ein einsamer **Tempel**. Eine zweite Ruine im Westen des Forts – nur die Grundmauern sind noch erhalten – war offenbar der Arbeitsplatz der Balsamierer. Als ungewöhnlicher Fund von den Friedhöfen des Orts sei ein mit mehreren Hundemumien gefüllter Sarkophag vermerkt. Abgestorbene Palmen zeigen, dass die Ebene um die Burg bis in die jüngste Zeit kultiviert war.

Abfahrt von der Hauptstraße bei 25°36'49"N 30°38'40"O, nach 1 km in der Linkskurve die Teerstraße nach rechts verlassen, 350 m weiter stößt man auf die Piste (links) nach ed-Deir (25°43'46"N 30°25'18"O). Mehr zu ed-Deir unter http://alpha-necropolis.com.

Von Qasr Charga nach Dusch

Den Süden der Oase kann man mit einem gewöhnlichen Taxi ohne Allradantrieb erkunden. Die interessanten Orte liegen alle unweit der Hauptstraße und sind gut erschlossen. Für eine Tour nach Ghueita, Saijan und Dusch rechne man 250–300 LE. Rund 5 km nach Qasr Charga trifft man auf den protzigen, doch schon lange nicht mehr benutzten **Bahnhof** mit viel Marmor und neoislamischem Design. Unaufhaltsam vorrückende Sanddünen begraben von Nordwesten her allmählich das Dorf **Ginah**.

Qasr el-Ghueita: Inschriften in den Gräbern von Theben loben den Wein des Ortes, der demnach schon während des Neuen Reichs bestand. Die noch immer mächtige Lehmziegelfestung aus römischer Zeit thront auf einer Anhöhe. Innerhalb der Burgmauern steht ein Tempel zu Ehren Amuns. Nach einer Kartusche in der Nordwand des Sanktuars wird gewöhnlich Darius I. als Bauherr angenommen. Andere argumentieren, der Perser habe einen bereits unter der 26. Dynastie begonnenen Tempel nur weiter ausgebaut. Unter Ptolemaios III. wurde der Tempel um die Säulenhalle mit den prächtigen Kompositkapitellen und um den Vorhof erweitert. Die Reliefs sind stark verwittert. Mit Mühe erkennt man hier den Pharao beim Opfern vor Amun, dort denselben mit Gemahlin.

Tägl. 8–17 Uhr. Eintritt 25/15 LE. Abfahrt von der Hauptstraße bei 25°17'42"N 30°32'43"O, dann 2 km nach Osten.

Qasr es-Saijan: Der ptolemäisch-römische Tempel Qasr es-Saijan gehörte zu einer Stadt mit dem zungenbrecherischen Namen Tchonemyris, was „große Quelle" bedeutet, die man auf der Westseite nahe der Mauer findet. Antonius Pius ließ den Tempel restaurieren und stiftete den Vorhof und ein zweites Tor, die ägyptische Altertümerverwaltung befreite die Ruine vom Sand. Nicht weit von der Tempelburg befindet sich übrigens die tiefste Stelle der Oase, die 18 m unter dem Meeresspiegel liegt.

• *Öffnungszeiten/Eintritt* Tägl. 8–17 Uhr, 25/15 LE. Von el-Ghueita der Straße noch 5 km folgen.

• *Übernachten* **Hamadallah Sahara City**, Km 18 der Landstraße. Das farbenfrohe Camp wurde 2003 eröffnet. Die zu Bungalows gruppierten Zimmer sind klimatisiert und mit eigenem Bad ausgestattet. Die Anlage wirkt gepflegt. DZ 160 LE. ✆ 7982240.

Bulaq Resthouse, am Ortseingang von Bulaq. Camping. Sehr einfach und nur für Selbstversorger. Mit seinem Freiluftbadebecken, das von einer warmen Quelle gespeist wird, ist es auch ein guter Platz für die Mittagsrast. 3-Bett-Zimmer 70 LE. ✆ 7966177.

Bulaq: Am Eingang von Bulaq kam man sich in einer 39 °C warmen Quelle entspannen. Nach dem Dorf sieht man links neben der Straße zwei auffällige Heiligengräber. Das zweite gehörte dem auf einer Pilgerreise verstorbenen Scheich Chalid ibn el-Walid (25°09'57"N 30°32'22"O), zufällig gleichen Namens wie jener berühmte muslimische Eroberer des 7. Jh., doch eben nicht mit diesem identisch. Auf den nächsten 50 km heißen die neuen Dörfer Algeria, Kuwait, Palästina, Jeddah, Aden usw. und mahnen panarabische Solidarität an. In Sanaa wechselt die Bahnlinie von der rechten auf die linke Straßenseite, in Djadja oder Gaga, je nach Dialekt unterschiedlich ausgesprochen, bewacht ein Kontrollposten den Beginn der Wüstenstraße nach Luxor.

Baris: Auf seinem Ortsschild gibt Baris vor, ein „Paris" zu sein. Größenwahn, Scherz oder Groteske? Im zweitgrößten Ort der Charga-Oase gibt es ein paar Läden und einen Stand mit Foul und Ta'amiya, einen Antennenturm und einen kleinen Park. Sehenswert sind jedoch die Ruinen von Baris el-Gedid („Neu-Baris"), ein Werk von Hassan Fathy. Wie allem, was der Meister für die einfachen Leute plante, war auch diesem Projekt kein Glück beschieden (nur seine Villen, die er für begüterte Auftraggeber eher widerwillig baute, wurden begeistert angenommen). Der Krieg von 1967 unterbrach die Bauarbeiten, die Ackerflächen für die künftigen Dorfbewohner wurden nicht mehr erschlossen. Ein paar Monate hausten Flüchtlinge aus Suez in der Siedlung, dann fiel sie Wind und Wüste anheim. Zwei Villen am Ostrand des Areals wurden kürzlich vollendet, ansonsten ist Neu-Baris eine fotogene Geisterstadt. Noch sind die Lehmgewölbe weitgehend intakt, es dauert lange, bis im trockenen Klima Erde wieder zu Staub wird.

Mit der Beschaulichkeit dürfte es vorbei sein, wenn erst einmal das Wasser des Scheich-Sayed-Kanals Baris erreicht hat.

- *Anfahrt* Neu-Baris findet man bei 24°41'36"N 30°35'44"O am nördlichen Ortseingang neben der Straße. Mehr dazu unter http://archnet.org/library/sites/one-site.jsp?site_id=3740.
- *Übernachten* Amiret Baris Resthouse, sauber und einfach, Zimmer mit Ventilator und Etagenbad, Cafeteria. Das Personal organisiert Kamelritte und Trips nach Dusch (s. unten). DZ 110 LE. In Baris bei der Autowerkstadt am Funkturm, ℡ 7975711, 0122-3766837.

Meks Bahri und schließlich **Meks Qibli** sind die letzten Dörfer der Oase, bevor sich die Straße in der Wüste verliert. Beide waren Zollstationen am Darb el-Arba'in, wovon jedoch nichts mehr zu sehen ist. Starke Brunnen erlaubten es auch den großen Karawanen, die bis zu tausend Kamele umfassen konnten, hier nach dem Gewaltmarsch durch die Wüste ein paar Tage zu rasten. Für einen Sklaven betrug die Abgabe 9 % seines Marktwerts, und so blühte der Schmuggel. Kinder versteckten die Händler gerne in Wassersäcken. Noch auszumachen ist in Meks Qibli ein kleines britisches Fort (fragen Sie nach dem *tabia ed-darawisch*), das 1893 aus der Befürchtung heraus angelegt wurde, die Armee des Mahdi könnte Ägypten durch diese Hintertür angreifen.

☆ Dusch

In römischer Zeit führte von Baris ein Karawanenweg nach Esna und Edfu ins Niltal. Die Tempelfestung Dusch bewachte diesen Weg und die Stadt Kysis, die am Fuß des Burgbergs lag. 5000 Einwohner mag sie gezählt haben. Französische Forscher durchkämmen seit 1976 das Gelände, das damit wohl die am besten erforschte archäologische Stätte in Charga ist. Auf ungezählten Tonscherben quittieren römische Truppen erhaltenen Nachschub oder fordern solchen an, auch ein paar private Briefe kamen ans Licht. Die ältesten Funde stammen aus dem Alten Reich. Vermutlich erlaubte aber erst die von den Persern im 6. Jh. v. Chr. eingeführte Bewässerungstechnik, in Kysis auf größeren Flächen Acker- und Gartenbau zu betreiben. Als die Quellen versiegten, wurde der Ort in der Spätantike wieder aufgegeben.

Das **Fort** wurde zuerst in der Perserzeit angelegt und von den Römern zu jenem Militärlager ausgebaut, dessen bis 12 m hohe Mauern wir heute sehen. Verschüttet sind die mehrere Etagen tiefen Kellergewölbe. Einen **Tempel** aus Sandstein widmeten die Leute von Kysis mit einer Inschrift auf dem Prunktor dem Kaiser Trajan (reg. 98–117). Auch die Kaiser Domitian (reg. 81–96) und Hadrian (reg. 117–138) sind mit Kartuschen vertreten, schließlich die Reisenden des 19. Jh. mit ihren Graffiti. Der Tempel wurde von den Ausgräbern teilweise rekonstruiert, der Legende nach waren seine Wände einst mit Blattgold verkleidet. Geweiht war das Heiligtum Serapis und Isis. Letztere wird auf der Innenseite des Pylons mit einer Hymne gefeiert. Vier schlanke Säulen tragen die Decke des Säulensaals, eine Treppe führt aufs Dach. Vor dem Allerheiligsten steht noch das Altarpodest für die Opfergaben.

Als nacktes, schmuckloses Gemäuer präsentiert sich ein weiterer **Tempel aus Lehmziegeln**. Schon im Steintempel fielen einzelne Tonnengewölbe auf. Hier haben alle Gewölbe Tonnenform, nicht viel anders als in der traditionellen Architektur der Nubier oder im Neu-Baris von Hassan Fathy. Bei der Ausgrabung eines Magazins wurde 1989 der **Schatz von Dusch** gefunden: religiöser Schmuck und Votivgaben mit umgerechnet 1200 g Gold. Einige Stücke, etwa das goldene Diadem mit einem Bild des Serapis, sind im Saal 44 des Ägyptischen Museums in Kairo ausgestellt. Andere, zum Beispiel der bronzene Horus im Gewand eines römischen Legionärs, verschwanden in irgendwelchen Magazinen.

500 Westliche Wüste

- *Öffnungszeiten/Eintritt* Tägl. 8–17 Uhr. Eintritt 25/15 LE.
- *Anfahrt* Zur Anfahrt von Qasr Charga nimmt man den 9-Uhr-Bus nach Baris (Rückfahrt 15 & 17 Uhr). In Baris warten Taxifahrer, um Touristen für 30 LE nach Dusch zu bringen. Selbstfahrer nehmen nach Dusch (24°34'57"N 30°42'47"O) die im Zentrum von Baris ostwärts abzweigende Straße.
- *Übernachten* **Tahuna Camp**, Camping deluxe in 20 Zelten mit Bad, Ankleideraum und eigener Terrasse. Nur Okt.–April. HP 100 €/Pers. ℡ 9100688, www.desertinstyle-egypt.com.

'**Ain Manawir**: 4 km westlich von Dusch wurde 1992 der unter dem Sand begrabene Ort 'Ain Manawir entdeckt. Mittelpunkt des im 5. Jh. v. Chr. unter den Perserkönigen angelegten Dorfs war ein bescheidener, dem Osiris geweihter Tempel. Auf seiner Südseite befand sich offenbar das Haus des Schreibers, denn hier fanden die Wissenschaftler des Französischen Instituts für orientalische Archäologie (IFAO) allerlei beschriftete Tonscherben. Die Archäologen erforschten in 'Ain Manawir vor allem das auch für den Laien beeindruckende Bewässerungssystem mit kilometerlangen unterirdischen Stollen und Kanälen.

Die Fahrspur nach 'Ain Manawir (24°34'30"N 30°40'35"O) verlässt die Teerstraße in einer leichten Kurve (24°34'46"N 30°41'25"O) 700 m vor der letzten Abzweigung nach Qasr Dusch. Wegen der Wanderdünen ist für normale Pkw äußerste Vorsicht geboten. Mehr zu 'Ain Manawir unter www.achemenet.com/pdf/jasr/jasr2000.1.pdf.

Wasserwerke in der Wüste

Qanate sind unterirdische Stollen, die in einen Berg 10, 20 oder gar 30 Meter tief unter der Erdoberfläche und viele Kilometer lang durch wasserführende Gesteinsschichten getrieben wurden. Wie eine Drainage sammeln sie die von den Tunnelwänden tropfende Feuchtigkeit und leiten sie mit sanftem Gefälle ab. In 'Ain Manawir hielten wechselnde Lagen von Ton und Sandstein die Antike noch häufigeren Niederschläge im Boden fest. Am Fuß des Bergs kommt der Qanat ans Tageslicht und wird dann meist als Tonröhre und zuletzt als offener Kanal zu den Gärten und Feldern geführt.

An der Oberfläche des Bergs zeigt eine Kette von kleinen Erhebungen den Verlauf des Qanats an. Es ist dies der zu Schutzmauern aufgeschichtete Aushub der Luft- und Revisionsschächte, die alle 20 oder 30 m senkrecht zum Tunnel hinunterführen. Oft bilden die Qanate ganze Netzwerke mit Zuflüssen und Kreuzungen. Ihre Baumeister brauchten gute geologische Kenntnisse und viel Spürsinn, um die unterirdischen Wasseradern zu erkennen. Auch fertige Qanate bleiben sehr arbeitsintensiv und müssen ständig gereinigt werden. Unten im Berg bröckelt die wasserführende Schicht auf den Grund des Tunnels, oben treibt der Wind den Sand in die Revisionsschächte. In 'Ain Manawir wurden die Qanate später vertieft, um neues Wasser zu erschließen.

Qanate sind in Nordafrika, auf der arabischen Halbinsel und vor allem in Persien verbreitet, wo auch große Städte wie Isfahan oder Teheran ihren Wasserbedarf bis ins 19. Jh. mit dieser Methode deckten. Manchmal bauten die Römer solche Anlagen auch ganz in unserer Nähe. So ist im luxemburgischen Walferdingen ein Qanatsystem zu besichtigen. Nach Charga kam diese Technik mit den Pharaonen der (25.) persischen Dynastie, die hier offenbar mit großem Arbeitseinsatz Neuland erschließen ließen – 2400 Jahre vor dem Projekt des „Neuen Tals".

Die Lee-Seite einer Sicheldüne

Nationalpark Gilf Kebir

Jenseits der Oasen ist die Westliche Wüste eine der unwegsamsten und lebensfeindlichsten Landschaften dieses Planeten. Gen Süden, also zum Sudan, führten in der Vergangenheit wenigstens noch Karawanenwege. Gen Westen jedoch, in Richtung Libyen, legen sich die Dünenfelder des **Große Sandmeers** und die Mondlandschaft des **Gilf Kebir** als eine zusammen über 1000 km breite Barriere in den Weg. Ganz im Südwesten, im Dreiländereck Ägypten-Libyen-Sudan, ragt das **Uweinat-Massiv** empor. Selbst 1900 m über dem Meerspiegel fällt hier nur alle paar Jahre etwas Regen.

Bis ins 20. Jh., als Abenteurer und Forscher Motorfahrzeuge und Flugzeuge für die Wüstenerkundung einsetzen konnten, waren diese drei Gebiete weiße Flecken auf den Landkarten. Im Zeitalter der GPS-Navigation kommen nun jeden Winter mehr Expeditionen auf der Suche nach Extremen und nach Abenteuer. Ganz menschenleer war die Wüste aber auch früher nicht. Felszeichnungen erzählen von Kulturen der Jäger und Rinderzüchter. Ladislaus Almásy bekam manchen Tipp für seine Entdeckungen von den **Tibbu**, einem im Hochland von Tibesti beheimateten Volk dunkelhäutiger Nomaden, dessen Hirten nach den seltenen Regenfällen die Weidegründe am Gebel Uweinat und Gilf Kebir aufsuchten.

• *Lesetipps* **Ladislaus Almásy**: *Schwimmer in der Wüste,* München (dtv). Den „englischen Patienten" aus Michael Ondaatjes Roman und dem preisgekrönten Hollywoodfilm gab es wirklich. In diesem Buch beschreibt der Flugpionier und Saharaforscher seine Abenteuer selbst.

Carlo Bergmann: *Der letzte Beduine,* Reinbek (Rowohlt). Seit zwei Jahrzehnten zieht Carlo Bergmann, ein Betriebswirt aus Köln, mit seinen Kamelen durch die ägyptische Wüste. Dort nennen ihn die Einheimischen respektvoll den „letzten Beduinen".

Theodore Monod: *Wüstenwanderungen,* München (Goldmann). Dass ausgerechnet ein Meereszoologe vom Wüstenfieber gepackt wurde! Theodore Monod bereiste in den 1920er- und 1930er-Jahren die Sahara und wurde zu einem der renommiertesten Kenner der Wüste. Unter seiner Leitung wurde das 1938 gegründete „Institut français d'Afrique noire" zu einem der größten Forschungszentren in Westafrika.

Gerhard Rohlfs: *Quer durch Afrika*, Stuttgart (Thienemann). Als erster Europäer zog Gerhard Rohlfs von Tripoli (Libyen) quer durch Wüsten, Savannen und Urwälder nach Lagos (Nigeria).

Heinrich-Barth-Institut der Universität Köln (Hrsg.): *Tides of the Desert – Gezeiten der Wüste*. Ein Sammelband mit wissenschaftlichen Beiträgen zur Archäologie und Umweltgeschichte der Westlichen Wüste. Nur noch in Bibliotheken erhältlich.

Philipp Remelé: *Fotografien aus der Libyschen Wüste*, Bremen (ed. Temmen). Philipp Remelé nahm 1874 an Rohlfs Expedition teil, die einen Weg von Dachla nach Kufra suchen. Unter schwierigen Bedingungen dokumentierte er in dieser Frühphase der Fotografie die Wüstenreise und fertigte zahlreiche Landschaftsaufnahmen und Porträts an.

Cassandra Vivian: *The Western Desert of Egypt*, Kairo (AUC-Press). Viele Jahre Arbeit und einige tausend Kilometer Wüstentouren stecken in diesem Standardwerk über die Westliche Wüste.

• *Internet-Link* **Norbert Brügge** hat auf seiner Website www.b14643.de unter dem Stichwort Sahara zahlreiche Artikel zur Geologie der Westlichen Wüste veröffentlicht. Der Leser braucht zum Verständnis allerdings etwas Fachkenntnis.

• *Sicherheit* Das Auswärtige Amt rät von Reisen in die Region **Gilf Kebir** und **Gebel Uweinat** *„dringend ab"* – eine scharfe Formulierung und in der Diplomatensprache die letzte Stufe vor der expliziten Reisewarnung. 2008 wurde im Grenzgebiet zu Libyen und Sudan eine Reisegruppe trotz Polizeibegleitung **von Kriminellen entführt**. Die Ägypter erhöhten daraufhin die Sicherheitsvorkehrungen für Reisegruppen und richteten im Gebel Uweinat einen ständig besetzten Militärposten ein.

Eine andere Gefahr geht von den **Landminen** im Grenzgebiet aus. 1999 gerieten Deutsche mit ihrem Auto auf eine Landmine, kamen aber mit dem Schrecken davon. Die von den Ägyptern gelegten Minenfelder sind allerdings weitgehend bekannt und markiert.

Bekannte Minenfelder: Westausgang Wadi Wassa 23°00'12"N 25°51'19"O; Westausgang Wadi Firaq 22°53'N 25°47'O; Aqaba-Pass abseits der Hauptroute; Passage Peter und Paul 22°25'N 25°25'O; Nordseite Gebel Uweinat 22°04'N 25°03'O; 20 km nordöstlich Gebel Uweinat 22°04'N 25°16'O; Zufahrt Karkur Talh 22°10'38"N 25°09'25"O und 22°02'10"N 25°07'27"O.

Großes Sandmeer

Die übliche Route zum Gilf Kebir beginnt in Abu Minquar, einem Neulandprojekt zwischen den Oasen Farafra und Dachla. Sie streift die Randzonen des Großen Sandmeers, macht dort bei den Ammonitbergen und im Regenfeld Station und besucht schließlich auf dem Rückweg die Fundstätten des Libyschen Glases.

Als 200 km breite und 600 km lange Barriere erstreckt sich das Große Sandmeer von der Qattara-Senke bis hinunter zum Gilf-Kebir-Plateau am sudanesisch-libysch-ägyptischen Dreiländereck. Sandberge hoch wie Kirchtürme, vom Wind ständig umgeformt, von der Sonne gebleicht. Die erdgeschichtlich junge Formation entstand in den letzten zwei Millionen Jahren durch die Erosion des Nubischen Sandsteins zu Milliarden und Abermilliarden von Sandkörnern. Die vorherrschende Windrichtung Nordnordwest gibt auch die Richtung der Dünenketten vor, zwischen denen oft Platz für Korridore mit festem Untergrund bleibt.

Die **Ammonitberge** sind ein von Gerhard Rohlfs entdecktes Korallenriff. Weniger auf der Klippe selbst als auf dem vorgelagerten Plateau findet man Ammoniten und allerlei Weichtierfossilien, dazu Haifischzähne und andere Versteinerungen in unterschiedlichen Verwitterungsstadien. Fundstellen mit neolithischen Steinartefakten belegen, dass die Gegend in der Jungsteinzeit bewohnt war.

Am Westrand des Sandmeers findet man in den Dünenkorridoren die Spuren eines der großen Rätsel der Sahara, von dem Souvenirjäger und Mineraliensammler aber leider nicht mehr viel übrig gelassen haben: Das sogenannte **Libysche Glas** *(Libyan*

Desert Silica Glass LDSG) ist seit alters her bekannt. Die jungsteinzeitlichen Jäger- und Viehzüchterkulturen der Libyschen Wüste verarbeiteten das harte, milchig gelbe bis blassgrüne Glas zu Schabern, Klingen und Pfeilspitzen, die Juweliere am Pharaonenhof machten daraus den wunderschönen Skarabäus im Brustschmuck des Tutanchamun. Entstanden ist das einzigartige Glas unter der gewaltigen Hitze eines Meteoriten, der den Wüstensand schmelzen ließ. Da es keine Spuren eines Einschlags gibt, nimmt man an, dass der Himmelskörper bereits in der Luft explodierte.
LSSG Area um 25°20'N 27°40'O; Ammonitenberge um 25°51'N 26°50'O; Regenfeld-Pyramide 25°10'38"N 27°09'25"O.

Regenfeld, wo selten Regen fällt

1874 suchte der königlich-preußische Hofrat Dr. Gerhard Rohlfs einen Weg von Dachla nach Kufra. Von der Barriere des Großen Sandmeers, an dessen Rand sich Dünenreihe um Dünenreihe bis zu 100 m hoch auftürmt, hatte er nichts geahnt. Nachdem die Expedition in zwei Tagen gerade sechs Dünen bewältigt und nur 20 km vorwärts gekommen war, beschloss Rohlfs, das Sandmeer in Richtung Siwa zu umgehen. Schon neigten sich die Wasservorräte und mussten Kamele geschlachtet werden, da fiel ein erlösender Regen! Der glückliche Rohlfs errichtete zur Erinnerung eine kleine Steinpyramide, vergrub eine Flaschenpost mit Zwieback und Datteln und notierte in seinem Tagebuch den Zweifel, ob je wieder jemand seinen Fuß auf diese Stelle setzen würde. Dieser Jemand war ein halbes Jahrhundert später der ägyptische Prinz Kemal ed-Din, der mit seinen Citroën-Raupenschleppern die Wüste durchkämmte. Er nahm Rohlfs' Dokument mit nach Kairo und ließ im Regenfeld eine Abschrift, ergänzt um eine eigene Nachricht. Geradeso handhabte es 1934 Ladislaus Almásy, und seither ist die kleine Steinpyramide am Fuß der östlichsten Düne des Großen Sandmeers so etwas wie ein Gipfelkreuz der Libyschen Wüste geworden. Irgendwann in den 1990er-Jahren endete der Kult damit, dass Souvenirjäger alle Nachrichten, Flaschen und zurückgelassenen Wasserbehälter abräumten.

Abu Ballas

Die Landmarke Abu Ballas ist ein Ensemble von vier Zeugenbergen etwa in der Mitte zwischen Dachla und Gilf Kebir. Am Fuß des mittleren Felsens (24°26'20"N 27°38'56"O) befand sich ein Depot zahlreicher bis zu 1 m hoher Tonkrüge, in denen Wasservorräte gelagert werden konnten. Die ältesten Tonscherben datieren aus der Pharaonenzeit. Damals waren die Karawanentiere noch geduldige Esel, die alle zwei bis drei Tage trinken mussten – viel öfter also als ein Kamel. Oder diente das Depot Hirten als Station, die mit ihren Tieren über weite Strecken durch die Wüste zogen? Rohlfs traf 1875 eine Rinderherde auf dem Weg von Dachla nach Farafra, und noch vor wenigen Jahren wurde in Dachla vom Staat subventioniertes Vieh heimlich durch die Wüste ins Niltal getrieben und dort zum Marktpreis verkauft.

Carlo Bergmann entdeckte eine ganze Reihe von Kruglagern, die eine offenbar schon im Alten Reich begangene Route von Balat (Dachla) über Abu Ballas zum Gilf Kebir markierten. Mit einer „Seidenstraße der Pharaonen" haben wir es hier aber kaum zu tun. Der Handel auf dem **Abu-Ballas-Trail**, so weit es ihn denn gab, dürfte in den Händen der alteingesessenen Wüstenvölker gelegen haben, vielleicht bei den Vorfahren der Tibbu. Diese nutzten Abu Ballas bis ins 19. Jh. als Station auf ihren Raubzügen gen Dachla, bis die Oasenbewohner das Depot aufspürten und die Krüge zertrümmerten. An der Südostflanke des Bergs zeigen die Führer **Felszeichnungen**, darunter ein bärtiger Mann mit Hund auf Antilopenjagd und eine ihr Kälbchen säugende Kuh.

Eine knappe Fahrstunde südsüdwestlich von Abu Ballas passiert die Route zum Gilf Kebir ein Gebiet mit fotogenen **Yardangs** (engl. *mud lions*) – bizarren, von der Erosion geformten Sedimentgestalten, in denen man mit etwas Fantasie ruhende Löwen erkennen mag. Weitere Landmarke ist das von einer Transsahara-Expedition 1977 aufgestellte blau-weiße Wegzeichen **Balise Saviem 22**. Auf dem Hügel nördlich des Zeichens findet man prähistorische Steinkreise. Etwa auf Höhe des nördlichen Wendekreises (27°27'N) und östlich des 27. Breitengrads liegt das umstrittene **Gilf-Kebir-Kraterfeld** (GKCF) mit etwa 50 Kratern von bis zu 1,3 km Durchmesser. Die einen halten diese größte Ansammlung von Kratern auf der Erde für das Einschlagsfeld der Trümmer eines oder gar mehrerer Meteoriten. Andere meinen, die Krater seien das Ergebnis vulkanischer Aktivitäten.

Gilf Kebir

Das Sandsteinplateau von der dreifachen Größe des Saarlands liegt wie eine zerklüftete Insel nördlich des Gebel Uweinat. Auf der Ostflanke fallen die Klippen 200 m tief ab, auf der Westseite noch um einiges mehr. Etwa in der Mitte trennt der Isthmus el-Aqaba das Gebirge in einen kleineren, nordwestlichen Bereich – das Abu Ras Plateau – und einen größeren Bereich im Südosten, das Kemal ed-Din Plateau. Benannt ist dieser Teil nach dem einzigen Sohn von Sultan Hussein Kamil, der 1917 auf die Thronfolge zugunsten seines Onkels Fuad verzichtete, um sich weiter der Erforschung der Wüste widmen zu können (oder, so die heroische Version, um nicht Sultan von Gnaden Britanniens sein zu müssen). In den 1920er Jahren unternahm Prinz Kemal (1874–1932) mit seinem vorne von Rädern und hinten von Ketten angetriebenen Citroën mehrere Expeditionen in die Westliche Wüste und entdeckte dabei den Gilf Kebir.

Im Norden geht der Gilf Kebir („Große Barriere") in das Große Sandmeer über, dessen Wanderdünen mit der Zeit auch die steilsten Felsen erklimmen. Ungeachtet der großen Trockenheit leben hier Sandfüchse, Wüstenmäuse und Reptilien. Selbst oben auf dem Plateau mit seiner kargen Flora gibt es Schmetterlinge – und Fliegen. In den breiten Tälern am Rand des Gebirges gedeihen mächtige Akazien, zwischen ihnen bedecken einzelne Inseln aus Gräsern und kleinen Sträuchern den Boden. Lässt der seltene Regen (zuletzt 2008) den Unterwuchs dann für einige Wochen flächendeckend sprießen, werden die Wadis zu einer Savannenlandschaft.

Kemal ed-Din Plateau

Von Abu Ballas kommend, erreicht man zuerst die Nordostecke des Plateaus mit dem **Wadi Maschi**, dem „Lauftal". Sein seltsamer Name bezieht sich darauf, dass die Berge bei der Anfahrt mehrfach verschwinden und wieder auftauchen, also zu laufen scheinen. Das etwa 15 km tiefe Tal wurde bisher nicht systematisch erforscht, besondere Entdeckungen sind nicht bekannt.

Anders das **Wadi Dayiq** („Enges Tal"). Hier gibt es einen Felsen aus sehr hartem Gestein, von dem die jungsteinzeitlichen Bewohner der Gegend Stücke abschlugen und zu Messern, Klingen und Pfeilspitzen verarbeiteten. Östlich des Wadis fand man den unten erwähnten Lkw aus dem Zweiten Weltkrieg (→ Kastentext „Geheimoperation"). Nach Süden folgt dann das **Wadi Maftuh** („Breites Wadi") mit einem charakteristischen Inselberg in der Mitte und das **Wadi Bacht**, das „Tal des Glücks". 20 km nach dem Taleingang blockiert eine Sanddüne den Weg. Dahinter gab es in der Feuchtphase der Sahara einen See *(Playa)*, dessen Sedimente den Forschern des Kölner Heinrich-Barth-Instituts erlaubten, die Siedlungsgeschichte des Gilf Kebir von 8300–3300 v. Chr. rekonstruieren.

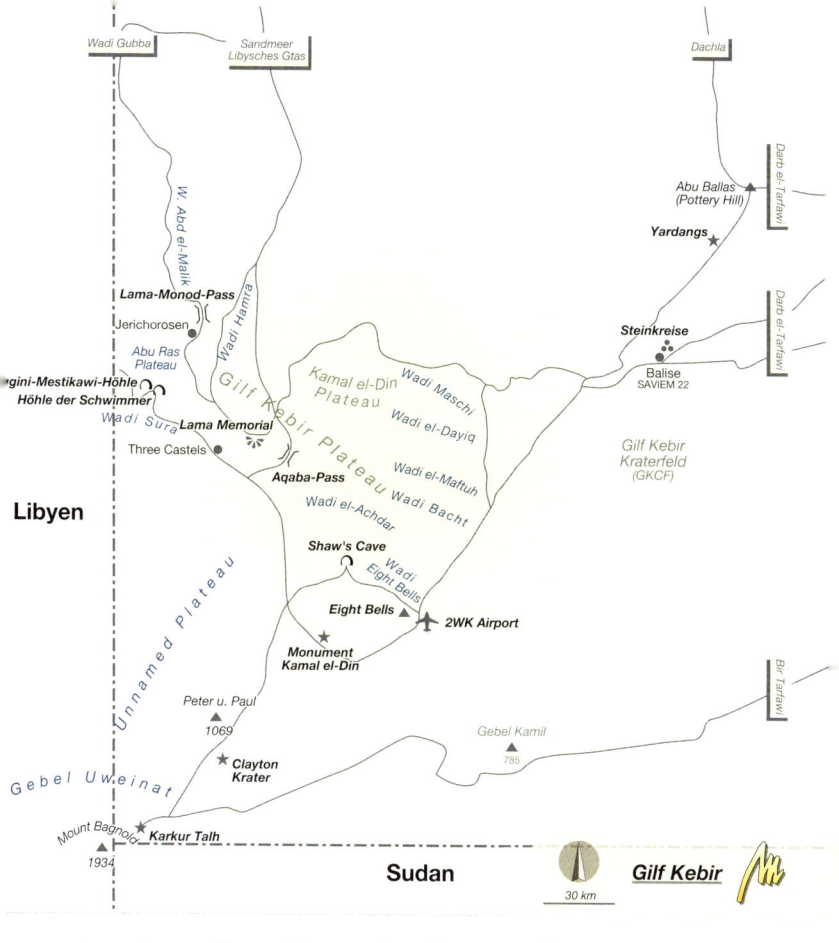

Am Südende des Gilf Kebir begrenzen die **Eight Bells**, acht glockenförmige Hügel, ein weites, nach Südosten abfließendes Wadi. Hier befand sich im Zweiten Weltkrieg ein Militärflugplatz, auf dem die Maschinen zwischen dem Sudan und dem freien Teil Französisch-Nordafrikas zwischenlanden und Treibstoff fassen konnten. Ein aus mehreren hundert leeren Benzinkanistern in den Sand gelegter Pfeil zeigt die Landerichtung an.

Die Versorgungsroute der Kriegsjahre quert hier durch das Wadi Wassa („Weites Tal") und Wadi Firaq („Leeres Tal") den Südteil des Gilf Kebir. Heute ist der Westausgang beider Täler vermint, so dass man zur Umrundung des Gilf Kebir einen Bogen weiter südlich fahren muss. Dennoch lohnen die Wadis einen Abstecher. An der Gabelung der beiden Täler findet man in **Shaw's Cave** (arab. Magharat el-Qantara) die einzigen Felsmalereien im südlichen Gilf Kebir. Ähnlich dem Wadi Balch versperrte auch im **Wadi Ard el-Achdar** ein Dünendamm den Abfluss und staute einen See auf, an dem sich Spuren menschlicher Besiedlung fanden.

An der äußersten Südspitze des Gilf Kebir hinterlegte Almásy 1933 einen **Gedenkstein** zu Ehren von Prinz Kemal ed-Din, ein Jahr später, bei seiner nächsten Expedition, fügte er noch eine Steinpyramide hinzu. Hier gabeln sich die Fahrspuren: Weiter südwärts geht es, begleitet vom **Unnamed Plateau**, dem Namenlosen Plateau, und vorbei an den Zwillingsbergen **Peter und Paul** zum Gebel Uweinat. Üblich ist unterwegs ein Abstecher zu den **Clayton-Kratern**. Die größten dieser Krater haben einen Durchmesser von über einem Kilometer und 100–200 m hohe Kraterwände. Entstanden sind sie durch Magma, das sich über ein weicheres, inzwischen stärker erodiertes Gestein ergoss.

Umrundet man vom Kemal-ed-Din-Gedenkstein weiter das Gilf-Kebir-Plateau, ist die nächste Station das **Wrack** eines Lkws, den die alliierte Long-Range-Desert-Group (LRDG) hier im Zweiten Weltkrieg zurückließ. Ein anderes Blechskelett liegt nahe dem Wadi Sura im Sand. Ein beliebter, weil schattiger Rastplatz befindet sich am Fuß der weithin sichtbaren Felsspitzen **Three Castles** („Drei Burgen").

Wadi Maschi 23°39'06"N 26°23'43"O; Wadi Dayiq 23°29'45"N 26°28'15"O; Wadi Maftuh 23°15'50"N 26°25'31"O; Wadi Bacht 23°11'40"N 26°22'04"O; Eight Bells 22°46'467"N 26°16'53"; Shaw's Cave 22°58'56"N 25°59'06"O; Wadi Ard el-Akhdar 23°10'55"N 26°00'55"O; Kemal-ed-Din-Gedenkstein 22°42'06"N 25°51'44"O; Peter & Paul 22°25'N 25°25'O; Clayton-Krater 22°19'N 25°29'O; Wracks 23°05'30"N 25°39'28"O und 23°32'09"N 25°08'46"O. Three Castles 23°25'47"N 25°25'05"O.

> **Geheimoperation Salam**
>
> Auch am Gilf Kebir hat der Zweite Weltkrieg Spuren hinterlassen. Da gibt es geheime Landeplätze und das Wrack eines britischen Bombers. Ein wegen Treibstoffmangels zurückgelassener Lkw wurde 1991 entdeckt, wieder betankt – und war fahrtüchtig. Er steht heute im Militärmuseum von el-Alamein. Im Sommer 1940 hatten die Briten die *Long-Range-Desert-Group* (LRDG) eingerichtet. Geleitet von Ralph A. Bagnold und anderen Wüstenforschern der Vorkriegszeit, patrouillierte die weitgehend aus Neuseeländern gebildete Truppe im Niemandsland zwischen italienischem Libyen und britischem Ägypten oder geleitete Sabotagetrupps zu den Treibstofflagern und Flugplätzen der Achsenmächte. Auf der anderen Seite operierte die *Auto Compagnia Sahara* und mit ihr Laszlo Almásy, denn er war ungarischer Staatsbürger und zudem Reserveoffizier. Sein Meisterstück war die „Operation Salam", bei der er Agenten hinter die englischen Linien schleuste. Sein Weg führte Almásy vom Mittelmeer über die libysche Oase Gialo und den Gilf Kebir bis an den Nil, wo er die Spione absetzte. Kein Engländer rechnete damit. Und Almásy schaffte das Unmögliche ein zweites Mal, indem er auf dem gleichen Weg zurückkehrte.

☆☆ Wadi Sura/Foggini-Mestikawi-Höhle

Attraktion des Gilf Kebir sind neben der spektakulären Landschaft vor allem die prähistorischen Felsmalereien. Als Schauplatz des Romans und mehr noch des Films „Der englische Patient" wurde die ☆☆ **Höhle der Schwimmer im Wadi Sura** weltbekannt.

Der Wagen steckt mal wieder fest

Das von Patrick Clayton entdeckte und später von Almásy erforschte Wadi Sura, das „Tal der Bilder", ist eine nur wenige hundert Meter tiefe Bucht am Westrand des Abu-Ras-Plateaus Gilf Kebir. Im Tal der Bilder waren die Gewölbe mehrerer Felsnischen *(Abris)* bemalt. Neben der Höhle der Schwimmer ist auch die **Höhle der Bogenschützen** sehenswert. Größtenteils hat sich die obere Gesteinsschicht und mit ihr der Bildschmuck längst abgelöst und ist heruntergefallen. Trotz ihres schlechten Erhaltungszustands faszinieren die noch erhaltenen Malereien als rätselhafte Botschaften aus einer fernen Zeit. Da sehen wir etwa Bilder von Jägern mit Pfeil und Bogen, von Männern mit V-förmigen Torsi und Schultern wie Rugby-Spieler. Beim „Familienbild" steht eine rote Figur mit ausgestreckten Armen zwischen zwei gelben Figuren. Haben die Künstler hier etwa auch besondere Begebenheiten festgehalten? Oder malten sie außer aus purem Spaß nur zu magisch-religiösen Zwecken, etwa, um eine erfolgreiche Jagd zu beschwören? Dann die berühmten „Schwimmer": Gerade mal zehn Zentimeter groß, scheinen sie wirklich in einem imaginären See zu schwimmen, zu tauchen oder gerade hineinzuspringen. Sie sind ein weiteres Indiz dafür, dass in der heute staubtrockenen Wüste einst ein ganz anderes Klima herrschte (→ Dachla/Geschichte, S. 471 f.) und es am Gilf Kebir saisonale Seen gab. Nach Almásy waren alle bemalten Höhlen Quellgrotten. In einer Zeit der Austrocknung und allmählichen Verödung des Landes liegt es nahe, mit Ritualen um die Gunst des Quellengeists zu bitten.

Folgt man dem Fuß des Plateaus weiter gen Westen, lassen sich mit etwas Spürsinn noch andere Felsnischen mit Resten von Malereien entdecken. 10 km nordwestlich des Wadi Sura wurde 2002 ein weiterer bemalter Abris gefunden, die nach ihren Entdeckern benannte ☆☆ **Foggini-Mestikawi-Höhle** (die einheimischen Führer nennen sie einfach nur New Cave). Hier sind die Felsmalereien so ausgezeichnet erhalten, dass manche von einer „Sixtinischen Kapelle der Vorzeit" schwärmen. Zwischen unzähligen Handnegativen, wie man sie auch aus der europäischen Höhlenmalerei kennt und deren Bedeutung bislang nicht geklärt ist, findet man kleine menschliche Figuren (auch als Schwimmer), Wildtiere und ein rätselhaftes, kopfloses Ungeheuer, halb Tier halb Mensch, das so auch in einem pharaonischen Totenbuch vorkommen könnte. Haustiere und Hirten sucht man vergebens. Die Höhle wird von Wissenschaftlern des Heinrich-Barth-Instituts der Uni Köln erforscht und dokumentiert.

Höhle der Schwimmer 23°35'26"N 25°13'45"O; Foggini-Mestikawi-Höhle 23°39'07"N 25°08'45"O. Zu den kontroversen Deutungen der Felsbilder siehe aktuell: **Miroslaw Barta**, *Swimmers in the Sand*, Prag (Dryada) 2010.

Archéo-Nil N°19 (2009): *L'art rupestre de la vallée du Nil et des déserts égyptiens*, mit Beiträgen von Jean Loic Le Quellec u. a. Sowie die Webseiten von **Roland Keller** (Basel) unter www.rolandkeller.org.

Während die steinige **Hochfläche** des Kemal-ed-Din-Plateaus bislang eine autofreie Zone blieb, wird die Höhe des Abu-Ras-Plateaus von einer Piste erschlossen. Die Auffahrt erfolgt gewöhnlich durch **The Gap**, wie der Isthmus von el-Aquaba auch genannt wird. Das **Lama-Memorial** am Bellevue, dem vielleicht schönsten der vielen Aussichtspunkte, erinnert an den 2004 verstorbenen Deutsch-Libanesen Samir Lama. Der Pionier und unbestrittene König des ägyptischen Wüstentourismus genoss hier gern den Panoramablick. Weiter nordwärts wartet ein Feld von **Jericho-Rosen** (*Anastatica hierochuntica*) auf den nächsten Regen, um dann seine Samen freizugeben. Über den **Lama-Monod-Pass** geht die Fahrspur dann hinunter in den östlichen Arm des Wadi Abd el-Malik.

Aquaba-Pass 23°24'44"N 25°42'55"O; Lama-Memorial 23°30'17"N 25°36'05"O; Jericho-Rosen 23°52'52"N 25°19'17"O; Lama-Monod-Pass 23°58'24"N 25°21'13"O.

☆ Wadi Abd el-Malik/Wadi Hamra

Almásy und seine Leute fanden 1933 das ☆ **Wadi Abd el-Malik** und benannten es nach dem Kameltreiber aus Kufra, der ihnen die entscheidenden Hinweise auf das Tal gegeben hatte. Abd el-Malik ez-Zueiya hatte als Jugendlicher noch Herden zum Weiden hierher geführt, heute sind die meisten Akazien verdorrt. Almásy und Patrick Clayton glaubten, hier die legendäre Oase *Zerzura* gefunden zu haben, eine Art Sahara-Atlantis, von dessen paradiesischem Reichtum allerlei Mythen und Geschichten erzählen.

Das nach Norden offene Tal verzweigt sich im Oberlauf in zwei Arme. Im zentralen Bereich des östlichen Arms findet man an den Felswänden Graffiti von Giraffen und anderen Wildtieren. Prähistorische Malereien unter einem Felsüberhang zeigen jene Rinder, „die beim Weiden rückwärts gehen. Sie tun es deshalb, weil ihre Hörner nach vorne gebogen sind, so daß sie beim Vorwärtsgehen in die Erde stoßen" (Herodot IV, 183). Na ja, das mag eine Legende sein, aber die Hörner sind wirklich sehr lang und abwärts gebogen. Am Nil begegnen sie uns auch in Gräbern des Alten Reichs, etwa in der Mastaba des Ti (Saqqara).

Eine andere Abfahrt vom Plateau mündet ins ☆ **Wadi Hamra**. Das 1931 von Patrick Clayton entdeckte Tal bietet das Farbenspiel roter Dünen, die einen schwarzen Bergrücken hinabgleiten. Der Talgrund ist, ganz anders als das nur 10 km Luftlinie entfernte Wadi Abd el-Malik, mit allerlei Büschen bedeckt und überraschend grün. 1935 fanden und dokumentierten Leo Frobenius und sein Assistent Hans Rhotert die in drei Gruppen verteilten Petroglyphen. Die Szenen mit Giraffen, Gazellen, Antilopen, Straußen, Wildschafen und sogar Hunden spiegeln die Welt von Jägern und sind wesentlich älter als die Malereien der Viehzüchterkultur im Nachbartal.

Wadi Abd el-Malik Eingang 24°08'14"N 25°14'01"O; Wadi Hamra Eingang 23°58'10"N 25°30'52"O; Wadi Hamra Petroglyphen (Mittelgruppe) 23°54'08"N 25°28'02"O.

Die verlorene Oase Zerzura

„Es ist eine Stadt, weiß wie eine Taube. Über dem Tor wirst du einen in Stein gehauenen Vogel sehen. Strecke deine Hand aus und nimm aus seinem Schnabel den Schlüssel. Öffne das Tor und betritt die Stadt. Du wirst viel Reichtum finden, und im Palast schlafen der König und die Königin. Gehe nicht in ihre Nähe, sondern nimm nur den Schatz!", weiß ein altes arabisches Manuskript über die Oase Zerzura. Nachdem Sir Gardner Wilkinson (1797– 1885), immerhin ein Begründer der wissenschaftlichen Ägyptologie, vage Angaben über die Lage dieses beduinischen Shangri-La „zwei oder drei Tage westlich von Dachla" publizierte, ergriff das Zerzura-Fieber auch die europäischen Abenteurer und Wüstenforscher. Ralph Bagnold suchte die Oase im Großen Sandmeer, John Ball vermutete sie im Süden zwischen Dachla und Merga, Harding-King eher in der Mitte. Almásy glaubte, den Kern der Legende in den Tälern des Gilf Kebir gefunden zu haben, andere tippen auf Karkur Talh. Carlo Bergmann hat jüngst einen weiteren Vorschlag unterbreitet, hält die genaue Position „seines" Zerzuras aber geheim. Die Suche nach der mysteriösen Oase hat viele Geheimnisse der Wüste enthüllt, doch tatsächlich gefunden hat sie noch keiner. Was eigentlich nicht weiter verwundert: Träume und Märchenstädte existieren nur im Kopf – oder im virtuellen Netz, siehe zum Beispiel www.zerzura.de.

Gebel Uweinat

Das einsame Massiv ist ein wahres Museum prähistorischer Felskunst. In Karkur Talh, dem „Akaziental", sind mehr als tausend Plätze mit Zeichnungen und Reliefs bekannt.

Die im 19. Jh. von den Kolonialmächten mit dem Lineal gezogenen Grenzen Libyens, des Sudans und Ägyptens treffen einander im Gebel Uweinat. Dieser Inselberg

Kameltrips durch die Wüste werden immer beliebter

vulkanischen Ursprungs steigt vom Niveau der umliegenden Wüste etwa 1700 m auf – seine Spitze, der 1934 m hohe **Mount Bagnold**, steht auf libyschem Gebiet. Ungeachtet seiner Höhe kommt der Berg nur alle paar Jahre in den Genuss von Niederschlägen, wenn der Sommermonsun ausnahmsweise weit nach Norden reicht. Natürliche Kavernen im Fels nehmen dann das Wasser auf und speisen damit auch in trockenen Jahren einige Quellen am Fuß des Massivs. Bis ins 20. Jh. wurde die Gegend regelmäßig von Hirten besucht. Zum Schauplatz eines schrecklichen Dramas wurde der Berg, als die Italiener 1931 Kufra besetzten. Die Oasenbewohner flohen damals Hals über Kopf und zogen zum Gebel Uweinat, wo es für bald tausend Menschen jedoch viel zu wenig Wasser gab. In ihrer Not machten sich die Flüchtlinge weiter auf den Weg Richtung Dachla. Drei Männer kamen dort nach insgesamt 675 km langem Marsch durch die wasserlose Wüste tatsächlich an und mobilisierten die wenigen Fahrzeuge der Oase, die dann die übrigen Überlebenden in der Wüste aufsammelten. Etwa 300 Flüchtlinge wurden so vor dem Verdursten gerettet.

☆☆ Karkur Talh

Akazien markieren den nordöstlichen Ausgang des „Akazientals", des grünsten Flecks weit und breit. Sein Besuch ist sicher ein Höhepunkt jeder Expedition in die Uweinat-Wüste. Die Bäume und ein schütterer Bodenbewuchs locken viele Tiere an. Sahara-Steinschmätzer *(Oenanthe leucopyga,* arab. *zarzur)* hüpfen frech über die Steine und trällern ihr Lied, man sieht Spuren von Mäusen, Eidechsen und Schakalen. Auch die scheue Dorkas-Gazelle und das vom Aussterben bedrohte Libysche Mähnenschaf *(Ammotragus lervia)* wurden hier gesichtet.

Die Felskunst findet sich überwiegend in Schattenlagen auf der Südseite des Tals. Eine belgische Expedition dokumentierte 1968 mehr als tausend Plätze mit Gravuren, manchmal auch mit Zeichnungen. Zu den ältesten Darstellungen werden die Reliefs von Savannentieren gerechnet. Strauße und Giraffen erscheinen auch als mit Stricken gefesselte Jagdbeute. Die vielen Rinder werden logischerweise mit einer Viehzüchterkultur in Zusammenhang gebracht. Eher unbeholfen in den Stein gekratzte Menschen tragen Speer und Schild, manche auch Hörner. Die jüngsten Reliefs, mit Kamelen, stammen aus historischer Zeit und werden den Tibbu zugeschrieben, die hier ihre Tiere weideten.

Nur der Eingang des Wadis (22°00'45"N 25°08'19"O) liegt noch in Ägypten, der größte Teil bereits im Sudan. Die Grenze ist markiert. Ein Armeeposten befindet sich 16 km östlich bei 21°49'50"N 25°17'14"O.

Detaillierte Beschreibungen der Felskunst-Stätten im Gilf Kebir und Gebel Uweinat gibt es unter www.fjexpeditions.com. Der ungarische Wüstenspezialist András Zboray hat auf einer DVD mit 7500 Fotos von über 500 Fundstätten alle bekannten Felszeichnungen dokumentiert.

Ost-Uweinat

Die technisch einfachere, doch längere und wegen der schärferen Sicherheitsbestimmungen (→ S. 430) nun auch teurere Route zum Gilf Kebir und Gebel Uweinat wird heute kaum mehr befahren. Über sie wurde im Zweiten Weltkrieg die von Alliierten gehaltene Oase Kufra (Libyen) versorgt, als die Mittelmeerküste und das libysche Hinterland in Händen der Deutschen und Italiener waren. Der Weg folgt heute von Assuan, Charga oder Dachla den Asphaltstraßen nach **Bir Terfawi**, einer alten Oase mit Palmen und Akazien. Die Umgebung muss dem auf Wüste eingestellten Reisenden jedoch als Fata Morgana erscheinen. Gewaltige Sprinkler ziehen ihre grünen Kreise, Frachtmaschinen landen auf einem Flughafen im Nirgendwo. Schon 1928 wurde mitten in der Wüste **Bir Misaha**, der „Brunnen des Vermessungsamtes", gebohrt, mit dem der Wüstenforscher und Leiter des Vermessungsdienstes, John Ball, seine Theorie vom Aquifer unter der Westlichen Wüste untermauerte. In den 1990er-Jahren wurden dann südlich von Bir Terfawi in dem nun Ost-Uweinat genannten Gebiet Tiefbrunnen gebohrt und hoch technisierte Wüstenfarmen angelegt, deren Agrarprodukte an Ort und Stelle verpackt und direkt nach Europa geflogen werden.

Auf dem Weg von Ost-Uweinat zum Gebel Uweinat sollte man auch den **Gebel-Kamil-Krater** besuchen. Der Krater von 45 m Durchmesser zu Füßen des *Gebel Kamil* wurde erst 2008 entdeckt und entstand beim Aufprall eines neun Tonnen schweren Eisenmeteoriten. Der harte Schlag aus dem Kosmos zertrümmerte auch gängige geophysikalische Modelle. Zuvor ging man davon aus, dass Eisenmeteorite mit einer Masse von weniger als 3000 Tonnen bereits in der Atmosphäre zerbröseln. Gebel Kamil aber, wie der Meteorit gleich dem nahen Berg inzwischen offiziell heißt, erreichte die Erdoberfläche zwar abgeschmolzen, doch unfragmentiert, und zerbarst erst beim Aufprall in Tausende kleine Stücke.

Die Route zum Gilf Kebir zweigt 20 km südlich des Flughafens Sharq el-Uweinat von der Hauptstraße gen Wesen ab. Die Teerstraße endete bei 22°16'19"N 28°19'20"O.

Nächste Stationen sind der versandete Bir Misaha (22°11'17"N 27°56'58"O) und der Gebel-Kamil-Krater (22°01'06"N 27°05'16"O).

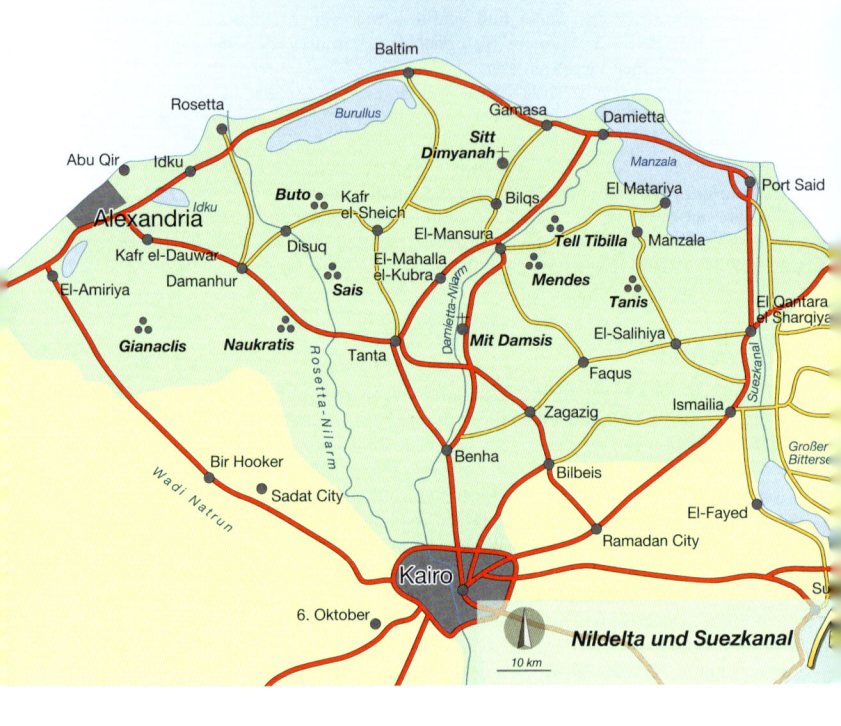

Nildelta und Suezkanal

Gewaltige Hochseeschiffe gleiten durch die Wüste – diesen ungewöhnlichen Anblick bietet nur der Suezkanal. In den Kanalstädten Port Said und Ismailia entdeckt man noch viele Spuren der britischen Kolonialzeit. Im Nildelta gibt es mit Tanis und Bubastis zwei sehenswerte pharaonische Stätten.

Mit von den Reedereien zu zahlenden Passagegebühren über rund 5 Milliarden Dollar im Jahr zählt der Suezkanal zu den wichtigsten Devisenbringern des ägyptischen Staats. Das vom Mittelmeer und den beiden Nilarmen eingefasste Delta ist neben Kairo die bedeutendste Wirtschaftsregion des Landes. Hier lebt ein Drittel der Bevölkerung, hier wird mehr als die Hälfte der Nahrungsmittel erzeugt, gibt es zahllose mittlere und kleinere Industriestädte.

Das Delta – vom Klimawandel bedroht

Geschichte: In der Antike gewann das Delta ab der Ramnesiden-Zeit gegenüber Oberägypten an Bedeutung. Ramses II. gründete mit Tanis eine prachtvolle Residenzstadt, und bis zur Ptolemäer-Zeit regierten die verschiedenen Dynastien vom

Delta aus. Dennoch ist von Bubastis, Sais, Tanis und wie sie alle heißen heute kaum mehr ein Stein auf dem anderen. Längst sind die Tempelquader zu Bausteinen verwandelt worden oder in die Kalköfen gewandert, die Veränderungen im Flusslauf der Nilarme haben ihren Teil der Zerstörung geleistet, und die Tell genannten Hügel aus Abfällen und Hausruinen sind entweder heute noch von Siedlungen gekrönt – was Grabungen verhindert – oder der fruchtbaren Erde wegen von den Bauern als Dünger abgetragen worden.

Landschaft: Im äußersten Norden bietet das Delta einen für Ägypten unerwarteten Eindruck: Unter im Winter heftigen Wolkenbrüchen erstreckt sich eine kahle, brettebene Salzsteppe, von Brackwasserseen durchzogen, menschenleer und unfruchtbar. Mit dem Rückgang der Bevölkerung seit der römischen Zeit hat sich die Natur im Delta wieder weite Gebiete zurückgeholt, ein Prozess, der erst im 19. Jh. zum Stillstand kam. Da das Delta nur 3 bis 5 Meter über dem Meeresspiegel liegt, gibt es kaum noch Gefälle, welches das Wasser aus den Kanälen ins Meer zieht. Die Kanäle bedürfen also gerade im Delta beständiger Pflege. Bleibt diese aus, bringen Wasserrosen und Verschlammung noch den geringsten Fluss zum Erliegen, der Kanal wird zum Sumpf und versalzt.

Das Delta geht unter

Neben den Südsee-Atollen und Bangladesh zählt das Nildelta zu den Gebieten, die am meisten vom Klimawandel bedroht sind. An der Küste bei Abu Qir versteht man sogleich den Grund: Gerade noch die Spitzen der Palmen ragen über den Deich, denn das Land, auf dem sie wachsen, liegt unter dem Meeresspiegel. Und der steigt. Im letzten Jahrhundert um 0,2 Meter, und für die nächsten hundert Jahre prognostizieren viele Experten gar einen Anstieg um einen Meter. Das hieße für ein Fünftel des Deltas: Land unter! Schmilzt gar das gesamte Grönlandeis ab, wird das Mittelmeer bis an die Vororte Kairos reichen. Derzeit behilft man sich mehr schlecht als recht, indem man die alten Deiche erhöht und neue aufschüttet. Die Entwässerungskanäle werden in den Mariut-See (→ S. 387) bei Alexandria geleitet, der tiefer als der Meeresspiegel liegt. Von dort wird das Abwasser dann ins Mittelmeer gepumpt.

Doch trotz dieser Maßnahmen stehen im Winter immer öfter weite Flächen unter Wasser, werden ganze Landstriche einfach weggespült. Und auch die Deiche können nicht verhindern, dass das Meerwasser immer weiter ins Grundwasser eindringt und so die Felder versalzt. Es fehlt an Süßwasser, mit dem man das Salz wieder auswaschen könnte. Der Nil bringt immer weniger, denn die wachsende Bevölkerung in Kairo und Oberägypten lässt immer weniger Wasser übrig. Zudem machen Nilanrainer wie Äthiopien und Uganda eigene Ansprüche geltend und wollen die noch in der Kolonialzeit geschlossenen Verträge aufkündigen, die Ägypten den Löwenanteil des gesamten Nilwassers zugestehen. Und was der Nil heute noch an Wasser ins Delta bringt, ist so sehr mit Rückständen von Düngemitteln und anderen Chemikalien verseucht, dass es auch für die Äcker nicht mehr taugt.

So sind die Aussichten für das Nildelta ziemlich düster. Und man kann besser nachvollziehen, warum Ägypten seine Zukunft in der Begrünung der Wüste sucht.

☆ Rosetta (Raschid)

Der Ruf als „hübsches Landstädtchen", so zu lesen in manchem Reiseführer, stammt noch aus dem 19. Jh., als viktorianische Reisende die Stadt an der Mündung des westlichen Nilarms schätzten. Bei unserem Besuch zeigte sich Rosetta selbst für ägyptische Verhältnisse außergewöhnlich schmutzig und voller Fliegen. Waren werden noch auf Pferdewagen und Eselskarren transportiert, manche der Lasttiere sind in erbärmlichem Zustand. Die Stadt ist ein Umschlagplatz für den im Delta angebauten Reis, der hier in einer riesigen Reismühle verarbeitet und verpackt wird, zudem ist sie berühmt für ihre Datteln und international bekannt wegen des „Steins von Rosetta", der den Schlüssel zur Entzifferung der Hieroglyphen lieferte (→ Kastentext S. 516 f.). Siedlungsspuren reichen bis in vordynastische Zeiten zurück. Unter den Osmanen florierte *Raschid* als Ägyptens Hafen mit der kürzesten Verbindung nach Konstantinopel und war damals nach Kairo die zweitgrößte Stadt am Nil.

- *Anfahrt* Von Alexandria mit dem Minibus. Entweder direkt vom zentralen Taxibahnhof an der Umgehungsstraße oder zunächst nach Abu Qir (siehe oben) und dort vor dem Bahnübergang an der Ortseinfahrt umsteigen in ein Sammeltaxi nach Rosetta. Die Fahrt dauert 1½–2 Std. und ist damit etwas schneller als die oft völlig überfüllten Vorortzüge von Alexandria nach Rosetta.
- *Übernachten* Rasheed International Hotel. Der 11-geschossige Turm am Südrand des Museumsgartens ist das einzige akzeptable Hotel der Stadt. Zimmer mit Balkon und herrlicher Aussicht, AC, Kühlschrank und TV. Restaurant im Haus. DZ 150 LE. Sh el-'Akari, ☎ 045-2934399, ℻ 2934399, www.rosettahotel.jeeran.com (nur arabisch).
- *Essen & Trinken* Einfache Restaurants findet man etwa an der Corniche auf Höhe des Museums. Gerne isst man hier gegrillten Fisch, dazu werden Salat und Brot gereicht. Sämtliche Lokale der Stadt sind alkoholfrei.

Sehenswertes

Wohlhabende Händler hinterließen uns etwa 20 stattliche Bürgerhäuser, drei bis vier Etagen hoch, aus roten und schwarzen Ziegelsteinen, mit hübschen Erkern, vorkragenden Sonnendächern und aufwendigen Maschrabiya-Gittern. Hier und da wurden auch antike Blöcke (Spolien) verbaut, manche Giebel und Türstürze sind mit Mosaiken verziert. Oft begegnen uns „Doppelhäuser", von denen eine Hälfte – äußerlich nicht weniger prächtig – das Quartier der Sklaven und Bediensteten war. Die Bauten gehören inzwischen alle der Denkmalbehörde und sind in unterschiedlichem Erhaltungszustand.

Tickets (15/10 LE) und Führer zu den Häusern bekommt man im örtlichen **Museum** am Md. el-Horriya. Im Beit Arab Killi, einem der prächtigsten alten Häuser von Rosetta, wurde es nach grundlegender Sanierung des Gebäudes 2005 neu eingerichtet.

In der Eingangshalle glänzt das Wahrzeichen der Stadt, der **Stein von Rosetta** – freilich nicht der echte, den Ägypten gerne vom British Museum zurückhaben möchte, sondern eine Kopie. Den Fundort, das Fort Qait Bey (siehe unten), können wir im Modell bestaunen. Einige Räume hat man mit **Möbeln** des 18. und 19. Jh. ausgestattet, die vorher in diversen Magazinen von Kairoer Museen moderten. Daneben sind **archäologische Funde** aus der Umgebung ausgestellt. Als Kuriosität unter den Exponaten sei ein Ehevertrag zwischen einem General der napoleonischen Expedition und seiner ägyptischen Braut erwähnt. Tägl. 9–16 Uhr. Eintritt 25/15 LE. Md. el-Horriya.

Hat man sich im Museum gemeldet, bekommt man einen Polizisten zur Seite, der fortan den Weg bestimmt und sein Programm abspult. Innerhalb der Häuser übernehmen dann Mitarbeiter des Denkmalamts die Führung.

Das vielleicht prächtigste Stadthaus, ☆ **Beit Ramadan**, gehört zu einem Ensemble unmittelbar östlich des Horriya-Platzes, an dem die Taxis und Minibusse starten.

Wie alle Denkmalhäuser ist es innen völlig leer. Das Erdgeschoss diente als Lager. Im 1. Stock befanden sich die Räumlichkeiten der Männer, darüber der Frauenbereich *(harem)* samt Küche, ganz oben ein Badezimmer *(hammam)* mit einer von bunten Glasbausteinen durchsetzten Kuppel. Vom Empfangsraum *(selamlik)* im Männerbereich gelangt man über eine Geheimtreppe auf die Galerie hinauf, wo die Frauen, durch *Maschrabiyas* vor neugierigen Blicken geschützt, das Treiben unten im Selamlik beobachten konnten. Mit einer drehbaren Durchreiche konnten von unsichtbarer Hand Tee und Kaffee serviert werden.

Vom Taxiplatz kommend, nach dem Beit Ramadan die zweite links, liegt die Schari' el-Scheich Qanadili mit weiteren Bürgerhäusern. Das letzte von ihnen, **Beit el-Amasyali**, hat auffällig viele Geheimtüren und verborgene Schränke – ein phantastischer Schauplatz für Kriminalgeschichten. Nebenan ist mit der **Tahuna Abu Schahin** eine alte Getreide- und Reismühle zu sehen.

Einen Blick verdient auch die **Moschee el-Mahalli** an der gleichnamigen Straße im Marktviertel. Ein ganzer Wald verschiedenster Säulen antiken Ursprungs, allesamt recyceltes Material von älteren Bauten, trägt die Decke des Betsaals. Dann gibt es am Südrand der Altstadt noch das ☆ **Hammam 'Azouz** zu besuchen, ein museales Badehaus türkischer Art. Etwas weiter Richtung Nil stößt man dann auf die **Moschee el-Mu'allaqa** („die Schwebende"), so genannt, weil sie im Obergeschoss von Speichern und Ställen eingerichtet war.

Am Nil, der hier in Rosetta eher als See erscheint, starten Taxiboote (30 LE) zur 5 km flussauf gelegenen **Moschee Abu'l-Mandur**, einer beliebten Pilgerstätte. Vom Hügelfriedhof hinter dem Heiligtum hat man einen herrlichen Panoramablick über die Deltalandschaft. Als weiteres Ausflugsziel, diesmal in nördlicher Richtung und bei einem Dorf nahe der Nilmündung gelegen, empfiehlt sich das kürzlich restaurierte

Der Stein von Rosetta und die Entzifferung der Hieroglyphen

Eine Abbruchkolonne der napoleonischen Invasionsarmee fand im Juli 1799 in der Nähe von Rosetta eine in eine alte Mauer eingesetzte Granitplatte, auf deren Vorderseite drei teilweise verstümmelte Inschriften zu sehen waren: eine in griechischer Schrift, eine in Hieroglyphen verfasste und eine in einer hieroglyphischen Kursivschrift, die man heute demotische Schrift nennt, über die seinerzeit aber relativ wenig bekannt war.

Da an der „Ägypten-Expedition" des großen Kaisers neben vielen Soldaten auch Wissenschaftler beteiligt waren, erkannte man sofort, dass es sich um einen bedeutenden Fund handeln musste, und fertigte eilends Kopien des Textes an, die an die in Europa verbliebenen Kollegen geschickt wurden. Das Original, das seither den Namen **Stein von Rosetta** trägt, landete nach einigen Irrwegen schließlich in der Hand der Engländer, die es ins Britische Museum brachten, wo es bis heute zu bewundern ist.

Aus dem griechischen Text, der natürlich problemlos zu lesen war, ging hervor, dass es sich um das Dekret eines Priesterrates handelte, der sich zum ersten Jahrestag der Krönung von Ptolemäus V. Epiphanes in Memphis zusammengefunden hatte. Inhaltlich ist der Text nicht sonderlich spektakulär, denn es werden in erster Linie die Wohltaten geschildert, die der griechischstämmige Pharao seinem ägyptischen Volk hatte zukommen lassen. Der letzte Satz war aber aus wissenschaftlicher Sicht geradezu aufwühlend, denn er besagte, dass die griechische, die hieroglyphische und die demotische Inschrift die gleiche Bedeutung hatten. Man hatte es also mit einer Übertragung zu tun – dem *best case* für Codeknacker.

Der erste Schritt war ein Vergleich der Namen, denn man ging von der Annahme aus, dass das griechische *Ptolemäus* auch im hieroglyphischen Text phonetisch verschriftet sein musste (nach dem auf S. 72 beschriebenen Rebusprinzip), weil eine Wortschrift, für die man die Hieroglyphen immer noch hielt, sicher keine eigenen Symbole für „Fremdwörter" bereitstellte. Im hieroglyphischen Text wiederum war die Stelle, an der von Ptolemäus die Rede ist, leicht zu erkennen, denn man hatte Anhaltspunkte dafür, dass die Namen der Pharaonen durch ovale Umrandungen, sog. Kartuschen, hervorgehoben waren. Tatsächlich gelang es dem Engländer Thomas Young, den griechischen Buchstaben von *Ptolemäus* Hieroglyphen und damit auch

Fort Qait Bey, mit dem Sultan Aschraf Qait Bey wie auch in Alexandria die Küste sicherte (tägl. 9–16 Uhr, 152/106 LE). Hier fanden französische Soldaten einst den berühmten Stein von Rosetta.

Damanhur

Die Hauptstadt des Gouvernorats el-Buheira (ca. 250.000 Einwohner) liegt 60 km südöstlich von Alexandria. Im alten Ägypten hieß sie *Dmi-n-Hr*, Stadt des Horus. Daran anknüpfend schuf eine Sekte im italienischen Piemont ein neues Damanhur, indem sie einen ganzen Berg aushöhlte und in einen Felsentempel mit fantasievollen und farbenprächtigen Hallen verwandelte, der inzwischen als Kunstwerk gilt. Anführer Oberto Airaudi fühlt sich Nachfahre des Horus.

Verglichen mit dem esoterischen Disneyland hat das ägyptische Damanhur dem Fremden nur wenig zu bieten. Wie man nach der Anfahrt durch die ausgedehnten die entsprechenden Lautwerte zuzuordnen. Zwar konnte er seine Ergebnisse anhand anderer Kartuschen bestätigen, doch viel weiter kam er nicht, denn er hielt es für unmöglich, dass auch ägyptische Wörter auf diese Weise verschriftet worden waren.

Der Durchbruch gelang erst dem französischen Wunderkind **Jean François Champollion**, der schon im Alter von 18 Jahren Assistenzprofessor für Geschichte an der Universität Grenoble geworden war und sich ab etwa 1808 intensiv mit dem Rosetta-Stein beschäftigte. Als Codebrecher kamen ihm seine Akribie, vor allem aber seine ausgezeichneten Kenntnisse des Koptischen, eines direkten Abkömmlings der ägyptischen Sprache, zugute. Wie Young war auch Champollion zunächst der Meinung, dass mit den Hieroglyphen nur nichtägyptische Namen lautorientiert wiedergegeben wurden. Dann aber erhielt er Kopien einer Kartusche aus Abu Simbel mit vier Hieroglyphen, von denen er zwei andernorts in griechischen Namen gefunden und dort als Zeichen für „S" identifiziert hatte. Die beiden ersten Zeichen konnte er dagegen nicht zuordnen. Was folgte, war einer jener Momente, von denen man im Nachhinein zu sagen pflegt, plötzlich sei es einem wie Schuppen von den Augen gefallen: Champollion betrachtete das erste Zeichen – einen Kreis mit einem Punkt im Zentrum –, beschloss, es probeweise als Symbol für die Sonne zu deuten, und besann sich schließlich seiner koptischen Sprachkenntnisse: Das Wort für Sonne lautete dort *re* oder *ra*, sodass eine Kombination mit den bereits bekannten Zeichen der Kartusche (*s-s*) sofort an den Namen *Ramses* denken ließ, was wiederum bedeutete, dass das zweite unbekannte Zeichen *m* zugeordnet werden konnte. Da *Ramses* als altägyptischer Herrscher alles andere als ein Grieche war, sein Name aber offenkundig dennoch lautorientiert verschriftet war, konnte die alte „Fremdwortthese" nicht mehr aufrechterhalten werden. Vielmehr wurde klar, dass man sich mit der Arbeitshypothese vom bildlichen Charakter der Hieroglyphen jahrhundertelang auf dem Holzweg befunden hatte.

Bis zu endgültigen Entzifferung der Hieroglyphen dauerte es natürlich noch eine Weile, denn Champollion hatte zwar die „phonetische Wende" eingeleitet, wusste aber noch nichts vom Mischsystemcharakter der Hieroglyphenschrift (siehe dazu S. 71). Im April 1824 war es dann aber so weit, und Champollion konnte stolz verkünden: *„Je tiens l' affaire!"* („Ich hab's!"), um danach – so die Legende – vor Verzückung ohnmächtig umzufallen.

Baumwollfelder leicht erahnen kann, ist Damanhur ein Zentrum der Baumwollverarbeitung Mit der **'Amr-Ibn-el-'As-Moschee** hat es das größte Gebetshaus im Delta, und, man staune, am zentralen Midan Sa'a steht sogar ein **Opernhaus** – das aber gestaltet wird. Das jüngst restaurierte Gebäude wurde 1930 als Kino im maurischen Stil errichtet, seiner Zeit gemäß angereichert um eine Prise Art déco. Damanhurs alljährliches Großereignis ist die Anfang November gefeierte **Mulid von Scheich Abu Risch**, das Volksfest mit Wallfahrt zu Ehren des Heiligen. Mancher hartgesottene Mulidgänger stürzt sich hier nach den wenige Tage vorher gefeierten Festen von Tanta und Disuq (siehe unten) ein drittes Mal ins Getümmel, folgt den *Saffas*, den Umzügen der Sufis, und lässt sich vom rhythmischen Tanz und Gesang *(zikr)* der Bruderschaften berauschen.

nur so heißt, weil das Programm dieses Kulturzentrums vom Kairoer Opernhaus

Damanhur liegt an der Route Agricole und der Bahnstrecke zwischen Kairo und Alexandria – nicht alle Schnellzüge halten hier. Zum Übernachten empfiehlt sich das 1 Std. entfernte Alexandria (→ S. 388).

Ein Heiliger am falschen Ort

Mehr ein Politikum als Freizeitvergnügen oder spirituelles Ereignis ist die Mulid des **Yaakov Abuhatzeiria** (1805–1880). Der nämlich war ein jüdischer Rabbi und Mystiker, stammte aus Marokko und verschied nach kurzer Krankheit eher zufällig in Damanhur, als er auf einer Reise gen Jerusalem hier Station machte. Vielleicht wäre Yaakov heute vergessen, wäre da nicht sein Enkel und spiritueller Erbe Yisrael Abuhatzeira, genannt Baba Sali (1890–1984), der eine führende Rolle bei der Auswanderung der marokkanischen Juden nach Israel spielte und dessen Grab dort zu einem oft besuchten Pilgerziel wurde. Ob die am 19. Tevet des jüdischen Kalenders (an wechselnden Tagen im Dezember oder Januar) fällige Mulid in Damanhur überhaupt gefeiert werden darf und wie viele seiner Anhänger aus Israel und der Diaspora unter höchsten Sicherheitsvorkehrungen kommen dürfen, um sich den Segen des großen Rebbe zu holen, hängt vom Barometerstand der israelisch-ägyptischen Beziehungen ab.

Naukratis

Von Damanhur 20 km Richtung Kairo stehen westlich der autobahnähnlichen Route Agricole zwischen den Dörfern Nibeira und en-Niqrasch die kümmerlichen Reste der griechischen Kolonie Naukratis *(arab. Kom Gi'eif)*. Pharao Amasis (reg. 570–526 v. Chr., 26. Dynastie) gewährte der von Einwanderern aus Korinth am kanopischen Nilarm gegründeten Stadt das Monopol für den Handel mit Griechenland. Flinders Petrie identifizierte 1884 die von Kalkbrennern bereits weitgehend abgetragene Stätte und leitete die ersten Ausgrabungen. Etwa die Hälfte aller Fundstücke besitzt das British Museum. Das Grabungsgelände ist heute weitgehend von einem See überflutet.

Disuq

Das 20 km nordöstlich von Damanhur am Rosetta-Nilarm gelegene Disuq war die Heimat des Sufischeichs Ibrahim el-Disuqi (1246–1288), dem Onkel und geistlichen Nachfolger von Hassan asch-Schadhili (→ S. 667). Disuqi war der einzige Ägypter unter den großen muslimischen Mystikern und Ordensgründern. Er wird vor allem von der Burhaniya-Bruderschaft verehrt, die auch in Europa zahlreiche Anhänger hat und an den Prozessionen mit grünen Schärpen und Turbanen auftritt. Disuqis Ende Oktober beginnende Mulid ist nach den Festivitäten in Tanta das größte Volksfest im Delta.

Buto

Buto (arab. Tell el-Fara'un) war in der Zeit vor der Reichseinigung die Hauptstadt Unterägyptens und damit das Gegenstück zum oberägyptischen Hierakonpolis. Nach der Frühzeit verlor es an politischer Bedeutung, blieb aber die Hauptkultstätte der Schlangengöttin Uto, der Beschützerin des Pharaonentums. Die sichtbaren Baureste stammen vor allem aus ptolemäisch-römischer Zeit. Der etwa ein Quadratkilometer große Siedlungshügel wird seit geraumer Zeit vom Deutschen Archäologischen Institut in Kairo erforscht, wobei auch modernste Geräte der Geomagnetik eingesetzt werden, um die unter der Erde verborgenen Spuren von

Das Delta 519

Wohnhäusern, Werkstätten und Gräbern aufzuspüren. Die schönsten Skulpturen, Stelen und Architekturfragmente sind in einem kleinen Freilichtmuseum ausgestellt.

Das öffentlich nicht zugängliche Grabungsgelände (31°11'42"N 30°40'35"O) liegt beim Dorf Ibtu etwa in der Mitte zwischen Damanhur und Kafr el-Scheich.

Tanta

Tanta (440.000 Einw.) liegt etwa in der Mitte des Nildeltas und ist dessen zentrale Verkehrsdrehscheibe. Ein Besuch lohnt Ende Oktober zu Ägyptens größter Mulid, dem einer süddeutschen Kirchweih vergleichbaren Volksfest.

Mitte Oktober schwillt die Einwohnerzahl auf ein Vielfaches an. Dann feiert Tanta für eine Woche die **Mulid des Saiyid Ahmed el-Badawi** (1200–1276), dessen Gebeine in der nach ihm benannten Moschee ruhen. Gaukler zeigen ihre Tricks, Verliebte schweben im Riesenrad, Kinder schielen sehnsüchtig auf die Auslagen des Spielzeugverkäufers, gute und schlechte Sänger ringen phonstark um Aufmerksamkeit, alle kaufen *Halawa,* das honigsüße Gebäck mit Nüssen und Sesam, und alle wollen einmal das Grab des Heiligen berühren, was in ein ziemliches Gedränge mündet. Der wundertätige el-Badawi stammte aus Marokko, wirkte aber bald 40 Jahre in Tanta und gab so Anlass für die größte Mulid im Land. Seine vor allem von Bauern und einfachen Leuten unterstützte Tariqa, die Ahmadiya-Badawiya, und ihre vielen Ableger zählen heute zu den in Ägypten zahlenmäßig stärksten Sufigemeinschaften. Die Brüder kleiden sich zu den von Trommlern begleiteten Prozessionen in schrilles Rot. Die schiitischen Fatimiden brachten im 10./11. Jh. neben allerlei Reliquien auch den Brauch der Geburtstagsfeiern zu Ehren religiöser Führer nach Kairo, zunächst für den Propheten Mohammed und die Imame Ali und Hussein. Wie jede Art Heiligenverehrung sind diese Bräuche den orthodoxen Religionsgelehrten ein Werk des Satans – was die Gläubigen nicht daran hindert, über die Nähe zu den begnadeten Heiligen deren Segen und damit die Nähe zu Gott zu suchen und sich an „geheiligten Vergnügungen" zu erfreuen.

Außerhalb der Festzeit machen sich Touristen in Tanta allein schon durch ihr Da-Sein verdächtig; denn kaum einer, schon gar nicht die Sicherheitskräfte, vermag nachzuvollziehen, was ein Fremder in ihrer Stadt sucht. Dabei gibt es ein archäologisches **Museum** (Sh. Mustafa el-Gendy; früher Moheb/Ecke el-Geish) mit Funden aus antiken Stätten des Deltas sowie einen kleinen **Zoo** (gleich neben dem Museum). Das war's dann aber schon an Attraktionen.

- *Anfahrt* In Tanta halten die **Züge** zwischen Kairo (1¼ Std.) und Alexandria (1¾ Std.). Weitere Zugverbindungen gibt es nach Damanhur (1 Std.), Mahalla el-Kubra (30 Min.), Mansura (1 Std.), Zaqaziq (1½ Std.).

  Drehscheibe der **Fernbusse** und **Sammeltaxis** ist die Gomla Station (2 km nördl. des Zentrums). Busse nach Mahalla el-Kubra und Sammeltaxis nach Osten (Mahalla, Mansura, Zaqaziq) benutzen jedoch die Station Mura Schaha. Zwischen den Busstationen und dem Zugbahnhof verkehren Microbusse (0,5 LE) und Taxis (3 LE).

  Für ein **Taxi** zu den Stätten der Umgebung sind 40 LE/Std. (200 LE/Tag) ein fairer Preis.

- *Übernachten* **New Arafa**, ein apricotfarbener Turm am Ostende des Bahnhofsplatzes. Im Fahrstuhl tönt eine Koranrezitation aus dem Lautsprecher, im Zimmer liegen Koran und Gebetsteppich bereit, und natürlich ist auch die korrekte Gebetsrichtung markiert. TV, AC und Minibar gibt's auch. DZ 200 LE. Midan el-Mahatta, ☏ 040-34050401, ✉ 3357080.

  Green House, einfacher, nicht ganz so fromm und mit etwas kleineren Zimmern. DZ 150 LE. Sh. el-Borsa Ecke el-Geish, ☏ 040-3300761.

Nildelta
Karte S. 512

Kinderspiel am Nil

Sais

Sais *(arab. Sa el-Hagar)* war die Residenzstadt der 26., „saitischen" Dynastie. Als Kultort der Kriegs- und Jagdgöttin Neith wird es aber bereits in Quellen aus dem Beginn der Pharaonenzeit erwähnt. Mehr als ein Schutthügel und ein paar mit Reliefs geschmückte Steinblöcke blieben nicht erhalten. Manche Ägyptologen sind der Meinung, der berühmte Stein von Rosetta stamme ursprünglich aus Sais und sei erst im Mittelalter mit anderem Baumaterial nach Rosetta verschleppt worden.

Sa el-Hagar liegt am Ostufer des Rosetta-Nilarms, die archäologische Stätte am Nordrand des heutigen Dorfs. Anfahrt vom 30 km entfernten Tanta über Basyoun.

Mahalla el-Kubra

Die etwa 25 km nordwestlich von Tanta gelegene Industriestadt (460.000 Einw.) ist das Zentrum der ägyptischen Textilindustrie. Die 1927 von Tala'at Harb gegründete *Misr Spinning and Weaving Company* war einmal ein Vorzeigeprojekt. Heute ist die mit mehr als 25.000 Beschäftigten größte Textilfabrik des Nahen Ostens ein Staatsbetrieb, in dem miserable Arbeitsbedingungen und niedrige Löhne immer wieder in Proteste und Streiks münden – gegen den Widerstand der gleichgeschalteten Gewerkschaften. Die brutale Gewalt durch Schlägertrupps, Massenverhaftungen und Misshandlungen, mit der das Regime im April 2008 die ganze Stadt überzog, um einen Arbeitskampf zu beenden, war mit ein Auslöser für die drei Jahre später erfolgreiche Revolution gegen Mubarak. Mit seinen Werkswohnungen und anderen Bauten im realsozialistischen Stil ist die Stadt für Touristen kaum interessant. Allenfalls zum Umsteigen oder Übernachten, um von hier aus Orte der Umgebung zu besuchen, wird man nach Mahalla el-Kubra kommen.

- *Anfahrt* In Mahalla el-Kubra und Sammanud halten die **Züge** der Strecke Kairo (2 Std.) – Tanta – Damietta.
Servicetaxis und Busse in die Region starten am Bahnhofsplatz, **Fernbusse** von einem Terminal 500 m südwestlich des Bahnhofs in der Sh. 23. Yulyu.

- *Übernachten* **Omar el-Khayyam**, das beste Hotel der Stadt, etwa 500 m nördlich des Bahnhofs. Saubere Zimmer mit AC und TV, auch einige einfache Zimmer mit Etagenbad. DZ mit Bad 150 LE. Md. 23. Yulyu, beim Telefonamt. ☎ 040-2234866, 📠 2234299, www.omarelkhayamnew.com.

Sammanud

In dem am Nilufer gelegenen **Sammanud**, das mit Mahalla el-Kubra allmählich zu einer Agglomeration verschmilzt, kann man die Stätte eines **Tempels des Onuris-Schu** aufspüren. Mehr als ein paar Steinblöcke blieben von dem unter Nektanebos II. (reg. 360–342 v. Chr.) gebauten Heiligtum nicht übrig. Der Priester Manetho wirkte hier und schrieb seine *Aegyptiaca* mit der für unsere Chronologie des Alten Ägypten grundlegenden Liste der Pharaonen und Dynastien. Später soll die Heilige Familie auf ihrer Flucht nach Ägypten auch in Sebennytos, wie Sammanud damals hieß, Station gemacht und aus einer Quelle getrunken haben. An dieser Stelle steht nun die **Kirche der Jungfrau und des Märtyrers Aba Nub** *(Kanisat es-Saiyida el-ʿAdra wa esch-Schahid Aba Nub*, Sh. Saʿad Zaghloul, im Basarviertel). In einer Vitrine in der im 16. Jh. errichteten Kirche wird eine Granitschüssel verwahrt, in der Maria Brot zubereitet haben soll. Von dem wegen seiner Glaubenstreue schon in jungen Jahren hingerichteten Abu Nub heißt es, er trete gelegentlich aus seinem Reliquienschrein heraus und spiele mit den in der Kirche versammelten Kindern.

Mit Damsis

Überquert man in Sammanud den Nilarm und folgt dem Flusslauf gen Süden, erreicht man nach gut 15 km das unscheinbare Dorf Mit Damsis (30°49′30″N 31°13′20″O). Hier feiern die Kopten Ende August die **Mulid des heiligen Georg**. Der Drachentöter ist in Ägypten auch für seine wundertätigen Dämonenaustreibungen bekannt, und so mancher von den schwarzberockten Priestern in der Kirche von Mit Damsis vollzogene Exorzismus soll Gläubige von ihren Leiden befreit haben. Während früher auch viele Muslime bei psychischen Problemen die Hilfe Georgs suchten, wird das Dorffest mit seinen magischen Heilungsritualen in Zeiten zunehmender religiöser Spannungen zu einer rein koptischen Angelegenheit.

Mansoura

Mit seinen Parks, der Nilpromenade und einer angesehenen Universität gilt Mansoura (480.000 Einw.) vielen als die Perle des Deltas. Ein Museum erinnert an die Kreuzzüge.

Die arabische (Männer-)Welt kennt und schätzt Mansoura als Stadt der schönen Frauen. Tatsächlich gibt es hier überraschend viele Menschen mit blauen Augen. Arme Familien, denen das Glück einer solchen Tochter beschert war, konnten über Heiratsvermittler eine gute Partie in bessere Kreise oder gar ins Ausland machen. Die Volksmeinung hält einmal nicht die Soldaten Alexanders des Großen, sondern die Kreuzritter für den Ursprung von blond und blau.

Für ägyptische Verhältnisse ist Mansoura eine junge Stadt. Nachdem die **Kreuzritter** 1219 Damietta erobert hatten, errichtete Sultan al-Kamil hier ein Heerlager, um den Franken den Weg nach Kairo zu versperren. Diese ließen sich zwei Jahre Zeit, bevor sie von Damietta aufbrachen, um Ägypten zu erobern – und gingen al-Kamil vor Mansoura prompt in die Falle. Der Sultan machte sich die Nilflut zunutze, durchstach die Dämme und kesselte den Feind so in den Wasserfluten ein, dass die Ritter schließlich den Abzug aus Ägypten zusicherten, um ihr nacktes Leben zu retten. Auf al-Kamils Siegesfeier am 8. September 1221 bekam Mansoura, „die Siegreiche", ihren Namen.

Noch aber gaben die Franken nicht auf. Mit einem diesmal vom Franzosenkönig Ludwig IX. geführten Kreuzzug bemächtigten sie sich 1249 wiederum Damiettas und zogen weiter nilaufwärts. Wieder wurden sie bei Mansoura geschlagen. Ludwig, der sich mit einem Schiff hätte retten können, ging lieber gemeinsam mit seinem Heer in Gefangenschaft. Die dürfte für den von der römischen Kirche später zum Heiligen erhobenen König aber nicht allzu unbequem gewesen sein, denn die Ägypter quartierten ihn im Haus des Kadis von Mansoura ein, dem Dar Ibn Luqman. Dieses ist heute das **Mansoura National Museum** (Sh. Bur Said, Md. el-Mwafi, bei der letzten Moschee vor der Brücke, 2011 wegen Renovierung geschlossen) Außer alten Möbeln, Waffen und Rüstungen gibt's auch moderne Gemälde zu sehen, die die Schlacht von Mansoura thematisieren.

Vom Museum sind es nur wenige Schritte zum Nil. Links geht es ins Universitätsviertel, wo nach der Auffüllung eines Nilarms die nun mit dem Festland verbundene **Geziret el-Ward**, die Roseninsel, mit Parks und einer Flaniermeile aufwartet. Auf der andern Seite der Stadt im Viertel **Toriel**, begrenzt durch den Nil und die Suez-Kanal-Straße *(Sh. Kanat el-Sweis)*, findet man noch einzelne Villen aus der Zeit vor dem Weltkrieg, als es Mansoura eine starke griechisch-italienische Gemeinde gab. Architektonisches Glanzlicht dieser Epoche ist der 1928 für einen Fabrikanten gebaute **Schinnawi-Palast** (Sh. Tala'at Harb, nahe dem Zoo).

- *Anfahrt* Es gibt drei oder vier **Schnellzüge** von Kairo (2½ Std.). Die **Busstation** ist 500 m östlich des Bahnhofs an der Sh. el-Geish/Ecke Sh. Gamal ed-Din el-Afghani.
- *Übernachten* **Mansoura University Hotel (ex-Ramada)**, 3 km westlich des Zentrums am Nil gegenüber dem Metro-Supermarkt. Das Top-Hotel der Stadt gehört zur Tourismus- und Hotelfakultät der Mansoura University. Zimmer sauber und mit der klassenüblichen Ausstattung, der Garten wirkt etwas vernachlässigt. DZ 110 $. Sh. el-Gomhouriya, ☏ 050-2373819, ✆ 2373827, www.mansuhotel.com.
Marshal el-Gezirah, 2 km westl. des Zentrums am Nil nahe der Brücke, etwa 3-Sterne-Niveau, mit Pool. DZ 70 $. El-Mashayia el-Sofleyah, ☏ 050-2213002, ✆ 2213000.
Marshal el-Mahatta, der ältere und einfachere Bruder des vorgenannten, Zimmer mit AC und Teppichböden, mit Konditorei und Coffeeshop. DZ 150 LE. Midan Umm Kulthum, ☏ 050-2233920.

Mendes

Südöstlich von Mansoura liegen die Trümmer des antiken Mendes, Kultort des Widdergottes Banebdjedet und unter der 29. Dynastie (399–380 v. Chr.) kurzzeitig Hauptstadt Ägyptens. Der in der Nähe aufgewachsene Mathematiker und Enzyklopädist Ahmad al-Qalqaschandi (1355–1418) sah den großen Widdertempel noch aufrecht bis zum Dach, heute sieht man nur noch einige Steinblöcke, Widder-Sarkophage und einen riesigen, aus einem einzigen Granitblock geformten Schein. Der Haupttempel und die älteren Ruinen stehen auf dem **Tell er-Rub'a**, dem nördlichen Hügel des Ruinenareals, während der Siedlungsschutt der neueren, in ptolemäisch-römischer Zeit bewohnten Stadt 1,5 km südlich den **Tell et-Timai** bildet. Der inzwischen verlandete Mendesische Nilarm verband Mendes mit der 13 km nördlich gelegenen Hafenstadt **Tell Tebilla**, die gerade von kanadischen Archäologen erforscht wird.

Tell er-Rub'a (30°49'30"N 31°13'20"O) und Tell et-Timai sind bei Timai el-Amdid, Tell Tebilla (31°03'26"N 31°34'53"O) bei der Kläranlage zwischen Tanah und Dikirnis. Alle drei sind nicht öffentlich zugänglich und für Laien uninteressant. Wer dennoch kommt, verbindet den Besuch mit San el-Hagar (→ S. 525).

Deir Sitt Dimyanah

Auf halber Strecke zwischen Mansoura und der Mittelmeerküste findet man am Rande der Salzmarschen eines der wenigen koptischen Frauenklöster. Der Konvent der hl. Dimyanah *(Deir Sitt Dimyanah)* ist eine Neugründung der 1970er-Jahre. Zwar gab es hier, so berichtet etwa der Chronist al-Maqrizi, bereits im Mittelalter ein Kloster, doch wurde der Kultort mit den Reliquien der Heiligen vor Ankunft der Nonnen nur noch von zwei Mönchen gehütet. Die Klosterbauten sind aus jüngerer Zeit, nur die bescheidene Epiphanias-Kirche mit ihren vier aneinandergereihten Kuppelräumen dürfte bereits aus dem 19. Jh. stammen. Die nach Regeln des Antoniusklosters (→ S. 617) lebenden Nonnen malen Ikonen und fertigen Stickereien mit religiösen Motiven. In der Hutmacherei entstehen Kappen und Hüte für koptische Kleriker. In der Woche vor dem 21. Mai, dem Namenstag der Dimyanah, sind Kloster und Dorf Schauplatz einer großen Mulid.

- *Anfahrt* Von Mansoura fährt man über Talcha nach Bilqas, nimmt dort für 10 km die Straße nach Gamasa und biegt dann links ab nach Dimyanah (31°17'40"N 31°23'23"O). Wer mit öffentlichen Verkehrsmitteln reist, nimmt ab Bilqas ein Taxi.
- *Lesen* Piternella van Doorn-Harder, *Contemporary Coptiv Nuns*, Columbia SC (Univ. of South Carolina Press) 1995. Mit entsprechenden Englischkenntnissen gut verständliches Buch, in Bibliotheken per Fernleihe erhältlich.

Sekem-Farm in Bilbeis

Eine leichte Brise verbreitet den Duft frischen Jasmins. Menschen fassen sich an den Händen und bilden einen Kreis. Einer um den anderen tritt vor und verkündet, was er heute vollenden möchte. Zum Abschluss sprechen alle gemeinsam ein Mantra, das die Güte des Herzens, das Licht der Wahrheit und die Liebe der Menschen beschwört. Dieses Ritual zelebrieren allmorgendlich keine New-Age-Kommunarden, sondern die Arbeitskollektive des Sekem-Konzerns. Kern des vor gut 30 Jahren gegründeten Unternehmens ist eine ökologisch wirtschaftende Farm am Wüstenrand bei Bilbeis, etwa 50 km nordöstlich vom Kairo. Sekem bietet seinen Beschäftigten und deren Familien auch Kindergarten, Schule, Lehrwerkstätten und eine Krankenstation. Daneben umfasst der Konzern eine Textilfabrik, Lebensmittelbetriebe, Naturkostläden, Pharmaunternehmen und eine Privatuniversität – sie alle sind vom anthroposophischen Weltbild des Firmengründers Ibrahim Abouleish geprägt, dem es auf wundersame Weise gelingt, eine Brücke von Rudolf Steiner zum Propheten Mohammed zu schlagen. Und nicht nur das: So unterschiedliche Kreise wie die Jury des alternativen Nobelpreises und die Veranstalter des Davoser Weltwirtschaftsforums zeichneten Sekem als beispielhaft aus. Kein Wunder, dass nicht nur Expertendelegationen dieses Lebensmodell kennenlernen wollen und es sogar Pauschalreisen von Deutschland auf die Sekem-Farm gibt (www.sekem-reisen.de). Auch wer auf eigene Faust kommt, ist nach Voranmeldung (Nihal.mofty@sekem.com) bei Sekem willkommen und kann im Gästehaus übernachten.

Mehr zur Sekem-Vision unter www.sekem.com und im Buch von Ibrahim Abouleish: *Die Sekem-Vision. Eine Begegnung von Orient und Okzident verändert Ägypten*, Stuttgart (Verlag Johannes M. Mayer).

Zaqaziq (Zagazig)

Die Universitätsstadt gefällt mit einem kleinen, doch feinen archäologischen Museum. Am Stadtrand warten die Ruinen des antiken Bubastis, Kultort der katzengestaltigen Göttin Bastet.

Die etwa 300.000 Einwohner zählende Hauptstadt der Provinz Scharqiya liegt etwa 90 Straßenkilometer nordöstlich von Kairo. Entstanden ist sie in den 1820ern aus einem Lager für zwangsverpflichtete Arbeiter, die im östlichen Delta Kanäle ausheben mussten. Berühmtester Zaqaziqaner ist der 1841 in einen nahen Dorf geborene Freiheitsheld Ahmet Orabi. Ausländer werden in Zaqaziq selten gesehen und deshalb freudig begrüßt. Wenn Sie wissen wollen, was ein Sandwich oder eine Fahrt im Minibus wirklich kostet: In Zaqaziq wird Ihnen nicht mehr abverlangt als den Einheimischen. Die geben sich Mühe, ihre Stadt in einem guten Licht erscheinen zu lassen, und bei einem Spaziergang entlang dem El-Mu'izz-Kanal kann sich Zaqaziq im Spätnachmittagslicht durchaus sehen lassen.

• *Anfahrt* Von Kairo frühmorgens für 10 LE mit dem Zug (1¼ Std.). Von Bahnhof für 5 LE mit dem Taxi weiter zum Museum oder nach Bubastis. Letzte Rückfahrt abends 20 Uhr.

• *Übernachten* Marina Hotel – das einzige akzeptable Hotel der Stadt. Zimmer mit Balkon, AC, Kühlschrank und TV. Restaurant im Haus. DZ 120 LE. 58 Sh Gamal Abdel Nasser, ✆ 055-2313934, ✆ 2260336.

Universitätsmuseum: Das unter Mitarbeit der Studierenden entstandene Museum umfasst etwa 2000 Exponate, von denen die meisten aus eigenen Grabungen in Bubastis stammen. Im Eingangsbereich liefern fünf arabisch und englisch beschriftete Infobanner den Kontext und stellen die Highlights der Ausstellung vor. Viele gehören zum sog. „dritten Schatz von Bubastis", einem Hortfund mit Schmuck und Amuletten (Schatz 1 und 2 befinden sich im Ägyptischen Museum Kairo).

Die ältesten Objekte der ansprechend präsentierten Sammlung stammen aus einer Nekropole (0./1. Dynastie) beim Dorf Kufur Nigm: ein kistenförmiger, überraschend kleiner Sarg aus gebranntem Ton, Teller aus Grauwacke, ein Keramikkrug mit dem eingeritzten Namen des Königs Narmer, Schminkpaletten und kleine Gefäße. Die Funde aus Bubastis werden im zweiten Raum gezeigt. Aus den Mastabas der Alten Reiches stammen allerlei beschriftete Grabstelen, hübsche Amulette und Ketten mit Halbedelsteinen, Gold und Keramik. Ein Schwerpunkt der Ausstellung sind Tonsärge mit individuellen Gesichtszügen nach Art einer Totenmaske. In die Spätzeit gehört die anmutige Katzenstatue aus Bronze, und last not least gefiel uns ein feines, aus Glas gearbeitetes Haupt des Serapis.

• *Öffnungszeiten* So–Do 9–13.30 Uhr nach Voranmeldung (Kurator Aschraf, ✆ 055-2362635, spricht Deutsch), Eintritt frei. Infos unter www.project-min.de.

Bubastis (Tell Basta): Das etwa 800 x 500 Meter große Grabungsareal befindet sich am südöstlichen Stadtrand von Zaqaziq. Per-Bastet, wie der Ort nach der hier verehrten Katzengöttin Bastet hieß, florierte vom Alten Reich bis in die römische Zeit, also über den erstaunlich langen Zeitraum vom mehr als dreitausend Jahren. Die aus Libyen stammenden Herrscher der 22. Dynastie wählten Bubastis zu ihrer Hauptstadt und errichteten Tempel zu Ehren Amuns, Bastets und ihres Sohns Myhos.

Blickfang des Geländes ist eine gegenüber dem Eingang aufgerichtete Großstatue der Ramses-Tochter Meritamun. Der neben ihr eingerichtete *Skulpturenpark* versammelt Großstatuen aus Bubastis, Tanis und Athribis: etwa Ramses II. aus Rosengranit im Doppelpack mit Gott Ptah, oder eine aus Kalkstein gefertigte Sphinx des Pharaos Amenemhet I. Der einst prächtige, von Herodot gepriesene *Bastet-Tempel* (im Südosten des Areals) ist nur noch ein Trümmerfeld mit verstreuten Säulen,

Kapitellen, Architraven und Steinblöcken. Zu sehen sind auch die Fundamente einer *Palastanlage* aus dem Mittleren Reich und, auf der anderen Straßenseite, vom Gestrüpp überwucherte Lehmziegelfundamente aus der 6. Dynastie. Ein *Museum* wird gerade eingerichtet, dort wird man auch die Exponate aus dem geschlossenen Provinzmuseum in Hreyya Razna sehen können.

Tägl. 9–17 Uhr. Eintritt 15/10 LE. An der Umgebungsstraße (Sh. el-Schohada).

Tanis (San el-Haggar)

Auf einem sandigen und staubigen Hügel am Rand des Städtchens San el-Hagar finden sich die imposantesten Ruinen des Nildeltas.

Schwer vorzustellen, dass Ägyptens Hauptstadt der 21. und 22. Dynastie (ca. 1040–789 v. Chr.), die uns hier Gräber, Heiligtümer und Reste von Häusern hinterlassen hat, ein Hafenort war, angelegt an der Mündung eines längst verlandeten Nilarms in den damals viel größeren Mansala-See. Als Hauptgötter wurden hier Amun, Gemahlin Mut und Sohn Chonsu verehrt, also die thebanische Götterfamilie, dazu Horus und die syrische Kriegsgöttin Astarte. Als der Hafen in römischer Zeit verlandete, wurde Tanis aufgegeben.

Viele Steinblöcke tragen die übergroßen, tief eingemeißelten Namenszüge Ramses II., über 100 gigantische Statuen des großen Pharaos wurden hier gefunden. So glaubte der französische Ägyptologe Pierre Montet, der in den 1920er-Jahren Tanis erforschte, hier die verschollene Ramses-Stadt *Pi-Ramesse* entdeckt zu haben. Inzwischen weiß man es besser. Die Gräber, Heiligtümer und Fundamente von Häusern stammen allesamt aus späterer Zeit. Die Megacity Pi-Ramesse lag 20 km weiter südlich unter dem heutigen Dorf Qantir und diente den Bauherren von Tanis als Steinbruch, aus dem sie Quader, Säulen und Statuen für ihre neue Stadt

Die monumentale Visitenkarte von Ramses II.

heranschleppten. Dass die Erbauer der Ramsesstadt ihrerseits schon viele Stätten des Deltas geplündert hatten, macht das archäologische Puzzle nicht einfacher. Und für manches Stück war Tanis nur eine Etappenstation: Zwei Sphingen aus Rosengranit schafften es bis in den Louvre, andere Statuen kamen nach St. Petersburg, und der Pharao im Ehrenhof des Berliner Pergamonmuseums stammt auch aus Tanis.

Ein *Ziegelwall* grenzt den 430 x 370 m messenden heiligen Bezirk von der profanen Welt ab. Innerhalb der Umfriedung umschließt eine zweite Mauer die Reste des unter Pharao Psusennes I. (reg. 1039–991 v. Chr.) gebauten Amuntempels und die von den Archäologen unversehrt gefundenen Königsgräber. Beide Mauern treffen sich an der Westseite im *Tor von Scheschonq III.*, auf dessen Innenseite man noch zwei brunnenartige *Nilometer* erkennt.

Königsgräber: In dem teilweise mit Granit ausgekleideten *Grab Nr. 3* wurden Psusennes und in Nebenkammern auch Gemahlin Mutnedjmet, Prinz Anchefenmut und der General und Oberpriester Wendjebaendjed beigesetzt, nachträglich kamen noch Psusennes' Sohn und Nachfolger Amenemope (reg. 993–984 v. Chr.) und Pharao Hekacheper-Re Scheschonq II. hinzu. Der äußere Sarkophag des Psusennes war aus Rosengranit und stammte aus dem Grab des Merenptah im Tal der Könige. Der im Obergeschoss (Raum 2) des Ägyptischen Museums Kairo ausgestellte Grabschatz mit seinen Kultgefäßen, dem herrlichen Schmuck und der goldenen Gesichtsmaske des Pharaos kann sich durchaus mit den Objekten aus dem Tutenchamun-Grab messen. *Grab Nr. 1* (von Osorkon II.) ist mit feinen Reliefs im Stil der thebanischen Königsgräber geschmückt. Etwas abseits liegt die Grabstätte von Scheschonq III. (Nr. 5), zwei weitere Gräber blieben unfertig zurück.

Ramses II., ein echtes Mannsbild

Tempel: Tanis' Haupttempel war dem Amun geweiht, heute ist er ein Trümmerfeld aus Steinblöcken, Architraven, Stelen und zerbrochenen Kolossen. An der Nordseite erkennt man noch den Heiligen See. Noch stärker zerstört ist der unter Osorkon II. aus schwarzem Granit erbaute Osttempel. Auf der Südseite, doch noch innerhalb des Ziegelwalls, befinden sich die Reste eines Horustempels der 30. Dynastie; Astarte wurde außerhalb der Mauern verehrt.

Tägl. 9–17 Uhr. Eintritt 16/8 LE. San el-Hagar liegt an der Straße Nr. 48 zwischen Ismailia und Damietta. Am besten kommen Sie von Zaqaziq mit dem Taxi oder eigenen Wagen (80 km).

Suezkanal – Zankapfel der Großmächte

Die Landenge von Suez schlägt eine 110 km breite Brücke von der Wüstenhalbinsel Sinai zum Nildelta, von Asien zu Afrika. In der Mitte senkt sie sich bis unter den Meeresspiegel und bildet Salzpfannen, Tümpel und natürliche Seen, die den Kanalbauern die Arbeit erleichterten. Der Suezkanal durchsticht diese Landenge und verbindet das Mittelmeer mit dem Roten Meer, Europa mit der östlichen Hemisphäre.

Nervenzentrum dieser Schlagader der Weltwirtschaft ist ein Hochhaus am Timsah-See bei Ismailia. Im Kontrollzentrum unter dem Dach geht es ähnlich zu wie auf einem Flughafen. Bildschirme zeigen alle Schiffsbewegungen an, per Funk ist man in ständiger Verbindung mit den elf Signalposten längs der Strecke, den Stationen an den Kanaleingängen und den Schiffen. Jedes der 40–50 Schiffe, die täglich zwischen Suez und Port Said oder umgekehrt unterwegs sind, muss einen Lotsen an Bord nehmen. Nur auf 68 von 162 km können die dicken Pötte im Gegenverkehr einander passieren, der Rest ist Einbahnstraße – deshalb wird in Konvois gefahren. Der Transit dauert 11 bis 16 Stunden.

Was eine Reederei an Zeit und Treibstoff spart, wenn sie ihr Schiff durch den Kanal schickt, hängt von der Strecke ab. Im Extremfall eines Transports von Piräus nach Jeddah wäre die Route um das Kap der Guten Hoffnung um 10.000 Seemeilen länger. Ein Frachter auf dem Weg von New York nach Singapur spart bei der Fahrt durch den Kanal hingegen nur 2260 Meilen. Die Kanalgesellschaft ist deshalb zu einer flexiblen Preispolitik übergegangen und räumt großzügige Rabatte ein. „Der Suezkanal war bisher immer der billigste Seeweg zwischen den beiden Hemisphären, und dabei soll es auch bleiben", erklärt Ezzat Adel, der frühere Chef der Kanalgesellschaft. Man kann das auch so verstehen, dass die Reeder bis an die Grenze dessen geschröpft werden, was den Weg über Suez gerade noch attraktiv macht. Mit einem Gewinn von jährlich knapp 64 Mrd. US-Dollar ist der Welt längster Kanal ohne Schleusen ein wichtiger Einnahmeposten für den ägyptischen Staatshaushalt.

Seine Bedeutung für den Öltransport hat der Kanal jedoch verloren. Nur noch 20 % der Einnahmen stammen von Tankern. Der Rohstoff fließt stattdessen durch die SUMED-Pipeline von 'Ain Suchna (Suez) nach Alexandria oder umrundet in Supertankern das Kap der Guten Hoffnung. Bisher können nur Tanker bis 240.000 BRT den Kanal beladen passieren. Demnächst soll die Wasserrinne weiter vertieft und verbreitert werden, um noch größere Pötte aufnehmen zu können.

Geschichte

Die ersten künstlichen Wasserrinnen am Isthmus verbanden das Rote Meer mit dem östlichsten, dem pelusischen Nilarm. Die napoleonische Expedition fand im Wadi Tumilat Böschungsquader eines 45 m breiten und 5 m tiefen Kanals aus dem Mittleren Reich. Wenn Ägypten prosperierte und mit dem Sinai und seinem Hinterland vereint war, florierte der Verkehr auf dieser Wasserstraße. War der Osten in Feindeshand und Ägypten nur mit sich selbst beschäftigt, versandete und verfiel der Transportweg. Schon Herodot war sich dieser Wechselbäder bewusst: „Mitten in den Arbeiten ließ Necho (reg. 610–595 v. Chr.) aufhören, weil ein Orakelspruch ihm abriet; was er baue, sei zum Vorteil der Barbaren."

Drei Generationen später waren die Barbaren in Ägypten und bauten den Kanal selbst. „Ich, Persiens Großkönig, habe Ägypten erobert und befohlen, diesen Kanal

Nildelta und Suezkanal

Port Said – Blick über den Suezkanal zum asiatischen Stadtteil Port Fuad

zu graben von dem Fluss, der Nil genannt wird und der in Ägypten fließt, bis an das Meer, das nach Persien führt", ließ sich Darius von ägyptischen Schreibern in den längs des Kanalbettes aufgestellten Stelen verewigen. Auch die arabischen Eroberer bedienten sich des Kanals. Feldherr 'Amr Ibn al-'As schickte auf diesem Weg ägyptisches Getreide nach Medina. Hundert Jahre nach ihm wurde die Wasserstraße aus strategischen Gründen zerstört und bald vergessen.

Drei Kriege: Von Nutzen war der Kanal nur den europäischen Mächten. Das Land am Nil trieb er nicht nur in den Staatsbankrott, sondern, wie Mehmet Ali es vorausgeahnt hatte, unter die Kontrolle der Engländer, die zeitweise allein in der Kanalzone bis zu 80.000 Soldaten stationiert hatten. Durch den Kanal wurde Ägypten zur Kolonie, und als ihr letztes Pfand hielten die Engländer ihn bis 1956. Nassers Enteignung beantworteten England und Frankreich mit Luftangriffen und Landeoperationen, bis sie von den USA und der Sowjetunion zurückgepfiffen wurden. Zum letzten Mal hatten die alten europäischen Großmächte ihre Kanonenboot-Politik zu praktizieren versucht.

Doch die Freude der Ägypter, dass der Kanal jetzt endlich ihnen gehörte, währte nur zehn Jahre. Mit der demütigenden Niederlage im Junikrieg 1967 war die am Kanal gewonnene Ehre der Nation wieder verloren. Der israelische Feind grub sich am Ostufer in der Bar-Lev-Stellung ein, die Wasserstraße blieb blockiert, und die sporadischen Artillerie-Duelle im folgenden „Abnutzungskrieg" machten die Kanalstädte Port Said, Ismailia und Suez zu unbewohnbarem Kampfgebiet.

Während Israel den Yom Kippur des Jahres 1973 feierte, griffen die Ägypter an. Seither ist der 6. Oktober für das Nilland der „Siegestag". Plätze und Straßen sind nach diesem Datum benannt, ja, eine ganze Stadt heißt so. Militärisch ging das Ringen nach ägyptischen Anfangserfolgen unentschieden aus – am Verhandlungstisch und mit amerikanischer Hilfe gewannen die Ägypter den Sinai zurück.

Vom Kanal zum Staatsbankrott

Es waren Gelehrte und Mächtige in Europa, die seit dem 18. Jh. überlegten und planten, wie der Seeweg nach Indien um Wochen zu verkürzen wäre. Leibniz beschäftigte sich in einer Denkschrift für den Franzosenkönig Ludwig XIV. mit dem Kanal durch den Isthmus von Suez. Napoleon träumte davon, den Engländern auf diesem Weg in die indische Flanke zu fallen, und die Napoleonische Expedition hatte die Ausschachtung des Suezkanals bereits angedacht. Nach den Messungen des Ingenieurs Lepère ließ man von diesem Vorhaben jedoch schnell ab: Fälschlich nahm Lepère an, der Wasserspiegel des Roten Meeres läge 10 m über dem Niveau des Mittelmeers. Unter diesen Umständen hätte ein Durchstich schließlich Venedig und Marseille geflutet, was den Franzosen die Sache dann doch nicht wert war.

Wohl wissend, dass er nicht mehr Herr sein würde in Ägypten, wenn vitale Interessen des Auslands mit der Passage vom Mittelmeer zum Roten Meer verknüpft sein würden, hatte Mohammed Ali später den Kanalbau hartnäckig verweigert. Auf dem Weg von England nach Indien mussten die Passagiere zunächst in Alexandria landen und reisten dann in der Postkutsche nach Suez, um sich dort erneut einzuschiffen.

1851 gewährte Vizekönig Abbas dem englischen Eisenbahnunternehmer James Stevenson die Konzession für eine Schienenverbindung Alexandria-Kairo-Suez. Im April 1859 konnte Ferdinand de Lesseps' *Compagnie Universelle du Canal Maritime de Suez* schließlich mit den Arbeiten am Kanal beginnen, die Ägypten in den Staatsbankrott treiben sollte. Für gut ein Viertel des Gründungskapitals der Kanalgesellschaft hatte Lesseps in Europa keine Investoren gefunden. Diese Aktien überschrieb er, ohne groß zu fragen, dem ägyptischen Staat. 60.000 Fellachen wurden von ihren Feldern geholt und zur Fronarbeit gezwungen.

Am 17. November 1869 wurde die Wasserstraße mit viel Pomp eingeweiht. Auf 30 Schiffen dampften Diplomaten und gekrönte Häupter mit Kaiserin Eugénie an der Spitze in drei Tagen von Port Said nach Suez. Zur standesgemäßen Unterhaltung hatte man ihnen in Kairo gleich noch ein Opernhaus gebaut. Weil die Kanalbauer schneller waren als Verdi mit dem Komponieren der *Aida*, die der Vizekönig zur Jubelfeier bestellt hatte, mussten die Majestäten sich mit *Rigoletto* begnügen, immerhin vom Maestro persönlich dirigiert.

Alles in allem verschuldeten sich der Staatshaushalt bzw. die davon nicht zu trennende Privatschatulle der Dynastie für die Wasserstraße mit 16 Millionen Pfund (umgerechnet 217 Millionen Euro). Dazu kamen, so jedenfalls die Rechnung des britischen Konsuls Lord Cromer, zwischen 1866 und 1879 100 Millionen Pfund (1,3 Milliarden Euro) Nettoneuverschuldung zu anderen Zwecken. Unter den Geldgebern finden sich, von Oppenheim bis zur Bank von Sachsen-Meiningen, die großen und kleinen Namen des damaligen Bankgewerbes. 1877 standen Staatseinnahmen von 9,5 Mill. Pfund (128 Mill. Euro) Ausgaben von 7,5 Mill. Pfund nur für Zins und Tilgung der Anleihen gegenüber. Auch die Abtretung der Kanalaktien an die englische Regierung brachte kaum Erleichterung. England und Frankreich zwangen den Khediven Ismail, zwei europäische „Schuldenkommissare" in die Regierung zu nehmen, ohne deren Zustimmung der ägyptische Staat keinen Piaster ausgeben durfte. Als der Khedive sich dieser Finanzkuratel widersetzte, erwirkten die Großmächte beim Sultan seine Entlassung – ohnehin hatte Ismail in Europa keine gute Presse und galt als Verschwender, der aus der Staatskasse Feste feiere und seinen Harem aushalte.

An der Corniche von Port Said

Port Said (Bur Sa'id)

Die vom Mittelmeer, dem Suezkanal und einer Brackwasserlagune umschlossene Bade- und Handelsstadt (ca. 600.000 Einw.) bietet noch ganze Straßenzüge in der Kolonialarchitektur um 1900. Verblichene Schilder erinnern an vergangene Seefahrerromantik.

Von der Kolonialzeit sind im Stadtbild noch viele Spuren auszumachen: Port Fuad, der Ortsteil am Ostufer des Kanals, wurde 1926 als Wohnquartier für die Angestellten der Kanalgesellschaft angelegt und hat sich seither kaum verändert. Auf dem Westufer schafft die Kolonialarchitektur mit rechtwinkligen Straßenzügen, Arkaden und Holzbalkonen eine für Ägypten völlig untypische Atmosphäre, wie man sie eher aus den indischen Kolonialvierteln kennt. Auf verblichenen Schildern preisen Schiffsagenten ihre Dienste in Griechisch, Englisch und Französisch an. Hier kann man „Lloyd's Register" den Verlust eines Schiffes melden, dort seinem Konsul das Verschwinden des Passes. Beim Justizpalast führen die Dominikanerinnen noch immer das Hsopital Délivrande, Franziskanerschwestern betreiben in der Gumhuriya-Straße eine französische Schule.

Heute sind die Kais von Port Said unterbelegt. Da der Kanal hier in beiden Richtungen befahren werden kann und Zeit für die Reedereien bares Geld geworden ist, legen nur noch wenige Schiffe im Hafen an. Im Junikrieg wurden große Teile der Stadt zerstört, die Schließung der Wasserstraße ruinierte die Händler. Als Ausgleich für diese Schäden und zur Wiederbelebung der Wirtschaft bekam Port Said 1975 erneut den Status einer Freizone: Gegenüber dem Ausland gibt es keine Zölle, Import und Export sind ebenso steuerfrei wie jedes Gewerbe im Stadtgebiet. Damit hoffte man, ausländische Konzerne zum Bau von Fabriken bewegen zu können, deren Produkte dann wieder – duty free – ins Ausland verschifft werden könnten.

Gekommen ist es anders. Die Stadt wurde zu einem riesigen Supermarkt mit ausländischen Konsumgütern, die von Verbrauchern aus dem Delta und Kairo bei Einkaufsfahrten erworben und ins ägyptische Zollgebiet mitgenommen werden. Für fast jeden Geschmack und Geldbeutel gab es lukrative Angebote: Neben den Waren für den kleinen Mann, etwa die Unterwäsche aus Taiwan, fand die Hausfrau aus der Mittelschicht günstigen Kaffee (echt Jacobs) oder Ananaskonserven. Doch zum Leid der Händler wird die Zollbefreiung Schritt für Schritt abgebaut und läuft 2012 aus.

Geschichte: Port Said, die Ägypter nennen es Bur Sa'id, entstand mit dem Suezkanal und war zunächst nur ein Camp für die beim Bau beschäftigten Arbeiter. Als die ersten Schiffe kamen und hier an der Einfahrt zum Kanal auf die Freigabe der Passage warteten, ließen sich Händler, Schiffsagenten, Schankwirte und Prostituierte am neuen Hafen nieder. „Verderbtheit gibt es in vielen Teilen der Welt, Sünde überall, aber die konzentrierte Essenz aller Laster und Sünden findet sich in Port Said", notierte Rudyard Kipling 1899 in *The Light that Failed* und beschrieb ausführlich die Spieltische, Salons und Tanzlokale. „In Port Said ist alles käuflich." Auch Aldous Huxley ließ sich über die englisch-französische Kolonialstadt unter dem Regime der Kanalgesellschaft aus: „Sie sprechen alle Sprachen und nehmen jede Währung. Doch im Gegenzug rauben sie aus, und die Gabe ihrer Zungen benutzen sie nur für Betrügereien."

Anfahrt

• *Bus* Der Busbahnhof liegt etwa 3 km außerhalb des Zentrums an der Straße nach Kairo. **Superjet** (℡ 3721779) fährt mehrmals täglich nach Kairo und um 16.30 Uhr nach Alexandria. **East Delta Bus** (℡ 3729883) fährt von 6–22 Uhr stündlich nach Kairo (3 Std.) und bis 19 Uhr stündlich nach Ismailia (1½ Std.). Weitere Busse gehen nach Alexandria (7, 11, 15.30, 19 Uhr, 3–4 Std.), Suez, ins Delta und nach Luxor via Hurghada.

• *Sammeltaxi* Der Terminal befindet sich neben der Busstation. Ab dem Spätnachmittag suchen die Chauffeure auch vor dem Bahnhof nach Kunden.

• *Bahn* Die täglich 10 Züge nach Ismailia, 5 davon weiter nach Kairo (4 Std.), sind der langsamste und billigste Weg, die Stadt zu verlassen. Immerhin hat man – bis Ismailia immer auf einem Damm am Kanal entlang – eine gute Aussicht.

• *Schiff* Das ganze Jahr über wird Port Said von Kreuzfahrtschiffen aus Zypern angesteuert, auf denen auch einfache Passagen gebucht und sogar Autos transportiert werden können. Auskunft bei **Nasco Tours**, 28 Sh. Filistin, neben der Touristinformation, ℡ 3329500, www.nascotours.com.

• *Innerstädtisch* Eine für Fußgänger kostenlose Fähre setzt über den Kanal zum Stadtteil Port Fuad über. Zu Land gibt es außer den üblichen Taxis auch gemütliche Pferdekutschen (hantour), die für 10 LE/Std. angeheuert werden können. Für ein Taxi innerorts muss man mit 3–5 LE rechnen.

> Vergessen Sie bei einem Ausflug in die Freihandelszone Port Said nicht Ihren Pass. An den Ausfahrten der Stadt kontrolliert die Polizei den Ausweis und der Zoll das Gepäck.

Verschiedenes

Telefonvorwahl: 066

• *Information* 43 Sh. Palestine, ℡ 3235289, Sa–Do 9–13.30, im Sommer auch 15–20 Uhr. Erhältlich sind Stadtplan mit Hotelverzeichnis und eine Info-Broschüre über die Stadt. Für ägyptische Maßstäbe ein nicht nur freundliches, sondern auch informatives Büro. Eine Filiale befindet sich im Bahnhof.

532 Nildelta und Suezkanal

- *Notfall* Als bestes **Krankenhaus** gilt das El-Soliman-Hospital beim Stadion, ✆ 3220 220; **Touristenpolizei**, Sh. Palestine, ✆ 322 8570.
- *Passbüro* Im Governorate an der Corniche, 4. Stock links, Sa–Do 8–14 Uhr.
- *Post* Die Hauptpost befindet sich in der Sh. el-Gumhuriya auf Höhe des Ferial Garden, offen Sa–Do 8–17 Uhr.
- *Lesen* Sylvia Modelski, *Port Said Revisited*, Washington DC (Faros Two Thousand Publ.) 2000. Die Autorin lässt anlässlich eines Besuchs im Port Said unserer Tage ihre Kindheit und die Stadt in den 1930ern Revue passieren.
- *Musik* Port Said ist die Heimat des angesehenen Musikensembles **Tanboura**, dessen Stil sich an die lokale Volksmusik anlehnt. Wenn die Gruppe nicht gerade auf Tournee in Europa oder sonst wo ist, kann man sie ab und an auch in Port Said hören. Schauen Sie auf der Website (www.eltanbura.com) oder fragen Sie bei der Touristinformation.

Übernachten

Am ägyptischen Wochenende (Do/Fr) empfiehlt es sich auch in den einfachen Hotels, das Zimmer vorab zu reservieren.

Helnan (1), das Haus verdankt seine Spitzenstellung vor allem der Top-Lage direkt am Mittelmeer – nur die neue Promenade trennt das Hotelgrundstück vom Strand. Die Zimmer sind weitgehend in Reihenbungalows untergebracht, großzügige Freiflächen umgeben den Pool. DZ ab 150 €. New Corniche, Ecke Sh. el-Gumhuriya, ✆ 066-3320890, ✆ 3323762, www. helnan.com.

Resta (5), der Konkurrent des Helnan kann mit etwas komfortableren Räumlichkeiten aufwarten. Der Blick vom Zimmer über die Kanaleinfahrt ist den dafür geforderten Aufschlag wert. DZ ab 130 €. Nordende Sh. Palestine, ✆ 066-3325511, ✆ 3324825, www. restaresorts.com.

Holiday (10), wegen der ruhigeren Lage in seiner Preisklasse die bessere Alternative gegenüber dem Panorama. DZ 30–40 €. 23 Sh. el-Gumhuriya, ✆ 066-3220711, ✆ 3220710.

Panorama (7), ansprechende Zimmer mit Klimaanlage und TV in einem Hochhaus, doch wegen der Lage schräg gegenüber einer Moschee nichts für lärmempfindliche Ohren. DZ 35 €. Nordende Sh. el-Gumhuriya, ✆ 3325101, ✆ 3325103.

De la Poste (11), ein älteres, einfaches, doch leidlich gepflegtes Haus mit hohen Räumen, knarrenden Dielen und dem Charme der Kolonialzeit. Die Zimmer teilw. mit eigenem Bad, TV und Kühlschrank. Frühstücken kann man im zugehörigen Café. DZ ohne Frühstück 100 LE. 42 Sh. el-Gumhuriya, ✆ 3224048.

Jugendherberge (4), die Schlafsäle mit 20 Betten sind vor allem mit einheimischen Schulklassen und Studentengruppen belegt. Sauber, doch wenig ansprechend und ziemlich abseits gelegen. Bett im Schlafsaal 25 LE. Sh. Mohamed Sarhan Ecke 23. July, beim Stadion, ✆ 3228702.

Übernachten
1 Helnan
4 Jugendherberge
5 Resta-Hotel
7 Panorama-Hotel
10 Holiday-Hotel
11 Hotel De la Poste

Essen & Trinken
2 El-Borg
3 Abou Essam
6 Maxim
8 Pizza Pino
9 Canal Cruise Restaurant
12 Popeye
13 Cecil Bar / Reana Chinese Restaurant

Essen & Trinken

In Port Said isst man, wen wundert's in einer Stadt mitten im Wasser, vor allem Fisch und Meeresfrüchte zu durchaus moderaten Preisen.

Abou Essam (3), Corniche. Mit seiner Aluminiumfassade und der Softdrink-Maschine am Eingang könnte man Abou Essam auf den ersten Blick für einen Imbissstand halten, doch hinter dem schäbigen Eingang zeigt sich das Fischlokal angenehm klimatisiert, die Kellner sind mit Krawatte, die Tische mit Blumen und die Wände mit maritimen Motiven samt einem Plastikhummer geschmückt. Empfohlen sei als Starter die „Mediterranean Soup", eine Fischsuppe, die mit ihrer reichlichen Gemüseeinlage eher einem Eintopf gleicht, und als Hauptgang etwa Barbouni, nach Wahl gegrillt oder gebraten. Für ein Menü für 2 Pers. rechne man rund 120 LE.

El-Borg (2), Corniche. Ein weiteres renommiertes Seafoodlokal, mit einer Filiale ist es auch in Kairo präsent. Ganz frischer Fisch, gegrillt auch in Selbstbedienung. Doch lassen Sie sich besser die im eigenen Saft sanft geschmorte Meeräsche *(burri)* bringen, ein hier perfekt zubereitetes Nationalgericht der ägyptischen Mittelmeerküste. Gerichte 20–70 LE, offen bis weit nach Mitternacht. ✆ 3323442.

Suezkanal
Karte S. 512

534 Nildelta und Suezkanal

Häuser der Kolonialzeit in Port Said

Canal Cruise Restaurant (9), sticht im Sommer täglich um 10, 17 und 19 Uhr vom Hafen (Gate 1) am Ostende der Corniche in See. Die 90-minütige Rundfahrt kostet mit Drink 100 LE, mit Menü 150 LE. ✆ 3345222, www.canalcruiseportsaid.com.

Maxim (6), im Shopping Center hinter dem Nationalmuseum; hinter schäbiger Fassade verbirgt sich gediegenes Ambiente mit Blick auf den Kanal, Seafood-Menü für 2 Pers. ab 120 LE. ✆ 3234335.

Pizza Pino (8), Sh. el-Gumhuriya Ecke 23. July. Unten eine Cafeteria (mit vorzüglichem Speiseeis und Cappuccino), oben das Restaurant in den italienischen Nationalfarben Grün-Weiß-Rot. Etwas störend ist das lautstarke TV-Programm. Italienische Küche mit Pizza, Pasta, Fleisch und natürlich Fisch. Hauptgericht um 40 LE.

Popeye (12), Sh. el-Gumhuriya, Ecke Safiya Zaghloul. Eine preiswerte und ansprechende Cafébar mit Restaurant, das z. B. Schwarma, gegrillte Fleischgerichte, Hühner und Fisch sowie allerlei Vorspeisen anbietet. Spinat gibt es leider nicht. Einige Tische stehen im Freien.

Suez Canal Authority Club, Port Fuad, gleich links neben der Fähre. Ein schöner Platz, um den Schiffen zuzuschauen. Geringer Eintritt, mittags einfache Tagesgerichte für 20–30 LE.

Cecil Bar (13), Sh. el-Gumhuriya, im Haus des Reana Chinese Restaurant. Die Bar hat bis spät in den Abend geöffnet, im Sommer kann man draußen direkt an der Straße sitzen und dem Treiben zuschauen.

Sehenswertes

Die Straßen el-Gumhuriya und en-Nada sind die wichtigsten Einkaufsmeilen der Stadt. Flaniert wird außerdem auf den neu angelegten Promenaden entlang dem Kanal und der Mittelmeerküste mit ihren öffentlichen Strandbädern, wo sich die ägyptischen Tagesausflügler in der warmen Jahreszeit am Schattenbad erfreuen. Der Kontrast zu den Ausländerstränden am Roten Meer ist nicht nur bei der Kleidung auffällig.

Nationalmuseum: Das Museum zeigt archäologische Funde aus der Region, die von der Steinzeit über die Pharaonen bis in die islamische Periode reichen. Zweiter Schwerpunkt ist die Ausstellung zur Stadtgeschichte. Besonders gefallen haben uns ein koptischer Umhang mit eingewebten Medaillons der Apostel, die Kutsche des Khediven Ismail und die ptolemäischen Totenmasken. Am Eingang werden ein ausführlicher Museumsführer, Bücher zum Thema und Repliken der Kunstschätze verkauft.
Sa–Do 9–16, Fr 9–12/14–16 Uhr. Eintritt 12/6 LE. Am Nordende der Sh. Palestine.

Militärmuseum: Die Ausstellung umspannt mit Schautafeln, Diashows, martialischen Gemälden und ebensolchen Exponaten Kriege von den Pharaonen bis in unsere Tage. Schwerpunkt sind die letzten drei militärischen Auseinandersetzungen zwischen Israel und Ägypten, aus denen Panzer, Bomben und anderes Kriegsgerät zu sehen sind
Sh. 23. July, Sa–Do 9–17 Uhr, Fr 9–12, 14–16 Uhr. Eintritt 5 LE.

Lesseps-Statue: Die Kolossalstatue von Ferdinand de Lesseps, 1956 als ein Symbol des Kolonialismus mit Dynamit vom Sockel gestoßen, gehört zu jenen seltsamen Denkmälern, die gerade dadurch, dass sie nicht da sind, die Erinnerung wach halten. Selbst der örtliche Fremdenverkehrsprospekt empfiehlt den leeren Sockel des Denkmals am Nordende der Sh. Palestine als besonders sehenswert. Doch wo ist de Lesseps? Die Statue überstand bruchstückhaft den Denkmalsturz, wurde auf Kosten des französischen Staats zusammengesetzt und aufpoliert – und ruht nun in irgendeinem Magazin. Der Aufstellung an alter Stelle widersetzten sich die ganze Stadt und viele ägyptische Meinungsführer. Angesichts der massiven Proteste wurde de Lesseps zur Chefsache, und der Präsident nahm weise davon Abstand, dem Volk mit einer Wiedererrichtung drastisch vor Augen zu führen, dass Nassers Revolution und seine Verstaatlichungen nur eine Episode waren. Irgendwann soll die Statue an einen neuen Platz kommen, und dieser Platz wird nun seit einigen Jahren in aller Ruhe gesucht.

Beinahe wäre in Port Said nicht de Lesseps, sondern die New Yorker Freiheits-Statue zu sprengen gewesen – angesichts ihrer stolzen 46 m sicher kein leichtes Unterfangen. Der französische Bildhauer Frederic Auguste Bartholdi hatte sich von den Kolossalstatuen des Ramses in Abu Simbel zu seinem Werk inspirieren lassen. Als Symbol des Fortschritts machte er die Dame mit der Fackel, oder genauer ein Modell derselben, dem Khediven schmackhaft. Doch als es dann an die Ausführung gehen sollte, war Ägypten bereits pleite und seine Staatskasse unter der Kuratel der europäischen Mächte. Auf Kosten Frankreichs konnte Bartholdi seine in Kupfer getriebene Freiheitsgöttin dennoch bauen – als Staatsgeschenk wurde sie 1886 in die USA verschifft.

Gebäude der Kanalverwaltung: Da das leere Podest der Lesseps-Statue auf einem Foto nichts hergibt, erkoren die Postkartenhersteller das 1869 errichtete Gebäude der Kanalverwaltung zum neuen Wahrzeichen der Stadt. Direkt an der Wasserfront ist es mit seiner grünen Kuppel und dem maurischen Baustil ein schöner Blickfang. Besichtigen kann man es nicht.

> ### Kahnpartie auf dem Suezkanal
> Mancher mag davon träumen, die Passage durch den Kanal einmal von Deck eines Schiffs zu erleben. Bislang werden solche Touren zwischen Port Said nach Suez von den Reisebüros nicht angeboten. Aus Sicherheitsgründen dürfen auf dem Kanal auch keine Ausflugsboote verkehren. So bleibt nur die kurze „Kreuzfahrt" mit einer Kanalfähre, zum Beispiel von Port Said nach Port Fuad, oder die Tour mit dem Port Saider Restaurantschiff.

Italienisches Konsulat: Eine weitere Preziose unter den Bauten von Port Said wird dagegen kaum beachtet. Im späten Art déco des italienischen Faschismus steht an der Ecke Sh. 23. July/Sh. Palestine hinter einem Park das italienische Konsulat – eine Rosine für Freunde klassisch-moderner Architektur. Auch die Inschrift hat überdauert. „Rom – wieder das Herz eines Imperiums." Lang ist's her ...

Mansala-See

Was von der Nehrung zwischen Port Said und Damietta aus als einladendes Gestade im Sonnenlicht glitzert, wird, je weiter man mit dem Boot nach Süden

Fischer auf dem Mansala-See

kommt, zu einem trüben, stinkenden Gewässer. Täglich 4,6 Mio. m³ Abwasser, davon 95 % ohne jede Klärbehandlung, leitet der in Kairo beginnende Kanal Bahr el-Baqar in Ägyptens größten natürlichen Binnensee, der nur durch wenige, schmale Durchlässe mit dem Mittelmeer verbunden ist. Anfangs waren die Fischer begeistert, vermehrte sich doch durch den Eintrag organischer Stoffe der Fischbestand explosionsartig, sodass bis zu 260 kg Speisefische pro Feddan und Jahr „geerntet" werden können. Doch mittlerweile fürchten sie um ihren Lebensunterhalt. Der Wasseraustausch mit dem Mittelmeer ist gestört, der Salzgehalt des Mansala sinkt, und mit ihm schwanden die wertvollen Meeresfische zu Gunsten minderwertiger Süßwasserfische. Dass diese mit Schwermetallen aus dem Abwasser vergiftet und mit Parasiten verseucht sind, hat sich auch unter einfachen Leuten herumgesprochen. Auch die oft als vermeintlicher Ausweg angelegten Fischfarmen sind davon betroffen.

Teile des flachen, im Durchschnitt kaum 2 m tiefen Sees, der auch wichtiger Lebensraum für Wasservögel und Rastplatz für Zugvögel ist, sind unter Naturschutz gestellt, was ihn freilich nicht vor den Abwässern von Industrie, Haushalten und der Landwirtschaft schützt. Paradoxerweise hat sich die Situation, so die Experten des Umweltamtes, mit der Inbetriebnahme von Kairos Kläranlage noch verschlimmert. Diese filtert Schwebstoffe und Sulfide aus dem Abwasser, die bisher einen Teil der Metalle banden. Ein dänisches Umweltprojekt versucht, mit dem Anlegen von Schilfzonen die Selbstreinigungskraft des Sees zu erhöhen. Die Pflanzen binden das organische Material und zu einem gewissen Grad auch Pestizide und Metalle, doch muss das abgestorbene, schließlich zu Schlamm verrottete Schilf regelmäßig aus dem See gebaggert werden, um sein Verlanden zu verhindern.

Der Mansala-See lässt sich auf einer abenteuerlichen Fahrt mit der Fähre von Port Said nach el-Matariya erkunden. Die Schiffe legen an der Station Safina auf der Nehrung 5 km nordwestlich des Zentrums ab, der Hafen ist mit dem Taxi zu erreichen.

Ismailia (Isma'ileiya)

Mit seiner schicken Gartenstadt, die sich der ältesten Fußgängerzone Ägyptens rühmt, und dem nahen Suezkanal ist Ismailia einen Tagesausflug wert. Einzelne herausragende Sehenswürdigkeiten hat die Stadt nicht.

Wie die anderen Kanalstädte ist Ismailia nicht älter als der Kanal selbst. Der Name erinnert an Ismail Pascha, den ägyptischen Herrscher zur Zeit des Kanalbaus. Eine Bahnlinie trennt Ismailia in zwei Welten: auf der einen Seite die schicke, ungewöhnlich saubere und begrünte Kolonialstadt (el-Afrang), einst gebaut für die europäischen Beamten der Kanalzone. Auf der anderen Seite ballt sich die Masse der 350.000 Einwohner auf engem Raum entlang holpriger oder gänzlich ungeteerter Gassen in wenig ansehnlichen Mietskasernen – kein echter Slum, aber doch ein verslumtes Quartier. Das dritte Gesicht Ismailias sind die inzwischen nicht mehr ganz neuen Trabantenstädte mit großen Wohnblocks und Hochhäusern, wie man sie bis in die 70er-Jahre auch in Deutschland baute. Diese Siedlungen, etwa Sheikh Sayed City, sind nach den Spendern aus den Golfstaaten benannt, die das Geld für den Wiederaufbau der im letzten Krieg zu 40 % zerstörten Stadt gaben. Die Wohnungen wurden bevorzugt an Kriegshinterbliebene, Veteranen und Obdachlose vergeben.

Aus Ismailia stammte der 1999 verstorbene Tycoon Osman Ahmed Osman, der sein anfangs bescheidenes Bauunternehmen Arab Contractors zu einem der größten Mischkonzerne Ägyptens aufbaute. Mit den großzügigen Sponsorengeldern des Konzerns kann der örtliche Fußballclub als einzige ägyptische Provinzmannschaft den Kickern aus der Hauptstadt Paroli bieten. Ein anderer bekannter Sohn Ismailias war Hassan el-Banna, Gründer der Moslembruderschaft, einer heute verbotenen Partei der gemäßigten und etablierten Islamisten. Last not least: Im Wadi Tumilat, der Wüste westlich der Stadt, gab es im letzten Weltkrieg ein Lager mit einigen tausend deutschen Kriegsgefangenen, darunter Erhart Kästner, der später mit seinem autobiografischen „Zeltbuch von Tumilad" den ersten literarischen Erfolg feiern konnte.

*A*nfahrt/*V*erschiedenes

Telefonvorwahl: 064

- *Bus* Der Terminal für Busse (℡ 3321513) und Überlandtaxis liegt außerhalb beim Sportstadion im Norden der Stadt. Kleinbusse pendeln von hier ins Zentrum. Für ein Taxi zahlt man 5 LE.
- *Bahn* Je 10 Züge am Tag verbinden Ismailia mit Kairo und Port Said, 5 Züge mit Alexandria. Die ebenfalls angebotenen Bummelzüge nach Suez brauchen deutlich länger als der Bus.
- *Information* Im New Governorate Building, Sh. el-Tegari, Sheikh Sayed City, Sa–Do 8–14 Uhr, ℡ 3321078. Das Büro liegt 1,5 km außerhalb des Zentrums und hat die üblichen Hochglanzprospekte, ist darüber hinaus aber wenig hilfreich.
- *Feste* Alljährlich im August gibt es im Kulturpalast der Stadt ein internationales **Folklorefestival** mit Volkstänzen aus aller Welt. Daran schließt sich im September ein international gut besetztes **Festival des Dokumentarfilms** an.
- *Passbüro* An der Westecke des Midan el-Gumhuriya, Sa–Do 8–14 Uhr.
- *Post* Das **Postamt** befindet sich neben dem Bahnhof.

*Ü*bernachten (*K*arte S. 538/539)

Mercure Forsan Island (7), ca. 2 km außerhalb am Ufer hinter der Kanalverwaltung. Das frühere ETAP liegt kinderfreundlich in einem großzügigen Garten mit eigenem Strand direkt am Timsah-See. Kleine Zimmer, Bad mit Dusche, im Keller ein Fitnessraum mit Sauna. Strand und Pool stehen gegen kleines Entgelt auch Tagesgästen offen. DZ 60–110 €. ℡ 3916316, 🖷 3918043, www.accorhotels.com.

Crocodile Inn (3), fünfstöckiges Mittelklassehaus im Zentrum, mit Bar und Restaurant. 20 renovierte und neu möblierte Zimmer. Vorsicht bei durch das Hotelpersonal vermittelten Fahrten, Einkäufen, Telefonaten und anderen Nebengeschäften! DZ 150 LE. 179 Sh. Saad Zaghloul Ecke Sultan Hussein, ℡ 3912555, 🖷 3912666.

New Palace (2), das Haus mit Kolonialzeitflair am Bahnhofsplatz hat schon bessere Zeiten gesehen, ist aber wohl die beste Wahl unter den Budgetunterkünften. Die Preise sind verhandlungsfähig, die Zimmer sehr unterschiedlich – manche mit Balkon und schöner Aussicht. DZ 110 LE. 41 Md. Orabi, ℡ 3917761.

Jugendherberge (8), eine der modernsten und mit 266 Zimmern auch größten Jugendherbergen der arabischen Welt. Bäder und Toiletten sind extrem sauber, die Technik funktioniert, von den meisten Zimmern (abschließbare Schränke vorhanden) genießt man die Sicht auf den Timsah-See. Seezugang mit eigenem Strand, freundliches Personal. Bett ab 15 LE, DZ 55–75 LE. Sh. el-Omhara, Timsah-See, ℡/🖷 3922850.

Essen & Trinken

George's (5), seit Georgios Pahiyannis, der das Lokal seit den 50ern führte, verstorben ist, hat die Küche (vorwiegend Seafood) etwas nachgelassen – jetzt kommen statt der hausgemachten Brühe oder Sauce schon mal Brühwürfel und Fertigmischungen zum Einsatz. Doch noch immer ist George's ein Treffpunkt der örtlichen Honoratioren. ℡ 3918327, tägl. 11–23 Uhr. Sh. Sultan Hussein.

Nefertiti (1), ebenfalls vorwiegend Fischgerichte werden hier in sehr schlichtem Ambiente, doch stets frisch und zu erheblich günstigeren Preisen als bei George's serviert. Tägl. bis Mitternacht. Sh. Sultan Hussein.

Gandool (4), der Wirt führt gleichzeitig eine Metzgerei, und so ist das Fleisch des Grilllokals frisch und von guter Qualität. Tägl. bis nach Mitternacht. Sh. el-Geish.

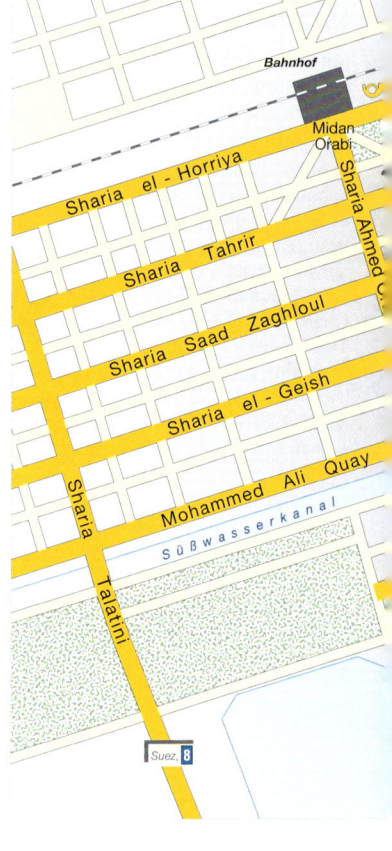

Fabiola's (6), eine preiswerte Pizzeria. Tägl. 11–23 Uhr. Sh. el-Kanisa (bei der koptisch-katholischen Kirche in der Sh. Orabi).

Sehenswertes

Archäologisches Museum: Das in den 1930ern in historisierendem ägyptisch-griechischem Mischstil gebaute Museum steht inmitten eines hübschen Gartens. Eine *Sphinx* hütet den Eingang. Den Grundstock der 4000 Objekte umfassenden Sammlung bilden die bei der Ausschachtung der beiden Kanäle gemachten Funde. Auch Pelusium ist gut vertreten, und ein Raum ist den antiken Wasserstraßen zwischen Nil und Rotem Meer gewidmet. Prunkstück der Sammlung ist ein griechisch-römisches *Mosaik* mit mythischen Motiven um Dionysos, Hercules und Phädra. Zu den besonders schönen Exponaten zählen zudem eine *Statue des Ptah* (3. Vitrine rechts) und die griechisch-römischen *Totenmasken*. Ungewöhnlich ist der gleich hinter der Eingangstür platzierte *Schrein für ein Schlangenritual*, bemerkenswert die kleine Sammlung alexandrinischer *Glasobjekte*.

Den auf manchen älteren Plänen noch eingezeichneten *Garten der Stelen*, ein Block stadteinwärts vom Museum, bewacht eine lädierte Sphinx aus der Zeit Ramses II. Die Stelen wurden jedoch ins Museum von Port Said gebracht. Als Naturdenkmal seien die Nachkommen eines *Luftwurzelbaums* auf der Verkehrsinsel vor dem Garten erwähnt, den die Briten einst aus Fernost hierher verpflanzten.

Sa–Do 9–16 Uhr. Eintritt 15/10 LE. www.project-min.de/Museum_Ismailia_1.html. Mohamed Ali Kai.

De Lesseps' Haus: Sie steht noch, die schicke Residenz des Kanalbauers, und birgt im Inneren weitgehend die originale Ausstattung bis hin zu Bibliothek und Kutsche des einstigen Hausherren. Gewöhnlichen Sterblichen ist die Villa nicht zugänglich, nur ihren VIPs gewährt die Suez Canal Authority ab und an eine Führung.

Am Suezkanal: Eine Fahrt mit dem Servicetaxi führt vom Mohammed Ali Kai an der Kanalverwaltung und dem Forschungsinstitut vorbei zur Kanalfähre (Ferri

540   Nildelta und Suezkanal

Sitta). Oberhalb des Anlegers gibt es eine kleine Siedlung mit schönem Aussichtsplatz (Nimrah Sitta), auf dem Sadat über die ägyptisch-israelischen Beziehungen zu sinnieren pflegte. Das Kirchlein gehörte zum einst von französischen Schwestern betriebenen Spital, die Moschee ließ Präsident Sadat hinstellen.

Ein anderer Platz zum Schiffegucken ist der *Strandclub der Kanalverwaltung,* auf halbem Weg zwischen Stadt und Fähre, wo man auch baden kann. Weitere Strände am Timsah-See erreicht man über die Sh. Talatini.

El-Fayed

Nach dem Rückzug der Israelis vom anderen Kanalufer hat sich hier am feinen Sandstrand des Großen Bittersees eine Ferienkolonie entwickelt, die allerdings kein deutsches Reisebüro in seinem Programm führen dürfte. Wer hier, gerade zwei Autostunden von Kairo und auf halbem Weg zwischen Ismailia und Suez, eine Villa gebaut hat, will unter sich bleiben und sucht Ruhe. Der Strand läuft flach im ruhigen Wasser aus, sodass auch Kinder gefahrlos baden können.

Übernachten
- 3 Green House
- 5 Red Sea
- 6 Summer Palace
- 7 Arafat Hotel

Essen & Trinken
- 1 Abu Ali
- 2 El-Khalifa
- 4 Le Pacha
- 8 Safsafa
- 9 Alf Leila

Suez

Wen es auf dem Weg zwischen Sinai und Rotem Meer nach Suez verschlägt, weil hier der Bus gewechselt werden muss, kann getrost gleich mit dem nächsten Anschluss weiterfahren: Die Stadt spricht wenig an und bietet außer ihrem Museum keine Sehenswürdigkeiten.

Suez (550.000 Einw.) besteht aus der eigentlichen Stadt und dem wie ein gekrümmter Finger geformten Vorort Port Tawfiq. Port Tawfiq, über einen Damm mit dem Zentrum verbunden, trennt die Suez Bay vom Eingang des Kanals, an seiner Spitze befindet sich der Passagierhafen. Auf der Westseite der Suez Bay liegt die ausgedehnte Industriezone.

Die Stadtgeschichte reicht bis in die ptolemäische Zeit zurück. Unter dem Namen *Klysma* gab es damals einen Hafenort, im Mittelalter die befestigte Stadt *Qulzum*. Nach 1840 boomte Suez als Zwischenstation auf dem Weg zwischen Europa und Indien: Man wechselte in Alexandria vom Dampfer in die Postkutsche nach Suez, um dort wieder ein Schiff zu besteigen. Kein anderer als Robert Stephenson, Erbauer der ersten Dampflokomotive, ersetzte Thomas Weghorns Kutschendienst durch eine Eisenbahn, und 1869 eröffnete man den Kanal.

1967, als die Israelis bis in die Vororte vordrangen, und nochmals 1973 wurde Suez nahezu völlig zerstört, auch in der Zwischenkriegszeit war die weitgehend verlassene Stadt oft das Ziel israelischer Vergeltungsschläge. Der Wiederaufbau geschah in den 70ern und 80ern so hastig wie wenig geplant und schuf eher Masse als Klasse; angesichts des dringenden Wohnungsbedarfs der zurückkehrenden Flüchtlinge verständlich, doch wenig geeignet, Touristen in die Stadt zu locken. Was bleibt, ist vielleicht ein Spaziergang auf der Strandpromenade entlang der Bucht oder in Port Tawfiq am Kanal, ein Blick auf das verschlossene und verfallende Kirchlein aus der Kolonialzeit in der Straße el-Geish oder ein Gang über den bunten Markt.

Und das **Museum**? Die für Mai 2011 angekündigte Einweihung wurde am Vorabend abgesagt, einen neuen Termin gab es bei Redaktionsschluss nicht. So wissen bislang wir nur aus Pressemitteilungen, was dort zu sehen sein wird. Interessant dürfte die Ausstellung zu jenem Vorläufer des Suezkanals sein, der das Rote Meer mit dem Pelusischen Nilarm verband. Gab es ihn schon im Neuen oder gar Mittleren Reich, wie einige behaupten? Die Tafeln und ausgestellten Funde zur Punt-Expedition unter Pharaonin Hatschepsut suggerieren jedenfalls einen solchen Verkehrsweg – obgleich man doch inzwischen weiß, das diese Expedition weit im Süden der Rotmeerküste startete, in Marsa Gawasis (→ S. 568). Weiter stellt die Ausstellung Suez als Handelsplatz vor, beschäftigt sich mit dem antiken Bergbau in der Region und den dereinst nicht ungefährlichen Pilgereisen gen Mekka. Last but not least sind die Anfänge des Suezkanals Thema.

Sh. 23. July, am Nordende von Port Tawfiq.

*A*nfahrt/*V*erschiedenes

Telefonvorwahl: 062

- *Bus* Die Busstation New Terminal liegt ca. 5 km außerhalb des Stadtzentrums. **Upper Egypt Bus** fährt etwa stündlich über 'Ain Suchna und Za'afarana nach Hurghada (5 Std., um 40 LE), teilw. weiter über Safaga nach el-Quseir oder nach Quena–Luxor–Assuan.

East Delta Bus fährt halbstündlich (bis 20 Uhr) nach Kairo sowie nach Ismailia (teilw. weiter nach Port Said), 4-mal am Tag nach Alexandria. Richtung Sinai kommt man bis 18 Uhr etwa alle zwei Stunden nach Scharm el-Scheich (4½ Std., 40 LE); um 11 Uhr nach Dahab; um 14 Uhr nach St. Katharina; um 15 und 17 Uhr nach Nachl–Taba–Nuweiba (6–7 Std., 50 LE). Weitere Busse fahren entlang der Sinai-Westküste bis et-Tur. Wer in den Nordsinai (el-Arisch) will, muss in Ismailia den Bus wechseln.

- *Servicetaxis* Diese fahren vom Platz neben der Busstation in alle größere Städte Ägyptens, steuern auf dem Sinai aber nur et-Tur an.

- *Bahn* Wer sich denn unbedingt quälen mag … Der Bahnhof liegt 2 km westlich des Zentrums. Bummelzüge tuckern nach Kairo und Ismailia.

- *Schiff* Die regelmäßigen Personenfähren nach Saudi-Arabien starten inzwischen in Safaga (→ S. 648).

- *Information* Port Tawfiq, am Kanal,

✆ 3331141; Sa–Do 8.30–17, Fr 8.30–12 Uhr. Das Personal ist bemüht und hilfreich – nur daran, dass es in Suez nichts zu sehen gibt, können sie auch nichts ändern.

• *Passbüro* Sh. el-Hurriya Ecke Saad Zaghloul.
• *Post* Die Hauptpost befindet sich in der Sh. Hoda Schaarawi.

Übernachten/Essen & Trinken (Karte S. 540/541)

In den Wochen vor und nach dem islamischen Opferfest Aid el-Adha treffen sich in Suez die Mekka-Pilger – in dieser Zeit ist es nahezu unmöglich, hier ein Zimmer zu bekommen.

• *Übernachten* **Red Sea (5)**, das beste Hotel der Stadt liegt in einer ruhigen Seitenstraße. Im 6. Stock befindet sich ein Restaurant mit schöner Aussicht. DZ 70 $. 13 Sh. Riad, Port Tawfiq, ✆/℻ 3190192.

Green House (3), bei einer lebhaften Kreuzung, weshalb man besser ein rückseitiges Zimmer (Kanalblick, Kühlschrank, Balkon) nimmt – für den Preis schienen sie mir relativ schäbig eingerichtet. Die Lobby strahlt tatsächlich in sattem Grün, neben Restaurant und Wechselstube hat das Hotel auch einen Pool. Vorsicht beim Frühstück: Wer sich Kaffee nachschenken lässt, bekommt anschließend eine Zusatzrechnung. DZ 70 $. Sh. el-Geish Ecke Corniche, ✆ 3331554, greenhouse-suez@hotmail.com.

Summer Palace (6), kein Palast, sondern eine Bungalowanlage, schön auf einer kleinen Halbinsel an der Suez Bay gelegen. Tagsüber steht die Anlage (Meerwasserpool, Beach Bar) auch Nicht-Gästen offen. Nach einer grundlegenden Renovierung wäre das Hotel zu empfehlen. DZ 65 $. Port Tawfiq, ✆ 3221287, ℻ 3326615, www.summer-palace.5u.com.

Arafat (7), das einzige Budget-Hotel in Hafennähe. Saubere Zimmer mit Ventilator, teilw. mit eigenem Bad. DZ 60 LE. Sh. Arafat, ✆ 3338355.

• *Essen & Trinken* Im Stadtzentrum al der Sh. el-Geish findet man mehrere gute Fischlokale. **Abu Ali (1)** oder das **El-Khalifa Fish Center (2)** z. B. bietet den Tagesfang, gewöhnlich gegrillt und mit Preis nach Gewicht. Um die Ecke, in der Sh. Saad Zaghloul, empfiehlt sich **Le Pacha (4)** mit süßen Torten und Eiscreme.

Veilleicht haben Sie das Fischlokal **Safsafa (8)** in Scharm el-Scheich kennen gelernt? Es gibt auch eine Filiale in Suez, leider weit außerhalb des Zentrums am Ende der Corniche beim Stadion. Wer den Weg auf sich nimmt, wird mit dem Anblick einer Vitrine voll frischer Meerestiere belohnt, aus dem er sich sein Mahl aussuchen kann.

In Port Taufiq sind Restaurants ausgesprochen rar. Eine Ausnahme macht **Alf Leila (9)**, gleich bei der Touristinformation, wo in leicht kitschiger Einrichtung ägyptische Küche serviert wird oder man auch einfach nur zum Kanalblick eine Wasserpfeife rauchen kann.

Was haben Sie entdeckt?

Haben Sie den ultimativen Strand gefunden, ein freundliches Restaurant mit leckerer Speisekarte, ein nettes Hotel mit Atmosphäre?
Wenn Sie Ergänzungen, Verbesserungen oder neue Tipps zum Buch haben, lassen Sie es uns wissen! Schreiben Sie an:

Ralph-Raymond Braun
c/o Michael Müller Verlag GmbH
Gerberei 19
91054 Erlangen
E-Mail: ralph-raymond.braun@michael-mueller-verlag.de

Canyon light

Sinai – harte Natur

Der Sinai ist das Land der Wunder und der Propheten, die von Juden, Christen und Muslimen gleichermaßen verehrt werden. Auf ihren Spuren kamen die frühchristlichen Asketen, um ihren Verfolgern zu entgehen und zugleich Gott nahe zu sein – Berge und Wüste sind der beste Ort für Visionen, und das Katharinenkloster am Fuße des Mosesbergs zählt zu den heiligen Stätten der Christenheit. Eine schroffe, einsame Landschaft mit leeren Sandflächen, kahlen, vielfarbigen Felsen, wilden, chaotischen Tälern, durch die nach den seltenen Regen reißende Wildbäche strömen. Aber auch Beduinen, Oasen, Kriegsschrott, Ölstädte und natürlich die Ferienzentren am Golf von Aqaba, der zu einem einzigartigen Schnorchel- und Tauchgrund wurde.

• *Veranstalter von Wüstenreisen im Sinai*
Bedu Expeditionen Peter Franzisky, ✆ 0049-89-62439791, www.bedu.de, bietet Trekkingtouren und Kamelwandern in der Umgebung des Katharinenklosters.

Wüstenmeditationen Hans-Jürgen und Maria Geisler, ✆ 0049-8141-386355, www.wuestenmeditation.de, organisieren und leiten Meditationsreisen in die Gebirgswüste des Sinai.

Renommierte Veranstalter wie **Hauser Exkursionen** (www.hauser-exkursionen.de) und **Wikinger Reisen** (http://wikinger-reisen.de) bedienen sich für die Durchführung ihrer Trekkingtouren auf dem Sinai der deutsch-ägyptischen Reiseagentur **Spirit of Sinai** in Scharm el-Scheich, ✆ 0020-100-5400322, www.spiritofsinai.de.

Desert Team, ✆ 0041-31-3184878, www.desert-team.ch. Der Schweizer Wüstenspezialist hat mit Bergwanderungen und Kameltouren auch den Sinai im Programm.

Von Suez nach Scharm el-Scheich

Die wenigen Sehenswürdigkeiten an der Ostküste des Sinai, allen voran der Wüstentempel Serabit el-Chadim, liegen abseits der Hauptstraße und sind ohne eigenen Wagen schlecht zu erreichen. Surfer schätzen die guten Windverhältnisse bei Ras es-Sudr.

Wer mit dem Bus von Kairo nach Scharm el-Scheich reist, kann die Landschaft getrost per Blick aus dem Fenster genießen; die Strände sind vom Müll und Öl der Schiffe verschmutzt, die hier auf Fracht oder die Passage durch den Suezkanal warten, der Anblick ist eher eintönig.

Ahmet-Hamdi-Tunnel: Bis zum Bau der Brücke bei el-Qantara war der 1980 eröffnete Tunnel unter dem Suezkanal hindurch die einzige Landverbindung zwischen Afrika und Asien. Er trägt den Namen eines ägyptischen Generals, der im Oktoberkrieg fiel. Neben der Straße, die vom Tunnel quer über den Sinai nach Nuweiba und Taba führt, erinnern die Skulptur einer Frau und ein kleiner Friedhof an die jugoslawischen Flüchtlinge, die während des Zweiten Weltkriegs hier in einem Camp Unterschlupf fanden. Die Route nach Scharm el-Scheich folgt dagegen dem Kanal nach Süden. An der Fähre von **esch-Schatt**, die Fußgänger und Lastwagen von Suez auf den Sinai übersetzt, gibt es eine Versorgungsstation mit Tankstelle, Teebuden und Sammeltaxis.

'Uyun Musa: Die Überlieferung lokalisiert in dieser Oase die bitteren Quellen, deren Wasser Moses mit Gottes Hilfe trinkbar machte (Exodus 15:23–24). Einige sind in Becken gefasst, in deren warmem Wasser man auch gut baden kann, und an denen Bussarde, Geier und Adler ihren Durst stillen. Während des Vogelzugs erhalten sie Gesellschaft durch ausländische Fluggäste, die sich anschließend von der Thermik über den Golf von Suez tragen lassen. Um 1900 diente 'Uyun Musa als Quarantänestation für die zurückgekehrten Mekkapilger. Viele der herrlichen Palmen und Obstbäume der Oase verbrannten während der Sinaikriege, und in den 60ern beschoss die israelische Artillerie von hier die Stadt Suez. Ein kleines **Museum** feiert in einem restaurierten Bunker die Rückeroberung durch die Ägypter. Südlich von 'Uyun Musa sprießen neue Feriendörfer.

Ras es-Sudr

Weil auf der anderen Seite des Golfs das Gebirge beginnt, bläst hier ein besonders kräftiger Wind. Die ägyptischen Windsurfer haben deshalb die Küste zwischen Kap Sudr und Kap Matarma, gerade zwei Autostunden von Kairo entfernt, schon vor Jahren zum Revier auserkoren – die zunehmende Verbauung des Uferbereichs trübt allerdings das Surfvergnügen. Der feine Sandstrand bietet den Kairoern zudem eine Alternative zu den überfüllten Badeplätzen am Mittelmeer. Bis 30 m weit kann man ins flache Wasser hinauslaufen. Mancher mag sich am Anblick einer nahen Ölraffinerie stören. Auch ist das eigentliche Städtchen Ras es-Sudr, das vorübergehend sogar Provinzhauptstadt des Südsinai war, ein eintöniger bis trostloser Ort.

• *Anfahrt* Do, Fr und Sa gibt es morgens Direktverbindungen von Kairo (Almaza-Terminal) nach Ras es-Sudr und abends wieder zurück. Außerdem halten hier die Busse zwischen Kairo/Suez und el-Tur/Scharm el-Scheich.

• *Übernachten* **Moon Beach**, 38 km südlich von Ras es-Sudr. Einfaches Bungalowdorf am Wasser mit weitgehend britischem Publikum, Camping oder Tagesaufenthalt (mit Essen und Strandhütte) möglich, Verleih von Surf- und Kite-Equipment. DZ 55 €. ℡ 069-3401501, www.moonbeachholidays.com.

Die drei anderen Hotels in der Nachbarschaft waren zum Zeitpunkt der Recherche nicht zu empfehlen.

546 Sinai

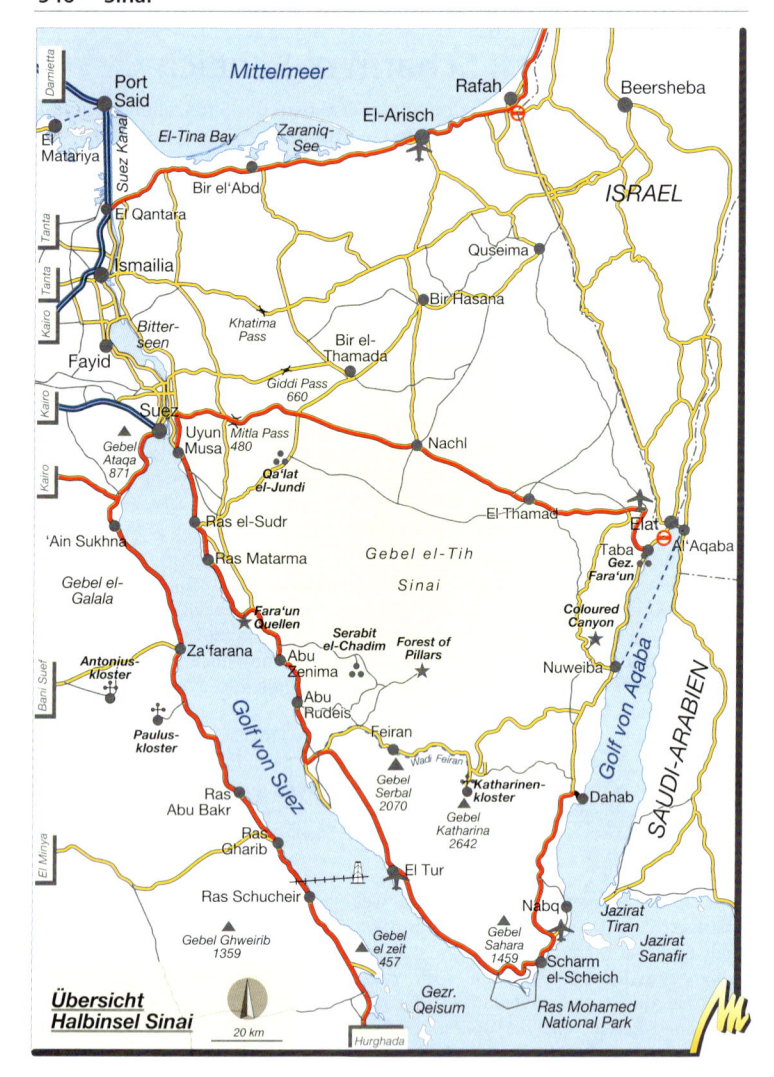

Qala'at el-Gundi: Auf einem Tafelberg mitten in der Wüste baute Saladin eine Festung, um den Pilgerweg und Ägypten vor dem vermuteten Anmarsch der Kreuzritter zu schützen. Noch bevor die Burg 1187 fertig war, hatte er die Christen aber bereits im Heiligen Land geschlagen. Innerhalb der mächtigen Wehrmauer erkennt man noch die Reste der Moschee, die Zisterne und das Haus des Kommandanten. Selbst den Luxus eines kleinen Badehauses gönnte man sich damals. Vor allem belohnt der Burgberg den halbstündigen Aufstieg aber mit einer herrlichen Aussicht.

An der Ras-es-Sudr-Junction die Straße landeinwärts nach Bir el-Thamada nehmen, nach etwa 50 km liegt die Burg auf der linken Seite.

Hammam Fara'un (Bad des Pharao): Aus Erdlöchern und einer Grotte („Sauna") sprudelt und rinnt heißes Schwefelwasser, in dem der Legende nach bereits die Pharaonen Linderung von Gicht und Rheuma suchten. Leider ist der beliebte Picknickplatz stark verschmutzt. In den 80er Jahren sollte hier ein großes Kurhotel gebaut werden. Kaum war das Werbeschild aufgestellt, versiegte die Quelle, um erst nach der Beerdigung des Projekts wieder zu fließen – ohne Zweifel ein Fingerzeig Gottes. Oder steckt jener Pharao dahinter, der samt seinem Heer bei der Verfolgung der Israeliten in den Meeresfluten ertrank und dessen Geist hier umgeht (so wenigstens Karl Baedeker anno 1878)? Kein schlechter Platz für eine Seele, die sich einst mit Moses anlegte.

5 km nach Ras es-Sudr rechts von der Hauptstraße ab und noch knapp 5 km Richtung Küste.

Abu Zenima: Ein Versorgungsort der Ölindustrie, doch oft genug zuckt der Tankwart bedauernd die Schultern. Wenn wieder einmal der Strom ausgefallen ist, müsste er von Hand pumpen, und wer hat dazu in der Sommerhitze Lust. Der Lokalheilige Abu Zenima, dessen Namen die Siedlung trägt, kannte diese Probleme nicht. Er nährte sich in seiner Höhle ausschließlich von Kaffeebohnen, die ihm Vögel aus dem Jemen oder, wer weiß das noch genau, aus Mekka brachten. Am südlichen Ortsausgang markieren Schuppen, Lagerhäuser und eine Verladerampe den neuzeitlichen Hafen der Erzgruben. Das antike *Marcha*, aus dem die Pharaonen Türkis und Kupfer hinüber nach Ägypten verschifften, lokalisierten die Archäologen bei einer kleinen Oase 8 km südlich von Abu Zenima.

Serabit el-Chadim

Auf diesem Abstecher erleben Sie die grandiose Einsamkeit der Wüste, lernen den einzigen pharaonischen Tempel des Sinai kennen und gewinnen einen kleinen Einblick in das Leben der Beduinen.

Wer im bescheidenen Touristvillage von Scheich Selim Barakat übernachtet, kann den Besuch des Tempels auch mit Ausflügen in die Umgebung verbinden, zu denen sich die Beduinen als Führer andienen.

Der Tempel Serabit el-Chadim gefällt eher durch seine Lage als durch die baulichen Überreste. Anfangs nur in zwei bescheidenen Felsgrotten verehrten die Bergleute ihre Schutzgöttin Hathor und den Lokalgott Sodpu. Die Pharaonen der 18. und 19. Dynastie legten davor eine ganze Kette von heute weitgehend zerstörten Gemächern, deren Wandinschriften und Stelen vom Verlauf und Erfolg der einzelnen Kampagnen berichten, aber auch von den Kämpfen zwischen den „Sandmenschen" des Sinai und den Ägyptern. Reliefs zeigen die Boote, mit denen vor 4000 Jahren Metalle und Edelsteine nach Ägypten hinüber gebracht wurden.

Antiker Bergbau: Wie die Steinbrüche der Östlichen Wüste wurden die Türkisgruben von Serabit el-Chadim nicht durchgängig ausgebeutet. Die Herrscher schickten vielmehr bis 1400 Mann starke Expeditionen aus Schreibern, Aufsehern und Transportarbeitern. Bauern führten Rinder, Schafe und Ziegen mit, um die Truppe zu versorgen, Esel schleppten das Trinkwasser. Im Frühjahr, vor der Sommerhitze, kehrten alle mit der bestellten Menge Türkis wieder an den Nil zurück. Der eigentliche Abbau lag dagegen in den Händen einheimischer Bergleute. Eine halbe Stunde vom Tempel sind am Rand des Plateaus noch zwei Stollen zu entdecken.

Geologisch gehört Serabit el-Chadim zu einer Sandsteinformation, die sich als Band zwischen dem Tih-Plateau und den Granitbergen des Südsinai quer über die Halbinsel zieht. Stellenweise haben Wind und Wasser den Sandstein abgetragen oder zu einer nur noch dünnen Schicht erodiert. So mussten die Bergleute in Serabit el-

548 Sinai

Tempel Serabit el-Chadim

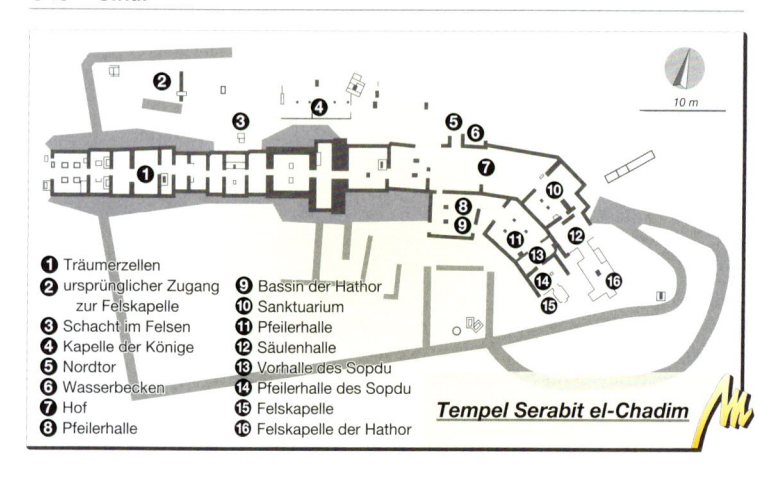

① Träumerzellen
② ursprünglicher Zugang zur Felskapelle
③ Schacht im Felsen
④ Kapelle der Könige
⑤ Nordtor
⑥ Wasserbecken
⑦ Hof
⑧ Pfeilerhalle
⑨ Bassin der Hathor
⑩ Sanktuarium
⑪ Pfeilerhalle
⑫ Säulenhalle
⑬ Vorhalle des Sopdu
⑭ Pfeilerhalle des Sopdu
⑮ Felskapelle
⑯ Felskapelle der Hathor

Chadim nur wenige Meter tiefe, senkrechte Schächte in den Berg treiben, um an den türkishaltigen Schiefer unter dem Sandstein zu kommen. Der blaugrüne Türkis galt den alten Ägyptern als ein Sinnbild für das Leben im Jenseits. Heute schützen die türkisblauen Symbole „Fatimas Hand" und das Horusauge nach dem Volksglauben vor dem bösen Blick der Neider und vor Geistern. Die Beduinen holen hier und da noch immer Türkis aus dem Boden. Ihre Funde werden Ihnen etwa im Camp von Selim Barakat angeboten.

• *Anfahrt* Die auch bei Google Earth gut zu erkennende Piste nach Serabit el-Chadim zweigt am Punkt 29°02'08"N 33°07'52"O, d. h. 2 km südlich der Tankstelle von Abu Zenima von der Küstenstraße ab. Da die Asphaltdecke weitgehend weggespült ist, wird ein Geländefahrzeug empfohlen. Bei 29°04'47"N 33°12'45"O geht es links, nach einer Schule und Moschee bei 29°06'31"N 33°21'16"O rechts (die linke Piste führt zum Säulenwald), bei 29°06'18"N 33°22'03"O wiederum rechts, bei 29°04'06"N 33°23'13"O links (geradeaus liegt das Minengebiet Bir Nasib), weiter bis zum Parkplatz 29°02'42"N 33°26'12"O, wo der einstündige Aufstieg (200 Höhenmeter) zum Tempel beginnt.

• *Tagesausflüge/Organisierte Reisen* Tagestouren bzw. Transfers von Abu Zenima nach Serabit el-Chadim kann man mit Ahmed Selim Barakat (☎ 0100-1101014, www.falconofdesert.com) arrangieren. In Dahab werden 2-tägige, manchmal auch längere Touren angeboten (→ S. 477). Hauser Exkursionen (www.hauser-exkursionen.de) besucht Serabit el-Chadim und den Säulenwald im Rahmen einer zweiwöchigen Kameltrekking-Reise auf dem Sinai.

• *Besichtigung* Ausgangspunkt für die Besichtigung ist das Camp von Scheich Selim Barakat, dem Anführer der örtlichen Alegat-Beduinen und Aufseher über die Anlage, der einen Führer mitschickt. Vom Camp zum Tempel sind es noch weitere 2 km, an schwierigen Passagen erleichtern Treppenstufen den Aufstieg.

• *Übernachten* Scheich Selim betreibt ein einfaches **Touristvillage** mit Übernachtungsmöglichkeit. Der Preis ist Verhandlungssache und hängt ebenso von der Ankunftszeit (je später, desto teurer) wie von den sonstigen Leistungen (Souvenirkauf, Führung, Kameltour etc.) ab, die Sie „buchen". Proviant sollten Sie aus Abu Zenima mitbringen.

> Die Beduinen betrachten Serabit el-Chadim als ihr Gebiet und verlangen ein **„Eintrittsgeld"**, über das man sich vorher einigen sollte. Kommt es nämlich zum Streit, setzen die Barakat-Söhne ihre Ansprüche durchaus auch mit Straßensperren und Waffengewalt durch, wie Motorradfahrer zu berichten wissen.

Die Beduinenfrauen

Nach ägyptischen Maßstäben zeigen sich die Frauen der Alegat Fremden gegenüber relativ ungezwungen. So gibt Scheich Barakat den Touristen auch mal eine Tochter als Führer mit – im Niltal wäre es kaum denkbar, dass eine Frau fremde Männer in die Wüste begleitet. Auch wenn viele Frauen gegenüber Fremden ihr Gesicht verhüllen, ist der Schleier kein Muss. Frauen verkaufen die Souvenirs und können ohne weiteres mit fremden Männern allein in einem Raum sein, ohne dass dies ehrenrührig wäre.

Doch es bleiben noch genug Einschränkungen übrig, denen die Beduinenfrauen unterworfen sind. Alle Stämme praktizieren die Beschneidung, bei der den jungen Mädchen wenigstens die Klitoris entfernt wird, damit sie später keine Lust empfinden. Ein offenbar aus Schwarzafrika stammender Brauch, dessen Befürworter große Mühe haben, ihn mit Koranzitaten zu rechtfertigen. Während die meisten Beduinen inzwischen großen Wert auf den Schulunterricht ihrer Söhne legen, um ihnen so später einen Broterwerb in der Ölindustrie oder im Tourismus zu erleichtern, lassen nur wenige Stämme (z. B. die Muzeina) auch ihre Mädchen Lesen und Schreiben lernen. Außer ihrer Mitgift hat die Beduinenfrau kein Eigentum und kann relativ leicht von ihrem Mann verstoßen werden, wogegen umgekehrt die Frau ihren Mann nur ganz ausnahmsweise verlassen darf. Eine untreue Ehefrau muss mit dem Tod rechnen, während ein Mann gewöhnlich mit Sanktionen davonkommt.

Gewöhnlich wird das Mädchen mit 18 Jahren verheiratet. Den Partner suchen die Eltern aus. Der junge Mann mag bei der Brautwahl ein Wort mitreden können, die künftige Frau nicht. In engen Grenzen sind vor der Ehe auch Flirts erlaubt. Die wichtigste Regel dabei: Alles muss öffentlich geschehen. In den letzten 25 Jahren gab es auf dem Sinai einige Ehen zwischen Beduinen und Europäerinnen (die allerdings allesamt nach einiger Zeit scheiterten). Dass ein Europäer ein Beduinenmädchen geheiratet hätte, habe ich niemals gehört.

Beduinenfamilie auf dem Weg in eine ungewisse Zukunft

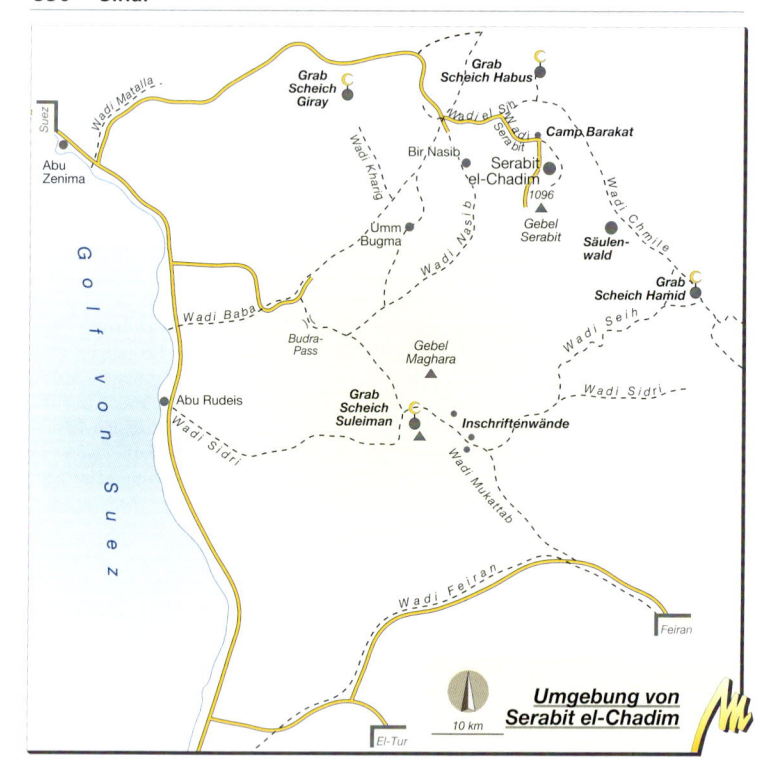

Umgebung von Serabit el-Chadim

Grab von Scheich Giray: Bei der Anfahrt nach Serabit el-Chadim entdeckt man ca. 28 km nach der Küstenstraße rechter Hand auf einem Hügel das Grab des Scheich Giray. Von Giray sind keine großen Taten bekannt – ein namenlos gebliebener Hirte ist der Held dieser Stätte (siehe Kasten unten), vor der die Beduinen junge Tiere opfern (die Knochen liegen im Sand herum), um sich Allahs Hilfe und der Fürsprache des Scheichs zu versichern. Bei diesem *Zuara* genannten Ritual tragen die Frauen das Opfertier zunächst dreimal um das Heiligtum. Dann wird es von einem Mann geschlachtet, über dem Feuer gegrillt und schließlich von der ganzen Familie gegessen.

Mulid: Der Namenstag des Heiligen wird etwa zwei Monate nach dem Eid el-Adha an seinem Grab gefeiert.

Bir Nasib/Umm Bugma: Wer genügend Zeit mitbringt, kann sich in der Umgebung von Serabit el-Chadim noch weitere Spuren des Bergbaus zeigen lassen. Außer Türkis gewannen die alten Ägypter auf dem Sinai reichliche Mengen Kupfer. Bir Nasib war ein Zentrum der antiken Kupferindustrie. Eine Schlackenhalde nahe des Brunnens – der Abraum ist auf 100.000 Tonnen berechnet worden – beweist, dass das Erz an Ort und Stelle verhüttet wurde. Noch in jüngster Zeit wurde in der Mine Umm Bugma Mangan gewonnen. Zurück blieben Loren, verbogene Schienen und ausgeschlachtete Kompressoren. Von der Terrasse vor der früheren Villa des Direktors genießt man einen herrlichen Blick über die Berge zum Golf von Suez.

Blutende Felsen

In einer Ecke des Grabmals von Scheich Giray erinnert ein Stein an die folgende Episode: Einst wartete ein junger Alegat-Beduine hier mit den Kamelen des Scheichs auf Pilger, um ihnen die Tiere verkaufen zu können, als er von Norden eine in Staub gehüllte Reitertruppe heranstürmen sah. Ohne Zweifel räuberische Badara, die es auf seine Kamele abgesehen hatten. Der verzweifelte Bursche flehte Gott um Hilfe an. Als er sich wieder vom Gebet erhob, waren seine Tiere zu Felsen und Steinhaufen geworden.

„Wo sind deine Kamele?", fragte zornig der Anführer des Reitertrupps. „Allah hat sie in Stein verwandelt", erwiderte der Hirte in Todesangst. „Du Gotteslästerer, ich werde dich in Stücke hauen", sprach der Badara und schwang sein Schwert. „Es ist die Wahrheit. Schau selbst."

Der Krieger machte die Probe und hieb mit dem Schwert auf den nächsten Felsen, der darauf zu bluten begann. Dieses Wunder versetzte die Badara derart in Schrecken, dass sie dem Hirten das Leben schenkten und sich davonmachten.

Forest of Pillars: Auf Wunsch bringt Scheich Barakat seine Gäste auch zum 30 km entfernten „Säulenwald" (29°01'01"N 33°40'46"O) am Fuße des Gebel Foga. Aus dem Boden wachsen kniehohe Quarzsäulen, deren Entstehung den Mineralogen noch Rätsel aufgibt. Mit einem geländetauglichen Fahrzeug und der Hilfe eines Führers kann man von hier weiter durch das Wadi Mukattab (siehe unten) ins Wadi Firan fahren.

Gebel Maghara

Die Türkisgruben am Gebel Maghara wurden seit prähistorischer Zeit ausgebeutet. Die erste pharaonische Expedition plünderte den Berg zu Anfang der 3. Dynastie, als sich Ägypten des Sinai bemächtigte. Später, als die Vorkommen weitgehend ausgebeutet waren, wandten sich die Bergleute Serabit el-Chadim zu. Eine britische Gesellschaft nahm Anfang des 20. Jh. den Abbau nochmals auf. Ohne Rücksicht auf die Inschriften und Zeugnisse antiker Bergbaukunst sprengten *Mad Major McDonald* und seine Ingenieure neue Kammern in den Berg. Gewinn warf das bald eingestellte Unternehmen nicht ab.

Grab von Scheich Suleiman Nafaʻi: Ausnahmsweise wird hier neben dem Heiligen auch seine Frau verehrt. Vor dem Grab findet man einen Beduinenfriedhof. Schlichte Steine markieren die unauffälligen Gräber auf dem Bestattungsplatz.

• *Anfahrt* Man verlässt die Küstenstraße 13 km nach Abu Zenima bzw. 8 km vor Abu Rudis bei 28°58'29"N 33°11'55"O. Verlässt bei 28°56'08"N 33°18'17"O die Teerstraße geradeaus, überwindet den Budra-Pass und trifft nach insgesamt 25 km bei 28°52'57"N 33°21'24"O auf das von Abu Rudis kommende Wadi Sidri. Diesem folgt man 3 km talauf bis zu einem Friedhof mit dem Grab von Scheich Suleiman (28°53'23"N 33°22'16"O).

• *Besichtigung* Hier lässt man den Wagen stehen und wandert links ins Wadi Maghara hinein, das sich nach 10 Minuten in das Wadi Iqna (rechts) und das Wadi Qanaia (links) gabelt. An der Gabelung kann man die Reste einer Arbeitersiedlung ausmachen. Nach weiteren 10 Minuten markiert im Wadi Qanaia ein Schild den kurzen Aufstieg auf den Gebel Maghara mit den Türkisgruben. Zu sehen ist nur noch ein Relief hoch oben in der Felswand: Pharao Sechemchet drischt mit der Keule auf „Asiaten" (Sinaiwohner) ein.

Wadi Mukattab

Ein Bericht des Archäologen Flinders Petrie über seltsame Inschriften an den Stollenwänden von Serabit el-Chadim versetzte 1906 die Fachwelt in Aufregung. Die Zeichen ähnelten Hieroglyphen, waren so aber bisher nicht bekannt. Petrie vermutete, dass es sich um eine alphabetische Schrift semitischer Grubenarbeiter handeln müsse. Tatsächlich haben in dieser 1915 entzifferten *Protosinaitischen Schrift* die Hieroglyphen ihre Wortbedeutung verloren und stehen nur noch für einzelne Laute. Die Wellenlinie beispielsweise bedeutet nicht mehr *Mem* (Wasser), sondern einfach *M*. Mit vielen Veränderungen haben sich diese um 1500 v. Chr. benutzten ersten Buchstabenkrakel über die Zwischenstationen kanaanitischer, phönizischer und griechischer Alphabete zu der uns geläufigen lateinischen Schrift entwickelt.

Einen Eindruck von der Vielfalt verschiedenster Schriften, die sich aus der gemeinsamen Wurzel entwickelten, gibt das Wadi Mukattab, das *Tal der Inschriften*. Durch diese Felspassage führte der Weg vom Bergbaugebiet in die Oase Firan und weiter nach Aqaba. Über und über bedecken Graffiti in koptischen, griechischen, nabatäischen, aramäischen und lateinischen Lettern die Felsen. Viele Inschriften sind verwittert und verblasst, andere wirken, als seien sie erst gestern in den Stein geritzt. Geschichte, wie sie die kleinen Leute erlebten, wird vor uns lebendig. „Das Jahr, in dem den Armen erlaubt wurde, Datteln zu schneiden", erfahren wir vom 8. Jahr des Kaisers Aurelius Commodus (189 n. Chr.). „Eine üble Rasse! Ich, der Soldat Lupus, schreibe dies mit eigener Hand", schimpft (über wen?) ein griechisch-römischer Legionär. „Hüte Dich vor Chailos, dem Sohn des Zaidu", warnt ein anderer.

Man darf spekulieren, ob auch Moses mit den Stämmen Israels hier vorbeikam. Die aramäischen Graffiti und die

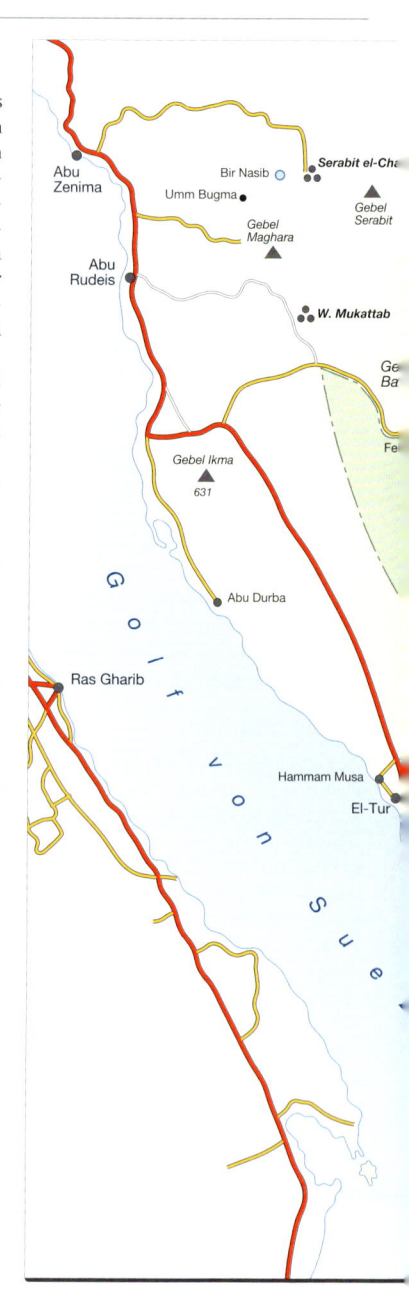

Von Suez nach Scharm el-Scheich 553

(Map of Südsinai / South Sinai, Karte S. 546)

Key locations shown:
- Taba Schutzgebiet
- Scheich Habus, Forest of Pillars
- Ras el-Gineina 1626
- Bir es-Sawra
- Coloured Canyon
- Wadi Watir
- Wadi Seih, h Hamid
- Wadi el Biyar
- Wadi el-'Ain
- 'Ain Umm Ahmed
- 'Ain Furtaga
- Bir el-Adeid
- Gebel Dalal 1606
- Wadi Zelega
- Wadi Arada
- Rock of Inscriptions
- Gebel Gunna 1265
- 'Ain Hudra
- Nuweiba
- Wadi Akhdar
- Wadi Feiran
- Wadi Arada
- Nawamis
- Wadi Haggag
- Gebel Suchn 926
- et-Tarfa
- Bir el-Safra
- Watia Pass
- Blue Desert
- Wadi Zaghra
- Ras Abu Galum Schutzgebiet
- The Blue Hole
- The Canyon
- Katharinenkloster
- Scheich Nebi Salah
- G. Musa 2285
- Wadi Nasb
- Bir el-Nasb
- Dahab
- Bir Nasrani
- G. Katharina 2637
- G. Umm Shomar 2586
- Scharira Pass
- 'Ain Kid
- St. Katharina Schutzgebiet
- Wadi Kid
- Nabq Schutzgebiet
- Maria Schröder
- Wadi Isla
- G. Sabbagh 2266
- Chereisa
- Wadi Mandar
- Gharqana
- Wadi Mandar
- Nabq
- Gebel Sahara 1459
- Jez. Tiran, Tiran Schutzgebiet
- Ras Nasrani
- Na'ama
- Scharm el-Scheich
- Jez. Sinafir
- Ras Mohammed Nationalpark
- Ras Mohammed
- Golf von Aqaba
- Südsinai
- 10 km

Sinai — Karte S. 546

Zeichnungen des siebenarmigen Leuchters, des Symbols der Israeliten, sind allerdings jüngeren Datums. Sie stammen von judäischen Handelskarawanen, die bis in die römische Kaiserzeit den Sinai durchquerten. Die fleißigsten Felsschreiber im Wadi Mukattab waren Nabatäer. Ihr schließlich von den Römern einverleibtes Wüstenreich erstreckte sich über Jordanien, den Negev und den Nordwesten Saudi-Arabiens, doch weit über diese Grenzen hinaus beherrschten die Nabatäer den Handel zwischen dem Zweistromland und der Mittelmeerwelt. Ein Netz nabatäischer Handelsagenturen spannte sich von Rom über Alexandria bis zu den Parthern.

Wer zuvor am Gebel Maghara war, folgt vom Grab des Suleiman weiter der Hauptpiste. Nach 6 km markiert ein Schild mit der Aufschrift „Wadi Maktab" (sic!) den Beginn der Inschriften (28°5058'N 33°2534'O) auf der Westseite des Tals. Folgt man weiter dem Wadi Mukattab, wird bei 28°47'48"N 33°27'48"O die Teerstraße vom Wadi Firan zur Küste erreicht.

El-Tur

Wer erst am Spätnachmittag mit dem Bus von Suez nach Scharm el-Scheich aufbricht, wird hier eine Zwischenübernachtung einlegen müssen – und am nächsten Tag schnell das Weite suchen.

Palmenhaine, Gärten und die Felder der Oase Hammam Musa kündigen dem Reisenden die Verwaltungshauptstadt des Südsinai an: Ein wuchernder, in der Mittagshitze schmorender Ort ohne größere Sehenswürdigkeiten. Das neue Zentrum mit den Ämtern und Behörden liegt ein gutes Stück im Landesinneren; nahe dem Ufer scharen sich die spärlichen Überbleibsel der Altstadt um das Georgskloster (Mo–Do, Sa 9–12 Uhr), eine Dependance des Katharinenklosters.

Geschichte: Mit seinem Naturhafen und den reichen Süßwasserquellen war el-Tur schon in der Antike neben Suez der wichtigste Hafen im Golf von Suez. Vom 11. Jh. bis zur Bedrohung durch die Kreuzritter und dann wieder ab 1378 schifften sich hier die Mekkapilger aus Unterägypten und Palästina ein. Bei ihrer Rückkehr mussten sie in el-Tur einige Tage in Quarantäne verbringen, später wurden sie hier nur noch von Ärzten auf ansteckende Krankheiten untersucht. Ein großes Zelt- und Barackenlager nahm die bis 30.000 Pilger auf, die von den Feldern der Umgebung mit Nahrung versorgt wurden. Erst 1937 schloss die Station.

Quarantänestation: Man findet ihre Spuren hinter dem Georgskloster. Anlegestellen für die Schiffe, ein Hospital, Lagerschuppen, die stattlichen Häuser der Verwaltung und natürlich die Baracken der Pilger, einige zu Wohnhäusern umgebaut, die meisten aber verlassen und Wind und Wetter ausgesetzt.

Hammam Musa: In der kleinen Oase entdeckten Archäologen die Reste des *Klosters der 40 Märtyrer von Raithu*. Geradeso alt und einst nicht weniger berühmt als das Katharinenkloster, wurde es 1516 nach einem Beduinenüberfall von den Mönchen verlassen, die nach el-Tur in die sichere Nachbarschaft des osmanischen Forts umzogen. Geblieben sind ein paar Bodenplatten und Grundmauern. Daneben hat die Oase noch einen *Pool*, der das schwefelhaltige und lauwarme Quellwasser fasst und den Vizekönig Said, der jüngste Sohn Mohammed Alis, für sein und seines Gefolges Badevergnügen bauen ließ (Eintritt 25 LE). Ach ja: Hosni Mubarak war auch einmal hier, wie die Gedenkplakette am „Kurhaus" berichtet.

• *Anfahrt* Vom Busbahnhof (beim weithin sichtbaren Sendeturm) nach Scharm el-Scheich, Suez und Kairo. Die Expressbusse zwischen Kairo und Scharm el-Scheich halten nur zum Aussteigen außerhalb des Zentrums an der Landstraße. Die Taxistation ist in der Haupteinkaufsstraße Sh Sadat.
• *Übernachten/Kiten* **Moses Bay**, das Bungalowhotel steht auf der Landzunge im Norden der Stadt – beste Lage am Meer mit einem englisch-ägyptischen Surfcenter am Strand und der Villa des Gouverneurs

gleich nebenan. Leider lassen Service und Instandhaltung zu wünschen übrig, so dass das Hotel nur hartgesottenen Surfern oder Leuten empfohlen werden kann, die es für notwendige Behördengänge nach el-Tur verschlagen hat. DZ 50 €. ℘ 069-3774343, www.oceansource.net.

Delmon, das einfache Hotel ist die beste Übernachtungsmöglichkeit für Gestrandete. Hier können Sie sich die Zeit beim Billard vertreiben – wenn Sie's können. Von der Uferstraße am Seepferdchenkreisel landeinwärts das zweite Haus. DZ ohne Frühstück 180 LE. Sh. Sadat, ℘ 069-3771060.

● *Essen* In der gleichen Straße findet man auch einige einfache Restaurants mit Kuschari, Fleisch, Fisch und Bohnen.

Ras Mohammed

Der Nationalpark Ras Mohammed gilt als ein Vorzeigestück ägyptischer Umweltpolitik. Hier, an der Südspitze der Sinai-Halbinsel, finden sich nach Tauchermeinung die schönsten Korallenbänke der nördlichen Hemisphäre.

Der landseitige Rifftisch liegt etwa einen halben Meter unter der Wasseroberfläche und ist damit auch für Schnorchler gut zu beobachten. Auf der Meerseite fällt das Terrain mit der „Riffmauer" schließlich bis 70 m tief ab – hier ist das Revier der fortgeschrittenen Taucher. Doch auch die an ihrer Spitze von einer Bucht geteilte Landzunge selbst besteht weitgehend aus fossilen Korallen, die in grauer Vorzeit vom Wasser bedeckt waren.

Nach einem mit Geldern der Europäischen Union entwickelten Konzept versucht man am Ras Mohammed, Naturschutz und Fremdenverkehr unter einen Hut zu bringen. *Kontrollierter Tourismus* lautet die Zauberformel: Man will den Publikumsverkehr begrenzen und lenken. Vielleicht ist dies der Grund, warum keine öffentlichen Verkehrsmittel zwischen Stadt und Park pendeln. Nur wer mit dem Wagen kommt, hat auf dem Landweg eine Chance; für ein Taxi, das man auch innerhalb des Parks brauchen wird, rechne man ab Scharm 200–250 LE. Begrenzt ist auch die Zahl der Boote, die Taucher ans Kap bringen dürfen, dazu ist das Tauchen nur an bestimmten Plätzen erlaubt. Ranger wachen zu Wasser und zu Lande über die Ordnung.

Beeindruckende Unterwasserwelt: hier eine Riesenmuräne

Den **Eingang** des 400 km² großen Reservats markiert, von Scharm el-Scheich kommend, ein umstrittenes Betondenkmal, das manche Besucher an die Monolithen von Stonehenge erinnert. Ein ähnliches, älteres Monstrum findet sich 15 km weiter im Inneren des Parks. Das lachsfarbene, in der Form einem Fisch nachempfundene **Visitor Center** informiert den Besucher mit Videos, Diashow und auf einem ins Wasser hinaus gebauten Lehrpfad über das Biotop. Feldstecher werden verliehen. Ein Restaurant, Toiletten und ein Souvenirshop gehören ebenfalls zum Komplex, dazu eine meeresbiologische Forschungsstation und die Parkverwaltung. Diese erlaubt nach Anmeldung auch das **Campen** an fünf dafür vorgesehenen Plätzen.

Vom Ende der Asphaltstraße geht es auf verschiedenfarbig markierten Pisten zu den interessantesten Plätzen: die durch einen schmalen Kanal vom Land getrennte

---

HMS Thistlegorm – Kriegsgräber unter Wasser

Über dem am 9. April 1940 im schottischen Sunderland zu Wasser gelassenen Frachter Thistlegorm stand von Anfang an ein schlechter Stern. Schon auf der zweiten Fahrt, bei der die Thistlegorm Getreide aus Südamerika holte, hätte Kapitän Whiffield das Schiff bei einer Schießübung – die Thistlegorm war mit einem leichten Geschütz und einem rostigen Maschinengewehr aus dem Ersten Weltkrieg bewaffnet – beinahe selbst versenkt. Auf der dritten Reise fiel der Boiler aus. Nach der Reparatur in Glasgow startete das Schiff mit Munition, Minen, Panzerwagen, Flugzeugmotoren, zwei Dampflokomotiven und anderem Nachschub (darunter kurioserweise auch Gummistiefel) für die britischen Nordafrikatruppen auf seine letzte Fahrt, die um den afrikanischen Kontinent herum nach Suez führen sollte. Dort war die Hafeneinfahrt jedoch durch einen Tanker blockiert, der auf deutsche Seeminen gelaufen war. So ließ die Admiralität den Konvoi mit der Thistlegorm am Eingang der Straße von Gubal ankern, wo das Schiff nach zehn langen Wartetagen in der Nacht auf den 6. Oktober 1941 eher beiläufig von einem deutschen Bomber versenkt wurde.

Zwei Maschinen waren von Kreta gestartet und hatten eigentlich die *Queen Mary* im Visier, die mit australischen Truppen an Bord ebenfalls auf dem Weg nach Suez war. Doch der Cunard-Dampfer hatte seinen Zeitplan kurzfristig geändert und entging so dem Untergang, der sicher viel mehr Opfer gefordert hätte. So wurde die Thistlegorm zum Ersatzziel. Dabei verloren neun Seeleute ihr Leben, die anderen konnten von den übrigen Schiffen des Konvois gerettet werden. Der Bomber endete im Sperrfeuer der übrigen Schiffe des Konvois, die zweite Maschine wurde über dem Festland abgeschossen.

Kein Geringerer als Jacques Cousteau entdeckte das Wrack und dokumentierte die Aktion in dem Film *Die stille Welt*. 1956 bekam die Thistlegorm einen langen Artikel im *National Geographic*, wurde dann aber wieder vergessen. Erst seit 1991 dürfen Tauchboote das Wrack anlaufen. Besonders Fotografen gilt das zwischen 10 und 30 m Tiefe ruhende Schiff samt seiner von Korallen und Schwämmen überwucherten Ladung als eines der schönsten Ziele auf dem Meeresgrund. Das Inventar und besonders der Fuhrpark auf dem Zwischendeck wurden in den letzten Jahren von Souvenirtauchern schamlos geplündert.

Weitere Infos unter www.ssthistlegorm.com. Alle größeren Tauchbasen in Scharm el-Scheich bieten im Rahmen gebuchter Tauchpakete für ca. 100 € zusätzlich auch Ausflüge zur Thistlegorm.

Die „Dunraven"

Das 90 m lange Dampfsegelschiff war im April 1876 mit Gewürzen, Edelhölzern und Baumwolle von Bombay nach Newcastle unterwegs und streifte vor dem Beacon Rock das ausgedehnte Riffsystem von Scha'ab Mahmud. Über den genauen Hergang der Katastrophe gibt es zwei Versionen: Entweder brach die Dunraven beim Versuch, sie frei zu schleppen, auseinander und versank relativ schnell, oder sie hing einige Tage am Riff, fing dann Feuer und rutschte schließlich über die Riffkante auf 20 m Tiefe ab. Das erst 1977 wieder entdeckte Schiff liegt kieloben auf dem Meeresgrund. Auf der Außenhaut haben sich farbenprächtige Korallen angesiedelt. Durch den Bruch in der Mitte des Rumpfs kann man bequem in den geräumigen Laderaum tauchen. In den Maschinenraum mit seinen Kesseln, Kurbelwellen und anderen verrosteten Teilen der mächtigen Dampfmaschine sowie in den engen und verwinkelten Bug sollten sich aber nur erfahrene Wracktaucher wagen.

Mangroveninsel, der Aussichtspunkt **Sharks Observatory** (die Haie zeigen nur noch selten ihre Flossen), der zum Baden und Schnorcheln geeignete **Main Beach** und weitere Strände, wobei man sich an der Spitze der Halbinsel vor der kräftigen Strömung in Acht nehme: Manches Schiff lief hier auf Grund.

Die meisten Tauchplätze vor Ras Mohammed werden von Scharm el-Scheich aus mit dem Boot angelaufen. Wieder ist Sharks Observatory, das unter Wasser noch weiter abfällt, der Höhepunkt. Anfängern sei der auch von Land gut zugängliche **Eel Garden** (Eel = engl. Aal) empfohlen, der einem mächtigen unterseeischen Wadi gleicht.

Eintritt 5 $/Pers. (ca. 30 LE), Wagen 5 $ extra; Campingerlaubnis 5 $ pro Person und Nacht. In Scharm el-Scheich werden Ausflüge im Bus (40 €) oder Boot (60 €, mit 2 Tauchgängen 80–90 €) nach Ras Mohammed angeboten.

Landschaftskunst am Eingang zum Ras Mohammed

Scharm el-Scheich

Sonne, Bergpanorama und die fabelhafte Unterwasserwelt gleich vor der Haustür locken vor allem Italiener und Deutsche in den schicksten Ferienort Ägyptens. Nach den Tauchern entdecken nun auch gewöhnliche Badeurlauber die Stadt an der Südspitze des Sinai.

Für Schwimmer, Taucher und Surfer ist Scharm el-Scheich wegen seiner farbenprächtigen Unterwasserwelt, des kristallklaren Wassers und des flach abfallenden Sandstrands der Na'ama Bay seit langem ein Begriff. Die majestätischen Berge des Sinaimassivs bilden eine eindrückliche Kulisse für das Urlaubserlebnis, die Fußgängerzone bietet Restaurants, Pubs, Boutiquen und ein lebhaftes Nachtleben.

Dank vorausschauender Bauplanung hat Scharm el-Scheich seinem Konkurrenten Hurghada den Rang abgelaufen. Die ersten Investoren an der Na'ama Bay murrten noch über die Beschränkung auf drei Etagen und über den öffentlichen Gehweg, der die Hotelgrundstücke vom Strand trennt. Heute sind alle dankbar für den freien Blick auf die Berge und den zum Sonnenuntergang messerscharfen Horizont der Grate und Kuppen, über denen der Himmel die Farbskala von Rosarot bis Tiefblau durchläuft, um schließlich den pechschwarzen Hintergrund für unzählige Sterne abzugeben.

Die Strandpromenade wurde schnell zum Zentrum der Touristenstadt. Fliegende Händler verkaufen Zeitungen aus aller Welt, Kioske locken mit bunten Plakaten zum Trip mit dem Glasbodenboot, zum Wasserskilauf oder zum kurzen Flug mit dem Gleitschirm. Von einer reinen Taucherdestination wurde Scharm mehr und mehr zu einem Badeort mit Gästen, die im Jahr zuvor vielleicht auf Gran Canaria oder Mallorca waren. Etwa ein Drittel der Urlauber, Tendenz steigend, hat mit dem Tauchen nichts mehr im Sinn. Auch die ägyptische Oberschicht wählt gern Scharm el-Scheich als Ziel für den Kurzurlaub im eigenen Land.

Gestern und heute: Als die Südspitze des Sinai 1982 nach 15 Jahren israelischer Besetzung an Ägypten zurückgegeben wurde, gab es in Scharm el-Scheich zwischen Geröll, Steinen und Öde gerade ein paar Verwaltungsgebäude, eine Landebahn und ein einziges Hotel, in dem zuvor israelische Asthmatiker Ruhe und gute Luft gefunden hatten. Bald kamen die ersten Einwanderer aus dem ägyptischen Kernland: Abenteurer und Aussteiger, die vorgezeichnete Karrieren, sittenstrenge Enge und den Schmutz und Lärm der Hauptstadt eintauschten gegen ein Leben in der Natur und zugleich in polyglotter Gesellschaft mit Beduinen, MFO-Söldnern, Tauchern und Rucksacktouristen aus dem Westen, die am Strand der Na'ama Bay kampierten.

Bald begann die Regierung das Land, das seit Menschengedenken den Beduinen gehörte, an Investoren zu verkaufen. Nun ging es Schlag auf Schlag: 1987 1000 Hotelbetten, 1996 10.000 und 2005 waren es bereits 30.000, und nun nähern wir uns den 50.000. Die Infrastruktur hält mit diesem Wachstum nur mühsam Schritt. Müll wird in der Wüste verbrannt und verscharrt, die Kläranlage ist gewöhnlich überlastet und oft defekt, es fehlt an Schulen. Lebensmittel und alles Material werden auf Lastwagen herangekarrt, ein beträchtlicher Teil des Trinkwassers kommt mit Tankern. Und mancher Betonblock der ersten Stunde steht schon wieder leer und bleibt dem Verfall überlassen.

Längst sind die Pioniere etabliert, leiten Tauchschulen und Hotels und haben auf dem Plateau ihre Villen mit Meerblick gebaut. Scharm el-Scheich wurde zu einem gediegenen Ferienort, wie er überall am Mittelmeer stehen könnte. Tagsüber vergnügt man sich am Pool oder auf dem Tauchschiff, abends schlendert man über die Prome-

Scharm el-Scheich und Umgebung

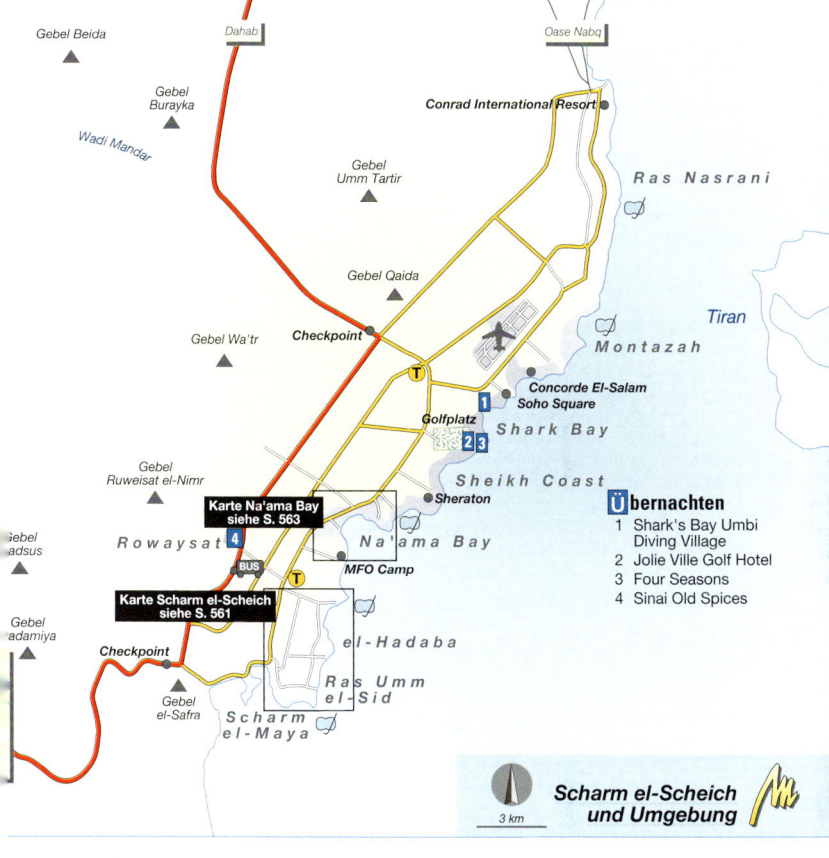

Übernachten
1 Shark's Bay Umbi Diving Village
2 Jolie Ville Golf Hotel
3 Four Seasons
4 Sinai Old Spices

3 km

nade, trifft sich zum Après-Dive im Pub und geht nach Mitternacht in die Disco, deren Türsteher ein kritisches Auge auf Männer ohne weibliche Begleitung haben.

Die ägyptischen Arbeiter, die auf den Baustellen und jenseits der Landstraße in schlichten Baracken hausen, sind in Na'ama oder gar am Strand nicht gern gesehen. Für sie ist das ungezwungene Urlaubstreiben ein Kulturschock, und es bleibt nicht aus, dass leicht bekleidete Urlauberinnen begafft oder gar belästigt werden. So tut die Touristenpolizei ihr Möglichstes, die beiden Welten auseinander zu halten.

Orientierung

Der Ort erstreckt sich über 12 km entlang der Küste. Von Ras Mohammed kommend erreicht man zuerst die Häfen für die Tauchboote und das Militär, dann säumt der Hotelstreifen von **Scharm el-Maya** die Bucht. Im Hinterland breitet sich bis an den Fuß der Hügel das Basarviertel **Scharm el-Qadima** aus (auch **Old Market** genannt): Aus ein paar Lagerschuppen und Wellblechbaracken wuchs eine richtige Kleinstadt mit Läden, Werkstätten, Versorgungseinrichtungen und Wohnungen.

Oben auf der Klippe (**Clifftop**) stammen die terrassenförmig angelegten Gebäude um die kleine Moschee noch von den Israelis, die Scharm el-Scheich oder Ofira (so der hebräische Name) 1968 als Ferienort gründeten. Dahinter, auf dem Plateau des Kaps **Ras Umm el-Sid**, entstand die weitläufige Siedlung **el-Hadaba** mit Ferienhäusern, Villen der Besserverdiener und kleinen wie großen Hotelanlagen.

560 Sinai

Auf halbem Weg zur Na'ama Bay steht das Viertel **Hay en-Nur** mit Scharms wichtigstem Krankenhaus und der Busstation. Das Touristenviertel **Na'ama Bay** schart sich 7 km nördlich des Hafens um eine bezaubernde Bucht – hier sind die renommierten Tauchbasen, hier stehen die Hotels der ersten Stunde. Derzeit wuchert die Ferienstadt weiter gen Norden, an **Tiger Bay** und **Shark Bay** vorbei, und auch in **Nabq**, weit hinter dem Flughafen, entsteht eine neue Hotelmeile – mit Radweg!

*A*nfahrt

- *Flughafen* **Ras Nasrani Airport** (✆ 3601140, http://sharm-el-sheikh.airport-authority.com) liegt etwa 15 km nördlich der Stadt und ist mit Minibus (2 LE) oder Taxi (50–60 LE) zu erreichen. Innerhalb des Flughafens verbindet ein kostenloser Shuttlebus alle 10 Min. den älteren Terminal 2 mit dem neuen, westlich gelegenen Terminal 1. Das **Stadtbüro der Egypt Air** (✆ 3661056, www.egyptair.com) findet sich in Scharm el-Maya am Anfang der Na'ama Road. Inlandsflüge gehen nach Kairo (ab 60 €), Luxor und Hurghada (ab 40 €).

> Wenn Sie über den Flughafen Scharm nach Ägypten einreisen, längstens 14 Tage bleiben und keine Ausflüge nach Kairo oder Ras Mohammed planen, dann brauchen Sie **kein Visum**. Schreiben Sie auf Ihre Einreisekarte „Sinai only" und gehen Sie, ohne eine Gebührenmarke zu kaufen, schnurstracks zum Einreiseschalter. Dort bekommen Sie das kostenlose Sinai-Permit (→ S. 76).

- *Bus* Vom Busbahnhof (✆ 3660660) an der Umgehungsstraße kommt man für 80–100 LE nach **Kairo**. Abfahrten sind von 7.30 bis nach Mitternacht etwa alle 2 Stunden. Besonders für die Nachtbusse sollten die Plätze vorab persönlich reserviert werden. Nach **Suez** (4½ Std., 35 LE) 7, 9, 10, 13.30, 15, 17, 31, 23.30 Uhr. Weitere Busse nach **Ismailia** (40 LE) und Alexandria.
Nach **Hurghada** und **Luxor** (15 Std., 120 LE) 18 und 1 Uhr.
Nach **Dabab** (1½ Std., 15 LE) 6.30, 7.30, 9, 14.30, 17, 20.30, 21, 0.30 Uhr.
Nach **Nuweiba** (3 Std., 25 LE) 9, 14.30, 17 Uhr, davon fährt der 9-Uhr-Bus weiter nach **Taba** (4 Std., 35 LE).

- *Innerstädtisch* Zwischen Scharm el-Maya und Na'ama pendeln private **Minibusse** für 1 LE pro Pers. Zum Airport zahlt man ab Na'ama 2 LE.

Die offiziellen **Tarife für Taxis**, die noch keine Taxiuhr haben, waren 2010:

Scharm el-Maya – Na'ama	15 LE
Scharm el-Maya – el-Hadaba	15 LE
Scharm el-Maya – Airport	40 LE
Na'ama – el-Hadaba	15 LE
Na'ama – Airport	30 LE

Taxifahrten vom Flughafen in die Stadt sind deutlich teurer. Sparsame verlassen das Airportgelände und halten draußen ein Taxi an.

*V*erschiedenes

> Telefonvorwahl: 069

- *Information* Fehlanzeige, in „Charming Sharm" gibt es kein Touristoffice!
- *Autoverleih* **Avis**, Morgana Trade Center, ✆ 3602400; **Europcar**, Al Bostan Hotel, ✆ 0106-6611021; **J-Car**, gegenüber Hard Rock Café, ✆ 0100-1542608; **Limo1**, Travco Mall, ✆ 3660764; **Sixt**, Fayrouz Hilton, ✆ 3600136. Alle Verleiher stellen auf Wunsch auch einen Fahrer (ca. 25 €/Tag).
- *Einkaufen* Scharm el-Scheich ist mit Hurghada der bei weitem teuerste Platz in Ägypten! An der Na'ama Bay liegen die nun schon ziemlich renovierungsbedürftige und damit typisch ägyptische **Scharm Mall**, das moderne Einkaufszentrum **Na'ama Mall** und, neben dem Club Pacha, der einem alten Basar nachempfundene **Darb el-Zowar**. Auch die größeren Hotels haben ihre eigenen Einkaufsmeilen, die längste derzeit wohl vor dem **Alf Leila wa Leila** in el-Hadaba. Etwas günstiger sind die Preise in der „Altstadt", also dem ägyptischen Viertel. Doch auch hier ist kräftiges Handeln angesagt.
- *Bücher* **Al-Ahram (22)**, Royal Plaza Hotel, Peace Rd., Na'ama. Die führende Buchhandlung der Stadt hat auch einige deut-

Essen & Trinken
El-Masrien
Sinai Star
Safsafa
Terrazzina
Bäckerei Café Makani

Übernachten
Dreams Beach
Sandy Hotel
Jugendherberge
Grand Sharm

Nachtleben
Alf Leila wa Leila
El-Fanar

Scharm el-Scheich

Hay en-Nur

Tower

Zoo Street

Tower Street

Peace Road

City Council Street

El Fanar Street

Motels Street

Scharm el-Qadima

Egypt Air

El Ferusseya Street

el-Hadaba

Scharm el-Maya Road

Scharm el-Maya

Banks Street

Rotes Meer

Marina, Tauchboote

Fährhafen

Marine Sports Club St.

Sea Street

El Khazan Street

Militärgebiet

Ras Umm el-Sid

---

sche Taschenbücher im Angebot.
- *Zeitungen* Ausländische Zeitungen verkaufen Straßenhändler an der Promenade in Na'ama.
- *Notfälle* **Polizei** ☎ 3660415; **Touristenpolizei** ☎ 3660675; **Feuerwehr** ☎ 3600633; **Ambulanz** ☎ 3600554; **Poliklinik**, Scharm el-Maya, ☎ 3600425; **International Hospital**, Hay en-Nur, ☎ 3661625; **Dekompression/Tauchunfälle**, Scharm el-Maya, beim Hafen, ☎ 3660318; **Allgemeinarzt-Praxen** findet man in auch in den größeren Hotels, z. B. im Jolie Ville.
- *Passbüro* Im Hafen, tägl. 9.30–14.30/19–22 Uhr.
- *Post* Clifftop, Sa–Do 8–15, 18–20 Uhr.

Übernachten

Scharm el-Scheich ist völlig auf Pauschalreisende eingestellt. Kein Ausländer bucht hier seine Unterkunft erst vor Ort. Das beste und teuerste Viertel ist die Na'ama Bay mit der Kombination aus Badestrand, Flaniermeile, Einkaufsmöglichkeiten und Nachtleben. In den anderen Ortsteilen gibt es außerhalb der Hotels nur beschränkte Vergnügungsmöglichkeiten. Achten Sie bei den abseits der Küste liegenden Hotels darauf, ob die Gäste irgendwo einen Strand mitbenutzen dürfen.

• *Scharm el-Maya/el-Hadaba (Karte S. 561)*
Royal Grand Sharm (12), weitläufige Anlage mit schönem Garten, Poollandschaft und fünfgeschossigen Gästehäusern. Auf einem Steg gelangt man über das Hausriff ins offene Meer. Das Hotel hat viele deutsche Stammgäste und spricht mit seinem Kinderclub besonders Familien an. Tauchschule vorhanden. DZ HP ab 85 €, 1 Woche HP für 2 Pers. mit Flug ab 900 €. El-Hadaba, ℡ 3663800, ℻ 3663819, www.royalgrandsharm.com.

Dreams Beach Resort (5), mit über 1000 Betten in zweigeschossigen Häusern ist das Hotel größer als manches Dorf. Zum Glück sind die Verpflegungsstationen über das ganze Gelände verteilt. Zum Strand mit Hausriff steigt man etwa 100 Stufen hinab. Zurückhaltende Animation, kaum genutzte Disco, gute Bewertungen durch die Gäste. DZ ab 80 €, 1 Woche All incl. für 2 Pers. mit Flug ab 1000 €. El-Hadaba, ℡ 3660170, ℻ 3660199.

Sandy Hotel (8), das einfache Hotel am Rand des Marktviertels wird vor allem von einheimischen Gästen besucht. Zimmer mit TV, AC, Kühlschrank; WLAN-Empfang am nicht immer sauberen Pool. DZ 30 €. Sh. Mohamed el-Yamani, Scharm el-Maya, ℡ 3661177, ℻ 3660377.

Jugendherberge (beit esch-schabab) (10), das Haus neben dem Aida-Hotel gleicht eher einem Schloss als einer Jugendherberge. Außen nur arabisch beschriftet, ist es an den Sportplätzen vor dem Haus zu erkennen. Männer und Frauen sind in getrennten Schlaftrakten untergebracht, es gibt auch einige Familienzimmer (ab 120 LE). Leider spricht das Personal kaum Englisch. Bett 60 LE. El-Hadaba, ℡ 3660317, ℻ 3662496.

• *Na'ama (Karte S. 563)* **Maritim Jolie Ville Resort & Casino (20)**, das Bungalowhotel hebt sich mit seiner postmodernen, blendend weißen Architektur vom folkloristischen Stil der neueren Hotels ab. Das handtuchartige Grundstück mit ausgedehnten Grünflächen reicht vom Strand („Front Area") 1 km ins Hinterland – die in der rückseitigen „Sports Area" residierenden Gäste können für den Weg zum Hauptgebäude Elektrofahrzeuge benutzen. Gleich fünf Restaurants werben um Kunden. Kinderbetreuung, Disco und zahlreiche Sportangebote (u. a. Subex Tauchbasis) versprechen abwechslungsreichen Urlaub. DZ ab 170 $, 1 Woche ÜF für 2 Pers. mit Flug ab 1000 €. ℡ 3600100, ℻ 3600115, www.maritim.de.

Hilton Fayrouz (18), dank regelmäßiger Instandhaltung merkt man dem direkt an der Bucht gelegenen Bungalowdorf mit seinem herrlichen Garten nicht an, dass es zu den ältesten Hotels in Na'ama gehört. Geräumige Zimmer, eigener Strand, Tauchzentrum, Kids Club, WLAN, internationales Publikum. DZ ab 110 €, 1 Woche ÜF für 2 Pers. mit Flug ab 1200 €. ℡ 3600136, ℻ 3601043, www.hilton.de.

Oonas Dive Club (17), nettes Hotel nicht nur für Taucher, am ruhigeren Ende der Na'ama Bay, mit eigenem Strand. Die etwa 20 Zimmer (teils Suiten für Großfamilien oder Kleingruppen) sind mit TV, Kühlschrank, AC, WLAN und Wasserkocher ausgestattet. Britisches Management. DZ 60 €. ℡ 3600581, ℻ 3600582, www.oonasdiveclub.com.

• *Tiger Bay/Shark Bay (Karte S. 559)* **Four Seasons (3)**, besser geht's kaum. Das wahrhaft luxuriöse Hotel erscheint wie ein maurisches Dorf und erinnert mit seinen Gärten und Brunnen an die Alhambra. Die Zimmer messen stolze 60 m² und haben einen begehbaren Kleiderschrank. Da die Anlage auch bei arabischen Gästen beliebt ist, wundere man sich nicht, wenn Frauen komplett bekleidet in den Pool steigen. DZ ab 200 $, 1 Woche ÜF für 2 Pers. mit Flug ab 1400 €. ℡ 3603555, ℻ 3603550, www.fourseasons.com.

Sinai Old Spices (4), von einem italienischen Paar geführte Pension. Die 4 farbenfroh und kreativ gestalteten Zimmer verfügen über AC, TV und Küchenzeile. Gemütlicher Innenhof, Abendessen auf Vorbestellung. Wegen der etwas abseitigen Lage in einem Wohnviertel neben der Umgehungsstraße ist ein Mietwagen von Vorteil. DZ 30 €. Rowaysat, ℡ 0122-2183303, www.sinaioldspices.com.

Maritim Jolie Ville Golf Hotel (2), die Anlage besteht aus zwei halbkreisförmigen, zum Meer hin offenen Gebäuden. Auf dem Gelände auch Ferienhäuser der ägyptischen High Society, selbst der Präsident gab sich hier schon die Ehre. Zum Baden gibt es einen künstlich aufgeschütteten Strand und einen fantasievoll gestalteten Wasserpark mit Grotten, Rutschen, Süß- und Salzwasserbecken. Shuttleservice zum Golfplatz, auf dem die Hotelgäste Startpriorität genießen. DZ ab 200 $, 1 Woche ÜF für 2 Pers. mit Flug ab 1000 €. ℡ 3603200, ℻ 3603225, www.maritim.de.

Shark's Bay Umbi Diving Village (1), Scheich Umbarak, Besitzer und Manager der Anlage, war einer der ersten Beduinen des Sinai, die ins Tauchsportgeschäft einstiegen. Restaurant und das im „Beduinenstil" eingerichtete Café schließen vor Mitternacht, sodass es hier abends erheblich ruhi-

E ssen & Trinken
23 Dananeer
24 Tam Tam Oriental Café
26 Peking
29 Fayrouz (Na'ama Mall)

N achtleben
16 Night Magic Club Shades
18 Pirate's Bar
19 Cactus
21 Little Buddha
25 Hard Rock Café
26 Pacha mit Bus Stop
27 Tavern Bar
28 Camel Rooftop Bar

Ü bernachten
17 Oonas Dive
19 Hilton Fayrouz
20 Maritim Jolie Ville Resort & Casino

E inkaufen
22 Al Ahram

ger ist als in Na'ama. Das Hüttenhotel hat Charme, ist aber nichts für große Ansprüche. Da klemmt schon mal eine Tür oder zeigt die Zimmerwand Spuren erschlagener Moskitos. Das Hotel hat eigene Tauchboote und veranstaltet die üblichen Jeep-Safaris. Einfache Bungalows und Strandhütten werden für 20–45 € vermietet. ☎ 3600942, ✉ 3600944, www.sharksbay.com.

*E*ssen & *T*rinken

● *Scharm el-Maya (Karte S. 561)* **Sinai Star (7)**, in den alten Markthallen, Basarviertel. Das Fischlokal ist bei Einheimischen wie Touristen beliebt und deshalb abends immer gut voll, sodass man auch mal einige Zeit auf einen freien Tisch warten muss. Das Essen ist einfach, aber billig und gut. Serviert werden große Platten mit Fischfilet, Krabben, Kalamari oder Hummer mit Reis und Salat. Wer will, kann Alkohol mitbringen oder im benachbarten Schnapsladen besorgen lassen. http://sinaistar85.com.
Safsafa (9), im Basarviertel, am Westtor, ein kleines, legeres und alkoholfreies Lokal mit gerade acht Tischen, an denen gleichermaßen einheimische Familien und Taucher sitzen. Für Kalamari oder ein Fischgericht mit Beilagen rechne man 50 LE. Gelobt wird die Fischsuppe.
El-Masrien (6), im Basarviertel, am Westtor; der Ort zum Kennenlernen der ägyptischen Fleischküche: Kufta, Kebab und Kotelett vom Grill, Leber aus der Pfanne, Täubchen aus dem Ofen. Hauptgericht bis 50 LE.
Terrazzina (11), Scharm el-Maya, Sh. Mohammed el-Yamani. Strand, Lounge und

564 Sinai

Restaurant. Hier trifft sich am Wochenende die junge Hautevolee – schon der Parkplatz gleicht einer Schau der Nobelkarossen, nur die teuersten dürfen in der ersten Reihe parken. Am Strand mit Sofas, Schischas und toller Beleuchtung (Eigenwerbung „cool & laid back") gibt man sich sexy und spart nicht mit Alkohol. Günstige Pizza, teure Meerestiere, lahmer Service. www.terrazzina.com.

• *Ras Umm el-Sid (Karte S. 561)* **Bäckerei Café Makani (14)**, Sh. el-Khazan, gegenüber der Tankstelle. Nebenan ist der Supermarkt Sheikh Abdallah. Neben Broten, Kuchen, leckeren Sandwichs, Salaten und einfachen Tellergerichten gibt es nun auch schmackhaftes und preiswertes Sushi, das in einem besonderen, fernöstlich gestylten Raum serviert wird. Junges Publikum, WLAN. Das Café öffnet gegen 7 Uhr, die Sushibar um 13 Uhr.

• *Na'ama (Karte S. 563)* **Fayrouz (29)**, Na'ama Mall. Mit der reichhaltigen Vorspeisenplatte („Meze") bekommen Sie einen guten Einstieg in die libanesische Küche. Und vergessen Sie trotz der günstigen Preise nicht, dass der Kellner zum Schluss noch 22 % Steuern und Service dazurechnet.

Peking (26), King of Bahrein Street. Filiale einer Kairoer Kette von China-Restaurants. Verlässliche Qualität, Spezialität ist die Peking-Ente; auch einige vegetarische Gerichte. Hauptgericht bis 80 LE. www.peking-restaurants.com.

Dananeer (23), Nordende der King of Bahrain St., mit Maschrabia-Fenstern und hohen Räumen auf alt und orientalisch getrimmt. Zu essen gibt's allerlei Steaks und Seafood (bis 120 LE).

Tam Tam Oriental Café (24), am Strand neben Sinai Divers, gleichermaßen Restaurant wie Kaffeehaus mit Schischa, Stella und gelegentlich arabischer Livemusik, ist das Tam Tam ein guter Platz, um die ägyptische Küche kennen zu lernen (z. B. Lamm mit Okra, Kuschari, gefüllte Täubchen). Hauptgericht 50–100 LE.

Nachtleben (Karte S. 563)

Hard Rock Café (25), Na'ama. 20 Mio. LE soll das Kettenlokal gekostet haben, nach Beirut, Amman, Bahrain, Dubai und Ankara das sechste Projekt der amerikanischen Kette im Nahen Osten. An der Fassade lockt eine 25 m lange Gitarre die Passanten, innen steht der obligatorische pinkfarbene Straßenkreuzer, und an den Wänden hängen Memorabilia wie Elvis Presleys Baseballshirt oder eine Gitarre von Kenny Rogers. Die Kette hat auf Auktionen 40.000 solcher Stücke ersteigert und tauscht sie regelmäßig zwischen ihren Niederlassungen aus.

Pacha mit **Bus Stop (26)**, Sanafir Hotel, Na'ama. Neben dem Hard Rock Café der beliebteste Nightspot in Na'ama. Pacha (www.pachasharm.com) macht den Innenhof des Hotels zum Club mit orientalischer Show, Schaumpartys oder aus London eingeflogenen DJs. In der Bar des Bus Stop laufen MTV-Clips, eine Etage höher schwingen Urlauber, Soldaten der MFO und wenige Einheimische das Tanzbein. Freitags organisieren die Leute vom Pacha draußen in der Wüste den **Echo Temple** als lautstarke Freiluftdisco mit Platz für 4000 Tänzer.

Cactus Disco (19), an der Peace Road beim Jolie Ville, Na'ama, versucht mit britischen DJs wieder mehr Gäste anzulocken. Männer ohne weibliche Begleitung haben beim Türsteher wenig Chancen auf Einlass.

Einen guten Ruf hat auch der **Night Magic Club Shades (16)** im Rosetta-Hotel.

El-Fanar (Karte S. 561, 15), äußerlich Zelt und innen einer Höhle ähnlich, steht die Disco in bester Lage am Kap unterhalb des Leuchtturms. Tagsüber Strandbetrieb (Eintritt 70 LE) mit Beach Bar. www.elfanarsharm.com.

Alf Leila wa Leila (Karte S. 561, 13), el-Hadaba, bringt abends ein Folkloreprogramm mit arabischer Musik und Bauchtanz. Zuletzt trat hier auch Tito auf, Ägyptens bester (männlicher) Tänzer.

Little Buddha (21), Na'ama Bay Hotel, www.littlebuddha-sharm.com. Die weltweit erfolgreiche Light-Version der legendären Pariser Buddha Bar bietet Restaurant mit Sushi-Bar, Lounge, Dancefloor und Giftshop, alles in schickem Club-Ambiente mit chilligem Sound und orientalischen Wohlgerüchen. Zielgruppe, so Firmengründer Raymond Visan, sind „Lifestyle-affine Movers und Shakers" mit hohem Einkommen – so sind denn die Preise auf europäischem Niveau.

Pirate's Bar (18), im Hilton Fayrouz, Na'ama. Hier treffen sich tagsüber Geschäftsleute und nach der Arbeit die Tauchlehrer und Guides zur Happy Hour, die bis 19.30 Uhr dauert. Es gibt importiertes Bier vom Fass.

Camel Rooftop Bar (28), im Camel Hotel, Na'ama. Dachterrasse mit Blick über die

Wassermusik am Soho Square

Fußgängerzone, hier startet man den Abend mit Cocktails oder kühlem Bier.
Tavern Bar (27), Mall 14, Na'ama, www.the tavernbar.com. Eine Oase britischer Lebensart mit English Breakfast, Fish&Chips und den Spielen der Premier League auf Großbildschirmen. Fr Party, Do/Sa Karaoke.

Sport/Freizeit

Schnorchler, die auf die Riffplatten und -wände nahe der Wasseroberfläche angewiesen sind, finden vor dem Gafy-Hotel am Nordende der Na'ama Bay eine gute Stelle, den Fischen zwischen den Korallen zuzuschauen. Hotels und Tauchschulen verleihen Brillen, Flossen und Schnorchel und bieten darüber hinaus auch Bootsausflüge zu entfernteren Plätzen an. Da ein guter Tauchplatz nicht unbedingt auch ein guter Ort zum Schnorcheln ist, sollte man „gemischte Gruppen" vermeiden.

Neben dem Tauchvergnügen bietet Scharm auch Sportmöglichkeiten über Wasser. Ein **Gleitschirmflug** zeigt die Na'ama Bay aus der Vogelperspektive – angeblich sollen schon 80-jährige Urgroßväter und voll verschleierte Frauen am Schirm hängend gesehen worden sein. Start und Landung erfolgen vom Boot aus, sodass der Flieger nicht mal nasse Füße bekommt. Wasserkontakt und spaßige Gruppendynamik verspricht dagegen eine Fahrt auf der **Banana,** einem vom Motorboot gezogenen Gummiwulst. Eine falsche Bewegung, und die gesamte Mannschaft kippt ins Wasser. Auch für Surfer, wobei sich die Bay mit ihren eher sanften Winden mehr für Anfänger eignet, gehört ein gelegentliches, unfreiwilliges Bad einfach dazu. Der *Red Sea Explorer* und andere **Glasbodenboote** sind mit Videokameras ausgerüstet, um die Unterwasserwelt jenseits der Glaswand auch auf den Monitor zu bringen.

Zum **Baden** ist die *Na'ama Bay* mit Abstand am besten geeignet, doch natürlich auch am vollsten. Der feine Sandstrand wird von den Hotels der ersten Reihe gemanagt, die das Monopol über Liegestuhl- und Schirmverleih haben und von Nicht-Hotelgästen Eintritt erheben. Am meisten Platz hat man (noch) beim Hilton

Fayrouz. Zwischen den Platzhirschen gibt es auch schmale Streifen „Public Beach", also öffentlichen Strand mit kostenfreiem Zugang – hier zahlt man nur für Liegestühle und Sonnenschirm. Einen größeren Public Beach findet man in Scharm el-Maya am Fuß der Klippe.

Auch in *Scharm el-Maya* ist das Ufer weitgehend in der Hand der Hotels. Steilfelsen erschweren hier teilweise den Zugang, sodass etwa das Albatros Resort einen gigantischen Fahrstuhlturm auf den Strand gesetzt hat, um den Gästen die Treppenkletterei zu ersparen.

Andere Badeplätze wie *Shark Bay* und nördlich davon der *White Knights Beach*, so benannt nach einer geisterhaften Korallenformation, die gestern noch ein Geheimtipp waren, sind längst bebaut. Darüber hinaus schafft jedes Hotel, das ein Stück Ufer ergattern konnte, dort mit Aufschüttungen eine künstliche Strandlandschaft.

Von den **Quadrunners**, mit denen testosterongesteuerte Burschen gern die Wüste durchpflügen, halte ich nichts. Denn wo so ein Ding mal drübergerollt ist und den Boden verdichtet hat, wächst auf Jahre hinaus kein Gras mehr.

Wie wär's stattdessen mit **Reiten**? Für 25 €/Std. kann man dies mit den Pferden des Hotels **Sofitel**, ✆ 3600081, oder im **Omar Riding Club** (Rowyasat, ✆ 0122-7947973, http://omararabian.com).

Oder ein paar Runden auf der **Go-Kart-Bahn Ghibli Raceway**? Die findet man im Norden von Na'ama an der Zufahrt zum Hotel Hyatt Regency. ✆ 3603939, www.ghibliraceway.com, 10 Runden 30–40 €.

Als ultracooles Ferienabenteuer gilt den Kids das Eislaufen im **Ice Skating Center** des Hotels Savoy, Soho Square, beim Flughafen, http://soho-sharm.com. Eintritt plus Leihschlittschuhe 15 €.

An der Bucht von Scharm el-Maya

Mehr als einmal sperrten in der Vergangenheit skrupellose Geschäftemacher **Delfine** in winzige Becken und luden das Publikum zu Vorführungen und zum Delfinschwimmen. Selbst aus arktischen Gewässern stammende **Belugawale** wurden im subtropischen Klima von Scharm el-Scheich schon zu Tode geröstet. Delfine und Wale gehören ins Meer, nicht in den Pool! Dank öffentlichem Druck haben die großen Reiseveranstalter in Scharm das Delfinarium aus ihren Ausflugsprogrammen gestrichen. Sie können den Tieren helfen, indem Sie die tierquälerische Attraktion auch nicht auf eigene Faust besuchen.

Tauchzentren

In Scharm konkurrieren rund fünfzig Tauchbasen. Nur wenige sind renommiert genug, um die Kundschaft allein mit dem eigenen Namen anlocken zu können – die meisten leben von den Gästen der Hotels, mit denen sie assoziiert sind.

Camel Dive Club, neben dem Sanafir Hotel, ✆ 3600700, www.cameldive.com. Von einer bescheidenen Tauchbasis wuchs der Club zu einem Imperium mit eigenem Hotel, Tauchbooten und Wüstensafaris. Ausbildung in Gruppen à 6 Pers.

Red Sea Diving College, bei der Mall, ✆ 3600145, www.redseacollege.com. Die von der Tauchlehrervereinigung PADI mehrfach ausgezeichnete Tauchbasis bietet auf dem Schulgelände auch einfache Unterkunft (DZ und 8-Bett-Zimmer) und sogar ein kleines Restaurant.

Shark's Bay Umbi Diving Village, Shark Bay, ✆ 3600942, www.sharksbay.com. Die Basis liegt zwischen Na'ama Bay und dem Flughafen, hat einen eigenen Bootssteg und Unterkünfte im Beduinen-Stil (siehe Rubrik „Übernachten", Shark's Bay Camp). Ausbildung nach PADI, doch ist die Basis eher für Fortgeschrittene geeignet.

Sinai Divers, Ghazala Hotel, ✆ 3600697, www.sinaidivers.com. Rolf Schmidt, der die alteingesessene Basis zusammen mit Partnerin Petra Röglin leitet, kam 1973 zum ersten Mal nach Scharm el-Scheich, das zu seiner neuen Heimat werden sollte. Eine eigene Modemarke besorgt kostenlose Werbung und Imagepflege.

Subex, Maritim Jolie Ville, ✆/℡ 3600122, www.subex.org. Der Schweizer Pionier des Tauchsports veranstaltete 1972 unter abenteuerlichen Bedingungen die erste Tauchexpedition in den Süden des Sinai. Seit 1991 ist Subex hier mit einer ständigen Tauchbasis vertreten. Ausbildung in Kleingruppen.

Werner Lau Diving Center, ✆ in Deutschland 0201-8681076, www.wernerlau.com, große deutsche Basis im Hotel Helnan Marina, Ausbildung nach PADI und SSI, tägl. Ausfahrten zur Thistlegorm (→ S. 103) und zu anderen bekannten Tauchspots.

Sehenswertes

Die überragenden Sehenswürdigkeiten von Scharm el-Scheich sind natürlich seine Tauch- und Schnorchelgründe. Zu Lande beeindruckt nur die Glitzerwelt des **Soho Square** (http://soho-sharm.com), eine edle Flanier- und Einkaufsmeile mit musikalisch unterlegtem Wasserspiel. Wer noch nie am Nil war, kann im *Culturama* (englisch tägl. 21 Uhr, 35 LE) eine virtuelle Reise zu den Pyramiden, Tempeln und den Pharaonen erleben.

Ras Umm el-Sid: Das für seine Fächerkorallen berühmte Riff liegt vor dem kleinen Leuchtturm an der Spitze der Halbinsel. Fische füttern mag zwar verboten sein, doch offenbar halten sich nicht alle daran: Die Napoleonsfische von Ras Umm es-Sid fressen jedenfalls aus der Hand und warten inzwischen geradezu darauf, dass Taucher ihnen einen Happen hinhalten. Im Bereich der Ankerbojen bildet das Riff einen Steilhang mit Korallenpfeilern. Schnorchler finden rechts des Leuchtturms einen Pfad zum Strand hinunter, während Taucher, die den tieferen Teil des Riffs ansteuern, besser auf der anderen Seite einsteigen.

Amphoras: Dieser Tauchgrund zwischen Ras Umm el-Sid und The Tower hat seinen Namen von den Tonkrügen, die an Bord eines türkischen Schiffes waren, das hier vor langer Zeit unterging. Ebenso wie der Anker sind die zerborstenen Krüge völlig mit dem Riff verwachsen – ein schönes Fotomotiv. Einzelne Scherben liegen dagegen völlig kahl auf dem Meeresgrund. Man vermutet, dass in diesen Krügen Quecksilber transportiert wurde und dass das Gift bis heute jeden Bewuchs verhindert. Amphoras ist von Land und bei ruhiger See auch vom Boot zu betauchen.

The Tower: Im Wasser vor dem Tower-Hotel erhebt sich ein markanter Korallenturm hoch über die Riffplatte. Geradeso interessant ist ein verwinkelter Canyon, der ins Riff und in kleine Höhlen führt.

> **Leben im Riff**
>
> Neben der Kunst, die Aufmerksamkeit des anderen Geschlechts auf sich zu ziehen, sind raffinierte Strategien zum „Nicht-gefressen-werden" die beste Voraussetzung fürs Überleben der Art. Zur Freude der Taucher und Aquarianer gehen einige Arten dabei ganz offensiv vor. Statt sich zu tarnen oder zu verstecken, geben sie sich dem potenziellen Feind möglichst farbenprächtig schon von weitem zu erkennen – und schrecken ihn ab. Die bunten und unmittelbar nach ihrer Geburt für manchen Räuber noch wohlschmeckenden **Meeresschnecken** nähren sich von giftigen Quallen, bis sie selbst giftig sind. Räuber, die jemals eine Meeresschnecke verspeisten und anschließend von Krämpfen geschüttelt wurden, werden diese Art künftig meiden.
>
> Den **Clownfisch** kennzeichnen zwei weißblaue Streifen auf sonst orangebraunem Körper. Er lebt zwischen den giftigen Tentakeln der Seeanemonen. Seine Haut ist mit dem für die Anemonen charakteristischen Schleim überzogen. Die halten ihn so für ihresgleichen und greifen den Clownfisch nicht an.
>
> Die Waschanlage des Riffs betreiben winzige, schwarzblau-gestreifte **Putzbrassen.** In einem komplizierten körpersprachlichen Dialog signalisieren sich Kunde und Putzkolonne die Bereitschaft zum Service. Die Putzbrassen picken Parasiten und abgestorbene Hautteile vom Körper anderer Fische und bewegen sich dabei völlig ungefährdet sogar zwischen den Zähnen der gefräßigsten Räuber.
>
> Viele Arten überleben nur durch fortgesetzte Täuschung. So gibt es Fische, die der Putzbrasse ähnlich sind und ihr Verhalten imitieren. Doch statt die Kundschaft zu putzen, reißt ihr der **Mimic Blennie** (Aspidontus taeniatus) Fleischstückchen aus dem Hinterleib. Bis der größere Fisch allmählich merkt, was ihm geschieht, sind die Betrüger auf und davon.
>
> So wie wir auch bei ungewöhnlichen Körperformen (etwa beim Rochen) anhand der Augen auf Anhieb die Kopfpartie und damit vorne und hinten unterscheiden können, vermag dies auch der Raubfisch, der damit wichtige Hinweise über die Fluchtrichtung seines erhofften Menüs gewinnt. **Schmetterlingsfische** tarnen deshalb ihre Augen. Sie sind in ein senkrecht über den Körper laufendes Band schwarzer Punkte eingebettet. Andere, wie die **Doppelpunktbrasse,** bedürfen dieses Tricks nur als Jungfische, denn ausgewachsen schrecken die Krabbenfresser schon mit ihrer Größe die Räuber ab. Die Jugend tarnt sich deshalb mit Scheinaugen auf den Rückenflossen, die später verwachsen.

The Gardens: Diese Tauchplätze liegen in der Bucht gleich nördlich der Na'ama Bay. *Near Garden,* die zerklüftete Riffwand vor der Landspitze, gilt als wenig spektakuläres Anfängergebiet. In der Mitte der Bucht *(Middle Garden)* geht die Wand auf etwa 8 m Tiefe in einen mit Korallenblöcken aufgelockerten Sandgrund über. In dem farbenfrohen Steingarten mit Weichkorallen tummeln sich auch Riffbarsche und Rochen. Am *Far Garden* reicht das Riff erheblich tiefer. Auf 15 bis 20 m ü. M. geht die Steilwand in ein Plateau über, das weiter draußen in eine Steilwand abbricht. Diese reich bewachsene Riffkante lädt besonders zum Verweilen ein.

Shark Bay: Die echten Haie wurden durch die Tagesausflügler und Taucher längst vertrieben; statt ihrer haben sich Immobilienhändler und Hoteliers den landseitigen

Lebensraum angeeignet und mit Hotels überbaut. Noch ist der Strand umsonst. Unter Wasser überwiegen abgestorbene und versandete Riffpartien, die Landschaft ist wenig spektakulär. Die Szenerie lebt von den zahlreichen Fischen, die den Flachbereich zu einem großen Aquarium machen.

Straße von Tiran/Ras Nasrani: Hier am Engpass und Eingang des Golfs von Aqaba blockierten die Ägypter 1967 den israelischen Schiffsverkehr, was schließlich in den Sechs-Tage-Krieg und die israelische Besetzung der Sinai-Halbinsel mündete. Die Inseln *Tiran* (Naturschutzgebiet) und *Sanafir* bieten Tauchern neben Riffen auch Tiefwassergründe, in denen sich etwa Haie und Rochen beobachten lassen. Allerlei Wracks künden von Strömungen, Untiefen, Kriegen und Versicherungsbetrug. Allein seit der Rückgabe des Sinai an Ägypten strandeten hier drei Dutzend Schiffe. Die meisten liegen allerdings in für Sporttaucher unerreichbaren Tiefen.

Organisierte Ausflüge

Außer Korallenbänken und Meerestiefen lassen sich auch die landseitigen Wunder des Sinai erkunden. Etwa zwanzig Reisebüros konkurrieren mit Ausflugsangeboten, ein Preisvergleich lohnt sich. Beliebte Tagesziele sind das *Wadi Kid* oder *Coloured Canyon* (Jeeptour je 40–55 €) und natürlich das *Katharinenkloster* (ab 40 €), das einige Anbieter mit einem Stopp im *Wadi Firan* verbinden. Ebenfalls organisiert werden unter dem Etikett „Beduinisches Abendessen" (ab 30 €) Barbecues im Wüstensand oder Mondschein-Kamelritte. Von den stressigen Ausflügen nach Kairo und Luxor, auch per Flugzeug, halte ich nichts: Beide Orte sind zu schade, um sie in einem Tag abzuhaken, sie sind vielmehr eine eigene Reise wert.

Von Scharm el-Scheich nach Dahab

Nabq: Nördlich des Flughafens bis hin zur Mündung des Wadi Kid steht ein weiteres Gebiet unter Naturschutz, der hier jedoch zum „Multiple Use Management" reduziert ist, also viel weniger streng, als am Ras Mohammed gehandhabt wird. Die beiden Beduinendörfer durften bleiben, ihre Bewohner können weiter für den Eigenbedarf fischen und sich auch als Fisch- und Krabbenfarmer betätigen. Hotels und Teerstraßen gibt es bislang nicht, doch wird das Gebiet in Scharm el-Scheich als Ziel von Tauchsafaris und Quadtouren angepriesen! Sehenswert sind vor allem die Mangrovenwälder, die nördlichsten ihrer Art, und vor der Küste das Wrack der *Maria Schröder*.

Mangrovenhain im Naturschutzgebiet Nabq

Am Eingang werden 5 $ pro Person und Fahrzeug kassiert. Aus Richtung Flughafen kommend (ein weiterer Zugang ist durch das Wadi Kid) passiert man zunächst ein mit rostigem Stacheldraht markiertes Minenfeld und dann eine kleine Oase mit Militärposten, neuer Moschee und ziemlich viel Müll. Bald kommen die ersten Mangroven, noch kleinwüchsig und vereinzelt. Für teures Geld verkauft an einem Badeplatz die *Cafetria el-Gharqana* lauwarmes Stella und grillten Fisch. Beduinenkinder aus dem nahen Fischerdorf drängen sich und dem Besucher als Fotomotiv auf und feilschen um den Preis für die nicht bestellte Pose. Man wundert sich, wo die Kids alle herkommen, da doch so viele Hütten verlassen und verfallen sind, seit der Fischbestand so dramatisch abgenommen hat.

Allerlei Fahrspuren zeugen von häufigem Jeepverkehr, der weder den Sanddünen noch den hier weidenden Gazellen gut tut. In Sichtweite der ersten Fischfarm laden die Palmen von **Nachlet et-Tal** zum Picknick. Der Platz soll gut zum Tauchen sein, zum Schwimmen taugt er nicht. 14 km nach dem Eingang erreicht man die fotogene Mangrovenlagune **Rowaisseya** mit dem vorgelagerten Wrack der 1956 gestrandeten *Maria Schröder*. Ein Fischadler verspeist seine Beute, Wattvögel stochern im Schlick, in der Ferne sieht man das ungewöhnlich gestaltete Gebäude des *Visitor Center*. Die dort in Zusammenarbeit mit der Uni Stuttgart gestalteten Poster, die ausgestopften Tiere und die Beduinenkleider sind nicht spektakulär, aber doch interessant. Wer hätte etwa gewusst, dass auf dem Sinai noch Hyänen leben?

Der Sinai als Minenfeld

Auch wenn das Tourismusministerium die Küste inzwischen für „minenfrei" erklärt hat – im Landesinneren liegen die gefährlichen Langzeitwaffen aus den israelisch-arabischen Kriegen noch immer massenweise irgendwo unter dem Sand. Viele sind durch Sturzregen und Erdrutsche längst nicht mehr in der ursprünglichen Position und damit auch anhand der Aufzeichnungen über die Minenfelder, die Israelis und Ägypter nach dem Friedensschluss austauschten, nicht mehr aufzufinden.

Wadi Mandar: 15 km nach dem Checkpoint beginnt ein lang gezogenes Beduinendorf. Nahe der Schule warten die Beduinen mit Jeeps und Kamelen auf Ausflügler ins Wadi. Das Tal ist nicht schöner oder hässlicher als andere – es zeichnet sich allein durch seine relative Nähe zu Scharm el-Scheich aus, weshalb es von den Reisebüros für ihre organisierten Kamelritte bevorzugt wird. In einer mobilen Sternwarte *(Space Vision Centre)* kann man unter deutscher Leitung durch Teleskope den Nachthimmel erkunden. Am Neujahrstag treffen sich im Wadi Mandar Beduinen und Urlauber zum Kamelrennen.
Sternwarte: Kontakt Paula Müller, 0100-5769788, www.sternenpaula.de.

Wadi Kid: Das Wadi Kid kreuzt etwa 40 km nach dem Scharm-Checkpoint (und 2 km vor der nächsten Kontrollstation) die Teerstraße. Talauf endet die Piste vor einer Felsbarriere, hinter der sich das Grundwasser staut und in der Oase 'Ain Kid zutage tritt – ein idyllischer Platz mit Palmen und viel Grün, an dem man im Sommer auch viele Beduinen trifft.

Schahira-Pass: 50 km nach Scharm el-Scheich hat man vom Schahira-Pass, dem höchsten Punkt der Straße nach Dahab, eine gute Aussicht auf die Farbenpracht der Bergwelt mit ihrem Gestein aus der Frühzeit der Erdgeschichte. Ein Rasthaus bietet Tee, Erfrischungsgetränke und Souvenirs. Etwas abseits erinnert ein inzwischen arg demolierter Obelisk an israelische Soldaten, die hier im Sechstagekrieg mit ihrem Jeep auf eine Mine fuhren und starben.

Kamele warten am Blue Hole auf Touristen

Dahab

Von einem romantischen Beduinendorf und ungezwungenen Treff der Rucksackreisenden entwickelt sich Dahab derzeit zu einem normalen Urlaubsort, der Tauchgründe und ein vorzügliches Surfrevier mit Ausflugsmöglichkeiten in die nahen Berge verbindet.

Orientierung: Dahab bedeutet auf Arabisch „Gold" – der goldgelbe Sand gab den Namen. Die Israelis bauten in den Siebzigern etwas abseits der Küste eine kleine Siedlung *(Dahab-City)* und hinterließen mit dem Vorläufer des *Coralia* auch das erste Hotel. Hier stehen heute die großen Hotelanlagen wie etwa das Hilton. Zum Anziehungspunkt wurde jedoch das etwas nördlich gelegene Beduinendorf. Dieses, längst zu einer Kleinstadt gewachsen, teilt sich (von Süd nach Nord) in das neuere *Maschraba*, ein Hotelviertel mit Flaniermeile *(The Strip)* am Ufer und einer Einkaufsstraße in der zweiten Reihe; das ältere Viertel *Masbat*, beginnend an der Strandpromenade etwa an der kleinen Ausgrabungsstelle; dann *The Lighthouse* (Fanar) am Nordende der Bucht, und schließlich das Wohnviertel *Assalah* (hocharabisch Ghazala) um den gleichnamigen Platz. Auch das Ufer südlich des Coralia Resorts wird mit neuen Ferienanlagen bebaut, sodass allmählich eine zusammenhängende, 10 km lange Stadt entsteht.

Geschichte: Dahab wurde noch unter israelischer Besatzung zu einem Treffpunkt von Aussteigern und später Rucksacktouristen, die am Strand oder in einfachsten Camps übernachteten und unter südlicher Sonne ein naturnahes Dolcefarniente mit reichlich Haschisch und minimalen Lebenshaltungskosten genossen. Zeit spielte keine Rolle. Man traf sich am Palmenstrand und auf den Sitzkissen der Kaffeehäuser, zog mit den Beduinen auf Kamelsafari und aß in schlichten Garküchen, wo selbst die Languste, die die Einheimischen aus der Lagune fischten, preiswerter war als ein Sandwich in Scharm el-Scheich. Luxus, schicke Klamotten und alles, was irgendwie mit Pauschaltourismus zu tun hat, war verpönt. Seine dunkelste Stunde erlebte Dahab am Tag des Frühlingsfests 2006, als mitten in Masbat drei Bomben 23 Menschen in den Tod rissen. Ein Gedenkstein an der Wadi-Brücke erinnert an die Opfer, anfangs zweisprachig, jetzt nur noch Arabisch, denn wer will schon den Urlaubern die Laune und sich das Geschäft verderben.

Dahab heute: Noch immer hat Dahab mit seinen Basarbuden, improvisierten Cafés und chaotisch gewachsenen Bauten ein Flair scheinbar unorganisierter Buntheit. Beduinenmädchen flechten den Urlaubern farbenfrohe Armbänder oder Zöpfchen, Katzen umschmeicheln die Esser in den Restaurants. Die Gäste haben Zeit und sind, was der Autor schätzt, belesen: Viele Geschäfte haben Regale voll mehr oder minder anspruchsvoller Belletristik in allen möglichen Sprachen und kaufen gelesene Bücher an oder tauschen sie gegen einen geringen Aufpreis um. Auch Internetcafés stehen hoch im Kurs.

Doch mit dem Wandel der Jugendkultur und dem Druck der Investoren haben sich auch hier die Zeiten geändert. Nicht nur die Uferpromenade orientiert sich am Vorbild Scharm el-Scheich. Aus Schilfhütten wurden Betonhäuser im neo-maurischen Stil, die auf den Geschmack westlicher Lebensart gekommenen Beduinen müssen sich Platz und Verdienst mit zugewanderten Ägyptern teilen, und der zurückhaltend gelassene Umgang mit den Fremden wich der Aufdringlichkeit von Schleppern und Geschäftemachern, die Teppiche, Papyri und den üblichen Khan-el-Khalili-Ramsch an den Mann und an die Frau bringen wollen. Die Drogen wurden teurer und schlechter, die Razzien häufiger. Zunehmend entdecken Surfer und Taucher die Vorzüge der Wasserwelt, und mit dieser zahlungskräftigen Klientel hat der Ort auch Eingang in die Reisekataloge gefunden.

*A*nfahrt

- *Bus* Die besten **Busverbindungen** bestehen nach Scharm el-Scheich (8, 9, 10, 11.30, 12.30, 15, 16, 17.30, 22 Uhr; 1½ Std., 20 LE). Auch die Linienbusse nach Suez (8 Uhr, 7 Std., 40 LE) und Kairo (9, 15, 22 Uhr; 9 Std., 85 LE) nehmen diesen Weg. Weitere Verbindungen gibt es nach Nuweiba, (10.30, 16, 18.30 Uhr; 1 Std., 15 LE), Taba (10.30 Uhr, 2½ Std.) sowie um 16 Uhr nach Hurghada und Luxor (130 LE).
Vom **Busbahnhof** (✆ 3640250) in Dahab-Stadt kommt man per Taxi (10 LE) nach Masbat.

- *Sammeltaxi* Private **Sammeltaxis** und **Kleinbusse** nach Scharm (45 LE), Nuweiba (25 LE) oder zu anderen Überlandzielen fahren neben der Moschee an der Peace Road ab. Für ein komplettes Taxi nach Scharm el-Scheich wären 150 LE ein guter Preis – üblich sind für Touristen 200 LE, nachts 250 LE. Nach St. Katharina fährt morgens und spätnachmittags der **Bedouin Bus**, www.bedouinpaths.com/bedouinbus.php. Tickets (45 LE) und Reservierung z. B. im Alaska Camp, ✆ 0106-4632522.

*V*erschiedenes

Telefonvorwahl: 069

- *Einkaufen* Die üblichen Touristenangebote (Schmuck, Wasserpfeifen, Klamotten usw.) gibt's an der Uferpromenade und in der Fußgängerzone hinter der Polizeistation. Waren des täglichen Bedarfs findet man eher am Lighthouse Square und am Assalah Square.

- *Gesundheit* In Dahab-City gibt es eine schlecht ausgestattete Poliklinik, in Masbat mehrere Privatärzte, z. B. Dr. Ahmed Sadek, ✆ 0122-3486209, www.sadekpolyclinic.com; oder Dr. Sherif Salah, ✆ 0122-2208484. Bei Zahnschmerzen hilft Dr. Adel, ✆ 0122-4515998, www.dahabdentist.com. Das

Dahab 573

nächste Krankenhaus findet sich in Scharm el-Scheich. Eine Kanalisation ist erst im Bau. Trinken Sie deshalb nur Flaschenwasser und seien Sie mit ungekochten Speisen etwas vorsichtiger als anderenorts!
• *Polizei* Beim Coralia (✆ 3640188) und im Zentrum von Masbat; gewöhnlich wachen auch Posten am Strand darüber, dass keine Frau den Busen entblößt.
• *Zweiräder* Fahrräder ab 30 LE/Tag verleihen die meisten Hotels. Mopeds und Motorräder bekommt man neben Leilas Bakery.

Übernachten (*K*arte *S*. 575)

Neben den üblichen Hotelanlagen für den organisierten Tourismus gibt es in Dahab auch kleinere, preiswerte Hotels für Individualreisende oder, mit eigener Tauchschule, speziell für Wassersportler. Viele können über die Buchungsplattform www.dahab.net gebucht werden.

Hilton (15), Bungalowanlage im neo-maurischen Stil. Süßwasserpool und künstliche Wasserlandschaft, Fahrradverleih, Tauchbasis und Surfschule, Disco. DZ 60–120 €, 1 Woche HP für 2 Pers. mit Flug ab 1000 €. Dahab, ✆ 3640310, ✉ 3640424, www.hilton.com.

Swiss Inn (16), sehr gepflegte mit ca. 180 Zimmern in zweigeschossigen Reihenbungalows. Das Hauptgebäude ist einem Beduinenzelt nachempfunden. Super Pool, Traumstrand mit Tauchcenter und Surfschule, Fahrradverleih, keine Animation. DZ HP 60–100 €, 1 Woche HP für 2 Pers. mit Flug ab 800 €. Dahab, ✆ 3640471, ✉ 3640470, www.swissinn.net.

Coralia Club Dahab (17), ein Bungalowdorf mit 500 m eigenem Strand, Süßwasserpool und schönen Gartenanlagen. Mit seiner Lage an einer geschützten Bucht ist das Hotel besonders für Anfänger in Sachen Tauchen, Segeln und Surfen geeignet. Mit der Entfernung vom Ufer nimmt der Komfort der in drei Preiskategorien gruppierten Bungalows ab, doch auch die schlichten „Cabanas" im rückwärtigen Teil haben Dusche, WC und Klimaanlage. Keine Klassenunterschiede gibt es beim Essen im Hotelrestaurant. DZ 60–95 €, 1 Woche HP für 2 Pers. mit Flug ab 700 €. Dahab, ✆ 3640301, ✉ 3640302, www.accorhotels.com.

Dahab Paradise (1), das Hotel liegt 3 km nördlich des Zentrums nur durch eine Straße vom Meer getrennt. Alle 35 Zimmer mit Balkon oder Terrasse, einfach doch ansprechend möbliert. Aufmerksamer Service, gute Küche (nur das Frühstück enttäuschst). Pool und Meerblick, Schnorchelriff direkt vor dem Haus. Der steinige Strand taugt nicht zum Baden, doch bietet das Hotel einen Shuttlebus zum Sandstrand an der Lagune. DZ 45–65 €. Blue Hole Rd., ✆ 0100-7002527, www.dahabparadise.com.

Christina (11), nur die Uferpromenade trennt das Hotel vom Meer. Die geräumigen Zimmer, alle mit Balkon, gruppieren sich um zwei zentrale Innenhöfe mit Bar und Restaurant. Die Chefin stammt aus der Schweiz. Liegen am Strand, Tauschbibliothek, Pool. Von mir und von Lesern empfohlen, am besten das Zimmer Nr. 6 (mit Meerblick, frischer Brise und auf der Schattenseite). DZ 25–65 €. Maschraba, ✆ 3640390, ✉ 3640296, www.christinahotels.com.

Blue Beach Club (3), hier geht es nicht nur ums Tauchen. Das kleine Hotel unter schweizerisch-ägyptischem Management bietet vielseitige Aktivitäten und Kurse in orientalischem Tanz, Yoga, Reiten und sogar Arabischkurse! Im futuristischen Speiseraum wird abends bei Kerzenlicht diniert, die gemütliche Bar ist ein Treffpunkt auch für Gäste anderer Hotels. Eigener (Kies-) Strand. DZ 35–45 €. Garden St., Lighthouse, ✆ 3640411, ✉ 3640413, www.sinai.ch.

Seaview (13), ruhig, doch an der Uferpromenade und in Laufweite zum Zentrum gelegen. Die mit TV, Kühlschrank, AC, Frisiertischchen und Balkon ausgestatteten Zimmer sind auf zwei Etagen V-förmig um einen Pool angeordnet und haben (fast) alle Blick aufs Meer – einige wenige (Nr. 106–108, 116–118) aber auf eine Hauswand. Tauchschule und Fitnesscenter waren Ende 2010 geschlossen, das Hotelrestaurant ist nicht der Hit, das Frühstück aber in Ordnung. DZ 25–35 €. Am Strand, Maschraba, ✆ 3641272, www.seaviewdahab.com.

Sunsplash (14), die von der Deutschen Anita Molle geführte Taucherhotel bietet neben den klimatisierten Zimmern in Reihenbungalows, die um einen begrünten Innhof gruppiert sind, auch noch einige preiswerte Hütten im Campstil. Ein großes Plus ist die während Tauchausflügen angebotene Kleinkindbetreuung. DZ 30 €. Am Strand, Maschraba, ✆ 3640932, www.sunsplash-divers.com.

4S (12), Aparthotel 10 Gehminuten vom Meer. Geräumige Studios und Apartments mit Sitzgruppe, voll ausgestatteter Küche und intakten Moskitogittern. WLAN, Pool, einfaches Frühstück. Meiden Sie die Zimmer nahe der Rezeption. Studio für 2 Pers. ÜF 65–80 $. Maschraba, ✆ 3642890, ✆ 3642894, www.4shotel.net.

B & B Alf Leila (4), wohnen mit Stil. Eine russischstämmige Designerin hat mit Geschmack und Können acht Zimmer und Ferienapartments farbenfroh und aufwändig gestaltet. Alle mit Balkon oder Terrasse und Teeküche, die Apartments haben zusätzlich einen separaten Aufenthaltsraum. Frühstück gibt's in der Bäckerei um die Ecke. DZ 35–55 €. Fanar St., ✆ 3640595, www.alfleila.com.

Coachhouse (5), die kleine Pension mit gerade 7 Zimmern wird von einem engagierten dänischen Paar geführt, das das Haus stilsicher skandinavisch-orientalisch eingerichtet hat und dabei auch Details wie die Moskitonetze über den Betten nicht vergaß. WLAN, Gästeküche im Innenhof. DZ 40 €. Im Block hinter Desert Divers, Fanar, ✆ 0100-9811321, www.dahabcoachhouse.dk.

Essen & Trinken/Nachtleben

Die Restaurants an der Uferpromenade („The Strip") verbinden Beduinenfolklore mit westlicher Konsumkultur: Auf Sofas, niedrigen Hockern oder Sitzkissen genießt man Softdrinks zu Reggaeklängen. Auf den Speisekarten finden sich Fisch, Pizza und Pastagerichte, für den kleinen Hunger oder zum Frühstück auch Pfannkuchen. Erheblich preiswerter sind die ägyptischen Lokale abseits des Strands, in denen man auch für gerade nur 10 LE satt wird.

• *Restaurants* **Arousa el-Bahr/Sea Bride (8)**, Masbat. Die „Meerjungfrau" steht nicht am Meer, hat aber eine hübsche Dachterrasse und unbestritten den besten und frischesten Fisch in Dahab – auch viele Köche anderer Restaurants kaufen hier ihr Seafood ein. Serviert werden Fisch und Meeresfrüchte nach Gewicht. Man wählt den Tagesfang aus einer Vitrine aus, erst dann wird er zubereitet. Als Vorspeise gibt es automatisch eine Fischsuppe, als Beilagen riesige Portionen Reis und Salate. Ortsansässige zahlen (wie vielerorts in Dahab) einen „ägyptischen Preis" von etwa 30 LE fürs Menü, Touristen fragen besser vorher nach dem Preis.

Lakhbatita (10), Maschraba. Ein ägyptisch-italienisches Strandrestaurant mit kuriosem Interieur aus allerlei Klimbim. Ägyptische wie internationale Küche mit Schwerpunkt auf Fisch und Meeresfrüchten. Die Fischplatte für zwei Personen kostet 220 LE. www.lakhbatita.com.

Nesima (9), im Nesima Resort, Maschraba, direkt an der Promenade, gediegen mit weißen Tischdecken und für seine Steaks berühmt. Hauptgerichte 40–100 LE. www.nesima-resort.com.

Eldorado (2), Garden St., Lighthouse. Das eher unauffällige Restaurant im Nordabschnitt der Uferpromenade entpuppte sich beim Test als Volltreffer. Italienische Pizza- und Pastaküche mit hausgemachten Teigwaren wird hier auch fürs Auge ansprechend angerichtet. Fleischesser genießen Carpaccio oder Lammkoteletts. Zum Dessert stehen etwa Panna Cotta und Tiramisu zur Auswahl. Aufmerksamer Service. Hauptgericht 40–100 LE. www.eldoradodahab.com.

Leilas Café & Bäckerei (4), Fanar Street. Roggenbrot und Laugenbrezeln – darauf haben die Deutschen in Dahab lange gewartet. Im kleinen Garten vor dem Haus werden Frühstück und Kaffee serviert. http://leilasbakery.com.

• *Nachtleben* **Mojito (7)**, in Masbat neben der Ausgrabung, kühles Bier und heiße Musik.

Black Prince (14), am Südende der Uferpromenade. Restaurant und Strandbar mit Haifisch-, Seeräuber- und Meerjungfrau-Dekor, abends gelegentlich Party und Clubbing.

Rush (6), The Strip. Über eine schmale Passage zwischen dem Tota und der Brücke kommt man in einen großen Hinterhof mit Pool, Bar und relaxter Atmosphäre, der spätabends zur Freiluftdisco wird. Gelegentlich gastieren sogar Bands aus Europa!

Nesima Bar (9), im Nesima Resort, Maschraba, mit Bier vom Fass und schönem Blick von der Dachterrasse.

Übernachten
- Dahab Paradise
- Blue Beach Club
- Alf Leila
- Coachhouse
- Christina
- 4S Hotel
- Seaview
- Sunsplash
- Hilton
- Swiss Inn
- Coralia Club

E ssen & Trinken
- 2 Eldorado
- 4 Leilas Café & Bäckerei
- 8 Arousa el-Bahr
- 9 Nesima
- 10 Lakhbatita

N achtleben
- 6 Rush
- 7 Mojito
- 9 Nesima Bar
- 14 Black Prince

Schwimmen und Schnorcheln

In der Bucht mit den großen Hotels ist dies kein Problem; in Maschraba und Masbat dagegen ist die Küste eine steinige Flachwasserzone, die meerseitig mit einem Korallenriff abschließt – nur bei Flut und ruhiger See kann man hier schwimmen und schnorcheln. Immerhin gibt es beim Lighthouse und im Süden vor der Lagune für Taucher markierte Einstiege ins offene Meer, die natürlich auch von Schwimmern genutzt werden könnten. Ansonsten bleibt der öffentliche Badestrand an der Bucht neben dem Iberotel Dahabeya.

„Ich möchte auch mal kiten!"

Windsurfen und Kiten

Das Revier südlich des Coralia lockt Anfänger wie erfahrene Cracks. Im Windschatten der Landzunge ist das Wasser flach und sicher – wer abtreibt, landet am Ufer. Weiter draußen rasen die Surfer über eine gewöhnlich spiegelglatte Speedpiste, und jenseits der Korallenriffe fordern lang gezogene, bis 3 m hohe Dünungswellen die echten Könner. Warum ist es in Dahab besonders windig? Der von den Bergen eingefasste Windkanal des Golfs von Aqaba trifft hier mit voller Wucht auf eine flache Halbinsel, die 10 km weit in den Golf hinausragt. Der Thermiksog des Gebirges tut seinen Teil, den von Norden kommenden Wind zu beschleunigen.

Als die ersten Kiter nach Dahab kamen, hatten die Windsurfer sich schon lange ihre Claims abgesteckt. So ist das Kiten in der Windsurfbucht vor den Hotels geächtet. Genug Platz für alle ist dagegen draußen auf dem offenen Meer. Und mit der Lagune bietet Dahab den Kitern auch ein ideales Anfängerrevier. Hier ist das Wasser für die Windsurfer zu seicht, im Sommer verschwindet es bei Ebbe sogar völlig. Am Strand hat man genug Platz zum Aufbauen der Kites. Im Wasser ist der teils sandige, teils schlammige Untergrund mit Steinen und Korallenresten gespickt und erfordert deshalb Schuhe.

• *Surfzentren* Die **Harry Nass Station 1** am Coralia Club (✆ 3640559, www.harry-nass.com) ist das östlichste Surfzentrum und liegt direkt an der Lagune. Hier ist der Weg zurück zur Basis wirklich harte Arbeit. Fortgeschrittene bevorzugen die **Station 2** von Surf & Action, weiter westlich im Iberotel Dahabeya. Surf & Action bietet auch Komplettreisen ab Deutschland und deutschsprachige Schulung im Kiten und Windsurfen.
Hilton Club Mistral, liegt genau in der Mitte der Bucht. Große Materialauswahl, schöne Station. Da der Wind stets und kräftig von der Station wegbläst, kommen Windsurfer nur kräftig kreuzend wieder dorthin zurück. In Dahab bietet Mistral nur Windsurfing, kein Kiting. www.club-mistral.com, ✆ 3640310.
Planet Windsurfing, liegt zwischen Ganet Sinai und Swiss Inn und bietet seinen Gästen Mistral-Material im Fix & Mix-System, d. h., man kann ein bestimmtes Board mieten, aber an einem späteren Tag dennoch auf anderes, passenderes Material wechseln. ✆ 3440553, www.planetwindsurfing.de.

Meridien Club Mistral, beim Hotel Meridien am Westufer der großen Bucht und ca. 5 km vom Hauptstrand entfernt. Entsprechend findet hier der Ruhe suchende Surfer sein Paradies und wird von freundlichem Personal begrüßt. Bis zur Lagune sehr weit. www.club-mistral.com.

Tauchen

Anders als in Scharm wird in Dahab nur vom Land aus getaucht. Zu den Tauchplätzen außerhalb der Stadt bieten die Tauchschulen gewöhnlich Halbtagesausflüge per Jeep – die Kamera freut sich auf diesen Fahrten über ein staubdichtes Behältnis. Mit dem *Blue Hole* und *The Canyon* hat Dahab zwei tolle Tauchgründe.

Gemessen an der Zahl der Taucher führt Dahab allerdings auch die Hitliste der tödlichen Tauchunfälle auf dem Sinai an. Die Taucherklientel ist hier generell jünger, ehrgeiziger und verantwortungsloser als andernorts – selbst Ausbilder stiegen, so weiß die ägyptische Presse, schon mal bekifft ins Wasser, um sich den besonderen Kick zu holen. Schließlich sind das *Blue Hole* und der *Canyon* nicht nur besonders schöne, sondern auch gefährliche Tauchgründe, die manchen dazu verleiten, seine Möglichkeiten zu überschätzen.

Nachdem in Ägypten über lange Jahre Hinz und Kunz eine Tauchschule aufmachen und leiten durften, sorgt nun der Verband CDWS (www.cdws.travel) für die Einhaltung der international gültigen Standards. Die im Internet einzusehende Liste der schwarze Schafe, welche die Prüfung nicht bestanden und damit auch keine Lizenz des Tourismusministeriums haben, nennt auch viele Betriebe aus Dahab. So ist in Dahab mehr Eigenverantwortung gefragt als an anderen Tauchplätzen. Aber das kann ja nicht schaden – es ist Ihre Gesundheit und Ihr Leben.

● *Tauchzentren* **Dive In**, im Lagoona Hotel. Weitgehend deutschsprachige Gäste. Außergewöhnlich ist die Kombination von Tauchen und Kamelsafari, bei der auch auf mehrtägigen Exkursionen selten besuchte Tauchplätze per Kamel angelaufen werden. ✆ 0122-7960726, www.diveindahab.com.

Inmo, das etablierte Tauchzentrum unter deutsch-ägyptischer Leitung ist Teil des gleichnamigen Hotels und wird von den Eigentümern selbst geleitet. Mit fünf fest angestellten Tauchlehrern ist es für bis zu 80 Taucher ausgelegt. Inmo hat sich auf die Anfängerausbildung spezialisiert. ✆ 3640370, www.inmodivers.de.

Red Sea Research, für Taucher mit Grundkenntnissen und Interesse an der Meeresbiologie bieten Jonty Laycock und sein Team die Ausbildung zum wissenschaftlichen Tauchen. ✆ 0106-7466760, www.redsearesearch.org.

> Erfahrungsberichte und aktuelle Kritiken der Tauchbasen finden Sie unter www.taucher.net.

Organisierte Ausflüge

Dahab bietet die mit Abstand besten Ausflugsmöglichkeiten an der Ostküste des Sinai. Auch hier werden die klassischen Ziele wie *Katharinenkloster mit Mosesberg* (je nach Programm 15–25 €, Fr und So bleibt das Kloster geschlossen!), *Ras Mohammed* (Bus 40 €, Boot 80 €), *Coloured Canyon* (30 €) und *Serabit el-Chadim* (2 Tage 100 €) angeboten. Darüber hinaus gibt es etwa Ausflüge mit Kleinbus und Kamel zur Oase *'Ain Hudra* und zum *White Canyon* (S. 585; 2 Tage 80 €) oder zu den Mangrovenwäldern im Naturreservat Nabq (S. 569; 40 €). In der näheren Umgebung warten *Blue Hole* und *Ras Abu Galum* (S. 580). Bei den Leuten von Desert Divers können Sie außer dem Tauchen inzwischen in der kühleren Jahreszeit auch das *Felsklettern* lernen oder als Könner mit einem Führer durch die Granitwände des *Wadi Qnai* (S. 579) kraxeln. Auch *Ausritte zu Pferde* (Stunde 80–100 LE, Tag 500 LE) oder auf einem *Kamel* (Stunde 60 LE, Tag 300 LE) werden in Dahab arrangiert.

Es versteht sich, dass die in den großen Hotels gebuchten Ausflüge besonders teuer sind: Reiseleiter und Agentur bekommen eine Provision, und man setzt darauf, dass dass die Gäste kein Gefühl für ägyptische Preise haben. An der Strandpromenade, wo ein Ausflugsanbieter neben dem anderen sitzt, sind die Touren deutlich billiger, doch hält hier nicht jeder, was er verspricht. Um ihre Jeeps und Führer auszulasten, arrangieren sich die Kleinanbieter vor Tourbeginn und verteilen die Gäste untereinander – so kann das Programm dann im Detail durchaus von dem abweichen, was Sie am Vortag gebucht haben. Besser ist es, wenn der, der Ihnen die Tour verkauft, sie auch selbst veranstaltet. Ein solcher Touroperator wird Ihnen sagen, für welche Ausflüge er schon Interessenten hat, oder ihnen vorschlagen, für diese und jene Tour doch selbst noch Mitfahrer suchen, damit sie zustande kommt.

Neben **Desert Divers** (www.desert-divers.com, ✆ 3640500) machte auf uns auch **Sheikh Salem House** (www.sheikhsalemhouse.com, ✆ 3641820) einen guten Eindruck.

Ägypter und Beduinen

„Sie reden mit falscher Zunge, und ihr Wort ist nichts wert. Sie lassen uns Papiere unterschreiben, die wir nicht verstehen. Sie betrügen uns um unser Geld und unser Land", schimpft unser Gastgeber über seine Landsleute vom Nil. Wir sitzen in einer kalten Winternacht mit Ahmed und seinen Freunden am Feuer. Doch keine Spur von Beduinenromantik: Ahmed wohnt, wie inzwischen die meisten Beduinen Nuweibas, in einem Einfachshaus aus Beton. Statt des Sternenhimmels baumelt über uns eine nackte Glühbirne, im Hintergrund verhüllt eine Plastikplane den Fernsehapparat, und wir wärmen uns an einem Kerosinkocher.

Schlecht zu sprechen ist Ahmed auch auf den Staat. „Seit Urzeiten gehört das Land unserem Stamm. Doch plötzlich kommen Fremde, schwenken ein Papier und behaupten, das Land gehöre nun ihnen, die Regierung habe es ihnen gegeben. Doch wie kann die Regierung etwas verteilen, was ihr nicht gehört?"

Die Investoren sehen die Sache anders. „Anfangs haben wir versucht, die Beduinen mit Kompensationszahlungen zum Abzug zu bewegen", erzählt ein Bauunternehmer. „Doch dann tauchten immer neue Gruppen auf, die das Land ihr Eigen nannten und Entschädigungen forderten. Manche reklamierten gar Besitz an einzelnen Bäumen! So mussten wir schließlich Polizei und Armee bemühen, um unser Eigentum zu schützen."

Kein Wunder, dass die Hotels grundsätzlich keine Beduinen beschäftigen. „Beduinen", so ein Manager, „kommen und gehen, wann es ihnen passt, und lassen sich nichts sagen. Selbst als Wachleute und Fahrer taugen sie nicht. Und wenn man einen entlässt, bekommt man Ärger mit dem ganzen Stamm. Da engagieren wir lieber Leute vom Nil."

Das Fernsehen ist da – die Honoratioren haben sich fein gemacht

Umgebung von Dahab

Tourismus, Plastikzeitalter und Ex-und-hopp-Kultur hinterlassen in der Landschaft rings um Dahab deutliche Spuren. Manche Täler – als besonders abschreckendes Beispiel sei das Wadi Connection genannt – und auch das Meeresufer sind, wo sie nicht regelmäßig gereinigt werden, voller Müll und Unrat.

Wadi Qnai: Wenn Sie einmal ohne großen Aufwand Wüsteneinsamkeit genießen wollen, lassen Sie sich am frühen Morgen vom Taxi in die etwa 8 km südlich von Masbat gelegene *Southern Oasis* bringen. Wadi Qnai zweigt gleich nach dem Checkpoint von der zum Hotel Happy Life führenden Straße ab (28°26'59"N 34°27'34"O) Mit dem eigenen Wagen fahren Sie ein Stück ins Wadi rein und parken im Schatten der Felswände. Dank der steilen Felsen ist ein Gutteil des Wegs schön schattig und relativ kühl. Auch Kletterer haben die dramatische Schlucht inzwischen entdeckt. Nach einem Kilometer treffen Sie rechts auf eine Oase mit Teebuden. Später am Vormittag werden hier die Quadfahrer einfallen, doch zum Glück gehen die üblichen Touren nicht tiefer ins Wadi hinein. Nach einem zweiten Palmengarten führt links ein kurzer Abstecher in einen ringsum von Steilfelsen umgebenen Kessel. Im weiteren Verlauf des Haupttals passiert man noch zwei weitere Minioasen und einen imposanten Engpass. Nach etwa einer Stunde Gehzeit hat man das Wichtigste gesehen und kann getrost umkehren. Das Tal mündet nach insgesamt 9 km bei einer Ambulanzstation (28°27'24"N 34°24'01"O) auf die Landstraße Scharm – Dahab.

> **Tipps für Wüstenwanderungen**
>
> Regen in der Wüste ist zwar selten, aber umso gefährlicher. Auf dem Sinai sind mehr Menschen bei Unwettern ertrunken als bei Sonnenschein verdurstet. Bleiben Sie bei ungewissem Wetter also besser im Hotel.
>
> Sie werden in der Wüste auch mit guten Schuhen langsamer vorankommen, als Sie es vielleicht von heimischen Touren gewöhnt sind. Und Sie brauchen einen größeren Wasservorrat. Als Kraftnahrung für unterwegs eignen sich getrocknete Datteln.
>
> Je mehr Haut Ihre Kleidung bedeckt, desto weniger Angriffsfläche bieten Sie der Sonne und den Fliegen.
>
> Behalten Sie in einem Wadi die Piste im Auge, gehen selbst aber auf dem parallelen Fußpfad. Dieser ist meist kürzer, schattiger und trittfester.
>
> Schattenspendende Akazien laden zum Parken und Rasten ein. Um Reifenpannen und Verletzungen zu vermeiden, säubern Sie den Platz vorher vom dornenspitzen Geäst, das vom Baum gefallen ist.

The Canyon: Über die Küstenstraße ist dieser Tauchplatz, etwa 6 Uferkilometer nördlich von Assalah, bequem zugänglich. Der Einstieg in den Canyon führt durch eine Lagune im Saumriff. Am Anfang ist die Unterwasserschlucht nur gerade 3 m breit, mit schönen Lichtreflexen an den Wänden und seicht abfallendem Grund. In der Mitte öffnet sich der Canyon zu einer Grotte, um dann teils geschlossen, teils nach oben offen bis auf 50 m abzufallen und schließlich im offenen Wasser zu enden.

Blue Hole: Um Dahabs beliebtesten Tauchspot zu erreichen, muss man vom Canyon noch 3 km auf einer Piste weiterfahren. Wenige Meter vom Ufer hat die Riffplatte ein ovales, 60 x 80 m großes und 100 m tiefes, weitgehend kahles Loch, dessen Entstehung vorerst noch ein Rätsel ist. Erst in 57 m Tiefe führt ein Tunnel vom Blue Hole durch das Riff in die offene See. Viele Taucher wollen sich diese Herausforderung nicht entgehen lassen. Dass die Taucherverbände aus gutem Grund 40 m als das absolute Tiefenlimit für Sporttaucher erachten, kümmert dabei wenig. Schon ab 30 m presst der Wasserdruck den eingeatmeten Stickstoff aus der Lunge in den Körper und betäubt so allmählich den Taucher – ungefähr so, als würde man volltrunken mit einem Sportwagen über die Autobahn rasen. Am Ufer hält eine Gedenktafel die Namen der Toten fest, die am Blue Hole ihre Kräfte überschätzten. Es versteht sich, dass dieser auch von Tagesausflüglern aus Scharm und Eilat besuchte Tauchplatz ab dem späten Vormittag einem Whirlpool gleicht, in dem sich mehr Menschen als Fische tummeln.

Für Transport von und nach Dahab und Schnorchel-Leihausrüstung rechne man 80 LE.

Die Friedenswächter der MFO

Vielerorts auf den Straßen des Sinai begegnet man den weißen Jeeps mit dem Kennzeichen MFO und dem Emblem mit der stilisierten Friedenstaube. Die *Multinational Force and Observers (MFO)*, derzeit eine Handvoll ziviler Beobachter und knapp 2000 Soldaten aus den USA und zehn weiteren Nationen, überwachen seit 1982 den Frieden zwischen Ägypten und Israel, den ungehinderten Schiffsverkehr im Golf von Aqaba und die Entmilitarisierung des Sinai. Neben ihren Beobachtungsposten, Checkpoints und Schiffen unterhält die Truppe ein großes Camp bei el-Arisch und ein zweites in Scharm el-Scheich. Ihr Hauptquartier hat sie im fernen Rom.

Die MFO ist keine herkömmliche Friedenstruppe und untersteht nicht den Vereinten Nationen. Unter dem Druck der arabischen Staaten, die seinerzeit den Frieden mit Israel ablehnten, mochte die Weltgemeinschaft keine Blauhelme entsenden. So legitimiert nur der Friedensvertrag die Streitmacht. Ihre Kosten teilen sich Ägypten, Israel und die USA, auch Deutschland ist mit einem kleinen, freiwilligen Beitrag dabei.

Unter den Soldaten und Söldnern aus aller Welt steht der gut bezahlte Sinaieinsatz hoch im Kurs. Militärische Konfrontationen sind nicht zu befürchten, Kampfesmut ist vor allem auf dem Sportplatz gefragt. Das Endspiel der MFO-eigenen Hockeyliga, in dem sich gewöhnlich Kanada und die Fidjis gegenüberstehen, gilt als das größte Sportereignis auf dem Sinai. Ansonsten bleibt viel Freizeit für Wüstentrips, Tauchgänge und Discobesuche.

www.mfo.org

Ras Abu Galum: Von den Restaurants am Blue Hole ist es noch eine gute Stunde zu Fuß oder mit dem Kamel nach Ras Abu Galum, einem weiteren Tauchplatz. Im ersten Teil ist der Pfad besonders reizvoll und windet sich durch die Felslandschaft mit schönen Aussichtspunkten. Am Kap versorgt ein kleines Beduinencamp die Taucher, ein sauberer Sandstrand lädt zum Baden ein. Für wenige Pfund kann man in den Hütten übernachten. Zu essen gibt es frischen Fisch. Mädchen drängen den Fremden aus bunten Wollgarnen geflochtene Armbänder auf. Die Frauen schleppen Trinkwasser von der einige Kilometer entfernten Bir Sarir herbei. Diese einzige Quelle weit und breit beschert ihrem Besitzer ein beträchtliches Einkommen. In den Bergen des Hinterlandes wurde 1996 einer der seltenen Sinai-Leoparden gefunden – und getötet.

Ein Tagesausflug von Dahab nach Ras Abu Galum mit einer Stunde Kamelritt, Schnorcheln und Lunch kostet 200–250 LE.

Nuweiba

Nuweiba ist der kleinste und ruhigste Ferienort am Golf von Aqaba. Attraktionen sind nicht Korallenriffe, sondern vor allem die Ausflüge ins Hinterland.

Wie Dahab liegt auch Nuweiba auf einer Sand- und Schuttebene an der Mündung mehrerer Wadis. Nach Regenfällen spülen die Sturzbäche noch immer neues Gestein heran, und manches unvorsichtig gebaute Haus wurde schließlich weggespült. Die Felsbrocken neben der Landstraße, die durch eines dieser Wadis nach Nuweiba absteigt, geben einen Eindruck von der Kraft und Gewalt, mit der die Unwetter hier die Landschaft gestalten und ab und zu auch die Straße wegreißen.

Der von Dahab kommende Bus hält zuerst am **Hafen** von Nuweiba. Vor dem Tor ins Hafenareal hat sich eine bescheidene Infrastruktur mit Cafés, einfachen Hotels und Läden für die Passagiere der Fähren entwickelt. Touristen trifft man hier nur selten. Gen Süden schließt sich an das Hafenareal **Nuweiba-Sayadin** an, das Dorf der Muzeina-Beduinen. Hier vor der Küste tummelte sich bis zu seinem Alterstod Ende 2004 der zutrauliche Delfin Olin.

Das eigentliche Touristenzentrum **Duna** befindet sich nördlich des Hafens. Ein paar Hotels und noch mehr Bauruinen verlieren sich am Strand und warten auf bessere Zeiten. Die Uferstraße umgeht eine schon zu israelischen Zeiten bewirtschaftete *Farm* und folgt dann wieder der Küste, bis die Hotelzeile mit dem *Helnan Resort* endet, dessen schöner Strand gegen Eintritt auch Hotelfremden offen steht.

Hinter diesem Hotel beginnt **Nuweiba-City.** Die gewaltige Zufahrt wäre einer Großstadt angemessen, doch die genau an der Grenze zwischen den Beduinenstämmen der Muzeina und Terabin gelegene „City" ist nicht mehr als ein Versorgungsposten mit Supermärkten, Souvenirläden, Schule, Krankenstation, Polizei, Post, Telefon und einigen Restaurants, dazu die lieblosen Wohnblocks der Ägypter vom Nil.

Gen Norden grenzt die „City" an **Nuweiba-Terabin,** ein weiteres Beduinendorf. Mit einer im Kern türkischen *Festung* hat das Dorf sogar eine kleine Sehenswürdigkeit – seit der Restaurierung ist sie leider verschlossen. In Terabin blieb noch ein wenig von der Atmosphäre erhalten, für die früher Dahab so berühmt war: die schlichten Camps mit ihren Schilfhütten, Abende in der Hängematte am feinen Sandstrand, improvisierte Teebuden und Cafés. Der Tourismus steht und fällt mit den Besuchern aus dem nahen Israel. Bleiben diese nach Terrorwarnungen und -anschlägen aus, versinkt Nuweiba in einen Dornröschenschlaf.

Camps in Nuweiba-Terabin

Anfahrt/Verschiedenes

Telefonvorwahl: 069

- *Bus* Der **Busbahnhof** (✆ 3520370) befindet sich am Hafen. Abfahrten nach Taba (20 LE; 6, 9, 12, 15 Uhr), Scharm el-Scheich (25 LE) über Dahab (6.30, 16 Uhr), Suez (6, 6.30 Uhr), Kairo (9, 15 Uhr). Die Busse aus und in Richtung Taba halten auch in Nuweiba-City am Hospital.
- *Taxi* Für die Fahrt vom Hafen nach Terabin rechne man 20 LE. Sammeltaxis nach Dahab, Scharm und Taba verlangen nach Abfahrt der Busse die sinaiüblichen Horrorpreise. Relativ preiswert kommt man dagegen vom Hafen nach Suez (60 LE) und Kairo (70 LE, Schattenplätze sind auf der rechten Seite).
- *Fähren* Täglich pendeln zwei herkömmliche Autofähren (Fahrzeit 3–5 Std.) und die Schnellfähre *Princess* oder ihre Schwester *Queen Nefertiti* (Fahrzeit 1 Std.) zwischen Nuweiba und Aqaba. Ausländer müssen die Passage in Devisen bezahlen (Katamaran ab 70 $, Fähre ab 60 $) und werden von einem Helfer durch die Formalitäten gelotst. Die Autofähre startet tägl. um 14.30 Uhr, das Schnellboot 11 und 17 Uhr. Die tagesaktuellen (!) Abfahrtszeiten werden auf der Website www.abmaritime.com.jo angezeigt. Tickets gibt's morgens ab 7 Uhr am Hafen, ✆ 3520427. Das jordanische Visum bekommen EU-Bürger auf dem Schiff, das ägyptische bei der Einreise im Hafen.
- *Information* Recht informative Webseiten zu Nuweiba bietet www.sinai4you.com und mit Einschränkung auch www.nuweiba.org.
- *Geld* Geldautomaten findet man bei den Banken zwischen Hafentor und Busstation.
- *Lesen* Nach dem Tod von Nuweibas Wappentier, dem Delfin Olin, bleibt den Fans noch seine fantastische Geschichte, wie sie Pascale Noa Bercovitch in *Das Lächeln des Delphins* niedergeschrieben hat (erhältlich bei amazon).
- *Reiten* Pferde warten neben dem Softbeach-Camp in Terabin, Kamele auch am Strand in Duna. Für eine Stunde Reiten zahlt man etwa 50 LE.
- *Touristenpolizei* Der Posten, ✆ 3500231, wacht neben dem Nuweiba Village.
- *Veranstaltungen* Das traditionelle Kamelrennen zwischen Terabin- und Muzeina-Beduinen findet alljährlich in den ersten Januartagen in der Nähe Nuweibas statt. Aktuelle Infos unter ✆ 0100-6110871.

Übernachten

Die wenigen großen Ferienanlagen liegen an der Meile zwischen Hafen und Nuweiba-City. Vorherrschend sind aber Camps. Diese einfachen, vor allem von Israelis besuchten Anlagen mit Hütten, schlichten Sanitäreinrichtungen und Cafeteria reihen sich am Strand des Beduinendorfs Terabin. Für die Übernachtung rechne man 20–50 LE/Pers.

Hilton Coral Resort (8), die beste Hotelanlage von Nuweiba liegt nahe dem Hafen an einem langen Sandstrand; mit Pools, Tauchcenter, zahlreichen Wassersportangeboten und Disco fürs nächtliche Abtanzen. DZ All incl. mit Flug ab 1200 €. ✆ 352032-0 bis -6, ✉ 3520327, www.hilton.de.

SwissCare (7), das Hotel steht am Meer etwa 3 km nördlich des Hafens. Die knapp 50 geräumigen und familienfreundlichen Suiten teilen sich auf die Flügel „Omar" und „Mariam". Sie bestehen jeweils aus einem Wohnraum, dessen Sitzgelegenheiten mit wenigen Handgriffen in zusätzliche Betten verwandelt werden können, sowie dem Schlafzimmer, 2 Bädern und 2 Balkonen. Bar mit Billard und Darts, sauberer Strand, Aktivitäten wie geführte Schnorcheltouren, Kamelreiten oder Fahrten ins Hinterland. Getaucht wird mit African Divers. Die britisch-schweizerisch-ägyptische Besitzerfamilie leitet das Hotel selbst. Suite für 2 Pers. 45–60 €. Duna Corniche, ✆ 3520640, ✉ 3520641, www.swisscare-hotels.com.

Helnan Nuweiba Bay Resort (4) (ehem. Nuweiba Village), das bereits während der israelischen Besatzungszeit gegründete Bungalowhotel hat einen etwa 500 m langen Sandstrand und wurde 2010 grundlegend renoviert. Die Zimmer befinden sich weitgehend in Bungalows, die von einem großzügigen Garten umgeben sind. Für Ruhesucher, die eine schöne Anlage ohne Animation suchen, ist das Hotel ein echter Tipp. Gleich nebenan befinden sich das Tauchzentrum Scuba College und der Campingplatz

Nuweiba

Dolphin Camp mit kleinen Hütten (pro Pers. 11 €). DZ ab 50 €, pauschal mit HP ab 1000 € z. B. über Phönix-Reisen zu buchen. Duna, ☎ 3500401, @ 3500407, www.helnan.com.

Ciao (6), das Hotel liegt zwischen Hafen und City etwas abseits der Straße am Strand. Die Eingangshalle ist mit Musiktruhe und Plattenspieler von anno dazumal dekoriert – und lautstark tönte bei unserem Besuch Musik über das Gelände, mit der sich das Hotelpersonal mangels Gästen weitgehend selbst bedröhnte. Die um den Pool gruppierten Zimmer mit AC, TV und Minibar sind standardmäßig eingerichtet, die Bäder waren sauber, nicht aber der Strand. Doch bei dem Preis nimmt man kleine Mängel in Kauf. DZ 25–35 €. Duna, ☎/@ 3501205, www.ciaohotel.net.

Nakhil Inn (1), das vom Inhaber geführte Hotel liegt am nördlichen Ortsende von Terabin. Nur der Fahrweg trennt es vom Ufer mit dem Strand. Die Zimmer, alle mit Meerblick, sind relativ geräumig und mit Bad, AC und TV ausgestattet. Gleich nebenan das zugehörige und etwas neuere Nakhil Dream. Die Zimmer in diesem architektonisch gelungenen Hufeisenbau haben auf zwei Etagen getrennte Aufenthalts- und Schlafbereiche und sind damit besonders für Familien geeignet. Die Hotels haben eine Tauchschule und bieten auch Ausflüge zu Pferd oder Kamel an. DZ 40–50 €. Terabin, ☎ 3500879, @ 3500878, www.nakhil-inn.com.

Petra Camp (1), nicht nur zweckmäßig, sondern vom langjährigen Chef Mahmud Sokar auch mit ästhetischem Anspruch gestaltet. Die geräumigen Bungalows sind mit AC und sogar einem Tisch ausgestattet! Auch das Restaurant wird gelobt. Pro Pers. 60 LE, VP zusätzlich 50 LE. Im Zentrum von Terabin, ☎ 3500086.

Soft Beach Camp (2), mit tollem Sandstrand und problemlosem Einstieg ins Meer. Die älteren Hütten nahe am Meer sind klein und weniger komfortabel als die neueren Bungalows. Deutsch-ägyptische Leitung. 40–60 LE/Pers. Terabin, am Ortsanfang vor dem Stadttor. ☎ 3500010, www.softbeachcamp.com.

Blue Bus Camp (2), mit Oleanderbüschen, Eukalyptus und Mittagsblumen wirkt das Camp wie eine kleine Oase im Sand. Der legendäre Bus ist noch als Fassadenmalerei präsent. Palmwedel überdachen den Speise- und Gemeinschaftsraum, auch die Sitzmöbel sind aus Palmholz geschnitzt. Gewohnt wird in Schilfhütten, die Sanitäranlagen waren leidlich sauber. 20 LE/Pers. Terabin, am Fuß der großen Düne, ☎ 0100-9883854, www.blue-bus.de.

*E*ssen & *T*rinken

Dr. Schischkebab (3), Nuweiba-City, Hauptgericht 20–50 LE. Ein populäres und preiswertes Lokal, das sich über die Jahre von der Bretterbude zu einem ordentlichen Steinbau mauserte. Der gesprächsfreudige und stets zu einem Scherz aufgelegte „Doktor" greift längst auf die Hilfe von Kellnern und Köchen zurück, wacht aber persönlich über die Qualität – und darauf, dass Pasta, Salate, Grillfisch und -fleisch sowie die vegetarischen Gerichte auch originell angerichtet als Augenschmaus auf den Tisch kommen.

Han Kang (5), in der gleichen Ladenzeile, hat sich mit koreanisch-chinesischer Küche und verlässlicher Qualität einen Namen gemacht. Das Restaurant macht von 14–18 Uhr Mittagspause.

1a-Lage und Ambiente, doch keine kulinarischen Spitzenleistungen kann man in der Cafeteria des **Blue Bus Camp (2)** erwarten.

Tauchen und Ausflüge

Für Schnorchler und Anfänger mögen die kleinen Hausriffe vor Nuweiba genügen, doch erfahrenen Tauchern bietet die nähere Umgebung nicht allzu viel. So fahren die Tauchclubs gewöhnlich zum Ras Abu Galum oder zu den Riffen am Weg nach Taba.

Die Beduinen bieten eine breite Palette von Ausflügen ins Landesinnere. Kameltrips beginnen meist am *Ras esch-Scheitan,* wo die Führer bei einem Kiosk an der Landstraße 10 km nördlich von Terabin warten. Wer den Ausflug schon in Terabin arrangiert, wird mit dem Wagen dorthin gebracht. Die meisten Führer verlangen 150–250 LE pro Person und Tag. Tagesziele sind die Oase *'Ain el-Furtaga,* die farbenprächtige Felsschlucht *Wadi Huweiyit* oder die Zisterne *Mayat el-Wischwaschi.* Zum *Coloured Canyon* ist man mit dem Kamel drei Tage, zur Quelle *'Ain Hudra* gar fünf Tage unterwegs, sodass diese Ziele gewöhnlich auf Tagesausflügen per Jeep besucht werden. Ausflüge ins jordanische *Petra* organisiert das Habiba Village.

- *Tauchzentren* **Emperor Divers**, Coral Hilton, ✆ 3520321, www.emperordivers.com, Ausbildung nach PADI.
Scuba College, neben Helnan Nuweiba Bay Resort, ✆ +49-(0)1805-5855856358, www.scuba-college.com, unter deutscher Leitung, familiär und engagiert, durchweg zufriedene Gäste – lesen Sie mal die Lobeshymnen im Tauchernetz (www.taucher.net).
African Divers, SwissCare Resort, ✆ 0122-3110505, www.africandiversnuweiba.com. ebenfalls unter deutscher Leitung.
Sinai Dolphin, im Nakhil Hotel, ✆ 0122-3341064, arbeitet hauptsächlich mit israelischen Tauchern.

Umgebung von Nuweiba

Wadi el-'Ain: Das Wadi und die schöne **Oase 'Ain Umm Ahmed** stehen zu Unrecht im Schatten des Coloured Canyon. Wer sich dennoch auf den mindestens zweitägi-

Unterwegs zu den unzugänglichsten und unberührtesten Tauchplätzen am Sinai

gen Ausflug durch die eindrucksvolle Gebirgslandschaft begibt, wird kaum anderen Urlaubern begegnen. 'Ain Umm Ahmed überrascht nach der kahlen Bergwelt mit einem an den Fels geschmiegten Palmengürtel und Beduinenlager. Von hier lässt sich zu Fuß (ca. 1 Stunde) das Wadi el-'Ain mit einer weiteren Quelle erreichen. Auch der Felsen **Ras el-Qalb** lockt zu einer geführten Bergwanderung.

Die mit Jeep oder Kamel machbare Tour beginnt an der Straße Nuweiba–Nachl etwa 20 km nach 'Ain Furtaga bei 29°07'21"N 34°30'42"O. Von der Abzweigung (links) sind es etwa 20 Pistenkilometer bis zur Oase (29°03'25"N 34°24'38"O), davon die letzten zwei nur noch zu Fuß oder per Kamel. Eine andere, durchwegs befahrbare Route beginnt 23 km nach 'Ain Furtaga bei 29°08'10"N 34°29'29"O und führt durch das Wadi Tawr Ahmar zur Oase. Organisierte Touren werden in Nuweiba angeboten.

Coloured Canyon: Dieses Naturwunder kann es durchaus mit den berühmten Canyons im fernen Amerika aufnehmen. Über die Jahrmillionen hat das Wasser aus dem rotbraunen Sandstein eine schmale und tiefe Schlucht mit wunderbaren Formen gefräst. Im ewigen Schatten – kein Sonnenstrahl erreicht den Grund der Schlucht – blieben an den Wänden die feinen Schichten und Zeichnungen des Gesteins sichtbar, wie man sie sonst nur an den vom Steinmetz frisch geschnittenen Platten sehen kann. Wanderer erwartet eine beschwerliche Kraxelei. Korpulente werden sich an manchen Engstellen nur mit Mühe durch die Felsen zwängen können. Bei der Anfahrt zum Coloured Canyon passiert man auch **'Ain el-Furtaga**, die zweitgrößte Oase des Südsinai – ein schöner Platz mit Palmenhainen und Gärten, die jedoch alle paar Jahre von den durchs Wadi rauschenden Wasserfluten heimgesucht werden.

• *Anfahrt* Um den Canyon zu erreichen, nimmt man von Nuweiba zunächst die Straße durchs Wadi Watir Richtung Nachl. Etwa 12 km nach der Abzweigung von der Küstenstraße quert die Route 'Ain el-Furtaga. Hier verlassen Sie die Teerstraße rechter Hand in ein Seitental (Wadi el-Abrak) mit Piste. Ein gewöhnlicher Pkw mit etwas Bodenfreiheit kann diese etwa 5 km weit bis zu einer kleinen Siedlung fahren; die letzten 6,5 km sind nur mit dem Jeep zu bewältigen, Trampen ist angesichts des regen Ausflugsverkehrs kein Problem. Bei Gabelungen hält man sich rechts, die Piste endet an einem Parkplatz mit Teebude. Der hangab gelegene Canyon ist dann anhand des ausgetretenen Pfads kaum zu verfehlen.

• *Organisierte Touren* Tagesausflüge per Jeep zum Coloured Canyon werden für 30–55 € in Nuweiba, Dahab und Scharm el-Scheich angeboten.

Von Nuweiba nach St. Katharina

Zwischen Dahab und Nuweiba zweigt von der Küstenstraße eine wenig befahrene Route ins Wadi Firan und zum Katharinenkloster ab. Außer 'Ain Hudra, das einen eigenen Ausflug wert ist, liegen abseits der Straße noch weitere interessante Wanderziele.

White Canyon und **'Ain Hudra**: Die Bilderbuchoase liegt einen kleinen Spaziergang nördlich der Straße. Auf dem alten Karawanenweg, der durch das *Wadi Ghazala* weiter nach Norden zum 'Ain el-Furtaga führt, passiert man nach ca. 20 Min. einen Felsen mit Inschriften und steht nach einer weiteren Viertelstunde am Rande eines Abhangs mit Blick auf den Palmenhain. Bibelforscher identifizieren 'Ain Hudra mit *Hazeroth*, wo Miriam für ihre Kritik an Moses mit Lepra gestraft wurde (4. Mose Kap. 12). Für den Abstieg rechne man etwa 20 Minuten. Nach der obligatorischen Teepause lasse man sich von den Beduinen den nahen Einstieg in den *White Canyon* zeigen, eine Schlucht mit grauweißen Wänden, die sich zunehmend verengt und an deren Ende man schließlich über eine Leiter wieder auf die Hochebene klettert.

Pilzfelsen nahe der Oase 'Ain Hudra – schönes Beispiel einer Sandsteinerosion

Route: Der Weg nach 'Ain Hudra (28°53'45''N 34°25'18''O) beginnt an einem asphaltierten Parkplatz mit Teebude (28°52'25''N 34°24'27''O), den man (von Nuweiba/Dahab kommend) etwa 2,5 km nach dem MFO-Stützpunkt (→ S. 580) erreicht. Der Ausgang aus dem White Canyon ist bei 28°52'47''N 34°25'49''O. Von dort kann man querfeldein wieder zum Parkplatz laufen. Die Tour ist zwar nur 7,5 km kurz – Kletterei, das Laufen im Sand und die Sonne kosten jedoch viel Kraft und Zeit. Man rechne mit 3 Std. Gehzeit.

Kameltouren: Von der Küstenstraße kommend findet man nach dem Aussichtspunkt (28°51'57''N 34°25'31''O), der den Blick ins Tal eröffnet, unten ein Beduinencamp mit „Kafitiria". Dort lassen sich mit Scheich Ahmed oder mit Suleiman Abu Ahmed Kameltouren nach 'Ain Hudra oder zu anderen Zielen organisieren.

Alternativ kann man Ausflüge nach 'Ain Hudra (mit White Canyon und den Nawamis) auch in Nuweiba oder Dahab buchen.

Nawamis: Eine Ansammlung ungewöhnlicher, aus Stein geschichteter Rundhütten gibt den Forschern viele Rätsel auf. Die wohl 5000 Jahre alten Häuschen sind etwa 2 m hoch, ihre Eingänge blicken alle nach Westen. Vielleicht waren es Unterstände, aus denen die Steinzeitjäger Gazellen und anderer Beute auflauerten; oder sie versteckten sich hier vor vorbeiziehenden Heeren. Die meisten Wissenschaftler sehen in den Nawamis jedoch alte Totenhäuser.

Route: 3,5 km nach dem 'Ain-Hudra-Parkplatz hat die Straße eine Anhöhe erklommen. Das Gelände ist sichtlich von Baumaschinen zerwühlt. Parken Sie hier (28°52'15''N 34°22'19''O), die Nawamis stehen 2 km südwärts (28°51'21''N 34°22'125'O). Mit Spürsinn finden Sie einen Pfad, der bei 28°51'42''N 34°22'34''O eine Anhöhe erklimmt.

Kameltouren: Parken Sie am Eingang des letzten Wadis vor besagter Anhöhe. Die Fahrspuren führen nach 20 Min. in ein Dorf (28°51'35''N 34°22'52''O), an dessen Südrand ein einzelner Nawami steht (28°51'28''N 34°22'52''O), der weniger sorgfältig als seine Kollegen in der Hauptgruppe gebaut wurde. Zu diesen bieten die Dorfler Kameltouren an.

Wadi Arada: 25 km nach dem 'Ain-Hudra-Parkplatz markiert ein Beduinendorf (28°48'10''N 34°17'57''O) den Eingang ins Wadi Arada. Die Piste passiert nach 3 km zunächst einen Felsen (rechter Hand, 28°49'17''N 34°17'10''O) mit Tierzeichnungen, Kampfszenen, einer Bootsfahrt und nabatäischen Inschriften. Nach 5 km wenden Sie sich links und erreichen nach 200 m eine Felsenpyramide (28°50'14"N 34°16'16"O), an der Sie das Auto stehen lassen. Ab hier geht es nur noch zu Fuß weiter. Wandern Sie zunächst in den oberen Arm bis zu einem mit bizarren Steingebilden übersäten Plateau. Der Pfad führt weiter zu einer Steilklippe mit nahezu senkrechtem Kamin (28°50'15"N 34°16'10"O), durch den das gesamte Regenwasser vom Plateau in die Tiefe rauscht.

Die weit gefächerte Piste ist nur mit Allradantrieb zu befahren. Für die Fußwanderung von der Hauptstraße und zurück rechne man 4 Stunden. Die Beduinen bieten Kameltouren ins Wadi an.

Von Nuweiba nach Taba

Die letzten 65 Küstenkilometer zwischen Nuweiba und Taba werden gerade zu einer „ägyptischen Riviera" ausgebaut. Gewachsene Siedlungen gibt es hier nicht.

Wohl ein Dutzend Hotels haben bisher die schönsten Plätze belegt, weitere sind im Bau. Dann sind da noch allerlei Camps mit verheißungsvollen Namen wie Paradise, Freedom, Peace, Moonlight, deren Status man daran ablesen kann, ob die Armee

Basata Camp – Wüstenromantik à la Karl May

Die einen werden zu begeisterten Stammgästen, die anderen rümpfen die Nase und sagen: Nie wieder. Kaum ein Urlaubsquartier auf dem Sinai ist derart umstritten wie das Basata Camp. Der in Kairo aufgewachsene Scherif el-Ghamrawy, als Absolvent der deutschen Schule spricht er auch perfekt Deutsch, schuf an einer bezaubernden Bucht eine umweltfreundliche Urlaubsoase: Statt im klimatisierten Betonbunker übernachtet der Gast direkt am Strand in Schilfhütten oder einfachen Bungalows aus Naturstein und Lehmziegeln. Statt am üppigen Büfett zu schlemmen, kauft der Hungrige die Zutaten seiner Mahlzeit in der Gemeinschaftsküche und kocht anschließend selbst; oder er nimmt abends am schlichten Gemeinschaftsmahl teil – Mithilfe in der Küche ist moralische Pflicht. Recycling wird großgeschrieben: Scherif bzw. die von ihm geführte NGO, die auch seit langem die Hotels von Nuweiba entsorgt, rühmen sich der Mülltrennung in 80 Sorten „Wertstoffe", die nach Kairo geschafft und dort recycelt werden. Bioabfälle vertilgen die Ziegen. Kein TV, Alkohol nur unter der Hand, keine Drogen, Musik live mit der Klampfe, aber nicht vom Tape.

Alles bestens also in dieser ersten „Öko-Lodge" auf dem Sinai? Die Kritik entzündet sich an einem aufgesetzten Gemeinschaftsgefühl und an der Person des Chefs, der sich, bis hin zur Kleidung, gern als Beduine gibt, obwohl er doch keiner ist, und ein Klischee beduinischer Lebensweise zelebriert, wie es Karl May nicht besser ersonnen haben könnte. Und an den gesalzenen Preisen: Zwar gibt es außer den Bungalows auch relativ preiswerte Hütten; rechnet man Essen, Trinkwasser, die Decke für die kühle Nacht, die geliehene Taucherbrille und den Schnorchel zusammen, lässt eine dreiköpfige Familie pro Tag schnell mal 500 LE im Camp, muss dabei noch Küchenarbeit leisten und hat noch keine einzige Kameltour gemacht.

Doch testen Sie selbst. Unter deutschen Urlaubern hat Basata die meisten Anhänger – und genug Gäste, um Reservierung dringend anzuraten (069-3500481, basata@basata.com). Das Camp liegt 22 km nördlich von Terabin.

sie mit einem Panzerwagen, einem Pickup oder gar nichts schützt. Wer hier seinen Urlaub verbringt, bleibt ohne eigenes Fahrzeug weitgehend an sein Hotel gefesselt – also nichts für Leute, die Nachtleben, Shopping und weiteren Trubel suchen. Die vom Strand her zugänglichen Tauchplätze gelten als mittelmäßig und werden nur von Individualisten besucht, die mit dem eigenen Wagen unterwegs sind.

Die Reihe der Badeplätze eröffnet **Ma'gana Beach**, 8 km nördlich von Terabin. Am Strand betreiben Beduinen ein kleines Camp mit einfacher Übernachtungsmöglichkeit, Kamele und Jeeps warten auf die Ausflügler ins *Wadi Huweiyit*. 1 km weiter folgt **Ras esch-Schaitan**, der beste Tauchplatz in der näheren Umgebung von Nuweiba. Vielleicht hat das „Kap des Teufels" seinen Namen von den unheimlichen Lichtflecken, die manchmal nachts auf der Wasserfläche erscheinen. Ihre Quelle sind die Schwärme kleiner Fischlein der Gattung *Photoblepharon*. Wie die Fischer mit ihren starken Gaslampen, so leuchten auch diese Fische bei ihren nächtlichen Beutezügen die Umgebung aus. Das Licht stammt von Mikroben, die am Kopf der Fische in einer Hautfalte siedeln.

Das **Castle Beach Camp** (www.castelbeachsinai.com) war im Oktober 2004 Schauplatz eines Bombenanschlags. Die Täter hatten offenbar aufmerksam Zeitung gelesen und sich just jenes Camp als Ziel ausgesucht, das gerade vom Minister wegen seiner guten Übernachtungszahlen prämiert worden war. Kamelführer werben um Kundschaft nach *Mayat el-Wischwaschi*. Beim Basata Camp (siehe unten) markiert **Ras el-Burqa,** ein ins Meer hinauskragender Felsen, den nächsten Tauchspot. Auf der Nordseite des Felsens wartet ein einladender und regelmäßig gesäuberter Sandstrand.

Auf einem Felsen 1,5 km nach Basata und kurz vor dem Aqua-Sun-Resort thront **Qasr Zaman,** das Traumschloss des Karikaturisten und Architekten Hani Roschdi. Man sagt, der exzentrische Millionär habe sich hier ein Haus bauen wollen, dafür aber keine Genehmigung erhalten. Gestattet wurde dem ägyptischen Walt Disney jedoch ein „touristischer Betrieb". So kann man die ganz umweltfreundlich ohne Stahl und Beton, nur aus handbehauenen Steinen, Mörtel und Holz errichtete Burg für 1000 $ die Nacht mieten oder sich, deutlich preiswerter, einen Tagesaufenthalt zwischen Felsenpool, Massage, Schatzkeller und dem naturbelassenen und liegestuhlfreien Privatstrand gönnen, der abends mit einem üppigen Slow-Food-Bankett abschließt.
Reservierung ☏ 0128-2140591, www.castlezaman.com, offen gewöhnlich ab 12 Uhr.

An der Bucht **el-Muqabila** baut der Orascom-Konzern nach dem Vorbild von el-Gouna die Ferienstadt **Taba Heights** mit Villen, Hotels, Golfplatz und Jachthafen. Mit dem Ausbleiben der israelischen Touristen ist der Aufbau von Taba Hights etwas ins Stocken geraten, doch ein Casino, der Golfplatz, Tauchbasen, ein Wassersportzentrum und einige internationale Hotels sind schon geöffnet. Auf der Landseite der Straße und damit außerhalb der Ferienstadt wohnt das Hotelpersonal. Hier finden Sie auch letzte Tankstelle vor der Grenze.

7 km weiter kommt der **Fjord** ins Blickfeld, ein türkisblauer Meeresarm, der ein gutes Stück landeinwärts reicht. Wer mit dem eigenen Wagen unterwegs ist, kann am Strand eine Badepause einlegen oder oben auf dem Hügel zu einem Tee im Panoramarestaurant *Fjord Bay* einkehren.

Kurz vor Taba taucht dann, einer Fata Morgana gleich, die **Pharaonen-Insel** mit ihrer Ritterburg aus dem Meer auf. Nach der Eroberung von Aqaba errichtete der Kreuzfahrer-König Balduin 1115 auf der Geziret el-Fara'un, der Pharaonen-Insel, eine Burg, die zur Freude der Besucher jüngst von der ägyptischen Altertümerverwaltung im alten Stil wieder aufgebaut wurde. Hier kontrollierten die Ritter außer dem einzigen natürlichen Hafen am Golf von Aqaba auch die Mündung des Wadi

"The Fjord", wo die Küste am schönsten ist

Tueiba, wo die Pilgerstraße den Golf erreichte. Vom Nachschub abgeschnitten, hielt der südlichste Vorposten des christlichen Abendlandes dem Angriff Saladins jedoch nicht stand, der sich mit der Einnahme der Burg 1170 seinen ersten militärischen Ruhm verdiente. Später machte die Insel noch einmal mit einem prominenten Gefangenen von sich reden: 1250 musste hier der von den Muslimen beim 6. Kreuzzug gefangene Franzosenkönig Ludwig VI. warten, bis die Christenwelt das Geld für seine Auslösung gesammelt hatte.

Wer andernorts schon einmal eine Burg besucht hat, kann sich die kurze Überfahrt und den Eintritt sparen – nach dem fotogenen Anblick vom Ufer her ist der Besuch selbst eher enttäuschend. An der Nordspitze der Insel locken Korallenriffe die vorwiegend israelischen Taucher.

*H*otels & *C*amps *zwischen* *N*uweiba *und* *T*aba

Ohne eigenen Wagen sind die an der Küste zwischen Nuweiba und Taba verstreuten Hotels nur schwer zu erreichen. Mit Bauarbeiten in der Nachbarschaft und mit dem Verschwinden der kleineren und älteren Ferienanlagen ist zu rechnen.

Sallyland, Km 29, das ruhige Bungalowhotel (ohne TV, Radio, Pop-Musik und Zeitungen) wurde in den 80ern von John Harvie, einem Amerikaner, gegründet und nach seiner Tochter benannt. Längst ging John zurück in seine Heimat und sein ägyptischer Partner verkaufte. Heute wird das Hotel regelmäßig vom Veranstalter SKR für Meditationsreisen oder Yogakurse genutzt. Die eingeschossigen Reihenbungalows sind in Ordnung, eine Strandpergola mit Naturstein, Teppichen und weichen Kissen verheißt romantische Abende. DZ 250 LE, mit HP 350 LE. Bir Sweir, ✆ 3530380, ✉ 3530381, www.sallylandresort.com; www.skr.de.

Three Corners El Wekala Golf Resort, ist unter den Hotels in Taba Hights die bei deutschen Gästen beliebteste Anlage. Sie liegt in Laufweite zum Meer, zudem gibt es einen Shuttleservice zum Strand. Animation, und Kinderclub. Gut geeignet ist das Hotel vor allem für Gäste, die viele Ausflüge nach Israel und Jordanien planen. Nachteilig ist die lange Transferzeit vom Flughafen Scharm el-Scheich. DZ All incl. 80–140 €, pauschal mit Flug 1 Woche 2 Pers. DZ All incl. ab 1000 €. Taba Heights, ✆ 3580150, ✉ 3580156, www.threecorners.com.

Die Pharaonen-Insel mit ihrer Kreuzritterburg

Taba

Zusammen mit Aqaba und Eilat will Taba zum Baustein einer grenzübergreifenden Ferienregion im Dreiländereck werden. Ob es soweit kommt, hängt von den Unwägbarkeiten des nahöstlichen Friedensprozesses ab.

Noch vor wenigen Jahren bestand der Grenzort aus einem vornehmen Hotel, Moschee, Verwaltungsgebäude, Busstation und den Baracken der Grenzer. Taba war nicht mehr als eine Durchgangsstation zwischen Ägypten und Israel. Nun greift Goldgräberstimmung um sich. Reisebüros, Läden und Cafés werden gebaut, Atmosphäre hat der Ort damit bislang aber nicht bekommen.

• *Anfahrt/Verschiedenes* Die Busstation ist etwa 500 m nach der Grenze auf einem Platz an der Meerseite der Hauptstraße. **Busse** fahren um 9 und 15 Uhr über Nuweiba (1 Std.) und Dahab (2½ Std.) nach Scharm el-Scheich (4 Std.), um 10.30 und 16.30 Uhr nach Kairo, um 7.15 Uhr nach Suez. Die aktuellen Abfahrtszeiten verrät verlässlich nur das Buspersonal (✆ 3530250) – Taxifahrer und andere Beduinen werden Ihnen immer weismachen, der letzte Bus sei gerade weg. Die **Taxi**preise bewegen sich in Abhängigkeit zum Busfahrplan. Hartes Feilschen und viel Geduld sind angebracht – nach Dahab sind 300 LE ein guter Preis.

Post und **Telefon** finden sich an der Hauptstraße.

• *Flughafen* Ja, es gibt ihn! 45 km außerhalb und 700 m oberhalb der Stadt nahe der Straße Richtung Suezkanal. Das Flugfeld hieß früher el-Nakb und wurde kurzerhand in Taba (Kürzel TCP) umbenannt. Doch hüten Sie sich vor Flügen ohne Hotelarrangement oder der Idee, über diesen Flughafen billig nach Eilat reisen zu können. Taba Airport liegt nämlich im Nichts. Ohne Vorbestellung bekommen Sie hier nicht mal ein Taxi.

• *Übernachten* **Taba Hilton**, mit Nelson Village. Das bei einem Anschlag beschädigte Haupthaus wurde nach 2004 weitgehend neu gebaut. Unversehrt blieben die Bungalows des angegliederten Nelson Village. Das Hotel steht direkt an der Grenze und ist auch von Israel her ohne Formalitäten zugänglich. DZ AI ab 100 €, 2 Pers. 1 Woche AI mit Flug ab 1200 €. ✆ 3530140, www.hilton.de.

Tobya Boutiquehotel, das Hotel mit etwa 100 Gästezimmern wurde am Fuß eines Steilfelsens erbaut. Architektur und Ausstattung fügen sich gut in die Umgebung. Wie beim Qasr Zaman (→ S. 588) sollte auch hier eigentlich ein Privathaus stehen, doch das Baurecht erlaubt nur tou-

> Wenn Sie über Eilat oder den Flughafen Taba nach Ägypten einreisen, längstens 14 Tage bleiben und sich nur an der Ostküste des Sinai aufhalten werden, dann brauchen Sie **kein Visum**. Schreiben Sie auf Ihre Einreisekarte „Sinai only" und gehen Sie, ohne eine Gebührenmarke zu kaufen, schnurstracks zum Einreiseschalter. Dort bekommen Sie das kostenlose Sinai-Permit (→ S. 76).

ristische Betriebe. So wohnen die Eigentümer, Sadek Abu el-Dahab und Nadia Schalabi, in ihrem Hotel und leiten es selbst. Die Zimmer sind mit einer Kombination aus verschiedenen natürlichen Materialien und einfachem Design gestaltet. Die Gemälde, viele davon eine Hommage an Vincent van Gogh, stammen vom Kairoer Maler Ramzi. Das Hotel hat einen eigenen Strand mit Beachbar und -restaurant. DZ ab 100 $, HP angeraten. Km 2 Nuweiba Road, ✆ 3530275, ℻ 3530269, www.tobyaboutiquehotel.com.

Von Taba nach Suez

Eine gut ausgebaute Schnellstraße verbindet Taba über die Hochfläche des Zentralsinai mit dem Suezkanal. Unterwegs gibt es außer Tee- und Tankpausen wenig lohnende Gründe anzuhalten.

Die Strecke folgt dem Darb el-Hagg, der alten Pilgerstraße durch den Sinai. Beim Flughafen, 40 km nach Taba, trifft sie auf eine von Nuweiba kommende Teerstraße. Wo das Auto heute gerade vier Stunden unterwegs ist, wanderten die Mekkapilger früher

Taba – Streit ums letzte Zipfele

Als letzter Zipfel des Sinai wurde Taba erst 1989 an Ägypten zurückgegeben. Sieben Jahre hatten die Nachbarländer um den exakten Verlauf ihrer Grenze gerungen. Im Friedensvertrag von Camp David hieß es lapidar: „Die ständige Grenze zwischen Ägypten und Israel ist die anerkannte internationale Grenze im Jahre 1906 zwischen Ägypten und dem früheren Mandatsgebiet von Palästina." So weit, so gut. Doch erst nach Unterzeichnung des Abkommens entdeckten Israel, Ägypten und der Friedensstifter USA, dass diese Grenze zwar fast, aber nicht ganz eindeutig war.

76 alte Grenzsteine fand man noch an Ort und Stelle, über die vermutliche Lage von 15 verlorenen Markierungen konnte man sich einigen, doch beim südlichsten, dem Grenzstein Nr. 92, standen sich die Parteien kompromisslos gegenüber. Ägypten sah ihn in gerader Verlängerung der Markierungen 90 und 91, Israel etwas westlich. Das Resultat: Ein Quadratkilometer Wüste, genannt Taba, wurde zum Zankapfel, an dem beide Seiten ihre patriotische Entschlossenheit zu beweisen suchten. Undenkbar, „dass Ägypten auch nur auf ein Sandkorn seines heiligen Bodens verzichte", tönte Präsident Sadat. Im Gegenzug nannte der israelische Außenminister Taba ein von den Ägyptern geschaffenes „künstliches Hindernis", während Ägypten denselben Vorwurf wiederum gegen Israel erhob, das einerseits seine auf dem Sinai errichtete Infrastruktur unmittelbar vor der Räumung systematisch zerstörte, am Strand von Taba aber noch nach dem Camp-David-Vertrag eine Nobelherberge aufzog – fait accompli.

Von ihren amerikanischen Geldgebern wurden die orientalischen Streithähne schließlich dazu verdonnert, sich dem Urteil einer internationalen Kommission zu unterwerfen. Die entschied zu Gunsten der Ägypter, worauf Israel im Frühjahr 1989 den Strand räumte und für das Nobelhotel noch 38 Mio. US-Dollar einstrich.

Von Israelis bzw. von der israelischen Seite der Grenze aus darf das Hotel samt Strand vereinbarungsgemäß ohne besondere Grenzformalitäten besucht werden. So hätte, hier am Rande des Sinai, wenigstens die ägyptische Oberschicht Gelegenheit, den verfeindeten Nachbarn kennenzulernen und am Pool, im Nachtclub oder beim Tennis vielleicht seine menschlichen Seiten zu entdecken. Wenn sie denn wollten ...

neun Tage durch die Wüste. Fromme Herrscher stifteten Rasthäuser, Zisternen und Dämme, befestigten hier einen Abstieg und schlugen dort eine Passage durch den Fels.

Dem etwa auf halber Strecke gelegenen **Nachl,** früher Hauptstadt des Sinai, stiftete Sultan Hassan (reg. 1347–1361) eine Karawanserei und eine große Zisterne. Acht Wochen vor der Pilgersaison wurden die Ochsen in das Schöpfwerk gespannt, um das Reservoir für die durstigen Karawanen aufzufüllen. Die Anlagen, die den Reisenden nach der endlosen Weite der Tih-Ebene wie eine Fata Morgana erschienen sein müssen, wurden 1914 von den Briten zerstört, die dem türkischen Feind kein Wasser gönnten.

Sankt Katharina

Juden, Christen und Muslime verehren den Gebel Musa als heiligen Berg, auf dem Moses Gottes Gebote empfing. Zu seinen Füßen hüten Mönche die Kunstschätze des fast 1700 Jahre alten Katharinenklosters. Und wer sich für Kunst oder Religion nicht zu begeistern vermag, dem bleiben die Naturerlebnisse der herrlichen Landschaft.

Das Landesinnere des Südsinai erscheint auf den ersten Blick als eine schroffe, trockene Gebirgswüste mit dramatischen Felsgipfeln, Geröllfeldern und ausgedörrten Hochtälern. Doch als die galizische Adelsdame und Äbtissin Aetheria im Jahr 385 auf ihrer Pilgerreise ins Heilige Land in diese menschenfeindliche Landschaft kam, traf sie zu ihrer Überraschung am Fuß des Mosesbergs auf eine Siedlung von Glaubensbrüdern mit Kapelle und sogar einen lieblichen Garten, in dem man ihr den Dornbusch zeigte, aus dem Gott zu Moses gesprochen hatte (2. Mose 3:1-12). Aetheria betete am Dornbusch, kletterte auf den Berg, war tief beeindruckt und zog schließlich mit ihrem Gefolge weiter gen Jerusalem. So oder ähnlich halten es die Besucher bis heute, nur dass sie zahlreicher geworden sind und nicht mehr auf Eseln, Maultieren und zu Fuß, sondern mit Bussen und Flugzeugen kommen. Wanderer, Bergsteiger und passionierte Naturfreunde sind in Sankt Katharina bislang noch eine kleine Minderheit, obwohl nach Expertenmeinung in diesem Markt die touristische Zukunft des Sinai-Gebirges liegt.

Der Nationalpark

Auch um diesen Besucherstrom besser regulieren zu können, wurde das Gebiet um das Kloster bereits 1988 zu einen Nationalpark erklärt, der inzwischen 4300 qkm umfasst und bis an die Küstenstraße bzw. hinunter nach Scharm el-Scheich reicht. Nachdem die Europäische Union für dieses Projekt 7 Mio. $ bereitgestellt hatte, bekam der Park Jahre später auch eine Verwaltung: einen britischen Chef, Mitglied der *Royal Zoological Society,* und einen ägyptischen Chef, früher Luftwaffenoffizier. Beide heuerten ihrerseits etwa 70 Nil-Ägypter und Beduinen als Ranger, Helfer und „Multiplikatoren" an. Die Einheimischen sollten ihren Klans die teils schmerzlichen Veränderungen beibringen, die der Naturschutz für den Broterwerb der Beduinen brachte: Teilgebiete wurden für Jeepsafaris gesperrt, andere für Trekker, noch andere sogar für Weidetiere.

Seit die Zuschüsse der internationalen Geber ausgelaufen sind, hat die Öffentlichkeitsarbeit der Nationalparkverwaltung allerdings nachgelassen. Die aufwändigen Webseiten sind ins virtuelle Nichts verschwunden, das vor Jahren hinter dem Verkehrskreisel auf dem Gelände dem Tourist Village errichtete Besucherzentrum mit seiner tollen multimedialen Ausstellung über den Park wurde nach nur wenigen Wochen Publikumsbetrieb wieder geschlossen. Geblieben ist allerdings das Eintrittsgeld

(3 $, entspricht ca. 18 LE), in den Nationalpark, das von jedem Besucher an der Zufahrt nach Sankt Katharina kassiert wird – es versickert irgendwo im Staatshaushalt.

Orientierung

Das Katharinenkloster liegt unmittelbar zu Füßen des Mosesbergs. Vom Kloster sind es 4 km zur Siedlung, die sich am Ende eines benachbarten Talkessels befindet. Offiziell heißt sie St. Katharina, wird nach dem älteren, in ihr aufgegangenen Beduinendorf aber **el-Milga** genannt. „Stadt" kann man den Ort mit bislang 4000 Einwohnern kaum nennen. Er besteht aus einigen Läden, Lokalen, Hotels, einer Bank, Verwaltungsgebäuden, Mietshäusern der Beamten und Bungalows der Beduinen.

Anfahrt/Verschiedenes

> Telefonvorwahl: 069

- *Information* Im Internet unter www.st-katherine.net, http://yallajabaleya.com und www.parksegypt.org.
- *Bus* Die Busstation befindet sich in el-Milga. Von **Kairos** Turgoman-Terminal fährt jeden Vormittag um 10.30 Uhr ein Bus nach St. Katharina, Rückfahrt morgens 6 Uhr.
- *Sammeltaxi* Von **el-Tur** (Abfahrt 14 und 21 Uhr), um 7 und 14 Uhr dorthin zurück. Von **Dahab** (Abfahrt 8 und 16 Uhr), zurück ab Beduin Camp 13 und 19 Uhr, www.bedouinpaths.com/bedouinbus.php. Fahrten von el-Milga nach **Suez** und **Kairo** ab 6 Uhr vor der Moschee.
- *Gepäckaufbewahrung* im Hospiz des Klosters
- *Souvenirs* **Fan Sina**, el-Milga. Ein Projekt des Nationalparks, mit dem Frauen Geld verdienen können. Sie fertigen in Heimarbeit mit Stickereien und Perlen verzierte Täschchen und Taschen, die z. B. am Wendeplatz vor dem Kloster an Touristen verkauft werden. Mehr zum Projekt unter http://fansina.net.

Mohamed Mahmut el-Kalini, el-Milga, betreibt am Ortseingang neben dem Panorama-Restaurant eine kleine Teppichmanufaktur mit Direktverkauf.

- *Aktivitäten* Botaniker, Küchenmeister und Naturheilkundler besuchen in el-Milga Ahmed Mansours **Kräutergarten** („Dr. Ahmed", ✆ 0122-640 0782).

Zur Vorbereitung auf das nächste Kamel-Trekking oder auch einfach nur zum Spaß kann man in Mohameds **Kamelreitschule** den richtigen Umgang mit den Wüstenschiffen lernen. http://yallajabaleya.com.

„Alles klar?"

Übernachten (Karte S. 603)

Als Pauschalreisender werden Sie vermutlich im Hotel Morgenland abgeladen. Für sparsame Rucksackreisende ist das Fox Camp die erste Wahl. Allen anderen sei das Gästehaus des Klosters empfohlen.

New Morgenland, 7 km vom Kloster entfernt und damit nur für Leute mit Fahrzeug geeignet. Die Chalets gruppieren sich um einen unbeheizten Swimmingpool, ihre

Zimmer haben Balkon oder Terrasse und sind mit TV, Kühlschrank und Heizung ausgestattet. Im Beduinenzelt gibt's Schmuck- und Kleiderverkauf, gelegentlich auch Folkloreunterhaltung. DZ HP 100 $, auch über Oft-Reisen (DZ HP 65 €) zu buchen. ✆ 3470700, ℡ 3470331.

Hospiz des Klosters, das Gästehaus wird von Manager Moussa Boulos mit sicherer Hand geleitet. Unter seiner Federführung wurden die Räumlichkeiten renoviert und erweitert. Alle Zimmer haben nun ein eigenes Bad, im Restaurant werden sogar Bier und Wein ausgeschenkt. Reservierung empfohlen! Bett im 5er-Zimmer 25 $, DZ 65 $ jeweils Frühstück und üppiges Abendessen inbegriffen. ✆ 3470353, ℡ 3470343.

Wadi el-Muquduss (2), das kleinste Übel unter den Hotels in St. Katharina. Die Anlage gruppiert sich um einen Pool (bei unserem Besuch nur halb gefüllt), die geräumigen Zimmer (mit AC, TV, Kühlschrank, Bad und Balkon) sauber, aber abgewohnt. DZ 45 $. ✆ 3470225.

Desert Fox Camp (1), das einfache Camp liegt zwischen Siedlung und Kloster. Die Zimmer mit einfachen Schlafplätzen (Matratze und Decken auf dem Boden) sind in gemauerten „Reihenbungalows". Sanitäranlagen mit heißem Wasser, sogar ein kleiner Garten mit Olivenbäumen ist vorhanden. Abends Lagerfeuerromantik mit Beduinenzelt. Freundliches Personal, auf Wunsch wird auch gekocht. Schlafplatz 30–50 LE. ✆ 3470344, mobil 0100-6987807, www.desertfoxsafari.com.

El-Milga Bedouin Camp (3), das Basiscamp für alle, die längere Trekkingtouren vorhaben und sich deshalb mit Scheich Moussa arrangieren müssen (→ S. 602), befindet sich beim Anwesen des Scheichs in el-Milga, etwa 150 m oberhalb der Tankstelle. Einfache Schlafsäle und einige „private rooms" mit Matratzen, saubere Sanitäranlagen. Schlafplatz 30–60 LE. Scheich Moussa, el-Milga, ✆ 3470457, 0122-6413575, www.sheikmousa.com.

Ökolodge el-Karm, in einer abgelegenen Beduinensiedlung (etwa einen Tagesmarsch von el-Milga) wurde eine Art Berghütte mit 24 Schlafplätzen in sechs Räumen, Stube und Kochgelegenheit eingerichtet (Bilder unter www.sheikhsina.com). Es gibt keinen Strom, doch dank Solarheizung warmes Wasser. Die Hütte kann über die Parkverwaltung gebucht werden. Scheich Auwad, Wadi Gharba (Zufahrt von et-Tarfa, 23 km in Richtung Wadi Firan). ✆ 3470032 und 0100-1324693 (Jamil Attiya, spricht nur Arabisch).

> Wer in einem der einfachen Camps oder gar auf dem Mosesberg zu nächtigen gedenkt, sollte einen guten Schlafsack dabei haben – im Winter fallen die Nachttemperaturen bis unter den Gefrierpunkt.

Essen & Trinken

Als hätten sie alle beim gleichen Koch gelernt, bieten die **Restaurants** in el-Milga eine Einheitskarte mit Hähnchen, Reis und Spaghetti Bolognese. Einzig das **Panorama** erweitert den Standard um Pizza, Suppe und gelegentliche Beschallung. Travellertreff sind das nur tagsüber geöffnete **Resthouse** und die Cafeteria **Ikhlas**, beide bei der Moschee. Eine **Bäckerei** (gegenüber der Moschee) verkauft Fladenbrot, die **Gemischtwarenhandlungen** ergänzen den Speisezettel um Konserven, Kekse, Tomaten, Gurken und frisches Obst.

Katharinenkloster

Wo Gott aus einem brennenden Dornbusch zu Moses sprach, steht heute das berühmteste Kloster der Christenheit. Nie zerstört und nie geplündert, hat es nach dem Vatikan die größte Ikonensammlung und ein seltenes Mosaik.

Trotz seiner Abgeschiedenheit steht das Katharinenkloster seit jeher auf dem Reiseplan der Pilger. Dem Ansturm von inzwischen oft 1000 Besuchern am Tag sind die etwa dreißig Mönche griechischer Abstammung jedoch nicht mehr gewachsen. Sie wehren sich mit knappen Öffnungszeiten und indem sie nur noch einen kleinen Teil des Klosters zur Besichtigung freigeben, um nicht nur lebendes Inventar eines Museums zu sein, sondern auch Gelegenheit zur Kontemplation und zum Gebet zu finden.

Sankt Katharina 595

- ❶ Hostel
- ❷ Friedhof
- ❸ Beinhaus
- ❹ Toiletten
- ❺ Hof
- ❻ Tor
- ❼ Zisterne
- ❽ Klébers Turm
- ❾ Mosesquelle und Museum
- ❿ Moschee
- ⓫ Basilika
- ⓬ Dornbusch
- ⓭ Altes Refektorium
- ⓮ Stephansbrunnen
- ⓯ Gästehaus
- ⓰ Bibliothek

Katharinenkloster

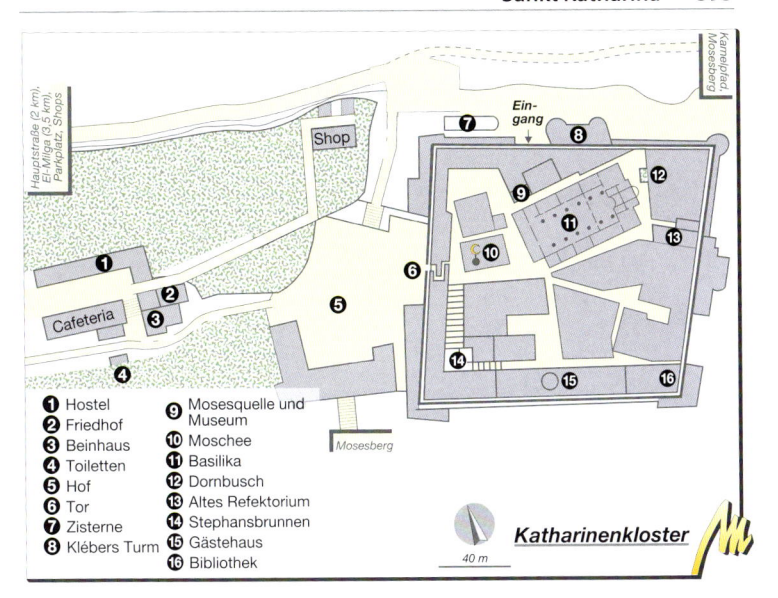

Geschichte

Das Kloster geht auf die heilige Helena, die Mutter Kaiser Konstantins, zurück, die im Jahr 337 den an der Stätte des brennenden Dornbuschs siedelnden Frommen eine Kapelle und einen befestigten Turm stiftete. Dieser rettete im Jahr 370 bei einem Überfall der Beduinen dem ägyptischen Anachoreten Amonius und einem namenlos gebliebenen Bruder das Leben, während alle anderen Einsiedler ums Leben kamen. Zehn Jahre später entkam der heilige Nilus, ein Hofbeamter aus Konstantinopel, auf seiner Pilgerfahrt nur mit knapper Not einem Überfall. Die Reihe ließe sich fortsetzen, die „40 Märtyrer des Sinai" im koptischen Heiligenkalender kommen nicht von ungefähr.

Kaiser Justinian stationierte 537 eine kleine Schutztruppe von ägyptischen und walachischen Sklaven, ließ die künftige Klosteranlage mit einer Wehrmauer eingrenzen (nach Prokopius wurde der Architekt später enthauptet, weil er für das Kloster einen strategisch so ungünstigen Platz ausgewählt hatte) und stiftete eine neue, der Jungfrau Maria geweihte Kirche. Nach dem Tod der Kaisergattin Theodora (561) kam die Basilika Christi Verklärung hinzu, in deren Dachgebälk die Namen des Baumeisters Stephanos aus Eilat, des Kaisers und der frommen Theodora verewigt sind.

Dank der Gunst und der Schenkungen der byzantinischen Kaiser kam das Kloster zu Weltruhm. Ein Besuch gehörte zum Pflichtprogramm der Pilgerreise ins Heilige Land. Gebildete, die sich selbst den Strapazen einer solchen Reise nicht aussetzen wollten oder konnten, erfuhren aus den Bestsellern des frühen Buchdrucks, etwa dem Frankfurter *Reyssbuch* oder dem Bericht des Bernhard von Breitenbach, von jener sagenhaften Bastion des Christentums mitten im Lande der „Mohammedaner".

Bis ins Spätmittelalter war das Kloster sozusagen eine ökumenische Einrichtung und gehörte gleichermaßen der römisch-katholischen, griechisch-orthodoxen, russisch-orthodoxen, griechisch-katholischen und georgischen Kirche. Seit 1439 ist

Beinhaus und Hospiz des Katharinenklosters

St. Katharina ein unabhängiges orthodoxes Erzbistum, vermutlich das kleinste der Welt, unter der Aufsicht des Patriarchen von Konstantinopel. Bis heute werden nur griechische Mönche aufgenommen. Stiftungen bescherten dem Kloster großen Landbesitz auf Zypern, im Libanon und in Griechenland; seit dem Verfall der Sowjetunion bemüht man sich, die von den Kommunisten verstaatlichen Güter und städtischen Grundstücke in Georgien und der Ukraine wieder in die Hand zu bekommen.

Auch die Reliquien der heiligen Katharina mehrten den Besitz. Die Legende, nach der vier Engel die Gebeine der heilige Katharina aus Alexandria auf den Katharinenberg brachten (von dem die Mönche sie schließlich ins Kloster holten), kam etwa im 10. Jh. auf, gerade rechtzeitig vor Ankunft der Kreuzritter. Die Nothelferin wurde besonders in Frankreich verehrt, und mit einem schwunghaften Handel tauschten die Mönche Knochen gegen Ländereien, sodass heute etwa die Kathedrale in Rouen eine stattliche Sammlung von Katharina-Reliquien besitzt. Dem Kloster blieben nur der Schädel und eine Hand.

Ein Wunder, das der wundersamen Mehrung der Katharina-Reliquien – aus den Gebeinen aller existierenden Reliquienschreine ließen sich wohl einige Skelette zusammensetzen – mindestens ebenbürtig scheint, ist der Umstand, dass das Kloster in seiner langen Geschichte zwar zeitweise verlassen, aber niemals erobert, geplündert oder gebrandschatzt wurde. Beduinen, Generäle und Potentaten respektierten die zahlreichen Schutzbriefe, mit denen Patriarchen, Sultane und Kaiser dem Kloster Unversehrtheit, Steuerfreiheit und andere Privilegien sicherten. Im Museum (Exponat Nr. 29.1) zeigen die Mönche sogar die Abschrift eines Schutzbriefs, den der Prophet Mohammed einer Delegation aus St. Katharina ausgestellt haben soll. Auch die Beduinen vom Stamm der Jabaliya, die als Nachfahren der walachischen Söldner gelten, schützen das Kloster – gegen ein Schutzgeld versteht sich, das meist in Brot und anderen Naturalien ausgezahlt wurde, und zu dem auch die Pilgerkarawanen ihren Teil beisteuern mussten.

Sehenswertes

Besucher betreten das etwa 84 x 74 m große Klosterareal, das noch immer von der mächtigen Mauer aus der Zeit Justinians geschützt wird, auf der Nordseite durch eine Pforte bei **Klébers Turm,** der den Namen jenes napoleonischen Generals trägt, der ihn restaurieren ließ. In einer Nische rechts neben dem Eingang findet sich mit der **Mosesquelle** der alte Klosterbrunnen, der unterirdisch mit einer Zisterne außerhalb der Mauern verbunden ist. Der **brennende Dornbusch** entspricht der biblischen Beschreibung und ist eine botanische Rarität, nämlich ein Syrischer Blasenstrauch *(Colutea istria).* Außer der Basilika hat das Kloster ein Dutzend verschiedenen Heiligen geweihte **Kapellen,** in denen jedoch nur an den Namenstagen ihrer Patrone die Messe gefeiert wird. Leider sind sie Besuchern ebenso verschlossen wie das alte, freskengeschmückte **Refektorium,** in dem die Mönche einst mit den Pilgern speisten und die Letzteren ihre Wappen und Graffiti hinterließen.

Bibliothek: Auch die Bibliothek mit ihren wohl 3000 Handschriften und 50.000 Bänden bleibt für gewöhnliche Besucher versperrt. Immerhin werden einige Schriften im Klostermuseum gezeigt. Werke in griechischer, arabischer, aramäischer, georgischer, armenischer, koptischer, slawischer und äthiopischer Schrift verdeutlichen die internationalen Kontakte des Klosters. Überraschenderweise hat die Bibliothek jedoch nur ein einziges lateinisches Manuskript. Die anderen fielen wohl irgendwann nach der Kirchenspaltung einer Säuberung zum Opfer. Größter Schatz ist der *Codex Syriacus* (5. Jh.), eine Heiligengeschichte mit Auszügen des Neuen Testaments. Die Handschrift entging im 19. Jh. nur knapp dem Verkauf, weil die Mönche sich untereinander nicht auf den zu verlangenden Preis einigen konnten.

Moschee des Omar: Vermutlich ist St. Katharina das einzige christliche Kloster, in dessen Mauern sich außer Kirchen und Kapellen auch eine Moschee befindet. Der Legende nach wurde sie in aller Eile gebaut, nachdem der absonderliche bis fanatische Kalif al-Hakim (reg. 995–1021) seinen Besuch angekündigt hatte. Die Stiftungsinschrift datiert sie jedoch erst ins 12. Jh. Ihre hölzerne Kanzel gehört noch zur Originaleinrichtung.

Basilika: Die Außentür der dreischiffigen Basilika stammt aus der Kreuzritterzeit, die Tür zwischen Narthex und Kirchenschiff noch von den Holzschnitzern Justinians. Zwölf Säulen stützen das Kirchendach. Die später eingezogene Holzdecke zeigt einen blaugrünen Sternenhimmel – mit Lücken, manches Gestirn wurde Opfer der Erdanziehung. Der mit Porphyr und Marmor ausgelegte Boden zeigt geometrische Motive, wie sie auch einen islamischen Palast in Kairo oder Damaskus zieren könnten.

Fachbegriffe

Apsis – halbkreisförmige, mit einer Kuppel überwölbte Altarnische als Abschluss eines Kirchenschiffs

Basilika – Kirche mit drei oder fünf Längsschiffen, von denen das mittlere erhöht ist und eigene Fenster besitzt

Ikonostase – mit Ikonen geschmückte Wand, die den Altarraum vom Kirchenschiff trennt

Mandorla – mandelförmiger Heiligenschein um eine Christus- oder Mariendarstellung

Narthex – Kirchenvorraum, ursprünglich der Platz für die Ungetauften

Der Codex Sinaiticus – ein Bücherkrimi

Nicht alle Pilger kamen aus rein religiösen Motiven. Der Leipziger Theologe Tischendorf besucht im Frühjahr 1844 auf der Suche nach alten Handschriften das Kloster und findet hier die älteste, um die Mitte des 4. Jh. geschriebene Bibel – ein komplettes Neues Testament und dazu den größten Teil der Septuaginta (das Alte Testament). Nach Tischendorfs Version fischt er die ersten Blätter des *Codex Sinaiticus* aus dem Papierkorb. Die zerfledderten, 38 x 34,5 cm großen Pergamentblätter sind für den Ofen der Bibliothek bestimmt, und Teile der Handschrift sind tatsächlich schon als Rauch gen Himmel gegangen und zu Asche geworden. Die „Bücherverbrennung" wird gestoppt, und Tischendorf darf 43 Blätter mitnehmen, die er seinem sächsischen Landesherrn schenkt und die heute als *Codex Frederico-Augustianus* in der Leipziger Bibliothek verwahrt werden. Den Rest der Handschrift heben die Mönche auf – vielleicht lässt er sich ja irgendwie zu Geld machen.

Tischendorf lässt der Gedanke, dass der größte Teil „seines" Schatzes noch im Kloster weilt und womöglich in die Hände englischer oder französischer Schriftensammler geraten könnte, keine Ruhe. 1853 bricht er erneut gen Sinai auf, doch umsonst. Die Mönche wollen sich an nichts erinnern, die Blätter sind aus der Bibliothek verschwunden. 1859 kommt Tischendorf ein weiteres Mal, jetzt mit einem Empfehlungsschreiben des russischen Zaren ausgerüstet, dem weltlichen Schutzherren des Katharinenklosters, der ihm auch die Reise finanzierte. Wieder trifft Tischendorf auf eine Mauer des Schweigens. Erst am Vorabend der Abreise holt ein Mönch, mit Tischendorf in eine theologische Diskussion verwickelt, die in ein rotes Tuch geschlagene Handschrift aus dem Regal – Tischendorf hat seinen Codex wieder gefunden.

Der vorsichtig gewordene Sachse bittet nun, man möge ihm die Handschrift doch leihen, damit er sie in Kairo kopieren lassen könne. So schafft er einen Teil des Codex zunächst in die Niederlassung des Klosters am Nil. Dort überzeugt er den frisch gewählten Abt von St. Katharina, die alte Bibel doch auch dem Zaren zu leihen, der sich bestimmt erkenntlich zeigen würde. Da türmen sich neue Hindernisse auf. Der Patriarch von Jerusalem verweigert dem gewählten Abt die Anerkennung und Weihe – Tischendorf muss warten, derweil eine Delegation des Klosters sich in Konstantinopel um ein Machtwort des Sultans zu Gunsten des neuen Abts bemüht. Schließlich eilt Tischendorf selbst nach Konstantinopel und verschafft mit Hilfe der zaristischen Diplomatie seinem Schützling endlich das Plazet des Sultans. Erst jetzt kann er den Codex mitnehmen und seine „Leihgabe" am 19. November dem Zaren Alexander II. überreichen, der sich dem Kloster gegenüber mit Geschenken im Wert von 27.000 Goldmark erkenntlich zeigt.

Die Mönche besannen sich ihrer Leihgabe erst wieder, als diese 1933 von den Bolschewisten an das Britische Museum verkauft wurde. Vergeblich beanspruchten sie die 100.000 Pfund, die Stalin dafür erhielt, und zeigen heute verbittert den nie eingelösten Leihschein, den Tischendorf ihnen hinterlassen hatte. Gott sei Dank tauchten später noch weitere Blätter des Codex im Kloster auf – eines davon ist im Museum zu bewundern (Exponat Nr. 18.2).

Die Reliquien Katharinas ruhen in zwei juwelengeschmückten Schreinen im Altarraum. Dahinter wurde im Spätmittelalter die mit Damaszener Kacheln verkleidete *Kapelle des brennenden Dornbuschs* angefügt. Eine Silberplatte unter deren Altar markiert den heiligsten Ort des Klosters, wo der Busch einst gewachsen sein soll. In Erinnerung an Gottes Gebot „Ziehe Deine Schuhe aus von Deinen Füßen, denn der Ort, auf dem Du stehst, ist heiliges Land" (2. Moses 3:5) finden sich die Mönche hier jeden Samstag barfuß zur Messe ein.

Apsismosaik: Leider verstellen die Ikonostase und ein übergroßes Kruzifix den Blick auf das im 6./7. Jh. entstandene Apsismosaik, das als das bedeutendste Kunstwerk des Klosters gilt. Die *Verklärung Christi auf dem Berg Tabor* wurde nie restauriert und strahlt doch so farbenprächtig, als sei sie erst gestern geschaffen worden. Das zentrale Motiv mit dem von einer Mandorla umhüllten Jesus und, ihm zur Seite oder zu Füßen, (von links) Moses, Elias, Petrus, Jakobus und Johannes, rahmt ein Fries mit Medaillons der Apostel und Propheten sowie des damaligen Abtes Longinus (der Stifter?) und des Diakons Johannes (Johannes Klimakos?). Ein Hintergrund aus feinen, goldfarbenen Steinchen lässt das Mosaik bei beliebigen Lichtverhältnissen glitzern und funkeln und erhöht noch die glanzvolle Wirkung der Szene.

An der ebenfalls mit Mosaiken verkleideten Wand oberhalb der Apsisnische wird ein Doppelfenster, das mit der Achse der Kirche genau auf den Mosesberg zielt, von Moses gerahmt, der (links) vor dem brennenden Dornbusch kniet und (rechts) die Gesetzestafeln empfängt. Mehr noch als die Ikonen, die man immerhin fortbringen und verstecken konnte, wurden die Mosaike ein Opfer der Bilderstürmer, sodass einzig im fernen Ravenna vom Stil und der Entstehungszeit her der „Verklärung Christi" vergleichbare Werke erhalten blieben.

Museum: Im Klostermuseum über der Mosesquelle sind neben alten Handschriften, Messgewändern und edlen liturgischen Geräten vor allem die Ikonen interessant. Zur Ikonensammlung des Klosters, das im Spätmittelalter eine eigene Malschule hervorbrachte, gehören Heiligenbilder aus allen Regionen der Ostkirchen, ja sogar aus Spanien. Der bislang letzte Ikonenmaler aus St. Katharina selbst starb 1958. Die ältesten Heiligenbilder (6./7. Jh.) darunter ein schönes Christusporträt (Exponat Nr. 2), sind noch in Wachsschmelztechnik gearbeitet. Nur an wenigen, abgelegenen Orten haben Ikonen aus dieser Zeit überlebt, die meisten fielen den ab dem 8. Jh. im Byzantinischen Reich wütenden Bilderstürmern zum Opfer, die, wie die Muslime, jede Menschendarstellung in Gotteshäusern ablehnten. Als Abwechslung von den üblichen Heiligenporträts sei die *Leiter ins Paradies* erwähnt, ursprünglich ein Traktat des heiligen Johannes Klimakos (gest. 649), das die 30 Stufen der geistigen und moralischen Vervollkommnung des Mönchs beschreibt, wobei bei jedem Schritt kleine Teufel den Frommen mit Spießen und Haken von seinem Aufstieg abzubringen versuchen (Exponat 4.13). Hoffnung spendet der unbekannte Illustrator einer alten Handschrift (Exponat Nr. 25.5). Er hat in seiner Version der Himmelsleiter die Teufel einfach weggelassen – bei ihm schafft jeder den Aufstieg.

Beinhaus: Außerhalb, am Weg zur Hauptpforte, liegt linker Hand das Beinhaus des Klosters. Stephanus der Pförtner, oder vielmehr, was von ihm übrig blieb, hütet im Priesterornat die Gebeine. Zu Lebzeiten sorgte er dafür, dass kein Pilger auf den Mosesberg stieg, ohne zuvor die Beichte abgelegt zu haben (vgl. S. 602). Für die Mönche gibt es lediglich sechs Gräber. Stirbt ein Mönch, wird das älteste Grab geöffnet und die sterblichen Reste werden ins Ossarium gebracht. Nicht alle Knochen landen jedoch auf den beiden bis zur Decke reichenden Stapeln für Schädel und Gebeine. Die Reste der Äbte, Märtyrer und Heiligen verwahrt man separat in besonderen Wandnischen.

600 Sinai

Das Kloster (www.sinaimonastery.com) ist mit Ausnahme der religiösen Feiertage (Auskunft ℡ 3470343) Mo–Do und Sa 9–11.45 Uhr geöffnet, die Cafeteria und Toiletten tägl. vom frühen Morgen bis 20 Uhr. Eintritt ins Kloster frei, fürs Museum zahlt man 25 LE. Von Frauen wird „keusche" Kleidung erwartet. Das Beinhaus war 2010 geschlossen.

Mosesberg (Gebel Musa)

Der Sonnenaufgang auf dem 2285 m hohen Gebel Musa gehört zu den schönsten Erlebnissen, die der Sinai zu bieten hat. Wer die Einsamkeit der Bergwelt genießen oder mit sich und Gott alleine sein will, sollte sich einen anderen Gipfel suchen.

Ist er's, ist er's nicht? Erst das Katharinenkloster vermochte seinen Hausberg als den wahren Mosesberg durchzusetzen. Bis ins 6. Jh. hielten manche Pilger und Kirchenväter den Gebel Serbal für den biblischen Berg Horeb, auf dem Moses die Gebote empfangen hatte, und moderne Bibelforscher, die den Reiseweg der Israeliten durch den Sinai rekonstruierten, ziehen auch den Gebel Maghara in Erwägung.

Der fast dreistündige Aufstieg vom Kloster zum Gipfel gehört zum Pflichtprogramm jeder Sinaireise. Sadat hätte um ein Haar sogar eine Seilbahn auf den Berg gebaut. Die erwähnte Aetheria war oben, Mohammed soll oben gewesen sein (deshalb ist der Berg auch für Muslime heilig), 1866 der 70-jährige Prinz von Schleswig-Holstein-Sonderburg-Augustenburg auf Hochzeitsreise mit seiner jungen amerikanischen Frau (während sich im heimatlichen Herzogtum gerade Preußen und Dänen bekriegten). Auch François Mitterand kletterte auf den Berg, und nicht vergessen sei der Innsbrucker Glockengießer und Kommerzialrat Christoph Graßmayr, der im Februar 1990 von einer Gipfelmesse so gerührt ward, dass er der zuvor glockenlosen Kapelle ein Geläut stiftete – gestimmt auf G 2, mit der griechischen Inschrift „Gott der Herr ist barmherzig" und dem eingeprägten Gnadenbild „Mariahilf" nach Lukas Cranach.

Neben religiösen Motiven ist es zunehmend die Suche nach dem Landschaftserlebnis, die jedes Jahr mehr als 100.000 Menschen auf den Gipfel treibt; *der* Kick, wenn ein schweißtreibender Aufstieg oben mit einer herrlichen Weitsicht auf einen „Ozean versteinerter Wellen" oder gar dem Farbenspiel der Dämmerung belohnt wird. Stille erwarte man freilich nicht. Auf dem Gipfel herrscht Volksfeststimmung,

Gipfelkapelle auf dem Mosesberg

bei der weltliche Klänge aus dem Ghettoblaster mit den Hymnen und Bibellesungen frommer Pilger konkurrieren.

> Wer tatsächlich **auf dem Berg übernachten** will, sollte dazu die Zypressenebene knapp unterhalb des Gipfels wählen. Hier gibt es deutlich mehr Platz als ganz oben, und hier hat die Nationalparkverwaltung auch einige Toiletten eingerichtet.

Aufstieg: Vergessen Sie den Pullover nicht. Auf dem Gipfel ist es mindestens fünf Grad kälter als im Tal. Um pünktlich zum Sonnenaufgang oben zu sein, sollte man, solange im Frühjahr noch die Winterzeit gilt, vom Kloster um 3.00 Uhr aufbrechen. Nach der Umstellung auf die Sommerzeit kann man im restlichen Jahr etwas länger schlafen. Der Tross braucht für den Aufstieg drei Stunden, wer sportlich ist schafft es auch in zweieinhalb Stunden.

Der übliche Aufstieg folgt dem **Sikket al-Bascha**. Dieser breite, wenig anstrengende Weg beginnt gleich hinter dem Kloster und wurde unter dem Khediven Abbas angelegt, der sich auf dem Mosesberg eine Villa bauen wollte. Längs der Route wurden Abfalleimer und Toiletten errichtet, dazu einzelne Punkte mit Nummerntafeln markiert. Ein leider vergriffenes Heftchen der Nationalpark-Verwaltung gibt die entsprechenden Erläuterungen. Wer gute Augen oder wenigstens eine Taschenlampe hat, findet den breiten und mit Randsteinen markierten Weg aber selbst in einer mondlosen Sternennacht. Kamelführer bieten für 100 LE (tagsüber sinken die Preise) ihre Dienste an, sodass selbst Ältere oder wodurch auch immer am Bergwandern gehinderte Menschen ein Stück den Berg hinauf können. Entlang der Strecke bieten Buden Tee, Softdrinks und Snacks an, ja sogar wärmende Decken kann man ausleihen.

> **Maria und die Flöhe**
>
> Mit der *Marienkapelle* am Wege ist eine merkwürdige Geschichte verbunden: Irgendwann, als den Mönchen wieder einmal die Nahrung ausgegangen war und sie in ihrem Kloster zudem höllisch von Flöhen geplagt wurden, beschlossen sie, St. Katharina zu verlassen und zogen ein letztes Mal in einer Prozession auf den Berg. Eben hier, wo jetzt die Kapelle steht, erschien ihnen die Jungfrau, versprach die Erlösung vom Übel und schickte die Brüder ins Kloster zurück. Dort waren die Flöhe verschwunden, stattdessen standen hundert mit Vorräten beladene Kamele im Klosterhof.
>
> Leider ist die Kapelle heute verschlossen, nur noch einmal im Jahr wird hier eine Messe gelesen. Geschähe dies öfter, würden die Gäste im Hospiz des Klosters vielleicht etwas weniger vom Ungeziefer geplagt.

Der Weg folgt zunächst dem Wadi el-Deir, durch das früher die Karawanenroute zum Kloster verlief, und klettert an dessen rechter Flanke allmählich bergan. Auf der anderen Talseite, in den Schluchten des Gebel el-Deir, erspäht man (am Punkt 7) verfallene Einsiedeleien und Gärten, unten schließlich (am Punkt 8) ein Beduinendorf. Vorbei an Teebuden und an der „Endstation" der Kamele kommt ein kleiner Pass, den Abbas durch den Fels sprengen ließ. Danach gabelt sich der Weg: rechts der kurze Abstieg zum Elias-Plateau, links die Treppe zum Gipfel. Dieses letzte Wegstück erfordert bei Dunkelheit erhöhte Aufmerksamkeit. Kurz vor dem Gipfel liegt ein Amerikaner begraben, dem 1927 das Herz versagte. 1990 stürzte ein junger Franzose ab, der nachts den Weg verfehlte.

Gipfel: Die alte, im 6. Jh. gebaute Gipfelkirche war wesentlich größer als der aus ihren rosafarbenen Granitblöcken 1934 errichtete Nachfolgebau. Andere Blöcke wurden zu einer Moschee verarbeitet, unter der sich eine kleine Grotte befindet – vielleicht stammt auch sie noch von der Basilika. Auf der Nordseite der Kapelle findet man hinter einem Eisenzaun jene Felskluft, in die Moses vor Gottes Herrlichkeit zurückwich (wie die Bibel weiß). Etwa 200 m vor der Kapelle markiert neben der Treppe ein Eisenring den Hufabdruck von Mohammeds Kamel (wie die Beduinen wissen).

Abstieg: Für den Abstieg wird gewöhnlich der Weg über die Elias-Ebene und den Sikket Sayidna Musa genommen. Die **Elias-Ebene** ist ein kleiner Talkessel um eine uralte, zerzauste Zypresse und sechs junge Verwandte bei einem Brunnen. Dazu kommen die weiße Doppelkapelle des Elias und seines Nachfolgers Elischa, eine verlassene Einsiedelei und etwas abseits die Kirche des Pförtners Stephanos. Diese markiert auch die Höhle, in der sich Elias versteckt haben soll, nachdem er die Baal-Priester getötet hatte. Nach den Winterregen füllt sich auf dem Plateau ein kleiner Stausee – vermutlich der einzige Fleck Ägyptens, wo man an einem kalten Morgen den Beduinen bei einem dem Eisstockschießen ähnlichen Freizeitvergnügen zuschauen kann. Selbst die Finken und Steinschmätzer, die sich in einem Bäumchen nahe der Staumauer tummeln, scheinen erstaunt.

Von der Ebene führt der **Sikket Sayidna Musa** entlang einem Bächlein mit 3750 Stufen auf direktem Weg zum Kloster hinab – eine harte Belastung für die Knie. Vor dem Bau des Kamelpfads war diese Treppe auch der gebräuchlichste Aufstieg zum Berg. Am oberen der beiden Torbogen hatten die Pilger ihre Schuhe abzulegen und barfuß auf den Gipfel zu steigen. Am unteren, der *Pforte des Glaubens* (auf der Bergseite des Klosters, jetzt verschlossen!), wachte früher ein Mönch darüber, dass kein Pilger auf den Berg ging, der nicht zuvor im Kloster die Beichte abgelegt hatte und eine entsprechende Bescheinigung besaß. Stephanos, der berühmteste dieser Pförtner, versieht seinen Dienst heute im Beinhaus.

> Tipp: Die Wartezeit bis zur Öffnung des Klosters können Sie im Klostergarten oder in der Cafeteria verbringen und dort auch die Toilette aufsuchen (1 LE).

Umgebung von St. Katharina

El-Milga ist im Sommerhalbjahr der ideale Ausgangspunkt für **Trekkingtouren** und **Bergwanderungen** im Herzen des Sinai. Im Büro des Nationalparks oder im Kloster gibt es vier Broschüren mit Wanderrouten, die auch die Flora und Fauna entlang der Trails vorstellen (im Internet unter www.touregypt.net/walkingtours). Polizei und Beduinen, die sich so ein Zubrot verdienen, achten darauf, dass sich niemand ohne Führer auf den Weg macht. Dies mag als Beutelschneiderei oder übertriebene Vorsicht erscheinen, und tatsächlich begeben sich auch immer wieder Touristen ohne Begleitung in die Berge – und gehen dabei auf manchen Routen ein hohes Risiko ein, wie die 1997 aus einer Felsspalte gezogene Leiche eines lange vermissten Deutschen zeigt. Jedes noch so kleine Unglück, ein verstauchter Knöchel etwa, wird im Sinai schnell zu einem ganz großen Problem, wenn niemand schnell Hilfe holen kann. Besonders gefährlich sind die gottlob seltenen Unwetter, welche die Wadis, die natürlichen Wanderwege, binnen Sekunden mit reißenden Strömen füllen. Selbst Autofahrer kamen in solchen Flutwellen schon ums Leben. Als dritte, bisweilen tödliche Gefahr seien die auch im Sinai mancherorts vergessenen Landminen erwähnt.

Erste Anlaufstelle für gesetzestreue Wanderer ist Scheich Mousas **Mountain Tours Office** in el-Milga (✆ 3470457, www.sheikmousa.com). Der Klanchef teilt die Gui-

St. Katharina/Umgebung 603

Umgebung von St. Katharina

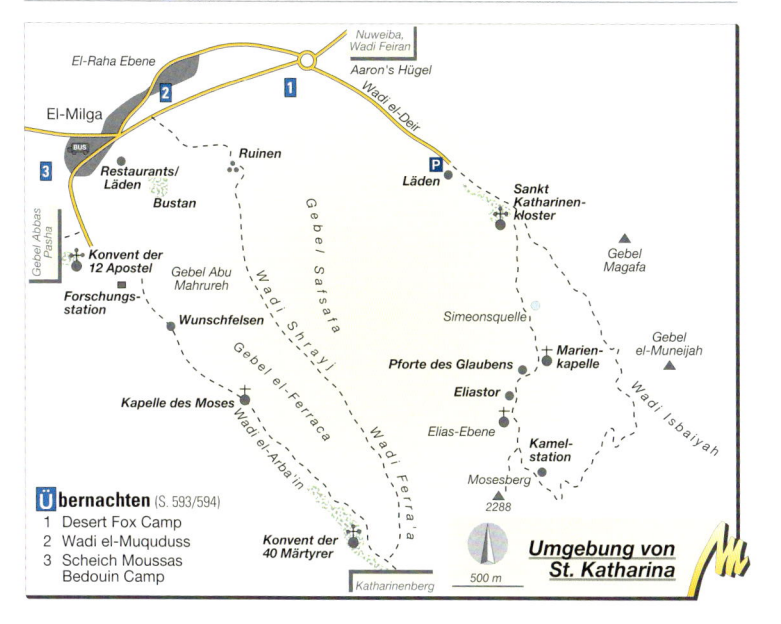

Übernachten (S. 593/594)
1 Desert Fox Camp
2 Wadi el-Muquduss
3 Scheich Moussas Bedouin Camp

des ein, besorgt die Genehmigung der Polizei, die nötigen Vorräte und wacht über die Preise. Für einen Führer und eine Art Stammessteuer für die Bemühungen des Scheichs rechne man jeweils 80 LE am Tag, ebenfalls 80 LE für jedes Kamel, 50 LE für den Proviant, 1 LE pro Kilo Feuerholz und so weiter und so fort, bis umgerechnet etwa 50 € pro Person und Wandertag auf dem Tisch liegen. Auch bei einer Kameltour wird man im Gebirge die meiste Zeit zu Fuß gehen – das Tier trägt nur das Gepäck. An eigener Ausrüstung werden eingelaufene Wanderschuhe, ein warmer Schlafsack und je nach den persönlichen Empfindlichkeiten Sonnenschutzcreme, Sonnenbrille und Insektenschutz benötigt. Wer dem Quellwasser nicht traut, muss Flaschenwasser schleppen oder bereits von zu Hause Tabletten oder Filter zur Trinkwasser-Desinfektion mitbringen.

Als deutschsprachiger und zuverlässiger Wanderführer empfiehlt sich Mohammed, ✆ 019 1454460.

Katharinenberg und Wadi el-Arba'in

Der mit 2642 m höchste Berg des Sinai liegt nur wenige Kilometer südöstlich von el-Milga. Nach der Legende brachten Engel die Leiche der Märtyrerin aus Alexandria auf den Berg. Ohne himmlische Hilfe muss man vom Dorf zum Gipfel etwa 5–6 Stunden aufsteigen; wer in der Morgendämmerung aufbricht, kommt mit einer harten Tagestour auch ohne Übernachtung auf den Berg und zurück. Neben der Gipfelkapelle gibt es einen Unterstand, in dem man zur Not die hier bitterkalte Nacht verbringen kann.

Der Fußweg von el-Milga beginnt hinter dem Dorf am *Konvent der Zwölf Apostel* und führt zunächst ins **Wadi el-Arba'in** (auch Wadi el-Leja genannt). Gleich zu Beginn passiert man üppige Gärten, die dem Katharinenkloster gehören. Die Jabaliya-Beduinen sind erstaunlich erfahrene Obstbauern: So pfropfen sie etwa Birnenzweige auf Hagedornstämme, um eine gute Ernte zu erreichen. Die Universität Ismailia betreibt hier ein kleines Forschungszentrum.

Am Schild Nr. 2 findet sich ein *Wunschfelsen*, an dem gewöhnlich Beduinen campieren. Wirft man einen Stein hinauf und er bleibt liegen, geht der Wunsch in Erfüllung. Man passiert eine eingefriedete Zypressengruppe und die *Kapelle des Moses*. Nebenan steht ein würfelförmiger Felsen mit Kerben. Dies soll der Stein sein, von dem Bibel und Koran berichten, dass Moses ihn mit dem Stab schlug und so eine Quelle entspringen ließ. In der Nachbarschaft meißelten Beduinen ihre Fußabdrücke ins Gestein – eine uns sehr befremdliche Form von Heiratsanträgen bzw. Liebeszaubern: War die Angebetete einverstanden, meißelte sie ihren Fuß daneben, und hatten die Familien ihren Segen gegeben, wurde der Pakt mit einem Kreis um die beiden Abdrücke besiegelt. Wie man sieht, erreichten nicht alle Verliebten ihr Ziel.

Eine halbe Stunde nach dem Beginn der Wanderung trifft man das verlassene **Kloster der 40 Märtyrer,** das bis in die Zeit Kaiser Justinians zurückreicht. Heute wird es meist mit den 40 Märtyrern von Sebasteia in Verbindung gebracht, einem beliebten Motiv der byzantinischen Kirchenmaler: 40 Christen stehen, von römischen Legionären bewacht, in Unterhosen und vor Kälte schlotternd auf einem zugefrorenen See. Wer dem Glauben abschwört, auf den wartet im Hintergrund ein dampfendes Badehaus. Doch die Chronisten Amonius und Nilius berichten auch von 40 Märtyrern auf dem Sinai, die Opfer der Beduinen wurden, und das Kloster dürfte wohl ihnen geweiht worden sein. Eine Beduinenfamilie pflegt den Garten, in dem sich neben einer Quelle auch die Kapelle und Höhle des heiligen Onuphrius befindet.

> Entlang der Klostermauer führt ein Pfad zum Gehöft von Ramadan Musa Abu Sa'id. In einem Gatter züchtet Ramadan **Klippschliefer** *(Procavia syriaca*, engl. *hyrax)*, die er mit Grünzeug und altem Brot füttert und später aussetzt. Der Kleintierzüchter freut sich über einen Obolus der Besucher, die er gerne zu einem Tee einlädt.
>
> Die murmeltierähnlichen, in der freien Natur äußerst scheuen Klippschliefer werden in der hebräischen Bibel als *schephan* erwähnt. Martin Luther, der sich darunter nichts vorstellen konnte, verwandelte sie bei seiner Bibelübersetzung kurzerhand in Kaninchen. Der gleichen Verwechslung, nur in umgekehrter Richtung, waren lange vor dem Reformator bereits die Phönizier unterlegen, als sie nach Spanien kamen. Überrascht von den vielen Wildkaninchen, die sie aus ihrer Heimat nicht kannten, nannten sie ihre Entdeckung *i-schephan-im*, „Land der Klippschliefer", woraus dann später *Spanien* wurde.

Zurück zum Kloster und weiter talauf gabelt sich der Weg: Rechts kommt man durch den steilen Canyon **Schagg Musa** schließlich auf einen Sattel, von dem aus man die weiße Gipfelkapelle des Katharinenbergs sieht, die man nun nicht mehr verfehlen kann. Anders als die rotbraunen Granitberge der Umgebung besteht der Gebel Katharina aus dunklem Ryolit. Der Aufstiegsweg ist einfach zu finden, sodass man hier objektiv keinen Führer benötigt. Allerdings wird von Alleinwanderern auch berichtet, dass sie beim Märtyrerkloster aufgehalten und zurückgeschickt wurden.

Links geht es durchs **Wadi Ferra'a** zurück nach el-Milga. Das Wadi trennt den Gebel Ferra'a (links) vom Mosesberg (rechts). Der Autor wagte hier einmal einen mehr als leichtsinnigen Abstieg vom heiligen Berg, der, ohne Seil, leicht hätte tödlich enden können. Das Tal dient den Beduinen seit jeher als Weidegrund. Mittels

Umstrittene Kunst in den Blauen Bergen

einer eingehegten Vergleichsfläche überprüfen Biologen die Auswirkungen des Ziegenfraßes, und man darf annehmen, dass das Ergebnis der Untersuchung für Ziegen und Hirtinnen nichts Gutes bringen wird – heute leben zehnmal so viel Beduinen im Sankt-Katharina-Gebiet wie vor hundert Jahren, und mit ihnen ist auch der Viehbestand über die Grenze des ökologisch Verträglichen gewachsen.

Ein Sattel führt hinüber ins **Wadi Schrayj**. Am Punkt 11, schon mit Blick auf die el-Raha-Ebene, findet man die Reste einer byzantinischen Siedlung. Eine Teerstraße bringt Sie wieder hinunter nach el-Milga.

Berg des Abbas Pascha (Gebel Tallah)

Der an Tuberkulose erkrankte Khedive Abbas, dem wir auch den breiten Weg auf den Mosesberg verdanken, suchte hier in der reinen, trockenen Höhenluft Linderung seines Leidens. Er starb, bevor das weithin sichtbare Schloss auf dem Gebel Tallah fertig wurde. Auch hier ließ Abbas einen herrschaftlichen Weg auf den Berg anlegen: breit genug, damit er in einer Maultierkutsche auf den 2384 m hohen Gipfel (28°33'37"N 33°55'02"O) reisen konnte. Heute bieten die Beduinen von el-Milga aus Tagestouren auf den Berg an, die über den *Abu-Giffa-Pass* (28°32'52"N 33°56'14"O) mit herrlicher Aussicht und durch das *Wadi Tubuq* führen. Vor dem Übergang (28°32'15"N 33°55'46"O) ins *Wadi Zawatin* wächst einer der wenigen Maulbeerbäume des Sinai, ein wahrer Riese, der wohl schon in der Spätantike gepflanzt wurde. Mehrtägige Ausflüge kombinieren den Gebel Tallah mit den Wasserfällen im *Wadi Nugra*, an denen man in einem natürlichen Pool sogar baden kann.

Grab des Nebi Salah

Einmal im Jahr ruhen traditionell alle Feindschaften und Blutfehden der Beduinen. Dann trifft man sich am Grab des Salah, opfert Schafe, veranstaltet Kamelrennen und isst, was das Zeug hält. Besonders Fromme suchen auch im Tod die Nähe des

Marabus und lassen sich hier bestatten. Wer war Salah? Niemand weiß es ... Sein Fest fällt auf den Namenstag des Propheten Mohammed, den die Überlieferung der Beduinen wiederum gerne mit Moses und Elias verschmilzt. So gesehen mag er stellvertretend für alle Propheten und Heiligen stehen.

Das Grab des Nebi Salah liegt neben der Straße etwa 10 km nördlich von el-Milga kurz vor dem Checkpoint.

Blaue Berge

Zehn Tonnen blauer Farbe sprühte der Belgier Jean Verame im Herbst 1980 auf die Felsen des Hallawi-Plateaus und nannte das Ergebnis „Peace Junction" – für die einen ein Landschaftskunstwerk, für die anderen eine neue Art der Sondermüllablagerung. St. Katharina ist seither jedenfalls um ein Ausflugsziel reicher.

Die 6 km lange Piste zu den Blauen Bergen (28°35'43"N 34°03'11"O) zweigt, von St. Katharina kommend, 1 km vor dem Checkpoint rechts ab.

Wadi Firan

Die „Perle des Sinai", wie die größte Oase im Süden der Halbinsel genannt wird, liegt am oberen Ende eines schmalen, von Granitwänden begrenzten Wadis zwischen *Gebel Banat* (1510 m) und *Gebel Serbal* (2070 m), den einige Bibelforscher mit dem Berg Horeb identifizieren. Der einst üppig grüne Palmenhain bietet heute einen eher traurigen Anblick. Viele Wurzeln erreichen nicht mehr den durch Übernutzung gesunkenen Grundwasserspiegel. Die über fast 8 km gezogenen Gärten gehören dem Stamm der Tawarah. Schon die Römer verzeichneten die Oase, die man heute bei der Fahrt von Suez zum Katharinenkloster passiert, auf ihren Reisekarten, und vom 4. bis 7. Jh. hatte Firan, das damals von Nabatäern bewohnt wurde, sogar einen eigenen Bischof. Die Ruinen seiner Basilika finden sich auf dem Hügel *el-Maharat* gleich neben dem Nonnenkonvent **Deir Zegheir** (Mo–Do und Sa 9–12 Uhr). Deutsche Archäologen haben auch die Lehmziegelmauern eines kleinen **Tempels** (3. Jh.) freigelegt. Die künstlichen Höhlen, die man gegenüber dem Kloster in den Wänden des Wadis sieht, halten die Forscher für „Zweitgräber", die nahe dem Heiligtum für die irgendwo in der Wüste verstorbenen und dort bestatteten Nomaden geschaffen wurden – um tatsächlich einen Leichnam aufzunehmen, sind sie zu klein. Reste einer Basilika, von zwei Kapellen und Einsiedeleien säumen den Aufstieg zu dem von einer weiteren Kirchenruine gekrönten Hügel *el-Tahuna*, auf dem Moses, so die christliche Überlieferung, Schlacht und Sieg der Israeliten über das Heer der Amalekiter beobachtete.

Übernachten: Die Nonnen von Deїr Zegheir, ✆ 3850071, 28°42'18"N 33°38'02"O, betreiben ein gepflegtes Gästehaus (DZ HP 40 € für 2 Pers., auch Küche zum selber Kochen.

Aufstieg el-Tahuna: Er beginnt gegenüber der linken Klostereinfahrt bei einer Akazie mit verwittertem Blechschild (hoffentlich steht es noch). Die Route folgt einem uralten Pfad, der abschnittsweise mit Stützmauern befestigt ist. Gerät die Spur einmal aus dem Blick, hält man einfach auf die nächste Ruine zu und findet den Weg dort wieder. Bei der Basilika gabelt sich der Pfad, man bleibt am rechten Hang. Aufstieg insgesamt ca. 200 Höhenmeter, Gehzeit hin und zurück 1 Std.

Gebel Serbal

Anders als der Aufstieg zum Mosesberg ist die Tour auf den Gebel Serbal eine echte, anspruchsvolle Bergwanderung und erfordert zudem eine Biwaknacht. Der Weg führt vom Wadi Firan zunächst ins *Wadi Aleyat*, an dessen Ende man sich zwischen dem kürzeren, doch schwierigeren Ziegenpfad durch die Rinne *Abu Hamad* oder den längeren, leichteren Aufstieg *Sikket er-Reschascha* entscheiden kann. In jedem Fall bedarf es eines Führers, der in el-Milga angeheuert werden kann.

Gipfelpanorama

Nordsinai

Auf der touristischen Landkarte ist der Nordsinai ein weißer Fleck. Die Ausgrabung Pelusium kann sich mit den Sehenswürdigkeiten des Niltals nicht messen, das Vogelschutzgebiet Zaraniq ist kaum erschlossen und die Bewohner der Provinzhauptstadt el-Arisch stehen unter kollektivem Terrorverdacht.

„In vier oder fünf Jahren", so erklärte uns einst Gouverneur Ali Hefzi, „werden wir organisierte Reisen nach el-Arisch haben." Anders als sein Vorgänger, der vom Aufbau einer gigantischen Industriezone träumte, setzte Hefzi auf eine Mischung aus Landwirtschaft, Fischerei und Tourismus. Doch seine Träume erfüllten sich bislang nicht und seine Provinz zählt weiter zu den ärmsten und am wenigsten entwickelten Regionen Ägyptens. Womit auch sollen ausländische Touristen in den Nordsinai gelockt werden? Außerhalb der Küstenorte bewacht das Militär das Meeresufer und verwehrt jede Annäherung. Die *Ausgrabung Pelusium* kommt an die archäologischen Stätten am Nil nicht entfernt heran, und Naturfreunde, die alle bürokratischen Hürden überwinden und das *Vogelschutzgebiet Zaraniq* besuchen, finden dort Beduinen auf Vogeljagd.

In der Vergangenheit war das Gebiet ein Durchgangsland. Entlang der Mittelmeerküste zogen die pharaonischen Truppen den „Weg des Horus" gen Kanaan und Syrien, kamen in umgekehrter Richtung die Invasionsarmeen des Kambyses, Alexanders und des 'Amr Ibn al-'As. Im ersten Weltkrieg legten schließlich die Briten ihre Bahngleise, um den Nachschub an die Palästinafront zu schaffen. Der Fahrdamm und einzelne Stationsgebäude erinnern noch an die Bahn, Schienen und eiserne Schwellen wurden in den Sinaikriegen zu Unterständen und Panzersperren verbaut.

El-Qantara

Die gewaltige **Friedensbrücke** über den Suezkanal verbindet die beiden Ortsteile der Handelsstadt el-Qantara. Mit einer Durchfahrtshöhe von 70 m bewirbt sich das elegante Bauwerk um den Eintrag ins Guinness-Buch der Rekorde. Flugzeugträger und Ozeanriesen aller Größen können die weitgehend von Japan finanzierte Hängebrücke anstandslos passieren. Außer der Brücke, einem lebhaften Basar für alles und jedes sowie großen Taxibahnhöfen hat die zuletzt 1973 gründlich zerstörte Stadt allerdings nichts zu bieten. Etwas südlich kommt es bei *el-Firdan* (Westufer) mehrmals am Tag zu einem weiteren Brückenschlag: Dann treffen sich zwei eiserne Schwenkarme über dem Kanal und bilden so eine Eisenbahnbrücke, auf der Güter- Personen-Züge die Wasserstraße überqueren.

„Kanal des Friedens" – der Traum vom Wirtschaftswunder

Nicht Menschen oder Güter, sondern ausschließlich Wasser vom Nil bringt der El-Salam-Kanal, der Kanal des Friedens, unter dem Suezkanal hindurch auf den Sinai. Damit sollen, so die ehrgeizigen Pläne, dereinst 1600 km² Wüste in Ackerland verwandelt werden (zuvor wurden auf dem ganzen Sinai nur 120 km² bebaut) und drei Millionen Menschen eine neue Heimat finden.

Doch das Projekt ist ins Stocken geraten und die auf 175 km Länge parallel zur Küste geplante Wasserstraße endet nach einem Drittel der Strecke im Nichts. Nicht irgendwelche Umweltschützer oder weltfremde Ethnologen, vielmehr die sonst Großprojekten nicht abgeneigte Weltbank warnt eindringlich vor den negativen Folgen des Salam-Projekts: Verlust an naturbelassener Landschaft, Bedrohung von etwa 1000 bisher unerforschten archäologischen Stätten, Gesundheitsrisiko durch das mit Pestiziden und Fäkalien verschmutzte Kanalwasser und die Enteignung und Vertreibung der Beduinen, die dem Neulandprojekt im Wege sind.

Entlang des schon fertigen Teilstücks haben sich die Hoffnungen auf Arbeitsplätze nur für sehr wenige Menschen erfüllt. Der größte Teil des neuen Ackerlandes wurde an agroindustrielle Unternehmen verkauft, die hier mechanisierte Plantagen mit geringem Bedarf an Arbeitskräften errichteten; Kleinbauern gingen leer aus, Beduinen verloren ihr Land. Statt der erhofften Zuwanderung aus dem Niltal geht die Migration in umgekehrter Richtung: Junge Leute aus dem Nordsinai, die sich von Haus aus mit der Landwirtschaft am regenarmen Wüstenrand auskennen, sind auf den Farmen zwischen Kairo und Alexandria gesuchte Experten.

Pelusium

Noch sind die Ausgräber zugange und ist das antike Pelusium für Besucher nicht weiter erschlossen. In naher Zukunft, so hoffen die Touristiker, wird es auch auf dem Reiseplan der Ausflugsbusse stehen.

Erst vor wenigen Jahren entdeckte die Archäologie den Nordsinai. Eine ganze Reihe von Grabungen will vor dem Bau des Salam-Kanals wenigstens noch dokumentieren, was unter dem Sand verborgen liegt und mit den Bauarbeiten vielleicht für immer zerstört oder unter dem neuen Ackerland nicht mehr ohne weiteres zu-

Pelusium 609

gänglich sein wird. Pelusium ist die wichtigste archäologische Stätte der Region. Die Reste der alten Stadt formen den etwa 6 km langen Hügelrücken Tell el-Farama, in der Nachbarschaft markieren weitere Hügel die Vorstädte der antiken Agglomeration. Früher floss hier der östlichste Mündungsarm des Nils, heute umgibt eine amphibische Landschaft mit Sümpfen und Brackwasser den Hügel. Nur im Sommerhalbjahr erlaubt der dann niedrigere Wasserspiegel den Archäologen die Erforschung des Geländes.

Geschichte

Für ägyptische Verhältnisse war Pelusium eine junge Stadt. Nach Herodot siedelte Pharao Psametich hier im 7. Jh. v. Chr. seine ausgemusterten griechischen Söldner an. Die archäologischen Funde reichen bislang allerdings nicht so weit zurück. 321 v. Chr. empfing die zur „asiatischen Pforte" Ägyptens aufgestiegene Stadt mit einem großen Fest die Karawane mit dem entführten Leichnam Alexanders des Großen. 48 v. Chr. droschen vor dem Stadttor die Heere Cleopatras und ihres Gatten und Halbbruders Ptolemaios aufeinander ein, und am 28. September des gleichen Jahres wurde der römische Feldherr Pompeius, der sich in Pelusium Asyl erhofft hatte, statt dessen geköpft und sein sorgsam einbalsamiertes Haupt an den Rivalen Cäsar geschickt.

Über die religiösen Kulte um den Stadtgott Zeus Kassios, in dem griechische und semitische Vorbilder verschmolzen, ist wenig bekannt. Alexandrinische Autoren machten sich gerne über das Verbot von Zwiebeln und Knoblauch lustig, in denen die Anhänger des Zeus Kassios Teufelszeug sahen, mit dem Dämonen in menschliche Körper gelangen würden.

Die Chronik der römischen Zeit vermerkt Besuche prominenter Kaiser wie Titus, Hadrian und Septimus Severus in Pelusium. Mit der in der Spätantike einsetzenden Versandung des pelusischen Nilarms verlor die Stadt ihren Hafen und damit rasch an Bedeutung. Doch noch im 12. Jh. rangen die Kreuzritter, die mehrfach die Stadt angriffen, hier vergeblich um den Zugang nach Ägypten.

Sehenswertes

Ohne sachkundige Führung kann der Besuch für Laien nur unbefriedigend bleiben. Solange sich nur selten jemand nach Pelusium verirrt, freuen sich die meisten Archäologen aber über Besuch und sind gerne bereit, sich bei der Arbeit über die Schulter schauen zu lassen und die freigelegten Ruinen zu erklären. Teams aus fünf Ländern, darunter auch Schweizer, sind jedes Sommerhalbjahr auf dem ausgedehnten Areal zugange. 2005 wurde im Theater ein 9 m langes Bodenmosaik ausgegraben, das idyllische Gartenszenen mit Vögeln zeigt.

Antike Autoren beschreiben Pelusium als eine lebhafte Hafenstadt mit Kais und Lagerhäusern; wir wissen von Webereien und Färbereien, Töpfereien, Salzpfannen und Fischbassins, in denen der frische Fang auf die Weiterverarbeitung zu *garum* wartete, eine seinerzeit im Mittelmeerraum beliebte Fischsauce. An öffentlichen Einrichtungen gab es Badehäuser, Theater und eine Rennbahn, dazu natürlich Tempel und später Kirchen und Moscheen. Neben dem *Tempel des Zeus Kassios* (2. Jh.) sind die Reste einer *byzantinischen Festung* mit Türmen, Toren und 2 m dicken Mauern das eindrucksvollste Monument. Einige Funde sind im Museum von Ismailia ausgestellt, viele wird man im neuen Museum von el-Arisch sehen können.

Karte S. 546

Sinai

35 km nach der Peace Bridge bei 30°59'34"N 31°31'31"O von der Autobahn rechts abbiegen, nach 2,8 km wieder links, 4 km gen Norden (und dabei die Autobahn überqueren), dann zweigt links die mit Tell el-Farama ausgeschilderte Piste zur Ausgrabung ab.

El-Bardawil/Zaraniq

Tausende Zugvögel rasten jeden Herbst am Bardawil-See und im Naturschutzgebiet Zaraniq. Auch die vom Aussterben bedrohte Ägyptische Landschildkröte wird hier gehegt.

Bald nach dem Städtchen Bir el-'Abd streift die Straße den Bardawil-See, eine knapp 40 km lange Lagune, die ein schmaler Sandstreifen vom Mittelmeer trennt. Noch etwa 3000 Fischer holen im Winterhalbjahr ihren Lebensunterhalt aus dem nährstoffreichen See – von April bis Oktober herrscht dagegen striktes Fangverbot, um dem Fischnachwuchs eine Chance zu lassen, groß und fett zu werden. Damit die Jungtiere nicht ins offene Meer entweichen, bleiben den Sommer über auch die beiden Wehre zwischen See und Meer geschlossen.

Um einen Seitenarm der Lagune erstreckt sich das 17 km² große Naturschutzgebiet Zaraniq. Ein monumentaler Betonvogel markiert den Eingang. Doch statt Vogelgezwitscher empfängt uns zunächst das Dröhnen von Lastwagen und Baggern. In Salinen wird großräumig Meersalz gewonnen. Erst im hinteren Teil des Schutzgebiets stärken sich, angelockt vom Süßwasser, jeden Herbst farbenprächtige Flamingos, Eisvögel, Wachtelkönige und unzählige andere Zugvögel auf ihrer Reise gen Süden. Auf einer Insel hat die andernorts nahezu ausgerottete Ägyptische Landschildkröte *(Testudo Kleinmanni)* einen geschützten Lebensraum gefunden.

• *Information* Im Internet unter www.parks egypt.org.
• *Formalitäten* Es bedarf einer Anmeldung beim Parkmanager Saad el-Din Ahmed Osman, ☎ 068-3355003.
• *Anfahrt/Eintritt* Der gut ausgeschilderte Eingang zum Reservat befindet sich an der Hauptstraße 130 km nach der el-Qantara-Brücke und 35 km vor el-Arisch. Eintritt ca. 5 €. Von Sonnenaufgang bis -untergang geöffnet.

El-Arisch

In der Hauptstadt des Nordsinai sind die ägyptischen Urlauber bislang weitgehend unter sich. Es fehlt an Attraktionen und Nachtleben, und Europäerinnen, die am Strand zu viel Haut zeigen, sehen sich missbilligenden oder geilen Blicken ausgesetzt.

El-Arisch, die mit etwa 150.000 Einwohnern größte Stadt der Halbinsel, trug unter den Römern den Beinamen „Schlüssel zu Ägypten". Den Reiz des Ortes machten noch in den 1980er Jahren sein goldgelber Sandstrand und ein bis unmittelbar ans Ufer reichender Palmenhain aus. Den gibt es heute nur noch östlich des Hafens. Im Stadtgebiet aber sind die Bäume einer engmaschigen Bebauung gewichen. Immerhin

El-Arisch 611

gibt es eine Uferpromenade und der Strand wird im Sommer regelmäßig vom angeschwemmten Unrat befreit. Ausländer verirren sich nur selten in die Stadt. Am Strand ist deshalb „geziemende" Kleidung angesagt. Während der Saison beleben ab und an ägyptische Showstars die namenlose Halle an der Uferstraße. Sonst beschränkt sich das der Männerwelt vorbehaltene Nachtleben weitgehend auf Shishas (Wasserpfeifen) und Backgammon in den Cafés an der Hauptstraße oder einen Drink an der Bar des El-Arish-Hotels, dessen Disco mangels Publikum meist geschlossen bleibt.

Geschichte: Die „Urbevölkerung" von el-Arisch, erklärt uns Mohammed Kurien, Chef des Volkskundemuseums, stamme von türkischen Soldaten ab. Deren im Ersten Weltkrieg mitsamt der Stadt zerstörtes Fort thront als Trümmerhügel am Rande des Marktplatzes. Auch in den Kämpfen von 1956 und zuletzt 1967 wurde el-Arisch schwer mitgenommen und unter der israelischen Besatzung (1967–1982) von vielen Bewohnern verlassen. So sind die Bauten der Stadt relativ neu und eher funktional als schön. Hatten die meisten Arischis vor der Gründung des Staates Israel den Sommer über in Palästina gearbeitet und nur in der Regenzeit ihre Gärten und Felder in der Oase bestellt, schnitt die neue Grenze sie von ihrer zweiten Heimat ab. Auch die Händler verloren ihr Hinterland. Heute klagen sie über die Barrieren zwischen Ägypten und dem palästinensischen Gaza.

Ist es Zufall, dass die Gruppe Tawhid wa Jihad, der die Bombenanschläge (2004–2006) auf der Sinaihalbinsel zugeschrieben werden, in der Gegend von el-Arisch zu Hause war?

Wann war die letzte Strandreinigung in El-Arisch?

Anfahrt/Verschiedenes

Telefonvorwahl: 068

- *Information* Sh. Fuad Zakri, 200 m westlich des weißen Minaretts, ✆ 3340569, 3363743, Sa–Do 8–14, während der Saison auch 19–22 Uhr.
- *Bus* Vom Meydan Belediye am Südende der Sh. 23. July bis zum Vorort Masa'id, etwa 12 km westlich an der Uferstraße, verkehren Stadtbusse und Sammeltaxis. Vom Bushof am Md. Belediye Fernbusse nach Kairo, Ismailia, **Port Said**, **Rafah**.
- *Sammeltaxi* Die Taxis starten neben dem Busbahnhof. Die halbstündige Tour an die Grenzstation Rafah kostet etwa so viel wie die Fahrt nach Kairo.
- *Lesen* International Crisis Group: **Egypt's Sinai Question**, Middle East/North Africa Report N°61, Januar 2007. Der im Internet (www.crisisgroup.org) zugängliche Bericht gibt einen fundierten Einblick in die soziale, wirtschaftliche und politische Situation auf dem

Sinai und besonders in und um el-Arisch.
- *Notfälle* **Touristenpolizei**, neben der Information, ✆ 3353400; **Military Hospital**, Rafah Rd., ✆ 3324018; **Ambulanz**, ✆ 123.
- *Orientierung* El-Arish ist weit auseinander gezogen und gruppiert sich um die beiden Hauptstraßen, die in Sichtweite parallel zum Ufer laufende Sharia Fuad Zakri, (Durchgangsverkehr, Ferienwohnungen) und die davon landeinwärts abzweigende Sharia 23. July (Basar, Ortskern).
- *Post & Telefon* Telefonamt und Post in den Verwaltungsgebäuden (Sh. 23. July).
- *Übernachten/Essen* Außerhalb der ägyptischen Schulferien (Juli bis Sept.) findet man ohne Reservierung in el-Arisch jederzeit freie Hotelzimmer.

Swiss Inn El-Arish Resort, das frühere Oberoi ist in die Jahre gekommen, mit eigenem Strand, Pool und Disco aber noch immer das angesehenste Hotel der Stadt. An der Bar treffen sich die honorigen Alkoholtrinker. DZ 100 $. Sh. Fuad Zakri, am Ortseingang, ✆ 068-3351321, ✉ 3352352, www.swissinn.net.

Sinai Beach, das Haus mit Restaurant liegt 100 m vom Strand an der Uferpromenade, die Zimmer haben teilweise Balkon mit Meerblick, und die Preise sind verhandlungsfähig. Unser Tipp. DZ 40 $. Sh. Fuad Zakri, beim weißen Minarett, ✆/✉ 3361713.

Mekka, in den 90ern gebautes Hotel der unteren Mittelklasse mit spartanischen, im Winter nur mäßig geheizten Zimmern. Das fromme Management sieht unverheiratete Paare nicht gern, und dass sich das Haus mit zwei Sternen schmücken darf, ist für mich schwer nachvollziehbar. DZ 80 LE. Sh. Salam (Nähe Hotel Sinai Sun), ✆ 3352632.

Restaurant **Aziz**, im Salam-Hotel: Chef Aziz hat seine Erfahrungen als Koch im Heliopolis-Sheraton in das gemütliche Lokal eingebracht und bietet gute Küche zu vernünftigen Preisen – eine freudige Überraschung. Nur im Sommer haben **Fayrouz** (Sh. Fuad Zakri Ecke 23. July) und **Basata** (Sh. Fuad Zakri, nahe der Touristinformation) geöffnet, das Letztere ein gediegenes Fischrestaurant im Schatten des Palmenhains.

Sehenswertes

Der Stadt fehlt es an Identität und großen Attraktionen. Sehenswert ist jedoch am Donnerstagmorgen der große **Beduinenmarkt** (bei der alten Zitadelle). Aus dem gesamten Nordsinai reisen die Beduinen an, um hier Secondhand-Klamotten, Plastikwaren, Hühner, Kamele und natürlich auch Obst und Gemüse zu erstehen, Bekannte zu treffen, alten Streit zu schlichten und neuen Streit zu beginnen. Am östlichen Ortseingang dokumentiert ein kleines **Volkskundemuseum** (*Environmental Tourist Exhibition Center*, offen Mo–Do nach Anmeldung im Touristoffice) die Stadtgeschichte und frühere Lebensweise der Beduinen. Gegenüber steht das neue **El-Arish National Museum** zur Archäologie und Geschichte des Sinai (Sa–Do 9–14 Uhr). Hier wird neben Funden aus Pelusium auch die durch amerikanische Vermittlung zurückerstattete „Beutekunst" gezeigt, also jene Funde, die während der israelischen Besatzung des Sinai zunächst nach Israel kamen. Im *Foyer* geht es um den „Weg des Horus", auf dem von den Pharaonen bis zu den Sultanen immer wieder Armeen den Sinai durchquerten. Eine Abteilung stellt uns die Hyksos vor, jenes rätselhaftes Reitervolk, das im 17. Jh. v. Chr. via Sinai in Ägypten einfiel. Blickfang ist hier ein mumifiziertes Streitross. Im *Obergeschoss* geht es um Handel und Handwerk. Auch die für derartige Museen wohl unverzichtbaren Sammlungen alter Münzen und Tongefäße haben hier ihren Platz.

Etwa 40 km östlich von el-Arisch endet Ägypten. Die Grenze läuft mitten durch das Städtchen Rafah und trennt auch manche Familien. Durch die gleichnamige Grenzstation, die von den Ägyptern nur selten geöffnet wird, kommt man in den palästinensischen Gaza-Streifen – von dessen Besuch derzeit nur abgeraten werden kann. In Nitzana, dem nächsten und 80 km südwestlich von el-Arisch gelegenen Grenzübergang zwischen Ägypten und Israel, dürfen nur Güter die Grenze passieren. Wer nach Israel ausreisen will, muss stattdessen die Grenze in Taba (Eilat) passieren (→ S. 590).

Schön und Reich trifft sich in der Ferienstadt el-Gouna

Rotes Meer – Entdeckung des Hinterlands

Hurghada, das mit Abstand größte Urlaubszentrum am Roten Meer, gewinnt seine Gäste vor allem über den Preis: Als Winterziel, regenfrei mit badewarmem Meer, ist es unschlagbar billig – und wesentlich näher als etwa die Karibik. Hinterland und Wüste, die zugegeben mit der Naturschönheit des Sinai nicht mithalten können, interessieren hier wenig. Kultur ist kaum gefragt, wichtiger ist der Teint, und selbst gebadet wird lieber im Pool als im Meer. Erfahrene Taucher kehren Hurghada zunehmend den Rücken und steuern Ziele weiter im Süden an: Um Marsa Alam versprechen die Riffe Taucherlebnisse der Extraklasse. Das Hafenstädtchen Safaga hat unter Surfern einen guten Namen und sieht regelmäßig einschlägige Weltcup-Rennen. El-Quseir, die einzige Küstenstadt mit heimeligem, historisch gewachsenem Zentrum, hat auch das interessanteste Hinterland zu bieten.

Am Golf von Suez

Zu Beginn ist die rund 400 km lange Strecke nach Hurghada nur wenig interessant. Am Stadtrand von Suez passiert man die Raffinerie und die in der Nachbarschaft angesiedelten petrochemischen Betriebe, dann bleibt die Straße in Sichtweite des Meers.

Nach den Ausläufern des **Gebel ʿAtaqa** folgt die weit gefächerte Mündungsebene des **Wadi Ghuweiba**. Noch vor einer Generation traf man hier im Winter Beduinen in einfachen Schilfhütten. Heute beginn hier die Zone der Feriendörfer. Anlagen wie Canary, Jet Beach Resort und Amigo sind nur eine gute Autostunde von Kairo entfernt und damit gut geeignet für schnelle Fluchten ins Wochenende. Doch draußen in der Bucht warten Tanker auf Ladung oder die Einfahrt in den Kanal. Und wo das Ufer es nicht regelmäßig gereinigt wird, ist es mit Ölschlamm verunreinigt. Mit neuen Industriebauten, glitzernden Tanks und einem Pier macht die Verladestation der SUMED-Pipeline auf sich aufmerksam, die den Suezkanal vom Tankerverkehr entlastet und das Rohöl quer durch Ägypten nach Alexandria ans Mittelmeer pumpt, wo es wieder in Schiffe gefüllt oder in einer Raffinerie verarbeitet wird. In der angrenzenden Sonderwirtschaftszone sind vor allem chinesische Unternehmen tätig. Sie produzieren etwa Textilien, Motorräder und Möbel und profitieren vom zollfreien Zugang zum europäischen Markt.

'Ain Suchna

Die Feriensiedlung 'Ain Suchna („Heiße Quelle") verdankt ihre Existenz den warmen Quellen, die südlich der Ölverladung wenige Schritte vom Ufer entfernt zu Tage treten.

Hier begann zwischen den Weltkriegen der Tourismus am Roten Meer: Abenteurer, Kletterer, Liebhaber von Wüste und Einsamkeit schlugen am Rande der Ebene zwischen Bergen und Meer ihre Zelte auf. In den 60ern entstand ein erstes Hotel, bis der Sechstagekrieg den aufkeimenden Tourismus abrupt stoppte und 'Ain Suchna als Vergeltungsziel der israelischen Artillerie in Schutt und Asche geschossen wurde.

Das damalige Staatshotel war berüchtigt für schlechten Service, doch im Nachhinein müssen die zarten Anfänge des Massentourismus als goldenes Zeitalter erscheinen. Längst ist der Palmenstrand mit seiner Schwefelquelle, gerade eine Autostunde von Kairo entfernt, voll erschlossen. Darüber hinaus säumen die nächsten dreißig Kilometer allerlei Ferienanlagen das Meer. Die Gäste sind weitgehend Ägypter, viele haben ein Apartment auf Dauer gemietet oder gekauft.

• *Anfahrt* Als Tagesausflug erreicht man 'Ain Suchna mit dem Bus oder Sammeltaxi von Suez (ca. 60 km). Die letzte Rückfahrt ist bereits gegen 15 Uhr. Für eine Tagestour mit dem Taxi (special) rechne man ab Suez und zurück 250 LE.

• *Übernachten* **Stella di Mare**, gut für ein paar ruhige Erholungstage im Anschluss an den Kairo-Stress – bei längerem Aufenthalt kommt aber schnell Langeweile auf. Wellness und Thalassotherapie werden hier groß geschrieben. Neben einem Sportprogramm samt Golfplatz bietet das Hotel darüber hinaus noch Ausfahrten zum Schnorcheln und Fischen. Für kleine Kinder ist der flache Sandstrand ideal. Allerdings steht die Hotelanlage ziemlich abseits im Nirgendwo. DZ mit HP ab 100 €, 1 Woche HP für 2 Pers. mit Flug ab 900 €. ℡ 062-3250100, www.stelladimare.com.

Nach 'Ain Suchna schieben sich die Berge wieder bis an die Küstenstraße, ein landschaftlich sehr schöner Abschnitt der Route. Wenn dann die Felsen allmählich der Ebene Platz machen, passiert man einen hier nicht vermuteten **Windpark**, den ältesten des afrikanischen Kontinents, von deutschen Firmen mit deutschen Geldern gebaut, so wie Entwicklungshilfe eben gehandhabt wird.

Bei **Za'afarana**, einem Versorgungsposten mit Tankstelle, Teebude, Motel und Militärstation, trifft man auf die vom Nil kommende Wüstenstraße durch das Wadi 'Araba. Der kleine Verkehrsknotenpunkt beglückt Wüstenreisende mit Hotdogs, Papiertaschentüchern, Castrol GTX und anderen zivilisatorischen Errungenschaften. Auch hier wurde der Fortschritt in Beton gegossen. Gleichzeitig wartet vor der Küste eines der ergiebigsten Erdgasfelder Ägyptens auf die Ausbeutung, womit die Konflikte zwischen Fremdenverkehr und Ölindustrie vorprogrammiert sind.

Luftverkehr

Vogelfreunde und Flieger werden sofort die hervorragende Thermik der Klippen am Südrand von 'Ain Suchna erkennen. Wer die Felsen erklimmt, wird oben etwa ab 10 Uhr, wenn die Thermik einsetzt, mit dem Schauspiel gefiederter Segler belohnt: vor allem Adler, Bussarde, Geier und andere Raubvögel. Während des Vogelzugs gesellen sich zu ihnen auch Störche, die wie alle Segler nicht aus eigener Kraft, sondern nur mit Hilfe der natürlichen Aufwinde weit genug aufsteigen können, um auf ihrem langen Weg zwischen Sommer- und Winterquartier den Golf von Suez oder das Rote Meer zu überqueren. Direkt über der gleichförmigen Wasserfläche gibt es keine Aufwinde mehr. Höhepunkt der Vogelschau sind im März die in eleganter, V-förmiger Formation passierenden Kraniche.

'Ain Suchna, Rastplatz für Segelflieger

Sahara Inn, ein sandiges Motel für einfache Ansprüche direkt an der Za'afarana-Kreuzung, geeignet für die Zwischenübernachtung beim Besuch der Klöster (siehe unten) oder für anderweitig Gestrandete. Mit Cafeteria. DZ ohne Frühstück 150 LE. ✆ 0122-2363446.

Romance, an der Küste 20 km nördlich der Za'afarana-Kreuzung. 170 geräumige Zimmer in mehreren Gebäuden. Das ruhige Hotel (keine Animation) wird vor allem von Kurzurlaubern aus Kairo und von Osteuropäern besucht. Auch Tagesaufhalte am Hotelstrand sind für etwa 100 LE möglich. Wer nicht auf eigene Faust zu den Klöstern will, kann sich hier den Ausflug arrangieren lassen. DZ HP 90 €. ✆ 0100-6089250, www.romancehotel.net.

Antoniuskloster und Pauluskloster

In der Einsamkeit zweier Wüstenklöster, den ältesten der Christenheit, leben die Mönche seit Jahrhunderten nach den Regeln des heiligen Antonius. Auch wer mit ihrem Glauben wenig anzufangen weiß, wird sich der Atmosphäre der Klöster und dem Reiz der Landschaft nicht entziehen können.

Schon im 1. Jh. n. Chr. debattierten die Philosophen Alexandrias über die Lebensart der Essener und Nazariter, jüdischer Asketengemeinden, die sich in die Wüsten Palästinas zurückgezogen hatten. Der heilige *Paulus von Theben* (228–343), der sich um 280 in einer Höhle auf der Südseite des Galala-Plateaus niederließ, war deshalb sicher nicht der erste ägyptische Einsiedler. Doch durch seine von Hieronymus verfasste Lebensgeschichte wurde er der berühmteste unter ihnen. Die koptischen Ikonen zeigen ihn als einen Greis in sackartigem Gewand, zu seinen Füßen zwei Löwen, über ihm ein Rabe. Die Löwen sollen seinen Leichnam, nein, nicht verspeist, sondern verscharrt haben. Der Rabe brachte dem Einsiedler jeden Tag die Hälfte vom Brot des *Antonius* (251–356), der sich auf der nördlichen Gebirgsseite niedergelassen hatte. Erst durch eine Vision wurde Antonius gewahr, dass es, einen langen Tagesmarsch entfernt, noch einen weiteren Eremiten gab. Er machte sich auf und besuchte Paulus, der ihm Mantel und Kopfhaube schenkte. Als der Rabe eines Tages ausblieb, wusste Antonius, dass Paulus gestorben war.

Doch zurück zu den Klöstern am Galala-Plateau. Um Antonius sammelte sich auch hier schnell eine Schülergemeinde. Ihre Höhlen sind mit geübtem Auge noch hier und da in den Felsen zu entdecken. Sie bildeten den Kern des künftigen Antoniusklosters, dessen genaue Lage durch die Quelle unterhalb der Eremitage des Heiligen vorgegeben war. Das kleinere und altertümlichere Pauluskloster entstand wohl etwas später, vermutlich im 5. Jh. Beide Klöster wurden wiederholt zerstört, mal durch eine Rebellion der Bediensteten, meistens durch Beduinenüberfälle. Sie sind deshalb samt den Gärten bis heute von wehrhaften Mauern umgeben. Ein englischsprachiger Mönch führt die ausländischen Besucher – die meisten Brüder sind heute, anders als noch die Generation vor ihnen, gut ausgebildete Akademiker.

Vor allem das Antoniuskloster wurde seit dem 14. Jh. regelmäßig von europäischen Pilgern besucht, die uns außer eindrucksvollen Reiseberichten auch ihre Graffiti hinterlassen haben. Auf dem Konzil von Florenz (1438–45) vertrat ein Mönch des Antoniusklosters die Kopten, später ließen die Kapuziner hier ihre Missionare die arabische Sprache lernen. Ab 1676 stellten die Mönche für nahezu 200 Jahre die koptischen Patriarchen, und bis zur Unabhängigkeit der äthiopischen Kirche war auch deren Patriarch gewöhnlich ein Mönch des Antoniusklosters.

Lage: Das Antoniuskloster liegt 13 km abseits der Straße von Za'afarana nach Beni Suef durch das Wadi 'Araba, das Pauluskloster in einem Wadi 13 km abseits der Küstenstraße zwischen Za'afarana und Ras Gharib. Beide Zufahrten sind geteert.

Organisierte Touren: Die Reisebüros in Hurghada versprechen in ihren Prospekten für 60 €/Pers. Ausflüge zu den Klöstern. Zu buchen beispielsweise bei www.marion-mohamed.com. Von Kairo aus unternimmt etwa der YMCA (72 Sh. el-Goumhouriya, ✆ 2591 7360) regelmäßige Pilgerfahrten.

Bus & Trampen: Sinnvoll lässt man sich vom Bus an der Abzweigung zum Kloster absetzen und hofft unter dem Dach des Wartehäuschens auf vorbeikommende Pilger oder Touristen – bis gegen 15 Uhr be-

Der heilige Antonius und die Anfänge des Klosterlebens

Antonius war, glaubt man der von seinem Schüler Athanasius überlieferten Lebensgeschichte, wesentlich umtriebiger als Paulus. So reiste er wiederholt nach Alexandria, wo man seinen theologischen Rat schätzte. Er hatte sich bereits in jungen Jahren in die Einsamkeit am Rande des Niltals zurückgezogen, war nach zunehmenden Störungen durch Pilger und Ratsuchende in ein verlassenes Fort bei Maimun gewechselt, um auch hier bald wieder von einer Kolonie von Bewunderern, Nachahmern und Besuchern umgeben zu sein. Bevor Antonius im Jahr 312 auch diesen Ort verließ, setzte er einen Schüler als Vertreter ein und gab der Gemeinschaft Regeln für das Zusammenleben: Nur sonntags sollten sie sich treffen, gemeinsam die Messe feiern und, in Erinnerung an das Abendmahl, zusammen speisen, unter der Woche aber jeder für sich in seiner Klause bleiben. Antonius hatte der Anachoretengemeinschaft von Maimun die ersten Klosterregeln gegeben. Diesen idiorhythmischen Regeln, die sich in der griechischen Übersetzung des Athanasius bis nach Irland verbreiteten, erwuchs allerdings bald Konkurrenz durch die strengeren koinobitischen Regeln des Pachomius, die Gehorsam, Keuschheit und Armut zur Bedingung für die Aufnahme in die Gemeinschaft machten. Anders als die Anachoreten des Antonius lebte diese Gemeinschaft nach einem streng geregelten Tagesablauf unter einem Dach.

Am Golf von Suez

steht eine reelle Chance. Allerdings wird das Wadi 'Araba (Antoniuskloster) am Tag nur von wenigen Bussen befahren, und es sind auch schon Leute den ganzen, 50 km langen Weg von Za'afarana gelaufen! Von der Hauptstraße zu den Klöstern sind es zu Fuß jeweils 2–3 Std.

Taxi: Für den halbtägigen Taxiausflug ab Za'afarana zu einem Kloster rechne man 200 LE, ab Suez 400 LE.

Öffnungszeiten: Tägl. 9–17 Uhr. In der vorösterlichen Fastenzeit ist das Pauluskloster geschlossen, während der Weihnachtstage beide Klöster. Erkundigen Sie sich im Zweifel bei den Residenzen der Klöster in Kairo-Abbasiya, ✆ 2590 0218 (Pauluskl.), ✆ 2590 6025 (Antoniuskl.). Oder schauen Sie auf die Webseite www.stanthonymonastery.org.

Übernachten: Beide Klöster haben spartanische **Gästehäuser**, in denen Ausländer aber nur im Notfall übernachten dürfen. Das einfache Gastmahl besteht aus Ful, Käse, Oliven, dazu Quellwasser. Eine Spende wird erwartet.

Daneben gibt es in Za'afarana (siehe oben) Hotels für einfache und mittlere Ansprüche.

Sehenswertes

Antoniuskloster (Deir el-Qaddis Antwan): Mit seinen kopfsteingepflasterten Höfen, den engen Gassen und niedrigen Torbögen gleicht das Kloster einem Museumsdorf. Einst wurden die Besucher und Lebensmittel in einem Korb über die Mauer gehievt – Schächte leiteten die Vorräte direkt vom *Torturm* in die verschiedenen Speicher. Ältester Bau ist der rechteckige *Wehrturm*, in den sich die Mönche bei Gefahr zurückziehen konnten. Den einzigen Zugang bildet eine in luftiger Höhe angebrachte Zugbrücke.

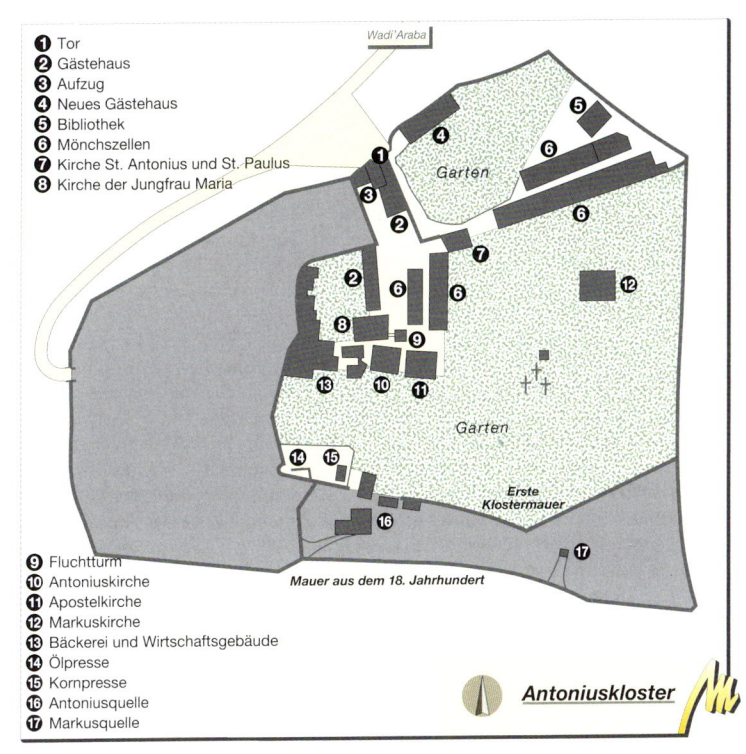

❶ Tor
❷ Gästehaus
❸ Aufzug
❹ Neues Gästehaus
❺ Bibliothek
❻ Mönchszellen
❼ Kirche St. Antonius und St. Paulus
❽ Kirche der Jungfrau Maria
❾ Fluchtturm
❿ Antoniuskirche
⓫ Apostelkirche
⓬ Markuskirche
⓭ Bäckerei und Wirtschaftsgebäude
⓮ Ölpresse
⓯ Kornpresse
⓰ Antoniusquelle
⓱ Markusquelle

Mauer aus dem 18. Jahrhundert

Antoniuskloster

618   Rotes Meer

Die *Grabeskirche des Antonius* ist für ihre mittelalterlichen Fresken (10. und 13. Jh.) berühmt, die teilweise von byzantinischen oder zumindest dort geschulten Künstlern gemalt wurden. Rauchspuren erinnern an eine Revolte der Beduinen, die als Diener der Mönche im Kloster lebten und eines Tages im Jahr 1505 ihre Herren ermordeten und in der Antoniuskirche die Küche einrichteten, die sie mit den Schriften der Bibliothek befeuerten. In der Kirche beginnen die Mönche im Winterhalbjahr um 4 Uhr morgens ihren Tag mit Gesang und Gebet, bevor jeder der ihm vom Abt zugeteilten Arbeit nachgeht. Die erste Mahlzeit wird gegen Mittag eingenommen, an den etwa 200 (!) Fastentagen im Jahr erst am frühen Abend.

Sechs weitere Kirchen des Klosters werden nur im Sommer oder an einzelnen Festtagen benutzt. Unter dem Glasboden der *Apostelkirche* sieht man die bei Renovierungsarbeiten freigelegten Reste einer alten Kirche und von Mönchszellen aus dem 6. Jh. Im Durchgang zwischen Antoniuskirche und Apostelkirche wurde der 1976 verstorbene Anba Yustus bestattet, von dem sich die Brüder sicher sind, dass ihn die koptische Kirche, sobald die „Anstandsfrist" von 70 Jahren abgelaufen ist, heilig sprechen wird. Gewöhnlichen

Die Klöster des Antonius (oben) und Paulus (unten)

Besuchern verschlossen bleibt die *Bibliothek* mit ihren 1700 Handschriften und anderen alten Manuskripten. Die besten Stücke sieht man in einem *Museum*. Zentrum des Klosters ist eine *Quelle,* die aus einer Felsnische entspringt und mit ihrer das ganze Jahr über gleichmäßigen Schüttung auch den Klostergarten bewässert. *Kornmühle*, *Ölmühle* und *Olivenpresse* zeugen von den landwirtschaftlichen Aktivitäten. Heute bekommen die Mönche ihre Nahrungsmittel überwiegend von einer klostereigenen Farm im Niltal. Als Überraschung wird dem Besucher auch ein Blick in die hier nicht erwartete klösterliche *T-Shirt-Manufaktur* gewährt.

Antoniushöhle: Der frühe Morgen ist die beste Zeit zum knapp zweistündigen Aufstieg (vom Kloster gerechnet) in die Höhle am *Gebel Klysma*, wo Antonius seine letzten Lebensjahre verbrachte. Eine jüngst angelegte Treppe, 1158 Stufen sollen es sein, erleichtert die Kletterei. 280 m über dem Kloster und 680 m über dem Meer wird man von Vögeln begrüßt, sichtet mit Glück eine Gazelle und wird mit schöner Aussicht bis hinüber zu den Sinaibergen belohnt. An Wochenenden erwarte man sich jedoch keine Einsamkeit.

Pauluskloster (Deir Mar Boulos): Das zweite Kloster stand schon seiner mageren Quelle wegen – das Wasser muss heute mit Tankwagen gebracht werden – stets im

Schatten des Antoniusklosters. Kein einziger Mönch kam je auf den Patriarchenthron. Herz der vergleichsweise kleinen Anlage ist die *Grabeskirche des Paulus,* deren Mauern bis ins 7./8. Jh. zurück reichen. Kunstfreunde werden enttäuscht sein, da die alten Fresken nur an wenigen Stellen, etwa gegenüber der Altarwand, von einer misslungenen Übermalung befreit wurden.

Wanderung

Die Versuchung ist groß, so wie es einst Antonius tat, über das Plateau von einem Kloster zum anderen zu wandern, die ja in der Luftlinie gerade 22 km voneinander entfernt sind. Die Mönche allerdings benutzen den Weg schon lange nicht mehr, kennen ihn auch nicht. Sie mögen Asketen sein, doch sie fahren lieber mit dem Auto.

Der richtige Trail, also ohne Irrwege, dauert von Kloster zu Kloster etwa zehn Stunden, beginnt mit einem steilen Anstieg von 300 auf 1000 m und führt am Ende ebenso steil hinunter. Er ist, weil kaum begangen, nur aus der Ferne als etwas hellerer Streifen in der Steinwüste zu erkennen, der sich für ungeübte Spurensucher bei der Annäherung verflüchtigt. Den Trip sollte man niemals allein und auch zu mehreren nur mit Bergerfahrung und guter Kondition wagen. Seit ein Tourist den Weg verlor und schließlich verdurstete, sind Führer vorgeschrieben. Doch woher hier einen Beduinen nehmen? An Ausrüstung benötigt werden Schlafsack (auch im Sommer sind die Nächte auf dem Plateau eisig), Wasser und Nahrung für sicherheitshalber drei Tage, Kompass oder GPS-Navigator und für Notfälle ein Handy. Ausgangspunkt ist das Pauluskloster – der Einstieg ist von dieser Seite her leichter zu erkennen.

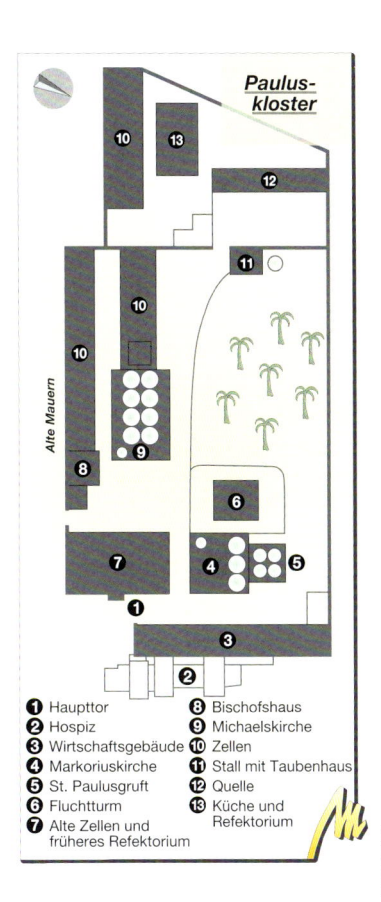

Pauluskloster

❶ Haupttor
❷ Hospiz
❸ Wirtschaftsgebäude
❹ Markoriuskirche
❺ St. Paulusgruft
❻ Fluchtturm
❼ Alte Zellen und früheres Refektorium
❽ Bischofshaus
❾ Michaelskirche
❿ Zellen
⓫ Stall mit Taubenhaus
⓬ Quelle
⓭ Küche und Refektorium

Ras Gharib

Südlich der Wüstenklöster steht die Küste ganz im Zeichen der Öl- und Gasförderung. Hier entdeckt man eine Gruppe Förderpumpen im gemächlichen Auf und Ab, dort das wilde Flammenspiel abgefackelter Gase oder weit draußen im Meer einen Förderturm. Kaum ein Tourist verirrt sich nach Ras Gharib, Zentrum der Ölindustrie und die einzige Stadt zwischen Suez und Hurghada. Ventile, Eisenrohre und Bohrköpfe sind als Souvenirs denn doch etwas zu unhandlich und entsprechen nicht den gängigen Klischees von einem Mitbringsel aus Ägypten.

Mittelmeerflair an der Marina von el-Gouna

El-Gouna

In einer Lagune mit teils künstlich aufgeschütteten Dämmen und Inseln ist el-Gouna, 25 km nördlich von Hurghada, Renner unter den Ferienzielen der Kairoer High Society.

Baden und Tauchen im türkisblauen Meer, Wüstensafaris ins Hinterland, Nightlife und Einkaufsmöglichkeiten auch außerhalb des Hotels – was will der Gast mehr? Für die Reichen, die sich in el-Gouna eine Zweitwohnung leisten, bietet die künstliche Stadt über die Dreifaltigkeit von Sonne, Sand und See hinaus auch eine renommierte Schule, einen Kindergarten, das angesehenste Krankenhaus an der ägyptischen Rotmeerküste und sogar eine Filiale der Technischen Universität Berlin.

Aus einer Handvoll Ferienhäusern um die Villa des Jungunternehmers Samih Sawiri, der die Bucht erst als privates Freizeitparadies und dann als Geldquelle entdeckte, wuchs el-Gouna zu Ägyptens erster Urlaubsstadt vom Reißbrett. An der Zufahrt begrüßt ein Wasserfall die Besucher, im Zentrum der Lagunenstadt, abends dezent beleuchtet, sorgen kopfsteingepflasterte Gässlein und Brücklein für romantische Stimmung. In Hurghada wurde noch, ohne Blick auf das Ganze und unter Vernachlässigung der Infrastruktur, einfach nur Parzelle um Parzelle an die Investoren verkauft, ohne dass die öffentlichen Einrichtungen mit der dynamischen Entwicklung Schritt halten konnten. In el-Gouna bewies die Privatwirtschaft, dass sie eine ganze Stadt aufbauen und, samt Müllabfuhr, Verkehrspolizei und Fluglinie, auch betreiben kann. Der öffentliche Nahverkehr mit Bus und Boot ist ebenso selbstverständlicher Komfort wie es Golfplatz und Marina sind.

Das Investitionsvolumen der *Orascom Projects & Touristic Development (OPTD)*, der el-Gouna gehört und die Teil eines von der schwerreichen Sawiri-Familie geführten Firmenkonglomerats ist, dürfte in el-Gouna weit über 100 Mio. $ liegen. Es wurde auch durch Anleihen auf dem internationalen Kapitalmarkt und einen beachtlichen Kredit der Weltbank aufgebracht. Ob el-Gouna auch das ökologische

Am Golf von Suez 621

Vorzeigestück ist, als das es gelegentlich angepriesen wird, sei dahingestellt. Der Umweltexperte Hazem Nur el-Din sieht zwar deutliche Fortschritte gegenüber Hurghada, kritisiert aber die gewaltigen Aufschüttungen und künstlichen Veränderungen der Uferzone – mit der Folge beschleunigter Erosion.

Der Erfolg lockt Glücksritter und Investoren. Romolo Bellomia (www.romolo.com) und Patrizia Guerrara aus Sizilien betreiben die örtliche Radiostation, zu hören auf 98 mHz, einen TV-Sender und ein Internetcafé. Manche Läden im Zentrum gehören Italienern und Türken, die örtliche Brauerei leitet natürlich ein Deutscher, die Schule ein Brite, den Reitstall eine Schweizerin. Eine Immobiliengesellschaft (www.ohdrealestate.com) und diverse Makler vertreiben zu gesalzenen Preisen Apartments und Villen in el-Gouna, sodass auch mancher Deutsche inzwischen zu den „Gounies in residence" zählt.

Befragt, warum ihnen el-Gouna gefalle, nannten Urlauber in einer Umfrage: „weil es so sauber ist", „weil es keine Hotelklötze gibt wie in Hurghada", „wegen der farblichen Harmonie der Häuser und der sanften Lagunenlandschaft". Andere bemängeln: „Es ist mir zu künstlich. So steril und so sauber – ein Stück Europa mitten in der Wüste." Doch selbst die Wüste ist teilweise künstlich. So wurde der hellgelbe Sand für den Golfplatz aus der Libyschen Wüste herangekarrt; der natürliche, dunkelbraune Boden el-Gounas ist zu salzhaltig und unfruchtbar, die ausgelegten Rasenziegel würden auf ihm nicht anwachsen.

Die Architektur der Ferienstadt liegt irgendwo zwischen mediterranen Vorbildern und dem Geschmack Hassan Fathys, des angesehensten ägyptischen Architekten, der sich seinerseits an der traditionellen ägyptisch-nubischen Baukunst der Dörfer orientierte. Herz der knapp 10 km² großen, rund 10.000 ständige Einwohner zählenden Kunststadt sind das auf einer Insel angelegte **Kafr el-Gouna**, auch Downtown genannt, und das vorgelagerte Geschäftsviertel **Tamr Henna**. Als zweiter Schwerpunkt entwickelte sich im Norden die vom italienischen Architekten Alfredo Freda geplante **Marina Abu Tig**.

Anfahrt

• *Bus* Sammeltaxis und die meisten Fernbusse halten nur an der Abzweigung von der Landstraße, also ein gutes Stück außerhalb. Bis in den Ort selbst fährt nur der **Go Bus** von El-Gouna Transport (Büro in Kairo am Ramses Hilton). Shuttlebusse (5 LE) pendeln etwa alle 30 Min. zwischen el-Gouna und der Central in Hurghada ed-Dahar.

• *Flughafentransfer* Vom Flughafen **Hurghada** bietet **Oototo** (www.oototo-elgouna.com, ☏ 0122-8944199) einen Transferservice nach el-Gouna (2 Pers. 20 €).

• *Mietwagen* **El-Gouna Limousine Service**, ☏ 0122-2272957 (in el-Gouna ☏ 2179), mit Büros vor dem **Club Med (15)** und im Zentrum (Souk el-Balad) vermietet Wagen mit und ohne Chauffeur.

• *Stadtverkehr* Bis 2 Uhr nachts verkehren **Shuttlebusse** zwischen Zentrum und den Hotelinseln und Außenbezirken. Dazu bis 16 Uhr ein **Boot**. Für die Tageskarte zahlt man 5 LE. Wer's eilig hat, engagiert für 5 LE ein **Dreiradtaxi** („tok-tok", ☏ 32337).

Verschiedenes

Telefonvorwahl: 065

• *Information* Persönlich und telefonisch am Hauptplatz Tamr Henna, ☏ 3549702 (innerhalb el-Gounas ☏ 32100). Gedruckt im viertel- jährlich erscheinenden *El Gouna Magazine*, im Internet unter www.elgouna.de. Bilder sind bei www.el-gouna.info zu sehen.

• *Ausflüge* **Pro Tours**, ☏ 3580085 (aus el-Gouna ☏ 2175), www.protourstravel.com, organisiert ab el-Gouna Touren nach Luxor (auch mit Übernachtung) und Kairo, Wüstenausflüge, Trips via Hurghada zur Giftun-Insel oder Törns im Segelboot. Als Wohnzimmerreisebüro unter dem Namen **Ootö-tours** (www.oototo.de) vermittelt das in el-Gouna ansässige Ehepaar Nolte maßgeschneiderte Ausflüge.

- *Krankenhaus* Das moderne, auf Urlauber zugeschnittene Hospital, ☏ 3580012 (aus el-Gouna ☏ 32200; www.elgounahospital.com), ist mit einer Druckkammeranlage für Tauchunfälle gerüstet. Neben der Akutversorgung werden auch Schönheitsoperationen durchgeführt. Ambulante Sprechstunde (mit Zahnklinik) tägl. 10–14/18–22 Uhr.
- *Kunsthandwerk* **Art Village**, Tamr Henna. Eher Markt als Dorf – Stände mit Kunst und Kunsthandwerk stehen im Halbrund um ein Freiluftcafé. Man kann hier, ohne durch irgendwelche Verkäufer genötigt zu werden, in Ruhe stöbern und manchen Künstlern auch bei der Arbeit zuschauen. Wer mitmachen will, kann etwa Kurse im Aquarellmalen buchen.
- *Nachtleben* **DuPort Pool Club (4)**, im Ocean View Hotel, Abu Tig Marina. Mo und Fr ab 21 Uhr Clubbing mit DJs oder Bands aus aller Welt.

Papa's Island (1), angesagte Musikbar mit Restaurant in der Abu Tig Marina. Poolbillard, ab und an Livemusik oder Fußball auf Großbildschirmen.

Barten (2), Abu Tig Marina. Cocktailbar im Psychedelic-Design der 70er. Tische wie Champagnerkelche, die Stühle wie Eierbecher, die Wände in poppigem Rot.

Palma Karaoke Bar (11), Tamr Henna, bietet außer Karaoke-Abenden auch Schaumpartys mit GoGo-Animation, Snacks, Shishas und gemütliche Sitzkissen.

An den Stränden **Zeytouna** und **Mangroovy Bay** kann man abends schön am Wasser sitzen, manchmal steigt hier auch eine Beachparty.

Casino Aladin (12), Downtown, ab 17 Uhr kann man sein Glück an einarmigen Banditen oder am Roulettetisch auf die Probe stellen.

Oasen-Nacht, gerade zehn Autominuten von der Ferienstadt liegt die alte Oase el-Gouna. Hier haben zwischen Dattelpalmen und Gärten Scheich Ahmad und seine Beduinen ihre Zelte aufgeschlagen. Gäste werden mit Tee, Kaffee und Erfrischungen empfangen. Jeden Mittwoch und Freitag bringt die Oasen-Nacht darüber hinaus ein Abendessen, begleitet von Beduinenmusik und Folkloretänzen. Buchung über die Hotels oder das Informationszentrum.

Marina Street Festival in der Abu Tig Marina; Freitag ab 20 Uhr Live-Unterhaltung mit teils hochkarätigen Showstars und Straßenkünstlern, die viel Spaß versprechen.

Tamr Henna Square Event, am Tamr-Henna-Platz, orientalische Show mit Bauchtanz, wirbelnden Derwischen, nubischen Trommlern und dergleichen Unterhaltung, So/Do ab 20.30 Uhr.

- *Stadtführungen* Die Gratistour (Termine und Treffpunkt sind in den Hotels ausgehängt) dauert etwa zwei Stunden und stellt die realisierten und projektierten öffentlichen Einrichtungen el-Gounas vor. Für eine Stadtrundfahrt auf den Wasserwegen zahlt man 25 €.

Übernachten

Die etwa fünfzehn Hotels von el-Gouna bucht man zweckmäßig bereits zu Hause über ein Reisebüro oder im Internet über die Seiten http://hotels.elgouna.com. Faustregel: Je besser die Ausstattung und teurer das Haus, desto weiter ab liegt es vom Zentrum der künstlichen Stadt.

Steigenberger Golf Resort (14), das Luxushotel liegt inmitten des Golfplatzes und etwa 500 m vom hoteleigenen Strand. Ins Zentrum verkehrt ein Shuttlebus. Die rund 200, auf mehrere Gebäude verteilten Gästezimmer und Suiten sind mit über 50 m2 außergewöhnlich geräumig und bieten Ausblick auf den Golfplatz. Hausgäste zahlen nur eine reduzierte Greenfee. Außer dem Pool gibt es im Clubhaus der Golfer auch ein Hallenbad mit Sauna und Fitnesscenter. DZ HP ab 80 €, 1 Woche HP für 2 Pers. mit Flug ab 1000 €. ☏ 3580140, ✆ 3580149, www.steigenberger.com.

El-Gouna Mövenpick (13), die weitläufige Anlage direkt am Meer hat in 2- bis 3-stöckigen Wohneinheiten insgesamt etwa 800 Betten. Die angepasste Architektur erinnert mit ihren ziegelgedeckten Satteldächern und Türmen eher ans Mittelmeer als an den Orient. Highlight ist die zu Recht gerühmte Mövenpick-Küche. Angefressene Pfunde können im Healthclub, dem Fitnesscenter, im Tauchclub, auf dem Tennisplatz oder mit Mountainbikes gleich wieder abgespeckt werden, zum Schwimmen laden

Übernachten

- 3 Captain's Inn
- 5 Turtle's Inn
- 6 Ali Pascha
- 7 Sheraton-Hotel
- 8 Three Corners el-Rihana
- 9 Dawar el-Umda
- 3 Mövenpick
- 4 Steigenberger Golf Resort
- 5 Club Med

Essen & Trinken

- 1 Bleu Bleu
- 2 Le Deauville und Maison Thomas
- 7 Orient 1001 im Sheraton
- 10 Art Village
- 11 Biergarten und Sand Bar
- 12 Kiki's und Clubhouse
- 13 Mövenpick

Nachtleben

- 1 Papa's Island
- 2 Barten
- 4 DuPort Pool Club
- 11 Palma Karaoke Bar
- 12 Casino Aladin

Ferienwohnungen

Pools (im Winter beheizt), eine Lagune und das offene Meer. DZ HP ab 100 €, 1 Woche HP/2 Pers. mit Flug ab 1000 €. ☎ 354450-1 bis -7, ✉ 3545160, www.moevenpick-hotels.com.

Three Corners el-Rihana (8), die Anlage auf halbem Weg zwischen Zentrum und dem Sheraton Resort besteht aus dem Rihana Inn und dem Rihana Resort. Die beiden Hotels sind aber nicht groß voneinander getrennt, jeder Gast kann alle Einrichtungen (Bars, Strand, Pools etc.) nutzen. Clubatmosphäre mit viel Animation. Die Architektur verbindet Moderne mit einem Touch von Orient, zur Innenausstattung bevorzugte man Holz und Metall. Die Zimmer sind etwas klein geraten. Gelungen ist dagegen der Eingangsbereich mit seinen Grünflächen und dem Springbrunnen. Das Hotel bietet außer den Pools auch einen künstlichen See, dazu ein Tauchzentrum und einen Health Club. DZ All incl. ab 90 €, 1 Woche All incl. für 2 Pers. mit Flug ab 1000 €. ☎ 358002-5 bis -9, ✉ 3580030, www.threecorners.com.

Dawar el-Umda (9), Orient trifft Okzident. Das „Haus des Bürgermeisters" im Zentrum von Kafr el-Gouna war ursprünglich ein Boutique-Hotel im orientalischen Stil, innen ausgestattet von Kairos führenden Designerinnen Shahria Fahmy und Mona Hussein mit Möbeln im alten Stil, mit handgearbeiteten Leuchtern und Baldachinen. Ein später angefügter Erweiterungsbau im „italienischen" Stil imitiert die Ponte Vecchio in Florenz. DZ ab 80 €, 1 Woche ÜF für 2 Pers. mit Flug ab 800 €. ✆ 3580063, ✉ 3580061, www.dawarelomda.elgouna.com.

Ali Pascha (6), kleines Hotel am Jachthafen, wird gerne von Kitern gebucht. Die Zimmer sind mit Holzmöbeln dezent „orientalisch" eingerichtet. Im Erdgeschoss haben sie eine kleine Terrasse, in den beiden oberen Etagen leider keinen Balkon. Im Innenhof gibt es einen kleinen Pool. DZ ab 50 €, 1 Woche ÜF für 2 Pers. mit Flug ab 800 €. Abu Tig, ✆/✉ 3580088, www. alipasha.elgouna.com.

Captain's Inn (3), ein kleines, gemütliches Hotel an der Marina Abu Tig. Die Zimmer verfügen über AC, TV und Mini-Bar, teilweise auch Balkon und Hafensicht. DZ 50–100 €, 1 Woche ÜF für 2 Pers. mit Flug ab 800 €. ✆ 3580170, www.captainsinn.elgouna.com.

Turtle's Inn (5), das Captain's ist eine Spur trendiger eingerichtet als das 30 m entfernte Turtle's Inn. Dieses hat dafür eine Tauchschule direkt im Haus. ✆ 3580171, www.turtles-inn.com.

Ferienwohnungen und -häuser ab 250 € werden im Internet z. B. unter www.orienthome.net oder www.fewo-direkt.de angeboten.

Im Gartencenter: alles für den Vorgarten

Essen & Trinken (Karte S. 623)

Auch bei gebuchter Halb- oder Vollpension kann man in el-Gouna kulinarisch fremdgehen. Unter dem Stichwort „**dine around**" bekommt man gegen geringes Entgelt an der Rezeption einen Gutschein, mit dem man dann in den Restaurants anderer Hotels in el-Gouna essen kann.

Die Hotels haben alle ihre eigenen Bars und Restaurants, in denen die Hausgäste sich abends am Büfett selbst bedienen. Die besseren Häuser bieten daneben auch À-la-carte-Restaurants. Das **Orient 1001 (7)** im **Sheraton** wartet mit libanesischer Küche auf, das **Mövenpick (13)** hat sich in el-Sayadin auf Seafood spezialisiert.

• *In Kafr el-Gouna* **Kiki's (12)**, Downtown, das Restaurant im Dachgeschoss des Aquariums bietet tägl. ab 19 Uhr neben italienischer Küche auch einen herrlichen Ausblick über die Lagune. Spezialität ist Straußenfleisch, z. B. als Straußencarpaccio mit Rucola und Parmesan.

Clubhouse (12), Downtown am Strand mit Pool und Palmen, am Abend gelegentlich Livemusik. Schöne Lage, da legen sich Küche und Service nicht mehr allzu sehr ins Zeug. Ägyptisch-italienische Küche, die Nudelportionen etwas klein (mit den Salaten ist man besser dran). Für einen Drink ist das zu einem Tauchclub gehörende Clubhouse aber zu empfehlen.

Biergarten (11), Downtown, mit Maibaum, Bratwurst und Erdinger Weißbier.

Sand Bar (11), Downtown, eine Bar im US-Stil, die neben Alkoholika auch frisch gepresste Säfte und Milkshakes anbietet. Gegen den Hunger helfen Burger, Steaks und mexikanische Gerichte.

Art Village Café (10), im Art Village, Tamr Henna. Orient trifft Okzident: In diesem Freiluftcafé ägyptischen Stils mit Sitzkissen und Wasserpfeifen braut eine italienische Kaffeemaschine Cappuccino, der dann mit Zimt und Kardamom gewürzt wird. Große Auswahl an Kaffeemarken aus aller Welt.

• *An der Marina Abu Tig* **Bleu Bleu (1)**, täglich abends geöffnet. Ein Tag im „Big Blue",

Am Golf von Suez 625

ob tauchend, schnorchelnd, schwimmend oder segelnd, mag hier stilvoll ausklingen. Das Dekor nicht mehr blau sondern auberginefarben, die dezente Musik stammt aus den 70ern. Spezialität des Hauses ist der im Ofen geschmorte Wolfsbarsch, mariniert mit Olivenöl, Zitrone und Knoblauch. Ein Klassiker für Fleischesser ist die Ente in Orangensauce. Als Vorspeise bietet die französisch orientierte Küche u. a. gegrillte (statt wie üblich gebratene) Kalamari. Hauptgericht um 150 LE.

Le Deauville (2), tägl. ab 19 Uhr. Das legere Bistrorestaurant im Landhausstil gehört Tarek Sharif, dem Sohn des legendären Filmschauspielers. Es pflegt französisch-mediterrane Küche. Auf Tafeln wird das wechselnde Speiseangebot notiert, große Auswahl an Weinen. Ob vom Fensterplatz oder auf der Terrasse, man blickt direkt auf die Promenade mit den ankernden Luxusjachten. Hauptgericht 100–150 LE.

Maison Thomas (2), tägl. ab 11 Uhr. Das Lokal ist rustikaler und gemütlicher eingerichtet als das Stammhaus in Kairo. Und gut gekühlt! Kulinarischer Schwerpunkt sind Pizzen und Salate, die samt importiertem Käse und Schweinefleisch auch zum Mitnehmen verkauft werden. Ein Muss ist der „Salat Thomas" mit Hühnerbrust, Gouda, Bananen, Ananas und Pfirsich an einer Cocktailsauce.

Aquarium: Es bietet in drei dunklen, gleichwohl sauberen und gepflegten Räumen einen Einblick in die Unterwasserwelt des Roten Meeres. Die immer hungrigen Moränen, die flotten Krebse, die schicken Napoleonsfische, giftige Steinfische, dazu noch viele andere bunte Kreaturen aus den Meeresfluten und -gestaden, alle sicher hinter dickem Glas. Aquarianer mögen ihre Freude daran haben, doch ich fand's nicht allzu interessant und den Eintrittspreis vergleichsweise hoch.
Tägl. 10–14.30/17–21 Uhr, Eintritt 35 LE. Tamr Henna.

Farm *(el-Bustan)* und **Fischfarm** *(Maraat el-Samak)*: Wer Tiere sehen will, muss nicht unbedingt ins Aquarium. El-Gounas Fischzucht ist zu einem beliebten Rastplatz von Wasservögeln geworden – und damit auch von Vogelfreunden, die zu Zeiten des Vogelzugs in el-Gouna gern auf Fotopirsch gehen. Kinder dagegen freuen sich über die Hühner und Enten, Ziegen und Esel auf el-Gounas Bauernhof, der übrigens ökologisch wirtschaftet.

Museum: Während das Aquarium immerhin lebendige Fische zeigt und damit hält, was sein Name verspricht, war das „Museum" für mich eine herbe Enttäuschung. Es birgt weitgehend Repliken altägyptischer Kunst, schlecht gemachte dazu – als würden die Magazine in Kairo und Luxor nicht überquellen von Exponaten, für die in den dortigen Museen kein Platz mehr ist und die seit Jahrzehnten kaum jemand zu Gesicht bekommen hat. Noch am interessantesten sind die Nachbauten alter Musikinstrumente. Dazu ein paar Touchscreens (Tastbildschirme) und Computeranimationen sowie Aquarelle von Hussein Bikar, der mit viel Fantasie den Bau der Abu-Simbel-Tempel zeichnete.
Tägl. 10–14.30/17–21 Uhr, Eintritt 10 LE. Tamr Henna.

Sport und Freizeit: Außer den Privatstränden der Hotels hat el-Gouna mit dem *Zeytouna*, *Marina* und *Mangroovy* auch drei gepflegte öffentliche Badestrände. Doch selbst an kühlen Wintertagen muss niemand auf den Badespaß verzichten: Der *Healthclub* neben dem Golfclub bietet Einwohnern und Gästen Sauna und Dampfbad samt Fitnesscenter und Schönheitssalon. An der Spitze des umfassenden Sportangebots steht natürlich *Tauchen*. Mövenpick, Sheraton und Club Med haben eigene Tauchschulen auf dem Gelände, der Club darüber hinaus auch eine *Surfbasis*. Am Mangroove Beach treffen sich die Kitesurfer im *Kiteboarding Club,* und wer gerne auf hoher See Fische jagt, der trifft andere *Hochseeangler* beim Jachtcharter in der Marina Abu Tig. Der *Golfplatz* in Wüste und Meer wartet mit dem Kuriosum einer „Aqua Range" auf – einige Löcher befinden sich auf kleinen Inselchen im Wasser. Last not least gibt es auch ein *Fußballstadion*. Der El Gouna FC hat in der Saison 2010/11 erstmals den Aufstieg in die ägyptische Premier League, also die oberste Spielklasse, geschafft.

SS Carnatic – Schatz auf dem Meeresgrund

Als Zufahrt zum Suezkanal erlebt die Straße von Gubal, zwischen der Südspitze des Sinai und dem afrikanischen Kontinent, einen regen Schiffsverkehr. Gefährliche Untiefen sorgen dafür, dass hier zur Freude der Taucher bisweilen ein Schiff aufläuft und versinkt. Gerade bei ruhigem Wetter, wenn sich keine Wellen an den Hindernissen brechen, werden die Riffe schnell zum Verhängnis – mangels Tidenhub hat ein aufgelaufenes Schiff auch keine Chance, mit Hilfe der Gezeiten wieder freizukommen.

Besonders Scha'b Abu Nuhas nahe der Schedwan-Insel gilt als ein regelrechter Schiffsfriedhof. Wo heute ein Seezeichen warnt, liegen die Reste der Giannis D (1983 gesunken), der in Lübeck gebauten Chrisoula K (1981 gesunken) und fünf weitere Wracks auf dem Meeresgrund. Am liebsten laufen die Tauchboote hier die Carnatic an.

1862, als die Carnatic vom Stapel lief, traute man der Dampfkraft noch nicht so recht. Wie die meisten Schiffe dieser Zeit fuhr sie bei gutem Wind unter Segel, ihre Maschine war nur als Flautenschieber gedacht. Am 10. September 1869, zehn Wochen vor der Eröffnung des Suezkanals, stach die Carnatic in Suez zu ihrer letzten Fahrt in See: Ziel Bombay. An Bord waren 260 Passagiere, jede Menge Post, Luxusgüter wie Champagner und Portwein für die britische Kolonie in Indien und schließlich eine Ladung Goldmünzen im Wert von 40.000 Pfund, damals ein wahres Vermögen.

In der stockdunklen Nacht des 13. September donnerte das Schiff bei ruhigem Wetter mit voller Kraft auf das Riff. Der Kapitän sah keinen Anlass zur Panik: Anstatt die Rettungsboote abzulassen und die Carnatic zu evakuieren, hieß er die Passagiere an Bord auf den nächsten vorbeikommenden Dampfer warten.

Diese Sorglosigkeit rächte sich: In der folgenden Nacht, während die Erste Klasse sich an Rotwein und Tanz erfreute, flutete das eindringende Wasser den Kesselraum, und die Lenzpumpen fielen aus. Am Morgen kam Sturm auf. Um nicht ins tiefe Wasser getrieben zu werden, sondern die Carnatic am flachen Riff zu halten, hieß der Kapitän Segel setzen. Diesem Druck hielt das Schiff nicht stand und brach schließlich in der Mitte auseinander. 27 Menschen verloren ihr Leben, die anderen retteten sich auf die Riffplatte und auf die Schedwan-Insel.

Um wenigstens die Goldmünzen wieder zu heben, organisierte die Reederei P & O eine seinerzeit viel beachtete Bergungsaktion, bei der erstmals die Vorläufer moderner Taucheranzüge zum Einsatz kamen. Bereits einen Monat nach der Katastrophe holten britische Taucher in urtümlichen Gummianzügen mit schweren Kugelhelmen aus Messing immerhin dreißig Münzkisten aus dem Wrack. Lange war die Carnatic Ziel von Schatzsuchern. Sogar Beduinen und Fischer stiegen ohne Hilfsmittel zu dem in 15 m Tiefe liegenden Wrack hinab, um ihr Glück zu versuchen. Nur ein kleiner Teil des Schatzes ruht vielleicht noch immer auf dem Meeresgrund.

Kitesurfen: **Kiteboarding Club**, Mangroovy Beach. Die Kiter haben im Norden der Stadt einen eigenen Strandabschnitt mit vorgelagerter Flachwasserzone, wo ihnen weder Schwimmer noch Boote in die Quere kommen. www.kiteboarding-club.de.

Reiten: **Yalla Stable**, zwischen Sheraton und Abu Tig; unter Schweizer Leitung. Reit-

unterricht (für Kinder gibt es Ponys), für erfahrene Reiter auch Wüstenausritte (die Stunde für 25 €), auch Kamele und Esel gehören zum Team. ✆ 0100-1366703, http://mitglied.lycos.de/yallahorses/.
Tauchen: Emperor Dive Tribe, im Mövenpick Resort, ✆ 0122-4888779, www.emperordivers.com.
Blue Brothers Diving, beim Ocean-View-Hotel. Die einzige deutsche Tauchschule in el-Gouna, familiär geführt und beliebt. ✆ 0122-3218025, www.bluebrothersdiving.de.

Abu Scha'r: Ganz am Südende von el-Gouna findet man eines der größten römischen Militärlager *(praesidium)* am Roten Meer. Ein 77 mal 64 Meter messendes Mauerngeviert mit Torbastionen und Ecktürmen schützte die Baracken der Legionäre, ihre Stallungen, Vorratsräume, die Kommandantur und ein später zur Kirche umgewidmetes Versammlungshaus. Auf der Nordseite außerhalb der Stadtmauer befanden sich die Thermen. Den Inschriften nach war hier zu Zeiten Kaiser Konstantins die *Ala Nova Maximiana* stationiert, eine etwa 150 bis 200 Mann starke Kavallerieeinheit mit Pferden oder Kamelen. Nach dem Abzug der Soldaten blieb das Lager eine Weile ungenutzt, wurde dann aber noch einmal von einer christlichen Gemeinschaft übernommen. Ihr Schicksal verliert sich im Dunkeln, niemand weiß, wann und warum Abu Scha'r aufgegeben wurde.

Anfahrt: Die Küstenstraße 0,6 km nördl. von TC Sunny Beach bei 27°19'11"N 33°42'03"O meerwärts verlassen. Nach 1 km links, dann 5 km geradeaus bis Ende der Teerstraße; weiter geradeaus 1 km Piste, die am Fort (27°22'08"N 33°40'58"O) endet.

Mons Porphyrites (Gebel Abu Duchan)

Mitten in der jetzt menschenleeren Gebirgswüste herrschte vor langer Zeit reges Treiben: In den Steinbrüchen am Mons Porphyrites schufteten Arbeiter, Sträflinge und Sklaven für die kaiserlichen Prachtbauten in Rom.

Anders als auf dem Sinai, wo das Katharinenkloster schon immer die Gäste auch ins Landesinnere lockte und der Expeditions- und Trekkingtourismus steigende Aufmerksamkeit genießt, ist das Hinterland Hurghadas noch wenig entdeckt. Die üblichen organisierten Halbtagesausflüge in die Wüste gehen mit dem Jeep zu irgendeinem „Romantic Sunset View Point" und schließen ein Barbecue samt einer Runde auf dem Kamel ein. Nur selten werden auch die Steinbrüche am Mons Claudianus angesteuert. Wer das Glück eines eigenen Geländewagens hat oder sich als Kleingruppe einen solchen (am besten samt Führer) mietet, findet im Hinterland Hurghadas aber eine ganze Menge lohnender Ziele.

Anders als die flache Libysche Wüste ist das Land zwischen Nil und Küste überwiegend ein Gebirgsmassiv aus präkambrischem Urgestein. Im *Gebel Schayib el-Banat* erreicht es 2187 m. Vor allem die Römer betrieben hier riesige **Steinbrüche**, aus denen sie farbenfrohe Steine für ihre Sarkophage und die Prachtbauten Roms gewannen. In der Antike querten zehn **Karawanenrouten** das Gebirge offenbar so günstig, dass auch die britischen und ägyptischen Ingenieure für ihre Teerstraßen keine besseren als die alten Wege wussten. Auf einer dieser Routen, die von Abu Scha'r durchs Wadi el-Atrasch nach Qena führt und in der Antike an schwierigen Passagen sogar gepflastert war, erreicht man die Steinbrüche des Mons Porphyrites oder Gebel Abu Duchan („Vater des Rauchs"), wie er heute heißt. Hier – und nur hier! – gab es dieses wegen seiner dunkelroten, „kaiserlichen" Farbe in Rom so begehrte Hartgestein. Inmitten der einsamen Felswüste verteilen sich die Reste von Tempeln, Dörfern der Arbeiter, Aquädukten, Verladerampen und Militärlager – seit gut 1500 Jahren, als die Steinbrüche mit dem Niedergang des Römischen Reiches aufgegeben wurden, ebnen Wind, Erdstöße und Sturzfluten die menschlichen Hinterlassenschaften allmählich wieder ein.

Steine für Rom

„Zur Zeit, da Rammius Martialis Präfekt von Ägypten ist, Marcus Ulpius Chresimus Prokurator der Steinbrüche, und Proculeianus der Centurio, stiftet Epaphroditus Sigerianus, kaiserlicher Sklave, dieses dem Sarapis und den anderen hier verehrten Göttern geweihte Heiligtum für das Wohl und den immerwährenden Sieg unseres Herren, des Kaisers Hadrian und seines ganzen Hauses", lesen wir in griechischer Schrift auf dem herabgestürzten Fries eines ungefügten Tempels im Steinbruch am Mons Porphyrites. Obgleich Sklave, war der Tempelstifter Epaphroditus ein reicher Geschäftsmann. Im Fries eines fast baugleichen Tempels, den er in den Brüchen am Mons Claudianus stiftete, nennt er sich „Pächter der Steinbrüche".

Lediglich vor dem Centurio musste sich Epaphroditus in Acht nehmen. Der eigentlich nur für die Sicherheit am Mons Porphyrites zuständige Standortkommandant mischte sich manchmal auch in die zivilen Dinge ein. Gut, dass wenigstens der *Procurator metallorum* aus dem fernen Alexandria die beschwerliche Reise zu den Steinbrüchen scheute. Dieser war dem Imperator dafür verantwortlich, dass die für die kaiserlichen Bauvorhaben und Kunstwerke ausgewählten Steine rechtzeitig und unbeschädigt nach Rom gelangten.

Nach der von Kaiser Diokletian gegen die ausufernde Inflation erlassenen Preisverordnung zählte der am Mons Porphyrites gewonnene Porphyr im kaiserlichen Purpur zu den wertvollsten Steinen – kein Wunder, wenn man weiß, dass dieser Stein bis heute nirgendwo sonst auf der Welt gefunden wurde. 250 Dinare durften für den Kubikfuß verlangt werden. Aber auch kleinere Mengen schwarzer und grüner Porphyr wurden abgebaut, am Mons Claudianus dazu ein schwarz marmorierter Quarzdiorit. Besonders Kaiser Domitian hatte eine Vorliebe für die Hartgesteine aus der ägyptischen Wüste. In den Bodenbelägen, Wandverkleidungen, Säulen und Statuen seines Palastes auf dem Palatin verbaute man das Material im Überfluss.

Hatte der kaiserliche Gesandte die Bestellung des Hofes überbracht, wählte der *Architekton* für jede Säule, jeden Sarkophagdeckel oder was noch alles gewünscht war, eine geeignete Felskluft aus. Die Verantwortung war gerade bei den Monumentalstücken groß. Stand der Fels unter Spannung oder hatte er verborgene Risse, war die Mühe vergeblich. Besonders am Mons Claudianus liegen etliche geborstene Mängelexemplare herum, darunter ein Monstrum von 18 m Länge, das auch mit Eisenklammern nicht mehr zu reparieren war.

Steinhauer schlugen und bohrten entlang der Bruchkerbe Löcher in den Fels. In diese Spalten trieben sie Holzkeile und gossen Wasser hinein, bis das quellende Holz den Stein absprengte. Die Arbeit wollte gelernt sein. Unterhalb des Hauptkastells steht noch ein mit Öffnungen übersäter Granitkopf, an dem die Anfänger sich im Schlagen der Keillöcher übten.

Nach den Steinhauern war die Reihe an den unqualifizierten Arbeitern. Ob Sklaven und Verbannte in den Steinbrüchen der Östlichen Wüste schuften mussten, ist ungewiss. Die über zehntausend beschrifteten Tonscherben *(Ostraka)*, die am Mons Claudianus gefunden wurden, machen uns zwar mit „Edelsklaven" im Management des Steinbruchs wie dem erwähnten Epaphroditus bekannt, bringen aber keine Hinweise auf den Einsatz von Zwangsarbeitern.

Am Golf von Suez 629

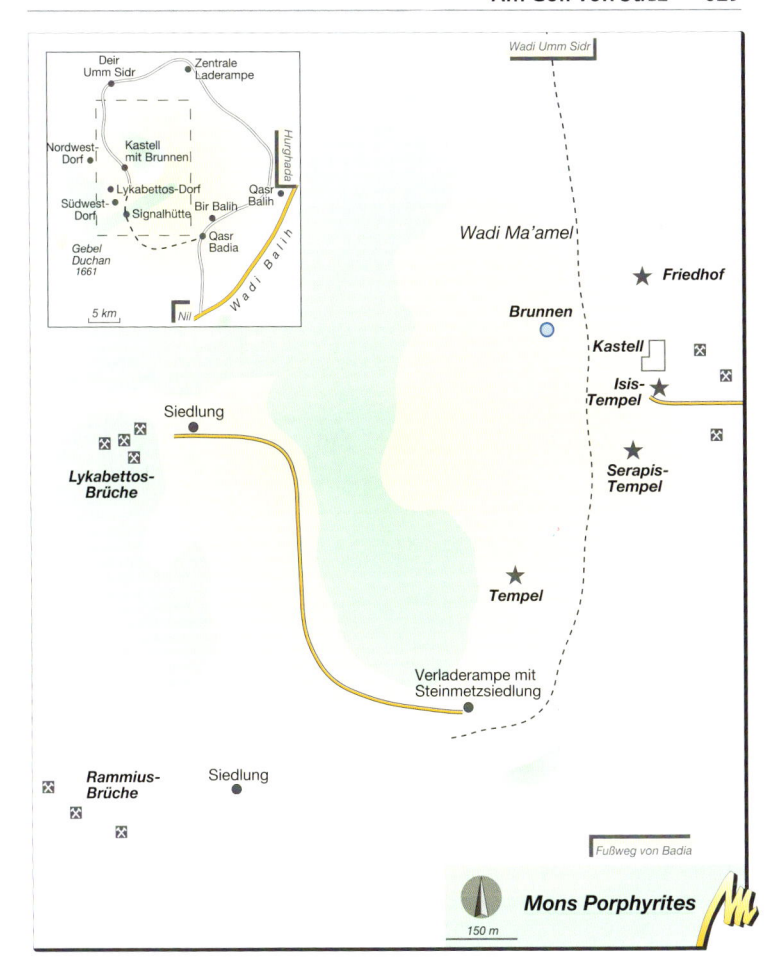

Map labels:
- Deir Umm Sidr
- Zentrale Laderampe
- Nordwest-Dorf
- Kastell mit Brunnen
- Südwest-Dorf
- Lykabettos-Dorf
- Qasr Balih
- Bir Balih
- Signalhütte
- Qasr Badia
- Gebel Duchan 1661
- Wadi Balih
- Hunduna
- Nil
- 5 km

- Wadi Umm Sidr
- Wadi Ma'amel
- Brunnen
- *Friedhof*
- *Kastell*
- *Isis-Tempel*
- Siedlung
- *Lykabettos-Brüche*
- *Serapis-Tempel*
- *Tempel*
- Verladerampe mit Steinmetzsiedlung
- *Rammius-Brüche*
- Siedlung
- Fußweg von Badia
- **Mons Porphyrites**
- 150 m

Zeit: Planen Sie für diesen Ausflug einen sehr, sehr langen Tag oder besser noch eine Zwischenübernachtung in der Wüste ein. Dann lässt sich auch bequem der Bir Qattar (siehe unten) besuchen.

Anfahrt: Die Piste zweigt 2,8 km südlich der 2. Zufahrt nach **el-Gouna** von der Fernstraße ab (27°19'53"N 33°39'46"O) und hält auf den in der Ferne auszumachenden Einschnitt zwischen Gebel Qattar (links) und Gebel Duchan (rechts) zu. Nach 37 Pistenkilometern ist bei 27°11'28"N 33°21'09"O in einem roten Sandfeld des **Wadi Balih** die Abzweigung (rechts) auf ein dunkles Schotterterrain zu nehmen. Nach weiteren 2,5 km sollte man rechts das gut erhaltene **Qasr Badia** (27°12'52"N 33°20'42"O) mit den vorgelagerten Pferchen für die Karawanentiere erkennen (links eine rätselhafte Mauer rund um einen Felshügel). Eine Kurve nach dem Kastell erreicht man den Brunnen Bir Badia, an dem oft Beduinen lagern.

Nur mit Allradantrieb kann man vom Brunnen über das **Kastell Balih** (Km 6, 27°14'19"N 33°22'55"O) einen weiten Bogen um den Berg herum schlagen: zur **Zentralen Laderampe** (Km 16) am Eingang des Wadis Umm Sidr, zum **Deir Umm Sidr** (Km 23,

Selbstbewusst gleitet der giftige Rotfeuerfisch über das Riff

27°17'47"N 33°17'48"O), einem weiteren Kastell mit Zisterne und vier schütteren Bäumchen, und schließlich in das zentrale **Steinbruchareal** (Km 30) am Kopf des **Wadi Ma'amel**. Gerade für diese letzten 30 km ist ein Führer dringend angeraten, den man vielleicht an der Bir Badia findet. Alternativ gibt es vom Qasr Badia einen gut zweistündigen Fußweg über den Berg (Passhöhe bei 27°13'35"N 33°18'12"O).

Sehenswertes

Die Arbeit am Mons Porphyrites war einst besonders hart. Vier Steinbrüche lagen mehrere Kilometer voneinander entfernt, der höchste weit über dem Talgrund auf dem 1400 m hohen Lykabettos. Mit dem Auto kommend erreicht man zunächst das **Hauptkastell** (27°15'03"N 33°18'06"O) bzw. Verwaltungszentrum der Mine. In der Nachbarschaft schließt sich ein **Isistempel** an. Sein Stifter, so eine Inschrift, kommandierte eine Truppe gallischer Reiter, die sich in der Wüste kaum zu Hause gefühlt haben dürften. Beim Tempel endete die von den Ostbrüchen den Berg hinunter kommende Schleiftrasse mit einer **Rampe,** 200 m weiter im Wadi steht der **Serapistempel** mit ganz unrömischer Gestalt.

In der nächsten Biegung des Wadis, wo von links auch der Fußweg von Qasr Badia mündet, trifft man die **Steinmetzsiedlung**, in der die vom Lykabettos-Bruch abgelassenen Blöcke bearbeitet wurden. Um das Gewicht für den Weitertransport auf ein Minimum zu reduzieren, arbeiteten die Steinmetze grob die Konturen der Statuen, Wannen und Säulen heraus. Der so genannte Werksteinzoll blieb stehen. Er schützte auf dem langen Weg nach Rom die Oberfläche des Werkstücks. Erst auf der kaiserlichen Baustelle besorgte die Crème der Bildhauer und Steinmetze den letzten Schliff.

Die **Lykabettos-Rampe,** auf der die Blöcke von den Brüchen am Berg ins Tal gelassen wurden, fiel auf einer Länge von 2,3 km um 550 m ab. Auf beiden Seiten der steilen Rampe erkennt man noch die steinernen Poller, an denen die Blöcke mit Seilen gesichert wurden. Wehe, ein Block geriet außer Kontrolle und stürzte ab. Frauen und Kinder standen bereit, um mit Bruchsteinen die Schleifbahn zu ebnen oder den ins Rutschen geratenen Block abzubremsen. Die Steinbrucharbeiter und Transportsklaven wohnten oben am **Lykabettos** in eigenen Siedlungen.

Bir Qattar

Vielleicht waren es unter Kaiser Konstantin aus der Damnatio ad metalla entlassene Christen, die sich als erste Einsiedler im Massiv des Gebel Qattar niederließen. Ihre Höhlen waren vom Mons Porphyrites wie von den Steinbrüchen am Mons Claudianus je einen guten Tagesmarsch entfernt. Heute folgt man der Hauptpiste Abu Scha'r – Qena noch 18 km über die Abzweigung zum Qasr Badia hinaus bis zum **Qasr Qattar** (27°05'5"N 33°13'38"O), einer weiteren römischen Karawanserei, in der die Reisenden Schutz und Wasser fanden, aber auch ihren Wegzoll bezahlen mussten. Hier verlässt man die Hauptpiste nach links ins **Wadi Naqqat**, wo man nach spätestens 4 km an einer Gabelung mit **Felsritzungen** den Wagen stehen lässt. Man geht in das rechte (Haupt-)Wadi, an der nächsten Gabelung links und trifft dann nach insgesamt einer guten Viertelstunde auf die Oase.

„Qattar" bedeutet „Tropfen", und schon von weitem hört man in der sonst absoluten Stille das Geräusch tröpfelnden Wassers. Der **Bir Qattar** ist ein Kessel von etwa 50 m Durchmesser. An den fast senkrechten Felswänden krallen sich Gräser und Moose fest, am Fuß sprießt sogar Schilf. Aus Spalten tropft Quellwasser, und nach einem Regenguss wird das natürliche Bassin zu einem Teich. In der Umgebung wachsen Palmen, und, hätten sie nur gewollt, wäre es den Einsiedlern leicht gefallen, ihren kargen Speisezettel mit Fleisch aufzubessern: Von einer Höhle schaut man direkt in den Kessel, in dem sich die früher zahlreichen Steinböcke, Wildziegen und andere Wildtiere zum Trinken einfanden.

„Zur Zeit des Hatres, Bischof von Maximianopolis, baute Flavius Julius, Präses der Thebaner, hier eine öffentliche Kirche", ließ der 341 zum Gouverneur aufgestiegene Stifter in griechischen Lettern in die **Kapelle** meißeln, die oberhalb der Wasserstelle gegenüber von **Einsiedlerhöhlen** steht – die Anachoreten, denen Flavius Julius die Kirche stiftete, hatten sich einen der schönsten Plätze in der sonst lebensfeindlichen und unwirtlichen Gebirgswüste ausgesucht.

Noch vor zwei Generationen waren die Hänge des **Gebel Qattar** übrigens mit zahlreichen Akazien und mannshohen Büschen besetzt und bei den Beduinen als Winterweide beliebt. Durch Raubbau in Trockenperioden und durch Holzeinschlag zur Herstellung von Holzkohle haben ausnahmsweise einmal nicht Fremde, sondern die Beduinen selbst ihre natürliche Lebensgrundlage stark geschädigt. Das uralte Tabu, lebende Bäume zu fällen, ist inzwischen selbst gefallen.

> ### Vorsicht, Minengefahr!
>
> Etwa 300 Menschen werden in Ägypten jedes Jahr von Landminen verletzt oder getötet. Und noch immer sind in der Östlichen Wüste abseits der Küste und der Pisten einige Millionen Landminen verscharrt, die in den israelisch-ägyptischen Kriegen gelegt wurden. Es wird noch lange dauern, bis diese Sprengfallen alle geräumt sind. Besonders prekär ist die Situation in der Libyschen Wüste, wo die Minen noch aus dem Zweiten Weltkrieg stammen. Die Karten, auf denen etwa Rommels Armee ihre tödlichen Fallen verzeichnet hatte, sind längst verloren gegangen.

Neubauviertel aus dem Legokasten

Hurghada (el-Ghardaqa)

Ägyptens größter Ferienort (ca. 220.000 ständige Einwohner, 150 Hotels) begann als Geheimtipp unter Tauchern und lockt heute vor allem Pauschaltouristen. Wassersport und Tagesausflüge ins Niltal sind die wichtigsten Freizeitmöglichkeiten.

Warum nach Hurghada? Das gern als sonniges Winterziel angepriesene Ferienparadies ist in der kalten Jahreszeit häufig einem steifen Nordostwind ausgesetzt, der das Baden verleidet, Schnorcheln unmöglich macht und oft genug selbst die Tauchboote am Ausfahren hindert. An solchen Tagen bleibt den Gästen nur das hoteleigene Unterhaltungsprogramm, wenn es denn eines gibt. Während Marbella, Mallorca und vergleichbare Massendestinationen ein interessantes Hinterland haben, beginnt hinter Hurghada eine touristisch völlig unerschlossene Wüste.

Im Unterschied zu Scharm el-Scheich wurde Hurghada eher zu einem Billigziel, das von deutschen Reiseveranstaltern schon für weniger als 500 € für eine Woche mit Frühstück samt Flug angeboten wird. Teuer sind dagegen die Zusatzleistungen wie Tauchboote, Essen und Drinks. Dank der nach dem Ende der Sowjetunion gewonnenen Reisefreiheit stellen heute Bürger der GUS-Staaten einen wachsenden Teil der Feriengäste. Mit ihnen ist auch die Prostitution nach Hurghada gekommen.

Geschichte

„Kein Platz könnte ungesünder sein. Im Sommer ist die Atmosphäre purer Wasserdampf und feucht wie in einem türkischen Bad", beklagte sich Sir John Gardner Wilkinson, der die Gegend 1823 besuchte. Etwa um 1900 ließen sich Fischer aus Saudi-Arabien hier nieder und nannten den Ort nach einem Baum, in dessen Schatten sie sich zu treffen pflegten, al-Ghardaqa. Bald kamen britische Ölsucher in die Gegend, und schließlich auch der König. Wo einst der Baum der Fischer

Hurghada 633

stand, ließ Faruk sich ein Ferienhaus bauen, das nach der Revolution 1952 dann zum Clubhaus der Armee umgewidmet wurde. Irgendwo gegenüber der heutigen Hafeneinfahrt muss es gestanden haben.

Noch 1980 war die Provinzhauptstadt, deren Gouverneur die gesamte Küste und die Östliche Wüste verwaltet, nur eine Ansammlung armseliger Lehmhütten, in denen Fischer und Beduinen hausten. Dazu gab es eine Tankstelle, fünf Kneipen, eine übergroße Betonmoschee und einen protzigen Behördenpalast. Die wenigen Touristen hatten die Wahl zwischen dem futuristischen Rundbau des Sheraton und dem vom Club Mediterranée geführten Feriendorf Magawish, das damals weit außerhalb der Stadt verloren in der Wüste stand.

Ein ehrgeiziger Provinzfürst riss die Stadt Anfang der Achtziger aus ihrem Dornröschenschlaf. Gouverneur Youssif Afifi, der heute als Volksheld verehrt wird, wollte in Hurghada zeigen, dass die Privatwirtschaft, wenn man sie nur lässt, ein Gebiet schneller, besser und schöner entwickeln kann als der Staat, dem damals noch die wichtigsten Industriebetriebe und alle größeren Hotels gehören. Afifis Entwicklungsplan, der im Kern noch heute maßgeblich ist, sah für die menschenleere Küste zwischen Hurghada und Safaga knapp 100 Hotelanlagen mit 17.000 Betten vor. 2009 waren es allein in der Stadt Hurghada bereits 145 Anlagen mit 74.000 Betten. Steuervorteile und niedrige Bodenpreise (5 LE/m^2) machten den Investoren die Sache schmackhaft; ein neues Hotel amortisierte sich in zwei bis drei Jahren. „Wer immer eine Baugenehmigung wollte, dem habe ich gesagt: ‚Bau einfach. Die Genehmigung bekommst du anschließend.' So habe ich die ganze Bürokratie mit den Baugenehmigungen abgeschafft", rühmte sich der 1991 aus dem Amt geschiedene Afifi gegenüber den Medien.

Hurghada heute

An einen behutsamen Umgang mit Natur und Landschaft dachte damals niemand. Wo den Investoren das Ufer nicht gefiel, wurde bedenkenlos aufgefüllt, betoniert und damit vor allem die Flachwasserzone zerstört. Welcher Badegast läuft schon gerne durch gerade knietiefes Wasser mit scharfem Felsgrund, um erst nach 100 oder mehr Metern vom Ufer schwimmen zu können? Kritiker bemängeln, dass die Hotels zu dicht am Strand und mit bis zu sieben Etagen zu hoch sind. Für eine Uferpromenade, die viel zum Flair eines Badeortes beiträgt, blieb kein Platz. Es dauerte zwanzig Jahre, bis das Touristenviertel eine Flaniermeile bekam.

Das alte Zentrum geriet mit dem Bau der Hotelmeile in die Randlage, zwischen beiden entwickelte sich nahe dem Hafen der Ortsteil *Siqala* als neue Mitte. Zunächst gab es in Hurghada nur Urlauber und Arbeiter, denn die meisten Bauarbeiter und Hotelangestellten ließen ihre Familien zu Hause im Niltal – die Lebenshaltungskosten sind in Hurghada deutlich höher und die Löhne, auf dem Bau gerade 300 LE/Monat, unverschämt niedrig. Noch immer ist das ägyptische Hurghada eine Stadt der jungen Männer, deren Freizeitvergnügen sich weitgehend auf TV-Abende im Kaffeehaus beschränkt. Doch zusehends entwickelt sich auch eine Mittelschicht aus qualifizierten Angestellten und Geschäftsleuten, die ihre Familien mitbringen. Für sie entstehen an den Rändern neue Wohnviertel, die bis zum unrühmlichen Abgang des Despoten ziemlich fantasielos allesamt Mubarak hießen, durchnummeriert von Mubarak 1 bis Mubarak 11. Danach war dann Schluss.

Kunst? Kultur? Da gibt es irgendwo ein Stück Brachland und zugleich eine Zusage des Kulturministeriums, Exponate aus dem übervollen Fundus des Ägyptischen Museums in Hurghada aufzustellen. Doch bisher fand sich niemand bereit, das Gebäude für die Altertümer zu bezahlen.

Die Inseln zwischen Hurghada und Ras Gemsa sind Brutgebiet der seltenen **Weißaugenmöwe** *(Larus leucophthalmus)*. Etwa die Hälfte der auf weltweit 20.000 Tiere geschätzten Population lebt auf dem Hurghada-Archipel.

Orientierung

Hurghada erstreckt sich vom Meeresbiologischen Institut im Norden bis zum (derzeitigen) Ende des Hotelviertels im Süden als schmales, 30 km langes Band zwischen Landstraße und Küste – eine Autostadt, denn mit dem Fahrrad wäre man gegen den Wind drei Stunden von einem Ende zum anderen unterwegs. *Ed-Dahar*, der zum Souvenirbasar gewordene alte Stadtkern, liegt ganz im Norden. Nur wenige Hotels haben sich hier an der felsigen Küste niedergelassen. Hinter dem *Gebel el-Afisch*, einem wüsten Hügel, folgt als neue Mitte das vielgesichtige Hafenviertel *es-Siqala* (auf Schildern wird Siqala meist als Sekalla umschrieben). Da grenzt der Fischmarkt direkt an die mondäne Marina mit ihrem Flanierboulevard, da kommt man von der touristischen Hauptstraße nach wenigen Schritten in typisch ägyptische Gassen mit Gemüsehändlern und Wohnhäusern. Wiederum durch Hügel getrennt, folgt dann ein Kap mit dem Sheraton als ältestem Großhotel der Stadt. Hier beginnt der lange Sandstreifen mit dem Hotelviertel *el-Qura*, „Die Dörfer", dessen Hauptstraße und zugleich Flaniermeile dann auch recht missverständlich „Village Road" ausgeschildert ist.

*A*nfahrt

● *Fernverkehr* Die täglichen **Flüge** von Kairo kosten einfach etwa 350 LE. Die selteneren Verbindungen nach Luxor, Assuan und Scharm el-Scheich sollten derzeit so weit als möglich im Voraus gebucht werden. **Egyptair** ✆ 3447503, **Flugauskunft** ✆ 3442831. Für die **Taxifahrt** zum **Flughafen** sind 25 LE plus 5 LE Airporttax angemessen. Vom Flughafen in die Stadt wird man 30 LE zahlen müssen, nach el-Gouna 60–100 LE, als Festpreis mit el-Gouna Limousine 120 LE; www.oototo-elgouna.com verlangt für den vorbestellten Flughafentransfer 20 €.
Hurghadas Busbahnhof der **Upper Egypt Bus Company** (✆ 3547582) befindet sich an der Hauptstraße Tariq el-Nasr etwas südlich des Zentrums. Nach **Kairo** (7 Std., 45–60 LE, Reservierung angeraten) starten Busse um 10, 11, 17.30 Uhr sowie mehrmals zwischen 23 und 2 Uhr. Gute Verbindungen gibt es auch nach **Suez** (5 Std., um 35 LE, Tickets im Bus). Nach **Luxor** (über Qena–Safaga, 5 Std., 40 LE) um 10.30, 13, 19, 20.30, 0.30, 1, 3 Uhr, also für einen Tagesausflug z. B. 3 Uhr hin, 19 Uhr retour). Über Luxor nach **Assuan** (8 Std., 45 LE) um 10.30, 12.30 und 0.30 Uhr. Die Küste weiter hinunter nach **el-Quseir** (1½ Std., 15 LE) und teilweise weiter nach **Marsa Alam** (4 Std., 40 LE) um 1, 3, 5, 5.30, 6, 15, 17.30, 18.30, 20.30 Uhr.

Superjet (✆ 3553499) und **Go Bus** (früher El-Gouna-Transport, ✆ 19567) haben ihre eigenen Busstationen an der Hauptstraße etwa 1 km südlich des Upper-Egypt-Terminals. Go Bus fährt nahezu jede Stunde nach Kairo, Superjet um 12, 14.30, 17, 0.30 Uhr, zudem um 8 Uhr nach Luxor. Als bislang jüngster Anbieter fährt **High Jet** vom Terminal am Siqala Square nach Kairo. Die Busse dieser Firmen sind etwas teurer und meist auch komfortabler als die von Upper Egypt. Vom Markt in ed-Dahar fahren Zubringerbusse zum **Servicetaxibahnhof**, der sich an der Hegaz Rd. (Innere Umgehungsstrasse) befindet nach Kairo (7 Std., 40 LE), Suez (5 Std., 30 LE), Qena (2½ Std., 15 LE), Safaga (45 Min., 5 LE) und el-Quseir (1½ Std., 10 LE). Für einen etwa sechsstündigen **Taxiausflug** nach Safaga sind beispielsweise 150 LE angemessen, für eine Tagestour nach el-Quseir 300 LE.
Eine **Schnellfähre** quert Di, Do, Sa um 9 Uhr sowie Mo vor Sonnenaufgang das Meer hinüber nach **Scharm el-Scheich**. Tickets (oneway 250 LE) am Hafen, www.unitedmarinelines.com. Die Fährverbindung ist nicht zuverlässig, im Herbst 2010 war das Schiff längere Zeit kaputt und es gab keinen Ersatz.

● *Stadtverkehr* **Minibusse** fahren vom Telefonamt („Central") in ed-Dahar nach Siqala

Hurghada

(0,50 LE) und weiter (teilw. über das Sheraton) ins Hotelviertel (1 LE) bis zum Jasmin Village (2 LE). Auf der gleichen Strecke, doch im Norden weiter bis el-Gouna und im Süden bis zum Coral Beach Resort, fahren die etwas komfortableren Busse von **El-Gouna-Transport** (Fahrt 2–10 LE, 7-Tages-Karte für Hurghada 5 €, für das gesamte Netz von el-Gouna bis Safaga 10 €).

Taxis haben inzwischen alle Taxameter, auch wenn die Fahrer diesen oft entgegen der Vorschrift und unter allerlei Ausreden nicht in Betrieb nehmen. Der eine deckt den Taxameter mit einem Tuch ab, der andere behauptet, das Gerät sei kaputt (Tipp: Drücken Sie selbst auf den Knopf „hire"). Auch die Drohung mit einem Anruf bei der Touristenpolizei hilft gewöhnlich.

Ohne Taxameter zahle ich für die Fahrt von ed-Dahar nach Siqala 10–15 LE, ins Hotelviertel 20–25 LE. Der Taxameter berechnet als Grundpreis für den ersten Kilometer 3 LE (angezeigt in Piaster als „300"), darüber hinaus 1 LE pro km. So kostet die Fahrt von Siqala zum Airport etwa 10 LE. Auch hier wird natürlich gemogelt, zumal die Benzinpreise seit Festlegung der Tarife deutlich gestiegen sind.

Einfache **Fahrräder** werden in diversen Shops für etwa 15–25 LE am Tag vermietet – bei dem oft starken Wind ist das Fortkommen eine anstrengende Sache.

*V*erschiedenes

Die Prunkmoschee von Hurghada

Telefonvorwahl: 065

• *Information* Im Tourist-Center (el-Qura) beim Grand Hotel, Hospital, Sa–Do 8–20, Fr 14–20 Uhr, ✆ 3444420; im gleichen Gebäude befindet sich auch die Touristenpolizei, ✆ 3447774.

Die **Webseiten** www.red-sea.com und www.redseapages.com eignen sich als Gelbe Seiten. Auch das Portal www.hurghada-tourismus.de beantwortet manche Frage. Einen interaktiven Stadtplan („locator") auf Basis von Google Earth hat www.hurghada-information.com.

Hinter den **Tipps** und **Empfehlungen** freundlicher Einheimischer steht gewöhnlich kommerzielles Interesse – Geschäfte, Restaurants, Hotels und Tauchcenter belohnen die Vermittler mit einer Kommission.

• *Ausflüge* Das Programm der Reisebüros beinhaltet wahnwitzige Tagesfahrten (!) nach Kairo (14 Fahrtstd.) oder zum Katharinenkloster (8 Fahrtstd.), Schnorchel-/Badefahrten zu den Giftun-Inseln, Wüstenbarbecue mit Baden in Scharm en-Naga, ja sogar Stadtrundfahrten durch Hurghada.

Als örtliche Reisebetreuung empfiehlt sich **SimSim-Reisen** (www.simsim-reisen.de, ✆ 0122-2367023) des Deutsch-Ägypters Samir Saleh, der individuelle Ausflüge zu Lande und zu Wasser zu oft günstigeren Preisen arrangiert als die Reiseleiter oder die großen Reiseagenturen. Und bei SimSim bestimmen Sie Programm und Tempo, nicht der Reiseleiter!

• *Geldwechsel* Günstigere Kurse als die Hotelrezeptionen bieten die Banken (teilw. mit Kartenautomaten) und Wechselstuben.

• *Gesundheit* Das beste Krankenhaus der Region ist jenes von **el-Gouna**, ✆ 35800-12 bis -17. In Hurghada werden die Kliniken **el-Salam** (✆ 3548787, beim Bel Air Resort auf halbem Weg zwischen ed-Dahar und

636 Rotes Meer

Siqala) und **el-Safa** (Tariq el-Nasr, nahe der Busstation, ℡ 3546965) empfohlen.
Zahnarzt Dr. Ahmed Ali Hassan, 36 Sheraton Rd., Hadabah, ℡ 3447890. In ed-Dahar, Bata St., praktiziert Dr. Nayer Fahmy, ℡ 3543464.
• *Konsulat* Honorarkonsul Peter-Jürgen Ely, 365, Sh. el-Gebel esch-Schamali. Bürozeiten sind So-Do 9-12 Uhr, ℡ 3445734, ℡ 3443605, Notfallnummer 0122-2118338.
• *Mietwagen* **Avis**, ℡ 3447200; **Europcar**, ℡ 0106-6611025; **Hertz** 3463245. Für einen kleinen Mietwagen inkl. 100 km rechne man 40 €, bei lokalen Verleihern etwas weniger.
• *Notfälle* Polizei, ℡ 3546306; Touristenpolizei, ℡ 3447774; Feuerwehr, ℡ 3546814; Ambulanz, ℡ 123.
• *Passbüro* Im Gebäude des Security Departments, neben dem Gouvernorat, Tariq el-Nasr, 1 km westlich der Großen Moschee. ℡ 3546727, Sa-Do 8-14 Uhr.
• *Post* Tariq el-Nasr, am Südende des Suks.

Übernachten

Zimmer in Hotels mit drei Sternen und mehr sollte man unbedingt vorab über das Internet oder eine Reisebüro buchen – die Walk-in-Preise sind deutlich höher. Auch wenn die ausgesprochenen Billighotels rar geworden sind, findet man in ed-Dahar und es-Siqala doch auch preiswerte Unterkünfte.

• *Zwischen el-Gouna und Hurghada* **Sweet Home**, die von einer Deutschen geführte Pension liegt etwa auf der Mitte zwischen el-Gouna und Hurghada am Meer. Viele Stammgäste über 40, für Kinder ist die Anlage weniger geeignet. Pool, gepflegter Garten, eigener Sandstrand mit weiter Flachwasserzone, die Zimmer in Reihenbungalows. Woche DZ HP 500 €. Red Sea Horse 10, beim Calimera Resort, ℡ 3502006, www.sweet-home-egypt.de.

• *In ed-Dahar (Karte S. 641)* **Luxor Hotel (36)**, das saubere 2-Sterne-Hotel steht etwa 500 m vom Meer und eignet sich für Taucher und andere, die keinen Pool und sonstigen Schnickschnack, sondern einen sauberen und günstigen Schlafplatz brauchen. Etwa 30 funktional ausgestattete Zimmer mit AC, Sat-TV, teils Kühlschrank und Balkon, deutsch-ägyptische Leitung. DZ 30 €. Sh. Mustashfa, Seitengasse gegenüber dem Three Corners, ℡ 3542877, ℡ 3542875, www.luxorhotel-eg.com.

El-Arosa (32), familiäres, bei Tauchern beliebtes Hotel etwas zurückgesetzt auf der Landseite der Uferstraße; Zimmer mit Balkon und AC, einigermaßen sauber. Bei unserem Check allerdings völlig verschimmelte Duschvorhänge. Pool am Haus; der Strand des nahen Geisum-Hotels kann benutzt werden. DZ 180 LE. Corniche, ℡ 3548434, ℡ 3549190, elarosahotel@yahoo.com.

Sea View (35), der dreigeschossige Neubau an der Uferstraße ist neuer als das Arosa und damit noch besser in Schuss. Besonders die Zimmer wirken einladender. Auch hier gibt es einen winzigen Pool, der Strand des Sea Horse Hotels kann benutzt werden. DZ 170 LE, 1 Woche HP für 2 Pers. mit Flug ab 550 €. Corniche, ℡ 3545959, ℡ 3546779, www.seaviewhotel.com.eg.

Snafer (31), Der saubere Betrieb steht und fällt mit dem Engagement von Manager Aschraf. Wer die Treppen schafft, hat von den Zimmern im obersten Stockwerk sogar Meerblick. DZ 110 LE. Sh. Dr. Said Qorayem Hurghada, ℡ 3540260, ashrafhurghada@hotmail.com.

Four Seasons (34), ein älteres und farbenfrohes 3-Etagenhaus. Die unterschiedlich ausgestatteten Zimmer sind sauber und verfügen meist über TV, AC, Minibar und Balkon. Das Personal ist sehr um den Verkauf von Ausflugsfahrten bemüht, davon abgesehen aber sehr freundlich und hilfsbereit. DZ 80 LE. Sh. Said Qorayem, beim Krankenhaus, ℡ 3545456.

• *Zwischen ed-Dahar und Siqala (Karte S. 637)* **Arabella Azur Beach Resort (1)**, die architektonisch gelungene Anlage im Stil eines nubischen Dorfes hat schon Gebrauchsspuren. Noch aber sind die Gäste zufrieden. Treppen, Gänge, Terrassen Innenhöfe – jeder Weg wird zur Überraschung. Das Hotel grenzt ans Meer; über Treppchen steigt man vom aufgeschütteten Sandstrand ins Wasser. Mit Animation und Abendunterhaltung. DZ All incl. ab 100 €, 1 Woche All incl. für 2 Pers. mit Flug ab 800 €. Corniche, ℡ 3545086, ℡ 3545090, www.azur.travel.

• *Siqala (Karte S. 639)* **White Albatros (23)**, ein von den Besitzern geführtes Budget-Hotel an der Hauptstraße. 40 Zimmer mit Balkon und zweckmäßiger Ausstattung, große Dachterrasse mit kleinem Pool und Ausblick. DZ 20 €. Sh. Sheraton, neben McDonald's, ℡ 3442519, www.walbatros.com.

Übernachten
1. Arabella
2. Ivory Suites
4. Giftun Resort
5. Grand Hotel
6. Steigenberger Al Dau Beach
7. Continental
8. Grand Seas Hostmark
9. Fantasia 1001 Nacht

Essen & Trinken
1. Bordiehn

Nachtleben
3. Sindbad Beach Resort
4. Hard Rock Café und Little Buddha
6. Dutch Bar
9. Alf Leila wa Leila
10. Havana Club

Einkaufen
9. Senzo Mall

Living with Art (24), Preise für Studios und 2-Raum-Apartments auf Anfrage. Wohnen bei Konsuls! Karin Ely, die Gattin des deutschen Honorarkonsuls, hat mit selbst entworfenen Möbeln, Lampen und Dekorationen ein gediegenes Gästehaus eingerichtet. Auf Wunsch wird auch gekocht. Das Haus steht auf einer Anhöhe am Rand eines ruhigen Wohnviertels, auf dem Dach gibt's eine Liegefläche mit Whirlpool. Sh. el-Gebel esch-Schamali, ℡ 3445734 und 0122-2118338, ℡ 3443605, www.livingwithart.biz.

• *In el-Qura (Karte S. 637)* Die etwa 50 Hotels und Feriendörfer, die sich die Küste entlang 30 km weit Richtung Safaga hinziehen, liegen fast alle direkt am eigenen Strand und verfügen über Pool, Disco, Tennisplätze und assoziiertes Tauchzentrum.

Steigenberger Al Dau Beach (6), 5-Sterne-Anlage direkt am aufgeschütteten Sandstrand. Riesengroße Zimmer, im Bad getrennte Bade- und Duschwannen. Üppiges Sportangebot (u. a. Tauchen, Surfen, Segeln, Beach-Volleyball), Fahrradverleih, Wellnessbereich. DZ ab 130 €, 1 Woche 2 Pers. im DZ mit HP und Flug ab 1100 €. El-Qura, ℡ 3465400, ℡ 3465410, www.aldaubeachhotel.redsea.steigenberger.de.

Continental (7), First-Class-Komplex mit geschmackvoll eingerichteten Zimmern, Boutiquen, Schönheitssalon, Solarium; teils windgeschützter Außenbereich mit Palmen, Pool und Liegeflächen am aufgeschütteten Strand. Das Sportangebot umfasst auch klimatisierte Squashplätze, Fitnesscenter und Reiten. DZ ab 70 €, 1 Woche 2 Pers. im DZ mit HP und Flug ab 800 €. El-Qura, ℡ 3465100, ℡ 3465101, www.continentalhurghada.com.

Grand (5), Samir Abdel Fatahs Karriere begann vor vielen Jahren als Manager des ersten Hotels in Hurghada – inzwischen gehört ihm das größte samt der Grand Shopping

Mall. Das ältere **Grand Hotel** befindet sich auf der Meerseite und hat direkten Strandzugang. Hier empfehlen sich die Superior- und Deluxe-Zimmer. Das **Grand Resort** auf der anderen Straßenseite ist ein „orientalisches" Märchenschloss mit Zwiebeltürmchen, Erkern, Bögen und toller Poollandschaft. Die meisten Gäste sind hellauf begeistert. Beide Hotels können über die Veranstalter ETI und ITS gebucht werden. 1 Woche DZ mit HP für 2 Pers. mit Flug ab 750 €. El-Qura, ℡ 3463100, ✉ 3463105, www.redseahotels.com.

Giftun Resort (4), das ältere, doch fortlaufend renovierte Feriendorf mit rund 500 Bungalowzimmern liegt direkt am Meer. Es eignet sich mit Windsurf- und Tauchbasis gut als Sporthotel, ja veranstaltet sogar Trips zum Sportfischen auf hoher See. Wer seine Tage dagegen vornehmlich im Hotel verbringen will, wozu das All-inclusive-Konzept ja verleitet, wird von der Anlage trotz ihres schönen Gartens insgesamt eher enttäuscht sein. 1 Woche DZ mit Al für 2 Pers. mit Flug ab 800 €, DZ mit All incl. ab 60 €. El-Qura, ℡ 3463040, ✉ 3463050, www.azur.travel.

Fantasia 1001 Nacht/Alf Leila wa Leila (9), besonders nachts, wenn alle Lichter leuchten, macht das fantasievoll erbaute Hotel den Eindruck eines orientalischen Märchenschlosses. Nachteil (und für den vergleichsweise günstigen Preis verantwortlich) ist die Lage an der Landstraße etwa 20 Gehminuten vom Meer und 20 km vom Zentrum entfernt. Ein Shuttlebus bringt die Gäste tagsüber zum Schwesterhotel Dana Beach Resort, dessen Strand, Restaurants und andere Einrichtungen mit benutzt werden können. DZ All incl. ab 70 €, 1 Woche für 2 Pers. mit Flug ab 700 €. ℡ 3447101, ✉ 3447102, www.pickalbatros.com.

Sol Y Mar Ivory Suites (2), Aparthotel nahe am Flughafen und 15 Gehminuten landeinwärts der Promenade – deshalb relativ preisgünstig. Die geräumigen und tadellos gepflegten Suiten mit Wohnzimmer (Sofa, Esstisch, TV), Schlafzimmer, Küche (ohne Herd) sind um einen Pool angeordnet. Leider vor den Balkontüren keine Moskitogitter. Die WLAN-Verbindung schwächelt zeitweise. Gegen Eintrittsgeld kann ein Strand in Laufweite benutzt werden. Apartment für 2 Pers. ÜF 30 €. El-Kauthar, ℡ 3462610, ✉ 3462888, www.jaz.travel.

Essen & Trinken

Neben den Büfetthallen für die Speisung der eigenen Pensionsgäste haben die Feriendörfer und großen Hotels natürlich auch Restaurants, in denen jedermann und à la carte dinieren kann. Wir legen den Schwerpunkt unserer Auswahl jedoch auf die preiswerteren, nicht hotelgebundenen Restaurants. Öffnungszeiten sind gewöhnlich von Mittag bis 23 Uhr, auf die in den Speisekarten genannten Preise addieren sich noch je nach Lokal bis zu 20 % Service und Steuern.

• *Ed-Dahar (Karte S. 641)* **Chez Pascal (37)**, Sh. Dr. Said Qorayem; französische Küche, vor allem Fischgerichte, edel und teuer. Fischplatte 200 LE.

La Torta (38), Sh. el-Sheikh Sabak. Außerhalb der Hotels die älteste Konditorei in Hurghada, mit gerade vier winzigen Tischen und Filterkaffee – bis auf den Fernseher hat sich seit Jahren nichts verändert.

• *Siqala (Karten S. 637 und 639)* **Bordiehns (Karte S. 637, Nr. 1)**, vor dem im Arabia Beach Resort, und **B's@the Marina (Karte S. 639, Nr. 14)**, www.bordiehn.com. Mit 25 erkochte er einen Michelin-Stern, mit 27 war er der jüngste Küchenchef einer namhaften Hotelkette, dann warf er alles hin und ging in die Wüste nach Hurghada. Dort experimentiert Thomas Bordiehn nun mit kulinarischen Crossover wie Kamelsauerbraten zu Spätzle. Im Stammlokal wird auf einer Bühne zum Essen Kunst vom arabischen Musikensemble bis zum Kinderballett dargeboten, am Marina Boulevard wird etwa mit Kaviar das betuchtere Publikum angesprochen. Für ein Hauptgericht rechne man 40–200 LE.

DiVino (Karte S. 639, Nr. 25), Sh. el-Hadabah, rechts neben Hotel Roma. Italienische Küche wie Carpaccio, Piccata Milanese, auch Pizza und Pasta. Ins gut klimatisierte Restaurant integriert ist eine kleine Bar, doch man kann auch draußen auf der Terrasse sitzen. Hauptgericht um 100 LE.

Joker (Karte S. 639, Nr. 12), Siqala Square, serviert, was das Meer zu bieten hat. Wobei die Fische längst nicht alle von den Fischern Hurghadas gefangen wurden. Man sucht sich seinen Fisch aus der Vitrine aus, der dann frisch zubereitet wird und den man auf einer Terrasse mit Blick aufs Straßentreiben verspeist. Bezahlt wird nach Gewicht (des Fischs), Hauptgericht um 50 LE.

Essen & Trinken
1. El-Halqa
2. Joker
3. El-Masri
4. B's @ the Marina
7. Café del Mar
9. Heaven
10. Moby Dick
11. Pita Sphinx
12. Maschrabiya & Sokariya
15. DiVino

Übernachten
23. White Albatros
24. Living with Art

Nachtleben
15. Papa's Bar und Shade
16. Hed Kandi Beach Bar
18. Ministry of Sound
26. Calypso

Hurghada-Siqala

El-Halqa (Karte S. 639, Nr. 11), am Fischerhafen. Neu, viel ägyptisches Publikum, gute Aussicht aus dem Speiseraum im 1. Stock, neben dem Fisch nach persönlicher Wahl auch anonyme Tellergerichte wie Fischsuppe oder Kalamari. Hauptgericht 25–40 LE.
El-Masri (Karte S. 639, Nr. 13), Siqala Square, ägyptische (Grill-) Fleischküche, für Hurghada überraschend authentisch und mit vielen einheimischen Gästen.
Café del Mar (Karte S. 639, Nr. 17), Sh. el-Sakia. Bar-Lounge-Restaurant unter schwedischer Leitung. Mit kräftigen Farben, dezenter Musik und abends gedämpfter Beleuchtung. Modern eingerichtet und mit wechselnder Kunst dekoriert. Zu essen gibt's Pizza-Pasta-Steak-Salate und (rund um die Uhr) allerlei Frühstücksvarianten.
Heaven (Karte S. 639, Nr. 19), Sh. el-Sakia. Eine nette Überraschung am Weg zum Ministry of Sounds. Das ansprechend gestaltete Bistro-Restaurant serviert deutsche Küche, z. B. Rindsroulade mit Spätzle, nach wechselnder Wochenkarte. Auch internationale Gerichte. WLAN, Lektüre, Moskitogitter an den Fenstern! Fr Ruhetag.
Moby Dick (Karte S. 639, Nr. 20), Siqala, etwas südlich vom Arosa Square. Man sitzt am frühen Abend gemütlich vor dem Pub und kann bei Bier und guter Musik dem Straßentreiben zusehen. Auch die Küche mit ihren zarten Steaks wird gelobt.
Pita Sphinx (Karte S. 639, Nr. 21), in einer Seitenstraße neben McDonald's. Die Einrichtung ist mit Holz und Terrakotta etwas altbacken rustikal und es gibt keine Terrasse, umso besser ist jedoch die schmackhafte Küche. Auf der (auch deutschen) Speisekarte findet man Pizza, Steak, Fisch und Salate, die ägyptische Küche ist mit Linsensuppe und Täubchen vertreten. www.pitasphinx.net.
Maschrabiya und **Sokariya** (beide **Karte S. 639, Nr. 22)**, Sh. Sheraton nahe der Telefonzentrale. Auch an der Tourimeile gibt es noch zwei ägyptische Teehäuser ohne jeden Schnickschnack.

Nachtleben

Hurghada hat neben Scharm el-Scheich das lebendigste Nachtleben in Ägypten – kaum ein Hotel will auf die Zusatzeinnahmen der Discos und Shows verzichten. Aktuelle Ausgehtipps finden Sie auch im örtlichen Szeneblatt *Red Sea Bulletin*.

• *Kneipen und Clubs* **Peanuts Bar (Karte S. 641, Nr. 33)**, Sh. Dr. Said Qorayem, beim Three Corners Empire. Tägl. 24 Std. geöffnet. Der Pub ist Treffpunkt der Tauchlehrer, langer Tresen mit Bier vom Fass und Erdnüssen en masse.
Brothers (Karte S. 641, Nr. 30), Sh. Mustashfa, beim Krankenhaus. Als Piratennest gestaltete Dachterrasse mit Meerblick und heißer Rockmusik, gelegentlich Livebands. Im gleichen Haus auch die Taucherkneipen Jukebox und Papa Matrix. www.brotherbar-hurghada.com.
Papa's Bar (Karte S. 639, Nr. 15), Marina Boulevard. Der Pub verspricht auch Frauen ohne männlichen Begleiter einen stressfreien Abend. Ab und an gibt's einen Karaoke-Abend oder Fußballübertragungen auf Großbildschirmen. Sonntagmittag treffen sich die Briten zum traditionellen Sonntagsbraten, ansonsten werden einfache Tellergerichte serviert. www.papasbar.com.
Shade (Karte S. 639, Nr. 15), Marina Boulevard, modern gestaltete Bar mit chilliger Musik, gemütlichen Sitzkissen, raffinierten Lichteffekten und kreativen Cocktails.
Hed Kandi Beach Bar (Karte S. 639, Nr. 16), am Südende des Marina Boulevard, Siqala. London und New York müssen sich mit gelegentlichen Sessions des Clubmusic-Labels begnügen, doch in Hurghada eröffneten die inzwischen vom Ministry of Sound geschluckten Had-Kandi-Macher ihren ersten Club. Tagsüber chillen am Pool, nachts abtanzen in der Arena. Legendär sind die Full Moon Partys. www.hedkandibeachbar.com.
Ministry of Sound („Papa's Beach") (Karte S. 639, Nr. 18), beim Public Beach, Siqala. Open-Air-Disco unter dem Label des Londoner Unterhaltungskonzerns, bunt gemischte Musik, gute Stimmung, viele ägyptische Stammgäste. Im benachbarten Restaurant kann man sich schon früher mit einem Essen einstimmen – auf der Tanzfläche geht erst ab Mitternacht die Post ab. Eintritt 100–150 LE. www.ministryofsoundegypt.com
Calypso (Karte S. 639, Nr. 26), Sh. el-Hadabah, auf der Anhöhe zwischen Siqala und el-Qura. Mit drei Etagen das Vergnügungsmekka der Stadt und vor allem bei Osteuropäern beliebt. Tanzflächen, Shows, Gogo-Girls, ein 24-Stunden-Biergarten und vieles mehr. www.calypsohurghada.com.

Hurghada

Hurghada ed-Dahar

Essen & Trinken
37 Chez Pascal
38 La Torta

Nachtleben
30 Brothers
33 Peanuts Bar

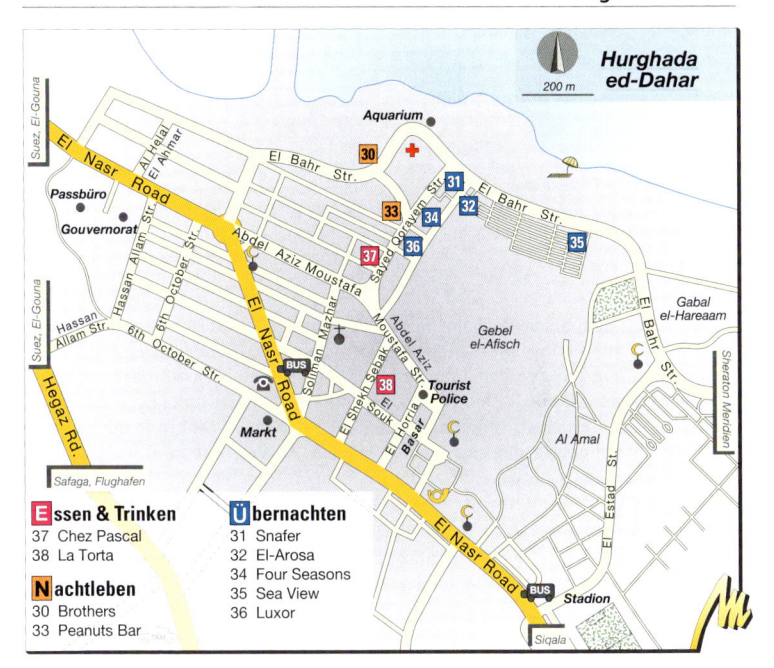

Übernachten
31 Snafer
32 El-Arosa
34 Four Seasons
35 Sea View
36 Luxor

Hard Rock Cafe und **Little Buddha** (beide Karte S. 637, Nr. 4), Tariq el-Qura, die beiden weltweit erfolgreichen Konzepte von Clubbing und Lounging sind auch in Hurghada mit Filialen vertreten und machen die Nacht zum Tag.

Dutch Bar (Karte S. 637, Nr. 6), Tariq el-Qura, in der Ladenzeile des Princess Hotel. Musik- und Karaokebar für die nicht mehr ganz jungen Jahrgänge, statt Techno und Trance eher Hits aus den 70ern bis 90ern. www.dutchbar-hurghada.com.

Havana Club (Karte S. 637, Nr. 10), beim Dana Beach Hotel, el-Qura. Eine angesagte Freiluftdisco. Samstag gibt's Snow Partys und einmal die Woche auch Schaumparty à la Ibiza. Wer vor Mitternacht kommt, ergattert noch einen guten Platz – danach wird's schnell voll.

• *Shows* **Sindbad Beach Resort** (Karte S. 637, Nr. 3), el-Qura, bietet nachts russisches Ballett, Bauchtanz und ein Wasserballett im Pool. Andere Hotels wechseln zwischen Bauchtanzshows und Darbietungen hohlwangiger Slawenschönheiten.

Alf Leila wa Leila (Karte S. 637, Nr. 9), Safaga Rd. Das kitschige Ensemble mischt Las Vegas mit Tausendundeinernacht und könnte in der Werkstatt eines Zuckerbäckers ersonnen worden sein. Tickets zur Bauchtanzshow (20 $ einschl. Transport und Dinner) werden in den meisten Hotels verkauft.

Einkaufen

Shopping ist in Hurghada echtes Spießrutenlaufen. Die Händler quatschen vielsprachig alles an, was sich vor der Ladenfront bewegt, und wehe, man will die Auslage näher betrachten.

• *Alles* Die **Senzo Mall** (Karte S. 637 Nr. 9), am zentralen Verkehrsknoten im Süden der Stadt, verheißt das für Hurghada ultimative Einkaufserlebnis: CDs, Lebensmittel, Haushaltswaren, Kinderspielzeug und -spielplatz, dazu Boutiquen für Markenklamotten und natürlich McDonald's. Leider nur mit dem Auto zu erreichen. Tägl. 10–1 Uhr, Fr/Sa bis 2 Uhr. www.senzomall.com.

- *Bücher & Zeitungen* **Al-Ahram**, z. B. in ed-Dahar als Zeitungskiosk am Kreisel bei der Taxistation; im Hotelviertel gibt es im Intercontinental eine gute Auswahl an fremdsprachigen Büchern und Zeitschriften.
- *Lebensmittel* Die Supermarktkette **Abu Aschara** verkauft Lebensmittel und Getränke zu fairen Festpreisen. Filialen findet man beispielsweise in el-Qura neben Pizza-Hut oder in Siqala, am Anfang der Hadabah Rd.
- *Spirituosen* **Duty Free Shop**, el-Qura beim Sonesta Beach sowie am Siqala Square, verkauft an Touristen am Tag nach der Ankunft bis 2 l zollfreie Alkoholika. Pass mitbringen!
- *Souvenirs* **Hurghada Star**, ein kleines Kaufhaus in el-Qura gegenüber der Esplanada Mall, hat feste, reelle und ausgezeichnete Preise – hier kann man sich einen Überblick verschaffen, was gefälschte Markenhandtaschen, afrikanisches Schnitzwerk und steinerne Katzenköpfe kosten.

Tauchen

Während auf dem Sinai Korallenriffe die Küste begleiten, muss man sich in Hurghada hinaus auf die **Inseln** des Archipels bemühen. 120 Tauchzentren bieten ihre Dienste an: Bootsfahrt zu den Tauchgründen, Verleih von Ausrüstungen, Schulungen. Die Preisunterschiede sind enorm. Für einen vier- oder fünftägigen Anfängerkurs mit PADI-Zertifikat rechne man 250–350 €, für eine Einführung mit zwei begleiteten „Schnuppertauchgängen" 60–80 €. Ein Ausflug mit zwei Tauchgängen und Picknick schlägt mit 30–50 € zu Buche. Längere Tauchfahrten, bei denen auch auf dem Boot übernachtet wird, und die bis hinunter nach Eritrea führen können, werden gewöhnlich von Deutschland aus über Veranstalter gebucht.

Die Wahl des falschen Tauchzentrums kann zum Verhängnis werden: Günstigenfalls bedeutet sie hinausgeworfenes Geld für einen schlechten Lehrer, schlimmstenfalls Lebensgefahr wegen Mängel an der Ausrüstung. Über die vor Hurghada verunglückten Taucher, oft genug Ausbilder im sprichwörtlichen Tiefenrausch, spricht die Branche nur ungern. Inzwischen sorgt der Verband CDWS (www.cdws.travel) für die Einhaltung der international gültigen Standards. Die im Internet einzusehende Liste der schwarze Schafe, welche die Prüfung nicht bestanden und damit auch keine Lizenz des Tourismusministeriums haben, nennt auch Betriebe aus Hurghada.

Als Faustregel verdienen die Tauchzentren der großen Hotels mehr Vertrauen als die Hinterhof-Klitschen – die Hoteliers sorgen aus eigenem Interesse für eine gewisse Qualitätskontrolle. Positive Ausnahme von dieser Regel ist die unabhängige, an kein Hotel gebundene SUBEX – die Filiale einer Schweizer Tauchschule und zugleich die älteste in Hurghada. Einen unfähigen Instruktor kann man freilich auch in guten Schulen erwischen, denn die aus aller Herren Länder stammenden Tauchlehrer (Frauen sind hier noch immer die Minderheit) werden nur saisonweise angeheuert.

Nicht verschwiegen seien einige Möglichkeiten, die Unterwasserwelt auch ohne direkten Wasserkontakt kennen zu lernen. Ein privates **Aquarium** an der Corniche (tägl. 9–22 Uhr, Eintritt 15 LE) stellt in kleinen Becken einige Fische und andere Meeresbewohner vor. Spektakulärer ist die Fahrt mit dem am Sindbad Resort stationierten **Unterseeboot Sindbad** (45 €, Reservierung ✆ 3444688). Allerdings geht die halbe Zeit mit Anfahrt, Einsteigen, Aussteigen und Rückfahrt von dem vor Giftun ankernden U-Boot drauf, das gerade nur auf 15 m Tiefe hinab taucht. Ein Schnuppertauchgang bietet für den gleichen Preis ein besseres Erlebnis. Bleiben das einem Science-Fiction-Film entsprungene **Aquascope**, das **Seascope** und das **Sindbad Quest**, allesamt Fortentwicklungen der herkömmlichen Glasbodenboote, die eine ganze Kabine aus Plexiglas unter dem Rumpf haben. Bis zu 10 Personen können hier die Unterwasserwelt bestaunen. Tickets werden in den Hotels verkauft, ein Ausflug kostet 45 €. Für wenig mehr, nämlich 55 €, können Sie beim Kleinveranstalter SimSim (→ S. 635 und www.delphine-rotesmeer.de) einen ganztägigen Bootsausflug buchen,

Tourismus und Korallensterben

Auf den ersten Blick mag Hurghadas Ökobilanz als für ägyptische Verhältnisse passabel erscheinen. Nur wenige Hochhäuser verstellen die Sicht auf die majestätischen Berge. Die Hotels halten einen Anstandsabstand zur Uferlinie und verfügen über eigene Kläranlagen, einige erwärmen das Duschwasser mit Sonnenkollektoren. Trinkwasser kommt aus dem Niltal. Der Müll verschwindet, wenigstens weitgehend, aus dem Blickfeld der Urlauber.

Wie der Fremdenverkehr der Natur zusetzt, entdeckt man erst dort, wohin es die sportlich ambitionierten Gäste zieht: unter Wasser. „60 bis 80 % der Riffe vor Hurghada sind geschädigt", weiß der Meeresforscher Dr. Hazem Nur el-Din. Auch gutwillige Taucher, die keine Korallen abbrechen und sich in jeder Hinsicht mustergültig verhalten, tragen indirekt zu diesem Korallensterben bei. Die über hundert Tauchzentren Hurghadas schicken ihre Kunden täglich, soweit es das Wetter erlaubt, auf einigen hundert Booten zu den Tauchgründen hinaus. Und diese Boote ankerten über Jahre mitten in den Riffen, auf die jedes Mal ein schwerer Anker hinunter donnerte. Jene 60 Bojen, die vor einigen Jahren als weniger schädliche Ankerplätze an den beliebtesten Tauchplätzen ausgebracht wurden, sind heute fast alle wieder verschwunden. Jetzt bringen die Umweltbehörde und HEPCA, ein von den um ihre Zukunft besorgten Tauchschulen gegründeter Umweltschutzverein, erneut Bojen aus und unterziehen die Kapitäne einer „Ökoschulung". Wer nicht teilnimmt, bekommt keine Lizenz für die begehrten Touristentransporte.

Als eine echte „Landplage" erweisen sich die Aufschüttungen, mit denen manche Hotels ihren Strand vergrößern. Die feinen Sedimente ersticken die Korallen und töten den Stock, der sich von einem „Ankerschaden" immerhin wieder erholen kann, für immer.

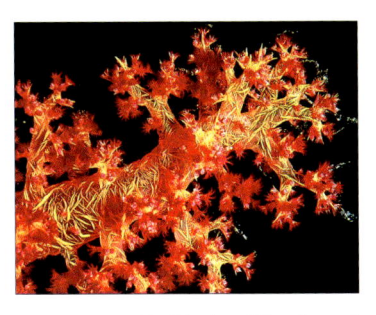

Gefährdete Wunderwelt

Theoretisch steht ein Teil des Archipels unter Naturschutz. Wer mit Muscheln oder Korallen am Flughafen erwischt wird, muss mit einer Geldstrafe von 1000 $ rechnen, und wer nicht gleich zahlen kann, wandert wenigstens so lange in den Knast, bis sein Flug verfallen ist. In der Praxis jagen die Fischer mit Dynamit. Andere holen auf Bestellung internationaler Zierfischhändler lebende Exoten aus dem Meer, die in Plastikbeuteln verpackt per Luftfracht an den Käufer in Europa und den USA gehen – etwa jeder vierte Fisch kommt auch lebend an. Weitgehend dezimiert wurden die spektakulären Kugelfische und Igelfische. Derart seiner natürlichen Feinde beraubt, breitet sich im Meer statt dessen der Seeigel aus, der an den zunehmenden Algen reichlich Nahrung findet, die ihrerseits von der Wasserverschmutzung profitieren.

Die Natur stirbt so schnell nicht. Doch sie verändert sich. Dabei verschwindet allerdings jenes Biotop der Korallen und bunten Fischlein, das zu sehen manche Taucher eine weite Reise auf sich nehmen. Sie werden demnächst noch ein Stück weiter gen Süden reisen müssen.

Information HEPCA, Marriott Hotel, Sheraton Rd., ✆ 3445035, www.hepca.com. National Parks Office, ed-Dahar, Corniche, beim Geisum Hotel, ✆ 3540720.

bei dem neben Schnorcheln auch **Treffen mit Delfinen** auf dem Programm steht – wohlgemerkt nicht im Aquarium, sondern mit frei lebenden Tieren draußen im Meer, die an ihrer Rolle als Fotomodell und Mitschwimmer offenbar viel Freude haben und das Ausflugsboot schon erwarten.

● *Tauchbasen* **Jasmin Diving Center** im **Grand Seas Resort Hostmark (Karte S. 637, Nr. 8)**, www.jasmin-diving.com. Monica Wiget und Bianca Timm leiten eines der ältesten Tauchzentren in Hurghada – und eines der besten, wie der Verband deutscher Sporttaucher und die Leser der Zeitschrift „TAUCHEN" urteilen.

James & Mac im **Giftun Resort (Karte S. 637, Nr. 4)**, James und Mac leiten seit 1987 die Tauchbasis am schönen Strand des Giftun. Hoher Anspruch und gute Schulung. Ohne Check Dive läuft nichts, und das Essen auf den Booten ist mindestens so gut wie im Hotel. ☏ 0122-3118923, www.james-mac.de.

● *Tauchgründe vor Hurghada* **Scha'b Abu Ramada**: Eine etwa 100 mal 300 m große Riffplatte reicht bis an die Wasseroberfläche. Im Sandgrund um das Riff herum finden sich einzelne Korallentürme.

Giftun: Von achtlosen Tauchern und Bootsleuten wurden die Riffe um die beiden Inseln stark beschädigt – zu spät wurden die heute geltenden Schutzbestimmungen durchgesetzt. Für Schwimmer und Schnorchler eignet sich das Eiland allerdings immer noch, und es ist mit seinem Restaurant das beliebteste Ziel der Ausflugsboote. Alle Inseln vor Hurghada stehen inzwischen unter Naturschutz, einzig Giftun Kebir darf betreten werden.

Careless: Zwei Rifftürme auf einem Plateau mit schönen Gärten und Weichkorallen, dazu Muränen, Haie und andere Großfische. Gute Fotomotive.

Scha'b Rur: Am Südende liegt auf 30 m Tiefe ein Wrack.

Scha'b el-Erg: Dieses Riff ist auch für seine Rochen bekannt.

Schedwan Island: Mit einer Entfernung von drei bis vier Bootsstunden von Hurghada liegt Ägyptens größte Insel außerhalb der Reichweite von Tagestouren. Getaucht wird gewöhnlich in der Nähe des Leuchtturms, wo sich ein Steilhang mit Korallentürmen findet.

Abu Nuhas: Das kleine Riff, etwa eine halbe Stunde hinter Schedwan, wurde einigen Schiffen zum Verhängnis. Ein aus dem Wasser ragendes Wrack erleichtert die Orientierung.

Surfen und Kiten

Trotz der lokalen Monopolstellung einen guten Ruf hat die Surfstation Tommy Friedl (www.tommy-friedl.de, in den Hotels Jasmin und Grand Seas). Für einen zehnstündigen Surfkurs rechne man etwa 180 €, die einwöchige Miete für ein Surfbrett kommt auf 200–250 €. Die echten Cracks gaben aber stets Safaga (→ S. 648) den Vorzug. Mit der nahezu durchgehenden Uferbebauung haben sich die Windverhältnisse in Hurghada noch weiter verschlechtert.

Baden

Winterurlauber seien gewarnt: Obwohl das Thermometer auch von Dezember bis Februar im Durchschnitt bis auf 24 °C klettert, lässt die heftige Brise oft ein Sonnenbad ohne Windschutz nur im Pullover zu. Die meisten Hotelstrände in Hurghada sind künstliche Aufschüttungen aus grobkörnigem rotbraunem Sand. Die zur See hin von Riffen geschützte Flachwasserzone reicht weit hinaus – gut für Kinder und Wassertreter, schlecht für Schwimmer. Das *Jasmin Village* bietet Schnorchlern sogar ein Hausriff. Wer ein Hotel ohne Strandlage gebucht hat, ist auf die *öffentlichen Strände* angewiesen, in ed-Dahar etwa neben dem Geisum-Hotel oder in Siqala neben dem Ministry of Sound, die ein geringes Eintrittsgeld verlangen. Auch manches Hotel hat einen quasi öffentlichen Strand. Gut zum Schwimmen und mit feinem Sand ist das Ufer vor dem *Old Vic* (am Howeidak Square), das aber weder Duschen und Badetücher bereit hält und manchmal kräftig mit Musik beschallt. Weiträumig und angenehm ruhig ist der natürliche Sandstrand beim früheren *Sheraton*. Auf der sonst schattenlosen Insel *Giftun Kebir* hält der Strand-

Zwischen Hurghada und Safaga

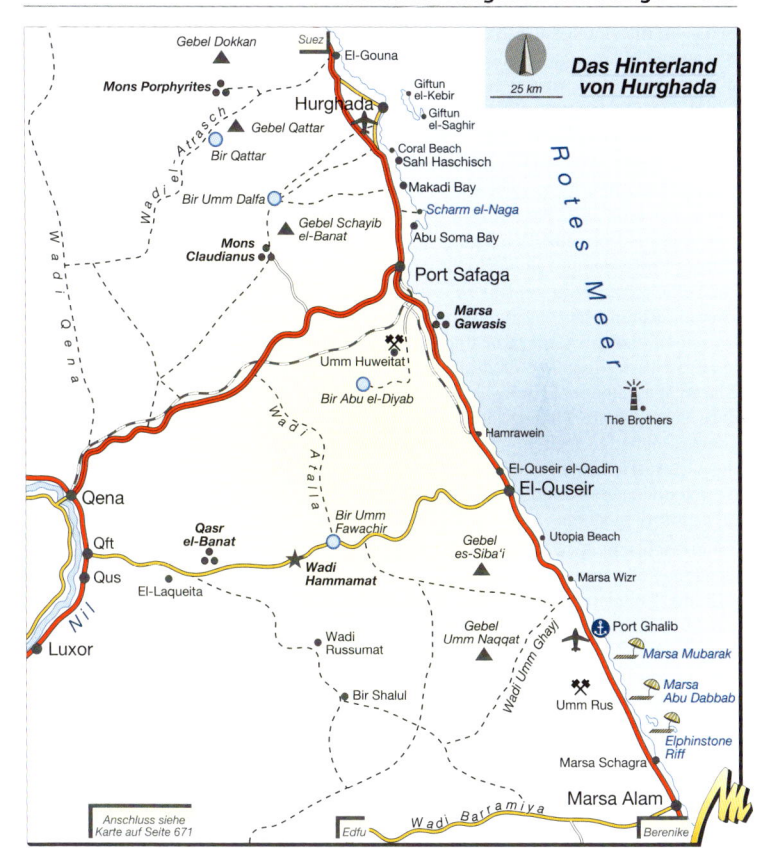

club *Mahmya* (www.mahmya.com) Liegestühle, Sonnenschirme, Getränke und Essen bereit. Der Tagesausflug einschließlich Lunchbüfett und Schnorcheltour kostet 35 € und beginnt morgens gegen 9 Uhr an der neuen Marina.

> Eindrückliche Erlebnisse und tolle Erinnerungen nehmen fast alle Teilnehmer der **Delfintouren** mit, die SimSim-Reisen (→ S. 635, www.delphine-rotesmeer. de) für 55 € anbietet. Der Tagesausflug im Safariboot führt weit aufs offene Meer hinaus, wo die Delfine offenbar schon darauf warten, sich mit schnorchelbewehrten Schwimmern im Wasser zu tummeln.

Zwischen Hurghada und Safaga

Die neuen Ferienstädte südlich von Hurghada setzen den in el-Gouna begonnenen Weg konsequent fort: Investmentgesellschaften kaufen vom Staat große Flächen in bester Wasserlage, überplanen das Gelände, zerlegen es in Teilstücke und verkaufen diese dann wiederum, jetzt mit sehr detaillierten Auflagen nach Art eines Bebauungsplans, an die Hotelgesellschaften. In Deutschland geht der Trend hin zur „objektbezogenen" Planung, bei der ein Investor der Gemeinde seine Wünsche und Bedingungen diktiert, zu denen er baut oder nicht. So entstand auch **Makadi Bay,** das heute ein unvermitteltes Nebeneinander von Hotelvierteln bietet, die jeweils ein Touristikkonzern plante, baute und betreibt.

Einen anderen Weg ging man in **Sahl Haschisch** und **Soma Bay**: Hier legten Projektgesellschaften für den gesamten Ort vorab Details bis hin zu Farbe und Architektur der künftigen Bauten fest, die der Erwerber mit dem Kaufvertrag übernehmen musste. Über eine Beteiligung behalten sie sich ein Mitspracherecht und einen Teil am Profit der einzelnen Hotels vor. Diese integrierten Feriensiedte haben dabei auch eine ganze Reihe zentraler Einrichtungen, die unter dem Strich Kosten sparen, aber am Roten Meer bislang nicht selbstverständlich waren: Wo vorher jedes Hotel seinen eigenen Generator und ein Klärbecken hatte, versorgt jetzt ein zentrales Kraftwerk die ganze Siedlung mit Energie, die Abwässer werden alle in eine Kläranlage geleitet. Frischwasser liefert nicht mehr die staatliche Pipeline, sondern eine private Entsalzungsanlage. Die Urlauber können sich auf öffentliche Uferpromenaden freuen – in Hurghada dagegen ist ein Strandspaziergang über die Grundstücksgrenzen hinweg nicht möglich. Schulen, Einkaufszentren und Krankenhäuser sollen die Kunststädte auch als Wohnort für eine betuchte Klientel attraktiv machen.

Sahl Haschisch, etwa 15 km südlich des Flughafens Hurghada, ist derzeit noch eine Großbaustelle und wird die Küste dereinst mit wenigstens zehn Hotels, einem weiteren Golfplatz und noch einem Jachthafen bereichern. Mit einem Oberoi, dem mit Abstand besten Hotel weit und breit, dazu weiteren 5-Sterne-Resorts ist Sahl Haschisch auf dem Weg zu einem echten Nobelbadeort. Noch gibt es dort am Strand viel Platz und Ruhe.

Oberoi Sahl Hasheesh, das unaufdringliche Luxushotel ist mit viel Geschmack im orientalischen Stil möbliert. Selbst die bescheidenste Zimmerflucht misst noch 86 m^2 und besitzt neben einem begehbaren Kleiderschrank auch einen separaten Garten. Wer es sich leisten kann, trifft mit dem Oberoi die beste Wahl am Roten Meer. Das Hotel ist von den übrigen Ferienanlagen in Sahl Haschisch räumlich getrennt. DZ ab 200 €. ✆ 3440777, ✆ 3440788, www.oberoihotels.com.

Makadi Bay: Selbst wenn viele Gäste beklagen, überhaupt und besonders abends sei hier nichts los, so ist Makadi Bay doch eine der lebendigeren unter den Kunststädten am Roten Meer. Wer allerdings seine Hotelanlage verlässt, steht in der Wüste. Das Publikum ist gemischter als in Sahel Haschisch, es gibt mehr Animation und All-inclusive-Angebote, man trifft auch Leute, die sich ihren Urlaub echt abgespart haben. Fragt man Ägypter, ist Makadi Bay ungeachtet seines bunten Völkergemischs der „deutscheste" Ferienort an der Küste, und tatsächlich wird hier mindestens so viel Deutsch gesprochen wie Italienisch.

• *Information/Anfahrt* Im Internet unter www.makadi-bay-forum.de Es gibt **keine öffentlichen Busse** nach Makadi Bay. Die Hotels bieten ihren Gästen Shuttle-Busse nach Hurghada an. Vormittags kommen einige Sammeltaxis von Hurghada, in die umgekehrte Richtung bleiben nur Mitfahrgelegenheiten oder Taxis (50 LE).

• *Übernachten* **Iberotel Makadi Beach**, das Makadi Beach Hotel liegt in einem Komplex zusammen mit dem **Makadi Oasis** und zwei weiteren Hotels. Die direkt an den Strand grenzende Anlage mit zwei- bis dreistöckigen Einheiten im pseudo-orientalischen Stil ist in einem Garten mit Palmen und Hibiskus hübsch angelegt. Baden im Meer ist bei Ebbe nur eingeschränkt möglich, doch es gibt auch einen beheizten Pool. Surfschule und Tauchschule unter deutscher Leitung, ein auch für Schnorchler tolles Korallenriff direkt vor dem Hotel. Einrichtung der benachbarten TUI-Hotels

Zwischen Hurghada und Safaga 647

wie die Disco im Oasis oder Wellnessangebote im Makadi Star können mitbenutzt werden. DZ All incl. ab 130 €, 1 Woche 2 Pers. All incl. im DZ mit Flug ab 1250 €. ✆ 35900-00 bis -16, 🖷 3590020, www.iberotel.de.

Soma Bay/Ras Abu Soma: „Soma" heißt eine berauschende Pflanze im fernen Indien – oder die omnipotente Staatsgewalt in Aldous Huxleys Roman „Schöne Neue Welt". Hier, 45 km hinter Hurghada, verbindet sich beides zu einem luxuriösen Ferienort mit einem Golfplatz als Mittelpunkt. *Robinson Club, Sheraton, Kempinski und* das Golf- und Wellnesshotel *La Résidence des Cascades* haben bereits die Pforten geöffnet.

● *Information/Anfahrt*   Im Internet unter www.somabay.com. Es gibt **keine öffentlichen Busse** nach Soma Bay.

● *Golf* **The Cascades Golf and Country Club**, ✆ 3549896, www.somabay.com. Championship Course und die Übungsfläche Academy Course wurden von der Golflegende Gary Player geplant und zählen nach Umfragen zu den schönsten Plätzen der Welt. Wer gleich mit dem Hotelaufenthalt auch ein Greenfee-Paket kauft, kommt günstiger weg als bei der Buchung vor Ort.

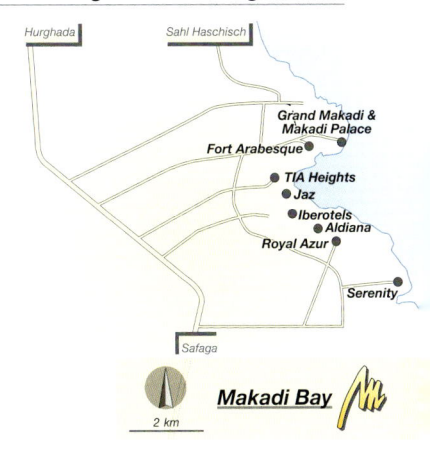

● *Übernachten* **La Résidence des Cascades**, gediegener Luxus am Meer mit viel dunklem Holz und englischer Clubatmosphäre. Das Hotel spricht außer Golfspieler und Ruhesucher auch Wellnessfans an, hat es doch ein von Franzosen geleitetes Thalassozentrum mit Bädern im Stil von Tausendundeinernacht. DZ ab 100 €, 1 Woche 2 Pers. DZ mit Flug ab 900 €. ✆ 3562600, 🖷 3562672, www.residencedescascades.com.

Sheraton Soma Bay, große Hotelanlage mit teilweise langen Laufwegen. Gepflegter Allgemeinzustand, gemischtes Publikum aller Altersklassen und Nationen. Die Standardzimmer sind eher klein und hellhörig. Ideale Strandlage zum Baden und Schnorcheln; keine Einkaufsmöglichkeiten und kein Nachtleben in der Nähe. DZ ab 80 €, 1 Woche 2 Pers. DZ mit Flug ab 800 €. ✆ 3562585, 🖷 3562580, www.sheraton-somabay.com.

Intercontinental Abu Soma Resort, 2004 eröffnet, verteilen sich die knapp 500 Zimmer des noch immer einsam zwischen Soma Bay und Safaga gelegenen Hotels auf das Hauptbaus und zwei Nebengebäude. Mediterrane Architektur und gepflegte Grünanlagen, auch im Winter beheizter Pool. Ewig langer, hoteleigener Sandstrand, Wassersportbasis. Überwiegend englischsprachiges, nicht mehr ganz junges Publikum – für Jugendliche gibt es zu wenig Action. DZ HP ab 90 €, 1 Woche 2 Pers. DZ HP mit Flug ab 850 €. ✆ 3260700, 🖷 3260701, www.ichotelsgroup.com.

Port Safaga (Bur Safaga)

Der Fremdenverkehr spielt in Safaga nur eine Nebenrolle – vielleicht zum Vorteil der Urlauber. Die Strände sind sauberer, die Riffe bislang noch intakter. Besonders Surfer schätzen wegen der guten Windverhältnisse den Standort.

Bei Safaga mündet die kürzeste und wichtigste Verbindungsstraße zwischen Nil und Rotem Meer. Der Verkehrsknotenpunkt ist zugleich der wichtigste Massengüter-Hafen der ägyptischen Ostküste und auch über eine Bahnlinie mit dem Niltal und gar den Oasen in der Libyschen Wüste verbunden. Frachtschiffe bringen die Getreideimporte, andere nehmen Aluminiumbarren aus der Schmelze von Nag Hammadi und Phosphate und Düngemittel aus den Minen von Abu Tartur auf. Safaga zieht sich als wenig aufregende, kilometerlange Straßenzeile entlang der Mauer des Hafenareals – erst ganz am Ende erreicht man das Basarviertel, in dem einzelne Läden wie „Aldi-Bazar" oder der Friseursalon „Hilton" auf touristische Kaufkraft zielen.

Das **Touristenzentrum** Safagas, von den Einheimischen *Kilo Thamaniya* genannt, liegt etwa 5 km nördlich des Hafens. Abwechslung bieten Hotels und das Meer – landseits gibt es außerhalb der einzelnen Hotelareale wenig Abwechslung. Attraktionen sind für die Taucher die **Riffe** vor der Küste und für die Surfer der **Wind.** An den Hotelstränden ist das Wasser extrem flach, man kann bei Ebbe fast 50 m hinaus waten. Der Sand hat außer Salz und anderen Mineralien auch einen hohen Gehalt an radioaktiven Isotopen wie Uran und Thorium, sodass Safaga auch für **Kuren** bei Bronchitis, Rheuma und Hautkrankheiten empfohlen wird.

Ausflugsziele in der Nachbarschaft Safagas sind die römischen Steinbrüche am Mons Claudianus (siehe unten) und die gern von Quad-Touren angesteuerte Geisterstadt **Umm Howeitat**, eine erst vor wenigen Jahren verlassene Bergbaustadt, in der nur noch das Grab des Lokalheiligen Awad Suleiman gepflegt wird. Ausgeschilderte Abfahrt von der Küstenstraße 12 km südlich von Safaga bei 26°38'34"N 33°58'07"O, dann 15 km südwärts bis 26°32'02"N 33°55'03"O.

Zum Baden und Schnorcheln laden **Sandy Island** und die schattenlose Insel **Tobia Kebir** ein, auf der die Bootsunternehmer (Tagesausflug mit Lunch um 50 LE) aber Sonnenschutzdächer aufgebaut haben. Sandy Island wird auch gerne für Anfänger- und Checktauchgänge genutzt, Tobia Kebir eignet sich eher für geübte Taucher. Die werden vor allem an den Korallensäulen Tobia Arba ihre Freude haben, die mit großer Artenvielfalt

---

Übernachten
3 Ali Baba
4 Menaville
5 Toubia und Nemo
6 Cleopatra und El-Nil

Nachtleben
1 Dive Under
2 Jasmin Café
5 Diver House, Ali Baba II

Essen & Trinken
1 Ya Belgica
3 Ali Baba I
5 Diver House, Ali Baba II
7 Rausha

Port Safaga 649

überraschen. Alle „Tobia-Tauchgründe" liegen im Windschatten des Kaps Abu Soma und werden deshalb auch von stärkerem Wind angefahren. Weitere Nahziele für Tauchausflüge liegen 5-10 km vor der Küste.

In den Gewässern vor Safaga haben außer Tauchern auch **Hammerhaie** ihr Revier. Um ihre Beute aufzuspüren, sind diese Räuber von der Natur mit raffinierten Sensoren ausgestattet. Aus großer Ferne nehmen die Haie feinste Vibrationen im Wasser wahr, beim Nahkampf orientieren sie sich mittels elektromagnetischer Felder. Wer als erfahrener Taucher die Begegnung mit Hammer- und Grauhaien sucht, sollte sich einer der seltenen Tauchfahrten zur Arpha Bank anschließen – ein Unterwasserberg, dessen Gipfel knapp 20 m unter die Meeresoberfläche reicht, und der nur bei ruhiger See mit Echolot oder Satelliten-Navigation angesteuert wird.

• *Anfahrt* **Minibusse** (0,50–1 LE) pendeln zwischen dem Zentrum und der Hotelzone. Vom Terminal am Südende des Zentrums fahren täglich ein Dutzend **Busse** über Hurghada (10 LE) nach Suez (30–50 LE) oder Kairo (65–75 LE) und vom späten Vormittag bis Mitternacht auch nach Luxor (25–35 LE), teilweise weiter nach Assuan (45–60 LE). Die Küste entlang gen Süden (el-Quseir, Marsa Alam, Schalatin) fahren Busse am frühen Morgen und ab 16 Uhr. 1,5 km nördlich der Busstation findet man beim Hafen das Terminal der **Servicetaxis**.

Schließlich gibt es von Safaga eine regelmäßige **Schiffsverbindung** ins saudi-arabische Duba (Debbah). Tickets ab 350 LE vor dem Hafen bei der Agentur Namma. www.nammashipping.com.

• *Übernachten* Die in den 90ern gebauten 4-Sterne-Anlagen im Touristenzentrum unterscheiden sich nur wenig und sind derzeit allesamt nicht der Hit. Einzige Ausnahme ist das …

Menaville (4), das Hotel setzt außer auf den herkömmlichen Bade- und Tauchtourismus (es gibt Tauchschule und Surfstation) auch auf Klimatherapie. In Zusammenarbeit mit dem Kurbetrieb im tschechischen Karlsbad wird auf dem Hotelgelände ein Kurzentrum betrieben, für dessen Gäste auch ein besonderer Abschnitt des fast 800 m langen Hotelstrands reserviert ist. DZ HP ab 70 €, pauschal 1 Woche DZ HP mit Flug ab 650 €. DZ HP 30 €. ✆ 3260064, www.menaville.com.

Ali Baba Hotel (3), das von einem Ägypter und seiner Schweizer Frau geleitete Hotel steht gegenüber dem Menaville, etwa 250 m landeinwärts, und eignet sich gut für Taucher und Kiter. Geräumige und saubere Zimmer. DZ HP 30 €. Hay el-Schorouk, ✆ 3260600, www.hotel-alibaba.com.

Toubia (5), 20 Zimmer in einem Neubau nur wenige Schritte vom hoteleigenen Strandabschnitt. Der Besitzer Hakim spricht Deutsch, gleich um die Ecke ist Toms Diver House. DZ 35 €. Corniche beim Jachthafen, ✆/≋ 3251294, www.toubia.de.

Nemo (5), von den Flamen Guy und Bert gemanagt, bietet das Hotel 30 helle Zimmer mit Balkon und Seesicht. Im Erdgeschoss sind das Tauchzentrum und eine Cafeteria/Bar untergebracht. Auch hier gibt es auf der anderen Straßenseite einen hoteleigenen Strand. 1 Woche DZ mit VP 460 €. Gleich neben dem Toubia, ✆ 0100-3648708, www.nemodive.com.

Für durchreisende Individualtouristen mit schmalem Geldbeutel bieten sich die hauptsächlich von Einheimischen besuchten Hotels **Cleopatra** (✆ 3253926) und **El-Nil** (✆ 3252680) an, beide (6) an der Hauptstraße südlich vom Rathaus, DZ 100 LE.

• *Essen/Nachtleben* **Rausha (7)**, frischer Fisch und maritime Schalentiere. Chef Harmada Zarzor hat sein Handwerk im Mena House und in anderen führenden Hotels gelernt. Beim Krankenhaus. ✆ 3251650.

Ali Baba, im Ali-Baba-Hotel (3), ✆ 3260600. Der Erfolg des auch von Externen gern besuchten Hotelrestaurants legte es nahe, eine Filiale (5) im Stadtzentrum (zw. Rathaus und Meerjungfrau-Kreisel, ✆ 3250253) zu eröffnen. Hier wie dort gibt es ägyptische und internationale Küche zu maßvollen Preisen (Seafood bis 50 LE, andere Hauptgerichte 20–35 LE).

Ya Belgica (1), Hay el-Schorouk, neben Dive Under. Einfache Gerichte wie Shrimps, Pommes, Salat werden meistens als Takeaway z. B. ins nahe Pub verkauft. Bis 25 LE.

Dive Under (1), Bar mit rockiger Musik, man sitzt draußen und kann dabei Einheimische kennen lernen. Im Hay el-Schorouk gegenüber dem Hotel Lotus Bay.

Diver House Pub (5), die mit kostenlosem WLAN ausgestattete Bar des Toubia Hotels ist ein weiterer Abendtreffpunkt der in Safaga

Todesfahrten nach Safaga

Wenn sein Leben denn allein in Gottes Hand wäre, könnte sich der Mekkapilger getrost und frohen Mutes auf das Fährschiff begeben, das ihn von Safaga nach Saudi-Arabien und wieder zurück bringt. Doch für eine gesunde Überfahrt ist neben Gott auch der Kapitän verantwortlich, dazu dessen Reeder und die Kontrolleure in den Häfen. Und so hat, wer sich in Safaga einem der Schiffe mit Namen al-Salam („Frieden") anvertraut, allen Grund zur Sorge, hier seine letzte Reise zu beginnen.

14.12.1991: Die *Salam Express* läuft abends bei rauem Wetter vor Safaga auf ein Riff und sinkt binnen Minuten. Die meisten Opfer haben keine Chance mehr, aus dem angeschlagenen Schiffsrumpf auch nur an Deck zu kommen. Die Behörden melden 448 Tote – Experten schätzen die doppelte Zahl. Die genauen Umstände der Katastrophe kommen nie ans Licht.

24.06. 2002: Auf der *Al-Salam 90*, die mit 896 Passagieren auf dem Weg von Duba nach Safaga ist, bricht ein Feuer aus. Ein Besatzungsmitglied stirbt an Rauchvergiftung, mehrere werden verletzt.

17.10.2005: *Pride of al-Salam 95* kollidiert mit dem zypriotischen Frachter *Pearl of Jebel Ali*. In der folgenden Panik werden zwei Passagiere zu Tode getrampelt. Dreieinhalb Minuten nach Abschluss der Evakuierung sinkt die Fähre.

02.02.2006: An Bord der *Al-Salam 98 Boccaccio* bricht bald nach dem Start in Duba ein Kabelbrand aus. Da keine Kohlendioxid-Feuerlöscher greifbar sind, löscht die Mannschaft mit Wasser. Dieses Löschwasser sammelt sich auf einer Seite des Fahrzeugdecks und bringt das Schiff in Schlagseite. Speigatten und Lenzpumpen funktionieren nicht, die Schieflage nimmt zu. Kapitän Sayed Omar funkt das auf Gegenkurs Richtung Doha fahrende Schwesterschiff *Santa Catherine* an, ob es die Passagiere übernehmen könne. Doch die Santa Catharine ist mit 1800 Fahrgästen bereits völlig überladen und lehnt nach Rücksprache mit dem Reeder ab, um nicht selbst in Gefahr zu geraten. Jetzt, kurz vor 2 Uhr morgens und zwei Stunden nach Ausbruch des Brands, beschließt Kapitän Sayed Omar, doch besser umzukehren. Bei diesem Wendemanöver unter starkem Wind geht das schief liegende Schiff unter. Ein Notsignal wird in Schottland aufgefangen und nach Ägypten weitergeleitet, doch in Safaga hat niemand mehr Dienst. Rettungsmaßnahmen beginnen erst nach Tagesanbruch, für knapp tausend Menschen kommt die Hilfe zu spät.

Die Hinterbliebenen jedes Opfers werden, so will es das ägyptische Recht, mit 150.000 LE entschädigt – deutlicher weniger, als internationale Konventionen vorsehen. So bleiben auch die Versicherungsprämien der schrottreifen Salam-Fähren niedrig und das Rote Meer weiter ein Revier der Seelenverkäufer. Mamdouh Ismail, Eigentümer der Al-Salam-Gruppe und zugleich langjähriger Abgeordneter der Regierungspartei, hat alle Unfälle schadlos überstanden. Heute lebt er irgendwo im Ausland, wo die von einem ägyptischen Gericht wegen der Al-Salam-98-Katastrophe verhängte Haftstrafe nicht vollstreckt werden kann.

ansässigen Ausländer. Wer etwas essen möchte, kann sich problemlos von **First Cook** (zwischen Rathaus und Meerjungfraukreisel) Pizza oder Sandwichs bringen lassen.

Jasmin (2), im Internetcafé gegenüber dem Hotel Lotus Bay kann man nicht nur seine elektronische Post abholen, sondern auch Schischa rauchen, Eiskrem essen und ein Bierchen trinken.

• *Surfen* Surfer werden vielleicht das Shams Hotel (www.shamshotels.com) bevorzugen, es hat die beste Lage zum Wind und mit dem **Club Mistral** (www.club-mistral.com) die renommierteste Surfstation. Eine Woche Windsurfen „rent & change" kostet rund 300 €, für 10 Schulungsstunden Kiting rechne man 280 €. Alternativ empfiehlt sich **Vasco Renna** (www.vascorenna.com) im Paradise Beach, die zum Surfen und Kiten gern Tagesausflüge auf die Inseln vor Safaga machen.

• *Tauchen* **Paradise Divers** im Hotel Safaga Paradise, ✆ 0122-2633073 www.safaga-paradise.de. Die Basis gilt als die beste in Safaga. Deutsche Leitung, Kurse nach PADI, Kinderbetreuung, auch mehrtägige Tauchsafaris.

• *Veranstalter* Unter den Reiseveranstaltern hat sich die **Volkert Touristik GmbH**, www.volkert-touristik.de, ✆ 09357-97490, auf Sportreisen nach Safaga spezialisiert.

Mons Claudianus

Der Ausflug zum Mons Claudianus verspricht ein herrliches Wüstenerlebnis und interessante Relikte eines römischen Steinbruchs.

Nahe dem Gebel Fatira war der Mons Claudianus das zweite Zentrum des römischen Bergbaus in der Östlichen Wüste. Der hier gewonnene schwarz marmorierte Granit wurde bei den kaiserlichen Prachtbauten in Rom vor allem für Säulen verwendet. Die Höhenunterschiede im Steinbruch sind gering, und die Abbaustellen liegen nahe beieinander, sodass Verwaltung und Wohnquartiere an einer zentralen Stelle zusammengefasst werden konnten.

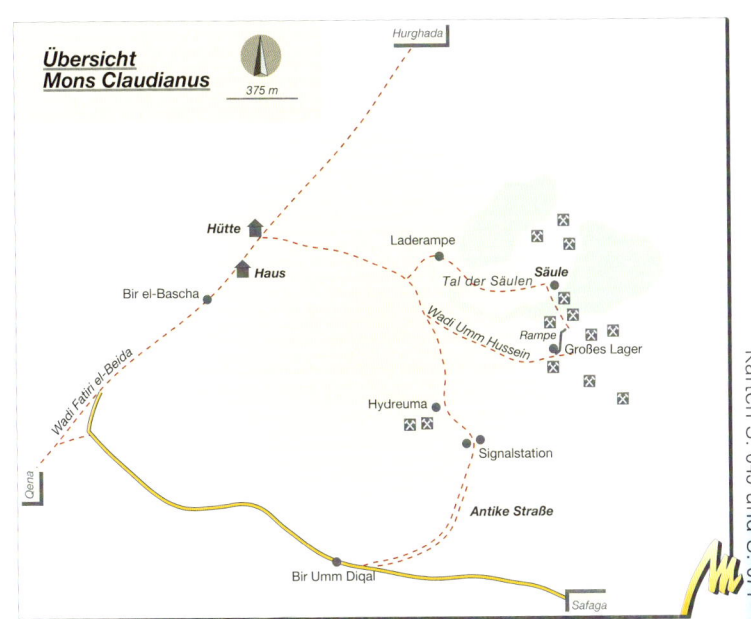

Die Steinbrüche waren vom Ende des 1. bis Mitte des 3. Jh. in Betrieb. Anders als am Mons Porphyrites arbeiteten hier keine Sträflinge, sondern ausschließlich Freiwillige – ihre Löhne waren doppelt so hoch wie im Niltal. Auf dem Speisezettel standen Weizen, Linsen, Datteln, Zwiebeln und Oliven, die alle vom Nil gebracht wurden, dazu Fisch, Eselsfleisch und natürlich Wein. Doch auch Delikatessen wie Zitronen, Nüsse, Granatäpfel, indischer Pfeffer und Austern wurden gegessen. Salat, Spinat, Kohl und Küchenkräuter zog man in eigenen Gärten vor Ort, denn frisches Gemüse wäre nach tagelangem Wüstentransport alles andere als frisch gewesen.

Anfahrt: Die von den Einheimischen *Medinet Ruman* („Römische Stadt") genannten Steinbrüche sind auf befestigter Straße relativ bequem und auch mit Pkws ohne Allradantrieb zu erreichen. Ein Permit ist nicht erforderlich. Für ein Taxi ab Safaga rechne man 150 LE.

Nach ca. 40 km der *Safaga-Qena-Straße* biegt man zwischen Überlandleitung und Rasthaus rechts ab und an der unmittelbar folgenden Gabelung (26°42'30"N 33°35'46"O) wiederum rechts auf einer schlechten Teerstraße ins *Wadi Umm Diqal*. Nach 18 km trifft man den römischen Brunnen *Bir Umm Diqal* und den Turm einer frühchristlichen Klostersiedlung 26°47'50"N 33°28'00"O). Von hier kann man (rechts) entlang der antiken Straße zu den Steinbrüchen (26°48'35"N 33°29'13"O) laufen (40 Min.). Die Teerstraße führt noch 3 km weiter ins *Wadi Fatira*, eine alte Karawanenroute zwischen Hurghada und Qena. Dieses geht es 2,5 km nach rechts, vorbei am *Bir el-Bascha* (auf einigen Karten als Bir Abd el-Wahab verzeichnet) und einem gelben Haus, bis man auf Höhe einer Hütte wiederum rechts ins *Wadi Umm Hussein* abbiegt. Fahrtechnisch ist die „Ausfahrt" aus dem Wadi Fatira bzw. die Querung desselben die schwierigste Stelle. Nach weiteren 2,5 km ist das Hauptlager der Steinbrüche nicht mehr zu übersehen.

Sehenswertes

Bemerkenswert, wie es den Römern gelang, hier mitten in der Wüste die Wasserversorgung zu sichern. Am Brunnen **Umm Mitgal**, den die britische Armee im letzten Weltkrieg instand setzte, wurde das Wasser mit einem Pumpwerk aus 40 m Tiefe gefördert und dann über ein noch als schnurgerade Steinspur auszumachendes Aquädukt zu den Steinbrüchen geleitet. Die Leitung durchsticht einen Sattel und endet im **Hydreuma**, dem etwa 60.000 Liter fassenden Tank des **Kleinen Lagers** („Claudianus I"). In der Nachbarschaft liegen die Reste einer Arbeitersiedlung, oben am Hang einige Abbaustellen.

Das **Große Lager** im Wadi Umm Hussein war ein befestigtes, mit Türmen bewehrtes Kastell von 71 x 76 m Grundfläche. Hier lebten die Arbeiter und die Soldaten, die die Steinbrüche und Transportkarawanen vor den Beduinen schützten. Die meisten Legionäre waren Ägypter, die sich wahrscheinlich gerade so langweilten wie heutige Wehrpflichtige in ihren einsamen Camps. Unter den Offizieren gab es aber auch Steinbruchspezialisten aus anderen Regionen des Reichs, die als Aufpasser und Spitzel des Kaisers ein Auge auf die Pächter hatten. Die Kader wohnten an der Nordwestecke außerhalb des Lagers und konnten hier sogar in **Thermen** dem Badespaß frönen.

Ebenfalls auf der Westseite grenzen die **Stallungen** der Transporttiere ans Lager. Essen und alle Ausrüstung musste vom Niltal herangeschafft werden – und blieben manchmal aus: „*Pachnoumis grüßt seinen Freund Petechon. Ich muss Dich ersuchen, den nachstehend genannten Personen die Prämie nicht auszuzahlen, denn ich habe für sie bisher weder Geld noch Wein erhalten: Architekton Hieronymos, Markos Sokrates und Isidoros Horion*", lesen wir auf einer Tonscherbe.

Port Safaga

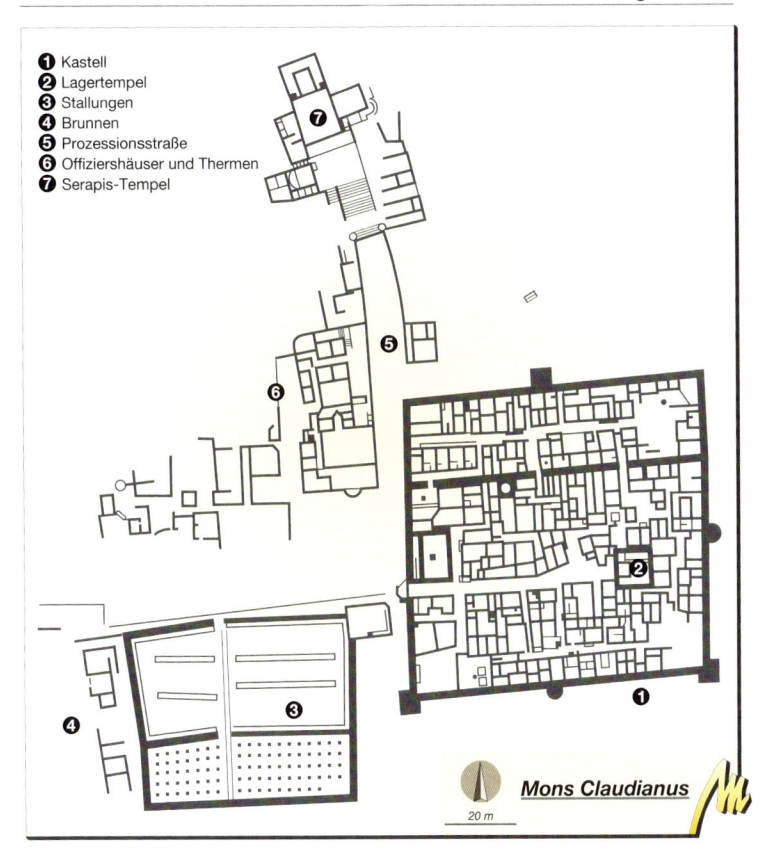

① Kastell
② Lagertempel
③ Stallungen
④ Brunnen
⑤ Prozessionsstraße
⑥ Offiziershäuser und Thermen
⑦ Serapis-Tempel

Mons Claudianus
20 m

Von den Stallungen am Lager und den Offiziershäusern vorbei läuft die **Prozessionsstraße** zur Freitreppe vor dem 110 n. Chr. geweihten **Serapistempel**. Dahinter führt ein Trampelpfad bergauf an Säulenstümpfen vorbei über den Höhenzug ins **Tal der Säulen** mit der Transportstraße zu den Steinbrüchen. Zwischen den Trümmern findet man auch eine Riesensäule von 18 Länge und geschätzten 207 Tonnen Gewicht. Noch heute wäre der Transport des Monsters an den Nil eine logistische Herausforderung – umso mehr Respekt verdienen die alten Römer, die allein mit Muskelkraft von Mensch und Tier solche Schwertransporte meisterten.

Talseits mündet die Transportstraße mit einer **Verladerampe** ins Wadi Umm Hussein. Hier war die Endabnahme der Werkstücke. Viele Blöcke und Säulen hielten der kritischen Prüfung durch den Architekten oder die Beauftragten des Kaisers nicht stand, wurden aussortiert und blieben liegen. Vielleicht konnten die Steinhauer später noch einen Kopf oder eine kleinere Statue daraus gewinnen. Was keine Brüche und Risse zeigte, luden die Arbeiter auf Karren oder Transportschlitten. Rindergespanne zogen die Last an den Nil, und von dort ging es per Schiff weiter bis zu den kaiserlichen Prunkbauten in Rom.

Mövenpick-Hotel an der Bucht von Alt-Quseir

El-Quseir (Al-Qusayr)

Die erst wenigen Hotels bei el-Quseir bieten Bade- und Tauchferien in der Abgeschiedenheit eines kleinen Fischerortes. Mit etwas Pflege wurde dieser zu einer Perle am Roten Meer – und verliert schon wieder an Glanz.

Als einziger Ort der ägyptischen Rotmeerküste hat el-Quseir (50.000 Ew.) einen historischen Stadtkern mit Charme und Atmosphäre. Und aus dem **Fischerhafen** stechen tatsächlich noch Fischer in See. Wer wollte ihnen verdenken, dass sie Trawler mit metallenem Rumpf und neuzeitlichen Hebekränen den alten, hölzernen Segelbooten vorziehen und ihren Fang nicht mehr salzen und pökeln, sondern im Kühlhaus einlagern, bis er mit dem Lastwagen abgeholt wird. Einst schifften sich in el-Quseir die oberägyptischen Mekkapilger zur Wallfahrt gen Mekka ein. Mit dem Bau des Suezkanals und dem Ende der Segelschifffahrt geriet der Ort jedoch ins Abseits.

Die bereits 1891 vom französischen Ingenieur Nicour vorgeschlagene Eisenbahn zum Nil wurde 100 Jahre später zwar gebaut, doch nicht mehr nach el-Quseir, sondern nach Safaga. Dafür kam zu Beginn des 20. Jh. die von italienischem Kapital dominierte Phosphatgesellschaft nach el-Quseir und begründete die bis in heutige Touristenströme fortwirkende *italian connection* von Stadt und Region. Bis in die 1990er Jahre wurde am nördlichen Stadtrand das im Hinterland abgebaute Phosphat zu Düngemitteln verarbeitet und verschifft, und noch immer arbeitet die Düngemittelfabrik in **Hamrawein,** an der Küste etwa 20 km nördlich der Stadt.

Ein ambitioniertes, von ausländischen Gebern und den Hotels finanziertes Sanierungsprogramm sollte die Umstellung vom Bergbau auf den Fremdenverkehr erleichtern. Ruhebänke möblieren eine fesche **Uferpromenade,** Cafés haben den Strand in Beschlag genommen, ganze Häuserzeilen bekamen einen neuen Anstrich. Nach der Beförderung des Bürgermeisters an die Stadtspitze von Hurghada ist das Projekt leider wieder eingeschlafen.

El-Quseir 655

> ### El-Quseir anno dazumal ...
>
> „Kosser besteht aus einer beträchtlichen Anzahl kleiner Häuser, die, zu unregelmäßigen Straßen angeordnet, wegen ihrer weißen Tünche ein sauberes Aussehen haben. An größeren Gebäuden ist nur das des Gouverneurs und das ehemalige Kornmagazin der Regierung, jetzt Wohnung des Arztes zu nennen, beide einstöckige, geräumige Häuser. Am Abhang der benachbarten Anhöhe, auf der Nordseite der Stadt, erheben sich die hohen Mauern eines Kastells mit etlichen alten Kanonen, deren Bedienung von einigen invaliden Soldaten aus Mehemet Alis Zeit versehen wird. Der Brunnen im Hofraum ist durch Vernachlässigung unbrauchbar geworden. Das Fort beherrscht vortrefflich den Ankerplatz der Schiffe und alle Zugänge der Stadt. Außer dieser gewahrt man einige winzige Hütten angesiedelter Ababda, die mit den Erzeugnissen ihrer Berge, mit Trinkwasser, Holz, Kohlen, Vieh, Milch, Butter und dergleichen handeln. Viele von ihnen fristen indes auch durch Fischfang und Sammeln von Meeresprodukten ihr kümmerliches Dasein."
>
> *Beschreibung Quseirs von Georg Schweinfurth, der hier vor gut hundert Jahren zufällig auf den jungen Arzt Carl Benjamin Klunzinger stieß – beide machten die Erforschung des Roten Meeres zu ihrem Lebensinhalt.*

Typisch für die **alten Häuser** Quseirs, die eher denen von saudi-arabischer Seite des Roten Meers als jenen in Kairo ähneln, sind die *Rawashin* genannten hölzernen Erker oder Balkone. Die Fassaden sind gewöhnlich gelb gestrichen, die Farbe der Wüste, für Fensterläden und Türen nahm man Blau oder Grün. Dem Eingang ist oft eine Terrasse vorgelagert. Gehören die Stockwerke verschiedenen Eigentümern, führt eine Außentreppe nach oben. Restauriert und zum Hotel umgebaut wurde das **Beit Scheich Taufiq** an der Uferpromenade. In manchen Bauten der Altstadt erkennt man noch frühere **Pilgerherbergen**. Hinter der nun leer stehenden **Polizeiwache** (gebaut 1837) am Hafen wurden die aus Mekka zurückkehrenden Pilger zunächst in das Geviert der **Quarantänestation** (gebaut 1801) gesperrt, um die Ausbreitung von Pest, Cholera und dergleichen Infektionskrankheiten zu verhindern, mit denen sich die aus aller Welt in Mekka zusammenströmenden Gläubigen oft gegenseitig infizierten. Außerhalb der Pilgersaison diente die Station als Getreidelager.

Auf dem Stadthügel wacht ein osmanisches **Fort** (Eintritt 10 LE) über el-Quseir. Tafeln erläutern die Bausubstanz, hier steht ein Fischerboot, dort eine Lore, dazu alte Kanonen – die Burg ist zugleich ein kleines Heimatmuseum. Zu Zeiten des Mohammed Ali Pascha bemühten sich hier französische Söldner, den im Sudan zwangsrekrutierten Soldaten des Paschas die Regeln des Kriegshandwerks beizubringen. Als die Rekruten massenweise an Krankheit und gnadenlosem Drill starben, wurde das Vorhaben abgebrochen.

Information/Anfahrt/Ausflüge

Telefonvorwahl: 065

- *Information* Der Infokiosk am Eingang zur Festung ist nur unregelmäßig geöffnet.

- *Bus* Der **Busbahnhof** liegt am nördlichen Stadtrand nahe dem Wasserturm. Die Route der lokalen **Minibusse** (0,50 LE) führt nah daran vorbei. Nach **Kairo** (10 Std., 80 LE, Abfahrt 5, 10.30, 12.30, 17.30, 20, 22.30 und 0.30 Uhr) über Safaga (10 LE) und Hurghada

(20 LE). Nach **Qena** (25 LE, 3 Std.) über Qft um 5, 15 und 17 Uhr Busse; Nach **Marsa Alam** (20 LE) und **Schalatin** (5 Std., 40 LE) um 7.30, 12, 17.30, 20.30 und 3.30 Uhr.
• *Servicetaxi* Die **Taxistation** befindet sich neben dem Busbahnhof. Sammeltaxis steuern die gleichen Ziele an wie der Bus, nehmen zum Nil aber gewöhnlich die längere, doch schnellere Route über Safaga.

Die besten Chancen auf Mitreisende hat man am frühen Vormittag.
• *Ausflüge* Ausflüge veranstaltet **Hag Adel Hassan**, der Besitzer des Restaurants Marianne (℡ 3334386, 0122-7361714). Die auch im Mövenpick offerierten Programme umfassen Führungen durch die Altstadt und das Gelände der Phosphatverarbeitung oder Jeeptouren zu den Beduinen in die Wüste.

Übernachten/Essen & Trinken

• *Übernachten* **Mövenpick el-Quseir**, das Hotel eignet sich ideal für einen ruhigen „Relax-Urlaub". Hektisches Nightlife, aufregende Shoppingmöglichkeiten oder Daueranimation erwarte man nicht. Die weitläufige und komfortable Anlage liegt am Meer neben einer herrlichen Sandbucht mit dem hoteleigenen Badestrand samt vorgelagertem Riff – vom Steg lassen sich die Fische sogar trockenen Fußes beobachten. Die Gäste wohnen in eingeschossigen Reihenbungalows aus Sandstein im nubischen Stil. Zu jedem der geräumigen Zimmer gehört eine eigene Terrasse. An Sportmöglichkeiten werden Tauchen (Subex-Basis), Schnorcheln, Tennis, Squash, Reiten, Hockey, Bogenschießen und Tennis geboten, für die Kleinen gibt es einen Kindergarten, für Leseratten eine umfangreiche, aus den Hinterlassenschaften der Gäste bestückte Bibliothek. Für Ausflüge stehen Mietwagen und Kamele bereit. DZ HP 80–130 €, pauschal 2 Pers. 1 Woche HP im DZ mit Flug ab 900 €. El-Qadim Bay, 5 km nördlich, ℡ 3332100, ℻ 3332129, www.moevenpick-hotels.com.
El-Quseir (1), das Hotel ist in einem alten, renovierten Stadthaus an der Wasserfront untergebracht und mit seinen nur sechs Zimmern ein echtes Juwel! Schöne hohe und luftige Räume, jeweils drei Gastzimmer teilen sich zwei Etagenbäder. DZ mit Ventilator 170 LE, mit AC 200 LE. Sh. Port Said, nördlich des Hafens, ℡ 3332301, www.alquseirhotel.com.
Fanadir, das kleine Taucherhotel mit Kennenlerngarantie liegt etwa 1,5 km südlich des Stadtzentrums am Meer. Unterbringung in Bungalows mit Terrasse und Meerblick, österreichische Leitung und weitgehend deutschsprachige Gäste, Tauchbasis vor Ort. DZ 45–60 €. Marsa Alam Road, ℡ 33311414, ℻ 3331415, www.fanadir-hotel.com.
Ecolodge Rocky Valley, Öko-Lodge mit eigener Tauchbasis, einsam gelegen an einem feinen Sandstrand samt Riff im Norden von el-Quseir. Man wohnt in Beduinenzelten oder Bungalows aus Natursteinen und Palmholz. DZ VP 40 €, 8 Tage Ü/VP mit Tauchen 350 €/Pers. 10 km nördlich von Quseir, ℡ 0122-6532964, ℻ 065-3335247, www.ecolodgerockyvalley.com.
• *Essen & Trinken* **Marianne (2)**, Sh. Port Said. Zu Recht beliebt und über die Jahre zu einem stattlichen Betrieb gewachsen. Man hat die Wahl zwischen der Cafeteria am Strand (mit ägyptischen Musikvideos auf Großleinwand) oder dem Restaurant auf der Terrasse des Gebäudes. Die Speisen reichen vom vegetarischen Teller über Hähnchen und Grillfisch bis zur Platte mit Meeresfrüchten. Die Preise sind reell, den Meerblick gibt's gratis dazu.
Samakino, Safaga Rd., gern von Ausländern besuchtes Fischlokal, auch hinter den Kulissen sauber und adrett und mit fairen Preisen. Zum Frischebeweis wird der Fisch vor dem Zubereiten dem Gast präsentiert. Klimatisierter Speiseraum mit kitschigem Wandbild.
El-Ferdos (4), Sh. Port Said, ebenfalls eine gute Adresse für Fisch und Krustentiere. Strandlage, man sitzt nahezu im Wasser, weitgehend einheimische Gäste. Empfohlen sei die Fischsuppe.
El-Mina (3), am Hafen, nettes und preiswertes Kuschari-Lokal am Hafen. Auch das Teehaus auf der anderen Straßenseite sei wegen des Meerblicks empfohlen.

Tauchen

Im Meer um el-Quseir herrschen relativ strenge Regeln. Lärmende Wasserscooter sind ebenso tabu wie Sportangeln vom Boot. Beliebt, doch für Tagesfahrten zu weit, sind die **Brother Islands**, ein Tauchgrund fünf Bootsstunden östlich der Stadt.

El-Quseir 657

Essen & Trinken
2 Marianne
3 El-Mina
4 El-Ferdos

Übernachten
1 El-Quseir

Kurztrips führen in die Einfahrt der **Quseir el-Qadim Bay**, wo Unterwasserarchäologen den Meeresgrund erforschten, andere zu den Tauchplätzen **Marsa Wizr** und **Scharm es-Sughair**, beide nahe dem Utopia Resort.

Tagestouren gehen nach **Marsa Abu Dabbab** und zum legendären **Elphinstone Riff**, die aber von Marsa Alam aus bequemer zu erreichen sind.

> An den Hotelstränden südlich von Safaga reichen die Riffplatten oft bis nah ans Ufer. Auch wenn es einzelne sandige Einstiegsstellen gibt, durch die man ins tiefere Wasser waten kann, sollten Sie **Badeschuhe** mitbringen, um sich an den scharfen Kanten nicht die Füße zu verletzen.

El-Quseir el-Qadim

Als el-Quseir el-Qadim („Alt-Quseir") wird die archäologische Stätte beim Mövenpick von der modernen Stadt unterschieden. An den Flanken des Wadis hinter dem Hotel haben die Archäologen einige Grundmauern freigelegt, doch viel zu sehen gibt es nicht. Der heutige Badestrand war von den Römern bis zu den Mamelucken Ägyptens wichtigster Rotmeerhafen. Wendige Segler brachten Gewürze aus Indien, Seide aus China und Metallwaren aus dem Jemen. Mit **Leukos Limen** („Weißer Hafen") glaubten die Historiker auch den Namen der Hafenstadt zu wissen – so war sie jedenfalls auf der Karte des antiken Geografen Claudius Ptolemäus bezeichnet.

Eifrig spekuliert wurde dagegen über die Lage von **Myos Hormos**, eines anderen, in den Quellen weit häufiger genannten Hafens, den man nördlich von Hurghada vermutete. Viele identifizierten ihn mit Abu Scha'r, andere vermuteten ihn am Ras Gemsa. Anhand beschrifteter Tontäfelchen, mit denen die Kommandanten der römischen Straßenposten untereinander ihren Briefwechsel führten, konnten französische Forscher nun die Identität der Schutthügel von el-Quseir el-Qadim mit dem lange gesuchten Myos Hormos belegen. Zu ihren spektakulären Funden gehören Amphoren mit Graffiti in der altindischen Brahmi-Schrift.

Wo aber lag Leukos Limen? Ob aus Versehen oder nur wegen seiner vagen Kenntnis war dem Claudius Ptolemäus ein folgenschwerer Irrtum unterlaufen. Auf der anderen Seite, am arabischen Ufer des Roten Meeres, gab es den Hafenort Leuke

Kome („Weißes Dorf"). Ihn trug der Kartograf fälschlich auf der ägyptischen Seite ein und machte aus dem Hafen „Weißes Dorf" einen „Weißen Hafen".

Auch dem Rätsel des zunächst nur aus alten Texten bekannten pharaonischen Hafens **Saaw** sind die Forscher inzwischen auf der Spur. Bereits lange vor den Römern starteten die alten Ägypter nämlich Handelsreisen ins Weihrauchland Punt, von denen die legendäre Expedition der Pharaonin *Hatschepsut* nur eine unter vielen war. Doch die Funde in el-Quseir el-Qadim reichen nur bis in die römische Kaiserzeit zurück. 2005 entdeckten Forscher dann in der Bucht von Marsa Gawasis, 23 km südlich von Safaga beim Coral Garden Resort, künstliche Höhlen mit Tauen, Ankern, Holzkisten und zerfallenen Schiffsplanken aus der Zeit von Amenemhet III., der vor rund 3800 Jahren herrschte. Es scheint, als wurden Schiffe als „Bausatz" vom Nil gebracht und hier dann zusammengesetzt.

Literatur David Peacock (ed.), *Myos Hormos – Quseir al-Qadim: Roman and Islamic Ports on the Red Sea*. 2 Bände, Oxford (Oxbow) 2006/2010.

Die Wüstenroute nach Qft

Die einsame, in el-Quseir beginnende Straße durch das Wadi Hammamat nach Qft ist die landschaftlich wie historisch interessanteste Strecke zwischen Niltal und Rotem Meer.

Die Straße folgt der alten Karawanenroute. Baedekers *Ägypten*, Auflage 1929, stellte eine Reisedauer von vier bis fünf Tagen in Aussicht – der Autobus braucht heute samt Teepause drei Stunden. Den Weg säumen Steinmännchen, Zisternen, römische Kastelle und, am auffälligsten, die Reste einer Kette von 65 in Sichtabstand voneinander aufgestellten **Türmen**. Ihre Funktion ist umstritten. Die einen halten sie für römische Wachtürme und gleichzeitig Wegzeichen, andere Forscher glauben in ihnen Semaphoren, also Stationen von optischen Telegrafen zu erkennen, zwischen denen mit Flaggen oder Spiegeln Nachrichten übermittelt werden konnten: sei es die Ankunft einer Karawane, eines Schiffes oder der plündernden Horden einer feindlichen Streitmacht.

> Für Ausländer in Taxis und Privatwagen ist dieser Weg ins Niltal gesperrt. Tagesausflüge per Taxi von el-Quseir bis ins Wadi Hammamat (und anschließend wieder zurück) werden mal toleriert, mal nicht – die Taxifahrer wissen über die aktuelle Lage Bescheid.

Die längstens einen Tagesmarsch voneinander entfernten Kastelle *(praesidia)* bewachten die Wasserstellen und waren zugleich **Rasthäuser**. Die hier fernab ihrer Heimat in der öden Wüste stationierten Legionäre genossen das für römische Soldaten seltene Privileg, mit Frauen und Kindern leben zu können. Besonders geschätzt war der Posten am Bir Umm Fawachir. Hier gab es ausreichend Wasser, um Obst und Gemüse anbauen zu können, das mit dem Verkauf an die weniger privilegierten Praesidia auch Geld einbrachte.

Von el-Quseir nach Bir Umm Fawachir: Von el-Quseir folgt die Straße den Gleisen einer alten Phosphatbahn ins Wadi 'Ambagi, wo eine Brackwasserquelle üppige Vegetation sprießen lässt. *Wadi Beida*, das „weiße Wadi", hat seinen Namen von den herrlichen, je nach Tageslicht hellgelb bis weißen Kalksteinformationen, und der *Bir el-Inglez* (etwa bei km 25) erinnert an das britische Expeditionskorps, das die Zisterne im Jahr 1800 auf seinem Feldzug gen Oberägypten anlegte. Die Straße steigt jetzt merklich an, bald ändert die Landschaft Farbe und Gestalt, und das harte und dunkle Urgestein des Gebirgskerns tritt zutage.

Etwa 60 km nach el-Quseir und nahe der Passhöhe entdeckt man gleich neben der Straße die Ruinen der Karawanserei **el-Zerqa** bzw. des leidlich erhaltenen römischen Kastells Maximianon. Eingangs des Bergbaugebiets von Bir Umm Fawachir campieren in der kleinen Oase **Bir el-Sidd** oft Ababda-Nomaden. Die Straße zeichnet die ungeschriebene Nordgrenze ihres Territoriums. Das Land jenseits dieser Linie bis hinauf ins Wadi ʿAraba gehört dagegen den aus Saudi-Arabien zugewanderten Maʿaza.

Wegezoll und Hurerei

„Auf Anordnung des Mettius Rufus, Präfekt von Ägypten, ist auf vorstehender Säule durch Lucius Antistius, Unterpräfekt von Mons Berenice, eingehauen der Tarif, wie viel die Steuerpächter erheben dürfen", hieß es am Zollhaus bei Qft, dem antiken Koptos. Wie ihre italienischen Nachfahren für die Benutzung der Autostrada, baten die Römer für die Passage durch die Östliche Wüste zur Kasse. Angesichts der 120 Schiffe, die zur Zeit des Augustus alljährlich von Myos Hormos aus zur Handelsfahrt nach Indien aufbrachen, muss damals auch der Verkehr zu Lande zwischen Niltal und Rotem Meer beträchtlich gewesen sein.

Kamele kamen mit einem Obolus Wegezoll plus zwei Oboli Stempelsteuer für den Passierschein noch recht günstig weg. Zweibeiner waren nach Beruf und Geschlecht differenziert. Schiffsoffiziere zehn Drachmen, Bootsbauer und Steuermänner acht, Gehilfen und Matrosen fünf Drachmen, dazu je eine Drachme Stempelsteuer. Hatte der Bootsbauer noch einen Mast dabei, kostete das zwanzig Drachmen extra; eine Rah war mit vier Drachmen abzugelten. Zum Vergleich: Eine Monatsration Getreide, damals das Grundnahrungsmittel, kostete acht Drachmen.

Reisende Frauen galten als Luxus. „Ehrenhafte" wurden um 24 Drachmen erleichtert, Prostituierte hatten gar 112 Drachmen zu zahlen. Ob sie diese wirklich berappten? Die Grenzen zwischen ehrenhafter Mätresse und Hure waren wohl fließend. Wir wissen aus der Tonscherbenkorrespondenz zwischen den Kastellen, dass viele Soldaten sich den Sold durch Zuhälterei aufbesserten. Je nach Nachfrage an den einzelnen Wegstationen vermieteten sie „ihre" Frauen sogar an Beschützer in andere Rasthäuser weiter – den Monat für 75 Drachmen. Wiederum zum Vergleich: Am Mons Claudianus kostete der Liebesdienst den Kunden eine Drachme. Der hohe Straßenzoll sollte also nicht die Prostituierten vom Ortswechsel abschrecken, sondern war eine Art Vorausabgabe auf die guten Verdienstmöglichkeiten.

Selbst Tote bat der Steuerpächter zur Kasse. Ein Leichenzug, der von Koptos nur wenige Kilometer in die Wüste hinaus zum Friedhof marschierte, zahlte eine Drachme vier Oboli für den Gruppen-Passierschein.

Bir Umm Fawachir

Das Münchner Geologenpaar Klemm identifizierte die Gegend um den Brunnen Umm Fawachir mit dem legendären „Berg des Goldes" aus dem Turiner Minenpapyrus, einer über 3000 Jahre alten geologischen Landkarte. Das Erz der besten und schon von den Pharaonen ausgebeuteten Lagerstätten im **Wadi el-Sidd**, kurz nach Bir el-Sidd, hatte einen sagenhaften Goldgehalt von über 50 %.

In der Spätantike verlagerte sich der Bergbau näher zum Brunnen Umm Fawachir, wo heute die Straße einen scharfen Knick macht und ein Militärposten den Abzweig einer Piste zum Gebel Semna bewacht. In einem engen Seitental – lassen Sie sich von den Soldaten den Weg zeigen – liegen die erstaunlich gut erhaltenen Ruinen einer byzantinischen **Goldgräberstadt**: etwa 250 Häuser, an denen noch Eingänge, steinerne Bänke und Wandnischen auszumachen sind, dazu Kreuze und andere christliche Symbole. Kirchen und größere Bauten sucht man vergebens: Sie waren sicherlich auf dem Grund des Wadis, das zugleich als Hauptstraße diente, und wurden irgendwann von den Regenfluten weggespült.

Die **Minenstollen** reichen waagrecht bis etwa 100 m tief in den Berg. Unmittelbar vor dem Eingang wurde das ausgebrochene Erz mit harten Granit- und Basaltbrocken zertrümmert und in Steinmühlen zermahlen. Um den Brunnen Umm Fawachir findet man **Abraumhalden** aus feinem Waschsand, die teilweise erst jüngst entstanden, denn Abenteurer des 20. Jh. suchten im antiken Schutt erneut nach Gold. Zuletzt war hier ein französischer Graf zugange, der sich nach Nassers Revolution in die Heimat absetzte. Seither verfallen die Betriebseinrichtungen und Wohnbaracken neben der Straße. Doch vielleicht kehrt bald wieder Leben ein. Eine ägyptisch-australische Firma will die Schürfrechte erwerben und die alten Halden und den „Berg des Goldes" aufs Neue ausbeuten, was bei der heute im Goldbergbau üblichen Technik die Landschaft völlig verändern würde.

Wadi Hammamat

Gleich nach dem Bir Umm Fawachir ändert die Bergwelt einmal mehr ihr Gesicht: Der von Quarz- und Wasseradern durchzogene Granit weicht einer kompakten Formation von Grauwacke, einem im Erdaltertum geformten Gestein. Auf den Felswänden des Wadi Hammamat haben sich die Wüstenreisenden verewigt. Neben prähistorischen Tierbildern und pharaonischen Szenen findet man Hieroglyphen,

Opfer für den Fruchtbarkeitsgott Min im Wadi Hammamat

griechische, nabatäische, lateinische und arabische Lettern, vom flüchtigen Graffiti bis zur sorgsam ausgeführten Gedenkinschrift – ein Freilichtmuseum, das allerdings auch Kunsträubern offen steht. Von einigen schönen Darstellungen sind nur klaffende Löcher geblieben, hier waren Räuber mit Meißel und Steinsäge am Werk.

Der heute von einem Deckel verschlossene **Bir el-Hammamat** ist ein Meisterwerk des römischen Brunnenbaus. An der Wand des Brunnenschachtes führt eine Wendeltreppe bis auf die 30 m tiefe Sohle hinab. Und unten ist tatsächlich Wasser. Neben dem Brunnen dienen drei Sarkophage jetzt als Tränken.

Die Inschriften und Felsritzungen an den Wänden des Wadis beginnen 5 km nach Bir Umm Fawachir, begleiten die Straße auf etwa 1,5 km und enden 3 km vor dem Bir el-Hammamat.

Das Gästebuch des Wadi Hammamat

Anhand der Felsinschriften im Wadi Hammamat wissen wir über Zweck und Ziel der antiken Wüstenreisen gut Bescheid. So heißt es in einer Inschrift aus der Zeit Sesostris I. (12. Dynastie): *„Ich bin am vierten Tag des vierten Monats der Überschwemmung im 38. Jahr Ihrer Majestät Kheperkare in diese Wüste gekommen, um Steine zu transportieren. Ich breche am sechsten Tag des gleichen Monats mit achtzig Steinen wieder auf, die von 2000 Menschen gezogen werden."*

Wie man an den scharfkantigen Geröllsteinen erkennt, wurde das Wadi Hammamat als Steinbruch ausgeschlachtet. In unregelmäßigen Abständen schickten die Pharaonen Expeditionen ins „Wüstental Rehenu", um Grauwacke und Grünschiefer abzubauen. Bis zu 18.000 Menschen waren dabei beschäftigt. Die Arbeit war nicht ungefährlich. *„Mein Herr schickte mich ins Wadi Hammamat, um einen erhabenen Stein zu holen, wie ihn seit der Zeit der Götter noch niemand gebracht hatte. Acht Tage streifte ich suchend durch die Wüste und verirrte mich. Ich betete zu Min, zu Mut, zu allen Göttern der Wüste und brachte ihnen Räucheropfer."* Die Götter erhören Intef. Am nächsten Morgen wird er von seinen Männern gerettet.

Wunder begaben sich auch während einer Expedition des Wezirs Amenemhet. Nachdem schon eine Gazelle freiwillig auf den Opferstein geklettert war und sich hatte schlachten lassen, notierte der Chronist im Telegrammstil eine weitere Begebenheit auf die Felswand, die sich acht Tage später beim Ausbrechen des Sargdeckels für Pharao Mentuhotep IV. zutrug: *„Abermaliges Wunder: Hervorbringen eines Wasserstromes .... Verwandlung des Berglandes in ein Gewässer. Hervorquellen des Wassers auf der rauen Oberfläche des Steinblockes. Entdeckung eines Brunnens mitten im Wadi mit 10 x 10 Ellen, dessen ganze Oberfläche mit Wasser angefüllt war bis zu seinen Rändern, der sauber war, vor Wild geschützt ... Kein Auge hatte ihn bisher gesehen, kein Blick war auf ihn gefallen."*

Das Wadi Hammamat galt seit der Pharaonenzeit als heiliger Ort. Hier wurde Min verehrt, ein alter Gott, der „Beschützer der Jäger und Nomaden", der „Herr der Östlichen Wüste und der fremden Länder", und, welch ein Widerspruch, der Gott der Fruchtbarkeit. Die vielen Bilder des Gottes mit erigiertem Phallus an den Wänden des Wadis locken die Kunsträuber natürlich besonders. Griechen und Römer verschmolzen den Min mit ihrem Gott Pan.

Zwischen el-Quseir und Marsa Alam

Südlich von el-Quseir sprießen am Küstensaum allerorten neue Ferienanlagen. Viele Investoren haben es nicht eilig, sondern wollen vorerst nur das vom Staat billigst erworbene Gründstück sichern. Dazu reicht es aus, wenn regelmäßiger Baufortschritt nachgewiesen wird, und so wird an vielen Plätzen nur periodisch und langsamst gearbeitet. Die fertigen Hotels sind dann zunächst goldene Käfige, aus denen der Gast in die Tauchgründe, doch nicht zu Lande entrinnen kann. Jenseits der Hotelmauern beginnt die Wüste. Besser ist die Lage dort, wo bereits mehrere Hotels in unmittelbarer Nachbarschaft geöffnet haben, zum Beispiel am Utopia Beach.

• *Übernachten am Utopia Beach* **Utopia Beach Club**, während das Mövenpick ein sehr breites Sportangebot und damit einen bunt gemischten Kreis sportlicher Gäste hat, sind im Utopia Beach die Taucher weitgehend unter sich. Die Tauchbasis Sub Aqua hat Deutsch und Italienisch als Verkehrssprachen. Vom Naturhafen vor dem Hotel werden Ausfahrten zu den noch selten besuchten Tauchplätzen im Süden des Roten Meers unternommen, Anfänger üben am Hausriff. Hotelgäste loben die Tauchmöglichkeiten, kritisieren aber den Service und die Instandhaltung der 320-Betten-Anlage. DZ All incl. ab 50 €, pauschal 2 Pers. 1 Woche All incl. im DZ mit Flug ab 750 €. Ras el-Assad, 25 km südlich von el-Quseir, ☏ 065-3390011, ℡ 065-3390012, www.utopiabeachhotels.com.

Pensee Azur, die überschaubare Anlage besteht aus einem burgähnlichen Haupthaus und Reihenbungalows. Schöne Poollandschaft, Hallenbad, zurückhaltende Animation, keine Disco. Die Einrichtungen der benachbarten Häuser Cinderella und Utopia Beach und die Tauchbasis Sub Aqua können mitbenutzt werden. DZ All incl. ab 60 €, pauschal 2 Pers. 1 Woche All incl. im DZ mit Flug ab 800 €. 25 km südlich von el-Quseir, ☏ 065-3390021, ℡ 065-3390020, www.azur.travel .

• *Übernachten an der Mangrove Bay* **Akassia Swiss Resort**, das Hotel liegt am Meer. Es empfängt seine Gäste, die weitgehend aus dem deutschen Sprachraum stammen, mit einer pompös überkuppelten Lobby. Großzügige Poollandschaft mit Wellenbad und natürlich auch eine Tauchbasis. DZ Al ab 80 €, pauschal 2 Pers. 1 Woche HP im DZ mit Flug ab 900 €. 30 km südlich von el-Quseir, ☏ 065-3390040, ℡ 065-3390041, www.akassia.com.

Mangrove Bay Resort, anders als etwa im Utopia werden hier um 22 Uhr die Bürgersteige hochgeklappt – Ruhe pur. Die Lage weit ab vom Schuss wird mit einer Mangrovenkolonie belohnt. Zu den ein gutes Stück vom Ufer entfernten Einstiegen ins Hausriff verkehrt ein Bootsshuttle von Duck's Dive Center, der Tauchbasis des Hotels. Der von den Veranstaltern verlangte Preis ist für die 3-Sterne-Anlage allerdings recht hoch. DZ HP ab 70 €, 1 Woche HP im DZ mit Flug ab 950 €. 34 km südlich von el-Quseir, ☏ 065-3334507, ℡ 065-3334511, www.mangrovebayresort.com.

• *Übernachten in Medinet Coraya* **Iberotel Coraya Beach**, die gediegene, dreigeschossige Feriendorfanlage mit etwa 350 Zimmern steht an einer schönen Bucht und wird vorwiegend von Urlaubern aus dem deutschen Sprachraum besucht, auch die Tauchschule ist unter deutscher Leitung. Die Flugbewegungen des nahen Airports stören kaum. Wer es gerne ruhig mag, sollte jedoch ein vom Pool abgewandtes Zimmer buchen. DZ HP ab 70 €, 2 Pers. 1 Woche HP mit Flug ab 950 €. Gorayfat Bay, 70 km südl. von el-Qusier, 6 km nördl. von Port Ghalib, ☏ 065-3750000, ℡ 065-3750009, www.jaz.travel.

In unmittelbarer Nachbarschaft stehen noch andere Hotels der gleichen Preiskategorie: die eher auf Familien mit Kindern zielenden **Iberotels Lamaya** und **Samaya**, dazu das gern von Italienern gebuchte und entsprechend animierte **Sol y Mar Solaya**.

Flughafen Marsa Alam

Etwa in der Mitte zwischen el-Quseir und Marsa Alam kristallisiert sich die Gegend um den Flughafen als neues Zentrum heraus. Wer gerade mit dem Flugzeug angekommen ist, merkt davon zunächst nichts. Da hier nur wenige Maschinen und fast ausnahmslos Ferienflieger landen, deren Passagiere alle mit dem Bus abgeholt werden, gibt es nur wenige Taxis. Die Chauffeure bilden ein für Fremde kaum zu knackendes Kartell und erwarten eine Entlohnung in Euro. Vorsicht also bei günstigen Nur-Flug-Angeboten nach Marsa Alam. Wer keinen Transfer oder Mietwagen arrangiert hat und sich den horrenden Preisforderungen der Taxifahrer nicht beugen will, muss mit Gepäck eine halbe Stunde zur Hauptstraße marschieren.

Marsa Alam International Airport (RMF) wird aus Deutschland etwa von Condor, Airberlin und TUIfly angeflogen, dazu aus Kairo von Egypt Air. Für ein Taxi ab el-Quseir rechne man 60 LE. ℅ 065-3700003, www.marsa-alam-airport.com.

Port Ghalib

Die Retortenstadt, von der gleichen kuwaitischen Investorengruppe finanziert wie der Flughafen, wächst diesem vorgelagert an der Küste heran. Noch ist Port Ghalib eine gigantische Baustelle. In die Planung sind internationale Namen wie das Beratungsbüro KPMG oder die Las-Vegas-erfahrene Architektengruppe WATG einbezogen. Kino, Disco, Bowlingzentrum und natürlich viele Kneipen sollen auf einer „Unterhaltungsinsel" im Herzen der Kunststadt konzentriert werden. Doch die Urlauber kommen nicht wie erhofft. So halten sich die bereits geöffneten Hotels mit Kongressen und feucht-fröhlichen Incentive-Reisen von Weltkonzernen über Wasser. Immerhin gibt es an der Uferpromenade um die Marina herum ein paar Cafes und Kneipen, auch die Ladenlokale an den Schattenplätzen sind weitgehend belegt.

Die von Briten gemanagte **Marina** ist schon seit geraumer Zeit in Betrieb. Als einziger sturmsicherer Hafen weit und breit ist sie Ausgangspunkt für mehrtägige Tauchtouren. Nur hier bekommen Tauchboote die notwendige Erlaubnis, Zabargad, Brother Islands oder andere geschützte und regulierte Tauchgebiete im Süden

Kühlende Wasserspiele in Port Ghalib

der Rotmeerküste anzulaufen. Ab und an trifft man hier auch Weltumsegler, die sich auf dem Weg in den Indischen Ozean noch einmal an einer Bar stärken.

5 km südlich von der Einfahrt nach Port Ghalib ließ sich in der Bucht von **Marsa Mubarak** 2011 noch ab und an die Seekuh *(Dugong dugong)* „Denis" blicken. Anders als ihr einst auf dem Meeresgrund in Marsa Abu Dabbab (siehe unten) grasender, inzwischen altershalber verstorbener Artverwandter ist Denis klug genug, sich den Belästigungen durch Taucher und Schnorchler oft wochenlang zu entziehen.

Als Ausflugsziele, sei es mit Geländewagen, Kamel oder in der kühleren Jahreszeit gar als durchaus denkbare Tageswanderung, bieten sich zwei alte Goldminen im Hinterland von Marsa Mubarak an. Die Mine **Umm Rus** (25°27'50"N 34°34'55"O) wurde bis vor dem 2. Weltkrieg von einer britischen Gesellschaft ausgebeutet. Bergbauspuren aus ptolemäischen Zeit und manchmal auch Nomaden findet man am Brunnen **Umm Howeitat** (25°26'40"N 34°34'10"O).

• *Information* www.portghalib.com

• *Übernachten* Intercontinental The Palace, zählt zu den luxuriösesten Hotel an Ägyptens Rotmeerküste – in punkto Essen, Trinken und anderen Hotelleistungen zu den teuersten (Abendessen 100 $, 1 Woche WLAN 150 $ usw.). Das Haus ähnelt mit seinem Labyrinth aus Innenhöfen, Gassen und kleinen Kuppeln einer Zitadelle. Geräumige Zimmer, sauber, komfortabel und ansprechend eingerichtet. Das Hotel wird derzeit in erster Linie für Tagungen und Firmenevents vermarktet. Die gewöhnlichen Pauschalreisenden dienen eher als Buchungslückenfüller und das Nebeneinander der beiden Gruppen bleibt nicht ohne Konflikte. DZ ab 100 €, 2 Pers. DZ 1 Woche mit Flug ab 1200 €. 1 km abseits der Marina, ✆ 065-3360000, ℻ 3360025, www.ichotelsgroup.com.

Three Corners Fayrouz Plaza Beach Resort, das beliebteste Hotel von Port Ghalib, steht 2,5 km südlich des Zentrums, zu dem gelegentlich ein Shuttlebus pendelt. Die 300-Betten-Anlage hat auch viele italienische Gäste und die entsprechende Animation. Ein Steg führt über die Flachwasserzone ins offene Meer. In den ansonsten schönen Zimmern stört, dass es keine geschlossenen Ablagemöglichkeiten (Schubladen, Schränke) gibt. Zum Hotel gehört eine Tauchbasis von Extra Divers (www.extradivers-worldwide.com). DZ All incl. ab 70 €, 2 Pers. 1 Woche All incl. mit Flug ab 900 €. 2,5 km südl. der Marina, ✆ 0100-0095561, ℻ 0100-0090213, www.threecorners.com.

Marsa Abu Dabbab/Marsa Schagra

Beide Buchten waren einmal gute Taucherstandorte. *Marsa Abu Dabbab*, 37 km vor Marsa Alam, wurde vom Kahramana-Hotel zu einem regelrechten Strandbad mit Halligalli und lautstarker Discomusik ausgebaut, für dessen Benutzung den Tagesgästen Eintrittsgeld abverlangt wird. In der Hochsaison meide man den Platz besser, zumal viele Tiere von Flossengetrampel und Bootslärm inzwischen vertrieben wurden.

In *Marsa Schagra*, an dessen öffentlichem Strand es noch etwas beschaulicher zugeht, steht für den Fall der Fälle eine Dekompressionskammer. In einer Bootsstunde erreicht man *Scha'b Abu Dabbab*, eine Gruppe von Riffen mit vielen Überhängen und Durchbrüchen, an denen sich Zackenbarsche und Drückerfische tummeln sowie Schwarze Korallen sich schon in geringer Tiefe beobachten lassen. Nur eine halbe Bootsstunde ist es zum legendären *Elphinstone Riff*, einer lang gezogenen Untiefe mit nahezu lotrechten Riffkanten. Da die Riffplatte bis unmittelbar an die Wasseroberfläche reicht, kommen hier auch Schnorchler auf ihre Kosten.

• *Übernachten* **Tulip Resort**, schöne und ruhige Anlage mitten im Nichts, die gerne von Schweizern und Italienern gebucht wird. Ein Steg über das Riff erleichtert Schwimmern den Zugang zum Meer. Deutschsprachige Tauchbasis (www.orca-diveclub-tulip.com) ist relativ teuer. DZ Al ab 80 €, 2 Pers. 1 Woche All incl. mit Flug ab 800 €. 47 km nördlich von Marsa Alam, ✆ 0100-1617002, ℻ 0100-1618499, www.flash-international.net.

Zwischen el-Quseir und Marsa Alam 665

Sol y Mar Abu Dabbab, das Hotel mit seiner charakteristischen Kuppel liegt an einer schönen Bucht mit natürlichem Sandstrand. Italienisches Management, die Gäste kommen aus Italien, Deutschland und der Schweiz. Kinderbetreuung, ein Tauchzentrum ist in der Nachbarschaft. DZ All incl. ab 80 €, 2 Pers. 1 Woche All incl. mit Flug ab 800 €. 32 km nördl. von Marsa Alam, ✆ 0100-0096001, ✆ 0100-0096005, www.jaz.travel.

Best Western Solitaire, das Taucherhotel mit Animation ist vor allem bei Italienern beliebt, wird aber auch in Deutschland vermarktet. Der Strand vor dem Hotel ist wegen des Riffs zum Schwimmen nicht geeignet. DZ All incl. 80 €, 2 Pers. 1 Woche All incl. mit Flug ab 800 €. 28 km nördlich von Marsa Alam, ✆ 065-3380101, ✆ 065-3380102, www.solitaire-resort.com.

Oasis, zu einem etwas günstigeren Preis könnte dieses Hotel ein Tipp für Individualisten sein. Die 30 Bungalows aus lokalem Kalkstein, alle individuell angelegt und ausgestattet, thronen auf einer Anhöhe über dem Strand. Tonnengewölbe und Kuppeln machen die Sommerhitze erträglich. Statt Animation werden Astronomie, geologische und botanische Exkursionen, Ausflüge zu Felsinschriften und alten Steinbrüchen angeboten. Ärgerlich allerdings, dass man das Riff für den Bau eines Bootsstegs pfählte. Wie das Hotel wird auch die Tauchbasis gemeinsam von Sinai Divers und Werner Lau betrieben. DZ HP 80–140 €, 2 Pers. 1 Woche HP mit Flug ab 1000 €. 27 km nördlich von Marsa Alam, ✆ 0100-5052855, www.oasis-marsaalam.com.

Kahramana Blondie Beach Resort, das Kahramana-Hotel, in die Jahre gekommener Platzhirsch in Marsa Schagra, hat unter umweltbewussten Urlaubern an Beliebtheit verloren, als es Schlagzeilen über Ausbaggerungen und Auffüllungen des Riffs machte, um den Badegästen einen besseren Zugang zum Meer zu ermöglichen.

Marsa Schagra Village, das viel gelobte, doch relativ teure Camp von Red Sea Diving Safari steht an einem der besten Tauchplätze der Region. Die Gebäude sind aus Naturstein und nutzen den Wind als natürliche Klimaanlage. Ihre Handtücher bringen die Gäste, allesamt Taucher, selbst mit. Geboten werden freies Tauchen am Hausriff, tägliche Ausflüge mit Jeep und Boot zu wechselnden Tauchplätzen und natürlich die üblichen Kurse (PADI). Ein Nebencamp befindet sich in Marsa Nakari, 18 km südlich von Marsa Alam. 24 km nördlich von Marsa Alam, Außer Zelten (2 Pers. VP 60–80 €) gibt es auch schlichte Bungalows („Mandarah", ca. 10 m², DZ VP 80 €) und komfortable Chalets („Madyafah", ca. 25 m² Raumgröße, WC, eigene Terrasse, DZ VP 120 €). ✆ 0122-3989682, www.redseadivingsafari.com.

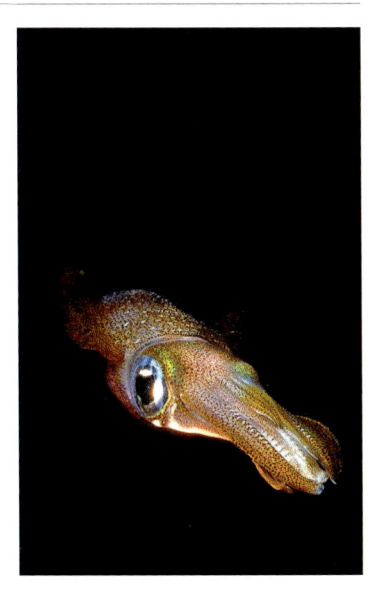

Ein neugieriger Tintenfisch

Touren zu Fuß, mit Kamel oder Jeep in die Wüste und zu den archäologischen Stätten im Südosten Ägyptens veranstaltet **Red Sea Adventures** in Marsa Schagra, ✆ 0122-3993860 und 0122-1056593, www.redseadesertadventures.com. Das Team wirbt in den Hotels um Marsa Alam für Tagesausflüge, organisiert für Interessenten aber auch längere Exkursionen in die noch kaum erschlossene Östliche Wüste.

Essen & Trinken
2 Mocca
3 Andalusia
4 Cacio e Pepe

Übernachten
1 Riff Villa Samak
5 Samady

Marsa Alam (Mersa el-'Alam)

In Marsa Alam mündet einmal mehr eine Verbindungsstraße vom Niltal. Aus einer bescheidenen Versorgungsstation und Hüttensiedlung entwickelt sich gerade eine Kleinstadt.

Noch gibt es mehr Baustellen als fertige Häuser. Doch wer den Ort früher kannte, der weiß, dass Marsa Alam selbst mit Bausünden nur an Charme gewinnen kann – so trostlos und hässlich wie es hier war. Nahe der zentralen Kreuzung, wo sich zwischen zwei Hügeln am Kreisel mit den Bergbausymbolen die Küstenautobahn und die Wüstenstraße nach Edfu treffen, signalisiert die Moschee den Eingang ins neue, etwas erhöht liegende Geschäftsviertel. Die alten Hütten um die Busstation unten im Flussbett wurden weitgehend abgeräumt. Etwas meerwärts schmückt ein Betonkunstwerk mit Fisch und Obelisk den dritten Orientierungspunkt der Stadt, einen Verkehrskreisel, an dem die Edfu-Straße auf die alte Küstenstraße trifft.

*V*erschiedenes

Telefonvorwahl: 065

• *Information* www.marsaalam.com
• *Anfahrt* Sagen Sie dem Busfahrer genau, wo sie hin wollen, er wird sie dann dort aussteigen lassen, denn der Ort ist sehr weitläufig. Der Taxibahnhof und die Station von Upper Egypt Bus liegen an der Straße nach Edfu, die Station von Go Bus gegenüber der Moschee.

Am Morgen fahren ein oder zwei **Busse** über Edfu nach Assuan (5 Std., 40 LE). Um 11, 14, 15.30, 18 und 20.30 Uhr starten Busse entlang der Küste über el-Quseir und Hurghada (4½ Std.) nach Kairo, frühmorgens und nach 18 Uhr fahren Busse nach Schalatin. Go Bus startet um 21 Uhr nach Kairo (95 LE). **Servicetaxis** fahren nach Hurghada (35 LE), Schalatin (25 LE) und Edfu.

• *Ausflüge* Außer Schnorchelfahrten zu den Delfinen am Samadai-Riff (25 €), Sonnenuntergängen und Beduinendinner (25 €) werden in den Hotels um Marsa Alam auch

Marsa Alam

Astrotouren zum nächtlichen Sternegucken (25 €), Ausflüge auf den Kamelmarkt nach Schalatin (70 €) und in den Wadi el-Gemal-Nationalpark (75 €, mit Übernachtung) angeboten. Die genannten Preise stammen von der Villa Samak.

*Ü*bernachten/*E*ssen & *T*rinken

• *Übernachten* **Riff Villa Samak (1)**, am Meer 1 km südlich des Kreisels. Die schmucke Villa ließ einst ein Gouverneur für sich bauen, wechselte noch vor dem Einzug aber auf einen anderen Posten. Statt Massentourismus gibt's hier Gastfreundlichkeit in der familiären Atmosphäre einer großen Wohngemeinschaft. Dafür sorgen die Schweizer Betreiber und Tauchlehrer mit Charme und lässig entspanntem Umgang. Außer Tauchen gibt's auch Wüstenausflüge. Die Ferienwohnungen befinden sich abseits der Villa in einem Neubau im Stadtzentrum. DZ 350 €/Woche, Ferienwohnung je nach Belegung pro Pers. 10–30 €, VP-Aufschlag 14 € pro Pers. ✆ 3720001, 0122-4624933, www.riff-villa.ch.

Samady (5), ein neues Hotel, das sich vor allem für Durchreisende eignet. Zimmer mit AC, Kühlschrank und TV, die Bäder noch akzeptabel, aber bereits auf dem Weg zum landestypischen Zustand. DZ 170 LE. Im Zentrum. ✆ 3720501, www.olagroupmarsaalam.com.

• *Essen & Trinken* **Cacio e Pepe (4)**, an der Küstenstraße am südlichen Ortseingang. Loredanna Colonelli und ihr ägyptischer Partner führen das mit Abstand beste

Taucherferien in der Villa

Restaurant in weitem Umkreis. Italienische Küche samt importiertem Käse, Kaffee und Espresso aus einer Cimbali-Maschine – man fühlt sich wie in Italien. Hauptgericht bis 100 LE. ✆ 9220005.

Andalusia (3), im Basarviertel, einheimische Grillküche (Fleisch und Fisch), akzeptable Toiletten, reelle Preise und ein freundlicher Wirt, der ausreichend Englisch spricht.

Mocca (2), gegenüber der Hauptmoschee, Coffeeshop mit Musik und Domino, beliebt bei Tauchlehrern und -führern, wenn sie gerade mal in der Stadt sind.

Wallfahrt in die Wüste

Richtig was los ist Marsa Alam nur 14 Tage nach dem Ende des Fastenmonats Ramadan, wenn sich die Anhänger des Sufischeichs Abdul Hassan asch-Schadhili (ägyptisch: el-Schazli) zur Pilgerfahrt an das Grab des Heiligen ins Wadi Humaysara einfinden. Auch wenn sie auf manchen Karten unterschlagen wird, ist die bei Km 40 von der Straße nach Edfu abzweigende Route nicht zu verfehlen und überdies in ausgezeichnetem Zustand. Die Pilger umrunden an der Gabelung dreimal das Grab des Scheichs Salim, eines weiteren Sufiheiligen. Der Legende nach wollte Scheich Schadhili an einem Ort bestattet werden, an dem noch nie ein Mensch gesündigt hatte – deshalb das Grab mitten in der Wüste, wo unter gewöhnlichen Umständen nie jemand hinkam. Die Schadhiliyya, wie der in mehrere Zweige gespaltene Orden genannt wird, findet auch in den USA und in Europa regen Zuspruch, und so pilgern am Patronatsfest auch einige Deutsche ans Grab des Ordensgründers. Wer weiß, ob nicht eines Tages gar die Kaffeeindustrie den Heiligen als Werbeträger entdeckt: Er soll die belebende Wirkung des Tranks geschätzt und den Mokka seinerzeit im Jemen salonfähig gemacht haben (www.sufimaster.org).

Tauchen

Nachdem viele Tauchgründe um Hurghada und Scharm el-Scheich inzwischen an einem Unterwasser-Massentourismus leiden, weichen erfahrene Taucher immer weiter nach Süden aus. Einfache Tauchercamps versprechen hier naturnahe Atmosphäre – und bereiteten den Weg für komfortable Hotelanlagen. Außer Tauchen am Hausriff sind Jeeptouren zu den Tauchplätzen der Umgebung und natürlich Bootstauchgänge an wechselnden Zielen üblich.

Der bislang noch recht schlichte **Hafen Marsa Alam** ist Ausgangspunkt für Fahrten zum bumerangförmigen *Scha'b Marsa Alam*, dessen geschützte Innenseite sich gut für Nachttauchgänge eignet. Am Südostende geht das Riff in ein ausgedehntes Sandplateau mit einzelnen Korallentürmen über. Auch *Scha'b Samadai* mit seinen Delfinen liegt von Marsa Alam nur eine knappe Bootsstunde entfernt.

Etwa 12 km südlich der Stadt haben sich an der **Tondoba-Bucht** einige Camps und Tauchbasen niedergelassen, nach weiteren 5 km folgt an der **Nakari-Bucht** das Camp von Red Sea Divers.

Beduin Valley Lodge, auf einem aussichtsreichen Hügel 300 m abseits vom Meer. Man wohnt in umweltfreundlich gebaute Einzelbungalows mit sehr kleinen Sanitärräumen. Komfortabler sind die *Cotton Houses*, nämlich etwa 40 m² große Hauszelte, die mit viel Platz, stilvollem Mobiliar sowie angebauter Dusche und WC ausgestattet sind. DZ VP 50–80 €. Marsa Tondoba, 14 km südlich von Marsa Alam, ✆ 0122-2181427, www.southredsea.net.

Die nahe **Tauchbasis Blue Heaven Holidays** (www.blueheavenholidays.com) wird von Ayman H. Taher und der Meeresbiologin Constanze Conrad geleitet, beides engagierte Experten in Sachen Natur- und besonders Korallenschutz, die den wohl weltweit ersten Lehrpfad unter Wasser angelegt haben und in der Basis auch meereskundliche Seminare anbieten.

Scha'b Samadai

Das der Küste vorgelagerte Hufeisenriff wird auch *Dolphinhouse* genannt, weil sich in der Lagune **Delfine** zu tummeln pflegen und hier auch ihren Nachwuchs aufziehen. Um den Stress der Tiere zu begrenzen, ist ein Teil der Lagune für Menschen völlig gesperrt. Ein zweiter dient als Kontaktzone, in dem sich Schnorchler und Delfine umgarnen dürfen, der aber für Motorboote tabu bleibt. Ranger wachen darüber, dass täglich nicht mehr als 200 Besucher kommen, jedes Boot seinen Eintrittsobolus entrichtet und die Öffnungszeiten von 9 bis 15 Uhr eingehalten werden – schon diese Regularien machen das Samadai-Riff zu einem der Cheops-Pyramide vergleichbaren Denkmal.

Von Marsa Alam nach Edfu

Die 220 km lange Verbindungsstraße zwischen Küste und Niltal wird gern von den Bussen benutzt, die Ausflügler von der südlichen Rotmeerküste nach Luxor und Assuan bringen. Die abwechslungsreiche Route, mal durch enge, von mächtigen Felsen eingefasste Schluchten, mal über weite, offene Hochflächen führt durch ein Wüstengebiet, das von der Pharaonenzeit bis in die Gegenwart wegen seiner Goldvorkommen Menschen anlockte.

20 km nach Marsa Alam geht es links zu der schon im Turiner Minenpapyrus eingezeichneten **Sukkari-Mine**. In Sichtweite der modernen Anlagen passiert man die Spuren der antiken Bergwerkssiedlung. In den 1930er Jahren versuchte sich eine englische Firma neuerlich an der Goldgewinnung, kam aber nie in die schwarzen Zahlen. Heute beutet hier ein ägyptisch-australisches Konsortium im Tagbau sowie

Von Marsa Alam nach Edfu 669

unteririsch bis in 1000 m Tiefe die nach eigenen Angaben größten Goldvorkommen des afrikanischen Kontinents aus. Um ein Gramm Gold zu gewinnen, müssen 100 bis 500 kg Gestein abgebaut, zertrümmert, zermalen, ausgeschwemmt und schließlich mit hochgiftiger Blausäure ausgelaugt werden. Da die Anlagen im Jahr etwa sechs Tonnen Gold produzieren, kam man leicht ausrechnen, welche Gesteinsmengen hier bewegt werden. Eine Pipeline bringt Meerwasser von der Küste.

40 km nach Marsa Alam zweigt bei Scheich Salim, einer Beduinensiedlung um das Grab eines Sufiheiligen, eine gut ausgebaute Straße südwärts nach Scheich Schazli ab. Über diese erreicht man mit einem Geländewagen die in den 1940er- und 1950er-Jahren betriebene Goldmine **Hangaliya**. Mit einer Lampe und viel Vorsicht kann man die alten Stollen erkunden. 2 km weiter im Wadi trifft man manchmal Hirten am Brunnen Bir Hangaliya. Da die Landschaft bereits zum Nationalpark Wadi el-Gemal (s. unten) gehört, kann man hoffen, dass sie nicht wie Sukkari der Goldspekulation unserer Tage geopfert wird.

Anfahrt Hangaliya: Von Scheich Salim 21,5 km südwärts bis zum Schild *Wadi El Gemal National Park*. Dort links ab, dem Wadi in südöstlicher Richtung folgen, nach 9 km links halten, nach weiteren 2 km Bergwerk (24°57'06"N 34°42'40"O).

100 km nach Marsa Alam am Ende einer Hochebene sieht man links der Straße das Bergwerk **Hammasch**, nach Sukkari die zweitgrößte aktive Goldmine der Region. Die Minengesellschaft betreibt auch das unerwartet moderne und saubere **Rasthaus** (Km 104). Mit einem Geländewagen kann man hier halblinks ins Wadi Beizah abbiegen und die 1½ Fahrstunden entfernten Ruinen von **Samut** besuchen. Das etwa 70 mal 60 Meter große römische Fort war eine Station an der Wüstenroute von Berenice nach Edfu. Es bewachte zugleich den Zugang zu den antiken Goldminen weiter talauf in dem von Akazien bewachsenen Wadi Samut. Hält man sich vom Fort 1 km südwärts und fogt dann dem Haupttal Wadi Muwaila nach links, findet man nach weiteren 9 km auf der rechten Talseite die noch nicht näher erforschte ptolemäisch-römische Bergwerkssiedlung **Umm Garahish**.

Sukkari (Ruinen) 24°57'06"N 34°42'40"O; **Hangaliya** (Bergwerk) 24°57'06"N 34°42'40"O; **Samut** Praesidium 24°48'35"N 33°54'18"O, Minen 24°50'55"N 33°54'53"O; **Umm Garahish** 24°49'13"N 33°59'26"O.

Nach dem Rasthaus folgt die Straße dem Wadi **Barramiya** und passiert etwa bei Km 116,5 das gleichnamige Bergbaugebiet. Die Adern wurden unter den Ptolemäern und Römern offenbar so gründlich ausgebeutet, dass die britische Gesellschaft, die hier bis 1962 neuerlich auf Goldsuche ging, beim damaligen Goldpreis keine abbauwürdigen Vorkommen mehr fand. Abbauspuren finden sich am Höhenzug auf der nördlichen Talseite etwa 800 m abseits der Straße, auch die Mauerzüge eines römischen Militärlagers sind zu entdecken.

El-Kanais

Nach dem früheren Militärflughafen **Bir Abu Rahal** ist die letzte Station auf dem Weg nach Edfu bei Km 173 **el-Kanais**, übersetzt „Kirchen", obgleich es hier weder Kreuze noch andere christliche Spuren gibt. Sethos I. (reg. 1290–1279 v. Chr.), Vater von Ramses dem Großen, ließ den Felsentempel zu Ehren von Amun-Re aus dem Berg hauen, der mit seinem Brunnen den Karawanen aus den Bergwerken zugleich als Rastplatz diente. Auch wenn keine Wächter da sind, ist zumindest der Vorbau zugänglich. Sein Dach ruht auf vier Säulen mit Lotuskapitellen. Die Westwand zeigt den Pharao, wie er gefangene Asiaten am Schopf packt und Horus präsentiert, auf der Ostwand wiederholt sich die Szene mit nubischen Gefangenen für Amun-Re. Das mit Tiefreliefs geschmückte Innere besteht aus einer Halle mit drei Nischen an den

Stirnseite, in denen jeweils drei Götterstatuen platziert sind. Besonders von der Decke leuchten die Farben auch nach 3000 Jahren noch in voller Pracht.

Vor dem Tempel gibt es einmal mehr die Ruine eines römischen **Praesidiums**. Die Felsen dahinter sind ein Bilderbuch voller Graffiti von Reisenden und **Felsritzungen**, die interessantesten etwa links des Tempels oben in der Wand oder an zwei vorgelagerten Brocken. Man erkennt prähistorische Jagdszenen mit Gazellen und Straußen, rebhuhnähnliche Vögel und die Elefanten der Ptolemäer (→ S. 677). Schiffe unterschiedlicher Gestalt sind mal mit Mannschaften, mal mit den sogenannten „tanzenden Göttern" besetzt. Pharaonische Würdenträger wie „Yuni, Vizekönig von Kusch" oder „Panub, Stallmeister des Amun und Truppenführer" opfern auf Stelen den Göttern und dem König.

Praesidium **Barramiya** bei 25°04'09"N 33°47'35"O. Mehr zu el-Kanais (25°00'20"N 33°18'39"O) unter http://egyptsites.wordpress.com/2010/09/30/kanais.

Nationalpark Wadi el-Gemal

Nach Marsa Nakari durchquert die Straße ein Sandfeld und erreicht mit der Mündung des **Wadi Ghadir** erneut eine türkisblaue Bucht. 50 km nach Marsa Alam beginnt dann gleich hinter dem **Shams Alam Resort** der Nationalpark Wadi el-Gemal. Der Park umfasst zu Lande ein Gebiet von etwa 50 x 50 km, also von der Größe des Saarlands. Im Westen reicht er bis an die Scheich-Schazli-Straße, im Osten gehört auch ein Meeresstreifen mit dem Hamata-Archipel und der Wadi-el-Gemal-Insel zum geschützten Gebiet, und im Süden endet er vor Ras Banat etwa entlang dem 34. Breitengrad. Wie der Aussichtspunkt und der neue, bislang unvollendete Infopavillon auf der Anhöhe beim Shams Alam Resort sind auch die im Park verstreuten Stützpunkte und Unterstände der Biologen und Parkhüter der Architektur der römischen Bergbausiedlungen im Nationalpark nachempfunden.

Auf den **Inseln** ist eine beträchtliche Population von Schieferfalken *(Falco concolor)* zu Hause. Die schwarzgrauen Räuber kommen irgendwann im April aus Madagaskar, brüten den Sommer über in Klippen und Felsspalten, verfüttern unvorsichtige Passanten des herbstlichen Vogelzugs an ihre Jungen und machen sich erst dann wieder aus dem Staub, wenn die gefiederte Beute ausbleibt. Auch Fischreiher *(Pandion haliaetus)*, Raubseeschwalben *(Stern caspia)* und Weißaugenmöwen *(Larus leucophthalmus)* ziehen auf den Inseln ihren Nachwuchs auf.

Zu Lande ist mit seinen zwei und mehr Metern Flügelspannweite der Bart- oder Lämmergeier König der Lüfte. *Gypaetus barbatus* ist auch in Europas Hochgebirgen zu Hause und hat unter Hirten einen extrem schlechten Ruf, weil er als einziger Geier kranke und schwache Tiere jagt. Seine Lieblingsspeise ist Knochenmark. Um die Knochenbeute aufzubrechen, lässt er sie aus luftiger Höhe auf Felsen und ausgesuchte Steine krachen. Auch Landschildkröten, so wird berichtet, knackt der Bartgeier auf diese Art. Von **Beobachtungsposten** kann man mit Ferngläsern den Dorkas-Gazellen auflauern, die sich in der Dämmerung an einer von den Rangern angelegten und gefüllten Tränke laben. Streifenhyänen, Nubische Steinböcke und Klippschliefer zeigen an, dass das Habitat der Gebirgswelt des Südsinai ähnelt.

Das **Wadi el-Gemal** („Tal der Kamele") ist ein für die örtlichen Maßstäbe relativ feuchter und nahrhafter Weidegrund, sogar eine Quelle schüttet ihr kostbares Nass über die Felswand, bis es zwischen den Ritzen versickert. Natürlich gibt es hier auch Kamele. Einige von ihnen tragen Ausflügler oder ziehen sogar, wohl einmalig in Ägypten, ein vierrädriges Wägelchen mit Sitzbänken und Sonnendach. Die Arbeitstiere gehören zur **Öko-Lodge Fustat Wadi el-Gemal**, die man nach dem Parkeingang

Nationalpark Wadi el-Gemal 671

Parkeingang etwa 7 km landeinwärts findet (24°39'09"N 35°02'39"O). Fustat soll an die Zeltstadt des arabischen Eroberers 'Amr Ibn el-'As vor den Toren Kairos erinnern, und in der Tat sieht die von ihrem Besitzer Walid Ramadan persönlich geleitete Lodge von außen aus wie ein schlichtes Zeltlager. Hinter den weißen Zeltwänden verbergen sich freilich moderne Einrichtungen wie Kino, Edelstahlküche, geflieste Sanitäranlagen, Büro und eine Notfallambulanz.

Zum **Besucherprogramm** der Lodge, das auch Tagesgästen angeboten wird, gehören ein einführender Film samt Briefing über den Park, Kamelreiten oder die Fahrt in besagtem Kameltaxi, eine Rast mit Beduinenkaffee und -brot, eventuell auch ein

672 Rotes Meer

ungewöhnliches Abendessen – beispielsweise Kamelfleisch mit Walnusssauce, begleitet von Folkloredarbietungen der Ababda (→ S. 679). Die Eingeborenen arbeiten als Führer und Wächter im Park, eine janusköpfige Rolle, die ihnen Einkommen und kontrollierten Kontakt mit der Fremde gewährt, sie gleichzeitig aber auch zu Statisten und Staffage degradiert. Sie arbeiten immer in Kleingruppen einen Monat lang, dann kehren sie zu ihren Familien zurück.

Einen kleinen Eindruck von der Kultur der Ababda gibt das ethnographische Museum **Beit Ababda** an der Zufahrt zur Lodge (Schlüssel im Infopavillon des Nationalparks). Die Sammlung mit Schmuck, Kleidung, Hausrat und Werkzeugen wurde ursprünglich von den bei der Grabung Berenike Beschäftigten zusammengetragen und befand sich lange im dortigen Magazin.

• *Fustat Wadi el-Gemal* Die Lodge erreicht man unter ☎ 0122-1001109, www.wadielgemal.com. Geschmack auf dem Park machen die Fotos unter www.egyptcd.com.

• *Information* Das **Büro des Nationalparks** mit einer kleinen Ausstellung ist bis zur Eröffnung des neuen Besucherzentrums noch in der Baracke neben dem Wadi Gemal Diving Center, 49 km südlich von Marsa Alam. Ein **Infoblatt** findet man unter http://pdf.usaid.gov/pdf_docs/PDACM946.pdf.

• *Lesen* Tamer Mahmoud, Biologe und langjähriger Ranger im Nationalpark, hat mit **Desert Plants of Egypt's Wadi El Gemal National Park** (AUC-Press) ein Buch über die Pflanzenwelt des Wadi el-Gemal veröffentlicht.
Eine Broschüre **Where to Watch Birds in Wadi el-Gemal National Park** steht im Netz unter http://pdf.usaid.gov/pdf_docs/PNADO517.pdf.

• *Bewegungsfreiheit* Abseits der Küste und dem näheren Umkreis der Lodge und der Teerstraßen darf der Nationalpark nur in Begleitung der Ranger betreten werden, ein Teil des Areals ist für Motorfahrzeuge sogar gänzlich tabu. Der „grünen Wüste" des Wadis begegnet jedoch schon, wer von der Zeltstadt eine halbe Stunde landeinwärts wandert.

• *Baden* 3 km südlich des Shams-Alam-Hotels markiert ein Parkplatz mit markanter Doumpalme die Stelle, wo das Wadi el-Gemal ins Meer mündet. Hier am **Ras Baghdadi** grünt auf der Seeseite der Landstraße ein kleiner Hain mit Palmen, Tamarisken und leider auch vielen Moskitos. Am Strand ist ein **Bade- und Picknickplatz** mit Schattendach angelegt. Ein paar hundert Meter weiter südlich legen im September Meeresschildkröten im Sand ihre Eier ab.

• *Festival* Alljährlich Ende Okt. organisiert die Lodge das Festival **Charakters of Egypt** (www.charaktersofegypt.com), ein Treffen der Stämme Ägyptens, seien sie nun aus Siwa, Nubien, vom Sinai oder eben vom Roten Meer, mit Musik, Tanz, Geschichten und sportlichen Wettbewerben vom Kamelrennen bis zur Fährtensuche.

Aussichtspunkt (oben) und Okö-Lodge (unten) im Wadi el-Gemal

Mons Smaragdus

Der Smaragdberg, wie ihn die Römer nannten, ist ein etwa 200 km² großes Areal im westlichen Teil des Nationalparks. Einst wurde hier nach dem grünen Edelstein geschürft, bis Billigimporte aus Indien und schließlich aus der Neuen Welt den Abbau unrentabel machten. Geblieben sind die Reste der Bergarbeitersiedlung im **Wadi Sikait**, dem einstigen Zentrum des Minengebiets. Die aus Steinplatten gefügten Mauern – das Baumaterial fiel mehr als genug als Abraum bei der Suche nach Edelsteinen an – sind erstaunlich gut erhalten, manche Wände stehen noch zwei Etagen hoch. Der vermutlich bereits in ptolemäischer Zeit aus dem Berg gehauene **Felsentempel** an der östlichen Talflanke wurde zuletzt als Kirche genutzt – in den Altarstein ritzte man ein Kreuz. Ein zweites, kleineres Heiligtum, etwas talab gelegen und dem Serapis geweiht, kann anhand der Inschriften über dem Eingang in die Regierungszeit des Kaisers Gallienus (260–268) datiert werden. Auch im Nachbartal, dem **Wadi Nuqrus**, findet man Spuren antiken Bergbaus.

Weiter landeinwärts im Wadi el-Gemal befand sich mit **Ka'b Marfu'a** der vermutliche Verwaltungsort der Bergbauregion. Hier wurde das edelsteinhaltige Gestein verarbeitet, zwischengelagert und wohl auch gehandelt. Nur 3 km südlich ragen am Rande des Wadis Spuren des Kastells **Apollonos Hydreuma** aus dem Sand. Bis zu 200 Legionäre waren hier stationiert und schützten den Karawanenweg Koptos–Berenike. Um die nächste Ecke des Wadis findet man mit dem **Bir Wadi el-Gemal** ein wichtigstes Wasserreservoir. Für Vögel und Wildtiere ist der Grund des tiefen Brunnens zwar unerreichbar. Doch wenn Menschen beim Wasserschöpfen etwas verschütten, sind die Tiere sogleich zur Stelle.

Mehr zu den Ausgrabungen unter www.egypt-archaeology.com/Sikait1a.html sowie in **The Red Land** von Steven E. Sidebotham (AUC-Press). Ausflüge zu den antiken Smaragdminen arrangieren etwa die Öko-Lodge Fustat el-Gemal. Selbstfahrer kontaktieren die Ranger des Nationalparks unter tamer249@egmail.com.
Sikait Großer Tempel 24°37'51"N 34°47'49"O; **Wadi Nuqrus** Bergbausiedlung 24°37'12"N 34°46'31"O; **Ka'b Marfu'a** 24°32'37"N 34°44'18"O; **Apollonos Hydreuma** 24°31'10"N 34°44'32"O; **Bir Wadi el-Gemal** 24°30'37"N 34°42'48"O.

Weiter nach Berenike

Hier und dort bewacht ein Armeeposten eine Abzweigung oder eine Bucht, trifft man Fischer an einem Landungssteg oder Nomaden zwischen den Tamarisken eines Wadis. Knapp 80 km nach Marsa Alam kündigt das weithin sichtbare Wrack eines auf das Riff aufgelaufenen Frachters die Siedlung **Abu'l-Ghosun** an. Man passiert die Werkswohnungen und Verladeeinrichtungen einer Titaneisenerz-Mine, die ihren Arbeitern auch eine überdimensionierte Moschee gestiftet hat. Die landeinwärts zur Mine *Abu Ghalaga* führende Straße ist zwar nicht in bestem Zustand, doch immerhin geteert, und erlaubt so auch Mietwagen ohne Allradantrieb einen Abstecher in die Gebirgswelt. Nur mit einem Geländewagen und in Absprache mit den Rangern des Nationalparks sollte man die durch das Wadi Abu'l-Ghosun anzufahrende Quelle *Sartut* besuchen, die mitten in der Gebirgswüste einen richtigen kleinen See speist.

In der nächsten Bucht nach Abu'l-Ghosun ruht das Wrack der *Hamada*. Der kleine, 1993 hier weitab der Schifffahrtsrouten gesunkene Frachter ragt vor dem Strand bis dicht unter die Wasserfläche. Bald begleitet ein Saum von Mangrovenhainen die Küste. Vogelfreunde machen hier unvergessliche Begegnungen mit Mangrovenreihern *(Butorides striatus)* und Küstenreihern *(Egretta gularis)* und

Junge Mangroven an der Mündung des Wadi Qulan

bekommen mit etwas Glück sogar den äußerst seltenen Goliathreiher *(Ardea goliath)* zu Gesicht. Ein guter Platz zur Vogelbeobachtung ist die Mündung des **Wadi Qulan** (Km 95). Ababda haben hier an der bezaubernd schönen Lagune einen naturnahen Badeplatz angelegt. Es gibt eine schlichte Cafeteria, Kinder verkaufen Souvenirs, manchmal funktioniert sogar eine Süßwasserdusche – die einem angesichts der Beduinenhütten als großer Luxus erscheint.

Man passiert dann, in dieser Gegend doch etwas überraschend, ein *Kite Village*, vor dem tatsächlich Kiter durch die Wellen pflügen. Dann kündet nach Km 105 im ziemlich öden **Hamata**, einer nicht mit dem Wrack zu verwechselnden Siedlung, eine wiederum recht groß geratene Moschee vom Glauben an zukünftiges Wachstum. Am Wasser warten Tauchboote auf ihre Gäste, Möwen und wilde Hunde streiten um Abfälle. Im Hinterland gibt es für Abenteurer mit Geländewagen das Gelände und die Stollen einer verlassenen *Talkum-Mine* zu erkunden. 15 Pistenkilometer weiter landeinwärts bieten die Hinterlassenschaften eines *Granitsteinbruchs* bizarre Landschaftskunst.

> Touristen durften 2011 die Küstenstraße im Taxi oder Mietwagen auf eigene Faust nur bis zum Checkpoint zwischen Hamata und Berenike befahren. Wer weiter südwärts wollte, musste einen Führer dabei haben oder sich einer Gruppe anschließen.

'Ain Sartut 24°16'33"N 34°59'51"O; **Talkum-Mine** 24°15'38"N 35°13'23"O; Granitsteinbruch 24°15'46"N 35° 5'35"O.

• *Übernachten* **Shams Alam Beach Resort**, an einer wunderschönen Bucht mit Sandstrand, Saumriff und Mangroven stehend, besticht die nicht mehr ganz neue Anlage (160 Zimmer in 11 Gebäuden) auch mit ihrer Architektur, die aus dem Vorbild nubischer Dorfhäuser postmoderne Formen entwickelte. Dank des weitgehenden Verzichts auf Pestizide haben sich die Grünanlagen des Hotels zu einem kleinen Vogelparadies entwickelt. Außer beim Tauchen – die Tauchbasis Wadi el-Gemal steht unter deutsch-ägyptischer Leitung – und Schnorcheln kann man sich auch mit Tennis und Squash sportlich betätigen. Für die Abendunterhaltung gibt es das „Schischa-Zelt", auch Ausflüge in die Umgebung werden angeboten. DZ All incl. 100 €, Woche pauschal 2 Pers. All incl. im DZ mit Flug ab 900 €. Wadi el-Gemal, 45 km südl. von Marsa Alam, ✆ 065-3260044, www.shamshotels.com.

Zabargad Dive Resort, das Bungalowhotel mit 55 Zimmern gruppiert sich direkt am Strand um einen großen Swimmingpool. Das für Taucher attraktive Saumriff schränkt die Bademöglichkeiten am Strand zwar ein, doch führt ein Steg über die Riffkante ins offene Wasser. Die angeschlossene Tauchbasis wird von einem Deutschen geleitet und bietet auch Tagesfahrten zu den vorgelagerten Riffen. Originell sind der Transport der Tauchausrüstungen mit Eselskarren (das fleißige Tier heißt Ali) und die winterliche „Hotelzeit" von UTC+3, bei der die Sonne eine Stunde später aufgeht als im übrigen Ägypten. 1 Woche DZ HP ab 1000 €. 115 km südlich von Marsa Alam und 5 km südlich von Hamata, ✆ 065-3547994, www.zabargad.net.

Wadi Lahami Village, auch nach dem Bau von Bungalows und einem Sanitärblock für das Zeltlager ist dieses Camp noch immer spartanisch und der Sand ein ständiger Begleiter. Die Anlage zielt auf Kiter und erfahrene Taucher, die von hier mit Schlauchbooten die Ziele um die Qul'an-Inseln und Fury Shoal ansteuern. Es gibt keine Taucherschulung und keinerlei Rahmenprogramm. Zelt für 2 Pers. mit VP 70–80 €. Wadi Lahami beim Beach Resort, www.redsea-divingsafari.com.

Lahami Bay Beach Resort, die Ferienanlage am Roten Meer liegt leicht erhöht an einem langen Sandstrand, der zum Baden geeignet ist. Auch Schnorchler kommen am Riff auf ihre Kosten, das fast bis zur Wasseroberfläche emporragt. Ins Hotel integriert ist die gute, aber hochpreisige Tauchbasis Barakuda (www.barakuda-diving.com). DZ 130–180 €, 1 Woche DZ HP ab 1200 €. Wadi Lahami, 119 km nach Marsa Alam und 10 km südlich von Hamata, ✆ 02-27537100 (Büro Kairo), www.lahamibay.com.

TClub Berenice, das 2010 eröffnete Luxusresort gehört der Schweizer Gruppe Hotelplan und wird bislang vor allem in Italien vermarktet (in der Schweiz über Globus Reisen). Man wohnt in einer der 50 Villen direkt am Strand, im Haupthaus befinden sich Wellnesscenter, Kinderclub, ja sogar eine Bibliothek. Barakuda (www.barakuda-diving.com). DZ VP ab 350 €, 1 Woche DZ VP mit Flug knapp 4000 €. Wadi Lahami, www.tclub.com.

Die Inseln/Offshore Islands

Fünf Inseln weit draußen im Meer, die nur auf Tauchsafaris angesteuert werden, versprechen fortgeschrittenen Tauchern Erlebnisse der Extraklasse.

Nach dem chaotischen Wildwuchs in den Anfangsjahren der Safaritaucherei benötigen die Boote für jede Tour ein Permit der Nationalparkverwaltung in Hurghada. Damit wird eine gewisse Exklusivität gewahrt.

Brother Islands (Achawein): Die „Zwei Brüder" liegen etwa 60 km vor el-Quseir mitten im Meer. Little Brother, der Kleine Bruder, ist nicht mehr als ein von Seevögeln bevölkerter Felsen, während der Große Bruder (Big Brother, 400 x 90 m) mit spärlicher Vegetation, einem Leuchtturm und einer Handvoll Soldaten aufwarten kann. Beide Inseln sind von Saumriffen umgeben.

Der einem Minarett ähnliche Leuchtturm wurde 1883 aufgemauert, Steine und Kalkmörtel gewannen die Arbeiter aus einem nahen Steinbruch. Die Wachmannschaft wohnt in einem schmucklosen Betonkomplex zu Füßen des Turms. Ungeachtet des Leuchtfeuers liefen auch hier Schiffe auf Grund. Die 1901 wenige Monate nach dem Stapellauf gesunkene *Numidia* war mit 150 m Länge und zwei Decks seinerzeit ein beachtlicher Brocken. Wegen der Ladung aus Eisenbahnrädern und -drehgestellen, die mit Korallen und Muscheln besetzt heute einen besonders pittoresken Anblick bieten, wird das Dampfschiff auch „Eisenbahnfrachter" genannt. Muränen bewachen die *Aida*, Big Brothers zweites Wrack. Dass der Truppentransporter

1957 ausgerechnet vor einem Leuchtturm havarierte, entbehrt nicht der Ironie: Die Aida hatte vor ihrem militärischen Einsatz über Jahrzehnte als Versorgungsschiff für die Leuchttürme vor der ägyptischen Küste gedient.

Daedalus Riff (Scha'b Abu'l-Qizan): Von Natur aus ist Abu el-Qizan eigentlich nur ein Riff. Mitten in der Schifffahrtsstraße gelegen, wurde es zu einer künstlichen Insel befestigt und mit einem Leuchtturm markiert. Wie ein Tausendfüßler reicht ein langer, auf dünnen Metallstelzen montierter Steg vom Anlegeplatz an die Riffkante. Die Wände des Riffs sind mit bunten Weichkorallen und in der Tiefe mit Gorgonien besetzt. Der Platz gilt als ideal für Begegnungen mit Haien und anderen Großfischen.

Zabargad (St. John's Island): Die größte unter den Offshore-Inseln ragt 70 km südöstlich von Berenike bis 230 m hoch aus dem Meer. Zabargad bedeutet Nebel, die hier auch oft genug herrschen, denn das Eiland liegt in einer für rasche Wetterwechsel berüchtigten meteorologischen Konvergenzzone. Die einzigen Bewohner Zabargads sind ein paar bedauernswerte Soldaten, die alle drei oder vier Monate abgelöst werden. Sie teilen sich die Insel mit einer beachtlichen Falken-Population *(Falco concolor)*. In der Antike und nochmals im 19. Jh. wurde auf der Insel der Halbedelstein Olivin, ein grüner Topaz, abgebaut. Getaucht wird vor allem auf der Ostseite, wo die Schiffe auch über Nacht ankern. Nahe der Anlegestelle gibt es auf dem Meeresgrund ein namenloses Wrack zu entdecken.

Rocky Island: Auch die südlichste der Inseln, ein flacher Felsen eine halbe Bootsstunde von Zabargad, kann mit einem Saumriff aufwarten. Als bester Tauchplatz gilt die nur bei ruhiger See angefahrene Ostspitze.

> ### Der Untergang der „Neptuna"
>
> Die Ostern 1981 vor Zabargad untergegangene *Neptuna* erinnert daran, dass auch Tauchsafaris ein böses Ende nehmen können. Der deutsche Kapitän und Eigner des Schiffs, so ergab die Untersuchung des Hanseatischen Seeamts, besaß weder das für die Fahrgastbeförderung notwendige Patent noch war sein Schiff für diesen Zweck zugelassen. Nach Meinung von Fachleuten hätte ein erfahrener Schiffsführer die nach einem Motorschaden bei Windstärke 5 eingetretene Katastrophe durch rechtzeitiges Ankern und andere Notmaßnahmen verhindern können. So aber zerschellte die Neptuna am Riff. Besatzung und Urlauber retteten sich auf den Strand, doch der materielle Schaden blieb ungeregelt. Kapitän und Schiff waren nicht versichert.

Berenike (Baranis)

Die Hafenstadt der Ptolemäer ist heute ein Militärstützpunkt. Zu sehen gibt es Spuren eines Tempels, und im Hinterland warten Steilfelsen auf die ersten Freeclimber.

Nachdem die Straße den zum Kap Banas auslaufenden Gebirgszug überquert hat, trifft man 145 km nach Marsa Alam beim Ababda-Dorf Arab Salihauf eine Straßenkreuzung mit Checkpoint. Links geht's nach Baranis, besser unter seinem historischen Namen Berenike bekannt, das heute ein Militärstützpunkt ist. An der Foul Bay im Windschatten von Kap Banas gelegen, umfasst er neben allerlei Kasernen, Geschützstellungen und Horcheinrichtungen einen Hafen und einen gut ausgebauten Flugplatz – im Kalten Krieg war dies eine strategische Schlüsselstellung der USamerikanischen Eingreiftruppe *Rapid Deployment Force (RDF)*. Irgendwann soll die Rollbahn nun für den zivilen Flugverkehr geöffnet werden. Im Hafen ankern manchmal Schiffe der Fünften US-Flotte.

Geschichte: Berenike Troglodytike, wie die Stadt zur Unterscheidung von anderen Berenikes auch genannt wird, wurde von den Ptolemäern im 3. Jh. v. Chr. gegründet und nach einer Königin benannt. Der *Periplus Maris Erythraei*, ein antikes Reisehandbuch für die Händler am Roten Meer, erklärt, warum man Berenike gegenüber den weiter nördlich und um eine Woche näher am Nil gelegenen Häfen den Vorzug gab: Die Segler ersparten sich hier das mühsame Kreuzen gegen oft bis zum Sturm auflaufenden Nordwind, der erst auf der Höhe von Marsa Alam einsetzt. Glaubt man dem Bericht des Diodorus Siculus, war es einfacher, die Schiffe zu Lande über das Kap Banas zu schleppen als dieses zu umsegeln. Anfangs fuhren die Schiffe von Berenike vor allem nach Ostafrika, eine mit zwei Jahren Dauer zwar lange, doch sichere Rundreise. Erst unter Kleopatra, die übrigens als einzige Pharaonin auch die Sprache der Küstenbewohner („Trogodyten") verstand, wagte man sich bis nach Indien, eine mit dem Monsun zwar nur einjährige, aber gefahrvolle Handelstour. Archäologen fanden im Siedlungsschutt von Berenike Kokosnüsse, Reis, Pfeffer, Seide, indische Töpferwaren und Glasperlen.

Sehenswertes: Die antike Stätte findet man 11 km südwestlich des Checkpoints nahe dem Ufer (und außerhalb des Stützpunkts) bei 23°54'38"N 35°28'30"O. Mittelpunkt der gerade 1 km² großen Stadt war ein Serapis-Tempel, mit dessen Ausgrabung bereits Belzoni begann. Nachdem die Lagune allmählich versandet, liegt der antike Hafen heute nicht mehr direkt am Meer. Außer den weitgehend wieder im Sand begrabenen Fundamenten des Tempels und den Grundmauern kleinerer Gebäude, die amerikanische Archäologen ab 1993 freilegten, gibt es nichts zu sehen. Ein großes Problem war damals wie heute die Wasserversorgung der Stadt. Trinkwasser kam über Aquädukt von einem gewaltigen Brunnen *(hydreuma)* am Ausgang des *Wadi Qalalat,* etwa 9 km südwestlich der Stadt. Das Loch von der Größe eines Gartenteichs ist längst mit Sand gefüllt, inmitten eines Kastells (23°51'53"N 35°24'35"O) aber noch gut zu erkennen. Ein kleineres Fort befindet sich 1,5 km nordöstlich davon. Warum Berenike in der Spätantike und noch vor der Islamisierung schließlich aufgegeben wurde, bleibt unklar.

Über die Ausgrabung Berenike informiert www.archbase.com/berenike.

Die fahnenflüchtige Wunderwaffe

In den Gründerjahren von Berenike kontrollierten die Seleukiden, die Erzfeinde der Ptolemäer, den Landweg zwischen Indien und dem Mittelmeer. Als neue Waffe setzten sie aus Indien importierte Elefanten ein, antike Panzer sozusagen. Um gleichzuziehen, brauchten auch die Ptolemäer Kriegselefanten, die sie mit speziellen Schiffen, den *elephantagoi*, von Ostafrika nach Berenike und von dort zu Lande an den Nil bringen ließen. Bei ihrem ersten Einsatz gegen die Seleukiden, in der „Elefantenschlacht" von Rafah am 18. Juni 217 v. Chr., erwies sich die vermeintliche Wunderwaffe als wenig hilfreich: Die afrikanischen, eher kleinwüchsigen Waldelefanten ergriffen vor ihren wesentlich größeren indischen Verwandten die Flucht – und trampelten dabei die eigene, hinter ihnen in Stellung gegangene Armee nieder. Ptolemaios IV. gewann die Schlacht trotzdem, und das Schicksal der vierbeinigen Deserteure verliert sich im Dunkeln.

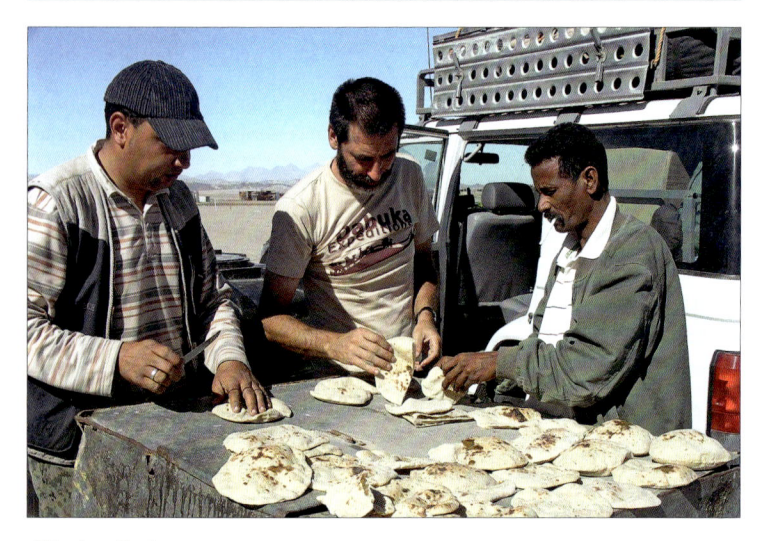

Frisches Brot

Tauchen: Die Tauchgründe vor Berenike werden, mangels Unterkunft und landgestützter Tauchbasis in der Region, bislang vor allem von Tauchschiffen angesteuert, die auf dem Weg nach Zabargad hier Station machen. Die Riffgruppe **Fury Shoals** hat reizvolle Wracks: am Scha'b Abu Galawa Kebir ein namenloser Schlepper, der sogar für Schnorchler gut zu sehen ist; am Erg Harni Scha'b Sataya (auch Dolphin-Riff genannt) die einst in Stettin vom Stapel gelaufene *Adamantia K*. Am Scha'b Sataya gibt es auf dem Meeresgrund ein Amphorenfeld. An der Insel **Mukauwa** legen die Safariboote gerne an, damit sich die Taucher nach Tagen im und auf dem Wasser mal wieder die Beine vertreten können. Es scheint, als hätten sich die hier nistenden Seeadler an die Menschen gewöhnt.

Umgebung von Berenike

Vetus Hydreuma (arab. Abu Qreiya): Die von Plinius dem Älteren und anderen antiken Autoren beschriebene Route von Berenike nach Koptos war in der römischen Kaiserzeit die wichtigste Verbindung zwischen Rotem Meer und dem Niltal. Diesen Weg nahmen die mit Weihrauch, Pfeffer, Porzellan, Seidenstoffen und anderen Schätzen des Orients beladenden Karawanen. Ihre erste Tagesetappe führte sie an den Rand der Küstenebene in das Lager Vetus Hydreuma. Zwei Mauerngevierte liegen dicht beieinander: das eine vielleicht ein Fort für die Soldaten, die hier den Zugang nach Berenike bewachten, und das andere, größere, die Karawanserei für die Reisenden. Weitere Gebäudespuren findet man auf dem Hügel neben der Karawanserei, frühere Forscher sahen auch die heute verschwundenen Reste eines Aquädukts. Den gefundenen Tonscherben nach wurde Vetus Hydreuma von der ptolemäischen Zeit bis ins 6. Jh. benutzt.

Anfahrt: Die Straße Baranis – Scheich Schazli in der ersten Linkskurve (nach 10,7 km) rechts verlassen, der Fahrspur bis in die Ebene folgen, dann weiter am Gebirgsrand halten. Insgesamt 2,5 km nach der Teerstraße liegt Vetus Hedreuma bei 24°03'47"N 35°18'06"O.

Die Beja – das vergessene Volk

Das Wadi Hammamat bildet die ungeschriebene Grenze zwischen dem Territorium der arabischen Beduinen vom Stamm der Ma'aza und dem Land der *Ababda,* einem Stamm, der mit den vorarabischen Ägyptern der Pharaonenzeit verwandt ist. Die meisten der etwa 20.000 Ababda sprechen heute Arabisch, doch mit einem Dialekt, der jedem Nilägypter die Haare zu Berge stehen lässt. Die *Bischarin* jedoch, ein beiderseits der sudanesisch-ägyptischen Grenze nomadisierender Stamm, sprechen noch ihre ursprüngliche Sprache To-Bedawi. Ababda und Bischarin gehören zur Beja-Volksgruppe, die auch im Sudan und im Norden Eritreas beheimatet ist.

Mit ihren Schafen, Ziegen und Kamelen ziehen die Beja in kleinen Gruppen von Wasserloch zu Wasserloch durch die Gebirgswüste und trinken den an Plastikfolien gewonnenen Morgentau, der im Winter nicht selten vereist ist. Noch heute leben viele Beja ohne Fernsehen, Radio, Schule, Arzt und andere Segnungen der Moderne. Treffen zwei Gruppen in der Wildnis durch Zufall aufeinander, werden im Schatten einer Akazie bei einer Kaffeezeremonie die aktuellen Nachrichten über Geburten, Hochzeiten und Sterbefälle ausgetauscht Exakt teilen sie einander mit, wo es geregnet hat, wie viele Tiere die sprießende Vegetation zu nähren vermag, und wer schon alles dorthin unterwegs ist.

Der ägyptische Staat hat sich um die Beja bislang nur wenig gekümmert. Mit dem Bau des Assuandammes verloren die Nomaden, die weder Zeitung lasen noch Radio hörten, ohne jede Vorwarnung ihre Sommerweiden am Nil. Wo seit Menschengedenken üppiges Grün war, standen sie eines Frühjahrs hilflos am direkten Übergang von Wüste und Wasser. Als die Ethnologin Schahira Fawzi nach der Katastrophe versuchte, den Nomaden zu erklären, warum ihre Sommerweide versank, wollte ihre Geschichte vom Staudamm niemanden recht überzeugen. „Du bist zu jung, um solche Dinge zu wissen", entgegneten ihr die Alten und erklärten ihrerseits, dass es sich um eine besonders lange und gewaltige Nilflut handeln müsse.

Solange der See anstieg, blieb en Beja nur der ganzjährige Aufenthalt auf ihren Winterweiden um die spärlichen Quellen von Wadi Abraq, Wadi Hadien und am Bir asch-Schalatin. Übervölkerung, Überweidung und blutiger Streit um die Wasserrechte waren die Folge. Einige Familien schickten ihre Söhne in die Minen zur Arbeit, andere schlossen sich ihren sesshaften Stammesgenossen in Darau und Assuan an. Diese *Aschab el-Manach,* die „Gefährten vom Rastplatz", sind der wichtigste Kontakt der Beja zur Außenwelt. Ihnen übergeben sie am Rande der Wüste ihre für den Markt bestimmten Tiere, dazu Holzkohle und Heilkräuter; jene besorgen dafür Mehl, Zucker, Kaffee und Schmuck, ohne dass durch die Hände der Nomaden eine einzige Pfundnote geht. Auf dem Markt von Darau erkennt man die Beja an ihren wulstartig um den Kopf geschlungenen Tüchern.

Schenschef: Eine der am besten erhaltenen und zugleich rätselhaftesten Ruinenstädte der östlichen Wüste versteckt sich im Wadi Schenschef, 22 km Luftlinie südsüdöstlich des antiken Berenike. Mit Wegzeichen markierte, an manchen Stellen befestigte oder gar aus dem Fels gehauene Pfade führen von der Brunnenfestung im Wadi Qalalat über die Berge, so dass es damals möglich war, an einem Tag von Berenike nach Schenschef zu wandern. Die im 5./6. Jh. florierende Siedlung umfasst etwa 300 Gebäude: die einen aus braungelben, behauenen Steinplatten, rechteckig, mit manchmal noch zwei bis drei Meter hohen Mauern samt Türöffnungen, Fenstern und Wandschränken; die anderen, sehr viel schlichter und nur noch als Grundrisse auszumachen, aus grauen, naturbelassenen Steinen. Wenigstens einige Bewohner von Schenschef müssen recht wohlhabend gewesen sein, denn die Archäologen fanden indischen Pfeffer, Edelsteine aus Sri Lanka und Amphoren aus Zypern. Es gibt einen noch heute von den Beduinen benutzten Brunnen und zahlreiche Gräber. Auf der Anhöhe östlich der Siedlung wacht eine Burg – den Funden nach wurde sie im 1. Jh. v. Chr. angelegt und irgendwann in der früheren Kaiserzeit aufgegeben, also lange vor dem Entstehen der Siedlung unten im Tal. Das große Rätsel von Schenschef ist sein „Warum hier?" Es gab kein Bergwerk, keine Handelsstraße führte vorbei. George W. Murray vermutete, Schenschef sei Berenikes Sommerfrische in den Monaten gewesen, wenn der Monsun den Schiffsverkehr blockierte. Andere spekulieren, in der Antike habe es hier genug Wasser gegeben, um Ackerbau zu betreiben.

Mit einem ortskundigen Führer kann man von Schenschef in 2½ Std. übers Gebirge nach **Hitan Rayan** wandern, einer ähnlichen, doch kleineren und ärmeren Siedlung im Nirgendwo (23°47'48"N 35°19'44"O).

Anfahrt nach Schenschef: Die Küstenstraße bei 23°42'00"N 35°27'29"O gen Westen verlassen. Nach 3,4 km rechts ins Wadi Schenschef, bis Felsblöcke die Fahrt beenden. Noch eine knappe Stunde zu Fuß weiter. Der Brunnen (23°44'01"N 35°22'54"O) signalisiert den Beginn der Siedlung, die Burg ist bei 23°44'09"N 35°23'05"O.

Der Brunnen im Wadi Chuda

Wadi Chuda: Nach dem Besuch von Schenschef kann man das Haupttal, Wadi Chuda, noch weiter landeinwärts erkunden. Man passiert weit auseinandergezogene Lagerplätze mit den für die Gegend typischen, aus Akazienholz errichteten Hütten. 32 km nach der Küstenstraße geht es rechts ab zum Grab von **Scheich Abu Farhan** am Fuß des Gebel Dahanib, ein Lokalheiliger, über dessen Wundertaten ich nichts zu berichten weiß. Kurz nach der Abzweigung mündet das Haupttal in einen Talkessel mit weiteren, wohl nur nach Niederschlägen bewohnten Lagerplätzen und einem großen Beduinenfriedhof. 7 km östlich ereicht man inmitten von Schotterflächen mit **Bir Bitan** einen besonders trostlosen Ort. Der Brunnen speist einen bescheidenen, von Steinmauern geschützten Garten mit Akazien und jungen Dattelpalmen. Im Westen erkennt man die Arbeitersiedlung einer aufgelassenen Goldmine. Schon die Ptolemäer schürften hier nach dem kostbaren Edelmetall. Eine weitere Wasserstelle wartet im **Wadi Rahaba**.

Bir Bitan 35°03'39"O 23°37'54"N; Wadi Rahaba 23°32'54"N 35°09'50"O.

Bir Abraq

Die heimliche Hauptstadt der Ababda ist strategisch günstig am Rand eines großen Wadis positioniert, durch das die vor dem Bau der Teerstraßen viel benutzte Piste zwischen Assuan und Schalatin führt. Hier kann sich keiner unbemerkt vorbeischleichen. Es gibt ein paar Straßenlampen, einen Wassertank, Heiligenschrein, Militärposten und das Gehöft des Scheichs, dem jeder Fremde einen Höflichkeitsbesuch abstattet und sich ins Gästebuch einträgt, und etwas abseits ein Beduinencamp.

Ein Akazienhain weist den Weg zur **Quelle**. Das Wasser rinnt aus eigener Kraft aus der Felswand, Kamele, Esel und Vögel sind anders als bei den Wüstenbrunnen nicht auf die Hilfe von Menschen angewiesen, die ihnen das Wasser in schweren Kanistern aus der Tiefe hieven. Leider labt die Quelle auch viele Fliegen und Stechmücken. An der Felswand über der Wasserstelle haben sich seit Jahrtausenden die Besucher verewigt. Die geritzten, ausnahmsweise auch gepickten **Felsbilder** zeigen Strichmännchen, grotesk in die Länge gezogene „Stretch-Rinder" mit geschwungenen Hörnern, manchen wird gerade die Kehle durchgeschnitten; dazu Steinböcke, Falken, Kamele sowie um Bir Abraq seit langem ausgestorbene Giraffen und Strauße. Man erkennt Schiffe, Reiter und christliche Symbole, schließlich uns unverständliche Piktogramme, vielleicht Brandzeichen von Herdenbesitzern, die hier mit ihren Tieren rasteten. Einzigartig in der Östlichen Wüste ist der hoch oben in die Wand geritzte Elefant, wahrscheinlich eine Erinnerung an die von den Ptolemäern auf dem Seeweg importierten Kriegselefanten, die auf dem Weg an den Nil hier vorbeizogen.

Auf der Anhöhe im Süden wacht ein ptolemäisches **Fort** über den Ort und den Zugang zur Quelle. Vom Talgrund führt ein Zick-Zack-Pfad zum Eingang auf der Westseite der Burg, doch heute ist der einfachste Aufstieg von Südosten, man muss dann oben nur über die Mauer klettern. Diese ist bis zu 2 Meter dick, passt sich auf der Hangseite dem Geländeverlauf an und umgrenzt ein etwa 100 mal 150 Meter großes Areal. Innen ist eine weiteres, nahezu quadratisches Mauergeviert auszumachen, in dem man die Grundmauern von wohl dreißig Räumen erkennt. An der Südwestecke der äußeren Mauer stand ein Turm. Petroglyphen von Rindern und Stammessymbole deuten darauf hin, dass das Fort ein Lagerplatz für Viehherden war. Zumindest in unsicheren Zeiten, denn warum sonst sollte man Herden den Berg hinauf treiben, anstatt sie unten nahe der Wasserstelle zu lassen.

Die Quelle ist nicht der einzige Ort mit Felskunst. Ein Spaziergang vom Haus des Scheichs an der Felswand des **Wadi Abraq** entlang gen Nordwesten zeigt auf den nächsten drei Kilometern weitere Ritzzeichnungen manchmal rätselhafter Bedeutung.

Anfahrt: 34 km vor asch-Schalatin zweigt von der Küstenstraße eine nicht durchgängig geteerte Stichstraße über Bir Gahliya nach Bir Abraq ab.

Umgebung von Bir Abraq

Dank seiner zentralen Lage bietet sich Bir Abraq für Expeditionen als Camp-Standort an, von dem aus man mit Geländewagen die Umgebung erforscht. Ein Ausflug könnte auf der unvollendeten Teerstraße Richtung Küste führen. Etwa 25 km nach Bir Abraq passiert man ein Gebiet mit pittoresken Felsformationen in Gestalt von Gnomen und Fabeltieren. Die Straße führt weiter nach **Bir Gahliya**: oben auf dem Plateau die neue, vom Staat für die Nomaden gebaute Siedlung mit Betonhäuschen in Reih und Glied, mit Moschee, Elektrizität und einem Tiefbrunnen, der ausreichend Wasser liefert; unten im Wadi um den alten Brunnen die „Altstadt" aus Akazienästen, Brettern, Wellblech und Pappkarton, mit ein paar Läden und einer Teebude.

Ein anderer Ausflug führt durch das Wadi Abraq 8,5 km südostwärts und schlängelt sich dann rechts durch die Felsen und das Wadi Amrit zum **Bir Abu Saʿafa**. Das wache Auge entdeckt entlang dieser Route allerlei Petroglyphen, die Jäger, Rinderhirten und Karawanentreiber an markanten Stellen hinterlassen haben. Unter einem schützenden Felsüberhang haben sich sogar echte, mit Rötel auf den Sandstein aufgebrachte Felsmalereien erhalten. Bir Abu Saʿafa ist ein nicht weiter bemerkenswertes Dorf mit Moschee und Wasserturm, doch 5 km weiter findet man ein ptolemäisches **Quellheiligtum**. Neben einem Palmenhain markiert eine aus dem Sandstein gehauene Tempelfassade die Quelle, deren Wasser in eine natürliche, von Gras eingefasste Tränke rinnt, soweit es nicht von Plastikschläuchen aufgefangen in die Nachbarschaft zu ein paar Gärten geleitet wird. Die griechische Inschrift im Giebelfeld mag einst den Stifter genannt haben – heute ist sie zur Unkenntlichkeit verwittert, doch datieren Forscher das für Ägypten einmalige Heiligtum ins Jahr 228/227 v. Chr., als Ptolemaios III. Euergetes regierte.

Natürliche Felskunst mit Beobachter

Die Fahrspur folgt dem Wadi Amrit weiter zu einem Dorf, dem ein dänisch-ägyptisches Entwicklungsprojekt einen mit Solarstrom betriebenen Tiefbrunnen schenkte (www.ababda.aun.edu.eg). 26 km westlich der Quelle mündet das Tal auf das Wasserloch **Bir Amrit**. Dieser noch aus der Antike stammende Brunnen, mitten im Wadi gelegen, hat die Form eines kreisrunden Trichters, aus dem Kamele mittels an langen Seilen festgebundenen Kanistern das Wasser an die Oberfläche ziehen. Kreisrunde Becken dienen den Tieren als Tränke, manchmal liegen neben dem Brunnen mit Wasser gefüllte Ziegenhäute, die der Eigentümer wohl erst am Abend abholen wird. Eine schattenspendende Akazie 200 m nördlich des Brunnens bietet sich als Rastplatz an.

Um nicht auf dem gleichen Weg zurückzufahren, kann man mit einem ortskundigen Führer vom Bir Amrit dem Umweg über das Wadi Dif nehmen. Am **Bir Dif** findet man einen Beduinenfriedhof mit einem Heiligengrab. Das Wadi windet sich dann an der Südflanke des Gebel Hodein entlang. Am Ende des Bergmassivs steht ein Dorf mit Tiefbrunnen und Gärten. 8 km westwärts mündet die Route in das **Wadi Hodein** und damit auf den Fahrweg von Bir Abraq nach asch-Schalatin, an dem es einen antiken Wachturm zu erkunden gibt.

Bir Gahliya Neu-Dorf 23°30'21"N 35°08'43"O, Alt-Dorf 23°30'30"N 35°08'46"O; **Bir Abu** Saʿafa 23°18'05"N 34°47'47"O; **Bir Amrit** 23°13'40"N 34°35'12"O; **Bir Dif** Friedhof 23°11'56"N 34°49'55"O, Siedlung 23°14'26"N 34°55'47"O; **Wadi Hodein** Turm 23°14'41"N 35°03'40"O.

Asch-Schalatin
(el-Shalateen, Bir Shalatayn, Al Shalaten)

Sein Markt, seine Kamele und die exotischen Menschen machen das eine Autostunde südlich von Berenike und 7 km von der Küste liegende asch-Schalatin zu einem beliebten Ziel für Tagesausflüge aus den Hotels der Marsa-Alam-Region. Doch die Staatsgewalt ist misstrauisch: Polizisten haben die Ausflügler immer im Auge und wachen darüber, dass der Kontakt mit den Einheimischen in geordneten Bahnen verläuft. Eine Kollegin verglich Schalatin mit einem hormongesteuerten Teenager: voller Energie und Aufbruchstimmung, gleichzeitig unsicher über die eigene Identität und den zukünftigen Weg. Auf Lastwagen türmen sich Fässer, Kanister, Kisten und andere Behältnisse rätselhaften Inhalts – legale Handelsware und Schmuggelgut. Und dann ist da der Kamelmarkt. Doch über all diesem Treiben hängt als Damoklesschwert das Gerücht, die Regierung werde den Markt und die Zollabfertigung weiter gen Süden nach Halaib verlegen.

Orientierung: Am Checkpoint biegt man von der Landstraße links ab, an der Tankstelle gabelt sich die Prachtmeile. Geradeaus geht es zum *Behördenviertel* mit Bank, Post, Rathaus, Parteibüro, Krankenstation, den üblichen, rasterförmig angelegten Wohnblocks der Staatsbediensteten und natürlich einer Moschee. Diese Straße endet im *Fischerdorf* Qaryat el-Sayadin mit dem Hafen.

Zum *Marktviertel* geht es an der Tankstelle rechts. Diese Straße mündet auf einen Platz mit den Obst- und Gemüsehändlern (ihre Waren kommen aus Assuan), der Taxi- und Busstation und ein paar städtisch anmutenden Betonhäusern. Der eigentliche Basar beginnt hinter dem Platz und ist nicht mehr als eine Ansammlung von Bretterbuden, die einen farbenfroh und proper, die anderen verfallen und schon lange verlassen. Auf den Straßen sieht man fast nur Männer – und die auch nur frühmorgens und abends, tagsüber lähmt die glühende Hitze alle Aktivitäten. Am Rand des Basars hausen frühere Nomaden, von der nun schon so lange anhaltenden Dürre in die Stadt getrieben. Der Stadt lockt sie mit Stromanschluss und vor allem dem Tankwagen, der das wertvolle Wasser verteilt – kostenlos, so viel der Haushalt braucht. Die provisorisch scheinenden Hütten aus Brettern, Wellblech und anderen Zivilisationsabfällen leuchten als grün und blau gestrichene Farbtupfer in der sonst gelbbraunen Landschaft.

• *Übernachten* **Haramin**, im lange einzigen Hotel der Stadt treffen sich Furchtlose, Gestrandete und Abenteurer. Viel los ist nicht, denn die Fahrer bleiben im Lkw und die Treiber campieren bei den Kamelen. Die mit Bett, Stuhl und Tisch eingerichteten Zimmer haben immerhin Klimaanlage, einige auch Balkon und eigenes Bad. Handtuch, Klopapier und Frühstück muss man sich selbst besorgen. Bett 20 LE, ganzes Zimmer 100 LE. An der Zufahrt zum Marktplatz.

Barghout („Floh"), wurde erst nach meinem Besuch fertig und hat einen für ein Hotel nun wirklich unpassenden Namen, soll aber derzeit die gegenüber dem Haramin bessere Übernachtungsadresse sein. Am Marktplatz.

• *Essen* **Matham Abu Haggag**, im Basar, ebenerdig der Speiseraum und die straßenseitige Veranda für Einheimische und Individualtouristen, im 1. Stock ein Saal für Reisegruppen – und die wohl saubersten Toiletten der Stadt. Es gibt Hühnchen, Schaschlik, Pommes, süßen Pudding, Tee und Softdrinks. Ein Karren, strategisch günstig direkt vor dem Lokal platziert, verkauft Foul und Ta'amiya.

Basmit el-Ganoub, im Basar, neues Restaurant, das Angebot wie bei Abu Haggag – und auch hier kein Fisch!

• *Einkaufen* Als Mitbringsel aus asch-Schalatin eignen sich z. B. die bunten Bastteller und Fliegenwedel. Oder eine **Jabana**, jene Kalebasse aus Ton, in der die Nomaden der Region ihren Kaffee zubereiten. Das Ding gibt es auch im Set mit den passenden Tässchen dazu.

684 Rotes Meer

Kamelmarkt: Auf einer kahlen Freifläche am Westrand des Basarviertels enden die Kamelkarawanen aus dem Sudan. Bis hierher und nicht weiter dürfen die sudanesischen Treiber ohne Ausweis- und Zollkontrollen, hier verkaufen die wortwörtlich gut betuchten, mit schneeweißen Gewändern und imposanten Turbanen bekleideten Herdenbesitzer ihre gewöhnlich für den Schlachthof bestimmten Tiere an ägyptische Händler, welche die Kamele auf Lastwagen verladen und weiter gen Norden schicken. Mit ihrem Lohn erstehen die sudanesischen Viehhirten, oft farbenprächtig gekleidete Beduinen vom Stamm der Raschaida, dann die auch bei Touristen beliebten Fliegenwedel und Satteltaschen oder auch die gleichermaßen nützlichen Blechtöpfe, Stoffballen und andere Industriewaren. Periodisch lässt das Gerücht, die Zollgrenze würde verlegt und der Kamelmarkt aufgelöst, die Händler um ihr Auskommen fürchten.

> **Stark und fett vom Fisch …**
> Über die Küstenbewohner berichtet der englische Forscher George F. Murray 1935: „Die Fischer werden von ihren Stammesgenossen nicht als echte Ababda anerkannt – ihr Vorfahre sei auf einem Baumstamm an den Strand gespült worden. Sie fangen ihre Fische mit Speeren und Netzen, denn sie haben keine Boote oder Kanus und fürchten sich vor dem Meer. Doch weil sie vom Fisch leben, bleiben sie stark und fett, wenn die Gebirgsbewohner aus Mangel an Getreide Hunger leiden. Sogar ihre Kamele füttern sie mit Fisch, und wenn das Wasser warm genug ist, gehen die Kamele ins Meer und fressen Wasserpflanzen. Diese Leute haben sich seit Generationen an das brackige Wasser gewöhnt, das sie an den Mündungen der Wadis aus dem Boden holen. So leben sie heute von einem „Trinkwasser", das kein anderes menschliches Wesen genießen kann."

Halaib-Dreieck

In asch-Schalatin endet für Ausländer und gewöhnliche Ägypter die Fahrt gen Süden. Die Weiterreise in den Sudan wird nicht erlaubt. Doch wo beginnt der Sudan? Nach sudanesischer Auffassung gleich hinter asch-Schalatin, während die Ägypter auf einer Grenzlinie viel weiter im Süden, entlang dem 22. Breitengrad, bestehen. Jahrzehnte schien es ohne Belang, zu welchem Staat das umstrittene, gerade 20.000 km² große Halaib-Dreieck und seine Nomaden denn nun gehörten. Brisant wurde die Frage erst, als sich eine kanadische Firma für die vor der Küste vermuteten Ölvorkommen interessierte. Der Streit, ob nun der anglo-ägyptische Vertrag von 1899 oder eine Ergänzungsvereinbarung von 1907 für den Grenzverlauf maßgeblich sei, brachte die beiden Länder an den Rand eines Krieges und ist im Prinzip noch immer ungelöst, obwohl der Sudan die ägyptische Verwaltung derzeit akzeptiert. In aller Eile „entwickelten" die Ägypter Ende des 20. Jahrhunderts das vernachlässigte Randgebiet, errichteten Polikliniken, Moscheen und vor allem Polizeiposten und Militärstationen. Man vergab Konzessionen an Bergbaukonsortien, die hier Magnesit und den edlen, rosa-grau-schwarz marmorierten Halayeb-Marmor abbauen.

Gebel Elba (1439 m)

Es bleibt abzuwarten, ob die Öffnung der südlichen Rotmeerküste für den Tourismus auch den Gebel Elba erreichen wird. Vielleicht werden Naturschützer dafür sorgen, dass dieses Paradies auch künftig nur von den Nomaden und seltenen wissenschaftlichen Expeditionen betreten wird. Der großräumig als Naturschutzgebiet ausgewiesene Inselberg (22°10'29"N 36°21'22"O) erhebt sich im Hinterland von Halaib etwa 1000 m über das Wüstenplateau. Was aus der Ferne als Fata Morgana erscheint, wird beim Besteigen des Berges zur Realität: Nebel und Wolken nehmen die Sicht. Von den Nordostwinden empfängt der Gebel Elba ab und an Niederschläge, dazu gibt es reichlich Tau und Kondenswasser. Kein Wunder, dass sich hier ein kleines Paradies entfaltet, in dem wahrscheinlich mehr Bäume wachsen als im gesamten Rest der ägyptischen Wüsten. 458 der insgesamt 800 in Ägypten bekannten Wildpflanzen wurden am Gebel Elba gesichtet. Lämmergeier, Adler, Wildesel, Gazellen, Igel, Wildkatzen und Hyänen haben in diesem Rückzugsgebiet überlebt. Allerdings sieht es so aus, als würde das Klima auf lange Sicht immer trockener, und gerade seit Beginn dieses Jahrtausends leidet die Gegend wieder unter einer Dürre. So erinnern sich inzwischen nur noch die Alten, einst in den Wadis auch seltsame „Kamele auf zwei Beinen" beim Grasen gesehen zu haben – den Vogel Strauß.

Lesetipp www.birdinginegypt.com/documents/gebel-elba-ornithological-survey.pdf.

Café Gabana

Wenn ein Beja unterwegs ist, und das ist er als Nomade ja die meiste Zeit, trägt er nur das Notwendigste bei sich. Dazu gehört ein Set für die Kaffeezeremonie. Egal ob mit Fremden oder Freunden, jedes Treffen beginnt mit einem Kaffee – und den zuzubereiten braucht es etwas Zeit und die richtigen Utensilien.

Hauptstück des Kaffee-Sets ist die Gabana, ein rundkolbenförmiges Tongefäß. Dazu gehört auch ein Bastring, um die Gabana abstellen zu können, ohne dass sie umfällt. Außerdem eine Pfanne zum Rösten der Kaffeebohnen, wozu die Beja keine herkömmliche Bratpfanne benutzen, sondern eine alte Blechdose, die in ihrem früheren Leben vielleicht einmal Thunfisch oder Erdnüsse enthielt. Dank eines an die Dose gelöteten Stiels aus verdrillten Eisendrähten muss man sich beim Rösten nicht die Finger verbrennen.

Im nächsten Schritt werden in einem hölzernen Mörser die Gewürze zerkleinert: unbedingt Ingwer, nach Geschmack auch Zimt und Kardamom. Der Stößel ist traditionell aus schwarzem Gestein, doch ein Hammer tut's auch. Bevor nun auch die gerösteten Kaffeebohnen zermörsert werden, bläst man die Schalen aus, die sich in der Hitze von den Bohnen gelöst haben. Schlechte Bohnen, die sich nicht geöffnet haben, werden aussortiert. Die Mischung aus Gewürzen und Kaffeepulver wird dann in die Gabana gegeben, mit Wasser aufgefüllt und für einige Minuten in die Glut gestellt, bis der Kaffee kocht. Ein Stückchen Luffaschwamm wird als Filter in die Öffnung der Gabana geschoben, dann gießt man das Gebräu in winzige, mit reichlich Zucker gefüllte Porzellantässchen. Genießen Sie's!

Ein Gabana-Set mit Gabana und Mokkatassen *(fincan)* bekommen Sie im Basar von Schalatin, mit etwas Suchen und Nachfragen auch in Marsa Alam oder Scheich Schazli. Mehr als 100 LE sollte es nicht kosten.

Etwas Arabisch-Ägyptisch

Das arabische Alphabet

Buchstabe				Na-me	Laut-zeichen	Aussprache
isoliert	rechts	beidseits	links			
		verbunden				
ا				alif	a	langes a wie in Vater
ب	ب	ب	ب	be	b	b
ت	ت	ت	ت	te	t	t
ث	ث	ث	ث	the	th	ägyptisch t oder ß hocharabisch wie engl. think
ج	ج	ج	ج	gim	g	ägyptisch g hocharabisch stimmhaftes dsch
ح	ح	ح	ح	ha	h	raues h
خ	خ	خ	خ	cha	ch	wie ch in Bach
د				dal	d	d
ذ				dhal	dh	ägyptisch d hocharabisch wie engl. there
ر				re	r	Zungen-r
ز				se	s	stimmhaftes wie in Rose
س	س	س	س	ßin	ß	ß
ش	ش	ش	ش	schin	sch	sch
ص	ص	ص	ص	ßad	ß	Emphatisches, d. h. betontes und an den Gaumen gepresstes ß
ض	ض	ض	ض	dad	d	emphatisches d
ط	ط	ط	ط	ta	t	emphatisches t
ظ	ظ	ظ	ظ	sa	s	emphatisches s
ع	ع	ع	ع	ain	'	ägyptisch kurzes a; hocharabisch eigentümlicher Kehlkopfpresslaut
غ	غ	غ	غ	ghen	gh	Gaumen-r
ف	ف	ف	ف	fe	f	f
ق	ق	ق	ق	qaf	q	In Nordägypten als Stimmabsatz, sonst als g; hocharab. kehliges k
ك	ك	ك	ك	kaf	k	k
ل	ل	ل	ل	lam	l	l
م	م	م	م	mim	m	m
ن	ن	ن	ن	nun	n	n
ه	ه	ه	ه	he	h	h
و				waw	w	als Konsonant wie engl. w als Vokal langes o oder u
ى	ى	ى	ى	je	i	als Konsonant wie deutsches j als Vokal langes e oder i

Da das arabische und das lateinische Alphabet nicht identisch sind, gibt es für die Übersetzung arabischer Namen in die lateinische Schrift oft mehrere unterschiedliche Schreibweisen. So sind z. B. Mallawi, Mellawi und Mellaoui ein und dieselbe Stadt.

Mein Favorit unter den Reisesprachführern für Ägypten ist Roland Kühnels *Sprachführer Nahost*, erschienen im Harassowitz Verlag, Wiesbaden.

Elementares

Grußformeln, Vorstellung

Grußformel	eß ßalāma aleikum
guten Morgen	ßabāh el cher
(Antwort)	ßabāh en nur
guten Abend (ab Spätnachmittag)	mißā el cher
(Antwort)	mißā en nur
gute Nacht	tußbah ala cher
(Antwort m/w)	winta/winti min ahluh
Hallo! Grüß' Sie! (Sg./Pl.)	ahlan/ahlēn
(Antwort m/w)	ahlan bīk/bīkii
Willkommen!	marhaban
Wie geht's? (m/w)	isaijak/isaijik?
Danke, gut (m/w)	allhamdulilāh kwaijis
So lala	nuß wa nuß
Wie heißen Sie? (m/w)	ißmak/ißmik ē?
Ich heiße ...	ißmī ...
Ich bin ...	ana...
Deutscher (m/w)	almānī/almānīja
Österreicher (m/w)	nimßāwī/nimßāwīja
Schweizer (m/w)...	ßwißrī/ßwißrīja
Ich bin (nicht) verheiratet (m/w)	ana (msch) mgauwis/ mgauwisa
Darf ich (m/w) vorstellen: mein(e) ...	mumkin adimlak/ addimlik:
...Mann/Frau	gūsi/merātii
...Eltern/Kinder	walidēni/awlādii
...Sohn/Tochter	ibni/bintii
...Bruder/Schwester	achūja/uchtii
...Freund/Freundin	ßadīi/ßadīti
...Kollegen/Kollegin	samili/saīlti
Auf Wiedersehen	maaßalāma

Minimalwortschatz

ja/nein	aiwa/laa
nicht	mesch
vielleicht	mumkin
okay, einverstanden	tamām
danke	schukran
bitte, gern geschehen	āfwan
Entschuldigen Sie!	āsif
Macht nichts!	maalesch
Was willst Du?	inte āuß ē?
Ich will das nicht!	ana mesch āuß da!
Hau ab!	emschi!
groß/klein	kebīr/ßghīr
gut/schlecht	kwajes/wehesch
viel/wenig	ktīr/alīl
oben/unten	fōg/tacht
links/rechts	schimāl/jamīn
geradeaus	ala tūl
Ich	ana
du (m/w)	enta/enti
er/sie/es	huwa/hije/huwa
wir/ihr/sie (Pl.)	echna/intu/humma
der da, das da	da
die da (w/Pl.)	di/do
(ein) anderes	tanī

Fragen und Antworten

Sprechen Sie (w) Englisch/Deutsch?	bitkallim(i) inglīsī/almāni?
Ich versteh'/spreche nur wenig Arabisch	ana befham/bekallim arabi schwaija baß
Wie bitte?	afandim?
Ich verstehe nicht (m/w)	ana misch fahim/faha
Ich weiß nicht	msch ārif
Wie heißt dies?	da ißmu ē?
Können Sie es bitte noch einmal wiederholen? (m/w)	uhl da kamahn marra min fadlak/fadlik
Wann?	emta?
Was?	ē?
Warum?	lē?
Wer ist ...?	mīn ...?
Wo ist ...?	... fēn?
Wohin ...?	... ala fēn?
Woher ...?	... minēn?
Welcher (m/w)?	anhu/anhī?
Was ist los?	fī haga?
Wie viele?	ad aj?
Wie weit ist das?	Kam il masāfa?

Unterwegs

Gibt es hier...	fī hina …
Ich brauche ein/zwei Tickets nach...	āuwis tazkira/ taskaratēn a la …
Was kostet die Fahrkarte nach...	taskarit … bikam?
Abfahrt	qijam
Ankunft	wußūl
Wo ist die Gepäckaufbewahrung?	Fēn al-amanāt?
Touristinformation	maktab aß-ßiyāha
Kilometer	kilomitr, kilu
Straße	schare'a
Pfad	mamar
Reservierung	hags
Ich möchte aussteigen	ana āuwis ansil
Sagen Sie mir bitte, wann ich aussteigen muss	qulli min fadlak emta lasim ansill

Flugzeug/Schiff

Zum Flughafen, bitte	al-matār, min fadlak
Wie lange dauert es mit dem Taxi zum Flughafen?	ir-rihla bil-takßi alal-matar tachud addi ē?
Gibt es einen Flughafenbus?	fī utubiß lil-matār?
Wo ist der Bus ins Zentrum?	il-utubiß ala wast il-balad fēn?
Schiff (großes)	ßafina
Hafen	mīnā
Fähre	maadija

Bus/Eisenbahn

Bahnhof, Haltestelle	mahatta
Zug	atr
Waggon	arabīja
Schlafwagen	arabīja nōm
Schaffner	kumßari
Geht es hier zum Bahnhof?	min hina jarūh lil-mahatta?
Wann ist der Schalter geöffnet?	schibbāk at-tazākir hajiftah emta?
Wann fährt der Zug nach	emta atr li…
hin und zurück	sihāb wa auda
erste/zweite Klasse	daraga ūla/t-anja
Ermäßigung für Studenten	muhhafad li talaba
U-Bahn	mītru
Bus	utubīß
Busbahnhof	mau'if il-utubīß
Welche Linie fährt nach …	utubiß nimra kam birūh…
Darf ich mal vorbei?	aadi lau ßamacht?
Ist das schon …?	dē…

Taxi

Sind Sie frei?	fādī jā usta?
Was kostet es nach …	…bikam?
… Pfund nach …, okay?	…gīnē lahad…, māschi?
Fahrpreis	ugra
Sammeltaxi	serviß
allein	mahßūß
Bitte schließen Sie das Fenster	min fadlak iqfil esch-schibbāk
Ich rauche nicht	mābadachasch
Bitte kehren Sie um!	lau ßamacht ragāani
Langsam!/Schnell!	schwaija!/yalla!
Halten Sie hier!	waaf hinā!
Warten Sie einen Moment!	lahsa, min fadlak
Hier steige ich aus.	ana ansil hinā

Orientierung

hier/dort	hina/hināk
nah/weit	arīb/baīd
Norden/Süden	schāmāl/ganūb
Osten/Westen	schar/gharb
Ich habe mich verlaufen	ana tuht
Bitte wo ist …	min fadlak aina...
Wie weit ist das?	kam il masāfa?
Welches ist der beste (kürzeste) Weg nach …	anhu aqrab (ahßan) tarī li…
Ist das der Weg nach …	huwa dā tarī…

Übernachten

Hotel	otel/fondo
Pension	bansijon
Ich habe ein Zimmer reserviert	ana hagasi ōda
Haben Sie … (m/w)	andak/andik …
… ein Einzelzimmer?	ōda singil
… ein Doppelzimmer?	ōda bi-ßirirēn
… mit Bad/Dusche?	bi-hammām
… mit Balkon?	bil-balakō
… ein anderes (billigeres) Zimmer?	ōda tanje (archaß)
Kann ich das Zimmer sehen?	mumkin aschūf il-ōda?
Das Zimmer ist schmutzig	il-ōda wascha
Ich nehme das Zimmer	hāchud il-ōda
Frühstück inklusive?	maa futūr?
Wo ist die Toilette?	it-tual-et fēn?
Toilettenpapier	wara tualet
Handtuch/Seife	futa/ßabūna
Bett(wäsche)	(milajāt eß-)ßirīr
Lampe/Birne	lamba/ambūl
Steckdose	barīßa
Heizung	tadfija
Wasser (heiß/kalt)	maija (ßuchna/bard)
Küche	matbach
Kühlschrank	talaga
Schlüssel	miftāh

im Restaurant

Restaurant	mat'am
Haben Sie …?	andak…?
Ich möchte …	ana auwis…
Ober! (m/w)	garsōn!/garsōne!
Ich habe Hunger	ana gaan
Ich habe Durst	ana atschān
Ist dieser Tisch frei?	at-tarabēsa dē fādja?
Hier ist es besser	hins ahßan
Bitte die Speisekarte	lau samacht lajhat alakl
Was kostet das?	bikam da?
Das habe ich nicht bestellt	ana mā talabtisch dā
Guten Appetit!	bil-hanna wisch-schiffā!
Prosit!	f-i sihhitak
Die Rechnung bitte	itfaddal al-hisāb
Die Rechnung stimmt nicht	al-hisaāb misch masbūt
Stimmt so!	kwaijis kidda!

Getränke

Glas/Flasche	kubbaija/isâsa
Bier	bira
(Mineral)Wasser	maija (maadanija)
Rotwein	nibīt ahmar
Weißwein	nibīt abjad
Limonade	laimūnada
Orangensaft	aßir bortuāl
Mangosaft	aßir manga
(arabischer) Kaffee	ahwa (arabija)
… ohne Zucker	sāda
… mittelsüß	masbūta
… sehr süß	sajada
Zucker	ßukkar
Tee	schaj
… mit Milch	bi laban
… mit Zitrone	bi lamūn
… mit Pfefferminz	bi nana

Speisen finden Sie auf S. 93–97

Pfeffer/Salz	filfil/malh
Essig/Öl	chal/sēt
Senf/Ketschup	mußtarda/katschab
Messer/Gabel	ßikkina/schūka
Löffel/Teelöffel	maala kabīra/maala sghīra

Einkaufen

das Geschäft	el-mahall
der Markt	eß-ßūk
Ich schaue mich nur etwas um	ana bitfarrag bass
Wo gibt es …?	fēn ala'i…?
Haben Sie …?	andak…?
Geben Sie mir … (m/w)	ana aijß/aijßa
Was kostet das?	bikam da?
…Kilo…/…Gramm…	…kilo…/…grām…
…Liter…/…Meter…	…litr…/…mitr…
ein Stück …	al-hita…
Ich nehme es	ana hachod da
zwei davon	itnēn min da
und das dazu	wa da kamān
Danke, das ist alles	schukran chalas
Das ist zu teuer	da ghali aleija
Haben Sie nichts anderes?	ma andak schi hāga chalis?
Kann ich anprobieren?	mumkin a'is?
andere Farbe	lōn tāni
Nummer kleiner/größer	nimra akbar/aßghar

Bank/Post/Telefon/Internet

Wo ist die Bank?	fēn el-banka?
Wo kann ich Geld wechseln?	fēn ahwil fīlūß ahsan?
Nehmen Sie …	bitāchus…
…Euro	…juro
…Schweizer Franken	…frank swīßri
…einen Scheck	esch-schek
Geldautomat	makanit il-fīlūß
Geldkarte	kart il-fīlūß
Wie sind die Gebühren?	an-nißba ē il-fawājid?
Bitte eine Quittung!	el-fatūra min fadlak!
Post	el-bosta
Brief	gawāb
Umschlag	sarf
Briefkasten	sandū' il-barīd
… Briefmarken nach Europa	…tawābi li ūrōba
eingeschrieben	tasgīl
mit/ohne Luftpost	gauwi/aādi
Postkarte	kart bostal
Paket	tard
postlagernd	mahfuß
Telefon	telefōn
Telefonamt	ßentrāl
Telefonkarte	kart telefōn
Telefonnummer	nimrit telefōn
Telefonzelle	kabīnit telefōn
Faxgerät	gihāz faks
Was kostet eine Seite nach …?	as-safha bikam li…
Ich möchte nach Deutschland telefonieren	auwis mukālama ala almānja
Wie ist Ihre Telefonnummer?	nimrit tilifōnak kām?
Haben Sie ein Handy?	andak mobayl?
Wo ist ein Internetcafé?	fēn el-internet café?
Haben Sie einen Internetanschluss?	andak chatt internet?
Die Verbindung klappt nicht	el-ittisāl misch schaghal

Sehenswertes

Ausgang/Eingang	machragh/madchal
Berg, Gebirge/Tal	gebel/wadi
Höhle	magāra
Fluss/Kanal	nahr/teraa
Meer/Strand	bahr/schāti
Nil	nahr en-nil
Insel/Brücke	gesīra/kubri
Stadt/Dorf	madīna/'arja
Stadtzentrum/-viertel	wißt el-balad/haij
Burg/Palast	'asr/'alaat

Kirche/Kloster	keniße/deir	*Museum*	mathaf
Markt/Platz	sūq/midān	*Tempel/Tor*	maabad/bab
Moschee	gamia	*Straße/Gasse*	scharia/hara
Friedhof/Grabmal	'arafa/'abr		

Hilfe & Krankheit

krank (m/w)	marīd/marīda	*Antibabypille*	habbat mana il-habl
Arzt/Zahnarzt	duktūr/duktūr ßinān	*Kondom*	aral tabi
Wann öffnet die Praxis?	al-'ijāda tatiftah imta?	*Pflaster*	blaster
		Salbe	marham
Krankenhaus	mußtaschfa	*Tablette*	birschām
Apotheke	agsachāna	*Polizei*	bolīß
Allergie	haßäßīja	*Hilfe!*	an nagda!
Durchfall	el-ißhāl	*Ich habe … verloren*	daait …
Verstopfung	el-imßāk	*Unfall*	hadsa

Zahlen

0	٠ sifr	10	١٠ aschera	20	٢٠ aschrīn	100	١٠٠ mīja
1	١ wāhid	11	١١ hidāschar	21	٢١ wāhid wi aschrin	200	٢٠٠ mitēn
2	٢ itnēn	12	١٢ itnāschar	22	٢٢ itnēn wi aschrin	300	٣٠٠ tultu mīja
3	٣ talāta	13	١٣ talattāschar	30	٣٠ talatīn	1000 (Pl.)	alf (ālāf)
4	٤ arbaa	14	١٤ arbaatāschar	40	٤٠ arbaīn	2000	alfēn
5	٥ chamßa	15	١٥ chamastāschar	50	٥٠ chamsīn	10.000	aschratālāf
6	٦ ßita	16	١٦ sittāschar	60	٦٠ sittīn	1.000.000	maljun
7	٧ ßaba	17	١٧ sabaatāschar	70	٧٠ sabaīn	¼, Viertel	ruba
8	٨ tamanja	18	١٨ tamantāschar	80	٨٠ tamanīn	½, Hälfte	nuß
9	٩ tißa	19	١٩ tisaatāschar	90	٩٠ tisaīn		

Zeit

Morgen, morgens	iß-subh, ßabahan	*Woche (Pl.)*	isbua (asābīa)
Vormittag, vormittags	abl id-duhr	*Monat (Pl.)*	schahr (schuhūr)
Mittag, mittags	id-duhr	*Jahr (Pl.)*	ßana (ßinīn)
nachmittags	baad id-duhr	*Stunde/Minute*	ßāa/dagiga
abends, nachts	bil-lēl	**Wochentage**	
heute	in-nahārda	*Sonntag*	il-had
morgen	bukra	*Montag*	il-itnēn
übermorgen	baadi bukra	*Dienstag*	it-talāt
gestern	imbēreh	*Mittwoch*	il-arbaa
vorgestern	auwal imbēreh	*Donnerstag*	il-chamīs
jetzt/später	dilwatī/baadēn	*Freitag*	il-gumaa
Tag (Pl.)/täglich	jōm (ajjām)/kulli jōm	*Samstag*	il-sabt

Glossar

ʿAin – Quelle

Alamat – als Wegzeichen in der Wüste aufgeschichteter Steinhaufen

Anachoreten – von gr. anachoresis („Zurückgezogenheit"), asketische Einsiedler, die jede menschliche Gemeinschaft meiden

Anch – als „Lebensschlüssel" (eigentlich ein Sandalenriemen) ein Glücksbringer und Symbol des Weiterlebens nach dem Tode

Architrav – auf Säulen, Mauern u.ä. Stützen aufliegender tragender Sturz

Ba – in der Pharaonenzeit Träger der immateriellen Substanz des Menschen, vergleichbar unserer Seele, oft als Vogel dargestellt

Bab – Stadttor

Beit – Haus

Bir – Brunnen, Zisterne

Darb – Gasse, Weg

Deir – Kloster

Djed-Pfeiler – ein stilisierter Baum als altägyptisches Symbol für Dauer und Ewigkeit, Kultsymbol des Osiris

Duat – Unterwelt, welche die Sonne während der Nacht durchquert

Emir – Ehrentitel mit der Bedeutung Fürst, Statthalter, Befehlshaber u. ä.

Gebel – Berg

Gamiʿ – Moschee für das Freitagsgebet

Hadith – schriftliche Überlieferung der Worte und Taten des Propheten Mohammed

Hadsch (Hagg) – Pilgerfahrt, besonders nach Mekka; Ehrentitel eines Mekkapilgers

Hamiten – Sammelbegriff für die nicht-semitischen Völker Nordafrikas mit (umstritten) verwandten („hamitischen") Sprachen, z. B. Altägyptisch-Koptisch und Nubisch (Ägypten), Berberisch (Sahara), Kuschitisch (Sudan, Eritrea)

Hammâm – öffentliches (Dampf-)Bad

Hydreuma – befestigte Wasserstation in der Wüste

Hijab – wörtl. Schranke, meint züchtige Bekleidung und besonders das Kopftuch

idiorhythmisch – von gr. idio („eigen..."), Leben der Einsiedler-Kolonien nach den Regeln des heiligen Antonius, die den Mönchen – abgesehen vom gemeinsamen Gottesdienst – die freie Privatgestaltung ihres Lebens erlauben

Ikonostase – mit Ikonen geschmückte Wand, die in den Ostkirchen den Altarraum vom Kirchenschiff trennt

Iwan oder **Liwan** – ursprünglich persische Bezeichnung für die Audienzhalle des Königs. In der muslimischen Zeit Bezeichnung für eine zum Innenhof offene Bogenhalle in Medresen, Moscheen oder Wohnhäusern.

Ka – bedeutet in der Pharaonenzeit die Lebenskraft des Menschen

Kaaba – würfelförmiges Hauptheiligtum des Islam in Mekka, an dessen Südostecke ein schwarzer Meteorit eingemauert ist, der schon vor Mohammed ein Kultobjekt der arabischen Stämme war

Kalif – Nachfolger Mohammeds als Führer der muslimischen Gemeinschaft

Kanopen – Krüge, in denen die alten Ägypter die Eingeweide der Mumifizierten aufbewahrten

Kartusche – ovaler Ring mit dem Geburts- oder Krönungsnamen eines Pharaos

Kenotaph – Grabmal zur Erinnerung an einen Toten, der anderswo bestattet ist

Khan – Lagerhaus, Karawanserei

Khanqah – klosterähnliches Zentrum einer Sufibruderschaft

Khedive – Titel (1867–1914) der Vizekönige von Ägypten, die nominell dem türkischen Sultan unterstanden

Kibla → Qibla

koinobitisch – von gr. Koinon („Gemeinschaft"), gemeinschaftliches Leben der Mönche nach auf Pachomius zurückgehende Regeln, nach denen eine größere Anzahl Mönche unter der Führung eines Abtes in dauernder Gemeinschaft zusammen lebt

Kom – Hügel aus Siedlungsschutt

Mammisi – „Geburtshaus", nämlich ab der ptolemäischen Zeit errichtete Nebentempel, in denen die Geburt des Gottes gefeiert wurde

Marabu – muslimischer Volksheiliger

Maschrabiya – gedrechselte Holzgitter für Fenstern und Erkern

Mastaba – pharaonisches Bankgrab

Medrese – traditionelle islamische höhere Schule, an der vorwiegend theologische Fächer gelehrt werden

Midan – Platz

Mihrab – nach Mekka gerichtete Gebetsnische in der Moschee

Minbar – Kanzel in der Moschee

Monolith – Steinblock aus einem Stück

Mulid – „Namenstag" und zugleich Volksfest zu Ehren eines muslimischen oder christlichen Heiligen

Naos – Hauptraum des Tempels, in dem das Kultbild stand

Obelisk – quadratischer, nach oben verjüngter und von einer Pyramide abgeschlossener Steinpfeiler

Ostrakon – beschriftete Tonscherbe oder Plättchen aus Kalkstein

Peristyl – die einen Hof umgebende Säulenhalle

Praesidium – römische Militärstation

Ptolemäer – makedonisches Herrschergeschlecht in Ägypten (305–30 v. Chr.), benannt nach Ptolemaios I., einem Feldherrn Alexanders des Großen

Pylon – „Einzugstor" eines Tempels mit zwei mächtigen Tortürmen beiderseits des Eingangs

Qal'at – Burg

Qasr – Palast, Schloss

Qibla – Gebetsrichtung nach Mekka

Rundstab – halbrunder Wulst als Kantenabschluss bei Pylonen und Stelen

Scharia – „Weg zur Tränke", das islamische Rechtssystem, entstanden aus den Arbeiten islamischer Rechtsgelehrter vom 7. bis 10. Jh. und beruhend auf dem Koran und der Sunna

Schariʿ – Straße

Sebil kuttab – „Brunnenschule"; wohlhabende Muslime stifteten im alten Kairo gerne Gebäude mit öffentlichem Brunnen und Koranschule

Semiten – Gruppe westasiatischer Völker mit verwandten („semitischen") Sprachen, z. B. Araber, Aramäer, Amharen und Tigrer (Äthiopien), Hebräer

Serdab – Statuenraum einer Grabanlage

Sistrum – rasselartiges Musikinstrument, verbunden mit dem Kult der Göttin Hathor

Stele – frei stehender, mit Inschrift oder Reliefs versehener Pfeiler

Sunna – „Brauch", das sind die in den Hadith überlieferten Reden und Taten des Propheten

Suq – Markt

Uschebti – kleine, mumienförmige Figur, die als Stellvertreter eines Dieners dem Verstorbenen mit ins Grab gegeben wurde

Wadi – Tal

Wakala – Lagerhaus, Karawanserei

Zitierte Werke

Robert Curzon, *Visit to the Monasteries in the Levant*, Erstausgabe London (Murray) 1849, zuletzt New York (Gorgias Press) 2001; zitiert nach der Übers. von Nicolaus N. W. Meißner, „Besuche in den Klöstern der Levante", Leipzig 1854

Gustave Flaubert, *Notes de Voyage*, zit. nach der Ausgabe *Ägypten*, Potsdam (Kiepenheuer) 1918

Abd-ar-Rahman al-Gabarti, *Aga'ib al-atar fi taragim wa-'l-ahbar*; dt. in der Übers. von Arnold Hottinger, „Bonaparte in Ägypten", Zürich 1983

Edward Gibbon, *Decline and Fall of the Roman Empire*, London 1776–1788

Bogumil Goltz, *Ein Kleinstädter in Ägypten*, Berlin 1853

Konstantinos Kavafis, *Brichst auf gen Ithaka... Sämtliche Gedichte*, übers. von W. Josing und D. Gundert, Köln 1983

Herodot, *Historien*, zit. nach der Ausgabe Stuttgart 1971

Ibn Battuta, *Reisen ans Ende Welt*, zit. nach Ursula Beyer (Hg.), *Kairo. Die Mutter aller Städte*, Ffm. 1983

Leo Africanus, *Beschreibung Afrikas*, übers. nach der Pariser Ausgabe 1896-98

Ahmad Maqrizi und Ibn Duqmaq zit. nach Else Reitemeyer (Hg.), *Beschreibungen Ägyptens im Mittelalter aus den geographischen Werken der Araber*, Leipzig 1903

George W. Murray, *Sons of Ismail. a Study of the Egyptian Beduin*, London 1935

Schweinfurth, Georg, *An den Küsten des Roten Meeres*, Berlin 1925

George W. Steevens, *With Kitchener to Khartoum*, London, 5.Aufl. 1898

Strabo von Amaseia, *Erdbeschreibung*, zit. nach der Ausgabe von A. Forbinger, Berlin 1908

Verlagsprogramm

Ägypten
- Ägypten
- Niltal
- Sinai & Rotes Meer

Australien
- Australien – der Osten

Baltische Länder
- Baltische Länder

Belgien
- *MM-City* Brüssel

Bulgarien
- Schwarzmeerküste

China
- *MM-City* Shanghai

Cuba
- Cuba

Dänemark
- *MM-City* Kopenhagen

Deutschland
- Allgäu
- *MM-Wandern* Allgäuer Alpen
- Altmühltal & Fränkisches Seenland
- Bayerischer Wald
- *MM-Wandern* Bayerischer Wald
- *MM-City* Berlin
- Berlin & Umgebung
- Bodensee
- *MM-City* Dresden
- Fehmarn
- Franken
- Fränkische Schweiz
- *MM-City* Hamburg
- Harz
- *MM-City* Köln
- *MM-City* Lübeck
- Mainfranken
- Mecklenburgische Seenplatte
- Mecklenburg-Vorpommern
- *MM-City* München
- *MM-Wandern* Münchner Ausflugsberge
- Nürnberg, Fürth, Erlangen
- Oberbayerische Seen
- Ostfriesland und Ostfriesische Inseln
- Ostseeküste – von Lübeck bis Kiel
- Ostseeküste – Mecklenburg-Vorpommern
- *MM-Wandern* Östliche Allgäuer Alpen
- Pfalz
- Rügen, Stralsund, Hiddensee
- Südschwarzwald
- Schleswig-Holstein Nordseeküste
- Schwäbische Alb
- Sylt
- Usedom
- *MM-Wandern* Westliche Allgäuer Alpen und Kleinwalsertal
- *MM-Wandern* Zentrale Allgäuer Alpen

Dominikanische Republik
- Dominikanische Republik

Ecuador
- Ecuador

Frankreich
- Bretagne
- Côte d'Azur
- Elsass
- *MM-Wandern* Elsass
- Haute-Provence
- Korsika
- *MM-Wandern* Korsika
- *MM-Wandern* Korsika Fernwanderwege
- Languedoc-Roussillon
- Normandie
- *MM-City* Paris
- Provence & Côte d'Azur
- *MM-Wandern* Provence
- Südfrankreich
- Südwestfrankreich

Griechenland
- Athen & Attika
- Chalkidiki
- Griechenland
- Griechische Inseln
- Karpathos
- Kefalonia & Ithaka
- Korfu
- Kos
- Kreta
- *MM-Wandern* Kreta
- Kykladen
- Lesbos
- Naxos
- Nord- u. Mittelgriechenland
- Nördl. Sporaden – Skiathos, Skopelos, Alonnisos, Skyros
- Peloponnes
- Rhodos
- Samos
- Santorini
- Thassos & Samothraki
- Zakynthos

Großbritannien
- Cornwall & Devon
- England
- *MM-City* London
- Schottland
- Südengland

Indonesien
- Bali & Lombok

Irland
- *MM-City* Dublin
- Irland

Island
- Island

Italien
- Abruzzen
- Apulien
- Adriaküste
- Cilento
- Dolomiten – Südtirol Ost
- Elba
- Friaul-Julisch Venetien
- Gardasee
- Golf von Neapel
- Italien
- Kalabrien & Basilikata
- Lago Maggiore
- Ligurien – Italienische Riviera, Genua, Cinque Terre
- *MM-Wandern* Ligurien & Cinque Terre

- Liparische Inseln
- Marken
- Mittelitalien
- Oberitalien
- Oberitalienische Seen
- Piemont & Aostatal
- *MM-Wandern* Piemont
- *MM-City* Rom
- Rom & Latium
- *MM-Wandern* Rund um Meran
- Sardinien
- *MM-Wandern* Sardinien
- Sizilien
- *MM-Wandern* Sizilien
- Südtirol
- Südtoscana
- Toscana
- *MM-Wandern* Toscana
- Umbrien
- *MM-City* Venedig
- Venetien

Kanada
- Kanada – der Osten
- Kanada – der Westen

Kroatien
- Istrien
- Kroatische Inseln & Küste
- Mittel- und Süddalmatien
- Nordkroatien – Kvarner Bucht

Malta
- Malta, Gozo, Comino

Marokko
- Südmarokko

Montenegro
- Montenegro

Neuseeland
- Neuseeland

Niederlande
- *MM-City* Amsterdam
- Niederlande

Norwegen
- Norwegen
- Südnorwegen

Österreich
- Salzburg & Salzkammergut
- Wachau, Wald- u. Weinviertel
- *MM-City* Wien

Polen
- *MM-City* Krakau
- Polnische Ostseeküste
- *MM-City* Warschau

Portugal
- Algarve
- Azoren
- *MM-City* Lissabon
- Lissabon & Umgebung
- Madeira
- *MM-Wandern* Madeira
- Nordportugal
- Portugal

Russland
- *MM-City* Moskau
- *MM-City* St. Petersburg

Schweden
- Südschweden

Schweiz
- Genferseeregion
- Graubünden
- Tessin

Slowakei
- Slowakei

Slowenien
- Slowenien

Spanien
- Andalusien
- *MM-Wandern* Andalusien
- *MM-City* Barcelona
- Costa Brava
- Costa de la Luz
- Gomera
- *MM-Wandern* Gomera
- Gran Canaria
- Ibiza
- Katalonien
- Lanzarote
- La Palma
- *MM-Wandern* La Palma
- *MM-City* Madrid
- Mallorca
- *MM-Wandern* Mallorca
- Menorca
- Nordspanien
- Spanien
- Teneriffa
- *MM-Wandern* Teneriffa

Tschechien
- *MM-City* Prag
- Südböhmen
- Tschechien
- Westböhmen & Bäderdreieck

Türkei
- *MM-City* Istanbul
- Türkei
- Türkei – Lykische Küste
- Türkei – Mittelmeerküste
- Türkei – Südägäis von İzmir bis Dalyan
- Türkische Riviera – Kappadokien

Tunesien
- Tunesien

Ungarn
- *MM-City* Budapest
- Westungarn, Budapest, Pécs, Plattensee

USA
- *MM-City* New York

Zypern
- Zypern

Aktuelle Informationen zu allen Reiseführern finden Sie im Internet unter

www.michael-mueller-verlag.de

Michael Müller Verlag GmbH, Gerberei 19, 91054 Erlangen
Tel. 0 91 31 / 81 28 08-0; Fax 0 91 31 / 20 75 41; E-Mail: info@michael-mueller-verlag.de

Register

Bei der Transkription von arabischen Namen in die lateinische Schrift gibt es kein einheitliches System. Selbst wissenschaftliche Arbeiten folgen heute nicht mehr durchweg jener Umschrift, die der Orientalistenkongress von 1935 zur Norm erhob – mit ihren vielen Sonderzeichen ist sie für den Laien nur schwer zu lesen. Auch in Ägypten selbst konkurrieren unterschiedliche lateinische Schreibweisen von Ortsnamen, steht die Hochsprache *(fusha)* neben der Umgangssprache *(ammiya)*. Namen werden oft zunächst ins Englische übertragen und kommen erst auf diesem Umweg ins Deutsche. Jede Schreibvariante kann deshalb nur ein Kompromiss sein. Ich habe das Englische *sh* als *sch* wiedergegeben und den Artikel el- (hocharabisch *al-*) weitgehend aussprachegerecht zu *en-, es-, esch-* usw. assimiliert. Ein etwaiger Artikel am Beginn eines Ortsnamens (z. B. „el-Minya") wird im Register nicht berücksichtigt (Eintrag als „Minya").

'**A**in 'Aisl 482
'Ain Amur 497
'Ain Bischmu 458
'Ain Della 464
'Ain el-Furtaga 585
'Ain el-Labacha 495
'Ain er-Ris 462
'Ain es-Siliyin 234
'Ain Hudra 585
'Ain Manawir 500
'Ain Mustafa Kaschif 495
'Ain Sartut 673
'Ain Scheich Marzuq 468
'Ain Suchna 614
'Ain Umm Ahmed 584
'Ain Umm Dabadib 497
'Amr Ibn el-'As 35
'Arag 448
'Uyun Musa 545

Abbas, *Vizekönig* 529
Abbas Pascha 39
Abbas, Khedive 605
Abbasiden 185
Abd er-Rassul, Achmed 296
Abdel Salam, Schady 413
Abdou, Fifi 60
Abouleish, Ibrahim 523
Abraq 679
Abu Ballas 503
Abu Ghalaga 673
Abu Gurob 221
Abu Mena 420
Abu Minqar 468

Register Ab–Au

Abu Qir 416
Abu Roasch 219
Abu Scha'r 627
Abu Seif, Salah 61
Abu Simbel 373
Abu Sir (Giza Prov.) 221
Abu Tartur 483
Abu Zenima 547
Abu'l-Ghosun 673
Abu-Giffa-Pass 605
Abuhatzeira, Yaakov 518
Abu'l-Haggag 275
Abusir (Alex Prov.) 419
Abydos 263
Achet-Aton 251
Achmim 260
Adrere Amellal 438
Aetheria, Äbtissin 592
Aga Khan, Mohammed III. 347
Agami 418
Agatharchides von Knidos 368
Aghurmi 443
Agiba 428
Ahmet-Hamdi-Tunnel 545
Aida, Oper 142, 362, 529
Aijubiden 36
Akazien 20
Alamein 422
Alexander der Große 33, 388, 434

Alexandria 388
 Alabastergrab 409
 Anfuschi 401
 Arsenal Nahassin 409
 Bankenviertel 404
 Bibliotheca Alexandrina 410
 Börse 404
 Fort Qait Bey 402
 Gemischtes Tribunal 404
 Grab des Tiganes 408
 Griechisch-römisches Museum 406
 Katakomben von Kom esch-Schuqafa 407
 Kavafis-Museum 405
 Kom ed-Dikka 406
 Lechtturm (Pharos) 402
 Mahmud-Said-Museum 414
 Ma'mura 416
 Mohammed-Ali.-Statue 403
 Montazah 416
 Mosaiken 406
 Moschee Abu'l Abbas 403
 Moschee des Ibrahim Terbana 403
 Moschee des Nebi Daniel 404
 Museum der königlichen Juwelen 414
 Nationalmuseum 405
 Nekropole von Anfuschi 402
 Nekropole von Chatby 408
 Passage Menasce 404
 Pompeius-Säule 407
 Ramleh 413
 Ras et-Tin 402
 Schallalat-Park 409
 Serapeum 406
 Stadtmauer 409
 Synagoge 405
 Tempel von Ras el-Soda 409
 Vogelvilla 406
 Westhafen 401
 Zisterne el-Nebih 409

Alkohol 100
Almásy, Ladislaus 501, 503
Altes Reich 27
Amada 368
Amasis 344
Amenemhet I.. 30
Amenemhet III., Pharao 658
Amenophis I. 31
Amenophis II. 368
Amenophis III. 31, 284
Amheida 479
Amir, Aziza 61
Antonius 35
Antonius der Große 616
Antoniuskloster 615

Anubis 289
Apollonos Hydreuma 673
Apollos, St. 390
Arab Salih 676
Architektur der Pharaonenzeit 68
Argun-Palme 371
Arisch 610
Aristoteles 14
Arius 35, 390
Arpha Bank 649
Arqamani *siehe Ergamenes*
Aschmuneïn 248
Assalah (Dahab) 571
Assiut 256

Assuan 334, 679
 Aga-Khan-Mausoleum 347
 Agilkia 351
 Alter Staudamm 355
 Archäologisches Museum 344
 Bigeh 351
 Botanische Insel 346
 Cataract-Hotel 336
 Elephantine 344
 Fatimidengräber 343
 Felsengräber 347
 Hochdamm 357
 Isis-Tempel 342
 Kalabscha 359
 Katarakt 356
 Nilometer 345
 Nubisches Haus 343
 Nubisches Museum 342
 Park der Skulpturen 356
 Philae 351
 Sadd el-'Ali *siehe Hochdamm*
 Saluga 346
 Sehel 347
 Shellal 351
 Simeonskloster 347
 Unvollendeter Obelisk 343

Athanasius 35, 390
Äthiopische Kirche 616
Augustus 35

Register Au–Co 699

Aulad Ali 418
Aus dem Reisetagebuch von Gustave Flaubert 204
Aybek et-Turgumani 36
Ayubi, Aida 58
Azm, Sadiq el- 51
Azmy, Isaak 419

Babylon am Nil 194
Badawi, Ahmed el- 519
Badia 629
Badr el-Gamali 163
Bagawat 493
Bagnold, Ralph A. 372, 484, 506
Bagnold's Steinkreis 372
Bahariya 450
Bähler, Albert 142
Bahn 86
Bahr el-Baqar 536
Bahr Yussuf 231
Bahrein 448
Bahri-Mameluken 37
Bakschisch 102
Balat 481
Balduin, König von Jerusalem 588
Ball, John 511
Ballonfahrt 276
Balyana 263
Banna, Hassan el- 537
Bardawil-See 610
Baris 498
Barramiya 669
Bartholdi, Frederic A. 535
Baschendi 482
Baschendi-Kultur 471
Bauchtanz 59
Bawiti 452
Bayoumi, Mohammed 61
Beacon Rock 557
Beduinen 43
Beduinenfrauen 549
Behinderte 103
Beit el-Wali 360
Beja (Ethnie) 679
Belzoni, Giovanni Battista 377, 677
Beni Hassan 248

Beni Suef 241
Berenike (= Baranis) 676
Bergbau, antiker 630, 652, 661
Bergmann, Carlo 471
Bes 267
Beschneidung 45
Bettler 103
Bewässerung 29
Bewegungsfreiheit 81
Bier 98
Bilbeis 523
Bir Abd el-Wahab 652
Bir Abraq 681
Bir Abu Rahal 669
Bir Abu Sa'afa 682
Bir Amrit 682
Bir Bitan 680
Bir Dif 682
Bir el-'Abd 610
Bir el-Bascha 652
Bir el-Ghaba 461
Bir el-Hammamat 661
Bir el-Inglez 658
Bir el-Matar 461
Bir el-Sidd 659
Bir Gahliya 681
Bir Hangaliya 669
Bir Hooker 381
Bir Misaha 511
Bir Nasib 550
Bir Qattar 631
Bir Rahaba 680
Bir Ramla 460
Bir Sijat 483
Bir Terfawi 511
Bir Umm Diqal 652
Bir Umm Fawachir 659
Bir Wadi el-Gemal 673
Bir Wadi Hodein 682
Bir Wahed (Siwa) 446
Birket Maraqi 446
Birket Qaroun 234
Birket Siwa 444
Birket Zeitun (Siwa) 447
Birqasch 219
Bischoi, St. 384
Blaue Berge 606
Blauer Nil 14

Blemmyer 351
Blue Hole 579
Borg el-Arab 420
Breitenbach, Bernhard von 595
Brennender Dornbusch 597
Brother Islands 675
Browne, William G. 434
Bubastis 524
Budchulu 475
Bulaq (Charga) 498
Bur Safaga *siehe Safaga*
Burckhardt, Johann Ludwig 377
Burdschi-Mameluken 37
Bus 83
Buto 518

Cailliaud, Frederic 434, 451
Camp David 41
Camp-David-Abkommen 591
Camping 92
Caracalla 390
Carioca, Tahia 60
Carnatic, Wrack 626
Carter, Howard 298, 303
Cäsar 33
Cassel, Ernest 332
Cassien de Nantes 383
Chaemweset 32
Chahine, Yussuf 63
Chalkedon, Konzil von 52
Champollion, Jean François 314, 517
Chamsin 19
Charga, Oase 485
Charga, Stadt 488
Cheops-Pyramide 212
Chephren-Pyramide 215
Chnum 321
Chrisoula K, Wrack 626
Christie, Agatha 336
Cleopatra, Pharaonin 677
Clownfisch 568
Codex Sinaiticus 598
Coloured Canyon 585
Cook, Thomas 272

Cooperation Framework Agreement (CFA) 55
Cordier, Charles H. J. 177
Cousteau, Jacques 556
Crystal Mountain 463

Dachla 469
Daedalus Riff 676
Dagher, Abdo 59
Dahab 571
Dahschur 229
Dahschur 229
Dakka 367
Damanhur 516
Damietta 535
Darau 333
Darb el-Arba'in 333, 486
Darb el-Ghabari 483
Darb el-Hagg 591
Darfur 486
Darius I. 493
Darwish, Sayid 57
Dattelpalme 20
Decius 321
Deir Abu Lifa 234
Deir Abu Maqar 382
Deir Abu Matta 475
Deir Anba Bischoi 384
Deir Durunka 259
Deir el-'Adra 245
Deir el-Azab 236
Deir el-Baramus 387
Deir el-Hagar 478
Deir el-Malak 237
Deir el-Muharraq 259
Deir es-Suriyan 386
Deir Sitt Dimyanah 523
Delfine 668
Demetrios von Phaleron 410
Dendera 267
Derr 370
Desaix, Louis 352
Description de l'Egypte 37
Devisen 77, 80
Diebitsch, Carl von 196
Diffa 417
Dimeyh es-Siba 234
Dinosaurier 461
Diodor von Sizilien 368

Diokletian 390
Dionysias 235
Diplomatische Vertretungen 103
Disuq 518
Djara 462
Djedefre 28
Djer 362
Djoser 28
Dohous 475
Dongola 363
Drovetti, Bernardino 434
Dunqul 371
Dunraven, Wrack 557
Durrell, Lawrence 389
Dusch 499

Eaton, William 419
Echnaton 137, 251
Ed-Deir 497
Edfu 324
Edwards, Amelia 359
Ehe 47
Einkaufen 104
Einreisebestimmungen 76, 79
Eje 298
Elektrizität 104
Elephantagoi 677
Elphinstone Riff 664
Emigranten 54
Empain, Edouard 151
Enright, Denis J. 389
Eratosthenes 334, 390
Erg Harni 678
Ergamenes II. 367
Esna 321
Essen 93
Euklid 390
Evelyn-White, Hugh 383

Fahmy, Zeinab 414
Fahrrad 85
Fahrzeuge 80
Falken 676
Familie 44
Farafra 464
Faruk, König 39, 391
Fast food 94
Fathy, Hassan 295, 472, 498

Fatimiden 35
Fatma Ismail, Prinzessin 205
Fatnas 444
Fawzi, Schahira, Ethnologin 679
Fayed 540
Fayum 231
Feiertage 105
Feilschen 104
Feluke 341
Feluke 89
Fernsehen 111
Fesmacher 173
Film 61
Filmfestival 133
Firdan 608
Fischesser 684
Fjord 588
Flaubert, Gustave 204
Flugzeug 78
Forest of Pillars 551
Forster, Edward Morgan 389
Fotografieren 105
Foul 95
Foul Bay 676
Franckenau, Georg F., von 249
Fraser-Gräber 247
Frau 44
Frauen 100
Fremdenverkehrsämter 108
Fruchtsäfte 97
Füchse 22
Fury Shoals (Riffe) 678
Fustat Wadi el-Gemal, Ökolodge 670

Galba 492
Gallice, Barthélémy 409
Gara 462
Garküchen 94
Gastfreundschaft 105
Gayer-Anderson, John 189
Gazelle 22
Gebel 'Ataqa 613
Gebel Abu Duchan 627
Gebel Banat 606

Register Ge–Ka

Gebel ed-Dakrur 443
Gebel ed-Deir 239
Gebel Elba 685
Gebel el-Deir 601
Gebel el-Mauta 441
Gebel es-Silsila 327
Gebel et-Ter 245
Gebel Fatira 651
Gebel Ferra'a 604
Gebel Klysma 618
Gebel Maghara 551
Gebel Musa (Mosesberg) 600
Gebel Qattar 631
Gebel Serbal 600, 606
Gebel Tallah 605
Gebel Umm el-Ganayim 497
Gebel Uweinat 509
Gebel-Kamil-Krater 511
Gedida (Dachla) 479
Geld 106
Geniza-Dokumente 204
Georg, Hl. 493
Gerf Hussein 359
Geschichte 27
Geschwisterehen 27
Gesundheit 107
Getränke 97
Gewichte 110
Geziret el-Fara'un 588
Ghardaqa siehe Hurghada
Ghurd Abu Muharrik 483
Gianaklis (Weingut) 387
Giannis D (Wrack) 626
Gilf Kebir 504
Giza 210
Giza (Giseh) 205
Glasbläser 163
Golf von Suez 613
Götter der Pharaonen 65
Gouna 620
Gourna Siehe Qurna
Gräber der Pharaonenzeit 68
Grabraub 296
Graßmeyer, Christoph 600
Griffith, Francis L. 360
Groppi, Giacomo 142
Großbritannien 39

Großer Bittersee 540
Großes Sandmeer 468

Hadrian 480
Hadsch 50
Hadsch-Malerei 318
Hafez, Abdel Halim 58
Haikal, Mohammed Hassaneyn 63
Haiz 462
Hakim, el-, Sultan 36
Hakim, Mahmud el- 342
Halaib-Dreieck 684
Hallawi-Plateau 606
Hamada, Wrack 673
Hamata 674
Hammam Fara'un 547
Hammam Musa 554
Hamrawein 654
Hangaliya, Mine 669
Hanoville 418
Haremhab 302
Harraniya 221
Hassan, -el, Sultan 170
Hathor 267
Hatschepsut, Pharaonin 310, 658
Hauara 237
Hay en-Nur 560
Hekataios von Abdera 312
Helena, Heilige 595
Hely-Hutchinson, John 388
Heqaib-Pepinacht 346
Herakleion 416
Hermopolis Magna 248
Herodot 14, 433
Herz, Max 172
Hibis 492
Hierakonpolis 322
Hieratisch 72
Hieroglyphen 71, 516
Hilal 323
Hitan Rayan 680
Hochprozentiges 98
Hochzeit 44
Hochzeitsstele 374
Hornemann, Friedrich 434
Horus 324
Hotels 91
Houdaibi, Mahmun 52

Hungersnotstele 347
Hurghada 632
Hussein, Taha 132, 250
Hyksos 30
Hypatia 52, 390

Ibn al-Qifti 412
Ibn Tulun 187
Ibrahim el-Disuqi 518
Ibrahimiya-Kanal 231
Ichthyophagi (Fischesser) 684
Imhotep 28, 223
Impfungen 107
Information 108
Inlandsflüge 88
Iskander, Nasri 289
Islam 48
Islamisten 51
Ismail (Khedive) 529
Ismail, Ahmed 58
Ismailia 537
Ismant 479

Jacquemart, Henri Alfred 403
Jaspar, Marcel-Henri 151
Johannes Philoponos 390
Justinian, Kaiser 595
Juvenal 334, 486

Ka'b Marfu'a 673
Kab 322
Kaffee 97
Kaffeehaus 94
Kairo siehe S. 707
Kalabscha 359
Kaleschen 150
Kambyses 434
Kamel 23
Kanais 669
Kanäle 220
Kanopus 416
Karamanli, Hamid 419
Karanis 233
Karkur Talh 510
Karten 109
Kästner, Erhart 537
Katharina, Heilige 596
Katharinenberg 603
Katharinenkloster 594

Kaufmann, Carl Maria 421
Kavafis, Konstantinos 389
Kellis (Dachla) 479
Kemal ed-Din, Prinz 503, 504
Khalil, Mahmud Pascha 206
Khalili, Jarkas el- 155
Kitchener, Horacio H. 346
Kleopatra VII. 33, 34, 270
Klettern 577, 579
Klippschliefer 604
Kloster der 40 Märtyrer 604
Klosterregeln 616
Klunzinger, Carl B. 655
Klysma 541
Kodizes 480
Kom Auschim 233
Kom el-Ahmar 247
Kom Ombo 329
Konfessionen 196
Königsliste 266
Kopten 52
Koptische Kirche 52
Koran 48
Krankenversicherung 107
Krokodil 24, 369
Krokodilopolis 236
Kuban, Ali Hassan 58
Kufra-Flüchtlinge 510
Kunst 414
Kunst der Pharaonenzeit 70
Kurkur 371
Kuschari 95

Labyrinth 238
Lahun 238
Landweg 79
Lasciac, Antonio 404
Laurens, Eduard 414
Lepère, Gratien 529
Lesseps, Ferdinand de 39, 529
Leukaspis 422
Leuke Kome 658
Leukos Limen 657
Liddell, Robert 389
Literatur 63, 109

Literatur der Pharaonenzeit 73
Lokale 93
Long Range Desert Group 506

Luxor 271
 Amenophis-Tempel/Kom el-Hettan 315
 Carter House 303
 Deir el-Bahri *siehe* Hatschepsut-Tempel
 Deir el-Medina 307
 Gräber
  Amenophis II. 302
  Amun-her-chopeschef 308
  Eje 303
  Haremhab 302
  Inhercha 308
  KV 5 303
  Menena 304
  Merenptah 301
  Nacht 304
  Nefertari 308
  Paschedu 308
  Ramose 305
  Ramses I. 301
  Ramses III. 302
  Ramses IV. 300
  Ramses IX. 300
  Ramses V. & VI. 298
  Ramses VII. 300
  Ramses-Montu-her-chopeschef 301
  Rechmire 305
  Sennedjem 308
  Sennefer 304
  Sethos II. 302
  Siptah 298
  Tausret & Sethnacht 302
  Thutmosis III. 300
  Thutmosis IV. 301
 Hatschepsut-Tempel 309
 Karnak 281
 Luxor-Tempel 284
 Medinet Habu 316
 Memnonkolosse 315
 Merenptah-Tempel 314
 Museen 286
 Ramesseum 312
 Sethos-Tempel 309
 Tal der Königinnen 308
 Westufer 290

Ma'gana Beach 588
Machfus, Nagib 63
Magdy, Sohar 58
Mahalla el-Kubra 520
Maharraqa 367
Maidum 230
Maimonides (= Rabbi Mose ben Maimon) 154
Makadi Bay 646
Makarios, St. 382
Makuria 363
Mallach, Kemal el- 213
Mallawi 251
Mameluken 36
Mamelukenmassaker 38
Managim (Bahariya) 452
Mandulis 359
Maneto-Chronologie 27
Manichäer 480
Mansala-See 535
Mansoura 521
Mansouriya-Kanal 210
Mansur Nur ed-Din 'Ali, el- 185
Marcel, Alexandre 152
Marcha 547
Maria Schröder, Wrack 570
Mariette, Auguste 135
Marina el-Alamein 421
Marinetti, Filippo Tommaso 389
Mariut-See 387
Markus Antonius 35
Markus, Apostel 390
Marsa Abu Dabbab 664
Marsa Alam 666
Marsa Alam Airport 662
Marsa Gawasis 658
Marsa Matrouh 424
Marsa Mubarak 664
Marsa Nakari 668
Marsa Schagra 664

Marsa Tondoba 668
Marsa Wizr 657
Maschrabiya 162
Maserhati 289
Maße 110
Mastaba 68
Matta el-Meskin 384
Medamud 319
Medien 111
Medinet el-Fayum 236
Medinet Madi 236
Meeresschnecken 568
Meier-Gräfe, Julius 355
Meir 259
Meketaton 255
Meks (Charga) 499
Mellaui siehe Mallawi
Mena, Hl. 420
Mendes 522
Menes (Narmer) 27
Merenptah 32, 301, 314
Meroë 360
MFO 580
Mietwagen 81
Milga 593
Minen 570
Minjeh siehe Minya
Minya 242
Mit Damsis 521
Mittelägypten 240
Mittleres Reich 29
Mo'alla 320
Mohammed Ali Pascha (Vizekönig) 38, 529
Mohammed Ali, Prinz 131
Mohammed el-Ga'fari 184
Mohammed-Ali-Staudamm 220
Mons Claudianus 651
Mons Porphyrites 627
Mons Smaragdus 673
Mosesberg (Gebel Musa) 600
Mounir, Mohammed 58
Mount Bagnold 510
Mubarak, Hosni 56
Muizz, el-, Kalif 178
Mukauwa, Insel 678
Mulid 519
Mumien 140, 496
Muqabila 588
Musik 57
Mustansir, el-, Kalif 178
Mut 472
Muzawaqa 479
Mykerinos-Pyramide 215
Myos Hormos 657

Na'ama Bay 560
Nabq 569
Nabta Playa 371
Nachl 592
Nachlet et-Tal (Nabq) 570
Nadura 492
Nagi, Mohammed 132
Naguib, Mohammed 402
Nakb (Taba Airport) 591
Napata 363
Napoleon I. 37
Narmer (Menes) 27
Nasser, Gamal Abdel 40
Naukratis 518
Nawamis 586
Nazlet es-Seman 210
Nebi Salah, Grab 605
Necho II. 33
Nefertari 376
Nektanebos II. 344
Neoplatonismus 411
Neues Reich 31
Neues Tal 470
Neu-Nubien 330
Nilkreuzfahrt 88
Nilquellen 16
Nobatia 363
Nofretete 298
Notruf 111
Nubien 362
Nubier 43
Nuriya 236
Nuweiba 581

Obelisken 282
Öffnungszeiten 111
Oktoberkrieg 41
Ölindustrie 619
Omar, Kalif 194
Opet-Fest 281
Origines 390
Osiris-Grab 351

Osman, Ahmed Osman 537
Osmanen 37
Osterhase 249

Pachomius 35
Paez, Pedro 16
Pahlawi, Moh. Reza Schah 172
Palermostein 362
Paul von Tammuah 384
Paulus von Theben 35, 615
Pauluskloster 615
Pausanias 434
Pelusium, antike Stadt 609
Pennut, Grab 370
Pepi II. 349
Periplus Maris Erythraei 677
Pertinax, Publius Helvius 480
Petosiris 250
Pharao 74
Pharaonen-Insel 588
Pharos 402
Philae siehe Assuan
Photoblepharon, Fischart 588
Pilgerfahrt 50
Pinodjem II. 296
Pi-Ramesse 525
Plotin 390
Politik 56
Polizei 113
Port Fuad 530
Port Ghalib 663
Port Safaga siehe Safaga
Port Said 530
Port Tawfiq 541
Post 112
Presse 111
Ptolemäer 33
Ptolemaios III. Euergetes 324
Ptolemaios Soter 410
Ptolemaios XII. Neos Dionysos 324
Ptolemaios XIII. 330
Ptolemaios XV. Cäsarion 33
Ptolemäus, Claudius 17
Punt-Expedition 310, 658

Putzbrassen 568
Pyramiden 68
Pyramidenbau 214

Qala'at el-Gundi 546
Qanat 500
Qanatir 220
Qantara 608
Qarah 447
Qaroun-See 234
Qasr (Bahariya) 458
Qasr Charga 488
Qasr Dachla 476
Qasr el-Farafra 465
Qasr el-Ghueita 498
Qasr es-Sagha 234
Qasr es-Saijan 498
Qasr Ibrim 370
Qasr Muharib 461
Qasr Qaroun 235
Qasr Zaman 588
Qattara-Senke 424
Qertassi 359
Qft 658
Qila ed-Dabba 481
Qulzum 541
Qurna 295
Quseir 654
Qusiya 259

Radio 111
Rafah 612
Ragab, Hassan Dr. 209
Ramadan (Fastenmonat) 49
Ramses I. 32, 301
Ramses II. 32, 281, 312, 374
Ramses III. 33, 316
Ramses V. 298
Ras Abu Galum 580
Ras Abu Soma 647
Ras Baghdadi 672
Ras Banas 676
Ras el-Burqa 588
Ras el-Qalb 585
Ras esch-Schaitan 588
Ras es-Sudr 545
Ras Gemsa 634
Ras Gharib 619
Ras Matarma 545
Ras Mohammed, Nationalpark 555
Ras Nasrani 569
Ras Umm es-Sid 567
Raschaida 684
Raschda 475
Raschid 514
Regenfeld 503
Reisekrankheiten 107

Reisepraktisches 76
Religion 48
Religion der Pharaonenzeit 65
Religiöse Stätten 112
Reptilien 23
Restaurants 93
Riff 568
Rocky Island 676
Rohlfs, Gerhard 503
Rommel, Erwin 39, 422, 435
Rosetta 514
Rotes Kloster 262
Rotes Meer 613
Roweisseya (Nabq) 570
Ruby 58

Sadat, Anwar el- 41
Safaga 648
Sahl Haschisch 646
Said, Mahmud 414
Sais 520
Saiyida Nafisa 185
Saiyida Rukaiya 185
Saiyida Zeinab 185
Salah ed-Din (Saladin) 36, 174
Salih Ayub, es- 159
Sallum 428

Register Sa–Th

Sammanud 521
Sammeltaxi 84
Samut 669
San el-Haggar 525
Sanafir, Insel 569
Sand 484
Sandy Island 648
Sankt Katharina 592
Saqqara 222
Saujet el-Maitin 247
Saujet Umm er-Racham 428
Sax, Mustafa 58
Sayidi 58
Scha'ab Mahmud 557
Scha'abi 58
Scha'b Abu Dabbab 664
Scha'b Abu Galawa Kebir 678
Scha'b Abu Nuhas 626
Scha'b Abu'l-Qizan *siehe* Daedalus Riff
Scha'b Marsa Alam 668
Scha'b Samadai 668
Scha'b Sataya 678
Schadhiliyya (Sufiorden) 667
Schagarat ed-Durr (Shajar al-Durr) 36, 185
Schahira-Pass 570
Schali 441
Schamma, Nasir 59
Scharia 49, 51
Scharm el-Maya 559
Scharm el-Scheich 558
Scharm es-Sughair 657
Schatt 545
Schedwan, Insel 626, 644
Scheich Abu Farhan, Grab 680
Scheich asch-Schadhili, Grab 667
Scheich Giray, Grab 550
Scheich Salim, Grab 667
Scheich Suleiman Nafa'i, Grab 551
Scheich-Muftah-Kultur 471
Scheich-Sayed-Kanal 371
Scheichu, Sayf ed-Din 190
Schenschef 679

Schenute 262
Schiff 78
Schildkröten 24, 610
Schiyata 446
Schlacht von el-Alamein 422
Schlacht von Kadesch 312
Schlangen 24
Schreiber 72
Schrift 114
Schwarze Wüste 462
Schweinfurth, Georg 655
Sebu'a 367
Sechstagekrieg 41
Segeln (auf dem Nil) 89, 341
Sekem-Initiative 523
Semenchkare 298
Senenmut 309
Sennari, Ibrahim Katchuda es- 187
Senussi 465
Septimus Severus 315
Serabit el-Chadim 547
Serapeum (Saqqara) 227
Sesostris I. 30, 344
Seth 327, 493
Sethnacht 302
Sethos I. 263
Sharawi, Hoda 44
Sharif, Omar 63
Shark Bay 560
Sharks Observatory 557
Shelley, Percy B. 32, 312
Sicherheit 112
Sinai-Permit 76
Sinuhe 30
Siptah 298
Sitta October 452
Siwa 432
Sketis 381
Soma Bay 647
Sonnentempel 221
Southern Oasis (Dahab) 579
Souvenirs 104
Speke, John Hanning 17
Speos Artemidos 248
Sphinx 215
Sprache 114
Sprachkurse 115

St. John's Island *siehe* Zabargad
Stadtpläne 109
Stanley, Henry Morton 17, 334
Stein von Rosetta 516
Stephanus, Pförtner 599
Stevenson, James 39, 529
Stufenpyramide des Djoser 223
Suares, Raphael M. 208, 332
Suez 541
Suezkanal 527
Suezkrise 41
Sukkari, Mine 668
Suleiman Pascha el-Fransaui 196

Ta'amiya 95
Taba 590
Taba Heights 588
Tahrir-Provinz 387
Takla Haymanot 201
Tal der Wale 239
Tamarisken 20
Tana-See 16
Tanis 525
Tanta 519
Taposiris Magna 419
Tauchzentren 642
Taueret 376
Tausret 302
Taxi 85
Tee 97
Teje 31, 254
Telefon 114
Tell Basta 524
Tell el-Armana 251
Tell el-Farama *siehe* Pelusium
Tell Tibilla 522
Tempel 69
Tempelritual 264
Teneida 483
Terabin (Nuweiba) 581
Theben *siehe* Luxor
Theodora, Kaiserin 595
Theodoros, Bischof von Philae 352

Thistlegorm 556
Thonis *siehe Herakleion*
Thoth 248
Thutmosis I. 31
Thutmosis II. 31, 310
Thutmosis III. 31, 282
Tibbu 501
Tihna el-Gebel 245
Timsah-See 540
Tiran (Insel) 569
Tischendorf, Lobegott Friedrich Constantin von 598
Tobia Kebir, Insel 648
Tod 319
Töpferwaren 233
Toschka-Projekt 55, 371
Toschka-Senke 371
Totenbuch 297
Tourismus 55
Trajan 390
Trogodyten 677
Tsirkas, Stratis 405
Tuna el-Gebel 249
Tunis (Fayum) 233
Tur 554
Turanschah 36
Tutanchamun 138
Tutu 480
Twin Peaks 463

Übernachten 91
Umm Bugma 550
Umm Garahish 669
Umm Howeitat (Bahri) 648
Umm Howeitat Qibli 664
Umm Kulthum 39, 57
Umm Mitgal 652
Umm Rus 664
Unternubien *siehe Nubien*
US-Navy 677
Utopia Beach 662
Uweinat 511

Vanly, Adham 414
Vasquez, Pedro R. 342
Verdi, Giuseppe 142
Verständigung 114
Vetus Hydreuma 678
Victoria-See 17

Visum 76, 79
Vögel 24
Vogelzug 615
Volksmusik 58

Wadi
Wadi 'Allaqi 365
Wadi 'Ambagi 658
Wadi Abd el-Malik 508
Wadi Abu Qreiya (Baranis) 678
Wadi Aleyat 606
Wadi Arada 586
Wadi Balih 629
Wadi Beida 658
Wadi Chuda 680
Wadi Connection 579
Wadi el-'Ain 584
Wadi el-Arba'in 603
Wadi el-Deir 601
Wadi el-Gemal, Nationalpark 670
Wadi el-Hitan 239
Wadi el-Leja 603
Wadi el-Sidd 659
Wadi en-Natrun 381
Wadi er-Rayan 239
Wadi es-Sebu'a 367
Wadi Fatira 652
Wadi Ferra'a 604
Wadi Firan 606
Wadi Ghadir 670
Wadi Ghazala 585
Wadi Ghuweiba 613
Wadi Hadien 679
Wadi Hammamat 660
Wadi Hamra 509
Wadi Hinnis 465
Wadi Humaysara 667
Wadi Kid 570
Wadi Ma'amel 630
Wadi Mandar 570
Wadi Mukattab 552
Wadi Naqqat 631
Wadi Nugra 605
Wadi Nuqrus 673
Wadi Qalalat, Fort 677
Wadi Qnai 579
Wadi Qulan 674
Wadi Schrayj 605

Wadi Sikait 673
Wadi Sura 506
Wadi Tubuq 605
Wadi Tueiba 589
Wadi Tumilat 527
Wadi Tumilat Camp 537
Wadi Umm Diqal 652
Wadi Umm Hussein 652
Wadi Umm Sidr 629
Wadi Zawatin 605
Wahab, Mohammed Abdel 58, 131
Wanly, Seif 414
Wasser 97
Wasseruhr 140
Wechselkurs 106
Weeks, Kent 303
Weg der 40 Tage 486
Weiße Wüste 463
Weißer Nil 14
Weißes Kloster 262
Wendorf, Fred 371
White Canyon 585
Willcocks, William 344
Wirtschaft 54
Wissa-Wassef, Ramses 221
Wüstenschwimmer 506
Wüstenspringmaus 23

Young, Thomas 516

Za'afarana 614
Zabalin 179
Zabargad (Insel) 676
Zaghloul, Sa'ad 147
Zaqaziq 524
Zaraniq, Naturschutzgebiet 610
Zawiyet Umm el-Rakham 428
Zeit 115
Zeittafel 25
Zenobia 390
Zensur 62
Zerga 659
Zcrzura 508, 509
Zoll 77, 80
Zuckerrohr 322
Zweiter Weltkrieg 39

Kairo 118

Agouza 205
Alabastermoschee 174
Alt-Kairo 194
Andalusische Gärten 147
Aquarium-Park 148
Arabic Music Institute 131
Aussichtsturm 148
Azhar-Park 172
Bab el-Futuh 163
Bab el-Qulla 177
Bab en-Nasr 163
Bab Zuweila 167
Bain el-Qasrain 160
Beit el-Harrawi 165
Beit el-Kiritliya 189
Beit es-Sennari 187
Beit es-Suhaimi 162
Beit Zeinab Khatoun 165
Brunnenhaus Abdel Rahman Katchuda 162
Brunnenhaus Emine Umm 'Abbas 190
Brunnenhaus Nafisa el-Beida 167
Brunnenhaus Ruqaya Dudu 170
Darb el-Ahmar 169
Deir Abu'l-Saifayin 195
Doqqi 205
Ezbekiya-Garten 144
Flohmarkt 184
Freilichtmuseum Matariya 153
Friedhöfe 180
Friedhöfe, christliche 196
Fustat 194
Garden City 141
Gestüt ez-Zahra' 152
Gezira 147
Giza (Giseh) 205
Grab des unbekannten Soldaten 152
Grab Suleiman Pascha el-Fransaui 196
Haret el-Yahûd 154
Haret Zuweila 154
Heliopolis 151
Josephsbrunnen 175
Kamelmarkt 219
Khan el-Khalili 155
Khanqah Scheichu 190

Kirchen

'Adhra (Alt-Kairo) 196
'Adhra (el-Muski) 154
Abu Mercurius 195
Abu Sarga 203
Mari Girgis 202
Mu'allaqa 201
Schenute 196
Sitt Barbara 204

Kloster des St. Georg 202
Kloster des St. Mercurius 195
Kloster des St. Simon 178
Koptisches Museum 198
Koptisches Viertel 198
Marienbaum 152
Matariya 152

Mausoleen, Medresen

Baibars II. 163
Barquq 160
Barsbey, Friedhof 182
Barsbey (Sh. el-Muski) 154
Farag ibn Barquq 182
Ghuri 166
Hosch el-Pascha 186
Imam esch-Schafi'i 186
Khedive Taufiq 182
Nasir 160
Prinzessin Tughay 180
Prinzessin Tulbay 182
Qaitbey 182
Salih Ayub 159
Sunqur as-Sa'adi 190

Messegelände 152
Mevlevi-Museum 190
Midan el-'Ataba 144
Midan Tahrir 141
Midaq-Gasse 154
Misr el-Gedida 151
Misr el-Qadima 194
Mohandissin 205
Moqattam 178

CASA FERIA
Land- und Ferienhäuser

ABRUZZEN · ALENTEJO · ALGARVE · ANDALUSIEN · APULIEN · DODEKANES · IONISCHE INSELN · KRETA · LISSABON & UMGEBUNG · MARKEN · SARDINIEN · SIZILIEN · TENERIFFA · TOSKANA

Nette Unterkünfte bei netten Leuten

CASA FERIA die Ferienhausvermittlung von Michael Müller

Im Programm sind ausschließlich persönlich ausgewählte Unterkünfte abseits der großen Touristenzentren. Ideale Standorte für Wanderungen Strandausflüge und Kulturtrips. Einfach www.casa-feria.de anwählen, Unterkunft auswählen, Unterkunft buchen.

Casa Feria wünscht *Schöne Ferien*

www.casa-feria.de

Moscheen
Amr 195
Aq Sunqur 169
Aqmar 162
Azhar 165
Guyuschi 178
Hakim 162
Hussein 155
Ibn Tulun 187
Mardani 169
Mohammed Ali 174
Mu'ayad 166
Nasir 174
Omar Makram 142
Qidschmas el-Ischaqi 169
Rifa'i 172
Saiyida Nafisa 185
Saiyida Rukaiya 185
Saiyida Zeinab 187
Salih Talâi 167
Scheichu 190
Suleiman Pascha 177
Suleiman Silahdar 160
Sultan Hassan 1/0
Mougamma 141

Museen 130
Ägyptisches Museum 135
Gayer-Anderson 189
Geologisches Museum 131
Islamische Keramik 148
Kutschenmuseum 177
Landwirtschaftsmuseum 205
Militärsmueum 177
Moderne ägyptische Kunst 147
Mohamed M. Khalil 206
Polizei und Feuerwehr 176
Umm Kulthum 197

Muski 154
Nationalbibliothek 132
Nilometer 198
Obelisk des Sesostris 153
Oktoberkriegspanorama 152
Opernhaus 147

Paläste
Beschtak 160
Emir Taz 190
Empain 152
Gauhara 174
Monastirli 197

Pharaonisches Dorf 209
Pyramiden von Giza 210
Qasr esch-Scham' 198
Reiten 218
Roda 197
Saiyida Zeinab 187
Sound & Light 211
Sphinx 215
Stadtmauer 163
Sûq el-Attarin 154
Sûq el-Chayamiya 168
Sûq el-Gom'a 184
Synagoge Ben Ezra 204
Synagoge Haim Cappuci 154
Synagoge Haschmamain 142
Taufiqiya 144
Ton&Licht-Show 211
Töpfer 195
Wakalat el- Basar'a 163
Wakalat el-Ghuri 166
Wakalat Qaitbey 165
Zamalek 147
Zitadelle 174
Zoo 208